Maria Riva · Meine Mutter Marlene

Maria Riva

Meine Mutter Marlene

Aus dem Amerikanischen
von Julia Beise, Andrea Galler
und Reiner Pfleiderer

C. Bertelsmann

Die Originalausgabe erscheint
unter dem Titel »Marlene Dietrich by her Daughter«
im Alfred A. Knopf Verlag, New York.

Die deutschsprachige Ausgabe entstand in enger
Zusammenarbeit mit der Autorin.

Umwelthinweis:
Dieses Buch und der Schutzumschlag
wurden auf chlorfrei gebleichtem Papier gedruckt.
Die Einschrumpffolie (zum Schutz vor Verschmutzung) ist aus
umweltschonender und recyclingfähiger PE-Folie

3. Auflage
© 1992 by Maria Riva
© der deutschsprachigen Ausgabe 1992 bei
C. Bertelsmann Verlag GmbH, München
The translation was published by arrangement
with Alfred A. Knopf, Inc.
Schutzumschlag: Klaus Renner unter Verwendung
einer Fotografie von Josef von Sternberg
Satz: Büro Dr. Ulrich Mihr, Tübingen
Druck und Bindung: Graphischer Großbetrieb Pößneck GmbH
Printed in Germany
ISBN 3-570-01757-5

Allen, die meine Erinnerung bestätigt,
korrigiert, angeregt, hinterfragt und ergänzt haben,
meinen tiefsten Dank.

Allen, die mit den Folgen
gelebt haben und mich trotzdem lieben,
meine ewige Zuneigung.

Dieses Buch ist für die Rivas,
die großen und die kleinen und die zukünftigen

und für Tami.

Die deutschsprachige Ausgabe
ist in großer Dankbarkeit
Claudia Vidoni und Hans Ewald Dede
gewidmet.

1
Schöneberg

Blendend schön muß er gewesen sein! Seine Haltung aufrecht und stolz, die tiefblaue, maßgeschneiderte Kavallerieuniform straff über den Muskeln seines Fechterrückens gespannt. Die hohen Wangenknochen in seinem Gesicht unterstrichen strahlende blaue Augen unter den schweren Lidern. Das Wort »Schlafzimmerblick« war noch nicht bekannt, aber hätte perfekt auf Louis Otto Dietrich gepaßt. Von Kopf bis Fuß verkörperte er den preußischen Offizier von Stand. Die Pickelhaube hatte er abgenommen, die Nachmittagssonne, die durch die wilhelminischen Spitzengardinen in die väterliche Bibliothek drang, fing sich in seinen rotblonden Haaren. Später würde diese Farbe von den Zeitungen, die über seine Tochter schrieben, »tizianrot« genannt werden. Louis Dietrich war ein notorischer Schürzenjäger und als solcher an Standpauken seines besorgten Vaters gewöhnt.

»Ein für allemal, wenn du nicht endlich die Finger von deinen Huren läßt, schicke ich dich über das Meer. Dort können die Indianer dich skalpieren!«

Ihm war schon so oft mit der Verbannung ins ferne Amerika gedroht worden, daß er es, vor dem Schreibtisch seines Vaters stehend, vorzog, die altbekannte Strafpredigt schweigend über sich ergehen zu lassen. Im übrigen nahm keiner die Drohung wirklich ernst. Als zweitgeborener Sohn einer adligen Familie wußte Louis, daß er nicht viel zu erwarten und noch weniger zu verlieren hatte. Offizier war er automatisch geworden, eine elegante Uniform und Kameraden, die mit ihm zechten und spielten, waren ihm deshalb sicher. Zu seinem Leben gehörten Kurtisanen nicht weniger wie der glänzende Degen fürs Duell an seiner schmalen Hüfte. Und nachdem er sich mehrfach in seinem Regiment ausgezeichnet hatte, war er ohnehin der Überzeugung, er habe seiner Pflicht Genüge getan und dürfe nun wieder seinem Lieblingssport frönen. Louis liebte das Liebesspiel: das Aufnehmen der Spur, die Verfolgung, die Gefangennahme und schließlich die unvermeidliche Kapitulation. Wie ein blauäugiger Falke stieß er auf die wartenden Mädchen herab, und sie waren verzückt.

»Verdammt noch mal, Louis! Hast du mir denn gar nichts zu sagen?« Und ruhig, als würde er den Katechismus hersagen, versprach der Sohn dem Vater zum wiederholten Male, daß er sein ausschweifendes Leben bessern, den edlen Namen der Dietrichs vor jeglichem Skandal schützen und eifrig danach streben wolle, dem innigsten Wunsch der Familie nachzukommen und ein Sohn zu werden, auf den sie mit Recht stolz sein könne. Louis konnte das Blaue vom Himmel herab versprechen. Wie immer endete das monatliche Ritual, bei dem »Louis die Augen für seinen lasterhaften Lebenswandel geöffnet werden« sollten, mit einem förmlichen Händedruck, Louis' ehrerbietigem Zusammenschlagen der Hacken und einem respektvollen Toast auf den Kaiser mit dem ausgezeichneten Champagner, für den der Weinkeller des Vaters bekannt war. Danach fuhr Louis unbeirrt fort, die deutschen Jungfrauen zu beglücken.

Als Louis jedoch sein Können im Stammhaus seiner Ahnen erprobte und ein Stubenmädchen verführte, nahm seine erzürnte Mutter das Heft in die Hand und verfügte – ohne lange Diskussionen und ohne Champagner – ein für allemal: »Louis muß heiraten!«

Die Dietrichs beriefen den Familienrat ein: Brüder, Schwestern, Onkel, Tanten, Cousins, die ganze beeindruckende Sippschaft. Sie kamen in prächtigen Landauern, auf tänzelnden Pferden und einige in Daimler-»Kraftwagen«, welche die nervösen Kutschpferde erschreckten. Sie schüttelten die hutbedeckten Köpfe, zwirbelten an den Schnurrbärten, ließen das Meißner Porzellan und das bayerische Kristall erklingen und diskutierten Eignung und Verfügbarkeit der Berliner Jungfrauen mit einer Gründlichkeit, als handelte es sich um ein militärisches Objekt. Die Operation »Eine Braut für Louis, damit er anständig bleibt«, hatte begonnen. Doch bald geriet die Offensive ins Stocken, denn der Ruf des goldenen Falken war offensichtlich schon bis in die besten Häuser vorgedrungen. Stolze preußische Mütter schlossen die Reihen und weigerten sich, ihre unschuldigen Töchter für die Ehe mit einem solchen Erzschurken überhaupt in Betracht ziehen zu lassen. Während die Familie suchte, ging Louis wie gewohnt dem Reit- und Liebessport nach.

Die Liste möglicher Bräute schrumpfte. Aber da gab es ja noch diese ziemlich ruhige, beinahe hübsch zu nennende Juwelierstochter, deren Vater jene wunderschönen Zeitmesser herstellte, die von vollkommenem handwerklichen Können zeugten und wahre Kunstwerke waren. Ihre Mitgift würde beachtlich sein; die Familie würde es sich etwas kosten lassen, die Tochter über Stand zu verheiraten.

Wilhelmina Elisabeth Josephine Felsing war eine brave Tochter. Sie gehorchte ihrer Mutter und achtete ihren Vater; das Leben bestand für sie aus Pflichterfüllung. Sie war nicht eigentlich schön, sah aber tüchtig und vertrauenerweckend aus. Ihre dunkelbraunen Augen konnten lachen, aber nur selten gab sie einer solchen leichtsinnigen Gefühlsregung nach. Nicht daß es ihr an Wärme oder Gefühl gemangelt hätte. Später im Leben würde sie entdecken, daß sie zu stürmischer Leidenschaft fähig war, doch selbst dann kam die Pflichterfüllung vor allem anderen, wie es sich für ein deutsches Mädchen schickte. Als Frau des Wilhelminischen Zeitalters wußte sie, was die Zukunft für sie bereithielt. Der Vater würde die Verantwortung für seine heiratsfähige Tochter bald einem geeigneten Ehemann übertragen. Als Kind eines erfolgreichen Kaufmanns war sie sich ihrer Stellung in der Berliner Gesellschaft bewußt. Josephine, wie sie gerufen wurde, hatte eine gute Schulbildung genossen und kannte die Pflichten einer Ehefrau: das Personal beaufsichtigen, persönlich das Zusammenlegen der Leintücher überwachen, wie das allwöchentliche Putzen des Silbers, das Teppichklopfen und das Auswechseln der Vorhänge sommers und winters; die Speisekammer inspizieren, täglich den Speiseplan mit dem Koch festlegen, Monogramme in die Wäsche des Gatten sticken und ihm Erben in die Welt setzen.

Josephine war gerade einundzwanzig Jahre alt, als Louis Dietrich, der sich in sein Schicksal gefügt hatte, ihren Eltern seine Aufwartung machte. Unter der Aufsicht ihrer stolzen Mutter musterte sie den Besucher und war von seiner männlichen Schönheit so überwältigt, daß sie beim Begrüßungsknicks nicht die Augen niederschlug, sondern ihm unverwandt ins Gesicht starrte.

»Fräulein Felsing«, sagte er mit weicher Stimme und berührte ihre kühle Hand flüchtig mit seinen Lippen und für dieses nüchterne, glanzlose Mädchen blieb die Zeit stehen. Sie liebte ihn! Sie liebte ihn mit einer unendlichen Leidenschaft, die sie nie hinterfragte, nie zu erklären versuchte und manchmal verwünschte. Sie liebte ihn in Zeiten seiner

Untreue, während eines furchtbaren Krieges, ja selbst über den Tod hinaus bis ans Ende ihrer Tage.

Sie trug ein weißes Spitzenkleid; eine dazu passende Kaschmirstola schützte sie vor der winterlichen Kälte, ihr Brautschleier wurde von dem traditionellen Myrtenkranz gehalten, dessen geschlossene Form ihre Jungfräulichkeit anzeigte. Louis, der die elegante Offiziersuniform mit der nicht minder prächtigen Uniform eines Leutnants der Reichspolizei, einer Elitetruppe, getauscht hatte, überragte sie in seinem pflaumenblauen, reich mit Gold besetzten Tuch beträchtlich. Im Dezember 1898 wurden sie nach anglikanischem Zeremoniell getraut. Sie war zweiundzwanzig, er dreißig.

Sie bezogen ihr neues Zuhause in Schöneberg, einer eleganten Stadt bei Berlin, wo Louis stationiert war. Der Name Schöneberg paßte gut. Es war wirklich ein schöner Ort mit zahlreichen Pappelalleen, Parks, lauschigen Plätzen und einer wohldurchdachten Architektur. Die anmutig geschwungenen Straßenlaternen waren eben erst elektrifiziert worden, die dunkelgrünen Straßenbahnwagen mit den charakteristischen Außenplattformen mußten nicht mehr von Pferden die Schienen entlang gezogen werden, sondern zeigten stolz ihre ausladenden elektrischen Oberleitungen, die sie an das neue Jahrhundert anschlossen. Josephine führte ihren kleinen Haushalt mit ungewöhnlicher Souveränität. Alles glänzte, funkelte und funktionierte perfekt, und Louis war entzückt von seiner Frau, die es ihm in allen Dingen recht machen wollte. Womöglich erwies sich die Ehe doch als angenehme Ablenkung!

*

Als die Hebamme die Geburt einer Tochter bekanntgab, nahm Louis die Nachricht mit einem Achselzucken entgegen und befahl, sein Pferd zu satteln. Er hatte seine Pflicht getan. Zwar würde sein Vater enttäuscht sein, daß es kein Sohn geworden war, da aber sowieso keines seiner Kinder erben würde, machte das Geschlecht keinen großen Unterschied. Louis stand der Sinn nach einem Tapetenwechsel. Seine gegenwärtige Mätresse wurde ihm allmählich langweilig. Jetzt, da Josephine das Kind stillte, beschloß er, die Verbindungstür zwischen seinem und ihrem Schlafzimmer abzuschließen; schon bei schwangeren Frauen fühlte er sich unbehaglich, aber erst recht der Gedanke, mit einer stillenden Mutter zu verkehren, erschien ihm irgendwie abstoßend.

Josephine gab ihrer ersten Tochter den Namen Elisabeth. Das Baby war ein kleines Geschöpf mit braunen Augen und einem anspruchslosen Wesen, ein Mensch, der auf unaufdringliche Weise gefallen wollte. Tief in ihrer Seele schrie sie: »Liebt mich, bitte!«– ein Schrei, der niemals nach außen dringen konnte. Ihre Geburt stürzte die Mutter in eine Vereinsamung, die sie der Tochter niemals verzieh, ohne daß diese je die Ursache erfahren sollte.

Josephine ging ihren täglichen Pflichten als Mutter mit derselben Tatkraft nach wie ihren Pflichten als Hausfrau und lebte auf die seltenen Augenblicke hin, wenn in der Nacht der Schlüssel sich im Schloß drehte und ihrer Sehnsucht ein Ende gesetzt wurde.

Drei Wochen nach ihrem fünfundzwanzigsten Geburtstag, am Morgen des 27. Dezembers 1901, kam Josephine nach stundenlangen, heftigen Wehen mit einer zweiten Tochter nieder, einem strahlenden Geschöpf: das wohlgeformte Köpfchen von einem feinen Flaum in den Farben der untergehenden Sonne bedeckt, die Haut wie Perlen des Orients und unter schweren Lidern strahlend blaue Augen. Eine Miniatur des goldenen Falken. Josephine empfand für dieses perfekte Wesen an ihrem Busen dieselbe leidenschaftliche Liebe wie für den Mann, der es mit ihr gezeugt hatte. Stürmisch und kraftvoll brach dieses Gefühl aus ihr hervor, gleichzeitig aber paarte sich mit dieser neuen Liebe eine schreckliche Angst: Könnte das Kind auch die Neigungen des Vaters geerbt haben? Würde es, ebenso leichtfertig wie er, die Menschen verletzen, die es liebten? Josephine schwor sich, das Kind zu schützen, notfalls sogar vor sich selbst. Sie gab der zweiten Tochter den Namen Maria Magdalena. Hatte sie diesen Namen gewählt, um Gottes Schutz zu erflehen, oder aus Weitsichtigkeit?

*

Mit neunundzwanzig Jahren war Josephine bereits alt. Sie war von Enttäuschung gezeichnet und verhärmt. Aus dem jungen Mädchen war eine kalte, stoische Frau geworden, die sich an Geboten, Regeln und nichtssagenden Gemeinplätzen festhielt. Ein fremder Besucher hätte die Frau im dunklen Rock, der hochgeschlossenen Bluse und den praktischen Schuhen für eine mürrische Haushälterin und nicht für die junge Herrin im Schöneberger Haus gehalten. Josephine führte im Haushalt und bei der Kindererziehung ein strenges Regiment. Die Töchter fürchteten sie. Furcht war in einem anständigen preußischen Elternhaus allerdings etwas so Selbstverständliches, daß die beiden Mädchen damit lebten, ohne Kummer.

Elisabeth, Liesel genannt, war ein intelligentes Kind. Wie ein kleiner brauner Spatz pickte sie jeden Krümel Zuneigung auf, der auf ihren Weg fiel. Sie liebte Bücher und brachte sich mit noch nicht einmal fünf Jahren selbst das Lesen bei. Wann immer die kleine Schwester sie nicht beanspruchte, verzog sie sich in die Mansarde, wo Schätze von Büchern lagerten. Sie vergötterte ihre schöne Schwester. Liesel gehörte zu den wenigen Menschen, denen der Neid fremd ist. Natürlich wäre auch sie gern schön gewesen und dafür geliebt worden, sie war aber ein vernünftiges Kind und fand sich mit ihrem reizlosen Äußeren schon früh ab.

Maria Magdalena war etwas Besonderes – alle merkten das sofort, und Lena, wie sie genannt wurde, wußte es ebenfalls. Sie fühlte sich anders als die anderen. Alles Schöne auf der Welt war nur geschaffen worden, um sie zu erfreuen, davon war sie überzeugt. Diese Erkenntnis behielt sie allerdings für sich, denn sie wußte, ihre Mutter würde niemals gutheißen, daß sie sich als etwas Besonderes ansah. Ihre Schwester aber wußte es. Heimlich gestattete die Jüngere der Älteren, die Puppen hinter ihr aufzuräumen, das Bett zu machen und die Zofe zu spielen. Liesel war glücklich, wenn sie der Schwester zur Hand gehen durfte, so daß Lena damit eigentlich ihr einen Gefallen erwies. Wenn Liesel sie nur nicht mit diesem lächerlichen Kosenamen rufen würde. Lena konnte es nicht leiden, »Pussycat« genannt zu werden, das stand einer Dietrich von fast vier Jahren nicht an. Außerdem wußte Liesel doch, wie sehr sie Haustiere verabscheute. Mutti erlaubte keine Tiere im Haus, eines ihrer strengen Gebote, dem Lena ausnahmsweise von ganzem Herzen beipflichten konnte. Lena mochte ihren Vater. Vatel sprach nie Verbote aus, das überließ er ganz der Mutti. Er stellte die vornehmen Fräulein ein, die den Mädchen Fremdsprachen beibrachten; er trug Sorge dafür, daß diese Damen nicht nur einwandfrei Französisch und Englisch sprachen, sondern auch gut aussahen. Liesel mochte lieber Englisch, Lena schwärmte für Französisch, denn in dieser Sprache klang alles so romantisch.

Louis war selten zu Hause. Für seine Töchter blieb er ihre ganze Kindheit über eine verschwommene Gestalt männlicher Autorität. Bald sollte ihn der Krieg ganz aus ihrem jungen Leben löschen.

Doch noch herrschte Frieden in Europa. Es war eine Zeit des Überflusses, die Viktorianische Ära ging zu Ende, und die elegante Lebensart, die in England unter König Eduard aufkam, hatte auch auf das europäische Festland übergegriffen. Berlin war die größte europäische

Industriestadt, das kostbarste Juwel in der Krone des Kaisers. Für viele war Berlin das Gegenstück zu Paris, auch was die schönen Damen anbetraf, die, nach der neuesten Mode gekleidet, die Lindenalleen entlangflanierten.

Die Damen der Familie Dietrich hatten Josephines Bemühen über Jahre hinweg verfolgt und Louis' Frau aufrichtig ins Herz geschlossen. Als Ausdruck ihrer Zuneigung und der Billigung von Josephines vorbildlichem Benehmen besuchten sie die junge Hausmutter häufig und brachten so einen Funken Großstadt in ihr glanzloses Leben. Das arme Kind ging niemals aus, was ohne einen Ehemann an der Seite auch nicht gut möglich war. Sie plauderten bei Mokka und Vanillekipferln, tratschten und amüsierten sich, während Josephine höflich zuhörte und sich um das Wohl ihrer Gäste bemühte.

»Erst gestern«, sagte eine mollige Dame mit dunklem Umhang und kostbarer Kamee, »wollte ich ein beiges Stickgarn besorgen. Für den Gobelin in unserem Musikzimmer, ihr kennt ihn ja. Ich habe am Unterarm einer der Musen einen Riß entdeckt. Ich ließ sofort anspannen und fuhr zum Kaufhaus Wertheim. Es gehört zwar Juden, aber meiner Meinung nach ist es trotzdem eines der großen Wunder Berlins. Diese üppigen Blumenarrangements überall! Und die Kronleuchter! Mindestens so viele wie in Versailles! In der Lebensmittelabteilung ist gerade frischer Lachs vom Kaspischen Meer angeliefert worden – und Fässer mit Kaviar. Ich habe gleich etwas davon für meinen Mann erstanden. Der Zar könnte nicht königlicher speisen. Für die Kinder habe ich von dem köstlichen Nougat gekauft, der eben aus Florenz eingetroffen ist, und für die Mutter von Max – sie wird nächste Woche siebzig – fand ich einen federleichten Paisley-Schal. Dann trank ich einen vorzüglichen Tee und aß eine mit Rosinen gefüllte ungarische Babka. Als ich nach Hause kam, war ich natürlich völlig erschöpft, aber recht zufrieden.«

»Und hast du das Garn für den Gobelin bekommen, Ingeborg?« erkundigte sich eine magere Frau in Dunkelrot.

»Aber natürlich! Du weißt doch, Sophia, Wertheim führt so gut wie alles!«

Eine Dame in mausgrauem Wollkleid verkündete: »Mein Mann hat heute morgen in der Zeitung gelesen und mir erzählt, daß es irgendwo in einer großen Stadt in Nordamerika ein Erdbeben gegeben hat. Mein Mann sagt, es sei eine richtige Katastrophe.«

»Ich glaube, die Stadt heißt San Francisco, nach dem heiligen Franz von Assisi.« Die Dame in Dunkelrot stellte die Dinge gerne richtig.

»Genau, so hieß die Stadt. Mein Mann sagt, es habe viele Tote gegeben!«

Eine finster dreinblickende Dame in einem streng geschnittenen marineblauen Kostüm war so groß, daß sie die anderen schon im Sitzen hoch überragte.

»Der Kaiser hat sich mit dem Zar in Swinemünde getroffen«, tönte sie mit befehlsgewohnter Stimme: »Ja, ich sagte Swinemünde. Ich war schon oft mit meinem Mann und den Kindern dort. Ich sage immer, daß es nichts Belebenderes gibt als Ostseeluft. Zweifellos ist unser Kaiser derselben Meinung.«

Ein dicker Dackel machte bettelnd Männchen, wurde mit einem Zuckerstück belohnt und verzog sich wieder zu einem Nickerchen unter den überladenen Teetisch.

Ein Thema von allgemeinem Interesse war die neue Gedächtniskirche, mit deren Bau der Kaiser seinem Großvater ein Denkmal setzen wollte. Hatte schon eine von den Damen gehört, daß der Hauptturm hundertdreizehn Meter hoch werden sollte? Es würde herrlich aussehen! Aber warum sollte die Kirchturmspitze von einem Stern geziert werden wie ein Weihnachtsbaum? Für ein religiöses Bauwerk dieser Bedeutung sei solcher Schmuck ganz ungeeignet.

»Die Kaiser-Wilhelm-Gedächtniskirche wird bis in die nächsten Jahrhunderte hinein die Krone der Kirchenbaukunst sein, auch wenn dieser Christbaumschmuck angebracht wird!« ließ sich die Dame im Marineblauen hören, und damit endete die Diskussion.

»Meine Köchin hat erzählt, daß im Norden der Stadt einige Frauen – sie sprach von ›Damen‹, aber das kann gar nicht sein, da drüben gehören doch alle zur Arbeiterklasse –, also meine Köchin sagte, daß diese Frauen mit Transparenten durch die Straßen gezogen sind und Rechte für die Frauen gefordert haben! Was für Rechte, frage ich mich da. Geradezu schamlos, was manche unternehmen, um die Aufmerksamkeit auf sich zu lenken! ›Kümmert euch um eure Männer, um Haushalt und Kinder und verschwindet von der Straße‹, sollte man ihnen sagen.« Dem konnten alle nur zustimmen.

»Wir haben für die Premiere der neuen Operette eine Loge gemietet. Geht dein Gatte mit dir auch hin?« erkundigte sich die mausgraue Dame bei der dunkelroten.

Diese erwiderte von oben herab: »Nein, meine Liebe. Mein Mann und ich geben an diesem Abend eine Soiree mit Schumannliedern.«

»Mein Mann sagt, für diese Woche habe das Schloß schon wieder eine Parade angesagt. Wie der Kaiser doch seine Paraden liebt! Ob die Kaiserin wieder ihr langweiliges Lavendelblau tragen wird?« Das war das Stichwort für eine erregte, wenn auch artig geführte Diskussion über die neueste Mode. Und darüber verging der Nachmittag.

Bevor die Damen sich verabschiedeten, wurden die Töchter des Hauses aus ihren Zimmern herbeigerufen. Artig begrüßten sie die Gesellschaft und sagten ein Goethegedicht auf. Voll Entzücken tätschelten die Tanten die goldigen Kinderköpfchen, was die wohlerzogenen Mädchen geduldig über sich ergehen ließen.

Etwas ganz anderes war es, wenn Tante Vally zu Besuch kam.

Tante Vally war eine Schönheit! Sie hatte eine gute Partie gemacht und konnte es sich leisten, ihrem feinnervigen Geschmack für Luxus freien Lauf zu lassen. Bedenkenlos verschleuderte sie das Geld ihres Mannes, der sie abgöttisch liebte. Ihre Jagdpferde gehörten zum Besten, was die englischen Gestüte hervorbrachten. Ihre Reitkostüme waren aus traumhaft feinem Wollstoff und Samt gefertigt, alles in Pechschwarz, ihrer Lieblingsfarbe, der kleine schwarzglänzende Hut gehalten nur von einem feinen Schleier. Sie selbst war ein Wunder an Tüchtigkeit und verführerischem Esprit. Ihre zahlreichen Häuser führte sie aufwendig und souverän. Die Gesellschaft rühmte ihre reichhaltigen Bankette und bewunderte die hochgewachsenen Lakaien, die sie persönlich auswählte und die ihren eigenen Vorstellungen von einheitlicher Körpergröße und gutem Aussehen entsprechen mußten.

Wenn Tante Vally mit exotischen Früchten und Pariser Bonbons beladen auftauchte, wurde sogar Josephines strenger Blick milder. Das ganze Haus schien aus seiner schläfrigen Melancholie zu erwachen. Tante Vally sprühte vor Leben, und die beiden Mädchen vergötterten sie. Sie verstand es, sich zurechtzumachen. Ihr kleiner Muff war aus echtem Otternpelz aus Amerika, die enganliegende Jacke mit demselben kostbaren Fell besetzt, ihr Hut eine Kreation aus Samtschleifen und Vogelfedern. Ein Traumbild in Tannengrün! Liesel lauschte gebannt, wenn die Tante von ihren Reisen in ferne Länder erzählte. Lena ließ die Augen nicht von den maßgefertigten Schuhen aus dunkelgrünem und perlweißem Leder, den feinen, dazu passenden Handschuhen und der kunstfertigen Brüsseler Spitze an ihrem Hals. Eines Tages wollte auch sie sich wie eine feine Dame kleiden und genauso hinreißend aussehen wie ihre Tante.

Wenn Louis zufällig zu Hause war, ließ sich Tante Vally zum Entsetzen der Kinder ein Glas Cognac einschenken und kippte es wie ein

15

Mann hinunter. Dabei gluckste sie vergnügt über ihre eigene Kühnheit und Josephines empörtes Gesicht. Schon immer hatte sie beim Trinken mit Louis mithalten können, und es machte ihr Spaß, sein männliches Gehabe herauszufordern – sie war die einzige Frau, der er dieses Recht zugestand. Tante Vally war auch die einzige in der Familie gewesen, die ihn vor einer erzwungenen Heirat hatte schützen wollen, aber trotzdem hatte sie sich jetzt des »armen Kindes«, wie Josephine unter den Verwandten genannt wurde, angenommen. Wann immer sie Zeit fand, heiterte sie deren einsames Dasein auf und tadelte Louis, daß er seine Frau so vernachlässigte.

Im Frühjahr 1906, Lena war beinahe fünf, ließ sich die Familie vom königlichen Hoffotografen porträtieren. Tante Vally arrangierte die Gruppe, wählte die Kleider aus, lachte über Louis' aufgeblasene Miene und begeisterte sich am Anblick der Strohhüte, die sie für die Mädchen ausgesucht hatte.

Der Zeitpunkt der Einschulung rückte näher und näher. Josephines Bemühungen, ihre Töchter zu guten Partien zu erziehen, sollten nun von einer soliden Ausbildung ergänzt werden.

»Man kann nicht beurteilen, ob die Hausangestellten ihre Aufgaben korrekt erledigt haben, wenn man das nicht selbst korrekt gelernt hat.« Dieser Satz gehörte zu den Lehren, die die Mädchen immer wieder zu hören bekamen. So lernten sie denn Flicken, Schrubben, Wienern, Teppiche klopfen, Wäsche waschen und Scheuern. Häufig wechselnde Fräulein unterrichteten sie in Französisch, Englisch, im Klavier und Geige spielen sowie in gutem Benehmen. Als die beiden Dietrichmädchen ins Schulalter kamen, hätten sie mit Leichtigkeit die ersten zwei Klassen überspringen können. Erlaubt war das natürlich nicht. Gewissenhaft mußte am eingeführten Lehrplan festgehalten werden.

An einem dunklen, kalten Morgen brachen die beiden Mädchen zur Schule auf. Ihre Haare waren zu Zöpfen geflochten, sie trugen schwarze Wollsocken, und auf ihre Rücken drückten große lederne Ranzen, vollgepackt mit schweren Büchern. Düster und bedrohlich ragte die Auguste-Viktoria-Schule im frühen Morgenlicht vor ihnen auf. Liesel stieß die schwere Eisenpforte auf und ließ ihrer kleinen Schwester den Vortritt. Sie ergriff Lenas Hand, und gemeinsam schritten sie zur Erfüllung ihrer täglichen Pflicht.

Liesel ging gern zur Schule. Ihr gefiel alles, was mit Lernen zu tun hatte. Die Schwester liebte die Schule nicht. Da sie aber ebenso gelernt hatte, ohne Widerspruch zu gehorchen, paßte auch sie sich der strengen Schulordnung an. Wie von ihnen erwartet, brachten beide Mädchen nur die besten Noten mit nach Hause. Wenn sie heimkamen, stellten sie die Schuhe in den dafür vorgesehenen Schrank im Flur, zogen die Schnürschuhe fürs Haus an, wuschen sich die Hände, legten die Schulkleidung ab und schlüpften in ihre Hauskittelchen. Bevor sie mit den Hausaufgaben beginnen konnten, die mindestens zwei Stunden in Anspruch nahmen, machten sie zusammen mit einer Privatlehrerin französische Konversation und übten, Aufsätze zu schreiben. Eine weitere Stunde spielten sie Klavier und Geige. Nach dem Musizieren gab es Abendessen. Unter absolutem Schweigen wurde es eingenommen, denn es galt als unbekömmlich, beim Essen zu sprechen. Anschließend lehrte wieder eine Privatlehrerin die Mädchen in englischer Konversation und der Kunst des Aufsatzschreibens. Damit endete der lange Unterrichtstag. Und erst nachdem die Mutter ihnen die Haare für die Nacht neu geflochten hatte, durften sie eine kostbare halbe Stunde lang tun, was sie wollten. Liesel las dann am liebsten, Lena arrangierte selbstgesammelte, lange bunte Seidenbänder und knüpfte sie an ihre Mandoline. Irgendwie hatte sie die Zeit gefunden, das Spiel dieses romantischen Instruments zu erlernen. In einem Buch hatte sie die Abbildung eines Zigeunerjungen entdeckt, und seither wollte sie wie er die Mandoline spielen, mit flatternden Bändern im Wind.

Zum Osterfest 1912 schenkte Tante Vally Lena ein kleines, rotes, in marokkanisches Leder gebundenes Tagebuch mit Goldprägung, dessen feine Ausstattung Lena auf Anhieb gefiel.

»Hier kannst du alles aufschreiben, was du fühlst«, flüsterte die Tante. »Du bist jetzt alt genug für so etwas. Und denke daran, es ist immer gut, einen heimlichen Freund zu haben, dem man vertrauen kann.« In den folgenden Jahren hatte Lena viele Tagebücher in unterschiedlichsten Farben, in denen sie ihr Herz ausschüttete. Doch dieses erste Tagebuch, dem sie den Namen »Rotchen« gab, war ihr das liebste. Manchmal machte sie ihre Eintragungen im Berliner Dialekt, dessen schnoddrig-boshafter Straßenjargon sich so sehr vom aristokratischen Hochdeutsch des Elternhauses unterschied, daß man sich fragen muß, wo sie die Worte wohl aufgeschnappt hatte. Wenn sie romantisch säuselte, verlor sich der scharfzüngige Ton, aber auch später konnte sie noch nach Belieben ins Berlinerische überwechseln. Jetzt, mit zehneinhalb Jahren, begann eine Gewohnheit, die sie ihr Leben lang beibehalten sollte!

Der Untergang der *Titanic* im April desselben Jahres berührte Lena so wenig, daß sie diese Tragödie nicht erwähnenswert fand. Auf einem Sommerausflug zwei Monate später ereignete sich jedoch etwas, das ihr schließlich wichtig genug war:

8. Juni 1912

Liebes Rotchen, es war gestern wunderbar. Wir waren mit H. Schultz in Saatenwinkel. Ich habe auf seinem Schoß gesessen. Liebes Rotchen, du kannst dir nicht denken, wie schön es war. Tausend Küsse. Deine Leni

Einer der beliebtesten Treffpunkte für junge Leute war die große Berliner Kunsteisbahn mit ihrer glitzernden Beleuchtung. Eine Blaskapelle spielte Straußwalzer und rührselige Schlager über Liebe, Leid, Sehnsucht und Schmerz – Lenas Lieblingsweisen.

26. Februar 1913

Auf der Eisbahn war es sehr schön. Ich bin hingefallen, da kam gleich 'ne Menge Bengels an. Adieu fürs erste, süßes Rotchen.

Viele Küsse
Deine Leni

17. Januar 1914

Auf der Eisbahn spielen sie jetzt immer »Die Männer sind alle Verbrecher«, stimmt, ausgenommen gewisse Leute (Losch, Papa, Onkel Willy) u. denn noch vielleicht jemand mit F. S.? Na, ich will nicht ausschreiben, es könnte mal jemand aufschließen. Jetzt muß ich aufhören, ich hab' gleich Violinenstunde.

Adieu
Deine Leni

19. Januar 1914

Auf der Eisbahn war es heute wirklich schön. Liesel hat gerade gefragt, ob ich wieder so einen Unsinn über Jungen schreibe. Also wirklich! Ist das Unsinn, mein liebes Rotchen? Natürlich nicht! Wir wissen ja, über was für Sachen *sie* schreibt. Liesel ist immer so furchtbar anständig.

Küsse
Deine Leni

Obwohl Lena sich in der Schule wie zu Hause vorbildlich benahm, beobachtete Josephine bei ihrer jüngeren Tochter einen Hang zu innerer Rebellion, der sie beunruhigte und der sorgfältiger Überwachung bedurfte. Liesel wurde angewiesen, die kleine Schwester überallhin zu begleiten, sie nicht aus den Augen zu lassen und über jedes undamenhafte Benehmen, so es je vorkommen sollte, sofort Bericht zu erstatten. Diese Aufgabe war wie geschaffen für die stets zuverlässige, gehorsame Liesel. Obwohl sie Schlittschuhlaufen verabscheute – ihre schwachen Fußgelenke fingen jedes Mal so zu schmerzen an –, lief sie mit verbissener Entschlossenheit über das Eis. Mit geducktem Kopf, den kleinen plumpen Körper mühsam im Gleichgewicht haltend, pflügte sie dahin, bestrebt, Lena und ihre neueste Eroberung ständig im Auge zu behalten. Anstatt ihre geliebten Bücher zu lesen, schleppte sie sich als treuer Wachhund Kilometer um Kilometer weiter und beobachtete mit Adleraugen Lena, die mit ihren Freunden die Prachtstraßen Berlins in der Abenddämmerung entlangbummelte.

30. Januar 1914

Heute habe ich eine Rüge bekommen, weil eine mich gekitzelt hat und ich gelacht habe. Na und *ma maman* hat mir natürlich 'ne Rede gehalten über Freundinnen. Was kann ich dafür, wenn ich keine Freundinnen habe. Heute habe ich es mit der Annemarie Richter aus der Turnstunde versucht, aber die ist so albern, sagt Liese, und ist auch schon 13 Jahre. Also mit den Freundinnen der Klasse, ich sitze doch nu bei den Juden u. *maman* sagt, ich soll mir einen *isolierten* Platz geben lassen ... graule mich schon vor den Kindern in Braunschweig, hoffentlich sind sie nett. Ich halte mich jetzt *sehr streng in Zucht*. Heute hat mir Steffi Berliner mindestens sechsmal die Mütze runtergerissen, na, ich bin böse. Ich hab' nun schon einen Tadel u. fünf Rügen, ich hoffe stark, noch *gut* zu bringen in Betragen, denn ich habe in Aufmerksamkeit und Betragen einen Tadel, eine Rüge in Ordnung und vier Rügen in Betragen. Heiliger Bimbam!
Na, ich muß jetzt ins Bett! Ich hab Zahnweh.

Adieu

Leni dachte darüber nach, ihren Namen abzuändern. Kaum hatte der Lehrer ihr den Rücken zugedreht, probierte sie auf den hinteren Seiten ihres Schulheftes verschiedene Versionen aus. »Marie Magdalene«, die zwei *e* statt des *a* am Ende der Namen machten sich gut. Vatel hieß nach einem französischen König, man hätte ihr also auch einen französischen Namen geben sollen. Vielleicht hatten die Eltern ihren Namen auf *a* enden lassen, weil alle Dienstmädchen Marie hießen? In ihrer mühseligen Schönschrift malte sie ihren vollen Namen. Wie lang das dauerte! Vielleicht ging es auch kürzer: »Marialena«, »Marlena«, das hörte sich nicht schlecht an. Hier könnte sich das *e* am Ende gut machen: »MARLENE«. Wieder schrieb sie »MARLENE« – »Marlene Dietrich« – ja, das war es! Das gefiel ihr! Ein paarmal übte sie den neuen Namen, dann schlug sie zufrieden das blaßblaue Schulheft zu. Mit dreizehn Jahren hatte sie für sich den Namen »Marlene« gefunden.

1. Februar 1914
Gestern war Otti Rausch da, ich glaube, sie wird meine Freundin. In der Schule werden sie mich schön utzen. Gestern war ich im Kino, es war chic.

Good-bye, süßes Rotchen.
Leni

Vom Ural bis zu den üppiggrünen Hügeln Irlands lag ein besonderer Zauber über diesem Sommer des Jahres 1914. Goldene Tage wie diese erlebt man nicht allzuoft. Jeder war unterwegs in die Ferien, an die See, in die Berge. In den zahlreichen Straßencafés der Stadt drängten sich die Gäste und genossen bei gekühltem Rheinwein und eiskalter Limonade das milde Sonnenlicht. In den Parkanlagen blühten die Akazien, Kinder in weißen Matrosenanzügen trieben Holzreifen voran, an ihren Strohhüten flatterten lange, marineblaue Bänder. In den herrlichen Anlagen des berühmten Berliner Zoos spazierten englische Kindermädchen mit ihren in Spitze gehüllten Schützlingen in den hochrädrigen Kinderwagen auf und ab. Damen mit Sonnenschirmchen und blumenbedeckten Musselinkleidern führten ihre Hündchen aus, junge Männer ruderten ihre Mädchen über die stille Spree. Sie lebten in dem Glauben an eine glorreiche Zukunft, an ein Leben, das immer so schön bleiben würde.

In Sarajevo, einer Stadt an der Grenze zwischen Serbien und dem kaiserlichen und königlichen Reich von Österreich-Ungarn, befand sich der österreichische Kronprinz Franz Ferdinand auf einem Staatsbesuch. Er half seiner Frau Sophie in einen offenen Tourenwagen, nahm an ihrer Seite Platz und befahl, das Kortege in Bewegung zu setzen. Eine Kapelle spielte. Das königliche Gefährt rollte langsam die Prachtstraße hinunter. Ein Schwarm weißer Tauben kreiste in der Luft und sah aus wie Schneeflocken vor dem blauen Sommerhimmel.

Plötzlich huschte ein Schatten vor! Ein junger Mann sprang auf das Trittbrett des fahrenden Wagens und feuerte zwei Schüsse ab.

In den Geschichtsbüchern sollte später stehen, daß jener politische Mord, geschehen am herrlichen Sommermorgen des 28. Juni 1914 um 11 Uhr 17, Generationen junger Männer das Leben gekostet hat. Während die Völker Europas noch immer ihre Sommerferien genossen, entschieden ihre Regierungen über ihr Schicksal.

Am 28. Juli erklärte Österreich-Ungarn Serbien den Krieg. In schneller Folge wurden alte Bündnisse erneuert und neue geschlossen. Deutschland erklärte erst Rußland, dann Frankreich den Krieg; England erklärte Deutschland den Krieg; Serbien erklärte Deutschland den Krieg; Frankreich erklärte Österreich-Ungarn den Krieg; England erklärte Österreich-Ungarn den Krieg; Japan erklärte Deutschland den Krieg; Österreich-Ungarn erklärte Japan den Krieg; Österreich-Ungarn erklärte Belgien den Krieg; Rußland erklärte der Türkei den Krieg; Frankreich und England erklärten der Türkei den Krieg. Später dann erklärte Italien Deutschland, der Türkei und Österreich-Ungarn den Krieg und so weiter, und so weiter. Die Vereinigten Staaten von Amerika schlossen sich an. Der Erste Weltkrieg hatte begonnen.

15. August 1914

Jetzt ist Krieg! Schrecklich! Vatel ist am 6. August nach dem Westen ausgerückt. Mutti weint immerzu. In Harzburg war's nett. Der Tanzmeister hieß Lepitre. Er war süß.

Ich glaube, unsere Schule wird geschlossen. Es gibt keine französischen Mädchen mehr. Noch ein paar englische. Gestern hatte ich meine Violinenstunde und spielte für Deutschland.

Leni

Niemand hätte geglaubt, daß der Krieg den Sommer überdauern würde. In den Kaffeehäusern und Restaurants der Hauptstadt sprach man von dem »netten kleinen Krieg«. Bis September war den Berlinern diese schnoddrige Haltung jedoch vergangen.

26. September 1914
Krieg! Vatel ist verwundet. Schrapnellschuß, rechter Arm, ist nach Braunschweig gekommen. Mutti hat uns hingeholt. Lag im Schloß-Lazarett. Wir in Pension Müller-Bartelstein, Jerusalemstr. 2. Sehr hübsch, 180 M für knapp drei Wochen. Viel. Vatel war süß, ist nach 4 Wochen, am Sonnabend mit herzoglichem Auto weg. Onkel Otto u. Georg Eisernes Kreuz.

Leni

9. Oktober 1914
Onkel Willy hat das »Eiserne Kreuz«, famos. Ich bin jetzt in der 3m, bitte alle Achtung.
Auf Wiedersehen.

Leni

9. Dezember 1914
Die Sache ist zugleich lustig und traurig. Vatels Kompagnie hat Läuse. Wir stricken Pulswärmer mit zwei Nadeln in allen Klassen. Ich will aber nicht ins Gymnasium, ich hab solche Angst vor den Mädchen. Mein süßes Rotchen ich hab' ja solche Sehnsucht.

Leni

In diesem entsetzlichen ersten Winter des Ersten Weltkriegs hoben die Soldaten an der West- und Ostfront Schützengräben aus. Die Bedeutung *Graben* leitet sich im Deutschen und Französischen ab von *ein Grab schaufeln,* eine angemessene Beschreibung für das, was noch kommen sollte.

15. Dezember 1914
Onkel Otto ist gefallen, Nackenschuß 4. Dez. Furchtbar, alle weinen. Onkel Otto ist die Gehirnplatte abgeschossen. Küsse

Leni

3. Febr. 1915
Lise ist total verliebt in Hanni. Es gibt Tiere, die heißen Affen, dazu gehört meine Schwester. Ach ich bin zu fuchsig über Lise, so verliebt zu sein. Verliebt, verlobt, verheiratet. Ich bin auch verliebt. R. ist süß!

Leni

6. März 1915

Lerne jetzt Trockenmalerei. In d. ersten auf Seide (Veilchen) In d. zweiten auf Papier (Mohnblumen) in d. dritten auf Holz. Veilchen u. Mohnblumen kriegt meine süße goldene Tante Vally zum Geburtstag. Unser schönes Togo zu schauen. Gemein. Hauptsache ist, daß die Engländer Keile kriegen.

Die Deutschen mit ihrer teuflischen Begabung für Chemie führten am 22. April 1915 den ersten Giftgasangriff durch. Die gegnerische Seite verurteilte das als Akt der Barbarei, um im nächsten Moment selbst mit der Herstellung tödlicher Substanzen zu beginnen. Die Gasmaske wurde erfunden und gehörte fortan zur Grundausrüstung auf beiden Seiten. Mit der Entwicklung eines neuen Gases übertrafen sich die Deutschen schließlich selbst. Als ölige Mischung verteilte es sich nicht im Raum, sondern sank zu Boden, haftete an allem, womit es in Berührung kam, und zerfraß es – egal ob Stoff, Leder, lebendiges Fleisch, Muskeln, Lungengewebe. Das Giftgas verströmte aber nur dann am vorbestimmten Ziel, wenn Außentemperatur, Windgeschwindigkeit und Windrichtung korrekt berechnet worden waren; die Kanister abzuwerfen war deshalb zeitraubend und gefährlich, und ein plötzlicher Wechsel der Windrichtung konnte die tödliche Wolke auf die eigenen Linien zurücktreiben. Solche technischen Schwierigkeiten und weniger ethische Skrupel waren wahrscheinlich der Grund, warum die chemische Kriegführung in den kommenden Jahren keine entscheidende Rolle spielte.

29. April 1915

Sie sind fort, um Onkel Otto zu holen. Bald fahren wir in Ferien nach Dessau – endlich! Ich könnte für immer dort bleiben. Ich glaube, vielleicht wurde Onkel Otto gar nicht getötet. Vielleicht ist es nicht sicher. Warum mußte er sterben?

Jetzt kamen die Damen ins Schöneberger Haus nicht mehr zum Plaudern, sondern um zu weinen. Die zuverlässige und einfühlsame Josephine wußte immer Rat und Hilfe; sie fand die richtigen Worte, um Kummer zu stillen, und spendete Trost, wo kein Trost mehr möglich schien. Wie stumme Krähen hockten die Damen zusammen. Wenn ihre schwarzen Kleider über den Parkettboden schleiften, raschelten sie leise wie Blätter im Herbst. Josephine fiel mehr und mehr die Rolle der Familienmutter zu. Sie galt als die Stärkste von allen, und das vielleicht zu Recht. Die Mädchen, die sich auf dem Treppenabsatz verborgen hielten, konnten beobachten, wie ihre Mutter schwerbeladene Tabletts mit Leberwurstbroten und dampfendem Kaffee herbeischleppte. Josephine war der Überzeugung, körperliche Widerstandskraft helfe den Trauernden, mit ihrem Schmerz fertig zu werden, und die Damen fühlten sich in der Tat etwas besser, wenn sie Josephines Haus verließen. Voller Mitgefühl weinte Liesel für die schwarzen, gramgebeugten Gestalten. Lena hingegen, die sich nie um die graue Wirklichkeit geschert hatte, sah die Welt noch immer mit eigenen Augen. Als die frischverwitwete Tante Vally zu Besuch kam, war sie außer sich vor Freude.

4. Februar 1916
Tante Vally ist hier; es ist wundervoll. Eben habe ich auf Ihr Bett einen Tannenzweig mit roten Papierrosen hingelegt u. dazu ein Gedicht gemacht:

Hätt' ich schöne Rosen,
Pfückt' ich sie für Dich,
Doch zu Winterszeiten,
Hab' ich diese nicht.
Sieh die Blumen an
Und denk an mich.
Ich liebe Dich.

6. Februar 1916
Tante Vally ist so himmlisch wonnig. Gestern hatte sie ein schwarzes Ribkleid an mit weißem Kragen u. weißen Manschetten. Sie sah so himmlisch aus; schike-bonbon ist das gar nicht mehr. Kleine Lackhalbschuhe hatte sie an. Ich habe sie gestern viel geküßt, aber trotzdem fehlt mir etwas, ich bin nicht so selig über einen Kuß, den sie mir gibt, wie bei Grete aus Harzburg. Es ist doch meine Tante; Liese gibt sie doch auch einen Kuß. Als ich gestern den Sehnsuchtswalzer von Beethoven ihr vorspielte, da hat sie geweint. Ich hätte die Geige wegwerfen können u. zu ihr hinlaufen u. ihr die Tränen abküssen mögen.

10. Februar 1916

Tante Vally ist nun fort. Es ist schrecklich. Sie hatte mir doch einen silbernen Armreifen geschenkt; den darf ich noch nicht mal zur Schule tragen. Ein Glück, daß ich die Cigarettenstummel, die sie geraucht hat bei Eimimi mit Seidenmundstück, gekriegt habe. Als sie weg war, habe ich mich vor ihr Bett gesetzt u. schrecklich geweint. Eben beim Mathematik arbeiten fing ich plötzlich auch an zu weinen, als ich daran dachte, daß es hier so still jetzt sei.

15. Juni 1916

Vatel ist nun wieder nach dem Osten gekommen. Mutti ist nach Westfalen gereist, um ihn zu treffen. Sein Zug war schon fort u. M. ist immer hinter ihm hergefahren, hat ihn aber um fünf Minuten nicht erreicht. Sie ist nat. furchtbar traurig. Vorgestern waren wir im Palastvarieté am Zoo. Wir haben uns vor Lachen gewälzt. Vatel hat Bilder geschickt, wo er mit einem schicken Fliegerleutnant Lackner drauf ist. Wir spielen jetzt oben wieder »Schwester«. Ich pflege nat. Lackner u. zwar Hans Heinz von Lackner, Oberleutn. im 92. Inf. Regt., Alter 23, geb. in Braunschweig. Mein schwarzes Tuch sieht wie eine richtige Schwesternhaube aus u. saß heute auf meinen Schnecken fein.
Übrigens, ich schwärme nicht mehr für T. Vally. Jetzt für niemanden! In drei Wochen sind wir ja in Harzburg, da schwärme ich gewiß wieder für jemand anderen.

Der deutsche Kriegsheld Baron Manfred von Richthofen war wahrscheinlich der strahlendste Vertreter jener Generation wagemutiger junger Männer, die ab 1914 zum erstenmal Krieg in der Luft führten. Von seinen Landsleuten zum Idol erhoben, von seinen Feinden geachtet, verkörperte er das Bild des hochromantischen Piloten »mit weißem Seidenschal, der im Wind flattert«. Als typischer Draufgänger ließ er seinen Fokker Dreidecker knallrot anstreichen, damit der englische Gegner ihn auf Anhieb erkennen konnte. Seine Tapferkeit und Arroganz brachten ihm den Spitznamen »Der rote Baron« ein. Nur die Tatsache, daß damals junge Damen aus guter Familie keine Zeitung lasen und Radio und Fernsehen noch nicht existierten, erklärt, warum die verwegene Heldengestalt in Lenas Mädchentagebücher keinen Eingang fand. Das wäre ein rechter Schwarm für sie gewesen! So, wie sie achtundzwanzig Jahre später jeder in Verzückung versetzte, der irgendein Abzeichen mit Flügeln vorweisen konnte.

Tante Vally war es, die mit bleichem, von Trauer entstelltem Gesicht die Nachricht vom Tode Louis' überbrachte. Sie war es, die die erschütterte Josephine in den Armen hielt und ihr jene abgenutzten Worte des Trostes zusprach, die ihre eisige Erstarrung lösen sollten. Sie führte Josephine auf ihr Zimmer, half ihr ins Bett und deckte sie mit dem dicken Federbett zu, wohl wissend, daß die Kälte des Schmerzes bald ihr Gemüt heimsuchen würde. Dann wartete sie in dem stillen Haus auf die Rückkehr der Kinder.

In dieser Nacht weinte sich Liesel in den Schlaf, die Hände um eine Fotografie ihres Vaters geklammert. Lena weigerte sich, die Nachricht zu glauben. Tante Vally hatte kein Recht, über eine so ernste Angelegenheit Lügenmärchen zu verbreiten. Sie knickste vor der Tante und zog sich in ihr Zimmer zurück. Lena weinte nicht. Töchter tapferer Soldaten weinen nie.

Josephine trauerte einsam hinter verschlossener Tür. Als sie wieder auftauchte, war sie von der Witwenkleidung wie von Fledermausflügeln umgeben. Fest flocht sie ihren Töchtern die traditionellen schwarzen Bänder ins Haar, nähte schwarze Armbinden an ihre Schulkleidung und behängte die große Eingangstür des Schöneberger Hauses mit Trauerflor. Der Todestanz im Kriegsdeutschland ging weiter.

Dessau

Nun sind alle tot. Heute wird Vatel beerdigt. Heute früh waren wir nicht in der Schule, sondern auf dem Ehrenfriedhof bei Vatel. Sein Grab wurde gerade gegraben. Hier ist's furchtbar langweilig. Der einzige nette Schüler auf dem Bummel ist Schmidt.

Leni

Als alleinstehende Frau mit der Verantwortung für zwei Kinder war Josephine in einer verzweifelten Lage. Sie wußte, daß ihre Witwenpension nicht ausreichte. Bald würden den Mädchen die Schuhe zu klein sein – wie sollte es dann bloß weitergehen? Wo konnte sie in Kriegszeiten Leder bekommen? Selbst wenn sie die Reitstiefel von Louis auftrennte, woher nahm sie das Geld, um den Schuster zu bezahlen? Sogar Lebensmittel waren jetzt knapp, und Lebensmittelmarken wurden Josephines kostbarster Besitz. Sie verbrachte die Tage in Warteschlangen und ließ die Hoffnung nicht sinken, daß es auch für sie am Ende noch etwas zu kaufen gäbe. Im Winter 1916 wurde das Brot aus Rüben gebacken, die Fleischrationen bestanden aus Knochen und Innereien. Wo einst Milch und Käse angeboten wurden, gähnten nun leere Regale. Statt Kartoffeln gab es gelbe Rüben, und Kaffee, dieser so unverzichtbare Bestandteil des Berliner Gesellschaftslebens, mußte aus Bucheckern gekocht werden. »Ersatz« hieß das Schlagwort, und es bestimmte das tägliche Leben! In den Arbeitervierteln horteten die Frauen sämtliche Vorräte, derer sie habhaft werden konnten, und organisierten kommunale Küchen, wo jede Familie für vierzig Pfennig einen Liter dünne Suppe kaufen konnte. In den vornehmen Stadtteilen dagegen florierten die Schwarzmarktrestaurants. Auf geprägten Speisekarten wurden Fasan, Mastgans, knuspriger Schweinebraten, reichhaltige Gemüseplatten, Schokoladentorte und verschiedene Sorten Eisbomben angeboten. Wie in jedem Krieg konnten es sich die Reichen leisten, festlich zu speisen, während die Armen zusehen mußten, wie sie ihre Kinder durchbrachten.

Als die bedrängte Stadt von einer Grippeepidemie heimgesucht wurde, wußte Josephine, daß es an der Zeit war, die Kinder aus Berlin fortzubringen. Beim Abschied vom Schöneberger Haus war ihr, als verlöre sie Louis aufs neue. Jetzt würde er gänzlich von ihr gehen. Kaum einmal hatte sie sich bisher Tränen gestattet, jetzt weinte sie um die verlorenen Träume ihrer Jugend. Dann gab sie sich einen Ruck, drehte der Vergangenheit den Rücken und ging. Sie mußte ihre Pflicht tun.

Josephine zog mit der kleinen Familie in eine Mietwohnung in Dessau, südwestlich von Berlin.

Dessau, den 9. November 1916
Ich war heut auf dem Bummel. Ich kam um viertel sieben und traf gleich zwei aus der Klasse. Die erzählten mir, daß Fritz um sechs dagewesen wäre. Pech muß der Mensch haben. Also wartete ich u. denke immer noch, er kommt, weil er doch in der Cavalierstr. wohnt. Aber natürlich kam er nicht. Wenn er an mich rangekommen wäre, wäre es wundervoll gewesen, weil Mutti in der Stadt war. Ich seh' ihn ja Sonnabend in der Geigenstunde (ich komm immer, wenn er noch spielt). Wenn *Herbert Hirsch* das wüßte! Der ist 14 Jahre alt, aber wie 17. Er schwärmte in Harzburg für mich, was sehr interessant war: z. B. das Abküssen im

dunklen Hausflur, worauf ich mit ihm böse war. Sein Vater war ein häßlicher oller Jude, der Mutti sehr gefährlich schien. Der Herbert war mir ein schöner Zeitvertreib in Berlin, aber unangenehm, da er immer in der Tür stand und mich begleiten wollte, u. ich doch nicht mit ihm von andern gesehen werden wollte. Dann sah ich ihn das letzte Mal, als wir abfuhren; da radelte er *zufällig* die Kaiserallee lang. Ich hatte von Tante Elsa Rosen bekommen u. schmuste ihm vor, die hätte ich von irgendeinem *Er*, worauf er entsetzt abschob. Ich werde ihm mal schreiben und seine Liebesglut wieder wecken. Hier hat jedes Mädel ihren Schüler. Ohne diese wäre Dessau langweilig.

Dessau, den 6. Dezember 1916

Heut bummele ich, da reißen mir plötzlich 'ne Masse Pennäler die Mütze ab. Die halten die Mütze über die Augen, so geht das immer, wenn mal 'ne Neue kommt, die noch nicht jeder kennt. Morgen ist F. sicher auf dem Bummel, aber drei Tage hintereinander darf ich nicht hin. Jetzt soll ich schon um drei viertel neun ins Bett mit 15 Jahren. Liesel ist ein entsetzlicher Tugendmoppel, sie geht nie abends *über* die Cav. str. aus Angst, man könnte sie bummeln sehen.

Tante Eimimi hat Lungenentzündung. Mutti ist hingefahren. Heute wollte Tante Agnes die Telephonnummer von E. wissen, da mußte ich rüber. Ich gehe auch, ich Schaf, u. da hat sie nichts besseres zu tun, als mir meine Sünden vorzuhalten. Weswegen ich gestern auf dem Bummel gewesen wäre, wer mich gesehen hätte, sage sie nicht, sagte sie. Wie oft ich auf und ab gegangen sei. Die einzige Freude, wenn man's überhaupt so nennen kann, ist, daß ich nach den Schularbeiten mit einer Freundin eine halbe St. bummele. Das erlaubt sie einem noch nicht mal. Im übrigen ist mir das ganz piepe, ich gehe trotzdem.

10. Dezember 1916

Heut hat er wieder gelächelt. Er ist verwundet, geht in Zivil, heißt F. Schuricke, u. guckt mich immer frech an. Frühmorgens seh ich ihn in der Bahn u. mittags, wenn er zurückkommt, u. abends auf dem Bummel. Das werd ich mir doch nicht nehmen lassen! (Übrigens, das mit Tante Vally ist vorbei.)

13. Januar 1917

Ich bin vielleicht 'n büschen überspannt, aber ich kann ja nichts dafür, daß ich ihn liebe mit all meiner großen Liebe. Es ist doch grad das Schöne, daß ich weiß, daß er mich mag. Kuckt er nicht jedesmal rauf an mein Fenster, wenn er vorbeifährt, u. grüßt er nicht jedesmal rauf, wenn ich dran steh und auf ihn warte. Dumm, daß man so ist. Aber schön ist's doch, wenn man weiß, für wen man sich frisiert u. hübsch anzieht, wenn er sich auch nichts daraus machte. Er ist ja meine erste allererste Liebe, sonst wußte ich ja davon nichts.

Morgen auf der Parade sehe ich Dich Fritzi. Da sehe ich Dich, Du, Du Engel, Du Gucki. Du! Über meine alten Liebeleien hab ich immer gelacht. Über meine erste Liebe werde ich nie lachen! Wenn Mutti mir das bloß nicht zerstört.

16. Januar 1917

Nun ist es aus! Ich wußte es eben nicht, daß ihm die ganze Sache gleich war. Und habe mich so weit vergessen ihm zu zeigen, wie ich für ihn schwärme. Ich will mich nicht jemandem so hingeben, wie ich's getan hab, dem ich ganz einerlei bin, dem es nur interessant ist, zu hören, wie so ein »kleines Mädchen« über ihn denkt. Dazu bin ich mir zu gut. Es bleibt in meinem Herzen alles das, was mich so erfüllt hat; aber mit F. S. ist es aus.

Nach grauenvollen Monaten endete das Gemetzel der Schlacht um Verdun. Die Franzosen verloren 542 000 Mann, die Deutschen 434 000.

4. Februar 1917

Ich hatte einen Riesenkrach mit Mutti. Als sie sagte, wenn ich mit so vielen Pennälern *ginge*, wäre ich *mannstoll*. Erstens »treibe« ich mich nicht mit Jungens »rum«, und zweitens wäre die Freundschaft mit Bekannten – man braucht sich ja nicht gleich zu lieben – noch lange nicht *mannstoll*. Ich werde immer erst darauf gestoßen, in allen harmlosen Sachen etwas Schlimmes zu sehen.

Sie sagte: Wenn du mannstoll wirst, kommst du in eine Pension. Puh! Ich finde das alles so dumm und angesucht, und ich meine: Hier ist es doch sehr langweilig. Und wenn man denn mal mit 'nem Pennäler auf der Eisbahn spricht, dann ist man »mannstoll«. Nee, nee, das ist zuviel für mich.

19. Februar 1917
Ich schwärme wahnsinnig für Ulle Bülow. Detlev Ernst-Ulrich Erich Otto Wilhelm von Bülow.
Er ist himmlisch schön. Seine Mutter ist oder war Jüdin, und daher hat er so etwas ganz Bestimmtes, Hübsches, Rassiges im Gesicht. Nebenbei ist er furchtbar chick. 16 Jahr ist er und kommt jetzt Ostern nach Goslar. Früher verkohlte er mich, aber jetzt nicht mehr.

Selbst in Dessau begann jetzt der »Kohlrübenwinter« den Alltag zu bestimmen. Die Haut der Frauen, Kinder und alten Männer nahm allmählich den gelblich-orangen Ton der Rüben an. Nur Lenas Haut behielt ihre porzellanene Blässe. Ihr ganzes Leben lang kam sie immer wieder auf diesen Abschnitt ihrer Jugend zu sprechen: »Während des Krieges gab es nichts als Rüben zu essen, immer nur Rüben, sonst nichts. Nach einer Weile bekamen alle Leute gelbe Haut, nur ich nicht. Komisch, nicht? Damals war ich erst sechs Jahre alt.« Tatsächlich war sie sechzehn, aber Marlene konnte mit den Jahren um sich werfen wie mit Konfetti.

In diesem Winter machte Eduard von Losch Josephine einen Heiratsantrag. Die junge Witwe nahm ihn voll Dankbarkeit und Zuneigung an. Eduard war Louis' bester Freund gewesen. Sie kannte und schätzte ihn seit ihrer Brautzeit. Später war er der einzige Freund, der Louis' verantwortungsloses Treiben nicht entschuldigte.

Eduard war ein wohlwollender Mann. Er wollte nichts weiter, als für die hinterbliebene Familie seines Freundes sorgen und sie in diesen schweren Zeiten beschützen. Er erwartete keine Liebe von Josephine, ihm genügte, daß er sie liebte. Seine Familie dagegen war empört. Nach Meinung derer von Loschs war diese Ehe nicht standesgemäß und Josephine Dietrich nur daran interessiert, in der Gesellschaft aufzusteigen. Sollte Eduard auf seiner Dummheit bestehen, würden sie sich weigern, seine Frau zu empfangen; sie wollten mit der geschmacklosen Affäre nichts zu tun haben.

Die Braut trug schwarz. Eduard und Josephine wurden in einer schlichten, dem noch jungen Witwenstand der Braut und den Kriegszeiten angemessenen Zeremonie getraut. Die Töchter waren nicht zugegen. Liesel, obwohl sie immer noch um ihren Vater trauerte, brachte dem Stiefvater echte Zuneigung entgegen. Lena aber ignorierte die Heirat vollständig und verhielt sich, als hätte sie nie stattgefunden.

Auch wenn ihre Mutter jetzt von Losch hieß, ihr Name würde für immer und ewig Dietrich bleiben. Später, in ihrer Erinnerung, sollten der leibliche Vater und von Losch ihre Identität verlieren und zu einer einzigen Person verschmelzen.

Eduard brachte seine neue Familie in sein schmuckes Haus in einem der elegantesten Wohnbezirke Berlins. Jeder Tag war jetzt wie ein kleines Weihnachtsfest. Der Krieg schien für einige Zeit in weite Ferne gerückt. Zum Frühstück gab es bisweilen richtige Milch, manchmal sogar ein Stück Käse. Wie von Zauberhand tauchten kleine braune Päckchen mit kostbaren Kaffeebohnen auf. Es gab zwei, manchmal gar drei Stückchen Zucker! Und Brot – Vollkornbrot! Josephines Lächeln beglückte Eduard so sehr, daß er die ganze Stadt nach Kostbarkeiten absuchte, dankbar, die unverschämten Schwarzmarktpreise bezahlen zu können. Eines Abends fand Josephine eine frisch geschnittene Blume auf ihrem Kopfkissen. Eine wunderschöne gelbe Rose! Eine echte Rose mitten im Krieg! Wo hatte er sie gefunden? Sie mußte ein Vermögen gekostet haben! Eduard strahlte. Es war wunderbar, seine Frau so glücklich zu sehen. Bald würde er sie allein lassen müssen. Es blieb ihm nur so wenig Zeit, ihr Freude zu bereiten.

2. April 1917

Endlich habe ich einen Platz, wo ich allein bin. Die haben mir den Hängeboden über dem Badezimmer mit den weißen Kinderstubensachen eingerichtet. Einen großen Teppich hab ich drin u. rote Gardinen am Fenster. Elektrisches Licht, es ist sehr gemütlich abends.

Ich sehne mich so nach dem Frühling und dem Sommer. Schon das Haus, wo so viele drin wohnen u. wo man nur auf die Straße geht, um sich die Leute anzusehen und wo man immer nur denkt, ob man auch fein und modern angezogen geht. Ach, wie war das schön, wenn ich im Dirndlkleid auf der Wiese lag und mich um nichts kümmerte. Ich schlug Mutti Tante Touton vor. Nein. Ich würde mich als Mutter freuen, wenn mein Kind eine schöne Zeit haben kann und gut zu essen kriegt, anstatt in Berlin zu sitzen und zu lernen. Schade, daß ich Ulle nicht mehr so liebhabe, ich meine in der Art, wie ich's tat; es war so schön!

Küsse
Deine Leni

Deutsche Unterseeboote versenkten im Nordatlantik gleichermaßen Feinde und Neutrale. Woodrow Wilson, der die Vereinigten Staaten von Amerika so lange wie möglich aus dem mörderischen Treiben in Europa herausgehalten hatte, erklärte Deutschland den Krieg. Bald darauf wurden amerikanische Infanteristen in Frankreich zusammengezogen. Begleitet von den flotten Marschrhythmen eines Irving Berlin und George M. Cohan sollten sie aufbrechen, die Welt zu retten! Die Frage nach dem Warum wurde nicht gestellt. Ein glorreiches Abenteuer lag vor ihnen!

Auf den sanften Hügeln von Château-Thierry markiert ein endloses Meer weißer Kreuze ihren Weg.

13. April 1917

Ich schwärme jetzt für keinen. Gestern kam von Onkel Max ein Bild. Der liebe, liebe Onkel Max. Jetzt wo sein Zeppelin abgeschossen wurde und er tot ist, merkt man erst, wie lieb man ihn hat. Ich glaube der Krieg hört nie auf. Jetzt noch mit Amerika! Na, ich höre lieber auf mit Schreiben und warte, bis ich wieder etwas Interessantes schreiben kann, nämlich ich warte auf eine neue Liebe.

Himmelfahrt, den 17. Mai 1917

Jetzt ist der Frühling da, mit einer Sommerhitze. Gestern nach der Stunde kamen mir in der Bleibtreustr. zwei Gecken, sicher Ausländer, entgegen und riefen »nett, sehr nett« hinter mir her. Auf dem Kurfürstendamm waren sie plötzlich hinter mir.

2. Juni 1917

Gestern und heute habe ich für die U-Boot-Spende gesammelt. Morgen drücke ich mich.
Wir leben so ruhig hier, sitzen auf dem Balkon und gehen fast nie weg. Einsam, und Mutti redet immer, wie gut wir's haben, aber, daß man sich nach Freude sehnt, versteht sie nicht.

Die Westfront erstreckte sich nun über fast 500 Kilometer von der flandrischen Küste bei Dünkirchen bis zur Schweizer Grenze nahe der Stadt Basel, die Ostfront über 1500 Kilometer von der Ostsee bis zum Schwarzen Meer.

18. Juni 1917

Ich fange jetzt an, Margot Rosendorff, aus Lises Klasse, zu lieben. Sonst sieht es aber in meinem Herzen sehr leer aus. Es ist viel netter, wenn man jemand hat – dann fühlt man sich so hübsch. Heute gehen wir zu Tante Eimimi ins Sanatorium Grünewald. Dort folgte mir dauernd ein älterer Herr. Er hieß Wiebett. Ich hab mir den Henny-Porten-Film angesehen. Ich liebe sie. Endlich habe ich Mutti rumgekriegt, Lise eine andere Haarfrisur zu machen. Bis jetzt hatte sie am Hinterkopf zwei Schnecken und jetzt einen Dutt mit einer Spange und einer großen Schleife. Jetzt trage ich mein Haar hochgesteckt, und wenn etwas Besonderes passiert, laß ich eine Locke fallen. Na, für einen Zopf bin ich jetzt schließlich zu alt.

28. Juni 1917

Ich mag Henny Porten so sehr. Ich habe ihr eine Karte geschickt für ein Autogramm, und sie weiß doch nicht, wer das ist unter den vielen. Schnell schreibt sie schwungvoll: Henny Porten, steckt's in's fertige Kuvert, klebt's zu, steckt's ein und wenn er dann ankommt, dann ist man selig. Es gibt jetzt endlich Karten von ihr mit dem Kind. Das arme Ding ist doch man noch so jung und schon auf einer Postkarte. Prinzeß Eduard haben sie jetzt glücklich in ein Sanatorium wegen Hysterie gebracht. Hoffentlich kommt sie raus. Sie war nett zu mir bei Tante Vally. Ich habe eine Geige gekriegt für 2100 M. Die Geige ist fein, sie klingt ganz anders und ist viel kleiner. Ich werde also ausgebildet. Na, das kann ja noch niedlich werden mit dem Üben.
Ich habe ein Gedicht geschrieben über »tapfere U-Boote«.

Es kam der Tag, an dem Eduard zu seinem Infanterieregiment zurückkehren mußte. Eng hielt er Josephine umschlungen. Sie hatte sich verändert, darüber war er glücklich. In dem Sommerkleid sah sie entzückend aus, Blaßgelb stand ihr gut. Er wollte sie nicht in Schwarz in Erinnerung behalten. Für den schlimmsten aller Fälle hatte er die notwendigen Vorkehrungen getroffen. Sollte er fallen, wäre für sie gesorgt, und sie würde niemanden um Unterstützung bitten müssen. Er küßte sie. Sie klammerte sich an ihn ... Geh nicht fort – laß mich nicht allein – bitte –, schrie ihr Herz. Sie wußte, daß sie ihre Ängste für sich behalten mußte, daß sie den Scheidenden mit ihrem Kummer nicht belasten durfte.

»Ich werde wiederkommen. Ja, ich werde wiederkommen. Zu Weihnachten! Bis dahin wird der Krieg sicher vorbei sein. Ich muß gehen – schreib mir! Jeden Tag! Ich liebe dich!«

Einsam stand sie da, noch lange, nachdem sein Zug abgefahren war. Dann drehte sie sich um und ging nach Hause.

Bad Liebenstein
Thür., den 5. Juli 1917

Wir sind in Liebenstein. Ich hatte mich sehr darauf gefreut. Es ist aber nichts los. Wir gehen morgens zum Brunnen und sonst langweilt man sich. Die merkwürdigsten Leute gibt es hier. Hier geht man nicht etwa her, um eine Kur zu machen und sich zu amüsieren. Wo man hinsieht Augenkranke. Kinder, die entweder die Augen ganz zu haben oder Blasen auf den Pupillen. Nichts von Kurort zum Amüsieren.

Gestern sahen wir um halb elf wie der Mond in den Schatten der Erde trat; es war wirklich schön. Henny Porten hat mir die Karte wiedergeschickt. Große kalte Buchstaben stehen auf ihrer Hand: Henny Porten.

Drüben wird gebaut, da arbeiten frz. Gefangene.

In diesem Sommer verwesten Leichen unter der goldenen Sonne. Pausenloses, schweres Mörserfeuer hielt die Soldaten in den Schützengräben. Sie kamen an die toten Kameraden nicht heran, sie konnten sie nicht vom Schlachtfeld tragen. Ratten weideten sich am Fleisch der Pferde und Männer.

Bad Liebenstein, den 17. Juli 1917

Gräfin Gersdorff, mein Herz brennt vor Liebe zu Ihnen!

Ich sterbe vor Liebe zu ihr. Sie ist so schön wie ein Engel, lieb und gut wie ein Engel, sie ist mein Engel. Ich möchte ihre Hand halten und möchte sie küssen, küssen bis ich sterbe. Sie weiß nicht, wie groß meine Liebe ist. Sie denkt nur, ich hab sie gern, wie Lise sie gern hat, aber diesmal ist es Leidenschaft, tiefe große Liebe. Meine liebe Gräfin. Sie ist ja so schön.

Gestern war ich mit ihr im Park. Manchmal fühlte ich, daß *sie* meinen Arm ganz leis' drückte. Heute konnte ich kein Frühstück essen, als ich mit ihr auf und ab ging. Aber Lise sagte, ich müßte. Da sagte die Gräfin, meine süße Gräfin, »du gehst ihr jetzt nach

und holst dein Frühstück«, und ich ging. *Sie* weiß, daß Mutti es will, und *ihr* gehorche ich wie ein Hund. Ich *küßte* ihre Hand, sie hatte süße graue Lederhandschuhe an. Da sagte *sie:* Lenichen, du wirst doch nicht den schmutzigen Handschuh küssen. Sie nennt mich Du u. Marlenchen. Als ich sie darum bat, sagte sie, ob wir wohl Feundinnen wären! Meine Engelsgräfin!
Ich war mit ihr in Eisenach! Es war göttlich schön. *Sie* kaufte ein silbernes Medaillon an langer Kette für *ihren* Mann zum Geburtstag. Sie läßt drauf gravieren:
Rittmeister Graf Harry von Gersdorff.
Dann gab *sie* mir ein selbstgezogenes Kleeblatt zum Einrahmen mit Glas, und Silber am Band. Auf der Hinfahrt hakte *sie* mich im Tunnel unter und legte *ihren* Kopf an meinen, und da hab' ich *ihren* lüttken Arm und *ihre* Hände geküßt, wie's wieder hell war, lächelte *sie* noch. Bei der Rückfahrt sitzt da ein Offizier. *Sie* dreht sich um: »Ach, ich bin doch wohl recht, Graf Wiser?« Er wollte sich mir vorstellen, aber die Gräfin tat es: »Graf Wiser, Fräulein von Losch!«
Im Tunnel küßte ich sie wieder auf die Hände und den Arm. Sie wurde sehr lustig. Dann hatten wir eine halbe St. Aufenthalt. Sie bestellte drei Bier. Wir tranken viel und machten uns über Leute lustig, die wir kannten. *Sie* sagte: »Marlenchen trink dir bloß keinen Schwips, sonst müssen wir dich stützen.« Nachher wurde ich zur Frau Pfarrer abgeschoben. Später sagte ich: »Allergnädigste Gräfin, jetzt bin ich als Kavalier abgesetzt!« Sie meinte, nein, aber's war doch so.
Wir waren im Bettelstudent. Ich saß neben *ihr*. Sie war in schwarzem Samt. Sobald es dunkel wurde, flüsterte ich ihr immer zu: »Allergnädigste Gräfin, Sie sind bezaubernd schön!« Worauf *sie* immer sagte »Pscht« od. »zur Fledermaus mach ich mich fein.«
Am 24. zum Geburtstag der Herzogin wird große Toilette gemacht. Hoffentlich darf ich das Weißseidene anziehen.

Obwohl Josephine den ganzen Juli reserviert hatte, änderte sie plötzlich ihre Pläne und kehrte nach Berlin zurück. Die Tanten fragten sich, was diesen plötzlichen Sinneswandel ausgelöst haben mochte; aber natürlich waren sie viel zu wohlerzogen, sich offen zu erkundigen.

Berlin, den 14. August 1917

Der Abschied war kurz und schmerzlich. Sie schenkte mir außer dem Glückskleeblatt einen Amethysttropfen in Silber gefaßt. Ich habe sie angedichtet. Sie sagte ja, es wäre hübsch, aber was sie denkt, weiß man ja nicht. Ich schrieb ihr meine Liebe zu ihr und unterzeichnete »Marlene«. Wenn sie noch ledig wäre, würde ich alles tun, um vor Graf Gersdorff ihr Herz zu erobern. Auch jetzt möchte ich mit ihm tauschen. Ich sehne mich nach ihr so unaussprechlich. Sie weiß es nicht. Sie kommt im September her u. nimmt mich dann vielleicht zum Rennen mit. Als Zeitvertreib u. als Mohr natürlich nur, was ich ja in Liebenstein auch nur war. Sie bestreitet es ja aber, als ich sagte, sie behandelte uns beide gleich, u. ich schwärmte für sie u. Lise nicht, da sagte sie, daß Lise ihr nicht die Hand küssen dürfe und nicht die Schulter, was sie nur mir erlaubte. Einmal als die Gräfin Lise ihren Tropfen schenkte, tat Lise es doch, u. als ich sie dann fragte, was sie mir einmal gesagt hätte, da sagte sie, was sie dafür könnte. Also ist doch die Behandlung dieselbe. Aber was duldet nicht Liebe??? Sie leidet, duldet, hofft! Ihr Bild ist in meinem Medaillon. Ich bin manchmal wie ein Baby in meiner Liebe u. das ist die Liebe wie die einer Großen. So eine Liebe könnte ich nur für einen Mann empfinden. Es ist doch eigentlich schade, daß sie mich nicht versteht; sie denkt aber, es ist schwärmen, so nenne ich es ja auch, aber gar so leicht ist es doch nicht. Seinen Schwarm kann man leicht vergessen, aber seine Liebe?

30. August 1917

Sie hat vor zehn Tagen eine Ansichtskarte geschrieben und jetzt nie wieder. Es ist ja alles so selbstverständlich, mit Sommerbekanntschaften ist es ja meistens so, aber ich bin doch ein wenig enttäuscht. Habe ich eigentlich einmal eine reine glückliche Liebe gehabt? Sie rief mir zu, als wir abfuhren: »Marlenchen, nicht weinen!« Was kann ich dafür, daß ich weine, wenn sie mich vergißt?

Diesmal überbrachte ein Kurier des Regiments Josephine die Nachricht vom Tod ihres Mannes. Vierzig Jahre war sie alt und zum zweitenmal Witwe.

Mit unendlicher Sorgfalt legte sie die vertrocknete Rose zwischen die Lagen des Seidenpapiers, in dem das blaßgelbe Kleid eingehüllt lag, und klappte die Schachtel zu. Sie ließ sie auf dem Bett liegen, drehte sich um und ging aus dem Zimmer. Der schwarze Schleier streifte ihre Wange. Vom Ring an ihrem Gürtel nahm sie einen Schlüssel und verschloß die Tür. Nie wieder hat sie das Zimmer betreten, und nie wieder hat sie das gelbe Kleid getragen. Liesel weinte und betete für Eduards Seele. Lenas Tagebuch übergeht den Tod des Stiefvaters vollständig.

7. September 1917
Nun ist meine Seele wieder voll von Henny Porten. Ich sah sie mit Hanne und Hein gestern abend im Mozartsaal als »gefangene Seele«. Ich kann nicht sagen, wie schön es war, durch sie natürlich nur. Sie legt ihren Mantel ab und geht baden – nackt. Man sieht nur ihre Schultern, aber von den Seiten kann man in Wirklichkeit mehr sehen. Sie ist wundervoll.

Es regnete, als wollte es nie mehr aufhören. Granattrichter und Schützengräben füllten sich mit Wasser. Die Schlachtfelder waren ein Meer von Schlamm. Erschöpfte Soldaten brachen unter ihrer schweren Ausrüstung zusammen. Bevor sie gerettet werden konnten, versanken sie im Matsch und ertranken.

19. Oktober 1917
Ich ging mit Blumen zu ihrem Haus, aber sie war umgezogen. Die Frau des Hausmeisters hat mir ihre neue Adresse gesagt, weil sie Mitleid bekam, als sie mich mit den Blumen sah, aber es war spät, und auf einmal mochte ich die Blumen nicht mehr. Ich muß viel an meiner Rolle üben, denn wir wollen in der Schule die *Gouvernante* von Kohne aufführen. Ich bin Franziska. Ich weiß, daß ich zur Bühne gehen werde.

In Vincennes wurde die deutsche Spionin Mata Hari von einem französischen Exekutionskommando hingerichtet. Dreizehn Jahre später sollte Lena diesen dramatischen Augenblick wunderbar auf die Leinwand bringen. Da 1917 niemand den Leichnam dieser hinreißenden Frau für eine Beerdigung reklamierte, landete er auf dem Tisch eines Pathologiekurses. Über diese traurige Tatsache allerdings schweigt der Film *Dishonored* (dt. X.27).

27. August 1917

Sonntag haben wir die erste Probe mit Kostüm. Ich habe Lampenfieber. Als Herr habe ich meine schwarze Turnhose u. Muttis Reittaille mit weißen Spitzen vorne an. Ich hoffe, als Franziska ihr rosa Ballkleid zu bekommen, weil das auch im Schnitt paßt u. ich doch ein langes Kleid haben muß.

4. November 1917

Gestern, bei einer Feier, gab es statt Tischkarten Zitate, und jeder mußte nach dem Vers, der auf ihn paßte, seinen Platz finden. Ich fand ihn sofort: Was ist das Leben ohne Liebesglanz?

Drei Tage später fand die russische Revolution nach Jahren des politischen Ringens ihren offiziellen Höhepunkt: Die Bolschewiki hatten die Macht endgültig an sich gerissen. Bürgerkrieg und Hunger sollten Rußland aufs neue in Aufruhr versetzen.

15. November 1917

Die Gräfin Gersdorff und der schöne Harry wohnen bei uns. Sie tut, als wenn sie sich gar nicht mehr beruhigen könnte, daß ich nicht mehr für sie schwärme. Sie sah mich ganz entsetzt an u. spielt jetzt den verliebten Jüngling. Jetzt habe ich immer ein Henny Porten Bild auf dem Schoß u. im Medaillon u. auf dem Schreibtisch u. überall. Nun geht's umgekehrt. Sie küßt mich ab, wo sie mich sieht. Ihr Mann ist rührend lieb mit ihr, hoffentlich ist meiner auch mal so nett. Heute war sie krank und er hat sich halb tot gemacht um sie.

Am 20. November griffen siebenundvierzig eisengepanzerte »Landschiffe« die deutschen Linien bei Cambrai an. Das Wort *Tank* wurde Bestandteil des Kriegsvokabulars.

22. November 1917

Am Sonntag war eine große Feier im Mozart-Theater, mit zwei Filmen mit Henny Porten. Ich wartete auf sie und schenkte ihr vier weinrote Nelken, die mich vier Mark kosteten. Sie sah absolut göttlich aus und gab mir den schönsten Händedruck der Welt. Manchmal überwältigt mich die Sehnsucht nach ihr so sehr, daß ich schnell in einen Laden gehen und eine Postkarte mit ihrem Bild kaufen muß, nur um ihr schönes Gesicht zu sehen.

In diesem Winter fiel das Thermometer auf 22 Minusgrade. In den Arbeitervierteln der Stadt grassierte der Typhus. Pferdegezogene Fuhrwerke sammelten morgens die über Nacht auf den Türschwellen gefrorenen Leichen ein.

14. Januar 1918

Ich liebe dich!
Wie schön ist es, das sagen zu können, wie schön ist es, das zu hören. Es ist ein kleines, kleines Wort, aber jeder muß es einmal sagen, und jeder hört es einmal.
Es ist alt und tief, birgt des Menschen ganzes blutrotes Herz, all sein Glück, all seinen Jammer.

19. Januar 1918

Ich bin glücklich. Gestern weinte ich noch, und heute lache ich! Einen Alpenveilchen u. Maiglöckchenstrauß hatte ich. Vor ihrem Haus stand eine Equipage. Da dachte ich mir, das ist sicher ihre, und sie kommt bald: also wartete ich. Nach einiger Zeit geht die Tür auf und ein Engel kommt heraus, der Ähnlichkeit mit Henny Porten hat. Ich gab ihr die Blumen und sie lächelt: »Oh, ich danke.« Sie ist viel schöner als im Film, meine Henny Porten.

Wer einen Bombenschock erlitt und in einem Anfall von Wahnsinn einen Kameraden erschoß, wurde von der deutschen Heeresleitung ausdrücklich von jeder Schuld freigesprochen. Sie wurden nicht vor ein Kriegsgericht gestellt und durften weiter an der Front bleiben. Englischen Soldaten, die auf Heimaturlaub fuhren, war es verboten, ihr Gewehr mitzunehmen. Ihre Gemütsverfassung wurde als zu labil eingeschätzt.

7. April 1918

Morgen in acht Tagen werde ich eingesegnet. Einen großen Eindruck werde ich davon wohl nicht haben. Die Familie Dietrich versammelt sich dazu bei uns. Das wird nett.

Ein neuer Feind suchte die französischen Streitkräfte an der Westfront heim, die spanische Grippe. Täglich mußten über zweitausend Schwererkrankte evakuiert werden. Die Deutschen nutzten die Gelegenheit für intensive Kriegsvorbereitungen. Die zweite Marneoffensive begann, zweiundfünfzig deutsche Divisionen standen sechsunddreißig Divisionen der Alliierten gegenüber.

1. Juni 1918

Eben war Erna Schönbach bei mir. Nur am Abend war ich so dumm, ihr mein Tagebuch von früher zu zeigen, was ich sonst nicht tue. Da steht doch natürlich von all meinen Schwärmereien drin. Und mir sagt Erna, ich könnte Henny nur flüchtig lieben, weil ich, wie sie aus dem Tagebuch ersähe, ein großes Herz hätte. Und dann soll man nicht weinen, wenn jemand so etwas sagt.

11. Juni 1918

Zu Hilde Sperlings Geburtstag war ich am Freitag. Bei dem ersten Glas Bowle hieß es: »Auf den trinken, den man liebt.« Alle heben das Glas und wissen, auf wen sie anstoßen, und nur ich nicht. Ich weiß nicht, wen ich liebe. Am nächsten Tag war ich ganz zerknirscht und war so dumm, Mutti zu sagen, was fehlt. Sie denkt meistens Falsches über mich. Z. Beispiel wird Lise auf den Hinterperron der Elektrischen geschickt wenn ich draußen stehe, damit sie auf mich aufpaßt. So etwas stößt einen ja erst auf das, was man nicht soll. Na, ich kann sie nicht ändern und sie mich nicht.

Die deutsche Offensive forderte von den Engländern 447921, von den Franzosen 490000 Opfer, und die Verluste der Deutschen waren doppelt so hoch! Die gegnerischen Länder bluteten aus. Nur noch die Amerikaner konnten die Toten und Verwundeten ersetzen. Deutschland war auf dem Rückzug.

Lena sagte in ihrem Tagebuch, daß sie zu dieser Zeit krank ist. Zunächst hörten sich ihre Worte so an, als handle es sich um einen leichten Fall von Rheumafieber, trägt man jedoch ihrem übersteigerten, romantischen Wesen Rechnung, scheint es viel wahrscheinlicher, daß sie aufgrund sexueller Frustration unter Depressionen litt. Freuds Theorien waren noch viel zu jung, als daß ein alter Arzt in einem kleinen bayerischen Badeort davon hätte hören können. So stellte der gute Doktor eine Diagnose, die an jene der romantischen Dichterin Elizabeth Barrett-Browning erinnert.

Sonntag, den 7. Juli 1918

Ich liege im Bett, da mir sehr schlecht ist. Der Arzt hat bei mir eine Herzmuskelerschlaffung festgestellt. Ich darf am Tage alles in allem nicht mehr wie 60 Minuten gehen u. zwar langsam. Ich bade früh in Schwefelsäure. Dann muß ich gleich bis fast zum Mittag liegen. Nachher noch zwei Stunden. Dazwischen darf ich zum Brunnen und wieder zurück. Das sind nun meine schönen Ferien, auf die ich mich so gefreut hab! Mit dem Tanzen ist es aus. Ich hab angefangen, nette bayrische und österreichische Lieder zu singen, um meine schwache und brüchige Stimme zu stärken. Ich spiele viel auf meiner Mandoline und träume vor mich hin. Mutti sagt: »Träum ruhig, aber nichts Sinnloses.«
Heute ist blendendes Wetter, die Sonne glitzert auf dem Wasser. Wenn ich morgen aufstehe, gießt's natürlich in Strömen. Ich darf mich eben nicht mehr freuen.

Deutschland befand sich angesichts der totalen Niederlage in Aufruhr. Am 8. November brach eine regelrechte Revolution los. Unruhen brachen in allen Großstädten aus. Scharenweise desertierten Frontsoldaten. Sie konnten nicht mehr.

Berlin, 9. November 1918

Warum muß ich diese schreckliche Zeit miterleben. Ich wollte doch eine goldene, frohe Jugend haben. Und nun ist es so gekommen. Der Kaiser tut mir so leid und all die andern! Heute nacht soll es schlimm hergehen. Der Mob fällt über jeden her, der im Wagen fährt. Wir hatten ein paar Damen zum Tee gebeten, keine ist durchgekommen. Nur die Gräfin Gersdorff. Ihrem Mann ist von bewaffneten Soldaten auf dem Kurfürstendamm die Kokarde abgerissen worden. Wo man hinsieht rote Fahnen. Was das Volk nur will. Es hat doch jetzt, was es will. Ach, wenn ich doch nur ein bißchen glücklich wäre, dann wäre mir alles viel unbedeutender. Vielleicht kommt noch mal eine Zeit, wo hier in dem Buch von Glück die Rede ist, nur von Glück.

Am 11. November wurde der Waffenstillstand geschlossen. Der Erste Weltkrieg war offiziell zu Ende, seine Opfer unvorstellbar. Die Siegermächte hatte 42 Millionen Männer mobil gemacht – 22 Millionen waren gefallen, verwundet oder vermißt. Die besiegten Länder hatten

23 Millionen Mann ins Feld geschickt und 15 Millionen verloren. Allein Deutschland hatte sieben Millionen Männer geopfert. Die Verluste der Zivilbevölkerung durch Seuchen und Hunger sind niemals erfaßt worden.

Die Welt hatte eine ganze Generation junger Männer verloren. Man hätte annehmen sollen, daß dieses Opfer nun für immer gegen Kriegswahnsinn gefeit hätte. Doch das »für immer« währte gerade sieben Monate; so lange dauerte es, den Versailler Vertrag auszuarbeiten und zu unterzeichnen, der Hitler und seinen nationalsozialistischen Ideen den Boden bereitete. In einem zwanzig Jahre währenden, schleichenden Prozeß führte zielgerichtete Propaganda dazu, wieder genug williges Kanonenfutter für weiteres glorreiches Morden zu erziehen. Geschlagene Deutsche sind ein gefährliches Volk.

Berlin, 12. April 1919

Warum bin ich nur so anders als Liesel und Mutti? So trocken und berechnend sind die beiden, wie ein schwarzes Schaf bin ich hier. Gestern war im Mozart-Saal Premiere und ich freute mich so sehr auf alles, die Musik und Henny. Liesel, die sich jetzt nach dem Examen langweilt, quälte so lange, bis sie auch mitkam und zu guter Letzt kam Mutti auch noch hin. Ja, wenn man sich freut! Das heißt nicht, daß ich mit den andern nicht gern gehe, aber ich hatte mich schon auf das Alleingehen gefreut. Ich hatte mich wohl zu hübsch gemacht und die beiden hatten Angst. Jemand sagte mir, ich sähe so schön aus und so süß wie eine Puppe, die man immerzu küssen möchte. Das dachten sicher auch ein paar Herren, die mich bis in die Loge verfolgten. Ein älterer Herr sprach mich unten im Café an: »Ich wäre doch wohl *auch* vom Film.« Als Mutti kam, machte ich mich schnell wieder keusch und züchtig.

Grausig ist das, wenn man keinen aber nicht einen einzigen Menschen hat, dem man sagen kann, was man fühlt und der dann nicht gleich mit guten Ratschlägen kommt, wie Mutti im Falle man ihr etwas erzählen würde. Trotzdem sie immer behauptet, die »Freundin« ihrer Kinder zu sein. Na, ich möchte mal wissen, was für winzige Freuden ich noch hätte, wenn ich ihr alles sagte!! Und ich habe solche Sehnsucht nach so vielem Unerreichbaren wie ein kleiner Backfisch in seiner Schülerliebe. Schön ist das gar nicht, wenn man so viele Stimmungen hat und darum oft so arg traurig ist.

2. Mai 1919

Ich bin verliebt. Seit ein paar Tagen weiß ich's. Aber daß ich so glücklich bin, kann ich nicht finden. Das ist ja das Dumme bei mir, daß ich immer an später denke. Ich kann mich nicht an einigen hübschen Minuten freuen, weil ich mir immer sage: Wozu? Es hat ja doch keinen Zweck. Warum nicht lieber gar nicht erst anfangen! Nachher ist das Herz nur noch schwerer. Leichtsinnig möchte ich sein. Schön ist das; wenn man jede Minute genießen kann, ohne weiter zu denken. Aber das kann ich nun mal nicht und mache anderen das Leben nur schwer, anstatt ihnen die paar Minuten froh zu machen. Warum könnte ich nicht mal Glück haben und den lieben, den ich darf? Man sagte mir, ich zeige nicht genug Stolz und Zurückhaltung, wenn ich jemanden liebe.
Dies Buch ist ein richtiges sentimentales Stimmungsbuch. Nur wenn ich traurig bin, schreib ich hinein. Wenn man es so liest, mag man denken, ich sei eine Tranfunzel. Aber das bin ich nun doch noch nicht. Vielleicht sprüht dies Buch noch mal vor Glück. Ich glaub's ja kaum. Aber man kann nie wissen.

Nachkriegstaumel hatte Berlin erfaßt. Beunruhigt mietete Josephine ein Häuschen auf dem Lande, sollte es nötig werden, die Kinder ein weiteres Mal zu evakuieren.

16. Juni 1919

Also das Glück scheint zu kommen. Ich bin schon wieder mal verliebt. Diesmal aber anders. Jugendliebe! Das Wort sagt genug. Kein einziger andrer Gedanke wie sonst ist diesmal vorhanden. Und das macht mich so glücklich und ruhig. Ich weiß ganz genau, daß er nie frech wird und brauch nicht immer Angst zu haben. Wir sind wie die Kinder. Sind selig, wenn wir uns nur sehen! Ich sehe ihn an, und das genügt ihm. Na, wenigstens liebe ich wieder mal und das brauche ich ja. Nach ihm wird sicher wieder ein andrer an die Reihe kommen.

Berlin, 19. August 1919

Wir sind gestern aus Bad Pyrmont zurückgekommen. Mein Herz ist natürlich dageblieben. Ich glaube nicht, daß ich je wieder jemand finden werde, der mir im Äußeren und im Wesen so gefällt wie der, der eben mein Herz dabehalten hat. Er ist Westfale und

heißt D. Strotmann. Auf einer Reunion lernten wir uns kennen und tanzten von eins bis vier jeden Tanz zusammen. Dann, an den nächsten Tagen, als er mich zu einem Fest einlud, das er veranstaltete, und ich nicht hindurfte, war ich sehr traurig. So scheint's ihm nicht zu gefallen und ich war ihm wohl auch langweilig, weil mein drittes Wort ja immer sein muß: Ich muß erst meine Mutter fragen.
Drei Tage vor unserer Abreise gingen wir endlich mal wieder zusammen. Wir wurden sehr lustig, und er fing an, im Spaß natürlich, mir Liebeserklärungen zu machen. Für mich war es schrecklich, mit den Dingen zu spaßen, die mir so ernst waren. Wir trennten uns dann lachend mit den Worten: »Träumst du von mir?« Und seitdem sah ich ihn nicht wieder. Aus dem Auge, aus dem Sinn. Meine Karte hat er, aber er wird wohl nie kommen. Ich möchte es auch gar nicht. Im Bad ist man so ungezwungen. Hier sitzt man sich dann unter Muttis Aufsicht gegenüber, und er langweilt sich dann sicher. Bei ihm habe ich zum ersten Mal den Wunsch, ihn heiraten zu wollen. Bei anderen habe ich nie daran denken mögen. Aber ich muß ihn mir aus dem Kopf schlagen. Die Wahrsagerin sagte, ich lernte meinen Mann auf der nächsten Reise kennen! Ja, ja ...
Dann wäre noch zu sagen, daß wir am Freitag in Springeberg 70 Amerikaner hatten, die den Saal des Restaurants gemietet hatten. Die Springeberger waren entsetzt, daß wir mit denen sprechen wollten. Mutti verbot uns zu tanzen Aber einer war Offizier, und er wollte mich nicht in Ruhe lassen, bis ich mit ihm tanzte, und als Mutti vorbeikam, tanzte ich gerade. Sie kam denn auch ins Gespräch mit einem Oberst, der Onkel Willy kennt, und bald saß ich bei drei sehr netten Offizieren am Tisch und aß Eis, das sie sich mitgebracht hatten, Schokolade, Kekse etc. Sie ließen sich die Adresse geben und baten, im Juni kommen zu dürfen. Leider fuhr ihr Dampfer schon um 8 Uhr ab. Ich bin neugierig, ob sie Wort halten und schreiben.

Überall Bettler. Junge Männer mit leeren Gesichtern und stumpfen Augen. Gebeugte Gestalten mit schlotternden Hosenbeinen und leeren Ärmeln, angeheftet von großen Sicherheitsnadeln, ihren Tapferkeitsmedaillen. In England verkaufen sie Bleistifte, in Frankreich Schnürsenkel. In Berlin sind sie Drehorgelspieler und lassen ein Äffchen für sich betteln.

17. September 1919

Springeberg füllt uns ganz aus. Sonnabends geht's hinaus und Montag zurück. Während der Woche spricht man von draußen. Man liebt mich dort, weil ich noch neu bin: sozusagen Mode! Bis jetzt sind sie noch Feuer und Flamme. Erich Schuck, der in seiner Jugend mich wirklich sehr liebt, und Paul Böttchen, der älter und männlicher ist. Ich bin mehr aus Mitleid lieb zu Erich und schwanke zwischen den beiden. Sonnabends und Sonntag küsse ich mich immer satt für die Woche. Eigentlich müßte ich mich recht schämen; alle, die ich frage, ob mein Urteil über mich recht ist, bestätigen es: Zum Amüsieren, Küssen etc. bin ich gut, aber zum Heiraten!! Gott bewahre! Das kommt aber auch durch mein Benehmen. Schon daß ich mich so leicht küssen lasse. Wo soll denn da auch die Achtung herkommen? Für meine grenzenlose Sinnlichkeit kann ich ja aber nichts. Wer weiß, wo ich noch mal ende, wenn nicht bald, *sehr bald,* jemand die Güte hat, mich zu heiraten. Jetzt spielt ein Film »Demi-Vièrges«, über den die Kritik schreibt:
An einem typischen Fall wird die Mentalität der jungen Mädchen aus der sogenannten guten Gesellschaft gezeigt, die in *frühreifer* Sinnlichkeit den prickelnden Reiz erotischer Abenteuer auskosten wollen. Sie locken den Mann an und schenken ihm fast alles – »tout excepté ça«. Lüstern spielen sie mit dem Feuer, bis sie sich einmal daran verbrennen.
Das ist mein genaues Bild! Bis jetzt hatte ich immer noch die Kraft, wenn es *grad* an der Grenze war, »nein« zu sagen. Aber allmählich verliere ich die Hoffnung. Sie sind ja alle gleich. Und da er sich nicht mehr bezähmt und meine Sinnlichkeit seine aufstachelt, ist es eben wieder keine Jugendliebe. Dazu ist es nun wohl zu spät. Sie würde mir wohl auch nicht genügen. Ich denke es mir nur immer so schön, mal rein zu lieben, aber es geht ja nicht.

Josephine wußte, daß sie schon viel zu lange gewartet hatte. Jetzt machte sie ihre Drohung wahr und brachte ihre Tochter in einem Internat unter. Ihr Fehler war, eine Lehranstalt im hochromantischen Weimar auszusuchen. Überall gegenwärtig war hier der Geist Goethes, den Lena so vergötterte. Doch zunächst schien das Mädchen in dem erzwungenen Exil der erwünschten Kontrolle ausgesetzt zu sein.

Weimar, d. 7. Oktober 1920
Wie lange ich nicht geschrieben habe. Ich bin jetzt seit einem halben Jahr von zu Hause weg. Jetzt bin ich hier in Weimar in diesem Internat für »höhere Töchter« und fühle mich so einsam. Liesel ist nicht bei mir, und alle, die ich so gern gehabt habe, haben mich vergessen. Ich könnte einfach losweinen. Das einzige, was ich hier habe, sind die Geigenstunden bei Prof. Reitz, die mir ein wenig Freude machen. Aber reicht das für mich, die so an Liebe gewöhnt war? – Und jetzt plötzlich hier – nichts.

Weimar, den 8. Oktober 1920
Wenn doch einer käme und nähme mir meine Sehnsucht fort und sperrte sie ein in einen goldenen Käfig. Wenn doch einer käme und deckte mit seiner Liebe all meinen Kummer zu und nähme mir alle Qual vom Herzen. – Wenn doch einer käme und machte mich durch seine Liebe so selig und freudig, daß ich es mir gar nicht denken könnte, wie ich einmal um meine Liebe habe weinen können.

Weimar, den 10 Oktober 1920
Ich fühle mich hier so unglücklich, weil ich eben keinen habe, der mich liebt! Daran bin ich eben so gewöhnt.
Frl. Arnoldi, die Vorsteherin, will mich nach ihrem Willen ändern, und Mutti scheint das sehr angenehm zu sein! – Vielleicht kommt bei dem, was die Leute an mir herumdoktern, doch noch etwas heraus, was Mutti gefällt.

Nicht lange, und Lenas Geigenlehrer war ihrem Zauber erlegen. Während der Privatstunden empfand der brave Professor Reitz einen so überwältigenden Drang, die entzückende Schülerin zu berühren, daß er seine Hände in der Rocktasche verbergen mußte.
Josephine gewann bei einem ihrer monatlichen Besuche den Eindruck, der Professor lege eine etwas merkwürdige Haltung an den Tag. Sie schlug deshalb vor, Lena in eine andere Violinklasse zu versetzen. Die Direktorin war höchst aufgebracht, doch hielt sie es für ausreichend, ein ernstes Wort mit dem geplagten Mann zu sprechen.

Weimar, den 21. Oktober 1920
Eben hatte ich Stunde. Es kommt mir so vor, als ob Reitz doch etwas enttäuscht von mir ist. In allem? Jetzt bin ich wieder drin in dem, was ich konnte und habe das natürlich schnell wieder begriffen. Darüber war er anfangs sehr erfreut, schrieb das auch an Mutti! Nun kommt Neues für mich, weil ich auf dem alten Standpunkt angelangt bin, und da geht es nun nicht mehr so schnell vorwärts. Mutti meint, der könnte mir jetzt nichts mehr geben; ich sollte zu Fleisch. Sie kann ja auch davon nichts verstehen. Wenn ich anders wäre und von Vergnügungen nichts wollte, oder tun könnte, was mir gefiele, dann würde vielleicht etwas aus mir. Aber das wird ja nie einzurichten sein, weil man eben zuhaus immer in Mitleidenschaft gezogen ist und sich auch ziehen läßt! – Vielleicht hat jemand die Güte, mich zu heiraten, und dann endet meine Künstlerlaufbahn, das ganze Üben die Jahre lang, im Vorspielen für den Hausgebrauch? Wo soll man denn nur den Mut hernehmen?

Weimar, Sonntag, den 14. November 1920
Mutti war hier, und Frl. Arnoldi betete ihr meine Sünden (Kokettieren in den Konzerten, was mir gar nicht einfällt, was kann ich dafür, wenn ich andauernd angesehen werde) vor. Ich spiele jetzt Händelsonaten und fange nächstens das a-Moll-Konzert von Bach an. Reitz spielt mit mir.
Wenn es doch hier einen Menschen gäbe, der mich liebhätte! Wie wollte ich ihm danken! Wie glücklich wäre ich, wenn er zu mir spräche. – Liebe, liebe Worte!
Wir gingen dann wohl zusammen in den Herbst hinaus, Hand in Hand in den goldenen Herbst. Die grauen, fahlen Blätter würden leuchten; aber sie sind kalt und grau, und ich muß allein gehen. Ich sehne mich so nach Haus und nach Weihnachten! Vier Wochen noch! Wenn ich glücklich wäre, flögen sie. Ich möchte gar nicht Kaiser sein, nur die Uhr möchte ich anhalten können, wann ich will! Und das kann noch nicht mal der Kaiser!

Erstaunlicherweise verliebte Lena sich in diesen Weihnachtsferien nicht. Als sie zu Beginn ihres letzten Internatsjahrs nach Weimar zurückkehrte, wurde sie bereits von ihrem vernarrten Professor erwartet.
Warum werden Musiklehrer so leicht zu Produkten romantischer

Phantasien? Anlaß für die unvermeidlichen Verführungsszenen kann doch nicht allein das gemeinsame Musizieren sein. In einem abschließbaren Zimmer aufs engste mit einem geachteten älteren Herrn allein zu sein, wird wohl auch eine Rolle spielen. Und es kam, wie es kommen mußte, daß ein schönes Mädchen mit Violine seine Jungfräulichkeit auf dem Altar einer Händelsonate darbot. Nicht aus Furcht vor Entdeckung, sondern aus Enttäuschung ließ Lena dieses denkwürdige Ereignis in ihrem Tagebuch unerwähnt.

»Nicht einmal die Hosen hat er ausgezogen. Ich lag auf dem alten Sofa, der rote Plüsch kratzte mich am Hintern. Mein Rock war über meinem Kopf. Er stöhnte und schwitzte. Es war furchtbar.« So schilderte sie ihrer Tochter ungefähr vierzig Jahre später ihr erstes sexuelles Erlebnis. Und zu guter Letzt verweigerte die Musikakademie dem Fräulein Dietrich sogar noch die Aufnahme.

Desillusioniert kehrte Lena nach Berlin zurück. Langeweile und eine steigende Nachkriegsinflation erwarteten sie. Liesel hatte derweil ihren Universitätsabschluß gemacht. Jetzt brach sie mit den Gepflogenheiten ihrer Klasse – und ging arbeiten. Ihr beträchtliches Gehalt als Lehrerin war ein Geschenk des Himmels. Lena diente der Schritt der Schwester als Rechtfertigung, sich gegen den Willen ihrer Mutter an der berühmten Schauspielschule von Max Reinhardt zu bewerben. War ihr der Erfolgsweg zur Geigenvirtuosin verwehrt, wollte sie eine »berühmte Theaterschauspielerin« werden. Sie wurde zum Vorsprechen ins Deutsche Theater geladen und wählte Gretchens Gebet, eine der ergreifendsten Szenen aus Goethes *Faust*. Der Auftritt wurde eine der meisterzählten und überzeugendsten Anekdoten aus Marlenes Leben: So rot und geschwollen waren ihre Knie nach dem langen Monolog, daß sie nur mit Mühe wieder auf die Beine kam. Da soll sie aus der dunklen Tiefe des Zuschauerraums eine männliche Stimme gehört haben: »Fräulein Dietrich, heben Sie Ihren Rock. Wir wollen Ihre Beine sehen.« Diese groben Worte konnten einer Thespisjüngerin das Herz brechen. Automatisch wurde angenommen, die Geisterstimme sei die des Meisters selbst gewesen. In Wahrheit war Reinhardt bei Vorsprechterminen nie zugegen. Es wird auch erzählt, Marlene Dietrich sei eine berühmte Schülerin des großen Meisters gewesen. Das war nicht der Fall. Richtig ist nur, daß sie in mehreren Reinhardt-Theatern und Reinhardt-Inszenierungen zahlreiche kleinere Rollen ergattern konnte, vor allem am Deutschen Theater. Dadurch ließ sich später die begehrte Verbindung zum großen Meister geschickt konstruieren, was die Weltpresse begierig aufgriff, anstatt sie als ehrgeizige Möchtegernschauspielerin abzuqualifizieren.

Reinhardt sah nie Veranlassung, die Anekdote zu berichten, denn seine selbsternannte Schülerin war mittlerweile berühmter als er selbst. Durch sein Schweigen wurde Lenas Erzählung Teil ihrer Legende.

Sie arbeitete hart, sprach überall vor, spielte alles und ermüdete nie. In einem Stück konnte sie im ersten Akt als Statistin eine Zofe spielen, eilte dann quer durch die Stadt und erschien im zweiten Akt eines anderen Stücks als eine von zahlreichen »vornehmen Damen« auf einer Cocktailparty. Dank der Ballettstunden in ihrer Kindheit und dem Tanzunterricht im Isadora-Duncan-Stil konnte sie anschließend noch im nahegelegenen Revuetheater mit der Tanztruppe auftreten. Ihre außerordentliche Selbstdisziplin, zu der sie in ihrer Kindheit angehalten worden war, befähigte sie nun, Unerfahrenheit und Jugend zu überspielen. Bald war sie bei begeisterten Spielleitern ein gesuchtes Talent für Nebenrollen. Damals entwickelte sie die ungewohnte Gabe, die Kostüme ihrer verschiedenen Rollen in ihren Privatbesitz übergehen zu lassen. Gefiel sich Marlene Dietrich in einem Kleid, das sie vielleicht in einer winzigen Rolle als Gast einer Abendgesellschaft zu tragen hatte, landete es mit Sicherheit statt im Theaterfundus in ihrem Kleiderschrank. Mit liebenswürdigen Diebstählen solcher Art war sie ihrer Zeit voraus. Erst Jahre später wurde es Mode, bei Filmaufnahmen alles und jedes mitgehen zu lassen, was nicht niet- und nagelfest war. Man könnte sogar von hollywoodscher Kleptomanie sprechen. Marlene hortete alles, zum Beispiel Handschuhe, und zwar für jede denkbare Rolle: Für das »arme Streichholzmädchen an der Straßenecke« besaß sie ein löcheriges Paar, dem die Finger fehlten; spielte sie eine Hure, hatte sie rote, leicht eingerissene Netzhandschuhe; für die feine Dame weiße, für die Bürgersfrau schwarze Glacéhandschuhe. Sie besaß Schals und Boas in allen erdenklichen Farben, Materialien und Längen. Dutzende von Handtaschen nannte sie ihr eigen, eine wesentliche Requisite, die sofort Aufschluß über den gesellschaftlichen Status und Charakter ihrer Besitzerin gibt. Und Hüte? Lieber Gott, hatte sie Hüte!

2
Berlin

Neunzehnhundertzweiundzwanzig war ein Jahr, in dem Marlene kreuz und quer durch Berlin eilte und in verschiedensten Rollen auftrat. Sie besaß die Energie, Disziplin und Hingabe zum Beruf und, was von nicht zu unterschätzender Wichtigkeit war, die größte private Requisitenkammer der Stadt. Nicht zuletzt wegen ihrer umfangreichen und vielfältigen Garderobe war es nur eine Frage der Zeit, bis es die junge Frau mit dem magischen Gesicht in das noch junge Filmgeschäft verschlagen würde. In und um Berlin schossen die Filmgesellschaften wie Pilze aus dem Boden. Leerstehende Lagerhäuser verwandelten sich in technische Traumfabriken. Jeder größere Bau mit Glasdach konnte zur Goldgrube werden in einem Land, in dem das verschwenderische Sonnenlicht Kaliforniens fehlte. Filmgesellschaften wie die Ufa ließen riesige Glasschuppen erbauen, um das kostbare und zum Filmen unerläßliche Licht einzufangen. Da noch ohne Ton gearbeitet wurde, konnten in solch einer Halle bis zu acht Filme gleichzeitig abgedreht werden: In einem der abgeteilten Sets plumpste ein Komiker übertrieben ungeschickt auf den Hintern und stieß dabei einen Stapel Teller zu Boden; gleich nebenan raufte sich eine Frau die Haare und lamentierte über den Verlust des Liebsten, umringt von ihren zehn schreienden Kindern; im angrenzenden Set stimmte ein Streichquartett die Schauspieler auf eine lyrische Liebesszene ein; neben dem tändelnden Liebespaar tobte ein Schneesturm und jaulten die Schlittenhunde; in der nächsten Szene verfolgte eine aufgebrachte Menge Marie Antoinettes Weg zur Guillotine; daneben tanzten bayerische Bauernbuben um den Maibaum, begleitet von acht Akkordeons, die der Kinobesucher nie zu Gehör bekommen sollte. Einhundert frierende, hektische Menschen hasteten in diesem gläsernen Eisschrank umher. In der Kälte des deutschen Winters erschufen sie in einem Tollhaus eine Zauberwelt, die für ein paar Pfennige Eintritt die Wirklichkeit vorübergehend vergessen machte.

Als sich Lena zum erstenmal um eine Statistenrolle bewarb, erschien sie in einem samten schimmernden Mantel, über dem der Pelz eines langen, roten Fuchses hing. Auf ihrem Kopf saß ein mit einer Fasanenfeder geschmückter Piratenhut, und im Auge klemmte das Monokel ihres Vaters. Sie bekam die Rolle! Welcher Aufnahmeleiter hätte sie in dieser Aufmachung auch übersehen können! Man nahm ihr Hut und Fuchs weg, machte sie zur Zuschauerin in einer Gerichtsszene und ließ ihr dafür nur das Monokel. Schon beim zweiten Anlauf betrachtete sie dieses neue Medium Film mit Geringschätzung. In ihren Augen war es, verglichen mit dem richtigen »Theater«, vulgär. Marlene gab dem Wort »Theater« immer eine Betonung, als stamme es aus der päpstlichen Ostermesse. Als Marlene davon hörte, daß für einen Film noch eine kleine Rolle als »Freundin« zu besetzen sei, nahm sie an, es müsse sich um eine Dame aus der »demi-monde« handeln. So wurden sie genannt, die nicht mehr ganz unschuldigen Geschöpfe! Entsprechend richtete Marlene sich her. Sie schlüpfte in ein tief ausgeschnittenes, gewagtes Kleid, das die wohlproportionierten Reize ihres Körpers unterstrich, streifte lange, grasgrüne Handschuhe über und stieg in hochhackige Schuhe. Und für den Fall, daß es sich bei dieser »Freundin« doch nur um ein Straßenmädchen handeln sollte, brachte sie eine Auswahl zerzauster Federboas mit. Derart mit Garderobe für die Rolle ausgestattet, wartete sie zusammen mit anderen hoffnungsvollen Kandidatinnen darauf, daß der Regieassistent seine Wahl treffen möge.

Rudolf Sieber erzählte immer, es seien diese grellgrünen Handschuhe gewesen, die seine Aufmerksamkeit auf das Mädchen lenkten, das seine Frau werden sollte.

»In diesem verrückten Kostüm sah sie lächerlich aus. Wie ein Kind, das sich als Erwachsene verkleidete! Ich wollte lachen, aber natürlich konnte ich nicht. So gab ich ihr die Rolle. Sogar in diesem ganzen Plunder schien sie die Richtige zu sein für die Rolle der Lucie.«

»Er sah mich an, ich traute meinen Augen nicht. Er war so schön! Sein blondes Haar glänzte, und er war angezogen wie ein englischer Lord auf seinem Landsitz. Ein kleiner Regieassistent beim Film in echtem Tweed? Na, ich wußte sofort, daß ich ihn liebte! Die Rolle des Mädchens spielte ich in einem Chiffonkleid – sie war überhaupt nicht vulgär. Jannings spielte auch im Film, aber ich habe ihn nie getroffen – meine Rolle war viel zu klein.«

Als Rudi um Marlenes Hand anhielt, nahm sie ohne Zögern an. Sie war überzeugt, endlich den Mann ihrer Träume gefunden zu haben, den Mann, mit dem sie »inmitten einer goldenen Zeit Hand in Hand« durchs Leben schreiten konnte.

Ihre Mutter war zunächst gar nicht erfreut. Josephine hatte sich für ihre bildschöne Tochter eine wirklich gute Partie erhofft. Die galoppierende Inflation hatte die Mitgift vieler Familien aufgefressen, und arrangierte Ehen gehörten ebenso der Vergangenheit an wie das Kaisertum. Die Heirat mit einem tschechisch-österreichischen Katholiken war deshalb immer noch besser, als daß Lena weiter mit diesen »Zigeunern« herumlief. Für Josephine waren alle Schauspieler faule, tamburinspielende Strolche. Wenn dieser Mann Lena wirklich liebte, gebe Gott, daß er stark genug war, ihre wilde, romantische Natur zu bändigen. Josephine beschloß, diesem Fremden, den ihre Tochter erwählt hatte, bei dieser Aufgabe behilflich zu sein.

Zur Trauung in der prachtvollen Kaiser-Wilhelm-Gedächtniskirche wollte Lena in einer offenen Pferdekutsche vorfahren. Ihr weißer Schleier würde im Wind flattern, und alle Welt könnte sehen, daß sie eine Braut war. Josephine aber war das zu theatralisch, und sie mietete statt der Kutsche einen großen Packard.

Sie setzte ihrer Tochter den Myrtenkranz auf und befestigte das geschlossene Rund mit langen Haarnadeln am Brautschleier. Sie küßte das Kind, das sie im geheimen am meisten liebte. Wie schön sie war in ihrem modernen Brautkleid, unter dem die Fesseln in weißen Strümpfen hervorsahen. Louis hätte am Anblick seiner Tochter große Freude gehabt. Wie sehr sie ihm ähnlich sah! Für einen Augenblick wurde Josephine von sehnsüchtiger Erinnerung überfallen. Dann faßte sie sich wieder und schickte Louis' Tochter in ihre Zukunft.

Im schützenden Dunkel des Autos löste Lena flink den Myrtenkranz und zerrte an ihm, bis er sich öffnete. Dann setzte sie ihn wieder auf. Sie konnte die Kirche nicht mit einem geschlossenen Kranz betreten, dieses Recht hatte sie auf einem Sofa in Weimar verloren. Lächelnd half ihr Rudi, den Schleier wieder zu befestigen. Das war es, was er sein ganzes Leben lang am besten konnte: diesem strahlenden Wesen, das er tragischerweise liebte, zu Diensten zu sein. Am 17. Mai 1923 wurde Lena Frau Rudolf Sieber. Sie war einundzwanzigeinhalb, er siebenundzwanzig.

Berlin, den 2. Juli 1923

Wie lange habe ich nicht mehr hereingeschrieben! Was hätte ich auch in dem glücklichsten Jahr in Weimar schreiben sollen? Ich bin unendlich dankbar für diese Zeit; vor allen Dingen dem, der sie mir so schön machte.

Und jetzt bin ich verheiratet und habe noch nicht einmal sein Bild mitgenommen. Aber das schadet ja nichts, es gibt Dinge, die man nie vergißt. Nach der Trauung von Weimar kam dann all das Trübe mit dem Liegenlassen der Geige und dann der andere Beruf; ein Jahr Deutsches Theater und nun die Ruhe, soweit das möglich ist, in der Liebe zu meinem Mann.

Seit der Hochzeit habe ich ganz für ihn leben können, da ich keinen Film habe und erst im Winter wieder Theater spiele. Ich bin sehr zufrieden, weil ich weiß, daß er glücklich ist, und sehne mich sehr nach einem Kind. Da wir möbliert wohnen und keine Aussicht haben, eine Wohnung zu bekommen, geht das jedoch nicht. Aber ein Kind läßt sich durch nichts ersetzen, und ich werde dann wohl zu Mutti ziehen.

*

Im Berlin der wilden Zwanziger ging es tatsächlich wild zu. Wohl gab es in Chicago die Flüsterkneipen, die Flappers, die Gangsterbräute und die »Wild-wild-women«, Berlin jedoch, das war Sodom und Gomorrha. Prostituierte lungerten an jeder Straßenecke. Ihre unverwechselbare, weiße Schminke ergänzte vorzüglich die erotischen Kostüme. Wie Paradiesvögel beherrschten sie mit ihren Federn, Ketten, Troddeln und Peitschen die Straßen. Marlene und ihre Freunde zwängten sich in Rudis engen Roadster, bummelten zu jeder Tages- und Nachtzeit durch die Straßen und genossen den öffentlichen Trubel. Marlene war hervorragend geübt darin, die vorübertänzelnden Transvestiten zu identifizieren. Sie waren ihrer Meinung nach die einzigen, die die obligaten Strapse stilvoll zu tragen wußten. Ihr Liebling war ein Blonder, dessen Markenzeichen, weißer Zylinder und Rüschenhöschen, sie besonders bewunderte.

»Nur Schwule wissen eine aufreizende Frau zu sein«, war einer von Marlenes berühmten Aussprüchen. Allmählich wurde sie bekannt für ihren scharfzüngigen Witz und ihre grenzenlose Sinnlichkeit. Im Berlin der Nachkriegszeit, wo alles und jedes erlaubt war, war Marlenes Geschmack willkommen. Je erotischer und unmoralischer, desto besser.

Rudi hatte immer einen erstaunlich feinen Instinkt, wenn es darum ging, was für das berufliche Image seiner Frau nützlich sein konnte. Er wußte, daß sie die Vulgäre durchaus spielen, sie aber nicht sein durfte. Sie sollte die Welt in Erstaunen versetzen und faszinieren, ohne dabei auf das Aristokratische zu verzichten. Marlene bewunderte dieses Konzept, ohne es zu verstehen, und tat, was er ihr sagte. Marlene und Rudi waren häufig Gäste jener zahllosen Varietés, in denen Transvestiten sich trafen und auftraten. Die Künstler betrachteten die junge Frau als liebevolle Schwester und baten sie häufig um Rat: »Marlenchen – wie steht mir dieses Rouge?« ... »Was meinst du, soll ich noch ein wenig Wimperntusche auftragen?« ... »Sind diese grünen Handschuhe zu grell für dieses Kleid?« ... »Was soll ich nur mit dieser verdammten Boa tun? Wenn ich auf die Bühne komme, soll ich sie mir umwerfen oder sie hinter mir herschleifen?«

»Laß sie schleifen, mein Lieber, laß sie schleifen!« »Schwarze Satinschwäne als Applikation? Nein – nein, mein Liebchen, doch nicht für dich – das sieht zu billig aus. Du solltest nur Rot tragen, mach Rot zu deiner Farbe – rot wie der Lippenstift! Alles rot ... Schuhe, Strümpfe, Strapse, alles! Ach, und sag Stefan, wenn er schon ein Kleid tragen will, das bis zum Bauchnabel hoch geschlitzt ist, dann soll er wenigstens nicht vergessen, sich die Beine zu rasieren!«

Von Rudis Schneider ließ Marlene sich einen festlichen Frack anfertigen. Phantastisch sah sie aus, wenn sie mit weißem Schlips und Zylinder daherkam und mit ihren zartgefiederten Bewunderern tanzte. In ihren Augen verkörperte Marlene das, was sie gerne sein wollten: die perfekte Verschmelzung der Geschlechter.

Josephine betrachtete den Lebenswandel ihrer Tochter mit Sorge. Ein Kind, dachte sie, ja ein Kind könnte Lena retten. Es würde aus ihr eine richtige Frau machen und sie diese verrückte Schauspielerei vergessen lassen. Josephine nahm die Sache in die Hand und mietete eine große Wohnung in der eleganten Kaiserallee nahe dem Haus, das Eduard ihr hinterlassen hatte. Was Lena wollte, sollte sie auch bekommen!

Marlene Sieber genoß ihre Schwangerschaft. Mehr als eine wollte sie nicht, aber dieses eine Mal genoß sie die damit verbundenen Bequemlichkeiten und nutzte sie in ihrem Sinne aus.

»Keine Liebe mehr«, mußte ihr Mann sich sagen lassen. Marlene hatte leidenschaftlichen Romanzen schon immer den Vorzug vor purer Sexualität gegeben. Nur aus ehelichem Pflichtgefühl vermochte sie den Liebesakt zu erdulden. Jetzt diente ihr die vage Ausflucht, das Kind könne Schaden nehmen, als Vorwand, die körperliche Liebe endgültig aus ihrer Ehe zu verbannen. Der liebende Gatte stimmte allem zu, was sie für richtig hielt. Später, als er begriff, was sie verfügt hatte und warum, war es zu spät, die eingeschlagene Richtung zu korrigieren. Obwohl sie über fünfzig Jahre lang verheiratet waren und zeitweilig sogar zusammenlebten, endete ihre körperliche Beziehung an dem Tag, an dem Marlene erfuhr, daß sie in »anderen Umständen« war. Bis zu ihrer Niederkunft war es ihr gelungen, das Kind als ihre eigene Schöpfung zu betrachten. So etwas Gewöhnliches wie männliches Sperma hatte damit nichts zu tun. Sie, nur sie allein hatte dieses Kind nach ihrem Ebenbild geschaffen. Es war ihr Kind, es war das Produkt einer unbefleckten Empfängnis.

Eine Hausgeburt kam für Marlene nicht in Frage. Ihre Tochter kam in Berlins führender Privatklinik im Beisein eines berühmten Professors zur Welt.

»Oh, wie ich gelitten habe! Er mußte *da unten* einen kleinen Schnitt machen, um dich herauszuholen –, deshalb hattest du so einen wunderschönen Kopf«, erzählte sie mir von meinem zweiten Lebensjahr an. Die Erinnerung an ihre durchlittenen Qualen und die zarte Ermattung, die der jungen Mutter so gut zu Gesicht stand, nutzte sie zehn Jahre später für eine perfekte schauspielerische Leistung in *The Scarlet Empress* (dt. *Die scharlachrote Kaiserin*).

Es gibt ebenso viele Versionen über den Verlauf wie über das Datum meiner Geburt. Tatsächlich wurde das einzige Kind der Dietrich am 13. Dezember 1924 geboren. Tag und Monat der Geburt blieben stets gleich, doch in dem Maße, in dem meine Mutter ihr Geburtsjahr veränderte, änderte sich auch das meine. Erst als ich nach dem Tod meines Vaters 1976 die Geburtsurkunde in seinen Papieren entdeckte, erfuhr ich mein richtiges Alter. Kleine Unsicherheiten dieser Art gehörten zu meiner Kindheit. Bis zu meinem zwölften Lebensjahr wußte ich nicht einmal, wer mein leiblicher Vater war. Der Mann, den ich »Papi« nannte, schien der geeignetste Kandidat ... Aber konnte ich da sicher sein? Ob ich ihm ähnlich sah? Das half mir auch nicht weiter, denn von seinen braunen Augen abgesehen glich er meiner Mutter so sehr, daß er ihr stattlicher Bruder hätte sein können. Diese Verwirrungen bereiteten mir jedoch keine großen Probleme. Meine Mutter sagte mir so oft, ich sei ihr ein und alles und gehöre nur ihr allein, daß mein Vater, wer auch immer es war, sowieso keine Chance in meinem Leben gehabt hätte.

Mit meiner Geburt wurden aus Marlene und Rudi Mutti und Papi für mich, für die beiden untereinander und sogar für die meisten engeren Freunde. Marlenes wichtigste Rolle war jetzt die der Mutter. Sie sorgte nicht nur für mich, sondern lebte auch in ständiger Angst, ich könnte erkranken, jeden Augenblick sterben oder, was noch schlimmer gewesen wäre, nicht wirklich vollkommen sein. Sie stillte mich so ausdauernd, daß ich noch Jahre später zu hören bekam, nur ich allein sei für ihre erschlafften Brüste verantwortlich, deren jugendliche Straffheit sie meiner kindlichen Begierde geopfert habe. Ich war gerade zwei, als die ersten Vorwürfe kamen, und jahrelang fühlte ich mich schuldig, wann immer ich merkte, welche Probleme meine Mutter mit ihren Brüsten hatte.

Ende 1925 traf Greta Garbo in Hollywood ein. Der alte Generalfeldmarschall Hindenburg war deutscher Reichspräsident, Adolf Hitler hatte den ersten Band von *Mein Kampf* veröffentlicht, Charlie Chaplins umjubelter Film *The Goldrush* lief in den Kinos, und Marlene Dietrich war entschlossen, wieder zu arbeiten.

1926 verließ Ernst Lubitsch die Berliner Filmateliers in der Überzeugung, Hollywood und er würden von seinem vielseitigen Talent wechselseitig profitieren. Ernest Hemingway veröffentlichte seinen Roman *Fiesta*, Dr. Joseph Goebbels wurde nationalsozialistischer Gauleiter von Berlin-Brandenburg, und Marlene Dietrich arbeitete wieder. In diesem Jahr spielte sie in zwei Filmen und zahlreichen Theaterstücken und Revuen mit. Es waren durchweg kleine Rollen, und manchmal trat sie nur als Statistin auf, doch sobald sie zu sehen war, konnte das Publikum die Augen nicht von ihr lassen. Ohne sich dessen bewußt zu sein, wurde sie eine Berliner Berühmtheit.

18. Oktober 1926
Die Lücke, die hier ist, ist nicht auszufüllen. Es ist zu viel geschehen inzwischen. Das Kind ist nun schon bald 2 Jahre alt. Das Wesentliche will ich schreiben, damit ich später weiß, was ich erlebt habe. Das Kind ist *alles*. Ich habe nichts sonst! Mutti ist immer noch so himmlisch gut, und das Kind macht ihr so viel Freude. Ich fange langsam an, ein bißchen abzuzahlen an Liebe. Sonst ist nichts! Ich spiele Theater, mache Filme und verdiene viel Geld. Ich habe eben dies Buch durchgelesen! Gott, wo ist der Überschwang der Gefühle! Alles vorbei!
Kein Mensch versteht, daß ich an dem Kind so hänge, weil keiner

weiß, daß ich sonst nichts habe. Ich selbst erlebe nichts. Als Frau nichts und als Mensch nichts. Das Kind ist unbeschreiblich. Fremde Menschen lieben es und haben Sehnsucht. Es ist der Inhalt meines Lebens. Ich glaube, daß ich früh sterbe. Wenn ich nur noch das Kind großziehen kann. Und so lange Mutti lebt, möcht ich bleiben. Und Liesel. Es geht ihr oft nicht gut. Man kann ihr nicht helfen. Ich liebe sie sehr.

Liesel hatte einen »ungehobelten Kerl« geheiratet, wie die Familie ihn immer nannte, und einen Sohn geboren, den niemand auch nur erwähnte. Ihr Leben sollte einen ganz anderen Verlauf nehmen als das ihrer geliebten »Pussycat«.

Als ich fast drei Jahre alt war, begann mein Vater, auf dem Dach unseres Hauses Tauben zu halten. Ich wußte, daß Tata Losch, wie ich die Mutter meiner Mutter nannte, unsere komfortable Wohnung in einem der besseren Viertel der Stadt angemietet und einen Teil der Miete übernommen hatte. Dadurch hatte ich ein eigenes Zimmer, dessen Fenster auf eine kleine Parkanlage blickte. Mein Vater hatte ein Arbeitszimmer, in dem er auch schlief, und meine Mutter bewohnte das große Schlafzimmer am Ende des dunklen Korridors. Das Eßzimmer mit seinem mächtigen Büfett und den zwölf Stühlen mit hohen Lehnen wurde nur sonntags benutzt, wenn meine Mutter zum Essen heimkam. Ich war noch zu jung, um zu begreifen, wohin sie ging und was sie tat. Doch wenn meine Mutter zu Hause war, war ihre Gegenwart so überwältigend, ihre leidenschaftliche Liebe so besitzergreifend, daß sie für mich auch in Zeiten ihrer Abwesenheit noch da war.

Ein junges Mädchen vom Lande war eingestellt worden, um mich zu versorgen. Es hatte ein freundliches, fürsorgliches Wesen, schrubbte mich und die Fußböden, war höflich gegenüber meinem Vater, nahm aber nur von meiner Mutter, die sie vergötterte, Anweisungen entgegen. Sie hieß Becky, und ich mochte sie. Von ihr wurde ich nicht pausenlos geküßt, sie raubte mir nicht in innigen Umarmungen die Luft und pries auch nicht allen Spaziergängern im Park gegenüber meine Schönheit, stopfte mich nicht mit Essen voll, erbleichte nicht, wenn ich niesen mußte, erschauderte nicht, wenn ich hustete, und maß nicht andauernd meine Temperatur. Und vor allem erzählte sie meiner Mutter nicht, daß ich mit meinem Vater zum Taubenfüttern auf das Dach ging. Ich war gern dort oben. Bei jedem Wetter stiegen wir hinauf. Es war ein ganz besonderer Ort: der Himmel, die Wolken und das Gurren der Tauben. Mein Vater war ein systematischer Mann und bewahrte die verschiedenen Körnersorten in beschrifteten Tüten und Holzkästen auf. Mir war nicht klar, warum manche Vögel die eine Sorte bekamen, andere eine andere, aber ich wußte, daß er es wußte; er kannte sich in vielen Dingen aus. Meistens saß ich auf meiner Lieblingskiste und sah zu, wie mein Vater seine gefiederten Freunde fütterte. Ich erinnere mich, daß der Himmel über Berlin genauso blaugrau war wie das Gefieder der Tauben; Berliner Himmel haben die Farbe von Stahl.

Warum drängte es mich nie, meiner Mutter von diesen besonderen Augenblicken zu erzählen? Für ein dreijähriges Kind wäre es so natürlich gewesen, eine Freude zu teilen, wenigstens das Erlebte zu erzählen. Oft habe ich mich gefragt, warum ich lieber geschwiegen habe. Vielleicht spürte ich schon damals, daß es meine Mutter nicht mochte, wenn jemand anderer als sie mir Freude geben konnte. So schwieg ich und fragte niemals nach, warum auch mein Vater unsere Ausflüge auf das Dach nie erwähnte. Ich war bloß froh, daß er es nicht tat.

Mein Vater besaß viele Dinge, die mich faszinierten. Er fuhr einen Wagen mit vier Türen, einem zusammenfaltbaren Stoffverdeck, einem Armaturenbrett aus Holz und weichen Ledersitzen. Dieses Meisterwerk der Technik war von einer Vorrichtung gekrönt, die mich in Verzückung versetzte: auf das Bewegen eines Hebels hin spendete ein Behälter am Armaturenbrett eine bereits brennende Zigarette! Mein Vater mußte nie die Augen von der Straße abwenden und nach einem Feuerzeug suchen. Seine Zigaretten sprangen ihm brennend in die Hand! Wie dieses Wunderding funktionierte, ist mir bis heute ein Rätsel. Und ein anderes Rätsel ist, wie er sich beides in dem von der Inflation gebeutelten Deutschland leisten konnte – einen solchen Zigarettenanzünder mit dazugehörigem Auto. Und wie war es meiner Mutter bei den lächerlich niedrigen Gagen, die sie für ihre winzigen Rollen erhielt, möglich, einen Nerzmantel zu besitzen? Solche Ungereimtheiten gehörten in der Dietrich-Sieber-Familie zum Alltag, schon lange vor dem Starrummel von Hollywood. Von klein auf erlebte ich, wie Luxusgegenstände in unseren Haushalt einzogen, wieder verschwanden und durch noch größeren Luxus ersetzt wurden. Dieser Austausch geschah wie selbstverständlich und ohne großes Aufheben. Es gab kein: »Schau, was ich da habe! Den Mantel den ich schon so lange wollte. Für den ich schon so lange gespart habe? Jetzt gehört er mir! Ist das nicht herrlich? Kommt, laßt uns feiern!« Statt dessen erschien meine Mutter eines Tages wie selbstverständlich in einem Nerz, warf ihn über einen Stuhl und verschwand in der Küche, um Essen zu kochen.

Meine Mutter war besonders, das wußte ich, warum spielte keine Rolle. Sie war einfach so – so wie der Winter kalt und der Sommer warm ist. Sie kontrollierte die Gefühle, die ihr entgegengebracht wurden. Im Park beobachtete ich oft, wie kleine Mädchen ihre Mutter umarmten oder ihre Hand ergriffen. Für mich war das undenkbar, Nicht, daß meine Mutter sich zurückgezogen oder ärgerlich reagiert hätte. Ich wagte es ganz einfach nicht, ohne Aufforderung auf sie zuzugehen. Meine Mutter hatte eine königliche Ausstrahlung. Wenn sie sprach, verstummten alle. Wenn sie sich bewegte, richteten alle ihre Aufmerksamkeit auf sie. Mit drei Jahren bereits wußte ich, daß ich nicht eine gewöhnliche Mutter hatte, sondern einer Königin gehörte. Nachdem ich dies einmal begriffen hatte, war ich mit meinem Schicksal ganz zufrieden. Erst viel später sehnte ich mich nach einer richtigen Mutter, einer Mutter, wie andere Kinder sie hatten.

Wenn meine Mutter Gesellschaften gab, durfte ich immer lange aufbleiben. Wohlerzogen thronte ich auf dem riesigen Lexikon meines Vaters inmitten der Runde an unserem großen Eßtisch und lauschte schweigend den Gesprächen. Die interessanten Freunde meiner Mutter gaben Anekdoten aus der Welt des Films, der Varietés und Revuen zum besten, trugen gelegentlich Gesangsnummern vor, sprachen über die mühevolle Arbeit beim Film, über die neuesten Bücher, über Musik und wer ihnen warum sympathisch war oder nicht. Später im Bett ging ich das Gehörte im Kopf noch einmal durch und versuchte, alles zu verstehen und zu behalten. Wann immer ich mich an etwas erinnerte, das irgendwie mit meiner Mutter zu tun hatte, war sie sehr zufrieden mit mir. Wenn ich ihr Gespräche genau wiedergeben konnte, nach denen sie mich fragte, lobte sie mich dafür. Alle versuchten, ihr Wohlwollen zu gewinnen – und auf diese Weise Konflikte zu vermeiden. Ich konnte nicht verstehen, warum so viele sich vor ihr fürchteten. Ich wußte nur, daß auch ich dazu gehörte.

Ende 1927 reiste meine Mutter nach Wien. Sie blieb lange fort. Den ganzen Tag über stand sie in zwei Filmen vor der Kamera, abends trat sie in einem Theaterstück mit Musik und Tanz auf. Mein Vater legte sich ein paar Brieftauben zu. Er zeigte mir, wie die kleinen Kapseln mit der Nachricht an den dünnen Beinchen der Tauben befestigt wurden, und erzählte, wie tapfer sie im Krieg gewesen wären. Er versprach, mir einmal seine Orden zu zeigen. Ich war begeistert. Manche Menschen redeten gern über den großen Krieg, andere, wie die Mutter meiner Mutter, verboten, den Krieg überhaupt zu erwähnen.

Während meine Mutter in Wien arbeitete, war oft eine ihrer Freundinnen bei uns. Sie hieß Tamara. Mein Vater und meine Mutter nannten sie »Tami«, und nur, wenn sie sich über sie geärgert hatten, nannten sie sie »Tamara«, mit der Betonung auf dem dreifachen A. Sie sah genauso aus, wie ich mir eine weißrussische Emigrantin vorstellte. Hohe, slawische Wangenknochen, ein schlanker Körper wie eine Tänzerin, langes, braunes Haar und dunkelbraune Augen wie ein furchtsames Reh. In meiner Phantasie sah ich die schöne russische Aristokratin auf der verzweifelten Flucht vor hungrigen Wölfen über sibirisches Eis jagen. Nicht umsonst war ich die Tochter von Marlene Dietrich! Als meine Mutter uns miteinander bekannt machte, hockte Tami sich zu mir nieder, lächelte und sagte: »Hallo, Mariachen.« Ihre weiche, deutsche Aussprache mit dem russischen Akzent klang wie das zufriedene Schnurren eines Kätzchens! Ich fand sie einfach wunderbar, aber am wunderbarsten war ihre Aufrichtigkeit. Tami heuchelte nie, log nie, nie verstellte sie sich oder täuschte etwas vor. In diesen frühen Jahren sprudelte noch das Lachen aus ihr, als läge tief in ihr eine versteckte Glücksquelle. In meiner ganzen Kindheit blieb Tami meine Freundin, sie war der Mensch, den ich am meisten liebte. Ich wußte, daß auch mein Vater sie liebte. Warum nicht, sie war einfach liebenswert. Ich wußte auch, daß Tami meinen Vater liebte. Daß diese Liebe sie das Leben kosten sollte, konnte ich nicht wissen. Sonst hätte ich sie vielleicht retten können. Dieser Gedanke verfolgt mich noch immer.

*

Als meine Mutter endlich wieder zurückkam, brachte sie eine große Säge mit, die sie zwischen die Knie geklemmt spielen konnte, sowie einen neuen Freund, ihren Filmpartner Willi Forst. Ich begrüßte ihn artig mit einem Knicks, und er tätschelte meinen Kopf. Er schüttelte meinem Vater, den er zu kennen schien, die Hand und war fortan oft bei uns zu Gast.

Die spannenden Abendrunden in unserem Eßzimmer wurden wieder aufgenommen. Meine Mutter war oft so beschäftigt, daß sie keine Zeit zum Kochen fand. Am liebsten mochte ich die Abende, wenn mein

Vater in das berühmte Kempinski ging und mit einer großen Auswahl von Würsten nach Hause kam, mit Räucherlachs, Kaviar, mariniertem Hering, Dillgurken, russischem Schwarzbrot und einem ganzen Räucheraal. Bevor er mir ein Stück davon abschnitt, packte er den Aal an Kopf und Schwanz, als spielte er eine lange, schwarze Flöte. Dabei mußte ich jedesmal so sehr lachen, daß ich es gerade noch von meinem Sitz herunter auf die Toilette schaffte, was wiederum meine Mutter herzlich zum Lachen brachte.

In diesem Jahr mußte ich eine Menge Neuigkeiten verdauen und mir einprägen. Ein Amerikaner mit einem deutschen Namen soll in ein kleines Flugzeug gestiegen und ganz allein, ohne eine einzige Zwischenlandung, von Amerika über den Atlantik bis nach Paris geflogen sein. Von einem »jüdischen« Sänger mit schwarz geschminktem Gesicht wurde erzählt, er sei in einem Film nicht nur zu sehen, sondern auch zu hören! Diese Nachricht löste eine lebhafte Diskussion aus. Die einen sprachen vom Verlust des dramatischen Effekts, wenn die Schauspieler künftig auch sprechen würden. Andere, wie mein Vater, sahen in diesem »Wunder der Technik« Zeichen großer Veränderungen. Den Worten meiner Mutter stimmten natürlich alle zu: »Nun, wenn der Ton kommt, werden die Schauspieler nicht mehr mit den Augen arbeiten – statt Gesichtern wird es nur noch dummes Gerede geben.«

Im Alter von vier Jahren kannte ich sehr viele Erwachsene. Meine Mutter stellte mich immer mit den Worten »die einzige Liebe meines Lebens« vor. Ich spürte, daß manchem Besucher und auch mancher Besucherin diese Worte unangenehm waren. Nicht so meinem Vater. Ich war ein braves deutsches Kind, das keine Fragen stellte, aber es war nicht leicht, sich die vielen Besucher zu merken, die in der einen Woche von meiner Mutter vergöttert wurden und in der nächsten schon wieder verschwunden waren. Richard Tauber sang so wunderbar – lange ging er bei uns ein und aus. Aus irgendeinem Grund mochte Willi Forst ihn aber nicht. Das war die Zeit, als meine Mutter beschloß, sich nun in ein Lied zu verlieben. Überall hatte sie ihr Grammophon dabei, spielte die neueste amerikanische Schallplatte und summte so lange »You're The Cream In My Coffee«, bis wir alle hofften, sie möge bald ein anderes Lieblingslied finden. Ihr größter Bühnenerfolg in diesem Jahr war die Revue *Es liegt in der Luft* von dem Komponisten Mischa Spoliansky. Eine Nummer war jeden Abend ein großer Erfolg, gesungen von dem Star Margo Lion und Marlene Dietrich. Ein scharfer Foxtrott, der sich über die Freundschaft zwischen Frauen lustig machte. Der Auftritt ließ keinen Zweifel an den lesbischen Zwischentönen. Damit auch niemandem diese Pointe entging, trugen beide Frauen einen großen Strauß Veilchen, die Erkennungsblumen »dieser Damen«. Natürlich verstand ich nicht, warum alle Gäste in brüllendes Gelächter ausbrachen, wenn meine Mutter und ihre Freundin das Lied bei Tisch zum besten gaben. Nachdem ich es zum hundertstenmal gehört hatte, konnte auch ich es ganz routiniert vortragen, was noch größeres Gelächter und Geschrei hervorrief. Es wurde eines meiner besten Kabinettstückchen.

Die Gespräche bei Tisch drehten sich in diesem Jahr um eine Fülle interessanter Neuigkeiten. In Berlin wurde *Die Dreigroschenoper* eines gewissen Bertolt Brecht und eines Kurt Weill uraufgeführt. Meine Mutter schwärmte dafür und sang mir daraus vor, doch ich verstand kein Wort. Sie liebte diese Lieder. Aber die neuesten Schlager aus Amerika mochte sie gar nicht. »Sunny Boy«, das derselbe jüdische Herr vom Tonfilm sang, nannte sie »lächerlich«. Ein anderes Lied, ebenfalls von einem Juden, der auch manchmal mit schwarz gefärbtem Gesicht auftrat, hieß »Making Whoopee«. Das fand sie »zu vulgär, um es in Worten auszudrücken«. Als ich abends in meinem Bett lag, mußte ich über all das Gehörte nachdenken. Erst einmal, was bedeutete »vulgär«? Und warum mußten in Amerika alle mit schwarzer Farbe im Gesicht singen?

Da ich ein Dezemberkind war, wurde ich immer erst kurz vor Silvester ein Jahr älter. Ich fand das recht verwirrend. Zu Beginn des Jahres 1929 erzählte ich allen, die es wissen wollten, daß ich jetzt fünf Jahre alt sei.

»Nein, Engel. Du bist erst vier. Du hattest doch erst vor einem Monat Geburtstag.« Zahlen verwirrten mich immer, also glaubte ich meiner Mutter. Sie nahm es mit meinem Alter sehr genau. Das war das Jahr des großen Börsenkrachs und der Entdeckung meiner, wie meine Mutter sagte, »einzigen Unvollkommenheit«.

Sie verkündete uns beide Tragödien im selben Atemzug. »Papi, hast du schon gehört? In den Studios ist von nichts anderem mehr die Rede. Wall Street ist zusammengebrochen, was immer das auch heißen mag. In Amerika springen Millionäre aus dem Fenster! Und der Arzt sagt, das Kind hat O-Beine. Ich habe doch gesagt, daß da irgend etwas nicht stimmt!«

Über das erste Drama war mein Vater informiert, nicht jedoch über das zweite. Schnell sah ich an meinen Beinen hinunter: Mir kamen sie völlig gerade vor. Meine Mutter aber war überzeugt, daß ich zur »Häßlichkeit« verdammt war! Die folgenden zwei Jahre mußte ich mit Schienen an den Beinen schlafen. Sie sahen aus wie Folterwerkzeuge, waren aus blankem Stahl und Leder gefertigt und hatten Schrauben, die mit einem großen Schraubenschlüssel auf- und zugedreht wurden. Sie waren so schwer, daß ich mich im Schlaf nicht umdrehen konnte. Erst als meine Mutter »ein richtiger Hollywoodstar« geworden und wieder nach Hause gekommen war, durften meine Beine endlich aus ihrem nächtlichen Gefängnis befreit werden. Sie sahen völlig normal aus, genauso wie zwei Jahre zuvor!

Aber 1929 mußte ich die Schienen noch tragen. Bevor meine Mutter zum Beginn der Vorstellung ins Theater eilte, schraubte sie mir die Schienen an, und wenn sie sich am frühen Morgen auf den Weg ins Filmatelier machte, schraubte sie sie wieder ab. Anfang des Jahres machte sie drei Filme – immer noch Stummfilme –, und abends spielte sie am Berliner Theater eine Hauptrolle in der äußerst erfolgreichen Revue *Zwei Krawatten*. Wieder hatte ihr Freund Spoliansky die Lieder geschrieben.

*

Wie immer in Eile schlang meine Mutter das Essen hinunter. Zwischen Frankfurter Würstchen und Kartoffelsalat nuschelte sie, sie müsse heute abend besonders früh ins Theater, weil ... Der Rest ging im Kartoffelsalat unter. Mein Vater und ich warteten, bis sie den Bissen mit Bier hinuntergespült hatte.

»Was wolltest du gerade sagen, Mutti?« fragte mein Vater in jenem höflichen Tonfall, der bei ihm eine leichte Verstimmtheit anzeigte. Sie stopfte sich einen halben Kanten Roggenbrot in den Mund und murmelte etwas, das wie ein Name klang.

»Ich und das Kind können warten – bis du fertiggekaut hast.«

»Ich sagte«, meine Mutter wählte ihre Worte genau und artikulierte jede Silbe mit übertriebener Betonung, »daß – ein – ganz – wichtiger Regisseur aus Amerika, der den Ufa-Tonfilm mit Emil Jannings machen will, heute abend im Theater sein soll ...«

»Warum?« Mein Vater konnte ausschweifende Reden nicht ertragen. Er wünschte, klar und präzise informiert zu werden.

Meine Mutter räumte die Teller ab. »Was weiß ich? Man sagt, er hat schon in ganz Berlin nach der Hure für den Film gesucht ... vielleicht meint er, daß ...«

»Du?« lächelte mein Vater und nahm sich noch etwas Käse. Verärgert darüber, daß er immer noch nicht mit Essen fertig war, reichte meine Mutter ihm seinen Teller zurück.

»Unsinn – kannst du mich in der Rolle eines billigen Flittchens sehen?«

»Ja.«

Meine Mutter warf ihm einen scharfen Blick zu und hob mich vom Stuhl herunter. Es war Zeit für Bett und Schienen. In aller Ruhe aß mein Vater seinen Liptauer zu Ende und trank seinen Wein.

»Wenn Tami kommt, soll sie nach dem Kind schauen, es ist schon im Bett ...«, hörte ich meine Mutter sagen, während sie in der Diele ihren Abendmantel anzog. Tami? Wunderbar! Jetzt würde es sich lohnen, wach zu bleiben. Aus dem Eßzimmer tönte die Stimme meines Vaters.

»Mutti, hast du schon das Buch von Heinrich Mann gelesen?«

»Was?« Meine Mutter hörte sich jetzt richtig verärgert an. »*Professor Unrat?* Ein schreckliches Buch. Wie dieser von Sternberg nur – wie kann ein Jude ein *von* haben? Jedenfalls Jannings wird seine Rolle wie immer übertreiben, und mit Ton noch mehr! Nein, das wird so deprimierend werden! Wie bei einem Fritz-Lang-Film ... Ich bin spät – Küßchen – holst du mich nachher mit Tami ab?« Sie war fast schon aus dem Haus, ihre Stimme klang von der Treppe herauf.

»Ja, Mutti! Heute abend bei deiner großen Szene sei zurückhaltend. Die anderen werden alle versuchen, die Aufmerksamkeit des berühmten amerikanischen Regisseurs auf sich zu lenken. Wenn du ganz unbeteiligt bist, wirst du besonders auffallen!« rief mein Vater ihr nach.

»Warum soll ich das tun?«

Die Haustür krachte ins Schloß. Sie war fort.

*

Die erste Begegnung dieser beiden Titanen der Filmgeschichte ist von so vielen Menschen so oft analysiert, weitergesponnen, zurechtgestutzt und geschönt worden, daß die Wahrheit in diesem Labyrinth von Worten nicht mehr zu ergründen ist. Selbst die beiden Hauptdarsteller des Stücks haben in ihren Autobiographien die Erinnerung an diese erste, vielversprechende Begegnung ein wenig ausgeschmückt. Was Josef von Sternberg betrifft, kann ich das nicht beschwören, aber ich weiß mit Sicherheit, daß Marlene Dietrich diese Geschichte sechzig Jahre lang immer wieder anders erzählte, daß sie bis zu ihrem Lebensende die ersten zwei Begegnungen zusammenstrich und kürzte, um sie besser in

Szene zu setzen. Ich hörte davon unmittelbar, nachdem sie stattgefunden hatten, bevor sie von Journalisten, Klatschkolumnisten, den Pressebüros der Filmgesellschaften, Wissenschaftlern und allen, die an dieser Legende teilhaben wollten, neu inszeniert wurden.

Ein ganzes Abendessen lang wurde darüber gestritten, was meine Mutter bei ihrem ersten Gespräch mit dem »großen amerikanischen Regisseur« tragen sollte. Sie wollte unbedingt im Kostüm einer »Hafendirne« erscheinen. Mein Vater bestand darauf, daß sie sich wie eine Dame kleidete.

»Du willst, daß ich wie ein Mädchen aus guter Familie aussehe?« höhnte meine Mutter.

»Ja!« antwortete mein Vater ganz ruhig. Das bedeutete, er war ernsthaft verärgert.

»Du mußt verrückt sein! Diese ›Lulu-Lulu‹ oder ›Lola-Lola‹, oder ›Hupsi-Pupsi‹, oder wie er sie auch immer nennen wird, die ist ein billiges Flittchen! Margo sagt, sie habe bei der Ufa gehört, ich sei gut für die Rolle, weil ich einen saftigen Popo habe Und für so was willst du, daß ich mein gutes Kostüm trage mit den weißen Manschetten? Lächerlich!«

*

Zu ihrer ersten Begegnung mit Josef von Sternberg in den Ufa-Studios kam Marlene Dietrich in ihrem besten Kostüm mit weißen Glacéhandschuhen. Zwei Silberfüchse hatte sie über ihre Schultern gehängt, um sich ein bißchen mehr Selbstvertrauen zu geben. Aufgebracht kam sie zurück.

»Papi! Du wirst es nicht glauben, was im Studio heute passiert ist! Der Emil Jannings kam mit einem anderen Mann zusammen herein und wollte natürlich wissen, wer bei dem Herrn Direktor im Büro saß. Er schaute mich an und sagte: ›Stehen Sie auf, gehen sie auf und ab‹ ... wie ein Pferd! ... Dieser Josef von Sternberg« – mit einem kurzen Lachen unterstrich sie das *von* – »der ist ein sehr intelligenter Mann, ganz anders als die anderen Regisseure. Nachdem diese beiden Brunnenvergifter weg waren, hat er sich entschuldigt, daß er sie reingelassen hat. Na, das ist ein Gentleman! Und, weißt du was, er möchte immer noch Probeaufnahmen von mir machen. Obwohl ich ihm gesagt habe, wie schrecklich ich auf der Leinwand aussehe, wie meine Nase wie ein Entenpopo in die Luft geht und daß er sich besser ein paar von den schrecklichen Filmen ansehen soll, in denen ich gespielt habe ...«

»Du hast ihm gesagt...?« Mein Vater schüttelte den Kopf.

»Natürlich, warum nicht? Er soll gleich merken, was die beim Film mit mir machen ... dann weiß er sofort Bescheid.«

Von Sternberg wußte schon. Er hatte gefunden, wonach er suchte. Trotzdem ließ er Probeaufnahmen machen. An diesem Tag kam meine Mutter ganz begeistert nach Hause.

»Der Mann ist wunderbar! Unglaublich wunderbar! ... Und *süß!* Weißt du, was er heute gemacht hat? Er hat das schreckliche Kleid, das sie mir angezogen haben, selbst abgesteckt, es war zu groß. Er hat das selbst getan. Wirklich, ein *großer* Regisseur! ... Und dann sagte er ihnen, wie sie mein furchtbares Haar frisieren sollen. Ich hatte ihm doch gesagt, daß es immer so aussieht, als hätte eine Katze es gerade abgeleckt, aber das interessierte ihn gar nicht. Weißt du Papi, er kennt sich mit allem aus! Er kann allen zeigen, was sie zu tun haben. Ein erstaunlicher Mann! Und er redet nicht nur so wichtig wie die anderen ... Er braucht das nicht, weil er es weiß ... Und Papi, du hattest recht wie immer. Ich mußte bei den Probeaufnahmen singen. Und dann fragte er: ›Kennen Sie ein englisches Lied?‹ Englisch! So habe ich ›Cream In My Coffee‹ gesungen. Aber das ist natürlich kein vulgäres Lied. Also hab ich's gesungen wie eine billige Soubrette. Da war ein Klavierspieler, der kannte das Lied nicht, und du kannst dir schon denken, was dann passiert ist. Und ich wurde wütend – das war genau, was dieser von Sternberg wollte! Er sagte, ich soll weitersingen und wirklich wütend werden, wenn der Mann falsch spielt. Das tat ich dann – und dann dachte ich, ich muß noch was anderes tun, und ich kletterte auf das Klavier, setzte mich hin und machte meine Beene schön und hab gesungen ›Wenn man auseinandergeht!‹ Na, *das* hat geklappt, aber das erste Lied, das war schrecklich! Und jetzt paß auf: dieser von Sternberg sagt, daß er den *Blauen Engel* auf *englisch* drehen will! Und gleichzeitig auf *deutsch!* Die Ufa hat noch nie einen Tonfilm gemacht, und jetzt soll dieser Film in *zwei* Sprachen gleichzeitig gedreht werden? Gott sei Dank werde ich diese Rolle nicht bekommen!«

Sie hatte die Rolle schon vor den Probeaufnahmen, wußte es nur noch nicht!

Von Sternberg setzte sich über alle Widerstände hinweg und zwang die Ufa, Marlene Dietrich einen Vertrag für die weibliche Hauptrolle im ersten deutschen Tonfilm *Der Blaue Engel* zu geben. Ihre Gage, fünftausend Dollar. Mein Vater und ihre Freunde jubelten, der Champagner floß in Strömen. Meine Mutter sah sie alle an, als ob sie verrückt geworden wären.

»Ihr denkt, das wird ein Kinderspiel werden? Nebbich! [Ihr Lieblingswort für spöttische Bemerkungen wie »Was soll denn das?« »Na und?« »Aber sicher!« »Darauf kannst du Gift nehmen«.] Sie ist eine Hafendirne. Ich werde mich schämen, auf die Straße zu gehen. Und was passiert, wenn dieser Sternberg plötzlich nackten Busen will? Was dann? Natürlich hat keiner von euch an diese Möglichkeit gedacht!« Und sie marschierte in die Küche, um mehr Senf für meinen Vater und mehr Gurkensalat zu holen.

Ihr Ausbruch beunruhigte mich ein bißchen. Sie war so verärgert. Mein Vater aber lächelte nur und aß seine pralle Knackwurst, als sei nichts geschehen. Da ich wußte, daß er die Launen meiner Mutter richtig einschätzte, folgte ich seinem Beispiel und aß weiter. Nach einer Weile erwähnte jemand am Tisch das neue Buch *In einem anderen Land* und ein anderer Gast Vicki Baums Werk *Menschen im Hotel*. Das war Anlaß genug für meine Mutter zu erklären, wie sehr sie die Schriftstellerin Baum haßte, aber sie schwärmte für Hemingway und sagte, daß jeder, der so schreiben kann, ein Traum von einem Mann sein müsse. Und so ging die Unterhaltung auf andere Themen über. Ich fand die Nachricht, daß in einer Stadt namens Chicago an einem Feiertag eine ganze Gangsterbande niedergemäht worden war das Interessanteste des ganzen Abends für mich – abgesehen davon, daß meine Mutter eine »Hafendirne« spielen sollte.

Als Josef von Sternberg das erste Mal zu uns zum Essen kam, hatte ich schon so viel über ihn gehört, daß ich es kaum erwarten konnte, den großen amerikanischen Regisseur mit dem unpassenden »von« kennenzulernen. Dann erschien ein stämmiger kleiner Mann mit einem großen, nach unten gezogenen Schnurrbart und den traurigsten Augen, die ich je gesehen hatte. Und ich war ganz enttäuscht. Abgesehen von seinem langen Kamelhaarmantel, den Gamaschen und dem eleganten Spazierstock, sah er überhaupt nicht bedeutend aus. Aber seine Stimme, die war wunderbar, weich und tief, wie Samt und Seide. Er sprach ein fehlerfreies Deutsch mit einem österreichischen Akzent.

Ich wurde vorgestellt, machte meinen Knicks – ganz so, wie es mir beigebracht worden war –, und wartete, daß er mir die Hand zum Gruß gab. Nichts geschah! Ich stand wie angewurzelt, ich wartete und überlegte, was ich jetzt tun sollte.

Mein Vater sagte: »Vergessen Sie nicht, daß Sie in Deutschland sind, Jo. Das Kind wartet auf Ihren Händedruck.«

Der kleine Mann schien beschämt. Schnell gab er mir die Hand und lächelte. Ich dachte, alle Erwachsenen, die sich vor Kindern schämen konnten, weil sie etwas nicht wußten, müssen nett sein.

Dieses Gefühl ist mir von Sternberg geblieben. Ein verlegener, verletzlicher, unsicherer Mensch. Er hat sich so bemüht, das Gegenteil zu demonstrieren und seine vermeintliche Schwäche zu verstecken. Viele begannen diesen einsamen, talentierten, kleinen Mann deshalb zu hassen und waren felsenfest überzeugt, er sei ein Ungeheuer. Sie vermochten einfach ihre Mißgunst nicht zu überwinden. Im Jahr 1929 war ich noch ein Kind, das nicht analysierte, aber fühlte, daß dieser Mann nett war und daß ich keine Angst vor ihm zu haben brauchte, gleichgültig, wie die anderen über ihn redeten.

Unsere Mahlzeiten fanden jetzt nur noch in der engsten Familie statt: meine Mutter, ihr Regisseur, mein Vater, Tami – und ich, die wie ein Schwamm die Gespräche aufsog. Das einzige Thema, der Film. Anfangs war von Sternberg darüber, daß eine Fünfjährige mit am Tisch saß, ein wenig überrascht und befangen. Als er jedoch merkte, daß ich nicht mit kindlichem Gebrabbel störte, akzeptierte er meine Anwesenheit und vergaß mich, wie alle anderen. Meine Mutter und von Sternberg unterhielten sich immer auf deutsch, und so gab es für mich keine Sprachbarriere.

In dieser ersten Zeit ihrer Beziehung verhielt sich meine Mutter, als sei von Sternberg ein Gott. Wenn sie seinen Mantel in die Garderobe hängte, streichelte sie den Stoff, als besäße er Zauberkräfte. Sie kochte nur Speisen, von denen sie wußte, daß er sie mochte, und tat ihm noch vor meinem Vater auf, der damit völlig einverstanden zu sein schien. Während Tami den Tisch abräumte und sich umsichtig um das Wohl aller kümmerte, saß meine Mutter regungslos auf ihrem Stuhl und hörte wie verzaubert zu. Von Sternberg sprach ausgesprochen ernst, intensiv und leidenschaftlich über seinen Film.

»Klang. Wir brauchen erst Klang. Die Leute müssen überschwemmt werden, eingehüllt werden. Morgengeräusche, Absätze klappern auf Steinpflaster, Wasser aus einem Metalleimer klatscht gegen eine Ladenscheibe, ein Hund bellt, ein Tablett mit Frühstücksgeschirr, ein Kanarienvogel? Zwitschert? Ja! Der Professor hat einen Kanarienvogel. Ja! Klang! Klang! Spüren Sie, wie das Wort vibriert? Das müssen wir erreichen! Vom ersten Augenblick an müssen die Leute von Klang überflutet werden, sich sofort daran gewöhnen, lernen, sich auf das Hören zu konzentrieren, den vorgelagerten Dialog zu erfassen.«

Ich wußte nicht, wie die anderen reagierten, aber ich bekam eine Gänsehaut. Was für ein herrlicher kleiner Mann! Plötzlich war seine Stimme wieder ruhig.

»Marlene, kommen Sie morgen um elf Uhr ins Studio. Der Kostümbildner möchte Sie kennenlernen. Ich habe mir ein paar seiner Entwürfe angesehen und finde sie okay.«

In stummer Bewunderung nickte meine Mutter. Das Wort *okay* gehörte von nun an zu unserer Alltagssprache. Ich liebte es – es »klang« so fröhlich!

*

Die Wohnungstür fiel ins Schloß. »Nein!« Meine Mutter stürmte in die Küche. »Papi? Wo bist du?«

Ich wußte, wo er steckte, doch sie war so aufgeregt, daß ich nicht wagte, ihr zu sagen, daß er auf dem Dach war. Ich wußte, wie sehr sie seine Tauben verabscheute, und schwieg.

»Papiii! Wo zum Teufel bist du? Nicht schon wieder auf dem Dach? ...«

Sie warf mir Handtasche und Handschuhe zu. Ich beeilte mich, sie an ihren Platz zu bringen. Solche Aufgaben erledigte ich immer korrekt, genauso wie meine Mutter es wollte. Als ich zurückkam, stand sie auf dem Küchenstuhl.

»Papi!« schrie sie durch das Oberlicht: »Bist du da oben? Dann komm sofort herunter! Ich habe Probleme!«

»Mutti!« kam die sehr ruhige Stimme meines Vaters von oben: »Die Nachbarn können dich hören, du schreist wie ein Marktweib!«

»Oh, bitte komm runter, Papi ...« Ihre Stimme fiel um zwei Oktaven. »Ich brauche dich! Alles läuft schief! Ich weiß nicht, was ich tun soll. Bitte Papi, komm doch«, flehte sie.

Mein Vater hatte sein Ziel erreicht und kam jetzt hilfsbereit herunter.

»Du kannst dir nicht vorstellen, was die wollen, was ich anziehen soll – unbeschreiblich, einfach furchtbar! Kann's gar nicht sagen vor dem Kind!«

Mußte ich verschwinden, gerade jetzt, wo es spannend wurde? Hoffentlich nicht.

»Ist es denn *so* vulgär?« fragte mein Vater und ging ins Badezimmer. Meine Mutter folgte ihm, ich dicht auf ihren Fersen.

»Nein, das ist es nicht, Papi! Natürlich ist es vulgär, das muß es doch sein! Es ist dämlich! Uninteressant, langweilig. Nirgends gibt es einen Blickfang. Bloß Blödsinn und Langeweile!«

Wie ein Arzt vor der Operation wusch sich mein Vater die Hände mit einer speziellen Glyzerinseife aus England. Schweigend trocknete er sich ab, krempelte die Manschetten seines Seidenhemds herunter und legte die goldenen Manschettenknöpfe wieder an.

»Ich werde mit Jo reden«, sagte er nach einer bedeutungsvollen Pause. »Er kennt dich noch nicht. Sorg dich nicht.«

Erleichtert warf meine Mutter ihren Pelzmantel auf das Klo und ging in die Küche, um Zwiebeln für das Abendessen zu hacken.

An diesem Abend servierte Tami ihr köstliches Bœuf Stroganoff, das Herr von Sternberg besonders liebte. Nach der Roten Grütze mit Vanillesoße legte meine Mutter ihren Arm um Tamis Schulter, ging mit ihr aus dem Eßzimmer und zog die eichene Schiebetür hinter sich zu. Niemand achtete auf mich, und so blieb ich mit den beiden Männern zurück. Mein Vater öffnete sein goldenes Etui und bot von Sternberg eine Zigarette an. Er zückte sein ebenfalls goldenes Dunhill-Feuerzeug, und beide rauchten.

»Jo, haben Sie schon die Zeit gefunden, sich die Stadt anzusehen?« fragte mein Vater.

»Nur soviel, daß ich keine Zeit darauf verschwenden möchte. Gott sei Dank, Rudi, gibt es den Erich Pommer. Ohne ihn liefe gar nichts. Wenn es mehr solcher Produzenten gäbe, was für Filme könnten wir machen! Er hat Geschmack und Einfühlungsvermögen und versteht die kreative Arbeit. Das sind seltene Eigenschaften in unserem Geschäft.«

Mein Vater klopfte seine Zigarette an dem großen Aschenbecher ab. »Gerade darüber wollte ich mit Ihnen sprechen, über den Prozeß, den kreativen Prozeß: Die visuelle Dimension ist noch immer das Herzstück unseres Berufs, auch beim Tonfilm ...«

»Das Herzstück? Das ist der Lebenssaft. Das Bild ist alles. Das Auge sieht lange, bevor das Ohr hört.«

»Jo, haben Sie schon einmal daran gedacht, daß Marlene ihre eigenen Kostüme kreiert?« Skeptisch zog von Sternberg die Augenbrauen hoch, sagte aber nichts. »Marlene hat einen untrüglichen Instinkt dafür, welche Garderobe zu welcher Rolle paßt. Sie ist ein Naturtalent. Lassen Sie es auf einen Versuch ankommen. Lassen Sie Marlene ihre Garderobe selbst zusammenstellen.«

Schweigend zog von Sternberg an seiner Zigarette, dann nickte er.

Ich konnte es kaum erwarten, was meine Mutter aussuchen würde. Hoffentlich würden die Erwachsenen es nicht »zu vulgär für das Kind« finden und mich dabeisein lassen.

Meine Mutter war ganz aufgeregt. Jeden Tag gab sie Tami, Becky und mir Anweisungen, wo wir nach längst vergessenen Schätzen graben sollten: in Schränken, Kommoden, alten Hutschachteln, zerschlissenen Koffern und verstaubten Truhen. Bis unsere Wohnung aussah wie ein Flohmarkt. Meine Mutter entdeckte einen alten Gürtel mit einem großen Straß als Schnalle. Entzückt schrie sie auf. Ein fadenscheiniger Kimono brachte sie zur Begeisterung. »Herrlich! Herrlich!« murmelte sie ständig vor sich hin und watete durch Tonnen von alten Sachen, die nicht einmal mehr die Heilsarmee genommen hätte.

»Ich brauche einen Kragen, möglichst aus altem Satin, und schmutzigweiß muß er sein. Sucht nach alten Kragen! Tami, kannst du dich an diese schreckliche Revue erinnern? Mußten wir nicht in der furchtbaren Tanzgruppe so etwas wie Manschetten tragen? Aus Lamé ... erinnerst du dich ... so häßliche Dinger? Irgendwo habe ich sie aufbewahrt, aber wo? Vielleicht in der Hutschachtel, die ich immer in der Garderobe hatte, als ich *Broadway* spielte?«

Mein Vater hatte kaum die Wohnungstür geöffnet, da stürzte meine Mutter auf ihn zu.

»Papilein, nimm gar nicht deinen Hut ab. Wir müssen sofort los und Huren suchen! Erinnerst du dich an den mit dem Zylinder und den Strapsen. Den müssen wir finden. Sofort ich brauche seine Spitzenhöschen.« Sie zog ihn die Treppe hinunter. »Die fesche Lola« stand kurz vor ihrer Geburt.

Ich wünschte, ich hätte von Sternbergs Gesicht sehen können, als die Dietrich ihm ihr Konzept seiner Lola vorlegte. Er muß erschrocken gewesen sein, vielleicht hatte er sogar ein paar Bedenken, aber wie immer wußte er, was richtig war. Glücklicherweise war Jannings nicht da. Sonst hätte er vielleicht etwas früher begriffen, daß *Der Blaue Engel* nicht mehr dazu diente, seinen Ruhm zu mehren, und eventuell noch versucht, etwas dagegen zu unternehmen. So aber erzählte meine Mutter nach dem Kostümtreffen mit von Sternberg:

»Dann sah er mich mit seinen barocken Augen an. Was denkt ihr, hat er gesagt?«

Wir warteten mit angehaltenem Atem auf die Antwort. Sie zögerte, baute Spannung auf und verkündete mit einem Siegerlächeln:

»Er sagte: ›Marlenchen!‹ – Marlenchen hat er mich genannt! – ›Herrlich – herrlich – einfach herrlich!‹« Wir fielen uns in die Arme – sie hatte gewonnen! Am Abend mußte mein Vater sämtliche Berliner Spelunken mit ihr abfahren, um weitere Schätze für ihr Hurenkostüm aufzutreiben.

Noch ein Gott trat jetzt in unser Leben – wieder ein kleiner Mann. Aber diesmal ohne Schnurrbart, ohne ein *von* und ohne traurige Augen. Ich sah ihn fast nie in diesem Jahr, denn meistens arbeitete meine Mutter mit ihm im Filmstudio. Aber ich hörte von ihm. Von ihm und seiner Musik war ständig die Rede.

»Papi, niemand, nicht einmal Spoli kann solche Lieder schreiben. Jeden Tag hat er ein neues schlüpfriges Liedchen für mich! Die Worte, und wie er sie benutzt! Einfach unglaublich!«

Sie sang ein Lied über Lola, den Liebling der Saison, die von allen Männern geliebt wird und ein Pianola besitzt, das alle spielen wollen. Eine schmissige Nummer, ich war begeistert.

»Papi, du weißt ja, was er mit ›Pi-a-no-la‹ meint«, kicherte meine Mutter. »Das ist so schmutzig – und gleichzeitig so richtig! Dieser Hollaender ist ein Genie und für den *Blauen Engel* der Richtige. Weißt du, heute klimperte er auf dem Klavier herum, probierte dies, probiert das, und plötzlich kam er mit diesem Lied, mein Lieblingslied aus dem Film!«

Sie spreizte die Beine, stemmte die Hände in die Hüften und sang, sie wolle sich einen Mann aussuchen, einen richtigen Mann, der noch küssen kann und will, einen Mann, dem das Feuer aus den Augen sprüht, einen richtigen Mann.

»Aber das andere Lied, von dem alle so schwärmen, ist schrecklich, irgendwas von Männern, die mich umschwirren wie Motten das Licht und ich kann halt Liebe nur und sonst gar nichts .... Gott sei Dank, wenn *Der Blaue Engel* erst einmal abgedreht ist, muß ich das nie mehr singen!«

*

Jetzt mußten wir früh aufstehen. Draußen war es noch dunkel, wenn meine Mutter die Lichter einschaltete, die Bettdecke zurückschlug, meine Schienen abschraubte, mich schnell ankleidete, mir die Wollmütze auf den Kopf setzte, mit mir die Treppe hinunterstürmte, durch die große Glastür hinausging in die eisige Kälte zur ruhigen Straße, in der das Haus meiner Großmutter stand. Dumpf läutete die Hausglokke. Großmutter öffnete die schwere Tür. Ihre Gestalt zeichnete sich gegen den schwachen Lichtschein ab.

»Lena, guten Morgen. Du hast dich verspätet!« Meine Mutter schob mich ihr entgegen, und ihre Mutter streckte die Hände nach mir aus. Mit einem Blick voll Tadel und resignierender Geduld sagte sie: »Lena, geh zu deiner ... Arbeit.« Beim letzten Wort zögerte sie, als suche sie nach einem passenderen Ausdruck. »Dein Kind ist in guten Händen.« Mit einem Nicken verabschiedete sie meine Mutter und schloß die Tür.

Ich verstand nicht, warum meine Großmutter jeden Morgen so verärgert klang, und auch nicht, warum sich meine Mutter immer wortlos verdrückte. Ich wußte aber, daß ich besser nicht danach fragen sollte.

Erst stopfte ich Mütze und Fäustlinge in die Taschen meines Wintermantels und hängte ihn an den für mich reservierten Garderobenhaken. »Schuhe tragen den Straßendreck herein«, war ein Ausspruch meiner Großmutter. Also zog ich sie artig aus, was einige Zeit in Anspruch nahm, da sich die langen Schnürsenkel nur schwer lösen ließen. »Aristokraten haben schmale Fesseln, Bauern dicke«, war ein Ausspruch meiner Mutter. Ich hatte wohl die Fesseln einer Bäuerin, denn meine Mutter zerrte immer fest an den Schnürsenkeln, wenn sie mir in die hochgeschnürten Schuhe half. Nun schlüpfte ich in meine Fellhausschuhe und meine graue Kittelschürze, die meine Großmutter mir auf dem Rücken zuknöpfte. Leise wie auf Katzenpfoten folgte ich der Hausherrin, um mir »gründlich die Straßenhände zu waschen«. Dann durfte ich in die schöne, warme Küche, wo auf dem großen, eisernen Ofen ein dampfendes Frühstück auf mich wartete.

Die Mutter meiner Mutter war in vielen Dingen streng, doch wenn ich ihre Anweisungen befolgte und mich korrekt verhielt, war sie freundlich und manchmal sogar richtig nett. Während meine Mutter sich in Rüschenhöschen und Strapsen erfolgreich auf einem Stuhl räkelte, thronte ich auf einem Küchenhocker und lernte Kartoffeln schälen. Ich lernte, wie man Glas zum Glänzen bringt, indem man es in Essig spült, wie Hühner überbrüht werden, um sie leichter rupfen zu können, wie türkische Teppiche vor Motten geschützt werden, indem man sie mit frischem Sauerkraut einreibt, was gleichzeitig der Reinigung dient und die Farben schöner leuchten läßt. Die letzte Aufgabe war mir von allen Pflichten, die mir beibringen sollten, »eine gute Ehefrau« zu werden, die liebste: Ich kniete, die schwere Bürste fest umklammert, auf dem Teppich, stibitzte von dem frischen, würzigen Kraut und schrubbte glücklich kauend vor mich hin.

Dieses Haus war so dunkel und leer, daß es manchmal fast gespenstisch wirkte. Einmal nahm ich allen Mut zusammen und machte mich auf, die geheimnisvollen oberen Stockwerke zu entdecken. Unter dem Dach fand ich einen niedrigen, langgestreckten Schrank, der für mich gerade groß genug war, um hineinzukriechen, und ganz hinten, unter einer in Blei gefaßten Scheibe – eine Puppenstube! Eine winzige, juwelengeschmückte Welt tat sich mir auf, mit Kronleuchtern, die klirrten, wenn ich sie berührte, mit feingearbeiteten, vergoldeten Stühlen, Samtvorhängen mit Troddeln daran, einem Kamin, dessen geschnitzter Sims aus Holz mit winzigen Porzellanschäferinnen und Zinnleuchtern beladen war. Den Kopf auf den Knien, saß ich staunend davor und sog diese zauberhafte Zwergenwelt in mich auf, bis die Stimme meiner Großmutter von unten den Bann brach. Von diesem Tag an wünschte ich mir, daß der Film meiner Mutter nie aufhören würde; ich erledigte alles und jedes ganz genau nach den Wünschen meiner Großmutter, um dann in die neuentdeckte Zauberwelt fliehen zu können. Wie war das Puppenhaus dorthin gekommen? Wem gehörte es? Wer hatte früher damit gespielt? Ich traute mich nicht zu fragen, und niemand weihte mich in die geheimnisvolle Geschichte der Puppenstube ein. Meine Großmutter muß gewußt haben, wohin ich jeden Tag verschwand, doch sie erwähnte meine Ausflüge weder mir noch meiner Mutter gegenüber. Oft habe ich mich gefragt, warum.

*

Je weiter die Arbeit am Film gedieh, desto seltener war meine Mutter zu Hause. An manchen Tagen wurde ich von meinem Vater geweckt und zur Großmutter gebracht. Wenn meine Mutter auftauchte, küßte sie mich ab, fütterte mich, zog sich um und redete in einem fort.

»Dieser von Sternberg – also völlig verrückt! Dieser Film ist eine Katastrophe! Das wird nie klappen. Wißt ihr, was er macht? Er hat große Holzkisten bauen lassen, hat die Kameras reingeschoben. Irgendwas mit dem »Drehgeräusch«. Er kriecht in diese Kisten hinein und verschwindet. Na, sag mir, wie soll jemand, der in einer Holzkiste eingesperrt ist, einen Film drehen?« Meine Mutter gab mir einen Kuß und eilte davon.

Während die Plansequenzen von dem *Blauen Engel* abgedreht wurden, hielt meine Mutter uns über die täglichen Ereignisse auf dem laufenden:

»Heute hat Jannings die Szene im Klassenzimmer gedreht – die, in der er das englische *the* sprechen muß. Aber mit dem *the* hatte er Probleme. Komisch, nicht? Er hat in Amerika mit von Sternberg einen ganzen Film in Englisch gedreht, und dann kann er nicht einmal *the* sagen! Ich kann *the* perfekt aussprechen«, sagte sie und steckte ihre Zunge zwischen die Vorderzähne, sprach das englische Wort aus und pustete ihren Gesichtspuder über den ganzen Toilettentisch.

Ich durfte bei den Aufnahmen zum *Blauen Engel* nie dabeisein. Meine Mutter fand den Film zu vulgär für ihr unschuldiges Töchterchen, aber zu Hause sprach sie von nichts anderem.

»Papi, nur wegen dir habe ich diese Mißgeburt am Hals. Alles ist so häßlich! Die dicken Frauen – auf der Bühne der Kneipe sitzen überall fette Frauen herum – du hast ja gesehen, wie klein die Bühne ist! Jeden Moment wird sie unter dem Geschwabbel zusammenbrechen, und ich werde mir den Hals brechen ... Und der Rauch! Du mußt den Rauch sehen! Wie Nebel so dicht! Ich mache mich verrückt wegen des Kostüms, und mich wird sowieso niemand sehen können wegen der großen, fetten Weiber hinter den Nebelschwaden ...!«

»Ich soll Schwierigkeiten mit meinem Englisch haben? Gar nicht, ich habe Schwierigkeiten mit meinem Deutsch! Immerzu sagt mir von Sternberg, ich kann nicht die ›feine Dame‹ spielen. Dauernd schreit er mich an! ›Sie sind eine Schlampe! Haben Sie das verstanden, meine verehrte Weimarer Mädchenpensionatsabsolventin? Wir brauchen hier ein bißchen mehr Talent!‹ – Dies ist deine Schuld, Papi!«

Es kam eine Zeit, in der meine Mutter oft weinte und mein Vater sie im Arm hielt und ihr Mut zusprach: Alles würde zu einem guten Ende kommen. Der Berliner Jargon machte ihr am meisten zu schaffen, obwohl sie ihn perfekt beherrschte. Das eigentliche Problem für die »Tochter aus gutem Hause«, wie sie sich gern bezeichnete, lag darin, das auf der Szene und vor von Sternberg zugeben zu müssen. Weit weniger Probleme machte ihr dagegen die englische Filmversion. Meine Mutter fühlte sich in der englischen Sprache immer als Ausländerin, was es ihr leichter machte, sich zu verstellen. Auch später kam die echte Dietrich in englischen Filmen nur selten zum Vorschein. Diese Sprache erweckte in der Regel den geforderten Charakter zum Leben und nicht die »Lena« der Jugendtagebücher.

»Es gibt kein Drehbuch. Alle machen sich Sorgen – sogar Pommer, aber von Sternberg läßt sich nicht ins Konzept reden. Es ist alles in seinem Kopf. Es ist herrlich, mit einem Mann zu arbeiten, der ganz genau weiß, was er will und wie man es bekommt.

An einem kalten Morgen stürmte meine Mutter in mein Zimmer, schaltete das Licht ein, gab mir den Schraubenschlüssel in die Hand und sagte: »Mach es selbst!« und durchwühlte meine Spieltruhe. Ein Plüschkaninchen flog auf den Boden, eine Clownpuppe, Bauklötzchen, Bälle, ein heilloses Durcheinander. Sie drehte sich zu mir um und sah mich mit einem »Du-bist-Schuld-Blick« an:

»Wo ist er? Hast du ihn genommen?«

Verschlafen und völlig verwirrt stammelte ich: »Wer?« Und es hörte sich vermutlich sehr schuldbewußt an.

»Du weißt, was ich suche! Meinen Neger! Wo hast du ihn?«

»Aber Mutti, ich spiele nie mit ihm. Du hast es mir doch verboten. Papi hat ihn.«

Sie wirbelte herum.

»Papi! Du hast meine Negerpuppe!« schrie sie und rannte hinaus. Jetzt bekam mein Vater seinen Teil ab. Ich wollte ihn nicht in Schwierigkeiten bringen, aber ich hatte beobachtet, wie er das Baströckchen des schwarzen Filznegers reparierte. Als wir wenig später auf dem Weg zu meiner Großmutter durch die dunklen Straßen eilten, trug meine Mutter ihre Negerpuppe fest unter den Arm geklemmt. Wo auch immer die Dietrich hinging, ihren schwarzen Wilden hatte sie immer dabei. Ihr ganzes Leben lang diente er ihr als Glücksbringer, zumindest in ihrem Berufsleben. Im Privaten verließ sie sich auf die Astrologie.

»Der ›Herr Direktor‹ hat mir heute mitgeteilt, daß ich mir endlich die *rushes* ansehen darf, also das, was vor zwei Tagen gedreht wurde. Er teilte mir ebenfalls mit, daß ich meinen Mund zu halten hätte, bis zum Schluß! Ich dürfe meine Kommentare erst abgeben, wenn die Lichter im Vorführraum wieder angingen ... Diese Amerikaner mit ihrem Getue – also wirklich!«

Am nächsten Tag kam sie staunend zurück.

»Papi, der Film ist immer noch vulgär, aber Herr von Sternberg ist ein Gott! Ein Gott! Ein Meister! Kein Wunder, daß sie ihn alle hassen ... Sie wissen, daß er unerreichbar ist. Er malt mit dem Licht wie ein Rembrandt. Das Gesicht da oben auf der Leinwand – eine richtige Hafendirne. Sie ist unglaublich! Sie ist einfach fabelhaft!«

Es war das erste Mal, daß meine Mutter von sich selbst in der dritten Person sprach. Von dieser Zeit an sah die Dietrich sich als ein Produkt, das nichts mit ihrem wirklichen Leben zu tun hatte.

»Und erinnerst du dich an die scheußlichen, fetten Frauen, die Jo hinter mich gestellt hat? Sie sind *so* fett, daß ich dagegen dünn aussehe! Jo wußte von Anfang an, warum er sie dort hinstellte – er wußte genau, wie es aussehen würde!«

»Also, dieses furchtbare Lied, von dem ich dir erzählt habe, hat einen eigenen englischen Text. Weißt du, wie es auf englisch heißt? ›Falling in Love Again!‹ Das hat doch überhaupt nichts zu tun mit ›Ich bin von Kopf bis Fuß auf Liebe eingestellt‹. Schlimm genug, daß ich dieses furchtbare Lied überhaupt auf englisch singen muß, und jetzt sind auch noch die Worte falsch!«

»Heute habe ich Jo gefragt, warum er mich nicht mal auf etwas anderes sitzen läßt. Wie oft kann man auf einem Stuhl erotisch sein? Warum können wir nicht einmal ein Faß versuchen, es sieht wenigstens ein bißchen anders aus, und dann könnte ich vielleicht ein Bein ausstrecken und das andere hochziehen. Und weißt du, ich weiß genau, was er tun wird. Seine Kamera wird sich sowieso in meine Spitzenhöschen verkriechen. Dieser ganze Film ist einfach unmöglich. Ich schäme mich, auf den Set zu treten!«

»Jo hat eine fabelhafte Idee. Du kennst doch diese Postkarten mit der Hure, die die Schüler heimlich sammeln und über die Jannings sich in der einen Szene so fürchterlich aufregt? Also, Jo hat kleine, zarte Federn auf die Höschen kleben lassen, und dann müssen die Schüler in der einen Szene auf die Karten blasen, so daß sich die Federn lüften und man – du weißt schon, was man sieht ... Eine tolle Idee, nicht? Also das ist erotisch!«

Meine Mutter war inzwischen so bedeutend, daß sie ihre eigene Garderobiere bekam, eine herbe, dünne Dame namens Resi. Innerhalb weniger Wochen wurde sie ihre Kammerzofe und hielt sich Tag und Nacht für sie bereit. Resi blieb fast während aller Sternbergfilme bei uns. Sie war ein Muster an Dienstbarkeit und starrer Ergebenheit.

In der Zeit der Filmaufnahmen zum *Blauen Engel* faßte ich eines Tages den Entschluß, mir einen neuen Namen zu geben. Es nannte mich sowieso niemand bei meinem richtigen Namen. Bloß wenn sie böse auf mich waren, bekam ich zu hören: »Maria! Komm sofort her!« Rufe dieser Art ließen Schlimmes fürchten. Manche Kinder denken sich einen Freund und imaginären Spielkameraden aus; ich war wahrscheinlich einfach auf der Suche nach meiner eigenen Identität. Eines Tages verkündete ich stolz, ich wolle von nun an »Heidede« genannt werden. Der Himmel weiß, wie ich darauf gekommen bin, vielleicht hatte der Name etwas mit *Heidi* zu tun ... Ich befand mich damals mitten in einer idyllischen Alpenphase. Meine Ankündigung wurde von allen sehr ernst genommen: Seit diesem Tag nannte mich meine Mutter »das Kind«, »Süße«, »Engel«, »Liebste«, und mein Vater nannte mich »Kind« oder »Kater«. Für alle anderen war ich:

»Heidede Tochter von Marlene Dietrich«!

Eines Abends hatte meine Mutter noch ein wenig Zeit und setzte sich zu uns an den Tisch.
»Heute in der Würgeszene hat mich Jannings doch tatsächlich fast erwürgt! Jo merkte es und stoppte die Aufnahme. Was ist nur los mit Jannings? Er ist großartig in dem Film, was für ein Schauspieler! Aber manchmal geht er einfach zu weit ... Jo nimmt sich die Zeit, lange Unterredungen mit ihm zu führen, während wir warten und uns ausruhen. Anschließend ist Jannings dann wieder einfach wunderbar! Warum kann er das Würgen nicht *spielen*, anstatt zu versuchen, mich wirklich zu erwürgen?«
Mein Vater schenkte sich und meiner Mutter ein Bier ein.
»Mutti, wenn ich Jannings wäre, ich würde dich erwürgen und nicht aufhören, wenn der Regisseur SCHNITT ruft.«
»Was soll denn das heißen?« Meine Mutter war empört. »Bin ich etwa wieder an allem schuld?«
»Du hast ihm den Film weggenommen. *Der Blaue Engel* ist jetzt ein Marlene-Dietrich-Film, nicht ein Film des berühmten Emil Jannings. Und das weiß er ganz genau!«
»Na gut, aber selbst wenn du recht hast, dann ist Jo daran schuld und nicht ich! Ich tue nur, was er sagt. Jannings sollte lieber Jo erwürgen!« Mit diesen Worten holte sie ihren Mantel und ging zum Theater zur Arbeit.

In der Berliner Filmindustrie merkte man allmählich, daß ein neuer Star aufging. Ebenso schnell wußte es Hollywood. Bei der Paramount, Sternbergs Studio und Verleihfirma des *Blauen Engels*, hatte man die glorreiche Idee, die englischsprechende, deutsche Sexbombe mit den schönen Beinen unter Vertrag zu nehmen.

        MARLENE DIETRICH-SIEBER
        KAISERALLEE 53, BERLIN
        29 JAN 1930
WÜRDEN UNS FREUEN, SIE IN DIE GLANZVOLLE REIHE DER PARAMOUNT-SCHAUSPIELER AUFNEHMEN ZU DÜRFEN STOP BIETEN SIEBENJAHRESVERTRAG MIT ANFANGSGAGE VON FÜNFHUNDERT DOLLAR DIE WOCHE MIT STEIGERUNG BIS ZU DREITAUSENDFÜNFHUNDERT DOLLAR DIE WOCHE IM SIEBTEN JAHR. GRATULATION. BITTE KABELN SIE IHR EINVERSTÄNDNIS. UNSER BERLINER BÜRO WIRD DIE ÜBERFAHRT ERSTER KLASSE ARRANGIEREN UND IHNEN FÜR ALLE WEITEREN FRAGEN ZUR VERFÜGUNG STEHEN.
        B. P. SCHULBERG
        VIZEPRÄSIDENT
        PARAMOUNT PUBLIC CORPORATION

Meine Mutter las uns das Telegramm vor. Weit mehr als über die niedrige Gage regte sie sich über den überheblichen Ton auf.
»Was für eingebildete Leute das sind. Nehmen einfach an, ich könnte sie unmöglich ablehnen. Sie gratulieren mir sogar schon!« Sie warf meinem Vater das Telegramm quer über den Tisch zu und verschwand, um von Sternberg, der die Schneidearbeiten zum *Blauen Engel* überwachte, das Mittagessen zu bringen.

        *

Der Blaue Engel war abgedreht, das Varieté abgesetzt. Meine Mutter war jetzt arbeitslos. Von Sternberg sollte bald nach Amerika zurückkehren; sie wich ihm kaum noch von der Seite. Immer wieder versuchte er sie zu überreden, das Paramount-Angebot anzunehmen. Sie hielt dagegen, daß sie erstens um mein Wohl besorgt war, zum andern war sie noch an die Ufa gebunden und konnte keinen anderen Vertrag unterzeichnen. Als die Ufa dann aber keine Vertragsverlängerung wollte, war sie überzeugt, daß sie vollkommen überschätzt worden war und ihre vielgerühmte große Filmkarriere bereits zu Ende wäre.

»Seht ihr? Was habe ich euch gesagt? Auch die Ufa denkt, ich war so schlecht in dem Film, daß sie nicht einmal meinen Vertrag verlängern will!«

»Das ist doch lächerlich. Sie sind bloß zu dumm, um zu begreifen, was sie an dir haben, und das ist nur zu deinem Vorteil«, erwiderte mein Vater.

»Ja herrlich! Jetzt kannst du ungehindert bei der Paramount einsteigen.« Von Sternberg war begeistert.

»Ich habe Ihnen doch gesagt, daß ich nicht nach Amerika gehen werde. Woher weiß ich, was mich dort erwartet? Ein Land, das einen Hund zum Filmstar macht, kann man nicht ernst nehmen. Und was ist mit dem Kind? Das Kind etwa über den ganzen Ozean schleppen? Und wie können wir wissen, ob die Studiobosse der Paramount mich überhaupt noch wollen, nachdem die Ufa mir abgesagt hat?«

»Die wollen dich, glaube mir, die wollen dich. Und wenn ich denen erst den Film zeige, werden die auf Knien um dich bitten. Und was das Kind betrifft – es kann den ganzen Tag in der Sonne spielen und wird ein eigenes Schwimmbad haben. Ist das schlecht?«

Es klang fabelhaft. Zumindest das mit der Sonne. Bei dem Schwimmbad war ich nicht so sicher, zunächst müßte ich schwimmen lernen.

»Wenn du darauf bestehst, Jo, daß ich gehe, dann müßte ich erst allein kommen und ansehen, ob wirklich alles so ›herrlich‹ ist, wie du sagst. Später könnte ich das Kind vielleicht nachholen. Aber was mache ich, wenn es mir nicht gefällt, wenn ich den Vertrag schon unterschrieben habe ... Und wie kann ich sicher sein, daß du, und kein anderer als du, mein Regisseur bist? – Nein, nein! Das ist alles viel zu kompliziert. Hier kann ich ohne diese ganzen schrecklichen Probleme arbeiten!«

»Ich werde nicht länger bleiben und mir diese Dummheiten anhören!« sagte von Sternberg und verließ das Zimmer. Meine Mutter schrie: »Jo!« und rannte hinter ihm her. Mein Vater zündete sich eine Zigarette an. Wir warteten. Von Sternberg untergehakt, kam meine Mutter wieder ins Eßzimmer, warf meinem Vater einen flehenden Blick zu und sagte:

»Papi – sag es ihm –, sag Jo, daß ich das Kind nicht verlassen kann!«

Von Sternberg wandte sich zum Gehen. Sie klammerte sich an ihn:

81

»Mein Liebling!« Ich wußte, daß sie dieses Mal nicht mich meinte.

»Mutti, wartest du auf die Entscheidung von mir?« fragte mein Vater ganz sanft.

»Ja, sag es ihm ... Ich kann nicht ...« Sie sprach nicht weiter.

»Wenn du wirklich meine Meinung hören willst, Mutti, ich sehe absolut keinen Grund, nicht zu gehen.«

Mutter warf ihm einen wütenden Blick zu. »Laß mich bitte sprechen. Was das Kind betrifft, hast du es schon sehr oft allein gelassen – wegen unbedeutenderer Dinge. Es wäre also nicht das erste Mal. Mein Rat ist: *Geh* nach Amerika. Hab Vertrauen zu Jo. Hör auf ihn. Tu genau, was er von dir verlangt. Mit Jo als Beschützer an deiner Seite hast du dort eine einmalige Chance. Es wäre idiotisch, so was alles hinzuschmeißen. Das Kind kann hierbleiben. Sie hat mich, Tami und Becky. Wenn du zurückkommst, werden wir alle noch hier sein. Wir werden auf dich warten.«

Von Sternberg hätte ihn am liebsten abgeküßt. Es hörte sich an, als ginge meine Mutter nach Amerika.

Als von Sternberg sich an diesem Abend verabschiedete, gaben wir ihm alle einen Kuß, außer meiner Mutter – sie ging noch mit ihm in seine Wohnung zurück, um ihm beim Packen zu helfen und ihn gebührend zu verabschieden.

Am nächsten Tag nahm ich all meinen Mut zusammen und fragte: »Mutti, wenn du nach Amerika gehst, wie Papi gesagt hat, bitte, darf ich dann einen Hund haben?« Und siehe da, sie antwortete: »Ja, aber keine Promenadenmischung«, und eilte in das Studio, wo jetzt die Lieder aus dem *Blauen Engel* auf Schallplatte aufgenommen wurden. Von da an nahm ich kaum noch wahr, was um mich herum geschah, ich war viel zu beschäftigt mit meinen Bilderbüchern, um einen Lieblingshund zu finden. Ich wollte meine Wahl getroffen haben, wenn meine Mutter sich auf die Reise machte. Auf jeden Fall mußte mein erster Hund ganz kuschelig sein.

Während meine Mutter ihre Koffer packte, ihre Negerpuppe sorgfältig in Papier einschlug, Einkaufszettel schrieb und mich traurig küßte wie ein Soldat, der in den Krieg zieht, war von Sternberg bereits in Amerika und handelte mit der Paramount den neuen Vertrag für seinen Schützling aus. Miss Dietrich war jetzt nur noch für zwei Filme verpflichtet. Sollte sie danach entscheiden, die Hollywoodkarriere aufzugeben und wieder in die Heimat zurückzukehren, war es ihr verboten, bei einer anderen amerikanischen Filmgesellschaft unter Vertrag zu gehen. Sollte Miss Dietrich jedoch in Amerika weiterarbeiten wollen, würde der Paramount-Vertrag automatisch erneuert und ihre Gage beträchtlich erhöht werden. Dem Vertrag wurde eine Klausel zugefügt, nach der Marlene Dietrich ihre Regisseure frei wählen durfte – noch nie hatte eine Filmgesellschaft einer unbekannten Darstellerin ein solches Zugeständnis gemacht.

Bereits im April 1929 verglich ein Berliner Tageblatt Marlene Dietrich mit einer schwedischen Schauspielerin und Hollywoodberühmtheit. Es könnte dieser Artikel gewesen sein, der die Dietrich zum erstenmal mit Greta Garbo in Verbindung brachte und der höchstwahrscheinlich auch die Paramount auf diesen Vergleich aufmerksam machte. Der unerbittliche Konkurrenzkampf zwischen den Filmgesellschaften hatte folgenden Hintergrund: Ihre Rentabilität und ihr Prestige hingen allein von den Talenten ab, über die sie verfügten. Da die Garbo zur Metro-Gruppe gehörte, suchten alle anderen großen Gesellschaften wie besessen nach einem vergleichbar erhabenen Wesen, dem der Zauber des Fremden, europäische Kultiviertheit und jene hypnotisierende, gebrochene Sprechweise anhaften sollte und das möglichst auch die hohen Wangenknochen und schweren Lider der Garbo besaß, um mit einem solchen Wesen der mächtigen MGM die Kasseneinnahmen streitig zu machen. Möglicherweise ließ die Paramount sich weniger wegen von Sternbergs überschwenglicher Empfehlungen oder wegen der hinreißenden Beine und der anziehenden Strapse des *Blauen Engel* auf die Forderungen der Dietrich ein, sondern wegen ihrer verblüffenden Ähnlichkeit mit der Garbo. Allein der Druck, in diesem Konkurrenzkampf bestehen zu müssen, war es, der aus ihrem schönen, wahren Talent schließlich die geheimnisumwitterte »Marlene Dietrich« formte. Die Frage, was wohl aus ihr geworden wäre, hätte sie sich nach ihrer überragenden Darstellung im *Blauen Engel* unbeeinflußt weiterentwickeln dürfen, gibt Anlaß zu vielfältigen Spekulationen.

Doch es sollte anders kommen. Die Bewunderung eines außergewöhnlichen Bildzauberers, die Profitgier der Filmgesellschaften und vor allem Marlene Dietrichs eigener Narzißmus verwandelten das, was hätte sein können, in das, was sein mußte: die atemberaubenden, endlosen Nahaufnahmen; die Schleier, die Kostüme, die Beine, die geschlechtslose Erotik; diese unglaubliche Schönheit, immer wieder diese atemberaubende Schönheit, bis das künstlich geschaffene Bild ihre

Wirklichkeit wurde. Es gab seltene Augenblicke in ihrem Leben, in denen jener Funke, der den *Blauen Engel* zur Explosion gebracht hatte, wieder aufflammte, doch er war zu schwach, um ein weiteres Feuer zu entzünden. Bald erkannte die Dietrich diesen Funken auch nicht mehr. Legenden haben es nicht nötig, nach Verlorenem zu suchen – Legenden sind, was sie sind.

Ich hatte nur eine Sorge bei dem Gedanken, daß meine Mutter ins ferne Amerika gehen wollte: Würden die Indianer sie skalpieren wollen? So vorsichtig wie möglich brachte ich das Thema zur Sprache. Meine Mutter, die gerade dabei war, die Hutschachteln zu packen, beruhigte mich. Die Amerikaner seien zwar immer noch recht ungebildet, das Skalpieren aber sei jetzt weitgehend aus der Mode gekommen. Ich war noch nicht ganz überzeugt. Meine Tante Liesel hatte mir bei einem ihrer seltenen Besuche aus dem *Letzten Mohikaner* vorgelesen, und deshalb wußte ich im Gegensatz zu meiner Mutter, daß Amerika ein sehr gefährliches Land sein konnte. Aber ich wußte auch, wenn meine Mutter einmal beschlossen hatte, um nichts in der Welt ihre Haare zu opfern, daß kein einziger dieser armen Rothäute die Chance haben würde, sie ihr zu rauben. Also, als die Stunde des Abschieds schlug, sagte ich ihr ohne Angst auf Wiedersehen. Ich war sicher, daß sie unter dem Schutz des kleinen Mannes »okay« sein würde.

*

Am frühen Abend des 31. März 1930, meine Mutter sah aus wie eine Königin in ihrem weißen Chiffonkleid und einem langen Hermelinmantel, hielt sie mich umschlungen und weinte. Ich war erkältet, und sie wollte mich nicht verlassen, aus Angst, ich könnte ohne die trostspendende Mutter an der Seite sterben. Aber sie mußte aufbrechen – an diesem Abend fand im großen Gloria-Palast-Theater die Galapremiere des *Blauen Engel* statt, und einige der Mitwirkenden sollten zusammen mit Emil Jannings, dem Star des Films, vor den Vorhang treten. Direkt nach der Vorstellung würde meine Mutter den Zug nach Bremerhaven nehmen und dort an Bord der *Bremen* gehen und nach New York reisen.

»Wenn Sie das Telefon läuten hören, nehmen Sie sofort ab!« sagte meine Mutter zu Becky und kontrollierte meine Schienen. »Sobald ich kann, rufe ich an, um zu hören, wie es dem Kind geht. In zwei Stunden messen Sie noch einmal ihr Fieber und sagen mir, was sie hat. Wenn ich kann, schleiche ich während des Films hinaus und komme zurück.

Wenn heute nacht nicht das Schiff ausfahren würde, würde ich gar nicht zu dieser verdammten Vorstellung hingehen.«

Mein Vater und Willi Forst, beide in Frack und weißem Seidenschal, riefen vom Korridor: »Mutti, Zeit zu gehen! Du mußt da sein, bevor die Lichter ausgehen.«

Vorsichtig, um nur nichts zu zerstören, umarmte ich sie ein letztes Mal.

»Vergiß mich nicht«, flüsterte sie und verschwand.

Drei Stunden später war sie berühmt. Es war ein überwältigender Triumph. Begeistert riefen die Zuschauer den Namen, den meine Mutter sich selbst zugelegt hatte: »Marlene! Marlene!« Sie hörte die Rufe kaum – sie dachte nur an mein Fieber.

Sie wollte nicht, daß mein Vater sie nach Bremerhaven begleitete. Sie schickte ihn nach Hause, meine Temperatur zu messen und mir auszurichten, wie sehr sie mich schon vermisse.

Er sah an diesem Abend sehr elegant aus. Überhaupt fand ich, daß meinem Vater die Frackschöße mindestens so gut standen wie meiner Mutter.

»Papi, ist Mutti wirklich weg?« fragte ich, und ohne eine Antwort abzuwarten: »Kommt Mutti wieder zurück?«

»Ja, Kater, aber nicht sofort. Zuerst dreht sie mit Herrn von Sternberg noch einen Film.«

»War das heute ein großer Abend für sie? Ein großer Erfolg?«

»Ja ... ein sehr großer Erfolg.« Er sprach ruhig, seine Stimme war müde. Er setzte sich zu mir aufs Bett, und ich nahm all meinen Mut zusammen.

»Morgen, besorgst du mir da einen Hund? Sie hat es mir versprochen. Bitte!«

»Ja, ich habe bereits einen ausgesucht.« Er beugte sich vor, und ich sah den Schraubenschlüssel in seiner Hand. Kaum waren die Schienen gelöst, schlang ich meine Arme fest um seinen Hals. Er fragte mich, ob ich mein Nachtgebet gesprochen hätte. Er war der einzige, der mich jemals danach fragte. Sorgsam deckte er mich zu, löschte das Licht aus – und ging hinaus. Die Tür ließ er einen Spalt offen. Das Flurlicht warf einen warmen Schein auf den Linoleumboden meines Zimmers. Ich überlegte, ob dem Publikum unser Pianolalied wohl gefallen hatte und ob die Lamémanschetten auch wirklich zu dem Kostüm mit dem weißen Zylinder ... Ich schlief ein und träumte, ich hätte einen kleinen Hund, der mich sehr liebte.

Nachdem meine Mutter in dieser Nacht an Bord gegangen war, mußte sie als erstes ein Telegramm an uns abgeschickt haben. Wie immer natürlich auf deutsch.

> R. SIEBER
> KAISERALLEE 54, BERLIN
>
> 1. APRIL 1930 3.16 UHR
> VERMISSE DICH SEHR PAPILEIN BEDAURE REISE SCHON STOP SAG MEINEM ENGEL DASS ICH DEN FILM NIE SAH UND NUR AN SIE DACHTE STOP GUTENACHTKÜSSE
>
> MUTTI

> R. SIEBER
> KAISERALLEE 54, BERLIN
>
> 1. APRIL 1930 11.48 UHR
> GUTEN MORGEN STOP SCHIFF SCHAUKELT WETTER SCHLECHT STÜRMISCH STOP BIN ALLEIN MITTEN AUF DEM OZEAN UND KÖNNTE DOCH ZU HAUSE SEIN STOP KÜSSE
>
> MUTTI

> MARLENE DIETRICH SIEBER
> SS BREMEN
>
> 1. APRIL 1930 13.17 UHR
> VERMISSE DICH MUTTI STOP KRITIKER LIEGEN DIR ZU FÜSSEN STOP JANNINGS LOBEND ERWÄHNT ABER ES IST KEIN EMIL-JANNINGS-FILM MEHR STOP MARLENE DIETRICH LÄUFT IHM RANG AB STOP DEM KIND GEHT ES GUT STOP KÜSSE DICH SEHNSÜCHTIG
>
> PAPI

> MARLENE DIETRICH
> SS BREMEN
>
> 3. APRIL 1930 12.35 UHR
> ICH BEGLÜCKWÜNSCHE UNS BEIDE STOP NEUER FILM HEISST MAROKKO NACH DER GESCHICHTE AMY JOLLY AUS DEM BUCH DAS DU IN MEIN GEPÄCK GETAN HAST STOP DU WIRST WIEDER FABELHAFT SEIN
>
> JO

JOSEF VON STERNBERG
PARAMOUNT STUDIOS HOLLYWOOD KALIFORNIEN
3. APRIL 1930 15.01 UHR
WER WIRD MEIN GEGENSPIELER

MARLENE

MARLENE DIETRICH
SS BREMEN
3. APRIL 1930 12.45 UHR
DEIN GEGENSPIELER WIRD GARY COOPER STOP VIELEN DANK
FÜR DEIN ÜBERSCHWENGLICHES TELEGRAMM IN DEM DU
DEINE TIEFE DANKBARKEIT AUSDRÜCKST WEIL ICH DICH
GEGEN DEINEN ZÄHEN WIDERSTAND IN DIE STRATOSPHÄRE
KATAPULTIERT HABE STOP KÜSSEN SIE NICHT MEINE HAND
MADAME STOP DU HAST MEINER KAMERA ERLAUBT DIR ZU
HULDIGEN UND DU WIEDERUM HAST DIR SELBER GEHULDIGT

JO

R. SIEBER
KAISERALLEE 54, BERLIN
3. APRIL 1930 14.51 UHR
TELEGRAFIERE GLÜCKWÜNSCHE AN JO STOP IST LEICHT
GEKRÄNKT STOP ICH UMARME DAS KIND

MUTTI

J. VON STERNBERG
PARAMOUNT STUDIOS HOLLYWOOD CALIF
4. APRIL 1930 14.53 UHR
DU WEISST DASS ICH DICH VEREHRE

MARLENE

MARLENE DIETRICH
SS BREMEN
4. APRIL 1930 9.15 UHR
DEINE ENTSCHULDIGUNG IST ANGENOMMEN

JO

                              R. SIEBER
                              KAISERALLEE 54, BERLIN
4. APRIL 1930 13.16 UHR
RESI IST SEIT DEM ERSTEN TAG SEEKRANK WIE ALLE
MÄDCHEN AN BORD STOP HEUTE FIEL IHR DAS GEBISS ÜBER
BORD STOP ICH MUSS BREI BESTELLEN DENN SIE WILL DIE
KABINE NICHT VERLASSEN STOP RUF MUTTI AN UND SAG IHR
DASS ICH WOHLAUF BIN UND SIE VERMISSE STOP ICH KÜSSE
DICH
                                          MUTTI

                              MARLENE DIETRICH
                              SS BREMEN
5. APRIL 1930 14.29 UHR
REICHSFILMBLATT ZITAT MAN IST GERADEZU ÜBERWÄLTIGT
VON FRÄULEIN DIETRICHS DARSTELLUNG STOP IHRE
FÄHIGKEIT OHNE GROSSE MÜHE ABER MIT SCHLICHTER UND
UNUMSCHRÄNKTER AUTORITÄT SZENEN ZU DOMINIEREN IST
IN DIESER FORM NOCH NIE DAGEWESEN ZITAT ENDE
GLÜCKWUNSCH MUTTI STOP WIE ICH HÖRE RAUFT SICH EMIL
JANNINGS DIE HAARE STOP SEHNSÜCHTIGE KÜSSE
                                          PAPI

                              R. SIEBER
                              KAISERALLEE 54, BERLIN
5. APRIL 1930 20.32 UHR
WEISS NOCH WIE MICH JANNINGS VOR JO WARNTE ZITAT ZU
MEINEM EIGENEN BESTEN ZITAT ENDE DANKE ÜBRIGENS FÜR
DEINEN RAT STOP KÜSSE
                                          MUTTI

                              MARLENE DIETRICH
                              SS BREMEN
UNEINGESCHRÄNKTES LOB VON KRACAUER ZITAT
DIETRICHS LOLA LOLA IST EINE NEUE VERKÖRPERUNG DES
SINNLICHEN STOP DIESE KLEINBÜRGERLICHE BERLINER DIRNE
MIT IHREN VERFÜHRERISCHEN BEINEN UND IHRER
UNGEZWUNGENHEIT ZEIGT EINE ZWANGLOSE ART DIE DAZU
ANREGT DAS GEHEIMNIS ZU ERGRÜNDEN DAS SICH HINTER

IHRER GEFÜHLLOSEN SELBSTGEFÄLLIGKEIT UND KÜHLEN
ÜBERHEBLICHKEIT VERBIRGT ZITAT ENDE KÜSSE
                                                                                           PAPI

                                          R. SIEBER
                              KAISERALLEE 54, BERLIN
SCHICKE ZEITUNGSAUSSCHNITT AN JO STOP ER IST DAS
GEHEIMNIS STOP KÜSSE
                                                                 MUTTI

                         JOSEF VON STERNBERG
               PARAMOUNT STUDIOS HOLLYWOOD
VERZEIH DASS ICH NICHT MEHR WEISS WAS ICH AN DIR HABE
STOP SEIT DEM ZWEITEN DREHTAG WEISS ICH DASS ICH GAR
NICHTS BIN OHNE DICH
                                                MARLENE

                              MARLENE DIETRICH
                                       SS BREMEN
BITTE ENTSCHULDIGE MEINE UNAUSSTEHLICHE UND UNVER-
ZEIHLICHE ART STOP SO BIN ICH NUN MAL SOSEHR ICH AUCH
VERSUCHE MICH ZU ÄNDERN STOP WERDE MIR KÜNFTIG
NOCH MEHR MÜHE GEBEN
                                                                  JO

                                          R. SIEBER
                             KAISERALLEE 54,
                                               BERLIN
7. APRIL 1930 16.00 UHR
ANKUNFT IN NEW YORK MIT ZWEITÄGIGER VERSPÄTUNG
WEGEN FÜRCHTERLICHER STÜRME STOP MACHT NICHTS STOP
HABE ANGST DAS DEUTSCHE SCHIFF ZU VERLASSEN DIE LETZ-
TE VERBINDUNG ZU MEINER MUTTERSPRACHE MEINER
HEIMAT DEN VERTRAUTEN GEBRÄUCHEN STOP LIEBE KÜSSE
                                                                MUTTI

Ich bekam ein kugeliges, hüpfendes, weißes Flöckchen mit Knopfaugen und flatternden Ohren. Mein erster vierbeiniger Freund! Ich war überglücklich. Als die Briefe meiner Mutter nach und nach eintrafen, wurden sie bei Tisch vorgelesen, wie Folgen eines spannenden Fortsetzungsromans.

THE AMBASSADOR
NEW YORK CITY
9. APRIL 1930

Papilein,
ich brauche Zeit, um mich an Amerika zu gewöhnen. Heute morgen auf dem Schiff sagte man mir, daß mein graues Kostüm für Fotos von der Ankunft ungeeignet sei. Sie wollten, daß ich ein schwarzes Kleid und einen Nerzmantel anziehe und mich auf meine Koffer setze. Du weißt, daß ich Anweisungen befolge, aber mich auf das Gepäck setzen? In der heißen Sonne, in einem Pelzmantel? Um vier Uhr findet hier im Hotel eine Pressekonferenz statt, und ich soll mich wie zur »Cocktail hour« anziehen. Keine Ahnung, was *das* ist.
Heute abend gehe ich mit Walter Wanger, dem Produktionschef der Paramount an der Ostküste, und seiner Frau aus. Er gehörte zu den Leuten vom Studio, die mit einem Boot der Küstenwache zum Schiff kamen und mich begrüßten. Er sagte: »Ich habe den Auftrag, Sie zum Dinner auszuführen und Ihnen mit meiner Frau New York zu zeigen.« Auftrag! Liebenswürdig, was?
Ich könnte einen Urlaub von Resi gut gebrauchen. Sie ist die ganze Zeit in der Kabine geblieben, weil sie ohne Gebiß nicht an Deck gehen wollte. Übrigens ist sie jetzt beim Zahnarzt und wird heute ein neues bekommen. Das Studio hat das arrangiert. Schön, solche einflußreichen Leute zu kennen.
Ich freue mich auf diese vier Tage in New York.
Sag dem Kind, wie sehr ich mich nach ihr sehne. Ich küsse ihr Foto.

Mutti

PENNSYLVANIA RAILROAD

Papilein,
ich konnte keine vier Tage in New York bleiben. Ich bin im Zug nach Chicago. Als mich Walter Wanger gestern abend abholte, sagte er, seine Frau »fühle sich nicht wohl«. Ich ging mit ihm in eine dieser Bars, wo es trotz Verbot Alkohol gibt. Man nennt sie »Speakeasy«, weil die Gäste aufgefordert werden, leise zu spre-

chen, damit die Polizei nicht aufmerksam wird. Mr. Wanger war sehr charmant. Er sagte: »Ich habe Sie hierhergebracht, weil Sie bei der Pressekonferenz gesagt haben, daß Sie für Harry Richman schwärmen. Nun, hier ist er.« In dem Moment betrat Mr. Richman die Bühne und sang ein Lied, das ich unzählige Male auf meinem Grammophon gespielt hatte, »On The Sunny Side Of The Street«. Ich war begeistert, ihn zu sehen. Dann forderte mich mein gutaussehender Begleiter zum Tanzen auf. Kaum hielt er mich in den Armen, da flüsterte er: »Von Sternberg hat recht, Sie sind die Entdeckung des Jahrhunderts.« Er schlang die Arme um mich, und ich hätte ihn am liebsten gefragt, ob das auch zu seinem Auftrag gehörte, aber es war überhaupt nicht amüsant und ziemlich peinlich. Ich entschuldigte mich für einen kurzen Augenblick, verließ aber das Speakeasy, nahm ein Taxi und fuhr zurück ins Hotel. Da rief ich Jo an und erwischte ihn glücklicherweise zu Hause. Ich erzählte ihm, was passiert war. Du kennst mich doch, es hat mich nicht geärgert, weil mir ein Mann an den Hintern faßt. Das war es nicht. Es war die Selbstverständlichkeit, daß ihnen der Vertrag das Recht dazu gab, eine Art *derecho del señor*. Das paßte mir nicht. Genauso hatten sie sich schon am Hafen und bei der Pressekonferenz benommen. »Setzen Sie sich auf die Koffer. Ziehen Sie ihren Rock hoch. Höher. Zeigen Sie mehr Bein.« Außerdem paßte mir nicht, daß ich den Journalisten vorgeführt wurde und dumme Fragen beantworten mußte wie »Gefällt Ihnen Amerika?«, obwohl ich erst vor zehn Minuten angekommen war und noch nicht einmal den Hafen verlassen hatte. Auf so etwas kann man nicht geistreich antworten, es sei denn, man wird gemein, und deshalb blieb ich ziemlich blaß.
Jo sagte: »Komm mit dem nächsten Zug hierher. Sprich mit niemandem! Reise sofort ab. Alles andere erledige ich.«
Sag meinem Engel, daß ich sie liebe. Liebe Küsse

                Mutti

           IM SANTA FE CHIEF
        CHICAGO, DEN 11. APRIL 1930

Lieber Papi,
ich habe von Chicago aus mit Jo gesprochen. Er versprach, zu uns in den Zug zu kommen und einen Tag vor der Ankunft in Hollywood in Albuquerque zuzusteigen (Du solltest hören, wie

das ausgesprochen wird). Er will dafür sorgen, daß mir weitere Überraschungen erspart bleiben. Der Zug ist komfortabel, die Mahlzeiten nehmen wir in unserem Salonwagen ein. Resi freut sich über ihr neues Gebiß. *Der letzte Tag!* Jo ist in Albuquerque zugestiegen. Welches Opfer er damit gebracht hat, wird mir erst jetzt richtig klar, wo wir durch die Wüste fahren. Die Hitze ist unglaublich. Wir haben die Fenster geöffnet, aber die Luft, die hereinkommt, ist wie Feuer und schmutzig. Wir breiten Bettlaken über die Sitze aus, weil man sich an dem Plüsch die Beine verbrennt. Steigen an jeder Station aus und machen einen Spaziergang, aber die Hitze treibt uns zurück. Und Jo hat diese Fahrt erst gestern gemacht und heute wieder!

Er hat alles arrangiert. Um den Journalisten zu entgehen, steigen wir in Pasadena aus, das ist eine Station vor Los Angeles. Es werden nur ein paar Presseleute da sein, die das Studio ausgesucht hat. Sie verwenden nur Artikel, die das Studio schreibt, und sie legen ihre Fotos der Publicity-Abteilung zur Genehmigung vor und retuschieren sie vor der Veröffentlichung. Was ein Trost, daß Jo hier das Sagen hat.

Morgen: Hollywood.

Ich vermisse Euch. Liebe Küsse

Mutti

BEVERLY HILLS
14. APRIL 1930

Papilein,

also, die »größte Entdeckung des Jahrhunderts« ist jetzt in Hollywood. Ich wohne in einem hübschen kleinen Haus, das Jo für mich in Beverly Hills gemietet hat. Das ist eine vornehme Gegend nicht weit vom Studio entfernt. Bei der Ankunft in Pasadena ging alles glatt. Blumen, und ein grüner Rolls-Royce, vom Studio geschenkt. Ich habe zwei Dienstmädchen, so hat Resi Unterhaltung, wenn sie endlich ein paar englische Worte lernt. Jo hat ein Bankkonto mit 10 000 Dollar vom Studio für mich eröffnet. Er hat mir gezeigt, wie man Schecks schreibt. Ich lege einen für 1000 Dollar bei. Mein erster Scheck. Rahme ihn nicht ein. Benütze ihn. Mit so was hat man gar nicht das Gefühl, daß es richtiges Geld ist.

Hier haben wir immer blauen Himmel, und im Vergleich zu Ber-

lin ist das Wetter unglaublich mild. Morgen beginnen wir mit der Arbeit an den Kostümen. Für eines davon benutze ich meinen eigenen Frack, in dem mich Jo bei der Party in Berlin gesehen hat. Man wird mir jeden Tag meinen Text vorsagen, Zeile für Zeile. Ich brauche also nichts auswendig zu lernen und habe wenig zu tun. Ich schneide Blumen und lese.
Ich versuche, nichts zu essen. In Berlin sah ich gut aus, aber was zu einer drallen Hure aus Lübeck paßte, paßt nicht zu *Marokko*. Amy Jolly muß elegant und geheimnisvoll sein.
Ich bin froh, daß ich so viel Geld verdiene, und freue mich darauf, mit Jo einen weiteren Film zu drehen, aber ich habe furchtbares Heimweh.
Ich küsse Dich. In Liebe

M.

Die Erinnerung an die Zeit, als meine Mutter in Amerika war, ist für mich eine Reihe ruhig fließender Bilder: Der Tag, an dem mein Vater eine Spielfigur, den Kater Felix, mit nach Hause brachte, dessen Schwanz erst erschien, wenn man ein Streichholz an seinen Po hielt. Oder der Tag, als ich zum erstenmal das Zimmer meines Vaters richtig kennenlernte. Hätte ich damals etwas über die spanische Inquisition gewußt, wäre mir klar gewesen, was für ein Zimmer es war. Dunkle Klostermöbel, blutrot geflammte Wände und überall schwere religiöse Kultgegenstände. Doch auch ohne etwas über die Spanier zu wissen, spürte ich den unheimlichen Schauder. Über seinem Bett in der Nische verlief ein Regal mit Apothekergläsern darauf. Sie enthielten eine weiche Masse und waren von hinten beleuchtet. Mein Vater, der eigentlich ein verhinderter Chirurg war, hatte die Exemplare einst von einem Jugendfreund, einem Medizinstudenten, erstanden. Er erklärte mir jedes Organ und seine Funktionen im menschlichen Körper. Ich war fasziniert. Er besaß ein Herz, das in Formaldehyd schwamm, eine recht gut erhaltene Leber, ein Stückchen Hirn – und eine halbe Niere! Meine Mutter kochte oft ein köstliches Nierengericht mit Senfsoße, aber die beleuchtete Niere meines Vaters war viel aufregender und interessanter. Wenn die schlanken Wachskerzen in ihren schmiedeeisernen Leuchtern brannten, aus silbernen Schalen der Weihrauch aufstieg und die Organe im Licht erglühten, saß ich still dabei mit einem Rosenkranz in den Händen und kam mir ganz besonders brav und heilig vor. Manchmal dachte ich, die Organe auf dem Regal würden sich wieder zu einem vollständigen Menschen zusammenfügen – wie bei der Wiederauferstehung eines Heiligen, doch sooft ich darauf wartete, nichts geschah.

Mein Vater nahm mich zu seinen Eltern in die Tschechoslowakei mit und machte mir damit eine große Freude. Ich liebte meine Großeltern und war gerne in ihrem kleinen Haus zu Besuch.

Tami kümmerte sich um uns; sie liebte, kochte herrliche russische Gerichte und füllte die Wohnung mit ihrem glücklichen Lachen. Mein Vater schimpfte nicht so oft, mein Hund durfte in meinem Bett schlafen, und meine Tante Liesel brachte mir das Lesen bei. Alles in allem war es eine wunderschöne Zeit.

>Papilein,
Die Arbeit an den Kostümen geht gut voran und macht mir Spaß. Der Kostümbildner Travis Banton ist sehr begabt. Jo sagt uns, was er will, und Travis und ich reden darüber, wie die Kleider aussehen müssen. Er schätzt Jo genauso wie ich und arbeitet die Entwürfe immer wieder um, bis sie schließlich in Ordnung sind. Er ist genauso ausdauernd wie ich. Wir beide werden niemals müde.
Ermüdend sind aber die langen Unterhaltungen auf englisch. Travis ist Amerikaner, und Jo weigert sich, Deutsch mit mir zu sprechen. Wenn ich ihm sage, daß ich eine Pause brauche, sagt er: »Nein, dein Englisch muß unbedingt flüssiger werden. Rede englisch weiter, bitte.« Er korrigiert meine Grammatik und meine Aussprache. Und ich lerne jeden Tag neue Wörter, neue Ausdrücke. Das ist gut, aber Du kannst Dir vorstellen, welche Freude es für mich ist, wenn ich mit Dir sprechen kann. Also hör auf, Dir Sorgen zu machen, weil es so viel kostet. Ich habe eine Menge Geld, und ich gebe es dafür aus, daß ich Dich und das Kind hören kann.
Ich gehe mit Resi in die neuen Filme. Wir haben *Im Westen nichts Neues* gesehen. Der Film ist hier ein Riesenerfolg. Faszinierend, daß es derselbe Remarque ist, den ich immer im Mutzbauer gesehen habe. Bitte schick mir sein Buch. Ich will es auf deutsch lesen, in der Sprache, in der er es geschrieben hat.
Ich warte vor dem Haus auf den Briefträger. Bitte schreib mir. Ich küsse Dich. In Liebe

Mutti

Mein Vater sagte, meine Mutter würde Fotos schicken, die Herr von Sternberg von ihr gemacht hatte. Große Fotos, schöne, die für etwas gebraucht wurden, das sich Publicity nannte. Sie kamen an in großen, grauen, kartonverstärkten Umschlägen mit dem Signet der Paramount. Selbst für meine Kinderaugen ging von den Fotos etwas Strahlendes aus wie von einer Madonna, etwas Unwirkliches. Es ist ein merkwürdiges Gefühl, in ein Gesicht zu blicken, von dem man weiß, daß es der Mutter gehört, und das doch plötzlich das Abbild einer Gottheit geworden ist!

Wenn meine Mutter bei uns anrief, schrie ich gegen die knackenden Geräusche in der Leitung an und hoffte, daß sie mich verstehen konnte: »Hast du Indianer gesehen, Mutti? Und gibt es auch Cowboys? Scheint die Sonne wirklich die ganze Zeit? Könntest du mir bitte ein echtes Indianerkostüm schicken, mit Pfeil und Bogen und Federn und allem, was dazugehört? Und Mutti, gestern hat Papi seinen Aal gespielt. Wir haben ganz viel gelacht und dich vermißt.«

Manchmal, statt zu schreiben oder zu telefonieren, schickte uns meine Mutter ihre Stimme auf Zelluloidplatten. Mein Vater spielte sie mir auf unserem Grammophon vor.

»Meine Süße ... mein Engel, hörst du mir zu.« Ich nickte den Apparat an. »Weißt du, was ich in meinem Mund habe? Deinen Zahn, den, den Papi mir geschickt hat. So kann ich dich ganz bei mir haben. Meine Süße ... Ich gehe in diesem wunderschönen Haus herum, aber du bist nicht hier. Geht es dir gut? Ißt du auch brav? Ich weine, weil ich nicht für dich kochen kann; deinen herrlichen Duft nicht riechen und dein Haar nicht bürsten kann, dein schlafendes Gesichtchen nicht sehen. Ich vermisse dich so – so – sehr. Ohne dich ist mein Leben leer. Bald – bald werde ich wiederkommen. Meine Liebe.«

Ich mochte diese Schallplatten nicht. Die körperlose Stimme – so traurig und sehnsuchtsvoll – verstörte mich. Obwohl mein Vater darauf bestand, daß ich die Platten noch ein zweites Mal anhörte, merkte ich, daß auch er sie nicht mochte.

BEVERLY HILLS

Papilein,
Jo wurde gebeten, einen Trailer von mir zu machen, damit die Vertriebsabteilung einen Eindruck von mir bekommt, also drehten wir eine kurze Szene, in der ich meinen Frack trage. Das Studio war in hellem Aufruhr. »Slacks« (so nennt man hier Ho-

sen). Anscheinend tragen die amerikanischen Frauen keine »Slacks«. Hier glaubt man, daß kein Mann eine Frau in Hosen anschaut.
Jo sagte zu ihnen: »Ich bin Miss Dietrichs Regisseur, und was sie trägt, bestimme ich!« (Ich trage in dem Film auch Shorts, offenherzige Kleider usw.) Alles in Schwarz. Ich habe Jo gebeten, daß er mich Schwarz tragen läßt. Ich esse nichts, aber sehe immer noch dick aus. Er findet das nicht, und nichts ist schwieriger zu fotografieren als Schwarz, aber mir zuliebe ist er einverstanden. Wir beide wurden zu einer Party im Haus der Schulbergs eingeladen und hatten natürlich nicht die geringste Lust, dahinzugehen. Jo sagte, daß ich nicht gehen müßte. Dann rollte er seine barocken Augen und sagte: »Aber es wäre klug, wenn wir ihnen unseren guten Willen zeigen. Eine absurde Anstrengung, denn seinen guten Willen kann man nur beweisen, indem man einen Film macht, der Geld einbringt.« Aus Höflichkeit gingen wir hin. Ich trug meinen Marineblazer, weiße Flanellhosen und eine Segelmütze (um ein bißchen »schlechten« Willen zu demonstrieren).
Küsse, Mutti

Meine Mutter legte ein Foto bei, das von Sternberg aufgenommen hatte. Es zeigte sie in ihrem »Jachtkostüm«, das bei den Damen von Malibu Beach solch ein Aufsehen erregt hatte, daß sie auf der Rückseite bemerkte: »Das Studio möchte davon Tausende drucken lassen mit der Aufschrift: ›Die Frau, die sogar von Frauen geliebt wird.‹« Mein Vater lachte darüber, rahmte das Foto und stellte es zu den vielen anderen unserer Königin, die den langen Tisch im Wohnzimmer allmählich füllten. Ein magnetischer Blick aus den vielen schönen Augen schien uns auf Schritt und Tritt in diesem Raum zu verfolgen. Das fotografierte Gesicht meiner Mutter gab mir ein Gefühl schaurigen Unbehagens – als sei sie wirklich anwesend, als warte sie nur darauf, lebendig, atmend aus den Papierbildern herauszutreten.

3
Hollywood –
die ersten Jahre

Papilein,
morgen fangen wir an zu drehen. Es war amüsant, dieses ganze Trara mit »Die Neue aus Deutschland«, »Paramounts Antwort auf die Garbo«, »Die große Entdeckung des Jahrhunderts«, aber jetzt fühle ich mich Jo gegenüber dafür verantwortlich, das auch wirklich zu sein, und obwohl ich sicher bin, daß ich es mit seiner Hilfe auch kann, bin ich doch nervös und ängstlich.
                                                                       M.

Leichter Nebel hüllt das Deck eines kleinen Dampfers ein, der irgendwo vor der Küste Nordafrikas fährt. Eine Frau erscheint. Zartes Abendlicht wirft weiche Schatten um ihre Wangenknochen, der kleine, knapp sitzende Hut zeichnet die vollkommene Form des Kopfes nach. Nur ihre Augen, diese Augen, die schon zu viel von der Welt gesehen haben, verraten den schweigenden Zuschauern den Verlust aller Illusionen. Unter dem Saum des Schleiers der Mund, dessen vollkommener Schwung Verletzlichkeit andeutet, Relikt einer fernen Vergangenheit, in der sie noch Vertrauen hatte, noch an die Liebe glaubte. Die schläfrigen Lider heben sich, und träge taxiert sie den Fremden, der gekommen ist, um ihr zu helfen, und sagt: »I won't need any help.« Wie ein platzender Ballon explodiert das *p* im Kopfhörer des Tontechnikers; er reißt ihn herunter und starrt entgeistert den Regisseur an. Von Sternberg ruft SCHNITT – und in dem gigantischen Aufnahmestudio steht alles still.

    Schon tagelang war sie nervös gewesen. Sie wußte, daß in ihrer ersten amerikanischen Hauptrolle das kehlige, ungeschliffene Englisch, das in *The Blue Angel* gut zu ihr gepaßt hatte, völlig unangebracht war, das wußte sie. Wochenlang hatten von Sternberg und sie im Porträtatelier des Studios daran gearbeitet, das Image einer rätselhaften, geheimnisvollen Frau zu erschaffen. Lange vor Beginn der Hauptaufnahmen für *Morocco* (dt. *Herzen in Flammen; Marokko*) war sie schon zu dem einzigartigen Gesicht geworden, von dem jeder Fotograf träumt. Hunderte von Bildern der neuen Dietrich, die von Sternberg in ihr entdeckt hatte, waren bei den Paramount-Leuten herumgereicht worden; die Aufregung, die sie überall verursachten, wurde gekrönt von der Begeisterung in der PR-Abteilung des Studios. Jetzt hatte dieses geheimnisvolle Gesicht gesprochen und hatte mit einem einzigen Laut die Illusion zerstört.

Der Tontechniker ging zu von Sternberg hinüber und schlug vor, das Wort mit dem Tuten eines Nebelhorns zu übertönen. Der Kameramann, der die atemberaubende Großaufnahme nicht verändern wollte, schlug vor, man sollte das Wort später einflicken, wenn Miss Dietrich die korrekte englische Aussprache erlernt habe. Dicht um den Regisseur geschart, berieten sie mit leiser Stimme. Wie ein Kind, das auf eine Strafe wartet, blieb der Star still und ängstlich auf ihrer Stelle stehen.

»Vielen Dank für Ihre vernünftigen Vorschläge. Wir machen jetzt zehn Minuten Pause. Verlassen Sie den Set. Nur Miss Dietrich bleibt.« Allein mit ihr auf der dunklen, leeren Bühne, gab von Sternberg ihr Feuer und sprach mit ihr auf deutsch. Man könne natürlich jedes schlecht ausgesprochene Wort von einem Nebelhorn übertönen lassen, genauso, wie man das deutsch klingende *th* in *moths* (Motten) weggemogelt hatte, als sie in Berlin »Falling in Love Again« gesungen hatte. Sollte sie in der bevorstehenden Nachtklubszene in *Marokko* ebenfalls Schwierigkeiten haben, könne man das einfach mit Applaus überdecken. In späteren Szenen könne man einen Pistolenschuß, Verkehrslärm oder Hufgetrappel einblenden – alles sei möglich. Aber sie und er waren doch dabei, einen Star zu kreieren – eine strahlende Göttin. Zu einem solchen Wesen gehöre eine eigene, unverwechselbare Stimme – sie müsse ihr Lied der Lorelei selbst singen und dürfe sich nicht auf billige technische Tricks verlassen. Sie müsse das Publikum auf der ganzen Welt mit ihrer Stimme verführen, wie sie seine Augen verführe, und das müßte gleich von Anfang an das Ziel sein. Sie wußte, daß er recht hatte, holte tief Luft und nickte; das Team wurde wieder hereingerufen. Wieder versuchte sie es und scheiterte. Immer wieder versuchte sie es, aber die Scham, die Furcht, sich lächerlich zu machen, brachten sie aus der Fassung. Sie geriet in Panik, mühte sich verbissen ab, ihre Aussprache zu korrigieren – und übertrieb nur noch mehr! Allmählich wurde es beinahe komisch. Aber niemand wagte zu lachen. Beim zwanzigsten Fehlschlag bekamen die anderen Mitleid mit ihr und wurden zornig auf von Sternberg, der hartnäckig darauf bestand, daß sie es richtig machen müsse. Beim dreißigsten Mal fanden sie ihn grausam und haßten ihn dafür, daß er dieser schönen, sich quälenden Frau so zusetzte. Aber von Sternberg weigerte sich, aufzugeben. Er ließ die Lichter löschen, ging noch einmal zu ihr und sagte leise auf deutsch: »Jetzt hör mir mal genau zu. Mach deinen Kopf völlig leer. Vergiß alles! *Ich will, daß du jetzt das Wort auf deutsch sagst:* H – E – L – P. Jeder Buchstabe dieses Wortes hat genau den Lautwert, den er im deutschen Alphabet hat. Verstanden?« Sie nickte, starr vor Angst, es noch einmal falsch zu machen. »Sag das Wort auf *deutsch*! Jetzt, sag es!« Sie tat, wie er verlangte – und es gelang! Es war perfekt! Das Team hätte beinahe geklatscht, wagte es aber nicht.

Sie schrieb:

Es war der schlimmste Tag meines Lebens. Vielleicht nach 49 Takes, vielleicht nach 48. Ich will gar nicht daran denken. Am Ende des Tages zitterte ich vor Müdigkeit und Erschöpfung. Aber Jo hatte recht. Zumindest muß ich die Rushes morgen nicht fürchten.

Von Sternberg hatte ihr ein Friedensangebot in die Garderobe geschickt und seine Karte mit »der Schuft« unterschrieben. Sie legte sie ohne weiteren Kommentar dem Brief an meinen Vater bei.

Papilein,
heute haben sie gesagt, mein Haar wirke auf der Leinwand dunkel, und die Leute vom Hairdressing sagten, ich müßte es heller färben lassen. Ich weigerte mich. Als Jo hereinkam, sagte er: »Lächerlich.« Die sagten: »Es muß sein. So ist es unmöglich.« Jo unterbrach sie: »Alles ist möglich, und nichts muß sein.« Er trägt mich auf seinen Händen, sorgt dafür, daß alles glattgeht, und beschützt mich auf jede Weise. Auf dem Set läßt er niemanden an mich heran. Heute hat der Tontechniker zu mir gesagt, ich solle lauter sprechen. Jo sagte: »Es ist Ihnen nicht gestattet, mit Miss Dietrich zu sprechen. Sprechen Sie mit mir, und ich werde es weitersagen – wenn ich es für richtig halte.« Und wieviel Ge-

duld hat er mit mir in meinen schwarzen Kleidern, und wie ich mich verstecke hinter den Möbeln, während ich »sehnsüchtige Worte« spreche.
Gary Cooper ist sympathisch und sieht gut aus. Die Zeitungen schreiben, daß Lupe Velez (seine Freundin) gedroht hat, sie wird mir die Augen auskratzen, wenn er mir näher kommt. Wie kann er? Zwischen den Szenen sitzt sie ihm auf dem Schoß. Und es sieht so aus, als täten sie etwas, was man meistens nur tut, wenn man privat ist.
Nellie Manley, das Mädchen vom Hairdressing, soll meine Friseuse sein, aber du weißt, daß ich meine Haare selber richte. Sie ist nett und befolgt Anweisungen. Ich ging an Bing Crosbys Garderobe vorbei und hörte die Stimme von Tauber. Es war »Warum«. Ich blieb stehen und horchte. Nellie sagte: »Sie gehen besser weiter. Sonst steht morgen im *Reporter:* ›Dietrich in Bings Garderobe.‹« Sie meinte den *Hollywood Reporter,* eine kleine Zeitung, die hier jedermann liest, und alle haben Angst davor.
Also ließ ich die Tür meiner Garderobe offen und horchte von dort aus. Jetzt weiß ich, warum Bing Crosby ein so großer Star ist und warum mir seine Platten so gut gefallen. Er hat alles von Tauber gelernt. Ich bin von Melancholie erfüllt und drücke das Foto des Kindes ans Herz und sehne mich danach, es wieder zu spüren ...

»Miss Dietrich, machen Sie genau, was ich sage: Schauen Sie ihn an, dann zählen Sie eins – zwei. Sagen Sie: ›Sie gehen jetzt besser ...‹ Gehen Sie zur Tür, zählen Sie wieder eins – zwei – drei – vier. Langsam! Drehen Sie sich um, schauen Sie ihn nicht an und sagen Sie: ›Ich ...‹ Halten Sie inne. Zählen Sie eins – zwei – drei – vier. Halten Sie ihren Blick auf sein Gesicht – nicht blinzeln. Dann sagen Sie – *langsam* – ›habe Sie allmählich gern!‹«

Papi,
er nahm eine Großaufnahme auf, die längste, die ich je gesehen habe. Im Studio sagt man, es sei der verlockendste »sexy look«, der je gefilmt worden ist. Jo wußte so gut, wie das Gesicht sich fotografieren würde, wie die langen Wimpern herauskommen würden. Als ich es in den Mustern sah, dachte ich, es sei unübertrefflich sexy. Aber wenn man beim Zuschauen weiß, daß ich dabei eins, zwei, drei zähle, dann ist es sehr komisch!

Als der Briefträger meinen Indianeranzug brachte, war alles dabei, was dazu gehört! Sogar ein grün und blau bemalter Tomahawk, von dem lange Lederriemen herabbaumelten. An jenem Abend durfte ich den Anzug zum Abendessen anbehalten. Aber auch wenn sie es mir nicht erlaubt hätten, mich hätte bestimmt keiner aus dem Anzug herausgekriegt!

»Miss Dietrich. Was habe ich Ihnen gerade gesagt?«
»Du hast gesagt, ich soll eine Zigarette aus dem Etui nehmen.«
»Ich glaube, ich habe Ihnen auch mitgeteilt, daß Sie Angst haben.«
»Aber du hast gesagt, ich soll sie verstecken!«
»Nicht vor mir! Vor Menjou ...«
Sein Ärger entnervte sie. Sie hielt inne, um Atem zu holen:
»Herr ... von ... Sternberg ... ich ... weiß nicht, was ich anders machen kann ...«
»Sie können spielen! TON AB! ... KAMERA LÄUFT ... AUFNAHME!«
Innerlich zitternd, unter großem Druck, gedemütigt, ohne es zeigen zu wollen, spielte sie die Szene. Sie rang um Fassung, griff mit versteinertem Gesicht in das Etui, nahm eine Zigarette heraus; die Kamera hielt ihre angstvolle Starrheit und das Zittern ihrer Hand fest.
»SCHNITT ... KOPIEREN SIE DAS!«
Er hatte dieses Zittern ihrer Hand gewollt.

> Papilein,
> Jo kann die Emotionen, die ich fühle, besser nach außen bringen als ich. Mutti hat mir das Schauspielen sehr schwergemacht. Ewig hieß es: »Verberge deine Gefühle, du darfst deine Gefühle nicht zeigen, das gehört sich nicht ...« Jo sagt mir, was ich tun soll, und ich tue es. Ich bin sein Soldat, er ist mein Führer, er leitet mich auf jedem Zentimeter Film: »Dreh deinen Kopf nach links, nach rechts, langsam.« Und es ist angenehm, Befehle entgegenzunehmen. Aber manchmal erschöpfend. Die Arbeiter auf dem Set nennen mich den Rosa Engel, weil sie mich höflicher finden, nicht von so stürmischem Temperament. Wenn Jo von Sternberg auf dem Set ist, ist nicht mehr viel Platz für noch mehr Temperament. Aber gerechterweise muß man sagen, daß er es meist einfach als Werkzeug benutzt, um Gefühle zu erzeugen. Und er hat visuell erreicht, was die Frisierabteilung ohne Färben für un-

möglich hielt. Er hat den Farbton meiner Haare mit Licht verändert, indem er ein Gegenlicht so geschickt einsetzte, daß es nur die Spitzen meiner Haare berührte und damit einen Lichtring wie einen Heiligenschein erzeugte. Er ist ein Dichter, der mit Bildern statt mit Worten schreibt, und statt eines Stiftes benutzt er Licht und eine Kamera.
Ich bin sein Produkt, ganz von ihm gemacht. Er höhlt meine Wangen aus mit Schatten, läßt meine Augen größer erscheinen, und ich bin fasziniert von dem Gesicht da oben auf der Leinwand und freue mich jeden Tag auf die Schnellabzüge, um zu sehen, wie ich, sein Geschöpf, aussehe.

Nachdem der Film abgedreht war, begann von Sternbergs private Odyssee: Er schnitt, klebte und gestaltete *Marokko* zu dem magischen Ganzen, das er sich vorgestellt hatte. Er führte den fertigen Film meiner Mutter vor – nur sie beide saßen in einem privaten Vorführraum des Studios. Sie hielt die ganze Zeit seine Hand, sagte kein Wort und drückte seine Hand jedesmal, wenn sie etwas wunderbar fand. Später erzählte er oft mit Vergnügen, die Hand sei nach der Vorführung dick angeschwollen. Als sie an jenem Abend nach Hause fuhren, steckte sie ihm einen Zettel in die Hosentasche:

Du – nur Du – der Meister – der Gebende – Grund meines Daseins – der Lehrer – der Geliebte, dem mein Herz und mein Verstand folgen müssen.

Was sie geschrieben hatte, fand sie so gut, daß sie meinem Vater eine Kopie davon schickte. Fast sofort begannen die Arbeiten für ihren nächsten Film. Von Sternberg hatte eine Geschichte über eine schöne Spionin geschrieben, die in der letzten Szene von einem stattlichen Exekutionskommando erschossen wird, und ihr den Titel *X.27* gegeben. Für den amerikanischen Markt benannte das Studio den Film in *Dishonored* um. Bei MGM wurde hastig *Mata Hari* für die Garbo vorbereitet.
Die Paramount gab *The Blue Angel* erst frei, als ihre ausländische Neuerwerbung zu einer Rivalin für die Garbo geworden war und mit einem amerikanischen Film Erfolg gehabt hatte. Als der in Deutschland gedrehte Film im Januar 1931 in Amerika herauskam, war das Publikum bereits von der geheimnisvollen Frau in *Marokko* in Bann

gezogen, der zwei Monate vorher angelaufen war. Obwohl die Lola in *The Blue Angel* Anklang fand, hatte diese herrlich freche Hafendirne keine Chance, den noch frischen Eindruck der weltverdrossenen Frau in *Marokko* auszulöschen. Als Marlene Dietrichs zweiter amerikanischer Film drei Monate später anlief, stand ihr Name bereits dort, wo er jahrelang bleiben sollte, nämlich über dem Titel.

Ohne sich um die geschäftliche Seite der Filmindustrie zu kümmern, tat meine Mutter immer, was man ihr sagte, und erfüllte alle Träume von Sternbergs. Sie räumte ihr kleines Haus, beauftragte ihn, ein größeres mit »einem Swimmingpool für das Kind« zu suchen, gab ihm einen Abschiedskuß und reiste ab. Sie wollte rechtzeitig zu meinem sechsten Geburtstag wieder in Berlin sein.

Das Jahr 1930 ging dem Ende zu. Sie war beinahe neunundzwanzig. Sie hatte drei unsterbliche Filme gedreht, von denen zwei hauptsächlich deswegen nicht vergessen wurden, weil sie darin spielte. Sie war ein Weltstar geworden. Welch ein Jahr für das romantische junge Mädchen aus Schöneberg!

Als von Sternberg sie zur California Station brachte, steckte er ihr seine Abschiedsbotschaft in die Hosentasche:

> Meine Geliebte, Geliebteste aller Geliebten!
> Ich danke Dir für Deine wunderbare Botschaft und für alles Gute oder Böse – es war schön. Vergib mir, daß ich bin, wie ich bin, ich möchte, könnte nicht anders sein.
> Auf Wiedersehen, mein Liebling, mögest Du schöne Tage erleben,
> Dein Jo

Die Rückkehr meiner Mutter kündigte sich durch die Ankunft ihrer neuen Überseekoffer an, die sie nach eigenen Vorstellungen in Amerika hatte anfertigen lassen: in zwei Grautönen gehalten, mit Messingknöpfen beschlagen und mit M und D in großen, schwarzen Buchstaben geschmückt. Es waren sechs und so groß wie Schränke. Unser Korridor sah aus wie ein monogrammgezeichnetes Stonehenge. Als die Koffer offen waren, benutzte ich ihre grauen, damastgepolsterten Innenräume mit Vorliebe als Spielhäuser.

Eine Sekunde lang erkannte ich die schlanke, elegante Dame nicht, die in unsere Wohnung trat. Dann wurde ich von oben bis unten abgeküßt und wußte, daß meine Mutter wieder zu Hause war. Aber sie hatte sich verändert. Sie besaß eine mir noch fremde Autorität und

Selbstsicherheit, als hätte sich eine Königin in einen König verwandelt. Natürlich trug ich zu Ehren des großen Tages meinen Indianeranzug. Sie fiel auf die Knie, umarmte mich und drückte mich so fest, daß ich husten mußte.

»Was! Du bist erkältet? Papi! Das Kind hat gehustet! Ich habe dich krank verlassen – ich finde dich krank, wenn ich nach Hause komme? Zieh diesen lächerlichen Aufzug aus und gehe sofort zu Bett...« Das Leben war wieder normal!

Alle ihre Berliner Freunde kamen, um sie zu begrüßen. Wir lauschten gebannt ihren vielen Geschichten über Hollywood und die Entstehung ihrer ersten amerikanischen Filme.

»Wartet, bis ihr *Marokko* seht. Es ist atemberaubend – alles von Sternbergs Arbeit. Ich sehe wunderbar aus, die Großaufnahmen sind unglaublich. Aber wenn ihr erst meine Arme seht! Richtig dick sind sie in dem Film! Dasselbe Problem hatte ich mit meinen Schenkeln. Natürlich mußten wir die Beine zeigen, aber Jo wollte diesmal keine Strapse mehr; außerdem haben die Amerikaner einen echten Tick in bezug auf Strapse. Sie kriegen einen Schock – sofort denken sie an Marquis de Sade. Also entwarfen wir kurze Hosen aus schwarzem Samt, um die Hüften zu verbergen – aber der schwarze Saum hat meine weißen Schenkel natürlich riesig gemacht. Aber das Problem habe ich mit einer langen Federboa gelöst. Ich ließ sie einfach immer über meinen Schenkel hängen, den, der gerade der Kamera am nächsten war!

Sie häufte sich noch eine Ladung Kohlrouladen auf den Teller. Sie mußte völlig ausgehungert sein. Gerade erst vor dem Essen hatte ich sie ein großes Stück Schwarzbrot verdrücken sehen, dick bestrichen mit Gänseschmalz.

»Der beste Teil von *Marokko* ist der, in dem ich meinen Frack trage. Das sieht unglaublich aus! Von Sternberg bringt diesen Anblick zuerst. Das Publikum erwartet natürlich die Beine – also sieht man die Frau zuerst in Hosen! Gute Idee, nicht? Natürlich von Jo. Er wußte, wie wunderbar der Frack und der Zylinder aussehen würden und ... wißt ihr, aus irgendeinem Grund sieht die Garbo in Männerkleidern schrecklich aus – was merkwürdig ist, weil alle sagen, sie sei eines ›dieser Mädchen‹. Wißt ihr, was *ich* im Frack mache? Ich gehe rüber zum Tisch einer hübschen Frau und küsse sie – auf den Mund. Dann nehme ich die Gardenie, die sie sich angesteckt hat, halte sie mir unter die Nase und atme genießerisch ihren Duft ein! Na, ihr wißt schon, wie und warum ich das so mache. Gut? Dann werfe ich die Blume Cooper zu. Das Publikum tobt! Wenn sogar die Amerikaner diese Szene begreifen, dann könnt ihr euch vorstellen, was passieren wird, wenn der Film in Europa anläuft!« Sie nahm noch eine Dillgurke. »Wißt ihr, in manchen Punkten sind sie zwar intelligent, aber sie können auch sehr dumm sein. Sie werden genauso verrückt bei der Szene, in der ich Cooper in die Wüste nachlaufe. Stellt euch das mal vor! Jo bestand darauf, daß ich den Soldatendirnen in die Wüste nachlaufe, und zwar in Stöckelschuhen! Wir haben uns darüber furchtbar gestritten ... schließlich ließ er mich diese blöden Schuhe ausziehen, da war die Hälfte der Szene schon abgedreht. Natürlich hat der glühendheiße Sand meine Fußsohlen verbrannt, aber in dem Film stimmt es einfach, daß ich die Schuhe zuerst anhabe. Er hat das gewußt. Er hat es vor seinem inneren Auge gesehen, und jetzt ist jeder davon begeistert. Jo sagt, ich hätte manchmal schrecklich unrecht – na ja, er hat recht damit. Und ihr solltet mal hören, was für Fragen amerikanische Reporter stellen. Ganz intime Dinge, zum Beispiel: ›Welche Schuhgröße haben Sie? Wieviel wiegen Sie? Wie groß sind Sie?‹ Erstaunlich, wie taktlos sie sind. Das ist doch Privatsache! Es ist in Ordnung, wenn die Leute von der Warderobe das wissen wollen ... aber Amerikaner interessieren sich brennend für solche Dinge. Schließlich mußte ich Travis Banton fragen: ›Also, wie groß bin ich?‹ Er sagte: ›Fünf Fuß und sechs Inches‹ – was immer das heißt. Papi, weißt du, wieviel das in echten Maßen ist?«

Mein Vater antwortete: »Ein Meter siebenundsechzig und einen halben Zentimeter.«

»Also, das ist völlig verwirrend!«

»Mutti«, wagte ich zu fragen, »war dein Neger in *Marokko*?«

Sie machte sich über den Apfelstrudel her. »Natürlich, mein Engel ... Und jetzt habe ich noch einen zweiten. Herr von Sternberg hat mir noch eine Puppe geschenkt, einen Kuli, auch aus Filz, mit echten schwarzen Haaren, einem spitzen Strohhut und chinesischen Holzschuhen. Beide Puppen sitzen in der Garderobenszene auf meinem Schminktisch, auch in *X.27*.«

In diesem Jahr stellten wir an Weihnachten den größten Baum auf, den wir je hatten. Seine Zweige waren so dicht mit flackernden roten Kerzen besteckt, daß die Hitze das ganze Zimmer erwärmte. Ich bekam einen Kaufladen mit einer Theke, die mir bis an die Taille reichte und auf der eine Messingwaage mit kleinen Gewichten stand. Auf Tabletts waren verschiedene Wurstsorten aus Marzipan dekorativ angeordnet. Die Wurst sah so echt aus, daß man glaubte, das geräucherte Schweinefleisch zu riechen. Stundenlang schnitt ich mit einem kleinen Messer Scheiben ab, wog und verkaufte meine Ware und gab aus einer kleinen, silbrig glänzenden Registrierkasse Wechselgeld heraus. Tami und Bekky waren meine besten Kunden. Mein letztes Weihnachtsfest in Deutschland war für mich etwas ganz Besonderes.

Als ich nun »offiziell« sechs Jahre alt war und damit schulreif, wollte ich so gerne in die Schule gehen, etwas lernen, andere Kinder kennenlernen, Freundinnen finden, eine große Schultüte, einen schweren Schulranzen, vielleicht sogar einen hölzernen Griffelkasten mit einem Wischlappen aus Filz und einem weichen Radiergummi. Aber für all das war keine Zeit mehr. Wir mußten bald ein Schiff besteigen und an einem Ort namens Hollywood ein neues Leben beginnen. Vielleicht gingen da Kinder auch zur Schule, und vielleicht durfte ich auch hingehen. Ich fragte meinen Vater.

»Nein, Kater, dort spricht man Englisch, und du kannst nur Deutsch. Zuerst mußt du die Sprache lernen. Erst dann darfst du zur Schule gehen.«

Das Wort »okay« kannte ich schon, und ich beschloß, den Rest möglichst schnell zu lernen.

»Haben amerikanische Kinder hölzerne Griffelkästen mit Filzwischlappen?«

»Wahrscheinlich.« Ich merkte, daß mein Vater, der gerade Frachtlisten für die Schiffsreise zusammenstellte, meine Fragen langsam satt hatte. Es war Zeit, mich zu verdrücken.

Während meine Mutter zur Premiere von *Marokko* in London war, wurde mein kleiner Hund krank. Mein Vater brachte ihn zum Tierarzt. Als er alleine zurückkam, erfuhr ich, daß mein Hundchen tot war. Das sei auch das beste für ihn, meinte mein Vater, denn eine angeborene Geschwulst im Darm hätte ihn ohnehin nicht mehr lange leben lassen. Er sprach nüchtern und präzise, als ob er mir seine Gefäße mit den Organen erklärte. Dann klopfte er mir auf die Schulter, ich solle es mir nicht zu Herzen nehmen, und machte sich daran, die Platzreservierung für einen Hund in Miss Dietrichs Reisegruppe auf der *Bremen* rückgängig zu machen. Aber ich hatte noch meine Tami, bei ihr konnte ich mich aussprechen und ausweinen. Sie verlangte keine Tapferkeit, hielt es für wichtig, Gefühle zuzulassen, anstatt Fassaden aufzubauen. So erzählte ich ihr von meinem Kummer, und sie nahm mich in ihre Arme, tröstete mich und ließ mich trauern.

Kurz bevor wir Berlin verließen, ging meine Mutter mit mir zum Arzt, um noch einmal meine »krummen Beine« untersuchen zu lassen. Der Arzt erklärte sie jetzt für völlig in Ordnung! Meine Mutter küßte ihn, dann meine Beine. Kaum waren wir zu Hause, rief sie Resi zu: »Pack die Schienen des Kindes wieder aus – es ist geheilt!« Mein Vater schmunzelte nur und unterließ es, dieses »Wunder« der modernen Medizin zu kommentieren!

Becky sollte mit uns reisen. »Da keine von euch Englisch kann, könnt ihr es alle zusammen lernen«, erklärte meine Mutter. Ich machte überall meine Abschiedsbesuche. Und schließlich war die Zeit gekommen, auch meiner Großmutter auf Wiedersehen zu sagen. Sie schaute mich an, als sei ich dem Untergang geweiht, und gab mir dann Regeln mit auf den Weg: Ich solle mich benehmen, meiner Mutter gehorchen und immer daran denken, daß ich eine Deutsche war, was immer auch kommen möge. Sie drückte mir den liebevollsten Kuß auf, den sie mir je gegeben hatte, und entließ mich mit den Worten: »Bis zum Wiedersehen!« Ehe ich ihr Haus verließ, kletterte ich heimlich auf den Dachboden und verabschiedete mich von dem kleinen Puppenhaus.

Ich bekam einen Mantel aus weißem Kaninchenfell, dazu passend eine Mütze und einen Muff mit einer Seidenkordel zum Umhängen. Weiße Wollstrümpfe und pelzbesetzte Stiefel rundeten mein prächtiges Reisekostüm ab. Ich sah aus, als würde ich an einer Nordpolexpedition teilnehmen. Meine Mutter trug ein im Art-déco-Stil gemustertes Wollkleid vom Pariser Modeschöpfer Patou und darüber ihren Leopardenmantel aus dem Film *Der Blaue Engel,* der unversehens in ihre Garderobe gelangt war. Mein Vater billigte diese Zusammenstellung nicht.

»Man kann kein gemustertes Kleid mit einem gemusterten Leopardenfell tragen«, sagte er. Meine Mutter besah sich überrascht im Spiegel und hätte sich gern noch umgezogen, aber dazu war keine Zeit mehr.

Die *Bremen* ragte riesengroß vor uns auf! Selbst wenn ich mich weit nach hinten beugte, konnte ich den oberen Rand ihrer hohen Schornsteine kaum sehen. Wie konnte etwas so Großes und so Schweres bis nach Amerika schwimmen? Mein Vater überließ es meiner Mutter und den Vertretern der Paramount-Studios, mit den Reportern fertig zu werden, die ihr wie eine Meute von Jagdhunden an den Fersen hingen, und führte Becky, Resi und mich über den gedeckten Steg hinauf auf das Schiff. Der Geruch nach Gummi und Metallpolitur schlug mir sofort auf den Magen – dabei waren wir noch nicht einmal unterwegs. Aber ich schluckte und trottete die spiegelblanken Korridore entlang, bis wir unsere Suite erreichten. Alles war riesig, viereckig, scharfkantig und kahl. Ich trat in eine Welt aus blitzendem Chrom; kalkweißer oder kohlschwarzer Luxus umgab mich, kalt wie Eis. In dem weitläufigen Raum standen die nötigsten Möbelstücke wie verloren herum. Unsere Suite war so groß, daß jeder seine eigene Kabine hatte, sogar die Koffer waren in einer extra Kammer untergebracht. Das übrige Gepäck, das wir auf unserer siebentägigen Seereise nicht benötigten, war sicher im Frachtraum des großen Dampfers verstaut. Blonde, blauäugige junge Männer in flotten Uniformjacken nahmen Glockenspiele zur Hand und sangen zu einer eingängigen kleinen Melodie »Alle von Bord«. Mit einemmal herrschte auf allen Decks ein geschäftiges, nervöses Treiben, und über den Dampfer legte sich eine wehmütige Abschiedsstimmung.

Meine Mutter küßte meinen Vater; meine Mutter küßte Willi Forst; meine Mutter küßte Tami; meine Mutter küßte noch unzählige andere, und alle küßten sie. Ich küßte meinen Vater und klammerte mich an Tami; Tami küßte mich heftig und drückte mich so fest an sich, als täte ihr etwas weh, rasch steckte sie mir ein kleines, in buntes russisches Papier gewickeltes Päckchen zu. Meine Mutter gab letzte Anweisungen – und da ertönte auch schon die Sirene der *Bremen!*

Meine Mutter, die bereits so bekannt war, daß sie nicht mehr in der Öffentlichkeit erscheinen konnte, ohne Aufsehen zu erregen, blieb in unserer Suite. Becky und ich aber stiegen nach oben. Wir mischten uns unter die winkenden und rufenden Menschen an Deck, und unsere Augen suchten meinen Vater und Tami in der bunten Menge unten auf dem Pier. Ich stand an der Reling und winkte heftig drauflos in der Hoffnung, sie könnten mich sehen. In der tiefen Tasche meines weißen Kaninchenmantels steckte das Abschiedsgeschenk von Tami – ein hölzerner Griffelkasten, Filzwischlappen und weicher Radiergummi. Ich habe ihn nie benutzen können, aber ich habe ihn als Talisman jahrelang behalten.

Als ich in unsere Suite zurückkam, wurde ich Zeugin des Unternehmens »Sterilisierung«. Es war meine erste Bekanntschaft mit einem Vorgang, der als festes Ritual zu meinem Leben mit Marlene Dietrich gehören sollte. Sie litt an der schrecklichen und schon an Phobie grenzenden Manie, jedes Badezimmer, das sie benutzte, und vor allem die Toiletten, desinfizieren zu müssen. Ganz gleich, wo wir landeten, ob in Palast oder Schloß, auf einem Luxusdampfer, im Zug oder im Hotel – kaum waren wir angekommen, erschien auch schon die Flasche Alkohol, und das Unternehmen »Sterilisierung« begann. Auf diese Manie konnte Jahre später nicht einmal die Entdeckung des Penizillins Einfluß nehmen.

Nachdem »der widerliche Schmutz, den Männer an sich haben und auf den Toilettensitzen hinterlassen« beseitigt war, hängte ich mich an Resis Fersen und beobachtete, wie sie Grußkarten von den vielen Blumengebinden sammelte und in einen großen, braunen Umschlag steckte, auf dem »*Bremen* – April 1931« stand. Ohne es zu wissen, lernte ich damals die Regeln einer Aufgabe kennen, die später ich zu erfüllen hatte. Während Resi mit den kleinen, weißen Karten beschäftigt war, erklärte sie mir: »Die gnädige Frau behält keine Karten, um zu wissen, wer ihr Blumen geschickt hat. Die gnädige Frau schickt auch keinen Dankesgruß an Leute, von denen sie erwartet, daß sie ihr Blumen schicken. Man muß die Karten lediglich deshalb aufheben, weil sich die gnädige Frau vielleicht zu einem späteren Zeitpunkt erkundigt, ob eine bestimmte Person keine Blumen geschickt hat. Es besteht aber keine Gefahr, daß dabei die Blumen von Freunden übersehen werden, denn alle, die der gnädigen Frau wirklich nahestehen, wissen, daß sie ihr ›persönliche Blumen‹ nicht zu Anlässen schenken dürfen, bei denen sie schon in Blumen ertrinkt, die ihr aus Pflicht zugeschickt werden.« Alles, was mit Blumen zu tun hatte, war bei meiner Mutter immer höchst kompliziert.

Am folgenden Tag war ich zum ersten- und leider nicht zum letztenmal in meinem Leben seekrank. Meine Mutter war sehr verständnisvoll. Sie hielt mir den Kopf über ihre desinfizierte Toilettenschüssel und spendierte mir etwas von ihrem rosaroten Spezialzahnpulver aus London. Ich aber hatte das Gefühl, sie irgendwie enttäuscht zu haben. In ihren Augen mußte ich eine schlechte Reisegefährtin sein. Ich wußte, wie sehr sie schöne Dinge liebte, wie Musik oder Gedichte, Orte und Menschen. Was die Menschen dachten, war ihr nicht so wichtig, solange sie beim Denken schön aussahen. Wenn jemand sich übergab, war das auf keinen Fall schön anzusehen, da war ich mir ganz sicher! Ich beschloß, meinen Magen möglichst besser in den Griff zu bekommen, aber ich war zum Scheitern verurteilt: In Hollywood erwarteten mich schaukelnde Limousinen und gewundene Bergstraßen!

Die *Bremen* hatte ein Spielzimmer, in dem die Passagiere der ersten Klasse ihre Sprößlinge abgeben konnten, wenn sie ihnen im Weg waren. Nie zuvor war ich mit anderen Kindern zusammengekommen, und Spiele in der Gruppe waren mir fremd. Jetzt freute ich mich auf eine neue und aufregende Erfahrung. Eine Brünhilde mit gewaltigem Busen, die eine gestärkte Marineuniform mit Schulterklappen und Tressen trug, hielt streng an einer genauen Reihenfolge unserer Vergnügungen fest. War »Schaukelpferdzeit«, dann schaukelten wir; war »Erzählzeit«, dann lauschten wir Geschichten von Kindern, die sich im finstern Wald verirrt hatten und die Beute hungriger Hexen zu werden drohten; im »Kasperletheater« schauten wir einer Puppe mit einem riesigen Prügel dabei zu, wie sie einer anderen Puppe mit einer enormen Adlernase immer wieder auf den Kopf schlug; und in der »Malstunde« malten wir! Jedes Kind bekam eine Blechschachtel mit schönen Buntstiften und ein Heft mit Tierbildern. Brünhilde legte fest, welches Tier wir zu malen hätten. An meinem ersten Tag im Spielzimmer war »Eseltag«. Da ich gern zu dieser seltsamen neuen Kinderwelt gehören wollte, gab ich mir Mühe, meine Sache gut zu machen, und beschloß, daß Lila genau die richtige Farbe für die aufgestellten Ohren meines Esels sei. Eifrig machte ich mich ans Werk, da spürte ich ein hartes Pochen auf der Schulter:

»Was machst du da?« fragte drohend eine verrägerte Stimme.

»Ich male die Ohren meines Esels an, gnädige Frau.«

»Mit Lila?« Die aufgebrachte Dame wandte sich dem Rest der Gruppe zu. »Wer von euch hat schon einmal einen Esel mit lila Ohren gesehen?«

Es gab eine Menge Gekicher und sogar höhnisches Wiehern, dann sah ich, wie einige Kinder ihre Esel schnell mit den Händchen zudeckten. Brünhilde entfernte die beanstandete Seite aus meinem Malbuch, tippte mit ihrem langen Zeigefinger auf das Bild eines anderen, noch nackten Esels und befahl mir energisch, es diesmal richtig zu machen, sonst würde ich meine Malstifte für den Rest der Reise einbüßen, und falls ich über die vorgezeichneten Umrisse malte, würde eine weitere unangenehme Überraschung auf mich warten. Von da an waren meine Esel hundertprozentig grau, vom Kopf bis zur Schwanzspitze. Viele Jahre später rächte ich mich an der teutonischen Unterdrückung meines Kunstsinns, indem ich grundsätzlich alle Malbücher von meinen Kindern fernhielt.

Das Schwimmbad der *Bremen* habe ich nicht benutzt, denn ich konnte ja noch nicht schwimmen. Auch Becky und Resi konnten es nicht, und meine Mutter haßte Schwimmen. Außerdem hätte sie sich niemals in einem Badeanzug den Augen von Fremden ausgesetzt und sich anstarren lassen. Also saß ich am Rand und schaute den Damen und Herren mit ihren dicken, dunkelblauen, wollenen Badeanzügen, Gummimützen und verzierten Badeschuhen aus Gummi zu, die zwischen den Kacheln herumplanschten. Die Schwimmbäder auf Schiffen rochen immer nach Desinfektionsmitteln und künstlicher Wärme, mochten sie auch noch so vornehm-römisch sein. Die spitzen Vergnügungsschreie und das Plätschern der Badenden hallten in dem gekachelten Raum und vermittelten den Eindruck, in einem unterirdischen Sanatorium für Geistesgestörte zu sein!

Meine Mutter wollte immer über alles unterrichtet sein, was ich in ihrer Abwesenheit tat. Deshalb erzählte ich ihr eines Tages die Geschichte mit dem Esel:

»... und die Erzieherin hat gerufen: ›Lila?‹ Dann fragte sie die anderen Kinder ...«

Meine Mutter setzte sich an ihren Schminktisch und sagte: »Liebling! Rede nicht einfach, um zu reden. Wenn du sprichst, dann sage etwas Interessantes und Intelligentes. Mit sieben Jahren, das heißt, du bist ja eigentlich gerade erst sechs geworden, bist du schon alt genug, um das zu lernen!«

»Oh«, sagte ich, »ich dachte, ich hätte etwas Interessantes erzählt.«

Meine Mutter spuckte auf den Block Wimperntusche in ihrer Hand und rieb mit einem Bürstchen kräftig auf ihm herum.

»Nein. Was Kinder tun, ist im allgemeinen nicht besonders interessant. Sei einfach still und höre zu, was intelligente Menschen um dich herum sagen. Lerne von ihnen und behalte, was du lernst, so wie ich es dir beigebracht habe.« Sie bürstete ihre Wimpern mit der klebrigen schwarzen Masse.

»Dann höre ich lieber, was du sagst, Mutti.« Ich war weder sarkastisch noch wollte ich mich bei ihr einschmeicheln. Ich meinte es ernst. Ich wußte, daß meine Mutter sehr intelligent war – alle sagten das. Sie sah mich im Spiegel an und schenkte mir ein zufriedenes Lächeln. Meine Antwort hatte ihr gefallen. Das würde ich mir merken.

Schließlich kam er, der große Tag! Alle Koffer, Hutschachteln und Taschen waren fix und fertig gepackt. Die lange »Trinkgeldliste« war abgehakt, und die Kleider, die wir bei der Ankunft tragen sollten, lagen bereit. Während meine Mutter damit beschäftigt war, ihre Haare zu richten, entwischte ich, stellte mich auf das höchste Deck des Schiffes und hielt Ausschau nach »Amerika«. Durch dichten Nebel hindurch sah ich eine riesige Frau, die eine Fackel in der hochgereckten Hand hielt, als wolle sie uns den Weg in einen sicheren Hafen leuchten – und da sagte mir mein Herz ganz plötzlich: Du bist zu Hause!

Becky, Resi und ich – inzwischen nannte ich uns im stillen »das Fußvolk« – wurden zuerst an Land geschickt. Einer der vielen Vertreter der Paramount, die – egal, wo wir auch ankamen – wie aus dem Nichts auftauchten und alle gleich aussahen, führte uns routiniert und zielstrebig in einen abgegrenzten Bereich und stellte uns unter ein großes Schild mit dem Buchstaben S. Ich wollte Resi gerade fragen, was das zu bedeuten habe, als plötzlich meine Mutter erschien. Ihr Gesicht war kreideweiß. Sie packte mich am Handgelenk, lief los und zog mich hinter sich her. Die Reporter witterten eine Sensation und hängten sich uns an die Fersen. Ein Paramount-Klon rief: »Hierher!« stieß uns in ein großes schwarzes Auto, und mit quietschenden Reifen brausten wir davon. Der Wagen brachte uns in die Sicherheit des Hotel Ambassador, in dem wir während unseres kurzen Aufenthalts in New York logierten, ehe wir mit dem Zug nach Chicago weiterfuhren. Erst als wir unsere Hotelsuite betraten, lockerte meine Mutter ihren eisernen Griff um mein Handgelenk. Ohne Hut oder Mantel abzulegen, meldete sie ein Ferngespräch nach Hollywood mit von Sternberg an. Rauchend stand sie da und wartete. Ihr Gesicht war wie eine Maske. Das Telefon läutete. Sie schnappte den Hörer, und mit erregter, lauter Stimme legte sie auf deutsch los:

»Jo? Du brauchst mich nicht am Zug abholen. Ich fahre mit dem nächsten Schiff nach Berlin zurück. Wie kannst du es wagen, dieser Frau zu erlauben, mir und meinem Kind das anzutun? Eine Klage wegen Entfremdung ehelicher Zuneigung?!? Du, der es so liebt, alles und alle unter Kontrolle zu haben, du kannst nicht einmal deine eigene Frau kontrollieren! Ich nehme mein Kind nach Berlin zurück. Dort haben die Leute Manieren.«

Sie knallte den Hörer auf die Gabel, nahm ihn aber gleich wieder auf und meldete ein Transatlantikgespräch mit meinem Vater in Berlin an. Wieder warteten wir. Wieder rauchte sie. Stille. In meinen Ankunftskostüm saß ich auf einem apricotfarbenen Satinstuhl und fragte mich, in welche Richtung ich nun reisen würde und wer wen entfremdet hatte und warum. Meine Mutter rauchte, wartete. Das Telefon klingelte:

»Papi?«

Nun folgte eine präzise Schilderung der Ereignisse, so wie sie vorgefallen waren: »Ja! Eine Gerichtsvorladung – direkt auf der Gangway! Dieses Biest von Ehefrau klagt gegen mich! Ja ... ich weiß ... Es ist unglaublich! Sie sagt, ich habe ihren Mann gestohlen. Dabei hat sie ihn nie gehabt! Macht ihm das Leben zur Hölle! Wir verlassen Amerika!«

In den vielen Zimmern unserer Suite begannen die Telefone gleichzeitig zu klingeln. Auch Becky und Resi waren mittlerweile eingetroffen, und zu dritt hasteten wir von Apparat zu Apparat und stolperten uns dabei gegenseitig über die Füße. Verschiedene Direktoren der Paramount riefen an, von Sternberg, Rechtsanwälte der Filmgesellschaft und viele mehr. Da sich unser Englisch auf »Hello« und »Vait Pleez« beschränkte, rannten wir hektisch um die Wette, um meiner Mutter, die als einzige von uns Englisch sprach, die Telefonhörer weiterzureichen. Sie sprintete von einem Zimmer ins andere und verkündete allen, sie sei auf dem Rückweg in das anständige Berlin. Ich bekam allmählich Hunger und war auch auf der Suche nach einem Badezimmer. Meine Mutter meldete ein weiteres Gespräch mit meinem Vater an und bestellte dann bei einer Einrichtung namens »Room Service« ein Frühstück. Innerhalb von Sekunden erschien ein rollender Tisch, beladen mit dem herrlichsten Porzellan, das ich je gesehen hatte. Es gab hohe Wassergläser, in denen etwas schwamm, was wie echtes Eis aussah und die Form kleiner Würfel hatte – eine amerikanische Zauberei! Und erst das Essen! Es gab etwas, das hieß »Bacon«, was komisch aussah, aber wunderbar schmeckte! Ein großer Krug mit frischem Orangensaft stand dabei und eine Schale mit rotem Johannisbeergelee, von dem meine Mutter sagte, es sei gräßlich, doch ich war begeistert, wie es zuerst wackelte und dann auf dem warmen, butterbestrichenen Brot namens »Toast« schmolz. Endlich kam das zweite Gespräch für meinen Vater an.

»Ja, Papi. Ja. Ich weiß. Schulberg, Lasky und Edington haben das alles auch gesagt. Ich werfe eine große Karriere weg – aus Zorn, oder besser gesagt, aus Empörung. Sie alle sagen mir, ich sei jetzt ein so wertvolles Mitglied der ›großen Paramount-Familie‹, daß mich das Studio vor allem schützen wird! Alles, was ich dazu sagen kann, ist ›Quatsch‹! Warum haben sie dann nicht die Gerichtsvorladung auf der Gangway unterbunden? ... Ich weiß ... ich weiß ... ja ... ich weiß ... ich küsse dich, das Kind auch. Wenn die Berliner Zeitungen darüber berichten, ruf Mutti an und sag ihr, es sei nicht wahr ... und ruf auch Liesel an.«

In Gedanken versunken nahm sie ein Stück »Bacon« von meinem Teller, stopfte ihn in den Mund, nahm noch einen Schluck Kaffee, straffte dann die Schultern und verkündete dem »Fußvolk«, wir würden nach Chicago und Hollywood weiterreisen. Die Paramount-Brigade schmuggelte uns sicher aus dem Hotel heraus und an der wartenden Presse vorbei.

»Mein Gott! Noch ein Blumenladen!« sagte meine Mutter, als wir unseren Salon im *Twentieth Century Limited* betraten. Noch bevor sie die Desinfektionsaktion begann, befahl sie Resi, dem Schaffner des Pullmanwagens zu läuten.

Ein diskretes Klopfen, ein höfliches, »Ja bitte, Ma'am«, und vor uns stand ein Mann mit schwarzem Gesicht! Es war sehr unhöflich, jemanden anzustarren, das wußte ich, und trotzdem konnte ich es mir nicht verkneifen. Meine Mutter sagte ihm etwas auf englisch, das ich nicht verstand, aber erraten konnte, denn kurze Zeit später waren sämtliche Blumenkörbe entfernt. Zufrieden musterte meine Mutter unseren kahlen Salon:

»Jetzt endlich können wir atmen! Warum die Leute darauf bestehen, einem mit diesen Blumen den Sauerstoff zu rauben, werde ich niemals begreifen. Wissen sie denn nicht, daß das hier ein Zugabteil ist ... ?«

Mich beschäftigte noch etwas anderes: »Mutti, der Mann – er hatte ein schwarzes Gesicht! Genau wie dein Wilder!«

»Ach, Liebling! In diesem Land wirst du viele Schwarze sehen. Sie begegnen dir überall. Die meisten sind Zimmermädchen oder Steptänzer, und in Beverly Hills sind alle Gärtner Japaner! Dieses Land ist ganz verrückt.«

Meine neue Heimat erschien mir mit jedem Augenblick faszinierender!

Am nächsten Morgen trafen wir in Chicago ein. Ich hielt nach Gangstern Ausschau, aber nur die unvermeidlichen Paramount-Klone waren da, um uns schnellstens zum Hotel Blackstone zu bringen, in eine weitere Luxussuite mit rotem Plüsch und Blattgold, wo wir badeten, ehe wir in den *Santa Fe Chief* stiegen, der uns nach Kalifornien bringen sollte. Unser Salonwagen wurde wieder von den »erdrückenden« Blumen und den Krankheitserregern der »schmutzigen Männer« befreit, und erst dann richteten wir uns für die vier Tage ein, die uns noch von unserem Bestimmungsort trennten. In einem Abteil wurden die unteren und oberen Betten hergerichtet. Es war unser Schlafzimmer. Das andere Abteil sollte das Wohnzimmer sein. Meine Mutter behielt während der ganzen Fahrt ihren Reisepyjama an, schrieb, beantwortete Telegramme und las. Alle Mahlzeiten wurden uns von einem freundlichen Schaffner serviert, der nur für unseren Pullman zuständig war. Becky und Resi durften ihre Mahlzeiten in einem »Speisewagen« einnehmen. Ich wollte so gern einmal mitgehen, um ihre Welt kennenzulernen.

In Albuquerque – ich hatte geübt, wie man das ausspricht – sah ich zum erstenmal einen Indianer. Es war eine große, runde, mit Glasperlen über und über behängte Frau, die an den Bahnschienen hockte und neben allerlei kleinen Schätzen geflochtene Körbe feilbot. Ich wollte unbedingt etwas bei ihr kaufen. Ich rannte den Bahnsteig entlang mit der Dollarnote, die meine Mutter mir gegeben hatte, fest in der Hand. Ich wollte es schaffen, bevor der Zug abfuhr und mich in der amerikanischen Wüste zurücklassen würde. Meine Mutter rief aus dem Fenster, ich solle mich beeilen. Ich deutete auf einen kleinen, polierten Stein, dessen Farbe ich noch nie gesehen hatte. Die Indianerin hob ihn auf und hielt ihn mir hin. Auf ihrer braunen, schwieligen Hand glänzte er regelrecht. Ich nickte heftig und streckte ihr mein Geld hin. Wir tauschten unsere Besitztümer. Ich knickste und rannte in den Zug zurück. In der Hand hielt ich meinen ersten Türkis, noch warm von der Wüstensonne.

Eine blonde Frau war zugestiegen und in unseren Salon gekommen. Meine Mutter gestattete ihr einen Kuß auf die Wange und stellte sie mir als Miss Nellie Manley vom Studio vor, die gekommen sei, um sie zu frisieren. Die Frau streckte die Arme aus, drückte mich an sich und sagte: »Hiya, hon.« Ihr Englisch verstand ich nicht, dafür aber verstand ich ihre Umarmung. Ich mochte sie sofort.

*

Der Geruch von Zitrusfrüchten weckte mich. Schnell kletterte ich von meinem Bett herunter auf das leere Bett meiner Mutter. Ich kniete mich hin, legte die Arme auf den Rahmen des offenen Fensters und sah zu, wie rundliche, dunkelgrüne Bäume Reihe um Reihe vorbeihuschten. Wie orangefarbene Tupfen leuteten die vielen Früchte zwischen den Ästen hervor. In Berlin war eine Orange so kostbar, daß sie als Weihnachtsgabe verschenkt wurde, und hier gab es sie in solch übergroßer Fülle! Auch die Orangen gehörten zu dem Zauber, von dem ich allmählich annehmen mußte, er sei typisch für Amerika.

Als der Zug das nächste Mal hielt und Herr von Sternberg in unseren Salon trat, wußte ich, daß wir endlich in Pasadena waren. Er schloß meine Mutter in seine Arme, doch sie entzog sich ihm und sagte eiskalt: »Nun? Ist alles arrangiert? Steigen wir jetzt aus oder nicht?« Er antwortete irgend etwas auf englisch, was sie ganz offensichtlich zufriedenstellte, denn sie korrigierte die herabhängende Krempe ihres Männerhutes, strich ihre Krawatte glatt, nahm mich bei der Hand und verließ mit mir den Zug.

Eine ansehnliche Gruppe von Herren erwartete uns hinter ihren großen, viereckigen Kameras. Sie waren gekommen, um unsere Ankunft im Bild festzuhalten. Doch als sie mich sahen, hielten sie verwirrt inne und wandten sich an von Sternberg. Auf deutsch erklärte er meiner Mutter, daß Kinder eine unpassende Begleitung für geheimnisvolle Stars seien und ich besser aus dem Blickfeld treten und an der Seite warten sollte.

»So? Zuerst heißt es, daß ich eine Ehe zerstört hätte, und jetzt soll ich keine Mutter sein? Das ist meine Tochter. Sie gehört zu mir. Kein Studio kann mir vorschreiben, was ich mit meinem eigenen Kind tue. Wenn sie mein Kind nicht wollen, dann bekommen sie nicht die Dietrich!« Sie nahm meine Hand und marschierte zu einem dunkelgrünen Tourenwagen, dessen geflügelte Kühlerfigur in der hellen Sonne strahlte.

Von Sternberg kam uns nach, und wir fuhren los. In ihrer grenzenlosen Wut wiederholte meine Mutter die Drohung, daß sie mit dem nächsten Schiff nach Deutschland zurückkehren würde. Mir tat der kleine Mann leid. Unermüdlich bemühte er sich, sie davon zu überzeugen, daß er auch dieses Problem für sie lösen werde. »Mutterschaft« sei ein völlig unbekanntes PR-Konzept für einen Glamourstar in Hollywood. Die Presse konnte sich deshalb gar nicht anders benehmen. Doch das werde er ändern, er habe sogar schon eine Idee – wenn sie ihm nur vertrauen würde.

»Dir soll ich vertrauen? Wie bei der Sache mit deiner Frau – und der Gerichtsvorladung?«

»Du mußt wissen, ich habe davon erst erfahren, nachdem das alles geschehen ist. Ich würde es doch nie erlauben, Liebste, daß dich jemand verletzt!«

Ihr stählerner Blick ließ ihn verstummen.

»Verletzt? Nein, Jo – Erniedrigt! Gedemütigt! In Schande gebracht!«

Den Rest des Weges legten wir in eisigem Schweigen zurück. Wir fuhren durch eine Landschaft aus Hügeln und Kurven. Große Eukalyptusbäume konkurrierten mit hohen schlanken Palmen und hohen dicken Palmen. Sie wurden gesäumt von kleinen stämmigen Palmen, saftigem Gras und blütenübersäten Büschen ... Jetzt grenzten smaragdgrüne Teppiche an makellose Gehsteige, weiße Häuser mit Terrakotta-Dächern, schmiedeeiserne Tore und überall Blumen in überschäumender Pracht. Sie hingen, wallten herab, fielen in Kaskaden, bedeckten alles. Atemlos vor Staunen fragte ich, ob das Hollywood sei. Nein, das war Beverly Hills, wo wir wohnen würden. Im Paradies.

Der Wagen bog in eine Einfahrt ein. Hinter hohen Zypressen und Bananenstauden versteckt lag ein Haus, das so nüchtern und deplaziert aussah, daß ich dachte, wir gingen wieder an Bord der *Bremen*. Von Sternberg konnte es kaum erwarten, meiner Mutter das neue Heim zu zeigen, das er für sie ausgesucht hatte. Es war im Art-déco-Stil der dreißiger Jahre erbaut: elegant und kalt, wie eine Illustration von Erté; alles war vornehm und distanziert; man konnte darin existieren, aber nicht leben. Ich war noch zu klein, um zu verstehen, warum ich mich von all dieser kühlen Vollkommenheit so eingeschüchtert fühlte, doch ich spürte, wie sie mir Unbehagen bereitete. Es gab unzählig viele Zimmer, und alle hatten festgelegte Namen und Funktionen. Meine Mutter hielt mich an der Hand und folgte von Sternberg auf unserem Rundgang. Sie rauchte und reagierte nur gelangweilt auf seine Begeisterung. Wir stießen mächtige Türen mit Glaseinsätzen auf und traten aus einem riesigen Empfangszimmer in »meinen« Garten hinaus. Ich ergriff von diesem Wunder sofort Besitz, noch ehe von Sternberg verkündete: »Und hier ist der Garten für Kater mit ihrem Swimmingpool.« Das Becken war mit Mosaiken reich verziert und sah dem Bad auf der *Bremen* ähnlich. Aber es gab einen wichtigen Unterschied: das Wasser in meinem Pool funkelte in der gleißenden Sonne wie Tausende Diamanten. Meine Mutter konnte das elegante Haus haben; ich beanspruchte für mich dafür dieses sonnendurchflutete Reich, und ich war glücklich. Mein richtiges Leben hatte begonnen.

Weil ich meine Kindheitserinnerungen immer anhand der Häuser geordnet habe, die wir bewohnten, anhand der Filme meiner Mutter, ihrer Liebhaber und besonderer Ereignisse, gehören zu diesem ersten Haus in Hollywood *Schanghai Express*, *Die Blonde Venus*, Maurice Chevalier, die Lindbergh-Entführung und die Drohung, daß ich entführt würde.

Der nächste Tag brachte viele Neuheiten. Da war zunächst ein dickes Inventarbuch, in dem alle Gegenstände unseres gemieteten Hauses einzeln verzeichnet und bewertet waren, bis hin zum kleinsten Zierdeckchen. Meine Mutter haßte Verzeichnisse. Für ihr Gefühl ging ein Haus, in dem sie wohnte, automatisch in ihren Besitz über, und zwar mit dem gesamten Inventar. Unter einem »voll möblierten Haus« verstand man damals einen perfekt eingerichteten Haushalt. So hatten wir nie weniger als acht vollständige Tafelservice für fünfzig Personen zur Verfügung, sechs verschiedene Speise- und Teeservice, alle aus feinstem Porzellan, Dutzende und Aberdutzende von Kristallgläsern und genügend Bettwäsche, um den Buckingham Palast damit zu versorgen. Zu unserem ersten Haus gehörte sogar ein vierzehnkarätiges Goldbesteck, das Sterlingsilber war nur für das Mittagessen bestimmt. Solcher Luxus hat meine Mutter nie beeindruckt. Sie betrachtete alles Beiwerk des Reichtums als eine normale Begleiterscheinung ihres Ruhmes. Ich folgte der Einstellung meiner Mutter und fand ebenfalls nichts Besonderes dabei, wenn ich meine Suppe mit einem goldenen Löffel aß.

Als ich das erste Mal in die Paramount-Studios mitgehen durfte, fiel mir ihr berühmtes schmiedeeisernes Tor gar nicht auf. Ich war viel zu aufgeregt! Unser großer amerikanischer Regisseur wollte mich fotografieren! Zuerst wurden meine Haare von der Friseuse Nellie gewaschen und gelegt, dann erschien ein Traum von einem Kleid – ganz aus geblümtem Organdy mit kleinen Puffärmeln. Ich fürchtete, meine Arme könnten darin zu dick aussehen, vertraute aber ganz und gar auf Herrn von Sternbergs Wissen und Können. Meine Mutter war in schwarzen Samt gehüllt, ihr einziger Schmuck war ein züchtiger Kragen aus venezianischer Spitze. In dieser ersten Porträtsitzung mit mir schuf von Sternberg die Ewige Madonna, die strahlende Frau mit strahlendem Kind. Meine Mutter war vom Ergebnis restlos begeistert und bestellte gleich Dutzende von Abzügen, die sie an alle verschickte, die sie kannte oder je gekannt hat. Von Sternberg war überglücklich, daß sie nun nicht mehr böse auf ihn war.

Die Studiobosse, die sich anfänglich heftig gegen das neue Mutterimage gesträubt hatten, waren ebenfalls ganz begeistert. Sie erkannten, daß sie einen zusätzlichen Bonus gewonnen hatten! Die Dietrich hatte nicht nur »Sex« und etwas »Geheimnisvolles«, nicht nur »europäische Kultiviertheit« und »die unglaublichen Beine«, sondern besaß auch noch die Aura einer Madonna. Sollte die Konkurrenz von MGM sehen, wie sie das übertrumpfen konnte! Wo würde die Garbo so schnell ein Kind hernehmen? Die PR-Abteilung wurde angewiesen, Tausende von Postkarten der »Dietrich mit Kind« zu drucken und sie an die hungrigen Fans zu verteilen. Der Bestellung war die Notiz beigelegt, man solle die Negative auf Hüfthöhe abschneiden, um meine Größe zu verbergen. Da von Sternberg nur unsere Gesichter aufgenommen hatte, hätte sich die PR-Abteilung keine Sorgen zu machen brauchen. In den folgenden Jahren gab es kein einziges offizielles Porträt von mir, das mich stehend zeigte. War es einmal unvermeidlich, mich ganz aufzunehmen, wurde die Kamera hochgehalten, um meinen Körper kleiner erscheinen zu lassen. Die Paramount wie auch meine Mutter konnten sich mit dieser Lösung zufriedengeben. Ich blieb also das »kleine Mädchen«! Es gibt Bilder, auf denen ich bereits zehn bin, doch man könnte schwören, ich sei erst sechs oder sieben!

Über Nacht wurde die Mutterschaft in Hollywood zu einem heißbegehrten Attribut, selbst für die Femmes fatales. Ein Kind galt nun als ein notwendiges Schmuckstück. Adoptionsbüros wurden mit Nachfragen nach »hübschen kleinen Mädchen« überschwemmt. Jungen waren nicht gefragt, denn sie paßten noch immer besser zum Image männlicher Stars. Meine Mutter triumphierte, und von Sternberg war erleichtert, daß es ihm gelungen war, ihr endlich eine wirkliche Freude zu machen. Die Paramount war sehr zufrieden; nun konnte sie ihren größten weiblichen Star auf breitester Ebene vermarkten und sogar das zahlende Publikum im sogenannten »bible belt« anlocken, jenem extrem konservativen Landesteil Amerikas, der dem Kino verschlossen geblieben war.

*

Bevor mit den Dreharbeiten begonnen wurde, richteten wir uns in Beverly Hills häuslich ein. Meistens erschien von Sternberg in schneeweißen Flanellhosen, Seidenhemd und breitem Seidenschlips zum Frühstück im Garten. Meine Mutter servierte ihm ihre berühmten Rühreier unter unserem großen, marineblauen Sonnenschirm mit weißen Fransen, der vorzüglich zu der prunkvollen Garnitur gepolsterter, schmiedeeiserner Armstühle und dem Glastisch paßte. Das Sterlingsilber blitzte, das Porzellan glänzte, und das Kristall funkelte. Meine Mutter trug einen cremefarbenen, seidenen Hausanzug und einen breitkrempigen Organzahut; der Wind ließ die Bananenblätter rascheln, im Pool spiegelte sich das strahlende Blau des wolkenlosen Himmels wider. Ein ganz gewöhnliches Hollywood-Frühstück.

An manchen Morgen nahm Maurice Chevalier von Sternbergs Platz ein. Auch er war in weißem Flanell gekleidet, und seinen Kopf schmückte eine flotte Baskenmütze. Ich mochte diesen neuen Freund meiner Mutter recht gern. Er lachte viel und brachte auch sie zum Lachen, hatte ein boshaftes Zwinkern in den Augen, das er fortwährend und wie als Interpunktion einsetzte, und er schwärmte natürlich für die Eier, die meine Mutter machte. Das war eine Grundvoraussetzung, wollte man zu den intimen Bewunderern der Dietrich zählen. Ihre Rühreier mußte man einfach köstlich finden, oder man begab sich in die Gefahr, für zu beschränkt zu gelten, um all die anderen, feineren Dinge des Lebens schätzen zu können. Das konnte weitreichende Folgen haben, denn meine Mutter urteilte nach der Prämisse, daß dort, wo es an einem der Sinne fehlte, auch auf die anderen kein Verlaß sei! Wenn Chevalier meine Mutter mit einem seiner Besuche beglückte, zog ich mich im allgemeinen zurück. Sie pflegten in ihrem privaten Französisch drauflosplaudern, das ich nicht verstand, obwohl Chevaliers kokettes Zwinkern, freches Grinsen, Augenrollen und gallisch-ausdrucksvolles Gestikulieren das meiste ganz gut verständlich machte. Und doch hat mich Chevalier nie ernstlich in seinen Bann gezogen. Er wußte, daß man wußte – daß jedermann wußte –, daß Chevalier Monsieur Chevalier bewunderte, und das war auch das einzige, was man wirklich wissen mußte.

Unsere Abende verbrachten wir in dem riesigen Raum – ich war mir nie sicher, wie ich diesen Platz nennen sollte; meine Mutter nannte es »unseren Salon«, von Sternberg sprach von »unserem Wohnzimmer«, und das Inventarbuch bezeichnete es als »Empfangshalle«. Dort saßen wir also, meine Mutter damenhaft mit einer Stickerei beschäftigt, ihren Stramin straff auf einen Holzrahmen vor sich gespannt, von Sternberg an einem hohen Stoß Drehbücher arbeitend, der sich auf dem Boden neben seinem Sessel türmte. Er las immer mehrere Skripts gleichzeitig und schüttelte mißbilligend den Kopf. Ich starrte in die Flammen im Kamin und hoffte, einer von beiden würde das große, hölzerne Radio einschalten, aus dem so viele aufregende Dinge tönten.

In der Zeit, bevor die Filmarbeit mit meiner Mutter begann, schenkte mir von Sternberg einen ausgewachsenen Papagei. Er brachte ihn in einem einen Meter fünfzig hohen Ständer mit metallenen Futterschalen und einer Kette, die an einer der häßlichen Klauen des Vogels baumelte. Von Sternberg muß einen Vogeltick gehabt haben, denn im nächsten Jahr ließ er vom Studio in unserem Garten ein Vogelhaus errichten und bevölkerte es mit allen exotisch gefärbten Vögeln, die das Studio finden konnte. Ein Zoo hätte auf die prächtige Auswahl stolz sein können!

Doch leider nahm die Sache ein böses Ende. Die verschiedenen Arten vertrugen sich nicht besonders, manche waren gar eingeschworene Feinde, denn eines schönen Morgens war mein Aviarium übersät mit farbenprächtigen Vogelleichen. Ich weinte und begann, winzige Gräber um die herrlichen Blumenbeete herum anzulegen – womit ich unsere japanischen Gärtner an den Rand des Harakiri trieb. Ein Arbeitstrupp von der Paramount baute das kuppelförmig gewölbte Vogelhaus ab und entfernte es samt seinem deprimierenden Inhalt von unserem Grundstück. Auch mein Papagei war keine Freude! Zwar sah er wunderbar aus, ganz husarenblau und karmesinrot, mit Schwanzfedern, die fast bis auf den Boden hingen, aber sein gebogener Schnabel konnte töten, und seine durchdringenden Augen verrieten, daß er es auch gerne und mit Freuden täte. Seine geierhaften Klauen waren bereit, sich in alles zu schlagen, was sich in seiner Reichweite bewegte! Ich haßte diesen Papagei! Da saß er auf seiner Stange nahe an der Glastür zum Garten und wartete. Durch die Tür zu treten war jedes Mal eine Frage von Leben und Tod. Wollte meine Mutter in den Garten gehen, sah sie sich gezwungen, das Haus durch den Vordereingang zu verlassen und den Garten schließlich von einem rückwärtigen Weg aus zu betreten – und das nur, um eine Begegnung mit dieser rotblauen Bestie zu umgehen. Warum nie versucht wurde, den Papagei loszuwerden, weiß ich nicht. Es mußte etwas damit zu tun gehabt haben, daß meine Mutter »Jos Gefühle nicht verletzen wollte«, obwohl doch seine Gefühle wiederholt in vielen Dingen verletzt wurden. Daß wir seinen gemeingefährlichen Papagei weggaben, sollte ihm jedenfalls erspart bleiben. Ich wußte, wie sehr meine Mutter Haustiere haßte. In diesem feinen Haus, mit all seinen kostbaren Teppichen, hatte ich nicht zu fragen gewagt, ob ich wieder einen Hund haben dürfe. Jetzt, da dieser Papagei mit seinem Kot und seinen Kürbiskernen eine solche Schweinerei machte, wußte ich, daß ich meiner Mutter auf keinen Fall ein Ja entlocken konnte.

*

»Ich bin zu dick!« sagte meine Mutter und hörte auf zu essen. Die Dietrich machte niemals eine Diät; sie wußte nicht einmal, was eine Kalorie war. Ebenso, wie sie es ablehnte, Cold Cream zu benutzen, die beliebte, fetthaltige Gesichtscreme der dreißiger Jahre, schob sie das Abspecken ihrer selbst bis zum letzten Moment auf. Erst dann bereitete sie sich nach bewährtem Rezept auf ihre Arbeit vor: Sie trank Kaffee, Tee und becherweise heißes Wasser mit großen Mengen Epsomer Bittersalz, sie rauchte, aber naschte nur noch. Die Auswahl ihrer Knabbereien verblüffte mich stets aufs neue: Es gab Dillgurken, rohes Sauerkraut, kalte Würstchen, eingelegten Hering und Salami. Da sie sich schon lange vor der Erfindung von Vitamintabletten wochenlang auf diese Weise ernährte, ist es ein medizinisches Rätsel, warum meine Mutter nicht das Opfer von Unterernährung, Beriberi oder zumindest akuter Gastroenteritis wurde.

Jeden Nachmittag hatte ich mich bei von Sternberg zu einer Stunde Konversation auf »Alltagsenglisch« einzufinden. Er war entsetzt über die Gleichgültigkeit, mit der meine Mutter meine Ausbildung schleifen ließ; ihre Haltung grenze schon an Vernachlässigung, und es sei unverantwortlich, ein Kind in einem fremden Land mit fremden Menschen und Sitten leben zu lassen, von denen es durch die Sprachbarriere abgeschnitten sei. Sie halte es für unnötig, daß ich Englisch lernte, bekam er zu hören, da in unserem Haus alle Deutsch sprächen. Daraufhin verzichtete von Sternberg auf jeden weiteren Kommentar und entwickelte sein eigenes Programm, um mir zu helfen. Er brachte mir bei, was ich wissen mußte. Ich lernte keine Sätze im Stil von: »Der Bleistift meiner Tante liegt auf dem Tisch«, sondern nützliche Dinge wie »sound stage«, »make-up«, »warderobe department«, »commissary«, »reproduction«, »dressing room«, »back lot«, »designer«, »director«, »print that«. Ich war ihm so dankbar! Zwischen unseren Unterrichtsstunden hörte ich im Radio »Lum und Abner« und nahm das typisch ländliche Näseln an; ich unterhielt mich mit den Gärtnern und gewöhnte mir ihren leicht japanischen Jammerton an; das Ganze rundete ich mit dem Singsang an Satzenden ab, den ich von unserem irländischen Hausmädchen lernte. Meine Mutter war von diesem Mischmasch entsetzt und sagte, ich solle damit aufhören und nur noch Crosby zuhören, der »wie Tauber« singe – was alle Akzente in meiner Rede glättete, bis sie floß wie warmes Öl. Verzweifelt kaufte von Sternberg ein Metronom, und mit seiner Hilfe brachte er mir wieder einen vernünftigen Rhythmus bei. Er wandte sich auch an meine Mutter: »Weißt du, Liebste, du könntest das auch benutzen – es wäre keine schlechte Idee, wenn du ein wenig üben und ein wirkungsvolleres Zeitmaß erreichen würdest.«

An diesem Abend hörte ich in meinem Bett die beiden im Zimmer meiner Mutter streiten. Ich hoffte, das wäre nicht das Ende meines Englischunterrichts – aber meine Stunden gingen weiter, und das Metronom blieb.

Als wir durch das Studiotor zu unserem ersten Kostümtermin »vor Drehbeginn« fuhren und in der »Kostümabteilung« den »Chefdesigner« von Paramount aufsuchten, verstand ich tatsächlich, wohin, warum und zu wem wir gingen, und das auf englisch. Es war ein sehr beruhigendes Gefühl.

Ich wurde einem Herrn vorgestellt, der aussah, als käme er geradewegs von einer Jacht, und ich knickste höflich. Meine Mutter zeigte auf einen Ohrensessel und sagte: »Setz dich!« Travis Bantons privates Reich in der Kostümabteilung der Paramount sah sehr englisch aus, es atmete elegante Männlichkeit. Er hatte meine Mutter mit so viel Wärme und überschwenglicher Zuneigung umarmt, daß mir sofort klar war, sie mußten gute Freunde sein.

»Travis, Liebling.« Aha, noch ein Liebling. Ich hatte recht gehabt – er war etwas Besonderes. Sie unterhielten sich in raschem Englisch, kicherten und lachten vergnügt miteinander. Beide schienen sich so gut zu amüsieren, daß ich mir sehnlichst wünschte, sie verstehen zu können.

An diesem Abend erzählte meine Mutter ihrem Regisseur, wie ihr Vormittag mit ihrem Designer verlaufen war.

»Jo, heute hat Travis mich gefragt: ›Weiß irgend jemand, was sie in diesem Film tut? Warum sie überhaupt da ist? Wie viele Kostüme wir machen müssen?‹ Ich sagte: ›*Mich* darfst du das nicht fragen. Ich weiß nur, daß der Film in einem Zug spielt, der irgendwohin in den Orient fährt. Jo hat mir noch nicht einmal ihren Namen gesagt!‹«

Von Sternberg hörte auf zu schreiben und sah von seinem gelben Block auf:

»Sie heißt ›Shanghai Lily‹, und der Film spielt nicht nur in einem Zug.«

»Wie auch immer. Dann hat mich Travis gefragt, ob ich wüßte, wer der Mann sei, und wieder mußte ich nein sagen. Aber *er* wußte es. Er sagte, es sei jemand, der Clive Brook heißt, der sehr britisch ist und einen markanten Unterkiefer hat, aber sonst nichts.«

»Mit seinem scharfen Blick trifft Travis den Nagel mal wieder auf den Kopf«, sagte von Sternberg.

»Dann muß ich schon wieder geheimnisvoll sein?« fragte meine Mutter in ihrem besten jiddischen Tonfall. Und von Sternberg antwortete ihr im gleichen Stil:

»Ja – wieder – wunderbar geheimnisvoll, Mammale. Schätzt du dich nicht glücklich?«

Ich hoffte, zuschauen zu dürfen, wie dieses Geheimnis zustande kam. Schon am nächsten Tag ging mein Wunsch in Erfüllung. Auf dem Weg ins Studio sprach meine Mutter – nicht mit mir, denn wir hatten damals noch nicht das Verhältnis professioneller Zusammenarbeit wie später. Jetzt sprach sie zu sich selbst, und meine Gegenwart diente ihr nur als Vorwand dafür, ihre Gedanken laut zu äußern:

»Ich bin dick! Viel dicker als in *Marokko*. Selbst wenn ich gar nichts mehr esse, schaffe ich es nicht, bis zum Beginn der Dreharbeiten dünner zu werden. Es muß also wieder alles schwarz sein. Aber nicht flächig – das habe ich aus *Marokko* gelernt. Ich muß etwas finden, das die Fläche auflockert. Was nur belebt schwarz auf schwarz? Unmöglich. Ich muß noch mehr Abführmittel nehmen, mehr Kaffee trinken und rauchen. Zug – China – Hitze – Staub – Jo sagt, alles ist sehr orientalisch – ein Gefühl wie eine Opiumhöhle. Also – sollte sie vielleicht ganz anders sein – wie ein seltener, exotischer Vogel – vielleicht mit FEDERN?«

Sie beugte sich vor und kurbelte die gläserne Trennwand zwischen uns und unserem Chauffeur herunter:

»Harry, wenn wir ins Studio kommen, fahren Sie nicht zum Dressing-room. Fahren Sie direkt zu Warderobe. Und Sie können ein wenig schneller fahren!«

Meine Mutter haßte Autos, sie hatte immer Angst und lernte selbst nie fahren. Hohes Tempo war streng verboten. Wenn sie jemandem erlaubte, schneller als sechzig Stundenkilometer zu fahren, war sie entweder in den Fahrer verliebt oder es handelte sich – wenn es ihr eigener Wagen war – um einen Notfall.

Sobald Harry vor der Kostümabteilung anhielt, sprang sie aus dem Wagen, lief die Treppen hinauf und platzte in Bantons Büro hinein. »Federn!« rief sie, »Federn, Travis! – Was hältst du davon? *Black feathers*! Welcher Vogel hat schwarze Federn, die sich fotografieren lassen?« Da das Wort klingt wie im Deutschen, wußte ich, daß wir jetzt nach Federn exotischer schwarzer Vögel suchen würden.

Sie lagen in großen quadratischen Schachteln, in großen langen Schachteln, großen tiefen Schachteln, großen flachen Schachteln. Ich hatte nicht gewußt, daß es so viele Vögel gibt mit schwarzen Federn! Sie ringelten sich, kräuselten sich, piksten, zitterten, hingen herab, schwebten, lagen nur da – schwarz, unheilvoll, dschungelartig. Meine Mutter ging zwischen den Schachteln hindurch, tauchte ihre Hände zu Schalen geformt in die Federn, ließ die gefischten Schätze locker durch die Finger gleiten, prüfte Gewicht, Form, Farbe und Fähigkeit, das starke Licht zu brechen, das von der Decke herabstrahlte. – Straußenfedern? Nein, zu dick. Aber ausgedünnt vielleicht nicht schlecht für ein Negligé in einer anderen Szene. – Silberreiher? Zu schwer in Form zu bringen. Trotzdem wurden dann Federn in Weiß bestellt, die an späterer Stelle im Film einen Hut schmücken sollten, um etwas Abwechslung in das viele Schwarz zu bringen. – Paradiesvogel? Zu schlecht gefärbt. – Reiher? Zu dünn und schütter. – Schwarzer Schwan? Zu leicht und matt. – Krähe? Zu steif. – Adler? Zu breit, und sowieso unmöglich, außer für Indianerfilme. – Marabu? Zu flaumig. Travis Banton blieb ihr dicht auf den Fersen. Er fragte seinen Assistenten, wo die letzte Schiffsladung aus dem Amazonasdschungel sei, blieb dann plötzlich stehen und drehte sich auf dem Absatz um:

»Charlie! Hol mir Kampfhähne – die Schwanzfedern echter mexikanischer Kampfhähne! Und wenn sie nicht genügend schillern, können wir sie mit grün spülen!«

Die Hähne, die schließlich ihre Federn für den berühmten Anblick in *Schanghai Express* opferten, müssen in bester Verfassung gewesen sein, denn als ihre Federn ankamen, schillerten sie so intensiv schwarzgrün, daß man ihre Farbe schon durch das Seidenpapier hindurch changieren sah. Meine Mutter war entzückt, küßte Travis auf beide Wangen und rief mir in meiner Ecke zu:

»Liebling! – Komm her und schau! – Das ist ein Traum! Schwarz mit seinem eigenen Licht! Schmal, von der Natur gebogen! *Jetzt* kann Travis das erste Kostüm entwerfen. Das wird der Blickfang des Films.« Travis tat es – und sie behielt recht.

Wochenlang schaute ich geduldig der Entstehung eines Meisterwerkes zu. Ich kann mich nicht erinnern, mich je gelangweilt zu haben, solange ich diese erstaunliche Hingabe an die Perfektion miterlebte. Schon als Kind empfand ich es als Privileg, dazugehören zu dürfen. Sie arbeiteten tagaus, tagein, und manchmal sogar zwölf Stunden am Stück. Meine Mutter wurde nie müde. Sie hatte eine Blase von erstaunlicher Kapazität und konnte zur Anprobe stundenlang stillstehen, ohne auch nur einen Muskel zu bewegen. Da sie immerzu hungerte, entfielen die sonst üblichen Pausen, wenn die Dietrich Kostüme für einen Film oder, in späteren Jahren, für ihre Bühnenauftritte vorbereitete. Travis Banton kannte meine Mutter sehr gut.

Ich mochte ihn. Ganz gleich zu welcher Tageszeit, ob um sechs Uhr früh, zwei Uhr morgens oder irgendwo dazwischen, er sah immer aus wie einer seiner Entwürfe – elegant und fein herausgeputzt. Meist trug er einen Kaschmirblazer, makellos weiße Flanellhosen und eine breite Seidenkrawatte mit Paisleymuster im offenen Kragen eines cremefarbenen Seidenhemdes mit Umschlagmanschetten. Er hatte den »Ronald-Colman-Look«, schon lange bevor Ronald Colman überhaupt einen Look hatte. Besonders stolz war er auf seine Schuhe, von denen im Studio das Gerücht umging, sie würden für ihn in London von Hand angefertigt. Sein Lieblingspaar hatte ein Muster von schwarzen Schnörkeln auf weißem Grund – wie modische Golfschuhe ohne Nägel und Zunge. Um die Schuhe zur Geltung zu bringen, schlug er die Beine stets übereinander. Er wirkte, als sei er allzeit bereit, den Nachmittag mit Kricket und Tee zu verbringen. Nur seine arme Nase paßte nicht in das perfekte Bild, sie blühte wie die von W. C. Fields. Aber da ich ihn nie einen Tropfen Alkohol anrühren sah und da er sich auch nie so benahm, als hätte er ein Gläschen zuviel getrunken, mußte an seiner leuchtendroten Knollennase der hohe Blutdruck schuld sein, den die Mitarbeiter der Dietrich in der Regel bekamen.

Travis mußte bei den ersten beiden Filmen, die er mit meiner Mutter gedreht hatte, zu dem Schluß gekommen sein, daß zwar die meisten Leute menschliche Wesen sind, meine Mutter jedoch nicht. Für die Arbeit mit ihr entwickelte er daher ein Rotationssystem, um seine Schneiderinnen und Hilfskräfte zu entlasten, und er stellte einen Essenszeitplan auf – für sich, seine Mitarbeiterinnen und noch ein weiteres menschliches Wesen: mich. Meine Mutter bekam wohl die Anlieferung unserer Mahlzeiten aus der Studiokantine mit, aber ich glaube nicht, daß sie bemerkte, daß der Schwarm von jungen Damen ausgewechselt wurde, die das für ihren Beruf typische Nadelkissen am Handgelenk trugen. Travis Banton sorgte sich aus Freundlichkeit um seine Mitarbeiter – und nicht aufgrund von Tarifverträgen. Während der Wirtschaftskrise waren Arbeitsplätze so kostbar, daß jeder, dem das Glück einen Job verschafft hatte, nahezu alles getan hätte, um ihn zu behalten. Diese augenfällige Unterwürfigkeit paßte hervorragend zur Haltung meiner Mutter gegenüber all denen, die ihr für Geld dienten. Zu ihrer Zeit kündigte niemand wegen persönlicher Differenzen oder schlechter Behandlung. Die Angestellten nahmen alles hin, auch jede Art von Mißbrauch, sie verbargen das bißchen Stolz, das ihnen noch geblieben war, und taten, was man ihnen befahl. Sie wußten, wenn sie gefeuert würden, müßten sie verhungern.

Meine Mutter wußte herzlich wenig von dem, was außerhalb ihrer persönlichen Welt vor sich ging. Doch die ergebene Haltung der »kleinen Leute« gefiel ihr, da sie ihrer eigenen Weltsicht entsprach. Sie war ernsthaft davon überzeugt, daß sie durch das Gehalt, das sie einem Mitarbeiter zahlte, sein Leben ebenso kaufte wie seine Arbeitskraft. Sie stellte die Menschen nicht an – sie nahm sie in Besitz. Solange sie in den schlimmsten Zeiten der Depression ein großer Hollywood-Filmstar war, stieß diese Einstellung nicht auf Widerstand. Später und vor allem in Europa führte die »Legendenverehrung« dann zu derselben untertänigen Haltung.

Dank Travis Bantons Essensplan lernte ich einige ganz besondere Speisen kennen. Eines Tages bestellte er mir etwas, das »Eiersalat auf Weißbrot« hieß. Mein erstes Sandwich erschien, eingeschlagen in Wachspapier, begleitet von einer schweren Glasflasche mit einer prickelnden braunen Flüssigkeit, die Travis »Coca-Cola« nannte. Einfach göttlich!

Durch den Spiegel warf meine Mutter ihm einen mißbilligenden Blick zu, aber sie war zu sehr damit beschäftigt, ihren Hut aus Hahnenfedern zu kreieren, um sich ernstlich um mein ungewöhnliches Menü zu kümmern. Während ich meinen himmlischen Lunch verzehrte und gut aufpaßte, daß das Papier nicht raschelte und störte, sah ich meiner Mutter dabei zu, wie sie Stoffballen musterte. Es war »Schleiertag«. Sie war entschlossen, den Effekt des »verschleierten Blicks« zu wiederholen, der in *Marokko* und *X.27* so wirkungsvoll eingesetzt worden war, und suchte nach dem richtigen Schleier für den Hahnenfedernhut, der noch auf seine Vollendung wartete. Numerierte Ballen mit Schleierstoffen lagen verstreut auf dem grauen Teppichboden. Sie hob einen auf, der mit »Schwarz 3« gezeichnet war, warf ihn nach vorn und entrollte ein hauchdünnes Netz mit winzigen schwarzen Pünktchen, hielt ein Stück davon vor ihre Augen und ließ es wieder fallen. Sie nahm »Schwarz 10«, hielt sein rautenförmiges Muster prüfend vor ihre Haut und ließ auch dieses zu Boden gleiten. Mit dem Fuß stieß sie »Schwarz 5« zur Seite, denn sie erkannte in ihm den Stoff, der in *Marokko* benutzt worden war. Drei Stunden später sah der Boden des Anproberaums aus, als hätten sämtliche Spinnen der Welt ihre Netze über ihn gesponnen. Nichts hatte sie gefunden, alles war verworfen worden. Draußen dunkelte es bereits. Die komischen viktorianischen Straßenlaternen entlang der kunstvoll gestalteten Straße der Paramount wurden angezündet. Damals arbeitete jeder, bis ihm die Erlaubnis erteilte wurde, nach Hause zu gehen. Es hatte vier Schichtwechsel gegeben, und Travis hatte noch nicht einmal gegähnt! Ich gähnte insgeheim, wenn ich zur Toilette ging, aber ich blieb nie sehr lange weg, weil ich Angst hatte, der richtige Schleierstoff könnte ohne mich gefunden werden, und ich wollte doch den großen Augenblick seiner Entdeckung nicht verpassen.

»Möchtest du wirklich unbedingt einen Schleier dazunehmen, Marlene? Vielleicht sehen die Federn auch ohne ihn lebhaft genug aus. Wir haben sie jetzt so perfekt angeordnet, sie betonen nur die eine Wange bis hinunter zur Kinnlinie – vielleicht würde ein Schleier nur ablenken.«

»Nein, Travis, es fehlt etwas. Vielleicht sind alle diese zu zart? Vielleicht brauchen wir ein kräftigeres Muster?« Schwarz 39, 40, 41, 42 wurden von erschöpften Gehilfinnen hereingetragen. »39« hatte große Punkte, die schwarze Windpocken auf das Gesicht meiner Mutter zeichneten. »40« hatte Wellenlinien. »41« hatte Streifen, wie Schatten, die von Jalousiestäben geworfen werden, und war zu dem diagonal gelegten Muster der Federn auf der Hutform völlig unmöglich. Trotzdem hielt sie sich ein Stück davon vor die Augen – und etwas Erstaunliches geschah: Ihr Gesicht wurde mit einem Schlag lebendig. Travis stieß einen wilden Schrei aus (ich fand später heraus, daß er aus Texas kam, wo solche befremdlichen Geräusche üblich sind) und klatschte vor Entzücken in die Hände. Die jungen Damen fielen vor dankbarer Erleichterung beinahe auf die Knie. Meine Mutter lächelte nur, setzte sorgfältig die gesteckte Hutform ab, überreichte sie Travis zusammen mit Nr. 41, küßte ihn auf die Wange, nahm mich bei der Hand und ging rasch mit mir aus der dunklen Kostümabteilung hinaus – es war Zeit, nach Hause zu gehen und das Abendessen für unseren Regisseur zu kochen!

Es kam der Tag, an dem endlich alles fertig war. Von Sternberg wurde zur Kostümabteilung hinübergerufen, um die »Shanghai Lily« zum erstenmal zu sehen. Er betrat den Anproberaum, blieb reglos vor meiner Mutter stehen und genoß ihren Anblick. Sie stand auf einer erhöhten Plattform, unzählige Male wiedergegeben in einer hohen Reihe von Spiegeln. Die Augen hinter dem gestreiften Schleier blickten träge, der Kopf glänzte in dem dichtgelegten, enganliegenden Schwarz. Das Kleid war lang, der lose Dreiviertelüberwurf aus fließendem Krepp von Federn gesäumt. Wie Meereswellen aus glänzendem Schwarz umschmeichelten sie ihren Hals, fielen über die Schultern auf die Arme hinab und endeten erst dort, wo sie auf das mattere Schwarz der enganlie-

Links: Louis Otto Dietrich und seine Braut, Wilhelmina Elisabeth Josephine Felsing. Berlin 1898.

Unten: Das erste Familienfoto: Liesel im Alter von sechs, die Mutter, der Vater und die kleine Schwester Lena mit fünf Jahren (die den Hut mit Bändern so liebte, daß sie ihn den ganzen Tag aufbehielt).

Oben: Die Schwestern Dietrich in ihren Schulkittelchen, ganz die »braven« Mädchen.

Oben: Mit »Mutti« an der See.

Unten: Lenas Klassenfoto aus dem Jahr 1909, als sie siebeneinhalb Jahre alt war. An diesem Tag trug sie eine besonders schöne Haarschleife und fand, sie gehöre eigentlich in die vorderste Reihe.

Oben: Mit siebzehn Jahren hatte sie sich bereits den Namen Marlene gegeben und ließ zu besonderen Anlässen kokett eine Haarlocke auf die Schulter fallen.

Unten: Marlene im Alter von einundzwanzig Jahren, eine saftige Badeschönheit.

Oben: Die Schwestern Dietrich mit der Mutter, der Witwe von Losch. Ich liebe dieses Bild. Bis heute weiß ich nicht, warum meine Mutter es versteckte.

Unten: Die junge Berliner Schauspielerin in glänzenden Satin gehüllt, eine wahrhaft lyrische Erscheinung.

Oben: In jungfräuliches Weiß gekleidet wird Marlene am 17. Mai 1923 die Ehefrau von Rudolf Sieber.

Oben: Altberlin mit seiner berühmten Kaiser-Wilhelm-Gedächtniskirche, die Marlene so liebte und in der sie getraut wurde.

Unten: August 1924 im Alter von dreiundzwanzig Jahren. Sie ist im sechsten Monat schwanger.

Unten: Mit der vier Monate alten Tochter Maria Elisabeth.

Oben links: Zwei Badeschönheiten am Strand von Swinemünde.

Oben rechts: Rudi mit seiner sittsamen Frau, Sommer 1926.

Rechts: 1927. Die Ehefrau und Mutter Marlene Dietrich arbeitet wieder.

Beim Film, im Theater, im Varieté – überall ist sie dabei. Berlin, Wien, 1926–1927.

Links: Während der Dreharbeiten in Wien erlernte meine Mutter das Sägespielen. Sie war sehr stolz auf ihr Können – außerdem kamen beim Spielen ihre Beine zu Geltung.

Unten: Deutschland 1928. Weitere wichtige Stummfilmrollen.

Oben: Der blendend aussehende Rudi Sieber mit seiner bildschönen Frau. Meine Eltern ähnelten sich manchmal so sehr, daß man sie für Bruder und Schwester hätte halten können.

Unten: Ein seltenes Bild von meiner Mutter in schüchterner Pose – sehr un-Dietrich. Auch dieses Foto hatte meine Mutter versteckt.

Unten: 1928. Die Familie Sieber, bevor der Sturm des Weltruhms über sie hinwegfegte.

Oben: Das Jahr 1930. Marlene Dietrich sorgt als Lola im ersten deutschen Tonfilm, *Der Blaue Engel,* für eine Sensation.

Rechts: Josef von Sternberg, das Genie, das diesen großen Film und den Erfolg der Dietrich erst ermöglichte.

Oben: Von Sternberg mit seinem Star Emil Jannings. Seine »Entdeckung« versucht währenddessen ein betörendes Lächeln und hofft auf eine Erwiderung. Der große Jannings hat zu diesem Zeitpunkt aber schon gemerkt, daß sie ihm die Schau stiehlt, und ignoriert sie.

Unten links: Lola, die Hafendirne, sitzt rittlings auf ihrem berühmten Stuhl. Obwohl dies die Lieblingspose meiner Mutter im *Blauen Engel* war, erschauderte sie jedesmal, wenn sie auf diesem Foto ihre dicken Schenkel erblickte.

Oben: Im *Blauen Engel* mit dem Maskottchen »Der Wilde«, einer schwarzen Filzpuppe, die ihr lebenslanger Begleiter wurde.

Oben: 31. März 1930. Nach der Galapremiere des *Blauen Engel* fuhr der neue deutsche Star, noch in Abendgarderobe, mit dem Zug nach Bremerhaven. Von dort ging es per Schiff über den Atlantik.

Oben: An Bord der *Bremen*. Die Dietrich gibt sich männlich, was im Berlin der Zwanziger Jahre nicht unüblich war.

Unten: In Hollywood telefonierte meine Mutter täglich nach Hause und wünschte sich, wieder daheim zu sein.

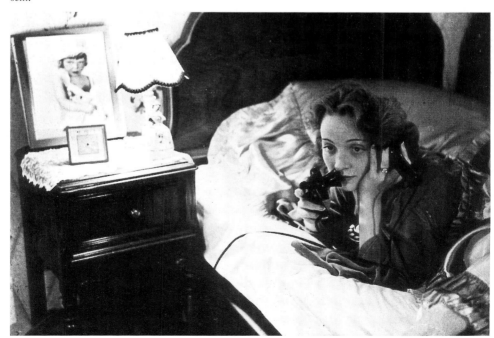

Rechte Seite, oben links: Die berühmte Autogrammkarte des *Blauen Engel*, die nach der Uraufführung von *Marokko* übersetzt und auch an amerikanische Fans verteilt wurde.

Rechte Seite, oben rechts: Anläßlich des zweiten Films der Dietrich, *X.27*, schenkte von Sternberg ihr eine chinesische Puppe, einen Kuli, der ihrem schwarzen »Wilden« fortan Gesellschaft leistete.

Links: Die »unerhörte Überraschung« von Sternbergs und der Dietrich: Anstatt in ihrem ersten amerikanischen Film, *Marokko,* die Beine zur Schau zu stellen, gab sie ihr Debüt im Frack – die Amerikaner rasten.

Unten: Bei diesem Film spielte die Liebe zwischen der Dietrich und ihrem Partner, Gary Cooper, keine Rolle. Sie war in ihren Regisseur verliebt, und Cooper mochte es, wenn die mexikanische Schauspielerin Lupe Velez in den Drehpausen auf seinem Schoß Platz nahm.

Unten: Von Sternberg, die Dietrich und Charlie Chaplin im Jahre 1930. Um Standfotos für PR-Zwecke herzustellen, wurden berühmte Filmschauspieler oft zu gegenseitigen Besuchen veranlaßt. Die Dietrich konnte Chaplin nicht leiden. Sie betrachtete die meisten Komödianten der Stummfilmära als »Zirkusclowns«.

Oben links: 1931. Wir verlassen Deutschland auf der *Bremen*. Ich, sehr erwachsen in meinem neuen, weißen Kaninchenfellmantel, und meine Mutter in ihrem von meinem Vater so verabscheuten, gefleckten Leopardenmantel.

Oben rechts: Kalifornien. Am Beckenrand unseres Art-Deco-Swimmingpools in unserem ersten, angemieteten »Palast« im sonnigen Beverly Hills.

Links: 1931. Der Filmstar in seiner ganzen Pracht, mit Federn und Juwelen, Rolls Royce und einem Chauffeur in Uniform – und was sonst noch dazu gehört.

Oben: Die Dietrich betrachtet sich in ihrem mannshohen Spiegel bei den Aufnahmen von *Schanghai Express*.

Oben: Von meinem Stammplatz hinter der Kamera beobachte ich meine Mutter, wie sie die »Marlene Dietrich« spielt.

Unten: Die Garderobe der Dietrich bei der Paramount auf dem Flur der Stargarderoben.

Oben: *Schanghai Express* 1931. Shanghai Lily in ihrem märchenhaften schwarzen Kostüm aus Hahnenfedern und dem horizontal gestreiften Schleier. Mit dieser Kreation lernte ich zum ersten Mal die große Kunst des Filmdesigns kennen.

genden Handschuhe aus dem feinsten Glacéleder trafen. Eine lange Kette aus großen Glasperlen lockte das Auge abwärts, die Handtasche mit dem schwarzweißen Art-déco-Muster hielt den Blick auf Hüfthöhe wieder fest. Sie war der seltsamste schwarze Vogel, den man sich vorstellen kann. Wir alle hielten die Luft an: Würde er hinausstürmen? Würde er erklären, das sei unmöglich zu fotografieren, was jeder bereits wußte, sogar meine Mutter? Noch immer ohne ein Wort zu sagen, ging er langsam auf sie zu, streckte ihr die Hand entgegen, um ihr herunterzuhelfen, verbeugte sich tief vor ihr, küßte ihre behandschuhte Hand und sagte leise auf deutsch:

»Wenn du glaubst, ich bin begabt genug, zu fotografieren, dann kann ich dir nur anbieten, das Unmögliche zu vollbringen.« Er drehte sich zu dem ängstlich wartenden Travis und sagte auf englisch:

»Eine hervorragende Ausführung eines großen Problems. Ich gratuliere euch allen.« Und ging. Die Seufzer der Erleichterung hätten genügt, um einen Schoner mit zehn Masten über das Meer zu treiben. Dann feierten wir. Travis spendierte verbotenen Champagner in kleinen Pappbechern, und sogar die jungen Näherinnen bekamen ein Schlückchen. In dieser wiederholten gegenseitigen Herausforderung der Talente lag die wahre Genialität der Zusammenarbeit Sternberg/Dietrich. Sie stellte ihm und seiner Kamera Aufgaben, die er unmöglich lösen konnte. Er verlangte Dinge von ihr, die jenseits ihrer natürlichen Begabung lagen. Sie warfen sich diese künstlerischen Fehdehandschuhe vor die Füße wie Duellanten, überzeugt, zu töten oder getötet zu werden, und freuten sich, wenn sie beide gemeinsam das Gefecht gewonnen hatten.

Am nächsten Tag begannen wir die Arbeit an dem schwarzen Chiffonneglige mit den ausgedünnten, gestutzten Straußenfedern, und Travis bestellte mir etwas, das er »malt chocolate« nannte. Danach gab ich es auf, überrascht zu sein. Ich wußte, ich hatte den Zenit erreicht – den Gipfel amerikanischer kulinarischer Herrlichkeit! (Natürlich nur, bis ich mein erstes Sandwich mit Erdnußbutter und Gelee aß.)

Sonntags blieben wir zu Hause und gaben uns Mühe, uns zu entspannen. Meine Mutter wusch ihr Haar, legte kein Make-up auf und kochte. Von Sternberg stellte im Garten seine Staffelei auf, öffnete einen großen Holzkasten, der mit vielen Reihen von silbernen Tuben gefüllt war, klappte seinen kleinen Segeltuchhocker auf, hakte die Palette fest auf Daumen und Zeigefinger und malte flammenden Hibiskus unter azurblauem Himmel. Ich konnte ihm stundenlang zusehen. Er wirkte richtig glücklich. Ganz anders, als er sonst war – angespannt, trübsinnig und launisch. Sogar seine Farbwahl unterstrich die freundliche Stimmung, es gab kein Schwarz und keine dunklen Schatten. Alles war hell und luftig, mit viel Scharlach und leuchtenden Farbtönen. Ich breitete dann stets die Comic-Beilagen der Zeitung im Gras neben seinem Stuhl aus. Meine ersten englischen Sätze lernte ich zu lesen, als ich die Abenteuer von Orphan Annie und Dagwoods verfolgte. Die Katzenjammer Kids mochte ich nicht, sie waren mir viel zu deutsch, während ich das neue, »total amerikanische Kind« war.

Sonntag war auch der Tag, an dem uns unsere originelle alte Dame belieferte. Inzwischen wußte ich alles über die Prohibition, Gangster und Schießereien wegen des »Dämons Alkohol«. Wenn daher aus dem Inneren ihres wackeligen Kinderwagens Geräusche von aneinanderstoßendem Glas drangen statt dem Schreien eines Babys, wußte ich, daß die freundliche Schwarzhändlerin unseres Viertels uns besuchen kam. Sie war ein echtes Unikum! Ihr zahnloser Mund war meist zu einem boshaften Grinsen verzogen, und man mußte sie mit Mrs. »Gladys-Marie« ansprechen. Ihre Flaschen behandelte sie mit unendlicher Sorgfalt, faltete vorsichtig ihre Flanellhüllen auseinander, hob sie sanft in die Höhe und reichte sie einem so zärtlich, als wären es tatsächlich Babys. Ich wollte sie immer gern fragen, warum der Gin in eine rosa Decke gewickelt war und der Scotch in eine blaue, aber ich habe mich nie getraut. Sie war kauzig genug, wegen einer so intimen Frage beleidigt zu sein und unsere Versorgung mit schwarzgebranntem Schnaps womöglich einzustellen.

Die Probleme mit von Sternbergs Frau ließen sich nicht so schnell aus der Welt schaffen, wie alle gehofft hatten. Offenbar wollte sie jetzt als Trost für ihren verletzten Stolz Geld haben und gab dies der Presse bekannt. Die Moralklausel, die jeder Hollywood-Vertrag enthielt, um die sexuellen Exzesse der Schauspieler einigermaßen in Grenzen zu halten, beunruhigte meine Mutter. Zwar war sie überzeugt, daß kein Studio wagen würde, eine solche Klausel gegen sie zu verwenden, aber dennoch konnte ihr Image der »unbefleckten Aristokratin, die die gefallene Frau spielen mochte, aber keine war« zerstört werden. Ganz plötzlich erhielten wir die Nachricht, mein Vater werde bald eintreffen, um uns alle zu besuchen, doch Tami werde ihn nicht begleiten. Ich war bitter enttäuscht. Ich wollte ihr all die herrlichen Dinge in meinem neuen Königreich zeigen. Ich wußte noch nicht, daß sie vor der Presse versteckt werden mußte.

»Liebling, iß die Leberwurst nicht – das ist die besondere für Papi.« Ich durfte auch nicht den Räucherlachs essen noch die Salami aus Genua oder den Camembert direkt aus Paris, den Chevalier als Willkommensgeschenk gebracht hatte. Jede Ecke des Hauses wurde geschrubbt, gebohnert und mit Blumen geschmückt. Ein Sortiment Kaschmirpullover erschien. »Papi erinnert sich vielleicht nicht, daß ich ihm gesagt habe, die Abende hier sind kühl.« V-Ausschnitt, Stehkragen, Rollkragen: »Wer weiß, welche Sorte Papi hier in Amerika gern trägt.« Für den Fall, daß sie ihm nicht gefielen, gab es eine Auswahl an Strickjacken in seinen Lieblingsfarben von Braun, Grün, Beige und Grau. Dunkelgrüne, schwere Seidenpyjamas waren ein Muß und ebenso elegante Morgenröcke, italienische Pantoffeln, kalifornische Freizeithosen, Badehosen und Bademäntel aus Frottee. Damals waren solche Sachen leicht zu kaufen, natürlich nur, sofern man Geld hatte. Besondere Leckerbissen aber waren schwer zu bekommen. Auslandsimporte waren selten, internationale Lebensmittelgeschäfte noch unbekannt. Gladys-Marie fand und brachte etwas, von dem sie uns garantierte, es sei Lagerbier, und was mein Vater später »Flaschenpisse« nannte! Das ihm zugedachte Zimmer ging zum Garten hin, war größer als das meiner Mutter und das, in dem unser Regisseur seine Sachen aufbewahrte. Wir alle legten uns ins Zeug, um es unserem Gast in jeder Hinsicht besonders angenehm zu machen. Meine Mutter dachte, die Tiffanylampen an seinem Bett seien zu »affektiert zierlich« und der Bugholzstuhl nicht bequem genug zum Lesen. Also schickte die Requisitenabteilung der Paramount einen Studiolastwagen mit schmiedeeisernen Lampen mit echten Pergamentschirmen und einem geschnitzten Mahagonithron mit hoher Lehne, der in einem Film über Königin Isabella von Spanien verwendet worden war und von dem wir alle wußten, daß ihn mein Vater absolut hinreißend finden würde. Von Sternberg steuerte ein prächtiges Kruzifix bei, das über Papis Bett gehängt wurde. In seinem Zimmer hätte man beichten gehen und sich dabei wohl fühlen können.

Paramount war willens, sich auf die vielen Facetten seines Stars einzulassen. Vielleicht würde die »Ehefrau« ziehen, ebenso, wie die »Madonna« gezogen hatte, ohne dem vorrangigen Image der »geheimnisvollen Frau« zu schaden. Es war Marlene Dietrichs größte Stärke, daß keine Rolle, die sie in ihrem Leben spielte, jemals das etablierte Image der glanzvollen Femme fatale störte. Ein Kunststück, das der Garbo niemals gelang und das sie auch gar nicht versuchte. Diese erstaunliche, fast an Schizophrenie grenzende Fähigkeit, sich chamäleonhaft in viele Frauen zu verwandeln, unterschied die Dietrich grundlegend von ihrer Erzrivalin. Das Spektrum der Garbo beschränkte sich auf eine einzige, glanzvolle Kategorie – die »Göttliche« –, während die Dietrich vielerlei Tricks auf Lager hatte.

Wir alle fuhren nach Pasadena, um meinen Vater zu empfangen. Er stieg aus dem Zug, in einen weißen Leinenanzug gekleidet, jeder Zentimeter der gepflegte Europäer auf Besuch. Er küßte meine Mutter, die wie gewöhnlich ihre Männertracht aus Sportjacke, Schlapphut und Krawatte trug. Ihre einzige Konzession an die Rolle der »begrüßenden Ehefrau« war ein weißer Rock statt der üblichen Hosen. Mein Vater hob mich hoch, ohne zu stöhnen, legte den Arm um von Sternbergs Schulter, und wir alle posierten für ein Foto, das sehr berühmt werden und in unzähligen Abzügen um die ganze Welt gehen sollte: »Marlene Dietrich mit Familie«. Die Anweisung der Paramount, mich im Bild abzuschneiden, wurde befolgt. Niemand bekam je zu sehen, wie weit meine Beine am Körper meines Vaters herabbaumelten, und keiner entdeckte den verzweifelten Klammergriff seiner Hand bei dem Versuch, mein Gewicht auf seiner Hüfte zu halten – noch merkte jemand, daß der Regisseur und sein Star die gleichen Schuhe trugen.

Jetzt standen im Mittelpunkt unserer Abendmahlzeiten wieder das Essen und die Nachrichten. Mein Vater erzählte uns, daß eine ganze Reihe von deutschen Millionären die sogenannten Nazis unterstützte, besonders Herr Hugenberg, der Chef der Ufa und später Direktoriumsmitglied bei Krupp war, sowie jemand namens Thyssen. Es entbrannten hitzige Diskussionen um einen deutschen Film über Mädchen in einem Internat, die Dinge miteinander trieben, die »vor dem Kind« nicht geschildert werden konnten. Mein Vater fragte, ob meine Mutter das neue Buch von Pearl S. Buck, *Die gute Erde*, gelesen habe. Worauf meine Mutter entgegnete: »Ist das das Buch über China?« Als mein Vater ja sagte, schnarrte sie zornig: »China hier, China dort, China überall! Wieso ist jetzt jeder von China besessen? Auf dem ganzen Studiogelände wimmelt es von schlitzäugigen Leuten! Wenn ich noch einmal ein gelbes Gesicht sehe, übergebe ich mich!« Und stand auf, um meinem Vater neue Kohlrouladen zu holen.

Von Sternberg sah nach dieser Attacke ziemlich geknickt aus, aber mein Vater zwinkerte ihm mit wissendem Lächeln zu, was unseren kleinen Mann ebenfalls zum Lächeln brachte, und bis meine Mutter zurückkam, waren sie schon mitten in der schönsten Diskussion über Lichtdiffusion und über jemanden, der dafür den Nobelpreis erhalten hatte.

Chevalier kam, hörte, daß sein Camembert einfach vollkommen sei, und wurde sofort ein dicker Freund meines Vaters. Ich habe nie verstanden, warum sich diese beiden so mochten, aber sie blieben sich jahrelang zugetan. Wie immer, wenn Chevalier auftauchte, schalteten alle automatisch auf Französisch um, und ich bat immer, aufstehen zu dürfen, und ging »richtiges Amerikanisch« im Radio hören.

*

Ich kam hinter der Glyzinie hervor. Wieder einmal hatte ich etwas beerdigt – ständig führte ich zwischen den Gardenien Begräbnisse durch –, wahrscheinlich eine Eidechse oder einen Wurm. Diese Neigung zu Begräbnissen bewies, daß ich die Tochter meines Vaters war. Da hörte ich sie auf der Terrasse reden. Der Name »Maurice« ließ mich innehalten. Ich dachte, er würde gleich mit ihnen zu Mittag essen und alle würden wieder Französisch reden, als ich meine Mutter sagen hörte:

»Aber er liebt mich, Papi. Aber weißt du, er hatte Gonorrhö, als er siebzehn war, deswegen ist er impotent.« Ach, warum mußte meine Mutter meinem Vater erzählen, daß Chevalier sie liebte? Ein Ehemann wollte doch solche Dinge nicht von seiner Frau hören. Aber mein Vater warf seinen blonden Kopf in den Nacken und lachte! Ich stand wie angewurzelt da.

»Ach Mutti! Sie können doch nicht alle Gonorrhö gehabt haben«, prustete er. Dieses Wort mußte etwas Lustiges bedeuten!

»Ha, du wärst überrascht, wenn du wüßtest wie viele! Als Jude bekommt Jo natürlich nie genug, die wollen es doch immer machen, die ganze Zeit! Besonders, wenn sie klein sind und einen Hang zu großen, blauäugigen Christinnen haben.« Jetzt lachte meine Mutter.

»Margo schickt dir ihre unsterbliche Liebe und Bergner auch. Sie vermissen dich alle.«

»Und ich vermisse sie noch viel mehr! Hier haben die Frauen keinen Verstand im Kopf. Ganz gewiß nicht im Studio, und mit Jo ist das der einzige Ort, den ich sehe. Da ist diese vulgäre Bankhead, einfach schrecklich. Sie ist hinter den kleinen Schauspielerinnen her. Dann ist da die häßliche Claudette Colbert, ein Typ wie eine französische Verkäuferin. Lombard ist hübsch, aber zu amerikanisch, und außerdem versucht sie, wie ich auszusehen und Crosbys Starlets. Und wen gibt es sonst? Aber in Garbos Studio, dort gibt es wunderschöne Frauen! Ich meine nicht diese Norma Shearer, sie ist ein kalter Fisch, und die neue Harlow ist zu billig. Aber sie haben einige, die sehr interessant sind, nur wegen Jo ist natürlich alles so was unmöglich!«

»Mutti, bist du eigentlich glücklich?« fragte mein Vater sehr ernst.

»Glücklich? Was ist glücklich?«

Ich drehte mich um und ging zurück zum Pool. Ich hatte gedacht, sie sei glücklich. Ich fragte mich, wo so viele Menschen sie liebten, warum war sie es nicht.

Dann kam der denkwürdige Morgen, an dem mein Vater mir zuschaute, wie ich mich im Pool vergnügte, in der Sicherheit meines beruhigenden Schwimmringes. Er ging zum Rand der tiefen Seite des Swimmingpools und rief:

»Maria, komm her!«

Erschrocken überlegend, was ich wohl Schlimmes angestellt haben mochte, daß er mich mit meinem wirklichen Namen rief, paddelte ich zu ihm hinüber. Er bückte sich, faßte nach unten, zog mich aus meinem Ring heraus und warf mich ins Wasser. Hustend und spuckend kam ich wieder an die Oberfläche, von Todesangst erfüllt. Mein Vater rief: »*Schwimm!*« Ich warf ihm einen verzweifelten Blick zu und wußte, daß ich tun mußte, was er sagte. Ich lernte an diesem Tag schwimmen, schwamm mein Leben lang wie ein Fisch, aber verlor nie mehr die Angst vor dem Ertrinken.

Noch ehe wir eine zweite Leberwurst kaufen mußten und die Sandelholzseife von Roger Gallet aufgebraucht war, wurde der beige Überseekoffer meines Vaters mit den Initialen R. S. hervorgeholt und mit neuen Schätzen gefüllt. Am Tag seiner Abreise schenkte mir mein Vater einen jungen Terrier, den er Teddy getauft hatte, und gebot mir, gut aufzupassen, daß dieses Hündchen nicht sterbe, auf meine Mutter achtzugeben, mich gut zu benehmen, alle Bücher zu lesen, die er mir aus Berlin mitgebracht hatte, alle Rechenaufgaben zu lösen, die er für mich aufgeschrieben hatte, ihm jeden Montag einen Brief zu schreiben, höflich und still zu sein ... Ich fürchte, ich hörte von dem Augenblick an nichts mehr, in dem ich den Hund in den Armen hielt. Meine Mutter weinte. Von Sternberg kam, um meinen Vater an die Union Station in Los Angeles zu bringen, nicht nach Pasadena. Die Abreise von Rudolf Sieber, Ehemann von Marlene Dietrich, wurde nicht bekanntgegeben. Ich drückte mein Hündchen an mich und betete, daß meine Mutter mir erlauben würde, es zu behalten. Wunderbar, sie tat es!

*

Noch immer Morgendämmerung, die Luft ein wenig frostig, aber jetzt mit einem Hauch falschen Jasmins und dem Geruch von Wüstensand – wir sanken in das gemütliche, weiche Leder unseres Rolls, der uns zur Arbeit brachte. Der Wachmann am Studiotor grüßte: »Guten Morgen, Miss Dietrich. Guten Morgen, kleine Heidede.« Dank von Sternberg erwiderte ich mit heller Stimme: »Good morning, Mister Mac«, und war stolz auf meine perfekte Aussprache. Die Laternen in der Garderobenstraße waren angezündet – in Carole Lombards Zimmer brannte Licht, ebenso bei Claudette Colbert und Bing Crosby. Das hieß nicht, daß diese Stars anwesend waren – der Anhang traf manchmal vor dem Star ein, um Dinge vorzubereiten und zu organisieren. Da meine Mutter der Fähigkeit anderer, etwas ohne ihre Aufsicht korrekt für sie zu erledigen, niemals vertraute, waren sie und ihre Entourage eine unzertrennliche Einheit. Dieser Tag, an dem ich zum erstenmal den Drehbeginn eines Films miterlebte, brachte ein ganzes Kaleidoskop von neuen Erlebnissen, die später zum festen Bestandteil meines Lebens wurden: der Geruch von Fettschminke, frischem Kaffee und Gebäck, das grelle Licht in der großen Maskenbildnerei, berühmte Gesichter ohne Schminke, jeder Verschönerung beraubt, manche müde, manche halb wach, alle Unvollkommenheiten offenbarend – so menschlich – verletzlich, auf ihre Masken gemalter Perfektion wartend. Auch bei den Friseuren war alles erleuchtet und enthüllte die Normalität von Göttinnen mit glanzlosen Haaren und Göttern mit ihren Geheimratsecken. Hier der süße, klebrige Geruch der Haarfestiger und Pomaden. Meine Mutter, die plötzlich eine von vielen wurde. Für mich, die ich immer geglaubt hatte, sie sei einzigartig, es gebe keine zweite wie sie, war das eine große Überraschung. Ich sah, wie sie geübte Hände wegstieß und ihr Gesicht selber schminkte, wie sie eine dünne Linie heller Schminke über ihren Nasenrücken zog, wie sie das gerundete Ende einer Haarnadel in Weiß tauchte und ihre untere Lidkante nachzog. Ich schaute sie in dem großen, von Glühbirnen eingerahmten Spiegel an, entdeckte, daß ihre Nase plötzlich gerade war, ihre Augen riesengroß, und plötzlich kehrte meine ursprüngliche Überzeugung zurück: Ja, sie war tatsächlich einzigartig. In ihrer Garderobe die Schnelligkeit aller helfenden Hände, die Präzision der Bewegungen, die sich niemals zu verirren schienen, die einander nie ins Gehege kamen. Ihr prüfender Blick, darauf ihr trockener Befehl: »Wir gehen!«, der wie ein Zündfunke alle in Bewegung setzte.

Wir stiegen in die wartende Limousine. Meine Mutter in ihrer Federhülle reglos. So hatte ich sie noch nie erlebt, mir wurde angst und bange. Später, als ich den Grund dafür erkannte, verstand ich ihr Verhalten, und ich lernte, es zu akzeptieren. Wenn die Maske fertig war, das Haar frisiert, Hut, Schleier und Hahnenfedern richtig saßen, dann gab es kein Blinzeln, kein Schlucken, Verschieben, Ziehen, Zucken, Husten oder Niesen, und keine Worte mehr. Gewicht wurde auf einem Schenkel, einer Schulter balanciert, die Fingerspitzen waren fest auf den Autositz gepreßt, um den Druck des Körpers auf alle knitterfähigen Materialien zu verringern. Die Augen offen und starr, die bemalten Lippen geöffnet und reglos. Bei besonders aufwendigen Kostümen hätte ich schwören können, daß sie aufhörte zu atmen, bis wir den Set erreicht hatten. Erst hier erwachte sie wieder zum Leben – jedes einzelne Detail war noch unversehrt, die Perfektion vollkommen makellos.

Das Auto bog um eine Ecke, ganz langsam. Harry wußte, wie ein Kunstwerk an seinen Bestimmungsort zu bringen war. Es ging an einem öden Bahnhofsgelände vorbei, an ein paar einsamen Salonwagen, und plötzlich lag vor uns ... China! Geschäftiges, hektisches, heißes, staubiges, wimmelndes, ameisenhaftes, überbevölkertes China! Hühner, Ziegen, Papierlaternen, Kulis mit Strohhüten, Buben in Lumpen, magere Hunde, Taschen, Koffer, Körbe, Kisten, Schachteln, verschnürte Pakete in allen Formen und Größen. Oben eine Unzahl von Spruchbändern, lange, schmale, weiße Tücher, bemalt mit chinesischen Schriftzeichen.

Mitten in diesem aufregenden Durcheinander stand ein Zug – ein echter Zug, dessen riesige, schwarze Lokomotive Dampfwolken ausstieß. Obendrauf hockte unser kleiner Mann, eifrig damit beschäftigt, Schatten aufzupinseln. Die Natur hatte von Sternberg an diesem Tag Wolken vorenthalten, und so malte er sie sich ganz unverdrossen selbst. Er haßte es, in seiner Arbeit behindert zu werden, und fand meist einen Weg, mit solchen »persönlichen Affronts« der Natur fertig zu werden. Nur bei meiner Mutter kapitulierte er jedesmal bereitwillig vor einer Kraft, die stärker war als er.

Auferstanden stieg meine Mutter vorsichtig aus dem Auto, und augenblicklich hielt dieses hektische Fleckchen Orient inne. Hühner vergaßen zu gackern, Hunde hörten auf zu bellen, Zimmerleute, Elektriker, Statisten, an die zweihundert Bedienstete starrten sie wie verzaubert an. Von Sternberg hörte die plötzliche Stille, schaute herunter, um festzustellen, was seine Leute von der Arbeit abhielt, erblickte seine Hauptdarstellerin in ihrem schwarzen Glanz, winkte ihr zu, billigte lächelnd die Huldigung, die ihr zuteil wurde, rief dann: »Gehen wir wieder an die Arbeit, Jungs«, und malte seine weißen Schatten weiter.

Ich wurde in das Team eingereiht. Travis machte mir eine eigene Uniform, die mich als »Helferin von Miss Marlene Dietrich« auswies. Es war meine Aufgabe, in meinem weißen Wickelmantel, wie ihn Herrenfriseure trugen, am Rande des beleuchteten Sets zu stehen und den Handspiegel meiner Mutter für sie bereitzuhalten. Ich kannte ihre Anweisungen aus dem Effeff! Wenn sie »Warderobe« rief, durfte ich mich nicht von der Stelle rühren, denn es hieß, daß sie eine winzige Falte entdeckt hatte und ihre Helferin aus der Kostümabteilung mit dem schwarzen Kissen in der einen und dem heißen Bügeleisen in der anderen Hand herbeieilen, das Kissen unter den Stoff schieben, die störende Falte ausbügeln und sich nach getaner Arbeit wieder in den Schatten zurückziehen sollte. Rief sie jedoch »Make-up«, dann mußte ich zusammen mit Dot Pondel, ihrer Maskenbildnerin, zu ihr hinsausen. Ich überreichte ihr den kostbaren Spiegel, Dot den noch kostbareren Lippenpinsel, der bereits in klebriges Rot getaucht war. Lautete der Ruf »Hair«, mußte ich ebenfalls rennen, diesmal kam Nellie mit dem Kamm dazu. Damals, als festes Puder-Make-up und Haarspray noch unbekannt waren, erschollen diese Rufe fortwährend und beim Perfektionismus der Dietrich ganz besonders häufig. Erstens hatte sie einen sechsten Sinn dafür, wann irgend etwas nicht ganz in Ordnung war, und zweitens hatte sie einen eigenen, ständigen Wachhund: einen Spiegel, in dem sie sich ganz sehen konnte. Er war auf eine rollende Plattform montiert, hatte drei Birnen mit hoher Wattzahl auf jeder Seite und wurde stets so gestellt, daß alles, was von Sternbergs Kamera sah, auch im peripheren Blickfeld der Dietrich sichtbar war. Sie benutzte den Spiegel fortwährend und korrigierte alles und jedes, was sie in irgendeiner Weise für unvollkommen hielt. Von Sternberg mischte sich nie ein und verlor auch nie die Geduld bei diesem übersteigerten Perfektionismus.

Ich lernte einige wichtige Lektionen in diesem, meinem ersten Film.

Wenn die Kommandos kamen: »RUHE AUF DEM SET!«, »KAMERA LÄUFT!«, »TON AB!«, »AUFNAHME!«, begann es in der Kehle so stark zu kitzeln, daß man meinte, unbedingt husten zu müssen, aber man durfte es um keinen Preis. Schon bei dem allerkleinsten Geräusch, das aus Unbeherrschtheit oder Dummheit gemacht wurde, rief eine zornige Stimme: »SCHNITT!« und zweihundert Augenpaare suchten nach dem Missetäter, der es gewagt hatte, eine Einstellung zu vermasseln! Wer vor einer Aufnahme einen Cracker ißt, muß unbedingt und ganz aufmerksam etwas nachtrinken: erst schlucken, dann genau prüfen, ob nichts steckengeblieben ist, einatmen und sich davon überzeugen, daß nichts kitzelt. Wer dringend auf die Toilette will, muß die Beine zusammenklemmen, so fest es geht, und auf die nächste Pause warten. Am besten steht man locker da, verkrampfte Muskeln führen zu Blähungen. Und auf keinen Fall darf man sich bewegen, nicht einmal um Haaresbreite. In dem Augenblick, in dem man »SCHNITT« rufen hört, dann darf man husten, niesen und wackeln nach Herzenslust. Wie Filmstars, die zu alledem noch den Streß des Spielens haben und für den Erfolg verantwortlich sind, diese Herkulesleistungen an Kontrolle vollbringen können, hat mich immer verblüfft.

Manchmal beobachtete ich auch, wie Nellie vor der verschlossenen Garderobentür wartete, hinter der meine Mutter war. Dann sagte man mir, daß in einem der vielen privaten Vorführräume des Studios ein Film auf mich warte. Wie wunderbar! Ich rannte sofort los und hoffte, es wäre der letzte Film der Marx Brothers oder der neueste mit Carole Lombard. Wenn ich bei einem solchen Spurt durch das Studiogelände zufällig von Sternberg begegnete, sah er mich grundsätzlich nicht, sondern ging mit gesenktem Kopf und hochgezogenen Schultern an mir vorbei – tief in Gedanken.

Anna May Wong und meine Mutter befreundeten sich. Zwischen den Aufnahmen redeten sie miteinander, sie probten nicht ihre Szenen, sondern plauderten, rauchten und sogen kalten Kaffee durch Strohhalme. Meine Mutter befaßte sich mit Miss Wongs Fransen und bat Travis, einen ihrer Kimonos zu ändern, damit er ihr besser stand. Sie mochte Miss Wong viel lieber als den männlichen Hauptdarsteller, der sich genauso präsentierte, wie ihn Travis beschrieben hatte: photogenes Kinn, sehr englisch und sonst nichts. In der dritten Woche der Dreharbeiten an *Schanghai Express* hörte ich zum erstenmal, wie die Leute den Set verlassen mußten. Ich weiß nicht, was dazu geführt hat, aber als an jenem Morgen der Befehl »VERLASSEN SIE DEN SET« ertönte, zögerte ich und schaute meine Mutter an, um zu erfahren, was ich tun sollte. Als sie nickte und mit den Lippen das Wort »geh« bildete, ging ich nach draußen zu den über hundert Männern und den wenigen Frauen. Das Team schien diesen geheimnisvollen Exodus gewöhnt zu sein. Ich wußte damals noch nicht, daß die Teams oft über mehrere Sternberg-Filme hinweg beisammenblieben und daß das Verlassen des Set ein vertrautes Ereignis war, an das sie sich gewöhnt hatten und das sie sogar begrüßten: Es bedeutete, daß sie in die helle Sonne hinaus durften, eine Zigarette rauchen, sich an die Wand lehnen und ihre kalifornische Sonnenbräune pflegen konnten, während die Dietrich drinnen blieb und Schauspielunterricht erhielt. Nach einer dieser Unterbrechungen machten wir endlich eine Mittagspause. Da meine Mutter während der Arbeit nie etwas aß, schwoll ihr Bauch schon beim kleinsten Häppchen auf, so daß in der Mittagspause nur ich aß, während sie ihr Gesicht und ihre Haare frisch herrichtete.

An diesem Tag zog sie mit langsamen und sorgfältigen Bewegungen schweigend das lange, schwarze Samtkleid aus, überreichte es dem wartenden Mädchen aus der Kostümabteilung, damit es in der verfügbaren Zeit aufgefrischt, durchgesehen und gedämpft werden konnte, hakte den Spezialbüstenhalter auf und gab ihn Nellie, die ihr einen bequemeren reichte, zog ihren Baumwollmorgenrock an, den sie zum Schminken trug, knotete den Gürtel eng zu, kurbelte ihr Grammophon auf, legte eine Platte von Tauber auf, setzte sich an den Schminktisch und studierte ihr Gesicht in dem beleuchteten Spiegel.

Von Sternberg klopfte an die Tür und betrat nach ihrem »Herein« mit einem Sandwich in der Hand die Garderobe. Sie stand auf und holte ihm einen richtigen Teller und eine Stoffserviette. Ich schenkte ihm Coca-Cola ein, auch er mochte es!

»Habe ich dich überanstrengt, Liebste?«

»Nein, nie. Ich versuche nur, dich nicht zu enttäuschen!«

Er aß sein Schinkensandwich, wischte sich den Schnurrbart ab, küßte sie auf den Nacken, lächelte ihr im Spiegel zu und kehrte zur Arbeit zurück.

*

Ich wurde mit kleinen Sonderaufgaben in der Garderobe betraut. Ich lernte Federn gut in Form zu blasen und schüttelte nach den Anweisungen meiner Mutter gekonnt Pelze aus. Ich wurde auch eine Expertin im Ausdünnen falscher Wimpern. Damals waren falsche Wimpern immer dick und mußten für meine Mutter auf die Hälfte reduziert werden. Sie beugte sich über mich, während ich die Wimpern von dem hauchdünnen Bändchen löste: »Ja, noch mehr, sonst sehen meine Augen aus wie die der Garbo. Ihre sind so dicht, daß sie wie Staubwedel aussehen. Alle denken, es sind ihre eigenen! Nebbich!« Ich durfte auch die vielen schwarzen Wachsaugenbrauenstifte arrangieren, die Dot mit ihrem verläßlichen Taschenmesser spitzte, und hoffte, meine Mutter würde mich eines Tages für alt genug halten, diese Aufgabe selbst zu übernehmen.

Die magischen Lichtkünste von Sternbergs verliehen dem dünnen Haar meiner Mutter Fülle, Lebendigkeit und einen unglaublichen Glanz. Dieser Glanz war so betörend, daß sogar das Gerücht kursierte, nicht von Sternbergs Beleuchtung erziele den Effekt, sondern die Dietrich stäube echten Goldstaub auf ihr Haar. Dieses eine Mal ließ man ein Gerücht seine Blüten treiben. Meine Mutter verweigerte jeden Kommentar, die Chefs der Frisierabteilung lächelten sphinxhaft, Nellie schwieg wie ein Grab, und die PR-Abteilung hatte einen großen Tag. Während das Lied »Brother, Can you Spare a Dime« im ganzen Land gesungen wurde, verkündeten die Klatschspalten:

> Marlene Dietrich mahlt täglich ein Goldstück im Wert von 50 Dollar zu Staub und verteilt es auf ihr Haar ...

Die Paramount versicherte auch ihre Beine für eine Million Dollar. Jahre später, als meine Mutter sich ein Bein brach, beklagte sie den Verlust dieser Versicherung. Ach, wie gern wäre sie wieder eine verhätschelte, beschützte Vertragsschauspielerin gewesen!

Wir waren gerade zur Mittagspause vom Set gekommen, als ein Herr in einem zerknitterten Leinenanzug die Tür aufriß und ohne zu klopfen in die Garderobe stürmte.

»Hallo, Heyd-e-ede! Ich bringe diesen – herzigen – Namen nie richtig über die Lippen ... Du bist groß geworden. Paß nur auf, daß du nicht allzu groß wirst, meine Kleine, wir wollen doch nicht immer nur Bilder von dir machen können, auf denen du sitzt!«

Er lachte dröhnend, blinzelte spitzbübisch und zwinkerte mir frech zu, hielt dann aber hastig inne, als sich meine Mutter an ihrem Schminktisch langsam zu ihm umdrehte.

»Guten Morgen, Marleen-n! Ah ... Ähm ... *Miss* Dytrich. Ich weiß, daß Sie zu tun haben, und ich bitte auch nur einen Augenblick um

Gehör. Ich schwöre, also wissen Sie, wir hatten diese grandiose Idee für ihre süße kleine Tochter – für ihren Geburtstag! Bitte, hören Sie einfach einmal zu! Sie werden begeistert sein! ... Sie kennen doch das Studiogelände, wo von Sternberg sein China aufgebaut hat? Gut. Nun stellen Sie sich mal vor: dieser Zug, diese verrückten Hühner ... all diese Statisten, die die chinesischen Kulis darstellen – wir hatten den glänzenden Einfall: Wie wäre es mit einer chinesischen Geburtstagsparty – für Marlenes Kind! Direkt auf dem Set! Wir laden die Kinder aller Stars ein und ziehen sie an wie kleine Kulis! *Photoplay, Silver Screen* – alle werden kommen, um darüber zu berichten. Chinesische Knallfrösche, Feuerwerk! Das wird im ganzen Land Schlagzeilen machen, und als Höhepunkt bringen Sie – das tun Sie doch sicher – und Clive Brook die Torte herein, in Form einer Eisenbahn und mit ›Happy Birthday, Heyd-e-ede‹ – Junge, Junge, was für ein Name – ›Von den Schauspielern und dem Team des Shanghai Express‹ in großen, chinesischen Buchstaben aus Zuckerguß darauf!! Können Sie sich das Bild vorstellen??«

Ich stand da wie angewurzelt. Fabelhaft! Herrlich! Wundervoll! Ich wollte auf der Stelle Geburtstag haben!

Meine Mutter hatte während der ganzen Vorstellung keinen Muskel gerührt. Jetzt stand sie langsam auf, stellte fest, wie aufgeregt ich war, fixierte mich mit dem berühmten Blick aus zusammengekniffenen Augen, der ein wildgewordenes Nashorn auf zwanzig Schritte Entfernung kontrollieren konnte, und wandte dann denselben eisigen Blick dem von Vorfreude erfüllten Impresario zu. Ein in elegantes Schwarz gehüllter Arm hob sich ein wenig in seine Richtung, ein schlanker Zeigefinger deutete auf die Garderobentür, und sie intonierte das Wort »Hinaus«. Er stolperte vor Eile über seine eigenen Füße. Es war eine höchst überzeugende Vorstellung meiner Mutter von Lady Macbeth!

Es brach mir nicht das Herz, aber es hatte mir Spaß gemacht, von einer solchen Party zu hören. Es war auch nicht das letzte Mal, daß Paramount für mich eine Party zu organisieren versuchte. Meine Mutter lehnte natürlich all diese Vorschläge ab, und sie hatte recht. Die empörend extravaganten Geburtstagsfeiern, die Joan Crawford später für ihre verhätschelten kleinen Schätzchen gab, bewiesen wieder einmal, daß meine Mutter einen angeborenen guten Geschmack hatte – manchmal.

Mein siebter Geburtstag war ein weiterer herrlicher Tag ewigen Sonnenscheins. Ich fragte mich, wann die Winterkälte einsetzen würde und wann ich endlich die Erlaubnis bekäme, in die Schule zu gehen. Die Sonne schien weiter, und der Griffelkasten blieb in sein hübsches Geschenkpapier eingewickelt. Mein Vater, der jetzt in Paris arbeitete, für Paramount ausländische Filme synchronisierte, dankte meiner Mutter für meine Geburt:

                                              DIETRICH HOLLYWOOD
PARIS 13. DEZEMBER 1931   11.11 UHR
GLÜCKWÜNSCHE ZUM HEUTIGEN TAG DANKE MUTTI LIEBE
UND KÜSSE
                                                                                            PAPI

Bullock's Wilshire war unser einziges Warenhaus. In Beverley Hills gab es damals keine Warenhäuser, und Rodeo Drive war nur eine verschlafene Straße in einem hübschen, palmengeschmückten Dorf, das Laurel und Hardy gern als Hintergrund benutzten. Also fuhr man mit Auto und Chauffeur auf dem Wilshire Boulevard nach Hollywood, das nicht ganz so weit entfernt war wie das Stadtzentrum von Los Angeles, aber doch beinahe so weit, und dort stand ein wahres Prachtstück – unsere Version des Chrysler-Gebäudes! Nicht so hoch, nicht so majestätisch, man konnte sich nicht vorstellen, daß sich King Kong an seine Seiten klammerte, aber in einer Stadt mit einstöckigen Haziendas, schindelverkleideten Bungalows und Fruchtsaftständen in Orangenform war es ein Wolkenkratzer mit immerhin acht Stockwerken, ganz in Artdéco, mit kunstvoll gestaltetem Beton und dreieckigen Glasscheiben.

    Meine Mutter muß etwas gebraucht haben, was das Studio nicht beschaffen konnte, denn eines Morgens entschloß sie sich, zu Bullock's zu gehen und mich mitzunehmen. Da sie in unserem Haus die einzige erwachsene Person war, die fließend Englisch sprach, mußte sie sich notgedrungen selbst auf den Weg machen. Gern ging sie nicht. Ich war aufgeregt – es war das erste Mal, daß wir woanders hinfuhren als ins Studio. Telefonmasten, Tankstellen mit roten, fliegenden Pferden, stämmige Palmen, Hot-dog-Stände in Dackelform – der Wilshire Boulevard von 1931 sah nicht viel anders aus als heute, außer daß die kleinen Häuschen mächtigen Banken mit schwarzen Spiegelfassaden gewichen sind und die blitzende Sauberkeit nicht mehr vorhanden ist. An jenem Tag brannte die Sonne heiß, leuchtend gelb stand sie an einem postkartenblauen Himmel. Ich wußte, daß das gänzlich unmöglich war, denn es war kurz vor Weihnachten, also mußte es wieder eine

Art Zauberei sein. Das konnte ich leicht akzeptieren! Es gehörte fest zu meinem neuen Leben!

Der Türhüter, prächtig in die Bullock-Farben Schokoladenbraun und Beige gekleidet, komplimentierte uns durch die dekorativen Glastüren. Harry blieb mit dem grünen Rolls direkt vor dem Eingang stehen, denn damals waren die Straßen noch leer. Die gewölbte Hauptetage sah aus wie eine französische Kathedrale – man hätte darin *Der Glöckner von Notre Dame* drehen können. Es war überwältigend.

Und dort, genau in der Mitte stand er! Ein gigantischer Weihnachtsbaum! Ich fiel beinahe auf den Rücken, als ich versuchte, den riesigen Silberstern an der Spitze zu sehen. Aber das eigentlich Wunderbare an dem Baum war, daß er weiß war! Wie konnte das sein? Ein schneebedeckter Baum drinnen und die heiße Sonne draußen? Doch den allerherrlichsten Anblick boten die Lichter! Keine Wachskerzen, wie wir in Berlin sie hatten, sondern Glühbirnen, die obendrein auch noch blau waren! Jede Girlande, jede Verzierung, jede Glasglocke ... strahlend blau! Ich stand da wie gebannt. Ich weiß nicht mehr, was wir an jenem Tag machten und wohin wir gingen – ich bewegte mich in einem saphirblauen Traum. Als ich nach Hause kam, sprach ich von nichts anderem mehr.

Da wir stets unsere deutschen Sitten beibehielten, feierten wir Weihnachten am Abend des 24. Dezember. Am 25. wurde nur gegessen. Santa Claus kam nie zu uns. Santa gehörte »zu der Sorte von Leuten, die diese dämlichen Glückwunschkarten kaufen«. Nun liebte es meine Mutter nicht, in den Schatten gestellt zu werden, besonders was ihre Großzügigkeit anging. In ihrem ganzen Leben machte sie nie ein anonymes Geschenk, weder einer Person noch einer Organisation. Sie hielt Dankbarkeit für ein zu wichtiges Instrument, um auf sie zu verzichten. In der Familie Dietrich war sie die Spendable, und sonst niemand. Sogar in Deutschland wußte ich schon genau, von wem meine Geschenke waren und welches Maß an Dankbarkeit ein jedes von ihnen erforderte. An meinem ersten Weihnachtsfest in Amerika galten die alten Regeln: Zuerst würde ich geduldig in einem neuen Kleid und neuen Schuhen vor den verschlossenen Wohnzimmertüren warten müssen. Dann würde das Grammophon »Stille Nacht« spielen, die Türen würden sich öffnen, und der kleine, grüne Baum, der mit seinen vielen kleinen Kerzen den dunklen Raum erhellte, würde dastehen und die Luft erfüllt sein von Tannen- und Schokoladenduft. Gerade diesen allerersten Augenblick des Weihnachtsfestes liebte ich am meisten, diesen besonderen Moment, in dem mich der strahlende Baum begrüßte zusammen mit der Musik und dem Geruch von »zu Hause«.

In diesem Jahr war mein Kleid aus Seide, meine amerikanischen Schuhe aus weißem Glacéleder. Als die Musik erklang, öffneten von Sternberg und meine Mutter die schweren Doppeltüren zu unserem Empfangszimmer, und die Welt wurde strahlend blau. Da stand in seiner ganzen, sieben Meter hohen Pracht mein Baum aus dem Warenhaus! Das einzige, was fehlte, war das Bimmeln der Aufzugglöckchen im Hintergrund!

Meine Mutter freute sich riesig über ihre gelungene Überraschung. Alle im Studio hörten die Geschichte vom »blauen Weihnachtsbaum für das Kind« und wie sie es fertiggebracht hatte, ihn mit allem Drum und Dran von Bullock's Warenhaus zu kaufen. Er sah wirklich phantastisch aus – ich hätte am liebsten allen von meinem herrlichen Baum erzählt, aber sie kannten die ganze Geschichte bereits.

Damit wir Weihnachtsfotos mit der richtigen Beleuchtung machen konnten, kamen Handwerker vom Studio, sägten den Baum in Stücke und setzten ihn im Garten wieder zusammen, wo die dicke, weiße Ölfarbe in der Sonne schmorte und Dämpfe verströmte, die mir beinahe den Magen umdrehten, während ich anmutig zwischen den zusammengenagelten Zweigen posierte. Damals gab es noch keinen Farbfilm, daher war auf den Bildern nicht zu sehen, daß ich grün im Gesicht wurde und der Baum mit der verbrannten Farbe schmutziggelb. Ich wünschte immer, ich hätte den Baum außer den Angestellten noch jemandem zeigen können. Es war ein großartiger Hollywood-Baum.

Paris
Sonntag, 14. Februar 1932

Muttilein,
ich habe mich so gefreut, zu hören, daß Dein Weihnachtsfest schön war und daß Du nicht allzusehr darunter gelitten hast, daß ich nicht bei Dir war. Mir hat es geholfen, bei meinen Eltern zu sein. Bei ihnen gab es keine so großen Geschenke: Ich habe ihnen etwas geschenkt, was sie wirklich haben wollten, nämlich ein Radio. Kein großes. Sie sind überglücklich.

Aber was Du bekommen hast, ist etwas ganz anderes: Vier Armbänder mit Diamanten! Du hast mir versprochen, Du würdest mir Fotos von ihnen schicken, und ich erwarte sie ungeduldig, ich bin neugierig darauf, sie zu sehen. Ich wußte nicht, daß Jo auch den Saphirring bezahlt hat.

Es war mir auch nicht klar, daß Du so schreckliche Auseinandersetzungen mit ihm hast. Ich weiß, daß er nicht einfach ist, aber das muß sich mit der Zeit irgendwie bessern. Er liebt Dich und quält Dich, weil er Dich liebt, weil er sich Dir gegenüber irgendwie hilflos fühlt, und das ist seine Art, seine Schwäche zu kompensieren. Mir ist gerade etwas eingefallen: Vor Weihnachten habe ich Dir ein Bild von uns dreien geschickt, es ist ein Foto aus einer Zeitung, das einer unserer Buchhalter hier gern mit einem Autogramm von Dir und Kater hätte. Ich hatte Dich gebeten, es ihm direkt zu schicken, aber er hat es immer noch nicht bekommen. Signiere und schicke es!! Bitte tu es, Du weißt doch, wie diese Menschen sind.

Ich hoffe, die Hüte und Strümpfe, die ich in Berlin für Dich gekauft habe, gefallen Dir. Vergiß mich nicht.

Papi

Schanghai Express kam heraus und erntete überschwengliche Kritiken. Von Sternberg hatte bereits den nächsten Film für meine Mutter geschrieben und erzählte uns die Geschichte. Sie sollte diesmal eine gute, hingebungsvolle Mutter, eine perfekte, opferfreudige Ehefrau, ein heruntergekommenes Straßenmädchen, eine rowdyhafte Nachtklubsängerin, eine gefeierte Kabarettistin spielen und schließlich wieder die geliebte, nur ein einziges Mal untreue Ehefrau. Ich fand, von Sternberg trage da ein bißchen dick auf, aber meiner Mutter gefiel die Aufgabe, sie war ganz begeistert und gab ihm sogar einen ihrer liebevollsten Küsse. Unser Regisseur strahlte, und die Paramount akzeptierte die Handlung von *Die Blonde Venus*.

Herbert Marshall sollte die Rolle des duldsamen Ehemannes übernehmen, und den feinen Liebhaber sollte eine Entdeckung von Mae West spielen, ein Schauspieler namens Cary Grant, der bisher nur kleine Nebenrollen bekommen hatte. Aber das Studio war mit dem Ende des Films unzufrieden. Ich habe niemals herausgefunden, wer sich für welches Ende stark machte, ich weiß nur, daß das erste Ende, das von Sternberg geschrieben hatte, abgelehnt wurde, daß er sich beleidigt zurückzog, daß ein anderer Regisseur für den Film bestimmt wurde, daß meine Mutter sich kategorisch weigerte, für irgend jemand anderen als von Sternberg zu arbeiten, daß er im stillen sehr glücklich darüber war, daß sie für ihn Stellung bezog, und daß das Studio vor Wut kochte.

Am 29. April 1932 gab die Filmgesellschaft Paramount bekannt, daß Marlene Dietrich zeitweilig suspendiert worden sei, weil sie sich weigerte, die Vertragsbedingungen einzuhalten, und in *Die Blonde Venus* durch Tallulah Bankhead ersetzt werde. Tallulah soll gesagt haben: »Ich wollte schon immer die Hosen der Dietrich«, womit sie weder die Gunst von Paramount noch die der Liga für Schicklichkeit erwarb, aber die Dietrich zum Lachen brachte. Als nächstes gab Paramount bekannt, daß die Filmgesellschaft eine Schadensersatzklage in Höhe von hunderttausend Dollar gegen Josef von Sternberg erhebe. Seine Antwort war charakteristisch: »Nur hunderttausend Dollar? Wie beleidigend!«

Die meisten Stars, die suspendiert wurden, gerieten in Panik. Ihr Einkommen war unsicher, ihre Karriere lag auf Eis, ihre Zukunft als Star war gefährdet. Ganz anders meine Mutter! Sie schlief, putzte das Haus, backte und kochte für ein unsichtbares Heer, probierte alles, knabberte den ganzen Tag an etwas herum – und dann machte sie sich fein und ging mit Chevalier tanzen. Allerdings war sie gerade ein wenig ärgerlich auf ihn, weil sie gesehen hatte, wie er Jeannette McDonald im Studio schöne Augen gemacht hatte, aber sie verzieh ihm, weil er so gut tanzte und weil »die Sache zu dumm ist, als daß man sich ernstlich darüber ärgern müßte«. Natürlich wurden sie gesehen, natürlich wurden sie Wange an Wange fotografiert, natürlich sonnte sich Chevalier in dieser Aufmerksamkeit, natürlich war von Sternberg eifersüchtig. Eines Abends blieb er auf, bis sie nach Hause kam, und ihr Wortgefecht war so laut, daß es mich weckte – und sogar Teddy, der aus seinem Körbchen in der Vorratskammer zu mir die Treppe hinaufgeschlichen kam. Du liebe Zeit, hätte meine Mutter nicht heimlich durch die Hintertür schlüpfen können, um unseren kleinen Mann nicht aufzuregen? Wo er doch so hart arbeitete und ihr den wunderschönen Saphirring geschenkt hatte, der ebenso herrlich blau war wie mein Weihnachtsbaum! Er liebte sie doch so sehr – konnte sie nicht ein bißchen netter zu ihm sein?

Zwar stand ich Chevalier nie nahe, aber ich begriff, daß seine Anziehungskraft für meine Mutter hauptsächlich darin lag, daß er so unamerikanisch war. Selbst mein Vater hatte sich zu ihm hingezogen gefühlt. Inmitten des geballten »Amerikanismus« suchten die Ausländer einander, weil sie Heimweh hatten. Das verstand ich, und doch konnte ich die ständige Sehnsucht meiner Mutter nach den fernen Ufern Europas nicht nachempfinden. Da beide Paramount-Stars waren, veröffentlichte das Studio natürlich das Foto der Dietrich in den Armen von Chevalier. Die Nachrichtenagenturen griffen zu und ließen es in aller Welt drucken. Mein Vater bat telegrafisch um die Erlaubnis, das Bild auf einer Werbepostkarte der Polydor, der europäischen Plattengesellschaft meiner Mutter, verwenden zu dürfen. Meine Mutter schrieb zurück und erklärte die heikle Situation:

Papilein,
ich kann die Postkarte, die Polydor möchte, autorisieren, aber ich kann keine Abzüge schicken, weil Jo in der Nacht ins Studio ging, die Negative aus dem Archiv nahm und sie verbrannte. Er klagte mich der Untreue an und warf mir vor, ich würde ihn absichtlich in eine peinliche Lage bringen. Er nannte mich eine Hure und fragte mich, ob ich mit Maurice geschlafen hätte. Ich kann Eifersucht einfach nicht ertragen ...

Sie legte von Sternbergs Entschuldigung als Beweis dafür bei, was sie durchmachen mußte:

Meine Liebste, die Frau, die ich wahrhaft liebe,
ich bedaure bereits, was ich gesagt habe. Du hast solche Anschuldigungen nicht verdient, und meine Haltung war, wie üblich, unerfreulich und unverständlich. Irgendwie komme ich manchmal vom rechten Weg ab, verirre mich und kann den Weg zu mir zurück nicht finden. Ich habe nichts getan, was Deinen Respekt verdient und wenig, was ihn erhalten könnte. Man kann Worte nicht auslöschen, und man muß die Strafe für jedes häßliche Wort bezahlen. Das tue ich.

                       Jo

Weil meine Mutter jetzt nicht mehr arbeitete, wurden plötzlich »Familienausflüge« möglich. Wir schauten uns sogar, wie andere Leute auch, im Kino Filme an, anstatt zu veranlassen, daß sie uns im Studio vorgeführt wurden. Natürlich mußten wir nie Eintritt bezahlen, und die Manager schmuggelten uns durch eine Seitentür hinein, wenn die Lichter schon ausgegangen waren, damit meine Mutter nicht erkannt wurde, und wir sahen keinen Film bis ganz zu Ende, weil wir uns wieder hinausschleichen mußten, ehe die Lichter angingen. Aber es machte trotzdem Spaß, »ins Kino zu gehen«, wie ganz normale Leute! Wir fuhren auch hinunter ans Meer. Das gefiel mir besonders, denn ich beobachtete gerne die Möwen, die riesigen Brecher und den weiten Horizont. Meine Mutter setzte sich nie in die Sonne, und zwar nicht nur wegen ihres Berufes, sondern auch, weil ihr gebräunte Haut ganz allgemein mißfiel. Sie dachte, Bräune stünde nur Männern, und obendrein nur gutaussehenden, weshalb wir meist erst bei Sonnenuntergang ans Meer fuhren.

*

Ich hörte es zuerst im Radio im Anrichteraum, dann brach eines der Hausmädchen in Tränen aus. Jemand hatte demselben Mann, der ganz allein über den Ozean geflogen war, ein Baby geraubt. Ich fand das schrecklich und überlegte mir, warum jemand etwas so Grausames tun würde. Von unserem Chauffeur ließ ich mir erklären, was *Lösegeld* bedeutet, und hoffte, Herr Lindbergh sei sehr reich und könne sein Baby zurückkaufen. Tage vergingen. Obwohl sogar die berühmten Männer vom FBI überall suchten, wurde das Baby nicht gefunden. Ich dachte, vielleicht würde die Methode meines Vaters funktionieren, und sagte ein besonders schönes Gebet auf. Gerüchte schossen wie Pilze aus dem Boden. In jedem Staat wollte irgend jemand die Entführer gesehen haben. Ganz Amerika suchte nach dem Lindbergh-Baby. Als bekanntgegeben wurde, es könnte vielleicht nach Südkalifornien gebracht worden sein, fingen auch wir an zu suchen. Bei unseren Ausflügen an den Strand wurde Harry jetzt beauftragt, in jede dunkle Nebenstraße, jedes verborgene Gäßchen einzubiegen, während wir den Kopf aus dem Fenster unseres Rolls streckten und jeden Schatten untersuchten, zwischen Schuppen nach schwacherleuchteten Fenstern spähten und nach den schrecklichen Entführern forschten. Das Lösegeld wurde bezahlt, und am 12. Mai wurde das Lindbergh-Baby gefunden – es war tot.

Drei Tage später traf die erste Lösegeldforderung bei uns ein, mit dem Poststempel »Arcade Station, Los Angeles, 15. Mai 1932«.

WIR WOLLEN 10 000 DOLLAR UM 23 UHR AM 16. MAI. PARKEN SIE IHREN WAGEN DIREKT VOR IHREM HAUS. LEGEN SIE DIE NOTENBÜNDEL ETWA 15 ZENTIMETER VON DER STRASSE ENTFERNT AUF DIE HINTERE STOSSTANGE. RUFEN SIE NICHT

DIE POLIZEI. NUR FÜNF- UND ZEHNDOLLARNOTEN
ERWÜNSCHT. RASCHE BEDIENUNG. LINDBERGH-
ANGELEGENHEIT. SCHWEIGEN SIE. SEIEN SIE NICHT VERRÜCKT.

Meine Mutter rief meinen Vater in Paris an und bat ihn, mit dem nächsten Schiff zu kommen: »Beeil dich, Papi!« Selbst wenn er überall sofort Anschluß bekam, würde er mindestens zehn Tage brauchen, um zu uns zu gelangen. Ich fragte mich, ob er es wohl rechtzeitig schaffen würde, ehe ich weggeholt wurde! Meine Mutter geriet völlig in Panik. Von Sternberg und Chevalier wurden herbeizitiert und erhielten Befehl, »einsatzbereite« Gewehre mitzubringen. Offenbar hatte die Requisitenkammer der Paramount die beiden ausgestattet, denn sie kamen mit Schulterpistolenhalftern und geladenen Karabinern bei uns an. Von Sternberg bestand darauf, das FBI einzuschalten und der Presse, dem wichtigsten Publicityinstrument der Paramount, einen Maulkorb zu verpassen. Inzwischen wimmelte es im Haus von lokaler und regionaler Polizei sowie von Bundespolizei, Studiovertretern, Paramount-Presseleuten, allen möglichen ondulierten Sekretärinnen und ihren Begleitern. Meine Mutter hielt mein Handgelenk wie im Schraubstock, so daß ich regelrecht an ihrer Seite kleben mußte, und mit glasigen Augen wiederholte sie ständig und unermüdlich: »Solange du bei deiner Mutter bist, kann dir nichts passieren. Bei deiner Mutter bist du sicher. Niemand kann dich mir wegnehmen.« Sie ängstigte mich zu Tode! Als die FBI-Beamten eintrafen, wußte ich, daß es um mich geschehen war – nur Edward G. Robinson konnte mich jetzt noch retten! Der Garten und alle von außen zugänglichen Räume wurden zur Sperrzone erklärt – ich wurde in das Zimmer eines der Mädchen auf der Rückseite des Hauses verfrachtet und erhielt den Befehl, mich nicht wegzurühren. Als ich eines Nachts aufwachte, lag von Sternberg mit entsichertem Revolver auf dem Boden vor meinem Bett, in tiefem Schlaf. In einer anderen Nacht war es der bewaffnete und einsatzbereite Chevalier, der neben meinem Bett musikalisch schnarchte.

Eine weitere Lösegeldforderung mit dem Stempel vom 17. Mai traf ein. Und noch eine am 25.

MAMA, HÖR ZU, SEI KEINE NÄRRIN. DIE ANDEREN HABEN BE-
ZAHLT, UND DU WIRST AUCH BEZAHLEN.

Ich schaltete das Radio des Hausmädchens ein und hörte: »Marlene Dietrichs kleine Tochter Heidede ist in Gefahr, entführt zu werden.« Junge, Junge, ich war im Radio – wenn auch unter diesem dummen Namen. Ich hoffte, daß ich bei der nächsten Nachrichtensendung noch dabei sein würde.

Während dieser für meine Mutter so furchtbaren Zeit war ich bestimmt kein Kind, mit dem einfach zu leben war. Das ganze Drama hatte ein so großartiges Drehbuch, daß ich das Gefühl hatte, in meinem eigenen, aufregenden Film mitzuwirken, und ich genoß den Reiz, ein Star zu sein.

Eine weitere Lösegeldforderung kam am 30. Mai:

DU KANNST SELBST ENTSCHEIDEN. DEIN GELD ODER DAS TODESURTEIL. WIE SIEHT ES AUS? LINDBERGH-ANGELEGENHEIT!

Zeitungspapier wurde sorgfältig auf die Größe von Banknoten zugeschnitten und säuberlich gebündelt. Auf und unter jedes Bündel wurde je eine richtige Fünfdollarnote gesteckt, die die Entführer »hereinlegen« sollten. Als die richtige Anzahl von getürkten Geldbündeln beisammen war, wurden sie in zwei große Einkaufstüten aus braunem Papier gepackt, auf die Stoßstange eines speziellen »Requisitenautos« gelegt, das vor unserem Haus geparkt war – und nun beobachteten etwa fünfzig Augenpaare die Stoßstange von vielen verschiedenen Verstecken innerhalb und außerhalb des Hauses aus. Stundenlang harrten sie aus, während meine Mutter alle mit Kaffee und Sandwiches versorgte, um sie wach und bei Kräften zu halten. Aber niemand erschien, um das Geld aus Zeitungspapier abzuholen, und plötzlich kamen auch keine Lösegeldforderungen mehr!

Bis mein Vater es endlich zu uns geschafft hatte, war der Spuk längst vorbei, aber er wurde nicht vergessen. Mein Vater übernahm jetzt das Kommando, schickte meine Mutter ins Bett – sie schleppte sich nach oben und schlief zum erstenmal seit Tagen –, befahl mir, in mein altes Zimmer zurückzukehren und ein Buch zu lesen, wies die nervösen Dienstboten an, das schmutzige Haus zu säubern und ein anständiges Mittagessen für Herrn von Sternberg, Herrn Chevalier und ihn selbst zu kochen, das er pünktlich in einer Stunde im Garten erwarte. Dann ging er mit seinen beiden Kameraden nachsehen, wie es mit unserem geschmuggelten Weinbestand aussah. Am nächsten Tag stellte er Leibwächter ein, die mich bewachen sollten. In den ersten Wochen hatten bei Tag und bei Nacht ständig je vier Wächter Dienst. Als keine weiteren Lösegeldforderungen mehr eintrafen, wurde ihre Zahl auf je zwei reduziert. Als zusätzliche Sicherheit brachte ein Mann in wattierter Kleidung einen riesigen deutschen Schäferhund, der von der Polizei zum Angreifen abgerichtet worden war und garantiert seine rasiermesserscharfen Zähne in alles schlagen würde, was auch nur in meine Richtung blickte. Dieses Tier hegte eine leidenschaftliche Liebe zu Bällen. Man brauchte ihm nur etwas hinzuwerfen, und er sauste davon. Er war ein wahres Musterbeispiel von einem scharfen Killer. Den ganzen Tag tat er nichts anderes, als mit seinem buschigen Schwanz zu wedeln und darum zu betteln, man möge ihm sein Lieblingsspielzeug auf den Rasen werfen, damit er es jagen konnte. Unser Papagei wäre ein besserer Wachhund gewesen.

Trotz all dieser Sicherheitsmaßnahmen bestand meine Mutter noch immer darauf, daß wir abreisen und ins »sichere« Berlin zurückkehren sollten. Jede Andeutung, sie würde damit ihren Starruhm aufs Spiel setzen, wurde mit einem eisigen Blick und mit der Bemerkung quittiert: »Wenn ich kein berühmter Filmstar wäre, hätte es überhaupt keine Entführungsdrohung gegeben.« Dem konnte niemand widersprechen. Jeder hatte seine eigenen Gründe dafür, sich um eine Lösung zu bemühen und sie in Hollywood festzuhalten. Von Sternberg fürchtete, sie zu verlieren, ich fürchtete, Amerika zu verlieren, und mein Vater bangte um sein angenehmes Leben in Paris. Chevalier hatte nichts zu verlieren, also wartete er gelassen ab, was die anderen vorschlagen würden. Wohl wissend, daß nur die Disziplin der Arbeit sie aus ihrem Schrecken herausholen konnte, kapitulierte von Sternberg, akzeptierte alle Drehbuchänderungen der Paramount, und *Die Blonde Venus* wurde erneut als Dietrich/von-Sternberg-Kooperation angekündigt.

Dennoch bedurfte es der geballten Überredungskünste der Polizei, des FBI und eines Schwures von mir, niemals den Bereich unseres Hauses und des von einer Mauer umgebenen Gartens zu verlassen, ehe meine Mutter bereit war, in Amerika zu bleiben und wieder an die Arbeit zu gehen. Als sie erfuhr, daß der Film mit der sogenannten Ersatzschauspielerin noch gar nicht ins Stadium der Produktion gelangt war, sagte sie: »Aha! Also war das Ganze nur ein Trick des Studios, um mir Angst zu machen. Dumme Leute. Der einzige Haken ist jetzt, daß Tallulah nun nicht sagen kann, sie war in den Hosen der Dietrich ...«, und brach in Lachen aus. Wie eine erschreckte Vogelschar fuhren wir alle auf, als wir dieses unerwartete Geräusch hörten.

151

Sie hatte gelacht! Von Sternberg hatte es geschafft! Unser »Soldat« war wieder bereit, loszumarschieren und seine Pflicht zu tun, die Pflicht zu verzaubern.

Sämtliche Fenster und Türen des Hauses wurden mit Eisenstäben bewehrt. Vor den Eingang kam ein elektrisch geladenes Tor. Am Abend, wenn die Vorhänge zugezogen waren, ließ es sich in den Räumen aushalten, aber tagsüber konnte man den Eindruck gewinnen, eine Strafe in Alcatraz abzubüßen! Zum Glück waren meine Leibwächter nett. Sie benahmen sich wie fürsorgliche Väter, die wußten, daß das, was sie taten, zu meinem Besten war, und die trotzdem wünschten, es wäre nicht nötig. Sie schmuggelten mir Lutscher und den mir verbotenen Lieblingskaugummi herein, plauderten mit mir und wurden meine Freunde. So verbrachten wir unsere sonnenerfüllten Tage; mein Vater übernahm die Rolle des genervten Lehrers für das verwöhnte und ungebildete Schoßkind eines Filmstars und sah mir beständig über die Schulter, wenn ich Rechenaufgaben machte, deutsche Bücher las und die verzwickten Buchstaben der deutschen Schrift schreiben übte. Auch machte er sich an eine noch hoffnungslosere Aufgabe: Er versuchte Übersicht über die Scheckbücher meiner Mutter zu gewinnen, und das ohne ausgefüllte Kontrollabschnitte.

Nach meinen Schulstunden ging ich schwimmen, zog Teddy Babykleider an, packte ihn in meinen prächtigen Puppenwagen und fuhr den Wagen samt Hund im Garten spazieren, während mein scharfer Wachhund nach den vielen runden Gegenständen suchte, die er selbst versteckt hatte, aber nicht mehr wiederfand. Der »Geier« wartete darauf, daß jemand – irgend jemand – versuchte, an ihm vorbeizugelangen, die Mädchen taten ihre Arbeit, und die Wächter bewachten mich. Das Leben war ruhig und langweilig. Ich konnte inzwischen genug Englisch, um endlich in die Schule gehen zu können, aber dieser Traum war nun endgültig ausgeträumt. Kein Lernen aufregender Dinge zusammen mit anderen Kindern, keine Freundinnen, kein Übernachten bei anderen, keine richtigen Eltern, die ich kennenlernen konnte, keine Lunchbox aus Metall, keine angemessene Gelegenheit, meinen Griffelkasten zu benutzen. Diese Möchtegern-Entführer taten meiner Mutter bei Licht besehen einen großen Gefallen, denn sie lieferten ihr eine akzeptable und sogar löbliche Ausrede dafür, ihr Kind ständig bei sich zu behalten, abgeschnitten von der normalen Welt, die es vielleicht ein Stück weit beeinflußt hätte, ihm vielleicht sogar wichtiger geworden wäre als die Welt, in der sie lebte und die sie kontrollierte. Die Außenwelt brachte Verständnis für ihre großen Mühen auf und glaubte, sie schütze mich nur vor der Gefahr, während sie mich in Wahrheit nur für sich behalten wollte.

Ich spürte, daß ich etwas verloren hatte. Aber ich war noch zu jung, um die Reichweite des Verlustes zu erfassen.

Solange mein Vater noch bei uns wohnte, wurden die Abendessen wiederaufgenommen. Meine Mutter begann, wieder an anderes zu denken, als immer nur daran, daß man mich ihr wegschnappen wollte. Sie fragte meinen Vater besorgt:

»Papi, hast du, bevor das alles passierte, mit Mutti gesprochen? Hast du ihr gesagt, daß sie herkommen soll? Worüber hast du mit ihr gesprochen?« Mein Vater zögerte, als wolle er nicht gern über meine Großmutter sprechen.

»Nun?« Meine Mutter stand vor ihm, eine Schüssel in der Hand, und sah ihn eindringlich an.

»Mutti, du mußt versuchen, die Gefühle deiner Mutter zu verstehen und auch ihre Art zu denken. Berlin ist ihre Heimat, alle ihre Freunde sind dort, ihr Haus ist dort. Niemand glaubt, daß diese politische Situation lange dauern wird ...«

»›Niemand glaubt!‹ – Warum hast du dir dann von der Paramount den Job geben lassen, in Paris Filme zu synchronisieren? Warum packst du jetzt alles zusammen, verläßt Berlin und ziehst dorthin?«

»Weil ich glaube, daß sich in Deutschland etwas außerordentlich Gefährliches zusammenbraut, daß es sogar noch schlimmer werden wird und uns im Laufe der Zeit einen weiteren Krieg bringen könnte!«

»Also, bitte. Warum kommt dann Mutti nicht hierher?« Sie knallte die Schüssel mit dem Kartoffelbrei auf den Tisch, daß die Soße überschwappte.

»Weil ...«, begann mein Vater geduldig, aber meine Mutter unterbrach ihn:

»Krieg! Das ist allzu dramatisch! Weggehen, sein Land verlassen – das klingt viel zu übertrieben. Davon rede ich nicht. Ich rede einfach davon, daß sie hier leben könnte, mit mir und dem Kind, im Sonnenschein, während ich Filme mache. Du kannst mir nicht erzählen, daß das Leben hier mit Palmen, Dienstboten und Chauffeur, wenn auch jetzt mit Leibwächtern, nicht immer noch besser ist als das alte Haus in der Berliner Kälte und die Straßenbahnen. Bei Liesel kann ich es verstehen – es liegt an ihrem schrecklichen Ehemann, der ihr wahrscheinlich nicht den Jungen geben würde, nach dem sie so verrückt ist, aber Mutti? Sie ist ganz allein und hat niemanden! Was ist der Unterschied, ob ich ihr Geld schicke, das sie dort verbraucht, oder ob sie hier umsonst lebt?«

Ich sah, daß meinem Vater eine Antwort auf der Zunge lag, die er dann aber lieber hinunterschluckte. Ich hatte das deutliche Gefühl, daß meine Großmutter nicht mit uns leben wollte und daß mein Vater wußte, warum.

Teddy zerkaute einen der eleganten neuen Hausschuhe meines Vaters und bescherte uns damit großen Kummer. Mein Vater war sehr ungehalten darüber, daß Teddy nicht ordentlich erzogen war, und stellte meine Mutter deswegen zur Rede. Sie zuckte nur die Schultern, von einem Hund sei eben nichts anderes zu erwarten, und verschwand in der Küche, um das Abendessen für ihre Männer zu kochen. Ich versprach hoch und heilig, Teddy würde lernen, sich anständig zu benehmen, aber es half alles nichts. Bei seiner Abreise wollte mein Vater meinen Hund mitnehmen. Teddy sollte von Rudolf Sieber »dressiert« werden – ein schreckliches Schicksal!

Als von Sternberg kam, um meinen Vater zum Bahnhof zu bringen, drückte ich Teddy fest an mich. Er war noch so klein. Ich flüsterte in sein wolliges Ohr, er solle keine Angst haben und einfach ohne Zögern gehorchen. Es würde alles in Ordnung gehen, sobald er nur täte, was ihm befohlen wurde. Noch einmal küßte ich ihn und übergab ihn dann seinem neuen Herrn. Ich betete darum, ihn irgendwann wiederzusehen. Meine Mutter und ich begleiteten die beiden nur bis an das elektrisch geladene Tor, es war zu gefährlich, sich weiter hinauszuwagen – die Entführer lauerten vielleicht noch immer in den Bananensträuchern und warteten darauf, zuschlagen zu können. Wir streckten die Arme zwischen den Gitterstäben hindurch und winkten, bis das Auto in den Sunset Boulevard einbog.

Ich glaube, der Schäferhund Buddy der Killer vermißte seinen neuen Freund ebensosehr wie ich. Tagelang schlichen wir mit hängenden Ohren im Garten herum und trauerten. Einer der Wächter brachte mir einen grünen Frosch in einem Glasgefäß, was sehr nett von ihm war, und die Paramount lieferte einen reinrassigen Spitz. Seine Halskrause war so üppig, daß Sir Walter Raleigh sie mit Stolz getragen hätte. Sein Stammbaum sah aus wie ein juristischer Schriftsatz. Dieser Hund war so »reinrassig«, daß er fortwährend zuckte und kläffte und Buddys bereits empfindliche Nerven fast zum Zerreißen brachte. Ich dachte ernsthaft darüber nach, ihn dem Geier zum Fraß vorzuwerfen. In meiner Welt wurden drollige Mischlinge nicht geduldet. Akzeptabel war nur, was bei einer Ausstellung von Rassehunden Gewinnchancen hatte. In den Jahren meiner Kindheit in Hollywood hatte ich einen blauschwarzen Scotchterrier mit einem dieser lächerlichen Namen wie »Sir McDuff von Aberdeen«, einen Irischen Setter – »Colleen von Shawnessy O'Day«, einen Chow-Chow mit der schwärzesten Zunge, die man sich denken kann, und der den Namen »Chin Ming Soo Woo« führte, ein Hausmädchen biß und nur eine Woche blieb ... und viele, viele andere. Irgendwann muß ich wohl sämtliche vornehmen Hunderassen durchgemacht haben. Was ist nur mit all diesen Hunden geschehen? Ich weiß es wirklich nicht, aber irgendwie schienen, wenn die Gärtner ihre kleinen, grünen Gefäße mit hochwirksamem Ameisengift aufstellten, meine Hunde mit den Ameisen zu verschwinden. Ich habe die Vision, daß untröstliche Japaner fortwährend vierbeinige Kadaver entdeckten und meine Mutter unverzüglich die Paramount anrief, damit man einen neuen Hund lieferte, ehe das Kind die »Grausamkeit des Lebens« entdeckte. Da meine Mutter Haustiere ganz und gar nicht liebte, muß dieser Verschleiß an Hunden ihre Großzügigkeit »für das Kind« in beträchtlichem Maße strapaziert haben. Dennoch bestellte sie unverdrossen reinrassige Ersatzexemplare. Das plötzliche Verschwinden meiner Freunde beunruhigte mich anfangs ein wenig. Warum hatten sie mich verlassen? Bis ich den Mut aufbrachte zu fragen, war jedesmal bereits ein neuer Hund angekommen, und meine Mutter forderte mich auf, mit ihm zu spielen und »glücklich« zu sein. Ich tat wie befohlen.

Ich blieb zu Hause hinter Gittern – Hunde und Leibwächter reagierten auf das leiseste Rascheln in der Bougainvillea. Eine Zeitlang fuhr meine Mutter ohne mich ins Studio. Jeder Abschied konnte der letzte sein. Und jede Heimkehr brachte die herzbewegende Erleichterung, daß ich noch da war. Am Abend erzählte sie mir vom neuesten Stand der Kostümvorbereitungen zur *Blonden Venus*. Obwohl ich inständig hoffte, brachte sie mir nie einen »Eiersalat auf Weißbrot« mit nach Hause.

»Weißt du, was wir heute gemacht haben? Wir haben beschlossen, einen Frack zu benutzen. Aber diesmal ganz in Weiß. Ist das nicht eine gute Idee? Sogar der Zylinder wird weiß sein.«

Ich fragte: »Wie der im *Blauen Engel*?«

»Nein, nein, viel eleganter ... Das einzige, was mir nicht gefällt, sind die Revers, weiß auf weiß ... das ist zu langweilig neben der Hemdbrust.«

Ich wagte einen Vorschlag: »Vielleicht könntest du sie ein bißchen zum Glitzern bringen.«

Meine Mutter hielt mitten im Wechseln ihrer Schuhe inne, schaute mich an, und unsere künftige Zusammenarbeit war geboren! Sie blieb ihr ganzes weiteres Berufsleben lang bestehen. Es war vielleicht die einzige Ebene, auf der wir uns als »berufliche« Freundinnen trafen – nahezu ebenbürtig. Jetzt starrte sie mich nur an.

»Was hast du gesagt?«

Ich dachte, ich hätte mich vielleicht zu weit vorgewagt und zögerte.

»Sag es noch einmal!« befahl sie.

»Na ja, Mutti, ich habe nur gedacht – wenn du sagst, die weißen Revers auf der weißen Hemdbrust wirken fotografisch zu platt, könntest du dann nicht etwas Glitzerndes auf die Revers tun?« Die letzten Worte klangen wie heiseres Krächzen – mein Mund war vollkommen ausgetrocknet.

»Das ist es! Straß! Komm her!« Sie hob den Telefonhörer auf und wählte: »Travis! Das Kind hat es gewußt! Was wir mit den Revers machen müssen – ja. Sie hat es gewußt! Wir müssen die Oberseite mit Straß besetzen! Brillant! Das können wir auch mit dem Hutband machen und die Schlitze der Taschen einrahmen, damit das Glitzern nach unten weitergeführt wird. Ich weiß, das ist schwierig für Jo, aber ihm fällt immer eine Lösung ein. Hier, sag dem Kind selbst, wie wundervoll ...« Sie überreichte mir den Hörer. Travis Banton erklärte, ich sei ein Genie, und ich dankte ihm artig.

Beim Abendessen erfuhr von Sternberg von meinem »Designertalent«. Er lächelte milde und warf mir einen Blick zu, der zu sagen schien: »Vielen Dank, Kind. Genau das hat mir gefehlt – tanzende Schatten überall im Gesicht meiner Göttin!« Und er aß gemächlich sein geliebtes ungarisches Gulasch weiter.

»Liebling, wir machen einen Hut, für die ›Szene im Nachtasyl‹. Er soll billig aussehen und armselig, eine abgeschrägte Krempe haben, die Schatten wirft, und vielleicht ein kleines Gebinde glänzender Kirschen, die das Licht von vorn her einfangen. Ich trage eine Spitzenbluse mit ein paar Löchern auf der Schulter, damit sie vulgär und ärmlich aussieht ...«

Ich konnte es fast vor Augen sehen: meine Mutter, ganz mitgenommen und traurig. Ich fragte mich, was wohl ein »Nachtasyl« sein mochte – aber was immer es war, ich wußte, von Sternberg würde es mit seinen wundervollen Schatten füllen.

Mein Vater, der wieder nach Paris zurückgekehrt war, hatte sich mit seinem Freund Chevalier getroffen. Sie schickten ein gemeinsames Telegramm:

PARIS
MARLENE
HOLLYWOOD (KALIF)
HATTEN SCHÖNES ABENDESSEN IM BELLE AURORE LANGUSTEN NICHT SO GUT WIE DEINE STOP HABEN AUF DEIN WOHL GETRUNKEN UND DAS VON MARIA STOP VERMISSEN EUCH SCHMERZLICH
MAURICE RUDI

Meine Mutter war erfreut. Es gefiel ihr immer, wenn ihre Verehrer Freundschaft schlossen und ihre Anbeter einträchtige Mitglieder ihrer Gemeinde wurden.

Ich saß noch immer auf unserem Grundstück gefangen, und die Dreharbeiten für *Die Blonde Venus* begannen ohne meine hilfreiche Gegenwart.

Meine Mutter trank wieder ihr Epsomer Bittersalz mit heißem Wasser, stellte sich auf die Badezimmerwaage und überprüfte ihr Gewicht.

»Liebling, heute haben wir die Badeszene aufgenommen. Der kleine Junge, der das Kind spielt, ist süß. Weißt du noch, wie ich dich in Berlin immer gewaschen habe? Ganz genauso habe ich es gemacht, mit einer großen, weißen Schürze, wie damals mit dir, als du noch klein warst.« In ihrer Stimme schwang ein wenig Rührung, als sie sich an »die gute alte Zeit« erinnerte. »Herrn von Sternberg hat es gefallen, wie ich es gemacht habe, deshalb ging heute alles leicht, aber nach der Szene habe ich geweint, weil du nicht dabei warst und zuschauen konntest, und wir mußten die Mittagspause vorziehen, damit ich meine Augen frisch herrichten konnte. Herbert Marshall spielt die Rolle des Ehemannes. Ein netter Mann, wieder ein Engländer, aber dieser ist ein besserer Schauspieler ... nur, er läuft nicht so gut, er hat ein Holzbein. Er kennt jede Menge Tricks, um das Auge davon abzulenken, daß er in seinen Bewegungen behindert ist. Interessant – in den Rushes fällt sein Hinken kaum auf. Aber warum will jemand mit einem Holzbein Schauspieler werden? Komisch! Nellie und Dot lassen dich grüßen – alle fragen, wo du bist. Ich sage immer: ›In Sicherheit.‹«

Mir fehlte das Studio. Ich hoffte, daß meine Mutter es bald nicht mehr aushalten würde und mich wieder auf meinen Posten mit dem Spiegel zurückholte, damit ich zuschauen konnte, wie sie die unglückliche Ehefrau spielte, die alles geopfert hatte. Aber es dauerte eine Weile, bis sie kapitulierte, und daher konnte ich weder die große Voodoo-Nummer noch die wuschelige Perücke sehen, die der von Harpo glich und die sie trug, als sie aus ihrem Gorillakostüm stieg.

»Liebling, du hättest dabeisein sollen! Die Trommeln dröhnen, ich schaukle als Gorilla, streife langsam eine Pfote ab – eine schöne Hand erscheint, wie der Hals eines weißen Schwans –, dann schaukle ich wieder im Urwald, und die andere schöne Hand erscheint – noch mehr Schaukeln, ich bin fast seekrank geworden. Dann nehme ich langsam den großen Affenkopf ab, und man sieht mein Gesicht auf dem massigen Gorillakörper – die Haare straff zurückgezogen, ein Nofretetegesicht. Gut, nicht?«

Wir nahmen unser Sonntagsessen auf der Terrasse ein, und es gab jede Menge kalten Aufschnitt, Kartoffelsalat, Schwarzbrot und Käse. Meine Mutter rauchte grollend, während wir schmausten. Von Sternberg nahm einen Schluck von Gladys-Maries »Pisse«.

»Liebste, hast du gehört, daß Garmes von der Akademie für *Schanghai Express* für die beste Kameraarbeit nominiert worden ist?«

»Das ist ja nicht zu glauben! Für deine hervorragende Arbeit wollen sie ihm einen Preis geben?«

»Da er ein ausgezeichneter Kameramann ist, hat er ihn verdient.«

»Diese Idioten. Schau doch, wie sie angefangen haben, mit diesem – diesem – ›Matchgirl‹, dieser Janet Gaynor. Also bitte! Dafür, daß man auf Pariser Dächern steht und seufzt, bekommt man einen Preis für Schauspielkunst? Und schau dir die Garbo an – wollten sie ihr nicht einen Preis für diesen schrecklichen Film *Menschen im Hotel* geben? Ich habe sie in wundervollen Rollen gesehen, aber in dieser Mißgeburt, in der sie herumschleicht und in pseudorussischer Manier nach diesem schrecklichen Schmierenkomödianten Barrymore schmachtet – das war einfach zu viel! – Diese hochnäsige Akademie verteilt ihre Preise – aber wofür denn? Müssen sie einander wie Kinder belohnen? Wissen sie denn nicht, wenn sie gut sind? Müssen sie erst einen Preis bekommen, damit sie es erfahren? Und dann auch noch beim Mittagessen! Sie gehen tatsächlich in dieses deprimierende Cocoanut Grove, wo falsche Kokosnüsse in Palmen aus Pappkartons hängen – und lassen sich applaudieren! Furchtbar, diese Eitelkeit von Schauspielern.«

Damit waren die Academy Awards in unserem Haushalt vom Tisch.

*

Der Tag, an dem der Milchmann plötzlich in unserem Haus stand, war ein Glückstag. Wenn er an dem Wachhund, an den bewaffneten Wachen und sogar an unserem Papagei vorbeikommen konnte, dann, beschloß meine Mutter, war ich hinter den Toren der Paramount-Studios sicherer. So konnte ich doch noch das Kleid für die heiße Voodoo-Szene sehen. Der schwankende Gorilla hing leider schon wieder in der Kostümabteilung und wartete dort auf einen Dschungelfilm. Ich war wieder »zu Hause«. Es dauerte nicht lange, und mir kam es vor, als sei ich nie weggewesen, nur daß mein Leibwächter mir jetzt überallhin folgte. Das war nicht so schlimm, denn jeder hielt ihn für einen Statisten aus einem Gangsterfilm, der seinen Set suchte.

Da es nur wenige Menschen gab, die meine Mutter ohne romantische Leidenschaften wirklich gern hatten, vergaß ich keinen von ihnen. Mae West aus der Garderobe nebenan gehörte zu ihnen. Sie durfte ihrer lockeren amerikanischen Art frönen und wurde kein einziges Mal mit dem eisigen Blick der Dietrich bedacht. Sie öffnete die Fliegengittertür zur Garderobe meiner Mutter und klopfte erst beim Eintreten an den hölzernen Türrahmen. Nur sie konnte sich so was erlauben!

»Hi, Herzchen!« Mae blieb stehen, ihre Hände auf den berühmten Hüften, mit rollenden Augen, und spielte die beste Imitation von sich selbst, während sie das gewagte Kleid meiner Mutter für die Voodoo-Szene begutachtete.

»Nicht schlecht, Schätzchen, gar nicht schlecht!«

»Aber sieh nur Mae – wieder die Beine! Immer dasselbe, sie wollen immer die Beine!«

»Yeah! Du gibst es ihnen unten und ich oben!« Damit legte sie ihre kleinen Hände unter ihren ausladenden Busen und hob ihn noch weiter aus dem engen Korsett, das sie immer trug, sogar unter ihrem Morgenrock. Meine Mutter lachte. Mae West brachte sie immer zum Lachen. »Kindchen, wir sind auch für die Frauen da. Nicht nur für die

Männer. Vergiß das nicht. Wenn es nur um die Männer ginge, müßte ich sie nur rausholen ...« Und sie hob eine Brust aus dem Korsett.

Es war wirklich großartig! Meine Mutter war leicht zu schockieren. Mae West wußte das und reizte sie gerne. Jetzt hob sie mit ihrem berühmten frechen Grinsen ihren Alabasterschatz vorsichtig zurück in seinen Käfig aus Walfischbein, tätschelte die Innenseite der nackten Schenkel der Dietrich und tänzelte hinaus! Meine Mutter warf den Kopf zurück und lachte schallend. Sie war immer ein großartiges Publikum für eine gelungene Vorführung. Ich hatte die Szene nicht ganz verstanden, aber ich vergaß sie nie, weil die beiden so viel Spaß miteinander hatten. Oft fragte ich mich, warum sie ihre Freundschaft nicht auch außerhalb der Paramount-Studios pflegten. Sie hatten so viel gemeinsam, beruflich zumindest: ihre beeindruckende Selbstironie, die Fähigkeit, sich ihr Filmimage in der dritten Person vorzustellen, das instinktive Wissen, was ihnen nützte und was nicht, und ihre erstaunliche Leistung, von Männern und Frauen gleichermaßen akzeptiert zu werden. Aber Mae besuchte uns nie in unserem Haus und wurde auch nie mit einem besonderen Essen bekocht. Die benachbarten Garderoben waren der einzige Schauplatz der Freundschaft dieser beiden weltberühmten Frauen, die den Vamp so hervorragend spielen konnten. Ich wollte sie immer einmal gemeinsam in einem Film sehen. Das wäre ein Spaß gewesen, aber vielleicht auch wieder nicht; vielleicht hätten sie sich gegenseitig ausgelöscht.

Meine Mutter schrieb meinem Vater:

> ... und sie holte tatsächlich eine raus, Papi, und schüttelte sie, um ihren Worten Nachdruck zu verleihen, wie andere Leute den Finger! Es gibt da einen jungen hübschen Cockney, er heißt Cary Grant, dem Jo die Rolle des Liebhabers gegeben hat. Mae hat ihn entdeckt. Weißt Du, was er tut? Um extra Geld zu verdienen, verkauft er auf dem Set Hemden, und er ist so charmant, daß die Leute vom ganzen Studiogelände herbeiströmen, nur um bei ihm einzukaufen!

8. September 1932

Papilein,
ich habe mit dem Packen angefangen. Die *Bremen* fährt am 10. Oktober ab. Ich gebe das Haus zum nächsten Monat auf. Dem Kind tut es sicher gut, wieder einmal nach Deutschland zu

kommen. Sie ist schon eine zweihundertprozentige Amerikanerin, und ich sehne mich danach, wieder auf heimatlichem Boden zu stehen und Mutti wiederzusehen.
Im Studio reden sie schon wieder davon, mir einen anderen Regisseur zuzuweisen. Sie sind einfach dumm! Jo bezeichnet die Bosse in unserem Business »als Männer, die zwar wissen, was sie wollen, aber nicht, wie man es schreibt«. Ich kann den wunderbaren Tag kaum erwarten, an dem wir dieses Haus hinter uns lassen. Jos Sekretärin besorgt uns ein neues, wenn wir wieder zurück müssen. Die Gitter und Elektrozäune würden uns immer an die Angst und die schlimme Zeit für das Kind und mich erinnern.

                                                      Küsse
                                                      M.

Ich natürlich haßte den Gedanken, wegzugehen. Mit Berlin verband ich nur noch winterliche Kälte und Häuser aus Stein; außerdem wäre ich weit weg, und wie würde ich je erfahren, ob der nette Mister Roosevelt aus dem Radio Präsident geworden war?

                                        MARLENE
                       HOLLYWOOD KALIFORNIEN
15. SEPT. 1932 16.07 UHR
DU SOLLTEST NICHT NACH DEUTSCHLAND KOMMEN POLITISCHE LAGE JETZT GEFÄHRLICH STOP NEUE WAHLEN HABEN GEFAHR EINES BÜRGERKRIEGES HERAUFBESCHWOREN STOP MILLIONEN KÜSSE
                                                   PAPI

Meine Mutter las mir das Telegramm vor, und ich konnte meinen Freudenausbruch gerade noch rechtzeitig unterdrücken. Am Abend zeigte sie es von Sternberg.
»Rudi hat vielleicht recht, meine Liebe. Sogar hier im Studio redet man davon, daß bei der Ufa merkwürdige Dinge vor sich gehen. Ich weiß, daß du unbedingt hier wegwillst, aber ich bitte dich, überlege es dir, bevor du wegläufst, nur weil du mich los sein möchtest.«
Er schwächte die letzte Bemerkung mit seinem zärtlichsten Lächeln ein wenig ab. Meine Mutter öffnete den Mund zu einer scharfen Erwiderung, doch in dem Moment schlenderte Chevalier herein, und das bedeutete gewöhnlich, daß von Sternberg uns verließ. Was er auch tat.

Die Blonde Venus lief an und war ein absoluter Flop. Die Dietrich als »Hausfrau« war eindeutig nicht nach dem Geschmack des Publikums. Die Gorillaszene mit diesen Beinen und dem weißen Frack kam an, aber den Rest lehnte das amerikanische Publikum ab. Meiner Mutter war das völlig gleichgültig: Sie war einfach empört, daß irgendwelche albernen politischen Unruhen sie daran hinderten, nach Berlin zurückzukehren. Dennoch nahm sie die Warnung meines Vaters ernst. Von Sternbergs Büro wurde beauftragt, unsere Buchung auf der *Bremen* zu stornieren; die Bahnreservierungen wollten wir belassen, um uns der »intellektuellen Leere« Hollywoods entziehen zu können und nach New York zu fahren. Meine Leibwächter erhielten die Anweisung, für den Winter zu packen und mehr Munition mitzubringen.

Nur an dem Tag, als ich meine Habseligkeiten zusammenpackte und das Haus meiner Mutter verließ, um eine traurige und närrische Teenagerehe einzugehen, habe ich einen echten Umzug erlebt. In Hollywood packten wir immer nur Kleider in Schrankkoffer und Taschen. Den Tag, an dem der Möbelwagen kam, gab es für uns nicht. Wir verließen das Haus einfach durch den Vordereingang, und andere zogen für uns um. So war es auch diesmal. Meine Mutter hatte schon immer an die heilsame Kraft der Seeluft geglaubt. Wie sie es in Deutschland immer getan hatte, wenn ich krank war, so würde sie ihr Kind auch jetzt ans Meer bringen, diesmal jedoch, um sich von der Angst vor einer Entführung zu erholen und nicht von einer Grippe. Sie gab Anweisungen, daß man ihr »ein Haus am Meer besorgte, und zwar nicht in diesem schrecklichen Malibu, wo all die Neureichen wohnen wie die Schulbergs«, und wir reisten nach New York ab.

*

Wir kehrten zurück und bezogen einen weißen Kolonialbau, dessen Architektur an den Stil des alten Griechenland erinnerte. Es war das Gästehaus auf dem Anwesen von William Randolph Hearst, das er für seine Geliebte Marion Davis hatte bauen lassen. Das Haupthaus, ebenso athenisch im Stil, aber viermal so groß, lag links von unserem Haus, und ein kleines Wimbledon trennte die Besitzer von den Mietern. Die Hearsts benutzten ihre Strandvilla nicht, solange die Dietrichs nebenan wohnten, und so lernte ich das berühmte Paar nie kennen. Später erzählte meine Mutter mir von festlichen Abendgesellschaften in Hearsts privatem Taj Mahal, San Simeon; aber in seinem Athen in Santa Monica gab es, solange wir dort wohnten, keine bacchantischen Soireen.

Unser Haus protzte mit einem Eingang im Stil des Parthenon. Über einer Wendeltreppe im Tudorstil prangte ein Versailler Kronleuchter, der tief von der gewölbten Decke an einer Kette herabhing, die dick genug war, den Anker eines Ozeandampfers zu halten. Der Portikus hinter dem Haus war dem Pazifischen Ozean zugewandt und in reinem Cape-Cod-Stil erbaut. In den Säulen, die sein Dach trugen, mischten sich Hollywood und Korinth. Unter dem Portikus beanspruchte ein Swimmingpool den Platz, den eigentlich ein Garten hätte einnehmen sollen. Das Schwimmbecken und das Haus waren von einer hohen weißen Mauer umgeben. Vorne hinaus schützte sie uns vor dem Verkehr auf dem Pacific Highway, und hinten hinaus vor dem Ozean, der bei Ebbe etwas mehr als fünf Meter entfernt war. So lag das Haus eingebettet zwischen dem Donnern der sechs Meter hohen Brecher und dem Geratter der vorbeibrausenden Lastwagen, die nach San Diego rasten, und war einfach auf wunderbare Weise verrückt. Mit ihm verbunden sind der Film *Song of Songs,* Mercedes de Acosta, Fred Perry, Brian Aherne, der dritte Besuch meines Vaters, diesmal etwas Besonderes, weil er Tami mitbrachte, was mich sehr glücklich machte, und ein ganz besonderes Ereignis: das Erdbeben von 1933.

Mercedes de Acosta sah aus wie ein spanischer Dracula. Sie hatte den Körper eines Knaben, pechschwarze Haare, kurzgeschnitten wie die eines Torero, einen kreideweißen Teint und tiefliegende schwarze Augen, die immer von Schatten umgeben waren. Ein Hauch von Geheimnis oder die Ahnung des nahen Todes durch Auszehrung, die sie umgaben, sprachen das romantische Wesen meiner Mutter an. Sie war weniger als gute Drehbuchautorin bekannt denn vielmehr als Geliebte Greta Garbos. Wie meine Mutter mir erzählte, fand sie Mercedes bei einer Party im Hause der Thalbergs schluchzend in der Küche. Die Garbo hatte die leidende spanische Lady wieder einmal grausam behandelt, was also konnte die Dietrich anderes tun, als sie zu bemitleiden und zu trösten. Über die Begegnung in der Küche kursierten mehrere Versionen, aber alle endeten damit, daß die »grausame Schwedin« durch die »strahlende deutsche Aristokratin« ersetzt wurde. Meine Mutter erwähnt ihre erste Begegnung in einem Brief an meinen Vater:

Thalberg gab eine dieser großen Gesellschaften. Ich lernte eine sehr attraktive Schriftstellerin kennen, Mercedes de Acosta. Angeblich ist die Garbo ganz verrückt nach ihr. Für mich war sie eine Abwechslung von der allgemeinen geistigen Beschränktheit Hollywoods. Die Kirchen müßten hier eigentlich die Form von Kinokassen haben.

Küsse

und wieder, einen Tag später:

Papilein,
ich habe Mercedes de Acosta wiedergesehen. Die Garbo macht ihr offenbar das Leben schwer, nicht nur, weil sie sich mit anderen abgibt – deshalb liegt sie übrigens mit Tripper im Krankenhaus –, sondern auch, weil sie so ein Mensch ist, der jedes Stück Zucker zählt, um sicher zu sein, daß das Hausmädchen nicht stiehlt oder zuviel ißt. Mir tat Mercedes leid. Ihr Gesicht war bleich und schmal, und sie schien traurig und einsam – wie ich –, und es ging ihr offensichtlich nicht gut. Ich fühlte mich zu ihr hingezogen und brachte ihr einen Armvoll Tuberosen. Ich sagte ihr, ich würde ihr wunderbare Gerichte kochen und dafür sorgen, daß es ihr wieder gutgeht und daß sie zu Kräften kommt.

Mercedes de Acosta ging es sofort besser. Vier-, fünfmal am Tag standen Boten vor unserer Tempeltür und brachten dicke Pergamentumschläge von dem »verliebten Spanier«. Das Briefpapier verkündete in erhabenen Lettern Mercedes de Acosta, obwohl sie sich gerne hochromantische Pseudonyme zulegte wie »Weißer Prinz« oder »Raphael«. Auch meine Mutter kam in den Genuß dieser überzogenen Phantasie: Sie wurde bis zum Erbrechen als »meine Goldene«, »meine Wunderbare«, »meine Liebe« tituliert. Ich muß gestehen, daß nach einigen Wochen nicht mehr alle Briefe des Weißen Prinzen gelesen wurden. Einige wurden einfach in Schubladen gestopft und vergessen. Die gelesenen hob meine Mutter eine Weile auf und schickte sie dann an meinen Vater.

Ach, Du Wunderbare,
heute ist es eine Woche her, daß Deine wunderbare »ungezogene« Hand eine weiße Rose öffnete. Die letzte Nacht war noch schöner, und jedes Mal, wenn ich Dich sehe, wird es wunderbarer und aufregender. Du mit Deinem feinen bleichen, sapphischen Gesicht – ruf mich an, bevor Du zu Bett gehst, damit ich wenigstens Deine Stimme höre.

Dein Raphael

Nach einem Besuch unseres »spanischen Geliebten« in unserem Haus fällte ich mein Urteil über sie. Sie war so »verliebt«, sie war langweilig! Vielleicht gefiel das Greta Garbo, meine Mutter würde sich bald erdrückt fühlen, das wußte ich. Aber sie war gerade zwischen zwei Filmen, und »angebetet zu werden« half ihr, die Tage auszufüllen. Also spielte meine Mutter »die Goldene«, und wie es bei ihren Rollen immer war, mußte das Kostüm zu dem Charakter passen. Ich spielte mit. In Hollywood war es Mode geworden, Tennismatchs zu besuchen. Der berühmte Bill Tilden war begehrt bei den Gastgebern Hollywoods, die immer um berühmte neue Gesichter konkurrierten. Die inzestuösen Gästelisten waren ein wiederkehrender Alptraum für sie. Auch der Tennischampion Fred Perry war ein umworbener Dinnergast. Er war sogar noch besser als Tilden, der nur auf dem Platz brillierte, denn Fred Perry war auch außerhalb des Tenniscourts ein Charmeur. Er hatte geschniegeltes pechschwarzes Haar, ein schönes Gesicht mit Adlernase und einen athletischen Körperbau. Ich fragte mich, ob Mercedes de Acosta die Ähnlichkeit bemerkte. Die Männer trugen beim Tennis damals blütenweiße Flanellhosen mit Bügelfalte und Aufschlag, ein cremeweißes Seidenhemd, das nach dem Match gegen einen ebenfalls cremefarbenen Pullover mit Rollkragen ausgetauscht wurde. Die Starbesetzung des »Strandhauses von Santa Monica« trug cremeweiße Flanellhosen, Blusen und Polos mit einem zusätzlichen Dietrich-Touch: einem ebenfalls cremeweißen Barett, ein bißchen Chevalier! Mercedes de Acosta, die sich normalerweise genauso kleidete, war begeistert. Es kam ihr niemals in den Sinn, daß unsere Art, uns zu kleiden, nicht von ihr inspiriert sein könnte. Auch meinen neuen knabenhaften Haarschnitt schrieb sie sich zu. Wußte sie etwa nicht, daß die Dietrich zu männlicher Kleidung niemals eine frauliche Frisur erlaubte? Ich hatte schon früher sehr gerne Hosen getragen, aber jetzt waren sie die Uniform des Tages. Fred Perry brachte meiner Mutter mit viel Geduld und vielen kleinen leidenschaftlichen Umarmungen, durchsetzt von flüchtigen Küssen zwischen fliegenden Bällen, das Tennisspielen bei. Ich hoffte insgeheim, der verliebte Spanier möge auftauchen und den verliebten Engländer bei der Arbeit sehen, aber meine Mutter sorgte geschickt dafür, daß sich ihre Bewunderer nicht über den Weg liefen.

*

Schließlich kehrte von Sternberg von einer jener langen Reisen zu fernen, fremden Orten zurück, die er auch damals unternahm, gerade als suche er Heilung, auch wenn er sie nicht finden konnte. Die Liebe zu meiner Mutter zehrte an ihm und machte ihn wütend, gewöhnlich eher auf sich selbst als auf meine Mutter. Ich glaube, später haßte er sich für diese, seiner Ansicht nach erniedrigende Schwäche, die ihn leidenschaftlich eine Frau lieben ließ, die er doch inzwischen verachtete. Er war zu intelligent, um nicht zu bemerken, daß sein Talent verwirkt war.

Wahrscheinlich war es keine bewußte Entscheidung, sondern ein inneres Bedürfnis, das ihn veranlaßte, die Anweisungen des Studios zu befolgen und einem Regisseurwechsel für sie zuzustimmen. Wenn er und meine Mutter beschlossen hätten, sich beruflich nicht zu trennen, hätte sie kein Studio der Welt dazu zwingen können. Zusammen waren sie unschlagbar. Wie diese traurige und stürmische Begegnung mit ihr an diesem Tag ausgehen würde, hatte er, wie ich meine, schon entschieden, lange bevor er zu uns kam. Ich hatte viele Auseinandersetzungen zwischen den beiden miterlebt: einer so stur wie der andere, beide auf ihren professionellen Hinterbeinen, keiner bereit, auch nur einen Millimeter zu weichen. Aber diesmal war es anders. Er war niedergeschlagen, aber blieb fest. Sie – kühl, verschlossen, wie immer, wenn sie sich fürchtete oder in Sorge war. Sie sprachen miteinander, aber sehr beherrscht, jedes nach außen drängende Gefühl so unterdrückt, daß die Luft fast knisterte! Er sagte ihr, sie müsse ihren nächsten Film, *Song of Songs*, ohne ihn drehen. Sie solle das ihr vertraglich zugesicherte Recht wahrnehmen, ihren Regisseur selbst zu wählen und sich für Mamoulian entscheiden.

»Auf diese Weise bist du in den Händen eines Gentleman, der außerdem ein sehr begabter und erfolgreicher Regisseur ist.« Meine Mutter schwieg immer noch, nur ihre Augen waren ungläubig auf sein Gesicht geheftet.

»Er ist zwar nicht stark genug, um mit dir zu kämpfen, dir verständlich zu machen, was von dir erwartet wird, damit eine Szene Bedeutung bekommt, aber wenn du dich anstrengst, wirst du eine akzeptable Leistung bringen. Außerdem wirst du das Vergnügen haben, die zeitgenössischen Kostüme zu entwerfen. Du wirst zweifellos schön sein, denn du wirst meine Beleuchtung haben.« Mit einem letzten Blick auf ihr schmerzerfülltes Gesicht drehte sich von Sternberg um und ging hinaus. Ich folgte ihm. Er sah so müde aus.

»Kater, ich habe alles getan, was ich konnte! Paß auf deine Mutter auf!« Er verließ unser Haus. Und ich bemerkte, daß auch er weiße Flanellhosen trug. Armer Jo!

Langsam, mit gesenktem Kopf stieg meine Mutter die Wendeltreppe hinauf. Wie erregt sie war, sah man nur an dem Weiß der Knöchel ihrer Hand, mit der sie das schwarzlackierte Geländer umklammerte. Ich wußte, daß ich sie jetzt in Ruhe lassen mußte. Sie betrat ihr Schlafzimmer und schloß langsam die Tür. Ich hatte damals noch keinen Shakespeare gesehen, aber als ich Jahre später einen ähnlichen Abgang meiner Mutter miterlebte, erinnerte ich mich an dieses erste Mal und wußte sofort, daß er zu einem Auftritt der Lady Macbeth gehörte. In unserem Haus war alles still, nur das Grammophon meiner Mutter schien lebendig: Tauber sang ihre österreichische Lieblingsschnulze. Ich erlebte damals zum erstenmal, daß sie sich in dieser Form zurückzog. Diese Art zu trauern war ihr ganzes Leben lang typisch für sie. In ihren letzten Lebensjahren hielt sie sich nur noch in ihrem Schlafzimmer auf. Aber 1932 kam sie schon nach vierundzwanzig Stunden wieder heraus. In der Hand hielt sie einen Brief von mir. Ich hatte ihr einen meiner kurzen Liebesbriefe geschrieben. Sie freute sich immer sehr darüber, und da sie ihre Stimmung zu heben schienen, schrieb ich ihr oft und schob dann meine mit Buntstiften verzierten Episteln unter ihrer Schlafzimmertür hindurch. Nachdem von Sternberg gegangen war, hatte ich das Gefühl, daß ein Briefchen von mir wirklich notwendig war. Es lautete:

> Oh, Mutti! Du bist so traurig. Ich vermisse Dich, und ich hab Dich lieb.
>
> Kater

Jetzt küßte sie den Brief, steckte ihn in die Hosentasche, streckte die Hand nach mir aus und führte mich zur Bibliothek an ihren Schreibtisch. Dort öffneten wir ihre Post.

> Ach, Du Wunderbare,
> ... ich bin verärgert, daß jemand Dich verletzt oder kränkt, ... Ich weiß nur, daß ich Dich gerne in den Arm nehmen würde, um Dich vor allem Schmerz zu bewahren.
> Ich bete, daß nicht ich in irgendeiner Weise die Ursache für diese Sache bin – daß Herr von Sternberg nichts von mir wußte. Einen Freund wie Herrn von Sternberg zu verlieren und Deiner Arbeit zu schaden, nur um mich zu lieben, das wäre wirklich ein zu hoher Preis. Wunderschöner, hinreißender Feuervogel – vergiß Deine Schwingen nicht, die nur Dir gehören, und vergiß nicht, daß Du niemanden brauchst, der Dich hinaufträgt, weit hinauf!

Irgend etwas in diesem Brief verärgerte meine Mutter, denn sie schob den Pergamentbogen zur Seite und bemerkte: »Was diese Frau sich einbildet!« Damit verbannte sie den Weißen Prinzen für den Rest des Tages aus ihren Gedanken. Als ich Jahre später das Haus meines Vaters ausräumte und dabei die Briefe Mercedes de Acostas fand, verstand ich sofort, was die Bemerkung meiner Mutter vor so vielen Jahren provoziert hatte. Das Selbstbewußtsein der Acosta hatte sie verärgert, die glaubte, sie oder irgendein anderer Mensch konnte im Leben meiner Mutter eine so große Rolle spielen, daß von Sternberg sich wegen ihnen von meiner Mutter trennen würde. Niemand hätte das je geschafft außer von Sternberg selbst.

In den folgenden Tagen erhielt meine Mutter auf komische Art und Weise ein bißchen Trost. Ein sonderbar kauziges Paar hatte sich kurz zuvor dem Dietrichschen Gefolge angeschlossen. Die beiden waren immer zugegen. Sie probierten die zahlreichen Gerichte und Backwaren und riefen immer zum richtigen Zeitpunkt »göttlich«. Sie gakkerten und hörten sich höchstinteressiert jeden Gefühlserguß an, verbargen es sehr geschickt, daß sie sich jede Pikanterie merkten, mit der sie später in ihren eigenen Kreisen auftrumpfen konnten. Sie waren immer verfügbar, auf Abruf, Tag und Nacht, um in rascher Fahrt in klapprigen alten Mühlen irgendwelchen Menschen dampfende Hühnersuppe zu bringen und sich dabei heimlich Name und Adresse für zukünftigen Gebrauch zu notieren. Sie kauften ein, erledigten Besorgungen und machten sich auf einschmeichelnde Weise nützlich, um unentbehrlich zu werden und somit zum Inventar des begehrten inneren Kreises der Dietrich zu gehören.

Meine Mutter zog solche Menschen leider an – es gab im Laufe der Jahre so viele. Ruhm zieht Aasgeier an, die ihre Bedeutung nur in den Abfällen finden, die sie sich zusammensuchen. Meine Mutter fiel immer wieder auf sie herein. Die Dietrich war schrecklich naiv, was homosexuelle Hochstapler anging. Später nannte Clifton Webb die beiden die »persönlichen Rosencrantz und Guildenstern der Dietrich«. Sie verstand damals auch nicht, was er meinte, sondern hielt das nur für eine seiner geistreichen Bemerkungen. An dem Tag, als die »Boys« entsetzt hereintänzelten, wurde ich zum Schwimmen hinausgeschickt. Dreißig Jahre später erzählte mir meine Mutter:

»Die beiden kamen zum Strandhaus und sagten: ›Es ist etwas Schreckliches passiert!!‹ – Die Garbo sollte nach Norden fahren, wohin weiß ich nicht, und sie hatten in ihrem Auftrag in dem Army-and-Navy-Laden schon all die warmen Sachen für sie besorgt. Du weißt doch, daß die Garbo nie nur einen Pfennig ausgab! Der Wagen stand gepackt vor dem Haus von Mercedes de Acosta, und sie warteten und warteten. Schließlich ging Mercedes zum Haus der Garbo und erfuhr dort, daß die Garbo statt mit ihr mit Mamoulian weggefahren war. Mercedes weinte natürlich furchtbar, ich nahm sie also zu mir herein und gab ihr etwas zu essen. Damals gab es noch Grenzen zwischen den einzelnen Staaten [Ich bezweifelte das an dieser Stelle nicht, weil ich ihren Redefluß nicht unterbrechen wollte.], und als die Grenzposten den Wagen stoppten, erkannten sie natürlich die Garbo. So mußte sie umdrehen und kam zurück nach Hollywood!«

»Und die Acosta weinte immer noch?« fragte ich.

»Oh, sie hatte immer sehr dramatische Auftritte – echt spani-i-i-sch! Als ich später eine Mandelentzündung hatte und der Arzt meinte, du könntest dich anstecken, ging ich in ein Krankenhaus, kein großes, ein kleines, ganz in der Nähe von Santa Monica. Und da war eine Krankenschwester. Sie fragte mich: ›Was glauben Sie, wer hier in diesem Krankenhaus liegt? Greta Garbo! Sie hat den Tripper!‹« Meine Mutter hielt inne, um den Effekt noch zu steigern. »Von Mamoulian!«

»Von Mamoulian? Wirklich?« stieß ich überrascht hervor.

»Man muß es von jemandem kriegen!!«

*

Dann kam der Tag, an dem meine Mutter sich »Jos Verrat«, wie man es hier inzwischen getauft hatte, stellen mußte. Mögliche Prozesse durch die Paramount, ein weiterer Aufschub und, schlimmer noch, das raffiniert ausgestreute Gerücht, die Dietrich sei »am Ende«, unfähig, ohne ihren Schöpfer ein Star zu bleiben, trugen mehr dazu bei, sie zum Handeln zu bewegen, als all ihre anderen Sorgen. Zum erstenmal seit dem *Blauen Engel* war sie ohne ihren persönlichen Beschützer. Sie rief meinen Vater in seiner Pariser Wohnung an und spielte ihm die ganze Szene von Jos Verrat vor. Hier und da fügte sie ein paar Dialoge ein, um die Dramatik der Situation zu verdeutlichen. Er hörte ruhig zu, ließ sie die Szene bis zu ihrem dramatischen Ende durchspielen, stimmte all den Ungerechtigkeiten zu, die ihr zugefügt worden waren, und lenkte dann in aller Ruhe das Gespräch in die richtigen Bahnen. Er wußte, daß diese Deutsche gerne Befehle entgegennahm, doch ihre Reaktion hing ganz davon ab, wie diese Befehle erteilt wurden. Ihr Gespräch verlief ungefähr so:

»Du hast so viel mitgemacht, Mutti – zuerst mit dem Kind, dann mit dem schwierigen Film und jetzt das! Ich kann Jo diese Gedankenlosigkeit gerade jetzt nicht verzeihen! Dich im Stich zu lassen! Er ist wirklich grausam und egoistisch!«

»Nein, Papi. Ich glaube, er will wirklich nur mein Bestes.«

Nach dieser Bemerkung wußte ich, daß mein Vater schon halb gewonnen hatte. Er hatte sie dazu gebracht, von Sternberg zu verteidigen.

»Aber du hast recht. Ich muß mich dazu zwingen, diesen Mamoulian kennenzulernen. Man sagt, er sei der Liebhaber der Garbo. Hast du das gewußt? Ob er süß ist? Wieder etwas, was ich nicht brauche! Mit der de Acosta und jetzt ihm bin ich umgeben von Liebhabern der Garbo! Ja, ich werde ihn anrufen.« Sie gab mir den Hörer, um meinem Vater auf Wiedersehen zu sagen, und ich ergriff die Gelegenheit, Tami einen Kuß zu schicken.

Meine Mutter rief Mamoulian nicht direkt an. Die Dietrich tat im Geschäft nie den ersten Schritt, nur in der Liebe. Ihrer Ansicht nach gehörte es sich nicht für eine Dame, sich an Verhandlungen zu beteiligen. Sie rief ihren Agenten an. Sie hatte nie eine geschäftliche Beziehung zu ihm entwickelt, weil bislang alles in von Sternbergs befehlenden Händen gelegen hatte. Jetzt aber brauchte sie einen neuen Prellbock, einen Vermittler, einen loyalen Adjutanten.

Harry Edington kam in unseren griechischen Tempel – ein schmächtiger Mann in einem dieser obligatorischen Mäntel aus Kaschmir mit herunterhängendem Gürtel. Er war gerissen, schnell im Denken, hatte Sinn für Humor und den Durchblick eines New Yorkers. Meine Mutter reichte ihm mit einem vielsagenden Blick das neueingetroffene Drehbuch von *Song of Songs*.

»Haben Sie dieses ›Ding‹ gelesen?«

Edington war ein viel zu gewiefter Agent, um ihr gegenüber zuzugeben, daß er ihr geraten hatte, den Film zu machen, obwohl er das Drehbuch gelesen hatte. Also machte er es sich in einem der wuchtigen schwarz-silbernen Art-déco-Sessel bequem, in dem seine Füße gerade noch den Boden berührten, und las unter ihrem aufmerksamen Blick noch einmal, was ihn schon das erste Mal alle Mühe gekostet hatte. Seine Miene blieb unbeweglich. Nichts Positives und nichts Negatives, auf das sie sich hätte stürzen können, um ihn damit zu konfrontieren. Ich saß auf meinem üblichen Beobachterposten in der Ecke der fast zwei Kilometer langen schwarz-silbernen Couch. Sie rauchte, und wir warteten. Nach langer Zeit seufzte er, legte das dicke Skript auf den Tisch aus Glas und Chrom und sah ihr direkt in die Augen.

»Das ist wirklich das schlechteste Drehbuch, das ich je gelesen habe. Sie haben recht! Wir müssen etwas unternehmen. Inzwischen legen Sie es irgendwohin, wo es nicht das ganze Haus verpesten kann!« Meine Mutter war begeistert! Sie hatte einen Profi mit Geschmack, der ihr zustimmte und bereit war, für sie zu kämpfen. Er ging bald mit einem »Überlassen Sie alles mir«.

Was er bei der Paramount erlebte, erschütterte sogar ihn. Die Dietrich sollte sich zur Arbeit an *Song of Songs* melden, wenn sie dazu aufgefordert wurde, gleichgültig, was sie von dem Drehbuch hielte. Andernfalls würde sie suspendiert, büßte ihr Gehalt von 300 000 Dollar ein und würde auf die 185 000 Dollar verklagt, die es das Studio gekostet hatte, aus diesem Stoff etwas für die Dietrich zu machen. Die Paramount-Bosse wollten sie, jetzt ohne von Sternberg, endlich an die Kandare nehmen. Als guter Agent kleidete Edington dieses Vorhaben seiner Klientin gegenüber selbstverständlich in andere Worte. Er wußte, daß er das fast Unmögliche vollbringen mußte: Sie mußte einlenken und den Film machen – ohne noch mehr Zwist zu säen. Insgeheim war er entsetzt über die strenge Haltung gegenüber der Dietrich. Er wußte aber auch, daß es niemals zu dieser Situation gekommen wäre, wenn man ihm bereits in der Vergangenheit erlaubt hätte, als ihr Agent zu handeln.

Ich bewunderte immer sehr, wie er mit meiner Mutter jetzt umging. Er kannte sie nicht gut, behandelte sie aber instinktiv richtig. Das zweite Mal betrat er unser Wohnzimmer wie ein General, der um das

Leben seiner Soldaten besorgt ist. Er schilderte ihr die Stärke des Feindes. Ich saß wieder in meiner Ecke auf der Couch, und mir war klar, daß er Erkundigungen über meine Mutter eingezogen hatte, denn er wußte offenbar, daß die Dietrich alles ausgab, was sie verdiente, und niemals einen Pfennig sparte oder anlegte. Deshalb strich er besonders den Verlust ihres Einkommens heraus. Und das betreffe nicht nur diesen einen Fall, vielmehr riskiere sie, daß ihr von jedem zukünftigen Gehalt etwas abgezogen werde. Er erwähnte kurz, daß »das Studio rein juristisch im Recht« sei, fügte aber gleich hinzu, das sei nicht das größte Problem. Schlimmer sei ein Prozeß, der sie möglicherweise für sehr lange Zeit in Kalifornien festhalten würde, und das ohne Einkommen. Damit hatte er sie, das wußte er, aber eine kleine Bestätigung des Erfolgs schadet nie, und so machte er noch einen vorsichtigen Vorschlag: Warum treffe sie sich nicht einfach mit Mamoulian und schaue einmal, was er beizutragen habe? Vielleicht könnten sie zusammen noch etwas retten, diesen Film hinter sich bringen, und dann könne sie sich schön lange in Europa ausruhen. Edington war ein großartiger Agent. Seine Soldaten, meine Mutter und ich, waren bereit, nach seinen Anweisungen zu kämpfen und ihm, dem Studio und der Dietrich viel Kummer zu ersparen. Meine Mutter erklärte sich bereit, Mamoulian zu treffen, jedoch nur in Begleitung von Edington. Die Dietrich achtete immer darauf, daß der Gegner bei den ersten Zusammentreffen zahlenmäßig möglichst unterlegen war.

Rouben Mamoulian war kein typischer Hollywood-Regisseur. Er besaß keine Von-Stroheim-Stiefel und Reitpeitsche, nicht einmal die Aufgeblasenheit eines Cecil B. DeMille war ihm zu eigen. Er war der Typ Ostküste-Eliteuniversität-Grauer-Flanellanzug. Sein Jackett paßte farblich wirklich zu den Hosen und wurde von einem Brooks-Brothers-Hemd und einer bewußt gedeckten Krawatte vervollständigt. Und er war auffallend ruhig. Nein, Mamoulian war nicht einfach ruhig, er erweckte vielmehr den Eindruck, er sei ruhiggestellt. In den Segeln dieses Mannes gab es keine Stürme, und auch später bei der Arbeit mit einer Dietrich, die permanent aufbegehrte, blieb er gelassen. *Song of Songs,* der einzige Film, den sie zusammen drehten, erschien mir immer klaustrophobisch langsam, als sei er unter Wasser gedreht worden.

Auch Mamoulian hielt das Drehbuch nicht gerade für gelungen, aber man wisse nie, was man bei der Produktion noch daraus machen könne. Da er eigentlich vom Theater kam, hatte er vor, die Rolle im Laufe der Arbeit zu entwickeln. Das ist immer ein riskantes Vorhaben in einem technischen Medium und mit der Dietrich völlig ausgeschlossen. Aber das sollte er erst später herausfinden. Jetzt erzählte er ihr, wie dankbar er sei, daß ein Studio überhaupt bereit sei, ihn für eine Arbeit zu bezahlen, die er als Privileg betrachtete. Warum gingen sie nicht den Weg des geringsten Widerstandes und machten einfach, was die Paramount wollte?

»Josef von Sternberg hätte nie einen Film gemacht, an den er nicht glaubte«, verkündete meine Mutter störrisch. Sie entlockte Mamoulian keine Reaktion, aber ich bemerkte, daß Edington zusammenzuckte. Mamoulian räumte ein, daß er nicht von Sternberg sei und daran wirklich nichts ändern könne, aber er würde ihr sein Bestes geben. Schließlich habe er ihre Schönheit und ihre Begabung schon immer bewundert – und jetzt stelle er zu seiner Freude fest, daß sie auch noch sehr intelligent sei! Nach dieser Bemerkung wußte ich, daß wir *Song of Songs* machen würden! Der arme Mamoulian, er war sich nicht klar darüber, auf was er sich einließ!

Die Dietrich war noch nicht bereit zu »vergeben« und in das »feindliche Lager« zurückzukehren. Ihre Loyalität hatte nie bei ihrem Studio gelegen, sondern immer nur bei von Sternberg. Aber die Gespräche über die Kostüme mußten beginnen, und zum erstenmal fanden sie in unserem Haus statt.

Song of Songs war ein historischer Film und erforderte gewisse Recherchen. Man mußte wissen, was man sich noch erlauben konnte, ohne zu offensichtlich falsch zu liegen. Ganze Generationen beziehen ihre Geschichtskenntnisse aus Filmen, eine schreckliche Verantwortung, die von der Branche meist sehr ernst genommen, dann aber wieder völlig ignoriert wird. Im Vergleich zu heute interpretierte Hollywood die Geschichte und auch den Alltag damals viel pathetischer und machte sie so auf wunderbare Weise aufregend. Während der Wirtschaftskrise wollte niemand dafür bezahlen, die Realität zu sehen – die gab es umsonst! Travis kam beladen mit dicken Büchern aus der Abteilung für Kostümrecherche nach Santa Monica. Mich haben diese umfangreichen Sammlungen von Zeichnungen, Abbildungen und Reproduktionen aus jeder Epoche der Geschichte immer fasziniert. Es gab Bücher über »Fußbekleidung in den Jahrhunderten«, »Hüte und Kopfbedeckungen«, »Handschuhe, Taschen und Retiküle«, »Schmuck und Zierat«, »Perücken und Frisuren«, »Kinderwindeln«, »Schürzen, Schals und Stoffe«

und vieles mehr. Ich erinnere mich an einen Untertitel – dem Thema »Beinbinden bei den Wikingern« war ein eigenes Kapitel gewidmet! Weil die Paramount De Milles Studio war, belegten die Ägyptische Abteilung und die Abteilung Frühes Christentum in der Recherchenabteilung einen ganzen Raum.

Ich saß stundenlang da und blätterte in diesen Schätzen, die voller wunderbarer Informationen steckten. Auch ich bekam Geschichtsunterricht à la Hollywood. So entdeckte ich, daß in den kunstvoll aufgetürmten Perücken der Damen am Hofe Ludwigs XIV. kleine Fallen für die Mäuse angebracht waren, die es sich in den hohen Kreationen aus schmutzigem gepudertem Pferdehaar bequem machten. Wer brauchte bei solch ausgefallenen Kenntnissen schon die Schule? Da meine Mutter es immer noch nicht für nötig hielt, daß ihre »brillante« achtjährige Tochter zur Schule ging, ließ man mich inmitten der Windeln keltischer Bauern in Frieden. Als ich dann später richtigen Unterricht erhielt, war ich schon zu alt, um die Grundregeln von Grammatik, Rechtschreibung und Arithmetik in mich aufzunehmen. Was jedoch Windeln anbetraf, hätte ich überall auf der Welt eine Eins plus bekommen können!

Jetzt richteten wir unsere Aufmerksamkeit auf Muffe, Hermelinschwänze und Volants an den Säumen der Röcke zur Zeit Eduards VII. Von all den schönen Kostümen in *Song of Songs* gefiel meiner Mutter ihre Version ihres Abendkleides am besten. Sie wußte, daß sie darin einfach großartig aussah. Daß das Kostüm historisch nicht genau stimmte, wurde völlig ignoriert. Und wer dachte bei dem atemberaubenden schulterfreien schwarzen Samt und dem prachtvollen Hut mit den Reiherfedern schon an Authentizität! Cecil Beaton bildete dieses Kostüm einige Jahre später für *My Fair Lady* nach, doch er konnte nicht diese prächtigen Federn verwenden – sie waren zu diesem Zeitpunkt bereits verboten. In den zwanziger und dreißiger Jahren wurde das Schöne zum »Schmuck des Menschen« noch wahllos dahingeschlachtet. Die späteren Tierschutzgesetze nahm meine Mutter sehr persönlich. Sie waren ihr ein Greuel. Wer wagte es, der Dietrich zu verbieten, Baby-Robbe zu tragen, wenn sie das nun mal wollte. Jahrelang schmuggelte sie Paradiesvogelfedern von einem Land ins andere und verwahrte sie schließlich sorgfältig zwischen großen Bogen säurefreiem Seidenpapier in alten Schrankkoffern. Tierhäute und die zerrissenen, mottenzerfressenen Überreste alter Pelze und Kostüme erfuhren dieselbe archivarische Behandlung und gammelten friedlich vor sich hin, niemals benutzt, aber auch niemals preisgegeben, und niemals vergessen.

Der erste Teil von *Song of Songs* inspirierte das schöpferische Talent meiner Mutter nicht. Sie brachte mit ein paar Verschönerungen einfach wieder ihr »nettes junges Bauernmädchen« aus *X.27* und machte von dort aus weiter.

*

Wir waren immer noch in der Vorbereitungsphase der Produktion: Weder waren die Frisuren festgelegt noch das überaus wichtige Brautkleid entworfen; nichts war endgültig entschieden und »in Arbeit gegeben« – wie man im Studio sagte, wenn der Stoff endlich zugeschnitten und an die vielen Näherinnen weitergegeben worden war. Und in dieser Situation kam es in unserem Haus zu einer Krise. Es ging um meine Kinderfrau Becky. Sie hatte sich verliebt! Ich weiß es nicht sicher, aber ich glaube, es war der Metzger. Nun war es im Haushalt meiner Mutter schon skandalös genug, sich in jemand anderen zu verlieben als in sie selbst, aber dann auch noch heiraten zu wollen und zu kündigen – das war der Gipfel! Meine Mutter hütete ihre eigene Privatsphäre zwar fanatisch, hatte aber nicht den geringsten Respekt vor dem Privatleben anderer Menschen. So war unser Haus erfüllt von dem ängstlichen Schluchzen Beckys, während meine Mutter ihr mit schriller Stimme und preußischem Pflichtbewußtsein Fahnenflucht und Undankbarkeit vorwarf. Schließlich floh Becky wie die kleine Eva aus *Onkel Toms Hütte* über den Pacific Highway und wurde nie wieder gesehen. Ich muß ohne sie traurig und einsam gewesen sein, aber ich erinnere mich nicht daran. Das liegt vielleicht an den Ereignissen, die sich direkt an Beckys Flucht anschlossen. Wie immer, wenn meine Mutter Schwierigkeiten hatte, rief sie meinen Vater an. Der transatlantische Notruf meiner Mutter, daß man ihr »mit dem Kind« helfen müsse, bewog meinen Vater zu einer weiteren langen Reise nach Amerika, und diesmal brachte er Tami mit, damit sie sich um mich kümmerte. Ich war so glücklich, daß ich, wie ich zu meiner Schande gestehen muß, Becky und ihre hingebungsvolle Liebe gleich vergaß.

Während wir auf Ersatz für Becky warteten, wurden die »Boys« dazu abkommandiert, auf »das Kind« aufzupassen, wenn es im Meer oder im Swimmingpool schwamm. Ich bewegte mich inzwischen zwar wie ein Fisch im Wasser, aber sie zitterten dennoch, daß etwas passieren könnte und sie zur Rechenschaft gezogen würden. Wir konnten uns nicht leiden, und ich machte ihnen das Leben sicherlich ausgesprochen schwer. Wahrscheinlich tauchte ich im Tiefen und blieb möglichst lange unter Wasser, bis sie völlig verzweifelt waren. Als die beiden »nicht mehr konnten«, erklärte sich Mercedes de Acosta bereit, die Aufgabe zu übernehmen. Sie hätte alles getan, um in die Nähe ihrer Goldenen zu kommen. Eigentlich war ich damals schon so alt, daß ich gar nicht mehr in diesem Maße beaufsichtigt werden mußte. Aber es hielt alle in Atem, und meine Mutter war beruhigt.

Endlich lernte die Dietrich auch ihren neuen Co-Star kennen. Brian Aherne ahnte nicht, daß er praktisch schon akzeptiert war, bevor sie ein Wort mit ihm gewechselt hatte. Er war Engländer und deshalb automatisch »kultiviert«, kam vom Theater und stand deshalb sofort weit über einem »Filmschauspieler«. Gegen ihn sprach eigentlich nur seine potentielle Dummheit, weil er eine so »dumme Rolle in einem so schlechten Film« angenommen hatte.

Der liebe Brian enttäuschte sie in keiner Hinsicht. Als ich ihn kennenlernte, machte ich einen Knicks und gab ihm die Hand. Mir gefiel dieser nette Mann sofort. Wir wurden Freunde und blieben es für immer. Er nannte mich Kater. Was er mir für ein Vater war! Es dauerte nicht lange, und er war der Liebhaber meiner Mutter. Die de Acosta begann zu stören. Jedem, der den Telefonhörer abnahm und unseren spanischen Don Juan ankündigte, wurde aufgeregt signalisiert, die Hausherrin zu verleugnen. Die Dietrich war selten krank und hielt jede Form von Unpäßlichkeit für einen dummen Mangel an Selbstdisziplin, jetzt aber benutzte sie diese Ausrede gegenüber Mercedes de Acosta, und die liebte meine Mutter – und sich selbst – viel zu sehr, als daß sie dahinter eine Lüge vermutet hätte.

Ich fand nie heraus, wie meine Mutter mit all diesen Affären umging, ohne daß jemals ein Liebhaber tatsächlich bei uns einzog. Später, als ich älter war, quartierte sie mich in verschiedene Hotels und Häuser aus, wo mich Gouvernanten-Freundinnen, manche ein wenig unkonventionell und fragwürdig, beaufsichtigten. Doch solange ich noch ein »Kind« war, saß niemals ein Fremder im Schlafanzug bei uns am Frühstückstisch, nicht einmal von Sternberg. Es gab zwar sehr viele verschiedene Interessenten für die berühmten Rühreier meiner Mutter, aber sie klingelten immer, vollständig angekleidet, an der Vordertür. Nur Sinatra und Gabin konnten die Auszeichnung für sich beanspruchen, daß die Dietrich zu ihnen kam. Sie verzichtete nur selten auf den

Komfort ihrer eigenen vier Wände und erwartete von allen, die an ihrem Bett Andacht hielten, bei ihr zu übernachten. Diese Aktivitäten im Morgengrauen müssen für alle Beteiligten ausgesprochen strapaziös und unbequem gewesen sein: aufstehen, anziehen, nach Hause fahren, nur um ein paar Stunden später zurückzukehren, als sei nichts »passiert«. Meine Mutter war gewiß die einzige, die »wegen des Kindes« auf diesem Theater bestand.

Es gab ihr allerdings auch Zeit für ihr Ritual der »Eiswasser- und Essigspülung«. Der am meisten gehütete und wertvollste Besitz meiner Mutter war außer ihrem Mieder ihr pinkfarbener Gummiballon für die Spülungen. Sie hatte immer einen in Gebrauch und mindestens vier als Ersatz, falls einer einmal undicht werden sollte. Weißer Essig von »Heinz« wurde gleich kastenweise gekauft. Obwohl sie 1944 das Diaphragma entdeckte und sich ein Dutzend kaufte, bevor sie in den Krieg zog, wurde selbst dann noch ihr vertrauter Gummiballon als erste und besonders wichtige Utensilie zur Erfüllung ihrer Pflichten auf der anderen Seite des Atlantiks eingepackt. Wie meine Mutter es schaffte, in all diesen Jahren nicht mehrmals schwanger zu werden, erstaunte mich immer wieder. Nur einmal versagte ihre verläßliche Essig- und Eiswassermethode, und das verzieh sie ihrem Co-Star nie! Er war der Schuldige – nicht ihr treuer Gummiballon, der war schuldlos! Er konnte nicht versagen. Mit vierundsechzig Jahren und schrecklich verliebt in irgendeinen neuen Mann fragte meine Mutter mich 1965 bei einem Anruf aus Australien: »Liebling, was ist ein – ich buchstabiere, es ist ein schwieriges Wort: K wie Karl, O wie Ozean, N wie Nancy, D Denver, O Ozean, M Marlene.« In solchen Augenblicken fragte ich mich immer, ob das Fräulein vom Amt wohl mithörte. Ich beschrieb das fragliche Ding genau und erklärte seine Funktion.

»Ach, das«, rief sie, »*das* laß ich sie nie benutzen. So was Blödes! Sie müssen im Dunkeln damit herumfummeln. Wenn ich ihnen sage, sie brauchen es nicht zu benutzen, dann sind sie immer so nett und dankbar.« Damals in ihren jungen Jahren war all die Schauspielerei und Heimlichtuerei, scheinbar zu meinem Wohl, wirklich unnötig. Ich war daran gewöhnt, daß immer irgend jemand bei meiner Mutter war. Ich machte mir keine Gedanken um ihr Geschlecht oder darüber, warum sie da waren. Wenn sie mir teure Puppen mitbrachten und viel Aufhebens wegen des »hübschen Kindes« machten, mochte ich sie nicht und ging ihnen aus dem Weg. Wenn sie sich nicht bemüßigt fühlten, sich um das Kind zu bemühen, weil sie mit der Mutter »beschäftigt« waren, respektierte ich sie, wie etwa von Sternberg und Gabin.

Wenn sie mich als eigenständiges Wesen behandelten und entsprechend respektierten, wie das Brian Aherne tat, liebte ich sie. Einige meiner besten Freunde kamen aus den Reihen der Liebhaber meiner Mutter. Mein Leben war so verrückt, daß es schwer zu verstehen und ebenso schwer zu akzeptieren ist, das weiß ich. Aber das gilt nur, wenn man es an normalen Maßstäben mißt. Ich kannte keine Familie, bei der ich Vergleiche anstellen konnte. Und außer dem recht theatralischen, aber frustrierten Katholizismus meines Vaters hatte ich keine religiöse Erziehung bekommen, die mir wenigstens ein gewisses moralisches Fundament geboten hätte. Wenn man nicht weiß, was eine »normale« Familie ist, wie soll man dann erkennen, daß die eigene Familie nicht normal ist? Meine Mutter war entweder verliebt oder gerade nicht mehr verliebt oder im Begriff, sich zu verlieben – und das ständig. Waren nicht alle Mütter so? Als ich endlich meine erste richtige Familie kennenlernte, schlief der Ehemann mit meiner Mutter und die Ehefrau hätte gerne dasselbe getan. Obwohl ich mich mit ihrer Tochter anfreundete, konnte ich meine Vorstellungen von »Normalität« anhand dieses Familienlebens sicherlich nicht korrigieren.

Ich verurteilte meine Mutter nie wegen ihrer emotionalen Unersättlichkeit, sondern nur wegen der Art, wie sie mit den Menschen umsprang, die sie liebten. Gelegentlich war es peinlich, wie schnell ihre Bettgenossen wechselten, aber das lernte man im Laufe der Jahre zu ignorieren. Ich hätte ihren Lebenswandel noch mehr verabscheut, hätte sexuelle Lust sie angetrieben. Aber alles, was die Dietrich je wollte, brauchte und ersehnte, waren Romantik, Erklärungen absoluter Ergebenheit und lyrische Leidenschaft. Den dazugehörigen Sex akzeptierte sie als die unvermeidliche Bürde, die jede Frau zu tragen hatte. Das erklärte sie mir in vollem Ernst. Ich war eine erwachsene Frau und hatte eine eigene Familie, aber sie meinte, ich brauche dennoch einen gewissen sexualkundlichen Unterricht:

»Sie wollen dir immer ihr ›Ding‹ reinstecken – nur das wollen sie. Wenn du es sie nicht sofort tun läßt, sagen sie, daß du sie nicht liebst, und werden wütend und gehen!« Sie bevorzugte Fellatio, damit hatte sie die Situation im Griff. Und europäische Frauen waren bekannt für ihr Talent darin.

Die Dietrich schwärmte auch für impotente Männer. »Sie sind nett. Du kannst schlafen, und es ist *cozy!*« Von ihr angenommene amerikanische Ausdrücke sprach sie immer sehr betont aus. Solche *cozy*-Männer verehrten sie natürlich. Ihr mangelndes Interesse und ihr offensichtliches Vergnügen trotz des Handikaps dieser Männer führten gewöhnlich zu wundersamen Heilungen. Aber wenn sie ihr sexuelles Gleichgewicht wiedergefunden hatten, hatte die Dietrich genug und ließ sie sitzen.

Für ein paar Tage unterbrachen wir alle vorbereitenden Arbeiten für *Song of Songs*. Sogar unser charmanter Engländer trat vorübergehend in den Hintergrund. Wir waren sehr geschäftig, machten die Zimmer fertig und bereiteten alles für die Ankunft meines Vaters und Tamis vor. Alles, was Papi möglicherweise brauchte, wollte und mochte, wurde beschafft. Diesmal mußten wir auch Tamis potentielle Bedürfnisse voraussehen. Die Regale und Schränke im Badezimmer meiner Mutter wurden geplündert. Alle Cremes und Lotionen, die die Dietrich niemals benutzte, alles, was Tami dankbar annehmen konnte, wurde in ihr Zimmer geschafft. Das war die Generalprobe für die fortan gebilligte Verfahrensweise, wann immer Tami bei uns »en famille« lebte. Sie wurde immer in dem Zimmer neben meiner Mutter und gegenüber dem meines Vaters untergebracht. Sogar in den vielen Hotels, in denen wir gemeinsam wohnten, wurde diese Regelung beibehalten. Glaubten sie denn wirklich, daß ich in voller Unschuld nichts von den Schlafarrangements ahnte? All diese komplizierten, dramatisch inszenierten Manöver, um zu verschleiern, was so offensichtlich war? Alles, weil »das Kind es nicht wissen darf«!? Vielleicht gab es noch einen anderen Grund – vielleicht wollte man diese liebe, empfindsame Frau permanent an ihre wahre Position als »Mätresse« des Ehemannes im Reich seiner Frau erinnern? Wie fürchtete sich Tami, entdeckt zu werden, wenn sie all die Jahre über in all den eleganten Häusern und vornehmen Hotels, die wir bewohnten, nachts über den Flur zum Schlafzimmer meines Vaters schlich. Ich fragte mich oft, warum sie sich das gefallen ließ. Damals war ich noch zu jung, um die zerstörerische Macht obsessiver Liebe zu kennen und zu wissen, wie leicht sie von anderen für ihre Zwecke mißbraucht werden kann. Im Jahr 1933 war ich zwar sehr erfahren, was die verschiedenen Beziehungen zwischen Mann und Frau und zwischen Frau und Frau anging und was verweichlichte Männer, Habgier, Heuchelei und verzehrende Mutterliebe betraf, aber von Sex wußte ich überhaupt nichts, weder von seiner biologischen Funktion noch von seiner emotionalen. Mir war auch nicht klar, daß ein physischer Akt etwas mit den verschiedenen Beziehungen um mich herum zu tun hatte. Auch später, als ich viel älter war und wußte, was im Schlafzimmer meines Vaters vor sich ging, hatte ich dasselbe Gefühl, wie in der Zeit meiner Unschuld – es tat mir einfach leid, daß diese liebe Frau sich über den Flur schleichen und schämen mußte. Diese Farce um Tamis Stellung in der Dietrich-Sieber-Ehe hörte auch nicht auf, als ich eine erwachsene Frau mit eigener Familie war und man mit Sicherheit annehmen konnte, daß »das Kind« jetzt Bescheid wußte! Im Jahr 1944 trat meine Mutter der USO bei und zog für Ruhm und Ehre in den Krieg. Eine Zeitlang lebte ich damals in der New Yorker Wohnung meines Vaters. Kaum war meine Mutter weg, zog Tami wieder in das Schlafzimmer meines Vaters. Nach all den Jahren der Täuschung genossen Tami und ich erleichtert diese plötzliche luxuriöse Offenheit. Mein Vater verstand unsere Reaktion überhaupt nicht. Und tatsächlich: Als unsere »Kriegsheldin« heimkehrte, zog Tami wieder in ihr kleines Zimmer am Ende des Flurs. Mein Vater war damals siebenundvierzig, die Dietrich zweiundvierzig, und ich war zwanzig. Dennoch wurde die grausame kleine Reise nach Jerusalem mit den Schlafzimmern beibehalten, sobald meine Mutter anwesend war, obwohl meine Mutter und mein Vater niemals, nicht einmal in meiner frühesten Kindheitserinnerung, zusammen in einem Zimmer geschlafen haben. Das wäre vermutlich zuviel verlangt gewesen, auch wenn es um das »Wohl des Kindes« ging.

Endlich brach der große Tag an. Ich durfte allein zum Bahnhof nach Pasadena fahren und meinen Vater und Tami abholen. Jahre später verstand ich, daß die Dietrich gerade in dieser prekären Zeit ihrer Karriere kein weiteres Foto der »glücklichen Familie« auf den Titelseiten haben wollte – diesmal mit Tami anstelle von Sternbergs. Aber an jenem Tag war ich einfach glücklich darüber, daß ich allein mit meinem Leibwächter Tami begrüßen durfte. Ich hatte sie so lange nicht gesehen. Wir umarmten uns weinend und lachend zugleich.

Bald hatten sich alle eingerichtet, und das Zusammenleben funktionierte. Für meine Mutter begannen die Anproben, doch ich begleitete sie jetzt nicht ins Studio, sondern blieb zu Hause. Die Dietrich erzählte allen:

»Rudi liebt den Strand. Warum soll ich ihn bitten, darauf zu verzichten! Die Anproben würden ihn nur langweilen. Laß sie alle Spaß haben!« Und sie lächelte und seufzte tapfer – die ewige Ernährerin derjenigen, die in der Sonne dösten. Rudi war in Wirklichkeit sehr beschäftigt, er schloß neue Freundschaften. Mit seinem österreichischen Charme erörterte er mit Fred Perry die Geschichte des Tennisschlägers, lauschte verständnisvoll Mercedes de Acosta, plauderte mit den »Boys«, suchte mit seinem alten Kameraden Chevalier nach verbotenen Spirituosen und fragte sich, warum die neue britische Eroberung seiner Frau sich nicht blicken ließ. Doch der Gedanke, den Ehemann der Frau kennenzulernen, die er liebte, war ein bißchen zuviel für Brians anständige Vorstellung vom Lauf der Welt. Tami putzte, kochte ihre wunderbaren russischen Gerichte und liebte mich ohne Getue und Anmaßung. Wenn meine Mutter von der Arbeit heimkehrte, war der Tisch gedeckt, ein köstliches Abendbrot vorbereitet, das Haus blitzblank sauber und das »Kind« zufrieden. Tami erhielt natürlich nie ein Wort der Anerkennung oder des Dankes, da sie nur das tat, wozu sie hergebracht worden war.

Tami schwamm, wie meine Mutter, wie ein schwangerer Frosch, aber im Gegensatz zu meiner Mutter hatte sie keine Angst vor dem Wasser und war bereit, sich von mir das »amerikanische« Kraulen beibringen zu lassen. Da mein strenger Vater uns beide nervös machte, hielten wir unsere Übungsstunden heimlich ab, wenn er im Haus über den Büchern meiner Mutter saß und versuchte, sie vor dem Ruin zu bewahren. Diese Aufgabe erwartete ihn bei jedem Besuch. Er gab vor, sich über diese Pflicht zu ärgern, aber insgeheim liebte er die Herausforderung, das permanente finanzielle Chaos meiner Mutter zu ordnen. Jetzt hatte ich sogar jemanden, mit dem ich verschwinden konnte, sobald die »Boys« erschienen oder Dracula auftauchte mit seinem kalkweißen Gesicht und stets »vor Liebe vergehend«. Tami war das bunte Gefolge meiner Mutter ebenso unheimlich wie mir, und so unternahmen wir ausgedehnte Spaziergänge am Strand. Wenn Tami neben mir ging, störte mich nicht einmal der Schatten von mir im Straßenanzug, der mir unablässig folgte. Ich baute ihr Sandburgen und versicherte ihr, daß der amerikanische Sand weitaus besser sei als der Sand in Swinemünde. Sie liebte Eiscreme-Sodas, Malzschokolade, Hamburger mit all den Beilagen, ganz Amerika und mich! Tami hatte so viele nette Eigenschaften, daß ich vergessen hatte, wie un-deutsch sie war. Sie fand sogar Goethe ziemlich morbid. Das war es! Ich wußte, warum ich sie so liebhatte!

Unser Weißer Prinz kam immer seltener. Ihre schriftlichen Ergüsse erreichten uns zwar weiterhin, aber meine Mutter ärgerte sich über ihre Regelmäßigkeit. Offensichtlich hatten die süßlichen Gefühlsausbrüche Mercedes de Acostas endlich ihren Reiz eingebüßt. So war es immer bei meiner Mutter. Irgendwann kam der Augenblick, an dem aus dem »meistgeliebten« Menschen der »bestgehaßte« wurde. Man brauchte sich nur zurückzulehnen und zu warten. Es war unvermeidlich. Irgendwann, irgendwo, irgendwie ging der Liebhaber, der Freund, der einmal Umworbene, der Angebetete, das unbedingt gebrauchte Wesen zu weit, beging den fatalen Fehler, welcher es auch immer sein mochte, irgendwann und peng! Die private Tür der Dietrich knallte zu. Jedem blühte einmal dieses Schicksal. Jetzt war die Zeit des Weißen Prinzen nahe. Meine Mutter hatte genug von »Greta hat dies getan« und »Greta hat das getan« und dem Bedürfnis der de Acosta, ihr das zu erzählen.

Meine Goldene,
... meine wahren Gefühle gegenüber Greta erklären zu wollen, wäre unmöglich, denn ich verstehe mich selbst nicht. Ich bin mir bewußt, daß ich mir in meinen Gefühlen einen Menschen geschaffen habe, den es nicht gibt. Mein Verstand sieht den wahren Menschen – ein schwedisches Dienstmädchen mit einem Gesicht, das Gott berührt hat, doch dieses Mädchen interessiert sich nur für Geld, das eigene Wohlergehen, Sex, Essen und Schlafen. Und doch täuscht ihr Gesicht meinen Verstand, und meine Seele macht aus ihr etwas, das mit meinem Gehirn kämpft. Ich liebe sie, aber ich liebe nur den Menschen, den ich geschaffen habe, und nicht den Menschen, der wirklich existiert ...
Bis zu meinem achtzehnten Lebensjahr war ich auf fanatische Weise religiös. Dann lernte ich Duse kennen, und bis ich Greta begegnete, widmete ich mich ihr mit demselben Fanatismus, den ich dann schließlich auf Greta übertrug. Doch diese Phasen des Fanatismus haben mich nicht davon abgehalten, auch andere Menschen zu lieben – das scheint eine andere Seite meines Wesens zu sein. So war es mit Dir. Ich war so leidenschaftlich in Dich verliebt. Ich könnte es immer noch sein, wenn ich mich gehenließe.

Meine Mutter blickte auf und sagte zu meinem Vater:
»Warte, bis du dieses liest von der Acosta! Sie wird ›sich gehenlassen‹? Was für 'ne Eifersucht!« Sie wandte sich wieder ihrem Brief zu:

Wenn ich Dir fern bin, sehne ich mich oft schrecklich nach Dir, und mir geht es immer so, wenn ich bei Dir bin. Ich weiß, Du hast meine Sehnsucht gespürt, weil ich es gemerkt habe, wenn Du sie gespürt hast.
Ich bin nur, was ich bin, und Gott weiß, daß ich alles in meinem Leben dafür geben würde, anders zu sein. Du wirst sehen, daß ich diesen ›Wahnsinn‹ überwinden werde, und dann wirst Du mich vielleicht wieder ein bißchen lieben. Aber wenn ich ihn überwinde, zu wem soll ich dann beten? Und was wird dann dieses graue Leben mit Sternenglanz erfüllen?
Ich möchte Dir gegenüber eine Sache richtigstellen und Dir sagen, daß ich dem Studio gegenüber nie so getan habe, als sei ich mit Greta befreundet, wenn dem nicht so war! Greta sagte mir dreieinhalb Jahre lang immer wieder, daß sie unbedingt ›Jeanne d'Arc‹ spielen will, und bat mich, das Drehbuch zu schreiben. In Carmel sagte sie wieder, sie würde die Jungfrau lieber spielen als alles andere, und klagte darüber, daß die Hepburn es machen würde.

Meine Mutter runzelte die Stirn! Sie schüttelte den Kopf, zündete sich eine Zigarette an – dieser Brief schien nicht enden zu wollen.
»Papi. Sie schreibt wieder davon, daß die Garbo die ›Jeanne d'Arc‹ spielen will. Was für ein Blödsinn! Kannst du dir vorstellen, die Garbo, wenn sie Stimmen hört? So religiös à la Schweden? Die junge Hepburn wäre auch schrecklich, aber wenigstens ›von starken Gefühlen bewegt‹ und schrecklich elegant, während sie auf dem Scheiterhaufen verbrennt!«
Mein Vater lachte, meine Mutter konzentrierte sich auf ihren Brief.

Als ich zum Studio zurückkehrte, teilten sie mir die *Kameliendame* zu. Ich sagte ihnen, daß Greta diesen Film sicherlich nicht drehen würde. Darauf fragte Thalberg, ob ich wisse, was sie gerne spielen würde. Ich schlug ›Jeanne d'Arc‹ vor und sagte wahrheitsgemäß, daß sie mir viele Male gesagt habe, sie wünsche sich diese Rolle.
Vielleicht bedeutet Dir dieser Brief nichts. Aber ich werde die Tage und Nächte immer hochhalten, die Du mich geliebt hast, und Deine wunderbaren Versuche, mich aus meinen schwermütigen Stimmungen zu reißen. Vielleicht waren sie doch nicht so

vergeblich, wie Du meinst, denn jetzt blicke ich zu ihnen zurück wie zu etwas Wunderbarem und Außergewöhnlichem, und sie geben mir Kraft.
Liebes, ich küsse Dich – überall. Und ich küsse Deine Seele ebenso wie Deinen wunderschönen Körper.

Meine Mutter ließ den Weißen Prinzen zappeln. Sie hatte Wichtigeres zu tun. Das Studio kam mit einer weiteren Forderung: Man erwartete von ihr, daß sie für die nackte Statue Modell stand, die in *Song of Songs* eine wichtige Rolle spielte. Zu diesem Zeitpunkt war meine Mutter jedoch der Ansicht, sie habe sich für diesen Film genügend »prostituiert«. Das war ihr Lieblingsausdruck, wenn sie aus finanziellen Gründen etwas machte, von dem sie von vornherein wußte, daß es nur mittelmäßig sein würde. Also lehnte sie ab und teilte dem Studio mit, man könne den Körper einer beliebigen schönen Frau nehmen, den Kopf der Dietrich draufsetzen und veröffentlichen, daß die Dietrich für die Statue in dem Film nackt Modell gestanden habe. Die Schundblätter würden das schlucken!

»Die dummen Fans glauben ohnehin alles, was sie lesen«, war ihr abschließender Kommentar. Aber es gab einen anderen, viel wichtigeren Grund für ihre Weigerung, nackt Modell zu stehen: ihre Brüste. Sie behauptete zwar immer, sie habe zwei perfekte Hügel aus Alabaster meinem gierigen Säuglingsmund geopfert, aber ich entdeckte, daß ich an einer derartigen Zerstörung unschuldig war. Die Dietrich, jung oder alt, hatte schreckliche Brüste – sie hingen lasch und schlaff herunter. Büstenhalter und schließlich ihr geheimes »Mieder« waren unser Leben lang die wichtigsten Kleidungsstücke, denn sie erwartete von allen aus ihrem echten inneren Kreis, daß sie unter diesem Handikap mitlitten.

Die Dietrich kaufte jede Marke und jedes Modell eines jeden Büstenhalters, der jemals entworfen wurde. Wenn sie meinte, genau den richtigen gefunden zu haben, bestellte sie gleich Dutzende, die dann doch nur in irgendwelchen Kisten endeten, weil auch sie letztlich nicht das gewünschte Resultat erbracht hatten. Unser erster Gang nach der Ankunft in einer neuen Stadt oder einem neuen Land führte uns immer in die Wäschegeschäfte. Vielleicht würden wir ja dieses Mal das magisch geschnittene Modell finden, das ihre, wie sie sich auszudrücken pflegte, »häßlichen« Brüste in die kessen, straffen Drüsen verwandelte, die sie sich so wünschte. Anproben waren eine Qual. Zu allen Blusen, Kleidern, Pullovern gehörten jeweils eigene Büstenhalter, die niemals vertauscht wurden. Wir hatten sie immer in besonders gekennzeichneten Umschlägen »für Anproben« dabei. Wenn bei tiefausgeschnittenen Kleidern kein Modell den gewünschten stützenden Effekt brachte, modellierten breite Klebestreifen das Fleisch und brachten es in die ästhetische Form einer jungen, perfekt gebauten Frau. Erst als später ihr erstaunliches Mieder entworfen war, das bestgehütete Geheimnis der Dietrich-Legende, konnte sie beruhigt sein und perfekt aussehen, ebenso wie »nackt«, wann immer sie wollte.

Aber selbst ihr fiel nichts für jenen Augenblick ein, wenn der Liebhaber ungeduldig darauf wartete, daß sich die Perfektion endlich in Gänze zeige. Sie sammelte wunderschöne seidene Morgenröcke und perfektionierte den nahtlosen Übergang, schnell wie Quecksilber aus dem Morgenrock und unter die Bettdecke zu gleiten. Das umgekehrte Manöver beherrschte sie ebenso perfekt. Sex fand immer in absoluter Dunkelheit statt. Für längere oder besonders romantische Liaisons – »Du weißt schon, wenn du es nicht sofort tun mußt, wenn man einfach zusammen schlafen kann, nett und bequem, nicht immer das Getue!« –, für diese bevorzugten Männer also entwarf sie fließende Nachtgewänder aus Chiffon, in die fleischfarbene, hauchdünne Büstenhalter eingearbeitet waren. Das war damals gänzlich unbekannt.

»Im Leben« ist ein wunderbarer Ausspruch, mit dem ich aufgewachsen bin. Er bedeutet: Alles, was wirklich ist, im Gegensatz zu all den Dingen, die etwas mit der Arbeit eines »Filmstars« zu tun haben und deshalb unwirklich sind. Für alle, die in einer Scheinwelt leben, ist es sehr wichtig, diese Unterscheidung aufrechtzuerhalten. »Im Leben« also und allein trug die Dietrich strenge Pyjamajacken und ließ ihre Brüste hängen, wie sie wollten.

Alle Liebhaber spielten in der romantischen Phantasie meiner Mutter eine bestimmte Rolle, und meist war es ihnen gar nicht bewußt, daß ihnen von Anfang an eine Rolle zugewiesen wurde. Auch wenn sie mit ihr lebten, gehörten sie niemals »ins Leben«. Meine Mutter erfand die Drehbücher, nach denen die Liebhaber unbewußt handelten und dabei meinten, sie allein würden die Dietrich kennen, weil sie sie liebten. Doch keiner von ihnen hat sie je gekannt. Wirklichkeit und Romanze durften sich in ihrem Leben nicht überschneiden.

Die Dietrich hielt auch ihre Hände und Füße für unattraktiv und verbarg sie deshalb. Ein weiteres geflügeltes Wort meiner Kindheit war »nach der Revolution«. In den dreißiger Jahren ging man allgemein davon aus, daß die bolschewistischen Horden nach der Übernahme der Macht alle Aristokraten identifizieren und töten würden. Erkennen würden sie sie an ihren zarten, weißen Händen. Meine Mutter versicherte mir immer wieder, ich müsse mich nicht vor den Kosaken fürchten. Beim Anblick ihrer Hände würde jeder gute Russe sie sofort als Bäuerin ansprechen – eines der wenigen Male, wo sie sich mit der, wie sie meinte, »niedrigen Schicht« in Verbindung brachte. Auf Fotografien retuschierte sie immer zuerst ihre Hände. Die Finger ließ sie länger, schmaler und glatter erscheinen. »Im Leben« hielt sie ihre Hände in ausdrucksvoller Bewegung, posierte mit einer Zigarette in der Hand, steckte die Hände in die Hosentaschen oder versteckte sie in feinen Handschuhen.

Es war kein Zufall, daß die Schuhe der Dietrich so perfekt waren und immer handgefertigt. Die Anproben dauerten eine Ewigkeit, aber die Ergebnisse waren letztlich den perfekten Beinen würdig, die sie schmückten. Bei jenen verhaßten Gelegenheiten, wenn sie ihre Füße zeigen mußte, versteckte sie sie in feinen Strümpfen, Schmuck, Schmutz und Make-up wie in *Eine auswärtige Angelegenheit* und *Golden Earrings* oder in Goldfarbe und Fußreifen wie in *Kismet*.

Aber sie hielt nicht nur ihre eigenen Füße für besonders unansehnlich, sondern meinte, der menschliche Fuß an sich sei häßlich. Von Nasen war sie ebenfalls nicht begeistert! Eigentlich fand die Dietrich den Menschen insgesamt nicht besonders attraktiv. Sie war immer erstaunt, wenn sie an überfüllten Orten wie auf Flughäfen oder in Hotellobbys ganz normale Menschen sah:

»Kein Wunder, daß man *uns* so viel Geld bezahlt! Sieh nur, wie viele häßliche Menschen es auf der Welt gibt!«

Der nette Mr. Roosevelt wurde »Mr. President«, und Gladys-Marie und ihr Puppenwagen wurden nicht mehr gesehen. Alle Menschen sangen »Happy Days Are Here Again«, und meine Mutter machte sich zum einunddreißigsten Geburtstag selbst ein Geschenk. Sie sah das natürlich nicht so. Für sie war es eine Notwendigkeit. Der gedrungene grüne Rolls paßte nicht mehr zu ihrem Image. So, wie die Dietrich sich von einem Nachtklubflittchen zu einer gepflegten Femme fatale gemausert hatte, war es höchste Zeit für ihr Auto, das ebenfalls zu tun. So sahen wir einmal nicht Hochglanzaufnahmen von ihrem Gesicht durch, sondern ebenso glänzende Bilder von Automobilen.

Mit ihrem üblichen Perfektionismus und der genialen Hilfe des berühmten Karosseriedesigners Fisher wurde der Dietrichsche Cadillac spezialangefertigt und dann vor unsere Haustür geliefert. Lange bevor langgezogene Limousinen in Mode kamen, war unser neues Auto so lang, daß es weder in Amerika noch in Europa in irgendeine Garage paßte. Die außergewöhnliche Länge war auf den besonders konstruierten Kofferraum zurückzuführen, einer Art metallverkleideten Truhe mit Schubladen, die hinten aufgesetzt wurde, sowie der abgetrennten Fahrerkabine, die vorne hinausragte. Was für ein Wagen! Ein besserer Leichenwagen, mit Stil! Ich liebte die graue Innenausstattung aus Flanell, die den Verkehrslärm dämpfte wie in einem Grab. Die eingebauten Dreifachspiegel auf beiden Seiten der Rückbank, die mit einem Fingerschnalzen wie von magischer Hand erschienen und sich auffalteten, jeweils mit bereits brennender Beleuchtung, und, Wunder über Wunder, ein Radio, das sogar spielte, wenn der Wagen fuhr! Tagelang suchte ich nach dem Stecker, meine Mutter begriff nicht, wie es ohne Stecker spielen konnte. Der Boden war mit tibetanischer Ziege ausgelegt. Das wirkte so edel, daß meine Mutter diesen Bodenbelag niemals auswechseln ließ, obwohl er ihr mit der Zeit verhaßt wurde. Die langen Haare wickelten sich um ihre hohen Absätze – jedesmal, wenn sie den Wagen bestieg, stolperte sie und stürzte auf die Rückbank. Mit dem neuen Wagen kam auch ein neuer Chauffeur. Verschwunden war der gedrungene Harry in dem wuchtigen grünen Rolls. An seiner Statt kam Bridges, schlank und sexy, in dem schnittigen schwarzen Cadillac, nicht ganz so hinreißend wie das Auto, aber beinahe. Der große Unterschied bestand darin, der Wagen wußte nicht, daß er sexy war, ganz im Gegensatz zu unserem Fahrer. Seine von meiner Mutter ausgewählte Uniform stand ihm sehr gut: eine Mischung aus dem Kostüm, das Fairbanks in *Der Gefangene von Zenda* trug, und Rudolf von Österreich in Mayerling. Alles war in Schwarz gehalten und saß wie angegossen an seinem muskulösen Körper: von den hohen englischen Stiefeln, die wie Ebenholz glänzten, bis zu den Handschuhen aus weichem italienischem Leder. Es fehlte eigentlich nur noch ein Degen, um das Bild zu vervollständigen. Aber Bridges behalf sich statt dessen mit einem noblen Derringer, den er zu meinem Schutz bei sich trug.

Ich wußte immer, wann die ersten Aufnahmen begannen. Von Regisseur und Hauptdarsteller kamen lange weiße Schachteln, die aussahen wie kleine Särge und von dem einzigen eleganten Blumengeschäft in Beverly Hills kamen. Dieses Mal waren es die langstieligsten Rosen, die ich je gesehen hatte, sie kamen von Mamoulian, der den Geschmack der Dietrich bei Blumen noch nicht kannte. Brian, der schnell lernte und wußte, was ihr gefiel, schickte Tuberosen.

Die Fahrt von Santa Monica zu den Paramount-Studios dauerte länger als von Beverly Hills. Meine Mutter war im Auto sehr angespannt – wie ein Soldat, der in den Krieg zieht. Ich zog die schwarzweiße Seidenaffendecke enger um sie. So früh am Morgen war es in dieser Wüstenstadt immer kalt. Wie gewöhnlich sprach sie kein Wort. Nur einmal kurbelte sie die Trennscheibe zu Bridges hinunter und fragte, ob er die Thermoskannen dabeihabe. Sie hatte die Angewohnheit, fünf große Thermoskannen mit ihren verschiedenen Suppen, Fleischbrühen und europäischem Kaffee mit zur Arbeit zu nehmen. Wir passierten die Tore der Paramount, und ich hatte das Gefühl, es sei das erste Mal. Nellie und Dot waren da. Sie warteten auf dem Gehweg vor der Garderobe. Entlang der Straße brannten schon einige Lichter. Nellie balancierte zwei Perückenstöcke. Sie öffnete das Fliegengitter und schloß die Garderobe auf. Wie immer ging meine Mutter vor uns hinein und knipste auf dem Weg zum Schminktisch im hinteren Raum die Lichter an. Wir anderen folgten, jeder mit seiner Aufgabe: Nellie mit den beiden zu Kränzen gelegten Haarflechten, die genau auf die Haarfarbe meiner Mutter abgestimmt waren, Dot mit ihrem großen Koffer, in dem alle Schminkutensilien in zahlreichen Kästchen verstaut lagen, die sich wie eine Ziehharmonika auseinanderziehen ließen, ich mit den Schminkmänteln von meiner Mutter und mir, die auf Bügeln über meinem Arm hingen, und schließlich Bridges mit der tiefen Ledertasche, in der die Thermoskannen standen. Kein Wort war gefallen. Das war nicht ungewöhnlich. Wir waren alle gut geschult und kannten unsere Pflichten. Meine Mutter zog Hose und Pullover aus, und Dot hängte sie auf die entsprechenden Bügel in den Schrank. Ich reichte meiner Mutter den Frisierumhang. Sie band sich den Stoffgürtel fest um die Taille und krempelte die Ärmel hoch. Dot kniete sich hin, band die Männerhalbschuhe auf und ersetzte sie durch ihre beigen offenen Pantoffeln. Ich legte das grüne Zigarettenetui aus Weißblech mit den Lucky Strike und das goldene Dunhill-Feuerzeug zu dem großen Glasaschenbecher gleich neben die Dose mit den Puderquasten aus Marabufedern. Dot goß Kaffee und Sahne in die Tasse aus Meißner Porzellan. Nellie hatte mit dem Frisieren begonnen. Zuerst legte sie die Wellen, formte sie mit den Fingern, legte die aufgedrehten Haare in einem perfekten Kreis auf die Kopfhaut und steckte sie mit den langen Haarnadeln fest, die meine Mutter ihr reichte. Unglaublich, welche Fingerfertigkeit das in der Zeit vor der Haarklemme und dem Lockenwickler erforderte!

Unter der Haube lernte meine Mutter ihren Text. Das hatte ich noch nie gesehen. Bei von Sternberg war das getippte Drehbuch mehr ein Placebo, um die Studiobosse in Schach zu halten. Meine Mutter hatte immer nur zugehört, wenn er erzählte, um was es ging, dann die Kostüme erörtert und niemals nach den Dialogen gefragt. Sie wußte, wenn es soweit war, würde ihr Regisseur ihr sagen, was sie zu sagen hatte, wie sie es sagen sollte und was er für einen Ausdruck in ihren Augen sehen wollte. Es lag nicht nur an ihrer unglaublichen Disziplin, daß die Ergebnisse auf der Leinwand einfach atemberaubend waren, sondern auch an ihrem absoluten Vertrauen in das Genie ihres Mentors.

Aber Rouben Mamoulian hatte ihrer Meinung nach nichts Geniales an sich, weshalb sie sich ihm nicht anvertrauen wollte, ohne zuvor die Szene des Tages gelesen zu haben. Ich beobachtete sie. Die Dietrich hatte eine interessante Methode, ihren Text zu lernen. Sie sagte die Worte nie laut vor sich hin oder bat um ein Stichwort. Sie las die Szene einfach immer wieder durch, ohne einen Ton von sich zu geben. Erst wenn sie sicher war, daß sie die Szene im Kopf hatte, erlaubte sie sich, sich ein Stichwort geben zu lassen, aber das auch nur, wenn die Szene besonders lang war. Kurze Szenen sollten keiner Überprüfung ihres Gedächtnisses bedürfen. Sie hielt es für ihre Pflicht, all das zu wissen, was zu wissen man von ihr erwartete. Für die anderen Personen in der Szene interessierte sie sich nicht. Die anderen hatten ihre Pflichten, und sie hatte ihre. Die anderen würden tun, was ihre Pflicht war, und sie würde dasselbe tun, und der Regisseur würde daraus eine Szene machen. In einigen späteren Filmen mußte sie sich an ein konventionelleres Verfahren gewöhnen und die Szene zusammen mit den anderen Schauspielern erarbeiten. Sie fügte sich, jedoch immer mit innerem Widerstand und Ungeduld. Sie hielt den Film für etwas Technisches – laß die Maschinen und die begabten Männer, die sie bedienen, ihre Wunder vollbringen; ein Schauspieler hatte sich ruhig zu verhalten und zu tun, was ihm gesagt wurde. Wer »spielen« wollte, gehörte ins Theater.

Sie zog ein letztes Mal an der Zigarette, bevor der Mund »aufgelegt« wurde. Damals war die Lippencreme so dick, daß Zigaretten in der Schmiere klebenblieben. Das Haar wurde ausgekämmt, Probestandfotos wurden auf den Sitz der Locken hin überprüft, Flechten in Position gebracht und mit dem berühmten Westmore Twist festgesteckt – einer Art Halbstich mit einer geraden Haarnadel, die nur ganz knapp die Kopfhaut nicht durchbohrte. Der Schmerz war wirklich schrecklich! Nach einigen Aufnahmetagen war die Kopfhaut wund, aber die Haarteile bewegten sich keinen Zentimeter, und nur das hatte höchste Priorität. Die »Wardrobe Girls« kamen mit den für diesen Tag vorgesehenen Kostümen. Sie hießen immer »Girls«, gleichgültig wie alt sie waren. Die Frauen, die für die Frisur und das Make-up zuständig waren, durften die Kostüme nicht anfassen. Alle waren ausgebildete Spezialisten in ihrem Bereich, die Grenzen waren sorgfältig abgesteckt und wurden von allen Abteilungen respektiert. Jetzt war alles bereit. Die Dietrich sah perfekt aus, nicht atemberaubend, aber perfekt, und sie wußte es. Sie wartete ruhig, bis wir alles zusammengeräumt hatten, was wir für unsere Pflichten auf dem Set benötigten.

»Wir gehen!«

Die Lichter wurden gelöscht, die Tür verschlossen. Die meisten Stars ließen die Tür zu ihrer Garderobe offen, es sei denn, sie wollten nicht gestört werden. Die Dietrich verschloß sie sogar, wenn sie nicht da war. Ich stieg als erste in den Wagen. Man stieg immer vor der Dietrich ein, so konnte sie Falten in ihrem Kostüm am besten vermeiden. Diese Praxis wurde sogar »im Leben« zur Regel. Als sie in den fünfziger Jahren solche furchtbaren Schmerzen in den Beinen hatte und das vor der Presse verheimlichen wollte, half ihr das enorm, Beweglichkeit vorzutäuschen. Jedermann in ihren Diensten mußte darin unterwiesen werden, die Dietrich als letzte in ein Fahrzeug einsteigen und als erste wieder aussteigen zu lassen. Nellie saß vorne neben Bridges. Dot ging die kurze Strecke zu Fuß und traf uns am Eingang zum Aufnahmestudio. An diesem Morgen war es, glaube ich, Nr. 5. Es war genau halb neun, als sie die dick gepolsterte Tür öffnete und die Dietrich mit ihrem Gefolge eintreten ließ.

Außerhalb des erleuchteten Set ist es immer dunkel, und die Augen müssen sich nach dem hellen Sonnenlicht draußen erst an diese Dunkelheit gewöhnen. Wir suchten unseren Platz. Heutzutage stehen den Stars luxuriöse Trailers zu Verfügung. In den dreißiger Jahren mußten sie sich mit hölzernen Buden auf kleinen Rädern direkt auf dem Set begnügen, die aussahen wie kleine Zigeunerwagen. Die Beleuchtung des Schminktisches war bereits eingesteckt und brannte, und da stand auch das weltberühmte Hollywoodsymbol, der Regisseurstuhl – »Miss Dietrich« prangte in großen schwarzen Lettern auf dem Leinenrücken. Das Symbol des Privilegs, der persönliche Stuhl, auf dem kein anderer sitzen durfte. Das war auch eine von den Regeln, die von allen akzeptiert und an der festgehalten wurde.

An diesem ersten Morgen der Dreharbeiten zu *Song of Songs* fehlte ein entscheidender Gegenstand – der Spiegel meiner Mutter. Mamoulian war ruhig auf sie zugegangen und wollte ihr einen guten Morgen wünschen. Aber ich glaube, er brachte nur »Guten ...« heraus.

»*Mister Mamoulian*. Wo ist mein Spiegel?«

Mamoulian drehte sich in seinen auf Hochglanz polierten Schuhen, und sein Assistent lief herbei.

»Miss Dietrichs Spiegel – wo ist er?«

»Miss Dietrichs Spiegel? Ich fürchte, ich verstehe nicht, Sir!«

»Schaffen Sie ihn sofort her – bitte.«

Die Augenbrauen meiner Mutter hoben sich bei dem so ungewöhnlichen »bitte« ein wenig, aber sie sagte nichts.

Plötzlich polterte es, und der lebensgroße Spiegel auf Rollen rumpelte in Sicht. Ich beobachtete Mamoulians Miene und sah, daß er gedacht hatte, wir suchten einen normalen Handspiegel und nicht dieses Mammutgerät mit eigener Anschlußdose und dicken Kabeln.

Ein Elektriker steckte den Stecker ein, und die Studioarbeiter positionierten den Spiegel auf Anweisung meiner Mutter, so daß sie sich von ihren Positionsmarkierungen aus selbst genau so sah, wie sie durch die Kamera gesehen werden würde. Mamoulian und Victor Milner, der Kameramann, sahen mit wachsendem Respekt zu. Sie waren fasziniert. Sie hatte in Sekundenschnelle die genaue Position für die erste Einstellung erkannt! Wir erlebten an jenem Tag einige denkwürdige Augenblicke. Beim fünften Versuch an diesem Morgen wußte sie, daß sie in Schwierigkeiten war. Mamoulian hatte ihr keine einzige Zeile interpretiert. Beim sechsten Versuch wartete sie gerade so lange, bis das Geräusch der Klappe zu hören war, hob die Hand zu dem herabhängenden Mikrofon, zog den Galgen zu ihrem Mund herab und flüsterte mit voller Verstärkung ihr Leid hinein: »Jo – wo bist du?« Ihr Aufschrei drang bis in die letzte Ecke des weitläufigen Aufnahmestudios. Das ganze Team hielt den Atem an. Nellie, Dot und ich atmeten überhaupt nicht mehr, alle Augen waren auf Mamoulian gerichtet. Die Kamera lief noch. Ruhig rief unser Regisseur: »Schnitt«, und dann: »Sollen wir es noch einmal versuchen?«

Alle atmeten auf. Später wandte sich der Toningenieur direkt an sie, statt, wie sie es gewohnt war, an ihren Regisseur.

»Marlene, kann ich auf dem letzten Satz mehr Stimme haben? Ein bißchen mehr Ton?«

Einen Augenblick lang war sie überrascht. Ohne von Sternberg war die Dietrich plötzlich ansprechbar. Zunächst mißfiel ihr das, aber später genoß sie dieses neue Gefühl der Kameraderie. In späteren Filmen wurde sie sogar ein richtiger »Kumpel« – sie verbrüderte sich mit dem Team, bemutterte einzelne Günstlinge, allerdings immer ein wenig wie eine höhergestellte Gutsherrin. Sie schaffte es nie, mit anderen Menschen so locker und natürlich umzugehen wie die Amerikaner.

Sie wiederholte die Szene und legte etwas mehr Ton in ihre Stimme. Als Mamoulian rief: »Schnitt!«, verriet ihr erstaunter Blick alles. Sie trat aus dem Set und sagte im Halbdunkel mit sanfter Stimme:

»Mister Mamoulian, ich kann das besser.«

»Warum, Marlene? Da war perfekt. Machen wir Lunchpause.«

Wir fuhren schweigend in die Garderobe zurück, niemand wagte zu sprechen. Vor der Tür wartete der PR-Mann für *Song of Songs*. Ohne um Erlaubnis zu bitten, folgte er uns in die Garderobe. Er verkündete, daß er gerade eben einen Anruf von Louella Parsons direkt zur privaten Leitung meiner Mutter durchgestellt habe. Noch während er die Dietrich über diese ketzerische Handlung informierte, klingelte das Telefon. Er nahm ab, erwiderte den Gruß der Klatschkolumnistin und versicherte ihr, daß »Marleen« direkt neben ihm stehe und es nicht erwarten könne, mit ihr zu sprechen. Damit streckte er meiner Mutter den Hörer direkt vor ihr erschrockenes Gesicht.

Sie war in die Enge getrieben. Man legte nicht einfach auf, wenn die einflußreichste Kolumnistin Hollywoods am Apparat war. Jahre später rächte sie sich und tat es regelmäßig, jetzt aber noch nicht. Ihr deutscher Akzent wurde deutlicher, als sie versuchte, ihren Zorn zu verbergen:

»Ja, es war sehr angenehm an diesem ersten Tag. Ja, Mr. Mamoulian war charmant, ja, auch sehr talentiert. Ja, ich freue mich auf die Zusammenarbeit mit Mr. Aherne. Ja, der Film wird sicher interessant. Aber ich habe nur die Mittagspause, um die Maske zu erneuern, bitte entschuldigen Sie mich. Ich muß mich jetzt verabschieden und auflegen.«

Fast hätte sie den Hörer auf die Gabel geknallt.

»Nun – gut – Marleen. Kurz, aber großartig! Um fünf Uhr haben wir ein Interview hier mit Fotos. Mit *Photoplay*, großartig, was? Tragen Sie einfach einen tollen Morgenrock, so als ob man Sie beim Ausspannen überrascht hätte. Und zeigen Sie ein bißchen Bein!«

»Mister Mamoulian wird das niemals erlauben«, sagte sie wie zu sich selbst. Sie irrte. Mamoulian hatte bereits sein Okay gegeben, erfuhr sie. Sorgfältig suchte sie eine Zigarette aus dem verspiegelten Kasten, nahm das Tischfeuerzeug aus Kristall, ignorierte die Flamme, die ihr der leutselige PR-Mann hinhielt, und blies den Rauch aus. Dann erklärte sie ihm, seiner Abteilung, dem Paramount Studio und Gott sehr gemessen und sehr deutlich:

»Miss Dietrich wird um sechs Uhr zur Verfügung stehen und keine Minute früher! Miss Dietrich wird tragen, was *sie* für richtig hält. Miss Dietrich wird nicht über Herrn von Sternberg reden. Miss Dietrich wird nur Fragen beantworten, die sich auf diesen Film beziehen. Miss Dietrich wird das Interview nur so lange führen, wie *sie* meint, es sei dem Film zuträglich. Fragen über ihr Privatleben sind nicht gestattet. Sie werden das Interview genau um sechs Uhr dreißig beenden, und zwar höflich!«

»Aber ... Miss ...«

Sie warf ihm einen ihrer eisigen Blicke zu. Sie war noch nicht fertig mit ihm und der Welt.

»Danach wird ohne meine Zustimmung nichts, aber auch gar nichts mehr arrangiert, angesetzt oder beschlossen! Und jetzt gehen Sie und machen Mittag!« Nellie mußte ihn geradezu aus der Garderobe hinausführen. Von Sternberg hatte sie den Wölfen vorgeworfen? Also gut! Die Dietrich beschloß an jenem ersten Tag des ersten Films ohne seinen Schutz, Marlene Dietrich selbst zu beschützen! Niemand tat das je besser.

Unterdessen war von Sternberg in Berlin und verhandelte über eine mögliche Koproduktion mit der Ufa. Der Haß auf die Juden, der in der deutschen Gesellschaft schon lange gärte, stand kurz vor dem offenen Ausbruch und sollten das Gewissen der Welt für immer verändern. Mein ständig besorgter Vater rief von Sternberg in Berlin an und versuchte, ihm klarzumachen, in welcher Gefahr er schwebte. Weder sein angenommenes arisches »von« noch sein amerikanischer Paß würden ihn schützen, wenn er zu lange in Deutschland bliebe. Dickköpfig ignorierte Jo die Gefahr. Er reagierte vielmehr auf die begeisterten Kommentare meiner Mutter über die Dreharbeiten zu *Song of Songs*, die in der deutschen Presse erschienen waren.

MARLENE
HOLLYWOOD
FREUT MICH DASS DIR DAS FILMEN SO GEFÄLLT STOP SCHADE
DASS ICH ES NICHT GESCHAFFT HABE DIR DIE ARBEIT ANGE-
NEHM ZU MACHEN STOP ICH DRÜCKE DIR DIE DAUMEN FÜR
DEINEN NEUEN FILM STOP HOFFE DASS ES DEIN BESTER WIRD
STOP LAG MIT GRIPPE IM HOTEL ABER BIN BALD WIEDER AUF
DEN BEINEN DA FIEBER BEREITS GESUNKEN STOP KÜSSE KATER
UND DANKE FÜR DIE WUNDERBAREN BILDER KÜSSE GUTE ZEIT

Meine Mutter rief umgehend in Berlin an. Wie konnte er – ausgerechnet er – glauben, was in den Zeitungen stand? Wußte er denn nicht, daß sie jede Sekunde dieses Filmes zutiefst verabscheute? Daß sie nur ihn liebte? Daß ohne ihn alles trübselig und mittelmäßig war?

»Da ist kein Gesicht. Ich habe die Muster gesehen. Ich sehe hübsch aus – wie ein Filmsternchen! Nichts Geheimnisvolles! Und manchmal sehe ich sogar dick aus! Sie können es einfach nicht. Was soll ich ihnen sagen, was sie tun sollen?«

Von Sternberg telegrafierte seine Antwort sofort. Glücklich, daß sie ihn immer noch brauchte, nahm er das Wort »Küsse«, um die Punkte zu kennzeichnen. Wie gewöhnlich schickte er das Telegramm an die Telegrammadresse meiner Mutter: »Marlene Hollywood«. Da es in den Vereinigten Staaten nur eine Marlene gab, konnte das als offizielle Anschrift gelten, ohne daß die Gefahr einer Verwechslung bestand. Im Jahr 1933 konnte jede andere mit Namen Marlene höchstens drei Jahre alt sein.

MARLENE
HOLLYWOOD
DANK FÜR DEINE STIMME KÜSSE DU SOLLTEST MICH ÖFTER
ANRUFEN SONST BIN ICH VÖLLIG BENOMMEN KÜSSE ICH
WEISS GENAU WAS DU GERADE DURCHMACHST UND ICH
HÄTTE ES DIR HELLSEHERISCH VORHERSAGEN KÖNNEN ABER
ES WAR UNVERMEIDLICH DENN ALS ICH FORTGING WAR ICH
SO FERTIG UND NIEDERGESCHLAGEN DASS ES MIR
UNMÖGLICH GEWESEN WÄRE EINEN FILM ZU DREHEN KÜSSE
ZEIG DEINEM KAMERAMANN UNSERE ALTEN FILME SIE
KÖNNEN IHM FÜR DIE BELEUCHTUNG HILFREICH SEIN DEN-
NOCH WIRD DICH NIEMAND JEMALS SO DARSTELLEN WIE ICH
ES GETAN HABE WEIL DICH NIEMAND SO SEHR LIEBT WIE ICH

Meine Mutter war intelligent genug zu erkennen, daß von Sternberg sich vieles selbstherrlich erlauben konnte, die Dietrich jedoch nicht. Man packte nicht einen etablierten, geachteten Kameramann am Kragen, zog ihn in den Vorführraum und lehrte ihn seinen eigenen Beruf, indem man ihm das Talent eines anderen vorführte. Allerdings mietete sie in aller Stille einen der privaten Vorführräume des Studios an und arrangierte eine Vorführung von *Marokko* und *Schanghai Express*. Die Mitarbeiter bei der Ausgabe der bestellten Filme müssen gedacht haben, die Dietrich fröne einer narzißtischen Orgie. Kaum ein Mensch verstand je die Fähigkeit meiner Mutter, sich in der dritten Person zu sehen – ein Ding, ein Produkt der Meisterklasse, das ständig auf kleinste Fehler überprüft wurde, die sofort erkannt, korrigiert, verbessert, poliert wurden. Eine meisterhafte Schöpfung. Von Sternberg und sie, die Erfinder und Hüter des Heiligtums für über fünfzig Jahre.

Sie nahm mich mit. Ich sah *Marokko* zum erstenmal. Und ebenso zum erstenmal sah ich einen Film mit den Augen des Profis, nicht eines Zuschauers. Meine Mutter ließ *Marokko* zweimal vorführen, und dann sah ich für den Rest des Tages *Schanghai Express* an. Sie war dabei, der begabte Beleuchter und Kameramann zu werden, der sie ihr ganzes Leben bleiben würde. Sie hatte ein instinktives Gefühl für Schwarz und Weiß, für das Spiel von Licht und Schatten. Als Jahre später die Farbe kam, fand sie es langweilig. »Kein Geheimnis mehr«, sagte sie.

Es war draußen schon dunkel, als wir den Vorführraum verließen. Wir hatten den ganzen Tag gearbeitet, aber keine einzige Notiz gemacht. Das war typisch Dietrich. Sie schrieb sich nie etwas auf; das machten andere, die »zu dumm waren, sich zu erinnern«. Wir fuhren nach Hause. De Acosta kam zum Abendessen. Wir aßen Tamis Bœuf Stroganoff. Meine Mutter erklärte jede Szene der Filme, die wir gesehen hatten, beschrieb jede Aufnahme, jeden Ausdruck, und jeder hörte auf seine Weise zu.

Am nächsten Morgen fuhren wir um halb fünf weg und waren um acht auf dem Set. Die Männer setzten noch die Lichter für die erste Einstellung des Tages. Meine Mutter durchquerte den Set. Sie beschattete die Augen mit der Hand, sah zum Gitter hinauf und überlegte sich Lichtquellen und Positionen. Wieder hielt das Team den Atem an. Irgend etwas war im Gange. Diesmal ging die Dietrich zu weit. Sie überschritt Grenzen, die in der Branche als heilig und unverletzlich galten. Sie sah über die Schulter auf ihr Bild im Spiegel, der heute auf seiner Positionsmarkierung wartete. Sie warf einen raschen Blick auf die Gruppe, die bei der Kamera stand, dann auf Mamoulian, der sich von seinem Stuhl erhoben hatte.

»Mit Ihrer Erlaubnis, meine Herren«, und ohne auf ihre Zustimmung zu warten, gab sie den Männern, die die Scheinwerfer oben bedienten, ihre Anweisungen.

»Da – Sie da oben – links. Kommen Sie ein bißchen runter mit dem Licht. Nicht so schnell! Langsam, noch ein bißchen. Langsam, noch ein bißchen. STOP! SO BLEIBT ES!« Sie hatte in ihrem Spiegel den Augenblick gesehen, in dem der Scheinwerfer eingerastet werden mußte. Jetzt machte sie sich an den Dschungel der Lampen mit weniger Wattleistung, die an einzelnen Ständern hingen, und dann an die überaus wichtigen Punktscheinwerfer. Sie löschte mit Licht aus und füllte es dann langsam wieder auf. Schatten erschienen, gaben Form und Betonung. Der Respekt vor ihrer Kenntnis und Fähigkeit war in der Atmosphäre auf dem Set buchstäblich spürbar. Sie warf noch einmal einen Blick auf ihr Spiegelbild, straffte ihre Schultern, korrigierte ihre Kopfhaltung, brachte ihre erstaunliche Ruhe auf ihr Gesicht und blickte direkt in die Kamera. Mamoulian hob den Sucher, und »Shanghai Lily« in ihrer ganzen strahlenden Schönheit sah ihn an. Respektvoll senkte er die Linse, warf einen Blick auf das ehrfürchtige Gesicht seines Kameramanns. Ohne Bitterkeit ging er über ihr empörendes Verhalten hinweg und sagte nur:

»Wunderbar, Marlene! Einfach wunderbar!«

Sie schaute auf, suchte mit den Augen die Männer in den Schatten hinter den Lichtern, erhob eine Hand zum Salut und sagte ganz sanft:

»Ich danke Ihnen, meine Herren!« Und diese bulligen Männer rissen ihre groben Arbeitshandschuhe herunter und applaudierten.

Sie hatte es geschafft! Ganz allein hatte sie erreicht, was sie sich vorgenommen hatte! Ich war so stolz auf sie – ich hätte sie küssen können! Das konnte ich natürlich nicht, wegen des Make-ups, aber ich hätte es gern getan.

Danach war vieles anders. Meine Mutter hatte das Kommando über den Filmstar Marlene Dietrich übernommen. Andere Bereiche ihres Lebens verloren für sie an Bedeutung. Außerdem war *Song of Songs* der erste Film, bei dem der Regisseur nach der Arbeit nicht mit zu ihr nach Hause kam und seine Rolle als Arbeitgeber-Liebhaber fortsetzte. Sie konnte plötzlich tun, was sie wollte, und ihre Partner frei wählen, ohne daß eine argwöhnische »Ehemannfigur« herumstrich, um irgend etwas zu entdecken und ihr Vorwürfe zu machen. Der wirkliche Ehemann spionierte oder verurteilte nie, das taten die geliebten Ersatzmänner. Eine sehr lästige Eigenschaft, die sie immer in Rage brachte.

»Warum können die nicht so sein wie Papi?« sagte sie. »Warum müssen sie alles so kompliziert machen?«

Diese verschiedenen gleichzeitigen Liebesbeziehungen waren zuweilen recht verwickelt, aber meine Mutter war eine großartige Geschichtenerfinderin und ließ ihre erdichtete Unschuld mit vollendetem Geschick glaubhaft erscheinen. Aus irgendeinem Grund fielen die meisten Liebhaber auf sie herein. Ihre Leichtgläubigkeit erstaunte mich, aber die meisten Verliebten verlieren ja ohnehin ihren Verstand.

Chevalier gab es immer noch, und er betete meine Mutter weiterhin in »gallischer« Manier an. Er schenkte ihr einen prächtigen viereckigen Smaragdring. Das war der einzige makellose Stein, den sie je von einem Liebhaber bekam und der Beginn ihrer Leidenschaft für Smaragde. Von Steinbergs wunderschöne Saphire verblaßten im Vergleich damit. Daß dieser seltene Edelstein ausgerechnet von dem »selbst für einen Franzosen unwahrscheinlich großen Geizhals« kam, amüsierte sie immer wieder. Nach Chevaliers Tod im Jahr 1972 trank meine Mutter sofort riesige Mengen von dem harntreibenden Mineralwasser Contrexeville.

»Er konnte nicht pinkeln, deshalb starb er!« erklärte sie. »Ich werde nicht daran sterben! Aber Chevalier war so knickerig, daß er wahrscheinlich nicht einmal seinen Urin umsonst hergeben wollte!«

Mercedes de Acosta geriet langsam in Verzweiflung und bot meiner Mutter allerlei Dienste an:

> Ich bringe Dir an Dein Bett, wen Du willst! Und das nicht, weil ich Dich nur ein wenig liebe, sondern weil ich Dich so sehr liebe! Mein wunderschönes Etwas!

Ich frage mich, was passiert wäre, wenn meine Mutter von ihrem Angebot Gebrauch gemacht und gesagt hätte ... »Bring mir die Garbo!«

Mein Vater hatte die Haushaltsführung und meine Betreuung offenbar zu seiner Zufriedenheit arrangiert, denn seine Überseekoffer aus Rindsleder standen fertig gepackt bereit für den Lastwagen der Paramount. Tami besaß jetzt einen Koffer mehr für all die Kleider, die meine Mutter ihr geschenkt hatte. Mit gebleichten Haaren wäre sie als

197

Arme-Leute-Version der Dietrich durchgegangen; vermutlich war sie das ohnehin, auch ohne Wasserstoffsuperoxyd. Ich wollte, daß sie bei mir blieb, doch sprach ich einen solch abwegigen Wunsch natürlich nie aus. Ich wußte, daß sie zu meinem Vater gehörte. So fuhren sie zum Bahnhof, zum Zug, zum Schiff und nach Paris. Tami und ich weinten, meine Mutter und mein Vater nicht. Ich erinnere mich nicht, wer oder was die Aufgabe übernahm, auf mich innerhalb des Hauses aufzupassen. Draußen gab es weiterhin die Leibwächter. Sie bewachten mich und den heißen Pazifikstrand in kompletten Straßenanzügen, die unter den Achseln eine deutlich sichtbare Wölbung aufwiesen. Raffinierte Tarnung war nie ihre Stärke. Sie waren aber sehr lieb und versuchten, mit dem Hintergrund zu verschmelzen, was auf einem leeren Strand allerdings recht schwer war.

Fred Perry ging irgendwo verloren. Ich glaube, in Richtung Constance Bennett, die zu jener Zeit Tennisspieler sammelte. Brian kam wieder. Er war romantisch verliebt und brachte zur Sicherheit noch ein bißchen British-Empire-Eleganz mit. Als er Jahre später Robert Browning in *Die Barretts von Wimpole Street* spielte, versetzte mich seine Darstellung zurück in die Zeit von *Song of Songs* und das Haus in Santa Monica. Seine Freude war so offensichtlich, und die Erinnerungen an seine Affäre mit meiner Mutter stammen aus glücklichen Tagen. Das heißt, bis auch für ihn die Zeit kam und er gekränkt und verwirrt war, nicht wissend, was ihn getroffen hatte. In den ersten Monaten des Jahres 1933 aber hatte Brian keine Ahnung davon, was ihn erwartete, und war deshalb unglaublich glücklich.

Brian gehörte bald zum Inventar, und die üblichen Groupies ergriffen die Flucht. Auch deshalb liebte ich ihn. Und wie leicht war es, ihn zu lieben! Er war ein freundlicher Mensch, der niemanden kritisierte. Mein erstes Buch mit Shakespeare-Dramen bekam ich von ihm, und er brachte mir bei, sie nicht nur auf englisch zu lesen, sondern auch zu verstehen, wenigstens teilweise. Er ging sogar mit mir – nur wir beide – ins Biltmore-Theater im Zentrum von Los Angeles. Man fuhr doch nicht so weit – niemals! –, damit ich *HMS Pinafore* sehen konnte, meine erste Operette von Gilbert und Sullivan. Er nahm dieses Kind des Zelluloids und machte es mit dem Zauber des Theaters bekannt! Ich konnte es nicht fassen! Sollte es wirklich etwas Magisches geben, an dem meine Mutter nicht Anteil hatte? Erstaunlich! Mit acht Jahren war Brian Aherne mein großer Schwarm, und dieses Verhältnis zu ihm änderte sich nie, sondern reifte zu einer treuen Freundschaft. Ich war ihm immer dankbar für alles, was er für mich getan hatte.

In meiner Kindheit hatte ich zwei echte Freunde, von denen ich lernte. Tami brachte mir bei, was Unglück bedeutet, und Brian zeigte mir, daß es mich gab, daß die Nabelschnur, mit der meine Mutter mich festband, ihr Werk war, und nicht das der Natur. Ich war noch zu jung, um alles zu begreifen, aber ich spürte, daß diese beiden Menschen mich liebten, einfach mich, ohne daß ich irgend etwas Besonderes getan hatte, um mir ihre Liebe zu verdienen. Konnte man mich vielleicht auch lieben, ohne daß meine Mutter die Ursache oder das Ziel dieser Liebe war? Ich behielt diese berauschende Entdeckung für mich und schützte sie wie einen wertvollen Besitz vor menschlichem Vandalismus. Während ich älter wurde, hortete ich alles, was für mich wichtig war. Ich beobachtete, hörte zu, redete nur, wenn ich gefragt wurde, und sagte auch dann gewöhnlich nur das, was die Erwachsenen hören wollten. Ich hatte erstaunliche Übung im Heucheln. Meine Mutter hatte das »perfekte« Kind. Sie übernahm stolz die volle Verantwortung für meine untadeligen Manieren, für die aufrechte Haltung, die gekreuzten Knöchel, die im Schoß gefalteten Hände. Ich war immer folgsam, gehorchte bereitwillig, war aber doch interessiert und intelligent und stellte ihre exzellente Erziehung unter Beweis, wenn ich von Mitarbeitern oder anderen Profis angesprochen wurde. Meine Tischmanieren waren tadellos – fünf Gabeln und fünf Weingläser verschiedener Größe brachten mich nicht durcheinander, doch ließen sie auf ein langes Mahl schließen, und das fand ich langweilig und ermüdend. Aber ich korrigierte meine bereits aufrechte Haltung, lächelte höflich und wartete, bis die hinreißende Mutter angefangen hatte zu essen, bevor ich das korrekte Werkzeug heraussuchte und den ersten Bissen Mousse de Canard à l'Orange in den Mund schob.

Ich werde immer argwöhnisch, wenn ich Kinder mit perfekten Manieren und ihre selbstzufriedenen Eltern beobachte. Ich versuche immer herauszufinden, ob sich hinter diesem idealen Äußeren nicht vielleicht ein echtes Kind versteckt, das sich sehnt, frei zu sein.

Dank meines Vaters hatte ich eine Tutorin, die vormittags zu uns ins Haus kam und mich in deutscher Literatur unterrichtete. Sie hatte Anweisung von meiner Mutter, daß »eigentlich nur Goethe wirklich zählt« und danach gleich die Kalligraphie komme. So wurde mir das Schönschreiben in der alten deutschen Schrift beigebracht, und ich lernte nichts als ein gewisses Geschick in der Pflege und im Gebrauch von Federspitzen. Ich bin immer noch geübt in der Herstellung von Tintenwischern aus Filz. Nach solcherart mühseligem und produktivem Unterricht holte mich der Chauffeur um die Mittagszeit ab und brachte mich nach Fantasien, meiner liebsten Wirklichkeit. Es war gut, daß meine Mutter mich nicht zur Schule schickte. Mit »erst« acht Jahren wäre ich wahrscheinlich sogar im Kindergarten durchgefallen.

Wenn ich meine Steptanzstunden hatte, ging ich nicht ins Studio. Ich hatte Ruby Keeler in *Die 42. Straße* gesehen und sofort gewußt, daß ein kurzer Faltenrock und blanke Stepschuhen meine wahre Bestimmung waren. Umgehend wurden ein tragbarer Tanzboden aus Holz und das entsprechende Kostüm im Studio geordert. Mit dem Tanzboden kam ein muskulöser unbeschwerter Steptänzer, der sich – fälschlicherweise – für Busby Berkeley hielt. Er klapperte mit den beschlagenen Absätzen und überreichte mir riesige weiße Stepschuhe aus Satin. Ich sah aus wie Minnie Mouse, und wir bemühten uns tapfer, meinen Traum zu erfüllen. Ich kam bis »Shuffle off to Buffalo« und einer grotesken Version von »SuzyQ«, und einigte mich dann mit ihm, daß meine Bestimmung woanders liegen mußte. Aber er brauchte das Geld und mußte sich mit der Tanzabteilung des Studios gutstellen, und von mir wurde erwartet, daß ich tat, was man mir sagte, zumal wenn ich selbst darum gebeten hatte. So kamen wir überein, daß ich die Kurbel des Grammophons bediente, während er tanzte.

Abends kam meine Mutter nach Hause und erzählte mir, was sich den Tag über im Studio ereignet hatte:
»Liebling, du hättest heute dabeisein müssen. Brian war zu komisch. Du kennst die Szene, in der wir romantisch verliebt Hand in Hand den Hügel hinauflaufen müssen. Wir sind also auf dem echten Hügel auf dem Studiogelände, und sie haben ihn noch zusätzlich mit falschem Gras bestreut, damit er wirklicher aussehe. Wir wiederholten die Szene immer wieder wie bei Herrn von Sternberg. Brian kann einfach nicht richtig rennen – da nützen ihm auch seine langen englischen Beine nichts. Im Theater lernt man eben nicht, wie man Hügel hinaufrennt. Nach jeder Aufnahme mußten sie uns säubern – das falsche Gras klebt einfach überall. Die Maske wurde erneuert und die Frisur. Inmitten von Sonne, Scheinwerfern, Spiegeln, Wind und den Käfern, die den Klebstoff unter dem Gras mochten, sahen Brian und ich einfach katastrophal aus, keine Spur romantisch! Dann kauern

wir wieder in dem falschen Gras, warten auf ›AUFNAHME‹, damit wir ins Bild kommen und rennen können. Plötzlich schaut Brian nach unten und erspäht eine winzige Grasschlange. Er wird weiß, packt meine Hand und rennt den Hügel hinauf – und mich zieht er hinter sich her. Er ist zu Tode erschrocken und rennt und rennt! Mamoulian schreit: ›SCHNITT‹, und ich rufe: ›Wir sind an unseren Positionsmarkierungen schon vorbei. Du kannst anhalten!‹. Aber er rennt weiter. Wir wären inzwischen in Pasadena, wenn nicht jemand Brian gepackt und festgehalten hätte – wirklich festgehalten! Mamoulian schrie immer noch ›SCHNITT!‹. Ich hatte auf der verrückten Flucht einen meiner schicken Schuhe verloren, und natürlich haben sie diese Aufnahme kopiert! Mamoulian war überglücklich, daß Brian es endlich richtig hingekriegt hatte. Wenn sie wüßten – die Schlange war es!«

So kamen und gingen die sonnigen Tage. Die Aufnahmen zu *Song of Songs* näherten sich dem Ende. Meine Mutter kochte immer noch, aber nur an den Tagen, an denen sie sich nicht bereithalten mußte – oder wenn Brian zum Essen blieb. Unsere sonntäglichen Backorgien fanden natürlich weiterhin statt. Gleichgültig, wie heiß es war, der Ofen meiner Mutter rauchte! Und immer dasselbe Rezept! Wenn man den besten Gugelhupf der Welt machen kann, warum sollte man dann etwas anderes backen? Genau wie mit ihrer Karriere: Versuche nicht, an der Perfektion zu basteln, wiederhole sie einfach!

*

Meine Mutter drehte an diesem Nachmittag die Szene mit dem Abendkleid aus Samt. Und ich mühte mich mit meiner deutschen Schönschreibkunst ab, als plötzlich mein Heft in die eine Richtung rutschte und meine Hand in die andere flog. Der Schreibtisch bewegte sich auf die gegenüberliegende Wand zu, und es schleuderte mich vom Stuhl auf das blaue Linoleum. Meine Lehrerin schrie, packte mich am Arm und rannte mit mir zur Haupttreppe. Wir versuchten runterzukommen, aber es kam uns etwas entgegen: Der riesige Kronleuchter schwang unter der Kuppel, und Hunderte von Kristallen klirrten.

»Wir müssen runter und uns in den Türrahmen stellen – das ist der einzige sichere Ort!« rief meine Lehrerin. Sie muß eine echte Kalifornierin gewesen sein, an Erdbeben gewöhnt. Wir erreichten die Vordertür. Im selben Augenblick krachte hinter uns der Kronleuchter zu Boden, daß das Glas nur so spritzte. Wir rissen die schwere Tür auf, da rutschte unter gewaltigem Getöse die Böschung auf den Pacific Highway und blockierte ihn mit Erde und entwurzelten Palmen. Der Lärm war unvorstellbar. Plötzlich hörte alles auf, und es herrschte absolute Stille! Die Palmen schienen noch zu zittern, als sie sich in den Schmutz senkten; einen Augenblick lang befand sich alles in einem Schwebezustand – dann fingen Menschen an zu schreien und von allen Seiten heulten Sirenen. Wir waren in Sicherheit, aber meine Mutter hatte keine Möglichkeit, sich dessen zu versichern.

Sie war auf dem Set, als das Beben anfing. Die Studioarbeiter auf den Beleuchtungsbrücken, die immer besonders gefährdet waren, packten beim ersten Erdstoß, der das Aufnahmestudio erschütterte, mit der einen Hand ihre Sicherheitsgeländer und mit der anderen ihre riesigen Bogenlampen. Der weiträumige Set leerte sich in Sekunden. Meine Mutter raffte ihren langen Rock bis hoch an die Taille und rannte zu ihrer Garderobe. Ihr einziger Gedanke war, an ein Telefon zu gelangen und mich anzurufen. Sie rannte über die schwankende Straße und war schon fast an ihrer Tür, da lief ihr Chevalier in den Weg. Er hatte die Arme ausgebreitet, um sie aufzufangen, und rief: »Mon amour, wenigstens können wir zusammen sterben!« Wann immer meine Mutter diese Geschichte erzählte, erklärte sie das »wenigstens« damit, daß sie wegen Chevaliers Impotenz nicht miteinander schlafen konnten – aber »sterben«? Das konnten sie miteinander: »Wenigstens?« Sie hielt nicht einmal an, sondern wich ihm einfach aus. Bevor sie jedoch die Tür zu ihrer Garderobe erreichte, stieß sie mit einer bekannten Schauspielerin zusammen, an deren Namen sie sich einfach nicht erinnern konnte. Jedenfalls sagte der Star ohne Namen angeblich: »Warum rennen Sie so, Marlene?«

Darauf rief meine Mutter, wie sie erzählte, nach Luft ringend: »Mein Kind! Ich muß mein Kind erreichen! Sie ist in Santa Monica!«

»Regen Sie sich nicht auf. Es ist sicher alles in Ordnung – meine Kinder sind auch dort, und ich mache mir keine Sorgen.«

Da schrie meine Mutter sie an: »Ja, aber *Ihre* Kinder sind adoptiert!«

Fairerweise muß ich sagen, daß meine Mutter, wenn sie diese Geschichte erzählte, immer hinzufügte: »War das nicht schrecklich von mir, so etwas zu sagen. Aber es stimmte. Wie konnte sie mich verstehen, sie hatte nie ein eigenes Kind.«

Da alle Telefonleitungen tot waren, wußte auch ich nicht, ob meiner Mutter bei dem Erdbeben etwas zugestoßen war. Long Beach, ein paar

Kilometer die Küste hinunter, war dem Erdboden gleich, aber unser griechischer Tempel stand noch, nur der Swimmingpool war jetzt im Spielzimmer, und der Boden der Eingangshalle war mit pulverisiertem Glas bedeckt.

Meine Mutter brachte uns für die Nacht im Beverly-Wilshire-Hotel unter. Als die Telefonleitungen repariert waren, sprachen wir miteinander und verabredeten uns im Hotel, weil sie auf der verschütteten Straße nicht durchkam. Auf der Fahrt dorthin weinte das Dienstmädchen meiner Mutter und murmelte vor sich hin: »In Deutschland gibt es keine Erdbeben! Niemals!« Dieses ganze Drama war natürlich sehr aufregend, und außerdem war ich ausgesprochen gern im Beverly Wilshire – im dortigen Drugstore gab es die besten schwarzweißen Eiskremsodas in ganz Hollywood! Meine Mutter und ich teilten uns ein Doppelzimmer. Vor dem Zubettgehen stellten wir unsere Zahnputzgläser so auf den Nachttisch, daß sich die Ränder beinahe berührten. Wenn und falls irgendwelche Nachbeben kämen, würden die Gläser sich bewegen und mit einem Klirren aneinanderstoßen, das ausreichte, zwei nervöse Schläferinnen aufzuwecken und sie vor weiteren Gefahren zu warnen.

Unsere Gläser weckten uns oft in dieser Nacht. Jedesmal hasteten wir über die Treppe die sechs Stockwerke zur Lobby hinunter und trafen dort auf die anderen panischen Hotelbewohner in ihren prächtigen Morgenmänteln. Die Benutzung der Lifte war zu gefährlich und deshalb untersagt. Nach jedem unheilverkündenden Rumpeln stiegen wir wieder zu unserer Suite hinauf und legten uns schlafen, nur um kurze Zeit später wieder geweckt zu werden und unsere Fluchtszene zu wiederholen. Nachdem wir diese den Marx Brothers würdige Einlage fünf- oder sechsmal gebracht hatten, stellte ich unsere Gläser weiter auseinander und erklärte meiner Mutter, Erdbeben hin oder her, sie sei am nächsten Morgen früh dran und brauche daher ihren Schlaf. Sie stimmte mir zu. Und wenn wirklich etwas Schreckliches passieren sollte, würden wir *zusammen sterben*. Meine Mutter war immer zufrieden, wenn die Möglichkeit bestand, daß die Menschen, die sie liebte, mit ihr zusammen sterben könnten. Der arme Chevalier wäre am Boden zerstört, hätte er gewußt, daß er nicht in Frage kam! Die wenigen auserwählten Privilegierten, welche die Ehre hatten, mit ihr sterben zu dürfen, wurden allerdings nie nach ihren Präferenzen gefragt. Ganz selbstverständlich würden wir das Ende willkommen heißen – natürlich nur in ihrer Gesellschaft.

Am Morgen stand das Beverly-Wilshire-Hotel noch, und die Rezeption kündigte telefonisch an, daß Miss Dietrichs Wagen und Chauffeur bereitstünden. Es war ein ganz normaler Arbeitstag. Paramount schickte Männer mit Schläuchen, die das Wasser des Swimmingpools aus unserem Haus pumpten, und die Requisite hängte einen neuen Kristalleuchter auf. Da die Versailles-Leuchter alle für einen Film gebraucht wurden, erhielten wir statt dessen ein Franz-Josef-Modell. Es sah sehr schön aus. Österreichisches Empire paßte gut zu griechischer Antike à la Hollywood. Den Chlorgeruch allerdings bekamen wir nicht mehr aus dem Haus. Mein Steptanzboden aus Holz faulte wegen der Feuchtigkeit und roch schimmlig. Da wurden meine Tanzstunden abgesagt, und Ruby Keeler war für immer in Sicherheit.

Mamoulian sah mager aus, aber glücklich, und mit melodiöser Stimme sprach er die immer anrührenden Worte: »Okay, Jungs, das war's!« *Song of Songs* war im »Kasten«. Er küßte meine Mutter zärtlich auf die Wange und wurde dabei tatsächlich rot. Auch nach all den Wochen der Anspannung und der Meinungsverschiedenheiten verehrte er sie noch.

Wenn ein Film endgültig fertiggestellt war, feierte das Team ein Abschiedsfest. Es war immer ein riesiges Familienspektakel – jeder liebte jeden, und alle Kriegsbeile waren begraben. Die wichtigen Leute überreichten sich und den Mitgliedern des Teams Geschenke. Meine Mutter war zu Recht berühmt für die ihren: aufgeschnittene Zwanzig-Dollar-Goldstücke, in die papierdünne Uhren eingepaßt waren, wobei eine Hälfte des Goldstückes als Deckel diente, der auf den Druck einer kleinen Feder am Rand hin aufsprang, oder goldene Armbanduhren von Patek Philippe mit schwarzen oder braunen Armbändern aus Krokodilleder. Sie hatte ein Faible für Herrenuhren und verschenkte sie immer mit eingravierten persönlichen Botschaften auf der Rückseite und ihrer einmaligen Unterschrift. Goldene Zigarettenetuis und wertvolle Manschettenknöpfe kamen an dritter Stelle, danach folgten Brieftaschen aus Krokodilleder mit oder ohne goldene Einfassungen an den Ecken, goldene Feuerzeuge und so weiter die Liste der Luxusgegenstände hinunter. Für die wenigen Frauen gab es Klips von Cartier. Bei denen, die sie bevorzugte, waren sie mit Diamanten besetzt, bei den anderen mit Rubinen, dann mit Saphiren oder gehämmertem Gold, weiter unten in der Hierarchie folgten Handtaschen, Schals und Parfüms.

Brian hatte ein Engagement in London. In seinem Vertrag hatte er sich ausbedungen, daß er jederzeit nach England zurückkehren dürfe und nach Ende der Dreharbeiten nicht, wie sonst üblich, vor Ort ausharren müsse, falls er für Neuaufnahmen benötigt würde. Sein Abschied fiel uns nicht allzuschwer, denn wir würden ihn bald irgendwo in Europa wiedersehen. Also küßten wir beide unseren liebsten Engländer und sagten auf Wiedersehen. Im Blumengeschäft gab er den Auftrag, meiner Mutter jeden Tag ein Dutzend Tuberosen zuzustellen, und trat dann großtuerisch von unserer Bühne ab. Meine Mutter verhielt sich wie das sprichwörtliche Pferd, das am Zügel reißt, weil es den nahen Stall riecht. Bald konnte sie Hollywood hinter sich lassen.

MARLENE
HOLLYWOOD
WÜRDE OHNE NEUEN AMERIKANISCHEN VERTRAG IN DER
HAND NICHT NACH DEUTSCHLAND FAHREN DENN DANN
KANN DICH NIEMAND DARAN HINDERN DEUTSCHLAND ZU
VERLASSEN STOP ALLES LIEBE KÜSSE
PAPI

Sie tobte natürlich. Das bedeutete eine weitere Verzögerung. Aber sie wußte, daß mein Vater wahrscheinlich recht hatte. Edington handelte seit Beginn der Dreharbeiten zu *Song of Songs* einen neuen Vertrag für sie aus. Jetzt erlaubte sie ihm endlich, ihr den Vertrag zu zeigen. Als er ihr zusicherte, daß sie auch weiterhin gegen das Drehbuch und den Regisseur ihr Veto einlegen könne, unterschrieb sie ohne weitere Diskussionen. Die Klauseln, die eine fixe Zahl von Filmen pro Jahr festsetzten, und die ansehnliche Honorarerhöhung waren für sie nur zweitrangig. Freie Wahl, besonders das vertraglich zugesicherte Recht auf freie Wahl, das war für sie der wichtigste Teil eines jeden Vertrages.

Mein Vater, allzeit der vorsichtige Wachhund und informierte Reiseberater, telegrafierte nach einem Aufklärungseinsatz im nationalsozialistischen Deutschland aus der wiedererlangten Sicherheit von Paris:

MARLENE
SANTA MONICA
LAGE IN BERLIN SCHRECKLICH JEDER RÄT DAVON AB DASS DU
KOMMST STOP DIE MEISTEN BARS UND THEATER SIND
GESCHLOSSEN STOP KINOS UNMÖGLICH STRASSEN LEER ALLE

JUDEN VON PARAMOUNT BERLIN SIND ÜBER WIEN PRAG
NACH PARIS GESCHAFFT WORDEN STOP ICH ERWARTE DICH IN
CHERBOURG TELEGRAPHIERE WANN UND WIE VIELE ZIMMER
UND FÜR WIE LANGE STOP HABE FÜNF PAKETE MIT FOTOS
ERHALTEN FANTASTISCH GROSSARTIG ICH ERWARTE DICH
SEHNSÜCHTIGE KÜSSE

PAPI

Meine Mutter war nicht allzu betrübt; wenn sie nur Amerika verlassen konnte, war ihr auch Paris genehm. Wir konnten unsere Reservationen auf der *Europa* beibehalten, da sie Cherbourg anlief, bevor sie in ihrem deutschen Heimathafen Bremerhaven anlegte. Wir begannen, alles in Listen zu schreiben, was wir mitnehmen wollten, und mein Vater suchte das perfekte Hotel für die perfekte Frau, die diese kostspielige Reise mit dem Vertrag finanzierte, für Polydor sechs neue Lieder aufzunehmen. Polydor hatte bereits ihre Schallplatten zu *Der Blaue Engel* und *Marokko* herausgegeben.

Das Gerücht, daß die Stadtväter von Paris die Dietrich in Männerkleidung nicht einlassen würden, machte weltweit Schlagzeilen. Ob das tatsächlich stimmte oder nur ein brillanter, sehr erfolgreicher Werbegag war, wurde nie zu meiner Zufriedenheit bewiesen. Jahre später wandte das Connaught Hotel in London dieselbe Taktik gegen die Hosen der Dietrich an, und dieses Mal leistete ihr Katharine Hepburn Gesellschaft in ihrem »Deluxe Hotel Exile«. Wieder machte sich die Weltpresse gierig darüber her. Ein Gag, der dreißig Jahre lang einschlägt, kann nicht ganz schlecht sein! Sicher weiß ich nur, daß die Geschichte, wie meiner Mutter in Hosen der Zugang zu den Pariser Boulevards verwehrt wurde, immer als lustige Anekdote erörtert wurde, nicht als persönlicher Affront. Wenn je eine Stadt die Kühnheit besessen hätte, der Dietrich wegen unanständiger Kleidung den Zutritt zu verweigern, hätte das wohl nicht nur ein süffisantes Grinsen und leises Lachen provoziert, sondern einen Zornesausbruch, gegen den Dantes Inferno verblaßt wäre.

Dennoch suchte mein Vater aus irgendwelchen Gründen ein Hotel außerhalb von Paris, während für meine Mutter im Studio die lange und ermüdende Schufterei mit den Porträtaufnahmen für Werbezwekke begann – zum erstenmal ohne von Sternbergs liebendes und magisches Auge unter dem schwarzen Tuch der Mattscheibenkamera. Tage der Vorbereitung, in denen private und professionelle Kleider, Accessoires, Schmuck, die Frisur, der Hintergrund und die Requisiten des Porträtateliers im Studio zusammengetragen wurden. Nicht nur die Forderung der Geschäftsleitung nach »privatem« Material über die Dietrich mußte erfüllt werden, sondern man benötigte für die Fans auch Porträts in den Kostümen aus *Song of Songs,* insbesondere in ihrem schulterfreien Lieblingskleid aus schwarzem Samt.

Eugene Richee hatte seine Lektionen gelernt. Er machte bei diesen Sitzungen im Jahr 1933 einige der schönsten Porträts der Dietrich. Sie mußte wie immer an jedem Arbeitsgang beteiligt sein. Sofern das Thema die Dietrich war, betrachtete meine Mutter alle Fotografien als ihr Eigentum. Sie verstand nicht, wie ein Fotograf »ein solcher Verbrecher« sein konnte und ein Bild ihres Gesichts auf eigene Rechnung machen konnte. Das Gesicht der Dietrich gehörte der Dietrich und sonst keinem. In späteren Jahren machte es sie verrückt, wenn Hurrell oder Horst eine besondere Aufnahme der Dietrich verkauften und das Geld nicht an sie weitergaben. Milton Greene beschwerte sich, weil sie seine Arbeiten für eigene Geschäfte nutzte, wann immer sie wollte, ohne ihn um Erlaubnis zu fragen.

Nach diesen Sitzungen saß sie wie immer über die Kontaktabzüge zu Gericht. Sie wählte aus, welche gut sein könnten, und verwarf alle, die ihrer Meinung nach dem Dietrichschen Standard nicht genügten. Dann ging es ans Retuschieren. Sie modellierte die Nase, die Hände, die Knie, obwohl sie in jener Zeit nur selten leicht bekleidet abgelichtet wurde, die Frisur, die Mundwinkel, die Schultern und die Brustlinie, alles wurde mit ihrem erbarmungslosen Wachsstift perfektioniert. Wie immer, wenn ihr das fertige Produkt gefiel, bestellte sie Abzüge für sich, immer gleich im Dutzend, in der Größe 20 × 25 oder 40 × 50, glänzend, matt und auf Qualitätspapier, wie man es heute nicht mehr bekommt. Sobald die Fotoabteilung die schweren Kartons angeliefert hatte, war es Zeit, die »Post zu machen«. Spezielle kartonierte Versandtaschen für Fotos, elefantengrau mit dem Logo des Studios, waren zu Hause und in der Garderobe immer zur Hand, und zwar kistenweise. Jeder Bekannte, Freund und Familienangehörige erhielt Proben mit dem neuesten Beweis für ihre Schönheit. Wenn das erledigt war, nahm sie die Fotostapel und schleppte sie im Studio mit sich herum. Wo immer sie Bekannte traf, mußten sie sich hinsetzen und die Fotos begutachten. Mit den Beispielen für Schönheit und fotografische Perfektion in der Größe 30 × 50 ging sie sogar auf Abendgesellschaften. Viele Speisen verkochten, und viele Gastgeberinnen schäumten, während meine Mutter ihre vollendeten Bilder präsentierte. An den Fotografen wurde kein Gedanke verschwendet. Ohne sie hatte er schließlich nichts zu fotografieren, und sie hatte auch seine Fehler für ihn retuschiert.

Von Sternberg kehrte zurück, warf einen Blick auf den Rohschnitt von *Song of Songs,* erkannte, wie sehr sie ihn brauchte, und beschloß, bei ihrem nächsten Film Regie zu führen. In Großaufnahme sah er, wie Brian der Dietrich in die Augen geschaut hatte, er betrat unseren Strandtempel und traf dort auf die verliebte Spanierin, entdeckte im ganzen Haus die gerahmten Bilder von Brian und Chevalier und schlich nach Hause, um dort für sich allein seine Wunden zu lecken.

Beim Kofferpacken beschloß meine Mutter, von Sternberg zu vergeben, daß er sie im Stich gelassen hatte. Sie betete ihn wieder an, kochte für ihn, ließ ihn sie lieben und schrieb ihm leidenschaftliche Briefe, die unser sexy Chauffeur, den Jo nicht leiden konnte, persönlich überbrachte.

Als die Koffer fertig gepackt bereitstanden, war von Sternberg wieder einmal überzeugt worden, daß er der *einzige* ist und immer gewesen war. Wenn jemand so inbrünstig liebt, wird es für ihn zur verzweifelten Notwendigkeit, Lügen als die Wahrheit zu akzeptieren.

Meine Mutter erteilte von Sternberg die Anweisung, ein Haus für sie zu finden, irgendwo in den Bergen, weit weg vom Meer. In der salzigen Luft waren sogar die besonderen französischen Nähnadeln in ihrer Reisetasche gerostet, und damit war der Pazifik ein für allemal erledigt. Die grauen Särge standen in Reih und Glied und warteten auf den Paramount-Lastwagen. Ich trug einen neuen Matrosenmantel mit passender Borte aus Seide und hielt vorsichtig meine weißen Baumwollhandschuhe in der Hand. Ich beobachtete, wie meine Mutter die Treppe herabkam. Eine feine Veränderung war in ihr vorgegangen. Sie hatte ihren ersten amerikanischen Film ohne von Sternberg gedreht und überlebt. Und die Welt war nicht untergegangen. Sie war sich noch nicht ganz sicher, aber es war durchaus möglich, daß sie selbst ein großer Star war, auch ohne die unerläßliche Gegenwart ihres Schöpfers. Diese langsam aufscheinende Erkenntnis war ein Wendepunkt im Leben meiner Mutter. Nie wieder würde sie, was ihn betraf, so abhängig oder fügsam sein wie zuvor. Jede zukünftige Zusammenarbeit mit von Sternberg war von Respekt und echter Dankbarkeit getragen, aber nie wieder von totaler beruflicher Hörigkeit. Sie war jetzt ihr eigener Herr und besaß das Geld, das zu bekräftigen. In einem Hochgefühl bestiegen wir an diesem Tag den *Chief.*

Noch bevor wir aus dem Bahnhof rollten, begann meine Mutter mit ihrer üblichen Eisenbahnroutine. Kaum im Abteil, zog sie schon alle Vorhänge zu und zurrte sie fest. Gesichter könnten durch die Fenster starren, in der Hoffnung, einen Blick auf einen berühmten Filmstar zu erhaschen. Verborgen vor neugierigen Blicken und hinter verschlossenen Türen zog sie ihr Abreisekleid aus und verpackte es, da es nicht mehr gebraucht wurde, in einen bereitstehenden Koffer, der mit einem besonderen Anhänger versehen war. Die nächsten Kleidungsstücke, markiert als »Ankunft Chicago«, die schon vor Wochen zusammengestellt worden waren, hingen bereits in einem der Wandschränke in unserem Privatabteil. Als sie alles zu ihrer Zufriedenheit in Seidenpapier gepackt und gefaltet hatte, wurde der jetzt überflüssige Koffer in den Gepäckwagen zu seinen vierzig Zwillingsbrüdern geschickt. Die »Särge« waren bereits vorausgeschickt worden, wir reisten mit »leichtem« Gepäck.

Sie zog den verhaßten Strumpfgürtel aus, der immer einen roten Striemen um ihre Taille hinterließ, und die teuren Seidenstrümpfe. Sie wusch sie aus und hängte sie sorgsam über die Handtücher zum Trocknen. Da ihr Büstenhalter zusammen mit dem Hemd, zu dem er gehörte, weggepackt war, zog sie ihr Lieblingsmodell mit den breiteren Trägern an. In den nächsten paar Tagen würde die Dietrich nicht gesehen werden und konnte es sich deshalb erlauben, sich nicht so sehr auf ihr Äußeres zu konzentrieren.

Sie wusch sich das Gesicht, wie immer nur mit Wasser und Seife, und bürstete jede einzelne Locke aus ihren Haaren. Ein marineblauer Pyjama mit einem passenden Herrenmorgenmantel aus Seide komplettierten die Verwandlung. Mit dem geschrubbten Gesicht und dem straff zurückgekämmten Haar sah sie aus wie ein junger Mann – ein schöner junger Mann aus einem Noël-Coward-Stück.

Meine Mutter reiste lieber nach Osten: Hollywood lag hinter ihr, und sie mußte die große Hitze der Wüstenstaaten zu Beginn der Reise ertragen und nicht an ihrem Ende, wenn sie sich auf die Ankunft vorzubereiten hatte. Warum sie Hitze so sehr verabscheute, wo sie doch niemals schwitzte, hätte ich zu gerne gewußt. Diese mögliche Fehlfunktion ihrer Schweißdrüsen war ein Phänomen, das man einfach hinnehmen mußte. Die Dietrich war ungeheuer stolz darauf, daß sie in ihren Kleidern und Kostümen niemals Schweißblätter benötigte. Als es später Deodorants gab, erzählte sie mit Genugtuung, daß sie solcher Hilfsmittel nicht bedürfe.

»Aber warum wird den Leuten so heiß? Es sieht so häßlich aus, und es ist überhaupt nicht gut für die Kleider!«

Ich fragte mich oft, ob meine Mutter eines Tages einfach beschlossen hatte, nie mehr zu schwitzen, und von da an ihr Leben lang trocken blieb. Ich würde es ihr durchaus zutrauen. Ganz gleich aus welchem Grund, wenn andere vor Schweiß triefen und glänzten, staunte die Dietrich über den Unterschied zwischen den Auserwählten und dem Rest der Menschheit – und blieb trocken.

Auf dieser Reise war ich zum erstenmal Privatzofe meiner Mutter! Ihren Schreibtisch einzurichten kam etwa der Aufgabe gleich, den Instrumententisch für eine Operation am offenen Herzen vorzubereiten. Jeder Gegenstand hatte seinen Platz und seine Funktion. Der Bakkarat-Aschenbecher zu ihrer Rechten – ein wenig oben und weg von der Mitte. Ein Wasserglas mit Stiel direkt oberhalb davon. Da europäisches Mineralwasser in Amerika damals nicht erhältlich war, brachten wir unser eigenes Quellwasser mit. Das Glas wurde zu drei Vierteln gefüllt und die Flasche weggestellt. Ein schmales rotlackiertes chinesisches Tablett – ein erworbenes Requisit aus *Schanghai Express* – enthielt ihre roten und blauen Buntstifte und Waterman-Füllfederhalter und kam genau in die Mitte, direkt über den großen Tintenlöscher von Hermès. Leicht nach links verschoben, ein Fäßchen mit blauer Tinte. Daneben zwei Schachteln, eine enthielt große, mit blauem Monogramm versehene Briefbogen, die andere Umschläge. Darunter ihr geflochtenes goldenes Zigarettenetui und das Feuerzeug. Ein wenig links davon der Stapel Western-Union-Formulare mit dem zurechtgeschnittenen Kohlepapier. Der letzte Gegenstand: Eine Untertasse voller Fünfzigcentstücke für Trinkgelder. Sie rutschten klirrend hin und her, vor allem in den Kurven.

In Albuquerque erreichte uns das erste Telegramm von von Sternberg. Er teilte seiner geliebten Göttin mit, daß er ohne sie verloren sei. Als wir in Kansas City waren, hatte er entdeckt, daß er ohne sie wirklich nicht leben konnte:

> LOS ANGELES, KALIF
> MARLENE SIEBER
> SANTAFE SALON B WAGGON 202
> IN KANSAS CITY
> GELIEBTE GÖTTIN
> ALLES IST WIEDER SO LEER UND ICH BRENNE VOR LIEBE
> UND VERLANGEN NACH DIR. BITTE ENTSCHULDIGE MEINE
> DUMMHEITEN. ALL MEINE GEDANKEN SIND BEI DIR.
> JO

In Chillicothe, Illinois, beklagte unser spanischer Geliebter ihre Einsamkeit, und Maurice telegrafierte, er warte voller Ungeduld und sehne sich nach ihr in New York. Quer durch ganz Amerika konnte meine Mutter immer wieder lesen, wieviel sie ihren Lieben bedeutete. Sie genoß die Reise.

Während meine Mutter in verschiedenen Sprachen ihre verschlüsselten Telegramme schrieb, hockte ich mich auf das Bett im anderen Abteil und sah, wie aus der endlosen Wüste endlose Maisfelder wurden. Aber sobald ihr »Liebling« erschallte, hatte man sich zu bewegen, und zwar schnell. Es bedeutete, daß der Zug bei der nächsten Station anhalten würde und die Dietrich ein Bündel Telegramme bereithielt, die unserem Schaffner übergeben werden mußten. Ich rannte den Gang des Pullmanwaggons hinunter und stand neben dem Schaffner, wenn er die schwere Tür aufstieß, die eiserne Klappe mit den Stufen nach oben zog und mit einer einzigen Bewegung seinen Trittschemel schnappte und auf den Bahnsteig sprang, noch bevor der Zug richtig zum Stehen gekommen war. Mit dem Schemel zwischen den Stufen des Pullmanwaggons konnte ich rasch hinuntersteigen, ohne über einen Abgrund springen zu müssen. Ich übergab die Formulare, und während er in das Bahnhofsgebäude zur Telegrammannahme rannte, wartete und atmete ich in Kansas City.

Bei seiner Rückkehr überreichte er mir das übliche Bündel beiger Western-Union-Umschläge für meine Mutter. Ich kletterte hinauf. Eine seiner weißbehandschuhten Hände faßte den Schemel, die andere das Geländer, und so kehrte er sein Ausstiegsmanöver um, gerade, als ließe man einen Film rückwärts laufen, nur daß er diesmal, noch halb in der Luft hängend, rief: »Alles einsteigen!« Wir wiederholten diesen Trapezakt bei jedem Aufenthalt quer durch ganz Amerika und wurden dabei gute Freunde. Die Schaffner erzählten mir Geschichten von richtigen Familien mit richtigen Kindern und Häusern, die sie Farmen nannten. Von ihnen erfuhr ich, daß wir in der »Großen Depression« lebten, daß man für Lebensmittel anstehen mußte, daß die Hautfarbe eines Menschen die Ursache für großes Leid sein und sein Leben vorherbestimmen konnte.

Meine Mutter verbrüderte sich nie mit Dienstboten. Sie mochte die Farbe Schwarz nicht, außer bei Kleidern. Wenn sie mich nach meiner langen Abwesenheit fragte, gab ich vor, im Panoramawagen gewesen zu sein. Damals hatte dieser Waggon eine Plattform mit Geländer, die aussah wie ein kleiner Balkon am Ende des Zuges. Es war ein Ort voller Magie, und ich verbrachte tatsächlich viel Zeit dort. Tagsüber konnte man sehen, wo man noch Sekunden zuvor gewesen war. Nachts reisten die Sterne mit einem, und die Luft duftete nach Geißblatt.

Ich behielt meine Freundschaften für mich und rettete sie dadurch. Erst Jahre später entdeckte ich, wie tief der Rassismus meiner Mutter saß. Das war zwar ein genereller Makel ihrer Generation, paßte aber dennoch gar nicht zu der Dietrich der Legende. Als sie einmal ganz vorsichtig von mir darauf angesprochen wurde, stieß sie hervor: »Aber Nat King Cole war ein Freund von mir! Ich habe ihn geliebt! Er war einfach brillant in Las Vegas!« Und tief verletzt und empört fuhr sie fort: »Wie kannst du sagen, daß ich sie nicht mag? Ich hatte schwarze Dienstmädchen! Ich kann nur die nicht leiden, die meinen, sie können Krankenschwestern sein! Und diese schrecklichen Perücken, die sie immer tragen müssen. Wie kann man zulassen, daß sie Krankenschwestern werden? Ihre Hände sehen immer schmutzig aus!« Lena Horne wäre in einem pflegerischen Beruf natürlich akzeptabel; sie wusch sich nicht nur, sondern sie sah, wie meine Mutter meinte, in Weiß so wunderschön aus.

Unsere Ankunft in Chicago verlief reibungslos. Meine Mutter ließ den Ansturm der wartenden Reporter und Zeitungsfotografen über sich ergehen, während Resi, Nellie und ich von meinem Leibwächter rasch ins Blackstone Hotel gebracht wurden. Meine Mutter folgte später nach, und wie ich betrat sie das Hotel durch die Küche und unsere Suite über den Dienstbotenaufzug. Auf der Flucht vor Presse und Fans wählten wir diesen unterirdischen Weg so regelmäßig, daß ich in einigen Hotels nie die Lobby sah, geschweige denn wußte, wo sie sich befand. Dafür wußte ich, was es für eine »Tagessuppe« geben würde und ob der Meeresfrüchtesalat merkwürdig roch, damit ich ihn nicht zum Lunch bestellte!

Wie immer war im Blackstone Baden angesagt! Alle wuschen sich von Kopf bis Fuß, zum erstenmal seit Kalifornien. Auch wenn wir nach Westen reisten, wuschen wir uns, obwohl wir uns dann erst einen Tag zuvor gründlich gewaschen hatten. Es war einfach eine feste Angewohnheit, sich im Blackstone Hotel in Chicago zu säubern. Das schloß natürlich das Haarewaschen mit ein. Wenn man für die Dietrich reservierte, bestellte man immer eine professionelle Trockenhaube, die gewöhnlich vom Schönheitssalon des Hotels hinaufgeschickt wurde. Meine Mutter saß lesend unter der riesigen Kuppel aus Metall, während unser Frühstückstisch gedeckt wurde.

Warum ist Frühstcken im Hotelzimmer so etwas Besonderes? Weil der Zimmerservice es mit zarten, frischen Blumen in einer schlanken silbernen Vase bringt? Oder weil die Tischwäsche glatt gebügeltes, gestärktes Leinen ist? Oder ist es der in glitzernden Iglus schimmernde Saft, vielleicht die kleinen Ständer aus Chrom mit perfektem Toast, die glänzende Marmelade mit kleinen gebogenen Löffeln? Oder weil alles, auch das Porzellan, so perfekt zueinander paßt? Das Geheimnis muß darin liegen, daß es eine so schöne Art ist, den Tag zu beginnen. Meine Mutter konnte diese Zeiten des Luxus und der Eleganz nicht genießen. Sie trank ihren Kaffee und bemerkte, daß sie in Paris bald wieder »richtigen« Kaffee bekommen würde, und sie nahm einen Bissen Toast und murmelte: »Lauwarmer Kotex.« Ich hatte keine Ahnung, was sie damit meinte, aber ihr Mißfallen war offensichtlich. Ich wünschte mir oft, meine Mutter würde einmal irgend etwas einfach aus Spaß an der Freude genießen. Aber sie brauchte immer einen »guten Grund«, um sich zu freuen, sonst war die Freude für sie leichtfertig und damit suspekt. Wie deutsch sie doch war! Jahre später sagte sie oft voll Sehnsucht zu mir: »Weißt du noch, wie wir früher gelacht haben?« Und ich sagte ja, weil ich ihr nicht weh tun wollte, aber soweit ich mich erinnere, lachte meine Mutter nur selten aus reiner Freude.

Es war höchste Zeit! Wir eilten hinaus, vorbei an den nebligen Ställen der Dampfrösser, und stiegen gerade noch rechtzeitig vor der Abfahrt in den *Twentieth Century Limited*. Wir waren piksauber und bereit für New York. Das »Ambassador« war weniger bekannt als die neueren Hotels und deshalb für das, wie ich erst später erfuhr, zwischen meiner Mutter und Chevalier verabredete Rendezvous ausgewählt worden. Uns blieben in New York nur zwei Tage, bis die *Europa* ablegte, und meine Mutter hatte eigentlich eine Abneigung gegen »Matineen«, wie sie Verabredungen nannte, die vor dem üblichen »Cinq-à-sept«-Zeitraum lagen, der in Europa für Schäferstündchen als angemessen galt. Ich wurde gefragt, ob ich ins Kino wolle! Das war gerade, als frage man einen Alkoholiker, ob er einen Drink möchte! Mir war sofort klar, daß man mich loswerden wollte, und ich machte mir die Situation zunutze. Ich bat, zur Radio City Music Hall gehen und dort bleiben zu dürfen, bis ich alles gesehen hätte: die Wurlitzer Orgel und alles andere. Wie ich diese Hymne an das Art déco liebte! Radio City erinnerte mich immer an unser erstes Haus in Beverly Hills, und ich fühlte mich dort wohl. Und später, als ich bettelte: »Laßt mich bitte die Bühnenshow noch einmal sehen«, durfte ich bleiben und mir das ganze Programm noch einmal anschauen, den Film, die Wochenschau, den Zeichentrickfilm, das Wurlitzerkonzert, den Chor und das Symphonieorchester, von Anfang bis zum Ende! Chevalier muß einen wunderbaren Nachmittag und Abend gehabt haben – ich für meinen Teil amüsierte mich jedenfalls prächtig!

Ich kehrte mit müden Augen, aber glücklich zurück ins Hotel. Meine Mutter saß am Schreibtisch, ruhig und perfekt zurechtgemacht, nicht eine Haarsträhne war verrutscht, so, als sei nichts geschehen. Ich weiß nicht, wie sie es immer fertigbrachte, so keusch auszusehen.

Ich wusch mir die Hände und wechselte meine »von den dreckigen Straßen draußen schmutzigen« Schuhe. Dann las sie mir das letzte Telegramm meines Vaters vor:

> MARLENE DIETRICH
> AMBASSADOR HOTEL
> PARK AVE 51ST NYC
> EX-FRAU VON MAURICE CHEVALIER IM CHATEAU MADRID DEM EINZIGEN HOTEL AUSSERHALB DER STADT STOP AM SONNTAG SCHAUE ICH MIR EIN FANTASTISCHES HOTEL IN VERSAILLES AN EIN WENIG WEITER ABER WUNDERBAR RUHIG GELEGEN STOP STADT UNMÖGLICH STOP WARTE AUF DICH IN CHERBOURG KAUF DIE FAHRKARTEN FÜR DEN SONDERZUG AN BORD ALLES LIEBE VERMISSE DICH EWIG DEIN
> PAPI

Ich war sicher, daß er das perfekte Hotel finden würde. Mein Vater war ein begnadeter Reisefachmann.

Zum Abschied küßten wir Nellie. Sie war nur wegen der Frisur meiner Mutter mit an die Ostküste gefahren und kehrte nun wieder nach Hollywood zurück. Wir verließen das Ambassador im Konvoi. Resi, mein Leibwächter, ich und unser Klon vom New Yorker Paramount-Büro gingen durch die Lobby und stiegen in die wartende Limousine. Ich fragte mich, was die Küche heute wohl zu bieten hatte. Meine Mutter würde mich aufklären können, wenn sie später sicherlich über den unterirdischen Weg nachkommen sollte.

Ich kam mit meinem Gefolge am North-German-Lloyd-Pier an. Unser Schiff, die *Europa,* erhob sich riesig vor uns aus dem Wasser, und Laufstege ragten aus ihrem Rumpf wie Harpunen aus einem hingeschlachteten Wal. Überall herrschte das übliche Durcheinander vor dem planmäßigen Auslaufen: Gepäckträger rannten herum, Koffer und Gepäckstücke bildeten verrückte Irrgärten, in denen sich Hunderte von Menschen verliefen, jeder rief nach jemandem, der wiederum nach einem anderen rief, der verschwand oder wieder auftauchte, Freunde suchte, Liebhaber, Familienangehörige, die Kabine, Deck A, Deck B, das Promenadendeck, den Zahlmeister, Stewards, Tante Emily und den Gepäckträger, der mit dem gesamten Handgepäck »vielleicht in diese Richtung?« verschwunden war. Auf dem Pier spielte die Blaskapelle unerschüttert, als handle es sich um ein ruhiges Sonntagskonzert im Kurpark. Wie bei der Orchesterauswahl der Academy Awards die Musik zum Sieger paßt, spiegelte die Musik der Blaskapelle die Nationalität des Schiffes wider. Ich kann mich nicht erinnern, was uns bei der Abfahrt der *Bremen* oder an diesem Abend auf der *Europa* geboten wurde, aber vermutlich war es ein Klagegesang mit teutonisch munterem Rhythmus, sicher etwas von Wagner mit viel Tuba. Gott sei Dank, daß Österreich damals kein großes Passagierschiff besaß. Meine Mutter wäre sicherlich auf ihm gereist, und dann wären wir von klagenden Violinen und Akkordeons erdrückt worden. Die Franzosen, immer typisch, spielten ihre Nationalhymne. Man kann sich darauf verlassen, daß sie genügsam sind und wissen, wenn sie das Richtige gefunden haben. Die Engländer hielten es mit effektvollen Darbietungen. Die Cunard Line hatte in ihrem Repertoir »Pack Up Your Troubles in Your Old Kit Bag and Smile, Smile, Smile ...«, »It's a Long Way to Tipperary«, »Rule Britannia« und ihr Pièce de Résistance; wenn die Schlepper das Schiff langsam von der Mole zogen, war ein beschwingter Chor mit »Auld Lang Syne!« zu hören. Ein paar Tränen inmitten all der Fröhlichkeit fehlten nie. Die Wirkung der Musik war so mitreißend, daß es gebräuchlich wurde, diese schwermütige Melodie unabhängig von der Nationalität des Schiffes bei jedem Auslaufen zu spielen. Die US-amerikanische Linie hatte den Komponisten Sousa, und der war unübertrefflich, obwohl die Briten ihm recht nahe kamen. Wir reisten nie auf einem amerikanischen Schiff. Meine Mutter, die ewige Europäerin, wollte alles Amerikanische hinter sich lassen und die Mittelmäßigkeit nicht durch eine »amerikanische« Überfahrt noch länger ertragen müssen.

»Wahrscheinlich servieren sie zum Abendbrot Coca-Cola« oder »Die amerikanischen Stewards sagen bestimmt ›hi!‹« und »Auf dem Geschirr prangt wahrscheinlich eine amerikanische Flagge«, »Das ganze Schiff ist voll von Neureichen wie die *Waldorf-Astoria*«, waren nur einige Kommentare meiner Mutter.

Auch an Bord gab es Musik. Kein Blasorchester, aber der »unruhige Passagier mußte weiterhin beruhigt werden«. Damals war es Hintergrundmusik »live«! Jedes Schiff hatte seinen Palmengarten, in dem Damen in langen, schwarzen Röcken und weißen, hochgeschlossenen Blusen Streichinstrumente unterschiedlicher Größe bedienten. Als hätte das Besetzungsbüro sie ausgewählt, denn sie sahen alle gleich aus, wie Musiklehrerinnen aus einem Lyzeum, die gefeuert worden waren, weil man sie mit dem Sportlehrer im Wintergarten erwischt hatte. Die deutsche Schiffahrtsgesellschaft hatte ein Faible für Tangos, und so arbeiteten die Damen des Palmengartenensembles gerade an einem der Lieblingsstücke Valentinos, als ich, inkognito und sicher vor Kidnappern, an Bord gebracht wurde. Mein Leibwächter nahm mich an der Schulter, sagte: »Bis bald, Kind, gute Reise«, und verschwand.

Wir hatten wie immer die besten Kabinen, so weit über der Wasserlinie, daß wir unsere Bullaugen nach Belieben öffnen konnten. Die Wellen hätten zwanzig Meter hoch sein müssen, um unsere Kabine zu erreichen und den Plüschteppich unter Wasser zu setzen. Die Reichen erhalten immer die sichersten Plätze, sei es im Schiff, im Flugzeug oder im Zug. Es hat den Anschein, als halte man sie für zu wertvoll, um sie irgendeinem Risiko auszusetzen. Das störte mich als Kind, und es stört mich noch heute.

Es war immer schwierig, sich in der Nähe unserer Kabinen zu bewegen und in sie zu gelangen. Zuerst mußte man sich durch den botanischen Garten arbeiten, der in Erwartung der Ankunft meiner Mutter vor den Kabinentüren angelegt wurde, dann stand man vor einem Berg aus Koffern und Hutschachteln, die noch in die richtigen Kabinen gebracht und ausgepackt werden mußten. Damals hatte jedes große

Hotel, jedes Schiff und jeder Zug eigene Aufkleber, die von pflichtbewußtem Personal, das langstielige Pinsel mit bernsteingelbem Klebstoff schwenkte, automatisch auf jedes einzelne Gepäckstück geklebt wurden. Die dunkelgrauen Koffer meiner Mutter waren übersät mit diesen farbenprächtigen Aufklebern, so daß sie aussahen wie kleine konfettibedeckte Elefanten. Meinen Eltern gefielen diese Aufkleber so sehr, so daß wir auf Reisen immer Ersatz inklusive dicker Bürste und Klebstoff dabeihatten, falls irgendein Aufkleber beim Transport abgerissen wurde und ersetzt werden mußte.

Reisen war damals immer noch ein dramatisches Abenteuer und voller Aufregung. Auch der abgebrühteste Reisende, und davon gab es nicht viele, spürte ein Kribbeln, wenn das Schiff sich zu einer Atlantiküberquerung aufmachte. In der Luxusklasse war »Party Time«. Auch die Privilegierten reagierten auf diese Atmosphäre. Ihre einzige Sorge war, daß ihr Champagnerglas vom Bridgetisch auf ihren Schoß rutschen könnte, wenn wir in schlechtes Wetter gerieten. Aber auch das war keine große Katastrophe, denn jeder hatte mindestens zwei Smokings dabei, und zur Not könnte man sich auch mit weißer Krawatte und Frack behelfen. Die Damen reisten mit nicht weniger als sechs verschiedenen Abendkleidern in ihrem Kabinengepäck und hatten noch weitere Dutzende in Schrankkoffern unten im Lagerraum des Schiffes hängen. Über solche Dinge machte meine Mutter sich keine Gedanken. Zum einen haßte sie jegliche Art von Kartenspiel und spielte nie, zum anderen hielt sie den Stiel eines jeden Glases, das Alkohol enthielt, fest mit der Hand umschlossen, und ihre Fracks und Abendkleider hingen bereit, was immer auch geschehen mochte.

Resi mit ihrem großen Lederetui für die Schlüssel – alle hatten individuelle Anhänger, die die einzelnen Taschen und ihren Inhalt bezeichneten – hatte die Elefanten aufgeschlossen und versank jetzt unter einer Lawine von weißem Seidenpapier. Das große Auspacken »bevor die gnädige Frau eintrifft« hatte begonnen! Das war meine Chance zu entkommen, bevor ich dazu verpflichtet wurde, ihr die gepolsterten Bügel zu reichen.

Ich erinnere mich immer noch deutlich daran, wie aufregend es war, ein neues Schiff zu entdecken. Ich wußte wohl, daß ich die erste Klasse nicht verlassen durfte. Die »Grand Tour«, die vom Kapitän extra für mich arrangiert und vom Ersten Offizier durchgeführt wurde, der prächtig anzusehen war in voller Montur mit Goldtressen und allem, enthielt so besondere Stationen wie den Maschinenraum. Aber das kam erst später auf der Überfahrt, wie es auf der *Bremen* gewesen war.

Jetzt war ich allein unterwegs, und da hatte ich immer die beste Zeit. Zuerst ging ich hinunter in die Hauptlobby. Die *Europa*, die Schwester der *Bremen*, die mich zum erstenmal nach Amerika gebracht hatte, war ebenfalls eine Hymne an einen architektonischen Stil, der später als typisch für Nazideutschland gelten sollte. In Wirklichkeit war er preußisch bis zum Mark und existierte lange bevor der »Führer« ihn zu seinem Lieblingsstil erkoren hatte. Alles war massiv und düster, mit vielen römischen Festons, die mit in Eiche geschnitzten klauenbewehrten Adlern verschlungen waren. Im Speisesaal der ersten Klasse hätte man den gesamten »Ring der Nibelungen« aufführen können, ohne daß irgend etwas fehl am Platze gewesen wäre. Die Mannschaft war ein getreues Abbild des Ambientes. Als Warner Brothers in den vierziger Jahren die großartigen antinationalsozialistischen Propagandafilme produzierte, erinnerten mich die Schauspieler, die die verschiedenen Gestapo-Offiziere, SA-Männer und U-Boot-Kommandanten darstellten, immer an die Besatzung der *Bremen* und der *Europa* in den dreißiger Jahren. Bestimmt landeten sie schließlich alle auf der *Graf Spee* und kämpften dort für ihr Vaterland. Auch auf der *Europa* bedeckten wieder gemusterte Gummimatten die Gänge und Treppen, und das ganze Schiff roch wie eine Reifenfabrik. Nur der Geruch und das leichte, permanente Vibrieren erinnerten daran, daß man auf einem Schiff lebte und nicht in einem Hotel. In der Lobby auf dem Hauptdeck drängten sich viele Menschen. Stewards in weißen Uniformjacken und kleinen schwarzen Fliegen à la Chaplin hasteten durch die Gänge und brachten riesige Blumenkörbe zu ihren Adressaten – sie waren groß wie Stühle, und Satinbänder schmückten ihre bogenförmig verzierten, fächerartigen Rückwände und gebogenen Griffe, wie bei Jeannette McDonald in *Maienzeit*. Die deutschen Stewards trugen die Körbe mit kritischer Miene, als mißbilligten sie all diese frivole Extravaganz.

Das war meine erste Abreise von einem amerikanischen Pier, und ich wollte alles sehen. Ich nahm einen Fahrstuhl zum Promenadendeck und rannte die übrigen Stufen zu dem offenen Oberdeck direkt unter den gigantischen Schornsteinen hinauf. Das war mein Lieblingsplatz. Von dort aus konnte man alles sehen: die anderen Liegeplätze, die verschiedenen Wimpel der Schiffahrtsgesellschaften neben den nationalen Flaggen, die in der frühabendlichen Brise flatterten, die unentwegt heranrollenden und wieder abfahrenden leuchtendgelben Taxis, die dunkle eiserne Skulptur der überirdisch verlaufenden U-Bahn hoch über der Straße gegenüber und tief unter mir all diese Menschen in permanenter Bewegung wie das Wasser draußen im Hafen und die nächtliche Flut, mit der wir auslaufen sollten. Ich lehnte mich weiter über die Reling. Meine Mutter würde gleich erscheinen. Lange bevor sie tatsächlich sichtbar wurde, konnte man eine Spannung spüren, eine Woge der Erregung, die durch eine Menschenmenge ging, so wie Tiere ein Gewitter spüren, lange bevor es donnert. Und da war sie, umringt von enthusiastischen Männern mit Presseausweisen in breiten Hutbändern, die ewig rückwärts zu gehen schienen und sie dabei mit Fragen bombardierten, während andere ausgebrannte Blitzlichter aus ihren Reflektoren rissen, an den Spitzen der neuen leckten und sie mit einer raschen Bewegung hineindrehten.

Meine Mutter war ganz in Weiß. Mit einer hübschen Frau im Arm hätte sie ein tolles Paar abgegeben. Mich störte die Maskulinität meiner Mutter oder ihre mangelnde Weiblichkeit eigentlich nie. Ich kam nie auf die Idee, überhaupt darüber nachzudenken ... Die »Dietrich« war weder Mann noch Frau, die »Dietrich« war einfach die Dietrich, und das war alles. Das Bild »Mutter = Frau« kam mir in bezug auf sie nie in den Sinn. Ich sah zu, wie sie den besonderen Landungssteg hinaufging. Die Menschenmenge bewegte sich mit ihr, als gehöre sie zu ihr. Jetzt mußte ich zurück in unsere Kabine, und zwar schnell! Man erwartete von mir, daß ich sie dort freudig empfange. Wenn ich Ärger bekam, bevor die Reise überhaupt begonnen hatte, würde ihr Zorn über den ganzen Atlantik hinweg anhalten und dann an meinen Vater weitergegeben werden. Das war eine Art pädagogischer Staffellauf meiner Eltern. Außerdem hatte ich die Karten von den vielen Blumen noch nicht eingesammelt und sortiert. Das war jetzt meine Aufgabe, und es ermöglichte meiner Mutter, all die Blumen wegzuwerfen, die sie nicht mochte, ohne sich darum kümmern zu müssen, wer was geschickt hatte. Ich hatte schon eine Menge Iris, Gladiolen und Rittersporn gesehen; sie hatte also einiges wegzuwerfen. Ich flog nach unten und schaffte es glücklicherweise gerade noch rechtzeitig!

Sie schien sich wohl zu fühlen und war nicht verärgert, wie sonst nach einem Kampf mit Reportern. Sie klingelte nach unserem Steward, unserem Mädchen und unserem Kellner, die alle unverzüglich auftauchten, und während sie ihnen Anweisungen erteilte, plauderte sie sogar mit ihnen, was sonst gar nicht ihre Art war. Dann plötzlich ging mir ein Licht auf! Alle redeten Deutsch. Meine Mutter war zu Hause.

Sie war glücklich. Bei der Lektüre der Speisekarte leckte sie sich die Lippen und bestellte alles: Würstchen, Sauerkraut, Leberknödel, Rotkohl, Bratkartoffeln und Leberwurst auf Schwarzbrot. Wenn auf der *Europa* Gänseschmalz vorrätig gewesen wäre, dann hätte sie auch das noch bestellt.

Wie ich vorhergesehen hatte, wurden die Iris und die anderen Blumen aus ihrer Gegenwart verbannt, und meine Mutter nahm den üblichen Stapel mit Telegrammen in Angriff.

>   MARLENE DIETRICH SS EUROPA
>   DU HATTEST RECHT MARINOU UNSER TREFFEN GESTERN WAR
>   GROSSARTIG STOP BON VOYAGE UND VIEL GLÜCK
>   MAURICE

>   N213=PKY HOLLYWOOD KALIF 453P 13. MAI 1933
>   MARLENE DIETRICH SS EUROPA NY
>   ICH SAGE SIE GEHEN FORT UND ÜBERALL IST TRAURIGKEIT
>   BON VOYAGE VERGESSEN SIE NICHT ZURÜCKZUKOMMEN
>   ROUBEN 812P

>   SA54 138 N1=LOS ANGELES KALIF
>   MARLENE DIETRICH SS EUROPA
>   MEIN LIEBES FRÄULEIN VON LOSCH OHNE DICH HABEN
>   WIR KEINEN SPASS WAS SOLLEN WIR AM SONNTAG TUN STOP
>   ER WEINTE BEIM VERLASSEN DEINES HAUSES STOP ICH
>   VERSUCHTE SEHR MÄNNLICH ZU SEIN STOP SAH S GESTERN
>   UNGLAUBLICH CHARMANT DU SEIN EINZIGER GEDANKE
>   AUCH UNSER EINZIGER GEDANKE ABER DAS IST VIELLEICHT
>   NICHT SO WICHTIG STOP WAR DIE BAHNFAHRT LANGWEILIG
>   BRENTWOOD SCHLÄFT NICHT HAT SCHRECKLICHE
>   ALPTRÄUME GUTE ZEIT VERGISS DEINE ALTEN VEILCHEN
>   NICHT ALLES LIEBE FÜR DICH UND DEINE KLEINE KATZE
>   OHNE UNTERSCHRIFT

»Veilchen«, das Symbol für lesbische Beziehungen, hatten die »Boys« ganz schlau als Identitätsmerkmal gewählt. »S« bedeutete von Sternberg, und »Brentwood« stand für de Acosta. Ein sehr mondäner Name für einen »Weißen Prinzen«, wie ich fand. »Kleine Katze« bezog sich auf mich und war eine schlecht verschleierte Anspielung und bei meiner Mutter völlig vergeudet. Sie erkannte die Doppelbedeutung sarkastischer Bemerkungen eigentlich nie recht. Telegramme zu entschlüsseln war eines der besten Spiele, die ich – als Kind – spielte.

»Alle Besucher von Bord!« Die Siegfrieds sangen wieder ihr kleines Lied. Ich ging das Risiko ein und bat um Erlaubnis, an Deck gehen zu dürfen und beim Ablegen zuzusehen. Ich bekam ein »Ja«. Heute war wirklich ein besonderer Tag! Wie gewöhnlich verließ ich gemächlich den Raum, schloß leise die Tür und dann ... rannte ich los! ... Jetzt war alles erleuchtet. Überall flatterten Papierwimpel, Sylvesterabend im Mai! Die Blaskapelle spielte mit neuem Schwung, alle winkten, einige weinten und riefen letzte Belehrungen, die nie verstanden, aber dennoch bestätigt wurden, Kinder wurden hoch in die Luft gehalten, um zu sehen und gesehen zu werden. Ich stand an meinem Platz und spürte, wie sich das Schiff in Bewegung setzte. Die Schlepper verströmten helles Licht und hatten mit ihrer Herkulesarbeit begonnen, unseren Giganten in sichere Tiefen zu lotsen. Es war meine erste Abreise aus Amerika und der Beginn einer Wache, die ich von da an immer hielt, wenn wir den Atlantik überquerten. Ich wartete auf die Lady. Sie war so wunderschön und vermittelte das Gefühl, daß sie sich um alle Menschen kümmern und für ihre Sicherheit in diesem wunderbaren Land sorgen würde. Beim Verlassen des Landes sagte ich ihr auf Wiedersehen, und bei unserer Rückkehr dankte ich ihr, daß sie mich zu Hause willkommen hieß. Irgendwann einmal muß ich meine Zuneigung gezeigt haben, denn ich erinnere mich, wie meine Mutter sagte: »Die Freiheitsstatue? Wie lächerlich! Sie ist aus Frankreich. Die Amerikaner können nicht einmal ihre Statuen selbst machen, sie brauchen die Franzosen, ihnen eine zu geben!«

Meine Mutter nahm an den obligatorischen Rettungsübungen natürlich nicht teil. Ich dagegen zog mir begeistert die riesigen Schwimmwesten über, die so schwer waren, daß man sich fragte, ob sie wirklich auf dem Wasser schwimmen würden, und stellte mich mit den anderen in einer Reihe auf, um die in »ernstem« Ton erteilten Anweisungen entgegenzunehmen – während ich mir ausmalte, wer in »meinem« Rettungsboot säße, sollte der tragische Fall tatsächlich eintreffen. Da ich damals zu der Gruppe »Frauen und Kinder zuerst« gehörte, fühlte ich mich sehr wichtig.

Die *Europa,* die zunächst überfüllt gewirkt hatte, war in der ersten Klasse in Wirklichkeit halb leer. Die Amerikaner paßten bereits auf, daß sie sich nicht auf, juristisch gesehen, deutschen Boden begaben. Die entspannte Stimmung meiner Mutter hielt eine ganze Weile an, bis wir entdeckten, daß in der Buchhandlung des Schiffes *Mein Kampf* verkauft wurde. Das schockierte sie, brachte sie aber nicht völlig aus der Fassung. Für sie war die *Europa* immer noch »Vaterland«. Wir wußten nicht, daß dies unsere letzte Reise auf einem deutschen Schiff sein würde.

Als die Metallbänder an den Rändern der Eßtische befestigt wurden, damit das Geschirr nicht herunterrutschen konnte, wußte ich, daß ich und mein Magen Schwierigkeiten haben würden. Das Schiff wurde sturmfest gemacht – schwere See war angekündigt.

MARLENE DIETRICH SS EUROPA
BEDAURE DASS SCHIFF LEER IST TUT MIR LEID HOFFE WENIGSTENS POLITISCH RUHIG STOP BIN UNGLÜCKLICH DASS KATER SEEKRANK DU ARME HOFFE WETTER BESSER STOP DU WIRST FÜR ALLES ENTSCHÄDIGT WUNDERBARES HOTEL TRIANON PALACE VERSAILLES WUNDERSCHÖNER PARK STOP KÜSSE DICH UND SEHNE MICH NACH DIR

PAPI

Die Damen aus dem Palmengarten hatten sich zurückgezogen. Das Schiff führte seinen eigenen Tango auf. Die in Sauerrahm eingelegten Heringe wurden nicht bestellt. Die Kellner wiegten sich mit dem Rollen des Schiffes auf den Absätzen und harrten tapfer im Speisesaal aus. Meine Mutter trank Champagner und schrieb und las Telegramme.

FUNKTELEGRAMM
3 WEST LOS ANGELES KALIF
MARLENE DIETRICH SS EUROPA
MEINE GOLDENE DAS SKANDINAVISCHE KIND SAH DEINEN FILM UND FAND DICH UND DEIN SPIEL WUNDERBAR ... STOP DU WIRST LÄCHELN WENN DU ERFÄHRST DASS SIE SICH FÜR DENSELBEN REGISSEUR ENTSCHIEDEN HAT UND SO GEHT DAS LEBEN WEITER STOP ICH VERMISSE DICH UND MACHE MIR SORGEN WEGEN DER SITUATION IN EUROPA DU MUSST BALD NACH HAUSE ZURÜCKKEHREN ALLES LIEBE

Endlich Land! Unser erster Bestimmungshafen war Southampton, und dort wurde richtige Post an Bord genommen. Brian hatte das Timing perfekt im Griff. Im Postsack war auch ein Brief von ihm aus London.

UPPER PORCHESTER STREET
CAMBRIDGE SQUARE, W. 2
TELEPHONE AMBASSADOR 1873

Oh, mein Liebling,
Dein liebes Telegramm kam heute morgen an, und ich habe den ganzen Tag darüber nachgedacht, was ich Dir Nettes zurückfunken könnte. Mir fiel nichts anderes ein als »Ich liebe Dich«. Jetzt frage ich mich, ob Du wohl weißt, von wem diese Nachricht kommt! Schließlich lieben Dich alle, und ich habe bemerkt, daß niemand die Telegramme an Dich unterzeichnet, also denkst Du vielleicht, dieses kommt von Fräulein de Acosta oder Herrn von Sternberg oder Maurice oder Rouben oder Gary Cooper. (Bing Crosby würdest Du vielleicht nicht vermuten.)
Nun, es kommt von mir! Oh, meine liebe Geliebte, hatten wir nicht eine himmlische Zeit? Ich erinnere mich, wie Du auf Deinen Standbildern auf den Boden schautest, so gespannt und aufgeregt, und wie Maria die Comics in der Sonntagsbeilage las, so versunken und still. Ich sehe Dich vor mir, wie Du auf den Set kommst in diesem weiten grauen Rock und der kurzen blauen Bluse mit den Puffärmeln und Dein Haar rotgolden in der Sonne glänzt. Ich sehe Dich auch in den roten Hosen, oben auf dem Hügel unter einem Schirm, wo Du auf mich wartest, neben Dir ein sorgsam gepackter Picknickkorb. Ich höre Dich am Telefon, wie Du sagst: »Hier spricht Miss Dietrich«, und ich sehe Dich hereinkommen, wie ein schelmisches Kind, mit einem Geschenk für mich, das Du hinter dem Rücken verbirgst.
Ich habe auch andere Erinnerungen, an leuchtende rote Blumen und einen Spiegel und eine rote Steppdecke, auf der Du wie eine Blume hingestreckt liegst. Ich habe Erinnerungen, die mich aufwühlen und mich vor Sehnsucht fast ersticken lassen ...
Es war eine außergewöhnliche Zeit, und sie kam so unerwartet, wie ein »Bonne bouche«, von den Göttern als Überraschung hingeworfen. Vielleicht war es nur ein Traum, aber selbst wenn dem so ist, dann hatten wir ihn doch: Für jene kurze Zeit waren wir sicher und glücklich und zufrieden, und ich für meinen Teil erkannte den Wert dieser Stunden auch, als sie vorbeigingen. Die Zukunft mag bringen, was sie will, wir werden den Traum geträumt haben und die Erinnerung an ihn besitzen.
Nimm Dich vor der Kälte in acht. Das Blut wird dünn in Kali-

fornien (wenn es auch manchmal sehr schnell durch die Adern strömt). Ich habe mir eine schlimme Erkältung geholt und fühle mich miserabel. Vergiß nicht, mir von Maria zu berichten, richte ihr alles Liebe von mir aus, wenn Du meinst, daß sie es ertragen kann. Ich verehre sie wirklich.
Aber leider verehre ich auch ihre Mutter, und das ist eine recht schwierige Angelegenheit.

              A bientôt mon amour

Auch diesen Brief fand ich nach dem Tod meines Vaters in seinem Haus. Er hatte ihn fast fünfzig Jahre lang aufgehoben. Ich bin froh, daß er es getan hat.

 Menschen wie die Dietrich standen nie und nirgendwo Schlange, nicht einmal bei der Paßkontrolle. Der Zahlmeister kam vor unserer Ankunft in Cherbourg in unsere Kabine und holte persönlich unsere Papiere ab. Meine Mutter reichte ihm die Pässe, und bei der Gelegenheit sah ich, daß auch meiner beige war – auf dem Deckblatt Buchstaben in Fraktur und der ewig stoisch dreinschauende Adler. Ich hatte einen deutschen Paß! Hieß das etwa, daß ich Deutsche war?! Ich erinnere mich an ein schreckliches Gefühl des Verlustes, eine panische Angst, als würde ich sehr, sehr tief fallen. Bis zu diesem Moment hatte ich geglaubt, nach Amerika zu gehören, und jetzt stellte ich plötzlich fest, daß das gar nicht stimmte! Deutschland war das Land meiner Mutter, aber nicht meines! Niemals! Doch wohin gehörte ich? Meine Mutter hatte mir immer gesagt, ich gehöre zu ihr, und jetzt begann ich, ihr langsam zu glauben, und es machte mir angst.

4
Paris und Wien

Das Trianon-Palace-Hotel trug seinen Namen zu Recht. Aschenputtel hätte ihren goldenen Schuh jederzeit hierlassen können. Überall glänzten Spiegel, öffneten sich französische Türen und schimmerte Gold. In unserer Suite fehlte auf der hellblauen Chaiselongue eigentlich nur eine ruhende Madame Pompadour, dann wäre die Szene perfekt gewesen. Da die Dietrich »im Leben« nicht ruhte, wurde unser Sofa nie benutzt, aber es sah gut aus mit seinem Seidenbrokat und Blattgold. Seit wir den Fuß auf französischen Boden gesetzt hatten, sprach meine Mutter nur noch französisch. Sie bewegte sich so sicher in dieser Sprache, daß sie Bilder heraufbeschwor von französischen Höflingen, die in tiefer Verbeugung ihre Spitzentaschentücher über blassen Kniehosen aus Satin schwenkten. Paris war für ihre Liebe zum Aristokratischen wie geschaffen. Die königlichen Ludwigs waren ihr Typ Männer, und das »Warum essen sie dann nicht Kuchen« war ihrer Lebensanschauung ebenfalls nicht fremd. Ihre Liebesbeziehung zu Paris war die längste Liaison ihres Lebens, und wie bei all ihren Liebschaften wurde das, was sie liebte, aufgrund ihrer Gefühlsinvestitionen ihr Eigentum. Sobald meine Mutter Orte oder Dinge romantisch verklärte, kamen sie mir verdächtig vor. Es hieß entweder, daß ein neuer Liebhaber in Sicht war oder daß sie sich in eine Stadt, ein Gedicht, ein Buch oder ein Lied verliebt hatte und damit ihre Gefühle über Wasser hielt. Ihre Leidenschaft für weißen Flieder zum Beispiel war ebenso tief wie die Leidenschaft für einen Geliebten, und gewöhnlich ebenso flüchtig. In jenem Spätfrühjahr 1933 galten all ihre Gefühle Paris und allem Französischen.

»Liebling, versuch die ›fraises des bois‹. So schmeckt Frankreich! Wilde Erdbeeren in der Sonne – gepflückt von jungen Mädchen in weißen Kleidern!«

Sie sprach in Großbuchstaben und mit Ausrufezeichen. Ihre Ausdrucksweise war lyrisch. Bilder von gefleckten Mohnfeldern à la Monet standen auf der Tagesordnung. Die Tauber-Schallplatten verschwanden, statt dessen sang voller Gefühl Chevalier. Croissants hatten jeden Morgen ihren eigenen Auftritt. Sie zog die Hosen aus und schwebte in blassem Chiffon durch die Räume. Sie war voller Liebenswürdigkeit und gallischem Entzücken. Wir alle stießen einen Seufzer der Erleichterung aus. Besonders mein Vater, der wirklich ein hohes Risiko eingegangen war und einen Ort auswählte, den sie nicht im voraus gebilligt hatte.

Am ersten Morgen sagte man mir, vermutlich um die Sicherheit Europas herauszustreichen, daß ich alleine hinausgehen und in den Gartenanlagen spielen dürfe. Da man von Kindern erwartet, daß sie auf jede Erlaubnis sofort reagieren, hüpfte ich davon. Draußen zu spielen war jedoch etwas schwieriger, als ich gedacht hatte, denn das Hotelgelände war so angelegt, daß es der Architektur gerecht wurde: sehr formal mit gepflegten weißen Kieswegen, angrenzend an exakte Blumenbeete, die an Petit-point-Stickerei auf stoffbezogenen Fußschemeln erinnerten, und Bäume, die zu Formen zurechtgeschnitten wurden, die man an keinem anständigen kalifornischen Baum je sehen würde.

So spazierte ich in meinem gefälteten Musselinkleid in den kleinen Lauben umher, bis ich das Gefühl hatte, daß meine Spielzeit vorbei und meine Rückkehr genehm sein könnte.

In unserem Speisezimmer, die Tapete handbemalt mit Borten und Rosenknospen, wurde der Lunch serviert. Die zierlichen vergoldeten Stühle standen bereit, und meine Mutter hatte bereits Platz genommen. Ich hatte gerade noch Zeit, die Schuhe zu wechseln und so zu tun, als hätte ich mir die Hände gewaschen. Zum Glück bemerkte es niemand. Ich bekam also keinen Ärger und nahm mir weißen Spargel à la Vinaigrette. Die Speisen, die mein Vater bestellt hatte, sahen so dekorativ aus wie unsere gesamte Umgebung. Nur die Franzosen können mit Aspik und Trüffeln auf pochierten Hühnerbrüsten Gemälde malen. In dieser Hinsicht mußte ich meiner Mutter recht geben, und nichts glänzt so wie Baccarat-und-Sèvres-Porzellan auf einer weißen Leinentischdecke eingefaßt mit Chantilly-Spitze. Die ganze Mahlzeit sah aus wie ein Gemälde im Louvre, und wenn mir jemand einen Hamburger angeboten hätte, wäre ich begeistert gewesen! Ich war wirklich ein sehr undankbares Kind, aber vor Heimweh ist man auch in Palästen nicht gefeit.

Meine Mutter war ganz entspannt und aß mit der Konzentration eines Lastwagenfahrers, der während eines Interkontinentaltransports auftankt. So hielt sie es ihr Leben lang. Entweder sie schlang, oder sie hungerte. Sie zierte sich nie beim Essen, sondern aß mit Genuß und nahm es mit dem »Lady«-Image nicht so genau.

Alle sprachen französisch, sogar Tami. Jetzt, da ich älter war, unterhielten sich meine Eltern in dieser Sprache, wenn »das Kind etwas nicht wissen sollte«. Aber da Französisch nun die Alltagssprache war, beschloß ich, diese Sprache rasch zu lernen – es war immer gefährlich, nicht zu wissen, was die Menschen sagten oder dachten.

Wir hatten das perfekte Bild aus rosafarbenem Lachs zwischen Zitronenspalten und dunkelgrünen Petersilienbüscheln, Artischocken mit lavendelfarbenen Spitzen und zinnfarben glänzendem Belugakaviar zerstört. Der silberne Filigrankorb, in dem sich kleine, noch warme Hefelaibe aufgetürmt hatten, war leer. Der weiße Burgunder, mit vielen Ohs und Ahs goutiert, war leer, und die Flasche steckte kopfüber in dem silbernen Korb auf dem Dreifuß. Und von den vielen Himbeertörtchen war kein süßer Krümel mehr übrig. Meine Mutter erhob sich. Wenn wir unter uns waren, mußte ich nicht sofort aufstehen, sobald sie sich erhob. Das galt auch für meinen Vater. Tami sprang dennoch auf. Sie verhielt sich immer nach dem Motto: »Vorsicht ist die Mutter der Porzellankiste«. Gewöhnlich wurde sie dann angefahren: »Setz dich!« Sie tat es umgehend und entschuldigte sich murmelnd und schüchtern für ihre Dummheit. Es gelang mir nie, ihr beizubringen, die Launen meiner Mutter richtig einzuschätzen, obwohl ich es jedesmal versuchte, wenn wir zusammen waren. Wir hatten alle auf irgendeine Art Angst vor meiner Mutter, aber Tami war wie erstarrt, und all meine sorgfältigen Unterweisungen drangen nicht zu ihr durch. Schon in Santa Monica hatte ich sie beschützt und mich ihren Fehlern angeschlossen, so daß Befehle wie »Setz dich!« uns beide trafen. Es ist leichter zu »kuschen«, wenn man nicht ganz allein ist. Aber Tami und ich waren nicht so oft zusammen, aber wenn wir zusammen waren, dann war ich nicht immer so freundlich und opferbereit, und dann mußte sie alles allein ertragen. Es dauerte fast dreißig Jahre, ihre Seele zu zerstören und ihren Geist zu brechen. Mein Vater und meine Mutter waren sehr gründliche Menschen.

Diesmal setzten wir uns beide wieder hin. Meine Mutter verließ den Raum, und mein Vater klingelte nach den Obern, damit sie den Tisch abräumten. Als meine Mutter zurückkehrte, hatte sie Flanellhosen und ein gestreiftes Seidenhemd an. Wir waren bereit für die Arbeit! Tami wurde losgeschickt, um Teddy spazierenzuführen. Er war jetzt nach seiner Abrichtung der Hund meines Vaters, aber ich hätte schwören können, bei meiner Ankunft ein Blinzeln in seinen Augen gesehen zu haben.

Mein Vater hatte eine besondere Überraschung für seine Frau. Sie stand im Garten wie eine große Voliere: Es war ein Glaspavillon mit einem Versailler Ballsaal en miniature und in der Mitte ein Stutzflügel, dessen Obstbaumholzpatina glänzte wie der Parkettboden, auf dem er stand.

»Für dich, Mutti, damit du an deinen Liedern arbeiten kannst. Die Akustik ist besser als in einem Hotelzimmer, und hier wirst du nicht gestört.«

Meine Mutter schritt zum Flügel hinüber. Sie setzte sich, klappte den Deckel über den Tasten auf, schlug ein paar Akkorde an und sah dann lächelnd zu meinem Vater auf: »Er ist perfekt gestimmt! Auch daran hast du gedacht!«

Ein größeres Lob konnte von der Dietrich nicht kommen, als daß ein Klavier – richtig! – gestimmt war. Mein Vater hatte seinen Lohn, und jetzt lächelte auch er! In diesem Augenblick stand für mich fest, daß Paris eine Stadt des Glücks sein mußte und es immer gewesen war.

Unsere Tage verliefen bald in dem gewohnten Arbeitsrhythmus. Wir standen auf und arbeiteten in unserem Ballsaal, machten eine Lunchpause, dann ging es wieder zurück ans Klavier. Von mir nahm man an, daß es mich interessierte zu erfahren, wie ein Lied für die Dietrich kreiert wurde, und so war es auch. Jeden Morgen bekam ich meinen Ludwig-XV.-Lehnstuhl und durfte zuhören. Wie gewöhnlich stand meine Mutter; sie setzte sich nie. Das Klavier war mit langen Notenblättern, gespitzten Bleistiften und Aschenbechern übersät. Der Taittinger stand zur Kühlung in seinem Kübel auf einem niederen Tisch. Es dauerte noch ein paar Jahre, bis der Autor von *Im Westen nichts Neues* sie mit Moët & Chandon's Dom Pérignon bekannt machte, den die Dietrich nach Ansicht der Welt seit jeher trank. Alles, was meine Mutter über Wein wußte – und nach der Legende war sie eine Expertin –, lernte sie von Erich Maria Remarque, dem wahren Kenner.

Der Ruhm meiner Mutter machte es weitaus einfacher, als es den Anschein haben mochte, Geschäfte für sie auszuhandeln. Dennoch hatte mein Vater einen schönen Coup gelandet, als er eine deutsche

Schallplattenfirma dazu brachte, einen deutschen Star in Frankreich Aufnahmen machen zu lassen. Mit welchem Vorwand er meine Mutter davor bewahrte, in Berlin zu arbeiten, erfuhr ich nie. Es muß eine knifflige Angelegenheit gewesen sein. Hitler war deutscher Kanzler, die Flüchtlinge waren nicht mehr zu übersehen, und Gerüchte über persönliche Tragödien machten die Runde. Aber noch schien niemand allzu besorgt, außer den direkt Bedrohten und jenen wenigen, die die Ideologie von *Mein Kampf* wirklich durchschauten und sich der schrecklichen Möglichkeit bewußt waren, daß sie realisiert werden könnte. Gott sei Dank gehörte mein Vater zu diesen wenigen Erleuchteten. Ohne seinen Rat wäre das Leben der Dietrich und mein Leben ganz anders verlaufen. Man muß es ihr hoch anrechnen, daß sie die Richtigkeit seiner Worte erkannte und sich nicht gegen seinen Entschluß auflehnte, sie um jeden Preis von Deutschland fernzuhalten. Ihre weise politische Entscheidung, die die Welt für die frühen dreißiger Jahre als geradezu prophetisch rühmte, war auf guten Rat und *nicht* auf Intuition zurückzuführen. Danach war es wie immer: Wenn die Dietrich einen Gedanken einmal akzeptiert hatte, machte sie ihn sich mit einer Leidenschaft zu eigen, die Jeanne d'Arc vor Neid erblassen lassen könnte.

Sie engagierte sich jetzt als Hausmutter der aus Deutschland fliehenden Künstler. Die Rolle sagte ihr zu, und sie spielte sie vorzüglich. Daß sie Preußin war, vermehrte ihre Menschlichkeit. Mit meinem österreichisch-tschechischen Vater als Haushofmeister herrschte die Dietrich über ihren Flüchtlingshofstaat, und in unserem Hotel in Versailles blühte ein kleines Berlin. Ihr alter Freund Spoliansky, Hollaender, der geniale Liederkomponist des *Blauen Engel*, der Komponist Peter Kreuder und Waxman, sein Arrangeur, der mit ihr an den neuen Liedern arbeitete – sie alle und viele mehr kamen, wurden übernommen, erhielten emotionales Asyl, wurden ernährt, beraten und getröstet.

Die Croissants und glasierten Hühnerbrüste verschwanden. Und dank der vorzüglichen Kenntnisse meines Vaters, wo es was zu kaufen gab, nahmen »Bagels«, Hühnerleber und geräucherter Weißfisch ihren Platz auf dem feinen geblümten Porzellan ein. Während der Hotelchef des Trianon Palace sich die Haare raufte, betrieb meine Mutter das beste jüdische Restaurant Frankreichs. Jetzt lauschte ich den seit kurzem Heimatlosen, in deren Erzählungen Angst und Schrecken, Heimweh und Sehnsucht, meistens aber, wie es mir sogar als Achtjähriger vorkam, lähmende Fassungslosigkeit anklangen. Sie gebrauchten fremdartige Wörter wie »Nazi«, »SS« und »Gestapo«, die ich später in meinem Wörterbuch nicht finden konnte. Ich fragte Tami nach ihrer Bedeutung, doch sie sah so besorgt aus, daß ich nicht weiter nachfragte. Als man mich aber eines Nachmittags allein in der Wohnung meines Vaters ließ, ging ich in sein Arbeitszimmer und suchte dieses immer wieder erwähnte Buch und fand es. Ich ließ mich in dem Bischofsstuhl mit der hohen Lehne nieder und war entschlossen, *Mein Kampf* zu lesen. Der Text war natürlich viel zu schwierig für mich. Einige Worte kannte ich: »Jude« – das hatte ich oft gehört, es wurde immer mit einer gewissen Geringschätzung ausgesprochen, wie damals in Berlin, als meine Mutter sich über das »von« von Sternbergs lustig machte. Andere Worte hatte ich nie zuvor gehört, zum Beispiel »Arier«. Ich suchte weiter, doch da hörte ich schon die Stimme meines Vaters in der Diele. Da niemand ohne Erlaubnis sein Arbeitszimmer betreten durfte, legte ich das dicke Buch rasch wieder so hin, wie ich es gefunden hatte, und verschwand.

Abends im Hotel fühlte ich mich nach meinem Raubzug in die Lektürewelt der Erwachsenen sehr mutig und fragte meine Mutter, was das Wort »Arier« bedeute. »Du bist eine, Liebling! Aber das verstehst du nicht, du bist viel zu jung. Jetzt geh zu Bett. Wir arbeiten morgen!« Ich war an solche Ausweichmanöver gewöhnt. Nur selten erhielt ich auf eine Frage eine wirklich informative Antwort. Vielleicht war ich deshalb ein Kind, das sich das, was es wissen wollte, selbst zusammensuchte und nur selten direkte Fragen stellte.

Ich war also statt Amerikanerin nicht nur Deutsche, sondern auch noch Arierin? Ich hatte bereits beschlossen, keine Deutsche zu sein. Jetzt mußte ich rasch herausfinden, was dieses neue Wort bedeutete, um aufhören zu können, auch das zu sein!

Unsere Sitzungen im Ballsaal gingen weiter. Meine Mutter hatte schon immer eine lyrische Ader. Die Dichterin in ihr war zwar schrecklich sentimental und gab sich bewußt ihrem Weltschmerz hin, eignete sich aber vortrefflich für Balladen, die zu ihrem Stil paßten. Einige berühmte Texte, die anderen zugeschrieben wurden, stammten von der Dietrich. Sie schäumte zwar, wenn gewisse Herren das Lob für ihre Worte einheimsten, aber sie verriet sie nie. Daß die fraglichen Herren auch einige peinliche Dinge über sie wußten, hat vielleicht auch zu ihrem plötzlichen Mangel an Rachsucht beigetragen.

Eines meiner Lieblingslieder wurde in diesem Sommer geschrieben: »Allein in einer großen Stadt«, eine sehr modernde Komposition im Stil Brechts, und das Lied, das mir am wenigsten gefiel: »Mein blondes Baby«. Meine Mutter liebte es, der Text hätte aus einem ihrer Briefe stammen können. An dem Tag, als das Lied fertig war, setzte meine Mutter mich neben das Klavier und sang es nur für mich. Ihre Augen standen voller Tränen, während sie mit schluchzender Stimme die Geschichte von dem blonden Baby sang, das sie nie vergessen soll. Es war ein perfektes Beispiel dafür, was es für meine Mutter bedeutete, Mutter zu sein. Dieses Lied und das entsetzliche Gedicht von Jean Richepin, das sie beim geringsten Anlaß zitierte und jedem schickte, an dem sie ein gewisses Interesse hatte, später auch meinen Kindern, basieren beide auf dem »Martyrium« der Mutterschaft – ein Bild, das die Dietrich besonders hätschelte.

> Ein armer Narr liebte einst ein junges Mädchen
> Vor langer Zeit.
> Aber sie stieß ihn weg und sagte ihm,
> Bring mir deiner Mutter Herz
> Und wirf es meinem Hund zum Fraße vor.
> Und er ging hin und schlachtete seine Mutter
> Vor langer Zeit
> Und nahm das Herz, und es war glühend rot.
> Er trug es, und er stolperte und fiel,
> Und das Herz rollte in den Sand.
> Er sah, wie das Herz in den Staub rollte
> Vor langer Zeit.
> Ein Schrei war zu hören,
> Und das Herz begann zu sprechen:
> »Hast du dich verletzt, mein Sohn?«

Meine Mutter liebte dieses greuliche Bild. Jetzt, da sie ihr »blondes Baby« sang, saß ich ganz still und suchte verzweifelt nach den richtigen Worten des Lobes, die von mir erwartet wurden. Schließlich wurde ich »in einem Lied verewigt« und freudige Dankbarkeit war obligatorisch. Aber das Lied war so schrecklich, daß mir die Worte im Hals stecken- blieben. Ich glaube, ich entschied mich dafür, aufzuspringen und ihr die Arme um den Hals zu schlingen, denn ich erinnere mich, wie sie rief: »Das Kind hat alles verstanden! Sie weiß, was ich ihr sagen wollte!

Ohne sie – gibt es nichts!« Sie war glücklich und zufrieden – ich hatte richtig reagiert.

Wenn wir nicht in Versailles Lieder schrieben, wählten wir in Paris Kleider aus. Die französische Presse hatte kritisiert, daß die Dietrich Männerkleidung trug. Journalisten ließen sich in Leitartikeln darüber aus, daß eine »Dame« sich nicht spöttisch über Konventionen hinwegsetze. Die französische Modeindustrie, die damals ausnahmslos weibliche Kunden hatte, war schließlich ein wichtiger Teil der Wirtschaft des Landes, man kann also durchaus verstehen, daß die Franzosen bei der Aussicht in Panik gerieten, daß der weibliche Teil der Bevölkerung seine unbequemen Rüschen abstreifte und gegen ein bequemes Paar Hosen eintauschte. Obwohl Hermès schon 1930 Hosen für Frauen herstellte, hatten sich die Nachrichtenagenturen auf diese »neue« Kontroverse gestürzt und die Geschichte mit schadenfroher Unterstützung der PR-Abteilung der Paramount zu einem internationalen Miniskandal aufgeblasen. Das hielt die Dietrich jedoch nicht davon ab, auf den Champs-Elysées ihren Nadelstreifenanzug zu tragen!

Verkäuferinnen ließen ihre Kunden bei ihren Waren stehen und rannten hinaus, um einen Blick auf die Vorübergehende zu erhaschen. In den Straßencafés wurde nicht mehr bedient; das Essen wurde kalt, und das Eis schmolz, aber den Kunden war das gleichgültig, denn auch sie starrten auf die Straße – einige Männer folgten ihr den Boulevard hinauf, ohne zu bemerken, daß sie immer noch die Serviette in der Hand hielten oder oben in ihre Weste gestopft hatten. Autos bremsten mitten auf der Straße, andere fuhren dicht am Bordstein entlang und paßten ihre Geschwindigkeit ihren Schritten an. Passanten vergaßen an Kreuzungen, die Straße zu überqueren, und die Gendarme vergaßen, in ihre Pfeifen zu blasen. Die Zahl der Bewunderer wuchs an, bis sich eine riesige Menschentraube mit uns bewegte. Und das lag nicht an dem Herrenanzug; das war stets so, wenn die Dietrich sich zeigte, gleichgültig, was sie trug! Das erste Mal, als es passierte, war es wirklich angsteinflößend. In Amerika hatte es das nie gegeben. Wie still die Menge war! Genau wie die Lyncher in dem Film, den ich gesehen hatte. Aber diese Gesichter waren nicht grimmig, und die Stille entsprang einer gewissen Ehrfurcht, nicht Bedrohung! Ich wußte, wie sich Fans verhalten, aber was hier geschah, gehörte keineswegs in die Kategorie »Verehrung eines Filmstars«. Niemand versuchte, sie zu berühren oder ihr auch nur zu nahe zu kommen. Sie schienen nur in ihrer Aura sein zu wollen und ihre Augen an ihr zu weiden. Diese außerordentliche Begabung, bei großen Menschenmengen Respekt zu erzeugen, war der besondere, unerklärliche Zauber meiner Mutter. Er hielt ihr Leben lang. Ihre Begleiter, die erwarteten, daß sie jeden Augenblick in Stücke gerissen würde, waren immer erstaunt über ihre selbstbewußten Worte, wenn sie die Horden gieriger Fans betrachtete, die sich um sie drängten.

»Keine Sorge! Sie werden mich nicht berühren. Das tun sie nie.« Und bei Gott, sie hatte recht! Sie taten es tatsächlich nie! Es gab keinen lauten Begeisterungstaumel für die Dietrich, sie löste vielmehr atemlose Ehrfurcht aus. Die Zeitungen konnten ihre Lügen drucken, die Menschen in Paris beteten sie an.

Brian, immer der fürsorgliche Kavalier, machte sich Sorgen wegen der »Hosen«-Geschichte, die durch die englische Presse gegangen war, und gab ihr in einem seiner Briefe unaufgefordert einen Rat. So etwas war im Umgang mit der Dietrich nicht sehr klug. Sie hielt jeden, der nicht mit ihr übereinstimmte, für den Advocatus Diaboli.

Meine Mutter sagte: »Brian redet immer noch darüber. Er denkt wohl, ich hätte die Hose erfunden. Hat er noch nie etwas von George Sand gehört? Ich dachte, er sei ein gebildeter Mann! Also wirklich, so ein Theater!« und sie las weiter.

> Wir könnten einen kurzen Urlaub machen – das Land ist jetzt einfach wunderschön. Oh, Liebes! Ich wünschte, Du wärest nicht so berühmt! Ich würde zu Dir sagen: »Komm!« und wir würden an die italienischen Seen fahren und uns in Como einquartieren, zur Oper in die Scala nach Mailand gehen und dann weiter nach Venedig reisen. Gerade um diese Jahreszeit wäre das einfach wunderbar, und wir wären sehr glücklich. Aber alas ...

Meine Mutter blickte auf: »Alas? Wie affig kann ein Mensch werden? Zu viel Shakespeare?«

Brian machte in diesem Brief offensichtlich etwas falsch. Von allen Menschen, die in meine Mutter verliebt waren, war er mir der Liebste, und ich wollte nicht, daß sie ihn wegschickte. Ich beobachtete gespannt die Miene meiner Mutter.

> Aber alas, ich weiß nicht, wie ich Dich überhaupt sehen kann. Wenn ich nach Versailles komme, weiß jeder Schuhputzjunge im Hotel sofort Bescheid, und am nächsten Tag bringt es jede Zei-

tung in der ganzen Welt. Es erscheint mir alles sehr schwierig, und manch einen Abend wünsche ich, ich könnte wieder meinen alten Chrysler anwerfen und hinunter nach Santa Monica fahren. Oh, mein Liebling, vielleicht habe ich alles nur geträumt, und nichts von allem ist wirklich geschehen! Wie geht es Maria? Ich mag Kinder eigentlich nicht, sie sind mir lästig. Sie ist das einzige Kind auf der Welt, das ich wirklich liebe.

Dies ist ein dummer Brief. Ich möchte Dich in meine Arme nehmen, und Worte scheinen so tot und so nutzlos, bis ich das wieder tun kann.

Meine innigste Liebe sende ich Dir, Dietrich.

Aherne

Es war alles in Ordnung. Sie war nicht erzürnt, als sie den Brief zu Ende gelesen hatte.

»Brian läßt Dir Grüße bestellen, Liebling. Sobald er mit seiner Arbeit fertig ist, kommt er nach Paris.«

Mein Vater kam herein, und meine Mutter reichte ihm den Brief mit den Worten: »Ein lieber Brief von Brian. Lies, was er über die Hosen sagt. Es ist wirklich lustig!« Dann ging sie, um sich anzukleiden.

Mein Vater nahm eine Zigarette aus seinem goldenen Zigarettenetui, ließ den Deckel zuschnappen, steckte das Etui wieder in die Tasche seines Sportjacketts aus Kaschmir, zündete sich mit seinem wunderschönen Feuerzeug von Cartier die Zigarette an, machte es sich in dem Brokatsessel neben den Flügelfenstern bequem und begann zu lesen. Ich stand dabei und beobachtete sein Gesicht. Es gefiel mir nicht, daß mein Vater sah, was Brian ihr geschrieben hatte. Eigentlich hatte ich keinen Grund, aber irgendwie hatte ich ein komisches Gefühl dabei. Eines wußte ich sicher: Wenn ich Brian das nächste Mal sah, mußte ich ihm sagen, daß er den Ausdruck »alas« in seinen Briefen an sie nicht mehr verwenden sollte.

Meine Mutter hatte überhaupt eine interessante Einstellung zu ihrer Post. Wenn mein Vater da war, hatte er die Aufgabe, die Post zu öffnen und zu sortieren, während in seiner Abwesenheit mir diese Aufgabe zukam. Rechnungen gehörten in den braunen, ziehharmonikaartigen Hefter, Einladungen kamen links vom Tintenlöscher auf den Schreibtisch, dienstliche Briefe in die Mitte und private Briefe rechts. Telegramme wurden natürlich geöffnet, aufgefaltet und ihr sofort gereicht.

Fanpost kam gewöhnlich über ihr Studio. Briefe von Fans, die direkt zu ihr durchkamen, wurden ungeöffnet weggeworfen. Die Dietrich beschäftigte sich nie mit Fanpost, bis sie Ende Siebzig war und diese ständige Bestätigung der Verehrung für ihr Selbstbild brauchte. Dann schickte sie diese Post an mich weiter, um sicherzustellen, daß auch ich wußte, wie sie von Fremden verehrt wurde. Was Briefe betraf, hatte meine Mutter keinerlei Gespür für Intimität, und das war ein erstaunlicher Widerspruch in einem Menschen, der fanatisch um seine Privatsphäre bemüht war. Als Kind dachte ich zunächst, daß sie die Briefe nur meinem Vater und mir zeigte, dann aber sah ich, daß sie intime Briefe einfach herumliegen ließ, so daß jeder sie lesen konnte. Später machte das jeden Versuch, sie vor Erpressungen zu schützen, zu einem Alptraum.

Wenn man sie auf diese Nachlässigkeit hinwies, sah sie einen nur kühl an und sagte: »Lächerlich! Das würde niemand wagen! Außerdem können Dienstboten nicht lesen! Wenn sie es könnten, würden sie nicht Dienstboten sein!«

Die einzigen Privatbriefe, die sie aufhob und unter Verschluß hielt, waren die Briefe von den ganz Berühmten, und das tat sie dann eher so, wie man Trophäen hütet, aber nicht wegen der Erinnerungen an diese Menschen. Vielleicht hob mein Vater deshalb all die Briefe auf, die sie weggeworfen hatte, während die Dietrich die Briefe von Hemingway und Cocteau behielt. Meine Mutter wußte auf ihrem Weg zur Unsterblichkeit instinktiv, welchem Schwarm seltener Vögel sie sich anschließen mußte.

Von den großen Modeschöpfern kamen kunstvoll geprägte Einladungen zur Vorstellung ihrer Herbst- und Winterkollektion. Entweder wurden sie von jungen Boten gebracht, die aussahen wie Hotelpagen, oder von Lehrmädchen, die ihre Fingerhüte gerade lange genug abgenommen hatten, um nach Versailles zu hasten und Madame die Grüße ihres Meisters zu überbringen. Die Dietrich war sehr wählerisch. Sie kaufte nicht bei jedem. Sie wußte, welcher Modeschöpfer zu ihrem Image paßte und welcher ihm schaden würde. Wir schauten uns also nur die Kollektionen von Patou, Lanvin, Molineux und Mme. Alix Grès an. Nicht Chanel. Meine Mutter nannte sie die »Frau im kleinen schwarzen Kostüm«. Bis in die fünfziger Jahre trug sie nie etwas von Chanel und war sich nie im klaren darüber, wie sehr sie, die Dietrich, diese große Modeschöpferin beeinflußt hatte, bis zu den beigen Schuhen mit ihren schwarzen Spitzen für das Hahnenfedernkostüm in *Schanghai Express!*

Wir vier und der perfekt abgerichtete Sieber-Hund rauschten in die jeweiligen heiligen Hallen, die für die Besichtigung der Herbstkollektion für diesen speziellen Nachmittag ausgewählt worden waren. Die »Directrice«, die »Wächterin am Tor«, die dem schöpferischen Genie als Barriere diente und immer eine imposante Autorität darstellte, begrüßte uns. Diese Damen befehligten wie Generäle ein ganzes Heer von Facharbeiterinnen und überwachten die Mannequins ebenso wie die Schneider. Sie waren Vertrauensleute, Übermütter, Diplomaten, Mitwisser und der vertraute Freund der Majestät und derer, die gleich danach kamen: den ganz Reichen. Sie kümmerten sich um alles, von den Menstruationsbeschwerden der Schneidermeisterin bis zur verspäteten Lieferung des Seidenorganza aus Italien. Diese ausgewählten Frauen wären für jede Regierung ein Gewinn gewesen. Außer ihren hervorragenden organisatorischen Fähigkeiten hatten sie noch etwas anderes gemeinsam: Sie alle trugen würdevolle Perlen und hatten zahlreiche Leutnants, die die Normalsterblichen begrüßten.

Wenn Madame La Directrice mitgeteilt hatte, welche Freude und Ehre die Anwesenheit Madame Dietrichs dem Haus bereite, trat sie beiseite, und dann erschien eine Gruppe kleiner Frauen in fusselfreiem Schwarz mit makellos weißen Kragen und Manschetten. Sie machten sich eilig an eine Arbeit, die ihr einziges Lebensziel zu sein schien: die grazilen Goldstühle in den richtigen Winkel zum Laufsteg zu rücken, Madame Dietrich und ihr Gefolge Platz nehmen zu lassen und kleine Blöcke zu verteilen, die aussahen wie Tanzkarten mit dünnen Bleistiften an Seidenkordeln. Diese pflichtbewußten kleinen Frauen sahen immer gleich aus; es gab sie in jedem Modehaus. Ich fragte mich oft, ob sie, wie Knöpfe, immer gleich im Dutzend angeschafft wurden.

Tami und ich liebten diese Ausflüge. Wir saßen angespannt vor Aufregung und Vorfreude mit gezücktem Bleistift auf unseren vergoldeten Stühlen, und ebenso Teddy, der ein Auge für Mannequins hatte. Plötzlich erstarben alle Gespräche, und eine sehr elegante Stimme kündigte an: »Mesdames et Messieurs, meine Damen und Herren – Numéro Un – Nummer eins: ›Rêve du Matin‹, ›Morgentraum‹«, und dann kam eine Vision!

Mannequins in dieser Zeit tänzelten, hüpften und hopsten nicht, und sie kicherten auch nicht, sondern glitten sehr langsam den taubengrauen Laufsteg hinunter, drehten sich mit wiegenden Hüften um und verharrten in dieser Pose, damit das Publikum ausreichend Zeit hatte, den Schnitt und Faltenwurf auf der Rückseite der Kreation zu bewundern, die einzig und allein sie zur Schau stellen durften. Sie glitten zurück und verschwanden exakt in dem Bruchteil einer Sekunde, in dem die nächste Nummer auf der gegenüberliegenden Seite auftauchte. Berühmte Mannequins haben ein unglaubliches Gefühl für Timing und die Muskelbeherrschung einer olympischen Turnerin. Ich wurde nie müde, ihnen bei der Arbeit zuzusehen.

»Morgentraum« erwies sich als ein in tiefe Falten gelegter, schwerer Seidengeorgette in einem Perlmutton mit passendem glockenförmigem Hut und einem Hauch von Schleier über den Augen, langen grauen Glacéhandschuhen und einem sehr großen Muff aus milchgrauem Fuchs, dessen Schwanzspitzen über den Fußboden schleiften.

Kleider aus Seide und Satin, Samt und Wolle, Georgette und Krepp, Federn, Perlen, Fransen und Tressen zogen an uns vorbei; Kleider für das Mittagessen, für den Einkaufsbummel, für den Nachmittagstee, für das Rendezvous und fürs »dîner«; es wurden Abendroben vorgeführt für intime Gesellschaften, Restaurantbesuche, Nachtklubs und zwanglose Wochenenden, und Ballkleider für die Oper und für die ach so häufigen Bankette in Schlössern. Sehr konzentriert notierten Tami und ich all die Nummern der prächtigen Gewänder, die wir kaufen mußten, weil wir ohne sie einfach nicht leben konnten! Während wir vor uns hin träumten und mit unseren Wünschen spielten, arbeitete mein Vater daran, meiner Mutter zu erklären, daß das, was sie ausgewählt hatte, entweder zu überladen, zu bunt oder zu gewagt für sie sei. Ich glaube, sie verhielt sich ein wenig wie wir und wollte alles, sogar das Kleid aus Silberlamé mit der anderthalb Meter langen, in schwarzen Fuchs eingefaßten Schleppe. Aber sie stritten nur bei diesem ersten Einkauf in Paris über die Kollektion. Im folgenden Jahr war sie viel kritischer. Überdies war sie bald ein absoluter Meister darin, meinem Vater zu entkommen. Er, der seine Position als Geliebter, Ehepartner, funktionierender Mann und Vater offenbar so leicht aufgegeben hatte, hielt mit einer oft erstaunlichen Hartnäckigkeit an seinem Titel »Berater der Königin« fest. Daß er nur noch diese Rolle hatte, für die er kämpfen konnte, war mir als Kind nicht bewußt.

Die Dietrich kaufte damals keine Kleider, um sie im wirklichen Leben zu tragen. »Im Leben« war sie nur sehr selten. Ein Morgenmantel, eine Kochuniform und eine Kombination »zum ins Studio gehen« reichten monatelang, ohne ersetzt werden zu müssen. Die Kleider in

Paris wurden behandelt wie jedes Filmkostüm; jedes Kleid benötigte seine eigenen Accessoires. Wir besuchten also auch Hutmodenschauen. Schuhe wurden speziell für sie entworfen und Handschuhe auf Bestellung angefertigt. Der »Handschuh«-Künstler kam mit Koffern voller seidenpapierdünnem Leder von jedem Tier, das dem Menschen bekannt war, und wie es aussah auch einigen, die ihm nicht bekannt waren. Er rannte aufgeregt hin und her, und seine Finger zitterten, während er die dünnsten Nadeln, die ich je gesehen hatte, überall auf den Aubussonteppich fallen ließ. Nicht die winzigste Blase entging den Adleraugen meiner Mutter. Immer wieder wurde das butterweiche Leder festgesteckt, geglättet und von neuem gesteckt, bis ihre Hände aussahen, als seien sie mit farbigem Honig übergossen worden. Aber sie war immer noch nicht zufrieden. Betont »geduldig« sagte sie schließlich zu ihm:

»Jetzt gehen Sie nach Hause. Morgen kommen Sie wieder und bringen das weiße Pulver mit, das Bildhauer und Ärzte verwenden. Dann machen wir einen Abdruck von meiner Hand – und dann können Sie ihre Handschuhe an diesem Abdruck stecken, bis sie *richtig* sitzen!«

Sie war immer fasziniert davon gewesen, daß die Schuhdesigner Abgüsse von ihren Füßen gemacht hatten. Jetzt, mit der Aussicht, sich fünfzig Paar Handschuhe anpassen zu lassen, war ihr der glänzende Einfall gekommen, ihre Hände dem nervösen französischen Handschuhmacher zu geben, so wie sie ihre Füße dem temperamentvollen, aber brillanten italienischen Schuster überlassen hatte. Sie spielte sogar mit dem Gedanken, sich von der Paramount ihre Statue aus *Song of Songs* schicken zu lassen.

»Dann müßte ich auch nicht zu den Anproben für die Kleider! Sie könnten wie verrückt ihre Nadeln stecken – und wir könnten alle zum Essen gehen!« Sie hätte es getan, aber die Brüste der Statue sahen so aus, wie die, die sie gerne hätte, und nicht wie die, die sie hatte. Noch Wochen später dachten wir uns immer neue Variationen des Themas aus, Gipsabgüsse von Körperteilen der Dietrich als Ersatz für das Original zu verschicken.

Endlich wurden die berühmten Handschuhe geliefert. Es dauerte zwanzig Minuten, sie über ihre Hände zu streifen. Als meine Mutter sie endlich anhatte, konnte sie keinen Finger rühren! Sie waren nach starren Gipshänden gefertigt worden, und jede Bewegung war völlig unmöglich. Sie waren die engsten Handschuhe des Jahrhunderts. Wenn meine Mutter richtig lachte, machte sie sich in die Hose. Jetzt rannte sie lauthals lachend los, damit sie es noch auf die Toilette schaffte.

»Ich schaffe es nicht! Liebling, schnell, knöpf mir den Schlitz auf! Ich kann sie nicht einmal ausziehen, um zu pullern!«

Endlich saß sie immer noch lachend auf der Toilette und betrachtete ihre behandschuhten Hände. »Weißt du, sie sind wirklich perfekt! Sogar Tante Vally hätte diese getragen. Sie sind genau richtig für die Fotos. Endlich brauche ich meine Hände nicht mehr zu retuschieren!«

Von da an riefen wir, immer wenn meine Mutter zur Toilette mußte: »Mutti, hast du deine speziellen Handschuhe an? Brauchst du Hilfe?« Meine Mutter wechselte die Hosen und verpackte fünfzig Paare Perfektion in Seidenpapier: schwarz in schwarzes, weiß, beige, perlfarben, grau und braun in weißes.

Studio-Standaufnahmen-Handschuhe – Schwarzes Glacéleder
3/4 lang
Studio-Standaufnahmen-Handschuhe – Schwarzes Glacéleder
Handgelenkslänge
zwei Knöpfe

Als alle Schachteln korrekt etikettiert waren, notierte mein Vater ihren Inhalt in das Reisenotizbuch und legte die Schachteln in eines der extra großen Schlafzimmer, die eigens für diesen Zweck reserviert worden waren und sich bereits mit »den Sachen, die zurück nach Hollywood gehen«, füllten.

*

Da der Vertrag meiner Mutter von den sechs Liedern zwei auf französisch verlangte, wechselten wir jetzt vom deutschen Weltschmerz zur gallischen Dramatik. Das Lied »Assez« faszinierte mich. Ich verstand den Text nicht, und ausnahmsweise schien meine Mutter ihn nicht für mich übersetzen zu wollen. Der Rhythmus war wieder sehr modern und aufregend schlicht. Ich saß auf meinem Stuhl und hörte zu, wie sie das Lied sprach. Die Dietrich hatte große Schwierigkeiten, Texte zu singen, sofern die Melodie kein schmalziges Trällern war, wie etwa das à la Tauber, das sie liebte und auf das sie sich mit Hingabe stürzte. Bei komplizierteren Melodien mußte sie aufgrund ihres mangelnden Stimmumfangs und der fehlenden Ausbildung den Text im Sprechrhythmus vortragen. Dieses Handikap wirkte sich für sie jedoch keineswegs negativ aus. Schließlich wäre die Dietrich nicht die Dietrich, wenn sie jemals richtig gelernt hätte zu singen. Es war ihre Masche, unbewußt ihre professionellen Mängel in Pluspunkte zu verwandeln. Während andere Stars zu Korrepetitoren gingen und über Tonleitern schwitzten, krächzte und sprach die Dietrich, und die Welt lag ihr zu Füßen. Außerdem war sie bei Liedvorträgen eine bessere Schauspielerin als je in einer Filmrolle. Der musikalische Aufbau eines Liedes ließ ihr keinen Spielraum, das zentrale Thema auszuschmücken. Das zwang sie, schlicht zu bleiben, die Geschichte eines Liedes zu erzählen, ein wichtiges Gefühl auszudrücken und dann zur nächsten Nummer weiterzugehen. Als ewige Deutsche paßte das zu ihr, und als ewige Dietrich funktionierte es für sie hervorragend, gerade als hätte sie es immer so geplant.

Unser Tagesablauf änderte sich, als die ersten Anproben begannen. Wir fuhren alle zusammen nach Paris. Der Tagesplan war streng durchorganisiert: Ankunft um zehn, Anproben bis zwölf, Mittagessen bis drei, Anproben bis fünf. Anschließend rasche Rückfahrt nach Versailles, um vor dem abendlichen Restaurantbesuch um neun ausreichend Zeit zu haben, um die Haare zu waschen und zu legen. Das Mittagessen machte meistens Spaß, auch wenn es drei Stunden dauerte. Die Abendmahlzeiten zogen sich noch länger hin. Alle beobachteten uns. Ich fühlte mich nie wohl, und das nicht nur, weil ich Organdy mit Puffärmeln tragen mußte, der kratzte. In Hollywood war neun Uhr Schlafenszeit. In Anbetracht eines Weckers, der bereits vor dem Morgengrauen klingelte, und einer Kamera für Nahaufnahmen, die nur darauf wartete, einen zu vernichten, wollte niemand etwas riskieren, außer vielleicht die Charakterdarsteller, die ein oder zwei zusätzliche Falten immer gebrauchen konnten, oder die Alkoholiker, die sich sowieso selbst zerstörten. Europa aber bedeutete endlose, späte Abende.

Die ersten Anproben waren eine Katastrophe. Es war das erste Mal, daß meine Mutter als Star in Paris einkaufte, und niemand hatte sie auf die »zivilisierte Art, Kleider herzustellen« vorbereitet. In unserer Welt konnte eine erste Anprobe an einem Montag stattfinden – und zwei Tage später war ein aufwendiges Kostüm fertig, das von jedem vorstellbaren Kamerawinkel aus gesehen perfekt saß, sowohl in Ruhe wie auch in Bewegung. Doch diese teuren Modehäuser der dreißiger Jahre belieferten Frauen, die Termine bei ihrem Modeschöpfer so nutzten wie ihre »Friseur«-Termine – als willkommene Abwechslung, um ihre öden Tage auszufüllen.

Die Dietrich hielt alle, die nicht für ihren Lebensunterhalt arbeiten mußten, für »reiche Müßiggänger«. Wenn meine Mutter in ihrem besonders verächtlichen Ton von den »reichen Müßiggängern« sprach, hatte man sofort Visionen von Vanderbilts und Rockefellers, die sich in den von hageren, rachsüchtigen Horden geschürten Flammen der Hölle wanden. Die »Neureichen« wurden einfach übergangen; sie waren nicht einmal der Verachtung würdig. Aber die Wohlhabenden bekamen jedesmal etwas ab, außer ihr gefiel gerade einer besonders – dann natürlich änderten sich die Regeln. Aber das war immer so, wann immer es ihr paßte. Sie setzte die Regeln, und so hatte sie auch das Recht, sie zu ändern. Man mußte in ihrer Gegenwart lernen, nur den Geboten zu folgen, die im Augenblick in Kraft waren, und nicht denjenigen, die am Tag zuvor als Evangelium niedergelegt worden waren. Nachdem ich ein paar Mal Schwierigkeiten bekommen hatte, weil meine Vorlieben und Abneigungen nicht zur geltenden Regel paßten, begriff ich schnell! Eine Regel blieb immer gleich: Die Dietrich hat immer recht.

Sie stand in dem Anproberaum und sah in den Spiegel. Ich wußte genau, was sie dachte. Die Dietrich erwartete von allen Mitarbeitern, daß sie sich mit Leib und Seele der Perfektion ihres Handwerks verschrieben, so wie auch sie es tat! Ich glaube, wir verbrachten die erste Woche damit, Nähte aufzutrennen. Zunächst hatten es die Generäle, die zur Rettung ihrer Fronttruppen herbeigerufen worden waren, mit ihrem ganzen Charme versucht, dann mit guten Worten und schließlich mit Autorität. Das hatte schon bei der rumänischen Königin funktioniert, als sie ein wenig außer Kontrolle geraten war, und warum sollte es nun bei einem berühmten Filmstar nicht funktionieren? Sie stellten bald fest, warum! Eine echte Majestät hatte nicht die Adleraugen einer Hollywood-Majestät. Ich verstand die Einwände meiner Mutter; die Qualität der Verarbeitung war unakzeptabel. Die Entwürfe waren wunderbar, aber die Ausführung ließ zu wünschen übrig – als ob nur aus der Totalen gesehen würde. Aber schließlich wurde »im Leben« auch meistens alles aus der Totalen gesehen, doch meine Mutter probierte hier nicht ihre Privatgarderobe. Doch das konnten die verwirrten französischen Schneiderinnen nicht wissen. Da meine Mutter Narren nicht einfach edelmütig ertrug, erklärte sie den verschüchterten Frauen, denen Maßbänder wie Ketten um den Hals hingen, ausführlich die Kunst der Schneiderei. Glücklicherweise waren die Worte meiner Mutter auf französisch weniger scharf als in anderen Sprachen, und so wurden unsere Damen der Nadel nur streng unterwiesen und nicht völlig fertiggemacht. In Hollywood hatten wir eine Methode entwickelt, wie ich meine Mutter auf einen Fehler aufmerksam machen konnte, ohne sie dadurch bloßzustellen, daß ich direkt auf die anstößige Stelle zeigte. Sie sah mich im Spiegel an. Wenn ich ihr etwas zeigen wollte, was sie oder Travis übersehen hatten, nahm ich erst Blickkontakt mit ihr auf, bewegte dann meine Augen zu der Stelle auf dem Kostüm, die meiner Ansicht nach ihre Aufmerksamkeit verlangte, und sie mußte nur noch meinen Augen folgen. Ich wußte, daß nichts anderes nötig war. Wenn sie den Fehler entdeckt hatte, ließ sie ihn beseitigen. Wir spielten dieses private Spiel »Entdecke die Blase – die Falte – den schiefen Saum« unser ganzes Leben. Ich wußte, wie ungern sie sich berühren ließ, und bemühte mich, meine Hände von ihrem Körper fernzuhalten. Erst später stellte ich mir die Frage, wie sie trotz dieser Abneigung all ihre Liaisons ertrug.

Während Hände und Nadeln flogen und Nerven knisterten, saßen wir, das dienstbare Publikum, auf jenen allgegenwärtigen fragilen Stühlen, sahen zu, urteilten – und warteten darauf, zum Essen zu gehen. Mein Vater in Tweedkleidung in den Heidetönen gedämpftes Grün und Braun, neben ihm Tami, hübsch in dem Anzug, den meine Mutter am Tag zuvor getragen und in dem *sie* einfach göttlich ausgesehen hatte, dann ich in meinem marineblauen Tageskleid mit passendem Mantel und kleinem Hut, weißen Baumwollhandschuhen, die ich locker in der Hand hielt, weißen Söckchen über gekreuzten Knöcheln, ebenfalls locker, wie von mir verlangt, und schließlich Teddy, aufrecht wie ein Ladestock, eine Lacklederleine im Maul, ebenfalls leger. So saßen wir aufgereiht wie russische Babuschkas. Endlich waren die Erklärungen beendet, die auf französisch immer übermäßig aufgeregt klangen, und wir machten unsere Lunchpause.

Wir aßen entweder im »Little Hungary«, in dem es das beste Gulasch Europas gab, oder im »Belle Aurore«, das Aladins Schatz an Hors d'œuvres anbot. Man konnte dort eine Woche lang täglich essen, und das taten wir oft, ohne ein Gericht zweimal bestellen zu müssen. In beiden Restaurants war der von meinem Vater bevorzugte Tisch immer reserviert. Wir warfen nie auch nur einen Blick in die umfangreichen Speisekarten. Der Besitzer des Restaurants zählte uns voller Stolz die besonderen Gerichte des Tages auf. Mein Vater beurteilte sie nach seinem enzyklopädischen Wissen über die Fähigkeiten des Küchenchefs und teilte uns dann mit, was er bestellen würde. Wir hatten nur selten Einwände gegen seine kulinarischen Entscheidungen. Selbst wenn wir gerne statt Kalbfleisch »aux Romarins et Truffes Lombardie« das Lamm »provençal et Sauce du Midi« gehabt hätten, lohnte es nicht den ganzen Zirkus der neuen Auswahl des dazu erforderlichen Aperitifs, der Suppe, des Salats, Gemüses und Desserts. Alles hätte neu arrangiert werden müssen, damit es zu dem veränderten Hauptgericht paßte.

»Mutti, wenn du auf Kalbfleisch bestehst, statt Lamm zu essen, das du heute eigentlich bestellen solltest, dann mußt du statt der Sellerie à la Grecque die Artischocken vinaigrette essen, statt der Früherbsensuppe die Gurkensuppe, und zwar die Cremesuppe, statt der Soufflé-Kartoffeln die Pommes duchesse, statt der Gartenbohnen Blattspinat, statt des Endiviensalats Tomatensalat, und auf keinen Fall darfst du die karamelisierte Birne nehmen! Aber du könntest die Crème Brûlée wählen.«

Jetzt war ich an der Reihe: »Kater, der Spargel kommt aus dem französischen Mittelmeerraum, du nimmst ihn ›nature‹, dann Seezunge ›bonne femme‹, gegrillte Tomaten, neue Kartoffeln, die Käseplatte und die Himbeeren mit Sahne. Tami, du nimmst dasselbe wie ich.«

Ich lernte, immer sofort um Leber zu bitten. Dazu gab es automatisch und ohne weitere Diskussion geröstete Zwiebeln, Kartoffelbrei, Rotkohl und Gurkensalat. Fragen Sie mich nicht, warum das für Leber eine Grundregel war, aber im »Little Hungary« war es so, und es machte das Mittagessen für mich viel leichter. Leber galt von nun an als das »Lieblingsessen des Kindes«. »Das Kind mag so gerne Leber! Wenigstens redet sie nicht mehr von ihren schrecklichen Hamburgern!« Wieder einmal sprach sie über mich, als würde ich nicht neben ihr sitzen. Ich mochte Leber eigentlich gar nicht so schrecklich gern, aber diese Taktik bewahrte mich und mein Mittagessen davor, am Gipfeltreffen der Gastronomie teilnehmen zu müssen. Teddys Fressen war immer fertig und wartete auf ihn. Jedes Restaurant kannte seine Vorliebe für gekochtes Rindfleisch und Gemüse. Ich beneidete ihn.

Der Wein war die nächste Jahrhundertentscheidung. Je nachdem wie hartnäckig meine Mutter auf dem Kampf um den vorgezeichneten Weg des Konsums bestand, konnte er sich ewig hinziehen, und wir hatten doch nur drei Stunden für unser Mittagessen! Da fast alles auf Bestellung gekocht wurde, mußten wir gewöhnlich zwischen Vorspeise und erstem Gang warten und warten. In der Zwischenzeit aß ich meist das gesamte Brot samt Butter auf, und meine Mutter stand mir kaum nach. Wenn die Brotkörbe leer waren und noch keine zehn

Kellner herbeigeeilt kamen, um sie wieder aufzufüllen, durfte ich den Tisch verlassen und Teddy spazierenführen. Er wollte sich eigentlich nicht bewegen, hatte aber wie ich gelernt, die möglichen Freuden des Ungehorsams gar nicht erst ins Auge zu fassen. So traten wir denn in den Pariser Frühling hinaus und sahen gemeinsam dem Leben zu. Wir kehrten in einem »spannungsgeladenen Augenblick« zu unserem Tisch zurück. Meine Mutter rauchte energisch – das tat sie nur, wenn sie verärgert war – in kurzen Stakkatozügen, die Bette Davis damals noch nicht berühmt gemacht hatten. Tami machte ein ängstliches Gesicht. Offensichtlich hatte der Kellner meinem Vater den Korken des Weins, den er für das Kalbfleisch ausgewählt hatte, zur Überprüfung präsentiert, und mein Vater hatte einen Hauch von Schimmel gerochen. Das hatte natürlich einen scharfen Tadel an die Adresse des Sommeliers erforderlich gemacht – in perfektem Französisch und so laut, daß alle es hören konnten – und dessen umgehende Verbannung in einen Kerker, der ebenso feucht und faulig war wie sein Korken. Mein Vater konnte sich über äußerliche Dinge wie das Essen, den Wein und den Service schrecklich erregen. Auch das war ein Grund, warum wir aßen, was man uns vorsetzte, und unsere Liste von Restaurants nicht zu lang werden ließen. Wie alle erfolglosen Männer war er ein Tyrann in den Bereichen, in denen er es sich erlauben konnte. Das war mir schon als Kind irgendwie klar. Restaurants waren ihm die liebste Arena, um Nero zu spielen, und seine berühmte Frau erhielt die Rolle des Christen. In ihrer Begleitung wählte er immer einen öffentlichen Ort für seine Wutanfälle und ließ sie an Menschen aus, die sich nicht wehren konnten. Angestellte fürchteten den Verlust ihrer Stelle, Restaurants den Verlust des Kunden Dietrich, und Tami, ich und Teddy, wir fürchteten uns einfach. Doch es gehörte zu den merkwürdigen Widersprüchen des Charakters der Dietrich, daß sie wirklich glaubte, Frauen dürften sich ihren Männern nicht widersetzen, Männer seien überlegene Wesen, deren Autorität man ergeben ertragen müsse.

»Papilein, ich muß nicht unbedingt diesen besonderen Wein haben – der Wein, den ich zur Suppe getrunken habe, ist auch für das Kalbfleisch gut – wirklich!«

Tami nickte in schneller Zustimmung mit dem Kopf. Nicht daß ihre Meinung zählte, aber sie war beständig um Harmonie bemüht. Ich drückte mich rasch auf die veloursgepolsterte Bank. Mein Vater ignorierte seine schwierigen Frauen und wandte sich an mich:

»Kater, dir habe ich eine frische Limonade bestellt«, sagte er in einem Ton, der meinen Mut, um etwas anderes zu bitten, tötete.

»Danke, Papi.«

Ich betete, daß die Limonde aus frisch ausgepreßten Zitronen gemacht sein würde. Es war unheimlich, wie treffsicher er bestimmen konnte, ob der Zitronensaft bereits am Morgen oder erst direkt auf Bestellung ausgepreßt worden war. Wenn die Limonade gebracht wurde und er nach dem Probieren festgestellt hatte, daß es sich um Zitronensaft vom Morgen handelte, gab es einen regelrechten Aufstand.

Bei Tisch sprachen wir Deutsch. Meine Mutter und mein Vater redeten über die letzten Ankömmlinge aus Berlin, während Tami und ich darauf warteten, daß das Schwert des Damokles an unseren Tisch gebracht wurde, auch bekannt als »Bitte laß es sein – wirklich frische Limonade ...« Da war sie! Ein hohes Kristallglas auf einem silbernen Tablett. Bevor ich das Glas schnappen und es rasch austrinken konnte, hatte mein Vater es in der Hand und machte seinen Geschmackstest. Wir alle hielten den Atem an. Mein Vater leckte sich die Lippen und stellte das Glas vor mich hin: »Kater, du kannst sie trinken. Sie ist frisch.« Dann nahm er das Gespräch genau an dem Punkt wieder auf, an dem er es für seine »Zitronenvendetta« unterbrochen hatte. Die Erleichterung war groß! Auch daher rührte meine Begeisterung für Coca-Cola: Es war ein so sicheres Getränk, es stand einfach da, überall auf der Welt, immer dasselbe wunderbare Zeug. Unser Mittagsmahl an diesem Tag verlief recht angenehm, aber gegen Ende mußten wir uns doch beeilen. Drei Stunden waren für ein europäisches Mittagessen einfach nicht genug. Der Grundstein für meine lebenslange Leidenschaft für »Fast food« muß in jenem Sommer 1933 gelegt worden sein.

Unser zweiter bevorzugter Treffpunkt machte das Mittagessen in gewisser Weise ein wenig leichter. Kaum daß der ewig verehrte Besitzer und sein höflicher Oberkellner uns an unsere Plätze geführt hatten, wurden die Servierwagen geordert! Die Mahagonirahmen poliert, auf ihren versenkten silbernen Tabletts in mehreren Reihen hintereinander längliche Glasgefäße, die randvoll gefüllt waren mit den Schätzen vieler Gärten, Seen und Bauernhöfe. Sie rollten in einer Prozession auf uns zu – geschoben von stolzen Kellnern, die an die Kinderfrauen erinnerten, die im Bois de Boulogne ihre englischen Kinderwagen vorführten. Wir aßen nicht im »Belle Aurore«, wir schlemmten! Jedesmal fanden wir ein Gericht, das wir noch nicht versucht hatten und das wir all den anderen hinzufügen mußten, die wir bereits kannten und noch einmal essen wollten.

Röcke, die fertiggenäht und abgenommen worden waren, mußten aufgetrennt und neu anprobiert werden, Bünde neu angemessen und verlängert werden. Meine Mutter nahm zu! Normalerweise hätte das zu einer ernsten Krisensituation geführt, doch da sie am nächsten Tag nicht drehen mußte, waren die übliche Hungerkur und das abführende Epsomer Bittersalz noch nicht notwendig. Für die Anproben mußte jedoch etwas geschehen, und so trat ein neues Mitglied in unseren kleinen Kreis: der »Hüfthalter« – der letzte Schrei aus fleischfarbenem Gummi und mit dem Geruch eines Fahrradreifens. Wir kauften sie im Dutzend.

Meine Mutter, die sogar ihre Strapse haßte, verabscheute diese Gummidinger, vor allem, weil sie sich unter ihren engen Röcken abzeichneten. Mit den Strapsen war, wenn sie sich bewegte, wenigstens die Linie vom Oberschenkel bis zum Schritt nicht unterbrochen, aber dieses Ding zerschnitt sie und zeichnete seine eigene Linie mitten über die Schenkel.

»Es sieht aus, als hätte man kurze Beine und einen alten Popo, alles flach!« sagte sie, versuchte aber dennoch fast zwei Wochen lang, einen solchen Hüfthalter zu tragen, bevor sie einige an Tami verschenkte und den Rest an unser Zimmermädchen. Solange unser Gummifreund jedoch unter uns weilte, spielte er die Hauptrolle in einem Stück, das man als »Trick ›für kleine Mädchen‹« bezeichnen könnte. Warum meine Mutter statt Toilette immer »für kleine Mädchen« sagte, erfuhr ich nie. Vielleicht lernte sie diesen Ausdruck, als sie nach Hollywood kam, und behielt ihn bei. Ihr Leben lang fragte sie nie nach dem »Ort für Damen« oder einfach nach der »Toilette«, das heißt, wenn sie überhaupt einmal eine Toilette brauchte, was praktisch nie vorkam! Die Dietrich hielt es für ausgesprochen geschmacklos, vom Tisch aufzustehen, um sich die Blase zu entleeren. Dieses – ebenso wie die unglaubliche Disziplin, die ihr Beruf ihr abverlangte, und ihre pathologische Angst vor unbekannten Toilettensitzen – erzeugte die reglementiertesten Nieren, die ich je erlebt habe. Und von uns Mitgliedern ihres innersten Kreises erwartete sie natürlich dasselbe.

Als meine Mutter also inmitten eines unserer mittäglichen Festmahle Tami bei der Hand nahm, aufstand und sagte, sie müsse mal »für kleine Mädchen«, war ich sehr erstaunt. Da mir niemand sagte, ich solle mitgehen, blieb ich sitzen und sah meinen Vater an. Es paßte ihm nicht, da bin ich mir sicher, daß sie den Tisch so einfach verließen. Wir redeten nicht, wir saßen und warteten. Ein Murmeln ging durch den Raum, wie immer, wenn die Dietrich sich unter die normalen Sterblichen begab. Die beiden kehrten zurück und kicherten wie zwei ungezogene Schulmädchen. Meine Mutter schlängelte sich auf die Bank. Dabei drückte sie ihre Krokohandtasche wie einen geheimen Schatz an ihre Brust. Mein Vater lächelte, ihre Freude war ansteckend!

»Mutti, was habt ihr angestellt? Wenn du weiter so lachst, mußt du zurück auf die Toilette!« Meine Mutter lachte diesmal wirklich, sogar Tami lachte mit.

»Aber Papi! Wir waren nicht zum Pullern auf der Toilette! Wir mußten nicht. Weißt du, was wir getan haben? Wir zogen unsere Hüfthalter aus, damit wir mehr essen können!« Mit einer Handbewegung befahl sie uns, unter den Tisch zu schauen, wo sie uns ihr Gummigreuel zeigte, das sie in die Handtasche gestopft hatte. Als wir nach Luft schnappend wieder hochkamen, fragte mein Vater mit seiner besten Professorenstimme: »Aber was habt ihr mit euren Strümpfen gemacht?«

»Die Ränder um die Finger gerollt und verknotet – wie die Huren!«

Jetzt lachten alle. Ich fragte mich, ob ich dieses Wort wohl in meinem Wörterbuch finden würde. So wie es ausgesprochen worden war, hatte ich meine Zweifel.

Im »Belle Aurore« wurde »für kleine Mädchen« wirklich über die Maßen durch die Anwesenheit der Dietrich geehrt. Im verspiegelten Glanz dieser Örtlichkeit praktizierte sie nämlich noch einen weiteren Trick, um überflüssige Pfunde zu verhindern – den »Finger-in-den-Hals-Trick«! Wir ergingen uns schließlich in bacchantischen Gelagen, warum sollten wir es dann nicht machen wie die Römer – erbrechen, um wieder essen zu können. Mir war dieses Verfahren verhaßt. Ich verabscheute das Gekicher und das Geräusch des Würgens. Meine Aufgabe bestand darin, Wache zu halten, damit niemand hereinkam, bis sie fertig waren. Ich spürte, daß das, was sie da taten, nicht richtig war und vor allem schlecht für Tami, nicht jedoch für meine Mutter – ihr würde das nichts anhaben. Nichts berührte sie, sie war nicht aus Fleisch und Blut! Aber Tami war es, und sie war verletzbar. Meine Mutter und Tami praktizierten dieses Verfahren während unseres gesamten Aufenthalts in Europa und hielten es für einen großen Spaß. Ich machte mir Sorgen, wußte aber nicht, wie ich es verhindern konnte. Das war lange, bevor man Bulimie kannte, aber ich spürte den düsteren Schatten dieser Krankheit über einem Menschen, den ich liebte.

Meine Mutter fand die perfekte Lösung für die unbequemen Anproben nach dem Mittagessen: Morgens probierten wir Kleider an, nachmittags Hüte.

»Mein Kopf wird nicht dick«, sagte sie. »Und wenn wir noch Zeit haben, können wir nach den Hüten einen Vorrat Schleierstoff kaufen, falls wir in Hollywood welchen brauchen. Außerdem möchte ich diese wunderbaren Seidennelken. Das Studio hat keine, und man weiß ja nie ...«

Unheimliche Frau! Ein Jahr später gestaltete sie mit diesen Blumen das erste Kostüm für *The Devil is a Woman* (dt. *Die spanische Tänzerin*).

Wir tätigten auch »Leder-Einkäufe«. Meinem Vater dabei zuzusehen, wie er eine Reisetasche bei Hermès inspizierte, war ein regelrechtes Spektakel. Zuerst zog er seine Handschuhe an. Fingerabdrücke auf dem glänzenden Leder waren ein Sakrileg. Jede handgearbeitete Naht wurde auf den geringsten Fehler überprüft, die Narbenseite des Leders im Tageslicht und im Kunstlicht des Verkaufsraums eingehend betrachtet. Nichts, aber auch gar nichts entging seinem Kennerblick! Die Verkäufer hielten sich im Hintergrund und zitterten! Er nahm sich Zeit. Ich habe es erlebt, daß mein Vater ein Dutzend Exemplare glänzender Perfektion inspizierte, oder was uns normalen Sterblichen eben als Perfektion erschien, bevor er zufrieden war. Wir, die drei Frauen, wurden oft in eines der Cafés in der Nähe von Hermès geschickt. Meine Mutter, verärgert, aber ergeben, trank Kaffee und rauchte. Tami und ich waren begeistert über diese »Inspektionspausen« und bestellten Himbeereis in schweren silbernen Pokalen, dekoriert mit kleinen fächerförmigen Keksen. Wir wußten, daß wir schnell essen mußten – die Dietrich war mit den Neigungen ihres Mannes nicht so langmütig.

Gewöhnlich kamen wir wieder zurück, wenn er den einen, ja einzigen Koffer gefunden hatte, der ihrer würdig war, und er meiner Mutter raten konnte, ihn ohne Zögern zu kaufen. Es gab kein Geschäft in Europa, dessen Verkäufer nicht schauderten, wenn sie Rudolf Sieber in ihre heiligen Hallen treten sahen. Aber auch wenn sie innerlich stöhnten, sie respektierten seine erstaunlichen Kenntnisse und seinen Geschmack. Niemals wurde meinem Vater in diesen Jahren des Luxus minderwertige Ware gezeigt. Keiner hätte dies gewagt! Viele haben über den Mann der Dietrich geschrieben, als sei er nachlässig mit ihrem Geld umgegangen. Vielleicht sah es von außen so aus, aber dem war nicht so. Meine Mutter bewunderte seine Eleganz, seinen Instinkt dafür, was korrekt und würdig war, und sein ausgezeichnetes Gespür für Luxus. Sie schmeichelte all diesen Eigenschaften, indem sie kaufte, was er guthieß, und ihm dann übergab. Er dagegen versuchte immer, ihr beizubringen, ihr Geld nicht zu verschwenden. Als das schließlich zu einer unlösbaren Aufgabe wurde, verlegte er sich auf die ihm einzig verbleibende Möglichkeit: Er zeigte ihr, was Plunder und was ihres Geldes wirklich würdig war. Sie kaufte ohnehin alles, und so mußte er wenigstens sicherstellen, daß sie nicht betrogen wurde.

Wir alle wußten, daß meine Mutter nie müde war. Sie war vielmehr überrascht und voll beißender Kritik, wenn jemand auf der Strecke blieb. Zur Vorbereitung unserer späten Abendessen im Maxim's und anderer nächtlicher Ausschweifungen setzte mein Vater wichtige buchhalterische Arbeiten an, die er unbedingt in seiner Wohnung in Paris erledigen mußte, und ging nach Hause, um ein bißchen zu schlafen. Tami entkam unter dem Vorwand, nach ihm sehen zu müssen, und konnte sich heimlich ausruhen. Ich blieb zurück, um unsere geheiligte Persönlichkeit zu bewachen und zu begleiten, aber das war auch in Ordnung so. Ich war geübt darin, mit der erstaunlichen Rastlosigkeit meiner Mutter mitzuhalten! Allerdings machte ich mir Sorgen um Teddy. Hoffentlich hielt er das Tempo durch, noch lagen Wien und Salzburg vor ihm!

Das Maxim's – ganz im Stil der Belle Epoque – bestand nur aus Quasten, scharlachrotem Samt, Spiegeln und Gold. Kerzen und Lampen aus geschliffenem Glas verströmten ein sanftes Licht, das jede Frau wie ein unberührtes Mädchen aussehen ließ und jeden Mann wie ein geheimnisvoller Traum im Weichzeichner. Der ganze Raum glühte! Und ich war nicht beeindruckt! War das nicht schrecklich? Ich wußte, daß ich eigentlich beeindruckt sein sollte, aber wenn man aus einer Welt kam, in der man von allem ein genaues Duplikat bekommen konnte, war es schwierig, die Realität mit dem gebührenden Respekt zu betrachten. Ich war kein Einzelfall, allen in der Branche ging es so. Man lebte ein Leben der visuellen Illusionen, die erscheinen sollten wie die Wirklichkeit. Das alte Rom liegt gleich neben dem Roten Meer, die Geschichte des Universums ist ausgebreitet, so daß man darin herumspazieren kann. Man muß nur von einem Studio zum nächsten gehen. Alles ist da, aber nichts lebt, bis ein Gott ruft: »LICHT, KAMERA, AUFNAHME!« Und plötzlich vibriert alles und lebt, aber selbst das ist Illusion. Das verändert den Blick aufs Leben. Es ist nicht schlecht, nicht immer, doch anders. Ich glaube, das könnte der Grund sein, warum Filmleute unter sich bleiben – unter Menschen, die ebenso reagieren wie sie selbst. Sie suchen die Sicherheit und die Vertrautheit ihrer eigenen Spezies. Aber meine Mutter tat das nie. Schauspieler waren schließlich Zigeuner, sie dagegen eine »echte Aristokratin«. Sie gab sich mit Schauspielern und Filmleuten nur ab, wenn es sich nicht umgehen ließ oder wenn sie gerade in einen verliebt war. Aber schon bald ließ die Dietrich sie hinter sich auf ihrer Suche nach »Verfassern wichtiger Bücher«, strahlenden Staatsmännern, prächtigen Generälen, überragenden Musikern, anerkannten Menschen – kurz den großen Berühmtheiten. *Ihre* Spezies waren schließlich die »lebenden Legenden«.

An diesem Abend sah meine Mutter besonders schön aus. Sie trug eines ihrer neuen Abendkleider, das endlich paßte, aus aufreizend schwarzem Samt mit passend eingefärbten Paradiesvogelfedern von Patou. Sie erhoben sich über ihre nackten Schultern und warfen geheimnisvolle Muster auf ihre schimmernde Haut. Dazu trug sie lange Abendhandschuhe aus demselben Stoff wie das Kleid, ihr breites Armband mit Diamanten und Rubinen, eine prachtvolle, viereckige Diamantbrosche – und da war er, der blendend schöne Filmstar! Mein Vater im meisterhaft sitzenden Frack mit diamantbesetzten Laliqueknöpfen, sein blondes Haar nur eine Spur dunkler als das ihre, sah mehr denn je aus wie ihr nicht weniger blendend schöner Bruder. Sie waren ein fantastisches Bild in Schwarz und Weiß. Aber Tami und ich konnten sich auch sehen lassen. Sie in langer schwarzer Seide und dem Gürtel mit Straßschnalle, der von Sternberg an meiner Mutter immer so gefallen hatte. Ich in meinem neuen saphirblauen Samtkleid mit breitem Musketierkragen aus Spitze.

Wo immer wir auch auftauchten, brach für gewöhnlich jede Unterhaltung mitten im Satz ab. Was immer die viel Berühmteren, Mächtigeren und Reicheren auch gerade taten, sie hielten inne, um ihre Augen und Sinne zu ergötzen und der Dietrich einen Augenblick ihre Hochachtung zu erweisen, als hätte sie es wirklich mit etwas ganz Besonderem verdient. Was hatte sie getan? Mit Hingabe, Können und harter Arbeit einige sehr gute Filme gedreht, ihr Image geformt und gepflegt, und sie war unglaublich schön auf die Welt gekommen. Das schien genug, um zu den Engeln zu zählen. Ich zweifelte nicht daran, es verwirrte mich nur.

»Liebling, mach dir keine Sorgen wegen des Kleides. Du kannst dich ruhig auf Seidensamt setzen. Es knittert nicht. Aber nur der echte französische Samt. Jeder andere Samt bekommt große flache Stellen, die nicht mehr richtig fallen, direkt auf dem Popo.« Sie hielt ihr Champagnerglas an die Lippen und blickte über den dünnen Glasrand hinweg durch das Maxim's. Die Dietrich konnte eine perfekte Nahaufnahme inszenieren, gleichgültig, ob eine Kamera in der Nähe war oder nicht.

»Papi? Das können doch nicht alle ›Dress Extras‹ sein!« Ich verschluckte mich an meiner für gut befundenen Limonade – meine Mutter mußte mir auf meinen knitterfreien Rücken klopfen. Sie brachte mich gerne mit unseren Hollywood-Witzen zum Lachen. In solchen Augenblicken waren mein Vater und Tami die Außenseiter. Ich versuchte Tami den Scherz zu erklären, weil sie sich von einem glücklichen Augenblick ausgeschlossen fühlte.

»Tamilein, wenn wir Leute brauchen, um eine Szene mit Menschen zu füllen, zum Beispiel in einem Bus oder auf der Straße, dann besorgen wir uns gewöhnliche Statisten. Aber wenn der Regisseur Männer und Frauen in Abendgarderobe braucht, richtig elegant wie hier, schlägt das Besetzungsbüro in einer speziellen Kartei nach, in der nur diejenigen aufgenommen werden, die eine eigene Abendgarderobe in guter Qualität besitzen und die sich wie echte Damen und Herren zurechtmachen können. Sie melden sich gebügelt und geschniegelt und gelockt im Aufnahmestudio und schmücken den Set. Deshalb heißen sie ›Dress Extras‹. Sie können auch elegant tanzen. Langsamer Foxtrott, Walzer, manchmal Tango, aber keine Musicalnummern – nur Gesellschaftstanz im Hintergrund. Es sind meistens ältere Schauspieler, die es nicht geschafft haben, und sie gehen sehr sorgfältig mit ihrer Garderobe um.«

»Das hört sich an, als seien sie traurige Menschen, Katerlein.«

Ich liebte es, wie Tami meinen Spitznamen klein und weich klingen ließ.

»Es muß schrecklich sein, nur deshalb Arbeit zu bekommen, weil man ein Abendkleid besitzt. Was passiert, wenn es kaputtgeht?«

Tami war der mitfühlendste Mensch, der mir je begegnet ist. Sie sorgte sich um jeden, außer um sich selbst. Wenn das Schicksal sie nicht auserwählt hätte, das Opferlamm meiner Mutter und meines Vaters zu sein, was hätte sie für eine Ehefrau und Mutter werden können.

Aber wir hatten genug geredet. Am Tisch meiner Mutter erging man sich nicht in privater Konversation. Sie beteiligte sich nicht an einem

Gespräch, sondern bestimmte es, außer wenn sie sich unterwürfig gab, was sie in Gegenwart großer Geister automatisch tat. Bei von Sternberg war das in Ordnung gewesen. In späteren Jahren übertrieb sie es schrecklich und lag ihnen buchstäblich in offener Bewunderung zu Füßen. Noël Coward hielt es für gespielt und geschmacklos; Cocteau fand es – natürlich – einfach wunderbar; Orson Welles, der sie kannte, lächelte und aß einfach weiter; Hemingway sagte zu ihr, sie solle aufstehen; Patton grunzte vor Vergnügen und knallte mit seinem Peitschenstock; Edward R. Murrow, Adlai Stevenson, Sir Alexander Fleming wurden tatsächlich rot, und de Gaulle hielt es nur für angebracht – beteten ihn nicht alle an? Tami und ich gehörten sicherlich nie zu diesem begnadeten Kreis, also setzten wir uns aufrecht hin, drehten die Köpfe voneinander weg und lauschten ehrerbietig und aufmerksam meinem Vater, der sich in einem genialen Vortrag über die Vorzüge der Sauce aus Schwarzkirschen gegenüber der Bitterorangensauce ausließ, die zu der Ente an jenem Abend empfohlen wurde.

Es sah also so aus, als sollten wir Ente bekommen. Wenigstens mal etwas anderes als meine ewige Leber. Das hieß also: viele kunstvoll ausgehöhlte Artischockenböden, die wie kleine, blaßgrüne Körbchen aussahen, gefüllt mit einer Creme aus Früherbsen, blanchierte belgische Endivien, gebündelt mit geflochtenem Schnittlauch und darüber eine Kaskade von glasierten Perlzwiebeln. Davor mußten wir jedoch die Vorspeise, die Suppe und den Fischgang überstehen. Ich hatte wenigstens meine Verdauungslimonade, mit der ich alles hinunterspülen konnte, die Erwachsenen hingegen arbeiteten sich durch fünf verschiedene Weine, zusätzlich zu dem trockenen Champagner, der serviert wurde, während mein Vater das Menü plante, und dem süßen, der zum Dessert getrunken wurde. Wenn Sie mitgezählt haben, fragen Sie sich vielleicht: »Warum *fünf* Weine, wenn nur noch vier Gänge übrig waren?« Falsch – der Käse! Der brauchte seine eigene besondere Flasche, irgend etwas, benannt nach einem Bankier Rothschild oder so ähnlich! Ich verlor den Überblick über all die verschiedenen Bezeichnungen. Außerdem begann meine Ausbildung in Sachen Wein erst, als ich dreizehn war. Aber ich fragte mich, wie sie das alles trinken konnten. Der Abend zog sich hin. Mein Rücken fühlte sich an wie versteinert. Meine Kiefer schmerzten vom vielen Kauen. Meine Mutter sah aus, als hätte sie gerade zwölf Stunden geschlafen. Mein Vater hielt sich durch seinen gekonnt arrangierten Mittagsschlaf aufrecht, und Tami würde es nicht wagen, einzuschlafen, auch wenn es sie das Leben kostete. Würde ich über dem Camembert einschlafen, wäre das unverzeihlich! Ich kniff mich so fest wie möglich ins Bein, was mich immer aufschreckte und mich wachhielt – zumindest eine Weile.

Jemand trat an unseren Tisch, um die Dietrich zu begrüßen. Er sah elegant aus wie mein Vater, sprach französisch und war offenbar sehr bedeutend, denn meine Mutter stand auf, als er ihr die Hand küßte. Mein Vater hatte sich ebenfalls erhoben, Tami und ich sprangen natürlich auf. Die Kellner müssen geglaubt haben, wir würden noch vor den Crêpes Suzette gehen! Die Dietrich stand immer vor älteren Damen auf und vor denen, die sie dazu auserwählte, dieses Zeichen ihrer Achtung zu verdienen. Angewiesen, immer dann aufzustehen, wenn auch sie es tat, sah das zuweilen recht merkwürdig aus. Da berühmte Menschen zu berühmten Orten gehen, um dort andere berühmte Menschen zu sehen, kam immer irgend jemand an unseren Tisch – um »Marlene« die Hand zu küssen. Gewöhnlich stand sie auf, und wir taten es auch, wie Korkschwimmer an einer Angelrute, die an die Oberfläche schnellen, so wurde es von uns erwartet. Manchmal muß das ausgesehen haben, als warteten wir alle auf einen Bus!

Mein Vater erörterte gerade die richtige Technik des Flambierens, als ich schließlich fragte, ob ich Teddy ausführen dürfe, und: »Kann Tami bitte auch mitkommen?« Wir bekamen ein: »Ja! Aber bleibt nicht zu lange weg, eure Zitronensoufflétörtchen werden bald serviert.«

Die frische Luft draußen war herrlich. Wir legten uns gegenseitig den Arm um die Taille, und Teddy führte uns spazieren.

»Ist es möglich, Tamilein, daß die Zitronentörtchen im Maxim's aus Zitronensaft von gestern gemacht sind?«

Die Vorstellung, wie wir steif vor Erschöpfung darauf warteten, daß Papi das Personal des Maxim's wegen der mangelhaften Zitronen zurechtwies, erschien uns so lustig, daß wir einen Lachanfall bekamen und nicht mehr aufhören konnten. Wir waren so überdreht, daß wir uns in den Armen lagen und uns vor Lachen die Tränen über die Wangen liefen. Teddy hielt an, so daß wir uns gegen einen Laternenpfahl lehnen und uns wieder beruhigen konnten! Als er der Meinung war, wir seien wieder soweit, warf er uns einen mißbilligenden Blick zu und führte uns zurück zum Maxim's.

Natürlich wurde auch in dieser Zeit täglich viele hundertmal telefoniert. Meine Mutter rief oft in Berlin an, manchmal auch ihre Mutter und ihre Schwester. Es waren keine richtigen Gespräche, *sie* erzählte ihnen einfach *ihre* Neuigkeiten. Sie fragte so gut wie nie jemanden, was er gerade mache, meine Mutter gab also nur Informationen weiter, und das Gegenüber in Berlin hörte aufmerksam zu.

»Diese Arbeit ist lächerlich, Mutti, niemand versteht sein Geschäft! Die Lieder sind dumm. Ich muß den gesamten Text ändern. Sie können nur Lieder schreiben wie in *Der Blaue Engel*. Du weißt, wie sehr ich den verabscheute – alles ist so schrecklich vulgär! Rudi schloß diesen Vertrag, deshalb muß ich all die Schallplatten aufnehmen – er sagt, ich brauche das Geld! Aber ich verdiene Geld in Hollywood, wie kann ich schon wieder Geld brauchen? Aber er besteht darauf. Dieses Hotel, das er gefunden hat, ist wunderschön, aber sehr teuer. Aber du kennst ihn, für mich und das Kind nimmt er nur das Beste. Die Reservierungen für dich und Liesel in Österreich sind gemacht. Wir werden vor euch dort sein. Rudi hat euch eure Fahrkarten geschickt. Ihr würdet nicht glauben, wie das Kind gewachsen ist – mehr noch als auf den Bildern. Paßt Liesel der Mantel, den ich geschickt habe? Ich nahm absichtlich eine besonders große Größe. Sie kann ihn im Zug tragen und wird bestimmt nett aussehen. Laßt mich wissen, was ihr sonst noch aus Paris braucht. Keine Sorge, Rudi hat Zeit zum Einkaufen. Hier ist das Kind – sie will auch noch etwas sagen.«

»Benimmst du dich auch anständig?« Ohne eine Antwort von mir abzuwarten, fuhr meine Großmutter in ihrer oberlehrerhaften Art fort. »Sei deiner Mutter nicht im Weg. Denk daran, zu helfen, wo du kannst, aber du mußt auch wissen, was sich für dich gehört, Maria.«

Wenn meine Mutter mit ihrer Schwester redete, wurde ihre Stimme weicher, als spreche sie geduldig mit einem etwas zurückgebliebenen Kind, ihr Deutsch hatte nicht so scharfe Kanten.

»Hast du die Wollstrümpfe bekommen, Lieselchen? Sind sie nicht wunderschön? Genau richtig? Ich weiß doch, daß du es an den Beinen gerne warm hast. Gestern habe ich die Schnürbänder für deine Schuhe abgeschickt. Rudi hat sie gefunden, er findet alles! ... Bring mir Bücher mit, wenn ihr kommt, nur deutsche Bücher sind intelligent ... Mutti sagte, der braune Mantel gefalle dir und sei auch nicht zu groß. Hast du einen passenden Hut dazu, den du im Zug tragen kannst? ... Brauchst du auch eine neue Handtasche? ... Was? Du willst etwas von hier? Natürlich, Liebling, was kann ich dir besorgen? ... Alles! Die Werke von Molière? ... Auf französisch? Ich werde es Rudi sagen, er wird sie dir besorgen. Aber sind das nicht sehr viele Bücher? ... Nein, nein, natürlich sind sie nicht zu teuer. Du kannst alles haben, was du willst. Ich dachte nur, du wollest etwas Schönes zum Anziehen. Keine Sorge, du bekommst deine Bücher und ein Kleid, das zu dem Mantel paßt! Hier ist das Kind ...«, sie gab mir den Hörer. »Liebling, sag was Nettes! ... zu Liesel.«

»Hallo, Tante Liesel ...«

»Oh, Heidede«, sie nannte mich immer noch so. Veränderungen verwirrten sie immer ein bißchen, deshalb erzählte ich ihr nicht, daß ich jetzt wieder Kater gerufen wurde. Meine Tante Liesel erinnerte mich immer ein wenig an Tami. Sie hatten beide so große Angst davor, Menschen, die ihnen überlegen waren, zu mißfallen, daß sie dauernd Fehler machten, einfach weil sie sich so sehr bemühten.

»Süße Heidede, ich kann es nicht erwarten, dich wiederzusehen, süßes Kind! Wenn wir uns wiedersehen, mußt du mir alles über Amerika und Hollywood erzählen, über euer großes Haus mit dem Swimmingpool und über deine Mutti, die so viel arbeitet und so wunderschön ist. Sie war schon immer so schön! Wußtest du das?« Sie schwatzte munter drauflos, wie immer, wenn sie aufgeregt war. Doch dann muß meine Großmutter sie wie so oft wegen ihrer mangelnden Selbstbeherrschung gerügt haben, denn sie holte Luft und flüsterte: »Ich küsse dich, Kind, und schau dir all die wunderbaren Dinge von Paris an.« Dann legte sie rasch auf.

Während wir arbeiteten, Kleider anprobierten und aßen, schrieb von Sternberg *The Scarlet Empress* (dt. *Die scharlachrote Kaiserin*) und stritt mit der Paramount. Meine Mutter redete nicht von ihrem nächsten Film; er interessierte sie nicht. Wenn alles fertig, entschieden und zur »Zufriedenheit ihres Führers« festgelegt war, würde er es sie wissen lassen, und erst dann würden wir nach Hollywood zurückkehren und uns zur Arbeit melden, um sein Konzept zu verschönern. Von Sternberg war der einzige Mensch, dem die Dietrich in professionellen Dingen ein solches Vertrauen entgegenbrachte. Nach ihrer endgültigen Trennung suchte sie dieses fürsorgliche Genie in jedem Regisseur. Erst als ihre verzweifelte Suche dauernd mit einer Enttäuschung endete, besann sie sich, wo es die Dietrich betraf, auf ihr eigenes Genie und ließ das seine weit hinter sich. Sie war intelligent genug, zu wissen, daß jedes Werkzeug, das sie geschickt einsetzte, um sich ihren eigenen Schrein zu bauen, ursprünglich von ihm kam. Jahrelang fand von Sternberg es peinlich, zuweilen auch ärgerlich, daß die Dietrich in der Öffentlichkeit so extravagant seine Größe pries, natürlich nur in bezug auf sich. Er verdiente es, für mehr geachtet zu werden als für die Entdeckung einer einzigen außergewöhnlichen Frau. Vielleicht ahnte er schon früh in seiner Verbindung mit meiner Mutter, daß das nicht geschehen würde.

Meine Mutter erhielt ein offizielles Telegramm von der allmächtigen Geschäftsleitung. Zuerst runzelte sie beim Lesen die Stirn, dann lachte sie: »Papi, hör dir das an ...«, und sie las das Telegramm vor: »›Nach Informationen von Herrn von Sternberg umriß er Ihnen in einer Telefonkonferenz den Inhalt der Story. Stop. Bitte telegrafieren sie Ihr Einverständnis, so daß wir Herrn von Sternberg offiziell anweisen können, mit seiner Arbeit fortzufahren. Stop. Ich hoffe, daß Sie bei guter Gesundheit sind und einen angenehmen Urlaub haben. Stop. Mit den besten Wünschen, Emanuel Cohen, Vizepräsident, verantwortlich für die Produktion.‹ Ist das nicht zu lustig? Jo hat ihnen erzählt, wir hätten eine ›Telefonkonferenz‹ abgehalten! Und sie sind so dumm, daß sie ihm das glauben. Wozu brauchen wir Konferenzen? Er sagt mir, was ich tun soll, und ich werde es tun. Ganz einfach! Und *sie* werden *Herrn von Sternberg offiziell* anweisen?! Sie sollten ihm die Füße küssen, anstatt DeMille den Arsch. Diese russischen Juden waren Pelzhändler, und jetzt halten sie sich für Gott!«

Damit leckte sie an ihrem Bleistiftstummel und telegrafierte ihre Antwort an von Sternberg und nicht an die Paramount:

JOSEF VON STERNBERG
PARAMOUNT STUDIOS
HOLLYWOOD
NIMM DIR VON MEINER ÜBERGROSSEN LIEBE SOVIEL WIE DU BRAUCHST STOP NICHT SO VIEL DASS ES DICH BEUNRUHIGEN WÜRDE UND AUCH NICHT ZU WENIG DAMIT ES NICHT MÜHEVOLL FÜR DICH WIRD FÜR IMMER DEIN GRÖSSTER FAN SCHULTER AN SCHULTER STOP EIN KUSS VON PAPI
OHNE UNTERSCHRIFT

Als die Schallplattenaufnahmen gemacht wurden, nahm meine Mutter mich nicht mit ins Studio. Dafür ging mein Vater mit mir nach Notre-Dame. Sie war so schön! Genau wie in dem Film *Der Glöckner von Notre-Dame,* aber viel größer und mit viel mehr Wasserspeiern, als mir in Erinnerung geblieben waren. Im Innern der Kathedrale konnte ich den Blick nicht von einem riesigen Fenster abwenden. Es war rund,

Oben: Sonntags zu Hause. Oft leistete ich von Sternberg Gesellschaft, wenn er im Garten saß und malte.

Unten: Ein neues Mitglied unserer kalifornischen Familie – mein Vater.

Oben: Meine Mutter hatte den Film *Die blonde Venus* besonders gern. Sie konnte darin die »Hausfrau« und »Mutter«, den »gefallenen Engel«, die »Hure« und die »erfolgreiche Nachtklubsängerin« spielen – und das alles in einem einzigen Film. Dem unbekannten Cary Grant sagte sie eine Starkarriere voraus.

Links: Sechs Uhr früh. In ihrer üblichen Kleidung läßt sie sich im grünen Rolls Royce zur Arbeit bringen.

Oben: Ehemann, Regisseur, Star und das Töchterchen im Baumwollkleid als Zuschauer beim Polo am Sonntag, unserem freien Tag.

Unten: Der berühmte, unendlich lange Cadillac, eine Spezialanfertigung, der den Platz des herrschaftlichen Rolls Royce einnahm.

Oben: Die Dietrich auf dem Balkon des Hearst-'schen Strandhauses, das sie 1933 gemietet hatte.

Oben: »Das Kind« und seine Freunde. Meine Leibwächter für tagsüber und Buddy, der »Kampfhund«, am Strand von Santa Monica.

Unten: »Das Kind« und Tami, die Geliebte des Vaters. Auch ich liebte sie.

Unten: »Das Kind« und Mercedes, die Geliebte der Mutter. Ich fand sie unheimlich!

Oben: Unser beliebtester Tennisspieler, Fred Perry, mit der Dietrich, Tami und Rudi – eine glückliche Familie in Santa Monica.

Unten: Die Geliebte, die Ehefrau, der Ehemann.

Unten: Meine Mutter und ihr erster französischer Liebhaber, Maurice Chevalier.

Oben: Essen in der Studiokantine mit dem neuen Regisseur, Rouben Mamoulian, dem ehemaligen Liebhaber Maurice Chevalier, dem Kind und dem Ehemann.

Links: Bei den Aufnahmen von *Song of Songs,* dem ersten amerikanischen Film ohne von Sternberg. Ihr Partner, Brian Aherne, ist bereits in sie verliebt und macht aus seiner Zuneigung keinen Hehl.

Oben: Bevor Passagierflugzeuge den Atlantik überquerten, war es üblich, bei der Überfahrt auf den Passagierdampfern zu »ruhen«.

Unten: Von einem Chauffeur gefahren zu werden, war meinem Vater fast ebenso zuwider, wie mit offenem Verdeck im Kabriolett unterwegs zu sein. Er schmollt, und meine Mutter blickt geduldig unter ihrem Männerschlapphut hervor.

Oben: Die Familie in einem Pariser Restaurant. Briane Aherne, der mit seiner Geliebten allein essen gehen wollte, fand sich in dieser Viererrunde wieder und war natürlich ziemlich schockiert. An diesem Abend trug meine Mutter ihr neues goldenes Halsband, war sich seiner Wirkung jedoch nicht sicher.

Unten: Einige Wochen danach mit von Sternberg im Schlepptau. Die Dietrich hatte ihr goldenes Halsband Tami geschenkt. Meine Mutter fand, es sehe zu billig aus.

Rechts: Die künftige Zarin aller Reußen läßt sich zu den Aufnahmen für *Die scharlachrote Kaiserin* fahren. Da das Kostüm im Auto zu sehr zerdrückt worden wäre, fuhren wir auf einem speziellen Karren.

Unten: In diesem Film wurde »Maria – Tochter von Marlene Dietrich«, zum Filmstar für einen Tag. Sie spielt ihre Mutter als Kind, die Dietrich persönlich kümmert sich um ihre Frisur.

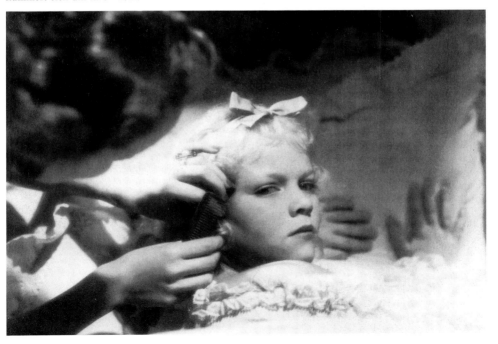

Oben rechts: Die berühmteste aller berühmten Einstellungen des Films *Die scharlachrote Kaiserin*, das Paradekostüm – mein und meiner Mutter Lieblingskostüm. Die Dietrich brachte den Entwurf zur Vollendung und schuf damit das bekannteste Kostüm dieses Films.

Oben links: Im Gegensatz zu meiner Mutter fand ich das silberne Hochzeitskleid wunderschön. Sie fand, es sehe zu sehr nach »Kostümalbum« aus.

Links: Von Sternberg auf dem Kameragalgen. Die Ankunftsszene in St. Petersburg mochte er besonders wegen des Kontrasts zwischen dem weißen Kunstschnee und dem Elfenbeinschwarz der Kutsche und der Pferde.

Oben links: Das »Pompon«-Gesicht aus dem Film *Die spanische Tänzerin*.

Oben rechts: Die von der Dietrich entworfene »Nelkenfrisur« aus dem Film *Die spanische Tänzerin*. Die S-förmige Locke wurde erst später im Film einretouchiert, die vieldiskutierten Augenbrauen sind schon vorhanden.

Rechts: Noch zum Zeitpunkt ihrer endgültigen Trennung redeten die Dietrich und von Sternberg sich und der Presse ein, daß sie immer noch zusammen waren.

Oben: Teddy, Tami, die Dietrich und das Kind als fesche Österreicher gekleidet – außer dem Hund natürlich, der weigerte sich.

Oben: In ihrer geliebten Tiroler Tracht mit dekorativer Kuh.

Unten: Salzburg. Besonders auf diesem Bild sehen Marlene und Rudi wie Geschwister aus.

Unten: Ständig lasse ich mich fotografieren. Der zuverlässige »Brownie« meiner Mutter ist immer auf mich gerichtet.

Oben: Die Dietrich verschaffte dem großen John Gilbert eine kleine Rolle in ihrem Film *Sehnsucht*. Sie entwarf für ihn ein Kostüm, das die Zuschauer von seinem, wie sie sagte, »alternden Gesicht« ablenken sollte. Dieses Foto läßt kaum vermuten, daß sie zu diesem Zeitpunkt in ihn verliebt war.

Rechts: Die Dietrich und ihre einzige »Studiofreundin« Mae West. Obwohl sie jahrelang befreundet waren, trafen sie sich nie außerhalb des Studiogeländes.

 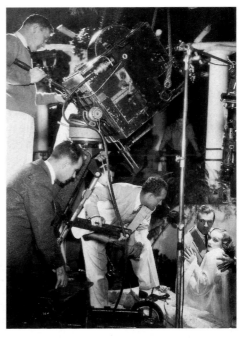

Oben: Die Dietrich und Cooper während der Filmaufnahmen zu *Sehnsucht* im Jahre 1936.

Oben: In Hollywood, bei den Aufnahmen zu einer zärtlichen, innigen Liebesszene.

Unten: Eines meiner liebsten Dietrichgesichter. Geschmückt mit ihrer berühmten Smaragdkollektion sitzt sie in der Paramountkantine und liest in einem Drehbuch.

Die Dietrich, im Kostüm für *Sehnsucht*, signiert Autogramme für prominente Studiogäste. In dem Film über Juwelendiebe trägt sie zum Teil ihren eigenen Schmuck. Manchmal waren die Wachmannschaften von Pinkerton zahlreicher als das Filmteam.

Oben: Die gelangweilten Stars aus dem *Garten Allahs*. Charles Boyer war nie ein Liebhaber der Dietrich gewesen.

Oben: David Selznick versuchte sein Bestes. Obwohl er häufig auf dem Set auftauchte, war der Film nicht mehr zu retten.

Unten: Eine ergreifende Abschiedsszene vor den Sanddünen der Wüste von Arizona, die für die Sahara herhalten mußte.

wie ein großer, in prächtigen Farben schillernder Edelstein! Das war etwas, was man im Film vermißte, die Farbe! Wie dieses unglaubliche Blau – durchscheinend und noch tiefer als der Saphir am Ring meiner Mutter oder mein berühmter Weihnachtsbaum. Und diese Rottöne! Es war, als hätte man alle Rubine der Welt hier zusammengetragen. Mein Vater erklärte mir, daß man dieses Fenster als »Rose« bezeichne, daß es einen Durchmesser von neun Metern sechzig habe und daß es sich seit sechshundert Jahren an dieser Stelle befinde. Es habe allen Baumeistern als Beispiel der Vollendung gedient. Man habe farbloses Glas, solange es noch weich war, in geschmolzenes pulverisiertes Farbglas getaucht und es so mit einem dünnen Farbfilm überzogen. Später, im 13. Jahrhundert, habe man das Verfahren verbessert und das pulverisierte Glas mit Metalloxiden (was immer das sein mochte) vermischt – Kupfer für Grün, Kobalt für Blau, Mangan für Violett. Er sagte nicht, wie das wunderbare Rot zustande gekommen war. Vielleicht hatte man wirklich pulverisierte Rubine verwendet! Ich versuchte, aufmerksam zu sein, aber das himmlisch wirkende, wie aus Blütenblättern geformte Fenster versetzte mich in eine Traumwelt, so daß ich vieles nicht hörte, was mein Vater mir zu erklären versuchte.

»Komm her, Kater.« Und ich lernte, was einen Bogen gotisch machte. Wenn ich das nächste Mal einen gotischen Bogen in der Requisite sehen würde, könnte ich mit meinem neuen architektonischen Wissen prahlen. Ich warf einen verstohlenen Blick in die Schatten des Kirchenschiffs – vielleicht lauerte Lon Chaney doch noch immer irgendwo. Mein Vater erklärte mir, daß ich einem Altar mit einem Kreuz nicht den Rücken zudrehen dürfe und daß man einen Knicks machen müsse, bevor man zum Gebet niederkniet. Es war kühl und friedlich in der großen Kirche. Mein Vater sagte, ich dürfe beten, wenn mir danach zumute sei. Ich erinnere mich, daß ich verlegen war, denn ich wußte nicht, wie man das in einer Kirche tut. Es schien irgendwie geheuchelt, wie im Film zu beten, aber ich hatte wirklich das Gefühl, daß ich etwas »Gutes« sagen müßte. So beschloß ich, Gott für diesen wunderbaren Tag zu danken, und hoffte, daß dies ein annehmbares Gebet sein würde. Vor einem kleinen Altar zündeten wir eine große Kerze an. Mein Vater zahlte für sie, indem er Münzen in den Schlitz eines Opferstocks warf. Die Münzen fielen mit einem furchtbar lauten Klappern in den Kasten, aber das schien niemanden zu stören. Als wir aus der Kirche traten, blendete uns die Sonne, als habe man Reflektoren für einen Take aufgestellt. Ich erinnere mich, daß ich an diesem Tag eigenartig glücklich war. Mein Vater konnte Menschen zu Kirchen bekehren, wenn auch nicht zum Katholizismus.

Am Abend ließen wir uns das Essen aufs Zimmer bringen, denn meine Mutter wollte sich nicht noch einmal umziehen. Sie erzählte mir von ihrer Arbeit an diesem Tag und wie sehr es ihr gefehlt habe, daß ich nicht bei ihr saß, während sie sang. Ich war froh, daß sie mich nicht fragte, was ich an diesem Tag gemacht hatte. Instinktiv spürte ich, daß sie meine Begeisterung für eine Kirche nicht akzeptieren würde. Notre-Dame mochte ihr als Anschauungsbeispiel für eine Geschichtsstunde akzeptabel erscheinen, aber als emotionale Erfahrung hätte sie den Kirchenbesuch mißbilligt. Doch mein Vater war nicht so einfühlsam.

»Mutti, heute habe ich Kater Notre-Dame gezeigt. Und sie hat gebetet!«

Meine Mutter drehte sich auf ihrem Stuhl zu mir herum und lächelte. »Du hast gebetet? Du bist doch noch ein Kind, du kannst doch gar nicht wissen, wie man so was macht!«

Sie wandte sich wieder meinem Vater zu.

»Einer der Geigenspieler heute war furchtbar, ein richtiger Amateur! Ich zeigte ihm, wie es geht, aber es nützte nichts. Wir mußten einen anderen für ihn suchen und verloren dabei wertvolle Zeit. Das wäre nie passiert, wenn du damit einverstanden gewesen wärst, daß wir die Aufnahmen in Berlin machen!«

Mein Vater kniff die Lippen zusammen; an seinem Kiefer zuckte ein Muskel. Er klingelte nach den Kellnern, um den Tisch abräumen zu lassen.

Das Thema Religion war tabu; darüber durfte in Gegenwart meiner Mutter nicht gesprochen werden. Jedenfalls nicht, wenn man an irgend etwas glaubte. Marlene Dietrich mochte Gott nicht. Er konnte bewirken, daß sich Dinge ereigneten, über die sie keine Kontrolle hatte. Davor fürchtete sie sich, und deshalb erschien er ihr als Feind. Sie hielt es für ein Zeichen persönlicher Schwäche, wenn man einen Gott brauchte.

»Dieses unbekannte Ding! Angeblich schwebt es irgendwo da oben herum – mit Engeln? Was treiben sie denn alle da oben? Was wimmeln sie da herum? Lächerlich! Natürlich ist die Bibel das beste Drehbuch, das je geschrieben wurde, aber man kann doch wirklich nicht daran glauben!«

Sie war stolz auf ihre Logik und ihre daraus abgeleitete Verachtung aller Religionen. Dennoch griff sie auf religiöse Dinge zurück, wenn sie dieses für nötig hielt. So nahm sie in späteren Jahren bei Flugreisen vor dem Start immer eine kleine Tasche aus Chamoisleder zur Hand, entnahm ihr eine Goldkette und legte sie sich um. An dieser Kette hingen: ein Kreuz, eine Madonna-Medaille, ein Christopherus-Amulett, ein Steinbock-Zeichen, der Davidstern und – eine Hasenpfote. Meine Mutter ging kein Risiko ein. Vielleicht existierte da oben doch etwas? Bei der Landung nahm sie die Kette wieder ab und stopfte sie zurück in die kleine Tasche. Dort blieb sie bis zum nächsten Flug durch die Wolken. Auf der Erde hielt die Dietrich den Schutz ihrer Glücksbringer für überflüssig.

Ich bekam ein neues Kleid für die Oper. Es lag auf meinem Bett, wie herbeigezaubert, genau wie im Märchen von Aschenputtel! Blaue Seide, in der Farbe des Vergißmeinnicht mit einem Spitzenkragen und passendem Bolerojäckchen. Die unvermeidlichen weißen Handschuhe waren aus echtem Ziegenleder, ebenso meine Schuhe. Zu diesem besonderen Anlaß bekam ich sogar Seidensöckchen. Mein Vater war wieder prächtig gekleidet. Er trug einen Frack, diesmal geknöpft mit schwarzen Perlen, und in der Hand hielt er seinen wunderschönen Zylinder. Als mein Vater ihn aus der Hutschachtel genommen hatte, war er flach gewesen wie ein Pfannkuchen; mit einem Schlag gegen das Knie ließ er ihn in seine richtige Form springen – wie ein schwarzseidener Schachtelteufel. Ich hatte gehofft, mein Vater würde mir erlauben, den Hut für ihn aufzuschlagen. Manchmal durfte ich das tun, aber nur wenn ich Handschuhe trug. Ich war sehr geübt darin, Zylinder aufzuschlagen. Das war eine meiner Aufgaben; meine Mutter besaß Dutzende von Zylindern. Doch mein Vater hatte in Kleidungsfragen weniger Vertrauen zu mir als meine Mutter. An diesem Abend trug meine Mutter ein Kleid aus weißem Chiffon, in dem sie aussah wie eine griechische Statue. Der feine Stoff lag wie eine zweite Haut an ihrem Körper an. Ich hatte ihr geholfen, die Brüste mit breiten Pflasterstreifen zu bekleben, wie schon so oft im Studio, damit sie perfekt geformt erscheinen und meine Mutter keinen Büstenhalter benötigte. Sie hatte den Eindruck der Statue dadurch verwischt, daß der enganliegende Chiffon über und über mit weißem Fuchspelz besetzt war. Sie sah aus wie in eine Kumuluswolke gehüllt. Warum erschien die Dietrich immer so hochgewachsen, obwohl sie es gar nicht war? An hohen Absätzen konnte es nicht liegen: Sie trug nie jene Schuhe mit zwölf

Zentimeter hohen Absätzen, die sie »Hurenschuhe« nannte. Das Wort »Hure« benutzte sie sehr oft, obwohl ich nicht begriff, was es bedeutete. Ich verstand nur, daß man im Film so aussehen durfte, aber auf keinen Fall im wirklichen Leben.

In dieser prachtvollen Aufmachung fuhren wir zum Place de l'Opéra. Die hellerleuchtete Oper sah aus wie eine riesige Hochzeitstorte. Tami kam nicht mit. Vielleicht hatte ihr unsere gute Fee an diesem Abend kein passendes Kleid gezaubert. Wir rauschten die breite Treppe hinauf, die von goldenen, geflügelten Statuen gesäumt war, dann noch eine weitere, gleichermaßen eindrucksvolle Treppe, belegt mit einem purpurroten Teppich, der einen rosigen Schimmer auf die weiße Marmorbalustrade warf. Wir hatten eine Loge. Als wir uns näherten, öffnete ein livrierter Diener die Tür und verneigte sich. Die rubinroten Samtvorhänge wurden von vergoldeten Putten zurückgehalten; riesige Kristallüster reflektierten das Licht. Wieder verzauberten Tausende von Farbtönen das Bild. Auch hier war Lon Chaney – dort unter der großen Bühne kauerte er mit seinem furchtbaren Gesicht und wartete darauf, daß die Lichter erloschen. Und wie erst die Dress Extras aussahen! Brian hatte mir zum Ende der Dreharbeiten ein exquisites Opernglas aus Gold und Perlmutt geschenkt. In Hollywood hatte ich es nie benutzen können, aber jetzt war der Zeitpunkt endlich gekommen! Ich stellte das Glas auf Frauen in schöner Pose ein und auf gelangweilte Männer, die meist viel älter waren, auf Hoheiten mit frisch frisierten Locken und gekleidet in Silberspitze, auf hohe Herren, deren goldene Uhrketten über ihren Bäuchen hingen. Programme raschelten, Opernhandschuhe wurden glattgestrichen, lange Perlenketten zurechtgerückt. Ich richtete mein Opernglas von den feudalen unteren Rängen nach oben: dort, gespannte Erwartung, junge Menschen, die einfach glücklich waren, hierzusein. Wohin ich auch blickte, sah ich andere Operngläser direkt auf mich gerichtet oder besser auf unsere Loge und ihre besondere Attraktion. Ich kann mich nicht mehr erinnern, was wir an diesem unvergeßlichen Abend zu sehen bekamen; all die Äußerlichkeiten hatten mich zu sehr erregt. Ich weiß jedoch noch, daß die Sängerin sehr dick war und daß sie besser beraten gewesen wäre, wenn sie ihr Make-up Mr. Westmore anvertraut hätte. Der Bariton stand zwar dem Körperumfang seiner Geliebten nicht nach, doch war seine Stimme so schwach, daß meine Mutter und ich beide meinten, er hätte »synchronisiert« werden müssen. Während der Pause spazierten wir elegant durch die marmornen Hallen. Alle tranken

Champagner und versuchten, sich zu meiner Mutter vorzudrängen, die sich wie immer so benahm, als sei sie allein auf einer einsamen Insel. Ruhig rauchte sie ihre Zigarette, während sie von Damen und Herren angestarrt wurde, die sich bemühten, nicht zu starren. Leise Glockenklänge wie auf einem Schiff riefen uns in unser samtrotes Nest zurück. Die Vorführung, für die im Roxy keine einzige Eintrittskarte verkauft worden wäre, ging weiter.

»Das hätte besser sein müssen!« sagte meine Mutter und erhob sich. Obwohl sie stundenlang gesessen hatte, war ihr Kleid an keiner Stelle zerknittert. Wie machte sie das nur? Ich versuchte schnell, die Falten auf meinem seidenbekleideten Hintern glattzustreichen. Die Dietrich konnte niemals die Probleme verstehen, die wir normalen Sterblichen hatten, wenn wir versuchten, es ihr gleichzutun. Auch jetzt war es wieder ein Erlebnis, auf dieser ungewöhnlichen Treppe hinunterzugleiten. Vor der Oper warteten wir auf unseren Wagen. Ein junger Mann mit ziemlich häßlichem Gesicht näherte sich ehrfürchtig und küßte meiner Mutter die Hand. Es war offenkundig, daß sie sich durch diese Geste geschmeichelt fühlte. Ich fragte mich, wer der junge Mann sei. Sie unterhielten sich auf Französisch; mir schien, daß sie sich bereits kannten. Nach ein paar Minuten hob er die schlanke weiße Hand zum Abschied, ging die Marmortreppe hinunter und verschwand, eilig gefolgt von einem Schwarm schöner junger Männer. Ihre weißen, satingefütterten Capes flatterten in ihrem Rücken, sie sahen aus wie kleine, elegante Fledermäuse.

Im Verlauf der Jahre begegneten wir Jean Cocteau häufig. Mein Vater hielt ihn für einen überbewerteten, allenfalls mittelmäßigen Menschen. Ich glaube, daß auch Gabin so dachte. Remarque sagte einmal zu mir, er wünschte, Cocteau würde endlich aufhören, sich wie ein Dichter aufzuführen, der gleichzeitig Picasso sein will. Meine Mutter bewahrte Cocteaus kleine Briefe an sie auf. Auch sie sprach davon, daß er die Gewohnheit hatte, seine Briefe mit Gesichtern auszuschmücken.

»Warum kann Cocteau nicht einen einfachen Brief schreiben, so daß man ihn lesen kann? Statt dessen kreiert er kleine Kostbarkeiten für die Nachwelt! Vermutlich werden sie dadurch wertvoller. Du kannst sie eines Tages verkaufen und ein Vermögen damit machen.«

Es war so spät, daß wir in einen Nachtklub zum Abendessen gingen. Dort wurde uns eine bessere Show geboten als in der Oper! Ein riesiger Kosake öffnete unsere Wagentür. Er trug sogar eine Schaffellmütze;

über seinem breiten Rücken hing ein Vorderlader. Er vermittelte eine Vorstellung davon, was uns in dem Nachtklub erwartete: Da war es, das zaristische Rußland – im Licht von tausend Kerzen und brennenden Fleischstückchen auf dünnen Rapieren. Balalaikas jammerten, und meine Mutter schwärmte. Marlene Dietrich war ihr ganzes Leben lang zutiefst ergriffen von dem dramatischen Schicksal der Weißrussen, wie sie genannt wurden, und ihrer Flucht aus der Heimat vor dem Terror der russischen Revolution. Meine Mutter stellte sich diese Geschichte so vor, als habe sie sich nach einem überarbeiteten Drehbuch von Tolstoi unter der Regie von Eisenstein ereignet, obwohl Tamis Flucht das Gegenteil bewies. Sie romantisierte Rußland. Sie hatte immer die Rolle der Anna Karenina spielen wollen und haßte die Garbo dafür, daß sie diese Rolle bekommen hatte. Sie weigerte sich, den Film anzusehen. Sie identifizierte sich mit Figuren, die »für ihre Liebe sterben«. Ich bezweifle, daß meine Mutter im wirklichen Leben je einen Menschen so liebte, daß sie hätte versucht sein können, sich vor einen Zug zu werfen. Aber, daß sie sich vorstellen konnte, es zu tun – in Samt mit Zobelsäumen und Veilchen –, da bin ich sicher. Lange bevor sie den Film *Die scharlschrote Kaiserin* drehte, bestand das Bild, das sie sich von Rußland machte, aus Kosaken auf Wildpferden und aus weinenden Balalaikas. Rußland – das waren rotlackierte Schlitten mit Liebespaaren, die in wärmende Wolfspelze gehüllt über die sibirischen Weiten jagten, während rotwangige Bauern in hochgeschlossenen Tuniken traurige slawische Lieder sangen und ihnen zuwinkten. Weder Karl Marx noch Stalin hatten Marlene Dietrichs lyrisches Bild von »Mütterchen Rußland« beeinflussen können. Die Belagerung der Stadt Stalingrad in den vierziger Jahren entsprach vollkommen ihrem dramatischen Empfinden. Als wir alle über die Standfestigkeit unseres damaligen Verbündeten gegen Hitlers Armeen jubelten, fühlte sich die Dietrich in ihrer langgehegten Zuneigung zu allem Russischen bestätigt. Ihre triumphale Reise durch die Sowjetunion 1964 festigte diese Verehrung. Danach empfahl es sich, die eigene Meinung über den Kommunismus für sich zu behalten – wenn man sich nicht zum x-ten Male einer ihrer Lieblingsbelehrungen aussetzen wollte:

»Nur die Russen wissen, wie man Künstler behandelt! Sie achten uns! Sie sind alle so intelligent! Sie fühlen mit der Seele! Die Amerikaner können von ihnen nur lernen. Aber die Amerikaner haben so viele Gehirnwäschen hinter sich und solche Angst vor Rußland, daß sie in ihren Betten zittern und ›Baby spielen‹!«

»Rasputin« verneigte sich tief und wartete, bis wir das Abendessen bestellten. In russischen Restaurants war es leichter, Essen zu bestellen. Diskussionen über den Wein waren überflüssig, denn es gab Wodka, und statt der üblichen Vorspeisen gab es Kaviar. Der Wodka mußte eisgekühlt serviert werden; der Kaviar, frisch vom Stör, kam gleich pfundweise und wurde mit kleinen Löffeln aus Elfenbein oder Perlmutt gegessen. Diese Dinge gehörten zum selbstverständlichen Service jedes russischen Restaurants, das auf seinen Ruf achtete, und mein Vater mußte sich deshalb nie beschweren. Bei diesen Gelegenheiten aß ich Schaschlik statt Leber. Ich liebte den Anblick von brennendem Fleisch.

»Mamutschka«, sagte mein Vater, denn auch er konnte theatralisch sein, wenn es die Umstände erforderten, »kalter Borschtsch zum Chicken Kiev, aber wenn du auf Stroganoff bestehst ...«

Ich lud noch einen Berg Kaviar auf meinen Teller; es war schon Mitternacht, und ich hatte großen Hunger. Da meine Mutter feste Vorstellungen von russischer Küche hatte – Tami hatte ihr alles darüber beigebracht –, konnte es noch eine Weile dauern, bis sich meine Eltern einigten. Ich beobachtete, wie die anderen Gäste ihren Wodka tranken. Daumen und Mittelfinger um die randvoll gefüllten Gläser, eine schnelle Bewegung zur Unterlippe, der Kopf leicht nach hinten geneigt, das Getränk in die Kehle, das Glas abgesetzt und mit einer raschen Bewegung wieder auf den Tisch gestellt. Husten, essen – das Ganze noch einmal. Ich füllte mein Wodkaglas mit Wasser und ahmte sie perfekt nach. Mein Husten war einer Sarah Bernhardt ebenbürtig.

»Papi, das Kind, guck, was das Kind tut! Liebling, wo hast du das so gut gelernt?«

Meine Mutter wollte, daß ich die ganze Prozedur wiederholte. Es gefiel ihr!

»Hast du das gesehen? Die kleine Tochter von Marlene Dietrich trinkt Wodka!« flüsterte eine schockierte Stimme am Nachbartisch. Meine Mutter merkte plötzlich, daß sie und ihr Kind kritisch beobachtet wurden.

»Liebling«, flüsterte sie mir zu, »mach das noch einmal! Die Leute glauben wirklich, daß ich dich Wodka trinken lasse. ›Was Filmstars ihren Kindern erlauben!‹ Ich sehe die Schlagzeile schon vor mir: ›Die Dietrich erlaubt ihrer Tochter, in einem Pariser Nachtklub Alkohol zu trinken!‹ Wie dumm die Menschen sind! Das ist überall auf der Welt dasselbe. Jetzt trinken wir zusammen und schockieren sie richtig!«

Und in vollkommenem Gleichklang schütteten wir unsere Getränke hinunter und wandten uns wieder dem Kaviar zu. Von diesem Zeitpunkt an mußte ich meine kleine Szene immer vorspielen, wenn wir uns in einem russischen Restaurant befanden. Ich spielte immer vor einem großen, entsetzten Publikum, und meine Mutter genoß es jedesmal aufs neue.

Die ersten Schallplatten mit den neuen Aufnahmen trafen ein. Wie immer mußten wir uns mit viel Zeremoniell setzen und zuhören, während meine Mutter unsere Gesichter beobachtete und das Grammophon bediente. Es war eine feierliche Angelegenheit, wenn wir den Schallplatten meiner Mutter zuhörten. Kannte man die Regeln nicht, konnte man leicht hereinfallen. Sie erwartete uneingeschränkte Bewunderung, jedoch nicht von bekannten Profis und nicht von mir. »Zivilisten« unter den Zuhörern durften den Raum verlassen, wenn sie sich die Platte dreimal angehört hatten. Die wenigen Auserwählten jedoch mußten bleiben und sich die Platte weitere vier- bis fünfmal anhören. Erst dann war meine Mutter überzeugt, daß wir alle Feinheiten hatten hören und angemessen würdigen können. Nun war sie bereit, Kommentare und möglicherweise auch Kritik anzuhören. Hatte sie eine Meinung erst einmal anerkannt, akzeptierte sie auch Kritik. Sie griff sogar Vorschläge auf und führte sie weiter – wenn man klug genug war, ihr die Vorschläge so zu unterbreiten, daß sie sie weiterentwickeln und als eigene Verbesserungen ausgeben konnte.

Meine Mutter bestellte Dutzende der neuen Schallplatten und verschickte sie an alle möglichen Leute. Das Einpacken war eine schwierige Aufgabe. Die 75er-Schallplatten waren dick und zerbrechlich wie Glas; in der Tat wurden sie aus Glas hergestellt. Sie waren ungewöhnlich schwer, aber das spielte damals keine Rolle, da Postsendungen nur zu Land und zu Wasser befördert wurden. Die beiden ersten Pakete gingen an von Sternberg und de Acosta.

Brian wurde erwartet! Ich putzte meine besten Schuhe und bürstete mein marineblaues Kleid aus, wobei ich auf die Bürste spuckte, wie meine Mutter es mir beigebracht hatte, um auch kleine Fussel wegzubekommen. Vielleicht konnte ich Brian Notre-Dame zeigen. Von Lon Chaney brauchte ich ihm nicht zu erzählen, denn er würde selbst in den Schatten der Kirche nach ihm suchen! Aber er kam spät. Ich hatte keine Zeit, ihn zu fragen, denn er gab mir nur einen Kuß und wurde dann sofort zum Essen ausgeführt. Tami, Teddy und ich bekamen Abendbrot im Zimmer serviert. Vom Proberaum klang Musik herauf;

der Saal hatte jetzt wieder seine eigentliche Funktion als Ballsaal erhalten.

Am nächsten Morgen herrschte eine eigenartige Stimmung. Hätte man mir nicht beigebracht, keine Fragen zu stellen, hätte ich es getan. Brian ließ sich nicht blicken. Er rief auch nicht an. Ich machte mir große Sorgen. Meine Mutter betrat das Wohnzimmer. In der einen Hand hielt sie die unvermeidliche Kaffeetasse, in der anderen einen Brief.

»Papilein, endlich ein Brief von Brian!« verkündete sie. War er denn nach London zurückgekehrt? Aber er war doch eben erst hier angekommen! Und ich hatte ihm nicht einmal sagen können, daß er nicht dauernd die Wendung »alas« benutzen sollte, wenn er ihr schrieb! Warum war er wieder abgereist? Was war geschehen?

12. Juni 1933

Mein Liebling,

habe ich Dich sehr unglücklich gemacht? Mich habe ich jedenfalls in tiefstes Elend gestürzt. Ich hoffe, daß ich nie mehr solche vierundzwanzig Stunden erleben muß. Alas! Ich will nicht, daß Du unglücklich bist.

Rudi ist schuld. Seit vielen Jahren hat mich kein Mann so beeindruckt. Seine Integrität, seine Ehrlichkeit und Würde und vor allem seine einfache Güte waren mehr, als ich ertragen konnte. Wenn er sich mir gegenüber feindselig oder eigenartig verhalten hätte, so hätte ich das verstehen können; es hätte mir nichts ausgemacht. Aber es berührte mich zutiefst, wie stolz und liebevoll er Dich als »seine Frau« bezeichnete und wie er Deine Hand hielt und Dich anblickte. Auch Deine Erzählungen von seiner Zuneigung berührten mich. Bei jeder neuen Episode kam ich mir noch billiger vor – obwohl meine Gefühle für Dich alles andere als billig sind –, bis ich beim Essen plötzlich merkte, daß die Situation mehr als seltsam war. Sie war unmöglich. Ich beobachtete, wie Du Dich auf seine Schulter aufstütztest, und ich wußte, daß ich Dich zutiefst liebte, und wünschte, Dich nicht zu lieben. Ich wollte Dich an meine Brust drücken und Dich nicht mehr gehen lassen, aber als ich Rudi hinter Dir stehen sah, wollte ich in Tränen ausbrechen. Das Leben ist so ungeheuer kompliziert und verwirrt, und wir können kaum etwas dagegen tun. Ich beobachtete eure Abfahrt, drehte mich um und ging in mein Zimmer hinauf. Dort

setzte ich mich in meinem Mantel hin, aufgewühlt von Champagner und Gefühlen. Ich war so müde, daß ich nicht mehr klar denken konnte. Wie blind ging ich zur Gare du Nord. Den ganzen Weg nach Calais starrte ich aus dem Abteilfenster und dachte an Dich. Dein Glück bedeutet mir mehr als Rudis Glück und mehr als meine Selbstliebe.
Verstehst Du das alles? Wirst Du mir schreiben und mir erklären, was Du denkst? Eine Tatsache ist wichtiger als alles andere. Sie ist rätselhaft, aber unumstößlich – ich liebe Dich. Darüber braucht man nicht mehr zu diskutieren und nicht mehr nachzudenken.
Ich komme sofort mit dem Flugzeug zu Dir, wenn Du glaubst, daß ein Gespräch nützlich sein könnte. Es gibt nur zwei Dinge, die wichtig sind: Ich darf Dich nicht unglücklich machen, und ich muß Rudi gegenüber aufrichtig sein. Wie können diese beiden Dinge miteinander in Einklang gebracht werden?

Meine Mutter gab Brians Brief meinem Vater und ging in ihr Schlafzimmer. Die Tür blieb offen. In verärgertem Ton meldete sie ein Direktgespräch nach London an. Während sie auf den Rückruf wartete, saß sie auf dem Bettrand, rauchte und trank den Rest des Kaffees. Französische Telefone klingelten nicht, sie gurgelten. Sie hob den Hörer aus Elfenbein aus der reich verzierten Gabel und sagte:
»Brian, eben habe ich deinen lächerlichen Brief erhalten! Ich weiß wirklich nicht, was mit dir los ist! Du machst wohl Witze, mein Lieber! Diese ganze Seelenqual wegen Rudi! Er ist mein Mann! Was hat denn das damit zu tun? Du bist doch nicht so bourgeois ...«
»Kater! Geh in dein Zimmer«, sagte mein Vater in einem Ton, der mich davonlaufen ließ.
Brian kam zurück. Tami mußte sogar mit Brian und meinen Eltern zum Essen ausgehen, damit das Quartett vollständig war. Teddy und ich aßen in unserem Zimmer, aber das machte mir nicht viel aus; wenigstens ging es Brian gut, und er war wieder da. Außerdem war es schwierig, mit einem Freund öffentlich zusammenzusein, während meine Mutter hofhielt. Ich ging recht glücklich zu Bett und nahm das Geschenk mit, das Brian mir mitgebracht hatte, ein wunderschönes Buch mit seltsamen Bildern. Als ich an die Stelle kam, an der Alice in den Kaninchenbau fällt, schlief ich ein.

Es war Zeit für das geplante Treffen mit der Familie meiner Mutter. Rollen von Seidenpapier, Koffer, Hutschachteln und Schrankkoffer wurden hervorgeholt; einige davon sollten uns zu unserem ersten österreichischen Familientreffen begleiten, der Rest würde mit Tami und Teddy nach Wien reisen. Ich kann mich nicht mehr daran erinnern, an welchem Ort wir mit meiner Großmutter und Tante Liesel zusammentrafen. Der Ort mußte sehr sorgfältig ausgewählt worden sein, denn er war sehr abgelegen, so daß uns dort kein einziger Reporter fand. Es war ein Dorf wie aus dem Buch *Heidi*. Entlang der Bergwege standen kleine Marienkapellen mit Giebeln, und überall blühten Bergblumen. Das Hotel sah aus wie eine Kuckucksuhr; die riesigen Gebirge von Federbetten waren mit rot-weißkarierten Bettbezügen bezogen.

Meine Tante war ganz aufgeregt, als sie mich sah; meine Großmutter jedoch musterte mich gelassen. Ich konnte mich kaum noch an ihre Gesichter erinnern, nur noch an das Gefühl, das ich empfand, wenn ich mit ihnen zusammen war. Sie hatten sich kaum verändert. In Gegenwart meiner Großmutter hatte ich immer noch das Gefühl, vor dem obersten Gericht des Landes zu stehen – natürlich nur zu meinem Besten. Ich empfand das nicht als »ungerecht«, sondern nur als unbequem. Liesel wirkte noch immer wie ein entflogener Kanarienvogel, der jemandem auf die Schulter flattert und hofft, dort Schutz zu finden, bis er wieder in seinen Käfig zurückfindet. Ich lernte auch ihren Sohn kennen. Er sah aus wie aus einer Wagner-Oper und trug dunkelbraune Hemden. Vom ersten Moment an konnten wir uns nicht leiden.

Im Salon des Hotels war es kühl. Die Nachmittagssonne warf Schatten über den handgeschnitzten Holzfries, auf dem Eichhörnchen und Ahornblätter dargestellt waren. Die Geranien vor den sechsfach unterteilten Sprossenfenstern waren rot wie Lippenstift und sahen hübsch aus. Der Tee wurde in Meißner Zwiebelmuster serviert, dazu gab es Kekse. Wir nahmen den Tee an einem Sockeltisch ein, der mit einem weißen Leinentischtuch bedeckt war. Mein Vater war nicht da. Meine Großmutter als älteste goß den Tee ein. Meine Mutter saß sehr aufrecht; die Hände lagen gefaltet im Schoß. Ihre Mutter fragte sie nicht, wie sie den Tee haben wollte. Sie goß Sahne hinein, zuckerte ihn und reichte ihrer Tochter die Tasse über den Tisch.

»Danke, Mutti. Für das Kind bitte keine Sahne.« Meine Mutter haßte Sahne im Tee, aber ich trank sie gerne. Wollte sie, daß wir die Tassen tauschten? Mir war unklar, wie wir das machen sollten, solange meine Großmutter am Tisch saß und uns beobachtete. Ihr entging nichts ... Die Tasse fiel mir beinahe aus den Händen. Mir wurde plötzlich klar, daß meine Mutter, die uns nur mit einem Heben der Augenbrauen herumkommandierte, Angst vor der Frau hatte, die ihr die Teetasse gereicht hatte! Es war, als hätte ein einfacher Angestellter plötzlich entdeckt, daß auch sein Boß entlassen werden konnte. Ein erhebender Gedanke.

Meine Großmutter sagte in ihrem Gouvernantenton: »Ein reizender Gasthof, Lena. Aber zwei Badezimmer wären nicht nötig gewesen. Eins hätte uns gereicht. Auch die Extravaganz, für Liesels Sohn ein eigenes Zimmer zu reservieren, war nicht nötig.«

»Bitte, Mutti. Es ist schon schlimm genug, daß du hierherkommen mußtest, daß Rudi mir nicht erlaubt, nach Deutschland zu kommen ...«

Ihre Mutter unterbrach sie: »Dein Mann hat seine Gründe. Sie sind vielleicht sogar gerechtfertigt. Das politische Klima muß sorgfältig beachtet werden. Man darf es nicht so leicht nehmen, wie viele Menschen es tun. Deutschland braucht einen Führer, der dem Land den Nationalstolz wiedergibt. Ein Messias? Nein, das käme dem Fanatismus nahe und wäre für eine verletzte Nation eine furchtbare Gefahr.«

Ich hörte auf jedes Wort. Eine faszinierende Frau! Liesels Hand zitterte, als sie ihre Mutter am Arm berührte.

»Bitte, Muttilein, bitte – sprich leiser, sei vorsichtig, bitte!«

Die Kellnerin brachte eine weitere Kanne mit heißem Wasser. Meine Tante legte schnell einen Finger über die Lippen. Meine Mutter nahm die andere Hand ihrer Schwester, öffnete die verkrampfte Faust und tätschelte sie beruhigend.

»Lieselchen, du brauchst keine Angst zu haben. Wir sind doch in Österreich!« Aber meine Tante preßte nur flehentlich den Finger an die Lippen.

Die Kellnerin schloß die Tür hinter sich. Erst jetzt sah meine Tante meine Mutter an. Und die Worte kamen aus ihrem Mund, als rollten Kieselsteine einen Hang hinab.

»Oh, Pussycat! Du weißt nichts. Kinder marschieren, spionieren. Man bringt ihnen bei zu spionieren! Und zu berichten, worüber Menschen reden! Und das tun sie. Wirklich! Sie sind stolz darauf! Nachts ziehen sie durch die Straßen, und manchmal werden Menschen verletzt! Und niemand tut etwas dagegen! Niemand! Warum nicht? Sag mir, Pussycat, warum nicht? Unser schönes Berlin, das wir so sehr lieben! Was ist passiert?«

Ich wollte sie umarmen, wagte es aber nicht. Meine Großmutter war über die verzweifelten Worte ihrer älteren Tochter sehr verärgert. Meine Mutter schien mehr über die Angst ihrer Schwester besorgt als über das, was sie gesagt hatte. Mein Vetter sah mürrisch vor sich hin und schien sich sehr unwohl zu fühlen. Ich fragte mich, warum. Wir blieben nicht lange in diesem Lebkuchenhotel.

Meine Mutter weinte wie ein kleines, verlorenes Mädchen, als sie ihre Mutter zum Abschied küßte. Meine Großmutter sagte: »Das reicht, Lena. Du mußt endlich lernen, deine Gefühle zu beherrschen!«

Liesel und ich umarmten uns. Wir beide, die es liebten, Menschen zu berühren, lebten mit Menschen, die es nicht mochten.

Sie flüsterte mir ins Ohr: »Heidede, paß auf deine Mutter auf und küsse sie für mich und sag ihr, daß ich ihr so dankbar bin ... für alles!« Sie trat schnell zurück, bevor ihre Mutter bemerkte, daß sie wieder zuviel redete. Ich knickste und verabschiedete mich von meiner Großmutter. Sie sah von ihrer imposanten Höhe auf mich herab.

»Du bist ein gutes Mädchen geworden. Das ist die gute Erziehung deiner Mutter.«

Ein seltenes Lob. Meine Mutter war stolz! Ich hatte gerade noch Zeit, meinen Vetter feindselig anzustarren, der mich seinerseits finster betrachtete, dann trieb mein Vater die drei Reisenden zum wartenden Auto. Er wollte sie zum Zug nach Berlin bringen. Meine Mutter und ich warteten im Hotel, bis er die Tour zum Bahnhof auch mit uns machen würde. Meine Mutter schien traurig. Sie hatte ihre Mutter nicht überreden können, Deutschland zu verlassen und bei uns in Amerika zu leben. Ich beobachtete sie, wie sie am Fenster stand, vor dem die Geranien blühten. Vielleicht fühlte sie, daß ihre Mutter überhaupt nicht bei ihr wohnen wollte, egal wo das war. Ich war sicher, daß ich es nicht beiden Frauen recht machen konnte, wenn wir zusammenlebten.

Unsere nächste Hotelsuite sah aus wie Wiener Gebäck in Gips gegossen: Schnörkel, Putten, Weintrauben, Krüge, Täubchen. Spiegel in goldenen Rahmen, in denen sich geblümte Seidenstoffe in Bonbonfarben spiegelten. Das Ganze wirkte wie ein sehr königliches Kinderzimmer, nur paßten unsere vielen Blumen nicht dazu, die wie gewöhnlich überall herumstanden. Die ganze zerbrechliche Schönheit wurde von unseren »gefleckten Elefanten« zerstört, aber dies eine Mal hatte ich nichts gegen die Manie meiner Mutter, nach jeder Ankunft gleich alles auszupacken.

Sie hatte sich umgezogen und trug nun einen Hausanzug aus schwarzem Samt mit weißen Seidenstickereien. Auf dem Rücken eines trabenden Lipizzaners hätte sie in diesem Anzug wunderbar ausgesehen.

»Endlich sind wir in Wien, Liebling!«

Sie öffnete die Glastür weit, trat auf unseren Rokokobalkon hinaus und hob die Arme, als wolle sie die ganze Stadt umschließen.

»Wien! Die Stadt der Musik und der Dichter, des Lachens und der Träume! Komm, Liebling, und schau sie dir an!«

Ihre Sprache hatte eine charmante Wiener Färbung angenommen. Ich trat neben sie, und gemeinsam atmeten wir »Mozarts Luft« ein. Sie bestellte den langersehnten »echten Wiener Kaffee mit Schlag«. Ich erfuhr, daß der allgegenwärtige, unvermeidliche »Schlag« in Wahrheit nichts anderes war als dicke, steifgeschlagene Sahne, ohne die ein Wiener offenbar nicht leben konnte. Selbst meine Mutter mußte zugeben, daß man in Wien praktisch überall Sahne dazugab.

»Papilein, die Wiener treiben es wahrscheinlich sogar mit Schlag!« pflegte sie zu sagen, und alle lachten. Was sie mit »treiben« meinte, verstand ich nicht, aber weil es lustig klang, lachte ich auch.

Ich fing an, Blumenkarten zu sammeln. Brian hatte Sträuße von weißen und gelben Tulpen geschickt. Meine Mutter mochte Tulpen, besonders in gemischten Farben. Ich mußte amerikanische Pennys finden, die wir in die Tulpenvasen legen konnten. Aus irgendeinem Grund verhinderte eine Kupfermünze im Blumenwasser, daß die Tulpen die Köpfe hängen ließen, und bei meiner Mutter mußten Tulpen unbedingt aufrecht stehen. Von Sternberg schickte weiße Rosen, Gott sei Dank keine gelben, denn gelbe Rosen bedeuteten »das Ende der Affäre«, was immer das heißen mochte. Meine Mutter maß Blumen eine seltsame Bedeutung zu. Rote Rosen waren nur »zu Beginn einer Affäre« zulässig. Sie haßte diese Farbe bei Rosen, vor allem bei langstieligen Arten, die in keine Vase paßten und zu groß waren, um auf den Tisch gestellt zu werden. Auch die Namen dieser Rosen – etwa »American Beauty« – konnte sie nicht ausstehen. De Acosta hatte die falschen Blumen erwischt. Ihre Karte steckte in einem Strauß Orchideen, die noch dazu lila waren. Diese würden mit Sicherheit dem Zimmermädchen geschenkt werden, sobald meine Mutter sie entdeckte. Mae West hätte sie geliebt. Das Blumengebinde von Paramount bestand aus Lilien, weißen Iris und Löwenmäulchen und würde das Schicksal der Orchideen erleiden. Jemand, den ich nicht kannte, hatte sogar »diese furchtbaren Gardenien, die Verkäuferinnen zum Tanzen anstecken« geschickt. Die Zimmermädchen würden reiche Beute machen.

Nur wenige Menschen wußten, mit welchen Blumen man meiner Mutter eine Freude bereiten konnte. Wer die Dietrich glücklich machen wollte, brauchte ihr nur eine Geranie in einem Topf zu schicken! Außerdem mochte sie Maiglöckchen, Kornblumen, weißen Flieder, verschiedene europäische Wiesenblumen und – in den dreißiger Jahren – auch Tuberosen. Aber hellrote Geranien waren ihre Lieblingsblumen, einzelne Geranien in einem ganz gewöhnlichen Blumentopf statt einer riesigen Schale. Chevaliers Blumengruß war der beste, der an diesem Tag geliefert wurde. Er hatte ein riesiges »bouquet« von weißem Flieder geschickt und einen Strauß Kornblumen beigefügt für meinen Vater. Ich war stolz auf unseren Franzosen. Meine Mutter sah die Kornblumen sofort – sie brach eine der blauen Blüten ab und steckte sie meinem Vater ans Revers.

»Papilein, ist er nicht süß? Er weiß noch, wie gerne du Kornblumen im Knopfloch trägst und wie wir damals in ganz Beverly Hills nach ein paar Blüten für dich gesucht haben. Ich habe ihn fast zur Verzweiflung getrieben! Wir suchten überall, wir gingen sogar bis zum Hollywood Boulevard. Ich glaube, Maurice liebt dich genauso wie mich.« Mein Vater lächelte.

Am nächsten Tag verfolgten uns Reporter und österreichische Fans bis zu der berühmten Schneiderei Knize, wo sowohl mein Vater als auch meine Mutter Fräcke, Smokings, Chesterfield-Abendmäntel, zweireihige Herrenanzüge, Mäntel, Morgenröcke und alle Arten von Hemden bestellten. Darüber verging der erste Tag bei Knize; allein für die Auswahl der Stoffe benötigten wir einen ganzen weiteren Tag. Meiner Mutter machte dies großen Spaß. Das waren die Kleider, die sie tragen wollte und auf die sie sich freute. Sie war schon immer der Meinung gewesen, daß nur Herrenschneider ihr Handwerk wirklich beherrschten und wahre Künstler seien, und Knize der beste der Welt. Jahre später flüchtete Knize aus dem in das Deutsche Reich »heimgekehrten« Österreich nach Amerika und eröffnete neben dem Hotel St. Regis in Manhattan sein Geschäft. Freudestrahlend betrat meine Mutter als erste Kundin das Geschäft. Im Lauf der Zeit ließ sie bei Knize alle Fräcke und Accessoires für jene Bühnenauftritte fertigen, für die sie Herrenkleidung benötigte. Sie erlaubte Knize sogar, eine besondere Hemdbrust anzufertigen, die auf ihr geheimes Mieder genäht wurde und ihr den berühmten schnellen Kostümwechsel erleichterte. Die Dietrich kannte keinen größeren Vertrauensbeweis, als ihr geheimes Mieder zu zeigen oder gar zuzulassen, daß ein Fremder es anfaßte.

Während wir auf die ersten Anproben warteten, saßen wir in Straßencafés, gingen in Konzerte oder aßen in Restaurants. Man konnte sich aussuchen, ob man sich von zuviel Mozart oder zuviel Schlag eine Magenverstimmung holte. Die überall herumfiedelnden Geiger sägten bei jeder Gelegenheit seelenvoll in mein Ohr. Ich wünschte mir, daß einer von ihnen nur ein einziges Mal die Anfangstakte von »California, Here I Come« spielen würde, aber sie brachten nur ihre ewigen Triller zustande.

Ihre Anproberäume lagen nebeneinander. Ich wußte nicht, wem die neuen Smokings besser standen – meiner Mutter oder meinem Vater. Jeden Tag wanderten Teddy und ich zwischen ihnen hin und her; wir betrachteten sie kritisch und billigten ihre Entscheidungen. Bei Knize brauchte ich meinen Spiegeltrick nie anzuwenden. Die Schneider rissen die Ärmel heraus, bevor die vereinten Kräfte der Dietrich-Siebers Fehler entdecken konnten.

Mitten im Frühstück schnappte mein Vater plötzlich nach Luft, hielt sich den Rücken mit beiden Händen und sprang auf. Sein Stuhl fiel um. Sein Gesicht war wie aus Wachs; Schweißperlen glänzten darauf. Offenbar litt er furchtbare Schmerzen! Meine Mutter sprang entsetzt auf und fragte ihn, was ihm fehle. Tami legte die Arme um ihn und versuchte, ihn auf das Sofa zu betten. Während mein Vater die Schmerzen niederzukämpfen versuchte, die ihn in Wellen heimsuchten, meldete meine Mutter dringende Telefongespräche nach Hollywood, London, Paris und New York an, um die besten Spezialisten der Welt »für sehr schlimme Rückenschmerzen« ausfindig zu machen. Mittlerweile hatte sich mein Vater wieder so weit unter Kontrolle, daß er den Concièrge anrufen und ihn bitten konnte, einen Arzt zu verständigen.

Meine Mutter war wütend!

»Du willst irgendeinen kleinen Hotelarzt? Was weiß der schon! Er bekommt seine Patienten nur vom Hotel! Ich besorge dir den besten Spezialisten! Er wird herausfinden, was dir fehlt! Nicht irgendein kleiner jiddischer Arzt!«

Rauchend ging sie auf und ab, während sie auf die Ferngespräche wartete. Es klopfte diskret an der Tür unseres Palasts. Tami öffnete sofort. Vor der Tür stand ein kleiner Mann. Er sah aus, als sei er direkt vom Besetzungsbüro des Studios herübergeschickt worden. Gestreifte Hosen, Cutaway, Papierkragen und -manschetten, Perlkrawattennadel und Gamaschen. Auf seiner imposanten Nase saß ein Zwicker. Er war absolut perfekt! Paul Muni hätte ihn darstellen können. Dieses Männlein ging schnurstracks auf den Herrn zu, der mit zusammengebissenem Mund auf dem Sofa lag und den er völlig zu Recht für Herrn Sieber hielt. Er öffnete seinen kleinen schwarzen Arztkoffer und nahm seine Instrumente heraus, ohne auch nur einen einzigen Blick auf unseren berühmten Filmstar zu werfen. Ich schloß ihn sofort in mein Herz. Ich fühlte mich von Menschen angezogen, die sich nicht leicht beeindrucken ließen. Meine Mutter zog sich in ihr Privatzimmer zurück, um dort auf die wichtigen Ferngespräche zu warten. Völlig gelassen machte sich unser Wiener Professor daran, seinen Patienten zu untersuchen.

»Herr Sieber, Sie haben leider soeben eine Nierenkolik erlitten! Sehr schmerzhaft, ja, sehr schmerzhaft. In Ihrer Niere hat sich ein Stein gebildet, möglicherweise sogar mehrere Steine. Einer der Steine ist aus der Niere ausgetreten und bewegt sich auf die Blase zu. Dieser Vorgang ist sehr schmerzhaft. Sie haben jedoch Glück, sehr großes Glück, daß sich das spontan ereignet. Wäre dies nicht der Fall, hätten Sie sich vielleicht entschließen müssen, die ungehörigen Steinchen operativ entfernen zu lassen.«

Der Arzt verschrieb ein paar Medikamente, steckte den Füllfederhalter wieder in seine Brusttasche, säuberte die Gläser des Zwickers, setzte ihn wieder auf die Nase, schüttelte die Hand meines Vaters, nickte Tami höflich zu, ermahnte meinen Vater noch einmal, täglich mindestens drei Liter Mineralwasser zu trinken, und verließ unsere Räumlichkeiten. Ich hätte beinahe applaudiert. Meine Mutter hatte die Diagnose mitgehört. Sie rief den Zimmerkellner an, bestellte mehrere Kisten Vittel und übernahm das Kommando.

»Papilein, du gehst jetzt ins Bett. Tami, du suchst die Hausdame und besorgst ein paar Kissen. Und Bettflaschen für Papis Rücken. Ich gehe nach unten und koche eine Fleischbrühe. Dieses arrogante Hotel wird doch wohl ein Stückchen Filet in der Küche haben – aber dafür wahrscheinlich kein Glasgeschirr, um die Brühe zu kochen! Aber ich werde schon etwas finden. Kater, du bringst das Rezept zum Empfangschef. Er soll sofort einen Hotelpagen zur Apotheke schicken, obwohl das nicht viel nützen wird ... Und dieser Hund soll in Tamis Zimmer eingesperrt werden. Weg mit ihm!«

Das Telefon läutete.

»Mein Ferngespräch nach Hollywood – endlich! Jo? Liebling! Rudi hat Schmerzen! Er hat Nierensteine! Oh – irgendein kleiner jüdischer Hotelarzt. Sah aus, als wäre er gerade von einem anderen Set gekommen. Wahrscheinlich kann er nichts, aber du kennst ja Papi ... er muß sich immer durchsetzen. Finde heraus, wer der beste Arzt für Nierensteine ist. Hatte nicht die Pickford auch einmal solche Probleme? ... Wirklich? In Kalifornien ist es jetzt mitten in der Nacht? Na und? Ruf die Pickford an, der Mann von ihr ist sicher noch auf, übt seine Fechtkunst. Der tut doch nachts nichts anderes!«

Meine Mutter legte auf. Das Telefon begann sofort wieder zu läuten.

»Mercedes? Liebling! Rudi hat Nierensteine – ich muß unbedingt einen hervorragenden Arzt finden. Hatte nicht die Garbo früher Schwierigkeiten beim Pinkeln – oder war es Stroheim, als sie damals diesen furchtbaren Film mit ihm drehte, in dem sie wie ein gebleichtes Huhn aussah?«

Im Verlauf der folgenden Jahre schied mein Vater viele Steine aus. Er sammelte sie in einem grünen Lederkästchen aus Florenz und erklärte, später würde er mir aus den Steinen eine Halskette herstellen lassen. Sie sahen aus wie Kugeln aus Bimsstein. Ich glaubte nicht, daß daraus ein besonders hübsches Schmuckstück geworden wäre, und hoffte, daß mein Vater geheilt würde, bevor er genug Steine für eine Kette zusammen hätte und ich sie dann auf meinem »knitterfreien« blauen Samtkleid tragen müßte! Noch lange Jahre, wenn wir »en famille« waren, verstummten alle und warteten auf das unverwechselbare »Ping«, wenn mein Vater seine Blase leerte. Wenn wir es hörten, ließen wir ihn hochleben!

Da mein Vater noch immer »der Patient« war, mußte ich meine Mutter zu den Opern, Ballettvorführungen, Konzerten und Theateraufführungen begleiten, für die die Wiener Saison zu Recht berühmt war. Für diese neue Aufgabe erhielt ich zwei Organdy-Kleider, eines weiß mit himmelblauen Paspeln, das andere blaßgelb mit blümchenbesticktem Saum. Das dritte war mein Lieblingskleid, langärmelig und aus marineblauem Leinen; es verbarg geschickt die Röllchen, die der Schlag um meine Taille gelegt hatte. Ich war wirklich das einzige unattraktive Wesen im Umfeld meiner Mutter. Ich konnte es an Schönheit nicht einmal mit den Möbeln aufnehmen und hätte mich am liebsten in die weiß-golden verzierte Wandtäfelung verkrochen. Da dies nicht möglich war, hielt ich mich vorzugsweise in den dunkleren Nischen auf – das marineblaue Kleid war dafür hervorragend geeignet.

Als ich meine Mutter zum neuesten Bühnenerfolg des Wiener Matinee-Idols Hans Jaray begleitete, mußte ich mein blaßgelbes Blümchenkleid anziehen. Die Vorstellung muß mich tief beeindruckt haben.

Ich kann mich zwar weder an den Titel erinnern noch daran, ob es sich um eine Operette, ein Schauspiel, eine Komödie oder eine Tragödie handelte; unvergeßlich war jedoch der Auftritt meiner Mutter. Wir saßen in der Loge eines jener Rokokotheater, das mich immer an einen Eissalon in Hollywood erinnerte, in dem neunundsechzig Sorten Eis angeboten wurden. Ein Mann trat auf die Bühne, der in meiner Erinnerung wie ein Husar der Habsburger Monarchie gekleidet war. Seine wohlgeformten Beine steckten in Hosen, die eng waren, wie die eines Ballettänzers. Seine Stimme hätte Valentino gut für den Tonfilm gebrauchen können. Sein Gesicht war so romantisch, daß einem der Atem stockte, wenn man für so etwas empfänglich war – wie meine Mutter! Sie rutschte ganz nach vorne auf ihrer Sesselkante.

»Liebling! Er ist – wunderbar! Diese Augen! Da! Sieh doch nur seine Augen an!« Es war ein Flüsterton wie auf der Bühne, den ein Tauber auch noch in Jugoslawien hätte hören können. Einige Zuschauer drehten sich um und baten um Ruhe. Selbst der Gepriesene warf einen seiner »wunderschönen« Blicke in die Richtung, aus der die bewundernden Worte zu hören gewesen waren. Wann immer meine Mutter ihren Emotionen auf diese Weise in aller Öffentlichkeit freie Bahn gab, zuckte ich zusammen. Die Dietrich konnte sich geradezu kamikazeartig »verlieben«. Hans Jaray wurde zu ihrem Wiener Interludium. Ich fragte mich, wie von Sternberg, der Weiße Prinz, Chevalier, Fred Perry, mein Vater und Brian auf diese engbehoste Neuerwerbung reagieren würden. Am meisten sorgte ich mich um Brian – ich wußte, daß die anderen sich selbst schützen konnten, doch Brian konnte dies womöglich nicht.

Wir rauschten hinter die Bühne. Die Menschen traten beiseite und ließen uns durch. Herr Jaray beugte sich über die ausgestreckte Hand meiner Mutter und berührte ihre Alabasterhaut mit seinen vollen Lippen. Dann hob er die Augen und blickte ihr tief in die Seele! Ich mußte zugeben: Das war toll! Ohne seinen furchtbaren Akzent hätte er vielleicht in Hollywood eine Chance gehabt. Dort konnte man den Typ eines Ramon Navarro immer noch gut gebrauchen.

»Das Kind himmelt Sie an«, sagte meine Mutter schmelzend. Seit dem Handkuß sahen die beiden sich unverwandt in die Augen. »Sie hätte gerne eine Fotografie von Ihnen für ihr Zimmer.«

Wenn die Dietrich für jemand anderen sprach, war es besser, ihren Worten zuzustimmen. Sie war überzeugt, daß ihre Meinung die endgültige Wahrheit ausdrückte; für andere Meinungen war kein Platz.

Obwohl für Herrn Jaray nicht mehr sprach als sein schmalziger Blick und das aufflammende Interesse meiner Mutter für ihn, wußte ich genau, welches Verhalten von mir erwartet wurde. Ich tat, wie meine Mutter es von mir erwartete – ich knickste und zeigte mich »sehr dankbar« für die vier hübschen Fotos mit seinem Autogramm und der Widmung »Für die süße kleine Heidede«. Insgeheim wünschte ich, es seien Fotos von Clark Gable. Meine Mutter erhielt ein ganzes Dutzend Fotos.

Im Hotel rauschte meine Mutter in das Schlafzimmer meines Vaters. Sie hielt die Fotos eng an ihren Körper gepreßt und bot den Anblick eines »jungen, verliebten Mädchens«. Es fehlte nur noch der große Strohhut mit wehenden blauen Seidenbändern.

»Papilein! Er ist wunderbar! Wie er sich bewegt! Und das Kostüm – absolut perfekt! Seine Augen – du weißt, daß ich dunkle Augen bei Männern hasse, aber seine Augen sind einfach vollendet! Er hat mir alle seine Fotos gegeben. Schau nur! Du kannst selbst sehen, was ich meine!« Und sie breitete Herrn Jaray auf der Bettdecke meines Vaters aus. Mein Vater ließ seine braunen Augen über die vor ihm liegenden Bilder gleiten und lächelte seine Frau nachsichtig an.

»Ich habe dir gleich gesagt, Muttilein, daß er dich interessieren würde, daß du ihn dir anschauen mußt. Siehst du? Ich hatte recht.«

»Ach, Papilein! Ja! Natürlich hattest du recht! Aber du hast ja immer recht! Du weißt immer alles!« Sie sammelte die Hochglanzbilder wieder ein und schwebte hinaus.

Tami machte sich an den Kissen unter dem Kopf meines Vaters zu schaffen und fragte mich, wie mir die Vorführung gefallen habe. Mein Vater warf ihr einen seiner »Halt-den-Mund-Blicke« zu; ich fragte ihn deshalb nur, ob es ihm bessergehe, und erwähnte den neuesten Zeitvertreib meiner Mutter nicht mehr.

Walzermelodien von Strauß erklangen in unserer Hotelsuite, so daß die Kristalltropfen der Lüster klingelten. Schwingendes, singendes, klingendes Wien! Romanze in gesprenkeltem Sonnenlicht! Meine Mutter kleidete sich in geblümten Chiffon und ging wie auf Wolken. Ich kurbelte das Grammophon an und drehte die Schallplatten um. Die Platte mit der »Blauen Donau« mußten wir immer wieder neu bestellen. Meine Mutter redete nur noch von »Hans«. Aufmerksam hörten wir uns an, wie wunderbar er war, wie empfindsam, wie süß und wie zärtlich und daß er neue Hemden brauche, die seiner Schönheit würdig seien. Er mußte sie deshalb zu Knize begleiten, wo sie ein Dutzend

Seidenhemden bestellte, mit denen seine »vollendeten Schultern« bekleidet werden sollten. Auf die Hemden folgten Bademäntel und Pyjamas.

In allen Zimmern standen große Fliedersträuße; die waren nicht von Chevalier geschickt worden. Jeden Morgen sortierten wir die Post und die Telegramme und erledigten die Telefonate. Von Sternberg schickte lange Briefe. Meine Mutter ärgerte sich, daß er darin von seiner Einsamkeit sprach.

Liebste,
Du hast mir heute morgen am Telefon gesagt, Du würdest mir keine Nachricht zukommen lassen, weil Du nichts von mir gehört hättest. Während der ersten Wochen bekam ich jeden Tag von Dir Nachricht, und ich erfuhr, daß ich Dir ein wenig fehlte; da ging es mir gut. Aber dann folgte ein langes Schweigen, und plötzlich konnte ich keinen klaren Gedanken mehr fassen. Dann hörte ich, daß es Dir gutgehe, und war sehr glücklich darüber. Ich sorgte mich nur, ob meine Klagen nicht Dein Glück störten. Ich bin ohnehin sehr niedergeschlagen, seit ich mit meinem Film bei MGM keinen Erfolg hatte. Aber es war nicht möglich, den Film zu drehen. Ich war froh, so schnell wieder aus der Sache herauszukommen, weil ich zutiefst überzeugt bin, daß *ohne Dich* alles keinen Sinn hatte. Jetzt sitze ich hier ganz allein in einer kleinen Ecke und rieche nach Mottenpulver. Ich kann nicht beschreiben, wie sehr *Du mir fehlst.* Es geht mir durch Herz und Seele wie ein erstickender, sich niemals auflösender Nebel, der einen Schleier über Tag und Nacht wirft. Und der viel Leid mit sich bringt. Ich wäre gerne nach Europa gekommen, um Dich *nur für eine Stunde* zu sehen, aber natürlich ist mir klar, daß das ohne Deine Zustimmung eine verrückte Idee wäre.
Heute geht es mir wieder besser, da ich mit Dir sprechen konnte. Ich tue allen Leuten leid.
Deine Antwort kenne ich bereits: *»Du hast mich verlassen.«* Ich weiß. Wie Du mir am Telefon aus Wien gesagt hast, findest Du es gut, daß wir uns für eine Weile trennen und daß Du mir so sehr fehlst. Ich bin sicher, daß alles, worunter ich leiden muß, gut für mich ist.
Ich werde von *allen* kritisiert; ich bin sicher, daß ich es verdiene. Es macht den Menschen Spaß, mich in Stücke zu reißen. Ich

hoffe, daß Du Dich manchmal für mich einsetzt, nicht weil es Deine Pflicht wäre, sondern weil Du mich *ein wenig* liebst und mich besser verstehst.
Jetzt habe ich genug von mir geschrieben. Dein Aufenthalt in Wien ist sicher angenehm. Ich hoffe, daß Du mir Näheres in einem Brief schildern wirst, aber ich kann mir gut vorstellen, daß Du dazu keine Zeit hast. Ich möchte auch wissen, warum Du so lange in Paris geblieben bist. Dreht *Forst* dort einen neuen Film?

Meine Mutter rief meinem Vater im Nebenzimmer zu: »Papilein, schon wieder Willi Forst! Er ist sogar auf Leute eifersüchtig, die ich schon kannte, bevor ich ihm begegnete! Wirklich – richtig melodramatisch!« Und sie las weiter:

Was tust Du und wie lebst Du und wohin gehst Du aus und *wie sehen Deine neuen Kleider aus* und wer sind Deine neuen Freunde? Es ist furchtbar, das alles nicht zu wissen!
Wahrscheinlich weißt Du über Deinen Film bereits Bescheid. Der Schnitt war langweilig, und das Ende war schlimm; der Film wurde nur durch Deine Leistung gerettet. Ich glaube, daß alle Dich lieben werden, obwohl der Film sicher nicht jedem gefällt. In einigen Szenen bist Du wunderbar. Ich habe beschlossen – weil ich irgendwie eifersüchtig bin –, diese Szenen in meinem nächsten Film richtig zu entwickeln. Aherne ist von der Kritik in Stücke gerissen worden, meiner Meinung nach zu Unrecht, weil er sehr gut ist, soweit das Drehbuch es zuläßt. Vom Zeitpunkt der Hochzeit an wird seine Rolle schlecht; er wirkt dumm und langweilig. Aber es ist offenkundig, daß der Fehler beim Drehbuch und bei der Regie liegt. Es ist töricht, den Engländer dafür verantwortlich zu machen.
Mamoulian dreht den Garbo-Film. Ich glaube, daß Nils Asher die männliche Hauptrolle bekommt. Ansonsten weiß ich wenig darüber (was daran liegt, daß es mich nicht sonderlich interessiert).
Im Studio nichts Neues. Zur Zeit ist es sehr langweilig. Apropos: Ich wollte Dir noch mitteilen, daß Gable krank wurde (Hühneraugen oder etwas Ähnliches). Ich war froh, daß ich den Film nicht drehen mußte, ohne ihn hätte es keinen Wert gehabt. Es gab

niemanden, der die Rolle des Berufsboxers hätte spielen können. Die anderen sind alle Mimosen.
Cooper und Chevalier hängen auch hier herum ...

»Papi!« schrie meine Mutter, »jetzt fängt er wieder mit Cooper an! Er glaubt mir einfach nicht. Er ist immer noch überzeugt, daß ich etwas mit Cooper hatte! Lächerlich! Cooper bringt doch höchstens ›Yup‹ und ›Huh?‹ heraus! Lupe Velez mußte es ihm besorgen!«
Sie las weiter:

... und grüßen mich freundlich, aber mit wirren Blicken.
Ich glaube, ich höre jetzt mit dem Klatsch auf. Laß uns über wichtigere Dinge sprechen! Den neuen Film. Das Milieu und die Rolle sind ungeheuer interessant. Ich will einen Flirt zwischen der Zarin und dem »Bettgenossen« des Erzherzogs zeigen. Es ist irrsinnig komisch, daß sich die Zarin in den jungen Mann verliebt, dessen Pflicht es ist, mit dem Erzherzog zu schlafen. Das kleine Freudenhaus, in dem das junge Mädchen aufwächst, bevor es Zarin wird, ist ein wunderbarer Stoff. Und wie sie von dem fünfzigjährigen Monarchen umworben wird, der sie für eine Jungfrau hält, ihre Gewitztheit und die Tatsache, daß sie sich trotz aller Konsequenzen verliebt, die politischen Feinde, die sie sich wegen ihrer Gunstbeweise und ihrer Liebe schafft, die Haltung gegenüber der früheren Zarin und gegenüber ihren Rivalinnen, ihr Mut und ihre Lebensart in einer Epoche, in der Pest, Revolten und plötzliche Todesfälle an der Tagesordnung waren, das Benehmen und die Mode jener Zeit, das Essen ohne Gabel und Messer, nur mit den Fingern, ständiges Händewaschen, die verstohlenen Blicke all jener, die ständig beobachtet werden, die Gefahren, die der Zarin drohen, die endlosen Enthauptungen und Giftanschläge, die Hexen, der alte Erzherzog, der ständig eifersüchtig herumstolziert, die Masken der Politiker – nur das Ende steht noch nicht fest. Sollen wir sie entkommen lassen? Oder soll sie aus politischen Gründen enthauptet werden, wie manche empfehlen, oder ist sie froh darüber, daß sie enthauptet wird, weil sie ihre Liebe zu dem jungen Mann nicht leugnen und, wie die historische Figur gesagt hat, lieber als seine Frau sterben denn als Zarin von Rußland leben will?

»Papi«, schrie meine Mutter. »Du ...«

»Mutti!« schrie mein Vater zurück. »Wenn du dich mit mir unterhalten willst, komm in mein Zimmer!«

Wir gingen hinüber und setzten uns auf das Bett meines Vaters. Meine Mutter fuhr mit ihrem unterbrochenen Satz fort:

»Du mußt das lesen – Jos Brief enthält ein ganzes Drehbuch. Wenn ich alles spiele, was er schreibt, dauert der Film fünf Stunden! Das kommt nicht in Frage!«

Ohne etwas zu sagen, hörten wir ihr weiter zu.

> ... Ich habe noch nie mit so viel Material und mit einer so wunderbaren Rolle anfangen können. Ich werde die Rolle noch nicht zu genau festlegen, damit Du Deinen Part am Schluß noch selbst gestalten kannst, bevor wir mit den Dreharbeiten anfangen und wenn Du wieder hier bist.
> Die Kostüme sind sehr süß und lustig, obwohl die Bilder von Holbein meist steif sind und keinen Charme haben.
> Die vorbereitenden Arbeiten für den Film sind sehr schwierig. Es ist gut, daß wir später so viel Zeit haben werden, alles richtig fertigzumachen. Es ist schade, daß ich Dir nicht stundenlang davon erzählen kann. Natürlich wäre ich unglaublich glücklich, wenn Du Begeisterung für die Idee und Vertrauen in meine Entscheidungen mitbringen würdest. Es wird wieder eine Serie historischer Filme geben, und ich möchte gerne den besten Film drehen.
> Du kannst Dich schon jetzt mit den Möglichkeiten, dem Reiz, der Anmut und der Menschlichkeit der Zarin beschäftigen und mit dem Lebensabschnitt, bevor sie Zarin wird. Du würdest mir damit sehr helfen. Telegrafiere mir bitte, wenn Du Dich auch nur ein bißchen für die Rolle begeistern kannst. Das würde mich glücklich machen, denn ich weiß, daß Du Dich über den Film freuen wirst, wenn er fertig ist, und es wäre großartig, wenn wir während der ganzen Arbeit und Planung mit Deiner Begeisterung rechnen könnten, auch wenn Du nicht hier bist. Du mußt dem Regisseur in mir verzeihen, daß er so aufdringlich ist – es ist mir klar, daß das nicht immer sehr angenehm für Dich ist.

Meine Mutter hatte den Brief zu Ende gelesen und reichte ihn kopfschüttelnd meinem Vater.

»Jo beschäftigt sich zu sehr mit diesem Film. Sein Brief klingt, als will er aus dem Film ein Epos machen! Warum dreht er nicht einfach einen schönen Film über eine tragische russische Zarin und überläßt Eisenstein den ganzen Aufwand? Lies den Brief, Papilein, und rate mir, was ich ihm morgen sagen soll, wenn ich ihn anrufe. Ich muß jetzt mein Haar waschen.«

Ich folgte ihr aus dem Zimmer, um ihr mit den Haarnadeln zu helfen.

Strahlend wie eine Göttin ging meine Mutter jeden Tag zum Essen aus, kehrte so rechtzeitig zurück, daß sie sich für das Theater umziehen konnte – und besuchte Jarays Stück, immer ohne Begleitung. Über diese tägliche Routine wurde nicht gesprochen – sie lief ohne jeden Kommentar ab und wurde von ihrer Gefolgschaft ohne Fragen akzeptiert. Es war, als würde ein Film gedreht; man folgte einfach dem Drehbuch. Die ständigen Walzerklänge wurden allmählich unerträglich, und ich hätte auch gut ohne Hans Jarays Porträt auskommen können, das meine Mutter in einem silbernen Rahmen neben meinem Bett aufgestellt hatte. Doch davon abgesehen war es sehr angenehm, daß sie jetzt so intensiv mit jemand anders und nicht mit mir befaßt war. Mein Vater trank Wasser und brachte die Buchhaltung auf den neuesten Stand. Tami bestickte Servietten mit einem wunderbaren russischen Muster und brachte mir das Solitärspiel bei. Das Abendessen ließen wir uns ohne großen Aufwand in unseren Räumen servieren; danach lasen wir, bis es Zeit war, zu Bett zu gehen. Wir waren wie eine Familie, die ich einmal in einem Film gesehen hatte.

Eines Morgens kehrte meine Mutter rechtzeitig zum Frühstück zurück und verkündete: »Ich brauche Unterwäsche!«

Mein Vater sah von seiner Zeitung auf und sagte lächelnd: »Man kann nie wissen, sagte die Witwe, als sie ihr schwarzes Spitzenhöschen anzog.«

Meine Mutter lachte. Dies war einer jener häufig zitierten, witzigen Aussprüche, mit denen ich aufwuchs, ohne sie je ganz zu verstehen. Tatsächlich trug die Dietrich im »wirklichen Leben« nie Spitzenhöschen.

»Spitze rollt sich zwischen den Beinen wie eine Wurst zusammen, wird feucht und bleibt kleben. Beim Gehen sieht man aus, als hätte man Würmer unter den Kleidern«, so lautete eine ihrer wichtigsten Doktrinen. Und: »Spitzenhöschen sind für ›cinq-à-sept‹ und für Starlets, die weiße Hurenschuhe tragen.«

Die Dietrich hatte sehr feste Vorstellungen über Unterwäsche im allgemeinen. Sie trug nie Unterröcke, sondern ließ sie in alle ihre Kleider einnähen, so daß sie Teil des jeweiligen Kleidungsstückes wurden. Das galt sowohl für ihre privaten Kleider wie für ihre Filmkostüme.

»Unterröcke sind für Frauen, die billige Kleider in Warenhäusern anprobieren und kaufen.«

Sie haßte die Unterhemden der Männer und ging nie mit einem Mann ins Bett, der ein Unterhemd trug. Wenn sich ein neuer Liebhaber bei der ersten »Enthüllung« in einem solchen Wäschestück der »Arbeiterklasse« zeigte, bekam er Schwierigkeiten, noch bevor er ins Bett steigen konnte. Sie erzählte mir einmal von einem begabten aufstrebenden Schauspieler, der heute ein alter Kauz ist und es verdient, ungenannt zu bleiben. »Kannst du dir das vorstellen? Er trägt Unterhemden! Wie ein Mann, der Löcher in die Straße gräbt! Also wirklich! Und das im sonnigen Kalifornien! Wie tief kann ein Mensch sinken? Ich mußte so sehr lachen, daß ich pinkeln mußte. Ich mußte auf die Toilette rennen. Sehr romantisch! Als ich zurückkam, lag er im Bett und schmachtete mich an wie ein Ochse. Und – er hatte Haare auf der Brust! Du weißt ja, wie häßlich das ist! Gott sei Dank war er impotent, und es wurde dann sehr nett und gemütlich.«

Ich habe mich oft gefragt, ob die Leistungsschwäche des armen Mannes bereits vor oder erst nach der Entdeckung seines Unterhemdes aufgetreten war. Der Spott der Dietrich hätte selbst Casanova außer Gefecht gesetzt.

Meine Mutter rief in Paris an und bestellte eine Selektion Damenunterwäsche, die sofort nach Wien geliefert werden sollte. In den dreißiger Jahren galt es nicht als ungewöhnlich, wenn ein Warenhaus eine Angestellte im Nachtzug mit einem Sortiment zu einem geschätzten Kunden schickte.

Zwei Tage später stand eine knochige Dame vor unserer Tür. Sie trug ein braunes Reisekostüm aus Serge und einen strengen Glockenhut. In der Hand hielt sie einen schwarzen Musterkoffer aus Pappe.

»Madame, ich bin soeben mit der bestellten Musterkollektion aus Paris angekommen«, erklärte sie. Ihre Lippen waren schmal; sie sah übermüdet aus. Sie öffnete die beiden Lederriemen des Koffers und breitete ihre Schätze aus – wie der Bürstenhändler, der in Hollywood an unsere Küchentür kam. Nur handelte es sich hier nicht um Bürsten! In dem Koffer lagen Träume aus Satin, Crêpe de Chine und hauchdünner Seide – pfirsich- und perlfarben, farngrün oder in pastellfarbenem Lavendel, creme- und meringeweiß. Die Stoffe raschelten leise und glitten einem aus den Händen. Meine Mutter war nicht beeindruckt. Sie suchte sich die gewünschten Stücke aus; eine Anprobe war überflüssig, denn alle Wäschestücke waren für ihre Körpermaße genäht worden. Sie wählte auch ein paar weniger prächtige Nachthemden für Tami aus und entließ dann die braungekleidete Mademoiselle.

»Liebling, rufe den Concièrge an, er soll eine Taxe bestellen.« Dann wandte sie sich an die Dame, die ihre Schätze wieder einpackte. »Wann fährt Ihr Zug nach Paris?«

»In drei Stunden, Madame.«

»Liebling, sage dem Concièrge, daß der Dame, die aus Paris für Miss Dietrich angereist ist, im Speisesaal ein Essen auf meine Kosten serviert wird. Eine Stunde später soll sie von einem Pagen mit einem Taxi zum Bahnhof gebracht werden.«

Mademoiselle war von so viel Großzügigkeit überwältigt. Sie verabschiedete sich mit vielen atemlosen »Mercis«, um im luxuriösen Speisesaal des Hotels eine Mahlzeit einzunehmen. Meine Mutter sammelte die neue Wäschepracht ein, um sie meinem Vater zu zeigen. Nachdem ich meinen Telefonauftrag erfüllt hatte, betrat ich das Schlafzimmer meines Vaters. Meine Mutter fragte ihn gerade, welches der neuen Nachthemden sie an diesem Abend für Hans anziehen sollte.

»Mutti!« rief ich. »Zieh doch das beige Crêpe de Chine mit der eingelegten Spitze an, das ist das schönste!«

Meine Mutter zögerte einen Augenblick, dann lachte sie:

»Das Kind hat recht, Papi! Wirklich erstaunlich! Sie weiß genau, welche Kleider mir stehen. Wenn du je bezweifelt hast, daß sie dein Kind ist ...« Sie ließ den Satz unvollendet und entschwand aus dem Zimmer.

»Kater, geh in dein Zimmer und sieh nach, ob die Mädchen ordentlich aufgeräumt haben. Wenn nicht, berichte mir!« sagte mein Vater.

Das war kein ungewöhnlicher Befehl. Mein Vater herrschte streng über die Hotelangestellten und erhielt dafür makellose Dienstleistungen. Sie achteten ihn deswegen sogar. Zweifelte mein Vater wirklich daran, daß ich sein Kind war? Vielleicht war ich es nicht ... Aber wessen Kind war ich dann? Nur das Kind meiner Mutter? Wahrscheinlich. Sie erklärte mir immer wieder, daß ich nur ihr gehörte. Ich kehrte zu meinem Vater zurück und berichtete ihm, daß mein Zimmer »perfekt« aufgeräumt war.

Nachdem mein Vater sich von der Krise erholt hatte, beschloß er, mich zu evakuieren. Tami und Teddy mußten in Wien die Stellung halten und meine Mutter bei ihren Auftritten unterstützen. Er besuchte mit mir seine Eltern in Aussig an der Elbe. Wir fuhren vor dem kleinen Bauernhaus vor – da standen sie! Meine Großmutter Rosa, klein und rundlich, ein gemütliches Wesen in gestärktem blauen Leinen. Sie hatte das netteste Lächeln der Welt. Mein Großvater Anton, groß und hager, sah wie ein österreichischer Lincoln aus. Er sah seine Frau manchmal auf eine Weise an, die zeigte, was das Wort »Ehe« bedeuten konnte. Meine Großmutter umarmte mich. Worte waren nicht notwendig. Wen sie liebte, der spürte dies ohne emotionales Beiwerk. Sie war so echt wie das Brot, das warm und sicher in ihrem großen, schwarzen Ofen aufging.

Mein Großvater legte eine schwere Hand auf meinen Kopf und sah freundlich auf mich hinunter; ich sah fröhlich zu ihm auf. Mein Vater schüttelte seinen Eltern die Hände und kümmerte sich dann um unser Gepäck. Nebenbei schilderte er seinem Vater die Fahrt im neuen Packard. Meine Großmutter führte mich in mein Zimmer und fragte sich, ob ich für das geschnitzte Holzbett mit den aufgemalten Glockenblumen nicht bereits zu groß sei.

Meine Mutter telegrafierte, daß ich ihr fehle. Wir reisten deshalb früher ab als geplant. Meine Großmutter gab mir ein Glas ihrer besten Marmelade mit, die für das Frühstück mit meiner Mutter bestimmt war, und drückte mich eng an sich. Ich klammerte mich an sie und weinte. Mein Großvater schenkte mir eine wunderbare kleine Schnitzfigur, die einen Fuchs darstellte und die er eigens für mich geschnitzt hatte; daraufhin weinte ich noch mehr. Mein Vater mahnte, ich solle mich nicht so dramatisch aufführen und endlich in das Auto steigen. Dann verabschiedete er sich mit kühlem Respekt von seinen Eltern. Wir fuhren ab. Mir war es gleichgültig, ob ich theatralisch wirkte – ich winkte meinen Großeltern den ganzen Hügel hinunter zu. Nur vier Tage, aber es waren wunderbare Tage gewesen!

»Mein Engel! Wie sehr du mir gefehlt hast! Mein Leben war leer ohne dich! Ich konnte nicht schlafen, während du weg warst! Tami macht nichts richtig. Sie hat alle Blumenkarten durcheinandergebracht. Und der Service im Hotel ist plötzlich furchtbar schlecht. Vor der Tür warten die Reporter auf mich – ich muß mich durch die Küchentür schleichen, um ihnen zu entkommen! Und das in Europa! Genauso schlimm wie in Chicago! Papi, warum hast du Teddy nicht nach Aussig mitgenommen? Immer, wenn ich Tami brauchte, war sie gerade mit dem Hund spazieren. Wenn sie dann endlich zurückkam, hatte ich alles schon selbst erledigt!« Sie küßte meine Augenlider. »Dein schönes Gesicht – wie mir dein schönes Gesicht gefehlt hat!« Sie trat zurück und betrachtete mich kritisch.

»Wann hast du eigentlich zuletzt deine Haare gewaschen?«

»Verzeihung, Mutti. Guck mal, was Großvater für mich gemacht hat.« Ich streckte ihr die Hand hin, auf der der perfekt geschnitzte Fuchs lag.

»Liebling, zieh erst einmal deine Schuhe aus und wasch dir die Hände. Papi, lies dieses Telegramm und sag mir, was ich darauf antworten soll.« Sie ging zu ihrem Schreibtisch.

In meinem Zimmer wickelte ich den Fuchs in mein sauberstes Taschentuch und legte ihn ganz hinten in die Nachttischschublade. Ich hätte es mir denken können: Sie haßte es, wenn ich die Geschenke anderer Leute mochte; nur ihre Geschenke sollten mir gefallen. Vielleicht war es besser, Großmutters wunderbare Marmelade gar nicht erst zu erwähnen. Und vielleicht sollte ich überhaupt nicht sagen, wie glücklich ich bei meinen Großeltern gewesen war! Tami gab mir einen verstohlenen Willkommenskuß. Sie sah vollkommen erschöpft aus.

Herr Jaray mußte während unserer Abwesenheit einen Fehler begangen haben, oder vielleicht war die Presse der Wahrheit zu nahe gekommen. Jedenfalls waren plötzlich alle Zimmer voller Papier, in das die verschiedensten Dinge verpackt wurden. Wien verschwand in einer Staubwolke hinter dem Packard. Wir fuhren nach Salzburg. Dieser blumengeschmückte Alpenort war die beste Werbung, die Österreich je hatte. Salzburg war vollkommen – mit Dornröschenschloß und verzierten Mozart-Brunnen. Kultur sickerte aus jedem Riß im Kopfsteinpflaster. Eine solche Operettenszenerie verlangte natürlich nach entsprechender Kostümierung; wir suchten Lanz auf, den weltweit besten Schneider für Tiroler Trachten: Dirndl, Umhänge, Hüte, Jägerjacken, Röcke, mit Rüschen besetzte Bauernblusen, Silberknöpfe aus Münzen oder Hirschhornknöpfe, und auf allen Kleidungsstücken Stickereien mit Motiven der Alpenflora und -fauna. Man hätte damit zehn Theaterensembles für die Operette *Der Bettelstudent* ausrüsten können, ohne den Lagerbestand merklich zu verringern. Meine Mutter brauchte für ihre Verwandlung nur wenige Minuten. Nun trug sie einen dunkelgrünen Lodenrock, ein schwarzes, maßgeschneidertes Jackett mit einem auffallenden flaschengrünen und festonierten Kragenaufschlag und Silberknöpfen. Flaschengrün war auch der kecke Velourshut mit dem prächtigen Gamsbart. Sie sah aus wie eine sehr vornehme österreichische Bürgermeistersgattin. Tami und ich kamen weniger gut weg.

»Bitte, Muttilein! Ich kann doch nicht all diese wunderschönen Sachen tragen! Sie sind viel zu teuer!« flüsterte Tami meiner Mutter mehrmals zu, die ihr immer wieder neue Kleidungsstücke in die Umkleidekabine reichte.

»Tami, mach dich nicht lächerlich. Du kannst nicht wie eine Wiener Dame oder eine Touristin durch Salzburg spazieren. Zieh das blaue Dirndl mit den Puffärmeln und der rotgestreiften Schürze an und komm heraus, damit ich dich anschauen kann!« Dann konzentrierte meine Mutter sich auf mich.

»Engel, schon wieder eine Nummer größer? Das ist doch nicht möglich. Komm heraus und laß mich dich sehen!«

Hinter meiner Mutter hatte sich inzwischen ein Halbkreis faszinierter Kunden gebildet, die sichtlich genossen, wie meine Mutter ihre Begleiterinnen ausstattete. Ich präsentierte mich – und kam mir wie ein zu dicker Teewärmer oder ein irregeleitetes Milchmädchen vor! Ich war sicher, daß ich die Zuschauer kichern hörte.

»Ja, das Mieder ist viel zu eng. Steh gerade! Durch schlaffe Haltung kannst du nichts verbergen, sondern machst alles nur noch schlimmer. Vielleicht finde ich etwas in einer dunkleren Farbe! Zieh das hier wieder aus und warte!« Sie rauschte davon, offenbar entschlossen, das Unmögliche zu vollbringen. Auch mein Vater beteiligte sich an den Verwandlungen. Nur einmal weigerte er sich, als er Lederhosen mit edelweißgeschmückten Hosenträgern anziehen sollte. Als wir endlich wieder auf die Straße traten, sahen wir aus wie die Familie Trapp auf Tournee. Von da an lief jeder Besuch in Salzburg nach diesem Muster ab. Unserer Gepäckliste wurde ein neuer Schrankkoffer hinzugefügt, der die Aufschrift »Österreich – Salzburger Spezialitäten« trug. Wir reisten jedes Jahr dorthin und spielten »Milchmädchen auf der Butterblumenwiese«, bis Hitler Österreich besetzte.

»Papilein, ich will ein österreichisches Bauernhaus«, sagte meine Mutter. Ihr Mund war voll mit Wiener Würstchen und warmem Kartoffelsalat – das Menü entsprach unserer Kostümierung, denn wir waren immer in allen Bereichen konsequent. »Ein altes, schönes Bauernhaus mit dunkelgrünen Läden, kleinen Fenstern und weißen Häkelgardinen. Draußen müssen Schnitzereien sein, und über der Tür ein Gedicht. Und Blumenkästen mit roten Geranien vor jedem Fenster.« Sie nahm sich noch mehr Gurkensalat und Schwarzbrot.

»Hans kann seine schöne Lodenjacke tragen, und Brian könnte lange Spaziergänge machen. Das Kind kann Kränze aus Wiesenblümchen flechten, Tami kann Hühner füttern, ich kann das Gemüse aus dem Garten kochen, und du kannst auf einer dunkelgrünen Bank in der Sonne sitzen und deine Zeitung lesen. Wir können sogar eine richtige Kuh haben!« Mein Vater hatte inzwischen sein Hermès-Notizbuch gezückt und hörte sich an, wie sich meine Mutter das »ländliche Glück« vorstellte. Niemand bezweifelte, daß er genau das Haus finden würde, das sie sich wünschte.

»Mutti, es ist jetzt viel zu spät. Du hast nicht mehr genügend Zeit. Nach dem nächsten Film, ja. Jetzt wartet Hans auf dich. Jo ängstigt sich, daß du nicht rechtzeitig die Köstüme entwirfst. Und du weißt, daß wir abreisen müssen ...«

»Ja, Papilein!« unterbrach sie ihn. »Ich weiß. Ich muß erst das Geld machen! Diesmal läßt mich Jo wenigstens eine Prinzessin spielen. Und weil diese historischen Kostüme so lang sind, wird man meine Beine überhaupt nicht sehen!« Sie lachte. »Paramount wird verrückt werden! ›Ein Film, in dem die Dietrich nicht ihre Beine zeigt?‹ ... Das allein ist es schon wert, diesen Film zu machen!« Sie wies den Kellner an, noch ein paar Würstchen aus dem dampfenden Topf neben unserem Tisch zu nehmen. An diesem Tag war sie sehr guter Laune.

»Papi, war Katharina die Große nicht eine von den süßen Tanten? Sie muß doch eine gewesen sein. Sie hätte nicht so über Rußland herrschen können, wenn sie normal gewesen wäre! Wenigstens wird es interessant sein, die Kostüme zu machen. Travis Banton wälzt wahrscheinlich schon wie wild seine Bücher. Und produziert dann Entwürfe, die ›historisch authentisch‹ sind, für die Kamera aber völlig ungeeignet! Er wird jetzt wohl für die Dietrich-Kostüme berühmt, obwohl die ganze Arbeit ich mache. Von ›Linie‹ hat er keine Ahnung. Warum übertreiben die Tunten immer so? Bei den Kostümen übertreiben sie immer, aber für diesen Film werden wir viel russischen Zobel verwenden. Das wird ein Vermögen kosten! Sie werden aufschreien, aber Jo wird mit den Studiobossen schon fertig. Wir könnten sie vielleicht die Felle nähen lassen – wie sie es früher gemacht haben!«

Die Vorstellung, wie die Paramount-Manager im Schneidersitz auf ihren Mahagonischreibtischen saßen und ihre alten Kürschnernadeln einfädelten, bereitete ihr solches Vergnügen, daß sie sich brüllend vor

Lachen auf die Wurst stürzte. Sie schien sich tatsächlich auf den nächsten Film zu freuen – was bei meiner Mutter sehr ungewöhnlich war. Unser erster »historischer« Film! Das würde eine tolle Sache werden!

Mein Vater stellte die kulturellen Aktivitäten zusammen, die er für unsere Bildung vorgesehen hatte. Ich erfuhr, daß wieder einmal ein Konzert mit einem Streichquartett für uns vorgesehen war – natürlich mit Mozart. Mozart, Mozart, Mozart! Nicht schon wieder! Ich gab mir solche Mühe, Mozart zu mögen! Alle waren von seiner Musik verzaubert. Mit mir mußte etwas nicht stimmen, weil ich dabei regelmäßig einschlief. Da man allgemein gut gelaunt war, bat ich um Erlaubnis, im Hotel bleiben und früh zu Bett gehen zu dürfen.

»Was?« Meine Mutter fuhr herum. »Ins Bett? Bist du krank? Hast du Fieber? Papi, das Kind sieht gar nicht gut aus! Liebling, was ist los? Liegen dir vielleicht die fetten Würste und der schwere Kartoffelsalat im Magen? Papi, du hättest so was nicht bestellen dürfen!«

Sie nahm mich bei der Hand, führte mich zum Lift und fuhr mit mir hinauf zu unserer Suite. Ich mußte mich schnell ausziehen; sie holte inzwischen das Fieberthermometer. Ich knöpfte die neue, bestickte Weste auf, zog die weiße Rüschenschürze aus und überlegte, was ich nun tun sollte. Offenbar war es in dieser heiklen Situation am besten, wenn ich mich krank stellte. Ich betete um Fieber! Wirklich hohes Fieber! Und zwar jetzt sofort!

Meine Mutter steckte mir das große, flache Thermometer unter die Achsel und wartete. Ich preßte meinen Arm so fest wie möglich gegen meinen Körper und hoffte, daß meine Körperwärme an dieser Stelle genügen würde, das Quecksilber in die Höhe zu treiben. Aber ich hatte kein Glück.

»Engelchen, deine Temperatur ist ganz normal!« seufzte meine Mutter erleichtert. Ich durfte im Bett bleiben, während sie auf die Terrasse zurückkehrte, um ihren Kaffee zu trinken. Ich weiß nicht, wie oder durch wen sie die Wahrheit erfuhr. Ich verdächtigte meinen Vater, denn eine Stunde später erklärte mir eines der für uns zuständigen Mädchen, daß die gnädige Frau sie beauftragt habe, ihrem Kind die folgende wörtliche Nachricht zu überbringen. Sie war sehr nervös, als sie versuchte, die Botschaft in der richtigen Reihenfolge wiederzugeben:

»Fräulein Heidede, Sie sollen sofort aufstehen, sich waschen und für den Abend Ihr hellblaues Seidenkleid anziehen, dann unten im Speisesaal allein Ihr Abendessen einnehmen. Das Abendessen ist für achtzehn Uhr bestellt. Danach sollen Sie Fräulein Tamara zu dem Mozart-Konzert begleiten. Es beginnt um zwanzig Uhr.«

Sie knickste erleichtert und zog sich zurück. Selbst wenn meine Mutter sehr wütend war, wurde sie nie heftig, und sie schlug mich auch nie. Damit seinen Zorn auszudrücken, hielt sie für unter ihrer Würde. Besonders gerne verwies sie dabei auf Joan Crawford:

»Diese furchtbare, vulgäre Frau mit ihren hervorstehenden Augen schlägt ihre Kinder. Sie prügelt sie grün und blau und behauptet dann immer, sie seien von ihren Fahrrädern gefallen! Furchtbar! Alle wissen, was in ihrem Haus wirklich passiert, aber was kann man von dieser Klasse, von dieser billigen Tänzerin schon erwarten? Aber die Kinder – es ist ja verrückt, daß sie sich drei angeschafft hat, sie hat alle adoptiert. So, wer weiß, ob mit ihnen alles stimmt!«

Die Strafmethoden meiner Mutter waren viel feiner. Sie sollten beschämen und auf diese Weise Folgsamkeit erzwingen. Mein Vater lernte diese Technik von ihr und wußte sie ebenfalls hervorragend einzusetzen. Es gab den Missetäter einfach nicht mehr. Abrakadabra! Ich wurde aus dem Universum gelöscht. Meine Mutter sprach nicht mehr mit mir und sah mich nicht mehr an. Als ich am Tag nach dem Konzert zum Frühstück kam, stand sie auf und verließ den Tisch. Sie sortierte die Blumenkarten, öffnete ihre Post, steckte die Manschettenknöpfe an die Manschetten, polierte ihre Schuhe, goß sich Kaffee ein und ignorierte sogar die Haarnadel, die ich ihr reichen wollte – sie nahm sich selbst eine Nadel aus der Schachtel. Auch mein Vater wies mich ab. Ich hatte nicht gewußt, daß auch er Mozart so verehrte. In meiner »Unsichtbarkeit« fühlte ich mich sehr einsam. Es machte mir nichts aus, daß sich Tami schüchtern zurückzog; ich wußte, daß sie es nicht wagen würde, nett zu mir zu sein, solange ich Persona non grata war. Nicht einmal Teddy durfte mich trösten. Er versuchte es zwar, wurde aber mit einem scharfen »Nein!« zurückgewiesen und ins Badezimmer gesperrt. Ich saß auf meinem Bett und dachte über meinen »Weltschmerz« nach. Da nicht einmal Hans Jaray meine Mutter abzulenken vermochte, konnte diese Situation wochenlang anhalten.

Ich befand mich noch immer in Ungnade, als ich entdeckte, daß auch Brian einen »furchtbaren Fehler« begangen hatte. Er hatte einen persönlichen Brief an einen der »Boys« geschrieben und sich ihm anvertraut. Das war immer eine sehr gefährliche Sache. Er hätte wissen müssen, daß man solchen Menschen nie, nie vertrauen durfte. Natürlich war Brians Brief sofort der Dietrich geschickt worden – sicher begleitet von einem hämischen Grinsen. Armer Brian. Warum mußte er auch so naiv sein, während Hans Jaray noch immer der Günstling war? Er wußte nicht einmal über Jaray Bescheid! Meine Mutter erhielt von dem noch immer glücklichen und ahnungslosen Brian ein Telegramm:

> MARLENE DIETRICH
> HOTEL EUROPA SALZBURG
> WERDE ZU DREHARBEITEN AUF NAECHSTE ALP KOMMEN
> STOP ROLLE NICHT SEHR INTERESSANT ABER WOCHENENDEN
> VIELVERSPRECHEND. ICH BETE DICH AN VERRUECKTE
> DIETRICH.
> BRIAN

Meine Mutter telegrafierte Brian umgehend, nicht zu kommen, da wir Salzburg sofort verlassen müßten, um ihre Mutter in der Schweiz zu treffen. Am nächsten Morgen fuhren wir nach Paris ab. Sie hatte Hans Jaray gesagt, er solle sie dort erwarten.

Man redete wieder mit mir, aber das war mir jetzt nicht mehr wichtig. Ich wünschte mir nichts sehnlicher, als Brian anzurufen und ihm sagen zu können, was er tun solle. Zwar hatte ich alle Möglichkeiten durchgespielt, wie ich ein Telefongespräch von Paris nach Österreich anmelden konnte, ohne daß es entdeckt wurde, aber keine dieser Möglichkeiten war so sicher, daß ich sie wagen konnte.

Das Plaza Athénée war sehr elegant und sehr sauber. Der Nachmittagstee wurde in einem Foyer serviert, in dem man in Nischen kleine Tische mit Intarsien und bestickte Stühle aufgestellt hatte. Jetzt durfte sich meine Mutter plötzlich wieder in der Innenstadt von Paris aufhalten – kaum überraschend, da sich letztlich alles zugunsten der Dietrich entwickelte! Brian hatte in der Presse Berichte über ihre und Jarays Ankunft in Paris gelesen und wußte, daß sie ihn belogen hatte.

> BRIAN AHERNE
> Dietrich,
> ich will mich kurz fassen. Du hast mich mehr verletzt, als mich jemals jemand anders verletzt hat. Nach allem, was wir einander bedeuteten, und nach allem, was Du zu mir gesagt hast, kann ich kaum glauben, daß Du mir einen solch grausamen und furchtbaren Schlag versetzen konntest. Wenn Du mich loswerden wolltest,

hätte ein einziges Wort genügt. Ich bin weder Chevalier noch de Acosta; ich bin zu stolz, um Dir Vorwürfe zu machen oder Dich anzuflehen. Wenn es Dir Genugtuung bereitet, will ich Dir mitteilen, daß ich in den letzten Wochen furchtbar gelitten habe und daß nichts und niemand eine Erleichterung bringt. Ich habe in meinem Leben anderen Schmerzen bereitet, aber, wie ich glaube, niemals bewußt. Es ist grauenhaft, wenn ich mir vorstelle, daß diese Menschen so leiden mußten wie ich jetzt.
Ich kenne viele Dietrichs, aber die, die mir dies zufügte, ist mir, Gott sei Dank, fremd. Ich kenne sie nicht, und ich mag sie nicht, und ich werde ihr nicht schreiben, denn dann müßte ich ihr bittere und ironische Dinge sagen.
Statt dessen schreibe ich an die Dietrich, der ich mein Herz geschenkt habe und die mir dafür großes Glück und Zufriedenheit gab. Sie gab mir Zärtlichkeit und Leidenschaft und Geborgenheit und tausend Erinnerungen, die mir immer kostbar bleiben werden. Und wenn sie mir all das wieder wegnahm? Sie ist eine andere Frau mit demselben Namen – ich bin ihr dankbar, und ich liebe sie heute so wie damals. Und ich werde sie immer lieben. Wenn Du einmal unversehens dieser Dietrich begegnest, wenn sie in irgendeiner Szene oder durch irgendein Wort für einen Augenblick wieder lebendig wird, dann sage ihr bitte, daß sie mein Herz noch immer in ihrer Hand hält und daß meine Liebe zu ihr tief und echt ist, obwohl ich weiß, daß es sie nicht mehr gibt.
Dir, die Du alle anderen Dietrichs bist, sage ich Lebewohl. Ich wünsche Dir Glück und Erfolg in Hollywood. Ich hoffe, daß Du Dir in Salzburg und Wien Deinen Herzenswunsch erfüllen konntest und daß Dir das immer gelingen möge.
Ich werde Deine Karriere mit großem Interesse verfolgen und glaube an Dein Talent, ganz abgesehen davon, daß ich Deine Schönheit bewundere.
Natürlich werden wir uns bald im Studio begegnen, aber das braucht Dir nicht peinlich zu sein.
Bitte grüße das Traumkind von mir. Sie bedeutet mir sehr viel.
Aherne

Meine Mutter gab meinem Vater den Brief zu lesen und bat ihn, wie gewöhnlich, um seine Meinung. Während er ihn las, überflog sie die letzte Mitteilung von de Acosta:

Mercedes de Acosta
10. August

Meine Goldene,
heute erreichte mich Dein Brief. Ich habe mich sehr darüber gefreut, weil ich das Gefühl habe, schon seit Monaten nichts mehr von Dir gehört zu haben.
Ich weiß, daß Du in Wien großen Erfolg hattest, und habe über Dich in den französischen Zeitungen gelesen.
Ich habe auch gelesen, daß Du Dir sehr viele ausgesprochene Frauenkleider gekauft hast. Ich hoffe, sie sind nicht zu weiblich! Und ich hoffe auch, daß Du weiterhin Deine Hosen tragen wirst, weil dann die Leute sagen können (und sie sagen es bereits), daß das nur ein PR-Gag war.
Ich begegne ständig »der anderen Person«. Sie ist mir gegenüber jetzt ganz anders – nett und lieb, ganz anders als letztes Jahr. Sie hatte furchtbare Schwierigkeiten, einen Hauptdarsteller zu finden, und mußte sich schließlich für John Gilbert entscheiden. Ich halte das für eine schlechte Wahl, und ich glaube, sie auch.
Ich werde sehr glücklich sein, wenn ich Dein schönes kleines Gesicht wiedersehe.

Dein Weißer Prinz

Ich war nervös und »stand allen im Weg«. Alle waren sehr angespannt; vielleicht waren wir nur müde. Meine Mutter natürlich nicht. Sie war wieder in der Stadt, die sie am liebsten mochte, und in Begleitung des Mannes, den sie im Augenblick am liebsten mochte. Sie mußte Briefe schreiben, telefonieren, sich umziehen und für romantische Abende feinmachen. Je mehr die Dietrich zu tun hatte, desto mehr Energie versprühte sie.
Die Zeit zog sich hin. Jeden Tag wünschte ich mir, daß endlich die Koffer gepackt würden. Doch sie blieben im Gepäckzimmer des Hotels. Meine Mutter war mit ihren eigenen Plänen beschäftigt:

JOSEF VON STERNBERG
PARAMOUNT STUDIOS HOLLYWOOD
LIEBLING VERPASSTE HEUTIGES SCHIFF UND SCHIFF NAECHSTE
WOCHE UND WOCHE DANACH STOP EWIG DANKBAR FUER
AUFSCHUB STOP VERGELTE ES DIR MIT PRESSEKONFERENZ BEI
ANKUNFT NEW YORK STOP KUESSE

Meines Wissens war dies das erste Mal, daß sich die Dietrich auf einen Handel einließ. Ich wußte, wie sehr sie Pressekonferenzen haßte – aber ich wußte auch, daß wir kein einziges Schiff verpaßt hatten!

> MARLENE SIEBER
> HOTEL PLAZA ATHENEE PARIS
> MEIN LIEBLING ICH BIN VERZWEIFELT DA ICH WEISS DASS DU LAENGER IN EUROPA BLEIBEN WILLST WEIL ICH DIR ERKLAERT HABE DASS ICH MIT ALLEM AUF DICH WARTE UND WIE SEHR ICH DICH BRAUCHE STOP DER AUFSCHUB DER DREHARBEITEN IST GEFAEHRLICH ZUM BEISPIEL WEGEN DER KONKURRENZ UND WEIL ICH ALS ERSTER EINEN KOSTUEMFILM HERAUSBRINGEN WILL UND WEIL SICH AUCH KORDA MIT DEM THEMA BEFASST STOP DENNOCH BIN ICH NATUERLICH MIT JEDEM AUFSCHUB EINVERSTANDEN WENN ER DICH GLUECKLICH MACHT UND WUENSCHE MIR NUR DAS ZU TUN WAS DIR GEFAELLT STOP DU ALLEIN ENTSCHEIDEST UEBER DEINE ZEIT STOP GLAUBE NICHT DASS ICH DIR MIT DIESEM SCHREIBEN VORWUERFE MACHE ICH WILL NUR GANZ EHRLICH MIT DIR SEIN UND BESTAETIGEN DASS DU UND NUR DU WIE ICH DIR IMMER GESAGT HABE UEBER DEINE ZEIT FREI VERFUEGEN KANNST WEIL ICH UNGLAUBLICH GLUECKLICH BIN DASS ICH UEBERHAUPT DIE EHRE HABE MIT DIR WIEDER ZU ARBEITEN STOP KUESSE KUESSE KUESSE

Meine Mutter antwortete sofort, versuchte allerdings, dadurch Zeit zu gewinnen, daß sie die Antwort als Brief schickte:

> Du hast mir ein sechsseitiges Telegramm geschickt, damit ich mich schuldig fühle, wenn ich bleibe. Bitte erkläre Dich deutlicher. Was sind all die »Konsequenzen«, mit denen Du mir drohst? Du brauchst mich nicht zu manipulieren. Direktheit und Ehrlichkeit wirken bei mir am besten. Du solltest Dich schämen.

MARLENE SIEBER
HOTEL PLAZA ATHENEE PARIS
WARUM SOLL ICH MICH SCHAEMEN STOP ICH WERDE MIT
TAUSEND SORGEN ALLEIN GELASSEN STOP LIEBSTE AUCH
WENN DU MICH WIEDER FRAGST SAGE ICH DIR NOCH EINMAL
AUCH WENN DU MIR BOESE SEIN WIRST DASS ABREISE AM
ZEHNTEN UNBEDINGT NOTWENDIG IST STOP DU BIST EIN SO
WUNDERBARER MENSCH UND ICH WEISS DASS DU DEINE
VERPFLICHTUNGEN EINHAELTST AUCH WENN ES SCHWER-
FAELLT STOP SEI DEINEM ARMEN REGISSEUR NICHT BOESE

Mein Vater hatte nun endlich genug. Er ergriff die Initiative und buchte Plätze auf dem Dampfer *Paris*, der zwei Wochen später ablegen sollte. Dann gab er das Hotelzimmer auf und zog mit Tami und Teddy wieder in seine Pariser Wohnung.

Unser Österreicher kehrte in seine Schlag-Stadt zurück. Jetzt wurde es Zeit, Europa zu verlassen! Ich küßte Tami zum Abschied und umarmte sie. Ich flüsterte ihr ins Ohr, sie brauche vor meinem Vater keine Angst zu haben und sie solle stets daran denken, was ich ihr beigebracht hätte, und sich mehr um sich selbst kümmern. Dann umarmte ich Teddy, bis er jaulte. Mein Vater brachte uns nach Le Havre. Den Journalisten erlaubte er eine genau festgelegte Zahl von Fragen. Dann brachte er uns mit unserem Bordgepäck in die Luxuskabinen, vergewisserte sich, daß die Schrankkoffer an Bord gebracht und in der richtigen Luke verstaut wurden, und verteilte großzügige Trinkgelder an die Stewards, die sich um uns kümmern würden. Meiner Mutter übergab er Telegrammformulare, Magazine, europäische Zeitungen, die Gepäckliste, die Gepäckscheine und die Kofferschlüssel. Er küßte sie auf die Wange und ermahnte sie, von jetzt an nur noch an die Arbeit zu denken, die vor ihr lag. Sie solle sich keine Sorgen machen, er würde sich schon um Hans, um ihre Mutter, ihre Schwester, ihre Flüchtlinge und um alle Einkäufe kümmern, die ihr von Paris nachgeliefert werden sollten. Dann trug er ihr Grüße an Nellie, Dot, Edington und de Acosta auf. Sie sollte auch Bridges, den Chauffeur, und die »Boys« sowie Chevalier und von Sternberg von ihm grüßen.

Mich ermahnte er streng: »Kater, paß auf Mutti auf und mach ihr keine solchen Schwierigkeiten mehr wie auf dieser Reise. Hast du mich verstanden? Und denke an das Buch, das ich dir geschenkt habe. Du mußt es gelesen haben, bevor das Schiff in New York anlegt.«

Er küßte mich flüchtig und ging. Meine Mutter zündete sich eine Zigarette an; sie wirkte einsam. Ich goß ihr ein Glas Champagner ein, weil ihr das immer half. Ich wagte es sogar, sie um Erlaubnis zu bitten, auf Deck gehen zu dürfen, nur für eine Sekunde! Ich rannte, so schnell ich konnte, und kam gerade noch rechtzeitig, um den feschen Tirolerhut meines Vaters auf dem Landungssteg zu sehen. Ich winkte ihm zu und rief etwas, aber da man gerade die »Marseillaise« spielte, hörte er mich nicht. Ich sah ihm nach, bis er in der Menge verschwand.

Die *Paris* war zwar schon recht alt, aber wie die meisten französischen Frauen sehr gut erhalten und noch immer schön. In jenem September 1933 schien der Atlantik beschlossen zu haben, allen Seefahrern in ihren lächerlichen Nußschalen zu zeigen, wer der Herr war. Riesige Brecher hoben unsere gallische Dame in die Höhe und ließen sie wieder herabfallen – immer und immer wieder. Die *Paris* vollführte einen frenetischen Tango auf der bewegten See, und ich übergab mich. Doch es machte mir nichts aus. Ich war auf dem Weg nach Hause!

5
Hollywood – die magischen Jahre

Wir hatten keine Zeit im Ambassador zu verlieren, denn wir hatten es eilig. »Mütterchen Rußland« wartete zwischen den Orangenhainen auf uns. Meine Mutter schrubbte ihr Gesicht und zog sich zurück und schickte Telegramme nach Wien. Der Austausch von Telegrammen setzte sich fort. Ich erzählte meinen Freunden, den Schaffnern, vom Eiffelturm und daß die österreichischen Kirchen innen wie Zirkusorgeln verziert waren. Sie wiederum erzählten mir ihre Neuigkeiten – von neugeborenen Babys, wie Mister Roosevelt Amerika rettete und was ich in den Comiczeitschriften verpaßt hatte.

Wir waren fast zu Hause. Als es noch dunkel war, kletterte ich leise die Leiter meines Schlafwagenbetts hinunter, in der Hoffnung, meine Mutter, die in der Koje unter mir schlief, möge nicht aufwachen. Vorsichtig schloß ich die Tür auf, schlüpfte mit angehaltenem Atem auf den Korridor hinaus und zog die Tür hinter mir zu. Dann rannte ich den Gang des Pullmanwagens entlang. Ich erreichte rechtzeitig meinen kleinen Balkon im Freien, so daß ich beobachten konnte, wie der Zug in die Wüstenstaaten einfuhr. In meinem »Eisenbahn-Pyjama« saß ich in einem der Korbstühle, die Knie an den Leib gezogen, und wartete auf die Morgendämmerung. Das rhythmische Rattern der Räder konnte die Stille nicht stören. Die Luft war mild; in ihr mischte sich der Duft des nachtkalten Sandes und der Steppenläuferpflanzen auf einzigartige Weise. Purpurne Schatten bildeten sich, umrahmt von einem schwachen Goldschimmer. Notre-Dame war vielleicht ein prächtiger Anblick gewesen, aber ich war sicher, Gott lebte in Amerika.

»Jetzt sind wir wieder in diesem entsetzlichen Land«, murmelte meine Mutter, als sie in Pasadena aus dem Zug stieg. Von Sternberg, Nellie, Bridges, der Cadillac, meine Leibwächter, eine Handvoll Journalisten, die von der Paramount ausgewählt worden waren, und ein Gepäckwagen warteten auf uns. Die Dietrich beugte sich herunter, um die Wange ihres Regisseurs zu küssen. Die Kameras klickten.

Ich hatte mich gleich im Wagen verkrochen, wo ich außer Sicht war. Seit man gedroht hatte, mich zu entführen, durfte ich nicht mehr fotografiert werden. Das hatte irgendwie damit zu tun, daß ich nicht erkannt werden sollte. Ich wußte nur, daß ich mich in Amerika verstecken mußte, sobald ich eine Kamera sah. Ich befolgte den Befehl und verschwand.

Wir fuhren los, und meine Mutter hielt hof. »Paris ist die einzige zivilisierte Stadt der Welt! Papi sorgte dafür, daß wir ständig aßen! Ich habe zugenommen – alles ist mir zu eng. Aus Wien gibt es eigentlich außer Knize nichts Interessantes zu berichten. Ich habe dir einen Morgenmantel gekauft. Ich mußte nur sagen: ›Für Herrn von Sternberg.‹ Sie hatten deine Maße. Aber du hättest sehen sollen, wie Rudi an jenem Morgen krank wurde.« Ausführlich schilderte meine Mutter »Rudis Wiener Nierenkolik«.

Ich beugte mich auf meinem Klappsitz nach vorn und hing meinen eigenen Gedanken nach. Draußen flog Pasadena vorbei. Warum interessierte sich meine Mutter nie dafür, wie es anderen Menschen während unserer Abwesenheit ergangen war? Ich habe kein einziges Mal gehört, daß sie jemanden fragte: »Wie geht es dir?« Damals konnte ich nicht wissen, daß das auch fünfundfünfzig Jahre später noch gelten würde.

Es war eine lange Fahrt. Meine Mutter rauchte und redete. Ich war neugierig, wo wir dieses Mal wohnen würden.

Bel Air liegt auf sanftgeschwungenen Hügeln zwischen Santa Monica und Beverly Hills, hinter eindrucksvollen, von Wächterhäuschen flankierten gußeisernen Toren, die an den Buckingham Palace erinnern. Die ganz Reichen und Berühmten verstecken sich hier voreinander hinter den dichtesten Büschen, die die Menschheit kennt. Sie fahren durch die Torkontrolle des mondänen Bezirks, um draußen noch mehr Geld zu verdienen oder es auszugeben, und passieren die Kontrolle wieder, wenn sie zurückkehren. Damals war man hier noch sicher vor allem äußeren Bösen. Bevor das Fernsehen, die Jugend und die Rechtsanwälte das keusche System Hollywoods veränderten, galt Bel Air für einen Filmstar als allerfeinste Adresse. Die Häuser der Schauspieler, die in Beverly Hills wohnten, waren auf Stadtplänen für Touristen eingetragen. Abgetakelte New Yorker Schauspielerinnen stellten an den Straßenecken Strandstühle auf und verkauften den Stadtplan für ein paar Cents an die Neugierigen. Bel Air blickte mit Abscheu auf solch traurige Berühmtheit. Hier gelangte niemand unkontrolliert durch die »Palasttore«. Wenn der diensthabende Torwächter einen Namen nicht auf seiner Liste fand, mußte erst Rücksprache gehalten werden, ob man wirklich zum Haus gehörte. Ich weiß nicht, ob dieses strenge Sicherheitssystem heute angesichts all der Jogger und herumlaufenden Menschen noch funktioniert, aber damals war Jogging unbekannt – man ging überhaupt nicht zu Fuß. Auf den Gehwegen sah man nur japanische Gärtner und englische Schauspieler, die aber gewöhnlich von der Polizei angehalten wurden und begründen mußten, warum sie zu Fuß unterwegs waren.

Wir kündigten unsere Ankunft mit dem Dreiklang-Horn an. Der uniformierte Himmelstorwächter Sankt Petrus trug einen Revolver an der Hüfte. Er starrte bis in den hintersten Winkel des Wagens und erkannte, wer sich in seine Obhut begeben wollte, überprüfte jedoch sicherheitshalber den Namen »Dietrich« auf seiner Liste, grüßte zackig und winkte uns, weiterzufahren. Wir fuhren den Hügel hinauf, bogen um eine Kurve, fuhren noch weiter hinauf und erreichten schließlich unsere Auffahrt. Was für ein Haus! Echte Filmstarpracht der dreißiger Jahre! Das Haus hatte vermutlich auch eine Adresse, war aber in Bel Air nur als »Colleen Moore House« bekannt.

Ich dachte, ich sei in Mexiko! Schindeln aus gebranntem Ton, kühle Kacheln, Pflanzentöpfe, schmiedeeiserne Arbeiten und Bougainvillea-Sträucher überall. Das Wohnzimmer war riesig und in einem dunklen Blutrot gestrichen wie auf einem Gemälde von Goya; an den Wänden standen ein Meter achtzig hohe Standleuchter. Das Haus schien für den mexikanischen Revolutionär Pancho Villa bereitzustehen. Colleen Moore war ein berühmter Stummfilmstar gewesen. Sie hatte offenbar großen Wert auf Immobilien gelegt und muß außerdem eine Leidenschaft für verzierte Großvaterstanduhren gehabt haben, denn diese standen – überhaupt nicht spanisch – überall herum. Sie schlugen, rasselten und dröhnten die Minuten, halben Stunden, ganzen Stunden und auch alles andere, wofür es sich Lärm zu machen lohnte. Meine Mutter ließ sofort ihre schwergewichtigen Eingeweide herausnehmen, so daß sie während der gesamten Dauer der Okkupation des Anwesens durch die Dietrich stumm bleiben mußten. Der »neuspanische« Stil mochte im Haus selbst vorherrschen, hinter dem Haus jedoch regierte Hollywood. Eine überdachte Veranda erstreckte sich über die gesamte

Länge des Hauses, und auf ihr standen eine Menge Sessel im Stil des »Großen Gatsby« und mit Chintz bezogene Sofas, die stark an Newport-Veranden erinnerten. Auf einer Seite stand unter großen Bananensträuchern ein voll funktionsfähiges kleines Kino. An diesem ersten Morgen auf unserer neuen Hazienda malte ich mir aus, wie ich meinen Leibwächtern Kino-Eintrittskarten verkaufen würde – nein, der gesamte Haushalt müßte kommen, und ich würde sie alle mit einer speziellen Taschenlampe zu den blauen Velourssitzen geleiten. Vielleicht konnten wir sogar in der riesigen Küche Popcorn herstellen, bevor dann die Marx Brothers mit ihrem jüngsten Kassenschlager gezeigt wurden! Aber dies wurde nie Wirklichkeit. In meinem »Privatkino« sammelten sich die Spinnweben; und statt nach zerlassener Butter roch es muffig wie in einem seit längerem nicht mehr bewohnten Haus. Unser Rasen erstreckte sich in sanften Wellen an einem Renaissance-Rosengarten vorbei den Hügel hinab bis zum größten Swimmingpool, den ich je gesehen hatte. In dem Poolhaus hätte eine vierköpfige Familie bequem wohnen können. Da meine Mutter Schwimmen und Sonne haßte – sie lebte nur »drinnen« –, von Sternberg nie Zeit und ich keine Freunde hatte und die Dietrich während unseres ganzen Aufenthalts in dieser Zeit keine einzige Party gab, blieb diese gesamte Hollywoodpracht dem noch nicht einmal neun Jahre alten Kind vorbehalten.

Meine Mutter desinfizierte die Toilettensitze, in der Überzeugung, dadurch wieder einmal der Syphillis zuvorgekommen zu sein. Während sie auspackte, durfte ich mein neues Schwimmparadies ausprobieren. Von Sternberg wurde ein Platz auf der Veranda zugewiesen; sein Sessel hieß von nun an »Jos Stuhl«. Er erhielt Schreibgerät und Papier und bekam gesagt, wenn er schon unbedingt am Drehbuch arbeiten wolle, könne er wenigstens aufpassen, daß »das Kind« nicht ertrinke. Er hätte jedoch ein Fernglas gebraucht, um sehen zu können, wie ich am anderen Ende dieser Wiese, die die Größe eines Golfplatzes hatte, ertrank. Doch von Sternberg arbeitete und blickte kein einziges Mal auf. Er wußte, daß ich meiner Mutter erzählen würde, er hätte jede meiner Bewegungen genau beobachtet. Wie ich wußte, daß er sagen würde, ich hätte jede Warnung befolgt, die er mir zugerufen hat.

Ein neues Hausmädchen kam zum Pool herunter. Sie trug eine gestärkte Schürze und weiße Manschetten zu schwarzem Taft. Mit starkem deutschem Akzent teilte sie mir mit, Frau Dietrich erwarte mich »zum Essen«. Ich wollte den Namen einer neuen Angestellten immer gleich wissen und auch mich selbst vorstellen; aber meine Mutter hatte mich einmal dabei ertappt und mir eine unvergeßliche Lektion darüber erteilt, wie man die richtige Distanz zwischen Herrschaft und Dienerschaft wahrte. Deshalb wagte ich erst zu fragen, wenn ich die neue »Haushilfe« gut kannte und wußte, ob sie meiner Mutter von meinen bedauerlichen demokratischen Neigungen berichten würde oder nicht.

Einer der orientalischen Geister hatte die Sprenganlage eingeschaltet, die in dem smaragdgrünen Rasen verborgen war. Als ich zum Haus hinaufging, sprühten überall Wasserbogen heraus und bildeten kleine Kaskaden – ein kleines Versailles unzähliger dunstiger Regenbogen. Die Rosen fingen den künstlichen Regen mit ihren weichen rosa Blütenblättern auf. Kleine Hummeln glänzten metallblau und giftgrün und schwebten wie Edelsteine zeitlupenartig herum, und ich verliebte mich sofort in diesen Zaubergarten. Natürlich bekam ich Vorwürfe, weil ich naß geworden war und weil die Erwachsenen warten mußten, bis sich »das Kind« umgezogen hatte; dennoch beschloß ich, sobald wie möglich wieder durch die Regenbögen im Garten zu gehen.

»Liebling, ich will die Rolle des Grafen Alexis mit einem ganz unbekannten Schauspieler besetzen.«

»Welche Rolle?« fragte meine Mutter, während sie den gekochten Schinken aufschnitt.

»Graf Alexis – den Botschafter am Hof des russischen Kaisers. Er soll Prinzessin Sophie Auguste begleiten – das bist du, wie du dich vielleicht erinnerst.«

»Ach, du meinst den, in den sie sich verliebt«, sagte meine Mutter. »Aber warum gleich so sarkastisch? Ich habe die weite Reise hierhergemacht, weil du mich für diesen russischen Film sofort gebraucht hast! Ich wäre sonst in Europa geblieben!« Sie gab von Sternberg noch mehr Gurkensalat auf den Teller. Dann wandte sie sich an mich und zeigte auf einige kleine gebratene Hähnchen:

»Engel, iß! Die Hähnchen sind für dich. Jo, wo sind die Entwürfe von Travis? Ich habe erwartet, daß sie hier sind, wenn wir kommen! Und Nellie hat noch keinen einzigen Perückenentwurf zu sehen bekommen. Was treiben sie eigentlich da bei Paramount? Verstecken sie die Ginflaschen von W. C. Fields? Du hast nichts Besseres zu tun, als mich zu bitten, schnell zurückzukommen. Und wenn ich dann schnell zurückkomme und dem armen Rudi alles überlasse – sitzt du da und schreibst noch immer das Drehbuch!« Sie biß in ein großes Stück Brot, das dick mit Leberwurst bestrichen war. »Es wird noch Monate dauern, bis die Kostüme für diesen Film fertig sind, und du machst dir jetzt schon Sorgen über einen unbekannten Schauspieler?«

Von Sternberg legte Messer und Gabel auf den Tisch. Langsam wischte er sich den Mund ab, dann lehnte er sich zurück.

»Mutti, magst du wenigstens das Haus, das ich für dich gefunden habe?«

»Ja, ja, sehr schön für alte Filmstars! Aber die Küche ist gut, überhaupt nicht ›amerikanisch‹, und es gibt genug Schlafzimmer für die Schrankkoffer.« Sie begann, das Geschirr abzuräumen. Von Sternberg erklärte, er habe eine Verabredung im Studio und müsse gehen. Ich ging zurück zum Pool durch meinen Regenbogen.

*

Mac grüßte uns, als wir durch das Tor der Paramount-Studios fuhren.

»Guten Morgen, Miss Dietrich. Hi, Miss Heidede! Schön, daß Sie wieder da sind!«

Ich war wieder zu Hause. Ein Studio verändert sich nie. Sie werden vergrößert, modernisiert und bekommen Bürohochhäuser mit schwarzgetönten Glasfenstern, aber die Atmosphäre bleibt unverändert. Die verwinkelten Straßen zwischen den Sets übersät mit Kabeln, Galgen, Generatoren, Mikrofonständern, Zugmaschinen, Scheinwerfern und allerlei Kleinkram – das Ganze wie ein Schrottplatz voller wertvoller Geräte, die aus Raummangel während der Dreharbeiten hier draußen gelagert werden müssen. Hier unterhält sich ein staubverschmutzter Cowboy mit einem Komantschen, dort trinkt Salome im Schatten eines Planwagens Kaffee aus einem Pappbecher ... Überall werden Kulissen aufgebaut; man hört das Surren der vielen Sägen und riecht frischgesägtes Holz – von allen Gerüchen der Welt ist dies mein liebstes Parfüm. Während sich meine Mutter über Travis »ärgerte«, spazierte ich durch das Studio und erfuhr die neuesten Nachrichten. Mae West hatte den Film *Ich bin kein Engel* beendet; ihr männlicher Partner war unser Hemdenverkäufer Cary Grant. Ich mochte ihn und war froh, daß er Erfolg hatte. Die Arbeit mit Mae West bedeutete den bestmöglichen Intensivkurs in der Plazierung komischer Pointen!

Ich suchte Hairdressing. Dort hatte man eine neue Kaffeemaschine angeschafft. In der Maske roch es noch immer nach Bartleim und Schminke. In der Kantine wurde ein neuer Fruchtsalat mit grünem Jell-O angeboten, aber sonst hatte sich nichts verändert. Meine Welt war stabil und sicher.

Der Bekins-Lastwagen fuhr vor. Heute packten wir die Lagerkisten aus, die mit »Garderobe/Studio« beschriftet waren. Handtücher, Badematten, Schalen, Aschenbecher, Zigarettenschachteln, Spiegel, Make-up, Haarnadeln, Füllfederhalter, Bleistifte, Bleistiftspitzer, Schreibblöcke, Gummiringe, Fotoumschläge, Grammophon, Schallplatten, Vasen, Telefonbücher, besondere Kleiderbügel und Thermoskannen ... Ich hatte viel zu tun und mußte mich beeilen. Meine Mutter wartete bereits auf mich. Schnell suchte ich nach der Kiste mit der Aufschrift »Reiniger«. Nach den Dreharbeiten von *Song of Songs* hatte ich geholfen, diese Kiste zu packen. Da alles in Deutsch beschriftet war, mußten entweder meine Mutter oder ich die Aufschriften übersetzen. Während der wichtigste Star der Paramount gegen seine Lieblingsbazillen kämpfte, suchte ich die Kiste, deren Aufschrift »Nr. 1« nichts über den Inhalt verriet. Meine Mutter fürchtete immer, eine Kiste mit der Aufschrift »Dietrich-Puppen« würde gestohlen werden, selbst wenn sie in Deutsch beschriftet war. Wahrscheinlich hatte sie recht. Schließlich handelte es sich nicht nur um ihre Maskottchen, sondern zum Teil um berühmte Stars. Die Puppen hatten in dem Film *Der Blaue Engel* auf Lolas Schminktisch gesessen, in *Marokko* auf dem von Amy Jolly und in *Die Blonde Venus* auf dem von Helen Farraday. Sie wurden in jeden Film geschmuggelt, den die Dietrich drehte, und würden auch jetzt wieder einen Ehrenplatz erhalten, auch wenn es um das zaristische Rußland ging.

Wir befanden uns noch immer in der Vorproduktion, als ich zwei Whippets erhielt, ein Paar – wahrscheinlich sollte damit der Rasen bevölkert werden. Sie wirkten wie Hochglanzimitationen ihrer eigenen Rasse und hörten auf die majestätischen Namen »Lightning« und »Streak«. Mit diesen Namen hatte jemand wirklich danebengegriffen, aber die Stammbäume der beiden Hunde waren einen Kilometer lang, und meine Mutter hatte sich von ihrer zerbrechlichen Erscheinung beeinflussen lassen. Sie hatte recht wie immer. Die beiden Hunde starben am nächsten Tag an Lungenentzündung. Sie wurden durch vier weiße Kaninchen ersetzt, die sich auf alarmierende Weise vermehrten, überall herumhoppelten und kahle Flecken in den dichten Rasen fraßen.

Die Sonne schien heiß und klar; es war acht Uhr morgens. Wir nahmen unser Frühstück auf der Veranda ein. Meine Mutter las unsere tägliche Bibel, den *Hollywood Reporter*. Wer mit dem Filmgeschäft zu tun hatte, las diese Zeitung jeden Morgen beim Frühstück. Meine Mutter trank nie Orangensaft und sagte: »Nur Amerikaner nehmen auf nüchternen Magen Säure zu sich – und werfen sogar noch ein paar Eiswürfel hinein!« Sie las ihren *Reporter,* während sie Kaffee trank und eine Zigarette rauchte. An diesem Morgen hatten sich die »Boys« zum Frühstück eingeladen, um Marlenes »göttliche Rühreier« zu genießen. Sie äußerten sich ekstatisch über die Speise – ein Pfund Butter für drei Eier –, die als Dietrichsche Version des Cholesterintodes angesehen werden konnte, und verzehrten nun die übrigen Reste des Frühstücks.

Meine Mutter verkündete: »Im *Reporter* steht, daß Mayer Jeanette McDonald für die *Lustige Witwe* verpflichten will. Das ist lächerlich!« Meine Mutter hatte Jeanette McDonald gar nicht gern.

»Kann mir jemand sagen, wer so etwas affektiert Süßliches sehen will? Überall diese furchtbaren Rosenknospen, die gehauchten Laute durch ganz leicht geöffnete Lippen, das ›Flattern‹, das ›Trippeln‹ in seidenen Schühchen – so unsagbar zierlich! Das glauben die Leute doch nicht! Und diese Frau soll ein Kassenschlager sein? Chevalier sagt, daß er sie nicht leiden kann. Er erzählte mir, sie riecht nach Körperpuder, billigem Körperpuder, und ich fragte: ›An welcher Stelle hast du das gerochen?‹ Da saß er natürlich in der Falle und wußte nicht wie zu antworten!«

Wann immer meine Mutter eine Zuhörerschaft von Verehrern um sich hatte, teilte sie ihre Hiebe aus. Ich saß da und wartete, bis sie den *Reporter* zu Ende gelesen hatte, damit ich ihn lesen konnte. Aber an diesem Morgen hatten wir dafür keine Zeit mehr. Wir mußten ins Studio, um das Kostüm für die erste Szene von *Scharlachrote Kaiserin* zu entwerfen.

»Jung, jung! Sie muß jung sein, Travis! Für die Dietrich heißt jung *nicht* dasselbe wie für andere! Niemand wird an jungfräuliche Unschuld glauben. Bei der Dietrich mußt du übertreiben!«

Ich verstand zwar nicht, was sie mit »jungfräulich« meinte, aber ihr Argument leuchtete mir ein. Von Sternberg hatte mir erzählt, daß sie in diesem Film eine lange Lebensspanne spielen mußte – vom jungen Mädchen bis zur Zarin. Wie gewöhnlich würde die Dietrich auf ihre visuelle Wandlungsfähigkeit vertrauen und ihre schauspielerische Leistung auf diesem Eindruck aufbauen.

Travis' Gesicht war stärker gerötet als gewöhnlich. Er reagierte sehr empfindlich auf Kritik, vor allem von der Person, die für ihn am wichtigsten war. Vielleicht spürte er, daß die Dietrich genausoviel von Kostümdesign verstand wie er und eine Bedrohung für sein Talent darstellte, obwohl er gleichzeitig in bezug auf seinen Ruf davon profitierte.

Sie stritten sich; meine Mutter sagte jedoch »Diskussion« dazu. Ich nahm den Stoß mit Kostümskizzen vom Tisch und breitete die schweren Blätter der Reihe nach auf dem Boden aus. Meine Mutter zog es vor, die Skizzen von oben zu betrachten.

Ich wollte Travis gegenüber nicht unhöflich sein, aber er hatte mir dies schon früher erlaubt. Ich nahm deshalb an, daß er es mir auch dieses Mal nicht verübeln würde, und vielleicht ließ sich auf diese Weise die »Diskussion« abkürzen. Meine Mutter drehte sich um; gemeinsam betrachteten wir die künstlerische Pracht, die uns zu Füßen lag. Da war es, das anstößige »Jungmädchenkleid« mit Spitzen und Schleifchen und Krinoline. Muster des hellblauen Tafts für die Schleifen und der muschelrosa Spitze für das Mieder waren an den Karton geheftet, der die zarte Zeichnung umrahmte. Dem atemberaubenden Hochzeitskleid waren Muster aus Perlen und Diamanten auf alter Silberspitze beigegeben. Das Kostüm, in dem die Zarin den Vorbeimarsch ihres Heeres beobachtete, später das berühmteste Kleid des Films, sollte aus blauem Samt und Hermelin genäht werden. Für das schulterlose Ballkleid waren weite Reifröcke vorgesehen, auf die ein verschlungenes, gesticktes Spiralmuster aufgenäht werden sollte. Das Kleid sollte mit weißer Perlen- und Seidenkordelstickerei auf schwarzem Samt ausgeführt werden. Dazu war eine hohes Diadem vorgesehen – und überall Perlen, Perlen, Perlen. Da von Sternberg noch immer am Drehbuch schrieb, mußten zahlreiche weitere Kostüme erst noch entworfen werden. Doch was hier vor uns lag, war wunderbar.

»Travis, das ist wunderschön!« Meine Mutter bückte sich und hob den Entwurf für das Kleid zur Parade hoch. Auch mir gefiel diese Zeichnung am besten.

»Warum können wir für dieses Kostüm nicht flaschengrünen Samt nehmen statt blauen und für den Pelzbesatz Nerz? Bei deinem Entwurf wirkt der weiße Hermelin gegen den dunklen Samthintergrund viel zu ablenkend ... und eine so hohe Mütze muß dunkel sein, damit das Gesicht besser zur Geltung kommt ... das Gesicht ist wichtig, nicht die Mütze ... Füttere die Jackenschultern stärker aus, damit die Ärmel schlanker wirken. Wie wäre es, wenn die Jacke lang wäre wie ein Reitkostüm und über die Krinoline reichte, vorne in zwei Spitzen ausliefe, besetzt mit einem breiten Nerzband, die sie gegen den Rock abheben? Der Verlauf der Tressen ist gut so, aber du solltest die Tressen nach unten weiterführen und oben am Kragen nicht zu hoch gehen – nur bis zum Hals. Unter dieser Mütze wird der Hals verschwinden, wenn wir ihn zu sehr bedecken. Du hast hohe Stiefel vorgesehen? Und vielleicht eine kurze Reitpeitsche? Die passenden Handschuhe haben wir bereits – ich habe sie in Paris gekauft. Liebling, morgen bringen wir die Schachtel mit der Aufschrift ›Dunkelgrün – kurz‹ und zeigen sie Travis. Jetzt will ich mir anschauen, was Jo mit dem Palast gemacht hat. Bei all diesen riesigen Krinolinen muß er die Türen sehr breit machen.« Wir fanden von Sternberg in der Ausstattungsabteilung.

Die Palasttüren waren so breit, daß ein Zehntonner quer hindurchgegangen wäre. Sofort übertrieb meine Mutter die Maße ihrer Reifröcke so sehr, daß von Sternbergs russische Ikonentüren wie Nebeneingänge wirkten. Wie er seine Türen liebte! Sie waren so hoch wie Leuchttürme – die Messinggriffe befanden sich beinahe zwei Meter über dem Boden. Für jede der Türen hatte man eigene Halbreliefs aus Emaille und Gold entworfen; sie zeigten religiöse Motive des 17. Jahrhunderts. Keine der vier Türen glich der anderen, und keine einzige Szene wiederholte sich auf ihnen. Die Türen waren so schwer, wie sie aussahen, so daß die Schauspieler ihr Gewicht nicht vortäuschen mußten, wenn sie sie öffneten. Sie waren riesige, massive, unglaublich schwere Kunstwerke. Und die Skulpturen! Verhärmte, grüblerische Männer mit Gesichtern, die El Greco gemalt haben könnte, und knotigen Spinnenhänden. Diese Gestalten bildeten die Rückseiten der thronähnlichen Bankettstühle – sie schienen das Holz der Stühle von hinten wie verzweifelt zu umklammern. Ähnliche Figuren hatte man als makabere Prozessionsgruppen mit flackernden Wachsstöcken in den Händen oder als Rahmen ovaler Boudoirspiegel geformt. Wieder andere dienten mit ihren gekrümmten Rücken als Treppenpfosten und jammervoll anzusehende Treppengeländer. Wie bei Frankenstein war ihr Leiden geradezu mit Händen greifbar, so daß die Figuren eher Mitleid als Furcht hervorriefen. Sie waren von Sternbergs Geister, seine eigene Schöpfung. Im Grunde ist der gesamte Film *Die scharlachrote Kaiserin* Sternbergs Schöpfung – fast alles hatte er selbst entworfen oder mit seinem untrüglichen Künstlerauge angeregt. Es war der einzige Film meiner Mutter, in dem die Szenerie ihr den Starruhm streitig zu machen drohte. Dies war ihr bewußt. Aber von Sternberg war ein großzügiges Genie; er ließ sein Licht auch auf meine Mutter abstrahlen. Deshalb duldete sie seine gestalterischen Exzesse und beschränkte ihre kritischen Anmerkungen auf ein Minimum.

»Überall diese deprimierenden Gesichter! Im ganzen Palast! Jedesmal, wenn ich um eine Ecke biege, glotzt mich eine andere dieser Leichengestalten an. So schlimm war Rußland nicht! Ich weiß, daß Jo die ganze ›Dekadenz‹ zeigen will, aber übertreibt er nicht? Aber wahrscheinlich geht es ihm um den Kontrast. Wie in *Der Blaue Engel,* als er all diese dicken, häßlichen Frauen hinter mir aufstellte.«

Die Dietrich sprach nie über ihre Arbeit, wie Schauspieler es gewöhnlich untereinander tun. Sie warf ihre Beobachtungen dem nächsten besten an den Kopf, der sich gerade in ihrer Nähe befand – in der Studiogarderobe, in der Küche oder abends im Badezimmer, wenn ich auf dem Rand der Badewanne saß und ihr Gesellschaft leistete, während sie sich das Gesicht mit Seife und Wasser wusch.

Sie trocknete sich das Gesicht, putzte mit unerbittlichem Eifer die Zähne, spülte den Mund mit ihrem französischen Mundwasser, das das Waschbecken rot färbte und nach getrockneten Rosenblättern schmeckte. Diese Tätigkeiten unterbrach sie immer wieder mit Bemerkungen:

»Morgen ist die Anprobe für die weißen Perücken. Die müssen richtig glänzen und dürfen nicht stumpf wie Baumwolle sein. Das Studio bezieht die Haare von Nonnen aus italienischen Klöstern. Die Farbe muß herausgebleicht werden, und danach sieht das Haar sehr stumpf aus. Die langen Korkenzieherlocken auf den Entwürfen sind viel zu langweilig. Wie aus Bilderbüchern. Wer hat so eine Perücke getragen? Und sah darin blöd aus?«

Sie zog ihre Pyjamajacke an und schaltete das Licht im Badezimmer aus. Beim Hinausgehen fragte ich: »Meinst du Toby Wing, Mutti?«

»Ja, der Kerl, der immer in Bing Crosbys Garderobe ist und dann kleine Rollen bekommt.«

Sie stieg in Colleen Moores verziertes Bett, wobei sie wie gewöhnlich ganz am Rand der Matratze lag, als ob sie auf dem Feldbett eines Soldaten schlafen müßte. Ich zog die Uhren auf, stellte den Wecker und gab ihr einen Gutenachtkuß. Dann schaltete ich das Licht aus. Noch bevor ich die Tür hinter mir geschlossen hatte, war sie bereits eingeschlafen.

Am nächsten Morgen fragte von Sternberg in der Studiogarderobe: »Mutti, hast du die Tagebücher von Katharina der Großen gelesen, die ich dir hingelegt hatte?«

»Ach, Jo, wozu denn? Ich bin sicher, daß die Bergner so etwas tun muß, weil sie mit dem Korda dreht. Mir brauchst du nur zu sagen, was ich tun muß, und alles wird wunderschön aussehen! Weißt du eigentlich, daß Travis die Nerzmütze herunterhängen lassen will wie in der Französischen Revolution? Er will nicht, daß die Mütze aussieht wie der Hut, den die Garbo in *Königin Christina* tragen wird. Ich habe ihm gesagt: ›Ihrer wird aussehen wie ein Fruchtkorb aus Pelz. Alles bei ihr sieht wie angehängt aus. Aber Travis hat Angst, man könnte behaupten, er habe Adrians Entwurf kopiert. Ich habe ihm erklärt, das ist lächerlich. Niemand kann sich erinnern, was die Garbo je getragen hat!‹ Liebling, deine Kraftbrühe ist in der grünen Thermosflasche.« Sie wandte sich mir zu. »Engel, komm!« Wir gingen zur Kostümabteilung.

Die Dreharbeiten zu *Die scharlachrote Kaiserin* machten der Dietrich Spaß. Sie genoß es, zum erstenmal eine Monarchin zu spielen – endlich konnte sie ihrem eigenen aristokratischen Wesen gerecht werden! Die Tatsache, daß ihre einstige enge Freundin Elisabeth Bergner, für die sie auch geschwärmt hatte, die selbe Geschichte in England drehte, kümmerte sie nicht im geringsten. Selbst die brillanteste Schauspielkunst der Bergner würde dem Anblick der Dietrich in einer hohen Pelzmütze bei der Truppenparade nicht standhalten können. Sie behielt wieder einmal recht. Fragt man einen Filmenthusiasten, wer Katharina die Große gespielt habe, wird er ohne Zögern antworten: »Marlene Dietrich«.

*

Berge von Stoffballen umgaben uns. Meine Mutter und Travis unterhielten sich, während sie suchten, fanden, verwarfen und prüften. Ich saß und wartete darauf, daß meine Mutter erklärte, sie habe gefunden, was Travis und sie suchten. Ich trank Malzmilch und hörte ihrem Gespräch zu.

»Travis, ich weiß, daß wir noch ein schwärzeres Schwarz haben als diesen Samt. Der Flor ist bei diesem Stoff zu kurz und wird im Film zu dünn aussehen. Wo ist der Georgette, den wir für die *Blonde Venus* nicht benötigten? Hast du ihn für die Lombard verbraucht? Diese alten Satinstoffe, in die du sie auf den PR-Fotos eingehüllt hast – auch noch schulterfrei, das war wirklich lächerlich! Die Lombard – à la Vamp! Sie sah so dumm aus …« Meine Mutter kroch unter eine Pyramide von Stoffballen und suchte dort weiter. Ihre Stimme klang, als käme sie aus einer wattierten Höhle.

»Wenn wir uns schon darüber unterhalten, wie dumm die Lombard aussah, dann frage ich dich, woher du diese Matrosenuniform hattest, in die du sie gesteckt hast? Wirklich, Travis, so etwas darfst du nicht machen. Die Lombard kann sehr komisch sein. Wenn sie die richtigen Rollen bekommt, kann sie ein großer Star werden. Du mußt nur darauf achten, wie sie gekleidet wird. Sie möchte gerne aussehen wie ich. Wir haben doch diesen weißen Flanellstoff gefunden – warum machst du ihr nicht daraus einen Dietrich-Anzug? Sie wird natürlich eine kürzere Jacke brauchen als ich. Sie hat einen amerikanischen Körper. Und einen Popo. Bei dem Rock mußt du darauf achten.«

Meine Mutter tauchte wieder aus ihrer Stoffhöhle auf.

»Travis, wo ist denn nun dieser schwarze Stoff? Wir hatten ihn. Man wird doch nicht alles für Miriam Hopkins Rücken verbraucht haben!« Sie setzte die Suche in einem Stapel neben der Tür fort.

»Hast du gesehen, was sie bei Warner Brothers mit Dolores del Rio gemacht haben? Jetzt braucht sie nur noch Kastagnetten! Sie ruinieren dieses wunderbare Gesicht! Und was macht Adrian bei MGM? Ich habe Fotos von Jean Harlow in *Dinner at Eight* gesehen – er hat ihr dicke Lagen von Rüschen auf die Ärmel genäht. Wie Lampenschirme sehen sie aus! Und dazu trägt sie auch noch ein Negligé mit Ärmeln aus zerfransten Federn – wie diese Dinger, mit denen die Mädchen bei amerikanischen Footballspielen das Publikum anfeuern! Hat er einen ›Ärmeltick‹? Aber bei Marion Davis ist er gut – wahrscheinlich hat er vor Hearst Angst!« Sie hielt einen Ballen hauchdünnen, weißen Chiffon hoch.

»Das hier, das müssen wir wirklich einmal nehmen! Verstecke es, Travis. ›Man kann nie wissen, sprach die Witwe …‹«

Travis vollendete den Spruch mit dem schwarzen Spitzenhöschen. Er gehörte zum inneren Kreis und konnte sich solche Freiheiten erlauben.

Die ermüdenden Anproben dauerten wochenlang. Manchmal waren sie sogar der Dietrich zuviel.

»Wozu müssen denn Schuhe entworfen werden? Sie werden unter all den Krinolinen doch nicht zu sehen sein! Und Jo dreht die Totale nur, um damit den Schneideraum zu tapezieren!«

Dennoch verbrachte sie viele Stunden mit der Anprobe von Schuhen und Stiefeln, um für alle Fälle gerüstet zu sein. Während der Mittagspause schrieb sie in ihrer Garderobe Briefe.

Paramount Pictures
14. Oktober 1933

Liebster Papi,
inliegend Zeichnungen zu einer Schreibtischgarnitur wie die von Hermès, die großen Erfolg hatte. Auch aus Leder natürlich und gesteppt und die Scheibe viereckig anstatt rund, mal was Neues. Daneben Vorschläge zum Monogramm. Wenn das nicht geht, nimm ganz moderne Buchstaben.
Bin sehr deprimiert, denn das Gerücht wird langsam Gewißheit, daß Jo mit seiner Sekretärin ein Verhältnis hat oder immer hatte oder mit Unterbrechungen hatte – auf alle Fälle aber jetzt während meiner Abwesenheit in voller Blüte eins vorhanden war. Die Größe dieses Schocks für mich kannst vielleicht nur Du ganz ermessen, Du, der die ganze Quälerei mitansah, die unter dieser neuen Perspektive gesehen einfach grauenhaft und unverständlich ist. Seine erotische Europareise habe ich ja nie beanstandet, aber wenn ich glauben muß, daß er so richtig bürgerlich mit seiner Sekretärin schläft, die er mir noch dazu als meine Vertraute ins Haus gesetzt hat, kann ich mir nicht helfen, mich schrecklich auszulachen, daß ich das nicht früher gemerkt habe. Ich glaubte so an ihn und an seine Echtheit und an die unaufgeforderten Liebesbeteuerungen, daß ich nie daran dachte, sondern mich nur selbst angeklagt habe, daß ich ihn so unglücklich machen mußte. Meine Rücksicht, niemanden, der zu mir gehörte, hierherkommen zu lassen, ist nun geradezu Saudummheit. Alles ist verschoben, und ich finde mich nicht zurecht.
Sicher bist Du jetzt blaß. Es ist ja auch eine furchtbare Nachricht. Ich sollte nun vernünftig versuchen, ihn einzukreisen, bis ich genug Material zusammen habe, um es ihm direkt ins Gesicht zu sagen.
Ich sah gestern ihren Wagen bis halb zwölf vor seinem Haus, und heute Morgen sagte er, als ich ihn fragte, was er gemacht hätte, er wäre früh zu Bett gegangen. Dies also ist der erste *Beweis*. Denn wenn nichts wäre, brauchte er ja nicht zu lügen. Ich bin zu kraftlos für eine lange Verfolgung und weiß nicht aus und ein. Auf alle Fälle weiß ich, daß er lügt.
Ich kable Dir, sobald ich Näheres weiß. Sicher sagst Du: Gut, nun kann sie wenigstens auch machen, was sie will. Das ist wahr, aber der Schock bleibt – nicht weil er mit einer Frau geschlafen hat,

sondern weil er mich ohne Berechtigung seit Jahren betrügt und quält!
Ich küsse Dich tausendmal.
Du bist der einzige Freund, und ich liebe Dich.
Deine Mutti

Von Sternberg durfte die Studiogarderobe nicht mehr betreten; sein Gulasch kochte nicht mehr auf unserem Herd. Ich machte mir Sorgen. Was konnte der kleine Mann getan haben, um in solche Schwierigkeiten zu kommen? Das Gesicht meiner Mutter sah aus wie versteinert. Sie telefonierte nach Wien, erklärte Hans, wie sehr er ihr fehle und wie göttlich seine Briefe seien. Plötzlich änderte sich die Hochstimmung, die sonst vorherrschte, wenn die kreative Arbeit in vollem Gang war.

»Was soll das heißen, die Anprobe kann morgen nicht stattfinden? Weil das Studio während des Erntedankfestes geschlossen bleibt?« Wir saßen in unserer Garderobe; meine Mutter telefonierte mit Travis im Büro gegenüber.

»Das kann doch nicht dein Ernst sein ... Ein ganzes Studio steht einfach still, weil die Leute Truthahn essen wollen? Alle zwei Minuten ist in diesem Land ein neuer Feiertag! Aber dieser Feiertag ist nun wirklich lächerlich! Der ganze Familienschmalz! Und die Fresserei! Wenn sie wirklich ›dankbar‹ sind, sollten sie arbeiten und Geld für die Familie verdienen, statt für Völlereien auszugeben!«

Das Erntedankfest war mein Lieblingsfeiertag. Am Tag davor gab es im Studiorestaurant ein richtiges Truthahnessen! Irgendwie gelang es mir jedes Jahr, dem mißbilligenden Blick meiner Mutter zu entkommen und meine eigene kleine Feier im Studio zu halten – mit allem, was dazugehört. Für die Dietrich waren alle Feiertage tabu, egal ob menschliche oder himmlische. Jeder Tag, an dem die Geschäfte geschlossen blieben oder Menschen nicht bereitstanden, ihre Bedürfnisse zu befriedigen, versetzte sie in Wut.

Liebster Papi,
man feiert hier Erntedank, deshalb arbeiten wir heute nicht. Mamoulian hat angeblich einen sehr schlechten Film mit der Garbo gedreht. Ich habe geheime Entwürfe gesehen – an den Kleidern kann es nicht gelegen haben. Morgen wollen sie ein paar Takes wiederholen und das Ende noch einmal drehen.
Versuche, etwas über den Bergner-Film herauszufinden. Die Eng-

länder hier können ihn nicht »Katharina die Große« nennen, denn wir haben unseren Titel zuerst schützen lassen, aber dort drüben können wir nichts machen. Wir nehmen nur wenige Standfotos auf, weil wir nichts über die Dekoration verraten wollen, bevor der Film herauskommt.

Küsse

Weihnachten und Neujahr sind mir nicht mehr in Erinnerung. Wir mußten einen Film drehen – all unsere Energie richtete sich auf das zaristische Rußland des 18. Jahrhunderts. Der veränderte Entwurf für das »Jungmädchenkostüm« war perfekt. Das Kleid hatte jetzt mehrere Lagen flatternder Rüschen aus Chiffon und kecke Schleifchen und sah aus wie ein viktorianisches Taufkleid aus Zuckerwatte. Meine Mutter erteilte ihre höchste Billigung – sie küßte Travis auf die Wange –, klemmte die Zeichnung unter den Arm und marschierte davon, um eine Perücke zu entwerfen, die des Kleides würdig war. Kleine Ponyfransen, sanfte, ganz sanfte Löckchen – ein Arrangement blonder Strähnen, die von einem hellblauen Taftband zusammengehalten wurden.

Das »jung-jung-jung« um jeden Preis mußte meiner Mutter in den Kopf gestiegen sein. Als endlich die erste Szene der *Scharlachroten Kaiserin* gedreht wurde, spielte sie mit so »großäugiger Unschuld«, mit so vielen schüchternen Knicksen und Verbeugungen, daß sie wie ein Dorftrottel in Babykleidung wirkte. Reine Schauspielkunst war nie die Stärke der Dietrich – weder im wirklichen Leben noch im Beruf, obwohl sie, wie viele ihrer Liebhaber, vom Gegenteil überzeugt war.

*

Meine Mutter drehte Probeaufnahmen mit dem schwarzen Bankettkleid. Ich hielt inzwischen in ihrer Garderobe die Stellung und beschäftigte mich damit, die Unterschrift meiner Mutter auf einen Stapel von Starfotos zu stempeln. Das war eine meiner »Aufgaben«, die viel Konzentration und Übung erforderte. Die Unterschrift der Dietrich war in einen Stempel aus Messing graviert worden. Der Stempel mußte gleichmäßig geschwärzt und präzise und kräftig auf das Foto gedrückt werden, da sonst die Schrift verschmierte und jeder merken würde, daß dies nicht ihre persönliche Unterschrift war. Ich durfte drei bis vier Fotos ruinieren, aber nicht mehr! Ich haßte diese Arbeit. Ständig fürchtete ich, einen Fehler zu machen. Und nach hundert Fotos spürte ich das ständige Drücken des Stempels, und mein Arm begann zu zittern.

Die Türe quietschte; die Dietrich trat ein, dicht gefolgt von einer Gruppe von Helferinnen.

»Engel! Du wirst mich spielen!« verkündete sie. Mein Stempel blieb mitten in der Luft hängen. Ich starrte sie an.

»Herr von Sternberg sucht überall nach einem schönen Kind, das mich als Prinzessin spielt. Aber ich habe das schönste Kind der Welt – hier! Deshalb wirst du Katharina die Große als Kind spielen!«

Alle strahlten mich an. Ich war entsetzt. Ich konnte nicht meine Mutter spielen! Ich war nicht schön genug! Außerdem waren meine Fußknöchel zu dick für eine Prinzessin. Meine Mutter betonte immer, echte Aristokraten hätten schmale Knöchel – wie Rennpferde –, und deshalb seien ihre eigenen Knöchel so schmal. Zu meinem Knochenbau paßte eher der Vergleich mit einem Ackergaul! Und was war mit all den Befehlen, daß ich nicht fotografiert werden dürfe? Was war daraus geworden? Machte es auf einmal überhaupt nichts mehr aus, daß ich auf einer riesigen Leinwand überall auf der Welt gesehen würde?

»Steh auf! Die Garderobiere muß Maß nehmen. Nellie, das Kind muß eine genaue Kopie der Perücke bekommen, die ich in der ersten Szene trage.«

Von Sternberg erschien, gefolgt von Travis und einigen gehetzt wirkenden Assistenten.

»Marlene, ich habe eine neue Szene für das Kind geschrieben. Sie ist jetzt viel interessanter. Die Szene soll die Stimmung schaffen und über deine erste Einstellung gelegt werden, die ich jetzt anders plane: Du sitzt auf einer Schaukel, bevor dich dein Vater, der Erzherzog, ruft.« Von Sternbergs Art, so zu reden, als gebe er Regieanweisungen, ärgerte meine Mutter. Wenn sie wie jetzt gezwungen war, ihm zuzuhören, konnte man sehen, daß sie ihn gerne ermahnt hätte: »Komm endlich zur Sache!« Vor all den Leuten konnte sie das natürlich nicht. Sie wußte, daß sie »Schülerin« des verehrten »Meisters« war, obwohl von Sternberg das nicht von ihr erwartete. Es war die freie Entscheidung der Dietrich, ihm in der Öffentlichkeit in demütiger Verehrung zu begegnen.

Sprachlos stand ich inmitten der Maßbänder. Von Sternberg musterte mich mit professionellem Blick – so hatte er mich zuletzt vor zwei Jahren betrachtet, als er jene berühmten Porträts von meiner Mutter und mir aufgenommen hatte.

»Alle aus der Garderobe! Wartet draußen, bis ich euch rufe.«

»Alle« gehorchten sofort, wenn von Sternberg sie wegschickte – ob im Aufnahmestudio oder in einer Garderobe. Im Nu waren wir drei allein. Von Sternberg sah meine Mutter an, die verärgert schien, und fragte: »Marlene, wie alt ist Kater jetzt – neun?«

»Jo! Du weißt doch, daß sie immer älter gemacht wird. Sie ist erst siebeneinhalb!«

Komisch, ich hatte mich für »gerade neun« gehalten. Aber Mütter mußten wohl wissen, wie alt ihre Kinder waren. Ich hatte mich wohl wieder einmal getäuscht.

»Wie alt auch immer sie ist, auf jeden Fall ist sie zu alt für diese Szene. Und zu groß. Die Szene soll im Schulzimmer des Schlosses spielen, aber ich kann Kater auch in ein Bett legen. Sie ist erkältet, Nahaufnahme, viele Kissen, Puppen ... Dann wäre ihre Größe nicht zu sehen, nur ihr Gesicht, und das wirkt sehr jung.«

Er blickte mich noch einmal prüfend an, schien befriedigt und wandte sich wieder an meine Mutter.

»Ruf die anderen wieder herein. Sag Travis, er soll ein Nachthemd entwerfen. Man wird nur die Spitzen am Hals und an den Handgelenken sehen. Ich möchte ihre Babyhände aufnehmen. Die Idee, daß sie eine Kopie deiner Perücke trägt, ist gut.« Er rief seine Assistenten, und während er mit ihnen an den Garderoben vorbeimarschierte, diktierte er seine Befehle: Innerhalb von zwei Tagen sollte ein Schlafzimmer für eine Prinzessin im Stil des 18. Jahrhunderts gebaut, ausgestattet und drehfertig gemacht werden.

Während die Garderobieren wieder um mich herumschwirrten, erklärte meine Mutter Travis, was sie und Jo wollten. Nellie rief die Frisurenabteilung an und verkündete, daß wir sogleich kommen und meinen Kopf abmessen lassen sollten. Ich konnte nur noch Gott dafür danken, daß meine stämmigen Fußgelenke bedeckt sein würden.

Als ich mich im Studio zur Arbeit meldete, gehörte zu meinem Hofstaat auch Marlene Dietrich. Sie trug eine weiße Uniform und hielt einen Handspiegel sowie einen Kamm in der Hand. Sie sah genau aus wie ich, nur größer, und ich sah genau aus wie sie, nur kleiner. Von Sternberg führte mich zunächst zu meinem Stuhl, einem besonderen Geschenk des Filmteams. Auf das Leinen hatte man MISS SIEBER geschrieben. Er sagte: »Setz dich hin und rühr dich nicht von der Stelle.«

Unter der Perücke wurde mir heiß; der Rand des Haarnetzes juckte mich, wo er an Stirn und Schläfen festgeklebt worden war. Das lange Nachthemd war seltsam schwer, fühlte sich aber auf meinen nackten Beinen seidenweich an, nur die Rüschen stachen mich am Hals und an den Handgelenken. Ich hatte ein merkwürdiges Gefühl an meinen Augen – die Tusche klebte meine Wimpern zusammen. Mein Gesicht war steif von Fettschminke und Gesichtspuder; die Lippen schmeckten nach Vaseline. Der Nacken schmerzte, da ich mich krampfhaft bemühte, die sorgfältig gelegten Löckchen nicht zu zerstören. Seit fünf Uhr früh war ich auf den Beinen; man hatte stundenlang an mir herumgearbeitet und war um mich herumgeschwirrt. Ich hatte Hunger. Ich saß in meinem Stuhl und versuchte, mich so leicht wie möglich zu machen, so daß mein Kostüm nicht zerknitterte. Es war sehr unbequem! Ich war ein richtiger Filmstar geworden! Mein »Prinzessinnenzimmer« hatte nur drei Wände, die von hinten abgestützt wurden, aber was man sehen konnte, war sehr hübsch. Ich wünschte mir, eines Tages wirklich so ein hübsches Schlafzimmer zu bekommen, statt meines spartanischen Zimmers mit der extraharten Matratze und dem flachen Roßhaarkissen. Meine Großmutter sagte immer: »Flach schlafen stärkt den Rücken!« Und meine Mutter stimmte natürlich zu und fügte dem frommen Spruch noch ihre Weisheit hinzu: »Weiche Kissen sind nur für Frauen, die nichts zu tun haben und den ganzen Tag im Bett liegen und Bonbons essen.«

Meine Mutter kniete nieder, um mir die Hausschuhe auszuziehen. Sechs Personen halfen mir, ins Bett zu steigen. Andere arrangierten die Bettücher mit den Spitzenbordüren, die Damastdecke, die Satinkissen. Von Sternberg schob meine Schultern, meinen Nacken und mein Kinn in die richtige Position und erklärte mir, was ich wann und wie zu sagen hatte ...

»Engel, befeuchte deine Lippen!« wies mich die Stimme meiner Mutter aus dem Dunkeln an.

»LICHT!«

Ich wußte, die Scheinwerfer durften nicht direkt in meine Augen leuchten; die Augen würden dann tränen, und die Wimperntusche würde zerfließen. Hole tief Luft, aber bewege dich nicht! Von Sternberg hatte mir erklärt, was ich sagen sollte. Wie waren die Worte? Und wann, wann sollte ich was sagen? Sie wird wütend sein, wenn ich einen Fehler mache! Sie wird sich meiner schämen! Ich sollte doch genau wissen, wie Filme gedreht werden – und jetzt ... muß ich niesen! Ich weiß, daß ich niesen werde! Oder mich übergeben ...

»KAMERA LÄUFT!«

»SCHARLACHROTE KAISERIN – SZENE EINS, ERSTE EINSTELLUNG!«

Das Geräusch der Klappe war wie ein Donnerschlag. Panik! Ich will nicht Filmstar werden!

»AUFNAHME!«

Ich mußte weder niesen noch mich übergeben, meine Mutter brauchte sich nicht zu schämen.

»SCHNITT! ... KOPIEREN!«

»Gut, sehr gut, Maria. Ich möchte, daß du jetzt eine Pause machst ...«

Ich filmte unter der Regie Josef von Sternbergs und wurde nun mit einem gar nicht mehr verärgerten »Maria« angesprochen – alles an einem einzigen Morgen!

»Versuchen wir es noch mal«, sagte der Regisseur.

»Ruhe im Studio!« brüllte der Regieassistent.

»Jo«, zischte meine Mutter hinter der Kamera hervor, »das Kissen rechts hat eine Falte in der Höhe ihrer Wange und wirft einen Schatten.« Meine »Kammerzofe« betrat den Set, glättete das Kissen, betupfte eine glänzende Stelle auf meiner Nase mit der Puderquaste und verschwand wieder zwischen den Scheinwerfern und rief:

»Okay! ... AUFNAHME!«

Es war erstaunlich, daß das Filmteam meiner Mutter solch unerhörte Freiheiten erlaubte. Sie eilte dauernd herum, berichtigte alles und mischte sich überall ein, doch niemand sagte auch nur ein Wort, um sie davon abzuhalten. Mir war das peinlich. Aber wenn es von Sternberg nichts ausmachte, war es wohl nicht so wichtig. Als wir eine Pause einlegten, um mich für die Nahaufnahme vorzubereiten, kam ich mir bereits wie eine Filmveteranin vor. Es dauerte lange, bis Scheinwerfer und Kamera neu aufgestellt waren. Vielleicht konnte ich eine Coca-Cola trinken? Oder sogar ein Sandwich mit Erdnußbutter und Gelee essen? Das Make-up mußte ohnehin neu aufgelegt werden. Meine Mutter hörte meine Wünsche und eilte davon, sie zu erfüllen. Wirklich! Ein »Star« zu sein hatte unbestreitbare Vorteile.

Ich war allein, als eine Dame sich in den Stuhl neben mir setzte. Sie lächelte und fragte, ob ich Maria Sieber sei. Ich nickte, und sie gab mir die Hand.

»Wir haben jetzt Unterricht, kleine Maria.« Sie zog ein Schulbuch, ein Schreibheft und Bleistifte und Radiergummis aus ihrer geräumigen Handtasche. Dann legte sie einen Karton auf meinen Schoß, auf dem das Alphabet abgedruckt war. Sie zeigte auf den Buchstaben A und fragte mich, noch immer lächelnd: »Weißt du, was das ist?«

Sie schien so freundlich, daß ich mich entschloß, das Spiel mitzumachen. »A«, sagte ich, wobei ich den Vokal deutsch aussprach, wie ich es gewohnt war.

»Nein, Liebes. Das ist falsch. Versuche es noch einmal. Jetzt.« Sie lächelte noch immer und tippte mit dem Finger auf den schwarzen Buchstaben.

»A«, wiederholte ich folgsam und überlegte, was sie vorhatte.

Ihr Lächeln wurde dünner.

»Nein, Kind, das ist kein ›Aaaahhhh‹! Du wirst doch wohl ein einfaches A kennen!«

Ich merkte, daß sie ein wenig ärgerlich wurde. Deshalb versuchte ich sie abzulenken, indem ich ihr das ganze Alphabet vorlas, um ihr zu beweisen, daß ich nicht dumm war. Ich zeigte auf jeden Buchstaben: »Das ist ein B, und das ist ein C, und das ist ein D, und dann erst kommt ein E!«

Ihr Lächeln verschwand, als ich auf das E zeigte, das im Deutschen ähnlich ausgesprochen wird wie das A im Englischen.

»Was machen Sie da mit meinem Kind?« brüllte auf einmal meine Mutter. »Wie können Sie es wagen! Jo! Da ist eine Frau bei meinem Kind! Eine Fremde auf dem Set!« Wie ein Meute von Jagdhunden umstellten von Sternberg und das halbe Filmteam die Frau, deren Lächeln nun verflogen war und die sehr verängstigt aussah.

»Wer sind Sie?« Von Sternberg führte das Kreuzverhör mit der Stimme eines Scharfrichters. Meine Mutter drückte mich an ihre Rippen. Ich hätte ihr bis an die Brust gereicht, aber ich war inzwischen so eifrig bemüht, klein zu wirken, daß ich meine Knie nicht durchstreckte.

»Aber ... aber ... Sir! Das ist ein neunjähriges Kind, das arbeitet! Sie muß Unterricht bekommen. Ich bin die Studio-Lehrerin. Das ist das Gesetz!«

Von Sternberg wollte etwas sagen, aber meine Mutter fuhr sie an: »Welches Gesetz? Wer wagt zu sagen, daß mein Kind in die Schule gehen soll? Meine Tochter ist brillant! Sie braucht keine Schule. Sie spricht zwei Sprachen. Können Sie das auch? Sagen Sie Ihrem Chef, daß ich entscheide, was mein Kind lernt, und nicht irgendein dummes Gesetz!«

Meine Mutter spielte die Rolle einer zutiefst empörten Frau. Sie erklärte der zitternden Lehrerin: »Wir drehen hier einen Film, der sehr viel Geld kostet – mehr Geld, als Sie jemals zu sehen bekommen. Und Sie mischen sich mit Ihrer Blödheit in unsere Arbeit ein! Gehen Sie jetzt und nehmen Sie Ihr lächerliches Alphabet wieder mit! Mein Kind muß eine Nahaufnahme drehen!«

Das Ergebnis meiner Filmarbeit war ein Augenblick flüchtigen Starruhms, ein eigener Hollywood-Stuhl und eine Lehrerin, die jeden Tag zu uns nach Hause kam und mir beibrachte, daß das *E* im Englischen wie ein *I* ausgesprochen wurde. Das war das Gesetz! Nicht einmal die Dietrich konnte sich den schlechten Eindruck leisten, eine Tochter zu haben, die die Schule schwänzte. Und ich fand heraus, daß ich, wie ich vermutet hatte, doch schon neun Jahre alt war.

Ich fand schließlich Gefallen daran, Unterricht in der Sprache *meines* Landes zu erhalten. Der Unterricht fand nicht regelmäßig statt, sondern hing davon ab, ob ich bei bestimmten Szenen im Studio anwesend sein mußte oder ob meine Mutter beschloß, daß eine Szene auch ohne meine hochgeschätzte Gegenwart gedreht werden konnte. Die kalifornische Schulbehörde überprüfte nie, wie der Unterricht wirklich aussah. Ich weiß nicht, ob die Paramount in dieser Sache Einfluß geltend gemacht hatte, damit ihr Star in Ruhe gelassen wurde. Solange jemand mir irgend etwas beibrachte, schien dem Gesetz Genüge getan.

Als meine Lehrerin entdeckte, daß ihre Schülerin Bücher wie Erdnüsse verschlang, erblühten ihre pädagogischen Fähigkeiten. Ernüchternd war jedoch ihr Versuch, mir die schwarze Kunst des Rechnens beizubringen. Sie traf schließlich eine Entscheidung, an die sich jeder meiner späteren Lehrer freiwillig hielt. Wenn das Kind so gerne las und in jedem anderen Fach so hoffnungslos schlecht war, schien es vergebliche Liebesmüh, daran etwas ändern zu wollen. So durfte ich glücklich und nach Herzenslust in Büchern schwelgen, während sich meine Lehrer ausruhten. Sie erhielten ihr Gehalt und genossen das neuartige Gefühl, eine zufriedene Schülerin zu haben. Im Laufe der Jahre befaßten sich manche von ihnen auch kurz mit Themen wie der ägyptischen, griechischen und römischen Geschichte. In diesen Fällen erzählte ich ihnen Geschichten über Cecil B. DeMille, schmuggelte eines meiner Lieblingsbücher über Kostümgeschichte nach Hause und brachte ihnen das eine oder andere bei!

Ich war jedoch vorsichtig genug, mein Vergnügen an der Lektüre englischer Texte für mich zu behalten. Meine Mutter begann sich ohnehin darüber zu ärgern, daß ich »zweihundert Prozent Amerikanismen« verwendete. Ich strengte mich an, in Gegenwart meiner Mutter immer deutsch zu sprechen, und wenn man mich aufforderte zu lesen, zog ich entweder Schiller, Goethe oder Heine aus dem Bücherschrank. Gleichzeitig ging mein deutschsprachiger Unterricht weiter. Da sich meine beiden Lehrerinnen gegenseitig nicht darüber informierten, was sie mir beibrachten, war die Situation recht verwirrend. Es war nicht leicht, im deutschsprachigen Unterricht mit Moses' Korb im Schilf zu stecken, im englischsprachigen Unterricht die Kriege der Spartaner durchzunehmen und mit der Dietrich einen Film über das zaristische Rußland zu drehen – alles zur selben Zeit!

Beim Ansehen der Rushes meiner Szene gerieten alle in Ekstase. »Das Kind ist wunderbar!« Ein Oscar schien in greifbare Nähe zu rücken. Die PR-Abteilung freute sich und bezeichnete mich als »das hübsche Mädchen, die talentierte Tochter der ...« Meine Mutter unternahm nichts dagegen. Sie bestellte fünfzig Dutzend Starfotos von meiner Nahaufnahme, die ich unterschreiben durfte – höchstpersönlich, mit lila Tinte!

Von Sternberg setzte eine Vorführung an, damit ich mich selbst auf dieser großen großen Leinwand sehen konnte – die höchste Entblößung, die Feuerprobe dieses so gnadenlosen Berufs! Nun? Ich sah aus wie eine Fünfjährige, aber abgesehen von dieser zweifelhaften Leistung war die Szene viel zu künstlich, düster und monoton. Und war mein Gesicht dick! In diesem Augenblick wurde mir klar, daß Shirley Temple von mir ebensowenig zu befürchten hatte wie Ruby Keeler von meinem Steptanz. Mein »Starruhm« verblaßte schnell, und bald durfte ich wieder die Starfotos meiner Mutter stempeln und brauchte nicht mehr zu schreiben: »Maria, Tochter von ...«

In meiner Kindheit glaubte ich eine Zeitlang wirklich, daß ich so hieß. Ich erinnere mich an ein Dankschreiben für ein Geschenk, das ich erhalten hatte. Ich unterschrieb den Brief mit »Herzliche Grüße, Maria, Tochter von Marlene Dietrich«. Meine Mutter las den Brief zur Kontrolle noch einmal durch, nannte ihn »vollkommen« und gab ihn zur Post. Diese Erinnerung ist mir noch heute peinlich.

*

Mein Unterricht hörte wieder auf. Wir wollten die »Ankunft in St. Petersburg« drehen, und dagegen kam die Bildung nicht an. Der Set roch nach Pferden und künstlichem Schnee. Überall waren Cowboys zu sehen, die wie der Portier des Scheherazade in Paris gekleidet waren. Riesige schwarze Schnurrbärte klebten in ihren Gesichtern, verdeckten ihre kalifornische Freundlichkeit und ließen sie wie echte »grobe Russen« aussehen. Die unechten Mähnen und langen Schwänze der Pferde ließen dank Hairdressing nicht erkennen, daß ihre wilden sibirischen

Pferde in Wirklichkeit Poloponies waren, die man vom »Chukka Team« des Rivera Country Club ausgeliehen hatte.

Die Pelze der Dietrich dagegen waren echt. Das üppige, bodenlange Cape mit der runden Kapuze war aus den Fellen russischer Zobelweibchen mit silbernen Haarspitzen gefertigt worden! Es war ein Vermögen wert. Meine Mutter hatte darauf bestanden, daß es echt sein müsse, wenn der Film authentisch wirken solle. Ich glaube, daß sie nur einfach Gefallen daran fand, wenn der Produzent Adolph Zukor sich verzweifelt die Haare raufte! Mit einem boshaften Blick sagte sie zu mir: »Diesmal mußte man der Paramount nicht erklären, warum etwas ein Vermögen kostet. Sie wissen noch, was ein guter Pelz kostet! Aber glaubst du, sie haben je echten Zobel verwendet?«

Das Double der Dietrich mit einem Cape aus Eichhörnchenfell stand auf der Positionsmarkierung. Die Scheinwerfer wurden eingestellt. Viele glauben, daß das Gesicht eines Double Ähnlichkeit mit dem des Stars haben müsse. Das ist jedoch nicht der Fall. Es genügten Ähnlichkeiten in Körpergröße, Körperbau und Farben. Allerdings waren starke Beine, Ausdauer und unendliche Geduld erforderlich. Manche Stars hatten ihre Doubles regelrecht angestellt; sie nahmen sie in ihre persönliche Begleitung auf, nutzten sie als Hilfskräfte oder sogar als Vertraute und nahmen sie oft mit, wenn sie die Filmgesellschaft wechselten. Die Dietrich tat das nie.

Das Double war angewiesen worden, sich der Tür der königlichen Kutsche zu nähern. Die Kutsche stand mitten im Winterset. Sie war aus Ebenholz und Glas gefertigt und hatte riesige Speichenräder und silberne Laternen; der Kutschbock war mit Fransen verziert. Das Pferdegespann paßte perfekt dazu. Es umfaßte acht Tiere, die geduldig warteten; nur manchmal zuckten ihre Leiber unter dem ungewohnten Gewicht des verzierten Geschirrs. Es handelte sich um altgediente Filmveteranen und trainierte Kutschpferde. Die Tom-Mix-Filme waren für sie wahrscheinlich viel angenehmer gewesen. Dabei konnten sie wenigstens galoppieren und ordentlich schwitzen, und danach wurden sie abgerieben und in den Stall zurückgebracht! Doch das Herumstehen in der klebrigen weißen Schneemasse, die in die Nüstern stieg und furchtbar roch, war wahrhaftig kein Vergnügen! Wenn Szenen mit Pferden gedreht wurden, vermehrte sich das Filmteam um eine Person: den Mann mit der Schaufel. Seine Aufgabe bestand darin, mit seiner Schaufel zwischen stampfenden Hufen alles aufzusammeln, was auf den Boden platschte. Je mehr Pferde anwesend waren, desto mehr dieser Männer mit Schaufeln wurden benötigt. Ihr Alptraum waren Elefanten. Ziegen trieben sie zur Verzweiflung – die kleinen schwarzen Kügelchen hüpften in alle Richtungen davon und waren schwer aufzufinden. Die Männer bevorzugten ruhig daliegenden Dung, der friedlich auf sie wartete.

Von Sternberg saß auf seinem Lieblingsspielzeug, der Galgenkamera. Er ritt darauf wie eine Hexe auf ihrem Besen. Manchmal hatte man den Eindruck, daß er bestimmte Einstellungen nur erfand, um wieder auf seinem Galgen reiten zu können!

»Wir können anfangen, Miss Dietrich, wenn Sie bereit sind.« Der Regieassistent hätte sich beinahe verneigt. Meine Mutter legte ihr Zobelcape um und arrangierte die Kapuze, um ihrem Gesicht den richtigen Rahmen zu geben. Gekonnt lockerte Nellie ihr mit einer Drehung des Kamms ihre Babylöckchen auf. Dot befeuchtete ihre Lippen mit einem in Glyzerin getauchten Pinsel, das Double verließ den Set, und die Dietrich nahm ihren rechtmäßigen Platz ein. Sie sah sanft und kuschelig aus, wie ein seidenweicher, karamelfarbener Teddybär, der sich entschlossen hatte, nicht in den Winterschlaf zu fallen, sondern sich mit erstaunten Augen »Rußland im tiefen Winter« anzusehen. Die Dietrich war noch immer überzeugt, daß ihr Gesichtsausdruck »unschuldige Verwunderung« zeigen müsse. Unbeirrbar hielt sie daran fest, bis viel später im Film eine Szene vorkam, die immer nur »die letzte Auflösung« genannt wurde. Meiner Meinung nach handelte es sich um eine ziemlich einfältige Szene: Eine gutaussehende Palastwache verfolgt die Dietrich in die Büsche – und dann verschwimmt das Bild. Mir erschien das völlig sinnlos, aber nach dieser Szene gab meine Mutter ihren »jungfräulichen Ausdruck« auf. Von Sternberg seufzte erleichtert auf, als sein Star endlich damit aufhörte, aufgeregt herumzuhuschen, die berühmten Augenlider niederschlug und ihm ein Gesicht zurückgab, das er ausleuchten konnte!

> Liebster Papi,
> endlich finde ich Zeit, Dir zu schreiben. Ich habe zum erstenmal einen Tag frei, und auch nur, weil ich letzte Woche nachts arbeiten mußte. Der Film scheint gut zu werden. Ich habe Dir ein paar Fotos geschickt. Du hast einige vielleicht schon erhalten. Jo ist sehr nett – glücklich, daß ich bis jetzt so viel Interesse zeige. Daß ich mich sogar um alles kümmere, auch um ihn. Ich sehe im Film richtig süß aus, sehr jung – wie ich schon sagte, im Film. Im Leben

habe ich Falten auf den Wangen, wie Du schon bemerkt hast. Ich werde einfach alt. Die Gesichtscreme von Arden, die mir Tami besorgt hat, ist sehr gut. Aber ich habe noch immer keine gute Nachtcreme gefunden.

Hier ist es warm. Heute kam ein Telegramm aus Wien. Dort schneit es. Er schreibt süße Briefe, aber wem hilft das? Am Montag unterschreibe ich den Lebensversicherungsvertrag über 100 000 Dollar im Todesfall, die an Dich ausgezahlt werden, und 200 000 Dollar bei Unfalltod. (Ich werde sicher nicht im Bett sterben.)

Beim nächsten Film mußt Du herkommen und mit uns arbeiten. Bitte denke darüber nach – Du kannst uns wirklich helfen. Wir sind jetzt zum erstenmal an den Filmeinnahmen beteiligt. Du könntest wirklich helfen, wenn Du einen Posten in der Filmgesellschaft annehmen würdest.

Ich liebe Dich

Mutti

Mein Vater schrieb zurück:

... Deine und Jos Idee, daß ich beim nächsten Film mit Euch arbeiten soll, klingt gut – aber welche angemessene Stellung willst Du für »Mr. Dietrich« finden?

Während der Dreharbeiten für *Die scharlachrote Kaiserin* bekam ich meine Lehrerinnen kaum zu sehen. Mein gelangweilter Leibwächter prügelte sich mit dem ersten Obergärtner – der Rasenmäher hatte die Spitze seiner nagelneuen Schuhe abrasiert, während er im Gras schlief. Das Hausmädchen mit dem deutschen Akzent wurde ertappt, als sie die Strapse meiner Mutter anprobierte. Unser »erotischer« Chauffeur hatte angeblich etwas »Schockierendes« angestellt – entweder mit der Wäscherin oder mit dem Metzgerjungen. Der Rosengarten wurde von gefräßigen Läusen verzehrt, und der neuangeschaffte Hund, ich glaube, es war ein Chow-Chow, fraß eines der inzwischen sechzig Kaninchen zum Frühstück! Manchmal wußte ich nicht, ob ich nach Hause oder ins Studio gehen sollte – an beiden Orten konnte man sehr interessante Dinge erleben!

Jeden Sonntagmorgen trank meine Mutter ein großes Glas warmes, mit Bittersalz vermischtes Wasser, denn sie wollte an ihrem freien Tag abnehmen. Wenn sie nicht gerade zur Toilette stürzte, beantworteten wir die Privatpost und telefonierten. Zuerst war mein Vater dran.

»Papi, wenn ich plötzlich wegrennen muß, kannst du dich mit Kater unterhalten.« Mein Vater kannte die Bittersalzroutine und benötigte keine weitere Erklärung. »Jo ist wieder sehr schwierig! Ich bin doch nicht schuld daran, daß Cooper immer wieder versucht, in meine Garderobe zu gelangen ...« Sie lachte. »Ich sagte *Garderobe!* Also wirklich, Papi! ... Und Maurice ruft auch dauernd an. Jeden Abend koche ich für Jo, und ich mache ihm jeden Tag seine Fleischbrühe für das Studio. Ich rufe Hans nur an, wenn Jo mich nicht hören kann – und trotzdem ärgert er sich! Er versteht überhaupt nicht, daß ich nur für ihn da bin! ... Schnell, sprich mit Papi!« Sie rannte zur Toilette, während ich die Verbindung nach Paris aufrechterhielt.

»Hallo, Papi. Wie geht es deinen Nierensteinen?«

Mein Vater hatte keine Zeit, seinen Vortrag über den urologischen Zustand seines Körpers zu Ende zu führen, denn meine Mutter kehrte zurück und setzte die Unterhaltung fort.

»Warum rufst du Jo nicht einfach an, Papi? Sag ihm, daß ich nur ihn liebe. Deshalb bin ich doch hier und drehe diesen schwierigen Film. Muß ich es denn immer mit ihm treiben, bevor er mir glaubt?«

Sie gab mir den schwarzgoldenen Hörer und flüsterte: »Liebling, sag Papi, daß er dir fehlt.«

»Papi, ich bin es wieder. Du fehlst mir.«

Er antwortete nicht, deshalb fragte ich: »Wie geht es Tami? Hat sie meinen Brief schon bekommen, in dem steht, daß mein neuer Hund eines der Kaninchen aufgefressen hat? Darf ich kurz mit ihr sprechen? Bitte!«

Meine Mutter hatte das Zimmer verlassen; ich mußte schnell reden.

»Tamilein? Du fehlst mir so sehr! Ja, der Film läuft gut. Alles ist sehr russisch, es würde dir gefallen. Aber es ist kein einziger echter Russe hier! Ich wünschte, du wärst hier! Wir haben Hummeln, und ihre Flügel summen wirklich, wenn sie fliegen. Ich wünschte, du könntest sie sehen. Bitte schreib mir einen Brief. Ich werde dir auch sofort wieder schreiben. Ich verspreche es. Ich liebe dich. Küß Teddy von mir.« Ich legte gerade rechtzeitig auf, bevor meine Mutter zurückkam.

Wir meldeten ein Gespräch mit meiner Großmutter in Berlin an.

»Muttilein, hast du die Fotos bekommen? Ja, sie sind sehr schön. Natürlich werden die großen Porträts erst aufgenommen, wenn der

Film fertig ist. Ja, es ist sehr harte Arbeit, aber ich brauche das Geld. Wenn du etwas brauchst, Rudi ist in Paris. Ruf ihn einfach an oder schicke ihm ein Telegramm! Ja, gib mir Liesel ... Liebes? Ja, ich arbeite. Es ist ein sehr wichtiger Film, und Herr von Sternberg macht eine Schönheit aus mir. Nein, er macht das! *Er* macht eine Schönheit aus mir! Ich habe Mutti gesagt, daß sie Rudi anrufen soll, wenn sie etwas braucht oder wenn sie plötzlich ausreisen will. Was? Liesel, diese Leitung wird nicht abgehört – so weit gehen sie noch nicht. Richtig, aber denke daran, daß ich aus Amerika anrufe. *Hier* sind wir sicher! Ich gebe dir jetzt das Kind ...« Sie winkte mich ans Telefon.

»Sprich mit Liesel. Sie wird immer gleich so dramatisch!«

Ich nahm den Hörer.

»Tante Liesel, unser neues Haus würde dir gefallen. Es sieht spanisch aus. Im Garten stehen echte Bananensträucher, und wir haben einen Rosengarten, in dem die Rosen wie kleine Bäume wachsen, nicht wie Büsche!« Meine Tante hatte noch kein einziges Wort gesagt, deshalb fragte ich: »Tante Liesel, bist du noch dran?«

»Katerlein, sag Pussycat, daß sie keine amerikanischen Zeitungen mehr schicken soll ... Die Post wird kontrolliert, und wenn sie kommen und das Haus durchsuchen ... Sag ihr, sie soll aufpassen, was sie schreibt!«

»Ja, mache ich, Tante Liesel. Mach dir bitte keine Sorgen. Ich schicke dir einen Kuß.« Ich gab meiner Mutter den Hörer zurück.

Meine Mutter sagte ihrer Schwester noch ein paar beruhigende Worte, dann legte sie auf. »Wirklich, Liesel scheint völlig verängstigt! ›Sie‹ sind hier, und ›sie‹ sind da! Immer Hitler! Warum legt ihn nicht irgendein Jude um, damit das ein Ende hat? Engelchen, jetzt rufen wir Hans in Wien an.«

Und wieder vollführte ich die komplizierten Manöver, die im Jahr 1934 nötig waren, um nach Europa telefonieren zu können. Als der Telefonist endlich zurückrief und Jaray in die Leitung kam, legte meine Mutter den Anruf in ihr Schlafzimmer und blieb dort stundenlang. Brian riefen wir nicht an. Wir hatten noch immer nichts von ihm gehört. De Acosta war »tragisch verstimmt«, weil sie glaubte, ihr Einfluß schwinde. Die »Boys« dagegen waren überglücklich. Meine Mutter verschaffte einem von ihnen eine Rolle als Höfling. Er mußte Kniebundhosen aus Satin und einen bestickten Mantel tragen, dessen kurzer Schoß gerade noch seinen kleinen runden Hintern bedeckte. Spitzen am Hals und an den Handgelenken ... und hochhackige rote

Schühchen! Göttlich! Die »Boys« waren begeistert und schwärmten natürlich für Marlene, die das ermöglicht hatte!
Meine Lehrerinnen mußten warten. Die »Geburtsszene« stand als nächste Einstellung auf dem Drehplan.

Sie lehnt sich gegen ein Gebirge seidener Kissen. Ihr weißes Haar glänzt wie Mondlicht auf stillem Wasser, ihre sanften, müden Augen betrachten einen großen Diamant, der an einer feinen Diamantkette schwingt und sich um sich selber dreht. Die Kette hängt von einem der vollkommen geformten Finger ihrer Alabasterhand. Der Edelstein fängt einen Lichtstrahl ein und bricht ihn, als die Fingerspitzen ihn in Bewegung versetzen. Das feine Netz von Gaze, das das Bett und die Frau einhüllt wie ein weißer Nebel, ist anfangs mikroskopisch klar zu sehen, dann verschwimmt es immer mehr, während der Edelstein und die Hand immer schärfer ins Bild rücken – und nun verschwimmen auch sie und weichen der Krönung des Ganzen: ein Gesicht, so atemberaubend, daß der Betrachter nicht bemerkt, daß sein Blick durch drei Dimensionen geführt wurde. Meine Mutter sagte immer: »Wir wußten nicht, daß wir ein Meisterstück drehten! Wir taten nur unsere Arbeit. Jetzt schreibt man Bücher über die Filme, und Professoren diskutieren ›die Bedeutung‹ hinter jeder Einstellung. Warum wurde das gemacht, was soll es bedeuten, wie hat man es gemacht ... Großes Getue! Wir mußten einen Film drehen, und wir drehten ihn! Das ist alles!«
Vielleicht. Aber an diesem Tag der Dreharbeiten standen die Mitglieder des Filmteams in kleinen Gruppen zusammen, flüsternd, beobachtend. Und das riesige Aufnahmestudio war dunkel – mit Ausnahme des heißen, weißen Lichtkegels, in dem ein kleiner Mann mit einem herabhängenden Schnurrbart seinem geliebten Beruf nachging und sein vollkommenes Talent entfaltete für seine Kunst und das Gesicht, das er so liebte. Und alle spürten den Zauber und das Geschenk, dabeisein zu dürfen.

*

An den Abenden, an denen meine Mutter meine Gesellschaft im Badezimmer nicht wünschte, mußte ich in meinem Zimmer bleiben. Ich durfte nicht herauskommen und sollte früh zu Bett gehen. Wie gewöhnlich saß ich auf dem Badewannenrand und sah zu, wie sie sich für die Nacht zurechtmachte. Ich war an diesem Tag nicht mit ins Studio gegangen, weil ich zu Hause hatte etwas lesen wollen. Daher berichtete sie mir jetzt, was ich heute verpaßt hatte: den ersten Drehtag der Bankettszene. Sie spuckte in das pinkfarbene Marmorbecken.

»Das hättest du sehen sollen – es war schrecklich. Zuerst hat Jo einen unheimlich langen Tisch aufgebaut – lang wie der Flur vor den Garderoben. Schon das allein ist völlig unmöglich. Dann sollen wir alle in diesen riesigen Stühlen sitzen, während all die Leichen über einem baumeln. Du kannst dir nicht vorstellen, was für Schatten das auf das Gesicht wirft. Andere Leichen halten Kerzen – auf dem Tisch, neben den Stühlen, an die Wand gelehnt – und zwischen ihnen und den Scheinwerfern, diese Hitze!«

Sie starrte angestrengt in den Spiegel und bearbeitete einen Pickel, den sie am Nasenflügel entdeckt hatte.

»Dieser schreckliche kleine Mensch, Jaffe, jammert ständig, seine Perücke sehe ›verrückt‹ aus. Aber er spielt doch einen Verrückten. Also, was soll das? Will er aussehen wie Barrymore? Wahrscheinlich. Weißt du, er haßt Jo. Sein Benehmen auf dem Set ist unerhört. Redet ständig davon, daß er vom Theater kommt. Soll er zurück und dort bleiben. So ein eingebildeter Mann!«

Sie saß auf der Toilette, zog ein Hühneraugenpflaster vom Fuß und massierte ihren geröteten Zeh.

»Die wunderschönen schwarzen Schuhe – völlig umsonst! Unter dem Tisch versteckt, wo sie niemand sieht. Selbst wenn ich aufstehe, in diesem scheußlichen Kostüm sieht sie keiner. Man sieht überhaupt nichts, außer Perlen. Nichts als Perlen. Travis ist ganz versessen auf Perlen! Ich weiß nicht, warum ich das überhaupt zugelassen habe. Ich sehe aus wie Mae West mit einem Stirnreif wie eine Königin! Engel, gib mir ein neues Hühneraugenpflaster. Mit den Schuhen aus Paris passiert mir so etwas nie – lernen diese Amerikaner nicht, wie man Schuhe macht?«

Sie machte das Licht aus. Wir verließen das Badezimmer, und sie kroch ins Bett, aber statt sich hinzulegen, setzte sie sich hin und stopfte sich Kissen in den Rücken. Das hieß, sie wollte noch reden. Ich durfte nicht auf dem Bett meiner Mutter sitzen, wenn sie darin lag, also zog ich einen Stuhl ans Bett und setzte mich, um ihr zuzuhören.

»Der Ausstatter, wie war noch mal sein Name? ... Vergessen, aber egal. Der ist auch völlig übergeschnappt mit seinem falschen Essen. Muß wohl ein Freund von Travis sein. Das mußt du sehen. Genug für zweihundert Leute, und dabei sind wir höchstens fünfzig an diesem endlosen Tisch ... wenn überhaupt ... einfach unglaublich! Schweinsköpfe angemalt, daß sie glänzen. Da liegen ganze Schweine ... und Fasanen mit so vielen Federn geschmückt, daß es aussieht, als ob ihnen orangefarbene Büschel aus den Ärschen wachsen. Endlose Reihen von Platten mit bunt angemaltem Essen. Die Szene hört einfach nicht auf. Sie zieht sich endlos hin ... Engel, gib mir die Nagelfeile.«

Ich ging ins Badezimmer und holte ihre Lieblingsfeile, die sie in *Marokko* benutzt hatte.

»Warum wachsen meine Nägel eigentlich nicht? Wie die von der Crawford! Die hat Krallen wie ein Habicht!« Sie lachte.

»Dem hübschen Sohn von Fairbanks gefällt es wahrscheinlich. Ich sage dir eins, diese Bankettszene wird stinklangweilig. Auch wenn Jo sie nachher noch so schön zurechtschneidet. Er war heute mächtig wütend auf mich. Er schickte alle vom Set und sagte: ›Miss Dietrich wird jetzt weinen!‹ Aber ich habe nicht geweint. Du weißt ja, was passiert, wenn er mich anschreit. Mir wird ganz übel. Bei all seinem Genie kann er manchmal ein furchtbarer Rüpel sein. Alle hassen ihn und würden den Film am liebsten hinschmeißen, also muß ich ihnen doch zeigen, daß das nicht geht. Aber warte, bis du diesen Tisch siehst! Das ganze angepappte Essen schmilzt in der Hitze weg ... und das Armband! Das Armband hast du ja auch noch nicht gesehen! Travis hat es mir verpaßt, damit man meine dicken Arme nicht sieht. Es reicht vom Handgelenk bis zum Ellbogen! Und – aus Perlen. Unglaublich! Und jetzt, da ich es in der ersten Szene getragen habe, ist nichts mehr zu machen. Jetzt werde ich es nicht mehr los. Ich sage dir, die ganze Szene ist eine einzige Katastrophe. Liebling, stell den Wecker auf halb fünf. Ich muß Jo noch erwischen, bevor er morgen früh zum Set geht.«

Sie rollte sich auf der Seite zusammen. Ich gab ihr einen Gutenachtkuß und machte das Licht aus, aber ich glaube nicht, daß sie schon schlief, als ich die Tür zumachte.

Am nächsten Abend wartete ich bereits im Flur auf sie, neugierig auf eine weitere Folge der »Bankettsaga«. Sie enttäuschte mich nicht und verkündete, kaum daß sie die Haustür hinter sich zugemacht hatte:

»Jo hat heute alle angebrüllt. Wenn wir diesen Film je zu Ende drehen, ist es ein Wunder! Lubitsch tauchte auf, sprach mit Jo und versuchte ihn zu beruhigen. Ich glaube, jemand hat ihn geholt. Du hättest Lubitsch sehen sollen, wie er den ›großen amerikanischen Studioboß‹ spielt. Jo sagt, er wird es – Nebbich! Er sollte einfach weiter lustige Filme machen und aufhören, so ›großartig‹ zu tun und Jo in Ruhe lassen. Ich habe durchgesetzt, daß auf einer Platte echte Trauben lagen. Dann nahm ich sie in die Hand und aß sie, eine nach der anderen, ganz langsam! Jo will eine Nahaufnahme davon machen. Er fand es gut – ich tat es nur, damit die arme Frau irgend etwas zu tun hat und nicht nur mit diesen schrecklichen Perlen rumsitzt.«

Sie machte ihre Manschettenknöpfe auf, drückte sie mir in die Hand, krempelte die Ärmel ihrer gestreiften Bluse hoch und marschierte in die Küche, um das Essen für ihren Regisseur und ihr Kind zu kochen. Ich ging nach oben, legte die Manschettenknöpfe in ihre Schachtel zurück, räumte den Kamelhaarmantel weg und meldete mich dann in der Küche zum Salatputzen.

Am nächsten Tag machten meine Lehrer auf der sonnenüberfluteten Veranda eine lange Mittagspause, während Bridges mich mit dem Wagen ins Studio fuhr, nur damit ich den langen Tisch bewundern konnte. Er war genauso, wie meine Mutter ihn beschrieben hatte! Aber die Bankettstühle ... die waren wirklich sagenhaft! Ob sie nun Schatten warfen oder nicht. Die Atmosphäre auf dem Set paßte zu den »Leichen«. Man sprach nur miteinander, wenn es absolut nicht zu vermeiden war. Und wenn Blicke töten könnten, dann wäre von Sternberg von allen Seiten von tödlichen Pfeilen durchbohrt worden. Trotz der vielen falschen Perlen, meine Mutter sah wunderschön aus. Sie saß da, zupfte eine Traube nach der anderen ab und betrachtete gelassen das Blutbad. Während der Mittagspause kam von Sternberg in die Garderobe und trank seine Kraftbrühe. Meine Mutter frischte ihr Make-up auf. Sie sah ihn im Spiegel an.

»Das Mädchen, das die Hure spielt – sehr hübsch. Sieht dich die ganze Zeit über mit ihren schwarzen Augen an. Die wär doch was, nicht, Jo?«

»Mutti, spielst du die Kupplerin, oder willst du nur wissen, ob sie für jeden zur Verfügung steht?«

Meine Mutter schmunzelte und wandte sich wieder dem Spiegel zu. Von Sternberg schien das letzte Wort gehabt zu haben. Er stellte seine Tasse ab und war bereits an der Tür, als meine Mutter ihm über die Schulter zurief: »Wollen wir teilen?«

Die Gittertür fiel krachend zu. Ich sortierte weiter die Schminkhandtücher. Die beiden führten zuweilen die seltsamsten Unterhaltungen. Gary Cooper kratzte am Gitter der Fliegentür und sagte »Hi, Schöne!«, ging aber weiter. Offensichtlich war er von Sternberg auf dem Gehweg in die Arme gelaufen. Es war einfach nicht Jos Tag.

Die Dietrich war bereit, ihre Palastwache zu inspizieren. Die Kostüme waren so aufwendig, die Reifröcke und Krinolinen so übertrieben, daß meine Mutter nicht mehr in den Wagen paßte, um zum Set und zurück zu fahren. Bridges mußte sich deshalb mit unserem unbrauchbar gewordenen Leichenwagen auf einen der Studioparkplätze zurückziehen. Statt dessen parkte ein Laster vor unserer Garderobe. Mit seinen Seitenlatten und dem hohen Chassis sah er aus wie ein alter Bauernkarren. Es war wirklich lustig. Ich kam mir vor wie ein Sack Kartoffeln, der zum Markt gefahren wird. Die Studioschreiner fertigten für uns eine kleine Leitertreppe. Auf ihr kletterten wir auf den Laster, hielten uns an den Seiten fest und rumpelten über die Straßen des Studios, während die bauschigen Röcke meiner Mutter von ganz allein einen Gig tanzten.

An dem Tag, an dem sie ihr flaschengrünes Meisterwerk aus Samt und Nerz trug, war der Reifrock so breit, daß sie nicht einmal mehr die eigens angefertigte Treppe sehen konnte. Nellie, Dot, ich und ein errötender Lastwagenfahrer mußten sie auf den Laster hieven. Das war keineswegs leicht, wenn man bedenkt, daß wir das Kostüm nirgends anzufassen wagten, wo unsere Finger einen Abdruck im Samt hinterlassen konnten. Oben angekommen, versuchte sie sich festzuhalten und sah, daß sie sich nicht selbst festhalten konnte. Sie trug ein Paar ihrer berühmten zu engen Handschuhe und konnte die Finger nicht bewegen! Endlich fanden wir einen Weg, wie die Kaiserin von Rußland nicht von dem Laster fallen würde. Sie klammerte sich mit beiden Armen um meine Taille, während ich breitbeinig dastand und mich für uns beide festhielt. So rumpelten wir zum Set und lachten den ganzen Weg über.

Als das Team Marlene Dietrich in ihrem Paradekostüm sah, ertönte ein begeistertes Pfeifkonzert. Filmteams sind ein blasiertes Volk. Sie kennen alles, was phantastisch, großartig, außergewöhnlich oder irgendwie toll ist, weil sie es schon irgendwann irgendwo gesehen haben oder noch sehen werden. Das gehört einfach zu ihrem Beruf. Ihnen überhaupt aufzufallen, ist also etwas Besonderes. Zeigen sie einem ihre Anerkennung und ihre Bewunderung auch noch durch lautes Pfeifen, dann grenzt das an ein Wunder! Für ihre größte Anerkennung, ihren Applaus, ich glaube, die meisten Schauspieler würden dafür sterben.

Hochgewachsene Männer, in einer Reihe, alle schön, alle gleich. Von Sternberg ruft:

»AUFNAHME!«

Sie erscheint. Steht da, sieht aus, wie nie zuvor jemand ausgesehen hat oder je wieder aussehen wird. Nicht nur wunderschön, nicht nur die Dietrich – viel mehr. Eine Ming-Vase, ein Gemälde von Monet, Michelangelos David. Eine Rarität – eine Einzigartige – ein wahres, unübertreffliches Kunstwerk. Sie neigt den Kopf leicht zur Seite und betrachtet langsam die Reihe ihrer Liebhaber. Langsam. Sehr langsam. Sie mustert sie von oben bis unten, läßt dabei ihren Blick für den Bruchteil einer Sekunde unterhalb der Gürtellinie hängen. Dabei saugt sie an einem dünnen Strohhalm, den sie auffordernd zwischen den Zähnen hält – und macht Kinogeschichte.

Dieses Bild der Dietrich, wie sie ihre Leibwache inspiziert, im hohen Kosakenhut aus Nerzfell, wurde zum visuellen Erkennungszeichen des Films *Die scharlachrote Kaiserin*. So wie die Strapse und der Zylinder zum Erkennungszeichen von *Der Blaue Engel* wurden. Erst als ich viel älter war, erkannte ich, daß sie dieser Szene wieder einmal den Stempel ihrer speziellen Art androgyner Erotik aufgedrückt hatte. Mit streng zurückgekämmtem Haar, das versteckt war unter dem berühmt gewordenen Hut, sah sie aus wie ein hübscher junger Mann. Der Blick nach unten wird dann zu einer noch größeren schauspielerischen Leistung. Die Tatsache, daß meiner Mutter nicht bewußt war, was sie tat, hat mich immer erstaunt. Ich konnte es viele Jahre lang nicht glauben. Sie mußte doch gewußt haben, was sie da tat. Das unschuldige Gesicht dieses jungen Mannes, der erwartungsvolle Blick auf die erhofften Erektionen, das konnte unmöglich ein Zufall sein. Sie mußte es so gewollt haben! Aber nein! Als ich sie Jahre später fragte, antwortete sie:

»Soll das ein Witz sein? Was soll das heißen? Ich spielte Katharina die Große. Was hat das mit einem Jungengesicht zu tun? Ich konnte doch nicht Locken wie eine Frau mit einem Pelzhut tragen, das würde doch auf der Leinwand total lächerlich aussehen. Also habe ich die Haare aus dem Weg geschafft, das ist alles ... Und es sah wunderbar aus. Du hast doch die Fotos gesehen, die Jo von mir mit dem Hut gemacht hat. Sie sind einfach herrlich. Und außerdem sehen alle Hüte blöd aus, wenn Haare darunter zu sehen sind.«

Marlene Dietrich setzte eine androgyne Sexualität ins Bild um, lange bevor dies gesellschaftsfähig wurde. Wie immer tat sie es nicht bewußt! Bei der Dietrich passierte so etwas eben.

*

Die Spannungen nahmen zu. Von Sternberg beschimpfte sie lauthals, während Marlene sich weigerte, sich auf das Niveau eines »Fischweibs« herunterzubegeben, wie sie es nannte, und ihn nicht öffentlich angriff, sondern mit schriftlichen Beschuldigungen traktierte. Da sie in dem Film nur Perücken trug, brauchte sie ihr Haar in der Mittagspause nicht zu waschen. Sie benutzte diese Zeit, ihre Wut in ihre Reiseschreibmaschine zu hämmern und ihm auf diese Weise zu sagen, was mit ihm, seinem Film, seinen Vorstellungen und seinem Hintergrund nicht stimmte. Sie las die im Zorn geschriebenen Zeilen nie ein zweites Mal durch. Nie stellte sie ihr Recht in Frage, jederzeit zu allen sagen zu dürfen, was ihr in den Sinn kam.

Ich oder, wenn ich nicht da war, Nellie mußten dann den Kurier spielen und von Sternberg, dessen Büro gegenüber lag, die Briefe meiner Mutter überbringen. Sie behielt immer einen Durchschlag zurück. Sie steigerte sich dann gern zu einem späteren Zeitpunkt wieder in ihre ihrer Meinung nach gerechtfertigte Wut hinein, indem sie Bezug auf frühere Briefe an ihr Opfer nahm. Manchmal beantwortete von Sternberg ihre Briefe ebenfalls schriftlich. Er schrieb deutsch, vielleicht, um so besser an sie heranzukommen und sich verteidigen zu können.

Sie las seine Briefe, steckte sie in ein Kuvert und schickte sie kommentarlos an meinen Vater.

*

Meine Lehrerinnen fanden sich damit ab, mich nie wieder zu sehen. Die Machtergreifung Katharinas der Großen sollte verfilmt werden. Von Sternberg wünschte sich ein Bild à la Eisenstein von dem Sturm der Kosaken auf den Portikus des Zarenpalastes. Die Stuntmen für die Reiterszene standen bereit. Die Pferde spürten die über allen lastende Spannung und scharrten aufgeregt im Sägemehl, das man um den Set ausgestreut hatte. Bedrohlich ragte die besonders verstärkte Palasttreppe vor ihnen auf, und man hatte den Pferden Gummischuhe angezogen, um den erwarteten Schock abzudämpfen. Ein schlanker junger Mann in der schneeweißen Husarenuniform meiner Mutter mit einem prächtigen hohen Hermelintschako und einem langen Regimentsschwert sah genauso aus, wie er sollte – wie eine schlanke, bezaubernd schöne junge Frau in Uniform an der Spitze ihrer treuergebenen Reiter. Er prüfte ein letztes Mal das Zaumzeug seines Pferdes und den Angriffswinkel. Die Reiter wußten, was von ihnen erwartet wurde, was der Regisseur von ihnen wollte. Es war schwierig, gefährlich, völlig verrückt. Aber für einen Stuntman Routine. Trotzdem waren sie angespannt. Auf der Treppe war einfach nicht genug Platz für so viele in vollem Galopp losstürmende Pferde. Ohne Schaden konnte das nicht abgehen.

»RUHE AUF DEM SET!«

Pferde schnauben, wiehern, Menschen halten den Atem an und beten.

»LICHT – TON – KAMERA LÄUFT!«

Starke Hände packen die Zügel, Beinmuskeln spannen sich an.

»AUFNAHME!«

Und sie stürmten los. Schnell, wild, rücksichtslos stoben sie auf die Treppe zu. Mensch und Tier warfen sich auf die Treppe, griffen an. Stürmten hoch. Donnerndes Hufgetrappel ... Ein spitzer angsterfüllter Schrei schneidet durch den Lärm ...

»SCHNITT! SCHNITT!« riefen die Regieassistenten durch ihre Megaphone. Ein Pferd lag auf den Stufen und krümmte sich. Zärtliche Hände beruhigten es, streichelten über das schöne Bein und fanden die Bruchstelle. Das war die Lieblingsszene meiner Mutter in der *Scharlachroten Kaiserin*, obwohl sie selbst in der Szene gar nicht mitspielte.

»Hör dir diese Hufe an ... das unglaubliche Geräusch! Das ist das Großartige in dieser Szene! Dieses Geräusch!«

Ich wünschte, ich wäre an diesem Tag zu Hause geblieben.

Ich kam gerade von einem meiner Botengänge zurück, als ich Nellie vor der Garderobe meiner Mutter sah. Wenn meine Mutter einen »speziellen« Besucher hatte, war die Tür zur Garderobe zu, abgeschlossen, und Nellie stand vor der Tür »Wache«. Jo konnte es nicht sein, denn ich hatte ihm ja eben erst einen der bösen Briefe meiner Mutter auf den Set gebracht. Wer könnte es dann sein? Wer trieb sich heute untätig auf dem Studiogelände herum? Ganz sicher nicht unser sogenannter Co-Star! Obwohl er groß, dunkel und einigermaßen gutaussehend war, hatte meine Mutter aus irgendeinem Grund kein Interesse an ihm.

»Wo hat Jo bloß diesen John Lodge aufgetrieben? In Boston? Kein Wunder. Was für ein Langweiler! Jo macht das nur, damit ich ... Seit *Marokko* und Cooper ... Er verpaßt mir entweder Tunten oder Langweiler. Weil er eifersüchtig ist! Lächerlich!«

Vielleicht war Chevalier zu einer Kostümprobe herbestellt worden, oder Cooper hatte sich schließlich entschieden, nicht mehr nur an der Tür zu kratzen, sondern hineinzugehen. Meine Mutter hatte schon lange keinen solchen Besucher mehr empfangen. Während der Dreharbeiten zu *Song of Songs* war ihre Garderobentür oft verschlossen gewesen, aber während dieses Films nicht. Ich ging zu Nellie, die einen bekümmerten Eindruck machte, wie immer, wenn sie über die Privatsphäre meiner Mutter wachte. Ich mochte sie so sehr, diese vogelartige

Frau. Nellie war eine Fehlbesetzung. Mit ihrem knochigen, dürren Körper, ihrer spitzen Nase und den gebleichten Locken wirkte sie mehr wie ein etwas beschränkter Billie Burke und nicht wie die begabte Filmfriseuse, die sie war. Nellie und ich waren im Lauf der Jahre gute Freundinnen geworden. Wir halfen uns gegenseitig bei der Arbeit im Dienst an unserem Star. Meine Mutter soll Nellie eine vierzig Hektar große Orangenplantage, Autos, Häuser und ein Vermögen an Kleidern und Bargeld geschenkt haben. Vielleicht stimmt das, aber nötig war es auf keinen Fall. Nellie brauchte nicht bestochen zu werden wie so viele andere. Bedingungslose Treue war ihr Markenzeichen.

Ich stellte wie immer die unvermeidliche Frage: »Wie lange soll ich wegbleiben?«

Sie zwitscherte: »Deine Mutter war so erschöpft, sie mußte sich einfach ein wenig hinlegen. Also, komm in einer Stunde wieder, Liebling, aber keinesfalls früher. Okay?«

Ich hatte die neue Armbanduhr an, die mir unser Produzent für meine kleine Rolle in dem Film geschenkt hatte. Sie hatte ein rotes Lederband und ein Zifferblatt, das im Dunkeln leuchtete. Ich sah auf die Uhr.

»Und deine Mutter hat in der Kantine Anweisung gegeben, daß du essen darfst, was du willst«, fügte sie hinzu. Das kannte ich bereits. Immer wenn die Garderobentür zu war, durfte ich in der Kantine essen, was ich wollte. Und umsonst. Ich mußte bloß auf einen kleinen Zettel, den die Serviererin mir gab, meinen Namen schreiben.

Eine ganze Stunde! Ich hatte eine Stunde für mich. Was sollte ich essen? Cheeseburger... eine Ice Cream Soda... oder vielleicht ein Stück Apple Pie... dann hatte ich immer noch genug Zeit, um mich auf DeMilles Set zu schleichen und Claudette Colbert als Kleopatra zu bewundern.

Ich gab Nellie einen Kuß und zog los. Warum sagte Nellie bloß immer, meine Mutter ruhe sich aus? Sie wußte genau, daß meine Mutter sich nie ausruhte wie andere Leute... Im Vorbeigehen bemerkte ich, daß Bing Crosbys Garderobe ebenfalls verschlossen war, sein Studiofahrer auf der Wache... Ich kam zur Straßenecke und rannte ich los.

Zwischen den Aufnahmen für den Reiterangriff und der letzten Szene der Dietrich in diesem Film aß ich mich durch zehn verschiedene Piesorten und kam zu dem Ergebnis, daß es bei der Paramount die beste Cocoanutcream Pie der Welt gab. Ich hatte eine Lieblingsservie-

333

rerin, Maggie, die mir extra große Stücke abschnitt, aber nur den regulären Preis von fünfundzwanzig Cents auf die Rechnung setzte. Ich wollte Maggie etwas schenken. Aber ich durfte kein Trinkgeld auf die Rechnung setzen lassen, und richtiges Geld hatte ich nie. Ich mußte also irgendwie zu Geld kommen. Ich wußte, daß es keinen Zweck hatte, in den Hosentaschen meiner Mutter nach Geld zu suchen, denn sie hatte auch nie welches. Von Sternbergs Büro zahlte alle unsere Rechnungen, von der Miete über Gehälter bis zu den Rechnungen von Geschäften und Läden. Alle gaben am Ende der Woche eine Aufstellung ihrer Ausgaben ab. Bridges kaufte Benzin, Zeitungen und Zeitschriften. Meine Leibwächter kauften, was ich im Lauf der Woche brauchte. Ich überlegte, ob ich den Vorratsschrank für »Extras« plündern und vielleicht eins der großen Pariser Parfüms mitnehmen sollte, die meine Mutter dort zu Dutzenden lagerte. Aber ich hatte ein komisches Gefühl bei dem Gedanken, Maggie ein so teures Parfüm zu schenken, wo sie sich ihr Geld so hart verdienen mußte. Es fiel mir zum erstenmal auf, daß es in unserem Leben kein Bargeld gab. Das machte mir das Geld um so faszinierender und begehrenswerter. Ich mußte irgendwo eins herbekommen, aber wie? Da kam mir eine Idee. Kaugummi! Ich konnte doch um Geld bitten, um mir Kaugummi zu kaufen. Dann würde ich das Geld sparen, bis ich zumindest ... na, sagen wir, einen Dollar hatte. Ich konnte ab und zu meinen Mund bewegen, als ob ich Kaugummi kaute, damit niemand Verdacht schöpfte. Bevor wir am nächsten Morgen ins Studio fuhren, fragte ich meinen Nachtleibwächter, dessen Dienst noch nicht zu Ende war, um etwas Geld für Kaugummis. Freundlich lächelnd hielt er mir sein volles Päckchen mit Juicy-Fruit-Kaugummi hin. Ich versuchte es bei Bridges – der gab mir Spearmint. Mac, der Wachmann am Studiotor, wollte mir mit seinem Päckchen Doublemint eine Freude machen. Alle waren sie furchtbar freigebig mit ihrem Kaugummi. Was mußte ich dann tun, um an Geld zu kommen? Vielleicht konnte ich mit Travis einen Handel vereinbaren. Er fragte mich immer, was ich mir von ihm zum Geburtstag und zu Weihnachten wünschte. Es war zwar erst Februar, aber dennoch sprach ich ihn auf dem Weg zu den Räumen, in denen die Perlenstickereien ausgeführt wurden, darauf an.

»Travis, ich möchte dieses Jahr statt eines Geburtstagsgeschenks lieber richtiges Geld. Und könnte ich es vielleicht sogar recht bald haben, vielleicht sogar gleich?« bettelte ich, starr vor Angst. Er hielt das Ganze natürlich für einen Scherz und erzählte meiner Mutter, wie witzig ich sei.

»Maria, komm her! Travis hat mir gerade erzählt, daß du ihn um Geld angebettelt hast. Du hast Hunde, einen Swimmingpool, ein Puppenhaus, das ein Vermögen gekostet hat, und einen Garten zum Spielen. Außerdem darfst du hier mit mir ins Studio kommen. Du hast alles. Ganz allein für dich. Du darfst dir sogar in der Kantine alles auf Rechnung bestellen. Alles, was du dir wünschst, bekommst du, für nichts! ... Ich arbeite nur für dich! ... Bridges ist vorgefahren, er wird dich nach Hause bringen ... Du hast sogar einen Chauffeur!« Und damit drehte sie sich um und ging zu ihrem Schminktisch.

Ich hatte es mir für heute tüchtig mit ihr verdorben. Auf dem Rückweg nach Bel Air gingen mir ihre Worte immer noch im Kopf herum. Das Wort »Arbeit« ließ mir keine Ruhe. Was hatten die lustigen Kinder aus der Serie *Die kleinen Strolche* angestellt, um an Geld zu kommen? Limonade! Das war's! Zu Hause angekommen, durchsuchte ich den Eisschrank, nahm alle Zitronen, stahl eine Tüte Zucker, holte einen Baccarat-Krug mit dazugehörigen Bechern, zerrte eine Kiste aus der Garage auf unsere imposante Einfahrt und eröffnete einen Limonadenstand. Mein Leibwächter stellte seinen Liegestuhl auf dem Gehweg auf und machte es sich im Schatten eines Baumes bequem. Zuvor half er mir noch, ein Schild zu malen. Es wurde sogar richtig schön – mit sattgelben und orangefarbenen Buntstiften schrieben wir auf weißes Zeichenblockpapier:

Halt! Frische Limonade!! Großes Glas zu 3 Cents!!

Ich saß den ganzen Nachmittag dort. Die Untertasse aus Limoges, die ich für die Einnahmen bereitgestellt hatte, blieb leer. In Bel Air schien es keine durstigen Menschen zu geben. Mein Leibwächter half mir dabei, den Stand im Schuppen des Gärtners zu verstecken, bevor meine Mutter nach Hause kam. Als sie am nächsten Morgen ins Studio fuhr, hatte sie immer noch kein Wort mit mir gesprochen. Daraufhin fuhr mein »Geschäftspartner« den Berg hinunter und kaufte mehr Zitronen. Dann döste er im Schatten, während ich mit frischem Nachschub und voller Zuversicht in meine Fähigkeiten, ein Vermögen zu machen, abwartete. Das geschliffene Kristall funkelte in allen Farben in der Sonne. Ich saß neben meiner Kiste und las verbotene Comics, und neben mir kochte die Limonade. Mein Leibwächter bekam solchen Durst, daß er mir etwas von meiner heißen Limonade abkaufen wollte. Aber ich konnte doch nicht von ihm Geld verlangen, wo er mir so nett geholfen hatte. Um sechs gaben wir schließlich auf und gingen ins Haus zurück, um vor der Rückkehr meiner Mutter fertig zu sein. Wenn Brian noch bei uns gewesen wäre, wäre mir das alles erspart geblieben. Er hätte mir – mindestens – einen Dollar gegeben und mich nicht einmal gefragt, wozu ich das Geld brauchte, obwohl ich es ihm hätte sagen können. Einen Moment lang überlegte ich, ob ich von Sternberg fragen sollte, ich verwarf den Gedanken aber wieder. Armer Jo! Die verschlossene Garderobentür muß ihn schwer getroffen haben. Das war jedesmal so.

Sie kamen zusammen nach Hause und mußten im Wagen »eine Auseinandersetzung« gehabt haben, denn meine Mutter kniff die Lippen zusammen, ihre Augen funkelten vor Wut, und ihre Nasenflügel bebten. Kalt und abweisend brachte sie uns das Abendessen, und die Luft war zum Schneiden dick. Jo und ich hatten es beide »mit der Dietrich verscherzt«. Wir stopften das Essen deshalb schweigend in uns hinein und hofften, so schnell wie möglich aus dem Eßzimmer verschwinden zu können.

Der Tag, an dem die letzte triumphale Nahaufnahme von Katharina der Großen gedreht wurde, war der schlimmste. Marlene Dietrich und von Sternberg kamen auf dem Set an, wütend, und stachelten sich weiter gegenseitig auf. Er war ein »Tyrann«, »jüdischer Hitler«, »mieser kleiner Amerikaner« und »bösartiges Monster« – in ihren Augen. Sie konnte »auch nicht die kleinste Sache richtig machen« und »vermasselte selbst die einfachsten Szenen und weinte, sobald ihr etwas nicht paßte« – in seinen Augen.

Von Sternberg schickte an diesem Tag mindestens dreimal die gesamte Mannschaft vom Set. Ich mußte jedesmal rausgehen. Ich hatte Angst, die beiden würden sich umbringen. Obwohl sie bisher nur verbal gewalttätig wurden und sich nur mit geschliffenen Sätzen und spitzer Zunge verletzten, konnte doch eines Tages der Punkt erreicht sein, an dem sie zu physischer Gewalt übergingen.

Sie mußte die große Glocke der Kathedrale läuten, um ihren Sieg zu verkünden und sich zur Kaiserin aller Russen zu erklären. Dazu hatte man ein dickes Zugseil an einem Flaschenzug befestigt, schwere Sandsäcke waren die Gegengewichte. Ein massives, mit Stahl eingefaßtes Mahagonikruzifix hing am Ende des Seils, damit es straff blieb. Wenn sie sich nach dem Seil streckte und es bis zu den Knien herunterzog, schlug das Kruzifix an die Innenseite ihrer Schenkel und streifte bis zu den Waden hinunter. Sie wiederholte diese Bewegung, bis sie die erforderlichen acht Glockenschläge ausgeführt hatte. Bei jedem Glockenschlag muß sie ungefähr zehn Kilo Gewicht hinuntergezogen haben. Und das in voller Gardeuniform mit Reitertschako und baumelndem Regimentsschwert.

»SCHNITT! ... Miss Dietrich, was glauben Sie eigentlich, was sie hier tun? Sie befinden sich nicht auf einer eleganten Dinnerparty in Wien und klingeln nach dem Butler ... Das sind die Glocken des Kreml! Vielleicht können Sie versuchen, wenigstens das ein wenig lebensecht darzustellen!«

Nach dem zwölften Versuch: »Miss Dietrich, könnten Sie vielleicht einen Anflug von Erhabenheit auf ihr hübsches Gesichtchen zaubern? Sie sind doch keine österreichische Melkerin, die die Kühe in den Stall holt! Sie sind im Begriff, einen Thron zu besteigen!«

Beim zwölften Versuch biß sie sich so sehr auf die Lippen, daß Dot ihr die Lippen nachpinseln mußte.

Beim fünfundzwanzigsten Versuch hatte sie, die nie schwitzte, Schweißperlen auf dem Gesicht, das abgetupft und frisch gepudert werden mußte.

Beim dreißigsten Versuch zitterten ihre Hände am Seil. Die anderen sahen dem Schauspiel schockiert zu. Keine Unterbrechung. Keine Pause. Und doch protestierte sie mit keinem Wort.

Beim vierzigsten Versuch gaben ihre Beine nach ...

Beim fünfzigsten Versuch war aus ihrem strahlenden Siegergesicht ein stummer, gequälter Schrei geworden – und diese Aufnahme wählte von Sternberg schließlich aus.

»SCHNITT – BITTE KOPIEREN! Danke, meine Damen und Herren!« Und er verließ den Set.

So endete *Die scharlachrote Kaiserin*. Als wir meiner Mutter die hautengen weißen Hosen auszogen, sahen wir, daß der Stoff sich mit Blut vollgesogen hatte. Die scharfen Metallkanten des Kruzifixes hatten ihr die Innenseiten der Schenkel aufgeschnitten.

Nellie weinte. »Ach, Miss Dietrich! Der Studioarzt muß sich sofort ihre Beine ansehen!«

»Nein!« fuhr meine Mutter sie an. »Niemand darf davon erfahren. Hörst du? Niemand! Bring mir einen Waschlappen, die große Schüssel und den Alkohol. Kater! Mach die Tür zu! Laß niemanden herein!«

Sie nahm die große braune Glasflasche, stellte einen Fuß in die breite Schüssel und schüttete sich den Alkohol über das eine der zerschundenen Beine. Ich spürte den durchdringenden Schmerz bis zur Garderobentür. Aber sie zuckte nicht einmal mit der Wimper. Dann wiederholte sie die Prozedur mit dem anderen. Wir bandagierten ihr die Beine mit Handtüchern und machten sie mit extragroßen Sicherheitsnadeln aus der Wardrobe fest. Stumm fuhren wir nach Hause. An diesem Abend kochte sie ihr spezielles ungarisches Gulasch mit den breiten Eiernudeln, das von Sternberg so mochte. Als er um halb acht noch nicht da war, rief sie ihn an.

»Jo, Liebling! Wo bleibst du? Das Essen ist fertig. Mach dich nicht lächerlich! Warum sollte ich dich nicht sehen wollen? ... Du brauchst dich nicht zu beeilen, wenn du noch etwas zu tun hast ... Ich habe dir dein Lieblingsgulasch gekocht. Ich kann es für dich warm stellen ...«

Wir saßen einander gegenüber an dem langen spanischen Eßtisch. Ich sah ihn böse an, er war gedrückter Stimmung und merkwürdig zurückhaltend. Meine Mutter bediente uns ... humpelnd ... Niemand sprach ein Wort ... Meine Mutter schien unschlüssig.

»Jo, Liebling, was ist los? Schmeckt es dir nicht? Möchtest du noch etwas Soße?«

Wie gewöhnlich setzte sie sich nicht hin. Ich bat darum, nach oben gehen zu dürfen, und verließ das Zimmer. Ich scherte mich nicht darum, ob deswegen jemand böse auf mich war. Ich haßte diesen fiesen kleinen Mann. Meine Mutter rief mich nicht zurück.

Am nächsten Morgen stand von Sternbergs Wagen immer noch in unserer Einfahrt. Wir frühstückten zusammen auf der sonnigen Veranda, und ich mußte mich bei ihm für mein unverzeihliches Verhalten vom Abend zuvor entschuldigen, als ich vom Tisch aufgestanden war, ohne zu fragen. Meine Mutter hinkte immer noch, etwas weniger, aber sie stöhnte jedesmal leicht auf, wenn sie die Beine übereinanderschlagen wollte. Von Sternberg sah sie unverwandt mit Spanielaugen an.

»Jo, Süßer, es ist nicht so schlimm ... wirklich nicht«, versicherte sie ihm immer wieder. »Du hattest völlig recht. Ich wußte nicht, wie ich die Szene spielen sollte. Wie ich den Gesichtsausdruck hinbekommen sollte, den du wolltest. Aber jetzt hast du etwas zum Schneiden. Jetzt kriegst du es hin. Es tut mir leid, daß ich dir so viel Mühe gemacht habe.«

Ich bat um die Erlaubnis, gehen zu dürfen, damit ich meine Hausaufgaben für Deutsch machen konnte.

Ich war zu jung, um zu wissen, was meine Mutter hinter der abgeschlossenen Garderobentür wirklich tat. Und selbst wenn ich es gewußt hätte, hätte ich es nicht verstanden. Ich hätte auch die emotionalen Folgen ihres Verhaltens nicht verstanden. Dennoch wünschte ich mir heute, ich wäre mit meinem Urteil über jenen bemitleidenswerten Mann nicht so voreilig gewesen. Von Sternberg durfte seinen Packard neben unserem Cadillac parken. Meine Mutter wartete mit ihrer speziellen Art von Reue auf, eine praktische Variante, in der sie die emotionalen Bedürfnisse anderer dazu benutzte, eine verzwickte Situation zu entkrampfen und gleichzeitig den Schuldigen zu bestrafen.

*

Wir waren in der Garderobe und bereiteten die nach Abschluß eines Films üblichen Geschenke vor. Ich brachte Namensschilder an, Nellie hakte die Listen ab, und meine Mutter war in die Wardrobe gegangen, um dort herumzustöbern. Nach jedem Film wurden Pelze, Juwelen, Perlen und aller sonstiger Kleiderbesatz, der möglicherweise wiederverwendet werden konnte, sorgsam von den Kostümen abgetrennt und für künftige Produktionen aufbewahrt. Ich glaube manchmal, daß die Manie meiner Mutter, auch das kleinste Stückchen Pelz aufzubewahren, und wenn es noch so fusselig war, von diesem sparsamen Brauch in Hollywood herrührte. Travis ließ sie immer die Pelzbesätze durchsehen und alles mitnehmen, was ihr brauchbar erschien. Meine Mutter hatte auch gar nicht nachgefragt, ob sie dem Studio ihr herrliches Zobelcape abkaufen dürfe, wie es sonst bei Stars üblich war, was diesen eine Menge Geld sparte und bei den Buchhaltern des Studios ebenfalls gern gesehen war. Nein, die Dietrich erwartete natürlich, daß die Paramount ihr den russischen Zobel zum Geschenk machen würde. Doch eine derart extravagante Geste entsprach nicht deren Stil. Sie vergab der »Geschäftsleitung« diesen »Mangel an Anstand« nie.

Wenn sie an dem Tag, an dem sie die Kostüme der *Scharlachroten Kaiserin* durchwühlte, bereits gewußt hätte, daß sie das Cape nicht bekommen würde, hätte sie es sicherlich irgendwie geschafft, es zu klauen. Aber da sie noch nichts von diesem Verlust wußte, war die einzige Ausbeute ihres Ausflugs in die Wardrobe die Bordüre des Boudoir-Kleids und der hohe Nerzhut, den sie unter ihrem Kamelhaarmantel versteckte. Ich beschloß, ihre gute Stimmung auszunutzen und mein Glück zu versuchen.

»Mutti, ich bin jetzt mit den goldenen Feuerzeugen und den Krokodillederbrieftaschen für die Leute vom Ton fertig. Die Uhren von Cartier sind auch da, und die Eingravierungen stimmen alle. Meinst du nicht, wir sollten der Bedienung auch etwas schenken? Weißt du die, die sich jedesmal um uns kümmert, wenn wir uns etwas von der Kantine rüberkommen lassen.«

Meine Mutter stimmte mir zu, nahm sich eine der Listen und schrieb ans Ende: »Bedienung Kantine: signiertes Foto.« Dann suchte sie von Sternberg im Schneideraum auf. Ich hatte gehofft, zumindest eine knisternde Fünfdollarnote für meine Freundin herausschlagen zu können. Ich konfiszierte eine der vielen Armbanduhren, die für »Sekretärinnen, Scriptgirls, Assistenten, Requisite, Make-up und Friseusen« bereitlagen. Im Hinausgehen nahm ich an der Tür noch eins der dort bereitliegenden handsignierten Fotos und machte mich mit meinen Geschenken auf den Weg zu Maggie. Sie konnte es nicht fassen. Die Dietrich hatte an sie gedacht! Sie lief aufgeregt zu den anderen Serviererinnen und zeigte ihnen das Foto. »Sieh nur, was Miss Dietrich mir geschenkt hat! Ich kann es einfach nicht glauben. Ist sie nicht toll? Sieh nur, ein Foto mit einer richtigen Unterschrift. Das ist das beste Geschenk von allen!«

Die Abschlußparty fand auf dem Set der »Bankettszene« statt. Statt der falschen Schweinsköpfe standen jetzt überall die obligatorischen großen Platten mit Eiersalat und Schinken und riesige Schüsseln mit »russischem« Salat. Diese Pampe aus altem, mit Wasser vollgesogenem Gemüse vermischt mit Mayonnaise traf man unweigerlich auf jeder Party an, so wie es bei jeder Wohltätigkeitsveranstaltung Hähnchen à la King gibt. Niemand amüsierte sich wirklich, obwohl alle froh waren, daß der Film im Kasten war. Nach ein paar Gläsern an der Bar wurde die Stimmung etwas fröhlicher. Ich half die großen Lebensmittelkartons hereintragen, in die wir die ausgefallenen Geschenke meiner Mutter gepackt hatten. Sie überreichte jedem sein Geschenk persönlich, worauf der Beschenkte sich entweder schüchtern bei ihr bedankte oder sie überschwenglich küßte, je nach seiner Stellung. Niemand sprach mit von Sternberg. Er stand allein in einer Ecke und beobachtete meine Mutter. Als sie auf ihn zuging, um ihm sein Geschenk zu überreichen, versuchte er sich nach hinten ins Dunkel zu verdrücken. Doch sie zog ihn aus der dunklen Ecke heraus und sagte, so daß alle es hören konnten:

»Für meinen Meister! Für den einzigen Mann, der es versteht, mich schön zu machen, mich richtig zu beleuchten, das Genie, das mich führt, mir sagt, was ich tun soll, denn er allein weiß, was richtig ist. Ich verbeuge mich vor dir!« Sie beugte sich hinunter und küßte ehrerbietig seine Hand.

Alle zollten ihrer galanten Geste Beifall. Wenig später gingen wir. Jo kam nicht mit.

Fast unmittelbar danach begannen die Porträtsitzungen. Um das Gesicht aus der Paradeszene nachzustellen, rief meine Mutter von Sternberg ins Porträtstudio, damit er sie richtig ausleuchtete. Er tat es, aber mit einem kleinen Unterschied: Er machte es besser. Keiner wagte sich an das »Geburts«-Gesicht, nicht einmal sein Erfinder. Der Star dieser Sitzung war das Gesicht mit dem hohen Pelzhut. Im Vergleich dazu verblaßte alles andere, abgesehen von ein paar Fotos aus dem »Privatleben der Dietrich«, die in dieser Zeit entstanden. Auf einer dieser Aufnahmen trug sie einen ihrer weißen Knize-Anzüge und ihren weißen Lieblingsschlapphut, und damit sie nicht gar zu männlich wirkte, trug sie außerdem von Sternbergs blau und weiß getupften Seidenschal, Chevaliers Smaragd und ihren neuen Ehering von Jaray. Ich hoffte, Jo würde bei der Durchsicht der Probeabzüge denken, es wäre seiner.

Meine Mutter besaß eine wunderschöne Kollektion von Eheringen, die sie in einem Nähkästchen von Hermès zusammen mit Fäden und allem möglichen Krimskrams von ihren Fans aufbewahrte. Im Laufe der Jahre verschwanden die Nadeln und die Fadenrollen, während die Ringsammlung immer größer wurde. Ich nahm die Ringe gern heraus und sortierte sie der Größe nach. Goldringe in allen Breiten, angefangen von bescheidenen und dünnen Ringen bis hin zu sehr dicken und breiten Ringen von den wenigen Verehrern, die wirklich glaubten, sie könnten Besitzansprüche stellen. Am liebsten aber spielte ich mit den Diamantringen. Auch sie gab es in den Größen dünn, mittel und dick. In einige war ein Datum eingraviert, in andere ein paar Worte oder nur ein Spitzname. Es schien, als ob jeder Mann und jede Frau der Dietrich im Laufe ihrer Beziehung einen Ehering geschenkt hätten. Alle träumten sie davon, das Unbesitzbare zu besitzen. Manchmal trug sie den Ring, wenn die betreffende Person, die ihn ihr geschenkt hatte, anwesend war, aber meist kam sie ins Schlafzimmer, streifte das Zeichen ewiger Hingabe vom Finger und warf es zu der wachsenden Sammlung von Trophäen in ihrem Nähkästchen. Ich hielt mich ständig auf dem laufenden und führte Buch über die Sammlung. Ihren richtigen Ehering fand ich dagegen nie. Sie mußte ihn längst verlegt haben, bevor wir anfingen, bei Hermès einzukaufen.

Von Sternberg hatte zwar bereits während der Dreharbeiten mit dem Schneiden begonnen, aber erst jetzt ging er richtig an die Arbeit. Er zog seine weißen Baumwollhandschuhe an, um seine Hände vor den scharfen Zelluloidkanten und die Oberfläche des Filmstreifens vor Fingerabdrücken zu schützen, schloß sich zusammen mit dem »offiziellen« Cutter und dem Moviola-Gerät im Schneideraum ein, und beide waren für Wochen von der Bildfläche verschwunden. Meine Mutter begann ihren berühmten nächtlichen Suppenküchenservice.

Ein Filmstudio bei Nacht ist ein gespenstischer Ort. Alles ist plötzlich so dunkel, still, tot und unwirklich. Der Nachtwächter kannte unseren Wagen und winkte uns herein, während er weiter an den Knöpfen seines großen Holzradios drehte und versuchte, einen störungsfreien Sender einzustellen, damit er während der langen Nacht nicht so einsam war. Wir fuhren langsam durch den hinteren Teil des Filmgeländes, und unsere Scheinwerfer beleuchteten die unterschiedlichsten Szenerien, zusammenhanglos und doch vertraut – ein New Yorker Laternenpfahl, eine windschiefe Häuserfront in »Little Italy«, Straßenpflaster aus dem alten »San Francisco«, über das unser Wagen rumpelte, zierliche Eisenbalkone aus »New Orleans«, eine Pyramide taucht auf und verschwindet. Stille! Überall!

Wir biegen um eine Ecke – und plötzlich gleißendes Licht. Menschen, Kameras, ratternde Generatoren! Hektische Betriebsamkeit, Lärm. Der fahrbare Kantinenwagen dampft. Eine Nachtszene wird abgedreht, und die vierzig Liter fassenden Kaffeebehälter kommen nicht zur Ruhe. Während die anderen kleinen Welten um uns herum tot und abgestorben sind, ist diese Szenerie aus dem London des 19. Jahrhunderts voller Leben. Wir fahren daran vorbei und erreichen unser Ziel. Ein altes, schindelverkleidetes Gebäude. Durch Ritzen in den schwarzen Rollos im zweiten Stock dringt Licht nach draußen. Dahinter sitzen zwei Genies und schneiden die Arbeit vieler Talente zu einem würdigen Beispiel ihrer Kunst zusammen. Wir tragen die Thermoskannen mit Suppe, Kraftbrühe, Kaffee, die Hähnchen-, Schinken- und Salamibrötchen, die Teller, Tassen und Damastservietten hinein. Sie zeigen meiner Mutter die Ergebnisse, auf die sie am meisten stolz sind. Sie hat großen Respekt vor der Kunst des Schneidens und ein unheimliches Gespür dafür. Ich sitze stumm daneben und höre zu. Nach ein paar Stunden fahren wir wieder nach Hause. Der Nachtwächter winkt uns, als wir das Tor passieren. Es ist drei Uhr morgens, und die Straßen sind noch menschenleer. Wir kommen schnell voran, so daß Bridges uns um vier zu Hause abliefert.

Vor der Abreise sahen wir uns noch den Rohschnitt des Films an. Der Vorführraum war gepackt voll. Meine Mutter saß neben von

Sternberg und gab ihre Kommentare in dem ihr eigenen »Flüsterton« ab, das heißt so laut, daß alle sie hören konnten.

»Das hast du doch vierzigmal gedreht – und diese Einstellung hast du dann genommen?«

»Das hast du mich unzählige Male wiederholen lassen. Hat sich aber nicht gelohnt.«

»Wo ist denn die Szene, für die wir das herrliche Samtkleid gemacht haben? Hast du die etwa rausgeschnitten?«

»Na bitte, hatte ich doch recht. Ich sagte doch, daß man in diesem Film keine Schuhe sehen würde.«

Und schließlich zu der Szene, in der sie die Kirchenglocken läutete: »Jo, du hättest mich das noch fünfzigmal wiederholen lassen sollen. Du hattest recht. Ich war schlecht. Du hättest nicht aufhören sollen. Ich hätte weitermachen können, bis ich es dir recht gemacht hätte.«

Ich hoffte, daß ich mir den fertigen Film eines Tages in Ruhe ansehen konnte.

Ich hatte die Maskottchen eingepackt, die Garderobe war leer. Die Schrankkoffer und die größeren Konfettielefanten waren bereits auf dem Weg zu einem New Yorker Pier. Die Herde kleiner Elefanten wartete mit uns auf die Abreise. Ich verabschiedete mich von den Hausmädchen und dem freundlichen Gärtner – der Hund und die Hasen waren bereits anderweitig untergebracht – und folgte meiner Mutter und von Sternberg aus dem Haus. Das Colleen-Moore-Haus war für ein weiteres Jahr angemietet worden und würde auf uns warten, wenn wir hierher zurückkehrten. Ich genoß das neue Gefühl, zu wissen, wo wir bei unserer Rückkehr wohnen würden. Im Zug nahm ich mir zwei Fünfundzwanzig-Cent-Münzen aus der Trinkgeldschale und verknotete sie in meinem Taschentuch. Ich betrat das Waldorf-Astoria mit richtigem Geld in der Tasche. Ein herrliches Gefühl!

Brian war in New York. Ich sah ihn zwar nicht, aber meine Mutter unterhielt sich lange mit ihm am Telefon, und als sie aus dem Schlafzimmer kam, hatte sie ein zufriedenes Gesicht und bestellte beim Zimmerservice Earl-Grey-Tee und Gurkensandwiches. Ich war auch zufrieden. Brian war wieder da und wieder aufgenommen! Ich war so glücklich, daß es mir fast gar nichts mehr ausmachte, nach Europa zurückkehren zu müssen.

Mein Vater holte uns am Bahnhof ab. Tami und Teddy warteten in unserer Suite im Hotel Plaza Athénée auf uns. Das geliebte Paris meiner Mutter hatte uns wieder. Ich fragte mich, ob die jungen Mädchen immer noch herumhüpften und wilde Erdbeeren pflückten. Meine Mutter rief von Sternberg, Brian, Chevalier, Jaray und andere an. Mein Vater kümmerte sich um das Gepäck und verteilte das Trinkgeld nach einem narrensicheren System, das immer wirkte und sofort die erstaunlichsten Resultate zeigte. Das System funktionierte ungefähr so: Man gebe beim Betreten des Hotels allen Bediensteten ein fürstliches Trinkgeld, ungefähr das Doppelte der erwarteten Summe. Das macht beliebt und sorgt für einen guten Service, da es den Appetit auf weitere großzügige Geschenke dieser Art steigert. Dann gibt man bis zur Abreise nichts mehr. Will man später wieder in dem betreffenden Hotel absteigen, sollte man vor der Abreise noch einmal ein großzügiges Trinkgeld verteilen. Ist das nicht der Fall, gibt man nichts. Die anfängliche Investition hat ihren Zweck erfüllt, den guten Service. Das Personal ist selbst schuld, wenn es sich mehr erwartet hat.

Ich hatte gedacht, daß wir sofort nach Wien, der Stadt des Schlags, weiterreisen würden, aber wir blieben in Paris. *Die scharlachrote Kaiserin* hatte meiner Mutter Lust auf Pelze gemacht, so gingen wir Pelz-Shopping.

Afrika, Alaska und der größte Teil von Sibirien lagen meiner Mutter zu Füßen. Sie stand inmitten einer unerschöpflichen Auswahl von Fellen: Leopard, Tiger, Gepard, alle Fuchsarten, rot, silber, grau, weiß, Biber, Nutria, Hermelin, Breitschwanzschaf, Chinchilla, Zebra, Schneeleopard, Nerz und unser berühmter Zobel mit den silbernen Haarspitzen. Ein wahrer Alptraum für einen Tierschützer, aber in jenen Tagen dachte noch niemand an so etwas. Meine Mutter zeigte auf Felle und sagte, was daraus gemacht werden sollte. Ein bodenlanges Nerzcape, das zu dem gestohlenen Hut aus der Paradeszene paßte. Aus dem rotblonden Fuchs wollte sie sich ein dreiviertellanges Cape schneidern lassen. Die Silberfüchse mit den baumelnden Pfoten und den glänzenden schwarzen Nasen sollten an den Schnauzen zusammengenäht werden, damit man sie sich lässig zu einem schwarzen Kostüm über die Schulter werfen konnte. Graue Füchse tun denselben Dienst bei grauen Flanellkostümen. Ein Trenchcoat aus Jungrobbenfell paßt hervorragend zu weißen Flanellhosen. Ein Mantel aus Nutria für die Fahrt zum Studio an kalten Morgen. Seit jenem Morgen, als mein Vater bei unserer Abreise aus Berlin die Aufmachung meiner Mutter kritisiert hatte, mied sie Leopard und Tiger. Alle Arten von gemusterten Pelzen waren für sie jetzt zu auffallend und lenkten nur von der

Trägerin ab. Hermelin war nur etwas für »königliche Hoheiten«, für Leute, die »Silberspitzen und alte Tiaras tragen«. Wenn bei Hermelinen die Schwänze mit den schwarzen Spitzen noch zu sehen waren, sagte sie angewidert: »Das ist nun wirklich etwas für alte Königinnen und Kostümfilme.« Chinchilla haßte sie am meisten. Das paßte höchstens zu »alten Matronen mit blaugefärbten Haaren und riesigem wogendem Busen«. Das einzig Gute an Chinchilla war seine herrliche Leichtigkeit; schade, bei einem so »häßlichen« Pelz.

Walter Reisch, der talentierte Drehbuchautor und langjährige Freund meiner Mutter, erzählte mir 1980: »Deine Mutter rief mich eines Tages an und sagte, sie habe soeben ihre neue Schallplatte erhalten und wolle sie mir gern vorspielen. Sie wohnte zu der Zeit in einem der Appartements von Mitchell Leisen unten am Sunset Boulevard. Sie hatte niemanden, der sie herfahren konnte, daher bot ich ihr an, sie gegen eins abzuholen. Sie bestand darauf, vor dem Haus auf mich zu warten. Als ich ankam, stand sie in der prallen Sonne mit ihrem Grammophon unterm Arm und einem langen Chinchillacape, wie immer strahlend schön. Als wir bei mir zu Hause waren, spielte sie mir ihre neue Platte vor – zwanzig Minuten lang nur Applaus, aus ihrem Londoner Album herausgeschnitten. Es war der Tag, an dem Lubitsch starb.«

Die Dietrich und ein Abendpelz am hellen Tag? In der prallen Sonne und in dem von ihr verachteten Chinchilla?

Der nette alte Mann fuhr fort: »Weißt du, daß deine Mutter nicht zu von Sternbergs Beerdigung kam? Aber als seine zweite Frau nach Hause kam, war sie zur Stelle und wartete auf sie. Sie war extra von New York hergeflogen, um bei ihr zu sein. Sie sagte, sie sei nicht zur Beerdigung gegangen, um Jo nicht die Show zu stehlen.«

Reisch erzählte mir das in einem ehrfürchtigen und respektvollen Ton. Bei allem, was er über meine Mutter wußte, war er immer noch ihr Fan geblieben.

Weitere wichtige Erinnerungen fielen ihm ein: »Da saß sie nun vor Jos Frau, so traurig und so strahlend schön. Ganz in Schwarz in einem langen Chinchillacape.« Er kam immer wieder auf jenes Cape zurück, das meine Mutter nie besaß. Ich versuchte nicht, den alten Mann zu berichtigen, er hatte es eben irgendwie mit dem Chinchilla.

»Da stand sie, über und über mit Diamanten bedeckt ...« Auch so eine Floskel, denn die Dietrich hatte nie so viele Diamanten, um sich »über und über« damit zu bedecken. Genauso wie es immer heißt:

»Sie stand im Türrahmen und trug ein Marabu-Negligé« – wahrscheinlich war es nur ein alter Frotteebademantel, den sie in einem vornehmen Hotel hatte mitgehen lassen. Oder: »Marlene ging in Las Vegas in einem ihrer glitzernden Kostüme spazieren.« Nur daß sie nie zu Fuß ging, und erst recht nicht in Las Vegas. Völlig unmöglich! Und das »glitzernde Kostüm« trug sie auf der Bühne, und wenn sie es angezogen hatte, konnte sie sich nur noch trippelnd bewegen wie eine Geisha. Ständig wurde die Wirklichkeit durch solche Ausgeburten der Phantasie überdeckt, ohne daß sich jemand darum scherte, wie plausibel die aufgestellten Behauptungen waren. Die Aura der Dietrich war wie andere von Menschenhand geschaffene Legenden so mächtig, daß sie sogar jene täuschen konnte, die es eigentlich besser wissen müßten. Phantasie wird zu Realität und durch ständige Wiederholung zu einer allseits akzeptierten Tatsache. Dank Walter Reisch ist mir ein Name für dieses Phänomen eingefallen: »Chinchilla-Syndrom«.

Auch ich bekam einen neuen Pelzmantel anstelle meines zu kleinen Mantels aus weißem Kaninchen. Dazu kam ein passendes Hütchen aus sehr weichem mausgrauen Eichhörnchen. Ich hätte lieber einen Wollmantel gehabt und meinem neuen Mantel Nüsse gefüttert.

Seltsamerweise hatte es meine Mutter nicht eilig, Jaray zu besuchen. Sie sprach morgens und spätabends mit ihm, aber wann immer ich »Die Blaue Donau« auflegte, forderte sie mich auf, doch lieber eine Platte von Bing Crosby zu spielen. Sie war zwar Crosbys Aktivitäten in der Garderobe gegenüber kritisch eingestellt, aber als Sänger bewunderte sie ihn. Ich glaube, Jo hätte sich sehr darüber gefreut, wenn er gesehen hätte, wie »russisch« wir immer noch waren. Wir sahen Strawinsky seinen *Feuervogel* dirigieren. Wenn Serge Lifar, Nijinskis Erbe, in die Luft sprang und Pirouetten drehte, wurde er begeistert gefeiert. Er schien vorne und hinten nur aus Muskeln zu bestehen, die sich unter weißen, enganliegenden Hosen abzeichneten. Meine Mutter beugte sich in unserer verdunkelten Opernloge zu meinem Vater hinüber und flüsterte: »Hat er sich da vorne Kotex reingestopft, oder ist das alles echt?«

Ich war noch nicht dazu gekommen, Nellie zu fragen, was »Kotex« war. Ich wußte, daß amerikanischer Toast angeblich danach schmeckte, und jetzt eignete es sich offensichtlich auch zum Ausstopfen von irgendwelchen Dingen. Ich schaute durch mein teures Opernglas und versuchte herauszufinden, was genau das Interesse meiner Mutter erweckt hatte.

Außerdem aßen wir täglich »russisch«. Wir hätten uns das Essen für die »Bankettszene« von Korniloff liefern lassen sollen. Wir aßen nach Herzenslust, und wenn ich nicht gerade meinen »Kleinmädchen-Wachpflichten« nachgehen mußte, aß ich gerne dort. Zumindest bis zum Abend der »Schwarzbrot-Katastrophe«.

Ich erinnere mich nicht mehr, ob Paderewski an jenem Abend mit dabei war oder nicht, aber wie üblich hatten wir einen unserer ehrfurchtgebietenden Auftritte. Die Dietrich strahlend schön in einem schwarzen Abendkleid, mit Diamanten und einem neuen bodenlangen Nerzmantel, daneben ein attraktiver Ehemann im Smoking und ein Kind in Knittersamt, eine gutaussehende Gouvernante ebenfalls im langen Abendkleid und diverse illustre Gäste. Die Presse hatte vor einiger Zeit beschlossen, Tami einer bestimmten Person im Dietrich-Haushalt zuzuordnen, und dieser jemand war ich. Ich wagte nie zu fragen, wieso man ausgerechnet auf mich verfallen war und nicht auf die Person, zu der Tami in Wirklichkeit gehörte – mein Vater. Als ich eines Tages hörte, wie meine Mutter den Hotelportier fragte, ob er »Miss Tamara, die Gouvernante« ihrer Tochter, gesehen habe, beschloß ich, die Sache auf sich beruhen zu lassen und keine Fragen zu stellen. Wenn niemand anders sie für sich beanspruchte, so wollte ich sie gerne haben. Wir traten also ein und wurden sogleich von einer Schar Kellner umringt. Würdevoll schreitet die regierende Königin von Paris zu dem Tisch, an dem sie immer sitzt, gefolgt von ihrem prächtigen Troß. Alle Köpfe drehen sich und starren uns an. Auf einen Wink der manikürten Hand meines Vaters werden uns die Plätze zugewiesen, und wir setzen uns. Ich lege die Hände gefaltet in den Schoß, strecke den Rücken und warte, bis die Gespräche und das Bestellen anfangen. Ich höre deutsche, französische, polnische, tschechische und russische Gesprächsfetzen. Mein Vater sprach die meisten Sprachen gut genug, daß er darin das Essen bestellen und darüber diskutieren konnte. Er war an jenem Abend sehr aufmerksam und sehr geduldig mit seinen Schützlingen. Jeder wollte etwas anderes, keiner folgte der Bestellung seines Vorgängers. »Nein ... nein ... nein, keinen frischen Kaviar ...« Ein solches Essen könne man nur mit Preßkaviar beginnen. Sofort eröffnete meine Mutter ein Gespräch über die Vor- und Nachteile von gepreßtem und frischem Belugakaviar. Ich fürchtete, daß wir nicht vor Mitternacht zum Hauptgang schreiten würden. Schließlich fand jedoch auch die Diskussion über die Störeier ihr Ende – und mein Vater hatte alles übersetzt. Der entnervte Oberkellner wurde mit der Bestellung entlassen. Ich war so hungrig, daß ich am liebsten von Teddys Piroschkis gegessen hätte, an denen er unter meinem Stuhl genüßlich herumknabberte. Bei der Suppe passierte es! Wie alle großen Katastrophen ohne Vorwarnung. Mein Vater prüfte seine Borschtschsuppe. Alles schien in bester Ordnung. Obenauf schwamm ein Häubchen saure Sahne wie ein Eisberg in einem dunkelroten Meer. Seine Augen glitten suchend über den Tisch, seine Stirn runzelte sich. Ich folgte seinem Blick. Stimmte denn etwas nicht? Meine Limonade konnte es nicht sein. Er hatte sie selbst gekostet, mir gesagt, sie sei frisch gepreßt, ich könne sie getrost trinken ... Mein Vater hob seinen eleganten Smokingarm, der Oberkellner sprang herbei.

»Wo ist der Pumpernickel?« fragte mein Vater mit jenem singenden Tonfall, der bei ihm immer Unheil verkündete.

»Oh, Monsieur Sieber. Ich bitte tausendmal um Entschuldigung. Ausgerechnet heute morgen, der Bäcker ... ein Mann, der schon für den Zaren Brot gebacken hat ... seine Frau, eine wunderschöne junge Frau aus Minsk, starb bei der Geburt ihres Kindes. Welch eine Tragödie ... Wir haben alle geweint! Das Kind soll Natascha heißen, in Erinnerung an ...«

»Sie servieren Borschtsch ohne Pumpernickel?« unterbrach mein Vater diese interessante Geschichte.

»Oh, Monsieur! Welch eine Tragödie! Sie war noch so jung ...«

»Wollen Sie damit sagen, daß Sie keinen Pumpernickel haben?«

»Ja, Monsieur, *oui, yes, dah*.«

Der Arme zitterte vor Angst. Langsam nahm mein Vater die große Leinenserviette vom Schoß, legte sie neben die rote Suppe und erhob sich. Der gesamte Tisch tat es ihm nach, und wie Untote defilierten wir in königlicher Pracht aus dem Lokal, unserem hypnotischen Führer folgend. Die Dietrich sorgte dafür, daß ihr Mann dieses denkwürdige Abendessen nie vergaß. Es regte sie zur Erfindung der ersten großen Abendtasche an. Die Modewelt hielt das selbstverständlich wieder für eine ihrer originellen Neuerungen. Wir jedoch wußten, daß sie nur dadurch auf die Idee gekommen war, weil sie von diesem Abend an immer ein paar Scheiben Pumpernickel mitnahm, wenn wir in ein Restaurant gingen, in dem Borschtsch serviert wurde.

»Liebling, vergiß bitte Papis Pumpernickel nicht. Wir essen heute abend russisch«, rief sie mir zu und griff nach einer solchen Tasche. Bevor wir bestellten, verkündete sie mit einer Stimme, die in jeder Ecke des Lokals zu hören war: »Wir können heute abend Borschtsch essen. Ich habe Papis Brot mitgebracht.«

Ganz gleich, wie peinlich jener berühmte Abend war, mein Vater bekam es heimgezahlt – mit Zins und Zinseszins. Meine Mutter legte die Gewohnheit, Brot mit ins Restaurant zu nehmen, ihr ganzes Leben nicht mehr ab.

Bezaubernd schön in ihrem neuen Rotfuchscape, reiste meine Mutter schließlich in Begleitung von vierzig Koffern und meinem Vater nach Wien. Ich mußte nicht mit. Kein Schlag. Kein Mozart. Keine Schwärmerei für Hans Jaray! Wie wunderbar! Ich blieb mit Tami und Teddy in der Wohnung meines Vaters. Ich durfte seine Privaträume nicht betreten, befolgte aber wie üblich dieses Verbot nicht. Er hatte sich sein Berliner Kloster nachgebildet. Beim Betreten des Schlafzimmers glaubte man sich in einer Mönchszelle. Mir war beim letztenmal gar nicht aufgefallen, wie düster alles war. Der Geruch nach Bienenwachs und Weihrauch war überwältigend. Wie hielt Tami es nur in diesem Grab von einem Bett aus? Man lag wie aufgebahrt! Jo hätte meinem Vater einen der Bankettstühle schenken sollen. Er wäre begeistert gewesen, und eine »Leiche« hätte sich am Fußende des Bettes prächtig gemacht.

Die in Paris zurückgelassenen »Kinder« amüsierten sich prächtig. Wir unternahmen alles mögliche. Wir gingen im Jardin de Luxembourg spazieren, bastelten aus Papier und Zweigen kleine Segelboote und ließen sie zwischen den teuren, im Laden gekauften Schiffen im großen Brunnen schwimmen. Wir schlenderten über die Champs-Élysées. Unbemerkt! Unerkannt! Ungehindert! … Überall, wo wir hinkamen, waren wir ganz normale Leute. Niemand! Wenn wir uns irgendwo zum Essen hinsetzten, bestellten wir ganz allein und genau das, was wir wollten, und so schnell, daß der Kellner kaum mit dem Aufschreiben nachkam. Dann kicherten wir jedesmal über diesen Witz, den nur wir verstanden. Dieses Gefühl von Freiheit war herrlich. Wir wünschten, es würde nie aufhören.

Mein Vater rief an, bestellte Berge von Blumen für die Hotelsuite meiner Mutter und befahl mir, wieder dorthin umzuziehen. »Herr und Frau Rudolf Sieber«, besser bekannt als Marlene Dietrich und Mann, kehrten früher zurück als geplant.

Die Atmosphäre war unheilsschwanger. Irgend etwas war in Wien passiert. Aber warum sah dann Tami aus, als hätte sie geweint? Jaray hatte doch nichts mit ihr zu tun, oder? Sie war so glücklich gewesen, hatte so gut ausgesehen und schien sogar endlich ein wenig zugenommen zu haben. Ich konnte mir keinen Reim darauf machen. Meine Mutter war über etwas sehr wütend. Sie telefonierte stundenlang hinter verschlossener Tür, so daß ich kein Wort verstand. Mein Vater sah mißmutig aus, und Tami wirkte mit jedem Tag verstörter. Hans Jaray konnte nicht der Grund für all diese Trübsal sein. So wichtig war er in unserem Leben nicht. Vielleicht hatte Hitler etwas Schreckliches getan, das mir niemand sagen konnte. Ich machte mir nur Sorgen um Tami ... Warum war sie plötzlich so zerbrechlich, so verloren?

Als ich eines Nachmittags das Zimmer meiner Mutter betrat, hörte ich sie sagen: »Jo? Ich habe angerufen. Wo warst du? Ich habe extra hier gewartet, daß du mich zurückrufst. Es geht um Tami. Weißt du, was diese Frau getan hat ...« Sie warf die Tür zu ihrem Schlafzimmer zu, damit ich nicht mithören konnte. »Diese Frau?« Tami? Das war ungefähr so, wie wenn sie Maria zu mir sagte. Das bedeutete sehr dicke Luft. Was konnte ausgerechnet Tami so Schreckliches angestellt haben?

Erst Jahre später erfuhr ich, daß die Dietrich darauf bestanden hatte, daß Tami ihre erste Abtreibung vornehmen ließ. Sie hatte die Sache arrangiert und den Arzt bezahlt. Dann überließ sie es der »Sünderin«, selbst damit fertig zu werden.

Wortlos und unter großer Anspannung packten wir, verabschiedeten uns und reisten ab.

Das Dampfschiff *Île de France* leuchtete wie eine Flasche französisches Parfüm. Sie war der Stolz der französischen Schiffahrt. Erst im darauffolgenden Jahr sollte die große *Normandie* ihr und allen anderen Luxuslinern späterer Zeiten diesen Rang streitig machen. Aber während die zukünftige Königin noch in der Werft lag, kokettierte die *Île de France* mit ihren Reizen und hielt hof. Im Frühjahr 1934 inszenierte die Dietrich auf der beigefarbenen Marmortreppe des Schiffs ihre Auftritte, und der opulente Erste-Klasse-Speisesaal wurde zur perfekten Kulisse für ein »berühmtes« Zusammentreffen.

Ernest Hemingway und Marlene Dietrich begegneten sich eines Abends am Fuß jener imposanten Treppe der *Île de France* zum erstenmal. Dieses berühmt gewordene Ereignis wird meistens so erzählt: Die Dietrich schreitet in einem weißen, rückenfreien Abendkleid aus Satin mit tiefem Ausschnitt und vielen Diamanten die Treppe herunter. Sie nähert sich, die lange, mit Chinchilla gesäumte Satinschleppe hinter sich herziehend, dem Tisch ihres Gastgebers. Als sie sieht, daß sie der dreizehnte Gast am Tisch ist, schreckt sie zurück, abergläubisch wie sie ist. Ein unbekannter junger Mann in einem schlechtsitzenden, geliehenen Smoking, der sich von der dritten in die erste Klasse heraufgeschlichen hat, geht auf den wunderschönen, verwirrten Star zu und sagt: »Machen Sie sich keine Sorgen, Miss Dietrich. Ich werde der vierzehnte sein.«

Da *In einem anderen Land* bereits veröffentlicht und allseits gelobt, nach Hollywood verkauft und mit Stars wie Gary Cooper und Helen Hayes verfilmt worden war und da Hemingway sich auf dem Heimweg von seiner ersten Safari befand, kann man davon ausgehen, daß er einen eigenen Smoking besaß, daß er es sich leisten konnte, erster Klasse zu reisen und dies wahrscheinlich auch tat, und daß er gleichfalls zu der Abendgesellschaft eingeladen war, zu der die Dietrich einzig und allein deshalb erschien, weil sie den Mann kennenlernen wollte, dessen Werk sie kannte und bewunderte. Deshalb trug sie ein hochgeschlossenes, keinesfalls rückenfreies schwarzes Abendkleid aus Samt, mit langen Ärmeln, dazu eine einzige Diamantbrosche. Schließlich war sie angezogen für eine private Abendgesellschaft und nicht für einen Auftritt im Folies-Bergère. Aber ist die erste Version der Geschichte nicht viel besser? Paßt sie nicht viel mehr zu den beiden zukünftigen »lebenden Legenden«? Wenn ein Märchen und ein Chinchilla-Syndrom zusammenkommen, das ist doch etwas! Gemeinsam werden sie alle Logik außer Kraft setzen und für immer währen.

Daß die Dietrich und Hemingway dicke Freunde waren, das stimmt. Daß sie ihn »Papa« und er sie »Kraut« oder »Tochter« nannte, wie er es oft mit den ihn bewundernden Damen seines inneren Kreises tat, ist ebenfalls richtig. Daß sie jemals Liebhaber waren, stimmt nicht. Daß er die Welt gern das Gegenteil glauben lassen wollte und sie ihm deswegen nicht böse war, stimmt wieder. Sie half ihm sogar dabei, diese Legende unter die Leute zu bringen, indem sie beständig aufs »heftigste« alle Andeutungen abstritt, wonach sie je ein Liebespaar gewesen seien oder immer noch seien. Für meine Mutter war Hemingway der tollkühne Kriegsberichterstatter im hochgeschlagenen Regenmantel, der Großwildjäger mit der schußbereiten Flinte, der sich entschlossen dem angreifenden Rhinozeros in den Weg stellt, der einsame Philosoph, der sich mit blutenden Händen an seine Angelschnur klammert. Wer immer er gern sein wollte, sie akzeptierte und glaubte es. Sie, die bedingungslose Anhängerin all seiner Phantasien, bewunderte ihn und war überzeugt, daß sie seine allerbeste Freundin war. Er bewunderte sie um ihrer Intelligenz und Schönheit willen und sonnte sich mit schüchternem Stolz in ihrer überschwenglichen Vergötterung seiner Person.

Als der traurige und sanfte Mann sich 1961 eine Kugel durch den Kopf jagte, trauerte meine Mutter um ihn und fragte mich immer wieder: »Warum hat er so etwas Dummes getan? Sicher ist seine Frau daran schuld. Sie hat ihn dazu getrieben! Das muß es sein ... Was sonst? Oder glaubst du, daß er vielleicht ... Krebs hatte?«

Hätten sich ihre Schicksale vertauscht, hätte er mit seiner Fähigkeit zur Freundschaft all ihre Gründe gekannt und verstanden. Auch sie hätte seinen Kummer eigentlich verstehen sollen. Seine Briefe an meine Mutter sind voller tiefster Ängste. Ich habe sie alle. Ich wünschte, seine Witwe hätte mir erlaubt, einige von ihnen hier abzudrucken. Ich hätte sie gern zugänglich gemacht. Sie sind wie der Mann, der sie geschrieben hat – wunderbar! Aber meine Mutter sah nur, was für jeden sichtbar an der Oberfläche des Menschen lag.

*

Ich habe nie verstanden, warum das Zollgebäude am New Yorker Hafen »Shed«, also »Scheune«, genannt wurde. Das Gebäude zog sich nämlich über die gesamte Länge des Landungsstegs hin, hatte die Größe eines Fußballstadions und war, von einem gewölbten Glasdach abgesehen, genauso offen. Vom Meer her bliesen eisige Winde und sorgten dafür, daß wir rasch eiskalte Füße hatten, während wir unter einem großen Schild mit dem ersten Buchstaben unseres gesetzlichen Nachnamens standen und darauf warteten, von den Zöllnern kontrolliert zu werden. Um uns standen wie üblich unsere zwölf Schrankkoffer – ein Stonehenge am Hudson! Die ungefähr sechzig Stücke unseres normalen Gepäcks waren zu Türmen aufgeschichtet. Wir warteten also unter dem großen roten »S« für Sieber. Für die Öffentlichkeit rangierten wir unter »D«, aber beim amerikanischen Zoll kannten wir unseren Platz. Da das Alphabet am Eingang des Gebäudes gleich neben der Landungsbrücke anfing, wickelten sich die Leute ab Buchstabe »G« in Reisedecken ein, die sie extra zu diesem Zweck nicht in ihre Koffer gepackt hatten, knöpften sich die Pelzmäntel zu, rauchten und schickten sich in den wohlbekannten Leidensweg. Der Zementboden war so kalt, daß die meisten Frauen auf ihre Koffer stiegen und es sich dort bequem machten. Silberne Flachmänner machten die Runde, und Leute, die zuvor mehrere Tage auf demselben Schiff den Ozean überquert hatten, sprachen hier zum erstenmal miteinander und lernten sich kennen. Es entstand eine Art Kameraderie zwischen Menschen, deren Nachname mit demselben Buchstaben begann. Ich wünschte, wir hätten uns auch auf unsere Koffer setzen und eine Party machen können. Aber unsere Koffer waren zu hoch, um hinaufklettern zu können, und meine Mutter hielt nichts von derlei Frohsinn, während man eine ernste Angelegenheit erwartete. Auf eine Art hatte sie ja recht. Schmuggler sollten sich am Zoll ernst benehmen. Denn diesmal hatten wir nicht nur das übliche Vermögen in Kleidern, Anzügen, Handtaschen, Schuhen, Hüten und Federn bei uns, sondern auch all die neuen Pelze. Meine Mutter fand sich zeitlebens nicht mit der Existenz von Zollinspektoren ab. Ihr Leben lang betrachtete sie sie als »Feinde«. Sie haßte sie und das System, das ihnen ihre Autorität verlieh, den Blick in ihre »gierigen kleinen Augen« und ihre stereotype Frage: »Miss Dietrich, haben Sie etwas zu verzollen?«, während sie die von meinem Vater vorbereitete und zurechtgebogene fünfseitige Erklärung unter den Arm geklemmt hatten. Am meisten aber haßte sie die unheilvolle, gewöhnlich zuckersüß vorgebrachte Aufforderung – eine Art sanftes Totengeläut: »Würden Sie die Koffer bitte öffnen. Alle.« Ich konnte mich nie entscheiden, was schlimmer war: der Zoll oder die Reporter. Denn eines war klar: Sobald wir mit dem Zoll fertig waren, mußten wir hinaus, wo bereits eine Horde von Reportern auf uns lauerte. Egal, was passierte, meist verließen wir die Halle, noch bevor Buchstabe »K« durch war. Paramount schickte jedesmal beflissene junge Männer, die bei der Ankunft der Dietrich behilflich sein sollten. Für gewöhnlich wurden sie nach einer gewissen Zeit ausgetauscht, vermutlich um die Zahl von Nervenzusammenbrüchen in erträglichen Grenzen zu halten. Außerdem schickten damals auch die großen Hotels ihre Vertreter, um wichtigen Gästen die Einreise zu erleichtern. Der Mann vom Waldorf-Astoria war ein erfahrener Organisator. Er erwartete uns mit einem eigenen Mitarbeiterstab von gut ausgebildetem Hilfspersonal und einem Umzugslaster, und die Taschen seiner Hoteluniform waren gestopft voll mit Fünf- und Zehndollarnoten. Auf der Hotelrechnung meiner Mutter beliefen sich allein die Kosten für die schnelle Erledigung der Formalitäten am Pier zuweilen auf bis zu dreihundert Dollar – und das während der Depression!

Ich mochte die Waldorf Towers, jenes Allerheiligste des Waldorf-Astoria mit seinen eigenen Aufzügen und dem bescheidenen Nebeneingang. Wir blieben eine Weile. Ich sortierte die Blumenkarten und schloß mit den Zimmermädchen und Bediensteten unseres hoch oben in den Wolken gelegenen Appartements Freundschaft. Meinen Leibwächter dicht auf den Fersen, schlich ich mich hinaus, um einen Blick auf das neue Empire State Building zu werfen. Ich stand auf dem Gehsteig, lehnte mich zurück und versuchte, bis ganz hinauf zur Spitze zu sehen; dabei wurde mir schwindlig. Morgens packte ich meist die täglich eintreffende Lieferung Bücher aus dem Buchladen aus, räumte den Stapel Goethe vom Nachttisch meiner Mutter und ersetzte ihn durch Hemingway, Faulkner, Fitzgerald und Sinclair Lewis. Ich war erleichtert, meine Mutter schließlich doch noch aus den Klauen ihrer deutschen »Götter« befreit zu sehen. Und dazu hatte es dieses netten, freundlichen Amerikaners Hemingway bedurft! Sie verlebte eine herrliche Zeit. Ich sah sie kaum, außer wenn sie ins Hotel kam, um sich zwischen Abendgesellschaften mit Schriftstellern, kleinen Dinnerpartys, bei denen ausschließlich »intelligente« Gespräche geführt wurden, Theaterbesuchen und ernsten Nachtklubbesuchen umzuziehen. Die Dietrich schloß sich nur selten einer Gruppe an. Aber jetzt hatte sie, wie später in ihrer Zeit mit »Gabin und französischen Patrioten«, nicht nur mit einer Person Umgang, sondern mit vielen. Wir wechselten sogar die Sprache. Wir unterhielten uns auf Englisch, und wahrscheinlich aufgrund des amerikanischen Einflusses legte meine Mutter eine Fröhlichkeit an den Tag, die ich an ihr überhaupt nicht kannte. Es war großartig! Manchmal nahm sie mich zu einem Essen mit. Ich saß artig dabei, aß meinen geräucherten Lachs, beobachtete und hörte zu. Jetzt, da die Prohibition vorüber war, schien jedermann die verlorene Zeit wettmachen zu wollen und trank unzählige Cocktails aus hohen, lilienförmigen Gläsern, die die alten klobigen Kaffeetassen ersetzt hatten. Dorothy Parker gab sich kühl und scharfzüngig. Eine nervöse Dame mit einem komischen Namen gab ihrem Mann, Scott Fitzgerald, genuschelte spitze Antworten. Ich mochte Scott Fitzgerald gern, er hatte etwas Besonderes, die Nettigkeit eines kleinen Jungen, außer wenn er mit seiner Frau schimpfte, weil sie den Tag über so viel Alkohol getrunken hatte. Dabei trank er selbst während des Essens allein eine Flasche Scotch leer. Die meisten waren auf dem Weg nach Hollywood oder hatten bereits dort gearbeitet. Wie gern sie darüber tratschten, wortgewandt und mit tödlicher Schärfe und Genauigkeit, während sie den Luxus genossen, den sie sich von dem dort verdienten Geld leisten konnten.

New York war so lebendig. Nach der Rückkehr aus Europa spürte man die volle Wirkung der amerikanischen Energie, die einen wachrüttelte. Toscanini dirigierte in der Carnegie Hall, Martha Graham tanzte, ein »grauer Stoff in fließender Bewegung«, auf nackten Füßen, George M. Cohan wagte sich an O'Neills O *Wildnis*, Melvyn Douglas spielte in der Gesellschaftskomödie *No More Ladies*, Helen Hayes eine jugendliche Maria Stuart, Fanny Brice *war* die Ziegfeld Follies, Jerome Kern gab dem Broadway *Roberta*, und das Rockefeller Center näherte sich der Fertigstellung. Man wäre nie auf den Gedanken gekommen, daß es Suppenküchen gab, daß verzweifelte Männer an Straßenecken Äpfel zu ein paar Cents das Stück verkauften. Wenn mein Leibwächter mit mir spazierenging, kaufte ich für meinen ganzen Dollar Äpfel und fühlte mich noch schuldig, daß ich nicht mehr Geld hatte. Er lieh mir Geld und schrieb auf seinen Ausgabenbeleg »Obst – für das Kind«.

Ich freundete mich mit einem der Türsteher des Waldorf-Astoria an und ging abends zum Haupteingang hinunter und beobachtete das Treiben dort. Ich sah, wie Limousinen vorfuhren, ihre menschliche Fracht entließen und dann weiterfuhren, um dem nächsten imposanten Gefährt Platz zu machen. Mein neuer Freund sah prächtig aus in seiner Livree mit den vielen Messingknöpfen und Tressen. Er konnte eine Tür mit einer Eleganz öffnen, daß man darüber ins Staunen kam. Dann half er wieder Leuten aus ihrem Rolls-Royce, und dazwischen erfuhr ich von ihm, was ein »Nachtasyl« war.

Ich hatte wirklich Schwierigkeiten, all diese Ungereimtheiten zu verstehen. Eines Tages bat ich meine Mutter, mir zu erklären, was das Wort »Große Depression« eigentlich bedeutete.

»Die amerikanische Depression? Ach, das war, als ich das erste Mal herkam, um *Marokko* zu drehen. Die Millionäre von der Wall Street sprangen aus ihren Wolkenkratzern, nur weil sie einen Teil ihres wertvollen Geldes verloren hatten. Dabei mußten sie bloß mit ihrem großen Getue aufhören und sich eine Arbeit suchen. Für heute abend brauche ich die beige Satinhandtasche, die zu diesen Schuhen paßt – und dazu meinen Nerzmantel.«

Ich war nicht dabei, als meine Mutter ihre Smaragde kaufte, aber als wir diesmal den *Twentieth Century Limited* nach Chicago bestiegen, zählten wir die maßgefertigte Schmuckschatulle der Smaragde zu unserem »speziellen Handgepäck«. Es waren »geheimnisvolle« Juwelen. Ihre ursprüngliche Herkunft war unbekannt, über ihr schließliches Ende gab es so viele erfundene Versionen, die meine Mutter mit wahrhaft dramatischer Überzeugungskraft vortrug, daß die tatsächliche Wahrheit verlorengegangen ist. Aber solange die Juwelen zu unserem

Leben gehörten, nahmen sie einen prominenten Platz darin ein. Sie waren für mich wie kleine Schwestern – ich trug die Verantwortung für sie, war für ihre Sicherheit und ihr Wohlergehen verantwortlich. Sie wohnten in einem braunen Lederkasten von der Größe des Grammophons meiner Mutter und waren ungefähr genauso schwer. Jeder einzelne Stein war ein Meisterstück. Keiner der Smaragde war kleiner als eine große Murmel, der kleinste Diamant hatte noch vier Karat. Es waren drei Armbänder unterschiedlicher Breite, zwei große Spangen, eine große Anstecknadel und ein ganz außergewöhnlicher Ring. Das wertvollste Armband war so breit wie die Manschette eines Herrenhemds. Ein perfekter Cabochon von der Größe eines Eis der Güteklasse A saß quer auf dem Armband und war so breit wie das Handgelenk meiner Mutter. Aufgrund seiner Größe war dieser Smaragd als einziger fest mit Diamanten eingefaßt. Alle anderen waren austauschbar! Diese Meisterleistung der Juwelierkunst machte die Sammlung meiner Mutter zu Recht berühmt. Es war meine Aufgabe, die von meiner Mutter gewünschte Kombination von Edelsteinen zusammenzustellen.

»Liebling, heute brauche ich eine Spange, den Ring und ein mittelbreites Armband.« Daraufhin klickte ich mit einer geschickten Drehbewegung der Hand den großen murmelförmigen Smaragd in die Fassung des Rings ein, wiederholte dasselbe mit den anderen Smaragden, bis ich der glücklichen Besitzerin die gewünschte Zusammenstellung überreichen konnte. Kleine grüne Seen, eingebettet in weißes Feuer. Ich war sehr stolz auf meine Geschwister. Ich hielt die Schmuckschatulle auf unserem Weg durch Amerika die ganze Zeit an mich gedrückt und ließ sie keinen Moment aus den Augen. Ich setzte mich nicht einmal auf meinen kleinen Balkon, aus Angst, der letzte Wagen könnte plötzlich seitlich ausbrechen und der Schwung mir die Schatulle aus der Hand reißen. Am liebsten hätte ich mich die ganze Zeit über im Wohnzimmer eingesperrt und wäre erst wieder bei der Ankunft in Pasadena herausgekommen.

*

Wie üblich standen alle zu unserer Begrüßung bereit. Im Auto zeigte meine Mutter von Sternberg die herrlichen Geschenke, die sie sich selbst gemacht hatte.

»Jo, sind sie nicht herrlich! Das große Armband erinnert ein wenig zu sehr an Mae West, aber es wird sich auf Fotos großartig machen.

Es sieht so ›bedeutsam‹ aus. Was die Dietrich eben trägt! Liebling, zeig Herrn von Sternberg, was man damit machen kann.«

Unser Wagen fuhr so gleichmäßig, daß ich das Einklicken der Steine ohne Schwierigkeiten vorführen konnte.

Jo wirkte bedrückt. Ich überlegte, ob er fürchtete, seine herrlichen Saphire könnten nunmehr auf den zweiten Platz verdrängt werden ... Wie Teddy steckte ich das Gesicht aus dem Wagenfenster und atmete die nach Orangenblüten duftende Luft ein. Ich war zu Hause! Ich nannte einen eben erst gestohlenen Dollar mein eigen, der in mein Taschentuch eingeknotet war. Ich wußte sogar, wo wir wohnen würden. Warum war ich also irgendwie traurig? Ich wußte es nicht.

Wir packten unsere Koffer aus, desinfizierten die Toilettensitze, de Acosta und die »Boys« telefonierten, Blumen von Brian, Maurice, Cooper, Jaray, Lubitsch und Mamoulian waren abgegeben worden. Außerdem Telegramme von Hemingway, Dorothy Parker, Scott Fitzgerald, Cocteau, Paderewski, Lifar und Colette. Paramount lieferte meinen neuen Hund, und Jo blieb zum Essen. Alles war wieder »normal«.

Wir waren seit ungefähr einer Woche wieder zurück, als mein Vater anrief. Meine Mutter und er sprachen über die vielen Dinge, die er für sie kaufen und uns unbedingt nachschicken sollte. Wie immer brauchte sie wieder dies oder das ganz dringend aus Europa. Das war jedesmal so, auch wenn wir gerade erst selbst von dort kamen. Dann drückte sie mir den Hörer in die Hand. »Sag Papi hello.«

»Papi. Wie geht es Tami?«

Ich hatte keine Zeit, diplomatisch zu sein und zuerst ein bißchen Konversation zu machen und mich dann erst nach Tamis Befinden zu erkundigen. Ihr Zustand bei unserer Abreise war besorgniserregend gewesen, und ich wollte unbedingt wissen, wie es ihr ging.

»Kater, du bist unhöflich. Man fängt nicht so direkt an. Man sagt zuerst einmal guten Tag. Kaum bist du eine Woche in Amerika, schon vergißt du deine Manieren.«

Zum erstenmal in meinem Leben widersetzte ich mich ihm. »Darf ich bitte mit Tami sprechen?«

»Nein! Gib mir bitte deine Mutter.«

Ich drückte meiner Mutter den Hörer in die Hand und ging auf mein Zimmer. Ich wußte sowieso, daß sie mich gleich dorthin schicken würde, warum sollte ich ihr also nicht zuvorkommen? Dann stand meine Mutter in der Tür.

»Dein Vater sagt, du darfst heute nicht in den Swimmingpool. Du sollst in deinem Zimmer bleiben und lesen. Ich muß jetzt ins Studio – alleine.« Sie machte die Tür hinter sich zu und ging, verärgert über den Verdruß, den ich ihr bereitet hatte.

Ich machte mir wirklich Sorgen um Tami. Ich mußte einen Weg finden, um mit ihr zu sprechen. Wenn ich nur ihre Stimme hörte, würde ich sofort wissen, wie es um sie stand. Es war zwecklos, mich aus dem Zimmer zu schleichen und nach Paris zu telefonieren, denn mein Vater kam immer selbst ans Telefon – und dann habe ich erst recht ein Problem. Also gut, morgen würde ich es auf die höfliche Art tun und dann garantiert mit Tami sprechen können.

»Mutti, es tut mir sehr leid, daß ich gestern am Telefon so unhöflich zu Papi war. Ich habe es nicht so gemeint. Wenn du ihn heute wieder anrufst, darf ich mich bitte bei ihm entschuldigen?«

»Hallo, Papilein. Kater ist so traurig darüber, daß sie dich wütend gemacht hat. Sie steht hier neben mir und möchte sich entschuldigen.«

»Papi, bitte verzeih mir wegen gestern. Ich habe es nicht so gemeint. Du hast recht. Es war nicht höflich.«

Mein Vater war mit mir zufrieden. Ich nahm mir extra viel Zeit, machte Konversation und beantwortete seine Fragen. Die Minuten vergingen ... bald würde er sagen »Das kostet wieder!« und aufhängen.

Jetzt oder nie!

»Papi, wie geht es Teddy? Frißt er sein Gemüse und benimmt er sich?«

Ich erfuhr, wie vorbildlich sein Hund sich benahm, wie wohlerzogen und folgsam.

»Und wie geht es Tami, Papi? Hat sie sich beruhigt? Ärgert sie dich nicht so?«

»Es geht ihr schon viel besser, Kater. Ja, es ist schon manchmal schwierig für mich – sie ist so unbeherrscht.«

»Ich weiß, Papi! Aber du bist ja immer so geduldig. Ich habe dir zugesehen – es ist manchmal bestimmt nicht einfach.«

»Kater, sie steht hier neben mir. Möchtest du ihr guten Tag sagen?«

»Ja, bitte, Papilein.«

Endlich hörte ich Tamis liebe, zärtliche Stimme.

»Katerlein ... ich vermisse dich sehr und gebe dir einen Kuß.«

»Ach Tamilein, ich dir auch. Ich dir auch.«

Ich hörte ihre Stimme und wußte, daß es ihr besser ging. Das war alles, was mich interessierte. Ich drückte meiner Mutter, die dem Gespräch zuhörte, den Hörer in die Hand und ging zu meinem Swimmingpool.

Meine Mutter spielte einige Takte auf dem Flügel und gab dann Anweisung, ihn sofort stimmen zu lassen. Bridges bekam eine lange Liste von Schallplatten in die Hand gedrückt, die er im Musikgeschäft besorgen sollte. Chopins Klavierkonzerte schallten durch das ganze Haus und hallten in Vor-Hifi-Qualität von den spanischen Ziegeln wider. Ich überlegte, wer der neue Mann sein könnte. Wer auch immer, seine Begleitmusik war jedenfalls aufregender als der Strauß von Jaray. Ich versuchte, mir ein Bild von dem Mann zu machen, das zur Musik paßte. Groß, muskulös, sehr knochig und mit funkelnden, leidenschaftlichen Augen – ungebärdig – »ungezügelt« – ein Typ wie Paderewski? Meine Mutter holte die fransenbesetzten und bestickten Tücher wieder hervor, die über sämtliche Möbel gebreitet waren, als wir damals in unsere »Hazienda« eingezogen waren. Sie hatte sie sofort in Umzugskisten gepackt und nur deshalb überhaupt aufbewahrt, weil sie in der Inventarliste des Hauses aufgelistet waren. An dem Abend, an dem unser neuer Beau sein erstes von Marlene gekochtes Abendessen zu sich nehmen sollte, drapierten wir die spanischen Tücher über alles, so wie es bei unserer Ankunft gewesen war. Kerzen brannten. Dunkelrote Rosen konkurrierten mit der Farbe der Goya-Wände; der Flügel, frisch gestimmt, war vorbereitet für ein Konzert. Toledo-Sherry stand auf einem Silbertablett bereit ... Ich hatte so eine Ahnung ... er war Spanier und spielte Klavier. Das war das einzige, womit ich recht hatte. José Iturbi war klein, dick, stämmig und ein bißchen »niedlich«. Er sah aus wie ein beflissener Buchhalter, aber kaum saß er am Flügel, erfüllten seine Patschhändchen das Zimmer mit Leidenschaft und Pathos. Daß er meine Mutter für die Erfüllung all seiner Träume hielt, bemerkte man sofort. Daß sie ihn für ein musikalisches Genie hielt, sah man daran, daß sie ihm ehrfurchtsvoll die Hände küßte und sich sitzend voller Bewunderung an seine kleinen Knie lehnte. Von da an hatte ich massenhaft freie Zeit zum Lesen, Schwimmen und Orangenpflücken und für Lord Hamlet von Elsinore, meine neue dänische Dogge, die aussah wie ein rehbraunes Pony und fraß wie ein Pferd.

Von Sternberg äußerte sich sehr ironisch über unseren Klavierspieler, aber er hatte auch wirklich einen schweren Stand. Wann immer er ins Haus kam, mußte er einen spanischen Umhang von seinem Stuhl nehmen. Wenn er auf dem Schreibtisch nach einem Zettel suchte, mußte er sich durch Jarays Liebesbriefe wühlen, auf denen Grußkartensprüche standen wie »Dein Mund ist so weit weg und doch so nah, weil ich ihn in meinem Herzen trage« oder »Wann ruht dein geliebtes

Haupt wieder an meiner Brust?« Wenn meine Mutter ihre private Post überall herumliegen ließ, las Jo sie natürlich. Ich hatte es ja auch getan. Aber daß die Briefe mir nichts ausmachten, hieß noch lange nicht, daß sie Jo nicht trafen. Ich fing an, das Haus zu durchsuchen und die Liebesbriefe zu verstecken, wann immer von Sternberg sich angekündigt hatte. Mich beschlich allmählich das Gefühl, daß meine Mutter ihn doch nicht richtig liebte. Sie nahm alles, was er für sie tat, als selbstverständlich hin und benahm sich dann so, als ob sie ihm einen Gefallen tue.

An den Straßenecken Amerikas schrien die Zeitungsjungen: Extrablatt! Extrablatt! Alles über die Frau mit den Fünflingen!

Wir konnten es nicht glauben! Meine Mutter saß den ganzen Tag am Radio und wartete gespannt auf die neuesten Bulletins über den Gesundheitszustand der fünf kleinen Mädchen. Dann rief sie von Sternberg im Studio an.

»Jo, hast du das gehört? Eine Frau hat fünf Babys auf einmal bekommen. Wie machen die das da oben in Kanada? ... Und hast du die Fotos in den Zeitungen gesehen? Sie ist häßlich, und er ist ein ›Mennuble‹!« »Mennuble« war eins der jiddischen Lieblingswörter meiner Mutter. Es bedeutete klein, tölpelhaft, blaß, farblos, erfolglos, der geborenen Verlierer. »Und jetzt haben sie noch fünf häßliche Töchter! Aber fünf auf einmal! Wie ist das nur möglich? ... Und die Arbeit, die das macht. Ich könnte ja hinfahren und helfen. Sie können Hilfe bestimmt gut gebrauchen. Bitte erkundige dich beim Radiosender, wie man dort hinkommt. Ob es einen Zug gibt ... Ruf mich zurück!«

Ich hoffte, daß sie mich nicht mitschleppen würde, um Listen anzufertigen.

Die Dietrich bekam nicht die Chance, sich der Dionne-Fünflinge anzunehmen. Wir begannen statt dessen mit den Vorarbeiten für die Dreharbeiten zu *Caprice Espagnol*. Unser neuer Film hatte eine Vielzahl von Titeln. Zunächst den Titel des Buches, *The Woman and the Puppet*. Nachdem man Rimski-Korsakow als Filmmusik ausgewählt hatte, änderte man den Titel in *Capriccio Espagnol*, bis Lubitsch erklärte, niemand werde sich einen Film ansehen, bei dem er nicht einmal den Titel verstand. Lubitsch entschied sich daher für den etwas provokanteren Titel *The Devil is a Woman* (dt. *Die Spanische Tänzerin*). Dabei blieb es dann. Es sollte freilich nichts nützen. Das Publikum hatte bereits beschlossen, daß es die Dietrich nicht noch einmal in einem Kostümfilm sehen wollte, aber das wußten wir damals noch nicht.

Wir besuchten Travis im Studio.

»Marlene! Du siehst bezaubernd aus! Ein Cape, aus rotem Fuchs! In deiner Haarfarbe – einfach herrlich! Und dein Anzug ... Wenn sie uns bloß einmal einen modernen Film machen ließen! ... Diese Schuhe! Die müßtest du unbedingt tragen! ...«

»Travis, für diesen Film brauchen wir Spitze. Aber nicht leichte französische Spitze, sondern schwere, wie man sie in Spanien hat. Was steht im Drehbuch? Soll der Film immer noch zur selben Zeit wie *Carmen* spielen? Oder ist das mittlerweile auch geändert worden?« Sie stand neben dem Schreibtisch und blätterte Bücher durch. »Du warst doch in New York, Liebling ... War es so aufregend wie immer?«

»Einige Sachen waren sehr gut – andere sehr schlecht. Ich war in Ziegfelds Follies. Seine Mädchen sind sehr hübsch. Aber viel zu groß für Frauen – das müssen Männer sein. Und die Dinger auf ihren Köpfen, mit denen sie herumspazieren müssen. Ich hatte Angst, sie könnten die Treppe runterstürzen. Findest du nicht auch, daß sie ein bißchen zuviel Aufwand treiben? Beim Film kann ich es ja verstehen, aber für die Bühne? Das ist zu sehr Zirkus ... und dann diese häßliche Frau. Fanny Brice! Was hat die denn unter all den wunderschönen Showgirls von Ziegfeld zu tun? Sie ist unglaublich häßlich. Die Nase! Gräßlich. Hast du diese Nase gesehen? Jüdischer geht es nicht. Eigentlich dürfte sie mit einer solchen Nase überhaupt nicht herumlaufen, und dann noch singen! Travis, hast du eine Ahnung, woher sie diesen Akzent hat? Nirgendwo auf der Welt spricht man so. Woher kommt sie?«

Travis lachte.

»Soweit ich weiß, aus einem Stadtteil von New York, den Bronx.«

»Unglaublich! Und sie tut nichts dagegen?«

Dreißig Jahre später begleitete ich meine Mutter ins Kino, um Barbara Streisand in der Rolle der Fanny Brice in *Funny Girl* zu sehen. In dem verdunkelten Kinosaal war die Stimme der Dietrich laut und vernehmlich über dem Soundtrack des Films zu hören:

»Sie hat die richtige Nase für die Rolle.«

*

Es war erst zwei Uhr morgens. Meine Mutter war früh von der Party bei William Randolph Hearst zurückgekommen. Ich wartete am Eingang auf sie.

»Die Fahrt ist ja endlos. Kaum zu glauben, länger als von Santa Monica zum Studio.«

Wir gingen die Treppe hoch.

»Wofür hält sich dieser Mann eigentlich? Für Ludwig XIV.? Das Haus hättest du sehen sollen! Wie ein Museum – ein schlechtes.«

Wir gingen in ihr Schlafzimmer.

»Neureich reicht noch gar nicht! Diese Marion Davis kann es eben nicht besser, aber man sollte doch meinen, daß er jemanden engagieren kann, der ihn berät. Der ihm sagt, daß man nicht einen römischen Fußboden, rote Marmorsäulen und Schäferinnen mit männlichen Tieren auf dem Arm in ein und dasselbe Zimmer packen und dann auch noch von den Leuten erwarten kann, daß sie darin essen sollen. Das Besteck war aus Gold – das war bestimmt die Davis – und die Teller! Die muß sie einem verarmten ungarischen Prinzen abgekauft haben, oder Aspreys hat ihr den Tip gegeben, daß die Königin von England sie loswerden wollte. Recht hat sie.«

Ich machte die Haken an ihrem goldfarbenen Abendkleid auf.

»Ich zählte die Gabeln und dachte, das ist ein Witz! Zehn Gänge? Dabei war keiner der Gäste intelligent genug, daß der Gesprächsstoff auch nur bis zur Suppe gereicht hätte!« Sie stieg aus ihrem Kleid. »Das Kleid muß zurück ins Studio. Der linke Ärmel zieht sich nach oben. Travis muß sich darum kümmern ... Und vergiß nicht, den Büstenhalter mit ins Studio zu geben.«

Auf dem Weg ins Bad machte sie ihre hauchdünnen Strümpfe von dem beigefarbenen Satinstrumpfhalter los. Ich hielt ihren Bademantel bereit, sie zog den Büstenhalter aus und schlüpfte in die Ärmel des Bademantels. Dann setzte sie sich auf die Toilette und zog sich die Strümpfe aus, während ich den Büstenhalter an dem goldfarbenen Kleid befestigte. Ich mußte noch etwas warten, bis ich die Abendschuhe in ihren Chamoisbeutel stecken konnte. Sie mußten vorher auskühlen. Deshalb saß ich mit den Schuhspannern auf dem Rand der Badewanne und wartete.

»Liebling, wann kommt morgen das Manikürmädchen?«

»Um neun, Mutti. Und das Mädchen zum Wimpernfärben um halb elf.«

Sie betrachtete ihr Gesicht im Spiegel.

»Sie haben es nötig. Ich finde es einfach lächerlich, daß man die Wimpern in Amerika nicht färben darf. Hast du die französische Farbe aus der ›Extra-Make-up-Tasche‹ herausgeholt?« Sie wischte sich das saubere Gesicht mit Zaubernuß ab und suchte den Wattebausch nach Spuren übriggebliebener Schminke ab. »Gable war da. Da sieht man mal wieder, was ein erfolgreicher Film alles tun kann... Und die Harlow! Jetzt kannst du wohl das durchschnittliche Intelligenzniveau der geladenen Gäste abschätzen. Ich muß zum Zahnarzt.« Sie gab Shampoo ins Becken, fuhr ein paarmal mit der Hand durch das Wasser und wusch dann Strümpfe und Unterhose.

»Dir hätte es bestimmt gefallen. Es gab Coca-Cola und Apple Pie. Apple Pie! Auf diesen schrecklichen Tellern! Es war einfach alles schrecklich und unmöglich. Hearst könnte sich doch wahrlich einen guten Koch leisten, müßte man meinen. Aber so schlimm ist er gar nicht, einfach nur reich und vulgär. Natürlich saß ›die Dietrich‹ zu seiner Rechten. Und als ich mich unter dem Vorwand entschuldigte, ich hätte ein krankes Kind zu Hause und müsse heim, da hättest du den Zirkus sehen sollen! Ich brauchte allein eine Stunde, bis ich unten an der Haustür war. Auf Schritt und Tritt stolperte ich über Lakaien. Das bringt nur ein amerikanischer Millionär fertig, Lakaien in Kniebundhosen herumrennen zu lassen. Aber wie gesagt, er hält sich für Ludwig XIV., und Marion Davis ist seine Madame Pompadour. Aber sie hat schöne Schenkel. Im Film kommt das gar nicht zur Geltung... Das schreckliche Essen! Ich habe nur etwas Fisch und Götterspeise gegessen ... und selbst das war zuviel!« Sie beugte sich über die Toilette, steckte sich den Finger in den Hals und würgte. Ich gab ihr einen nassen Waschlappen. Sie spülte und putzte sich nochmals die Zähne. »Vergiß nicht, so zu tun, als seist du krank, wenn morgen jemand von den Hearsts anruft.« Sie legte den Kopf zurück und gurgelte.

Ich räumte die Schuhe weg, leerte die perlenbesetzte Handtasche und wickelte sie in schwarzes Seidenpapier, versah das Päckchen mit einem Aufkleber und legte es zu den anderen Handtaschen. Meine Mutter stieg ins Bett. Ich zog die Uhren auf, machte das Licht aus, gab ihr einen Gutenachtkuß und war schon an der Tür, als sie sich wieder aufrichtete und die Nachttischlampe anknipste.

»Weißt du, jetzt hätte ich gerne zwei Scheiben Brot mit Leberwurst. Jetzt habe ich plötzlich schrecklichen Hunger.«

Ich rannte hinunter in die Küche. Als ich wieder nach oben kam, war meine Mutter bereits aus dem Bett geklettert und untersuchte ihr Goldkleid.

»Es ist diese Naht hier ... am Innensaum, unter der Armhöhle. Der Ärmel muß herausgetrennt und neu eingesetzt werden.«

Ich stellte das lackierte Tablett aufs Bett und holte die Nagelschere, mit der meine Mutter am liebsten Nähte auftrennte. Ich wußte, daß sie nicht warten würde, bis Travis sich darum kümmerte. Also saßen wir um drei Uhr morgens da, nähten den Ärmel ihres Tausend-Dollar-Kleids ein und aßen Leberwurstbrote. Sie nähte, während ich die feinen Nadeln einfädelte, die wir von Madame Grès in Paris bekommen hatten.

Wenn von Sternberg nicht gerade meiner Mutter einen Brief schrieb und ihr darin sein Herz ausschüttete, schrieb er an dem Drehbuch. Oder versuchte es schreiben zu lassen, indem er John Dos Passos zusetzte, der schwach und matt in einem Hotel in Hollywood lag.

Jo sagte immer wieder: »Der arme kranke Dos Passos. Das Studio bringt ihn hierher. Neunzehn Stunden im Flugzeug, und jetzt schwitzt er nur noch und fällt ständig in Ohnmacht. Zwischen seinen Anfällen versuche ich ihm beizubringen, wie man Dialoge für einen Film schreibt. So wird das nie was. Ich werde das Drehbuch selber schreiben und Lubitsch in dem Glauben lassen, sein spezieller spanischer Dichter habe alles gemacht.«

Bei dem Wort »krank« rannte meine Mutter in die Küche. Bridges wurde nach Beverly Hills geschickt, mit dem Auftrag, Thermoskannen einzukaufen, und dann begann sie mit ihren Suppenlieferungen für den »Dichter an der Schwelle des Todes«. Irgendwann muß sich Mister Dos Passos soweit erholt haben, daß er nach New York zurückkehren konnte, denn wir stellten die Hühnersuppenproduktion ein und füllten die Thermoskannen wieder mit Jos Kraftbrühe.

Meine Mutter hörte auf zu essen. Schon bald sollte ernsthaft über Kostüme und Entwürfe gesprochen und mit den Anproben begonnen werden. Je weniger Fortschritte das Drehbuch machte, desto mehr konzentrierte sich meine Mutter auf die Kostüme. Sie spürte instinktiv, daß dieser Film in erster Linie auf dem Visuellen basieren würde. Sie ahnte jedoch nicht, daß das Dietrich-Image mit der *Spanischen Tänzerin* den Höhepunkt erreichen würde. Der Film war von Sternbergs Abschiedsgeschenk an die Legende, an deren Entstehung er mitgeholfen hatte – es war ein herrliches Geschenk!

Die ersten Standfotos waren schrecklich, aber mit Absicht.

Der völlig entnervte Travis rief uns schon bei der Ankunft im Studio entgegen: »Marlene, die Geschäftsleitung will Standfotos. Die sind wahnsinnig. Wir haben noch nicht einmal Entwürfe. Wir beide haben uns noch nicht einmal darüber unterhalten. Und die wollen schon etwas sehen. Aber was um Himmels willen, frage ich dich. Nie, in all den Jahren ...« Die Nase von Travis sah aus wie eine rote Ampel.

Meine Mutter nahm die Sache in die Hand. Kampfeslust blitzte in ihren Augen.

»Travis, wo ist diese schreckliche Mißgeburt aus Lamé, die du immer für PR-Zwecke benützt? Das Ding, in das du vor zwei Jahren die Lombard reingesteckt hast?«

»Marlene! Das kannst du unmöglich anziehen. Das ist schrecklich!« Travis schnappte nach Luft.

»Ja, ich weiß ... Und dann bringst du mir noch den billigen Schleier, den breiten mit den vielen Falten. Liebling, schick Bridges zu uns nach Hause, er soll eines der Fransentücher mitbringen, das große, das auf der Couch liegt.«

Travis sah ganz krank aus, und die Mädels von der Wardrobe starrten meine Mutter entsetzt an, als sie sich den dünnen Stoff um den Körper drapierte, so daß er über der Brust viele Falten warf. Dann machte sie aus dem Schleier lange Handschuhe und wies die Mädels an, sie direkt über dem Ellbogen »schlampig« abzuschneiden und zu säumen. Den scheußlichsten Teil des gemusterten Schleiers drapierte sie sich über den Kopf und gleich meterweise um die Schultern. Die Krönung dieses schrecklichen Ensembles bildete das Fransentuch. Die linke Hand auf der Hüfte, über dem schlampigen Handschuh der nackte Ellbogen, den anderen Arm auf die rechte, hochgezogene Hüfte gestemmt, so daß ein eingerissener Saum sichtbar wurde, stellte sie sich in Pose, legte den Kopf zur Seite, schloß die Augen halb, schaute Travis mit einem echten Schlafzimmerblick à la Mae West an und sagte mit dem mexikanischen Akzent von Lupe Velez: »Si, si, Señor, erst viele Caballeros haben aus mir eine Concha gemacht.«

Travis kugelte sich vor Lachen, die Mädels kreischten, und wir klatschten alle Beifall.

»Also dann los! Sollen sie ihre Standfotos haben. Bloß schlimm, daß sie in ihrer Naivität wahrscheinlich auch noch denken, wir meinen es mit dieser Aufmachung ernst, und die Bilder gut finden. Na, auf jeden Fall sind sie dann erst einmal still, und wir können in Ruhe arbeiten, ohne daß sie uns mit ihrer Blödheit belästigen.«

Mit lauten Olés marschierten wir in die Fotoabteilung hinüber. Die Dietrich behielt wieder einmal mit allem recht. Der Geschäftsleitung gefiel das Kostüm, und sie ließ Banton und die Dietrich fortan in Ruhe.

Man hat dort nie wirklich verstanden, was diese beiden herausragenden Künstler wirklich für diesen Film getan haben. Aber das taten sowieso nur ganz wenige. Ihre Ideen wurden nicht einmal von den Entwürfen Walter Plunketts für *Vom Winde verweht* übertroffen. Auch wenn er als bester Designer für historische Kostüme galt, konnten Banton und die Dietrich leicht mit ihnen mithalten, obwohl sich die Kostüme für die *Spanische Tänzerin* an kein historisches Vorbild hielten. Abgesehen von einem nur angedeuteten »altspanischen« Flair handelte es sich um reine Phantasieprodukte, die an der Dietrich perfekt aussahen. Die Kostüme und die hervorragende Kameraführung von Sternbergs bewirkten, daß die Dietrich in keinem ihrer früheren oder späteren Filme schöner aussah als in diesem. Die Dietrich liebte ihr Bild in diesem Film am meisten, und es war der einzige Film, von dem sie eine Kopie wollte und auch bekam. Meine Mutter erkannte stets, wenn unbelebten Objekten eine einzigartige Perfektion anhaftete. Die Dietrich hatte einen untrüglichen Instinkt für das Herausragende.

Spitze – ich hatte keine Ahnung, daß es so viele Arten von Spitze gab. Überall war Spitze. Echte alte Spitze, einfach herrlich, und schwer, so daß nichts flatterte. Wenn Spitze »dramatisch« sein kann, dann war dieser Raum ein einziges Drama. Wie ein Händler in einem arabischen Basar ging meine Mutter von Tisch zu Tisch und inspizierte die Waren und unterhielt sich nebenher mit Travis, wie sie es gern tat.
»Ich mußte zum Abendessen bei den Hearsts. Einfach grauenhaft! Das Kind kann dir alles erzählen. Sie hat so gelacht, als ich ihr davon erzählte. Nur ein einziger interessanter Mann – einer der Liebhaber der Garbo. Ich weiß wirklich nicht, wo sie sie findet. Er war betrunken, den ganzen Abend, aber wer mit der Garbo ins Bett muß – muß saufen. ... Die müssen wir unbedingt benutzen ...« Sie rollte einen Ballen herrlicher handgearbeiteter weißer Spitze auf. »Die ist sehr gut! Mach ein Kleid daraus und vielleicht einen großen Hut. Wenn Jo ihn von hinten beleuchtet, dann sieht man das Muster.«
»Herrlich, einfach herrlich.« Travis saß auf der Ecke seines Schreibtisches und balancierte einen großen Block auf seinem Schoß. Mit eleganten geschwungenen Linien entwarf er ein Kleid, das eines Tages ein Meisterwerk aus weißem Seidencrêpe und alter Spitze werden sollte.
»Hast du Clifton Webb in seinem Stück in New York gesehen?«
»Marlene, wann komme ich schon mal hier raus? Ich habe seit Jahren keinen Urlaub mehr gehabt ... Ich mag Clifton. Aber du weißt

ja, er tut ohne seine Mutter Maybelle keinen Schritt. Darum hat er ja auch nie geheiratet.«

»Ach so? Ich dachte, er wollte sowieso nicht heiraten.«

Travis lachte. »Der gute alte Clifton – bringt Stimmung in jede Party. Einen Humor hat er ... Wir brauchen Kämme ... alle möglichen Arten spanischer Kämme. Ganz große und kleine mit abgerundeten Kanten. Wir lassen welche aus Schildkrötenpanzer und Elfenbein machen.« Travis arbeitete weiter an seinem Entwurf.

»Travis, bitte übertreibe es nicht mit diesen Mantillen. Ich möchte nicht, daß mir zu viele von diesen Vorhängen den Rücken hinunterhängen. Das machen alle, wenn sie ›spanisch‹ aussehen wollen. Wo wir gerade bei Vorhängen sind, hast du gesehen, was Orry-Kelly mit Dolores del Rio in dem Kostümfilm für Warner Brothers gemacht hat? Sie sieht aus wie ein Fenster in einem französischen Schloß. Und bei der Frau mit den Froschaugen und dem Kraushaar wird er mit den Kostümen sicher Schwierigkeiten haben ... Wie heißt sie? ... Jo sagt, sie ist eine wunderbare Schauspielerin. Sie hat gerade in dem Film nach dem Buch von Maugham gespielt.«

»Meinst du Bette Davis?«

»Ja. Aber warum müssen sie bloß so schrecklich häßlich sein. Man muß doch nicht häßlich sein, um eine gute Schauspielerin zu sein ... Strümpfe ... für die Strümpfe müssen wir uns auch etwas einfallen lassen. Eine Frau wie sie trägt keine Strümpfe. Und nackte Füße in hohen Schuhen sehen nicht gut aus ... Warum nähen wir nicht bestickte Spitzen vorne drauf ... direkt auf die Strümpfe, und wenn man dann die Beine sieht, meint man, sie gehören zum Kostüm. Das ist wenigstens mal was Neues! Ruf Willys, er soll rüberkommen!«

»Wunderbare Idee, Marlene! Wunderbar. Willys wird eine Woche nicht schlafen können. Er wird begeistert sein.« Travis griff zum Telefon und rief Willys an, den »Strumpfwarenspezialisten der Stars«.

*

Mein Vater und Tami kamen nach Amerika! Es hieß sogar, daß sie für längere Zeit bleiben würden und daß von Sternberg den Mann der Dietrich auf die Gehaltsliste der *Spanischen Tänzerin* gesetzt hatte. Wie Tami die Kolibris im Rosengarten gefallen würden!

»Selbstverständlich haben die Nazis ihn umgebracht ...« Meine Mutter klang sehr besorgt. Sie telefonierte mit meinem Vater und sprach über die Ermordung des österreichischen Kanzlers. »Ich möchte, daß du sofort herkommst, sofort. Warte nicht. Bring Mutti und Liesel mit. Laß den Hund zurück – wirklich Papi. Du mußt doch Freunde in Paris haben, die deinen kostbaren Hund in Pflege nehmen! Wenn Mutti Probleme macht, sag ihr, daß ich ihr ein eigenes Haus besorge. Sie braucht nicht mit einem ›Filmstar‹ zusammenwohnen.«

War das der Grund, warum ihre Mutter nicht mit uns zusammenwohnen wollte? Darauf wäre ich nie gekommen.

»Wenn der Sohn von Liesel bei der Hitlerjugend ist, dann steckt sein Vater dahinter. Sag ihr, ich hätte schon lange gesagt, daß er nichts taugt. Sie kann nicht dasitzen und zittern … und beten, daß er sich ändert. Er ist ein Nazi. Er war schon ein Nazi, bevor es überhaupt Nazis gab, und wenn du kommst, kannst du mir mit Jo und seinem Film helfen. Er wird von Tag zu Tag blödsinniger. Jo schreibt, dieser berühmte Schriftsteller von Lubitsch schreibt, wahrscheinlich schreibt das halbe Autorengebäude heimlich Dialoge – die Jo dann doch wieder alle wegwirft und statt dessen noch eine weitere Naheinstellung macht.«

Als mein Vater schließlich kam, brachte er nur Tami mit. Ich war zufrieden, aber meine Mutter war böse, weil es ihm nicht gelungen war, ihre Mutter zum Verlassen Deutschlands zu bewegen. Tami bezog ein Zimmer am anderen Ende des Ganges, in dem mein Vater wohnte. Ich zeigte ihr die kleinen Kolibrinester, die zwischen den Rosendornen versteckt waren. Ich drückte und umarmte sie fest und fragte: »Sind sie immer noch böse mit dir?«

Sie schüttelte den Kopf, weinte ein bißchen, hielt mich fest und sagte, es gehe ihr gut.

Sobald mein Vater »bei uns wohnte«, veränderte sich mein Leben. Er war entsetzt darüber, daß ich keinen geregelten Unterricht erhielt. Deshalb bevölkerten bald Lehrer jeder Größe und Gestalt unser Wohnzimmer. Dort hatte mein Vater die passende Umgebung für die inquisitorischen Vorstellungsgespräche, die er mit potentiellen Kandidaten führte. Sparsam wie er war, engagierte er schließlich eine zweisprachige Lehrerin. Morgens sollte sie nach einem deutschen Lehrplan unterrichten, nachmittags nach einem englischen. Aber wie sollte ich dann je Zeit für Kostümentwürfe, Friseurtermine, Anproben, Blumenkarten und das Auspacken der Garderobe haben?

Mein Vater hatte wirklich die Gabe, allem Wichtigen einen Dämpfer aufzusetzen. Alle meine Aufgaben im Haushalt wurden Tami übertragen, so bekam ich mehr Schlaf. Aber wir mußten doch einen Film drehen! Wie konnte er nur so naiv sein und meinen Terminplan mit so viel Unwichtigem vollstopfen ... Wochenlang sperrte ich mich gegen meinen neuen Tagesablauf. Dann bekam ich Hilfe aus einer unerwarteten Richtung. Eines Morgens betrat mein Vater das Unterrichtszimmer, wo ich gerade über Goethe schwitzte. Ich drehte mich freudig erleichtert um.

»Ich bitte um Verzeihung, Fräulein Steiner, aber Maria wird am Telefon verlangt – es ist dringend!« sagte mein Vater mit unterdrücktem Ärger. Ich rannte ins Schlafzimmer meiner Mutter und nahm den Hörer.

»Hallo?«

»Maria?«

Es war Nellie, sie klang aufgeregt.

»Nellie, was ist denn los?«

»Hör mal, Schätzchen. Bridges holt dich zu Hause ab. Deine Mutter braucht alle Nelken von damals in Paris. Sie sagt, du weißt, wo sie sind, und sollst sie mitbringen.«

»Ja gut, aber was ist mit meinem Unterricht?«

»Keine Ahnung. Deine Mutter hat nur gesagt: ›Sorg dafür, daß Maria die Nelken bringt ... Bloß sie weiß Bescheid‹.«

Mein Vater war außer sich, meine Lehrerin ganz durcheinander, aber das war mir egal. Ich packte schnell die Schachteln mit den Nelken zusammen und war bereit, als Bridges in unsere Einfahrt einbog.

»Endlich!« rief meine Mutter, als ich die Garderobe betrat. Sie eilte auf mich zu und riß mir die Schachteln aus der Hand. Dann setzte sie sich an ihren Schminktisch. »Was denkst du? Wenn wir den Kamm hier hinten reinstecken, hier an der rechten Seite, und dann die Blumen, in einem Bogen, schräg bis an die Stirn. Wie findest du das?« Sie hielt sich die Blumen hin und schaute mich im Spiegel an. »Was denkst du, Liebling?«

»Mutti, dieser Blumenbogen vor deinem Haar wird im Film zu dunkel erscheinen. Warum nicht eine rote, dann eine pinkfarbene und dann eine hellrote?«

»Seht ihr!« sagte meine Mutter und wandte sich zu den versammelten Haarstylisten, Designern, Perückenmachern, Travis und Nellie.

»Das Kind kommt rein ... und weiß sofort, was zu machen ist! Liebling, jetzt ist hier ein Loch. Wie wäre es mit ein paar Fransen? Nellie, bring mir welche, ganz dünne Strähnen, wie Babyhaar ...«

Wir arbeiteten den ganzen Nachmittag an der berühmten Nelkenfrisur aus *Die spanische Tänzerin*, während meine Lehrerin untätig zu Hause saß und mein Vater vor Wut schäumte.

Zwei Wochen lang wurde ich täglich aus meinen Unterrichtsstunden herausgerissen und ins Paramount-Studio gefahren, bis alle Frisuren entworfen waren. Die einzige Andeutung, aus der ich schließen konnte, daß meine Mutter und mein Vater deswegen gestritten hatten, war, als sie eines Tages zu mir sagte: »Liebling, wenn du abends deine Aufgaben machst, dann kann dir niemand verbieten, ins Studio zu kommen.«

Von da an lagen meine Hefte täglich um punkt acht Uhr morgens aufgeschlagen und zur Durchsicht bereit. Grammatik, Rechnen und Aufsätze, alles erledigt. Nicht gut, aber gemacht. Und schon war ich auf und davon. Meine neue Lehrerin befreundete sich mit den Leibwächtern, ging im Pool schwimmen und hatte kein schlechtes Gewissen mehr. Mein Vater entschied, daß der Hund abgerichtet werden müsse, und konzentrierte seine ganze Energie darauf, Lord Hamlet in einen beispielhaft gehorsamen Hund zu verwandeln. Tami war die Haushälterin und eine hervorragende Köchin – das Gefolge der Dietrich funktionierte zur vollsten Zufriedenheit.

*

Und dann machte ich einen großen Fehler! Wir entwarfen gerade die Frisur für das weiße Fransenkleid. Ein eigens angefertigter riesiger spanischer Kamm sollte am Hinterkopf meiner Mutter befestigt werden. Dazu wurde das Haar nach hinten gekämmt und ein Haarteil in Form einer großen Acht im Nacken festgesteckt. Aber es wirkte zu elegant – zu ordentlich –, deshalb klebte sie sich eine Locke, die aussah wie ein umgedrehtes Komma, mitten auf die Stirn. Es sah wirklich ganz phantastisch aus – verrucht – und einfach verrückt. Es war so herrlich, daß sie die Locke fast während des ganzen Films trug. Das erste Mal, als ich sie damit sah, gefiel sie mir so sehr, daß mir ganz spontan ein Kinderreim in den Sinn kam:

> Es war einmal ein kleines Mädchen
> Das hatt' ein kleines Härchen
> Mitten auf der Stirn
> War sie wirklich lieb,
> Dann war sie sehr, sehr lieb –
> Und wenn sie böse war,
> Furchtbar, furchtbar.

Kaum machte ich den Mund zu, wußte ich schon, was ich angerichtet hatte. Aber es war zu spät! Ich konnte es nicht wieder ungeschehen machen. Bridges durfte mich eine ganze Woche lang nicht von zu Hause abholen, und so verpaßte ich die Entstehung des berühmten weißen Filmhuts aus Spitze.

Wenn wir sonntags freihatten, machten wir »Ausflüge«. Jo, mein Vater, Tami, meine Mutter und ich quetschten uns in unseren Wagen und ließen uns zum Riviera Country Club fahren und sahen uns Polospiele an. Alle waren korrekt wie sonntägliche Zuschauer gekleidet – außer mir. Ich mußte meine bei Bullocks bestellten, eben erst gelieferten Kleider aus Organdy tragen, dazu die jeweils passenden breitkrempigen Hüte. Ein Kleid haßte ich ganz besonders. Es war aus weißem, steifem Organdy, auf den überall leuchtendrote Erdbeeren aufgenäht waren, hatte einen mit Stickereien versehenen Saum, und die Ärmel waren in winzig kleine Falten gelegt. Ich glaube, man steckte mich in diese lächerlichen Sachen, damit ich jünger aussah. Ich habe Bilder von uns auf unseren Plätzen – ich sehe aus wie ein wütendes Erdbeertörtchen.

FBI-Agenten töteten Amerikas Staatsfeind Nummer eins, und die Kritiker zerrissen *Die scharlachrote Kaiserin* in der Luft. Diese Ereignisse berührten unser Leben jedoch nicht weiter. Meine Mutter hielt nichts von Filmkritikern und scherte sich nicht um deren Meinung. Da sie 1934 noch weit von ihrer »Ich-liebe-Gangster«-Zeit entfernt war, kannte sie Dillinger noch nicht. Abgesehen davon steckten wir in einer tiefen Make-up-Krise.

»Etwas stimmt nicht ... Das Gesicht stimmt nicht ... Es ist nicht geheimnisvoll ... Es hat nichts von einem exotischen Vogel. Dieses Gesicht paßt nicht zu den Kleidern.« So schimpfte meine Mutter schon seit Tagen – morgens in der Toilette, in der Küche, wenn sie am Herd stand und kochte, und im Auto während der langen Fahrten ins Studio. Es war wie eine Beschwörung. Dot und Westmore taten ihr Bestes. Die gesamte Abteilung wurde eingespannt, um der Dietrich bei der Suche nach ihrem Filmgesicht behilflich zu sein. Auf dem Boden der Garderobe lagen zahlreiche Standfotos und Porträts – jedes Gesicht, jeder Ausdruck, den die Dietrich jemals zustande gebracht hatte, wurde genauestens untersucht, analysiert und dann verworfen. Nichts paßte zu der stilisierten Überspanntheit der Kostüme, die sie mitentworfen hatte. Als Jo seine Hilfe anbot, fertigte sie ihn schnell mit dem Hinweis ab, er habe Wichtigeres zu tun und solle sich um seine eigenen Angelegenheiten kümmern. Da die Kostüme bei jeder Anprobe schöner und strahlender wurden, steigerte sich ihre Unzufriedenheit mit ihrem Gesicht immer mehr. Alle fanden, sie sehe wunderbar aus. Ich wußte, daß ihr das völlig egal war. Die Dietrich mußte der Dietrich gefallen – niemand anders zählte! Eines Tages schnitt sie Zwiebeln, ihre Augen tränten, ihre Nase lief ...

»Die Augenbrauen!« rief sie und fuchtelte mit dem Wiegemesser in der Luft herum. Ich ließ die Schüssel Erbsen, die ich gerade pellte, fallen und rannte mit ihr nach oben ins Badezimmer. Ich sah zu, wie sie sich die Augenbrauen auszupfte, und hielt erwartungsvoll den Atem an. Ich war allerdings keineswegs ängstlich, was das Ergebnis betraf. Auch mir war sofort klar, daß sie die Lösung gefunden hatte. Wir konnten es beide nicht erwarten, das Ergebnis zu sehen. Kein Gedanke mehr an das Abendessen. Bridges wurde herbeizitiert, und wir machten uns auf den Weg ins Studio. Dort legte sich meine Mutter ihr Film-Make-up auf, ganz genau wie es für den Film vorgesehen war. Nellie kam und machte ihr die Nelken-Frisur. Dot, Travis und die anderen standen herum, sahen zu und warteten. Als alles fertig war, spitzte meine Mutter mit dem Schälmesser einen ihrer schwarzen Augenbrauenstifte und zog mit ruhiger Hand zwei steile Bogen über ihre Lider – und plötzlich schienen alle exotischen Vögel dieser Welt ins Zimmer zu flattern und sie zu begrüßen. Sie hatte das Gesicht! Das Wunder, das sie herbeigesehnt hatte.

Es gibt Menschen, die wissen, daß noch etwas fehlt, selbst wenn alles perfekt scheint, und es gibt andere, die das erst erkennen, wenn man sie darauf aufmerksam macht. Meine Mutter gehörte zur ersten Kategorie. Die meisten Schauspieler gehören zur zweiten. Vielleicht ist das der feine Unterschied zwischen einem Star und einer Legende.

*

An einem Sonntag fuhren wir hinaus zu Jos neuem Haus. Er hatte es sich in einer abgelegenen Gegend bauen lassen, wo es außer Hitze, Staub und Orangenhainen nichts gab, im Tal von San Fernando. Es war ein gottverlassenes Fleckchen Erde, einsam und trocken. Vierzig Jahre später lebte mein Vater dort auf einem rund zweitausend Quadratmeter großen Eckgrundstück und schätzte sich glücklich, ein so großes Grundstück in einer so überlaufenen Gegend bekommen zu haben, die immer noch genauso trocken und staubig war wie 1934 bei meinem ersten Besuch. Wir brauchten Stunden, um dorthinzufahren. Meine Mutter jammerte ständig über die holprigen Straßen.

»Das ist wieder einer deiner verrückten Einfälle. Warum mußt du hier draußen in einem Backofen wohnen? Das kann auch nur dir einfallen, daß Beverly Hills plötzlich nicht mehr gut genug ist ... Sogar Malibu ist besser als das hier. Wie willst du bloß von hier aus morgens ins Studio kommen? ... Und nur für sonntags hättest du dir kein Haus zu bauen brauchen. Miete dir doch einen Stall, wenn du den Einsiedler spielen willst.«

Jo saß am Steuer, während meine Mutter auf dem Rücksitz vor sich hin schimpfte. Ich bemühte mich nach Kräften, keine Übelkeit aufkommen zu lassen, Tami fürchtete, daß mir doch übel werden würde. Mein Vater saß auf dem Vordersitz und drehte an Jos Autoradio herum, um meine Mutter mit einer beruhigenden Musik abzulenken. Aber wir waren zu weit von der Stadt weg, und das Radio krächzte nur. Und dann wurde mir tatsächlich schlecht. Plötzlich eine Gruppe von Bäumen, dicht und wunderbar grün; Jos Auto fuhr um sie herum, und da war es! Ein Traum wie aus einem Buch von Jules Verne. Eine Festung aus glänzendem Stahl. Ein futuristisches Schloß. Keine Türme, keine Fenster, aber ein richtiger Graben. Das stille, klare Wasser reflektierte den Stahl, der in der Sonne glänzte.

Ich holte tief Luft, meine Übelkeit war plötzlich wie weggeblasen, und platzte heraus: »Oh! Jo, es ist herrlich! Das Licht! Du hast die Sonne eingefangen!«

Er lächelte. Eines jener seltenen sanften Lächeln, das auch seine Augen erfaßte.

»Benimm dich!« sagte meine Mutter. »Zuerst muß Herr von Sternberg anhalten, weil du dich nicht beherrschen kannst, und auf einmal bist du wieder glücklich!« Sie stieg aus.

Ich folgte ihr und versuchte meine Begeisterung im Zaum zu halten. Aber es fiel mir schwer. Was für ein Haus! Alle Ritter der Tafelrunde hätten sich im großen Salon versammeln können. Die Treppe, die ins offene Obergeschoß hinaufführte, war die perfekte Nachbildung einer mittelalterlichen Schloßtreppe, und Jos Schlafzimmer ein Privatplanetarium, überwölbt von einer riesigen Kuppel aus Glas; die purpurfarbenen Berge und der Himmel sahen aus wie eine Projektion, und erst am Vorbeiziehen der Wolken merkte man, daß sie echt waren. Bei Nacht mußte man das Gefühl haben, mit den Sternen zu schlafen! Ich mußte die Zähne fest zusammenbeißen, um nicht wieder laut herauszuplatzen. Meine Mutter war schon vorausgegangen und inspizierte das Badezimmer.

»Jo, was soll das?«

Er ging ihr nach.

»Wo sind die Vorhänge? Sind sie noch nicht geliefert worden? Im Schlafzimmer sind auch keine.«

»Nein, meine Liebe, es wird keine Vorhänge geben. Im Umkreis von mehreren Kilometern steht kein einziges Haus. Niemand sieht mich, und ich sehe niemanden. Den Himmel brauche ich nicht auszusperren.«

»Willst du dich etwa in einem gläsernen Badezimmer auf die Toilette setzen?«

»Ja, ich werde sogar scheißen, während der Himmel mir zusieht!«

»Benutz nicht solche Wörter, das Kind ist hier! Ich verstehe dich nicht. Wenn du schon in einem Filmset wohnen mußt, warum ausgerechnet hier? ... Und du wirst doch wohl nicht im Ernst glauben, daß ich in einem gläsernen Bad dusche. Was ist mit der Küche? Ist die auch ein Aquarium? Hoffentlich hast du einen Gasofen, denn wenn es ein ›moderrrner‹ Herd ist, wie Fanny Brice sagen würde, kannst du dein Lieblingsgulasch vergessen!« Wir folgten ihr die Lady-Macbeth-Treppe hinunter in eine herrliche Küche.

»Wieder Metall! Was findest du bloß an Stahl? Gibt es wenigstens Holzlöffel, oder ist dir das auch schon zu altmodisch? Wie affektiert! Daß du dich immer so avantgardistisch geben mußt. Du kannst sagen, was du willst, Jo, aber manchmal bist du ein totaler Bourgeois. Und wer soll das ganze Metall putzen? Wie willst du Dienstboten für hier draußen finden? ... Oder willst du die Indianer anlernen?«

Auf dem Weg nach draußen kamen wir am Wohnzimmer vorbei, wo ich zwei Bankettstühle aus der *Scharlachroten Kaiserin* zu beiden Seiten eines herrlichen Schachtisches stehen sah. Die beiden Gespenster standen über die Rückenlehnen der Stühle gebeugt und sahen so echt aus, daß man meinen konnte, sie überlegten gerade ihren nächsten zeitlosen Zug. Aber ich verlor kein Wort über sie. Sonst hätte meine Mutter den armen Jo auch noch wegen seiner Stühle ausgescholten.

Wir fuhren in unsere vor gefransten Tüchern überquellende Hazienda zurück. Meine Mutter rauchte und fuhr meinen Vater an, er solle jetzt gefälligst einen anständigen Sender in dem blöden Radio finden oder aber die Finger von den Knöpfen lassen. Tami überlegte, wer wohl zum Abendessen bleiben würde, Jo fuhr schweigend, beide Hände an das Steuerrad geklammert. Ich konzentrierte mich auf meinen Magen und bedauerte Jo wegen der gründlich verdorbenen Überraschung. Von Sternberg hängte nie Vorhänge in sein Haus, und die Dietrich zog nie bei ihm ein, obwohl das eine mit dem anderen nichts zu tun hatte. Ich sehe immer noch das glänzende, gepanzerte Haus vor mir und fühle seinen Stolz und seine Enttäuschung. Als wir zurückkamen, hatte es sich José Iturbi bei uns gemütlich gemacht und spielte eine Bachfuge, um die Finger zu lockern. Meine Mutter rauschte ins Haus, um ihn zu begrüßen. Mein Vater und ich verdrückten uns, Tami servierte Sherry, und Jo fuhr den Hügel hinunter und durch das Tor von Bel Air – viel zu schnell.

Mein Freund und Partner im Limonadengeschäft wurde entlassen. Traurig überlegte ich, ob seine Entlassung damit zu tun hatte, daß er mir geholfen hatte. Nur weil er nett zu mir gewesen war, brauchte er doch nicht die Arbeit zu verlieren. Aber eines Tages war er verschwunden und ein neuer Herr mit Revolver hatte seinen Platz eingenommen, daher erfuhr ich den wahren Grund nie. Vielleicht hatte ich zu oft gesagt, ich hätte ihn gern. Ich wußte, daß meine Mutter es nicht liebte, wenn ich mich mit jemandem anfreundete. Sie sagte oft zu mir:

»Du redest immer sofort von deinen ›Freunden‹ – wie die Amerikaner! Dabei kennst du sie noch nicht einmal. Und selbst wenn sie deine Freunde sein wollen – du wedelst schon mit dem Schwanz wie ein Hund, wenn sie dich nur anlächeln. Das tut man nicht!«

Das mußte es sein! Ich hatte zu deutlich gezeigt, daß ich meinen netten Leibwächter gern hatte, und das hatte ihm den Job gekostet. Es war schrecklich! Ich mußte in Zukunft vorsichtiger sein, auch mit Tami! Ich hatte bemerkt, daß meine Mutter an einem Kuchen, den wir zusammen gebacken hatten, jede Menge auszusetzen hatte; er hatte »zu viele Rosinen« und war »zu süß« oder »zu fett« oder »nicht genug aufgegangen«, während derselbe Kuchen, wenn Tami ihn allein gebacken hatte, völlig unbeanstandet und ohne ein Wort des Tadels verspeist wurde. »Offen gezeigte Freundschaften« durfte es nicht mehr geben. Es war besser, wenn sie nichts von meinen Freunden erfuhr, wie bei den Zugschaffnern. Aber konnte man auf diese Weise auch bestimmte Freunde absichtlich loswerden? Ich beschloß, es auf einen Versuch ankommen zu lassen. Der arme Lord Hamlet hatte sich dank meines Vaters in einen sehr unsympathischen Hund verwandelt. Er war eine Statue von einer dänischen Dogge geworden. Ich wußte, daß der Hund keine Schuld trug, aber trotzdem wünschte ich mir einen anderen. Während der nächsten Tage ließ ich gegenüber meiner Mutter immer wieder einfließen, wie sehr ich ihn mochte, und was für gute Freunde wir geworden waren. Wenn sie mich rief, weil ich ihr etwas holen sollte, dann hatte ich jedesmal keine Zeit, weil »ich mit der Dogge beschäftigt war« ... Mein neuer Hund war ein Hochlandterrier mit Stummelbeinen und großspurigem Gehabe. Ich mochte ihn sofort, ließ mir das aber keine Sekunde anmerken. Ich fühlte mich jedoch schuldig, daß ich den armen Hamlet für mein Experiment mißbraucht hatte. Ich fragt Bridges, ob er wisse, wo Hamlet hingeschickt worden war. Als er mir sagte, er sei seines Wissens zu Joan Crawford gebracht worden, war ich erleichtert. Ich wußte, daß Miss Crawford an allem Gefallen fand, das dressiert war und aufs Wort gehorchte.

An manchen Abenden hatten wir »gemütliche Abendgesellschaften«. Meine Mutter kochte den ganzen Tag, Tami und ich schälten Kartoffeln, rührten um und wuschen Geschirr ab. Mein Vater fuhr nach Los Angeles, um in dieser »kulturellen Einöde« nach den richtigen Weinen zu forschen. Jeder Gang wurde gebührend gelobt, dann zog man für den Kaffee ins Wohnzimmer um und geriet dort ob der Qualität der Brandysorten meines Vaters ins Schwelgen, bevor man sich auf den blutroten Sofas und den Stühlen im spanischen Missionsstil niederließ, um der abendlichen Musikvorführung zu lauschen. Während Iturbi seinen Chopin spielte, wärmte mein Vater den Cognacschwenker in seinen blassen Händen, de Acosta erhitzte sich mit spanischem Patriotismus, die »Boys« machten ein zufriedenes Gesicht, ich sagte höflich nichts, meine Mutter lehnte verzückt gegen den vibrierenden Flügel, und Tami versuchte, nicht an die Berge von schmutzigem Geschirr in der Küche zu denken. Jo saß einfach nur da, sah müde aus und ging früh nach Hause. Selbst wenn unsere Abendessen »deutsch« waren und meine Mutter Leberknödel, Kohlrouladen und Biersuppe für die »Berliner Kolonie« machte, blieb Jo nie lange. Ich hatte das Gefühl, daß er sich nur noch sehen ließ, um den anderen zu beweisen, daß er noch »dazugehörte«, nicht weil er wirklich dabeisein wollte.

Die Ausländerkolonien in Hollywood waren eine interessante Sache. Sie hielten zusammen wie eine eigene Spezies und schufen sich auf der Grundlage nationaler Eigenheiten im fremden Land eine Art Pseudosicherheit. Die englische Kolonie bildete aufgrund der Tatsache, daß ihre Mitglieder dieselbe Sprache sprachen wie die Einheimischen, die größte Gruppe und wies die meisten Stars auf. Sie pflegten ihre Identität, indem sie englischen Frühstückstee importierten, Eiswürfel hartnäckig ignorierten, auf den ewig regenlosen Straßen stets mit zusammengerollten schwarzen Schirmen spazierengingen, Tweed, weiche

Filzhüte und alte Schul- oder Regimentskrawatten trugen, obwohl die meisten Träger nie einer dieser illustren Einrichtungen angehört hatten (aber das merkte in Amerika sowieso keiner), korrektes Englisch sprachen, selbst wenn sie in Manchester geboren waren (auch das merkte keiner) und dauernd Golf in Knickerbockers spielten.

Die französische Kolonie wußte, wo es trinkbaren Wein und Weichkäse zu kaufen gab. Ihre Mitglieder trugen Baskenmützen, machten auf »charmant« und beobachteten unablässig Charles Boyer, um von ihm zu erfahren, was sie als nächstes tun sollten.

In der deutschen Kolonie war die hierarchische Struktur am deutlichsten ausgebildet. Im Unterschied zu den Engländern duldeten die Deutschen keine Verwischung der Klassenunterschiede, nur weil die Amerikaner davon keine Ahnung hatten. Die Aristokraten und die, die sich dafür hielten, lasen Goethe, trugen Handschuhe aus Schweinsleder und bekamen in den vierziger Jahren eine Karrierechance in Nazirollen. Unter den Immigranten waren Varietékünstler, Komiker, Komponisten populärer Musik und Agenten. Sie übernahmen die amerikanische Art, sich zu kleiden, und aßen »Bagels«. Schriftsteller, Lyriker und Regisseure – die Intelligenz – liefen mit Gehstöcken aus Kirschholz oder kurzen Reitpeitschen herum, je nachdem, wie unsicher sie sich fühlten. Wie immer zählte man zur mitteleuropäischen Kolonie auch die Ungarn, Österreicher, Tschechen, Polen, Bulgarier, Rumänen und Jugoslawen. Zusammen hielten sie ihre Kultur durch den Verzehr von eingelegtem Hering, Sauerkraut und Leberwurst hoch; sie bewunderten die Nibelungen oder lehnten sie ab, sehnten sich nach Akkordeonspielern, richtigem Kaffee und Lagerbier, lasen dieselben deutschsprachigen Zeitungen und hatten dieselben Englischlehrer. In dem Maße, wie sich ihr Englisch verbesserte und sich eine Flut von Flüchtlingen aus Mitteleuropa nach Amerika ergoß, wurden sie zu der künstlerisch einflußreichsten Gruppe der Filmindustrie. Verdientermaßen – denn ein Billy Wilder ist nicht zu unterschätzen. Die meisten von ihnen sahen ihre Chance und ergriffen sie; sie bewarben sich um die amerikanische Staatsbürgerschaft und gaben ihr Vaterland aus offensichtlichen Gründen auf, hielten ihre Erinnerungen aber trotz allem in Ehren.

Leo Robin nahm den Platz von José ein, doch nur an den Tasten und auch nur für eine sehr kurze Zeit. Die Proben für die Lieder des Films hatten begonnen. Ich war oben und schrieb meinen Aufsatz »Der Herbst ist gekommen!« ins reine und hörte zu. Was ich zu diesem

Thema an diesem Ort ohne Jahreszeiten schrieb, habe ich vergessen, es ist auch nicht wichtig. Ich brütete über meinen Schularbeiten, als unter mir eine Männerstimme in jenem inbrünstigen Tonfall ein Lied intonierte, wie er nur Songschreibern zu eigen ist, die ihre neueste Komposition anbieten wollen:

> Three sweet hearts have I,
> One is a son of a ...

Lange Pause – dann wieder:

> One is a son of a ...
> ... a Baker!

Das trieb er schamlos so weiter, bis er praktisch alle Berufe durchhatte. Dann beendete er das Opus mit einem grandiosen Crescendo. Daraufhin absolute Stille und dann ... fiel die Haustür krachend ins Schloß! Ich hielt es bei meinen Blättern, »die von den Palmen fallen«, nicht mehr aus und rannte hinunter. Meine Mutter enttäuschte mich nicht:

»Hast du das gehört? Ist das vielleicht ein Lied? Das soll wohl ein Witz sein ... Und das andere ist noch schlimmer – etwas über Herz und Schmerz! Was ist bloß los mit ihm? Die Lieder für *Marokko* waren doch gar nicht so schlecht. Aber schon in *Die Blonde Venus* hat es angefangen, da wurde er seltsam – aber jetzt, mit dem anderen Idioten, der Songs für uns geschrieben hat, jetzt haben sich zwei gefunden! *Die Blonde Venus* war schon schlimm genug, aber dort sollte es ja billig sein. Aber kannst du dir vorstellen, wie ich aufgedonnert in einem unserer herrlichen Kostüme ein Lied über einen Bäcker singe? Wir sollten alle beschließen, daß dieser Film eine Komödie wird, und Lubitsch glücklich machen.«

Jedesmal, wenn die Dietrich die Lieder aus *Die spanische Tänzerin* sang, mußte sie abbrechen. Selbst beim Anhören der Playbacks brach sie jedesmal in Gelächter aus. Warum die Lieder blieben und nicht geändert oder umgeschrieben oder ganz gestrichen wurden, ist mir völlig rätselhaft.

»Liebling, versuche herauszufinden, was mit Tami los ist. Denk dir irgend etwas aus, sag, du wolltest sie bitten, dich zum Strand zu begleiten, aber sie würde erkältet klingen, und wenn sie einen Schnupfen habe, könntet ihr nicht zum Strand, und deshalb wollest du wissen, wie es ihr geht. Papi meint, es sind ihre ›Nerven‹. Aber warum ist sie nervös? Sie bekommt doch alles, muß nicht arbeiten – sie hat jede Menge Zeit. Warum also sollte sie es mit den Nerven haben? Ich habe Papi versprochen: ›Kater findet heraus, was ihr fehlt.‹«

Daraufhin verließ meine Mutter das Zimmer und telefonierte mit Jaray. Tami machte mir Sorgen. Sie schien deprimiert. Nicht traurig wie Jo, sondern lethargisch, wie angesichts einer großen inneren Müdigkeit. Es würde schwer sein, mit einer so einfallslosen Geschichte wie der vom Strand an sie heranzukommen. Ich wollte sie nicht ausfragen, deshalb erzählte ich meiner Mutter nur von dem meiner Meinung nach wichtigsten Symptom – von Tamis Müdigkeit. Ich wußte, daß ich daraufhin einen Vortrag über »den Mangel an Ausdauer bei einigen Leuten« zu hören bekommen würde. Was auch der Fall war. Dann griff meine Mutter zum Telefonhörer und rief einen der »Boys« an.

»Liebling? Wie heißt noch mal dieser neue Arzt, den ihr beide in Pasadena aufgetrieben habt? Der, der den Leuten Spritzen verpaßt, nach denen sie sich angeblich alle ganz großartig fühlen? Ruf ihn an und sag ihm, du hättest eine Freundin, die immer müde sei, und daß sie morgen früh zu ihm in die Praxis kommt für eine seiner ›Spritzen‹. Du bezahlst ihn und sagst mir dann, wieviel es kostet. Ich gebe es dann an Jos Sekretärin weiter.« Sie legte auf und ging zu Tami, um ihr zu sagen, wo sie morgen früh hingehen müßte. Was war das für eine Spritze? Welche Medizin bewirkte, daß man sich sofort gut fühlte, einfach so? Und woher sollten die »Boys« einen anständigen Arzt kennen? Am nächsten Abend war Tami aufgedreht und schnatterte über alles und jedes. Ihre Augen funkelten, ihre Hände gestikulierten, sie war klug und amüsant. Siegesgewiß sagte meine Mutter zu meinem Vater:

»Siehst du, Papi. Sie brauchte nur eine Spritze. Von jetzt an soll sie alle zwei oder drei Tage diesen Arzt besuchen. Ich werde den ›Boys‹ sagen, sie sollen Termine für sie vereinbaren. Du kannst sie da hinfahren, damit sie auch bestimmt hingeht.«

Tami war so glücklich, daß sie alle zum Lachen brachte, und sogar mein Vater billigte ihr überschäumendes Benehmen bei Tisch. In dieser Nacht konnte sie nicht einschlafen. Sosehr sie es auch versuchte, es ging nicht. Wahrscheinlich war der schöne, viel zu aufregende Abend daran schuld. Am Morgen erwähnte sie meiner Mutter gegenüber ihre Schlaflosigkeit.

»Was? Du konntest nicht schlafen? Zuerst warst du müde, dann total aufgekratzt, und jetzt kannst du plötzlich nicht schlafen? Dann nimm doch einfach eine Schlaftablette. Ich laß dir welche aus der Apotheke kommen.«

»Danke, Mutti. Es tut mir leid, daß ich so viele Umstände mache. Du hast so viel Arbeit mit dem Film. Rudi hat mir von dem Arzt erzählt, und daß du das alles für mich arrangiert hast. Vielen Dank! Ich glaube wirklich, daß die Spritzen mir helfen werden. Du hast recht. Es ging mir so gut gestern abend – ich habe euch sogar alle zum Lachen gebracht. Erinnerst du dich noch, in Berlin hast du oft zu mir gesagt, ich brächte dich immer zum Lachen.«

In dieser Nacht nahm Tami dankbar die neuen kleinen Tabletten und schlief tief. Am nächsten Morgen, gestärkt durch zwei Tassen starken Kaffee, war sie gerade noch rechtzeitig fertig für die Fahrt nach Pasadena und die herrliche Spritze, nach der sie sich so wach und amüsant fühlte.

*

»Joel McCrea wird in dem Film mitspielen.«

Wir packten die Sachen für die Garderobe aus, und Jo war vorbeigekommen, um uns diese wichtige Rollenbesetzung mitzuteilen.

»Er ist ein guter Schauspieler und hat gerade einen großen Erfolg gehabt. Er wird ein interessanter Antonio sein.«

Meine Mutter sah hinter einem Umzugskarton vor.

»Ist das der, der gerade den Film mit Dolores del Rio gemacht hat?«

»Ja«, sagte Jo und wollte gehen. Die Stimme meiner Mutter hielt ihn zurück.

»Er ist schön! Nellie und Dot werden im siebten Himmel sein. Und Kater wird ihn um ein Autogramm bitten. Er hat sogar helle Augen!«

Von Sternberg machte Probeaufnahmen mit Joel McCrea. Nach dem fünfzigsten Versuch verließ Herr McCrea den Set, das Paramount-Gelände und den Film. Ich habe nie sein Autogramm bekommen. Cesar Romero, ein Schauspieler, den meine Mutter immer als »dieser Gigolo-Tanzlehrer« bezeichnete, nahm seinen Platz ein und reihte sich so in die Reihe der längst vergessenen männlichen Co-Stars der Dietrich ein.

Meine Mutter war wieder unzufrieden. Abends, im Badezimmer, stand sie vor dem Spiegel und starrte sich an. Alle Frisuren und Haarteile stimmten – alle Kämme, Nelken, Umhänge, Mantillen, Hüte, Kostüme, Sonnenschirme, Handschuhe, Strümpfe, Schuhe, Fächer ... selbst die Vogelkäfige waren inspiziert und für gut befunden worden. Die Augenbrauen sahen aus, als könnten sie jeden Moment für den Winter in Richtung Süden abfliegen. Was also stimmte nicht? Als sie die Probeaufnahmen mit dem weißen Spitzenhut sah, war sie am Tag danach noch unzufriedener. Ich wußte nicht mehr genau, was wir an diesem Tag drehten, ich glaube es war eine Probeaufnahme mit dem silbernen Lamékostüm. Ich war dem wachsamen Schulmeisterauge meines Vaters entschlüpft und hatte mich ins Studio davongemacht. Seit unserer Rückkehr war ich noch nicht in der Kantine gewesen. Jetzt rannte ich schnell hinüber, um Maggie zu begrüßen und einen Cheeseburger zu verdrücken. Dann wollte ich mich auf dem Set zur Stelle melden. Die rote Kontrollampe war aus, das hieß, sie drehten im Moment nicht. Ich öffnete die große gepolsterte Tür und schlüpfte hinein. Ich wartete, bis meine Augen sich nach dem gleißenden Sonnenlicht draußen an das Halbdunkel im Innern gewöhnt hatten, und stieg über die am Boden liegenden Kabel, duckte mich unter den Standscheinwerfern hindurch, bis ich beim Spiegel meiner Mutter ankam – gerade als sie in ihn hineinlief. Ich konnte eben noch verhindern, daß sie ihn zertrümmerte. Sie sah mir angestrengt ins Gesicht und sagte: »Ach, du bist es! Gegen was bin ich denn da gerannt?«

»Mutti, was ist los? Du bist gegen deinen großen Spiegel gelaufen.«

»Ach, das war es. Ich hab' mich schon gefragt, was da so glänzt! ... Wo ist der Set?« Sie drehte sich auf dem Absatz um, ging auf das Licht zu und ... pang, ein Scheinwerfer lag am Boden. Sie ging einfach weiter und rief: »Jo! Wo bist du? Hörst du mich? Was möchtest du als nächstes sehen? Das Carmen-Kostüm? Es ist fertig ...« Und immer noch redend ging sie weiter, prallte gegen die gepolsterte Tür und fand sich auf der Straße wieder. Nellie und ich rannten ihr hinterher. Da stand sie in ihrem atemberaubenden silbernen Gewand, das in der Sonne glitzerte, und sah uns mit weit aufgerissenen, kurzsichtigen Augen an.

»Wie bin ich hierhergekommen? Diese Tropfen sind verrückt!«

»Welche Tropfen? Mutti, wovon sprichst du?«

»Miss Dietrich, ich habe Ihnen gesagt ... tun Sie es nicht!« zirpte Nellie.

»Liebling, es ist ein Geheimnis. Du darfst Jo kein Wort davon verraten. Ich möchte dunkle Augen haben. Zu diesem Film gehören einfach dunkle Augen. Herrlich! Sie geben einem ein so rätselhaftes Aussehen! Deshalb habe ich mir von einem Augenarzt Tropfen geben lassen, die die Augen groß machen, weiten, sie größer erscheinen lassen, damit sie im Film dunkel sind. Aber du darfst nichts sagen ... Mach die Tür auf, Nellie, und zeig mir, wo die Kamera ist. Ich möchte Jo überraschen, wenn er die Rushes sieht und ich plötzlich dunkle Augen habe!«

Wir führten sie zum Set, gaben ihr einen kleinen Schubs in die richtige Richtung, und, blind wie ein Maulwurf, stolperte sie unbeholfen in Cesar Romero hinein. Das war zuviel. Jo packte sie an der Schulter: »Jetzt ist es genug! Was ist los mir dir? Sag mir die Wahrheit?«

»Jo, sieh mal durch die Kamera. Ich habe spanische Augen ... aber es wird nicht gehen. Ich werde den ganzen Film über nichts sehen. Ich werde meine Markierungen nicht finden, wenn ich blind bin.«

Jo hörte ihrem enttäuschten Klagen mit einem liebevollen Ausdruck auf dem Gesicht zu.

»Meine Liebe, warum hast du mir nicht gesagt, daß du dunkle Augen willst? Ich kann dir dunkle Augen machen.« Er ging zu ihrem Punktscheinwerfer, drehte leicht daran, riß ein Blatt aus seinem Drehbuch, klebte es an den oberen Rand des Scheinwerfers und sagte: »Du mußt mir immer sagen, was du willst, damit ich dir helfen kann.«

Am nächsten Tag war meine Mutter außer sich vor Freude. Im Vorführraum stieß sie begeisterte Schreie aus, als sie die Rushes und ihre dunklen spanischen Augen sah.

»Ja! Ja! Du hast es geschafft. Genie! Du bist ein Genie!«

»Es war eine ganz hervorragende Idee, meine Liebe. Wie üblich wußtest du ganz genau, was fehlte. Obwohl sie auch mit hellen Augen perfekt gewesen wäre.«

»Nein. Jetzt sieht sie richtig aus!«

*

Jo machte im Garten Schießübungen mit seinem Luftgewehr. Seit dem Schrecken mit der Entführung hatte meine Mutter Angst vor Waffen und duldete sie nicht in ihrer Nähe, außer in den Halftern meiner Leibwächter. An diesem Morgen war Jo zum Frühstück geblieben und hatte darauf bestanden, Zielübungen gegen meine Kinowand zu machen. Meine Mutter war wütend, aber er kümmerte sich nicht darum. Er hatte eine Handvoll Luftballons aus der Tasche geholt und mich gebeten, ihm beim Aufblasen zu helfen. Er war sehr gut. Er zerschoß jeden neuen Ballon, den ich in der Mitte des von ihm aufgezeichneten Kreidekreises befestigte.

Meine Mutter rief: »Jo! Hör mit dem Lärm auf! Kater – geh ein Stück zurück! Geh weg da, du bist zu nah dran. Zurück!«

Als alle Ballons zerschossen waren, kehrte Jo zum Frühstückstisch zurück.

»Meine Liebe, findest du das wirklich so schlimm? Ich habe eine Idee – für die Eröffnungsszene: ein wunderbarer Effekt, um Conchas Gesicht zum erstenmal zu zeigen. Die erste Nahaufnahme.«

»Was sollte die dumme Knallerei? Was hast du für eine ›Idee‹?«

Immer wenn von Sternberg über eine bestimmte Kameraeinstellung sprach, klang er wie ein Mann, der eine Frau beschreibt, die er liebt:

»Du stehst in einer offenen Kutsche. Die Kutsche bahnt sich einen Weg durch einen wogenden Karnevalszug. Dein Gesicht ist hinter einer Traube von Luftballons versteckt. Ein Mann beobachtet dich ... Er zieht eine Schleuder aus der Gesäßtasche, dann Schnitt, und neue Einstellung auf die Ballons. Sie platzen und – plötzlich zum erstenmal ihr Gesicht. Kein Zittern – kein Zucken ihrer Augen – keine Reaktion auf diese kleine Explosion. Nichts kann sie erschüttern – sie ist furchtlos, unwirklich, perfekt, unnahbar – sie ist Frau!«

»Du willst also Ballons vor meinem Gesicht zerplatzen lassen und erwartest, daß ich in einer Nahaufnahme keine Reaktion zeige?«

»Genau ...«

»Dazu brauchen wir ein besonderes Gesicht – vielleicht können wir eine Mantille benutzen, um nach dem Zerplatzen der Ballons ein Gefühl von Höhe zu bekommen. Wer wird schießen?«

»Ich – ich könnte niemand anderem diese heikle Aufgabe anvertrauen.«

»Wenn du schießt, wird das Timing stimmen. Es ist der Anfang des Films. Wenn du mir ins Auge schießt, dann können wir sofort abbrechen, den Film umschreiben und für mich eine Augenklappe besorgen.«

Sogar Jo mußte lachen. Am nächsten Tag hatten wir eine wichtige Besprechung mit Travis.

»Travis, für die Karnevalsszene brauchen wir etwas ganz Besonderes, einen neuen Kopfputz. Jo versteckt mich hinter Luftballons. So brauchen wir am Anfang nur meinen Umriß hinter den Ballons zu sehen. Dazu können wir einen dieser übertriebenen, viel zu hohen Kämme benutzen, die du so liebst.«

»Jo will dein Gesicht hinter Ballons verstecken? Wozu? Warum?«

»Er weiß, was er tut. Wir tun, was er sagt. Also, diese Luftballons werden bestimmt helle Farben haben, deshalb sollte sie dunkel sein. Was könnten wir ihr in Schwarz über diesen Kamm hängen?«

»Wie wäre es mit der herrlichen Langettenspitze, die wir noch nicht benutzt haben?«

Wir stöberten im Stofflager. Wir fanden bei dieser Gelegenheit die blaue Spitze für das Krankenhauskostüm, aber nichts Passendes für die »Ballonszene«. Wo meine Mutter schließlich etwas Geeignetes auftrieb, weiß ich nicht, wahrscheinlich ließ sie es anfertigen. Keine Spitze diesmal, es mußte etwas so Leichtes sein wie die in der Luft schwebenden Ballons. Sie entschied sich deshalb für dünnen Hutschleierstoff, auf den Hunderte kleiner schwarzer Pompons aufgenäht wurden, die die runde Form der Ballons wiederholten. Schultern, Oberarme und Hals blieben wie sie waren – nackt. Ihr perliger Schimmer bildete einen wunderbaren Kontrast. Der flammendrote Mund, die einzige Farbe, glänzend und leicht geöffnet zu einem hinreißenden Lächeln, ein hauchdünner Augenschleier, der gerade noch die Nasenspitze bedeckt und die verführerische Wirkung verstärkt, die von ihren weißumrandeten, dunklen Augen ausgeht. Die teuflische Locke auf ihrer Stirn kaum auszumachen, dann gleich der siebenzackige spanische Kamm. Unter all den ehrfurchtgebietenden Gesichtern dieses Films ist dies das Lieblingsgesicht meiner Mutter. Ich persönlich halte das Hahnenfedernkostüm aus *Schanghai Express* für das beste Kostüm, aber einige Kostüme aus *Die spanische Tänzerin* kommen ihm doch sehr nahe. Es gibt einen Spruch: »Die Kamera ist in das Gesicht verliebt.« Natürlich hilft es, wenn der Kameramann, der Regisseur, der Autor und das gesamte Team in das Gesicht verliebt sind. Aber es stimmt, daß man bei einigen Gesichtern gar nichts falsch machen kann. Gesichter, die wunderbar aussehen, was auch immer sie aufs Bild bannt. Manchmal heißt es, die Form der Knochen sei entscheidend. Aber Bilder von Skeletten sind nicht gerade besonders großartig, also können es die Knochen allein nicht sein. Manche halten die Haut für entscheidend. Aber da es auch bei Männern zu einer magischen Liebesaffäre mit einer Linse kommen kann, ist wohl auch eine durchscheinende, zarte Haut nicht die Antwort. Innere Schönheit? Die Schönheit der Seele? Jetzt sollten wir der Sache eigentlich näherkommen. Aber ich weiß aus persönlicher Erfahrung, daß das die unnötigste Ingredienz von allen ist. Es sollte nicht so sein, aber Aussehen hat nichts mit Gerechtigkeit zu tun. Was ist es dann? Ich weiß es nicht. In ihrer Blütezeit konnte man die Dietrich einfach nicht schlecht aufnehmen, selbst wenn man gewollt hätte. Wenn die Filmkamera sie sah, stieß sie einen Seufzer aus, schmolz dahin und vergötterte und verehrte sie. Der Film lief durch die Kamera und dokumentierte die vollendete Schönheit seiner Geliebten. In *Die spanische Tänzerin* war von Sternberg zum erstenmal selbst für die Kameraführung verantwortlich. Zum erstenmal hat er sich damit offiziell nicht nur als Regisseur, sondern auch als Kameramann ausgewiesen. Endlich!

»KAMERA LÄUFT! KUTSCHE AB! Marlene – halte die Ballons höher ... AUFNAHME!«
 Peng!
 Und da war es – enthüllt: ein Gesicht wie aus dem Märchen.
 »SCHNITT! Herrlich! Macht davon eine Kopie!«
 »Nein, Jo. Ich habe mit dem linken Auge gezwinkert. Bitte noch mal.«
 Neue Luftballons wurden aufgeblasen und an Ort und Stelle festgemacht, Pferde und Kutsche zurück zu ihrem Ausgangspunkt gebracht.
 »KAMERA LÄUFT!«
 Jo zielte ...
 »AUFNAHME!«
 Peng!
 »Jo, verzeih bitte ... meine Unterlippe hat gezittert.«
 So ging es weiter, bis das Helium fast verbraucht war und ich bereits fürchtete, Jos Arm könnte anfangen zu zittern. Dann beim nächstenmal ...
 Peng!
 Von Sternberg schrieb Jahre später: »Die Kamera registrierte nicht das geringste Zucken einer Wimper, nicht die kleinste Bewegung des zu einem strahlenden Lächeln geöffneten Mundes. Das schaffte nur diese außergewöhnliche Frau, jede andere hätte vor Angst gezittert.«
 Es ist wirklich ein unglaublicher Moment. Man meint ihn farbig in Erinnerung zu haben, aber von Sternberg hat in dem Film ein so fulminantes Spiel von Licht und Schatten inszeniert, daß das Auge vergißt, daß es nur Schwarzweißaufnahmen sieht, und sie farbig im visuellen Gedächtnis festhält.
 Bücher wurden geschrieben und Vorträge gehalten über die tiefere Bedeutung dieses Films, über die Obsession von Sternbergs mit der Dietrich, wie sie aus den Einstellungen dieses Films hervorgehe. Wie er sich in der Rolle des ältlichen Liebhabers dargestellt habe, der von

der herzlosen Hure benutzt, erniedrigt und getäuscht wird. Einige besonders kluge Köpfe haben sich sogar zu der Behauptung verstiegen, der für diese Rolle extra mit einem Schnurrbart ausgestattete Lionel Atwill sei aus eben diesem Grunde als eine Verkörperung des schnurrbarttragenden von Sternberg anzusehen. All diese tiefschürfenden Studien beweisen für mich letztlich nur eins: Das Material muß in der Tat ergiebig sein, wenn es so viele verschiedene tiefschürfende Interpretationen ermöglicht. Sie könnten alle recht haben, aber wirklich gesichert ist nichts. Wenn Jahre später eine weitere Dissertation über *Die spanische Tänzerin* als Gleichnis der Beziehung zwischen der Dietrich und von Sternberg erschien, pflegte meine Mutter sich heftig zu empören.

»Was? Der häßliche Mann, der den Polizisten gespielt hat, soll Jo gewesen sein? Wovon reden diese Leute eigentlich?« Sie las kopfschüttelnd weiter. »Liebling! Das geht zu weit. Hör dir das an: ›Als Atwill ihr seine Liebe erklärt, ist die Antwort der Dietrich wie ein Dolch, den von Sternberg, der Regisseur, gegen sich selbst richtet! „Du hast schon immer Eitelkeit und Liebe miteinander verwechselt", heißt es im Drehbuch.‹ – Das geht aber entschieden zu weit. Glauben die etwa, eine Zeile aus einem Drehbuch ist die Wirklichkeit? Kann ich diese Leute verklagen? Wer erlaubt ihnen, über Dinge zu schreiben, von denen sie keine Ahnung haben? Halten die sich für Gott? Unglaublich! ... Diese kleinen Wichte, die von nichts eine Ahnung haben, bezahlt werden und sich für ›Professoren‹ halten, wie Hemingway sie nannte. Oh! Hör dir das an! Hier heißt es, ich hätte in der Krankenhausszene Schwarz getragen, weil es die Farbe des Todes sei! Grandiose Erkenntnis! Wir haben das Kostüm in Schwarz gehalten, weil die Wand hinter mir weiß war – und weil wir diese herrliche Spitze verarbeiten wollten. Was für Umstände sie machen, um eine tiefere Bedeutung in ein Kostüm hineinzuinterpretieren! Und weißt du was? Es war nicht einmal schwarz. Es sah nur schwarz aus, in Wirklichkeit war es blauer Taft.« Sie schmunzelte. »Natürlich mußte ich bei dem Polizisten bleiben. Sie kann doch nicht bei dem Schauspieler bleiben, der wie ein Tanzlehrer aussah ... Wie hieß er noch – Cesar Romero? – Ja, so hieß er. Wenn Paramount uns den hübschen mit den hellen Augen gelassen hätte, wie hieß der noch ...?«

»Joel McCrea?« sagte ich.

»Ja, den meine ich. Er sah wirklich gut aus. Wenn wir den gehabt hätten, dann hätte sie mit dem angebändelt, und der Film wäre kein Flop geworden.«

Als ich hörte, daß Brian in New York in *Romeo und Julia* spielen würde, bat ich meine Lehrerin um eine Ausgabe des Stücks. Sie lachte mich zwar nicht gerade aus, aber sie lachte. Ich war zu jung. Als Grund führte sie etwa an: »Wir haben ja noch nicht einmal die alten Griechen gelesen.« Was hatten die alten Griechen oder mein Alter mit dem Lesen eines einfachen Dramas zu tun? Das konnte doch auch nicht schwerer sein als ein Drehbuch! Auf meinem feinsten hellblauen Briefpapier, auf das in Weiß meine Initialen *M.S.* aufgedruckt waren, schrieb ich Brian einen Brief. Ich bat ihn um den Text zu *Romeo und Julia* und wünschte ihm für die männliche Hauptrolle viel Glück.

»Brian hat dir ein Geschenk geschickt. Das sieht einem englischen Schauspieler ähnlich – einem kleinen Kind Shakespeare zu schicken!« sagte meine Mutter und überreichte mir ein vornehm aussehendes Buch.

»Einen Brief hat er dir auch geschrieben. Er behandelt dich, als seist du erwachsen. Na ja, er weiß es eben nicht besser, er hat ja keine Kinder.«

Ich hielt mein Buch fest umklammert und wartete auf den richtigen Moment, um zu verschwinden. Als der »gute alte« Travis aus dem Studio anrief und »mit Miss Dietrich sprechen wollte«, rannte ich schnell zu dem Haus am Swimmingpool hinunter, das zu so etwas wie meinem geheimen Zufluchtsort geworden war. Es dauerte so lang, da hinunter zu gelangen, deshalb machte sich kaum jemand die Mühe, mich dort zu suchen. Lieber Gott! Das war kein Drehbuch! Kein Wunder, daß Theaterschauspieler sich immer uns Filmleuten überlegen fühlten. Wenn sie all diese schweren Wörter lernen und dann auch noch spielen mußten, ohne eine Pause zwischen den Einstellungen, war das sicher ganz schön schwer. Andererseits brauchten sie sich keine Sorgen zu machen, wie sie etwa bei einer ohne jeden Zusammenhang gedrehten Nahaufnahme aussahen oder morgens um neun eine Liebes- oder Sterbeszene spielen sollten, für die sie seit sechs Uhr morgens geschminkt worden waren. Wahrscheinlich konnten sie den ganzen Tag schlafen, dann arbeiteten sie abends ein paar Stunden, und dann war Feierabend. Aber trotzdem, bei Stücken wie diesem hatten sie ganz schön zu tun.

Brians Brief war voller Neuigkeiten. Nicht er spielte den Romeo, sondern Basil Rathbone. Brian spielte einen gewissen Mercutio, eine Rolle, die er einem talentierten jungen Schauspieler namens Orson Welles weggenommen hatte. Ein anderer junger Schauspieler, der zwar nicht so begabt, dafür aber hübscher war, Tyrone Power, spielte seinen Freund. Eine junge Dame namens Katharine Cornell spielte die Julia, Edith Evans spielte die Amme, und jener Orson Welles spielte jetzt den

Tybalt. Brian schrieb, ich solle mir beim Lesen Zeit lassen und mich von den vielen unverständlichen Wörtern nicht abschrecken lassen. Er hatte eine kleine Inhaltsangabe des Stücks beigefügt und schlug vor, ein Wörterbuch danebenzulegen und die Wörter nachzuschlagen, die bereits herausgeschrieben seien und deshalb leicht zu finden sein würden. Am nächsten Tag wartete ich, bis meine Mutter und Jo ins Studio und mein Vater und Iturbi zum Sherryeinkaufen gefahren waren. Da es Samstag war, würde auch meine Lehrerin nicht kommen. Ich konnte mich also in mein Versteck zurückziehen und darüber nachdenken, warum diese einfache Geschichte eines jungen Mannes und einer jungen Frau, die sich begegnen, verlieren und schließlich wiederfinden, so vieler Worte bedurfte und warum sie so verwickelt war und mit dem irrtümlichen Tod der beiden endete. Wochenlang schlich ich mich in meine Klause und kämpfte mich durch meine »Romanze«. Julia auf dem Balkon erinnerte mich ein wenig an meine Mutter in Wien. Brian hätte einen wunderbaren Romeo abgegeben. Er hätte sich nur so benehmen müssen, wie er es für gewöhnlich in Gegenwart meiner Mutter tat. Die Amme erinnerte mich ein wenig an Nellie, und Mercutio klang bei all seiner Klugheit so traurig, daß er mich an Jo erinnerte, nur daß der nicht soviel redete. Ich war von Shakespeare begeistert! Seine Personen waren so wirklichkeitsgetreu, und ihre Worte wirkten beim ersten Lesen so wirklichkeitsfern. Da niemand mich nach meinem neuen Buch fragte, erzählte ich auch niemandem davon. Ich fragte meine Lehrerin, was Shakespeare noch geschrieben hätte. Ich erinnere mich, daß ich Brian schrieb und mich für das wunderbare Geschenk bedankte und ihm sagte, wie sehr ich ihn dafür liebte. Ich bat ihn, mir bei Gelegenheit den *Hamlet* zu schicken, denn dieses Stück wollte ich als nächstes lesen, weil ich einmal einen Hund mit diesem Namen gehabt hätte. Ich legte den Brief zu den anderen Briefen auf dem Schreibtisch von Jos Sekretärin. Die Burschen aus dem Postraum machten sechsmal am Tag die Runde und sammelten Briefe ein. Bei uns zu Hause dagegen zählte mein Vater alle Briefe, wog sie auf seiner feinen Messingwaage und hielt Gewicht und Wert der Briefmarken in einem Buch mit der Aufschrift »Portokosten« fest. Er hätte meinen Brief mit Sicherheit gefunden und ihn entweder geöffnet oder mich gefragt, an wen er gerichtet sei, je nach Laune. Paramount dagegen schickte meine Briefe schnell und ohne Fragen.

*

Richard Barthelmess schien ein netter Mensch. Dafür, daß er ein so berühmter Stummfilmstar gewesen war, war er sehr jung. Ich weiß nicht, wie er in unsere kleine Familie geraten ist. Eines Tages parkte sein Wagen in der Garage, und er war da. Iturbi konnte ihn überhaupt nicht leiden und Jo behandelte ihn wie Luft, während mein Vater ihm erklärte, wo man die besten Weine zum Dessert kaufte, und sich darauf freute, von ihm zum Sonntagsbrunch eingeladen zu werden. Barthelmess besaß eines jener herrlichen Grundstücke, die man in den zwanziger Jahren praktisch geschenkt bekam, als Beverly Hills lediglich aus endlosen Kilometern unfruchtbarer Hügel bestand, die darauf warteten, gekauft zu werden. Da es sich um ein »altes« Anwesen handelte, säumten große, behaarte Eukalyptusbäume die lange, gewundene Einfahrt, die auf eine Anhöhe führte, auf der ein Haus stand, das einem Filmstar angemessen war: königliches Hollywood-Tudor aus rotem Ziegelstein, mit Giebeln und zehn Kaminen. Barthelmess war ein typischer Amerikaner, witzig und gesellig. Er hatte eine Familie, und ich freute mich jedesmal, wenn wir ihn zu Hause besuchten. Tami durfte nicht mit. Für gewöhnlich mußte sie Iturbi oder Jo die Geschichte erzählen, die meine Mutter sich als Entschuldigung für ihr jeweiliges Fernbleiben ausgedacht hatte. Wir alle haßten die komplizierten und manchmal dummen Lügen, die meine Mutter für uns erfand, wann immer sie es für nötig hielt. Aber wenn die Dietrich von einem Mitglied ihres Gefolges eine Vorstellung erwartete, gab es kein Entrinnen. Vielleicht war es feige von uns, daß wir die Befehle meiner Mutter einfach befolgten; bei denen von uns, die nirgends anders hinkonnten, führte diese Unterwerfung zu einer dauerhaften Deformation des Charakters. Auch wer gegen Bezahlung arbeitete und seine Arbeit behalten wollte, blieb davon nicht verschont.

Travis entwarf ein paar sehr schicke Brunch-Kleider – viele Faltenröcke und schnittige Blazer, die man mit geschnürten Halbschuhen und geknoteten Halstüchern trug. Barthelmess war an allem interessiert und konnte sich über viele Themen unterhalten oder sie anregen. Mir fiel auf, daß er nie über Familienleben, Ehe, Kindererziehung und Pianisten sprach. Er war ein kluger Mann.

*

Ich war zehn, als ich endlich herausfand, wozu Kotex in Wirklichkeit gut war. Ich bekam einen richtigen Schreck, als beim Baden plötzlich Blut ins Wasser tropfte. Ich glaubte, in mir sei etwas gerissen. Jemand rief meine Mutter, die »bleich im Gesicht und mit zitternden Lippen« herbeieilte. Sie beruhigte mich und sagte, ich solle aus der Wanne steigen und mich abtrocknen. Dann rollte sie einen Waschlappen zusammen und klemmte ihn mir zwischen die Beine. Von nun an würde ich das einmal im Monat bekommen, das war die Natur, und ich sollte nie einen Mann an mich heranlassen. Damit war sie wieder aus dem Badezimmer verschwunden. Es war schwierig, den Waschlappen zwischen den Schenkeln eingeklemmt zu halten. Ich hüpfte zu meiner Kommode hinüber, holte ein einteiliges Nachthemd heraus und zog es an. So blieb der zusammengerollte Waschlappen an Ort und Stelle. Ich legte mich ins Bett und dachte ernsthaft über die Natur nach. Vielleicht konnte ich Brian bitten, mir die Rätsel der Natur zu erklären. Mit diesem tröstlichen Gedanken schlief ich ein. Am nächsten Morgen schärfte mir ein Hausmädchen ein, mein Zimmer erst zu verlassen, wenn Bridges mir »meine Sachen« aus der Apotheke gebracht habe. Also wartete ich und überlegte, um welche »Sachen« es sich handeln konnte. Schließlich kam Tami und weihte mich in die Geheimnisse meines neuen rosafarbenen Satinmonatsgürtels ein. Sie erklärte, Gott habe mir ein kleines Zimmer in meinem Innern gegeben, wo eines Tages ein Baby schlafen und auf seine Geburt warten würde. Jeden Monat einmal wurde dieses »Zimmer« geputzt, um es stets sauber und frisch für seinen späteren Bewohner zu halten. Ich hörte ihr staunend zu. Ich hatte mich nie dafür interessiert, wo Babys herkamen. Da ich ausschließlich mit Erwachsenen zusammen war, die über so etwas Bescheid wußten und deshalb nicht mehr neugierig waren, war ich es auch nie gewesen. Tami nahm mich in die Arme, weinte ein wenig und sagte, ich könnte stolz sein, denn ich war jetzt eine Frau. Als ich nach unten zum Frühstück ging, kam ich mir als etwas sehr Besonderes vor. Ich war eine Frau mit einem Zimmer! Meine Mutter, ganz in Schwarz, blaß und schön, begrüßte mich weinerlich und seufzend. Ich fragte mich, ob jemand gestorben war. Ich trank meinen Tee, sie nippte schweigend an ihrem Kaffee, Jo las den *Reporter*. Als sie ins Studio fuhren, ging ich wieder hinauf zum Unterricht.

Wir hatten uns für nachmittags in Travis' Büro verabredet. Zuerst lieferte ich Jos Kraftbrühe in seinem Büro ab, dann ging ich zu den Friseusen hinüber, um Nellie guten Tag zu sagen. Sie umarmte mich und erkundigte sich, wie es mir gehe. Ich sagte: »Gut. Warum?«

Einige der Friseusen, die wie immer eifrig Haare eindrehten und klebten, unterbrachen ihre Arbeit und warfen mir »verständnisvolle

Blicke« zu. Überall, wo ich hinkam, unterbrachen die Leute ihre Arbeit und lächelten mir freundlich zu. Travis begrüßte mich mit einem: »Hallo, kleine Lady. Alles klar?«

Offenbar hatte meine Mutter eine Presseerklärung herausgegeben! Anscheinend wußten sämtliche Mitarbeiter von Paramount Bescheid. Es war ein unangenehmes Gefühl. Später, als ich von einem Botengang zurückkam, hörte ich meine Mutter telefonieren. Ich blieb lauschend vor ihrer Garderobe stehen.

»Du wirst es nicht für möglich halten! Das Kind hat gestern ihre Periode bekommen! Mit neun! Liegt wohl am Wetter in Kalifornien. In dieser Hitze werden die Mädchen schneller erwachsen. Sieh dir die Italiener an – und die Mexikaner sind noch schlimmer. Ich hätte sie in Berlin lassen sollen, wo es kalt ist. Ist es nicht schrecklich? Ich habe die ganze Nacht kein Auge zugetan. Wie meine Mutter allein zwei Mädchen aufgezogen hat, ist mir ein Rätsel. Ich weiß nicht, wie sie das geschafft hat. Sie sind so schwierig!« Damit legte sie auf. Warum hatte sie gesagt, Mädchen seien schwierig? Ich fand nicht, daß ich schwierig war. Ich ging zu Bett, wenn ich geschickt wurde, blieb auf, wenn ich gebraucht wurde, aß meinen Teller leer, wie meine Mutter es wollte, lernte, erledigte Einkäufe, half bei den Frisuren und gab nie eine böse Antwort, weder auf Deutsch noch auf Englisch. Außerdem wünschte ich mir, meine Mutter würde endlich zur Kenntnis nehmen, wie alt ich in Wirklichkeit war. Nach diesem »schwerwiegenden Vorfall« mit dem Kind kamen die Kleider mit kleinen Puffärmelchen wieder zurück. Sogar meine Bücher wurden einer Kontrolle unterzogen, zum Teil konfisziert und durch schön illustrierte Ausgaben von Grimms Märchen ersetzt. *Romeo und Julia* entgingen der Säuberung. Sie lagen unten im Badehaus, versteckt unter dem Teppich hinter der schweren Couch.

*

Mein Vater setzte Tami auf dem Rückweg von Pasadena zu Hause ab und fuhr dann weiter nach Beverly Hills, wo er sich nach »eßbarer« Gänseleber umsehen wollte. Tami zog sich um, ging in den Garten und schnitt all die schönen Blüten von den Rosenbäumchen. Ich rannte zu ihr hinaus. Entgeistert starrte sie den Schaden an, den sie angerichtet hatte, und fing an zu weinen. Ich nahm sie in die Arme.

»Katerlein, was habe ich getan? Oh, Kater! Warum nur? Um Himmels willen! Warum?«

»Langsam, langsam, Tamilein, es ist nicht so schlimm.« Ich wiegte sie in meinen Armen. Ich fühlte mich so hilflos.

»Was wird Papi sagen? Und ... Mutti?«

Hier zumindest konnte ich helfen. Diese Angst konnte ich ihr nehmen. Ich hob die Blumen auf, nahm Tami an der Hand und ging mit ihr den Rasen hinauf zum Haus. Wir stellten die Blumen in Vasen und verteilten sie im Haus. Ich erklärte meinem Vater, der Gärtner habe sie an der Hintertür abgelegt. Tami war beim Kochen immer noch so außer sich über ihr unerklärliches Verhalten, daß sie einen Meßbecher zerbrach. Wir erwarteten Gäste zum Abendessen. Ich glaube, es waren Iturbi und Rachmaninoff. Tami servierte das Essen.

Als mein Vater den Wein einschenkte, sagte er zu meiner Mutter: »Mutti, ich glaube, wir müssen den Gärtner entlassen. Er hat sämtliche Rosen abgeschnitten. Tamitschka! Hast du Mutti nicht etwas zu sagen?«

Tami war beim Wort »Rosen« wie angewurzelt stehengeblieben. Jetzt sah sie meinen Vater flehend an.

»Weißt du nicht mehr?« erinnerte er sie. »Du hast doch heute etwas von Muttis Sachen zerbrochen?«

»Ach ja, Mutti! Es tut mir sehr leid. Ich habe einen der gläsernen Meßbecher aus dem Eisenwarengeschäft zerbrochen. Ich habe wie immer einfach nicht genug aufgepaßt.«

Sie servierte weiter von links das Kartoffelsoufflé. Die Stimme meines Vaters folgte ihr gnadenlos:

»Selbstverständlich wird Tami für den entstandenen Schaden aufkommen. Ich habe ihr die fünfzig Cents bereits von dem Taschengeld abgezogen, das sie von mir bekommt.«

Ich stand auf.

»Ich helfe dir beim Servieren, Tami.«

»Kater! Setz dich! Wir haben Gäste!«

»Ja, Liebling«, flötete meine Mutter. »Sei nicht unartig. Iß dein Abendessen. Tami!« Tami hatte sich gerade in die Küche flüchten wollen. »Bring auf dem Rückweg Brot mit. Und dann setzt du dich auch!«

In der Nacht schlich ich mich hinunter, um nachzusehen, wie es MacDouggle ging, weil ich glaubte, ich hätte vergessen, sein Wasser nachzufüllen. Als ich am Zimmer meines Vaters vorbeikam, hörte ich ihn dozieren. Warum konnte er die arme Tami nicht in Ruhe lassen? Ich ging zurück ins Bett, lag wach und lauschte, bis ich das Öffnen und Schließen von Türen hörte, das anzeigte, daß Tami wieder sicher in ihrem Zimmer war. Während ich im Dunkeln dalag und wartete, kam ich zu dem Schluß, daß mein Vater eine natürliche Grausamkeit hatte, die ich verabscheute. Wenn er wieder einmal so etwas Gemeines tat, würde ich etwas unternehmen. Ich wußte zwar noch nicht was, aber mir würde schon etwas einfallen.

In dem Maß, wie die Dreharbeiten zu dem Film *Die spanische Tänzerin* voranschritten, entfernten sich die Dietrich und von Sternberg allmählich voneinander. Das Schicksal hatte bestimmt, daß es ihr letzter gemeinsamer Film sein sollte. Dennoch spürte nur Jo die sich anbahnende Veränderung. Meine Mutter hatte keinerlei Vorahnungen. Jo machte dem Phantom auf der Leinwand täglich ein neues Geschenk und erschöpfte sich mit diesen täglich neuen Abschiedsgesten. Vielleicht wußte er selbst nicht, daß er Abschied nahm, auf seine Weise. Vielleicht stand dahinter auch sein verzweifelter Wunsch, sich zu lösen. Ich wußte nur, daß Jo uns jeden Tag zu verlassen schien, sich ein wenig weiter von uns wegbewegte. Die beiden tauschten nach wie vor heftige Botschaften aus. Meine Mutter ließ sie beiläufig geöffnet zwischen Fanpost und vollen Aschenbechern liegen, so daß jeder sie lesen konnte.

Meine liebe Marlene,
Du regst Dich unnötig auf. Zuerst bist Du wütend auf mich – und dann ist wieder alles in Ordnung – die ganze Zeit diese vielen Diskussionen! Hör auf, die ganze Zeit wütend auf mich zu sein, Du weißt, daß ich nicht alles ändern kann.
Jo

Selbst Jos Briefchen klangen allmählich distanziert, als ob er sich zu leer fühlte, um noch betroffen zu sein.

Ich stempelte gerade Fotos, als Jo in die Garderobe hereinkam. Ich sah sein Gesicht und hörte auf.

»Ich habe soeben Lubitsch darüber informiert, daß ich keine weiteren Filme mit der Dietrich mehr mache. Natürlich war er begeistert.«

»So? Du wirfst mich also wieder einmal den Wölfen vor?« Meine Mutter starrte ihn an, bewegungslos.

»Ja, wenn du das wirklich glaubst. Ich bin müde, meine Liebe. Schluß jetzt, bitte.«

»Was für ein Luxus – mich fallenzulassen, wann immer es dir gefällt.«

»Ich würde es keinen Luxus nennen, vielmehr eine traurige Notwendigkeit.«

»Was habe ich denn so Schreckliches getan? Ich habe dir alles gegeben, was du wolltest. Jeden Blick, den du wolltest.«

»Ja, du warst immer meine größte Inspiration. Ich habe nie das Gegenteil behauptet.«

»So? Warum läßt du mich dann im Stich?«

»Wenn du das nicht selber weißt, dann hat es auch keinen Sinn, es dir zu erklären.«

»Jo, das sagen sonst die Frauen.«

»Ach ja? Vermutlich hast du recht. Interessant – vielleicht haben wir inzwischen schon die Rollen vertauscht.«

»Sei bitte nicht geistreich, nur um überlegen zu wirken. Du hast mich in dieses Land gelockt und jetzt überläßt du mich Leuten wie Lubitsch.«

»Nein, du verdienst einen Kassenschlager. Mit ihm bekommst du ihn bestimmt.«

»Aber ich werde aussehen wie in *Song of Songs* – wie eine Kartoffel.«

»Du bist mit der Kamera schon fast so geschickt wie ich. Du wirst wieder deinen Spaß daran haben, ihnen zu zeigen, wie es geht.« Jo wandte sich zum Gehen.

»Verläßt du mich?«

»Ja, meine Liebe.« Er ging zur Tür hinaus. Meine Mutter zündete sich eine Zigarette an.

»Einfach mitten in einer wichtigen Unterhaltung hinauszugehen! Was war nur so wichtig, daß er jetzt gehen mußte?« fragte sie mich. Aber sie erwartete keine Antwort.

Hatte sie Jos letzte Worte wirklich nicht verstanden? Oder wollte sie sie nicht verstehen? Ich hatte das Gefühl, daß meine Mutter soeben den besten Freund verloren hatte, den sie je besaß, und es nicht einmal wußte. Die Dreharbeiten gingen weiter. Es wurde nicht weiter über die Angelegenheit gesprochen. Meine Mutter kochte ungarisches Gulasch und backte Apfelkuchen, und wenn man sie suchte, fand man sie meist auf dem Boden zu Jos Füßen sitzend. Allen Verehrern wurde erklärt, es gebe eine Krise, und Miss Dietrich stehe vorerst nicht zur Verfügung. Jos Büro wurde mit dunkelroten Nelken, seidenen Morgenmänteln und zusätzlicher Kraftbrühe überschwemmt. Jetzt trug ich Liebesbriefchen über die Straße in sein Büro, und abends mußte ich in meinem

Zimmer bleiben. Mein Vater besuchte mit Tami Angehörige der Berliner Kolonie, und die beiden blieben so lange weg, bis er sicher sein konnte, daß die beiden Jungverliebten bereits oben waren. Ich hatte meine Mutter schon oft genug in der Rolle des »jungen romantischen Mädchens« gesehen und kannte daher die Symptome. Ich fragte mich, ob Jo vergessen würde, daß er sie verlassen wollte. Auf mich wirkte diese plötzliche übertriebene Hingabe ganz falsch, aber vielleicht nicht auf ihn. Er hatte schon so viel hingenommen, vielleicht war er zu dem Schluß gekommen, daß es auf ein wenig mehr nicht ankam.

An eine Begebenheit aus dieser Zeit des Liebeswerbens im Dämmerlicht erinnere ich mich besonders gut. Eines Samstags, als Jo wie üblich zum Football ging, wollte meine Mutter ihn zum erstenmal begleiten, und ich durfte ebenfalls mit. Bullock's hatte schicke englische Überdecken geliefert, silberne Taschenflaschen wurden gefüllt und heißer Kaffee in Thermoskannen gegossen. Das Wetter war wie immer in Südkalifornien heiß, aber Thermosflaschen und Überdecken gehörten nun einmal zu einem Nachmittag im Footballstadion. Wahrscheinlich spielten UCLA und USC, die ständig gegeneinander antraten. Jo hatte eine eigene Zuschauerloge. Ich war begeistert. Ich konnte alles sehen. Das Stadion war riesig und voller Leute. Jo kaufte mir einen Hot dog, von dem der hellgelbe Senf heruntertropfte, den mein Vater so haßte. Ich saß ganz vorne auf meinem Sitz und war so aufgeregt, daß ich schon fürchtete, man könnte es mir zu sehr anmerken, worüber meine Mutter böse sein würde. Ein herrlicher Nachmittag. Ich bekam alles zu sehen. Unzählige Versuche und hohe Pässe. Einer der Spieler mußte sogar auf einer Tragbahre vom Spielfeld getragen werden. Jo versuchte uns einige der Regeln zu erklären, gab aber auf, als meine Mutter sagte: »Warum geben sie dann nicht einfach jedem Spieler einen Ball? Dann brauchen sie sich nicht mehr darum zu schlagen und alle können nach Hause gehen.«

Ich flüsterte Jo zu: »Schenkst du mir bitte ein Buch über Football?«

»Ja, und nächstes Mal kommst du wieder mit – allein.« Jo bewegte beim Sprechen kaum die Lippen. Es war erstaunlich, wie er auf diese Weise sprechen konnte, ohne daß man es sah.

Zu Hause angekommen, gab ich Jo einen Kuß auf die Wange. Dazu brauchte ich übrigens nicht mehr auf die Zehenspitzen zu treten. Ich bedankte mich für den wunderbaren Nachmittag.

Meine Mutter ignorierte mich. Eines der Mädchen richtete mir von ihr aus, ich solle zu Hause bleiben. Ich tat, wie mir geheißen worden war, und überlegte, womit ich sie verärgert haben konnte. Für gewöhnlich kam ich ziemlich schnell auf meine Fehler, aber diesmal fiel mir absolut nichts ein. Ich blieb also in Bel Air, war ganz besonders vorsichtig und hoffte, der Unmut meiner Mutter würde sich von allein wieder legen. Ich wußte noch nicht, daß sie auf ein Kind eifersüchtig sein konnte.

Eine interessante Freundschaft mit Dorothy di Frasso bahnte sich an, und der große John Gilbert, von dem es hieß, er und die Garbo hätten sich getrennt, trat in unser Leben. Fritz Lang, der Regisseur solcher Meisterwerke wie M und *Metropolis,* gesellte sich als Flüchtling zur deutschen Kolonie in Hollywood. Alle achteten ihn, und er wurde ein treuer Verehrer des Gulaschs meiner Mutter. Ronald Colman bat zum privaten Nachmittagstee auf seine Jacht. Brian unterschrieb einen Vertrag mit MGM und würde zu uns zurückkehren, und von Sternberg tat den letzten Schritt.

In den Morgenzeitungen war zu lesen:

SVENGALI & DIETRICH – Die endgültige Trennung

In einem Interview im Paramount-Tonstudio erklärte Regisseur Josef von Sternberg, *Die spanische Tänzerin*, der Film, den er gegenwärtig mit Marlene Dietrich dreht, werde sein siebter und letzter Film mit der großen Schönheit aus Deutschland sein.

»Miss Dietrich und ich sind zusammen gegangen, so weit es möglich war.«

Auf die Frage nach persönlichen Gründen für diese Entscheidung sagte von Sternberg: »Alles, was ich über Miss Dietrich zu sagen habe, habe ich mit der Kamera gesagt.«

Meine Mutter war wie vom Schlag getroffen. Sie telefonierte pausenlos, las jedem Jos Presseerklärung vor und klagte, Jo hätte ihr gegenüber kein Wort gesagt. Warum hatte er nichts gesagt? Er hätte ihr zumindest den Schock ersparen können, es aus der Zeitung erfahren zu müssen. Er wußte doch, wie sehr sie ihn liebte! Sie konnte ohne ihn nicht arbeiten. Sie rief sogar in Lubitschs Büro an und sprach zum erstenmal mit diesem persönlich. Der Feind von Sternbergs gab ihr aus vollem Herzen recht. Jo hatte ganz unbestritten etwas sehr Häßliches getan, und das einem Menschen, dem er seinen ganzen Ruhm verdankte.

»Nein, nein, Ernst. Jo war ein Genie! Alles! Er hat mir alles beigebracht! Er war der Meister. Ich muß daran schuld sein, daß er mich auf diese Art und Weise verlassen hat!«

Lubitsch bat sie zum Essen, nur sie beide, in sein privates Speisezimmer. Wenn sie jetzt nicht könne, solle sie nicht zögern, sich jederzeit an ihn zu wenden, wenn sie sich einsam fühle und einen mitfühlenden Freund brauche. Lubitsch schrieb Szenen für sich selbst, die mindestens so schmierig waren wie die, die er für Herbert Marshall erfand. Meine Mutter versprach, sie werde nicht vergessen, daß er für sie »da« sei, wann immer sie seine Hilfe brauche, und hängte ein.

»Liebling, Lubitsch ist gar nicht so schlimm. Für einen Studioboß ist er sogar ganz nett. Jo hat immer so getan, als sei er ein schrecklicher Mensch. Aber wir wissen ja jetzt, daß Jo schon seit längerem nicht mehr ganz normal war.« Der Gebrauch der Vergangenheitsform in bezug auf von Sternberg machte mir angst. Die Mittagspause war vorüber, und wir mußten zurück auf den Set.

Ein Bote des deutschen Konsuls in Los Angeles überreichte meiner Mutter eine Ausgabe des Leitartikels, der auf persönliche Anregung von Reichspropagandaminister Dr. Joseph Goebbels in den führenden deutschen Zeitungen erschienen war:

»Applaus für Marlene Dietrich, die endlich den jüdischen Regisseur Josef von Sternberg entlassen hat, der sie immer eine Prostituierte oder sonstwie entehrte Frau spielen ließ, aber nie eine Rolle, die dieser großen Bürgerin und Vertreterin des Dritten Reiches zur Ehre gereichen würde.

Marlene sollte jetzt ins Vaterland heimkehren, ihre historische Rolle als Anführerin der deutschen Filmindustrie übernehmen und sich nicht mehr als Werkzeug der Juden von Hollywood mißbrauchen lassen.«

Das Gesicht meiner Mutter wurde aschfahl. Schnell versteckte sie die Zeitung hinter ihrem Rücken.

»Nein, nein! Das darfst du nicht lesen!« sagte sie mit tonloser Stimme. »Lauf, Liebling! Renn zum Set und hol Jo! Und dann versuch Papi zu finden!«

Ich begriff, daß es sehr wichtig war, und rannte los! Ich hoffte nur, Jo würde sich nach allem, was vorgefallen war, nicht weigern mitzukommen. Gott sei Dank! Das rote Licht brannte nicht. Ich rannte auf den Set. Er hörte sich meine kurze Erklärung an, bat seinen Assistenten, die Scheinwerfer auszumachen, und ging. Ich überhörte geflissentlich sämtliche Fragen, rannte hinaus auf die Straße und fragte alle, die mir entgegenkamen, ob sie Miss Dietrichs Mann gesehen hätten. Es schien, als sei er plötzlich vom Erdboden verschwunden. Vielleicht hatte er beschlossen, nach Hause zu gehen. Jemand meinte, er habe ihn in die Garderobe von Mae West gehen sehen. War ich tatsächlich über das ganze Studiogelände gerannt, um ihn zu suchen, während er die ganze Zeit über nebenan gesessen hatte? Ich rannte zurück und klopfte heftig an die verschlossene Garderobentür.

Mae West brüllte wütend heraus: »Wo brennt's denn?«

Aber als ich fragte: »Bitte, ist mein Vater da? Miss Dietrich muß ihn dringend sprechen!«, öffnete sie die Tür und band sich den Bademantel zu.

»Er ist hier. Quietschfidel und wohlauf! Sei ganz beruhigt, Schätzchen.« Sie rief über ihre satingewandete Schulter: »Rudi, deine deutsche Lady sucht dich! Sag ihr, ihr Geschmack gefällt mir!«

Die Dreharbeiten wurden für Stunden unterbrochen, während die Dietrich, ihr Mann, ihr Agent und von Sternberg über ihr weiteres Vorgehen diskutierten. Schließlich wurde der Chef der Abteilung für Öffentlichkeitsarbeit gerufen und über Miss Dietrichs Entscheidung informiert. Sie würde um die amerikanische Staatsbürgerschaft nachsuchen und ihre Verbindungen mit Deutschland endgültig abbrechen. Ich sah, daß die Augen meiner Mutter ganz dick und verschwollen waren. Sie drehte den Kopf beständig zur Seite. Sie mußte geweint haben.

Eine folgenschwere Entscheidung, unter großem Druck und innerhalb von Stunden getroffen, hörte sich bei ihr wie immer an, als hätte sie sie von langer Hand geplant. Wenn die Dietrich sich nur wenige Monate später um die amerikanische Staatsbürgerschaft bemüht hätte, wäre sie bei Ausbruch des Zweiten Weltkriegs immer noch deutsche Staatsbürgerin gewesen. So bekam sie ihren ersten amerikanischen Paß fünf Jahre später – nur vier Monate vor dem fatalen September 1939.

Bedeutete das, daß auch ich eines Tages Amerikanerin sein würde? Ich las sämtliche Presseverlautbarungen, aber nirgends war davon die Rede. Niemand sprach mit mir darüber, und angesichts der wechselnden Stimmungen zu Hause und im Studio traute ich mich nicht zu fragen. Aber Jos Sekretärin wußte so ungefähr alles. Ich ging also zu ihr, und sie erklärte mir, was man wissen muß, um amerikanischer Staatsbürger zu werden. Am nächsten Morgen sah ich meiner Lehrerin fest in die Augen und teilte ihr mit – so bestimmt, wie mein Vater es getan hätte –, daß mein Stundenplan ab sofort auch Unterricht in amerikanischer Geschichte und Staatsbürgerkunde umfassen solle. Ich erklärte, es sei ihre Pflicht, ihrer Schülerin die Verfassung der Vereinigten Staaten von Amerika und alles andere über meine zukünftige Heimat beizubringen. Ich wußte zwar nicht, ob ich je Amerikanerin werden würde, aber eins war sicher: Wenn meine Mutter dereinst den Eid auf die amerikanische Verfassung ablegen würde, würde sie keines der erforderlichen Dinge wissen, deshalb mußte wenigstens einer von uns das Notwendige lernen. Tief in meinem Herzen hegte ich die vage Hoffnung, daß man auch mich anerkennen würde, wenn ich nur alle Fragen richtig beantworten könnte.

Die letzten Wochen der Dreharbeiten zu *Die spanische Tänzerin* verliefen reibungslos, in einer professionellen und sachlichen Atmosphäre. Meine Mutter war eisig. Jo schrieb ihr ein letztes Mal:

> Ich bin müde, meine Liebe. Ich kann nicht mehr gegen Dich kämpfen, gegen Lubitsch, der mich fast so verachtet, wie ich ihn verabscheue. Und ich kann Dir nichts mehr geben. Ich wiederhole mich nur. Mein Abschiedsgeschenk an Dich wird der bis dahin größte »Dietrich-Film« sein. Ich schenke Dir darin meine ganze Begabung. Du wirst die endgültige Dietrich sehen, und es wird von unseren sieben Filmen Dein Lieblingsfilm sein.

Nachdem meine Mutter Jos Brief gelesen hatte, reichte sie ihn kommentarlos meinem Vater. Genauso verfuhr sie mit dem Brief, den ein Bote am letzten Drehtag in ihre Garderobe brachte. Zuweilen kann das Deutsche sehr bewegend sein. Von Sternberg hatte geschrieben:

> Danke, es war himmlisch, auf Wiedersehen!

Mein Vater bewahrte die traurige kleine Nachricht auf – meine Mutter hat sie nie vermißt.

Wir machten die Porträt- und PR-Fotos. Ich sollte meine grünen Schützlinge mit ins Studio bringen, und zum erstenmal wurde die Dietrich mit ihren Smaragden fotografiert. Auch die neuen Augenbrauen waren eine »Premiere«. Sie behielt die steil aufragenden Bögen bis zum *Garten Allahs* bei. Und selbst danach kamen sie immer dann in ihrem Leben zum Einsatz, wenn sie ganz besonders wie die Dietrich aussehen wollte. Immer wenn Jos Beleuchtungseffekte dringend benötigt wurden, wurde er in das Porträtstudio gerufen, erschien prompt, vollführte seinen Zauberakt und verschwand wieder. Die Gesichter, die aus dieser Sitzung hervorgingen, gehören zu den schönsten, die je von der Dietrich gemacht wurden. Sie funkeln, strahlen, verzaubern – nichts von dem, was hinter ihren Augen vorging, beeinträchtigt die Vollkommenheit. Aber das ist die beeindruckende Disziplin dieses Berufs, und genau das faszinierte meine Mutter am meisten daran. Persönliche Probleme müssen außen vor bleiben. Nichts, absolut gar nichts darf das Endprodukt beeinflußen oder beeinträchtigen. Für emotionale Rührseligkeiten gibt es keine Entschuldigung. Wenn ein Schauspieler sich auch nur einmal privaten Kummer erlaubt, wird die Kamera seine Verletzlichkeit finden und sein Feind werden. Nur sehr große Schauspieler sind manchmal in der Lage, aus privatem Leid Nutzen für ihre schauspielerische Arbeit zu ziehen. Was meiner Mutter an Talent fehlte, machte sie durch ihre Disziplin erreichbar.

Jo rief an. Die geschnittene Kopie der *Spanischen Tänzerin* sei fertig, sie könne kommen und sie sich ansehen. Sie ging allein. Als sie wiederkam, sagte sie:

»Was für ein Film! Ein Gesicht schöner als das vorhergehende. Der Film ist nicht gut, das wußten alle von Anfang an. Aber das ist nicht wichtig. Jeder, der glaubt, er wüßte, wie man einen Film dreht, sollte sich ihn ansehen. Ich habe die ganze Zeit über Jos Hand gehalten. Ich habe sogar geweint. Was er hier geleistet hat! Unglaublich! Ich habe ihm das gesagt und seine wunderbaren Hände geküßt. Ich sagte, er sei Gott, und er lächelte mich an und meinte: ›Wenn er dir gefällt, bin ich zufrieden.‹«

Am nächsten Tag brach von Sternberg zu einer seiner Reisen an fremde und ferne Orte auf, unerreichbar, allein, vermutlich überzeugt, daß er dort Heilung finden würde. Leider war kein Ort je weit genug entfernt. Seine private Lorelei, von der er besessen war, ließ sich nicht austreiben. In einer letzten Anstrengung, sich selbst zu retten, hatte er die Nabelschnur durchtrennt, die sein Genie ernährt hatte. Während der ihm verbleibenden Jahre kam es immer wieder zu einem kurzen Aufglühen seiner außerordentlichen Fähigkeiten, aber es war nur mehr das Nachglühen eines ehemals himmlischen Feuers.

Schon bald schien es, als habe Jo nie existiert, abgesehen davon, daß die Vorbereitungen für einen Film nie wieder so aufregend und die Bilder nie wieder so wunderschön waren. Von da an schuf die Dietrich ihr Image nicht immer wieder neu, sie perpetuierte es lediglich. Dies bedurfte immer noch harter Arbeit, aber weniger Inspiration.

*

Meine Mutter würde zu einer Party gehen! Das war so selten, daß es für uns ziemlichen Wirbel verursachte.

»Hier steht: ›Bitte alte Kleider tragen!‹« Meine Mutter las die Einladung vor, die sie zu Carole Lombards Party im Fun House am Venice Pier bekommen hatte.

»Was meint sie mit ›alte Kleider‹? Sieht ihr ähnlich, sie will doch immer total anders und verrückt sein. Verbinde mich mit Travis.«

Ich wählte und hielt ihr den Hörer hin.

»Travis? Hast du von der großen Party von der Lombard gehört? Was meint sie mit ›alten Kleidern‹? Alt ›historisch‹ oder alt ›abgetragen‹? ... Oh! Ist ein Fun House wirklich so schmutzig? Warum macht sie ihre Party dann ausgerechnet dort? Weißt du, was sie tragen wird? Wie ich sie kenne, hat sie garantiert für Publicity gesorgt, und eine Horde Fotografen werden sich dort herumtreiben ... Wirklich? Denken alle, sie könnten jetzt Hosen tragen? Was zieh ich dann an? Ich komme zu dir! Denk nach! Wir müssen etwas ›alte Kleider‹ machen!«

Sie ging in Shorts, mit nackten Beinen, Socken und Schuhen wie ein kleiner Junge und einem flotten Tuch um den Hals. Die Fotografen waren begeistert, und meine Mutter kam blutig und zerschunden nach Hause. Ich wartete unten im Flur auf sie.

»Liebling, hilf mir rauf! Mußt nicht meine Beine ansehen! Ich will nicht, daß du dir Sorgen machst. Was für eine Idee für eine Party! Wir mußten auf Kartoffelsäcken sitzen und riesige Rutschen hinunterrutschen. Ich dachte, wir würden gleich durch die Mauer ins Meer fallen ... Es war schrecklich! Alle fielen übereinander und lachten. Sie fanden das komisch. Du kennst doch diese schrecklichen Spiegel, in denen man entweder aussieht wie ein Zwerg oder wie ein Riese, oder ganz dick? Die gab es auch. Wer sieht sich schon gern so? Das kann ich hier in meinem eigenen Badezimmer haben, ohne daß ich hinterher aussehe, als ob ich aus dem Krieg käme. Erinnerst du dich an unseren Hemdenverkäufer? Er war auf allen Fotos neben der Lombard. Er hat den ganzen Abend lang aufgepaßt, wo die Fotografen hinrennen, und hat es dann geschafft, vor ihnen dort zu sein. ›Bereit und attraktiv‹, in Position. Mein Gott! Sieh dir meine Knie an! Im Auto haben sie gar nicht so schlimm ausgesehen.«

Sie sahen wirklich furchtbar aus. Als ob sie bei hoher Geschwindigkeit auf einer Schotterstraße vom Fahrrad gefallen wäre. Ihr Hemd war aus derselben dicken Rohseide wie die Shorts, so daß zumindest ihre Arme ein wenig geschützt gewesen waren. Aber selbst das Hemd war am Ellbogen zerrissen, und die Haut darunter war zerkratzt und blutig. Wir säuberten Knie und Schienbeine von dem angetrockneten Blut, dann nahm sie ein heißes Bad mit reichlich Epsomer Bittersalz. Unter Stöhnen und Seufzen ließ sie weiter »Dampf« ab:

»Und das wegen einer Party! Das schlimmste war die sogenannte ›Wippe‹. Eine riesige Schüssel mit einer kleinen Plattform in der Mitte. Zuerst mußten wir uns auf diese Plattform setzen. Dann fing das Ding plötzlich an, sich zu drehen, und wir purzelten alle herunter, auf den Boden der Schüssel! Aber damit noch nicht Schluß, denn wer am Ende, wenn das Ding aufgehört hatte, sich zu drehen, noch auf dem Brett saß, hatte gewonnen! Kannst du dir vorstellen, wie wir in panischer Angst auf allen vieren auf dem Boden der Schüssel hocken und versuchen, wieder hinaufzuklettern, während diese Monstermaschine uns herumwirbelt und wieder zu Boden schleudert. Ich bin sicher, jemand mußte sich übergeben! Das mit meinen Knien muß in diesem blöden Ding passiert sein. Ich mußte selbstverständlich so tun, als hätte ich auch Spaß daran. Schließlich haben ja alle zugeschaut. So was von kindisch! Typisch Amerika! Vergnügen über alles! Barthelmess müßte es eigentlich besser wissen, alt genug ist er ja. Aber diese Schüssel hat ihm sehr gefallen ... Meine Knie werden anschwellen und steif sein. Gott sei Dank drehen wir die Szene mit dem Bauern im Zug, da sitze ich nur!«

Ich half ihr aus der Wanne und ins Bett.

»Die Beine der Lombard waren natürlich durch ihre Hosen geschützt«, schimpfte sie beim Einschlafen. »Ihre Beine gehören auch zugedeckt!« Am nächsten Morgen waren die Knie grüngelb und steif wie ein Waschbrett. Es war Sonntag, und die meisten Leute waren zu Hause. Sie rief pausenlos irgendwelche Bekannten an. Das Gespräch begann jedesmal gleich: »Ich war bei einer herrlichen Party von Carole Lombard in einem Fun House. Das muß ich dir erzählen ...«

Bei jedem weiteren Anruf schmückte sie ihre Erlebnisse weiter aus. Als Barthelmess schließlich humpelnd zum Abendessen eintraf, brüllten wir los vor Lachen. Meine Mutter sagte, das hat er verdient, weil er einen jungen Mann spielen wollte. Er war ihr deswegen nicht böse, obwohl er damals erst vierzig war. Er lachte mit uns und fand es selbst lustig. Außerdem war er unsterblich in sie verliebt, was natürlich half.

*

Die Koffer meines Vaters tauchten auf. Er und Tami würden auf der *Île de France* nach Paris zurückkehren.

»Tamilein, wie werde ich erfahren, wie es dir geht?«

Wir saßen allein am Swimmingpool und unterhielten uns ein letztes Mal.

»Kater, ich bin wieder völlig in Ordnung. Ich habe doch schon eine ganze Woche lang keine Dummheit mehr gemacht. Du darfst dir nicht so viele Sorgen um mich machen. Du bist zu jung. Genieße die Sonne und sei glücklich.«

»Ich bin nicht zu jung. Ich weiß, daß Papi gemein zu dir ist ...«

Sie holte vor Schreck tief Luft und hielt mir den Mund zu.

»Kater! So etwas darfst du nie wieder über Papi sagen! Er ist so süß und geduldig. Ein wundervoller Mensch. Du mußt immer stolz darauf sein, daß er dein Vater ist. Und Mutti auch. Sie ist die großzügigste Frau auf der ganzen Welt. Sie ist immer bereit zu geben und tut alles für andere – und du bedeutest ihr alles. Sie liebt dich mehr als alles andere auf der Welt. Du mußt sie und Papi immer lieben.«

»Versprich mir, daß du mir schreibst, Tamilein.«

»Ich verspreche es ... aber es ist nicht einfach. Papi hat es gar nicht gern, wenn ich dumme Briefe schreibe – manchmal schreibe ich russisch anstatt deutsch, und dann muß ich sie ihm zeigen, bevor er sie abschickt.«

»Hör zu, Tami. Du kannst doch im Park, wenn du mit Teddy spazierengehst, einen Brief nur an mich schreiben. Dann gehst du ins Plaza Athenée, kaufst dir von deinem Haushaltsgeld eine Briefmarke und bittest den Portier, ihn für dich abzuschicken.« Ich war nicht umsonst die Tochter der besten privaten Drehbuchschreiberin. In Augenblicken wie diesem kam mir sehr gelegen, was ich von meiner Mutter gelernt hatte.

»Aber ich glaube, das wäre nicht richtig. Und abgesehen davon, wie würdest du meinen Brief bekommen?«

Sie hatte recht. Ich hatte ihren Brief aus Paris herausbekommen, aber wie sollte er in meine Hände anstatt in die meiner Mutter gelangen? Das war in der Tat ein Problem. Ich saß in dem pinkfarbenen, wie eine Muschel geformten Korbstuhl und dachte angestrengt nach. Paramount? Der Postraum? Nein, die würden nicht dichthalten. Die Leute von Make-up und Wardrobe auch nicht. Nellie? Nein. Ohne es zu wollen, würde sie sich verplappern: »Miss Dietrich ... ein Brief für Maria ist angekommen. Er war an mich adressiert.« Mein neuer Leibwächter? Er war noch nicht lange genug da. Ich kannte ihn nicht gut genug, außerdem neigten viele Angestellte dazu, die Partei ihrer Brötchengeber zu ergreifen ... Meine Lehrerin und die Hausmädchen kamen aus demselben Grund auch nicht in Frage ... Bridges? Auf keinen Fall! Er schmeichelte meiner Mutter nur, weil er wußte, daß es ihr gefiel. Aber ich wußte genau, daß er es nicht ernst meinte. Ich traute ihm überhaupt nicht. Selbst Brian kam nicht in Frage. Mit seinem ausgeprägten Sinn für Anstand würde er sich nie verzeihen, wenn er Post »hinter dem Rücken der Mutter« in Empfang nahm. Wer also? ... Wen gab es? ... Wen hatte ich auf dieser Welt? Ich fühlte mich plötzlich innerlich ganz kalt. Ich war allein. Ich hatte niemanden, der etwas Wichtiges für mich tun würde, ohne daß meine allmächtige Mutter davon erfuhr. Ich erinnere mich, daß ich mich furchtbar einsam fühlte und darüber sehr erschrocken war. Und wie es bei solchen beziehungslosen Augenblicken der Kindheit manchmal der Fall ist, prägte sich mir diese Erfahrung tief ein.

Sie reisten ab. Mein Vater mit seiner neuen Kaschmir-Garderobe, allerlei amerikanischen Gadgets und den Einkaufslisten meiner Mutter; Tami mit den Anzügen, die meine Mutter ihr geschenkt hatte, und ihrem Vorrat an Glasampullen und bunten Pillen für ein ganzes Jahr. Sie würde weder auf ihre aufputschenden Spritzen noch auf ihre wunderbaren Schlaftabletten verzichten müssen.

Ausdauernde Verehrer tauchten wieder aus ihren »Tauchstationen« auf. Neue traten in unser Leben. Alle hatten sie es sich zur Aufgabe gemacht, »Marlene« zu trösten und ihr über den Schock der Trennung von ihrem Schöpfer und der Abreise ihres Gatten hinwegzuhelfen. Wir wurden von Bergen von Blumen, Telefonanrufen und Einladungen nur so überschwemmt. Partys, Partys und nochmal Partys – sie waren in den dreißiger Jahren die einzige zwanglose Erholungsmöglichkeit für Hollywoodstars. Diese Menschen, die jeden Tag in einer Phantasiewelt arbeiteten, kamen zusammen, um sich in ihrer selbstgemachten Realität zu vergnügen. Es gab nichts anderes. Abgesehen von einer Handvoll mittelmäßiger Restaurants, wie einem braun angemalten in Form einer Melone mit dem originellen Namen »The Brown Derby« am Hollywood Boulevard, hatten Stars nur die Möglichkeit, sich bei sich zu Hause zu amüsieren. Ein wichtiger Grund dafür war, daß sie die geheimnisvolle Aura, die sie umgab, erhalten und schützen mußten. Filmstars und all jene, die unter dieser Bezeichnung firmierten, verkehrten nicht mit normalen Sterblichen. Heute würde man das als extremen Snobismus verurteilen. Damals nicht. Die Fans hätten sich ganz im Gegenteil betrogen gefühlt, wenn ihre »überirdischen Geschöpfe« sich normal benommen hätten. Man erwartete und bekam Idole, die stets wunderschön, strahlend, unwirklich, perfekt, göttlich waren. In der Glanzzeit Hollywoods luden die Angehörigen dieser beneideten Minderheit sich gegenseitig in ihre Häuser ein, weil sie glaubten, nur untereinander locker und ungezwungen sein zu können. Aber sie hätten genausogut ihre Fans zu ihren Partys einladen können, denn auch wenn sie unter sich waren, legten sie ihre Masken nie ab. Ihre Häuser waren für große Partys konzipiert: Wohnzimmer so riesig wie Hotelfoyers, Kinosäle, Billardzimmer, andere Räume, zuweilen noch größer als Foyers, Bars in den unterschiedlichsten Ausstattungen, Swimmingpools von olympischen Ausmaßen, Poolhäuser mit sechs Badezimmern in verschiedenem italienischem Marmor, Rasenflächen für »Gartenspiele« und Picknicks. In den vierziger Jahren kamen zu diesen Vergnügungen noch Grillpartys hinzu, die jeder Ranch in Texas Ehre gemacht hätten.

Neulinge wurden nur selten in diesen Elitekreis aufgenommen. Die Prominenz blieb unter sich. Aus diesem Grund wurden Partys mit einem bestimmten »Thema« sehr wichtig; Verkleidungen halfen, Freunde und Bekannte »unbekannt« zu machen – wenigstens für einen Moment. Dasselbe galt auch für die Häuser. So mußten Innenarchitekten zwischen zwei Partys oft die Räume völlig neu gestalten, damit man für einen Augenblick das erfrischende Gefühl haben könnte, aus unerfindlichen Gründen im falschen Haus gelandet zu sein. Kleider waren ein streng gehütetes Geheimnis, immer wieder neu und aufregend. Die Kostümdesigner der Studios und ihre Schneidereien hatten alle Hände voll zu tun, um sicherzustellen, daß ihre Stars auch privat die Stars konkurrierender Filmstudios in den Schatten stellten.

Wenn ich meine Mutter zu diesen begleiten durfte, war für mich »Zauberzeit«. Jean Harlow ganz in Silber nippt an einer Pink Lady und lächelt William Powell an. Wallace Beery bemüht sich eifrig um eine schüchterne Revuetänzerin namens Ginger Rogers. Die »Saufkumpane« John Gilbert und John Barrymore helfen sich gegenseitig, die Bar zu finden – beide ein romantischer Traum auf dem Weg zu einem Alptraum. Joan Crawford in engem Rot hofft, daß Franchot Tone sie am Arm von Douglas Fairbanks junior sieht. Mary Pickford in hellblauem Taft knabbert an Petits fours, während Douglas Fairbanks, der richtige, damit beschäftigt ist, den Bauch einzuziehen und jünger auszusehen als sein Sohn. Jeannette McDonald in Tüll sucht Chevalier, der ein charmantes Tête-à-Tête mit Claudette Colbert in ihrem Travis-Banton-Satinkleid hat. Charles Boyer wünscht, er könnte hören, was die beiden sagen, weil er sicher ist, daß sie bloß von ihm reden. Lionel Barrymore und seine Schwester Ethel suchen ihren Bruder John. George Raft, Clark Gable und Cary Grant lassen sich im Billardzimmer von Carole Lombard in die Feinheiten des Snookerpools einweisen, während Gary Cooper sich gegen die Eichenbande lehnt und zuschaut. Die Frederic Marches treffen zusammen mit den Rathbones ein. Ronald Colman spaziert verträumt durch den Garten. Gloria Swanson in Tiefschwarz und mit Diamanten wirft den Kopf zurück und lacht über einen Witz, den Edward G. Robinson ihr soeben erzählt hat, und Marlene Dietrich in ihrem Smoking lächelt in das Gesicht eines sehr jungen Henry Fonda. Dazu die wunderbaren Mitspieler wie Eugene Pallette und Edward Everett Horton, die Komponisten Gershwin, Porter und Berlin, die Regisseure, Schriftsteller, beliebten Agenten, Studiobosse und ein paar Produzenten, und da haben Sie: »Es war einmal eine Hollywoodpart ...«.

Für gewöhnlich überflog meine Mutter die Einladungen nur und warf sie dann in den Papierkorb. Diese aber las sie sorgfältig durch, weil das »Thema« sie interessierte.

»Liebling, verbinde mich mit Travis ... Travis, hast du schon gehört, die Rathbones geben wieder eine Party? Ich glaube nicht, daß Rathbones Frau auf die Idee gekommen ist. Ich glaube, die Gräfin di Frasso hat sie ihr eingeflüstert. Interessante Frau. Aber warum reiche Amerikanerinnen unbedingt arme europäische Adlige heiraten wollen, ist mir schleierhaft. Nur wegen des Titels? Ich vermute, für eine Amerikanerin ist der Titel ›Gräfin‹ sehr wichtig. Abgesehen davon und davon, daß Clark Gable ihr Geliebter ist, ist sie recht intelligent. In der Einladung steht, man soll verkleidet kommen als ›die Person, die man am meisten bewundert‹. Bist du auch eingeladen, Travis? Du könntest das Hahnenfedernkostüm aus *Schanghai Express* aus dem Schrank holen und als Dietrich gehen. Ich weiß nicht, wen sie sonst noch eingeladen haben. Gable wird als Louis B. Mayer kommen, das ist die einzige Person, die er kennt und bewundert, und die Crawford wird natürlich als die Crawford kommen. Wahrscheinlich wollen sie alle am liebsten sich selbst spielen. Ich komme als Leda ...« Eine lange Pause entstand.

»Travis! Enttäusche mich jetzt nicht. Ich sage immer, du bist ein gebildeter Mann. Du mußt doch die Fabel von Leda und dem Schwan kennen. Ein herrlicher weißer Schwan verführt eine Jungfrau, sie verliebt sich in ihn, und sie bleiben für immer vereint ... Ja, so geht die Geschichte ... Zumindest habe *ich* sie so gelernt.«

Ich saß schweigend dabei und versuchte mir meine Mutter als Jungfrau vorzustellen. Ich wußte nicht genau, was das war, aber es klang irgendwie zart und zerbrechlich.

»Wir werden einen Schwan machen müssen. Sonst begreift niemand, wer ich bin. Sie muß aussehen, als sei sie von ihm ›umhüllt‹. Wir haben eine ganze Woche Zeit für das Kostüm. Bestell schon mal die Schwanenfedern. Wir brauchen die langen von den Flügeln, und vergiß nicht, daß wir auch die kurzen brauchen für den Hals ... Was? Selbstverständlich Juwelen als Augen! Travis! Was ist eigentlich heute mit dir los? Du kannst einem Schwan doch keine blauen Augen machen. Schwäne haben immer grüne Augen ... Und wir dürfen nur nachts arbeiten, damit niemand erfährt, als was ich komme. Wenn Louella Parsons etwas von den Federn erfährt, schreibt sie am nächsten Tag in ihrer Kolumne, ich käme als Seemöwe.«

An keinem Filmkostüm wurde je mehr gearbeitet und herumprobiert als an dem für Leda und ihren Schwan. Die in das Kostüm eingenähte Dietrich war ein überwältigender Anblick. Dichte kleine Locken wie bei einer griechischen Statue umrahmten ihr Gesicht, ließen aber ihren Hals frei, damit ihr Schwan seinen Hals sanft um den ihren schmiegen und seinen Kopf auf eine schwellende Brust legen konnte. Den Körper eingenäht in weißen Chiffon, stand sie da in der allesumfassenden, leidenschaftlichen Umarmung des Schwans. Sie war wirklich »eins« mit ihm. Einige mochten die Geschichte von Leda und ihrem Schwan nicht kennen, aber alle verstanden, welches Gefühl meine Mutter verkörperte. Sie ging an diesem Abend in Begleitung von »Marlene Dietrich« zu der Party. Elizabeth Allan hatte sich mit meiner Mutter angefreundet und ging als ihr Idol, als Marlene Dietrich. Sie war eine hübsche Schauspielerin mit dem Gesicht einer dieser Schäferinnen aus Porzellan. Sie war eines Tages zum Tee gekommen und bis zum Abendessen geblieben. Ruth Chatterton hatte sie mitgebracht, eine fähige Bühnenschauspielerin und wie meine Mutter ein Star von Paramount, wenn auch nicht so berühmt. Die Chatterton flog ihre eigenen Flugzeuge und hatte eine direkte Art. In späteren Jahren spielte sie die Rollen, die nicht wichtig genug waren für Mary Astor. Elizabeth Allan hatte die Zartheit einer »englischen Teerose«, und meine Mutter war davon bezaubert. Sie ließ Travis einen ihrer wertvollen Fracks zurechtschneiden, und wir alle halfen Elizabeth beim Anziehen. Nellie kümmerte sich um ihre Haare, ich steckte die Perlenmanschettenknöpfe in die steifen Hemdenmanschetten, meine Mutter half ihr in die

Hosen und strich sie mit den Händen über den Beinen glatt, um zu prüfen, ob sie auch nicht zu lang waren für die Lackpumps. Dann rückte sie einen ihrer besten Zylinder auf Elizabeths Kopf zurecht und zeigte dem völlig überwältigten Mädchen, wie sie ihre Hände in die Hosentaschen stecken und »à la Dietrich« dastehen mußte. Dann lachte sie über die perfekte Imitation. Ihr eigenes Kostüm hatte so viele Federn, daß wir zwanzig Minuten brauchten, um unsere Leda und ihren verliebten Schwan im Auto zu verstauen. Zum Glück war die neue Dietrich nur ein Strich, so daß sie sehr wenig Platz in Anspruch nahm. Die beiden fuhren gemeinsam hin und waren die Sensation der Party. Travis und sein Schwarm Näherinnen kehrten nach Hause zurück, und Dot und Nellie halfen mir aufräumen, weil meine Mutter es nie gern sah, wenn die Dienstboten ihre persönlichen Dinge berührten.

Meine Mutter amüsierte sich blendend. Manchmal kam sie nicht einmal nach Hause, sondern telefonierte nur von unterwegs und versicherte mir, sie liebe nur mich allein. Manchmal kam Nellie während ihrer Mittagspause oder nach der Arbeit zu mir, um nach dem Rechten zu sehen oder Sachen mitzunehmen, die meine Mutter brauchte, wo immer sie auch steckte. Da Brian mir wie gewünscht den *Hamlet* geschickt hatte, verbrachte ich die meiste Zeit in dem Haus am Swimmingpool und arbeitete mich durch das Stück. Ich entschied, daß mir *Hamlet* viel besser gefiel als *Romeo und Julia*.

Brian kam zurück, wo immer er gewesen sein mochte. Er holte mich manchmal mit dem Wagen ab, und wir fuhren gemeinsam zum Strand. Ich durfte immer in dem »rumble seat« sitzen. Diese kleine versteckte Bank, die sich in den rückwärtigen Teil des Wagens genau über dem Kofferraum versenken ließ, war so etwas wie mein Zugbalkon – ein ganz besonderer Ort. Der Wind blies einem um die Ohren, während die Palmen vorbeirasten. Wenn man auf dem Weg zum Strand auf dem »rumble seat« saß, roch man immer als erster das Meer. Wir parkten, zogen Schuhe und Socken aus und gingen über den Sand, ich mit meinem Eimer und Brian mit unseren Schuhen, die er an den Schnürsenkeln zusammengebunden und über die Schulter geworfen hatte. Eigentlich war ich zu alt für den Metalleimer mit dazugehöriger Schaufel, aber ich grub so gern die Sandkrabben aus und sah zu, wie sie sich wieder eingruben. Wir sprachen nicht viel miteinander. Wenn Brian mich nach Hause brachte, hoffte ich, er würde noch zum Tee bleiben. Aber meistens war meine Mutter noch nicht wieder zu Hause, und er küßte mich nur ganz oben auf die Stirn, richtete mir Grüße an sie aus, sagte, sie solle ihn anrufen, und verabschiedete sich.

*

Die Holzkisten voller durcheinanderkriechender blauschwarzer Tiere, die sich im nassen Seetang verheddert hatten, wurden an der Küchentür angeliefert. Wir hatten zum Krebsessen eingeladen, ein Essen, das den Anspruch meiner Mutter auf kulinarischen Ruhm begründete. Ich mußte die Krustentiere eins nach dem anderen herausnehmen und ihnen den Bauch mit einer der Gemüsebürsten von Mr. Fuller abschrubben. Die Miniaturhummer waren reizbar und wollten nicht gekitzelt werden, während man sie auf den Tod vorbereitete! Ich konnte es ihnen nicht übelnehmen, denn bei lebendigem Leib in den kochenden Kessel meiner Mutter geworfen zu werden, war kein leichter Abgang. Die Krebsessen der Dietrich waren zu Recht berühmt – und solange Louisiana die benötigten zwanzig Dutzend liefern konnte, ließen wir es uns gutgehen.

Als Ronald Colman die riesigen Platten sah, auf denen die geröteten Leiber aufgetürmt lagen, wurde er aschfahl. Meine Mutter war damit beschäftigt, die kräftige Champagnerbrühe auszuteilen, in der die Krebse ertränkt worden waren, und bemerkte davon nichts. Ich in meinem besten Kleid saß steif dabei und beobachtete das sich vor meinen Augen entwickelnde Drama.

»Ronnie, Liebling, iß! Fang an! Du brauchst nicht zu warten. Ich setze mich nie!« trällerte meine Mutter. Seit sie wieder einmal verliebt war, trällerte sie oft.

»Marlenah, meine Liebah!« Colman hatte die Angewohnheit, an alles und jedes die Endung »ah« anzuhängen. »Du mußt uns Gesellschaft leisten. Bittah! Meine Liebah!« Während er das Essen hinunterwürgte, das er ganz offenkundig verabscheute, hörte man kaum etwas anderes von ihm als ab und zu »meine Liebah«. Meine Mutter störte das nicht im geringsten. Sie umsorgte ihn, legte ihm vor und zeigte ihm, wie man die kleinen Körper zerlegte und das Fleisch aus den pinkfarbenen Panzern zog, ohne es abzubrechen. Sie achtete nicht auf sein tapfer unterdrücktes Entsetzen angesichts der leeren Klauen, Beine, Köpfe und Körper, die in eine große Schüssel in der Mitte des Tisches geworfen wurden. Als schließlich alles aufgegessen und überschäumend gelobt worden war, nahm sie »Ronnie« bei der Hand. Er erhob sich und sah sie schmachtend an, und sie sah ihn zärtlich an.

Dann gingen sie Arm in Arm, als seien sie eine Person, zur Haustür hinaus und fuhren in seinem grünen Sportwagen in die sternklare Nacht hinaus. Die Romanze mit Colman war eigenartig schwebend. Sie spielte sich zu den seltsamsten Zeiten ab, ohne daß sich je genügend Substanz für ein wirkliches Aufbrechen der Leidenschaften entwickelte. Da die beiden sich meist auf seiner wunderbaren Segeljacht mit dem sehr englischen Namen *Buccaneer* trafen, kam ich nicht zum Spielen mit.

Paris

Liebster Papi,
habe verlernt, Maschine zu schreiben, verzeih die Fehler. Bilder sind viele unterwegs von meiner letzten Sitzung, die ich selbst beleuchtete, und vom Wagen. So, nun das Berufliche – bis Du diesen Brief bekommst, ist sicher alles schon wieder anders. Ich kann kein Manuskript bekommen, trotzdem Lubitsch mit drei Schreibern seit vier Monaten daran arbeitet. Nach vielem Briefwechsel und Drohungen durch Edington bekam ich vorgestern die ersten zwei Szenen. Sie sind sehr banal, und, was das Schönste ist, man führt mich ein. Also meine erste Szene – das erste Mal, daß man mich sieht, in dieser neuen ganz anderen Rolle sieht – die Szene, auf die alles wartet – denn Lubitsch hat den Mund ziemlich voll genommen: we are going to remake Dietrich – also die erste Großaufnahme von dieser neuen Frau – bist Du sehr gespannt? Aufnahme *meiner Beine* im Auto, gekreuzt. Es ist lang beschrieben, wie ein Bein herunterrutscht und dann wieder über das andere gelegt wird. – Da staunste, was? Und Du kannst Dir wohl vorstellen, was es da noch für Hoffnung auf ein interessantes Manuskript gibt. Ich warte noch immer auf eine Antwort von Lubitsch, wann ich das volle Manuskript bekomme und wann ich anfange. Locke fährt mit meinen Kostümen und Kameramann nach Spanien, zu albern. Aber Lubitsch schwärmte so von Außenaufnahmen, jedenfalls habe ich alle Fittings gestoppt, so daß Herr Locke nicht abfahren kann, und verlange immer wieder mein Script. Sollte es nicht gut sein, mache ich es auf keinen Fall. *Hotel Imperial* ist fertig (Milestone und Franz Schulz) und ist nach den Erzählungen der beiden bezaubernd. Ich hoffe immer noch, daß ich vielleicht erreiche, doch *Imperial* erst zu machen. Meine Kleider für *Neklace* sind nicht besonders, da sich alles

beim Autofahren abspielt und wir nichts als Motoringcostumes haben.

Jo fing gestern *Raskolnikov* an. Er rief an und war ganz verzweifelt, sagte, sein Herz wäre so schwer den ganzen Tag und wie schön es gewesen sei, mit mir zusammen auf dem Set zu sein. Ich versteh das so, trotzdem Du jetzt sicher sagst: Wenn sie zusammen arbeiteten, haben sie sich beschimpft. Ich habe ihm das auch nicht geantwortet, sondern habe ihn getröstet – denn was bedeuten alle Zankereien gegenüber dem Gefühl von Liebe und Vertrauen.

Habe gestern *Marokko* gesehen. Bitte sieh es Dir an, wenn möglich. Es ist ein eklatanter Beweis für die Idiotie der Leute. Alle, die sagen, daß ich früher natürlich war und in den letzten Filmen zu stoischer Ruhe erstarrt bin, sollen diesen Film sehen. Ich bewege mich überhaupt nicht, spreche alle Stunde mit großem Zögern – yes, und bin halb so hübsch wie jetzt und *sehr befangen, dilettantisch,* und noch nicht mal die Beine sind hübscher als jetzt. Schau Dir's an – man vergißt Eindrücke.

Ich spiele viel und gut Tennis. Wir spielen meistens mit Gable, Frank Lawton (David Copperfield erwachsen), Jack Gilbert und Elizabeth Allan (eine süße Frau ohne chichi). Meistens oben bei Gilbert oder im Bel Air Club. Gilbert ist aus seinem Trunk heraus und wieder ganz gesund und freut sich am Leben wie ein Kind. Alles war wirklich voll Freude und angenehm, bis er sich in mich verliebte – da wurde es schwierig, denn er hat ein Tempo, das man sich im geheimen immer ersehnt, aber wenn's dann da ist, kriegt man Angst. Er ist verzweifelt, daß ich nicht will, und ich weiß eigentlich nicht, warum ich es nicht tue, denn er würde das absolut wert sein und irrsinnig glücklich sein, aber ich fürchte, daß man da nicht wieder rauskommt – die Glut ist zu toll. Ja, da sitzt man mit seinen Theorien und sagt, man lebt lieber allein, wenn man nicht jemand findet, dem man alles bedeutet, und wenn man's dann haben kann – dann will man's nicht. Es hat auch sicher damit zu tun, daß ich mit Ronnie (Colman) sehr befreundet war und ich noch an ihm hänge. Trotzdem er mich sehr enttäuschte. Er ist so kühl – trotz des Gesichts und der Stimme. Nicht kühl, weil er nicht will, sondern weil er nicht kann. Er hat Furchtbares durchgemacht mit seiner Frau, die ihm vierzehn Jahre lang die Scheidung verweigerte, bis er ganz Junggeselle wurde und vereinsamte. Ich versuch-

te, ihn zum »Glühen« zu bringen, und er liebte mich – da bin ich sicher –, aber ich mochte das gleichgültige »Wie wär's nächsten Donnerstag« nicht, deshalb ging ich etwas auf Distanz, weil ich das Gefühl hatte, daß ich etwas verlor. Ich führe also kein tragisches Leben mehr wie früher, sondern nur ein trauriges, was schon ein großer Fortschritt ist.
Kaufe Dir Strawinskys *Sacre du Printemps* – die aufregendste Musik, die es je gab.
Also mein Engel, ich höre auf, meine Hände tun weh, und Iturbi kommt heute abend zum Essen: Krebssuppe, Stroganoff, Eierkuchen mit Käsefüllung. Ruth Chatterton und Lang (der macht alles mit mir durch, hat mir sehr mit Colman geholfen, Ratschläge erteilt, dabei liebt er mich auch, was alle seine Handlungen noch schöner macht). Aherne konnte nicht kommen, macht Test für Romeo mit der Shearer. Übrigens seine neue Flamme ist Merle Oberon, ein ganz gewöhnliches Stückchen. Er versuchte kürzlich, sehr energisch mit mir anzubändeln, und als ich wütend wurde, raste er fort und schmiß sich an sie. Scheint ihm schon wieder mies zu sein, denn er kam wieder reuevoll her. Mehr *gossip* gibt es nicht.
Tausend Küsse, Liebster, küsse Tami, ich beneide Euch. Das Suchen ist sehr unangenehm.

Mutti

Ich wachte auf zu den Klängen der *Rhapsody in Blue,* und wie in jenem makabren Gebet, das kleine Kinder lernen müssen, dachte ich, ich sei vor dem Aufwachen gestorben und in den Himmel gekommen! Gershwin …? Gershwin vor dem Frühstück? Wie der Blitz wusch ich mich, zog mich an und eilte nach unten. Meine Mutter war schon im Tennisdreß, das Haar hatte sie mit einer weißen Schleife nach hinten gebunden. Sie begrüßte mich mit den Worten: »Guten Morgen, Liebling! Frühstück ist fertig.«

Ich mußte heute nacht gestorben sein, ich wußte es nur noch nicht. Meine Mutter, für die jede Form von Begrüßung Zeitvergeudung war, hatte mir, ausgerechnet mir, guten Morgen gewünscht! Und auch noch auf Englisch! John Gilbert war in unser Leben getreten, und von diesem Augenblick an sprach meine Mutter mit mir Englisch. Auf das Deutsche griff sie nur noch bei tragischen Ankündigungen und großen Geheimnissen zurück und wenn sie lästern wollte oder unter dem Einfluß von Tabletten oder Alkohol stand. Die Tennisschuhe gaben ihrem Schritt etwas Federndes. Wir gingen nach draußen, und sie warf einen prüfenden Blick über den Frühstückstisch.

»Und wo ist der Orangensaft?« fragte sie.

Ich ließ mich auf den nächstbesten Stuhl fallen. Wunder über Wunder! Sie rief das Dienstmädchen und bestellte Toast und einen ganzen Teller knusprigen Speck. Dann ging sie wieder ins Haus und legte eine neue Platte auf. Benny Goodman? Um acht Uhr früh? Mit dem Tennisschläger in der Hand kam sie wieder heraus und zog die Schrauben des hölzernen Rahmenspanners nach.

»Liebling ... heißt das, was der Mann da spielt, immer noch ›Jazz‹?«

»Ja, Mutti«, krächzte ich. Mein Mund war vor Schreck wie ausgetrocknet. Meine Mutter klang, als mache sie Hausaufgaben.

»Und sagt man dazu ›Hot Piano‹?«

Ich nickte nur.

»Liebling, John Gilbert kommt gleich zu Besuch. Du wirst ihn kennenlernen ... Ein schöner Mann ... Seine Augen sind wie glühende Kohlen! Sieh dir seine Augen an, wenn er kommt. Dann weißt du, was ich meine ...«

Ich sollte also den großen John Gilbert kennenlernen? Was für ein Morgen! Die Stummfilmstars waren mir zwar nicht so vertraut, und meine Mutter leugnete vor sich und anderen, jemals in Stummfilmen mitgewirkt zu haben, aber John Gilbert, der war wie Valentino und Chaplin Hollywood. Ich hatte gerade noch Zeit, nach oben zu rennen und mein Autogrammbuch zu holen, als die Klingel sein Kommen ankündigte. Was die »glühenden Kohlen« anbetraf – sein Blick hatte wirklich eine versengende Kraft! Außerdem war sein Lächeln so lieb und ein bißchen traurig, daß es einem schier das Herz brach. Er gab mir die Hand. Ich knickste artig, schaute zu ihm auf und wurde dafür belohnt – mit Kohlen, sanftem Lächeln, allem!

»Liebes ... sie hat deine Augen.« Diese Stimme konnte Stahl zum Schmelzen bringen. Er wandte sich wieder mir zu. »Ich habe eine Tochter in deinem Alter. Ich nenne sie Tinker.« Er lächelte mich wieder auf seine umwerfende Art an, dann ging er mit meiner Mutter aus dem Haus.

Mit weichen Knien schloß ich die Tür hinter ihnen. Ich kam mir Brian gegenüber ein bißchen unloyal vor, trotzdem hoffte ich, John Gilbert würde lange bei uns bleiben. Er blieb, aber nicht lange genug.

Solange ihre Beziehung andauerte, bedeutete meine Mutter für Gilbert wohl die Verwirklichung seiner herrlichsten Träume. Wie sie ihn umsorgte! Sie erdrückte ihn fast mit ihrer Bemutterung, und er ließ sich das gern gefallen. Sie ging ganz in ihrer neuen Aufgabe auf.

Wo die Garbo versagt hatte, würde die Dietrich siegen! Sie ganz allein würde diesen Mann vom »Dämon Alkohol« erretten. Schließlich war der Alkoholismus nichts weiter als »eine entwürdigende Schwäche, die eher für Männer der Unterschicht paßte, die ihre Zeit in billigen Spelunken verbrachten und sich dort zugrunde richteten«. Auf dem Herd brodelte eine Hühnersuppe. Das Rindfleisch, das meine Mutter für ihren speziellen Zaubertrank benötigte, wurde zu Gilbert nach Hause geliefert. Dort richtete sie ein Suppenlabor ein. Über diese Zeit erzählte sie später:

»Ich versteckte seine Flaschen immer. Den Filipino, den er als Hausangestellten hatte, brachte ich dazu, mir dabei zu helfen. Eine Zeitlang war es nett mit ihm. Aber er wollte es immer mit mir tun! Du kennst mich ja ... alles, was ich wollte, war, für ihn zu kochen und es gemütlich zu haben ... nicht das ganze Getue im Bett. Aber er dachte, ich würde ihn nicht lieben, wenn ich nicht mitmachte. Also machte ich mit. Er war nicht besonders gut ... Männer, die so sehr danach aussehen, sind das nie.«

Es machte mir Spaß, Gilberts Liebesbriefe zu finden, die er in leeren Thermosflaschen, in der Tennisjacke meiner Mutter oder in der Schachtel ihrer Tennisbälle versteckte.

> Ich schwöre Dir, Du hast mich betäubt und benebelt. Der Gedanke an Dich und die Sehnsucht nach Dir machen mich schwindelig. Ich liebe Dich.
> Du bist so süß, so großzügig, so edel. Wie schön wäre die Welt, wenn alle so wären wie Du.

*

> Pfannkuchengesicht,
> wärst Du nicht in einer furchtbaren Klemme, wenn ich wirklich mit Trinken und Rauchen aufhörte und nachts nicht mehr so lange aufbliebe? Und wenn unsere sexuelle Beziehung dann endlich aktiver würde und ich mich nicht mehr so toll fände? Dann hättest Du nichts mehr, worüber du Dich aufregen könntest. Der Unterschied zwischen uns ist, daß ich Dich liebe, wie du bist. Natürlich – und das weiß ich, Du brauchst es mir nicht

zu sagen – liebe ich dich, wie Du bist, weil Du vollkommen bist. Siehst Du, ich wußte es. Aber auch Du hast einmal, nur zehn flüchtige Sekunden, geglaubt, ich sei vollkommen. Ach, was für ein bitterer Verlust!
Ich liebe Dich.

Wie kann man nicht von einem Mann bezaubert sein, der eine Göttin »Pfannkuchengesicht« nennt? Als ich Gilbert das erste Mal so reden hörte, stockte mir der Atem. Dann bemerkte ich in seinen glühenden Kohlen ein Zwinkern und bewunderte seine Kühnheit. Er war ein typischer Amerikaner! Er scherzte nur, und das war etwas, was kein Europäer je richtig lernt. Amerikaner können sich auf die unverschämteste Art und Weise gegenseitig auf den Arm nehmen und sich trotzdem gern haben und Freunde bleiben. Die Europäer wissen nie, was sie ernst nehmen dürfen und was nicht. Oft verwechseln sie den amerikanischen Humor mit Spott und reagieren entsprechend.
»Gilbert hat ›Pfannkuchengesicht‹ zu mir gesagt!« erzählte mir meine Mutter. »Warum? Ich habe nie ein rundes Gesicht gehabt! Joan Bennett hat ein Mondgesicht, aber ich doch nicht. Ich konnte Jack nie verstehen, wenn er solches Zeug daherredete. Er nannte mich auch ›Liebesgesicht‹ – das habe ich wenigstens verstanden.«
Von Bullock wurden neue Badeanzüge, Strandkleider und sogar ein marineblaues Badekleid geliefert. Zur Vervollständigung meiner neuen Garderobe bekam ich noch einen schicken Sonnenhut, und dann wurde ich mit Nellie in die Wüste geschickt. Wir besuchten eine künstlich angelegte Oase, die aus einer Straße, vier indianischen Souvenirläden, einem Reitstall, einem exklusiven Tennisklub und einem Luxushotel bestand. Das El Mirador sah wie eine Missionsstation aus, es gab allerdings den obligatorischen Swimmingpool mit Liegewiese und einer Menge hoher Palmen. Die kleine Stadt hieß Palm Springs, und ich mochte sie am liebsten von allen Städten der Welt. Jetzt sah ich die Wüste nicht mehr nur vom Zug aus, sondern befand mich selbst mittendrin, und es sah alles genauso wunderbar aus, wie ich es mir vorgestellt hatte. Auf ausgebleichten Felsen dösten kleine Eidechsen, die sich nicht von der Stelle bewegten, wenn man in ihre Nähe kam. Menschen lebten erst seit kurzem hier, und sie betrachteten den Ort noch als ihr eigen und fühlten sich geborgen. Ich fühlte mich herrlich! Hochgewachsene Joshuas und Yuccas schützten wie gewissenhafte Wachposten das endlos weite Land. Die Farbe des Sandes war ein

weiches Beige, die Lieblingsfarbe meiner Mutter. Der Sand verschluckte alle Geräusche, so daß man die Stille förmlich hörte. Das Knacken eines trockenen Zweiges, der Schrei eines goldenen Adlers, das gedämpfte Scharren von Pferdehufen – all diese Geräusche hörte man isoliert und mit der ihnen eigenen Intensität. Dort, wo der Mensch Wasser hingebracht hatte, brachen überall glänzende, üppige Farben hervor. Und dort, wo der Mensch noch nicht in die Natur eingegriffen hatte, war alles heiß und still, und man sah nur staubige Pastelltöne. Über allem erhoben sich die Berge des San Jacinto, endlos hingestreckt. Sie sahen genauso aus, wie ich sie von meinem Zugbalkon zum erstenmal gesehen hatte: blaßrot, mit weißen, schneebedeckten Spitzen. Ich aß süße, klebrige Kaktusbonbons, trank frischgepreßten Passionsfruchtsaft, verschlang mit den Augen den herrlich drapierten Türkisschmuck des kleinen indianischen Ladens, freundete mich mit dem Personal des Aqua-Caliente-Reservats an, sah zum erstenmal einen echten Präriehund, der wie ein kleines, dickes, goldbraunes Erdhörnchen ohne Schwanz vor seinem Bau hockte, entdeckte die hauchdünne, abgestreifte Haut einer Klapperschlange und bat meine Indianerfreunde, mir bei der Herstellung eines Schlangenstocks zu helfen. Sie sagten mir, daß ich nie ohne Stiefel in die Wüste gehen dürfe, und ich bettelte so lange, bis Nellie mir richtige Cowboystiefel mit schrägen Absätzen und Schmetterlingsapplikationen aus weißem Leder kaufte. Ich lebte Tag und Nacht wie im Paradies! Bridges fuhr meine Mutter im Wagen her. Ich glaube, sie brachte unangenehme Gesellschaft mit, wahrscheinlich die »Boys«. Wir zogen vom Hauptgebäude des Hotels in einen zwischen Hibiskusbäumen versteckten Bungalow um.

»Liebling, du bist so braun geworden! Wie eine Indianerin. Diese schreckliche Hitze. Warum lassen sich die Leute nur so gern in der Sonne rösten?«

Am nächsten Morgen saß meine Mutter in einem sportlichen Hausanzug mit Kimonoärmeln und einem breitkrempigen Leinenhut auf der schattigen Veranda und tippte Briefe. Natürlich hatte sie schon meinen Schlangenstock entdeckt und mir verboten, mich noch einmal über das Hotelgelände hinauszuwagen. Nellie und dem Leibwächter machte sie bittere Vorwürfe, daß sie mir so gefährliche Freiheiten erlaubt hatten. Ich blieb also am Swimmingpool und verbrachte auch dort einen schönen Tag. Die kostbaren Cowboystiefel hatte ich sicherheitshalber gut versteckt.

Im Radio kam die Nachricht, Will Rogers sei beim Absturz seines

Privatflugzeugs tödlich verunglückt. Unverzüglich rief meine Mutter bei Brian an. Sie war wütend.

»Siehst du, was passiert, wenn jemand so verrückt ist, sich in ein Flugzeug zu setzen? Und du willst Pilot werden – siehst du, was dann passiert? Aber du gibst ja sowieso nur an – ein Flugzeug kaufen! Will Rogers war ja nur ein Geschichtenerzähler, aber eines Tages wird jemand verunglücken, der wirklich wichtig ist, und dann werden plötzlich alle daran denken, was ich gesagt habe!«

Am Abend, als die Zikaden zirpten und der Duft des falschen Jasmin die laue Luft erfüllte, hielt meine Mutter hof. Sie klagte über Lubitsch und den Film, den er für sie schrieb, und wir anderen hörten zu.

»Er ist so dumm. Er denkt, ich tue alles, was er sagt, nur weil er der große Komödienregisseur ist und jetzt an der Spitze von Paramount steht – und weil Jo gegangen ist. Ständig versucht er, mir mit der Hand zwischen die Beine zu fassen. Zeigt mit seiner feuchten Zigarre auf mich und setzt eine leidenschaftliche Miene auf. So ein häßlicher, kleiner Jude! Ich habe ihm erzählt, meine Tochter in Palm Springs sei krank geworden. Nur um ihm zu entkommen. Gilbert sagt, ich soll ihn nicht weiter beachten. Mein Vertrag schließe Lubitsch als Regisseur mit ein, und Lubitsch würde schon dafür sorgen, daß der Film ein Erfolg wird, solange sein Name im Vorspann steht. Papi ist derselben Meinung, aber er sagt, ich müßte den Film wegen der Gage drehen. Edington findet, daß ich nach dem Mißerfolg der *Spanischen Tänzerin* nicht zu lange pausieren sollte. Lang möchte den Film mit mir drehen – Barthelmess schmollt und sagt gar nichts, er ist eifersüchtig auf Gilbert. Jo hat sich immer um alles gekümmert. Und jetzt muß ich plötzlich alles selber machen!«

Vom Hotel kamen Kellner herüber und brachten den Kaffee. Meine Mutter hatte von der Wiener Konditorei, die in Beverly Hills aufgemacht hatte, Vanillekipferl mit Puderzucker mitgebracht. Auf den Markisen saßen zarte, kleine Motten im Mondlicht, und wir aßen genüßlich die Kipferl, während meine Mutter uns den Brief vorlas, den sie John Gilbert geschrieben hatte.

Jack!
Es tut mir leid, daß ich Dir weh getan habe – ich habe es nicht absichtlich getan, das weißt Du – es sollte ein Scherz sein, aber er hat Dich verletzt.
Seit Du wieder angefangen hast zu trinken, war ich in ständiger

Sorge um Dich, und jedes Zeichen der Schwäche machte mir nur noch mehr Angst.

Du hast Dir – absichtlich! – einige Dinge erlaubt, die mich schrecklich verletzt haben, nur weil Du gerade dazu aufgelegt warst. Ich habe Dir weh getan, ohne zu ahnen, daß Du mir deshalb das Haus verbieten würdest. Du hast gesagt, trotz meiner Qualen wegen Deiner Schwächen könntest Du nicht verstehen, daß ich etwas so Wunderbares wie unser gemeinsames Glück einfach wegwerfen wollte. Und Du hast gesagt, wenn ich wegen einer Kränkung Schluß machen würde, sei dies der Beweis, daß unser Glück mir nicht viel bedeutet habe.

Ich gebe Dir diese Worte zurück! Wahrscheinlich bist Du erleichtert, daß Du Dir jetzt jeden Drink genehmigen kannst, den Du willst, und wahrscheinlich wirst Du zerstören, was ich versucht habe aufzubauen – vielleicht hatte ich nicht die richtige Methode –, ich kann Dir aber versichern, daß es nicht immer eine leichte Aufgabe war und daß ich nur von den schönsten und selbstlosesten Gedanken geleitet wurde.

Wie immer hatte sie einen Durchschlag von dem Brief gemacht. Ich ging ins Hotel und schickte ihn mit der Post an meinen Vater. Einer der »Boys« brachte den Brief mit dem Wagen zu Gilbert nach Hause. Er rief im Morgengrauen an. Ich hörte meine Mutter am Telefon gurren und leise lachen. Dann ließ sie den Wagen vor dem Bungalow vorfahren. Als sie wegfuhr, sah sie glücklich aus und lächelte. Ich bastelte mir einen neuen Schlangenstock und war ebenfalls glücklich und froh, daß meine Mutter zu Gilbert zurückkehrte, denn ich mochte ihn. Es war für mich nichts Ungewöhnliches, wenn Leute einfach so zusammenlebten. In unserer Familie lebte Tami mit meinem Vater zusammen, und von Sternberg und so mancher andere hatte mit uns gelebt. In Wien und Paris hatte meine Mutter auch nicht jede Nacht bei uns im Hotel geschlafen. Warum sollte sie also nicht bei Gilbert zu Hause schlafen? Erwachsene bilden sich ein, das jedermann versteht, wenn von Sex die Rede ist. Aber Kinder müssen erst lernen, was Sex ist, bevor sie darüber urteilen können. Die natürliche Naivität von Kindern, die zuweilen gefährlich sein kann, kann gleichzeitig ein wirksamer Schutz sein vor den dunklen Aspekten von Personen, die das Recht haben, über Kinder zu herrschen.

Clark Gable hatte den elektrisierenden Charme von Carole Lombard entdeckt. Gary Cooper wurde der Gräfin di Frasso langsam langweilig, sie entschloß sich deshalb, nach Europa zurückzukehren und ihr Haus einschließlich des englischen Butlers, des Kochs, der Zofen, der Dienstmädchen und des Hundes an ihre Freundin Marlene zu vermieten. Ich kehrte also nicht nach Bel Air, sondern nach Beverly Hills zurück und stellte erst dadurch fest, daß wir umgezogen waren. Ein bemerkenswerter Wechsel vom »düsteren Spanien« ins »glitzernde Hollywood«! Was für ein Haus! Die Wände waren teils mit Spiegeln verkleidet, teils mit Tapeten beklebt, auf denen exotisch aussehende tropische Vögel auf Zweigen mit silbernen Blättern zu sehen waren. Die Tische, die Lampen und selbst die Türrahmen waren verspiegelt. Versailles mochte schöner sein, aber was das Spiegelglas betraf, konnten wir es durchaus damit aufnehmen. Im ganzen Haus waren flauschig-weiße Schaffelle im Stil der dreißiger Jahre ausgelegt. Das Erdgeschoß sah wie ein neuseeländischer Stall aus, in dem Schafe geschoren wurden. Nur an manchen Stellen schimmerte der lackschwarze Fußboden durch. Das Haus hatte sogar einen »Spielsalon«, in dem statt der Tapetenvögel geduckte Panther, statt der silbernen Äste Dschungeldickicht im Stil Gauguins und statt der Schaffelle Zebrafelle zu sehen waren. Vier verschieden mit Spiegeln eingelegte Backgammontische standen spielbereit da, die Spielsteine waren aus goldenem Achat und milchig-grüner Jade geschnitten. Der verspiegelte Tisch im Eßzimmer mit den verspiegelten Stühlen bot zwanzig Personen Platz. Von einer weiteren Dschungeltapete in Dunkelblau und Silber sahen Audubon-Vögel auf uns herab. Wenn der unendlich lange Tisch mit verspiegelten Leuchtern, schwerem Silber, dem langen, blumenverzierten Tafelaufsatz und Unmengen von Speisen beladen war, hatten die unheimlichen Vögel mit ihren bösen, rotgeränderten Augen etwas Furchteinflößendes. Die Treppe war natürlich geschwungen und hervorragend für Auftritte im Stil einer Gloria Swanson geeignet. Das obere Stockwerk war etwas bescheidener ausgestattet. Ornithologische Ausstaffierung und Hollywoodzauber waren auf den Bereich beschränkt, wo Besucher beeindruckt werden konnten, also das Erdgeschoß. Das ganze Gebäude strotzte vor übertriebener Dekoration nach dem Motto: »Geld spielt keine Rolle.« Dank der Anstrengungen der vier eifrigen japanischen Gärtner blühten draußen das ganze Jahr über Gardenien. Um den Garten schlängelte sich ein Weg, der zum tiefblauen Swimmingpool und obligatorischen Poolhaus führte. Der lehmrot und kalkweiß gedeckte Tennisplatz war von einer dichten Hecke aus

Nadelhölzern abgeschirmt. Der Rasen, an dessen Rand eleganter Tee serviert wurde, war für Krocketspiele vorgesehen. Runde, schmiedeeiserne Tische standen stets bereit, beschattet von einem ausladenden Sonnenschirm mit gefranstem Wellenrand, Symbol des Erfolgs. Die zweihundert Seiten lange Inventarliste enthielt so viele Teeservice und Teekuchenförmchen mit Deckel, daß wir ohne weiteres der Königin von England bei ihrer jährlich stattfindenden Gartenparty hätten aushelfen können, ohne etwas zu vermissen.

Meine Mutter beschrieb ihre Freundin und Vermieterin einmal so: »Sie ist eine jener reichen Frauen, die gern Filmstar geworden wären, aber zu häßlich sind. Also schläft sie mit den Stars und gibt Gesellschaften für sie. Sie ist aber netter und intelligenter als die meisten ihrer Art.«

Als Kind dachte ich, Dorothy di Frasso sei eine vergnügungssüchtige Frau, die alles konnte und hatte, was das Herz begehrt. Jahre später merkte ich, daß sie einsam war und zu stark geschminkt. Im Gegensatz zur anderen Dorothy schien sie ihre Zauberschuhe längst verloren zu haben. Ihr Märchenschloß in Beverly Hills dagegen hatte damals, als wir darin wohnten, seinen Zauber noch nicht verloren. In diesem Haus gab die Dietrich zum erstenmal richtige Gesellschaften mit Gästelisten, gedruckten Einladungen, Platzkarten und sogar Fingerschälchen. Das Haus kam den Vorstellungen ihrer Fans so entgegen, daß sie den Fanzeitschriften, die natürlich alle glaubten, sie selbst habe die Inneneinrichtung entworfen, eine Fotoserie bei sich zu Hause gestattete. Wahrscheinlich war das Haus »schrecklich überladen«, aber meine Mutter und ich fanden es ganz wunderbar. Zu den Krocketgesellschaften kamen Leute wie C. Aubrey Smith, Ronald Colman und Clifton Webb. Letzterer hielt sich für Oscar Wilde und strengte sich fürchterlich an, witzig zu erscheinen. Er wurde einer der »Kumpel« meiner Mutter. Er war zu sehr Gentleman, um zu den »Boys« zu zählen, aber manchmal vergaß er sich und benahm sich wie sie.

Oft fand sich die britische Kolonie bei uns ein. Das lag jedoch mehr an den berühmten englischen Teekuchen und der dicken Himbeermarmelade von di Frassos Koch als an dem Vergnügen, Holzbälle durch kleine Tore zu schießen. Chaplin mochte die Teekuchen am liebsten, wenn sie vor Butter und Honig trieften. Dann schnalzte er mit den Lippen, leckte sich die Finger einzeln ab und ging wieder. Ronnie hielt sich lieber an die Marmelade, und George Arliss balancierte eine dünnwandige Teetasse zwischen den Fingern und schrieb die Punkte auf.

Eines Abends brachte jemand Clara Bow mit. Ihre Blütezeit war schon vorbei, aber in ihrem hellgrünen Hausanzug sah sie noch immer hübsch aus. Sie sprang aufs Klavier, schüttete dort oben unzählige Champagnercocktails in sich hinein und verbrachte dann den Rest des Abends kotzend auf der Toilette, deren Tür solange von ihrer dänischen Dogge Duke bewacht wurde. Zum Glück hatten wir noch drei weitere Toiletten zur Verfügung. Die Barrymores pflegten einzeln einzutreffen und gemeinsam wieder zu gehen. Dolores del Rio kam mit ihrem Mann Cedric Gibbons zum Backgammon. Meine Mutter schwärmte für Dolores del Rio und fand, sie sei die schönste Frau Hollywoods. Ich konnte sie mir genau ansehen. So schön war sie nun auch wieder nicht – der Mund vielleicht, ja! Für den konnte man schwärmen. Wenn sie schwieg, verbreitete sie eine unendlich geheimnisvolle Aura um sich, die eine hypnotisierende Wirkung hatte. Sobald sie aber anfing zu reden, roch man förmlich auf heißem Stein gebackene Tortillas, sonnengetrocknete Chilischoten, an ihrem Rockzipfel hängende niedliche Babys und einen an ihrer Brust nuckelnden Säugling. Sie lachte, schüttelte den Würfelbecher, würfelte, schob die Steine auf die Felder und forderte ihren Mann mit glühendem Blick heraus. Die beiden gaben ein interessantes Paar ab. Ihr Mann war der renommierteste Art-director der Branche und einer der vielen Stars bei MGM, sie eine von hautengem Satin umhüllte mexikanische Madonna.

John Gilbert ging von einem Gast zum andern und versprühte seinen Charme. Er muß für die Gästeliste verantwortlich gewesen sein, denn es waren andere Leute da als sonst auf den Gesellschaften meiner Mutter. Ich bekam so viele Autogramme, daß mein Album fast voll war. Damals begann ich auch mit meiner »Fotosammlung großer Stars«. Die Gäste meiner Mutter reagierten wirklich freundlich, wenn ich sie um ein Foto mit Autogramm bat. »Bitte, könnte ich ein großes Foto haben?« Die meisten vergaßen nicht, dem kleinen Mädchen der Dietrich von ihrer Sekretärin ein nettes Autogrammfoto zuschicken zu lassen. Wenn die Bilder dann in den speziellen Versandtaschen ankamen, zog ich als erstes mein Vergrößerungsglas hervor und untersuchte die Unterschrift auf ihre Echtheit, um sicherzugehen, daß sie von Hand geschrieben und nicht gestempelt war. Dann kam das Bild mit einem Passepartout hinter Glas.

Unser Aufenthalt in di Frassos Haus war in jeder Beziehung besonders. Meine Mutter ließ sogar zum erstenmal ein »Beinfoto« von sich machen. Sie trug Tennisshorts und erlaubte sogar, daß der Afghane der di Frasso mit ihr fotografiert wurde. Der Hund stellte sich artig an, und die PR-Abteilung von Paramount war begeistert. Die Metamorphose der Dietrich wurde darauf zurückgeführt, daß sie sich endlich von Sternberg befreit habe. Niemand ahnte, daß es John Gilbert und das Haus der di Frasso waren, die aus der Dietrich einen so uneuropäischen und umgänglichen Star gemacht hatten.

Lubitsch mußte schließlich doch etwas zu Papier gebracht haben, denn wir gingen ins Studio und begannen die »Gespräche« mit Travis.
»Also, du wolltest einen modernen Film, Travis ... Jetzt hast du einen! Du wirst merken, wie schwierig es ist, einen Modestil zu entwerfen, der bei Erscheinen des Films nicht schon wieder veraltet ist!«
»Meine liebe Marlene, das ist nicht der erste Film ...«
Sie unterbrach ihn: »Aber nicht mit der Dietrich. Niemanden interessiert, was deine anderen Stars anhaben, nicht einmal, was die Lombard trägt. Du hast sie jahrelang in diesen Nachthemdenschnitt gesteckt, der niemandem aufgefallen ist. Das jetzt wird der schwierigste und langweiligste Film, den wir je zusammen gemacht haben. Ohne von Sternberg wird das Geheimnis fehlen. Er wird keine bleibenden Erinnerungen hinterlassen. Vielleicht wird er ja ganz amüsant, vielleicht gibt es ein paar glanzvolle Höhepunkte für dich und mich, aber das ist dann auch schon alles. Ich wette hundert Dollar, daß ich in dem Film ein rundes Gesicht habe und wie eine schön angezogene Puppe aussehen werde!«
Travis schenkte meiner Mutter eine Tasse Kaffee ein.
»Man sagt, Cooper will den Film machen.«
»Weißt du, was Cooper zu Lubitsch gesagt hat, Travis? Er sagte, jetzt, wo Jo gegangen ist, sei er ›bereit‹, wieder mit mir zu arbeiten! Hast du je etwas so Eingebildetes gehört? Ein Cowboy, der sich ein Urteil anmaßt? Er sollte sich lieber *Marokko* ansehen und etwas Bescheidenheit lernen! Aber er war noch nie besonders helle ... Für die Anfangsszenen müssen wir ein paar ganz besondere Hüte entwerfen, sonst gibt es da nur Beine zu sehen, einmal links und einmal rechts übereinandergeschlagen. Und wenn Lubitsch sich endlich entschieden hat, ob der Mann im Schlafzimmer sein darf oder nicht, wissen wir, was für ein Nachthemd wir entwerfen können. DeMille kann sich seine gräßlichen Orgien und alles mögliche leisten, nur weil es sich um ›Geschichte‹ handelt ... und wir? Wir müssen aufpassen, daß im Hintergrund kein Bett zu sehen ist, wenn ich mich vollständig angezogen mit

einem Mann an der Haustür unterhalte! Ich kann Mae gut leiden, aber es ist allein ihre Schuld, daß es das Hays Office und diese kindische Zensur gibt. Typisch amerikanisch – überall Sex zu wittern und ihn verbergen zu wollen. Travis, laß dir *Vogue* und *Vanity Fair* und die ganzen anderen Modezeitschriften bringen – schau sie dir genau an, damit wir nicht irgend etwas machen, was schon dagewesen ist.«

Sie gab ihm einen Kuß, dann gingen wir.

»Papi, ich verschaffe Gilbert eine Rolle in dem Film. Er soll jetzt *Desire* (dt. *Sehnsucht*) heißen. Frag mich nicht warum – du kennst ja Lubitschs Vorliebe für freche Titel, schon bei der *Spanischen Tänzerin*.«

Es war Sonntag und wir erledigten unsere Telefonate nach Europa. »Nein, ich bin zu Hause. Ronnies Boot hat ein Leck, und Jack war wieder betrunken. Ich habe ihn schlafen lassen und bin zum Telefonieren nach Hause gekommen. Natürlich ist Lubitsch jetzt schon eifersüchtig. Jack kann den Chef der Juwelenbande spielen. Sein Alter spielt dabei keine Rolle – ich werde Lubitsch bitten, eine Probeaufnahme mit ihm zu machen ... Falls du mich brauchst, ruf Nellie an, sie weiß, wo ich bin. Hier ist das Kind.« Ich sprach kurz mit meinem Vater und erkundigte mich vorsichtshalber nicht nach Tami, bevor er sie nicht selbst erwähnte. Als er mir erzählte, sie sei mit Teddy draußen, verabschiedete ich mich höflich und hängte auf. Es war merkwürdig, plötzlich wieder Deutsch zu sprechen.

Ein Mann namens Huey Long war erschossen worden, und der große John Gilbert machte Probeaufnahmen für eine kleine Rolle in einem völlig unbedeutenden kleinen Film. Die Ermordung von Senator Long war dagegen weniger schlimm. Meine Mutter rief triumphierend in Paris an.

»Papi, Lubitsch fand die Probeaufnahmen okay. Ich habe auch mitgemacht. Jack wollte mich nicht dabeihaben – er sagte ständig, ein so ›großer Star‹ wie ich sollte in so einem kleinen Streifen nicht auftreten. Aber natürlich sagte ich, ich würde ihn nicht allein lassen. Travis und ich entwarfen ein sehr gutes Kostüm für mich, groß gemustert mit schwarzweißen Punkten und einem perfekt sitzenden Hut, so daß der Zuschauer von Jacks Gesicht abgelenkt wird und sich mir zuwendet. Ich habe mich selbst um die Beleuchtung gekümmert, damit man seine Falten nicht sieht. Dann sahen wir alle durch die Kamera und sagten ihm, wie jung er aussehe. Der Hut und das Punktmuster sahen so gut aus, daß ich davon Standfotos machen ließ, die wir später für Werbezwecke benutzen können – wenn ich sie retuschiert habe. Ich schicke sie dir, dann siehst du, was ich meine – mit meiner Beleuchtung sieht Jack zehn Jahre jünger aus.«

Paramount besetzte die Rolle des Carlos Magolis in *Sehnsucht* mit John Gilbert. Zum Geburtstag schenkte Gilbert mir ein neues Autogrammalbum mit einem granatroten Einband aus marokkanischem Leder und echtgoldenen Ecken, das ich sehr in Ehren hielt.

Meine Mutter rief ständig ihren Arzt in Pasadena an und bat ihn, Gilbert in Beverly Hills aufzusuchen und ihm Spritzen zu verpassen, er sei schon wieder krank. Einmal kam Gilbert im Auto, um sie abzuholen. Ich hatte ihn schon eine Weile nicht mehr gesehen und war entsetzt, wie verändert er war. Seine glühenden Kohlen brannten jetzt in violettblauen Höhlen, und sein Lächeln hatte etwas Hoffnungsloses bekommen. Ich hatte gedacht, meine Mutter sorgte für ihn. Die vielen Fleischbrühen hatten offensichtlich überhaupt nicht geholfen! Ich wünschte, Mr. Gilbert hätte einen eigenen Arzt, der *nicht* in Pasadena wohnte.

Ich war froh, daß ich ihm ein besonders schönes Weihnachtsgeschenk gebastelt hatte. In diesem Jahr schenkte ich allen Lesezeichen, die ich mit passenden Motiven bestickt hatte.

Meine Mutter entschied, daß Gilberts kleine Tochter von ihrem Vater ein besonderes Weihnachtsfest bekommen sollte. Wir gingen also einkaufen. Ich bin sicher, daß meine Mutter sich zuweilen wirklich lieber eine »kleine Prinzessin« als Tochter gewünscht hätte, ein artiges Mädchen in Rüschen, wie die süßen Zuckerpüppchen aus den Illustrierten. Die Dietrich »adoptierte« oft solche kleinen Mädchen, die eine Märchenfee zur Patin gebrauchen konnten. Sie überschüttete sie dann mit typischen Mädchen-Geschenken – Prinzessinnenpuppen, kleinen Herzanhängern oder dünnen, klingelnden Armbändern – und sonnte sich in ihrer dankbaren Bewunderung. Im Laufe der Zeit ließ die Verehrung der Mädchen freilich nach, und wie Mary Poppins, wenn der Wind sich drehte, war die Dietrich eines Tages weg. Trotzdem behielten die kleinen Mädchen sie immer in Erinnerung und vergaßen sie in ihrer kindlichen Unschuld nie. Die Tochter von John Gilbert wurde eines dieser »kleinen Mädchen« meiner Mutter.

Wir kauften Bullock's leer. Dann breiteten wir uns im Eßzimmer aus und packten an dem kilometerlangen Eßtisch unsere Geschenke ein. Auch dies war eine Premiere: das Einpacken der Weihnachtsgeschenke! In Deutschland bekam jedes Familienmitglied eine Fläche zugewiesen, auf der uneingepackt seine Geschenke lagen, wie bei einem kleinen Kirchenbasar. Keine Ausgaben für Geschenkpapier, keine vergeudete Zeit, kein anheimelndes Papierchaos unter dem Weihnachtsbaum – aber auch keine Vorfreude, kein Zauber! Alles vernünftig, preußisch. Jetzt packte die Dietrich zum erstenmal Geschenke ein, eine Gewohnheit, die sie viele Jahre beibehalten sollte. Geschenke in Silberpapier und mit silbernen Tannenzapfen waren für mich, Geschenke in Goldpapier und mit zarten Rosen mit Goldschleifen für Gilberts Tochter Tinker. Meine Mutter schrieb niemals Namensschildchen; sie gab jedem ein Erkennungszeichen, und schon fand man sich automatisch unter den Tausenden von Päckchen zurecht. Bereits Wochen vor Weihnachten erteilte sie ihre Anweisungen.

»Dieses Jahr bist du ›Porzellanglöckchen‹. Sage Brian, er ist ›braune Samtschleifchen‹. Clifton ist ›Goldtroddeln‹ und seine Mutter die ›Vögel‹, die wir im Papiergeschäft entdeckt haben. Ronnie ist ›Silberblätter‹, die ›Boys‹ Seidenkordel, Nellie ›babyblaue Federn‹.«

Das bedeutete, daß in ganz Kalifornien kein Porzellanglöckchen oder eines der anderen genannten Dekorationsstücke mehr erhältlich war. In den fünfziger Jahren in New York schmückte meine Mutter einmal einhundertundzwanzig Päckchen mit geschnitzten florentinischen Engeln, die fünfzig Dollar das Stück kosteten, und verhalf Bloomingdale's damit zu einem noch höheren Umsatz. Schon bald nach dieser denkwürdigen Verpackungsorgie ließ das Kaufhaus seine Verkaufsräume neu gestalten. Immer, wenn wir dort einkauften, hielt meine Mutter beim Eintreten inne, sah zu dem riesigen, neuen Kronleuchter hinauf und sagte: »Den habe ich bezahlt!«

Die erste Verpackungsorgie im Jahr 1935 organisierten wir gut. Wir banden uns Scheren um den Hals, Tiegel mit Klebstoff standen bereit und Geschenkpapierrollen nach Farben sortiert in hohen Papierkörben. Vor uns lagen zwei hohe Stapel mit Geschenken, einer für Tinker und einer für mich. Wir arbeiteten tagelang wie fleißige Heinzelmännchen. Bei den vielen Schachteln wußte ich manchmal nicht mehr, welche mit Tannenzapfen und welche mit Rosen ausgezeichnet werden mußten.

»Entschuldige, Mutti, ist das für sie oder für mich?«
»Ist es ein Armband mit Herzchen oder mit Hunden?«
Ich warf einen schnellen Blick in das schmale Samtetui.
»Mit roten Herzen.«
»Das ist für Tinker.«

Nach getaner Arbeit lud Bridges die großen, randvoll gefüllten Kartons mit den schönen Päckchen ins Auto und fuhr meine Mutter mit ihren Gaben zu Gilbert. Sie baute Tinkers Geschenke, die er selbst noch gar nicht gesehen hatte, unter dem Weihnachtsbaum auf und schärfte ihm zum wiederholten Male ein, daß sie alle von ihm stammten und nicht von ihr, dann ging sie wieder und ließ ihn die Weihnachtsfreude seines Kindes allein genießen. In der Zwischenzeit packte ich die Geschenke ein, die ich selbst verschenken wollte. Ich benutzte dafür ein Papier, das ich heimlich unter das Silber und Gold unseres Großeinkaufes geschmuggelt hatte. Ich fand das Papier göttlich! Lauter kleine Schneemänner mit Dietrichhüten in einem tollen Schneesturm. Ich hatte eine Schwäche für Schneemänner, denn ich hatte noch nie einen richtigen gesehen. Brian brachte seine Geschenke, die einzigen, deren Inhalt ich nicht schon kannte. Er bewunderte unsere kostbaren Verpackungen. Unter dem vom Butler neben dem Klavier aufgebauten Baum sahen sie wirklich großartig aus. Auch ohne Musik und Überraschungen – ich war dafür inzwischen sowieso zu alt – feierten wir in diesem Jahr ein schönes Weihnachtsfest. Meine Mutter vergoß ein paar Tränen, als wir mit ihrer Mutter und Liesel in Berlin sprachen. Ich mußte weinen, als ich Tami frohe Weihnachten wünschte, ansonsten aber verbrachten wir zwei vergnügliche Tage ... und mein schönstes Geschenk war der *Kaufmann von Venedig* von Brian.

John Gilbert konnte doch nicht in *Sehnsucht* mitspielen. Kurz vor Neujahr erlitt er einen Herzanfall, und das Studio weigerte sich, für einen so leicht ersetzbaren Schauspieler ein Versicherungsrisiko einzugehen. Meine Mutter verbrachte ihre Tage damit, bei Paramount die Kostüme vorzubereiten und in Tower Road die Florence Nightingale zu spielen.

»Travis, wir haben doch diesen wunderbaren weißen Chiffon aufbewahrt ... Jetzt können wir ihn gebrauchen ... Soll sie in dieser Szene ein ›Negligé‹ tragen? Das sieht langweilig aus. Alle tragen heute Negligés, sogar die häßliche Miriam Hopkins.«

»Egal, was wir aussuchen, Marlene, es muß auf jeden Fall verführerisch aussehen ... Sie will doch etwas von ihm, oder ist das inzwischen auch geändert worden?«

»Wer weiß? Wenn sie Cooper nicht in Spanien, sondern in Mexiko Urlaub machen lassen würden, würde der ganze Film nicht mehr in Europa spielen, und die Lombard könnte meine Rolle haben. Sie wäre sehr gut ... Wie wäre es mit einem diagonal geschnittenen Kleid aus Chiffon? Es würde gegen den Körper fallen ...«

»Wir könnten den Umhang diagonal schneiden und ihn vielleicht mit Pelz einfassen, damit er schwerer ist.«

»Das ist sehr gut.« Travis strahlte. »Wir brauchen aber darunter eine lange Linie. Wie wäre es, wenn wir den Stoff über dem einen Knie etwas raffen, das gäbe eine Brechung, die die Linie vom Oberschenkel nach unten aufnimmt.«

»Und wenn wir prächtigen weißen Fuchs nehmen, meine Liebe?«

»Er muß aber doppelt breit sein, sonst fotografiert es arm. Und er muß sich nach unten verjüngen, damit der Rock eng anliegt. Wenigstens bin ich diesmal richtig schlank. Ich sagte zu Jack, der einzige Vorteil seines Herzanfalls war, daß ich mir dieses Mal wegen meiner Linie keine Sorgen machen muß.«

»Bist du mit einer langen Schleppe einverstanden, Marlene? Es wäre nicht unbedingt nötig, aber in den langen Einstellungen und auf den Standbildern würden wir damit eine erhabene Wirkung erzielen.«

Wer je die Gelegenheit hat, *Sehnsucht* zu sehen, achte besonders auf die Kreation in weißem Chiffon, die sich die beiden großen Künstler zusammen ausgedacht haben! Die Mischung aus Verführerischem und Erhabenem wirkt wie ein magischer Zauber. Die Dietrich, in Fuchs und Chiffon gehüllt an der Glastür lehnend, ist ein berauschender Anblick.

Wir befanden uns in der Wardrobe und arbeiteten an den späteren Szenen. Meine Mutter war eben aus der Musikabteilung herübergekommen.

»Travis, du mußt dir dieses Lied anhören! Es ist kaum zu glauben! Was ist nur mit Hollaender los? Seine Liedkompositionen für den *Blauen Engel* waren nicht gerade großartig, aber sie hatten das gewisse Etwas. Und ich konnte sie singen – aber das hier! Hör dir das an ...: ›You're here, and I'm here, with your lips and my lips ... awake!‹

Bei der letzten Strophe muß ich schreien – er geht eine ganze Oktave hinauf! Und das ist noch nicht alles ... es geht noch weiter ... ›In a dream so divine ...‹, und andere schreckliche Sachen ... und dann das große Finale! Lauter Zweideutigkeiten ... ›Can it be that tonight is the night?‹ Kaum zu glauben, nicht wahr? Da bin ich mit diesen wunderbaren schwarzgefiederten Ärmeln am Klavier und singe einen solchen Mist ...«

Tagelang lief sie durchs Studio und sang: »Your ear and my ear, with your lips and my lips ...«

Niemand merkte, daß sie »here« durch »ear« ersetzt hatte. Alle glaubten, sie übe nur! Travis und ich bogen uns vor Lachen. Als die Szene später gedreht wurde, ging Travis extra zum Set hinüber. Als meine Mutter sah, daß wir zuschauten und auf den gewissen Augenblick warteten, verdarb sie tatsächlich absichtlich einen Take, indem sie laut und deutlich sang: »Your ear and my ear ...«

Borzage, der damals die Regie übernommen hatte, schrie: »SCHNITT!«

Deutlich war zu hören, wie die Dietrich sagte: »Oh, habe ich ›ear‹ gesagt? Anscheinend habe ich das immer schon verwechselt. Das tut mir aber leid. Sollen wir es noch einmal versuchen? Ein so bewegender Text ... Augenblick! Wie hieß es noch gleich? ›Here‹? Sind Sie sicher? Nicht ›ear‹?«

Travis und ich stopften uns Taschentücher in den Mund, und Nellie mußte zum Toilettenwagen rennen. Das passierte ihr immer, wenn sie zu sehr lachen mußte ... wie meiner Mutter.

Aber das ereignete sich erst später. Noch befanden wir uns in der Vorbereitungsphase. Während der Film *Sehnsucht* langsam Gestalt annahm, begann ich mit den alten Griechen und quälte mich mit Dividieren ab. Bis spät in die Nacht waren wir mit dem Entwerfen und Anprobieren der Kostüme beschäftigt.

»Travis, sie kann unmöglich Hosen tragen – aber wie wäre es mit einem Herrenblazer? Sehr gut! Ein Zweireiher, vielleicht aus blauem Leinen, aber nicht zu dunkel, mit einem gerade geschnittenen weißen Rock. Ich hätte die passenden Schuhe dazu! Du wirst es nicht glauben, aber die Schuhe habe ich schon in Berlin auf der Bühne getragen – und heute sind sie immer noch modern! Wie die, die dir so gefallen haben, nur in Weiß und aus Eidechsenleder. Wenigstens in diesem Film werden Schuhe zu sehen sein!«

»Wunderbar, Marlene ... Für die Jacke nehmen wir Perlmuttknöpfe, um den Schnitt zu betonen. Vielleicht sogar eine Nelke ins Knopfloch?«

»Wenn wir damit durchkommen – ja! Diese ganze Szene ist so dämlich, daß die Zuschauer wenigstens etwas Interessantes zu sehen bekommen müssen!«

Lubitsch beschloß, nur die Produktion des Films zu übernehmen, und gab die Regie an Frank Borzage ab. Borzage war ein rundlicher kleiner Mann; er trug dreiteilige Geschäftsanzüge, Siegelringe und Schuhe mit schlappen, weißen Lederlaschen. Als Travis sie sah, bestellte er sofort ein Paar für seine Kollektion. Meine Mutter nannte Borzage einen »Mennuble« und drohte, den Film abzubrechen. Edington redete auf sie ein und versicherte ihr, Lubitsch werde immer da sein, jeden Schritt überwachen und jedes anstehende Problem selbst in die Hand nehmen. Meine Mutter beruhigte sich wieder und behandelte den Regisseur von da an, als sei er Lubitschs Laufbursche.

Zum Glück war Borzage kein geltungsbedürftiger Mann. Ruhig zog er an seiner Pfeife, hörte jedem aufmerksam zu und sorgte dafür, daß der Film pünktlich und im vorgegebenen Finanzrahmen gedreht wurde.

Sehnsucht mit der Dietrich und Gary Cooper in den Hauptrollen ging in die Realisierungsphase.

Gilbert schien wieder vollständig gesund. Er nahm das Zettelschreiben wieder auf und erteilte meiner Mutter manchmal freundschaftliche Ratschläge. Vielleicht war er als Regisseur begabter denn als Schauspieler. Ich wünschte, meine Mutter wäre weniger in ihrer Rolle als »Retterin der Verdammten« aufgegangen, hätte auf ihn gehört und vielleicht einiges von ihm gelernt. Er hatte ihr viel zu geben, aber sie hat nur wenige seiner reizenden Briefchen behalten. Ich wünschte, sie hätte sie alle aufbewahrt.

> Oh, mein Liebesgesicht!
> Ich bin heute so glücklich und fühle mich so wohl dabei. Denk daran: Sei lebendig! Keine Ruhe bei den Aufnahmen! Keine Geheimniskrämerei! Kein Gespenst! Egal, was mit uns ist – bitte bleibe ein lebendiges Tier. Ich liebe dich.

Über die Rolle meiner Mutter bei John Gilberts Tod gibt es so viele Versionen, daß es eine hoffnungslose Aufgabe wäre, das Labyrinth von Lügen und Verdächtigungen zu entwirren. Aber ich glaube, daß nur meine Version zum sonstigen Verhalten meiner Mutter paßt. Auch wenn alle möglichen angeblich gesicherten Behauptungen aufgestellt worden sind, nichts hat meine Meinung ändern können. Im Gegenteil, meine Mutter hat mir gegenüber zugegeben, daß sie in jener Nacht bei Gilbert gewesen ist.

Irgendwann in den frühen Morgenstunden des 9. Januar 1936 begann John Gilberts Todeskampf. Als der schwere Herzinfarkt ihn traf, schrie er auf. Davon erwachte meine Mutter. Sie wußte sofort, was los war. Sie nahm den Hörer des Haustelefons, befahl dem Filipino, durch die Verbindungstür zum Badezimmer zu kommen, und schärfte ihm ein, die anderen Angestellten nicht zu wecken, da es sich um einen Notfall handelte.

Dann rief sie einen ihrer dubiosen Ärzte an, auf dessen Verschwiegenheit sie zählen konnte. Gilberts Atmung war schnell und flach geworden. Sein Gesicht war grau und von einem Schweißfilm überzogen. Rasch zog meine Mutter sich an und begann, alles wegzuräumen, was je an die Gegenwart der Dietrich in diesem Zimmer hätte erinnern können. Trotz ihrer vielen Indiskretionen war sie nie in einen Skandal verwickelt gewesen. Jetzt schien er unausweichlich! Amerika in den Dreißigern! Ein Weltstar, verheiratet und Inbegriff reiner Mutterliebe, durfte nicht im Bett eines Liebhabers überrascht werden, sei er lebendig oder ... tot! Die allmächtige Filmgesellschaft, stets bereit, alle Fehler ihres menschlichen Kapitals zu kaschieren, könnte sich plötzlich auf die Sittlichkeitsklausel berufen und die Dietrich ruinieren. Sie eilte ins Badezimmer, suchte ihre Sachen zusammen und befahl dem verwirrten Diener, unten die Ankunft des Arztes zu erwarten. Gilberts Haut war straff über die Wangenknochen gespannt, seine Augen waren glasig.

Sie rief Nellie an, befahl ihr, sofort zu kommen und den Wagen unten an der Auffahrt zu parken, das Licht auszumachen und auf sie zu warten. Wenn es ihr gelang, vor dem Eintreffen von Polizei und Presse aus dem Haus zu entkommen, würde Nellies unscheinbares Auto wahrscheinlich übersehen werden. Ihr eigener Wagen war zu bekannt. Ein schnelles Klopfen. Meine Mutter rannte zur Schlafzimmertür und schloß auf. Gilbert bäumte sich vor Schmerzen auf. Der Arzt spritzte ihm ein kräftiges Stimulans nicht direkt in das schwer pumpende Herz. Er war für so einen Notfall weder ausgebildet noch ausgerüstet. Meine Mutter hatte inzwischen ihre Kleider, Toilettenartikel, Zigaretten, Feuerzeuge, das Adreßbuch, den Wecker und mein Bild in einen Kissenbezug gestopft. Mit dem Sack in der Hand rannte sie los. Nellie wartete schon. Sie sprang in den Wagen, dann rasten die beiden nach Beverly Hills und in Sicherheit.

Ich hörte die Nachricht im Radio. Es hieß, John Gilbert sei allein gestorben. Ich wunderte mich darüber und machte mich auf die Suche nach meiner Mutter. Ich fand sie in ihrem Schlafzimmer. Sie trug ein mönchisches Gewand aus schwarzem Samt, arrangierte Dutzende von Tuberosen in Vasen und stellte alle freien Flächen damit voll. Das Zimmer war vollkommen abgedunkelt. Die schweren Vorhänge waren zugezogen und mit Sicherheitsnadeln zusammengesteckt. Kleine Votivkerzen in roten Glasbehältern verbreiteten ein flackerndes Licht. Sie standen vor einer Fotografie John Gilberts und warfen einen rötlichen Schimmer auf sein sanftes Gesicht. Mit kummervoller und mutlos verzweifelter Stimme schickte meine Mutter mich hinaus.

»Jetzt bin ich ganz allein. Erst Jo und jetzt Jack!«

Sie befahl mir, sie nicht zu stören, und schloß die Tür hinter mir ab. Sie vergrub sich vier Tage lang. Ich habe noch immer den unangenehm schweren Geruch der Tuberosen in der Nase, der zusammen mit der ununterbrochen abgespielten Musik von Rachmaninow unser Haus durchdrang. Als meine Mutter wieder herauskam, war ihr Gesicht genauso schmal und weiß wie der Herrenanzug, den sie trug. Wir gingen ins Studio und arbeiteten weiter.

Es war das erste Mal, daß ich meine Mutter als trauernde Witwe erlebte. In den folgenden Jahren spielte sie diese Rolle noch oft. Als schließlich ihr richtiger Ehemann starb, war sie als trauernde Witwe ein »déjà-vu«.

Monate später bat ich sie, John Gilberts Grab besuchen zu dürfen. Ich konnte nicht verstehen, warum meine Mutter deshalb so wütend auf mich wurde. Sie verbot mir eine ganze Woche lang, das Studio zu betreten, und sprach nicht einmal mehr mit mir. Mein Lieblingsleibwächter verstand und fuhr mich den langen Weg nach Forest Lawn, wo die Stars begraben waren. Ich legte an Gilberts Grab ein paar unserer besonders schönen Gardenien nieder und nahm auf meine Weise von ihm Abschied. Wir kamen zurück, bevor uns jemand vermißte.

Meine Mutter stürzte sich jetzt auf die Aufgaben »Bemutterung des hinterbliebenen Kindes« und »Suche nach dem verlorenen Testament«. Dabei erholte sie sich wieder völlig. Per Telefon wurde mein Vater auf dem laufenden gehalten.

»Papi, Gilberts letzte Frau, diese Erbschleicherin Virginia Bruce, hat sein Testament gestohlen! ... Ja, wirklich! Sie hat das Testament vorgelegt, das er vor dem Herzinfarkt gemacht hatte, das, in dem er ihr alles hinterläßt. Aber natürlich hatte er ein neues Testament gemacht! Ich sagte ihm, er könnte dieser furchtbaren Frau nicht alles hinterlassen, er müsse alles seinem Kind vererben! Aber jetzt ist dieses Testament nirgendwo aufzutreiben. Ich habe gesagt, daß ich selbst gesehen habe, wie er es geschrieben hat – und jetzt suchen natürlich alle danach, und diese Bruce hat Angst! – Ich habe seinem Diener, dem Filipino, eine Arbeit im Studio verschafft – du weißt doch, wen ich meine – im Art Department. Das hat er wirklich verdient. Er ist so loyal und verschwiegen. Ich habe ihm auch Geld gegeben. Gilberts Kind ist gerade bei mir. Wir gehen mit ihr ins Kino. Kater schaut gerade in der Zeitung nach einem Kinderfilm – weißt du, Papilein, ohne Jo ist Cooper viel netter! Morgen koche ich ihm mein Hühnchengericht. Weißt du, was er als Nachspeise wünscht? Eiscreme! Ist das nicht unglaublich! *Ein erwachsener Mann!* Die Amerikaner haben Eßgewohnheiten wie Kinder. Ich muß Bridges jetzt jeden Tag in den Beverly Wilshire Drugstore schicken, damit er Eiscreme für das Mittagessen in der Garderobe besorgt.«

Mein Vater gab wohl einen lustigen Kommentar dazu ab, denn meine Mutter schmunzelte zustimmend und sagte dann: »Natürlich hat er genug Zeit zum Eisessen. Aber weißt du, er ist eifersüchtig auf Lubitsch ... Bestell ihm Pyjamas aus dicker Seide von Knize, so wie du einen hast ... aber in Weiß mit dunkelgrüner Paspel. Er hat so lange Beine, daß er hier nirgendwo etwas Passendes findet ... Travis hat seine Maße, ich schicke sie dir nach Wien. Apropos Wien, hast du Jaray angerufen? Hat er die Fotos bekommen? Hast du Mutti angerufen? Hat sie das Bücherpaket bekommen? Ich habe Geld zwischen die Seiten gelegt. Man kann nie wissen, wie schnell sie einmal richtige Dollars brauchen wird. Gestern habe ich die Tabletten für Tami abgeschickt und die Spritzen, das müßte reichen, um eine Weile normal zu bleiben. Hier ist das Kind ...«

Testamente wurden mit einemmal so wichtig, daß meine Mutter meinte, auch eins machen zu müssen. Ich schaute ihr beim Tippen über die Schulter. Sie hatte so wenig Sachvermögen, daß das Dokument nur eine Seite lang wurde. Meinem Vater vermachte sie das Auto, Tami ihre Kleider, Nellie die Pelze und mir den Schmuck.

»Wunderbar! Ich bekomme die Smaragde!« platzte ich heraus. Meine Mutter fuhr herum und sah mich wütend an, dann lachte sie und rief die »Boys« an.

»Ich schreibe gerade mein Testament. Natürlich muß ich das! Man kann nie wissen – Gilberts Testament ist immer noch nicht gefunden worden – das war mir eine Lehre! Jetzt muß ich dafür sorgen, daß alle wissen, was sie bekommen. Natürlich bekommt Maria alles. Und wißt ihr, was sie gesagt hat? ›Toll, ich bekomme den ganzen Schmuck!‹ Kannst du dir das vorstellen? Ein Kind? Daß sie schon weiß, wieviel er wert ist? – Ihr bekommt die Manschettenknöpfe, die guten von

Cartier. Nein, ihr könnt sie gemeinsam benutzen und damit vornehme Rollen kriegen. Rudi hat schon genug Manschettenknöpfe.«

Ich hörte zu und schämte mich. Ich hatte nicht gierig sein wollen. Ich hatte mich nur gefreut, daß die grünen Steine für immer bei mir bleiben sollten. Ich habe sie nie geerbt – auch sie sind lange vor dem endgültigen Ende verschwunden.

Jetzt, wo Jo nicht mehr da war, schienen alle der Dietrich den Hof machen zu wollen. Die tägliche Blumenflut der Verehrer versperrte die Garderobe. Die größeren Gebinde mußten wir nach draußen auf die Vortreppe stellen, wo sie von Mae West »gestohlen« wurden. Mae West nannte es »stibitzen« und sagte, die Dietrich vermisse die Blumen sowieso nicht.

»Liebling – schau raus. Hat Mae West wieder Blumen gestohlen?«

»Ich glaube ja ... aber Mutti, sie stiehlt sie nicht wirklich ... Sie glaubt, daß du sie nicht mehr willst, wenn du sie vor die Tür stellst.«

»Aber sie gehören immer noch mir. Von jetzt an stellen wir nur die häßlichen Blumen hinaus!«

Es wurde ein Spiel zwischen den beiden. Meine Mutter trug die verhaßten Gladiolen, den Rittersporn und die Rosen vor die Tür, und Mae machte sich einen Spaß daraus, ihre Garderobe mit den erbeuteten Blumen zu schmücken. Ich verriet meiner Mutter nicht, daß langstielige Rosen die Lieblingsblumen unserer Nachbarin waren. Das blieb ein Geheimnis zwischen Mae West und mir. Die beiden spielten noch andere Spiele. Eines Morgens spähte meine Mutter, halb hinter dem Fliegengitter verborgen, auf die Straße hinaus. Travis hatte ihr von einem neuen Negligé erzählt, einer prachtvollen Komposition aus Silberlamé und Spitzen, eingefaßt mit schwarzem Fuchs, das an diesem Tag in Mae Wests Garderobe geliefert werden sollte. Als die Garderobiere um die Ecke kam, sah meine Mutter sie sofort. Sie rannte ihr auf dem Bürgersteig entgegen, fing das überraschte Mädchen ab, riß ihr das schwere Gewand vom Arm und sagte: »Mae West hat mich beauftragt, das für sie anzunehmen. Sie ist noch nicht hier!« Dann eilte sie in unsere Garderobe zurück und rief mich zu sich.

»Schnell! Geh hinaus und beobachte die Straße. Sag mir sofort, wenn Mae West vorfährt!«

»Mutti«, flüsterte ich durch das Fliegengitter, »ihr Auto kommt.«

Die Dietrich trat aufgeputzt mit einer Schleppe aus Lamé und Fuchspelz vor Mae West. Die kreischte: »Das ist meins! Das ist mein nagelneues Negligé!«

»Aber nein, mein Engel! Das ist unmöglich! Travis hat das gerade erst für mich entworfen! Gefällt es dir? Ist es nicht zu vulgär?« Langsam drehte sie sich vor der zornigen kleinen Frau herum.

»Augenblick! Willst du tatsächlich behaupten, daß Travis Banton es gewagt hat, ein Kostüm von mir für dich zu kopieren?« Plötzlich erspähten ihre scharfen Augen den überhängenden Stoff, den meine Mutter vor ihren weniger üppigen Brüsten zusammenraffte. Ihre Stimme gewann wieder den berühmten samtenen Tonfall zurück.

»Na, mein Herzchen, an deiner hübschen Figur sieht das Kleid aber mächtig schick aus. Gehen wir doch einen Augenblick hinein und sprechen dort über den Verrat des alten Travis!« Perfekt aufeinander abgestimmt drehten sich die beiden um, wackelten mit ihren schmucken Hinterteilen, stolzierten in die Garderobe von Mae West und machten energisch die Tür hinter sich zu. Ihr Gefolge auf dem Bürgersteig applaudierte anerkennend.

In diesen Tagen geschah es oft, daß meine Mutter in der Garderobe von Mae West verschwand. Manchmal schlossen sich George Raft oder Gary Cooper ihren Albernheiten an, aber meist vergnügten sie sich zu zweit. Ich hatte auf diese Weise viel Zeit, mich in der Kantine vollzustopfen und herauszufinden, wer alles in unserem Studio arbeitete.

Fred MacMurray war immer da. Er schien in diesem Jahr in allen Paramount-Filmen mitzuwirken. Harold Lloyd drehte einen Film. Außerdem waren da W. C. Fields, die Lombard, Margaret Sullivan, die brünette Bennet, Burns und Allan, bekannt durch den Rundfunk, Zazu Pitts und eine lustige Frau namens Ethel Merman, die eben erst von einem New Yorker Theater gekommen war. Sie hatte dem Studio nicht erlaubt, ihren Namen zu ändern, und sprach ständig davon, wie häßlich sie auf der Leinwand aussah und wie sehr sie Hollywood verabscheute. Ich beobachtete sie bei der Arbeit und fand sie großartig. Sie war nur verängstigt und hatte keinen von Sternberg, der sie beschützte. Ich hatte eine Menge Lieblingsschauspieler, meist die, die meine Mutter nicht leiden konnte. Ich schwärmte für Loretta Young, vor allem in ihren »lyrisch-frommen« Rollen. DeMilles *Kreuzritter* sah ich mir viermal an. Aus unerfindlichen Gründen war sie eine der ständigen Feindinnen der Dietrich. Nahezu sechzig Jahre lang mußte jeder, der nach Beverly Hills kam, sich anhören, wie die Dietrich über diese Frau herzog.

»Siehst du die große, scheußliche Kirche da drüben an der Ecke? Die hat Loretta Young bauen lassen. Immer wenn sie sündigt, läßt sie eine Kirche bauen. Darum gibt es so viele katholische Kirchen in Beverly Hills!«

Mir machte das nichts aus. Ich bekam ein wunderschönes Foto mit Autogramm von Loretta Young, von dem ich meiner Mutter aber nichts verraten durfte. Ich fand es wunderbar, Kirchen bauen zu lassen, aus welchem Grund auch immer.

Sehnsucht war ein so unproblematischer Film, daß ich selten ins Studio gerufen wurde und mich durch die ganzen alten Griechen arbeiten konnte. Gelegentlich entfloh ich dem Studium der olympischen Götter und mischte mich unter die wirklichen. Ich war auch an dem Tag dabei, als meine Mutter die »Autoszene« drehte. Den Spaß wollte ich mir nicht entgehen lassen. Niemand ahnte, daß meine Mutter nicht Auto fahren konnte. Ernst und überlegen saß sie hinter dem Steuer eines auf Hochglanz polierten, kleinen Sportwagens ohne Räder, der vor der Rückprowand aufgebockt worden war. Die vorbeiziehende Straße im Hintergrund, die Studioarbeiter, die außerhalb des Blickfelds der Kamera die Karosserie hin- und herschüttelten, die Windmaschine, die das Chiffonband ihres hohen Hutes zum Flattern brachte, all dies sollte auf der Leinwand den Eindruck erwecken, die Dietrich fahre in Wirklichkeit über Spaniens Landstraßen. Der Film hinter ihr lief an, der Wind wehte, das Auto wackelte, die Straße machte eine Linkskurve. Und die Dietrich drehte das Steuerrad nach rechts! Die Straße machte eine scharfe Rechtskurve, die Dietrich lenkte nach links! Sie drehte am Steuerrad, als wolle sie einen Schoner im Sturm um Kap Horn steuern.

Borzage schrie: »Schnitt!«. Die Straße kam zum Stillstand, der Wind hörte auf zu blasen, die Arbeiter richteten sich auf und streckten sich. Borzage trat auf die Dietrich zu.

»Miss Dietrich, die Synchronisation zwischen Ihnen und der Rückprojektion funktioniert nicht recht. Sie müssen in dieselbe Richtung lenken wie der Film hinter Ihnen. Außerdem müssen Sie an bestimmten Stellen langsamer fahren und schalten. Und könnten Sie bitte Ihren Kopf etwas zur Seite drehen, damit Sie entspannter aussehen?«

»Sie machen wohl Witze! Wenn ich den Kopf drehe, reißt der Wind mir den Hut herunter ... und die Kamera an dem Galgen dort drüben wirft dann einen Schatten auf meine linke Schulter!« Sie ließ den neben der Kamera befestigten Spiegel nicht aus den Augen und entdeckte eine Locke, die sich gelöst hatte. »Nellie!«

Nellie eilte herbei und zückte den schwarzen Kamm. Borzage zog sich in das sichere Dunkel zurück. Den ganzen Vormittag lang kamen die Dietrich und ihre Straße nicht zusammen. Dann kam die Mittagspause. Borzage verschwand in Richtung von Lubitschs Büro.

Meine Mutter packte mich am Arm und flüsterte: »Hole Hank, Liebling! Sag ihm, er soll in die Garderobe kommen!«

Ich rannte los. Hank war ihr liebster Bühnenarbeiter, er war aber nicht uns, sondern dem Crosby-Film zugeteilt worden. Ich kam mit ihm zurück.

»Hank, ich habe eine Stunde Zeit, um Auto fahren zu lernen. Hast du dein Auto außerhalb des Studiogeländes geparkt?«

»Jawohl, Miss Dietrich. Es steht um die Ecke bei Melrose. Aber warum benutzen Sie nicht Ihr eigenes Auto? Es steht doch am Eingang!«

»Damit alle mich sehen können? Komm ... laß uns gehen.« Wir schlüpften in unseren schwarzen Kasten und ließen uns vor das Tor des Studiogeländes fahren. Dort brachte ein kräftiger Mann in Arbeitskleidung der Dietrich das Schalten bei, während ich dabeistand und darauf achtete, daß wir nicht zu spät kamen. Als wir zum Set zurückkamen, gelang die Szene sofort. Borzage stellte keine Fragen, aber er war sichtlich erleichtert. Hank war zum Schweigen verpflichtet worden; er hatte einen großzügigen Scheck und einen dicken Kuß bekommen und war selig und wie in Trance zum Crosby-Film zurückgekehrt. An diesem Abend auf der Heimfahrt setzte sich meine Mutter mit einem Schal um den Kopf auf den Beifahrersitz und sah Bridges beim Fahren zu. Vor dem Einschlafen sagte sie noch: »Daß jemand nur durch Autofahren seinen Lebensunterhalt verdienen kann! Aber es ist interessant, daß etwas so Gefährliches so langweilig sein kann!«

Am letzten Tag der Dreharbeiten ging meine Mutter zu Travis ins Büro, baute sich vor seinem Schreibtisch auf und streckte die Hand aus. Travis hatte sich wie sie täglich die Rushes angesehen und erwartete sie schon. Er zog eine knisternde Hundertdollarnote aus seiner vornehmen Brieftasche und drückte sie ihr in die Hand. Sie schloß fest die Finger darum und lachte. Die Dietrich liebte es, Wettgewinne einzustreichen. *Sehnsucht* war der erste Film mit meiner Mutter, den ich auch als Zuschauerin genoß. Ich fand den Film lustig und charmant – kein ehrfurchtgebietendes Erlebnis. Meiner Meinung nach war ihr der Übergang von der »Kunst« zur »Unterhaltung« sehr gut gelungen. Vier Jahre sollten vergehen, bevor das wieder der Fall sein sollte.

Bei Paramount erwartete man, daß *Sehnsucht* mit der Dietrich ein

Erfolg sein würde. Sie bekam eine Woche frei, dann stand schon der nächste Film an.

»Hast du gehört, wie der Film heißen soll? Niemand wird die Dietrich in einem Film sehen wollen, der *Hotel Imperial* heißt – und ich soll eine Bäuerin spielen! Wie viele Zopffrisuren können wir erfinden?«

Es war Abend, und wir waren mit Nellie in der Garderobe beschäftigt. Meine Mutter schlürfte ihren starken Kaffee.

»Ich dachte, nach *Sehnsucht* würde alles besser werden. Warum muß ich jetzt ein altes Drehbuch von Pola Negri machen? Edington sagt, daß laut Vertrag nur Lubitsch meine Filme produzieren darf.«

Nellie unterbrach sie. »Man sagt, er will Paramount verlassen.«

»Gut! Dann muß ich diesen dummen Film nicht machen!« Zum erstenmal seit Tagen sah sie wieder froh aus. »Aber dieser Henry Hathaway hat keine schlechten Ideen. Er erzählte mir davon, als der Film noch *I Loved a Soldier* heißen sollte. Keine schlechte Idee, wie er die Verwandlung der Frau durch die Liebe vor die Kamera bringen will. Das wird zwar den Film nicht retten, aber die Idee ist gut. Der Übergang ist nicht schwer. Am Anfang hat sie noch keine falschen Wimpern, wir legen auf meine echten Wimpern nur ein bißchen braune Tusche auf, malen einen schmalen Mund und verkleinern ihn mit Puder. Keine Nasenlinie, aber Schatten an den Seiten. Der Punktscheinwerfer weiter unten angebracht, dann haben wir ein Babygesicht. Außerdem verzichten wir auf den weißen Strich am Lidrand, damit die Augen runder sind. Und dann, ganz langsam, wird der Mund voller gemalt, die Nase schärfer, langsam lassen wir die Augen geheimnisvoller erscheinen, bei jeder Einstellung wird der Punktscheinwerfer höher gesetzt – bis wir die Dietrich vor uns haben. Das ist ganz einfach. Alle finden die Idee großartig, aber das wird das Drehbuch nicht retten.«

Sie behielt recht. Glücklicherweise verließ Lubitsch tatsächlich Paramount, so daß die Dietrich von ihrem Vertragsrecht Gebrauch machen und den Film ablehnen konnte. Trotzdem hätte ich gerne gesehen, wie sie die Verwandlung gemacht hätte.

Um den verärgerten Chefs der Paramount und den hartnäckigen Anrufen von Louella Parsons aus dem Weg zu gehen, flohen wir in ein kleines Dorf in den Bergen. Dort gab es Holzhütten, Ward-Bond-Typen in karierten Flanellhemden, Frauen, die Gingankleider im Margerie-Main-Stil trugen und einen Gletschersee, der von hohen, dunklen Tannen umgeben war. Lake Arrowhead gefiel mir gut. Meine Mutter fand es übertrieben folkloristisch. Als uns Bridges das erste Mal zum General Store brachte, warf sie einen kurzen Blick auf das Crackerfaß am Kanonenofen und fragte: »Welchen Film drehen Sie heute? Irgendetwas mit Rin Tin Tin?«

Meine Mutter bestellte bei Bullock's dicke Pullover, die »unverzüglich« geliefert werden sollten, und kochte eimerweise Linsensuppe, um mich warm zu halten. Ich sammelte gleichmäßig gewachsene Tannenzapfen, fütterte die seidig glänzenden Eichhörnchen, legte mich auf die spitzigen Piniennadeln und sah zum Postkartenhimmel hinauf. Manchmal, wenn ich lange Zeit ganz still dalag, kamen blaue Eichelhäher und Haubenkardinäle herbeigeflogen und setzten sich eine Weile auf die Äste über mir. Manchmal wurde die stille Wasserfläche des Sees von einer nach einer Fliege schnappenden Forelle gekräuselt, dann, in einer Farbenexplosion, flogen die Vögel auseinander, um einen anderen Baum zu schmücken.

In dieser Zeit zogen wir wieder um. Ich habe nie herausgefunden, warum wir von »Fan Fantasy« nach »Stucco Yuk« umzogen. Auch diesmal hatte meine Mutter sich das Haus anscheinend vorher nicht angesehen. Als wir vor der angestrichenen Haustür mit dem Türklopfer in Hufeisenform vorfuhren, kurbelte sie die Trennscheibe herunter und fragte den Chauffeur: »Ist es das? Soll das unser neues Haus sein? Sind Sie sicher, daß Sie auch die richtige Adresse haben?«

Das Innere des Hauses lag im Dämmerlicht. Überall verblichene, erbsengrüne Samttapeten, lackierte Mahagonimöbel und geblümte Teppiche. Der Hinterhof war tatsächlich nichts weiter als ein Hof. Falls es je einen Rasen gegeben haben sollte, was sehr zweifelhaft war, so erinnerte nichts mehr daran, von vereinzelten grauen Grasflecken abgesehen. Eine vertrocknete Azalee lehnte dekorativ gegen einen abgeblätterten Zaun. Das einzige Zugeständnis an Beverly Hills war der betonierte Tennisplatz am Komposthaufen. Wir wohnten nicht sehr lang in diesem Haus und haben es nach unserem Auszug auch nie vermißt. Zwei Erinnerungen haben es für mich wichtig gemacht: meine erste Party und unser erster Farbfilm *The Garden of Allah* (dt. *Der Garten Allahs*).

Ganz unerwartet traf mein Vater ein, führte lange Gespräche mit Edington, billigte den neuen Vertrag mit David Selznick, wachte über meine Mutter, als sie zum erstenmal, seit sie ein Star war, einen Vertrag mit einer anderen Filmgesellschaft unterschrieb, erledigte ihre Steuererklärung, überredete sie, von Alexander Korda ein lukratives Angebot für einen englischen Film anzunehmen, sah meine Schulhefte durch, füllte unseren Weinkeller wieder auf, entdeckte eine neue phantastische Eissorte für Cooper, bemängelte, daß der Metzger uns zuviel für die wöchentliche Ration Suppenknochen berechnete und fuhr wieder ab.

Tami war nicht mitgekommen. Sie machte eine luxuriöse »Erholungskur« in einem exklusiven Badeort. Meine Mutter sagte, ihr Aufenthalt dort sei sehr teuer, aber das Geld wert ... wenn es ihr endlich gelingen würde, sich zu beherrschen. In den folgenden zehn Jahren mußte Tami noch viele solcher »Kuren« über sich ergehen lassen. Nach einer Weile wurde die höfliche Umschreibung weggelassen, und man sprach statt dessen von »Behandlung« und »Sanatorium«. Schließlich wurden diese zwei Wörter durch das noch zutreffendere Wort »Heilanstalt« ersetzt.

Einen Menschen zu zerbrechen, braucht Zeit. Einer Seele bleibende Verletzungen zuzufügen, erfordert gezieltes Vorgehen. Die Menschen, die ich »Eltern« nannte, waren gründlich – sie ließen sich Zeit.

*

Es war ein befremdliches Gefühl, in Selznicks Monticello anzukommen, anstatt wie gewohnt vor dem Tor der Paramount vorzufahren. Als wir nach dem ersten Gespräch mit dem Kostümdesigner Ernest Dryden das Studio verließen, spie die Dietrich Gift und Galle. Mit zusammengepreßten Lippen wartete sie, bis wir wieder sicher im Wagen saßen, dann gab sie ihre Befehle.

»Bridges! Zu Paramount!«

Kein weiteres Wort wurde gesprochen, bis sie in die Kostümwerkstatt stürmte.

»Travis, deine Sekretärin soll niemanden hereinlassen. Mach die Tür zu. Es gibt Probleme!« Sie zündete sich eine Zigarette an und durchmaß das Zimmer. Ich setzte mich in sicherer Entfernung auf einen Stuhl.

»Hör zu! Dieser sogenannte Kostümdesigner, den Selznick für den Film engagiert hat, ist ein Idiot! Ich habe versucht, einen seiner Entwürfe mitzunehmen, aber er ist ein schlauer Bursche und sagte, sie müßten alle zusammenbleiben – Befehl vom Boß. So drückte er sich aus, ein ganz vulgärer Typ. Wir werden die Kleider heimlich hier herstellen und sie dann zu Selznick hinüberschmuggeln müssen. Wir können ja behaupten, es seien meine eigenen Kleider, und weil sie die passende Farbe hätten, würde ich sie in dem Film tragen ...«

Travis versuchte sie zu bremsen. »Marlene, wir können nicht ...«

»Erzähl mir nicht, du würdest dich plötzlich an die Regeln halten! Niemand wird davon erfahren ... Du machst einfach wie immer privat Kleider für mich. Niemand wird auf den Gedanken kommen, sie seien für ein anderes Studio. Ich erzähle diesem Idioten und Selznick, ich hätte genau die richtigen Kleider für den Film. Die sind so beschränkt, daß sie mir glauben werden. Und jetzt müssen wir uns diesen Farbfilm kommen lassen, von dem alle reden, und studieren, was sie dort falsch gemacht haben.«

Meine Mutter ließ sich *Becky Sharp* zeigen. Sie konzentrierte sich auf das neue Technicolorverfahren und übersah beinahe, daß eine ihrer liebsten Feindinnen, die Schauspielerin Miriam Hopkins, die Hauptrolle spielte.

»Die Farbe ist für alle so aufregend neu, daß sie viel zuviel davon verwenden!« sagte sie.

Der Künstler in Travis Banton hatte Feuer gefangen, die Skrupel wurden über Bord geworfen.

»Marlene, dein Film spielt doch in der Sahara. Am besten trägst du duftigen Chiffon in der Farbe des Sandes! Es wäre das erste Mal, daß Pastelltöne auf Film festgehalten werden!«

Triumphierend drehte sie sich zu mir um.

»Siehst du! Jetzt weißt du, warum ich es so eilig hatte, hierherzukommen! So denkt der wahre Künstler! Die werden einen Kopfstand machen, wenn sie hören, daß ich Beige tragen will! Sie werden sagen, es sei unmöglich – weil sie nicht wissen, wie sie das machen sollen. Aber wir wissen, wer es weiß – Jo!«

Irgendwie fand meine Mutter von Sternbergs Adresse heraus und erzählte ihm am Telefon von dem Problem. Wieder fuhren wir zur Paramount.

»Hör zu, Travis! Jo sagt: ›Bei Farbaufnahmen sollte man eine dritte Kamera installieren, die in Schwarzweiß filmt. Erst müssen die Bilder in Licht und Schatten aufgeteilt werden, bevor die Beleuchtung für die Farbaufnahmen eingestellt werden kann. Solange noch keine neuen Kameras erfunden und die Technik noch nicht ausgereift ist, basiert jede Fotografie auf dem Gleichgewicht von Hell und Dunkel.‹ Ist er nicht wunderbar? Das alles am Telefon! Kilometerweit weg! Er weiß, was sie hier erst noch lernen müssen! Edington soll Selznick ausrichten, daß ich auf einem Schwarzweißkameramann bestehe. Selznick schaut mich schon jetzt ganz groß an.«

Der Garten Allahs war von Anfang an zum Scheitern verurteilt. Die absurde Geschichte wurde von einem bei Stanislawsky in Rußland ausgebildeten polnischen Regisseur inszeniert, der sich wie ein als Stroheim verkleideter Rasputin aufführte und eine Gruppe europäischer Schmierenkomödianten anleitete. Es ging zu wie beim Turmbau zu Babel; jeder sprach einen anderen, unüberhörbaren Akzent. Joseph Schildkraut, ein Meister der Übertreibung, der meinte, seinem Bühnenruf gerecht werden zu müssen, bekam einen Fes mit Fransen aufgesetzt und wurde seinen schauspielerischen Untugenden überlassen. Schildkraut in der Rolle eines weibischen, marokkanischen Fagin zu sehen, der mit einer Blume hinterm Ohr Annäherungsversuche unternimmt, ist ein Erlebnis, das man sich lieber ersparen sollte. Genauso schlimm sind ein Basil Rathbone mit Turban, der ganz vornehm und britisch wie versteinert auf einem wilden arabischen Hengst sitzt, und die peinlich genau frisierte Dietrich, die wie eine Schaufensterpuppe aus einem Berliner Kaufhaus aussieht. Charles Boyer spielt den griesgrämigen, aus dem Kloster rausgeschmissenen, verliebten Mönch, als wäre er ein französischer Oberkellner. Sein Toupet ist gewellt wie die Perücke einer Gangsterbraut. Allein um das zu sehen, würde sich der Eintritt allerdings lohnen! Als Schmierenkomödie ist *Der Garten Allahs* durchaus amüsant. Diejenigen von uns, die mit der Herstellung des Films zu tun hatten, waren mit bitterem Ernst bei der Sache, mit Ausnahme meiner Mutter, die zwischen Verärgerung und Belustigung hin- und herschwankte. Die Belustigung half ihr wenigstens, die Arbeit an einem vorprogrammierten Mißerfolg zu ertragen. Sie wirkte in einem schrecklichen Film mit, der keinerlei Verdienste hatte, und das wußte sie. Wie bei den vielen anderen mittelmäßigen Filmen, in denen sie später noch mitwirken sollte, entschädigte sie sich, indem sie den Bereich überbetonte, den sie selbst in der Hand hatte – ihr Aussehen. Sie versuchte alles und jedes – Burnusse aus Silberlamé, schwere glänzende Satingewänder, Umhänge, Turbane – und erreichte nichts als einen zusammenhanglosen Verkleidungswirrwarr. Die heimlichen Treffen mit Travis waren doch zu schwierig, um wirklich erfolgreich zu sein. Um ihr Geheimnis zu wahren, mußte meine Mutter einige von Drydens Entwürfen tragen. Wer je Gelegenheit hat, den *Garten Allahs* zu sehen, achte auf die Dietrich im Reitkostüm. Das Kostüm ist nicht zu übersehen. Es ist fast das häßlichste im ganzen Film und ein hervorragendes Beispiel für die Mittelmäßigkeit des offiziellen Kostümdesigners. Das bodenlange Satinkleid ist nicht besser. In einer anderen Szene dagegen modelliert der Wüstenwind den Körper der Dietrich unter blaßfarbenem Seidenchiffon heraus, und sie wird zur »geflügelten Siegesgöttin« in den Sanddünen. Hier zeigt sich das Genie von Banton und der Dietrich. Gemeinsam waren sie unschlagbar.

Auch ich spielte in diesem großartigen Film mit. Aus irgendeinem Grund erlaubte meine Mutter mir, eines der Mädchen im Hintergrund der »Klosterszene« zu spielen. Ich kann mich nur noch an das Gewicht des falschen Zopfes erinnern, den Nellie mir ins Haar flocht, an die großkotzige Art der professionellen Kinderdarsteller, an die kneifenden Unterhosen der Klosteruniform und an die fünfundsiebzig Dollar Gage für meine Tagesarbeit. Ich gab alles für eine riesige Flasche Parfüm für meine Mutter aus, die sie dem Dienstmädchen weiterschenkte.

Wenn ich nicht im Studio war und zusah, wie alle sich lächerlich machten, war ich am Schwitzen und Schnaufen. Mein neuer Tennislehrer hatte strikte Anweisung bekommen, mich um jeden Preis schlank zu trimmen! Er schmetterte die Bälle in entgegengesetzte Ecken und ließ mich rennen, so schnell meine molligen Beine mich trugen. Mit beinahe zwölf Jahren war ich schlagartig in die Pubertät gekommen. Ich hatte so oft gehört, wie meine Mutter »dicke« Leute als »häßlich« bezeichnet hatte, daß ich davon überzeugt war, daß sie sich meines Aussehens schämte. Ich rannte also, so schnell ich konnte, stellte mich mindestens zehnmal am Tag auf die Waage, nahm kein Gramm ab und fühlte mich angesichts meines hoffnungslosen Versagens so deprimiert, daß mir nichts anderes übrigblieb, als mir ein Brot mit Erdnußbutter und Gelee zu streichen!

»Du gehst zu einer Kinderparty«, verkündete meine Mutter. »Bridges bringt dich um sieben Uhr hin und holt dich um zehn Uhr wieder ab.« Kinder? Was für Kinder? Ich kannte keine Kinder! Was erwartete man von mir? Was sollte ich dort tun? Ich hatte Angst, rannte zu Nellie und fragte sie, was Kinder auf »Kinderpartys« machten.

»Hm, Schatz ... man spielt dort ›Such den Esel‹.«

»Und wie geht das?«

Nellie war etwas verunsichert. Sie hatte selbst keine Kinder, versuchte aber ihr Bestes.

»Na ja ... an der Wand wird ein großes Bild von einem niedlichen Esel aufgehängt ... und dann bekommt jedes Kind einen Schwanz mit einer Nadel. Dann werden dir die Augen verbunden, du wirst ein paarmal herumgedreht, bis dir ganz schwindelig ist, und dann wirst du in Richtung des Bildes gestellt und mußt versuchen, den Schwanz an die richtige Stelle zu stecken.«

Verständnislos sah ich sie an. »Warum?«

Nellie war etwas erstaunt. »Du kannst einen schönen Preis gewinnen! Ach, auf Kinderpartys werden alle möglichen Sachen gespielt. Zum Beispiel ... ›Reise nach Jerusalem‹. Sicher spielt ihr auch ›Reise nach Jerusalem‹!«

»Kannst du mir das bitte beibringen?«

»Aber Schatz! Das ist doch ganz einfach ... Die Kinder rennen zu Musik um einige Stühle herum. Wenn die Musik aufhört, muß man sich ganz schnell hinsetzen. Sonst scheidet man aus.«

»Weißt du das bestimmt, Nellie? Nur herumrennen und hinsetzen? Und was mache ich dabei mit meinem Schwanz?«

»Nein! Das Eselspiel hat doch mit der ›Reise nach Jerusalem‹ gar nichts zu tun ... Und du mußt nicht richtig rennen, nur von Stuhl zu Stuhl springen. Es ist lustig! Wirklich!«

Ich war sicher, daß Nellie irgend etwas durcheinanderbrachte. Also ging ich zu Travis und fragte ihn.

»Das wird ein Spaß! Deine erste Party! Was wirst du anziehen? Möchte deine Mutter, daß ich ein nettes Partykleid für dich entwerfe? Ich rufe sie an. ›Es geht ein Bi-Ba-Butzemann‹, das gefällt dir sicher! Laß dich bloß nicht fangen, sonst bist du dran!«

Ich war an berufliche Besprechungen gewöhnt, an Probleme wie dünnwerdende Wimpern – und manchmal gab es vielleicht etwas Aufregung, wenn Kidnapper die Gegend unsicher machten. Aber das hier hörte sich an wie eine Jugendolympiade!

Der große Tag kam. Meine Mutter wusch mir die Haare mit ihrem eigenen Shampoo. Nellie drehte mir die Haare ein und befestigte eine große Schleife auf meinem Kopf. Punkt sieben wurde ich in einem kleinen Haus irgendwo in Hollywood abgegeben. Meine Lehrerin schleppte mich in einen mit bunten Laternen geschmückten Garten und verschwand in der Küche zum Tratschen. Überall standen Kinder in lockeren Gruppen beisammen; sie schienen sich zu kennen und lachten und redeten. Sie hörten sich alle so amerikanisch an, daß mein Akzent sicher auffallen würde. Ich zog mich in den Schatten der überdachten Veranda zurück.

»Bist du eingeladen?« fragte eine hübsche, weiche Stimme von irgendwoher.

Ich drehte mich nach der Stimme um und antwortete: »Ich weiß nicht. Meine Mutter hat mir gesagt, daß ich herkommen soll.«

»Wer ist deine Mutter?« fragte die Stimme neugierig.

»Miss Marlene Dietrich.«

»Mensch! Die ist großartig! Und wirklich berühmt! Ist es schön, die Tochter eines berühmten Filmstars zu sein?«

Ich zögerte. Das hatte mich noch nie jemand gefragt. Fast hätte ich nein gesagt, ohne zu wissen warum. Ich war selbst überrascht. Wieder hörte ich die Stimme im Dunkel der überdachten Veranda.

»Findest du es furchtbar, so dick zu sein? Findest du dein doofes Kleid nicht schrecklich?«

»Doch! Und wie! Aber woher weißt du das? Und wo bist du?«

Ein glucksendes Kichern war zu hören, und die Hollywoodschaukel quietschte.

»Hier drüben. Komm, setz dich her. Wie heißt du?«

»Eigentlich heiße ich Maria. Aber niemand nennt mich so, außer wenn ich ausgeschimpft werde. Meistens werde ich ›Liebling‹ gerufen.«

»Wirklich? Wer nennt dich so?«

»Meine Mutter.«

»Gefällt dir das?«

»Ich weiß nicht. Meine Mutter sagt zu vielen Leuten ›Liebling‹. Es hat eigentlich keine besondere Bedeutung. Manchmal nennt sie mich ›Engel‹, und manchmal bin ich einfach ›das Kind‹. Sie sagt, was ihr gerade einfällt.«

Auf der Veranda war es angenehm kühl. Die Kinder vergnügten sich im Garten.

»Wer hat dich hergebracht? Dein Vater?«

»Nein. Unser Chauffeur, meine Lehrerin und mein Leibwächter.«

»Wozu brauchst du einen Leibwächter?«

»Einmal bin ich fast entführt worden. Wie das Lindbergh-Baby, weißt du? Wir bekamen Lösegeldforderungen, und das FBI kam mit Pistolen! Aber dann ist nie jemand gekommen, um mich zu holen. Meine Mutter fürchtet, es könnte doch einmal passieren, aber sie hat nur in Amerika Angst!«

»Das hast du nur erfunden! Ich sehe keinen Leibwächter!«

»Habe ich nicht! Es stimmt! Er versteckt sich hinter den Bäumen. Das tut er immer.«

Mit schlenkernden Beinen saßen wir nebeneinander, und die Schaukel quietschte, während sie langsam vor- und zurückschwang.

»Es ist meine Party.« Ihre Stimme klang nicht mehr so süß.

»Wirklich? Warum sitzt du dann hier allein herum? Magst du deine eigene Party nicht?«

»Ich bin müde. Ich habe heute gearbeitet. Ich bin beim Film.«

»Ja? Das ist ja toll! Welches ist dein Studio?«

»MGM.«

»Ich bin bei Paramount. Aber dein Studio gefällt mir am besten. Dort machen sie die besten Filme. Was tust du?«

»Ich singe. Aber ich spiele auch – und ich steppe. Ich werde als Star aufgebaut!«

Ich sah mir meine Gesprächspartnerin genauer an. Sie war überhaupt nicht der süße, hübsche Shirley-Temple-Typ! Große braune Augen in einem kleinen, weißen Gesicht. Ihre Vorderzähne standen etwas vor, was aus ihrem Mund eine süße Schnute machte. Sie sah einfach niedlich aus ... verletzlich und sehr, sehr echt.

»Und magst du das?«

»Nein! Ich finde es schrecklich! Sie zwicken mich, messen mich ab, wiegen mich und lassen mich nicht essen. Alle machen an mir herum und betatschen mich – ›Tu dies, tu das, mach es so, mach es anders, du mußt gut sein, sonst lassen sie dich fallen ...‹ Nur wenn ich singe, sind sie still. Dann lassen sie mich in Ruhe. Dann ist es toll! Aber ich habe Angst. Vielleicht beschließt der Boß, daß er doch keinen Star aus mir machen will.«

»Du wirst ein Star werden! Das weiß ich genau! Ein richtig großer Star wie meine Mutter. Sogar ein noch größerer Star, sie kann nämlich gar nicht gut singen. Und du kannst sogar steppen! Arbeitest du auch mit Punktscheinwerfern?«

»Sie haben es versucht, aber es läßt mich dicker erscheinen.«

»Dann haben sie es zu tief eingestellt. Du mußt dich selbst darum kümmern. Wenn du singst, dürfen sie keine Nahaufnahme machen, das engt den Gesichtsausdruck zu sehr ein, du fühlst dich nicht wohl, und das sieht man auf dem Film.«

Der Duft von Frankfurter Würstchen wehte zu uns herüber.

»Wenn ich nur einen Hot dog essen könnte! Aber ich darf ja nicht«, seufzte die Stimme sehnsüchtig.

»Hör zu. Wie wäre es, wenn ich deine Mutter frage, ob ich zwei bekommen kann?«

»Du bist ein wichtiger Gast. Sie wird dir jeden Wunsch erfüllen!«

»Also okay. Wie magst du deinen Hot dog?«

»Wie magst du denn deinen?« Die Stimme zitterte vor Erregung.

»Er wird dir schmecken. Zuerst nehme ich Senf, dann Ketchup, dann Zwiebeln und Gewürze und dann noch mal einen Spritzer Senf. Okay?«

»Toll! Und Coca-Cola und viel Pommes frites, und vergiß nicht den Krautsalat! Und paß auf, daß dir niemand nachkommt!«

An der Grillstelle fand ich einen Pappkarton, in den ich alles tat, was mir zwischen die Finger kam, sogar buttertriefende Maiskolben. Dann machte ich vorsichtshalber einen Umweg über die Garage, um möglichen Verfolgern aus dem Weg zu gehen, und kam vollbepackt und unbemerkt wieder bei unserer Schaukel an. Wir ließen es uns schmecken. Wir kicherten und erzählten einander unsere Geheimnisse. Wir wurden füreinander wichtig, und wir wurden Freundinnen. Wir trafen uns allerdings selten. Manchmal vergingen Jahre. Aber wenn wir uns trafen, waren wir sofort wieder die zwei kleinen, dicken Mädchen in der Schaukel auf der Veranda.

»Na? Hat dir die Party von Judy Garland gefallen?« fragte meine Mutter, als ich nach Hause kam. Ich wählte meine Worte mit Bedacht. Hier ging es nicht um einen neuen Hund – hier ging es um meine erste eigene Freundin. Und ich wollte sie als Freundin behalten. Ich gab die Antwort, die meine Mutter von mir erwartete.

»Ja, es war sehr nett. Danke, daß ich hingehen durfte, Mutti. Aber deine Partys gefallen mir viel besser. Sie sind viel interessanter.«

Meine Mutter war sehr zufrieden. Sie sagte sogar, daß ich eines Tages vielleicht noch einmal zu einer »Kinderparty« gehen dürfe. An diesem Abend schlief ich lange nicht ein. Ich mußte über so vieles nachdenken. Außerdem überlegte ich mir, ob ich Nellie sagen sollte, daß das Spiel mit dem Eselsschwanz nicht mehr aktuell war und daß jetzt ein ganz verrücktes Spiel Mode war, genannt ›Flaschenpfänderspiel‹.

*

Ein Abenteuer! Ein richtiges, wahrhaftes Abenteuer! Wir machten »Außenaufnahmen«. Heute hätte man uns nach Afrika geschickt; damals gingen wir in die »Sahara« in Arizona. Die Stars wurden in einem klimatisierten Hotel in Yuma untergebracht, die Truppe hauste in einer eigens zwischen den Dünen der Wüste von Arizona errichteten Zeltstadt ... weit außerhalb der Stadt.

Meine Mutter bereitete die Reise vor, als würden wir nie mehr zurückkommen. Mit der Bestimmtheit eines Feldmarschalls sammelte sie ihre Truppen zur Schlacht. Die Garderobe war unser Hauptquartier, die Paramount-Studios unsere Nachschubbasis. Bullock's lieferte riesige Koffer, in die wir genug Make-up und Haarpflegemittel für fünfzig Neuverfilmungen von *Krieg und Frieden* stopften – »man weiß ja nie«. Meine Mutter war felsenfest davon überzeugt, daß die wilden Indianer Arizonas noch nie etwas von Toilettenpapier gehört hatten, und kaufte daher gleich sechs Kartons, die sie mit der Aufschrift »Garten Allahs – Marlene Dietrich – Badezimmer – Privat« versah.

Die Fahrt in das kleine Städtchen Yuma dauerte sehr lange. Während meine Mutter die Toiletten desinfizierte und unser Hotel völlig umkrempelte, wurde ich mit meinen Schützlingen, den Garderobenkoffern Nr. 1, 2, 3 und 4, in die Wüste vorausgeschickt.

Zeltplanen flatterten im heißen Wind. Man sah Sanddünen und Zelte, soweit das Auge reichte, wie in einem Buch von Kipling. Wenn das Labyrinth von Holzstegen, Lastern, Generatoren, Reflektoren, Bogenlampen und schräg im feinen Sand steckenden Mikrofongalgen nicht gewesen wäre, hätte jeden Augenblick Kiplings Gunga Din dem Nichts entsteigen können. Dreharbeiten vor Ort gleichen immer ein bißchen einem militärischen Manöver. Der spezielle Schauplatz gab dem Ganzen noch eine zusätzliche Würze.

Nellie kam – durch welche Tricks man sie von Paramount entführt hatte, erfuhr ich nie. Sie zückte ihren Kamm, und wir gingen an die Arbeit. Meine Mutter war nach einer Weile so sehr damit beschäftigt, die Schauspieler jeden Tag aufs neue gegen die Filmdialoge aufzuwiegeln, daß sie mir schließlich nach vielem Bitten erlaubte, aus dem Hotel auszuziehen und bei der Mannschaft draußen in der Zeltstadt zu wohnen. Außerdem schien sie sich mit einem Herrn, den das Studio geschickt hatte, eingelassen zu haben. Sein offizieller Titel war recht vage, aber er war schlank und die abgeschwächte Version eines kultivierten Neuengländers. Ich wußte, daß dies meiner Mutter gefiel. Wenn seine Anwesenheit es mir ermöglichte, weiterhin draußen in der Wüste zu bleiben und nicht ins Hotel zurück zu müssen, dann war ich hundertprozentig auf seiner Seite, egal wer er war.

Nicht Signalhörner weckten uns am Morgen, sondern die Motoren der Laster. Wenn die großen Motoren ihre nächtliche Sandration heraushusteten, wußte ich, es war Zeit zum Aufstehen. Die »Morgenpatrouille« machte sich noch vor Sonnenaufgang an die Arbeit. In meinen kostbaren Cowboystiefeln und mit dem neuen Schlangenstock meldete ich mich beim »Schlangen- und Skorpiontrupp«. Unsere Aufgabe bestand darin, sämtliche Dünen, die an diesem Drehtag gebraucht wurden, von allem zu säubern, was da kreucht und fleucht. Die wirklich tödlichen Wesen, die Zweibeiner, fielen jedoch nicht in unsere Zuständigkeit. Warm eingepackt gegen die Kälte der Wüstennächte, die Hände geschützt durch schwere Lederhandschuhe, zogen wir los. Unsere Taschenlampen tanzten über den Sand, während wir nach den Tieren suchten, die ihre Körpertemperatur nicht an die Außentemperatur anpassen konnten und daher erstarrt dalagen und warteten, bis der Sand sich erwärmen und sie wieder zum Leben erwecken würde. Wir töteten unsere Beute nicht, sondern sperrten die Tiere ein und hatten, wenn wir zurückgerufen wurden, meist einen stattlichen Zoo zusammen.

Nach uns kamen die Zimmerleute mit den Plattformen und Laufwegen für Kameras, Mikrofongalgen, Generatoren, Stargarderoben, fahrbare Toiletten, Zelte, Menschen und wertvolle Regisseurstühle. Da *Der Garten Allahs* als einer der ersten Farbfilme mit Außenaufnahmen gedreht wurde, waren wir auf natürliches Licht angewiesen. Die Lichtverhältnisse bestimmten, wann wir drehen konnten. Um die zartrosa Sonnenaufgänge und die blutroten Sonnenuntergänge in der Wüste einzufangen, arbeiteten wir zu jeder Tageszeit und so lange wie möglich. Immer wenn das »Licht stimmte«, mußten alle sofort an Ort und Stelle bereit sein. Die Natur ließ sich nicht anhalten. Sie nahm auch keine Rücksicht auf Gewerkschaftsvorschriften. Die große Hitze bestimmte unser Leben. Bei vierundfünfzig Grad im Schatten konnte man zwischen elf Uhr morgens und drei Uhr nachmittags nicht arbeiten, selbst wenn der Regisseur es gewollt hätte: Der Film schmolz! Viele Dinge lernten wir erst durch schmerzliche Erfahrung. Wie üblich suchten wir den Drehort für den nächsten Drehtag am Abend vorher aus.

»Die Sanddüne da drüben. Die große links! Dort drehen wir morgen weiter!«

Am nächsten Tag, im ersten Morgengrauen, waren alle fertig zum Drehen, aber ... Wo war die Düne geblieben? Die Wüste versetzte ihre Berge vor unserer Nase. Wir spielten acht Wochen lang mit den Sanddünen Verstecken. Ein Assistent eines Assistenten eines Regieassistenten wurde zum »Dünenbeobachter« ernannt. Er war ein sehr gewissenhafter Mensch und blieb auch dann auf seinem Posten, wenn die anderen zum Essen gingen. Er harrte aus, bis einer von uns zurückkam und ihn ablöste. Ich kam mir am Anfang ziemlich dumm vor, dazusitzen und die Sanddünen beim Wandern zu ertappen. Aber

Oben: 1935. Die Dietrich steht jetzt auf eigenen Füßen. Ungehindert von ihrem Entdecker, zeigt sie sich der Öffentlichkeit. Hier beim Essen mit ihrer Freundin, der amerikanischen Gräfin Dorothy di Frasso und einem sehr interessiert wirkenden Clark Gable.

Unten: Ein seltenes Bild. Es kommt nicht jeden Tag vor, daß sich eine Frau mit drei Liebhabern gleichzeitig fotografieren läßt. Ronald Colman sieht ausgesprochen nonchalant aus, Richard Barthelmess lächelt tapfer, und Brian Aherne, mein liebster Ersatzvater, besitzt sogar den Anstand, verlegen dreinzuschauen.

Oben: Inmitten der angemieteten Pracht der di Frasso'schen Villa in Beverly Hills läßt sich die Dietrich für Filmzeitschriften fotografieren.

Links: Am Swimmingpool stellt sie den Fotografen zum allerersten Mal die Beine zur Schau.

Oben: Eine der großen Lieben meiner Mutter, John Gilbert, über ihre Schulter gelehnt. Ihre Freunde, Cedric Gibbons und seine Frau Dolores del Rio – in den Augen meiner Mutter die schönste Frau Hollywoods – billigten diese Beziehung.

Unten: Die beiden Verliebten, Dietrich und Gilbert, in Begleitung von Mary Astor.

Oben links: Loretta Young war eine der Dauerfeindinnen der Dietrich. Ich frage mich, warum dieser Schnappschuß sich in der Privatsammlung meiner Mutter befand und mit der Notiz versehen war: »Nur für Marias Buch«.

Oben rechts: Eine Hollywoodparty. Im Fun House am Venice Pier gibt Carole Lombard ein rauschendes Fest. Meine Mutter in kessen Shorts schlug sich bei diesem Anlaß die Knie auf. Sie erzählte, Cary Grant sei immer gleich herbeigeeilt, sobald er einen Fotografen entdeckte. Sie ist in Begleitung von Richard Barthelmess.

Links: Zur Rathbone Kostümparty kam die Dietrich als »Leda und der Schwan«, ihre Freundin Elizabeth Allen als »Dietrich«. Die beiden waren eine Sensation.

Rechts und unten: Während der Dreharbeiten zu *Tatjana* ließ meine Mutter sich von Robert Donats romantischem Aussehen bestechen. Sie war sehr enttäuscht, als sich herausstellte, daß einzig seine Asthmaanfälle ihn emotional aufrütteln konnten. Nach der Hälfte der Dreharbeiten war ihr klar, daß der Film ein Flop werden würde.

Oben: Oft überquerten wir den Ärmelkanal, um in Paris einkaufen und essen zu gehen. Wie mir befohlen worden war, trat ich immer beiseite, sobald ein Fotograf auftauchte. Dieses Mal aber war ich nicht weit genug zurückgetreten.

Oben: 1937. Junge Liebe in London. Die Dietrich und ihr »Ritter« waren ein ausgesprochen gutaussehendes Paar.

Oben: Unser »Ritter« schließt sich in passendem Aufzug der Familie seiner Dame für einen Aufenthalt in Salzburg an.

Unten: Auf einer der zahlreichen Atlantiküberquerungen trifft die Dietrich endlich jemanden, den sie für sein künstlerisches Schaffen vergöttert. Ernest Hemingway wurde ein Freund fürs Leben.

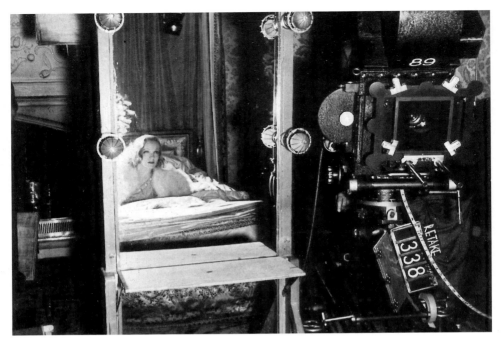

Oben: Die Dietrich wirft einen prüfenden Blick in den immer für sie neben der Kamera aufgestellten Spiegel. Sie wußte, daß der Film ein Flop würde, aber das war keine Entschuldigung für Unvollkommenheit.

Rechts: Travis Banton und die Dietrich – die zwei Magier. Gemeinsam entwarfen sie einige der großartigsten Kostüme, die jemals für einen Filmstar geschaffen wurden. *Engel* war ihr letzter gemeinsamer Film.

Oben: In *Engel*. Eine »Dame« hatte immer ein schwarzes Samtkostüm mit seidener Rüschenbluse zu tragen.

Rechts: Im Jahre 1937, nachdem sie als »Gift für die Kinokasse« bezeichnet wurde, verließ die Dietrich Hollywood. An Bord der *S. S. Normandie* kehrten wir nach Europa zurück. Im Hintergrund sind die »grauen Elefanten« zu erkennen.

Oben: Ein Rendezvous mit von Sternberg im Lido in Venedig.

Rechts: Auf diesem seltenen Schnappschuß sieht man meine Mutter, wie sie sich unter Italiens goldener Sonne vergnügt.

Oben: Das Mittelmeer, der Swimmingpool, die Klippen unterhalb des Hotels Cap d'Antibes – der Sommer des Jahres 1938 war im höchsten Grade luxuriös.

Rechts: Auf einem Schoner läßt sich die Dietrich in einem richtigen Badeanzug fotografieren. Ungewöhnlicherweise ist sie sonnengebräunt. Der Sommer des Jahres 1939 war eben in vieler Hinsicht eine ganz besondere Zeit.

Oben: Kaum hatte Erich Maria Remarque meiner Mutter Feuer gegeben, wußte sie, daß sie in ihn verliebt war.

Unten: Ein festlicher Abend mit der ganzen Familie Dietrich. Remarque, der sich nie an die ständige Fotografiererei gewöhnen konnte, versucht, sein Gesicht zu verbergen. Als ob nicht die ganze Welt wüßte, daß er der Liebhaber der Dietrich ist.

Rechts: Die Strandhütten am Meer. Die Hütte meiner Freunde, der Kennedykinder, lag gleich neben der unseren. Jack, Pat, Bobby, Eunice – ich fand sie alle wunderbar und sehnte mich danach, einer so netten Familie anzugehören.

Unten: Dieses Bild hat mein Vater aufgenommen. Er wollte meiner Mutter beweisen, daß sie sich für das Rendevous mit Botschafter Kennedy zu sehr herausgeputzt hatte, selbst für Antibes. Sie entgegnete, daß ihre neueste Liebhaberin, der »Pirat«, den Aufzug mochte.

Oben und rechts: Ein neuer Anfang, ein neues Studio, ein neues Image und eine neue Liebe. Die Dietrich in der Rolle der »Frenchy« in dem Film *Der große Bluff* mit Jimmy Stewart.

Oben: Bei den Aufnahmen zu dem Film *Das Haus der Sieben Sünden* mit Filmpartner John Wayne, dem Regisseur Tay Garnett und mit Broderick Crawford.

Rechts: Ihr Lieblingskostüm dieses Films, eine Marineoffiziersuniform, passend zu dem Lied von Hollaender/Loesser »The Man's in the Navy.«

Oben: Die Dietrich in der klischeehaften Rolle einer mit Seidenröcken raschelnden Französin in dem Film *Die Abenteuerin*.

Links: Der wunderbare Hurenblick aus dem Film *Herzen in Flammen*.

nach einer Weile fand ich Spaß daran ... es war eine entspannende Tätigkeit, ein bißchen wie Zen-Meditation. Und die Sandstürme! Zwei Wochen lang, jeden Tag um punkt zwei Uhr nachmittags, brachen sie über uns herein. Sie brausten durch unsere Zeltstadt, wild entschlossen, alles zu zerstören! Diese Winde klangen böse! Und mit einem Schlag ... hörten sie auf ... totenstill! Völlige Stille, wie nach einem Erdbeben, sehr beklemmend. Dann hörte man das Schneuzen vieler Nasen und Husten, Spucken und Fluchen und das Klappern von Schaufeln, wenn eine ganze Filmgesellschaft daranging, sich wie jeden Tag aus dem Sand auszugraben. Dann die erstaunten Aufschreie! Jedesmal waren wir aufs neue überrascht, jedes Mal völlig unvorbereitet. Wir sahen uns um ... die Welt hatte sich verändert. Die Wüste hatte eine neue Landschaft geschaffen. Am Anfang lieferte uns einmal am Tag ein Laster Wasser ... dann zweimal, und schließlich dreimal. Obwohl ein komplettes Filmlabor eingerichtet worden war, stellte sich heraus, daß der Film zu empfindlich war und unter diesen Bedingungen nicht entwickelt werden konnte. Er mußte daher zum Entwickeln nach Hollywood gebracht werden. Die hinter der Front eingerichtete Krankenstation hatte alle Hände voll zu tun. Es galt, Sonnenstiche, Blasen auf der Haut, Durchfall, entzündete Augen und aufgerissene Haut zu verarzten. Aus unerfindlichen Gründen haßten die Kamele die arabischen Pferde. Um dieser Abneigung gebührenden Ausdruck zu verleihen, spuckten sie sie jedesmal an, wenn sie in ihre Nähe kamen. Die hochnäsigen Aristokraten rächten sich dadurch, daß sie sich auf die Hinterbeine stellten und die Wüstenschiffe mit ihren rasiermesserscharfen Hufen aufzuschlitzen versuchten. Die Betreuer der Tiere gerieten gewöhnlich mitten in diese Kämpfe hinein, so daß man ihnen danach die Augen auswaschen und die Schultern nähen mußte. Die Cowboys, die in ihren arabischen Kostümen sehr an Rudolph Valentino erinnerten, konnten mit den verrücktspielenden Pferden umgehen, aber die Schauspieler, die auf den Pferden saßen, zitterten jedesmal, wenn ein Kamel in einer Szene mitspielte. Alle suchten wir die ganze Zeit nach einem schattigen Plätzchen unter irgendeiner Plane. Wir schwitzten ungemein. Meine Mutter, trocken wie ein Stück Toast, machte ständig an ihrer sowieso schon zu perfekten Frisur herum und setzte Selznick ununterbrochen zu, den Dialog umschreiben zu lassen – nach ihrem Geschmack selbstverständlich. In Anbetracht der Tatsache, daß sie im Verlauf des Films zwölfmal den Satz »Nur Gott und ich wissen, was in meinem Herzen ist« sagen mußte, hatte sie nicht ganz unrecht. Leider ging meine Mutter die Sache falsch an. Aber die Dietrich handelte nie nach der Devise: »Mit Honig fängt man Fliegen.« Sie duschte mit Essig, und mit Essig wollte sie auch Fliegen fangen. Boyer machte sich nur um sein Toupet Sorgen. Es ging immer wieder ab, wenn er schwitzte, bis meine Mutter es eines Tages mit nach Yuma nahm und das Haarband mit Benzin reinigte. Am nächsten Morgen brachte sie es gewaschen und onduliert wieder mit und pappte es Boyer mit einer halben Flasche Haarkleber auf den Kopf. Sie hatte so gute Arbeit geleistet, daß es sich den ganzen Morgen nicht löste. Boyer war außer sich vor Freude, bis die Nahaufnahme einer ihrer albernen Liebesszenen dran war. Plötzlich löste sich das Toupet, und der darunter angesammelte Schweiß ergoß sich in Dietrichs zum Kuß dargebotenes Gesicht. Wir mußten zwei Stunden Pause machen und verloren dadurch das beste Licht, während sie wieder ein komplettes Technicolor-Make-up auflegen mußte. Von da an klopfte sie jedesmal, wenn sie wußte, daß Boyer sich über sie beugen mußte, auf sein Toupé, um sicher zu sein, daß darunter keine Niagarafälle auf sie warteten.

Im Drehbuch stand etwas von einer »kristallklaren Wasserstelle, umgeben von fächelnden Palmen« und von einer »Oase inmitten der weiten Sahara«. Meine Mutter rief Travis an.

»Wirklich ... Du mußt unbedingt kommen! Das glaubst du nicht! Jetzt wird es wirklich komisch! ... Sie bauen eine Oase ... Ja! Natürlich gibt es in Arizona keine. Auch in der Sahara gibt es keine wie diese. Wenn Jo das sehen könnte ... Erinnerst du dich an *Marokko*? Wie wunderbar Jo die Wüste aus dem Nichts gezaubert hat? ... Aber dieser Selznick hält sich natürlich sklavisch an das Drehbuch, und dort steht: ›Baut eine Oase!‹ Sie graben ein Loch so groß wie zehn Swimmingpools! ... Und ständig fällt jemand mit einem Sonnenstich hinein. Boleslawski übergibt sich ständig ... Sie vermuten, daß er vergiftetes Wasser getrunken hat, aber ich glaube, es ist das Drehbuch! Du kannst dir nicht vorstellen, wie schlecht es ist. Er ist schon ein schlechter Regisseur, wenn er gesund ist ... aber jetzt ... ich kann nur noch lachen! Wenn du kommst, bring mir bitte eine dieser neuen Kameras für das ›Heimkino‹ von Kodak mit. Und viel Film ... Ich muß diese Mißgeburt aufnehmen! Bring bitte auch Sauerkraut und etwas Schwarzbrot. Die haben hier nur dieses amerikanische Kotex.«

Travis besuchte uns zwar nicht, schickte aber einen Studiowagen mit den gewünschten Sachen. Meine Mutter liebte die Achtmillimeterkamera. Sie wurde zu einem wichtigen Eintrag auf der Liste der Garderobengegenstände. Einige Jahre lang hatte sie sie stets dabei.

Als unsere »Wasserstelle« fertig war, trafen die Palmen ein, mit freundlicher Genehmigung der kalifornischen Wüste. Lustig wippend standen sie in einer langen Reihe da. Als sie rund um die Wasserstelle eingepflanzt waren, sahen sie zwar nicht gerade marokkanisch aus, aber sie wiegten sich sacht in der leichten Brise, und wer scherte sich damals schon um Authentizität? An einigen Palmen hingen immer noch Datteln. Die Männer von der Baumschule gaben mir eine ganze Handvoll. Die Prominenz bekam keine. Wir, die Leute von der Mannschaft, aßen sie heimlich auf.

Meine Mutter war immer der Meinung, Pferde gehörten ausschließlich auf die Rennbahn, wo sie vor allem sehr schnell zu rennen und sehr schön auszusehen hatten. Als »Zivilist« zum Spaß zu reiten, war in ihren Augen völlige Zeitverschwendung und somit kein Thema. Deshalb mußte ihr Double in einer Kopie des Dietrich-Kostüms – Reithosen aus dickem Wollstoff, dreißig Zentimeter breiter Kummerbund und ein Turban in der Form eines umgedrehten Nachttopfs – sich aufs Pferd schwingen, in die Oase einreiten und an der vorgezeichneten Stelle stehenbleiben.

»SCHNITT!«

Unser Dünenbeobachter näherte sich.

»Miss Dietrich, wir wären jetzt soweit«, hauchte er ehrfurchtsvoll.

Meine Mutter ging auf das Pferd zu. Es wurde jetzt an der Stelle weitergedreht, an der sie vom Pferd abstieg. Das war ein Problem, denn zuerst mußte sie auf das Pferd hinaufkommen. Mir hatten die Stuntmänner inzwischen das Reiten beigebracht, und aufgrund ihrer Freundlichkeit und unendlichen Geduld hatte ich es mittlerweile sogar zu einer Art Rodeo-Reiterin gebracht; jetzt beobachtete ich meine Mutter. Ich hatte ihr gezeigt, wie man sich elegant aus einem englischen Sattel schwingt, aber sie hatte sich geweigert, auch das Aufsitzen zu lernen: Sie müsse in der Szene ja nicht aufsteigen, deshalb sei das völlig unnötig. Ein Mann stellte eine Kiste neben das Pferd und blieb stehen, um ihr zu helfen.

Die Kiste sank in den Sand ein, das Pferd scheute, der Helfer ging nach vorn zum Kopf des Pferdes. Die Dietrich warf ihm einen ihrer »preußischen Offiziersblicke« zu, worauf er in Habtachtstellung ging und die Zügel fester in die Hand nahm. Die Kiste wurde erneut an Ort und Stelle positioniert, sank erneut ein, und das Pferd machte einen Satz. Die Dietrich sah das Pferd an, und die scheue kleine Stute blieb wie angewurzelt stehen. Ich glaube, die Stute wäre auch dann stocksteif stehengeblieben und hätte sich nicht von der Stelle gerührt, wenn der brennend heiße Sand ihr die schlanken Fesseln verbrannt hätte. Dieses Pferd kannte den »Dietrich-Blick«, wenn es ihn auf sich spürte. Die Kameras liefen, unser Star glitt gekonnt vom Pferd in die ausgebreiteten Arme ihres Co-Stars, und eine der langweiligsten Szenen der Filmgeschichte war zur übergroßen Zufriedenheit unseres Regisseurs Boleslawski abgedreht. Boleslawski starb übrigens kurz nach den Dreharbeiten. Als meine Mutter davon erfuhr, bemerkte sie trocken: »Wir hätten nach dem *Garten Allahs* alle sterben sollen. Er aber hätte vorher sterben müssen.«

An dem Tag, an dem die »Oasenszene« gedreht wurde, sah sie nach dem siebten Take zum Himmel hinauf, wußte, daß das Licht bald nicht mehr ausreichen würde, und beschloß, dem fürchterlichen Tag ein Ende zu setzen. Sie holte Luft, seufzte und – fiel in Ohnmacht. Die Dietrich fiel nie in Ohnmacht. Etwas so Unbeherrschtes paßte nicht zu ihr. In späteren Jahren kippte sie oft um, aber das hatte nichts mit einer Ohnmacht zu tun. Selznicks PR-Abteilung hatte sie auf diese Idee gebracht. Wütend hatte sie deren Presseerklärung gelesen:

Picturegoer Weekly
Marlene Dietrich fühlte sich ein wenig schwach, als sie aufstand und aus dem dürftigen Schutz ihres Sonnenschirms trat ... Schon der kurze Weg bereitete ihr Mühe, aber sie biß die Zähne zusammen, versuchte zu lächeln und niemanden merken zu lassen, wie es ihr ging. Wahrscheinlich ging es den anderen in dieser Gluthitze genauso ...
An dem breiten Eingang zu dem großen Zelt angelangt, widerstand sie der Versuchung, sich an der Zeltplane festzuhalten ... Ihr alter Freund Charles Boyer, mit dem sie die Szene drehen sollte, warnte sie mit einem Lächeln, daß dieser Take ein Härtetest werden würde. Sie versuchte zurückzulächeln, während sie ihren Platz vor der Kamera einnahm. Charles in seinem dicken Anzug tat ihr leid.
Schwarze Punkte flimmerten ihr vor den Augen ... Regisseur Richard Boleslawski, der schnell begreift, fragte noch: »Alles in Ordnung, Marlene?«
Sie nickte und sank dann schlaff in sich zusammen. Marlene war, trotz all ihrer Willensstärke, in Ohnmacht gefallen.

Meine Mutter hatte Selznick angerufen und sich beschwert: »Ich bin keine zarte Frau, die in Ohnmacht fällt. Boyer, diese ›alte Dame‹, tut das schon genug für alle. Er legt sich Eisbeutel auf die Knöchel! Selbst die Kamele kommen fast um vor Hitze, während ich unter dem Haartrockner sitze! Ich wehre mich entschieden dagegen, daß Sie ohne meine Zustimmung Presseerklärungen herausgeben, in denen ich wie eines jener kümmerlichen Pflänzchen erscheine, die sich für professionell halten, während sie in Wirklichkeit nur Amateure sind.«

Selznick beruhigte sie und versprach ihr für die Zukunft eine heroischere Presse.

Als Nellie meine Mutter im Sand liegen sah, stieß sie einen Schrei aus. Ich packte sie und flüsterte ihr ins Ohr: »Sie tut doch nur so! Mach dir keine Sorgen. Aber wir spielen besser mit!« Ich rannte zu meiner Mutter, die eine sehr gelungene Imitation von Janet Gaynor in einem ihrer schwächsten Augenblicke spielte. Sie klapperte mit den Augenlidern und seufzte.

»Oh, Mutti, Mutti!« rief ich. »So sag doch etwas!« Ich mußte ein wenig übertrieben haben, denn sie machte ein Auge auf und funkelte mich böse an. Da wußte ich, daß sie erwartet hatte, auch mich getäuscht zu haben.

Einer der Studioärzte, die sich das Geld für ihren Lebensstil und die mindestens vier dazugehörige Autos dadurch verdienten, daß sie ihre Diagnosen an die jeweiligen Drehtermine anpaßten, nahm den völlig normalen Puls der Dietrich und verkündete, er sei zu schnell; dann verordnete er ihr sofortige Ruhe an einem kühlen Ort. Der kränkelnde Regisseur sah seine Chance gekommen. Wir brachen die Dreharbeiten für den Tag ab und kehrten nach Yuma und zu den Klimaanlagen zurück. Meine Mutter war bester Laune.

»Weil sie immer schreiben, ich würde in Ohnmacht fallen, habe ich beschlossen, es einmal wirklich zu probieren. Diese Szene siebenmal zu wiederholen, war lächerlich. Dieser Idiot von Regisseur meint, sie wird durch Wiederholung besser. Das einzig Richtige ist, sie komplett aus dem Film herauszuschneiden. Du wirst sehen, sie werden die schreckliche Szene drinlassen, nur weil sie diese ganze Oase gebaut haben und in sie vernarrt sind.« Sie sah mich an.

»Engel, woher wußtest du, daß ich nicht wirklich ohnmächtig war?« Sie klang ärgerlich. Also hatte ich doch recht gehabt. Es paßte ihr nicht, daß ich mir nicht wirklich Sorgen um sie gemacht hatte.

Ich versuchte, nichts Falsches zu sagen. »Ach Mutti! Ich habe gedacht, du wirst doch nie ohnmächtig.«

Sie wandte sich an Nellie.

»Siehst du, das Kind weiß Bescheid. Es weiß, daß ich dazu erzogen wurde, alles zu ertragen und mich nie zu beklagen. Meine Mutter sagte immer zu mir: ›Die Tochter eines Soldaten weint nicht.‹ Es ist alles eine Frage der Erziehung. Wo wir gerade davon sprechen, ich finde, daß du dich jetzt lange genug mit diesen Menschen aus der Unterschicht herumgetrieben hast. Nellie, sag unserem Studiofahrer, er soll Marias Sachen ins Hotel zurückbringen!« Dann fiel sie mit Appetit über ihren Teller her.

Es gab Lügen, bei denen ich mitspielen mußte, Lügen, bei denen ich ein unbeteiligter Zuschauer war, und Lügen, die mich betrafen. Erst mit der Zeit konnte ich die verschiedenen Formen auseinanderhalten.

»Liebling, bestelle bitte mehr Bier, und außerdem brauchen wir Butter.« Sie schob den leeren Teller zur Seite und biß in das einzige Sandwich, das je die Zustimmung der Dietrich fand, das berühmte Club-Sandwich. »Ich habe einen neuen Namen für dieses schreckliche Pferd: ›Frau Früher-eine-Mayer-Tochter-Selznick!‹«

Selznick schrieb eifrig seine berühmten Mitteilungen:

28. April 1936

Lieber Boley [Boleslawski],
Ich verliere so langsam die Geduld, was Kritik anbelangt, die auf der Annahme basiert, daß Schauspieler mehr Ahnung von Drehbüchern haben als ich. Ich bin beunruhigt, besorgt und verärgert über Telefonanrufe, die jetzt bei mir eingehen ... Schauspieler tun sich wegen bestimmter Szenen zusammen und machen einen Aufstand. Es wäre mir recht, wenn du dich offen mit Marlene und Boyer aussprechen würdest, getrennt oder zusammen, und ihnen reinen Wein über die Probleme einschenkst, denen wir uns gegenübersehen ... Marlenes Filme sind berüchtigt für ihre miserablen Texte, Charles hat in Amerika bislang noch keinen herausragenden Kinoerfolg gehabt, und keiner der beiden hat auch nur in einem einzigen Film mitgewirkt, den man mit einem der von mir in den letzten Jahren gedrehten fünfzehn Filme vergleichen könnte. Sag ihnen offen und brutal, daß ich dich angesprochen habe. Es ist höchste Zeit für ein klares Wort, und ich bin mehr als bereit dazu, denn ich will diesen Unsinn auf keinen Fall noch weitere

sechs oder sieben Wochen über mich oder über dich ergehen lassen. Ich wünschte, du würdest die Geduld mit ihnen verlieren, und du gewinnst meinen Respekt, wenn du dich in einen von Sternberg verwandelst, der keinerlei Einmischung duldet ... Dies ist in der Tat das erste Mal in meiner Laufbahn als Filmproduzent, daß ich mich mit so aberwitzigen Dingen befassen muß, von denen ich zwar seit Jahren immer wieder höre, mit denen ich aber noch nie persönlich zu tun hatte, und ich werde deine Mithilfe und deine Entschlossenheit brauchen, um mich durchzusetzen ... Sage den Schauspielern klipp und klar, wenn sie während der Dreharbeiten die Beleidigten spielen und schlechte Arbeit leisten, müssen sie die Folgen selbst tragen. Ich bin nicht bereit, den sowieso schon astronomischen Kosten weitere phantastische Summen hinzuzufügen, nur um ihre Gemüter zufriedenzustellen, und ich werde den Film auch mit schlechten schauspielerischen Leistungen herausbringen ... Sie sollen nur ihre Arbeit tun, das reicht. Das ist alles, wofür sie überbezahlt werden.

Ich glaube immer, der Grund für die gegenseitige Abneigung zwischen Selznick und der Dietrich sei, daß sie sich im Grunde sehr ähnlich waren. Beide waren fanatische Perfektionisten ohne jeglichen Selbstzweifel, brillant, wenn ihr Fanatismus für sie arbeitete – und völlige Versager, wenn das nicht der Fall war. Selznick war für einen so mächtigen Mann erstaunlich naiv. Er sprühte vor Begeisterung und Energie, die seiner festen Überzeugung entsprang, daß er allein in der Lage sei, aus einem Schweinsohr eine Seidentasche zu machen.

Schließlich blieb ihm keine andere Wahl, als das Team zurückzurufen und Anweisung zu geben, Sand aus Arizona mitzunehmen. Offenbar hatte der Sand in der kalifornischen Wüste einen anderen Beigeton als der Sand in Arizona. Also fuhren wir mit Lastern voller Sand ins Studio zurück. Von da an kopierten wir die rosaroten Sonnenaufgänge einfach, schwenkten die Sitze für die Kamele, als seien sie wirklich auf Kamelrücken befestigt und nicht auf speziellen Gestellen, sprühten Glyzerinschweiß auf unsere klimagekühlten Stirnen, formten Sanddünen nach und drehten weiter an demselben schlechten Film, nur mit etwas mehr Komfort. Die Mitteilungen Selznicks wurden jetzt von Boten auf dem Set abgegeben:

Herrn Richard Boleslawski,
17. Juni 1936

Lieber Boley,
würdest du bitte mit Marlene darüber sprechen, daß ihr Haar so viel Aufmerksamkeit genießt und so sehr gestylt ist, daß jegliche Realitätsnähe verlorengeht. Ihr Haar ist stets so perfekt frisiert, daß es kein bißchen in Unordnung gerät, selbst wenn ein Wind weht. Es ist so tadellos frisiert, daß man es für eine Perücke halten muß.
Extrem lächerlich wirkt das in der Bettszene. Keine Frau der Welt trägt ihr Haar im Bett wie Marlene in dieser Szene, und die gesamte Szene wird dadurch praktisch unbrauchbar ...
Und selbst heute auf dem Set wirkte es völlig unsinnig, daß ihre Friseuse zwischen zwei Einstellungen zu ihr hinrannte und ihr ein Haar zurechtrückte, während sich im Hintergrund die Palmen im Wind wiegten.
Ich bin ganz sicher, daß ein wenig Realitätssinn einer großen Schönheit keinen Abbruch tut.
Ich wünschte, du würdest diese Zeilen mit Marlene durchsprechen, die sicher einsieht, daß meine Einwände Sinn machen. Und wenn du mich daran erinnerst, werde ich sie mit dir und Marlene nochmals durchsprechen, wenn ich das nächste Mal auf dem Set bin.
DOS

So war Selznick! Er gab nie auf. Sein starker Wille ermöglichte seinen herrlichen Film *Vom Winde verweht* – unser Machwerk konnte er dagegen nicht retten.

Wir verließen zwar nicht gerade fluchtartig die Stadt, aber sechs Tage nach Beendigung der Dreharbeiten zu *Der Garten Allahs* kehrten wir Amerika den Rücken. Als die Dietrich in ihrem nächsten Desaster zu sehen war, war das vorhergehende weitgehend vergessen.

Nellie war erneut dem Frisurenstudio von Paramount entschlüpft, und so waren wir zu dritt. Mit 21 Seekoffern, 35 großen, 18 mittelgroßen und 9 kleinen Koffern, 5 Hutschachteln und einem herrlichen Cadillac samt einem hübschen Chauffeur in Livree schifften wir uns ein. England konnte sich auf einen seltenen Genuß freuen.

Andere Stars mußten um die Aufmerksamkeit der Medien kämpfen, auf der ihr Ruhm basierte. Die Dietrich hatte das nie nötig. Sie brauchte keinen Finger zu rühren, um ein Star zu sein. Sie war einer. Es war ihre natürliche Daseinsform. Die Weltpresse spürte das und bedachte sie unablässig mit Aufmerksamkeit. Seit *Der Blaue Engel* brauchte die Dietrich nie um Publicity zu kämpfen, sie wurde ihr freiwillig angetragen.

Wären wir nicht in Brians Land gefahren, wäre ich wirklich traurig gewesen. Ich konnte mich nur schlecht mit der Idee anfreunden, so lange in Europa bleiben zu müssen, wie man für das Planen und Abdrehen eines ganzen Films benötigte. Meine Mutter war in Zeitnöten, und wir hätten die *Hindenburg* nehmen können, aber das wollte sie nicht. Zeppeline flogen in der Luft, und das machte sie augenblicklich verdächtig. Außerdem war dieser spezielle Zeppelin nicht nur von den Nazis gebaut worden, er stand auch in ihren Diensten. Trotzdem erwähnte meine Mutter mit Nachdruck, daß ihr Onkel Dietrich einst die *Hindenburg* kommandiert habe, was ich sehr verwirrend fand.

Wir stachen zu den erhabenen Klängen der »Marseillaise« in See. Kann man sich in ein Schiff verlieben? Ich glaube ja. Die *Normandie* war in Wirklichkeit kein Schiff. Sie hatte zwar eine bestimmte Tonnage, Ballast, Kapitäne und Mannschaft, aber das alles war nur Tarnung für eine Göttin, die damit ihren Tempel und ihre Anbeter übers Meer schiffte. Wir alle, die wir das Privileg hatten, sie zu kennen, liebten sie.

Die *Normandie* war der großartigste Ozeandampfer überhaupt. Kein anderes Schiff übertraf sie, eine Orgie der Sinne, wie die Franzosen sie so meisterhaft hervorzuzaubern wissen. Wer sie elegant vor Anker liegen sah, hielt verblüfft den Atem an und atmete von da an nie mehr normal. Für mich als Kind war sie ein verzaubertes Königreich, ein Art-deco-Disneyland der dreißiger Jahre. Die *Normandie* wurde zum Ruhm der höchsten künstlerischen Errungenschaften Frankreichs erbaut. Frankreich konnte stolz auf sie sein. Sie war ein Inbegriff der Werte, die Frankreich damals verkörperte, des Stils, des Geschmacks, der Qualität und der künstlerischen Perfektion. Und bei allem Luxus, aller Großartigkeit und Majestät fühlte man sich dort gut aufgehoben, herrschte dort eine Atmosphäre der Geborgenheit, Stärke und Zuverlässigkeit. Die *Normandie* war Frankreich.

Wir wohnten in der Deauville-Suite, einem von vier »appartements de grand luxe«, jedes von einem der führenden Innenarchitekten der damaligen Zeit entworfen und ausgeführt. Unsere Suite hatte einen ovalen Salon, zwei Schlafzimmer für zwei Personen, marmorne Badezimmer, einen runden Speiseraum und zimmerhohe Verandatüren, die auf unser privates Sonnendeck hinausführten, ferner einen weißen Stutzflügel und an den Wänden Aubusson-Teppiche; alles war in einem Ton gehalten, der in Geschichtsbüchern immer »rosé-beige« genannt wird. Es war eine napoleonische Bonbonniere, die man nur mit einem Wort beschreiben kann: prächtig! Wir sprachen von »unserer« Suite. Denn von da an reisten wir nur noch auf der *Normandie*; dieses Schiff wurde mir mehr zu einem »Zuhause« als manche der Häuser, in denen wir wohnten.

Meine Mutter hatte so viele Flaschen Champagner geschickt bekommen, daß an einer Wand unseres rosé-beigen Wohnzimmers Sektkühler auf silbernen Dreifüßen aufgereiht waren. Ich drehte die diversen Flaschen um, sah mir die Etiketten an und wählte den Veuve Cliquot 1928 aus. Erst danach schaute ich auf die Karte und entdeckte, daß die Flasche von unserem Neuengländer kam. Offensichtlich war er schnell von Begriff.

Ich suchte gerade nach einem guten Grund, um hinausgehen zu dürfen, als meine Mutter sagte: »Liebling, geh runter und frage den Zahlmeister, an welchem Abend *Sehnsucht* gezeigt wird.«

Ich reichte ihr das Glas Champagner, machte leise die roséfarbene Tür zu und ... rannte. Ich hatte nicht zu hoffen gewagt, daß ich so schnell loskommen würde. Unser exklusives Krähennest befand sich so hoch oben, daß ich mich auf dem Weg zum Hauptfoyer dreimal verlief. Unterwegs entdeckte ich den Grillsaal: In den hohen, mit Spiegelglas verkleideten Säulen spiegelte sich die Tanzfläche, und alles war aus schwarzem Kalbsleder, glänzendem Stahl und gesplittertem Glas. Die Gräfin di Frasso muß ausgeflippt sein, als sie den Saal zum erstenmal sah. Obwohl die *Normandie* einen herrlichen Speisesaal erster Klasse aufzuweisen hatte, in dem siebenhundert Gäste auf einer Fläche von der Größe eines Fußballfeldes Platz fanden, verziert mit Reihen hoher Lichtsäulen in Form umgedrehter Hochzeitskuchen von René Lalique, leuchtend vor Christoffle-Silber, De-Haviland-Porzellan, Porzellan aus Limoges und schimmerndem Baccarat, bot die *Normandie* ihren Gästen noch den zusätzlichen Luxus eines eigenen Grillsaals. Während die Superreichen ihre Gänseleberpastete im Hauptspeisesaal verzehrten, taten die Superreichen *und* Superberühmten dies im Grillraum. Vor dem Zweiten Weltkrieg war ein derart exklusiver Snobismus gang und gäbe und wurde fraglos akzeptiert.

Als ich schließlich das große Foyer fand, blieb ich wie angewurzelt stehen. Vor mir sah ich vier massive, frei im Raum stehende Lifte, mit Gitterwerk aus gedrehtem schwarzem Eisendraht mit eingearbeiteten goldenen Muschelschalen. Selbst das Waldorf-Astoria hatte nichts Vergleichbares zu bieten. Hier gab es keinen Palmenhof und keine alten Jungfern, die auf ihren Saiten sägten. Statt dessen schlüpften, hüpften und sprangen synkopierte Rhythmen von Irving Berlin und Cole Porter durch den Saal. Wenn vor meinen Augen Fred Astaire und Ginger Rogers Wange an Wange vorbeigetanzt wären, hätte mich das nicht im geringsten überrascht. Das ganze Schiff war eine Schöpfung Busby Berkeleys ... aber mit Stil!

Die Göttin erschauerte. Pfeifen trillerten, Hörner wurden geblasen, die Band spielte lauter. Ich nahm einen der Muschellifte nach oben, rannte den restlichen Weg zum Sonnendeck hoch und sah im Schatten eines der eigenartig schrägen Schlote zu, wie die *Normandie* ruhig in den Hudson einfuhr.

Ich wußte, daß meine Mutter böse sein würde. Ich hatte weder die Blumenkarten sortiert, noch sonst etwas gemacht – aber ich mußte bleiben und auf die Dame warten. Wenn ich sie bei der Ausfahrt sah und mir dazu etwas wünschte, würde dieser Wunsch wahr werden. Ich wünschte mir immer dasselbe: Mach, daß ich wieder nach Hause komme!

Da man laut Protokoll am ersten Abend auf See nicht in »großer Garderobe« erschien, sah meine Mutter keinen Grund, überhaupt zu erscheinen. Sie ging früh zu Bett und schlief bereits in ihrem rosé- und beigefarbenen Plüschbett, bevor ich die Tür schließen konnte. Ich raste in mein eigenes, perfekt hergerichtetes Paradies, warf meine Schnürschuhe in die eine und mein marineblaues Kleid in die andere Ecke und verließ zehn Minuten später vorsichtig in knitterfreiem, saphirblauem Samt und lilienweißen Lackschuhen unser Appartement. Ich war bereit, die erste Klasse zu erkunden!

Was für Herrlichkeiten ich entdeckte! Räume, in denen man der Kunst des Briefeschreibens nachgehen konnte, beobachtet von vergoldeten Tigern, die stumm aus goldenen Teichen tranken. Zimmer, in denen man die Kunst des Rauchens pflegte, mit dunkelroten Wildlederstühlen inmitten von Wandmalereien mit Szenen aus dem alten Ägypten, angesichts derer selbst Tutanchamun vor Neid erblaßt wäre. Spielzimmer für glückliche Kinder, in denen dicke kleine Elefanten in hellgrünen Fräcken und mit lustigen goldenen Kronen über die Wände hüpften; alles war hier spaßig und vergnüglich, sogar die in zarten

Farben angemalten Schaukelpferde, deren buschige weiße Schwänze mit Schleifen aus hellgrünem Taft zusammengebunden waren. Der Wintergarten war ein sorgfältig inszenierter Dschungel aus buschigen Orchideen und seltenen Farnen; inmitten der grünen Pracht standen schnörkelige Korbstühle, von denen man auf eine gebogene Glaswand sah, in der sich der Nachthimmel spiegelte. Ich kuschelte mich in einen dieser runden Korbstühle und sah zu, wie der dunkle Ozean mit dem Mondlicht Verstecken spielte. Die Luft war mild und roch nach feuchtem Moos und Waldveilchen. Ein besorgter Steward weckte mich. Ich nahm mir vor, am Morgen gleich die Kapelle mit den Buntglasfenstern zu suchen und die verschiedenen Theater, die es auf dem Schiff gab. Vier Tage reichten einfach nicht aus, um alle Wunder der *Normandie* zu entdecken.

Der Abend, an dem *Sehnsucht* gezeigt werden sollte, war als »Galaabend« angezeigt. Ich half mit, die Brust meiner Mutter hochzubinden, hüllte sie in ein Meisterwerk aus plissiertem Crêpe de Chine und stellte den Smaragdschmuck zusammen. Dann knöpfte ich mich in ein langettiertes Seidenkleid, das passend zum Kleid meiner Mutter geschneidert worden war. In gebührendem Abstand ging ich hinter ihr her und begleitete sie in den Großen Salon, ein kleines Versailles mit Aubusson-Teppichen und Lalique-Brunnen, voller Komparsen in schönen Kleidern. Die Männer mit weißen Krawatten und Fräcken sahen aus wie Cary Grant und William Powell in ihren besten Zeiten. Die Damen waren schlanke Visionen à la Lucien Lelong und Patou. Wenn sie durch das Foyer schritten und ihre Schleppen hinter sich herzogen, waren sie ängstlich darauf bedacht, daß nicht ein unaufmerksamer Fuß darauftrat.

Meine Mutter betrachtete die prächtige Szenerie, strich sich die Abendhandschuhe glatt und meinte dann: »Die Frauen sehen alle aus wie Kay Francis!«

Die Damen und Herren im Großen Salon folgten uns in königlicher Prozession in das Kino der *Normandie,* das so groß war wie die Kinos in der Stadt. Das Licht ging aus, und die Dietrich sah sich zum erstenmal in *Sehnsucht*. Ich saß neben ihr und war wie stets der empfängliche Adressat ihrer professionellen Bemerkungen.

»Also haben sie diese Einstellung doch dringelassen! Ich sagte noch zu Travis, sie würden niemals eine Nahaufnahme der Dietrich mit einem Federnhut wie diesem herausschneiden ...«

»Sieh dir das an! Das ist eine lange Einstellung, die man nicht so schnell vergißt! Herrlich! Sieh nur, wie der Chiffon fällt. Wunderbar. Sie sieht atemberaubend aus ...«

»Dieses schreckliche Lied. Ich habe gesagt, es sei dumm, aber sieh doch, wie das Licht auf die Spitzen des Federärmels fällt ...«

»Natürlich ist ihnen mal wieder kein guter Schluß eingefallen. Aber die Schuhe ... im ganzen Film haben die Schuhe gestimmt!«

Das Licht ging an, und das Publikum erhob sich und applaudierte dem Star in seiner Mitte. Meine Mutter lächelte höflich, nahm mich an der Hand, und wir gingen rasch hinaus, während der Applaus hinter uns langsam schwächer wurde. Den restlichen Abend tanzte meine Mutter und ließ sich bewundern, während ich zusah, den festlichen Glanz genoß und kleine Petits fours in mich hineinstopfte.

Bei unserer Ankunft in Southampton erwarteten uns mein Vater und die übliche Horde Reporter, Pressefotografen, Studiopersonal, instruierte Zollbeamte und ausgewählte Gepäckträger. Der neue Chef meiner Mutter, Alexander Korda, muß ein einflußreicher Mann gewesen sein, denn die Formalitäten waren in kürzester Zeit erledigt. Dann durften wir in einen Sonderzug nach London einsteigen. Meine Mutter drückte mir das Begrüßungsbukett aus roten Rosen in die Hand, legte ihren Filmstarhut ab, schlug ihre zu Recht berühmten Beine übereinander und lehnte sich in die rubinroten Samtsitze zurück.

»Ein wahrhaft viktorianisches Abteil. Sieh nur, Liebling, die kleinen Lampen mit den gefältelten Seidenschirmen. Und hundertblättrige Rosen im Teppich! Nur die Engländer können Züge ausstatten. Papilein, auf der Überfahrt haben wir uns *Sehnsucht* angesehen. Weißt du, eigentlich ist es gar kein so schlechter Film geworden. Ich habe mich gar nicht so gelangweilt wie sonst, wenn ich einen Film anschauen muß.«

Mein Vater zog seinen Mantel aus Vigognewolle aus, denn obwohl es Sommer war, merkte man in diesem neuen Land nicht viel davon.

»Papi, der Anzug ist hervorragend geschnitten. Ist das einer von denen, die ich dir bei Knize gekauft habe?«

Mein Vater nickte, reichte meiner Mutter die *London Times*, mir *Die Geschichte der Tudorkönige* auf deutsch und studierte dann die Gepäcklisten, die ich ihm bei der Ankunft gegeben hatte.

6
London und danach

Zwischen dem französischen »Luxus der Superklasse« und britischem Understatement liegen Welten. Das berühmte Claridge Hotel war so korrekt, so königlich, so völlig unprätentiös, daß man sich genötigt fühlte, sehr gerade zu sitzen, die Hände ordentlich zu falten und sich im Flüsterton in bestem Oxfordenglisch zu unterhalten. Meine Mutter betrat mit einem neuen Rosenbukett in der Hand das Künstlerschlafzimmer.

»Wann lernen sie endlich, die Dornen von den Rosen abzumachen, bevor sie einen dieser Begräbnissträuße binden? ... Aber wenn sie nicht dumm wären, würden sie ja auch nicht in einem Blumengeschäft arbeiten.« Sie warf die Blumen in die Badewanne und rief mir zu: »Liebling, klingle dem Zimmermädchen, sie soll das Bad saubermachen!«

Es gehörte fortan zu meinen Pflichten, die Dornen von den Rosen zu entfernen und mich um die Blumen in unseren Appartements zu kümmern. Obwohl die großen Hotels eigene »Blumenmädchen« angestellt hatten, die für das Schneiden, Zurechtstutzen, Gießen und das Arrangement und die Pflege des Blumenschmucks des Hotels und seiner Gäste zuständig waren, zog meine Mutter es vor, ihr eigenes Personal mit dieser Aufgabe zu betrauen. Dadurch betrat wieder ein »Außenstehender« weniger unsere Suite. Die einzige Ausnahme war Jahre später das Savoy. Dieses vornehmste aller Londoner Hotels beschäftigte blutjunge Mädchen, naiv und unschuldig und genauso zart wie die Blumen, um die sie sich kümmerten. Die Dietrich empfing diese Mädchen mit ihren Gießkannen stets sehr freundlich. Sie tätschelte ihnen die weichen Hände und lächelte, wenn sie vor Verwirrung rot wurden. Stiegen wir für längere Zeit im Savoy ab, wurden die für unsere Suite zuständigen Blumenmädchen ausgetauscht. Die Direktoren des Savoy waren offenbar geschickte und kluge Diplomaten.

Da mein Vater im Claridge Hotel bereits alles vorbereitet hatte, verblieben meiner Mutter nur noch die Toiletten. Tami und Nellie packten aus, ich entledigte mich des Obstes. Warum standen in unseren Suiten nur immer wieder ganze Körbe voll Obst? Die meisten hier logierenden »Göttinnen« freuten sich wahrscheinlich über dieses Angebot an frischem Obst, aber die Dietrich hätte einem eingelegten Hering den Vorzug gegeben. Von Äpfeln abgesehen, hielt sie alles Obst für Zeitverschwendung.

Ich glaube, daß die britische Presse meine Körpergröße nannte und der Artikel Zweifel an meinem angeblichen Alter von »gerade zehn« anmeldete, denn ich wurde von vielen Studiobesprechungen ausgeschlossen und sollte statt dessen »mit Tami etwas Konstruktives« unternehmen. Wieder einmal wurde Tami offiziell zu meiner »Gouvernante«, eine Lösung für eine prekäre Situation, von der ich immer profitierte. Wie befohlen machten wir uns ins Britische Museum davon und kamen uns beim Betrachten der Skulpturen des Parthenon wieder näher. Es ging Tami besser als bei unserer letzten Begegnung in Bel Air. Sie mochte etwas dünner sein, und vielleicht war ihre wunderbare slawische Figur ein wenig eckiger und an manchen Stellen spitzer geworden, aber ihr Lachen hatte nicht mehr den etwas hysterischen Klang, den ich noch im Ohr hatte, und sie zupfte sich auch nicht mehr die Haut von den Fingernägeln. Vielleicht hatte ihr die »Kur«, die nach Auskunft meiner Mutter so teuer gewesen war, doch gutgetan. Wir erkundeten London gemeinsam, und ich ließ mich durch Tamis neuerdings so gesundes Aussehen täuschen. Daß ihre Hände leicht zitterten und sie vor dem Schlucken zögerte, fiel mir erst ein paar Monate später in Paris auf.

Was für eine wunderbare Stadt London ist! Mit seinem Nieselregen, dem dunstigen Nebel und der wäßrigen Sonne, eine Stadt, in der die Straßen Crescents, Way, Gate, Walks und Mews heißen, Namen, die Erinnerungen an Bücher beschwören, die man früher gelesen hat. Man geht um eine Ecke und ... eine gewundene Gasse tut sich auf, deren Pflaster naß glänzt und über die eine schwache Gaslaterne Schatten wirft, genau wie man es zuerst bei Dickens gelesen hat. Dann ein viktorianischer Platz, überladen, aber geordnet, wie bei Thackeray – und dort ein Herrenhaus wie bei Galsworthy, mit Kreuzblumen auf dem Dach – Gartenwege wie bei Jane Austen, die durch Wordsworths im Wind tanzende Narzissen führen. Sogar der kalkulierte Prunk Londons paßt dazu – zu einer Stadt, die verkündet: »Ich stehe schon immer hier, und ich werde ewig hier stehen – denn ich bin Geschichte!«

Für gewöhnlich trafen wir uns in der Suite meiner Mutter zum Frühstück. Mein Vater gesellte sich aus seinem angrenzenden Wohnzimmer dazu, Nellie kam aus ihrem auf einem anderen Stockwerk gelegenen Zimmer und Tami von ihrem üblichen »Einzelzimmer« am Ende des Gangs. Meine Mutter hatte zeit ihres Lebens die Angewohnheit, mit der Kaffeetasse in der Hand auf und ab zu gehen und auf uns einzureden. Die Dietrich führte selten richtige Unterhaltungen. Dazu gehört ein gewisses Interesse für die Meinung anderer. Da meine Mutter jedoch nur ihre eigenen Ansichten für der Rede wert hielt, sah sie keinen Grund, warum sie ihre Zeit damit verschwenden sollte, anderen zuzuhören.

»Papilein, wußtest du, daß Robert Donat verheiratet ist? Auf der Leinwand sieht er gar nicht danach aus ... Er ist herrlich! In diesem Film wird das Publikum nicht wissen, wen es zuerst ansehen soll, ihn oder mich! Aber wenn man sich mit ihm unterhält, spürt man sofort, daß er verheiratet ist. Was für eine Verschwendung. Ein bourgeoises Hirn mit einem solchen Gesicht! Ein bißchen wie Colman – man meint, es müsse etwas dahinterstecken, aber leider nein ... Und seine Stimme ... wie Musik! Kannst du dir vorstellen, daß ein Mensch mit einer solchen Stimme über ... Stockrosen spricht? Er hat mir lang und breit erzählt, daß er schon Preise gewonnen hat dank des speziellen Düngers, den er in seinem Garten benutzt! Es wird nicht einfach sein, in diesem Film mit einem ›Gärtner‹ auf ›große Leidenschaft‹ zu machen.«

Armer Robert Donat. Er hatte keine Chance, Mitglied unseres exklusiven »Kraftbrüheklubs« zu werden. Ich hoffte, meine Mutter würde bald einen Liebhaber finden, denn sie war umgänglicher, wenn sie mit einer »kleinen Romanze« beschäftigt war. Meine Hoffnung erfüllte sich kurz danach. Schon bald trug sie elegant geschnittene Kleider und war jeder Zoll eine Frau. Beim Betreten eines Zimmers warf sie ihre Pelze graziös über ein Möbelstück. Die Hosen ließ sie im Schrank hängen. Browning ersetzte Goethe, und statt Leberwurst und Bier bestimmten papierdünne Kressesandwichs und Earl-Grey-Tee den Speiseplan. Immer wieder erwähnte sie, daß sie die Hippolita in *Ein Sommernachtstraum* gespielt habe. Ich hätte mich gefreut, wenn all dieses wegen Brian geschehen wäre, aber ich wußte, es war nicht für ihn.

Meine Mutter sprach im Tonfall der BBC. Sie wurde eine sehr, sehr

»britische« Dame und benahm sich, als ob sie das schon immer gewesen wäre. Ich erwartete, daß zumindest ein Herzog dahintersteckte, aber keine mit einem königlichen Wappen versehene Einladung nach Blenheim Palace flatterte ins Haus. Es kam überhaupt niemand, bis wir eines Tages wieder einmal über den Kanal nach Paris reisten. Wir machten diese Reise oft, um die neuesten Kollektionen anzusehen, um einzukaufen und zu essen. An diesem Tag schloß sich uns ein sehr gutaussehender Herr mit einer dunkelroten Nelke im Knopfloch wie durch Zufall an. Er sah meine Mutter unverwandt an. Seine Hände berührten sie, sein makelloser Körper beugte sich bei der leisesten Bewegung des Schiffs zu ihr hin. Ihr mädchenhaftes Lachen klang nach »frisch verliebt«. Die beiden kannten sich eindeutig. Ich hatte ihn sofort erkannt, sein Gesicht war bekannt, sein Name noch mehr. Von da an wich der Verehrer nicht mehr von ihrer Seite. Sie fand ihn »göttlich«! Sie war abwechselnd Gainsborough-Mädchen, überschäumender Flirt, unwiderstehliche Sirene und bezaubernder Filmstar. Das hielt sie jedoch nicht davon ab, sich im Gespräch mit ihrem Mann über ihn lustig zu machen.

»Papilein, er ist wirklich so witzig, ein richtiges Kind. Er wollte doch tatsächlich zum Ritter geschlagen werden. Ist das nicht süß? Wie alle Amerikaner meint auch er, daß so ein Titel einen zum Gentleman macht ... aber sein Vater ist doch Jude, wenn ich nicht irre ... Man kann nicht einen schlechten Schauspieler als Vater haben und erwarten, man würde geadelt. Aber er strengt sich an, und weißt du ... er sieht genauso aus wie ein Adliger! Er könnte es schaffen. Wenn es ihm gelingt, muß er unbedingt diesen dummen Namen ablegen! Der paßt nun wirklich unmöglich zu einem Sir! ... Er sagt, er möchte mich bei Marina, der Gräfin von Kent, einführen. Er glaubt allen Ernstes, daß ich ihn dazu brauche! Ist das nicht süß? Aber selbstverständlich lasse ich ihn in dem Glauben, daß nur er allein das für mich bewerkstelligen kann ... daß er derjenige ist, der mir königlichen Glanz verschaffen kann ... Wie sagen doch gleich die Amerikaner für ›angeben‹?«

Mein Vater war in den Ordner »Ausgaben London« vertieft und machte ein verständnisloses Gesicht. Ungeduldig wandte sich meine Mutter an mich.

»Du weißt doch immer Bescheid über diese amerikanischen Dinge ... Wie sagt man noch mal? Wenn jemand sehr stolz auf etwas ist?«

»A feather in his cap?« riet ich aufs Geratewohl.

»Ja genau, das ist es. ›A feather in his cap!‹ Ich bin die leuchtende

Feder auf seinem neureichen Hut.« Sie mußte so sehr lachen, daß sie es gerade noch rechtzeitig zur Toilette schaffte. Sie war ausgelassen wie eine junge Braut. Von einem hübschen Mann begehrt zu werden versetzte sie immer in hervorragende Stimmung, wie übrigens die meisten Frauen. Ihre Lebensfreude kam uns allen zugute, wir betrachteten das neue Mitglied unserer Familie deshalb äußerst wohlwollend. Ich konnte den neuen Verehrer persönlich nie gut leiden, aber dennoch schätzte ich die wohltuende Wirkung, die er auf die Stimmung meiner Mutter hatte.

Alles war rosarot und romantisch, der Himmel hing voller Geigen, und man meinte schon die Hochzeitsglocken zu hören. Tami schöpfte bereits Hoffnung.

Zum erstenmal zog auch ich die Möglichkeit in Betracht, daß meine Mutter sich von meinem Vater scheiden lassen könnte. Ich hatte nichts gegen einen neuen Vater einzuwenden ... sofern er Amerikaner war und zu Hause das Sagen hatte. Vielleicht konnte ich dann zur Schule gehen und bekam eine Vespertasche, vielleicht durfte ich sogar Fahrrad fahren und gleichaltrige Freunde haben und bekam einen Geburtstagskuchen mit richtigen Kerzen und Zuckerrosen, hatte eine richtige Familie, um »Thanksgiving« zu feiern, und konnte vielleicht sogar eine richtige Amerikanerin werden! Ich wußte, daß es all diese herrlichen Dinge wirklich gab. Ich hatte sie in Filmen gesehen. Aber wenn dieser Traum je Wirklichkeit werden sollte ... dann mußte derjenige schon sehr nett und wohlhabend sein ... vielleicht ein Arzt oder Anwalt. Auch ein Geschäftsmann kam in Frage, aber auf keinen Fall irgendein Schauspieler, der sich um einen englischen Adelstitel bemühte und letztlich nur sich selbst zum Narren hielt.

Wie Brian, Gilbert, Jo und andere vor ihm, beklagte auch der Neue sich zuweilen und schrieb Briefe, wenn er gekränkt war, weil das sicherer war, als es ihr ins Gesicht zu sagen. Meine Mutter ließ seine Briefchen wie immer nach Durchsicht offen herumliegen, so daß jeder sie lesen konnte. Ich las sie, bevor mein Vater sie für »kommende Generationen« archivierte.

Liebling,
... Ich fand die Umarmung mit Frau Edington und Deinen späteren ganz unbestreitbaren und unverhohlenen Flirt mit Gloria Vanderbilt für meinen banalen und schülerhaften Geschmack zuviel!

Ich mache dir wegen Deiner Gefühle nicht die geringsten Vorwürfe, Geliebte – ich wünschte nur, ich hätte früher davon gewußt.
Alles Liebe, und Gott schütze Dich, meine Duschka.

Ich fand nie heraus, ob »Duschka« eine Anspielung auf die Frauendusche war, der meine Mutter vertraute, oder ob das russische Thema des Films abgefärbt hatte, den sie gerade drehte, als sie sich verliebten. Wahrscheinlich ein wenig von beidem. Auf allem, was er ihr schenkte, stand groß dieses »Duschka«. Es war in großen Lettern auf dem goldenen Zigarettenetui eingraviert, das er ihr schenkte. Jahre später, als er und die Erinnerung an diese Zeit ihr nicht mehr wichtig waren, sagte meine Mutter einmal, als ihr Blick auf das Zigarettenetui fiel: »Weißt du, er war nicht schlecht. Er wußte sich anzuziehen und hatte sehr gute Manieren. Aber was Geschenke anbelangt, hatte er keinen Geschmack. Sieh dir dieses Zigarettenetui an! Voller kleiner Andenken, die für uns damals wahrscheinlich von großer Bedeutung waren, und er mußte natürlich groß und fett ›Duschka‹ darauf eingravieren lassen, so daß ich es jetzt nicht einmal weiterschenken kann.«

Mein Vater spielte weiter seine Rolle als »Ehemann auf Abruf«, »Manager einer berühmten Filmschauspielerin« und persönlicher Vertrauter. Die Dietrich drehte in den Denham-Studios außerhalb Londons *Knight without Armour* (dt. *Tatjana*), war verliebt und schwelgte in dem berauschenden Gefühl, ein großer Hollywoodstar in einem fremden Land zu sein. Tami, Nellie und ich erfüllten gewissenhaft unsere Pflichten und verschwanden jedesmal im richtigen Augenblick.

Ein alter Freund aus der Zeit im Haus der di Frasso schrieb und brachte meine Mutter zum Lachen. Es störte nicht, daß Clifton Webb wußte, daß er amüsant war, denn er war es wirklich. Meine Mutter las seine Briefe oft laut vor und wies eigens auf Stellen hin, die sie besonders geistreich oder frech fand. Weil Clifton Webb wußte, wie sehr sie den Film *Der Garten Allahs* haßte, sprach er sie mit ihrem Filmnamen an:

THE LOMBARDY
ONE ELEVEN EAST FIFTY-SIXTH STREET
NEW YORK
25. August 1936

Mein liebes Fräulein Enfilden,
ich war sehr glücklich über Deine Postkarte, schon allein deshalb, weil sie mir sagte, daß Du mich trotz all des hektischen Treibens noch nicht ganz vergessen hast ... Ich kam letzte Woche an, und die Schreie von »Le (oder vielleicht sollte ich sagen »La«) Webb« konnte man wahrscheinlich bis in den Laurel Canyon hören, die ehemalige Zufluchtsstätte jenes ungestümen Vergewaltigers Brian Aherne, oder vielleicht hätte ich das jetzt besser nicht erwähnen sollen. Im Zug auf der Rückfahrt traf ich »Granny« Boyer, was, wie Du Dir vorstellen kannst, die Krönung der Reise war und sie vollends aufregend machte.
Madame Dracula de Acosta besuchte uns am Tag Deiner Abreise zu Hause. Sie war außer sich vor Freude, daß Du ihr »acht Dutzend Lilien« geschickt hattest. Das sei, wie sie sich ausdrückte, »das alte Zeichen«, was immer das heißt. Nun, meine Liebe, ich war zufällig in dem Blumengeschäft, in dem Du angeblich die Bestellung aufgegeben hast, und fragte den Blumenverkäufer, ob Du jemandem acht Dutzend Lilien geschickt hättest. Als der gute Mann daraufhin in Ohnmacht fiel, wußte ich natürlich augenblicklich, daß Madame Dracula de Acosta ein wenig gelogen hatte ...
New York ist großartig, und ich muß sagen, es ist eine Wohltat, einmal wieder mit Menschen zu reden, die nicht dauernd von ihrem Publikum, ihren Totalen und ihren Nahaufnahmen sprechen. Man muß diesen von sich selbst berauschten Menschen nur einmal entkommen, um zu merken, wie wenig sie außerhalb ihrer ruhmreichen und glänzenden Welt bedeuten.

Meine Mutter sah auf. »Verstehst du jetzt, warum ich ihn mag? Er ist einer der Intelligenten, wie Noël Coward!« Dann las sie laut weiter.

Wahrscheinlich sehne ich mich im Winter wieder danach, wenn ich bis zu meinem »Dingsda« in Schnee und Matsch stecke.
Meine Zeit des »süßen Nichtstuns« ist vorbei. Nächste Woche fangen die Proben an. Spiele in einem Stück der Theatre Guild mit, eine der größten Rollen, die man sich wünschen kann. Fast hätte

469

ich in *On Your Toes* in London mitgespielt. Ich stellte mir schon vor, wie ich zusammen mit dem lieben David gekrönt werde ...

»Papi! Ich hatte doch recht! Jetzt wissen wir es. Wenn Clifton Webb den König ›lieber David‹ nennt, dann muß er schwul sein. Ich habe nichts gegen Schwule, aber sie können unmöglich König sein!« Sie zündete sich eine weitere Zigarette an und fuhr fort:

> Außerdem stellte ich mir vor, wie sämtliche gekrönten Häupter Europas mir zu Füßen – und weiter oben – lagen, und ich muß sagen, daß mich diese Vorstellung eine kurze Zeit lang sehr erregte.
> Wenn Du Noël siehst, frage ihn bitte einmal ganz nebenbei, was in Garbos Wohnung in Stockholm los war. Meine Liebe – ich könnte Dir Dinge erzählen, aber ich sage nichts!
> Du denkst inzwischen wahrscheinlich schon voller Herzklopfen an den illegitimen Sohn eines muffigen alten Grafen. Oder vielleicht ja auch nicht. Wenn ich mich recht erinnere, haben die Engländer nicht genug Pep, Schmiß und Verve für Deinen Geschmack, mein Kätzchen.

Meine Mutter schmunzelte und trank einen Schluck Kaffee. Ich merkte, daß mein Vater wütend war, und überlegte, warum.

> Bitte laß mir, wenn es irgend geht, und auch wenn es nicht geht, ein paar Zeilen zukommen, damit ich weiß, was los ist ... Ich liebe Dich so sehr, und selbst wenn Du der Liebling ganz Londons bist und man Dir zu Füßen liegt (auf mehr als eine Art, wie ich hoffe), würde ich mich doch sehr über eine Nachricht von Dir freuen. Wie Du weißt, bin ich verrückt nach Dir. Liebe Grüße an Maria und Rudi, sofern er bei Dir ist. Gott schütze Dich,
> Deine kleine Mutter
> Clifton
> (Der beste Mann für gewisse Stunden)

Zuweilen war meine Mutter rechtzeitig zum Frühstück wieder zu Hause, dann wurde aus dem Gespräch der für sie typische ununterbrochene Monolog.

»Es heißt, Edward will diese schreckliche Wallis Simpson tatsächlich heiraten, egal, was die alte Queen sagt. Ich sagte: ›Dann muß er abdanken!‹ ... Es geht doch nicht an, daß eine amerikanische Bürgerliche auf dem englischen Thron sitzt! Völlig unmöglich! Aber weißt du, Papi, diese Frau muß wirklich durchtrieben sein, wenn sie es geschafft hat, den König so in ihren Bann zu schlagen. Oder aber sie ist sehr gut, bei allem, was ihm gefällt. Du weißt ja, für was die Leute ihn halten, und diese lieben ja immer ihre Mütter! Also, vielleicht hört er doch noch auf Queen Mary. Wir haben gestern abend wieder mit dem Herzog und der Herzogin von Kent zu Abend gegessen. *Die* ist eine wunderbare Frau. War sie nicht eine griechische Prinzessin oder so was? Alle unterhielten sich höflich. Niemand wagte es, den Skandal auch nur anzusprechen, aber natürlich hätten alle nur zu gern erfahren, was die Kents wissen. Ich glaube, der König fühlt sich unter anderem deshalb so zu der Simpson hingezogen, weil sie so flache Brüste hat. Sie sieht aus wie einer seiner Favoriten – seiner Jungen. Aber warum um Himmels willen muß er sie dann gleich heiraten? Er muß sehr dumm sein.«

Es war Zeitverschwendung, die Zeitung zu lesen, wenn man in der Dietrich seinen eigenen Stadtschreiber hatte. Ich hoffte, daß sie uns weiter über den »Skandal des Jahrhunderts« auf dem laufenden halten würde. Was sie auch tat. Wenige Wochen später kam sie in unsere Suite und verkündete:

»Ich werde den König sehen! Ich habe gestern abend zum Herzog von Kent gesagt: ›Schicken Sie mich hin! Ich bin besser als Wallis Simpson. Und bei *mir* können Sie sicher sein, daß ich nicht versuchen werde, Königin von England zu werden.‹«

Sie war auf dem Weg zum Studio. Nellie und ich packten die Thermoskannen und den üblichen Krimskrams ein. Ich machte die Tür auf und trat zur Seite, um meine Mutter vorangehen zu lassen. Sie zog an ihren Handschuhen und rief über die Schulter zurück: »Papi! Wenn der Premierminister anruft, laß dir die Geheimnummer vom König geben, und ruf mich dann im Studio an.«

In dieser Nacht wurde der berühmte Cadillac meiner Mutter in der Nähe eines Seiteneingangs zum Buckingham Palast gesichtet. Die Presse lief Amok. Meine Mutter erklärte, sie sei »über das dumme Benehmen ihres Chauffeurs zutiefst schockiert, der zweifellos ohne ihre Erlaubnis ihren Wagen benutzt habe, um sich die Sehenswürdigkeiten der Stadt anzusehen«. Es war erstaunlich, wie schnell die Gerüchte verstummten und die Presse die Geschichte fallenließ.

Das Ganze ist eines der Lieblingsgeheimnisse meiner Mutter, eine der wenigen von ihr inszenierten Intrigen, die ihr bei jeder Erwähnung sofort ein Mona-Lisa-Lächeln und ein boshaftes Augenzwinkern entlocken. Hätte Edward VIII. nicht aus Liebe zu einer bürgerlichen Frau dem Thron entsagt, hätte man sicher weit mehr über den Beitrag Marlene Dietrichs zum Erhalt des Britischen Empires gehört.

Tatjana wurde ohne meine sonst so notwendige Anwesenheit gedreht. Mein Vater entführte mich eine Zeitlang nach Paris, wo ich mit ihm und Tami lebte. Während die Dietrich damit beschäftigt war, in durchsichtigen Gewändern, die dem vorangegangenen Film *Der Garten Allahs* nachempfunden waren, marodierenden Bolschewisten zu entfliehen, beschützt von einem tollkühnen, als Kosake verkleideten Robert Donat, saß ich in der Wohnung meines Vaters, las *Mein Kampf* und versuchte es zu verstehen. Da ich annahm, daß meine Mutter in Kürze die Rolle der Erziehungsberechtigten wieder selbst übernehmen würde, versuchte ich, soviel Zeit wie möglich mit meinen Freunden Tami und Teddy zu verbringen. Erst bei unserem Wiedersehen an der Haustür hatte ich gemerkt, wie sehr mir mein vierbeiniger Freund gefehlt hatte. Er begrüßte einen nicht wie andere Hunde. Kein Schwanzwedeln, Hochspringen oder aufgeregtes Aufstellen auf die Hinterbeine. Wenn Teddy jemanden besonders schätzte, nahm er folgende Haltung ein: fest aufgestützte Vorderpfoten, Hinterbeine in ehrerbietiger Sitzstellung, Kopf leicht geneigt, Ohren aufgestellt. So taxierte er sein Gegenüber. Seine Augen blickten mißtrauisch und sprachen Bände: »Bist du wirklich wieder zurück? Endlich? Wenn du wüßtest, wie sehr ich dich vermißt habe, täte es dir dann leid? Wenn du mich bitte jetzt umarmst, dann weiß ich es!« Und dann konnte man einfach nicht anders, als ihn in die Arme zu nehmen und seinen starken kleinen Körper an sich zu drücken. Jetzt, erst jetzt, wenn er sicher sein konnte, nicht abgewiesen zu werden, küßte er einen und wedelte mit dem Schwanz. Teddy war wirklich etwas ganz Besonderes.

Meine Tami war es auch. Sie bemühte sich, es allen recht zu machen, und immer machte sie alles falsch. Mein Vater war in seinem Reich sehr streng. Immer mußte alles genau nach seinen Befehlen ablaufen. Beim geringsten Anzeichen von Widerstand fing er an zu schreien. Seine Wut stand für gewöhnlich in keinem Verhältnis zu der vermuteten Missetat. Seine Wutausbrüche machten mir bloß Angst, aber Tami versetzten sie in Panik.

»Tami, was soll das ... Ich spreche mit dir! Sieh mich an! Was soll das sein, bitte schön? ... Antworte mir! Soll das etwa ein Steak sein? ... Wieviel hast du dir dafür abknöpfen lassen? ... Zeig mir die Rechnung! ... Los! Her damit, sofort! ... Du hast sie nicht, was! Wieder mal verloren, wie? Wie alles andere auch! ... Kannst du nicht einmal an etwas denken? Du bist gedankenlos und dumm! ... Alles machst du falsch! Aber das wissen wir ja ... Meinst du vielleicht, es sei besser mit dir geworden? Kein bißchen. Du bist nach wie vor ein hoffnungsloser Fall! ... Du wirst dieses gräßliche Stück Fleisch sofort zum Metzger zurücktragen, dir das Geld wiedergeben lassen, zurückkommen und es mir geben!« Und damit drückte er ihr das Fleisch in die zitternden Hände.

Tamis Gesicht war weiß, ihre Augen glichen dem eines gehetzten, in die Enge getriebenen Tieres.

»Rudilein, bitte, bitte, es ist doch schon gebraten ... Ich kann es doch nicht ...«

»Jetzt komm mir bloß nicht mit deinen Ausreden. Du machst Fehler ... und dafür mußt du büßen! ... Ich sagte, geh! ... Und komm mir bloß nicht mit irgendwelchen Ausreden zurück!«

»Ich bitte dich ... Rudi, das kannst du nicht von mir verlangen ...«

»Muß ich dich eigenhändig dorthin schleppen?«

Schluchzend rannte Tami hinaus, das Stück Fleisch in der Hand. Ich stand auf. Es war mir übel.

»Setz dich! Das geht dich gar nichts an. Sonst bist du die nächste, die es mit mir zu tun bekommt! Iß deinen Teller leer!« Mein Vater goß sich ein weiteres Glas seines ausgezeichneten Bordeaux ein, lehnte sich in seinem Spezialstuhl am Kopfende des Tisches zurück, nahm einen Schluck – und beobachtete mich.

Ich versuchte, Tami zu helfen. Ich ging mit ihr einkaufen, sorgte dafür, daß sie alle Belege aufbewahrte und das Restgeld bis auf den Centime genau stimmte. Ich vergewisserte mich, daß kein Knopf an den Hemden meines Vaters fehlte ... sonst brachte er sie womöglich um. Ich putzte seine Schuhe für sie, bürstete seine Anzüge aus, füllte seine Feuerzeuge nach, staubte seine Bücher ab, spitzte seine Bleistifte, füllte Tinte in seinen Füllfederhalter und bügelte seine Taschentücher. Ich half ihr beim Kochen, als sie sich in die Hand geschnitten hatte. Wir beteten beide darum, daß jeder Tag ohne größere Schwierigkeiten vorübergehen würde. Abends nahm Tami ein paar von ihren neuen Pillen, die sie an ihrem »Kurort« bekommen hatte, und flüchtete sich in tiefes Vergessen, während ich das Manifest eines Verrückten las und mich fragte, wie manche Menschen nur so häßlich sein konnten.

Eines der Dinge, die meine Mutter von den englischen Aristokraten lernte, war deren Neigung, sich so schnell wie möglich ihrer Kinder zu entledigen. In feines Wolltuch eingewickelte Erben wurden hingebungsvollen, in gestärkte Blusen gekleideten Nannies übergeben, die mit ihren Schützlingen in den Kinderzimmern verschwanden. Von dort tauchten die Kinder nur bei besonderen Anlässen brav und gestriegelt wieder auf. Kaum verblaßte bei den Kleinen das Interesse an Beatrice Potter und ihrem schlauen Kaninchen, wurde die Nanny in den Ruhestand versetzt. Die Kinder bekamen Kniebundhosen oder Faltenröcke, Blazer und Mützen und einen Lacrosseschläger in die Hand, dann wurden sie auf vornehme, efeubewachsene Internate geschickt, die es sich zur Aufgabe gemacht hatten, den Charakter zu formen. Auf diese Internate folgten später noch dichter mit Efeu bewachsene »heilige Hallen«, bis der Nachwuchs zuletzt erwachsen und »aufs Leben vorbereitet« war: Die Mädchen erwartete eine vorteilhafte Heirat und eigene Kinderzimmer, die Jungen der Glanz eines ererbten Namens und Heldentaten auf irgendeinem Schlachtfeld.

Ich war zwar zu alt für das Kinderzimmer, nicht jedoch für eines dieser gelehrten Internate. Meine Mutter beschloß, daß ihr Kind als deutsche Adlige ebenfalls »aufs Leben vorbereitet« werden müsse. Mein Vater wußte, wie streng das englische Erziehungssystem war, und es gelang ihm offensichtlich, meine Mutter davon zu überzeugen, daß ich die dortige Aufnahmeprüfung nie bestehen würde. Da die Entscheidung meiner Mutter, wie sie selbst sagte, einzig und allein dem Wunsch entsprang, daß ich Französisch lernen sollte, wies sie meinen Vater an, »das beste Internat in Europa ausfindig zu machen, wo Mädchen sehr gutes Französisch lernen können«. Mein Vater, der alles ausfindig machen konnte, fand dieses Internat in der Schweiz und überzeugte die Schulleitung davon, daß sie die Tochter Marlene Dietrichs aus dem Fegefeuer völliger Unwissenheit erretten müßte. Und so wurde ich schließlich im September 1936 als zahlende Schülerin aufgenommen. Alter: elf Jahre. Name: Maria Elisabeth Sieber, Hollywood.

Ich liebte Brillantmont. Hätte ich damals schon gewußt, daß man in die Unterlagen des Internats Hollywood als meine Heimat eingetragen hatte, hätte ich das Internat noch mehr geliebt.

Da die Schüler in Brillantmont ihre eigene Bettwäsche mitbringen mußten, kam meine Mutter nach Paris und kaufte mir eine Aussteuer: Dutzende feinster irischer Leintücher, schwer und glatt und vollkommen, ferner riesige Servietten aus demselben herrlichen Stoff. Das Leinen war von einer solchen Qualität, daß es ganze Generationen hoffnungsfroher Bräute überdauern konnte. Es war die einzige Aussteuer, die mir meine Mutter je kaufte. Sie ließ meinen Namen von Hand auf jedes einzelne Wäschestück sticken – für einen Sproß der Dietrichs kam selbstverständlich kein vulgäres Namensschildchen in Frage. Ich war außer mir vor Freude über meine volle Aussteuertruhe und konnte es kaum erwarten, bis ich mein erstes Bett im Internat beziehen durfte. Ich wußte nicht, daß man sich besser seinen Altersgenossen anpaßt, wenn man von ihnen akzeptiert werden will, und daß, wer anders war als die anderen, sich oft einem ungerechten Urteil ausgesetzt sieht. Da ich nie in der realen Welt gelebt hatte, besaß ich keine Maßstäbe, an die ich mich halten konnte. Die lernte ich erst später, zusammen mit Französisch. Aber ich hielt meine Bettwäsche auch dann noch in Ehren, nachdem ich gelernt hatte, mich für ihre Protzigkeit zu entschuldigen.

Mein Vater lieferte mich in der Schule ab. Ich glaubte, meiner Mutter falle vielleicht der Abschied zu schwer oder sie sei mit anderen Gefühlen beschäftigt. Ich war viel zu aufgeregt und ängstlich, als daß ich viel darüber nachgedacht hätte, warum sie nicht mitkam. Den Dingen ohne den blendenden Schein ihrer Anwesenheit ins Auge zu sehen, war sowieso einfacher. Mein Vater bezauberte mit seiner exakten und sachlichen Art die zurückhaltenden Rektorinnen; die Schule war so elitär, daß sie gleich zwei davon hatte. Dann hielt er mir wieder seine Predigt, wie ich hoffte zum letztenmal.

»Du bekommst jetzt die Chance, doch noch etwas zu lernen. Man wird hier genau auf dich aufpassen. Man wird dir nichts durchgehen lassen. Vergiß nicht, daß du es mir und nicht deiner Mutter zu verdanken hast, daß du in dieser Schule bist. Hier herrscht nicht der übliche Hollywood-Zirkus, wo du dir alles erlauben kannst, nur weil du eine berühmte Mutter hast. Nur Mädchen aus den besten Familien werden in diese Schule aufgenommen. Ich habe ihnen mein Wort gegeben, daß du stets gehorchen und dich benehmen wirst. Hier kann dich deine Mutter nicht beschützen. Hier zählt die Tochter eines Filmstars nicht. Hast du das verstanden? ... Dann wiederhole es. Ich möchte, daß du Wort für Wort wiederholst, damit ich weiß, daß du es verstanden hast.«

Mein Vater hielt diese Standpauke in Anwesenheit der Mädchen, mit denen ich das Zimmer teilen sollte. Ich hätte im Boden versinken mögen. Ich hoffte nur, daß die anderen Mädchen wenigstens kein

Deutsch verstanden. Dann ließ er mich auf einem gepflegten Kiesweg stehen, den zu beiden Seiten Zierkübel mit passenden Blumen säumten, vor einem Schloß à la Daphne du Maurier, von dem aus man einen herrlichen Blick auf den Genfer See hatte.

Einige Mädchen weinten und waren vor Einsamkeit ganz traurig. Sie kamen aus »glücklichen Familien«, wo sie wirklich geliebt wurden. Dann gab es welche, die in Internaten aufgewachsen waren und daher an die unpersönliche Uniformität des Gemeinschaftslebens gewöhnt waren. Und dann gab es noch uns: die Mädchen, die sich davon erholten, übermäßig gehaßt oder geliebt zu werden. Wir genossen das Internatsleben und beneideten insgeheim diejenigen, die etwas zum Weinen hatten.

Anfangs war alles schwierig. Wir durften nur Französisch sprechen, eine uns allen unbekannte Sprache. Die drastische Methode erfüllte ihren Zweck, zwang sie uns doch dazu, schnell zu lernen, um miteinander kommunizieren zu können. Für mich, die ich nie gelernt hatte, mich wie eine richtige Schülerin zu verhalten, ganz zu schweigen davon, daß ich von den meisten Fächern keine Ahnung hatte, vergrößerte diese Sprachbarriere noch die Angst vor dem Versagen. Ich wußte nicht einmal, was »Geographie« war, und plötzlich sollte ich die Flüsse der Erde aufsagen. Auf französisch! In Brillantmont merkte man schnell, daß ich in überhaupt keiner Sprache buchstabieren konnte. Das erschreckte meine Lehrerinnen nun doch. Ich glaube, sie wußten nicht recht, was sie mit mir anfangen sollten. Ich glaube, sie gaben einfach auf. Aber sie waren so nett und ließen mich an der Schule bleiben, in der Hoffnung, daß ich vielleicht eines Tages wie durch ein Wunder meine Versäumnisse aufholen würde. Zumindest würde ich fließend Französisch sprechen und passabel Lacrosse spielen können.

Meine Mutter zog in den Grosvenor Square Nr. 20, die Adresse ihres Liebhabers in London. Die Mädchen bei mir in der Schule sprachen oft von »Liebhabern«. Auch ihre Mütter hatten welche. Einige hatten sogar Väter, die sogenannte »Mätressen« unterhielten. Das waren Frauen, die »vulgäre« Kleider anhatten, »unanständige« schwarze Seidenunterwäsche trugen, sich vom jeweiligen Vater im Gegenzug für ihre »Gunstbeweise« Geld, Autos, Schmuck, Pelze, ja sogar Häuser schenken ließen. Ich wollte nicht meine Unwissenheit zu sehr zeigen, indem ich fragte, was genau darunter zu verstehen war. Da jedoch keine der Charakteristika einer »Mätresse« auf Tami zutrafen, verwarf ich diese Möglichkeit sofort. Die Mädchen waren so davon überzeugt, daß diese Frauen ihrer Väter böse, habgierig und schmutzig waren, daß ich beschloß, daß meine zarte, sanfte Tami, die sich meinem Vater gegenüber nie anders verhielt als eine liebevolle Gattin, ganz und gar keine Frau vom Typ »Mätresse« war. Genausowenig traf auf meine Mutter die Beschreibung »Mutter mit Liebhaber« zu. Meine Mutter »versteckte sich nicht«, stieg nicht »außerhalb der Saison in abgelegenen Hotels an Kurorten am Meer« ab und erfand keine Lügen, um ihren Ehemann »hinters Licht zu führen«. Ich hatte eine Mutter, die sich einen Liebhaber nahm, wann immer es ihr paßte – und ihrem Ehemann dann brühwarm alles berichtete. Ich fiel total aus dem Rahmen! Sogar auf meine Eltern paßte das übliche Konzept der Ehebrecher nicht. Ich hielt mich fortan von den geheimen nächtlichen »Plauderstündchen« unter der Bettdecke fern und verpaßte dadurch informativen Sexunterricht, der mir ein paar Jahre später vielleicht genutzt hätte.

Meine Mutter rief mich ständig an. Dann kamen gestreßte Damen vom Büro der Rektorinnen herübergelaufen, klopften leise an die Klassenzimmertür und baten dringend, Mademoiselle Sieber aus dem Unterricht zu entlassen … um einen wichtigen Telefonanruf von Madame Dietrich, ihrer Mutter, entgegenzunehmen. Sogar bei Klassenarbeiten holten sie mich aus dem Unterricht. Offenbar waren auch die sonst so wenig zu beeindruckenden Schweizer gegen Filmstars nicht gefeit. Ich machte einen Knicks und entschuldigte mich, peinlich berührt von dem lästigen Rummel um meine Person. Dann eilte ich ins Büro, entschuldigte mich bei der alten Jungfer, die dort gerade das Zepter führte, hob den Telefonhörer auf, um nicht zum ersten- und nicht zum letztenmal an diesem Tag zu hören, wie schlecht es meiner Mutter ohne mich ging, wie sehr sie mich vermißte, daß nichts ohne mich klappte, daß der jetzige Regisseur schlimmer war als der kranke vom letzten Film, daß niemand in England eine Ahnung vom Filmemachen hatte, daß die Kordas »ungarische Juden« waren – und was konnte man von »Zigeunern« schon erwarten –, daß Nellie wieder mal erkältet und daher nicht zu gebrauchen sei, weil ihre Nase ständig auf die Perücken tropfte, und ob ich mich noch daran erinnern könne, wo wir die Ersatzwimpern verstaut hätten.

Ich hörte zu und wartete, bis meine Mutter unvermittelt, ohne sich zu verabschieden, auflegte, wie sie es immer tat. Dann machte ich erneut einen Knicks, entschuldigte mich bei allen in umgekehrter Reihenfolge und setzte mich unter dem mißbilligenden Blick meiner Lehrerin wieder hinter mein aufklappbares hölzernes Pult. Vor diesen Anrufen gab es kein Entrinnen! Sie rissen mich aus Hockeyspielen, ja sogar aus der Gymnastikstunde heraus! Ich versuchte mich in der Toilette zu verstecken, aber die zu allem entschlossenen Schweizer Damen warteten vor der Tür und flüsterten mir durchs Schlüsselloch zu, ich möge mich doch bitte beeilen, immerhin handle es sich um ein Ferngespräch. Wagte es eine der trippelnden Damen, meine Mutter zu bitten, doch später nochmals anzurufen, da ihre Tochter gerade lateinische Verben konjugiere, fuhr ihr meine Mutter über den Mund und hielt ihr einen leidenschaftlichen Vortrag über die Rechte der Mutterschaft und deren Prioritäten, so daß sie über die Gänge flog, mir die Kreide aus der Hand riß und mich mit vor Angst weit aufgerissenen Augen und bebenden Lippen bat, ihr bitte meine *mère* abzunehmen. Mehr als sechzig Jahre lang habe ich versucht, den Telefonaten meiner Mutter zu entkommen, jedoch ohne Erfolg. Sie spürte mich überall auf. Wen die Dietrich suchte, der entkam ihr nicht. Sofort beauftragte sie ihre private »homosexuelle Fan-Mafia«, eine um den Globus reisende Bewunderergemeinde, »mich zu suchen und aufzuspüren«. Da ihre Bewunderer auch als Informanten fungierten, war es völlig sinnlos, der Dietrich entkommen zu wollen, indem man sie über einen Aufenthaltsort belog. Ich erinnere mich noch, daß uns mein Mann einmal eine Wohnung in Madrid mietete, in der es noch kein Telefon gab. Wir freuten uns schon, endlich einmal nicht erreichbar zu sein. Dann flatterten zu jeder vollen Stunde Telegramme ins Haus. Dann fiel meiner Mutter noch ein Fan in Barcelona ein, und sie rief ihn an. Der wiederum kannte einen liebenswürdigen Antiquitätenhändler in Toledo, der soeben ein »göttliches« Wochenende in einer herrlichen Villa in Hammamet verbracht hatte. Der Besitzer der Villa war ein gewisser ... Am nächsten Tag bekamen wir ein Telefon! Meine Mutter hatte wieder einmal den Sieg davongetragen. Damals mußten die Menschen in Spanien oft jahrelang auf einen Telefonanschluß warten. Sie hatten keine Dietrich zur Mutter.

In der Schule wurde ich zum Star, was die Post betraf. Andere Mädchen bekamen Briefe, Postkarten und kleine Geschenke, ich bekam handsignierte Fotos von meiner Mutter und, noch besser, von meinem Lieblingsleibwächter, um ein Glas Erdnußbutter gewickelt, die Witzseite aus dem *Los Angeles Examiner*. Er vergaß keine einzige Ausgabe, keinen einzigen Sonntag. Die amerikanische Gemeinde von Brillantmont konnte die Abenteuer Flash Gordons deshalb lückenlos verfolgen.

Obwohl zu den Schülerinnen des Internats viele Prinzessinnen, Erbinnen und prominente »blaublütige« Personen zählten, stellte ich fest, daß auch für sie, wie für alle anderen, das handsignierte Foto eines Filmstars eine geschätzte Trophäe war. Man konnte mit diesen Fotos sogar Tauschhandel betreiben: zwei Fotos der Dietrich gegen einen Hershey-Riegel, drei gegen eine wunderbare Flasche Lavendelwasser. Für vier Fotos bekam man das sonntägliche Roastbeef der Tischnachbarin. Für ein sehr kleines handsigniertes Foto von Clark Gable mußte ich drei Fotos der Dietrich, das Toilettenwasser, den Hershey-Riegel und zwei Sonntagsessen eintauschen. Meine Mutter hätte diesen Wechselkurs ganz bestimmt nicht gebilligt.

Außerdem stellte sich heraus, daß nur in meinem Fall der Beruf der Mutter allen anderen Mädchen bekannt war. Er faszinierte sie. Die anderen wollten alles über meine Welt erfahren. Ich fand das sehr interessant und ein wenig aufregend. Die Töchter von Bankiers wurden nie darüber ausgefragt, wie ihre Väter ihr Geld verdienten. Kein Mensch fragte die indische Prinzessin über ihre Familie aus. Wenn meine Mutter anrief, bat ich sie um mehr Autogrammkarten, erzählte ihr aber nichts von den herrlichen Care-Paketen meines Leibwächters aus Amerika. Sie wäre eifersüchtig geworden und hätte mir die Freude durch eine sarkastische Bemerkung über »Witzseiten« und die Dummheit der Amerikaner verdorben.

Zum Geburtstag schickte meine Mutter mir die Blumen sämtlicher Blumengeschäfte Lausannes. Viele der Mädchen waren eifersüchtig und machten sich über mich lustig, und die Rektorinnen waren über eine derart sinnlose Extravaganz entsetzt. Ich entschuldigte mich dafür, »Unannehmlichkeiten« gemacht zu haben, spendete die Blumen der Krankenabteilung und verkroch mich für den Rest des Tages in meinem Zimmer.

Zu Beginn der Weihnachtsferien wartete ich neben meinem Koffer in der Eingangshalle, daß ich abgeholt würde. Ich hoffte, daß diesmal nicht mein Vater kam. Im Alter von »erst« zwölf hatte ich die ersten Prüfungen meines Lebens gemacht und in allen Fächern außer englischer Literatur und Religion miserabel abgeschnitten. Ich betete, daß die gute Religionsnote den Zorn meines Vaters ein wenig beschwichtigen würde, bezweifelte es aber. Mein Vater kam durch die große Glastür, lobte mich für meine Pünktlichkeit und ging an mir vorbei zum Allerheiligsten der Rektorinnen. Ich setzte mich wieder auf die Bank und wünschte, ich hätte die Weihnachtsferien im Internat verbringen können. Als mein Vater zurückkam, sah er so wütend aus, wie ich befürchtet hatte, und bedeutete mir, ihm zu dem draußen wartenden Taxi zu folgen.

Wir nahmen einen Nachtzug, den *Orient-Express,* soviel ich weiß, aber ich war zu verängstigt, um mir die Holzeinlegearbeiten im Zug genauer anzusehen und festzustellen, ob es sich um überquellende Fruchtkörbe oder einfache geometrische Formen handelte. Ich brachte jedoch den Mut auf, mich nach Tami zu erkundigen, und bekam zur Antwort, sie verbringe die Weihnachtsferien bei ihrem Bruder. Bruder? Ich wußte nicht einmal, daß sie überhaupt einen Bruder hatte. Ich faltete die Hände und hoffte, daß die Stimmung meines Vaters sich durch das für gewöhnlich vorzügliche Essen bessern würde, das uns vor unserer Ankunft in Paris serviert werden würde.

Dieses Mal stiegen wir im Hotel George V. ab, das 1936 nicht ganz so vornehm wie das Plaza Athenée war, dafür aber sogar noch ein wenig berühmter. Als ich die Régence-Suite meiner Mutter betrat, rief sie schockiert aus: »Nein! Was ist denn mit dir passiert? Was haben sie bloß mit dir da gemacht? Papi, ist dir denn gar nichts aufgefallen? Schau dir nur ihre Haare an! ... Ruf bitte sofort unten an und sage, wir brauchen jemanden, der Maria die Haare schneidet. Außerdem müssen wir ihr passende Kleider kaufen. Was geben sie euch in dieser Schule bloß zum Essen? ... Brot und Kartoffeln?« Damit trieb sie mich vor sich her ins Badezimmer, wog und wusch mich.

Von da an wurde ich jedesmal, wenn ich »fort und mit vielen Fremden zusammengewesen« war, zusammen mit den Toiletten desinfiziert. Während meine Mutter mich schrubbte, riskierte ich es, mich nach Tami zu erkundigen. Sie antwortete schnell, und ihre Stimme war schrill, ein sicheres Zeichen, daß sie unvorbereitet log.

»Ach, die arme Tami. Sie brauchte ein wenig Erholung ... Du weißt ja, wie schwer sie mit Papi beschäftigt ist. Deshalb habe ich zu ihr gesagt: ›Geh nach Cannes und erhole dich. Ich bezahle das Hotel. Mach dir darum keine Sorgen.‹«

Sie nahm sich meine Ohren vor. Ich hatte das Gefühl, wir spielten die Waschszene aus dem Film *Die Blonde Venus*. Sollte das heißen, daß Tamis Bruder in Cannes lebte? ... Ich bezweifelte es – ganz sicher wohnte er nicht in einem Luxushotel. Für gewöhnlich sprachen mein Vater und meine Mutter miteinander ab, was sie mir erzählten, und nur sehr selten paßten ihre Geschichten nicht zusammen. Oder war ich bisher einfach zu jung gewesen und hatte es nicht bemerkt? Nein, ich kam zu dem Schluß, daß ich so jung nie gewesen war. Sie logen beide. Etwas war falsch, sehr falsch. Ich würde vorsichtig zu Werke gehen müssen, um die Wahrheit herauszufinden.

Obwohl meine Mutter mich mit dem ausdrücklichen Ziel aufs Internat geschickt hatte, daß ich Französisch lernte, glaubte sie nie, daß ich die Sprache wirklich verstand, und benutzte sie weiterhin, wenn sie etwas bereden wollte, »das das Kind nicht wissen soll«. Außerdem glaubte sie, daß Französisch, die anerkannte Verkehrssprache der Aristokraten und Monarchen, für die breite Masse zu hoch sei. Ich fand nie heraus, wie sie sich erklärte, daß die Bevölkerung Frankreichs das Kunststück, diese Sprache zu sprechen, fertigbrachte, aber die Dietrich hatte eine phänomenale Fähigkeit, Realitäten, die ihr nicht in den Kram paßten, einfach auszublenden.

So konnte sie zu mir sagen: »Liebling, ruf bei Hermès an und sag, sie sollen mir Schals zur Auswahl schicken. Du kannst englisch mit ihnen sprechen – Verkäuferinnen können kein richtiges Französisch. Sie kommen wie Hausmädchen und Botenjungen alle vom Land und sind dumm. Die meisten können nicht einmal lesen.«

Ich versuchte, ihr von meinen sprachlichen Fortschritten zu erzählen, aber sie blieb skeptisch.

»Liebling. Du glaubst also, du kannst Französisch? Nein, nein ... Es wird sehr lange dauern, bis du diese wunderbare Sprache richtig sprichst. Ich habe mein vollkommenes Französisch von meiner französischen Gouvernante gelernt. Mädchen aus guter Familie lernen Sprachen immer von ihren Gouvernanten.«

Ich beschloß, daß es das beste war, wenn ich meine Französischkenntnisse für mich behielt und auf diese Weise ein paar interessante Dinge hörte.

Ich dachte, meine Eltern würden gern etwas über mein Leben im Internat hören, und erzählte von unseren Lacrossewettkämpfen.

»Du? Du spielst dieses barbarische Spiel? Mit den kleinen Netzen an einem Stock? Willst du mir etwa erzählen, daß du in der kalten Schweiz draußen herumrennst und mit einem Stock herumfuchtelst?«

Das war offensichtlich schiefgegangen, also wechselte ich schnell das Thema. »Mutti, ich wohne mit einem furchtbar netten Mädchen auf dem Zimmer. Sie ist aus Norwegen, und ihre Familie schickt ihr große braune Käselaibe, die ...«

»Papi! Hast du das gehört? ... Sie wohnt bei einem Mädchen mit Käse! Kein Wunder, daß sie so dick ist.«

Wieder schnitt ich rasch ein anderes Thema an. »Oh, Mutti! Ich habe ein paar von den Mädchen von dem Zimmer erzählt, das jeden Monat saubergemacht wird, bis eines Tages das Baby da wohnt. Das fanden sie alle so nett ...«

»Was? Was hast du ihnen erzählt? Was für ein Zimmer? Was für ein Baby? Papi! Das soll eine berühmte Schule für Mädchen aus guter Familie sein? Sie reden über Babys. Wo hast du das Kind bloß hingesteckt? Wie alt sind die Mädchen, mit denen Kater zusammenkommt? Die Mädchen können nicht aus allzu feinen Familien stammen, wenn sie über so intime Dinge reden wie ... die Periode. Sie ist da, um Französisch zu lernen, nicht Vulgaritäten!«

So ging es tagelang weiter. Als die Empörung meiner Mutter schließlich ohne allzu ernste Folgen vergangen war, war ich sehr erleichtert. Ich hatte schon gefürchtet, sie könnte beschließen, mich von der Schule zu nehmen. Ich sagte nie wieder ein Wort über meine neue Welt und tat alles, um wieder ganz in der ihren aufzugehen. Meiner ausschließlichen Hingabe wieder sicher, fühlte meine Mutter sich nicht weiter bedroht und war zufrieden.

Eines Nachmittags nahm sie mich mit zum Tee zu einer Dame. Wie sich herausstellte, waren es zwei Damen, die eine dünn und häßlich, die andere rund und mollig und mit scharfen kleinen Augen und einem breiten, schmallippigen Mund. Sie waren stolz auf den Besuch meiner Mutter, und auch meine Mutter fühlte sich durch die Einladung offensichtlich geschmeichelt. Das erweckte mein Interesse. Die Dietrich war selten von anderen Frauen beeindruckt, erst recht nicht von so wenig attraktiven. Die Wohnung sah aus wie ein Museum, es fehlten lediglich die Absperrseile aus Samt, wie sie in Museen benutzt werden, um Besucher von den Ausstellungsstücken fernzuhalten. Jahre später wurde die Wohnung tatsächlich in ein Museum umgewandelt. Eine wunderbare Sammlung gläserner Briefbeschwerer belegte jede freie Fläche, Gemälde schmückten die Wände, auf einem riesigen schwarzen Marmorkamin standen gerahmte Fotos und allerlei Krimskrams. Man spürte, daß die Frau mit den üppigen Formen das Sagen hatte, daß sie die Befehle erteilte. Im Gespräch mit ihr leuchteten die Augen meiner Mutter, während die andere das Tablett hereintrug, Tee einschenkte und dann neben dem großen Armsessel stehenblieb ... und auf weitere Befehle wartete. Unsere Gastgeberin war sicher eine ganz besondere Person. Ich verstand ihr schnelles Französisch nicht, aber es klang so beredt, so flüssig, daß man das Gefühl hatte, sie müsse eine sehr intelligente Frau sein, auch wenn man nicht verstand, was sie sagte. Sie tätschelte meiner Mutter bekräftigend die Hand und lachte herzlich über einige ihrer Antworten. Das dünne Fräulein stand still und wachsam daneben. Ich sah, wie sie mich musterte, und setzte mich instinktiv gerade hin, wobei ich darauf achtete, nicht mit meiner zierlichen blauen Tasse zu klappern. Der Mund der dicken Dame mit den dünnen Lippen hatte sich etwas entspannt, und die Spätnachmittagssonne fiel auf ihr buschiges rotes Haar, so daß es wie Feuer aufleuchtete. Sie stand aus ihrem tiefen Sessel auf, und meine Mutter folgte ihr aus dem Zimmer. Die Knochige blieb wie angewurzelt stehen und beobachtete mich; ihr ganzer Körper war angespannt, als erwarte sie jeden Moment einen Befehl. Wir warteten ziemlich lange. Ich wußte nicht, wo ich meine leere Tasse hinstellen sollte.

Es war dunkel, als wir in unser Hotel zurückkehrten. Als wir unsere Suite betraten, hatte der entschiedene Gang meiner Mutter plötzlich etwas Beschwingtes. Überschwenglich verkündete sie: »Papilein! Colette war herrlich!«

Die nächste Dame, die uns zum Tee empfing, wirkte auf mich wie eines der Gespenster aus von Sternbergs *Scharlachroter Kaiserin*. Meine Mutter eilte an dem im Dunkeln bleibenden Skelett vorbei in ein schmuckloses Wohnzimmer, um eine weitere Erscheinung zu begrüßen. Ich hatte so eine Ahnung, daß es sich dabei um ein weibliches Wesen handelte, war mir aber nicht ganz sicher. Die Frau hatte die Figur eines Lastwagens – viereckig, schwer und massig, und aus dem Kragen des Männerhemds mit Krawatte ragte der Kopf einer Bulldogge. Mir wurde ein alter Klavierhocker angewiesen und ich setzte mich hin. Meine Mutter schmiegte sich an den Lehnstuhl, in dem der »Laster« saß, und sah ehrfurchtsvoll zum strahlenden Gesicht der Bulldogge auf. Der »Todesengel« goß mir Tee ein. Sie sah so gefährlich aus, daß ich beschloß, nichts zu trinken. Ich schüttete den Tee in den Topf der Venusfliegenfalle neben meinem Stuhl. Wieder schien die Atmosphäre voller ungebändigter Kraft, wie elektrisch geladen. Es war ein Kribbeln, ähnlich dem, wenn Marlene Dietrich in Erscheinung trat. Hier wurde die Spannung jedoch nicht durch äußere Schönheit, sondern durch geistige Energie erzeugt. Dasselbe Gefühl hatte ich in Gegenwart von Scott Fitzgerald und der rothaarigen Frau gehabt. Diese Frau hatte einen amerikanischen Akzent und war sich ihrer Geistesschärfe sehr bewußt. Ich war so beschäftigt damit, meinen Tee in den Blumentopf zu gießen, ohne erwischt zu werden, daß ich mich nicht darauf konzentrierte, was sie sagte. Heute wünschte ich, ich hätte es getan. Es war meine einzige Begegnung mit Gertrude Stein. Wie bei unserem letzten Teebesuch zog sich meine Mutter mit der Gastgeberin zurück, während ich höflich sitzenblieb und wartete und dabei von der anderen seltsamen Frau beobachtet wurde, deren Hände sich in die Rückenlehne eines leeren Stuhls krallten.

*

Weihnachten muß in diesem Jahr ein sehr denkwürdiges Ereignis gewesen sein, denn ich kann mich leider an gar nichts mehr erinnern, außer daß meiner Mutter der Schal nicht besonders gefiel, den ich im Strickunterricht für sie fabriziert hatte. An die Überfahrt über den Kanal am Tag nach Weihnachten erinnere ich mich dafür noch sehr gut. Diese Strecke ist schrecklich – zu jeder Jahreszeit. Im Dezember war sie noch schlimmer. Selbst meiner Mutter wurde schlecht, aber sie ertrug es heldenhaft.

Zu meinem Vater sagte sie auf französisch: »Er will, daß ich meinen Geburtstag mit ihm in London verbringe. Er sagt, er will morgen den ganzen Tag mit mir im Bett feiern. Und danach tanzen wir die ganze Nacht im Savoy durch! Du mußt zugeben, Papi, daß er viel romantischer ist als Jaray.«

Nun, wenn meine Mutter vorhatte, ihren Geburtstag mit unserem zukünftigen »Ritter« im Bett zu feiern, dann konnte ich es vielleicht wagen, sie um die Erlaubnis zu bitten, ins Naturkundemuseum gehen und mir die Dinosaurier ansehen zu dürfen.

Grosvenor Square war schon immer sehr vornehm, selbst als die amerikanische Botschaft noch nicht an einer Seite des Platzes residierte. Das Appartement meiner Mutter am Grosvenor Square Nr. 20 war nichts Besonderes, aber es hatte den Vorteil, daß meine Mutter von hier leicht ins darübergelegene Penthouse ihres Liebhabers huschen und heimlich wieder zurückkehren konnte. Am nächsten Morgen ließ sie sich nur kurz blicken, nahm eilig unsere Geburtstagswünsche entgegen, wechselte die Kleider, erteilte meinem Vater die Zustimmung, mit dem Kind die »alten Knochen« anzusehen, und verschwand für einige Tage.

Mein Vater war in Museen ein interessanter Begleiter. Wie Kirchen förderten Museen seine besten Seiten zutage. Es war wie im Unterricht, aber er war ein leidenschaftlicher Lehrer, der begeistert bei der Sache und daher nie langweilig war, egal, wie detailliert seine Vorträge ausfielen. Ich war sicher, daß meine Mutter im Bett mit ihrem »Ritter« nicht halb soviel Spaß hatte wie ich, die ich alles über den Lebenskreis der Mistkäfer erfuhr.

*

Das Jahr 1936 war beinahe vorüber. England hatte einen alten König zu Grabe getragen und den Sohn gekrönt. Der Sohn hatte dem Land aus Liebe zu einer bürgerlichen Frau den Rücken gekehrt. Ihm folgte ein weit Besserer, sein Bruder Bertie, als George VI. auf den Thron. Drei Könige in einem Jahr! Das muß ein geschichtlicher Rekord gewesen sein. Marlene Dietrich hatte in dieser Zeit drei Filme gedreht, die nicht in die Geschichte eingingen. Sie hatte sich von dem Genie von Sternberg getrennt und John Gilbert allein sterben lassen, und sie vergnügte sich en passant mit ein paar mittelmäßigen Ablenkungen und verdiente eine Menge Geld. *Vom Winde verweht* kam in die Kinos, Monopoly wurde erfunden, der gute Geist von MGM Irving Thalberg starb im Alter von siebenunddreißig Jahren, Roosevelt kam nach einem erdrutschartigen Wahlsieg wieder ins Amt, und Fred Perry gewann zum drittenmal in Wimbledon. Adolf Hitler marschierte im Rheinland ein, ohne daß ihn jemand aufhielt, sein Freund Franco ergriff in Spanien die Macht, Mussolini schlachtete die Äthiopier ab, Stalin tat dasselbe mit seinen eigenen Landsleuten. Fred Astaire und Ginger Rogers waren die weltweit größten Kassenmagneten, und ich begann das neue Jahr mit einer tollen Grippe!

Als weder die Kraftbrühe mit ihrer Zauberkraft noch die »Spezial«-Hühnerbrühe mich gesundmachten, geriet meine Mutter in Panik. Sie rief die Herzogin von Kent an und bat sie um die private Telefonnummer des königlichen Leibarztes. Zu mir sagte sie: »Herrscher haben immer die besten Ärzte. Sie müssen am Leben bleiben, um zu regieren ... Schau dir nur Königin Viktoria an ... Auch Roosevelt mit seiner Kinderlähmung regiert Amerika nur dank seiner hervorragenden Ärzte.«

Sir Sowieso war sehr groß, hatte lange, schmale Hände, war tadellos in einen grauen Nadelstreifenanzug mit Krawattennadel aus der eleganten Savile Row gekleidet und sah aus, als habe ihn die Besetzungsagentur geschickt für einen Lubitsch-Film. Er spritzte mich mit Pferdeserum voll (damals vor der Entdeckung des Penizillins und der Antibiotika das einzig verfügbare Mittel) und verschwand wieder. Damit hätte alles in schönster Ordnung sein können, aber leider reagierte ich allergisch. Abends war ich auf ungefähr die doppelte Dicke angeschwollen. Meine Lippen sahen aus wie zwei zusammengenähte Federbetten, meine Augen waren Schlitze, und meine Hände sahen aus wie meine Lippen. Als meine Mutter strahlend schön in schwarzem Samt und einem Pelz aus Breitschwanzschaf in mein Zimmer kam, um sich von mir zu verabschieden, stieß sie einen Schrei aus und rannte zum Telefon.

Wir lokalisierten unseren hervorragenden Leibarzt schließlich auf einem königlichen Bankett in Clarence House. Bridges wurde losgeschickt, ihn notfalls mit Gewalt zum Grosvenor Square zu schleifen. Als er in voller Abendgarderobe und ordengeschmückt über unsere Schwelle trat, stürzte sich meine Mutter auf ihn und schlug mit den Fäusten gegen seine gestärkte Hemdbrust.

»Was haben Sie mit meinem Kind gemacht? Was für ein Arzt sind Sie? Wie können Sie es wagen, auf ein Bankett zu gehen, während Ihre Patienten sterben?« Durch ihr Gezerre hatten sich seine Perlenmanschettenknöpfe gelockert und fielen auf den Boden. Die stark gestärkte Hemdbrust sprang auf und schnappte wie ein Rollo ihm unters Kinn. Meine Mutter bearbeitete unbeeindruckt seine entblößte Brust.

»Madam! ... Bitte! ... Bitte bemühen Sie sich doch um etwas Haltung!« murmelte der königliche Leibarzt, trat ein paar Schritte zurück und versuchte seine Hemdbrust wieder hinunterzurollen. Ich lag da wie ein gestrandeter Wal und beobachtete die herrliche Vorstellung durch meine Augenschlitze.

Ich wurde wieder gesund, wenn auch nach dem medizinischen Empfinden meiner Mutter zu langsam. Was fehlte dem Kind bloß? Was war für meine vollständige Genesung noch nötig? Natürlich! ... Seeluft! Ich wurde also dick in Shetlandwolle und Kaschmir eingepackt und nach Bournemouth verfrachtet. Im Februar war dieser Kurort völlig verlassen. Jetzt verstand ich, was die Mädchen in der Schule damit gemeint hatten, wenn sie davon sprachen, daß ihre Mütter mit ihren Liebhabern dorthin fuhren. Überall nur einsame Strandpromenaden, von aufgepeitschten Wellen überspült, öde Klippen und menschenleere Teestuben, immer beschlagen und dampfig, weil die Teekessel ständig vor sich hin kochten, falls sich doch einmal ein verlorener Seemann durch den salzigen Nebel dorthin verirrte. Jedesmal, wenn ich mir Hitchcocks *Rebecca* anschaue, sehe ich wieder, wie sich die Wellen an den Klippen brechen, und wenn Trevor Howard und Celia Johnson sich in *Begegnung* in jenem kleinen Café treffen, fühle ich mich augenblicklich nach Bournemouth zurückversetzt, die Finger klebrig von Bambury-Törtchen, die eiskalten Hände an einer dampfenden Tasse Milchtee wärmend.

Die Krankenschwester, die mich an das Meer begleitet hatte, brachte mich gesund nach Hause, und meine Mutter fühlte sich erneut in ihrer Überzeugung bestätigt, daß Seeluft eine heilende Wirkung habe.

»Siehst du, wie gut die Luft auf dieser Hälfte der Weltkugel ist? ›Die Luft der Nordsee‹ – Meine Mutter sagte immer: ›Die heilt!‹ Nicht der warme Tümpel, den wir drüben in Kalifornien haben. Wie heißt er, Papi? ... Du weißt doch, ich kann mir solche Dinge nie merken...«

»Der Pazifische Ozean, Mutti.«

»Warum nennt man den ausgerechnet ›Ozean‹? Wo liegt da der Unterschied?«

Es freute mich sehr, daß meine Mutter auch keine Ahnung von Geographie hatte.

Auf der Überfahrt über den Kanal zurück nach Frankreich hatte ich noch einmal die Gelegenheit, eine Extradosis dieser heilsamen Luft einzuatmen. In Paris entdeckte meine Mutter die avantgardistische Modeschöpferin Schiaparelli. Sie hatte sie zuvor noch nie beachtet und einige ihrer ausgefallenen Kreationen nur »billige Publicityfänger« genannt. Ich weiß nicht, was sie jetzt dazu bewog, zur Modenschau der Schiaparelli zu gehen. Vielleicht war es die Eitelkeit ihres »Ritters«. Wie dem auch sei, wir gingen zur Modenschau, und meine Mutter vergaß sich selbst. Während mein Vater die Lippen immer fester aufeinanderpreßte und ich mich innerlich verkrampfte, geriet meine Mutter in Verzückung und kaufte. Wenn meine Mutter Mist baute, dann in königlichem Maßstab. Astrologische Symbole auf silbernen Ziermünzen auf nachtblauem Samt, Brokatschnüre, die aussahen wie sich windende Schlangen, auf grellrosa gemustertem Damast, enggeschnittene feminine Anzüge mit Überwesten aus schwarzem Fuchs und Hüten, die aussahen wie Puderquasten, dazu jede Menge seltsam aussehender falscher Schmuck, Zierknöpfe, Zierborten und Schnickschnack – alles übertrieben, überladen und überdreht. Alles schockierend und auffallend, aber nichts, was zur Dietrich paßte. Schiaparelli wurde eine gute Freundin meiner Mutter. Die beiden tauschten Geheimnisse und den neuesten Tratsch aus. Meine Mutter trug kaum eines ihrer Kleider mehr als einmal, kaufte aber ständig neue. Es war das genaue Gegenteil der Beziehung, die sie Jahre später zu Coco Chanel unterhielt.

Als ich aufgrund meiner Krankheit verspätet nach Brillantmont zurückkehrte, stellte ich fest, daß den Regeln der Schule entsprechend die Zimmer neu eingeteilt worden waren. Nur so konnte verhindert werden, daß die Schülerinnen statt Französisch die Sprache ihrer Zimmergenossin lernten. Während ich auspackte und meine Habseligkeiten ordnungsgemäß verstaute, beobachtete mich ein dünnes, dunkelhaariges Mädchen mit eigenartigen hellgrauen Augen. Nach einer Weile fragte sie mich in sehr korrektem Englisch: »Hast du die Beine deiner Mutter geerbt?«

Ich war mindestens genauso überrascht von ihrem Mut, mich englisch anzusprechen, wie über die Frage selbst, und ich hätte fast meinen Toilettenbeutel fallen lassen. Sie hatte mir zum erstenmal jene Frage gestellt, die mir im Lauf der kommenden Jahre viel zu oft gestellt werden sollte. Ich habe mich immer gefragt, warum ausgerechnet das den Leuten so furchtbar wichtig war, daß sie darüber alle Manieren vergaßen. Hätte ich die Beine der Dietrich geerbt, wäre mir die Frage vielleicht weniger peinlich gewesen, aber leider war das nicht der Fall. Ich brauchte Jahre, bis ich mich nicht mehr schuldig fühlte, daß ich nur eine negative Antwort geben konnte. Es gab sogar Leute, die mir den Rock hochhoben, wenn sie mich nach meinen Beinen fragten. Es ist wirklich erstaunlich, wie sie dann entweder erfreut oder enttäuscht sind, wenn sie meine Beine sehen. Ich beschloß, mich von dem grauäugigen Mädchen fernzuhalten, was auch diesem recht zu sein schien. Das dritte Mädchen, das in jenem Semester in unserem Zimmer wohnte, war eine indische Prinzessin, zart wie ein frisch geschlüpfter Schmetterling und genauso schön. Sie lächelte viel und huschte auf leisen Sohlen durch die Gegend, blieb aber für sich.

Meine Mutter hielt mich durch ihre Anrufe über ihre Unternehmungen auf dem laufenden. Selznick hatte unserem »Ritter« eine Hauptrolle in einem großen historischen Abenteuerfilm angeboten. Meine Mutter mußte ihn dazu überreden, das Angebot anzunehmen – offensichtlich zögerte er, jemanden zu spielen, der ein Schwert in der Hand hielt. Nachdem er angenommen hatte, erteilte meine Mutter ihm Nachhilfeunterricht, wie man mit Selznick am besten fertig wurde. Dazu gehörte unter anderem: »Wie gehe ich mit diesem schrecklichen Mann um, der nichts tut außer Mitteilungen zu schreiben, die so lang sind wie Bücher.«

Lubitsch arbeitete an einem neuen Film für meine Mutter, bei dem er auch Regie führen wollte. Der Titel stand noch nicht fest, aber der

Film handelte »von der Frau eines adligen Engländers, die sich in einem Pariser Bordell in einen Mann verliebt und vorgibt, eine andere zu sein, bis sich am Ende alle treffen und herausfinden, wer wer ist«.

Meine Mutter sprach von einer raffinierten Komödie und fügte hinzu: »Es kann ein echter Lubitsch werden, wenn er nicht zu frivol oder vulgär wird.«

Da die Gräfin di Frasso sich immer noch in Italien aufhielt, war unser Lieblingshaus nach wie vor frei, und war es nicht ein lustiger Zufall, daß unser »Ritter« ein Haus am anderen Ende der Straße gemietet hatte?

Meine Mutter hatte es geschafft, mich frühzeitig aus der Schule zu holen, und ich kam rechtzeitig in Paris an, um beim Kofferpacken zu helfen. Tami war wieder da, und ich schloß sie erleichtert in die Arme. Erst dann sah ich, daß sie geweint hatte. Meine Mutter stopfte Hüte mit Seidenpapier aus und hielt hof. Sie war guter Laune. Mein Vater machte die Listen und versah die Schlüssel mit Etiketten. Tami faltete Schals, ich steckte Schuhe in Beutel, und meine Mutter redete.

»Papilein! Erinnerst du dich noch, wie ich dir sagte, daß ich Colette so sehr gern hätte? Hast du gelesen, was sie über *Der Garten Allahs* geschrieben hat? ... Daß meine Lippen zu rot gewesen seien! Wie kann eine große Schriftstellerin wie sie bloß eine Filmkritik schreiben? Graham Greene hat auch eine geschrieben ... Er sagte, unsere Wüste hätte ausgesehen wie die Krater eines Schweizer Käses. Aber er ist auch kein so guter Schriftsteller wie die Colette – und wahrscheinlich brauchte er das Geld.«

Wir machten in der Wohnung meines Vaters Pause. Tami war zu beschäftigt gewesen, um die Butter aus dem Kühlschrank zu holen, und so war sie noch zu fest und ließ sich nur schwer streichen. Mein Vater hielt ihr einen bissigen Vortrag über ihr schlechtes Gedächtnis, ihr mangelndes Organisationstalent und ihre Ineffizienz. Sie saß bewegungslos und unterwürfig da, mit gesenktem Kopf, und ließ seinen Sarkasmus über sich ergehen, dann brach sie plötzlich zusammen und rannte aus dem Zimmer. Ich hinterher. Draußen auf dem Gang schüttelte sie den Kopf und bedeutete mir, wieder zurückzugehen und mich nicht ihretwegen in Schwierigkeiten zu bringen. Ich wollte gerade wieder ins Eßzimmer zurück, als ich meine Mutter sagen hörte: »Papilein, du darfst nicht so scharf mit ihr sprechen. Tamilein gibt sich doch so viel Mühe.«

Meine Mutter verteidigte Tami? Das war ja wunderbar! Ich blieb an der Tür stehen und hörte zu.

»Aber Mutti, du siehst doch, daß sie einfach unmöglich ist.«

»Warum läßt du es soweit kommen, Papilein? Haben die Pillen ihr nicht geholfen? Was hat man denn dort gesagt, wo wir sie hingeschickt haben? Sie müssen doch etwas dagegen tun können, daß eine Frau dauernd schwanger wird. Mir passiert das nicht, weil ich danach aufstehe und etwas dagegen tue. Ist sie zu faul, um hinterher zu duschen? Es muß doch einen Grund geben. Es geht mir ja nicht um das Geld für die Abtreibungen. Du weißt genau, es macht mir nichts aus, andauernd dafür bezahlen zu müssen, das ist nicht das Problem. Aber warum sie es immer wieder soweit kommen läßt, *das* müssen wir irgendwie verhindern. Kannst du dir vorstellen, was wäre, wenn mir das jedesmal passieren würde? Eines Tages wird jemand dahinterkommen, egal wo wir sie verstecken. Kannst du nicht mit ihr reden? Kannst du sie nicht zwingen, danach aufzustehen und ins Badezimmer zu gehen? Ein wenig Disziplin, das muß sie lernen ... Pst! ... Das Kind kommt!«

Ich setzte mich wieder an meinen Platz. Meine Eltern unterhielten sich auf französisch weiter. Ich konnte ihrer schnellen Unterhaltung nicht folgen, aber ich hatte auch schon auf deutsch genug gehört.

Am Nachmittag schlug ich das Wort nach, das ich nicht verstanden hatte. Ich kannte nur sehr wenige Erwachsenenwörter, egal in welcher Sprache. Jetzt lernte ich, was eine »Abtreibung« war. Ich hatte mich in die Toilette eingeschlossen, das Wörterbuch auf dem Schoß, und überlegte, wie man ein Baby machte, wie man es dann tötete und warum. Ich war mir absolut sicher, daß Tami von selbst nie so etwas tun würde. Meine Mutter und mein Vater dagegen – das war etwas ganz anderes. Sie waren zu allem fähig.

*

Wir schlürften eine ausgezeichnete Bouillon, während wir uns in unseren reservierten Deckstühlen zurücklehnten, warm eingehüllt in Kaschmirüberdecken. Wir gingen auf dem Promenadendeck spazieren, wetteten bei den Rennen mit Holzpferden, die zur nachmittäglichen Teestunde auf dem Sonnendeck veranstaltet wurden, und verfolgten die Wettbewerbe im Skeetschießen. Meine strahlendschöne Mama tanzte jeden Abend im Grillsaal. Ich erkundete wieder meine schöne *Normandie* und war abgesehen davon, daß ich Tami bei meinem Vater hatte zurücklassen müssen, glücklich.

In dem luxuriösen Kino sah ich Norma Shearer in *Romeo und Julia*.

Ich glaubte, daß Brian einen viel besseren Romeo abgegeben hätte als Leslie Howard. Als ich eine Dame hinter mir im Dunkeln aufgeregt flüstern hörte: »Oh! Ich hoffe, daß sie am Ende doch noch zusammenkommen ...«, drehte ich mich um und sagte: »Nein ... sie bekommen sich nicht ... weil es von Shakespeare ist.«

Wir passierten Ambrose Light und – da war sie! Für immer und ewig. Ich winkte ihr dankbar zu. Ich war wieder zu Hause.

7
Gift für die Kinokasse

Wir nahmen den unterirdischen Weg durch die Küchen des Waldorf, während oben auf der Straße die Presseleute auf die Dietrich lauerten. Meiner Mutter kam der durchdringende Duft von Knoblauch und Thymian in die Nase, und sie rief mir über die Schulter zu: »Heute gibt es ›Lamm provençal‹. Das nehmen wir! Riecht gut!« Dann verschwand sie im Personalaufzug.

Sie zog ihr Reisekostüm aus und desinfizierte die Toiletten, während ich die bereitliegende Post ordnete. Zuerst lesen wollte meine Mutter wahrscheinlich ein kurzes Telegramm von unserem »Ritter«, der uns bald nachfolgen sollte, und einen dichterischen Versuch von Sternbergs.

»Liebling, melde ein Gespräch mit den ›Boys‹ an, und dann rufe bitte den Zimmerservice.« Sie zündete sich eine Zigarette an, und ich reichte ihr die beiden Telegramme.

DIETRICH WALDORF ASTORIA NEW YORK
BIN SCHRECKLICH AUFGEREGT SOLL ICH ESSIG MITBRINGEN
ODER GIBT ES DEN DORT ZU KAUFEN STOP SEGNE DICH FÜR
PAUSE UND DAFÜR DASS DU MIR GEHÖRST

Wir hatten das provenzalische Lamm bestellt, als das Gespräch nach Hollywood endlich durchkam. »Na, ihr beiden Schätzchen, habt ihr meine Liste bekommen? Habt ihr Bridges bei der Ankunft gesehen? Und der Wagen? Vergewissert euch noch mal, daß er auch genau weiß, wann wir in Pasadena ankommen, und sagt ihm, daß wir danach direkt zur Paramount fahren und daß er die Thermoskannen mitbringen soll. Die Krebse sollen für Freitag angeliefert werden, und vergeßt den Dill nicht. Ich habe Colette in Paris gesehen ... Wen? Colette! Die große französische Schriftstellerin. In Hollywood zu wohnen ist noch lange keine Entschuldigung für Dummheit. Außerdem seid ihr ja noch nicht so lange da. Selbst dort könnt ihr gute Bücher lesen. Ruft Travis an! Sagt ihm, ich bringe Kleider aus Paris mit für den Film, aber er soll niemandem etwas davon erzählen! ... Sind die Leibwächter für das Kind engagiert? ... Ich habe Jo in London gesehen ... O ja! Er macht immer noch Kuhaugen ... Gerade ist ein Telegramm von ihm gekommen. Hört euch das an: ›Mein Herz ist ruhelos ich folge den Wolken und den Sonnenuntergängen aus denen die Farbe deiner Augen und deiner Haare vom Himmel tropft stop wenn es möglich wäre zu vergessen oder irgendwo zu schlafen bis man wieder zu einem neuen Leben erwachen könnte und vom vergessenden Schlaf des Todes zurückgerufen würde selbst dann würde ich dich fühlen stop die du von meinem Blut bist stop was ist da wenn die Regenbogen sich in der Ewigkeit verlieren.‹ Das hätte er mir auch am Telefon sagen können! Oder wahrscheinlich nicht, geschrieben sieht es besser aus! ... Vergeßt den Champagner nicht, und sagt Nellie, sie soll nicht vergessen, dem Lieferanten zu sagen, er soll mir eine frische Flasche Wasser in die Garderobe stellen.«

Auf unserer Reise durch Amerika hielt meine Mutter mich so auf Trab, daß ich kaum einmal Zeit fand, meine Freunde, die Zugschaffner, zu besuchen. Aber wenn ich sicher war, daß sie fest schlief, schlüpfte ich auf meinen verzauberten Balkon hinaus, atmete die herrliche Luft ein und staunte wie immer über die Größe und Majestät dieses von mir geliebten Landes.

Travis erwartete uns mit ausgebreiteten Armen. Ich setzte mich in den Ledersessel neben seinem Schreibtisch und stellte mich auf eine längere Sitzung ein. Ich hatte das Gefühl, die beiden hatten sich sehr vermißt.

»Travis! Du wirst staunen, wenn ich dir erst alles über den Korda-Film erzähle!«

»Na ja, über die ›Badeszene‹ weiß ich schon alles. Die Zeitungen waren voll davon. Hast du es wirklich getan, Marlene? Du? Nackt? Nur mit Badeschaum?«

»Natürlich nicht! Du kennst mich doch ... aber bitte erzähle es nicht weiter. Sie glauben nämlich, diese Szene wird dem Film zum Erfolg verhelfen, aber ich bezweifle das! Der ist einfach langweilig. Aber was kann man von einer Filmindustrie erwarten, die nachmittags Punkt vier Uhr mit Drehen aufhört, um Tee zu trinken? Gehört hatte ich ja davon, aber ich konnte es erst glauben, als ich es mit eigenen Augen gesehen hatte. Sogar die Kulissenschieber schlürfen Tee ... Kannst du dir vorstellen, daß unser Team Tee trinkt? Ich habe Jo in London getroffen. Er will Robert Graves' Buch *Ich, Claudius, Kaiser und Gott* mit Charles Laughton und dieser Merle Oberon verfilmen. Unglaublich! Diese Nutte aus Singapur als römische Giftmischerin? Ich bin sicher, der arme Jo muß sie wegen Korda nehmen. Früher hat er so was nie gemacht, aber jetzt läßt er es zu. Ich weiß nicht, was mit ihm los ist. Jo ist viel zu gut für sie. Laughton ist ein Idiot. Du kannst dir ja vorstellen, wie es zugeht, wenn sie beide versuchen, den ›großen‹ Regisseur zu spielen. Laughton sollte einfach nur still dasitzen und lernen, aber du weißt ja, wie Schauspieler sind ... sie wissen einfach nicht, wann sie den Mund halten müssen.«

Der Kaffee wurde gebracht. Travis schenkte ein, meine Mutter zündete sich wieder eine Zigarette an.

»Ich habe Cole Porter in Paris gesehen. Er sieht immer mehr wie ein ausgehungerter Jockey aus. Es heißt, er kann ohne Kokain nicht mehr leben ... Ich muß sagen, seine Nase sieht sehr komisch aus. Ein seltsamer kleiner Mann. Ich mag seine Musik nicht, aber seine Texte sind hervorragend. Stimmt es, daß er wahnsinnig in Cary Grant verliebt ist? Was sagt Mae dazu? Ich habe ihn in seiner Wohnung besucht – alles glänzend schwarz und in weißem Schweinsleder – überall liegen Zebrafelle herum. Sehr männlich! Der Schick eines Innenarchitekten. Absolut schlechter Geschmack! Und dabei dachte ich, Col Porter käme aus einer guten Familie! Ich habe ein Bild von der Lombard gesehen, auf dem sie etwas von dir trägt ... einen schwarzen Affenpelz ... es fehlt ihr nur noch eine Banane! Wirklich, Travis. So was kannst du nicht tun ...« Sie drehte sich zu mir: »Wie heißt der Film, von dem wir die Bilder gesehen haben und wo ich dann sagte: ›Endlich sieht die Lombard auch mal gut aus‹?«

»*The Princess Comes Across*«, sagte ich.

»Genau! Ein schlechter Titel! In dem Film hast du endlich mal was aus ihr gemacht. Sie sieht aus wie die Dietrich. Wie ich höre, nennt sie dich ›Teasie‹ – wie ›süß‹!« Sie hatte den Stapel Probeaufnahmen auf Travis' Schreibtisch durchgewühlt und hielt jetzt ein Foto von Irene Dunne in einem historischen Ballkleid in der Hand. Es war ein überladenes Teil, übersät mit Tausenden winziger Ziermünzen und riesigen Tüllschleifen.

»Travis ... nach diesem Kleid hast du bestimmt kein einziges Fetzchen Tüll mehr übrig, oder? Ich weiß, sie ist ein ›Schleifchentyp‹, aber hast du nicht trotzdem ein klein wenig übertrieben?«

Travis kicherte. »Marlene! Wie ich dich vermißt habe. Du hast so recht! Bei jeder weiteren Schleife habe ich an dich denken müssen, und wie sehr du sie hassen würdest.«

»Wie recht du hast! Aber solange du weißt, daß so was schrecklich ist, stimmt ja noch alles. Ich werde mir erst Sorgen machen, wenn du anfängst, Kleider wie Orry Kelly zu machen. Hast du gesehen, was Adrian der Crawford verpaßt hat? Ich habe die Fotos gesehen. Das ganze Kleid besteht nur aus Glasperlen – wie eine zweite Haut! Was für eine Arbeit! Herrlich! Aber an ihr, mit den Hüften, sieht es einfach nur vulgär aus. Aber an der Crawford sieht ja alles billig aus. Hat Lubitsch dir gesagt, was wir für diesen Film an Kostümen brauchen ... oder wird das wieder einer von seinen Filmen, über den viel geredet, aber nie etwas geschrieben wird?«

»Marlene, hast du das Drehbuch nicht bekommen? Es sollte bereits bei deiner Ankunft für dich in New York bereitliegen.«

»Ich habe es Clifton Webb zum Lesen gegeben. Ich wußte, daß Lubitsch es bereits wieder umgeschrieben haben würde, wenn wir hier sind, egal wer als offizieller Drehbuchautor genannt wird. Ich weiß, daß sie die Frau eines englischen Lords ist. Also nehmen wir eine weiße Chiffonbluse mit Rüschen am Hals und an den Handgelenken, mit einem sehr schlichten schwarzen Samtkostüm und schönen Schuhen mit schmalen Absätzen ... weiße Ziegenlederhandschuhe, sehr wenig Schmuck, und ein entspanntes Gesicht. Das ist einfach. Das habe ich alles. Das brauchen wir nicht einmal zu entwerfen. Wie steht's mit dem anderen Mann? Wer ist er? Wer soll ihn spielen?«

»Melvyn Douglas. Er hat zwar Talent für seichte Komödien, aber für meinen Geschmack ist er kein romantischer Co-Star. Er hat keine Ausstrahlung. Keinen Sex-Appeal. Sehr langweilig zum Anschauen.«

»Zwischen Herbert Marshall und diesem Douglas soll die Dietrich also elegant und sexy aussehen? Wie reizend! Letztes Mal war ich Marshalls Frau und konnte ihn wenigstens wegen Cary Grant verlassen. Dieses Mal bekomme ich nur einen kalten ›Fisch‹?«

Sie stand auf. Offenbar fand sie es jetzt doch an der Zeit, das Drehbuch ihres neuen Films *Angel* (dt. *Engel*) zu lesen.

Die exotischen Vögel saßen immer noch auf ihren silbernen Zweigen, die Spiegel glänzten, die Panther streiften umher, die Gardenien blühten, das Haus der di Frasso war genauso, wie wir es verlassen hatten. Selbst der Afghane saß noch im Schatten unter den Magnolien, als ob er sich ein Jahr lang nicht von der Stelle gerührt hätte. Abgesehen von dem neuen Liebhaber meiner Mutter war alles so wie im Vorjahr. Unser »Ritter« verwandelte sich wie ein Chamäleon und umgab sich jetzt mit den Versatzstücken eines zu seinen Ursprüngen in Südkalifornien zurückgekehrten attraktiven Anglophilen. Er zeigte sein berühmtes, vom Vater ererbtes Lächeln, bräunte seinen Körper und war in und um unseren Pool herum schön anzusehen. Wir kochten Kraftbrühe für Herbert Marshall und George Raft und Gulasch für Lubitsch. Anna May Wong bekam um vier eine Tasse ihres heißen grünen Tees, für John Barrymore schmuggelten wir jeden Morgen um zehn in Thermosflaschen Whisky auf seinen Set. Zusammen mit Nellie entwarfen wir Haarteile und räumten die Garderobe ein.

Die Bosse von Paramount hatten die Garderobe meiner Mutter als Willkommensgruß neu einrichten lassen: wuchtige Art-deco-Sessel und eine dazu passende Chaiselongue in einem flauschigen weißen Material auf geraniumroten Teppichen. Meine Mutter liebte diese Möbel und nannte sie ihre »weißen Teddybären«. Sie gab sie nie wieder her und nahm sie sogar mit, als wir Paramount für immer den Rücken kehrten, und verstaute sie in einem Lagerhaus, wo sie die nächsten fünfzig Jahre überwinterten. Mae West konnte unsere »Plüschbären« nie leiden, weil sie sie am Popo kitzelten, wie sie behauptete. Aber ich glaube, sie war nur eifersüchtig. Sie klaute weiter die Blumen vor unserer Garderobe: Alles war wieder wie gewohnt!

Meine Mutter war über das hochgestochene Drehbuch von Lubitsch so entsetzt, daß sie ihn am Wochenende nicht mehr in seinem Strandhaus besuchte. Sie rief Edington an und machte ihm die Hölle heiß. Es sei höchste Zeit, daß er etwas unternehme, um eine neue Katastrophe zu verhindern. Sie habe endgültig die Nase voll davon, zu einem häßlichen kleinen Mann mit einer großen Nase und einer belutschten Zigarre »nett« sein zu müssen!« Als Clifton Webb ihr schrieb, ihm gefalle das Drehbuch, war sie auch auf ihn wütend.

410 Park Avenue
Sonntag, 28. März 1937

Meine Hübsche,
ich habe gelesen, daß Du im Frack zu der Party der Rathbones gegangen bist und mit allen Mädchen getanzt hast. Der Frühling

hat sich also offensichtlich mächtig auf Deine Drüsen ausgewirkt. Ich wünschte, ich wäre dabeigewesen.
Ich habe das Skript von *Engel* gelesen. Ich finde es ideal für Dich, und Du wirst darin göttlich aussehen. Ich glaube aber, Du solltest Dich in Paris mit dem anderen Mann einmal gründlich aussprechen. Die Parkszene ist vielleicht für Jeannette McDonald richtig, aber nicht für Dich, Kleinchen. Wie ich mein Fräulein von Losch kenne ...

Plötzlich fehlte an unserem Swimmingpool ein gebräunter »Ritter«, und das Schlafzimmer meiner Mutter blieb unverschlossen.

Liebling,
... Ich glaube, daß Du unsere Beziehung und meine stürmisch intensive Hingabe an Dich als viel zu selbstverständlich angesehen hast.
Wenn man sein Leben schon soweit teilt, daß man innerhalb gewisser notwendiger Grenzen einen gemeinsamen Haushalt führt und sich häuslich einrichtet, wie wir es getan haben, dann hat man bestimmte Verpflichtungen ...
Wenn Du es für notwendig erachtest, Deine »Ein-Mann-Frau-Einstellung« zu ändern, gehört es sich meiner Meinung, daß wir uns zusammensetzen und Du mich von Deiner Absicht in Kenntnis setzt und zumindest den ernsthaften Versuch machst, mir Deinen Sinneswandel verständlich zu machen ... Ich halte es weder Dir, mir oder unserer Beziehung gegenüber für anständig, wenn Du mich wie einen Gigolo behandelst, der begierig die Launen der gnädigen Frau erwartet und angelaufen kommt, wenn Du ihn rufst, und andernfalls zu Hause bleiben muß, bis er gerufen wird ...
Zwischen zwei Menschen, die sich lieben, muß es Zugeständnisse geben, Respekt und eine Übereinstimmung des Herzens, des Geistes und der Seele. Dies kann nicht eingefordert oder eingeklagt werden – es muß aus gegenseitigem oder notwendigem Verlangen entstehen ...
Ich sage nichts mehr dazu außer ... Gott schütze dich, geliebte Duschka.

Es gab einiges Auf und Ab in ihrer Beziehung. In den Hochphasen küßten sie sich, hielten Händchen, zogen sich elegant an und gingen auf Partys und in Nachtlokale. Sie waren das ideale Paar – beide auf männliche und weibliche Art zugleich schön. Wenn gerade Funkstille zwischen ihnen herrschte, bereitete er sich auf seinen Film vor, bemitleidete sich, machte sie für sein Unglück verantwortlich und litt. Sie bereitete unterdessen ihren Film vor, gab mir seinen Ehering, den ich zu den anderen legen sollte, und vergaß ihn, ohne daß es sie schmerzte. Dennoch fand er in Telefonaten mit meinem Vater und den »Boys« Erwähnung.

»Papilein, kannst du mir sagen, was ich so toll an ihm fand? Lag es nur an ... London? Wie er dort war? Oder lag es daran, daß er damals nicht arbeitete? Denn jetzt, hier in Hollywood, verhält er sich plötzlich wie ein Schauspieler! ›Ich, ich, ich, mir, mir, mir.‹ Kein Wunder, daß sein Vater nichts mit ihm zu tun haben will. Ich fange allmählich sogar an, seine schreckliche Exfrau zu verstehen. Glaubst du, daß ich mich in ihn verliebt habe, weil er im Frack so toll aussah?«

Die Nachricht, daß die *Hindenburg* beim Landemanöver in New Jersey in Flammen aufgegangen war, erfuhren wir aus dem Radio in der Garderobe. Der Sprecher brach bei der Berichterstattung über die Katastrophe in Schluchzen aus. Meine Mutter triumphierte.

»Siehst du? Weißt du noch, daß ich mich geweigert habe, damit zu fliegen? Selbst Papi wollte, daß wir sie nehmen. Das muß Sabotage gewesen sein. Sehr gut! Jetzt müssen die Nazis Geld in einen neuen Zeppelin stecken, mit dem aber niemand fahren wird, weil jetzt alle zuviel Angst haben.«

Irgendwann während der Vorbereitungen für *Engel* verlor meine Mutter das Interesse. Zum erstenmal seit *Der Blaue Engel* ließ sie sich gehen, und zwar dort, wo sie sonst immer geglänzt hatte: bei ihrem Aussehen. Travis Banton, der ihr inzwischen so sehr vertraute, daß er sich von ihr leiten ließ, merkte ebenfalls nichts, und zusammen machten sie einen Fehler nach dem anderen. Das Ganze endete damit, daß sie den einzigen Film drehten, in dem ihr einzigartiges Stilgefühl sie verließ. Das war besonders traurig, weil es ihr letzter gemeinsamer Film sein sollte. Das berühmte »Juwelen«-Kleid des Films, ein über und über mit falschen Rubinen und Smaragden besetztes enganliegendes Kleid, das extra so entworfen worden war, daß meine Mutter ihre eigenen echten Smaragde tragen konnte, verdankte seine Berühmtheit mehr seinem Gewicht von über fünfzig Pfund und den Herstellungskosten von viertausend Dollar als seiner optischen Vollkommenheit.

Der ganze Film ist irgendwie leicht »daneben« – nichts stimmt.

Vielleicht spürte meine Mutter das bereits lange vor den anderen, erkannte die Aussichtslosigkeit der Situation und gab auf. Von den Tausenden von Studioaufnahmen und Porträts, die von jedem ihrer Filme aufbewahrt wurden, behielt die Dietrich von diesem Film nur ganz wenige für sich selbst, bloß die, auf denen sie ihren eigenen »Tante-Vally«-Samtanzug mit der weißen Rüschenbluse trug. Als *Engel* sich der Fertigstellung näherte, bewahrten wir längst keinen Vorrat von Lubitschs Lieblingszigarren mehr in unserer Garderobe auf. Die beiden sprachen nicht mehr miteinander.

*

Am 30. Mai 1937 ließ der Verband der unabhängigen Kinobesitzer Amerikas folgende Anzeige in allen Fachzeitschriften der Filmbranche abdrucken:

Die folgenden Stars sind
GIFT FÜR DIE KINOKASSE
Joan Crawford
Bette Davis
Marlene Dietrich
Greta Garbo
Katharine Hepburn

Angeblich hatten die genannten Schauspielerinnen mit einem Schlag die Fähigkeit eingebüßt, das zahlende Publikum allein mit ihrem Namen in die Kinos zu locken. Unter Druck legte Paramount die Pläne für den geplanten nächsten Film der Dietrich auf Eis und schickte sie in die Wüste. Columbia, die Marlene Dietrich für die Rolle der George Sand hatte gewinnen wollen, ließ das Vorhaben fallen.

Zum erstenmal seit ihrer Ankunft in Amerika war meine Mutter arbeitslos. Sie rief meinen Vater an.

»Papi, wir verlassen Amerika. Es heißt, Dietrich-Filme verkaufen sich nicht mehr. Diese Idioten – alles Idioten – natürlich verkaufen sie sich nicht ... weil sie schlechte Filme sind. Das hat aber nichts mit der Dietrich zu tun. Sogar die Garbo steht auf der Liste, die mit den Froschaugen – meinetwegen, wer will schon sein Geld für die ausgeben – aber die Hepburn? Ja! Sie steht auch drauf. Unglaublich! Wen haben sie jetzt eigentlich noch? Irene Dunne vielleicht? *Die* soll ein Star sein? Ein Wahnsinn ist sie!«

Wir räumten die Garderobe und packten ein, alles, was nicht niet- und nagelfest war. Dann wurde alles auf Lastwagen vom Paramount-Gelände abtransportiert. Fertig aus. Keine tränenreichen Abschiedsszenen, keine rührseligen Erinnerungen. Die Schlacht war gewonnen und irgendwie auch verloren, und unser Soldat verließ aufrecht das Feld. Als nächstes packten wir zu Hause unsere Sachen. Wir waren sowieso schon immer Zigeuner gewesen. Wir schlossen das Haus ab, zahlten Leibwächter, Diener und Tennislehrer aus, motteten den Cadillac ein, versahen Bridges mit einem glänzenden Zeugnis und bestiegen den Zug nach Osten, der jetzt *Super Chief* hieß, weil er mittlerweile mit Klimaanlage ausgestattet war. Ich winkte Nellie noch nach, nachdem der Zug schon längst aus der Union Station abgefahren war. Eine Ära war zu Ende.

An die Zugfahrt zur Ostküste erinnere ich mich nicht mehr genau, außer daß ich mich irgendwie sehr allein fühlte und tief in meinem Inneren etwas schmerzte. Sogar meinen kleinen Balkon gab es nicht mehr, an seiner Stelle befand sich jetzt stromlinienförmiger Chrom. Schnell und angenehm kühl war alles, das Reisen war angenehm geworden – und kein Abenteuer mehr.

In New York amüsierte sich meine Mutter köstlich. »Gift für die Kinokasse« zu sein, schadete vielleicht ihrem Ruhm beim einfachen Publikum, spielte aber in den elitären Kreisen, in denen sie sich vorzugsweise bewegte, keine Rolle.

Jemand mußte meiner Mutter gesagt haben, meine Sicherheit sei auch in Europa gefährdet, denn plötzlich wurde mein alter Leibwächter wieder engagiert und sollte rechtzeitig an die Ostküste kommen, um uns nach Frankreich zu begleiten. Und da wir schon dabei waren, konnten wir uns gleich einen wirklich schönen Sommer machen, und so überredete meine Mutter die Verantwortlichen bei Paramount, Nellie Urlaub zu geben, damit auch sie uns begleiten konnte. Kurz vor unserer geplanten Abreise rief meine Mutter meinen Vater an.

»Papi, ruf Mutti an. Bitte sag ihr, sie soll diesen Doktor anrufen, der dem Kind die Beine in Ordnung gebracht hat. Sag ihm, daß sie zu schnell wächst. Da muß innen etwas nicht in Ordnung sein, sie wird eine Riesin. Jede Woche paßt etwas anderes nicht mehr. Es ist nicht nur, daß sie so dick wird, es sind die Knochen, die ständig wachsen. Er muß mir sagen, was ich tun soll, vielleicht weiß er ja, was ihr fehlt. Er kann nach Paris kommen und sie untersuchen.«

O je! Ich hatte den Rücken nicht krumm genug gemacht. Ich hoffte, man würde mich nicht wie Tami in einen »Kurort« verbannen.

Am Tag unserer Abreise war ich völlig verzweifelt. Sogar die wunderbare *Normandie* konnte mich dieses Mal nicht in frohe Erwartung versetzen. Ich stand ganz hinten am Heck. Ich wollte die Freiheitsstatue so lange wie möglich sehen. Dem Verhalten meiner Mutter nach zu urteilen, konnte es das letzte Mal sein. Ich wünschte mir dasselbe wie jedesmal, nämlich wieder zurückzukommen, ohne jedoch richtig daran zu glauben, daß mein Wunsch Wirklichkeit werden würde. Meine Großmutter schickte ein Telegramm an Bord des Schiffes:

> MARLENE DIETRICH NORMANDIE
> DOKTOR NICHT BEUNRUHIGT KIND VÖLLIG NORMAL. STOP
> WÄCHST WIE DIE NATUR ES VERLANGT. STOP ABSOLUT KEINE
> GEFAHR
> MUTTI

Ich wußte, daß die Zweifel meiner Mutter längst noch nicht zerstreut waren, denn sie sah mich immer noch besorgt an, aber nicht mehr so oft wie vorher. Ich hoffte, daß sie aufhören würde, sich um meine Knochen Sorgen zu machen, wenn wir einmal in ihrem geliebten Europa angekommen waren.

Mein Vater holte uns zuverlässig wie immer in Le Havre ab, nahm die umfangreichen Gepäcklisten entgegen und brachte unsere vielköpfige Reisegruppe zum Zug nach Paris.

Was die *Normandie* unter den Ozeandampfern war, war das Lancaster unter den Hotels. Es lag diskret versteckt in einer Seitenstraße der Champs-Élysées, eine Art Privatschloß mitten in Paris. Baccarat-Kronleuchter, Brokatstühle, unschätzbare Antiquitäten, facettierte Spiegel, Aubusson-Teppiche, verzierte Friese, Türen wie in Versailles, Verandafenster mit Schärpen aus Satin, Taft und Organdy und Blumen, Blumen und noch mal Blumen, taufrisch und in den Farbtönen eines ewigen Frühlings. Ihr Duft durfte nie aufdringlich sein, sondern schwebte leicht in der Luft. Es gab damals auch andere große Hotels einer solchen visuellen Vollendung. Was das Lancaster jedoch außer dem höchsten Komfort auszeichnete, war absolute Diskretion. Wir wohnten fast drei Jahre dort. Es wurde unsere Basis, unser europäisches Hauptquartier, und in dieser ganzen Zeit habe ich kein einziges Mal auch nur einen anderen Gast zu Gesicht bekommen! Wie schafften sie das bloß? Wie war es nur möglich, ein Hotel zu führen, in dem jedes Zimmermädchen, jeder Hausdiener, Portier und Kellner so etwas wie ein persönlicher Diener war? Hier wurden Zimmer geputzt und Betten gewechselt, ohne daß wir je gestört oder in irgendeiner Weise in unserem persönlichen Tagesablauf beeinträchtigt worden wären. Wie betreibt man ein Hotel ohne Foyer? Ohne Klingeln, ohne geschäftiges Treiben und ohne Aufzüge, die nie kommen? Wie führt man ein Hotel, ohne daß man zumindest einmal einen Staubsauger auf irgendeinem der Gänge hört? Dem Lancaster gelang dieses Kunststück. Man mußte sich nicht einmal ins Gästebuch eintragen. Warum auch? Niemand trägt sich schließlich in seinem eigenen Schloß ins Gästebuch ein. Wir mußten das Hotel auch nie durch die Küche betreten. Obwohl die französische Presse und die Bewunderer der Dietrich sich in der engen Seitenstraße drängten, wichen sie bei unserer Ankunft wie das Rote Meer auseinander und ließen uns passieren. Waren wir erst einmal drinnen, konnte nichts und niemand uns mehr folgen. Es war undenkbar und unmöglich, das Personal des Lancaster zu bestechen. So etwas war hier unbekannt. Hätte jemand es gewagt, wäre er bestimmt guillotiniert worden.

Mein Vater hatte dieses Juwel entdeckt, sollte es aber später leidenschaftlich bereuen. Fans und Reporter hielten hingebungsvoll Wache: Tag und Nacht, in Sonne und Regen war die Rue de Berri voller Menschen. In dieses Nadelöhr mußte mein Vater seinen großen grünen Packard fahren, wann immer »Madame« Dietrich irgendwohin kutschiert zu werden wünschte. Das bereitete ihm große Sorgen, denn er hatte nach monatelangem Brüten über Farbproben und einem endlosen Briefwechsel mit der Firma Packard seinen kostbaren Wagen neu lackieren lassen. Er war in den neuen dunkelgrünen Lack wie ein junger Mann verliebt, so sehr, daß er den Wagen jedesmal, wenn er nur in seine Nähe kam, mit bewundernden Blicken bedachte und ihm liebevoll über die Kotflügel streichelte. Außerdem paßte er höllisch auf den teuren Lack auf. Aber sobald wir unser »Schloß« verließen, drängte die Menge auf uns zu.

»Marlene! Marlene!« kreischten aufgeregte Stimmen. Nervöse Gendarmen, elegant anzusehen in ihren kleinen Capes und makellosen weißen Handschuhen, hoben ihre ebenfalls weißen Schlagstöcke und legten vorsichtig Protest ein. Natürlich siegte »l'amour« über Gesetz und Ordnung! Die Menge stürmte nach vorne, um einen Blick auf ihr Idol werfen zu können, aber der Stolz meines Vaters stand ihnen im

Weg, und so drückten sie dagegen. Fremde Hände berührten das grün glänzende Metall, und mein Vater wurde verrückt!

Er brüllte los: »Mein Gott, der Lack! Mein Lack ... Hände weg von meinen Lack!« Und dieses Mal schaffte es die Dietrich nicht zur Toilette. Sie lachte, pinkelte, weinte! Wir mußten die Anprobe bei Schiaparelli absagen. Von da an wurde die Borschtsch-und-Schwarzbrot-Affäre von »Papis Lack« auf Platz zwei verwiesen.

»Das hättest du sehen sollen! Hunderte von Leuten stürmen auf mich los, und was tut Papi? Er macht sich überhaupt keine Sorgen um mich, das einzige, das ihm Sorgen macht, ist sein neuer Lack!«

Um nicht durch Deutschland fahren zu müssen, nahmen wir den Zug über die Schweiz nach Österreich und kamen noch rechtzeitig in Salzburg an, um für das Abendessen neu »eingekleidet« zu werden. Nellie sah hübsch aus in ihrem gemusterten blauen Dirndl mit der altrosa Schürze. Dazu trug sie einen lustigen Strohhut mit einer buschigen weißen Feder, die wippte, wenn Nellie hüpfte. Ich trug in diesem Jahr Kornblumenblau mit einer großen dunkelblauen Schürze, die alles versteckte, was es nach dem Ratschluß meiner Mutter zu verstecken galt. Anfänglich weigerte sich mein Leibwächter, der vor dem Laden Posten bezogen hatte, in das Geschäft zu kommen und sich ebenfalls verwandeln zu lassen, aber als er die Enttäuschung im Gesicht meiner Mutter sah, ließ er sich erweichen und bekam einen grünen Jägerhut mit einer großen silbernen Nadel verpaßt, die einen gestellten Hirsch zeigte. Tami und Teddy blieben verschont, da sie noch mit meinem Vater in dem schönen smaragdgrünen Packard unterwegs waren.

Meine Mutter telefonierte den ganzen Abend mit Jaray in Wien und unserem einsamen »Ritter« in Beverly Hills. Nellie schrieb Postkarten, mein Leibwächter ölte seinen Revolver, ich schloß mich im Badezimmer mit den schwanförmigen Wasserhähnen ein und las *Vom Winde verweht*, das ich mir in der Kostümabteilung besorgt hatte. Das wertvolle Buch war aufgrund seiner Größe furchtbar schwer zu verstecken. Ich bewahrte es in der Stricktasche von der Schule auf und hoffte, niemand würde sich anbieten, sie zu tragen, und dann merken, wie schwer sie war. Nellie wußte Bescheid, aber sie war meine Freundin und würde mich nicht verraten. *Vom Winde verweht* zog mich magnetisch an. Weit von der Heimat entfernt, las ich von einer bestimmten Zeit in der Geschichte meines Landes und fühlte mich nicht mehr so einsam.

Meine Mutter war die schönste Milchmagd aller Zeiten, mein Vater trug kurze Lederhosen und Tiroler Kniestrümpfe, Tami und ich trugen unterschiedlich blumenverzierte Dirndl. So bestiegen wir den Packard, der farblich zu unseren Lodenpelerinen paßte, und machten uns auf den Weg. Nellie, der Leibwächter und das Gepäck folgten in angemieteten Taxis. Die Vorstellung von *Heidi* konnte beginnen!

Und natürlich hatte mein Vater es gefunden! Genau wie seine Frau es bestellt hatte. Da stand es vor uns! Grüne Fensterläden mit ausgesägten Herzen, gemusterte Vorhänge hinter Sprossenfenstern, eine grüne Bank in der Sonne vor dem Haus und überall grellrote Geranien, eine Wasserpumpe, ein Holztrog, rot-weiß karierte Tischtücher, Federbetten, eine funktionierende Kuckucksuhr, sogar eine Scheune, die beißenden Geruch ausströmte – dank unserer eigenen Kuh. Mein Vater hatte wie ein genialer Ausstatter für alles gesorgt.

Meine Mutter stand vor dem bestellten Traum eines österreichischen Bauernhauses und sagte: »Papilein, sind da genug Schränke für die Kleider?« Dann stürmte sie ohne auf eine Antwort zu warten ins Haus und vergewisserte sich selbst. Aber sie konnte nicht den kleinsten Fehler entdecken, so sehr sie es auch versuchte. Wir blieben ziemlich lange dort. Das heißt Teddy, ich und die Kuh blieben. Mein Vater hatte alle Hände voll zu tun, meine Mutter ins nahe Salzburg und zu dessen berühmten Festspielattraktionen zu kutschieren. Tami spielte wie üblich die Rolle einer »Tarnbegleiterin« für den Begleiter meiner Mutter am jeweiligen Abend. Wenn meine Mutter bei uns auf dem Hof übernachtete, stand sie gewöhnlich früh auf, um dem Bauern, der den Hof betrieb, beim Melken auf die Finger zu sehen und ihm zu drohen, daß er es mit ihr zu tun bekäme, wenn er ihrer Kuh weh tue. Wir saßen um den herrlichen alten Holztisch, Kaffee und frisches Brot lagen zum Warmhalten auf dem Kachelofen, und die Erwachsenen in feinster Knize-Seide, Satin und Marabu vergaßen ihre Rollen als »Bauern« in ihren Trachten, gaben sich statt dessen wie die Gebildeten in einem Stück und lasen die Morgenzeitungen. Tami und ich lasen nie, wir hörten zu. Wir waren immer für die »Frühstücksshow« bereit.

»Papi! Sie haben tatsächlich geheiratet! Jetzt ist diese schreckliche Wallis Simpson also die Herzogin von Windsor! Der König hat bestimmt, daß sein Bruder als ›Ihre Königliche Hoheit‹ angesprochen werden darf, aber nicht seine Frau oder ihre Kinder. Kinder zumindest wird es keine geben, das wissen wir ja. Aber gut, daß sie sich wenigstens nicht ›Königliche Hoheit‹ nennen darf. ›Herzogin‹ ist schon zu gut für eine Frau, die schließlich nur eine geschiedene Amerikanerin ist!«

Wenige Wochen später hörten wir, daß die wunderbare Jean Harlow mit sechsundzwanzig an Harnvergiftung gestorben war. Meine Mutter war außer sich.

»Ihre Mutter! Diese schreckliche Christian-Science-Mutter! Sie hat sie umgebracht! Sie hat keinen Arzt ins Haus gelassen. William Powell mußte die Harlow selbst in das Krankenhaus fahren ... aber es war zu spät. Man konnte sie nicht mehr retten. Jemand sollte diese Mutter umbringen. Vielleicht tut es ja Powell, aber wahrscheinlich ist er zu niedergeschlagen. Vielleicht wird es Louis B. Mayer tun. Sie war ein wirklicher Star. Wundervoller Körper, wundervolle Haare. Wenn sie den Mund aufmachte, dann war sie schrecklich – Stubenmädchen –, aber wenn sie nichts tat, war sie herrlich!«

Bei einem unserer Ausflüge in jenem Sommer 1937 besuchten wir die Eltern meines Vaters in Aussig an der tschechoslowakischen Grenze. Dieses Mal kam meine Mutter mit. Tami und die Tiere mußten auf dem Hof zurückbleiben. Ich zwang mich, nicht auf meine Großmutter loszurennen, die mit ausgebreiteten Armen dastand. Ich wußte, daß sie das möglicherweise verletzte, aber wenn ich meinen Großeltern gegenüber zu viel Freude und Liebe zeigte, würde meine Mutter nur eifersüchtig werden und hinfort jeden mit ihren sarkastischen Bemerkungen belästigen. Die Dietrich stieg aus dem Packard und begrüßte ihre Schwiegermutter, die rasch die Hände an der blauen Schürze abwischte, bevor sie schüchtern die ihr entgegengestreckte, in Handschuhen steckende Hand schüttelte. Als meine Mutter sich umdrehte, um ihren Schwiegervater zu begrüßen, umarmte ich rasch meine Großmutter. Der Besuch wurde noch komplizierter, als ich erwartet hatte. Es war so schwer, meine Großmutter davon abzuhalten, mich in den Arm zu nehmen, mir beim Sprechen über den Kopf zu streicheln und mir ihre Zuneigung zu zeigen, wie es eben liebevolle, herzliche Menschen »im richtigen Leben« manchmal tun, und ich versuchte nicht einmal, ihr zu erklären, daß meine Mutter glauben mußte, ich liebe nur sie und niemanden sonst, in alle Ewigkeit, amen! Das hätte diese einfache, unkomplizierte Frau nie verstanden! Mein Großvater hatte eine interessante Art, mit dem zu Besuch gekommenen Star umzugehen. Er flirtete mit ihr, und ihr gefiel es! Ich merkte erst jetzt, was für ein intelligenter Mensch er war.

Meinem Vater gefiel die angemessen demütige Art, die seine Eltern seiner berühmten Frau gegenüber an den Tag legten. Trotzdem paßte er unablässig auf, daß sie sich nicht doch noch vergaßen und etwas sagten, bevor sie gefragt wurden.

Wir blieben nur zwei Tage. Ich beugte mich hinunter, küßte die weiche Wange meiner Großmutter und flüsterte: »Ich liebe dich, Großmutter. Nächstesmal backen wir zusammen, und dann kannst du mir zeigen, wie du deine herrliche Oblatentorte machst. Ich verspreche es dir. Bitte sage Großvater, es tut mir leid, daß ich dieses Mal nicht mit ihm Dame spielen konnte. Sag ihm, daß ich ihn liebe und daß ich den Fuchs immer noch habe.«

Unter den wachsamen Augen meines Vaters stieg ich in den Wagen. Abschiede mußten förmlich und korrekt abgewickelt werden. Dann fuhren wir los. Ich versuchte nicht einmal, zurückzusehen und zu winken. Vielleicht hätte ich weinen müssen, und dann hätte ich zu hören bekommen, ich müsse lernen, meine Gefühle besser zu beherrschen. Ich würde meine Großeltern erst als erwachsene Frau wiedersehen, beide zu alt und vom Krieg zu erschöpft, um mich noch zu erkennen.

Zurück auf dem Hof war die Kuh am Kalben. Sie hatte es sehr schwer. Meine Mutter wurde sofort zur Hebamme und rief dem besorgten Bauern, der sich nach Kräften mühte, das Kalb herauszuziehen, Befehle zu.

»Ziehen! Ziehen! Sehen Sie denn nicht, daß es feststeckt?«

Die Kuh muhte verängstigt.

»Hören Sie doch! Sie tun ihr weh! Hören Sie sofort auf! Aufhören!« kreischte der zu Besuch weilende Kinostar. Schweißüberströmt und mit rotem Gesicht wickelte der Bauer Jutesäcke um die beiden bereits herausragenden Hufe des Kalbes und zog erneut. Nichts bewegte sich außer der gebärenden Kuh.

»Es sitzt fest! Wir brauchen Öl!« rief meine Mutter. Sie hob ihren pfirsichfarbenen Satinmorgenmantel hoch und rannte durch den dampfenden Mist zum Haus und zu ihrem Vorratsschrank. Sekunden später kam sie mit der erstbesten Creme zurück, die ihr in die Hände gekommen war – eine große Flasche Blue-Grass-Gesichtsöl von Elizabeth Arden, das sie umgehend in das Hinterteil der stöhnenden Kuh goß. Meine Mutter packte ein Bein des Kalbs, das andere drückte sie dem Bauern in die Hand, und dann gab sie das Kommando, als sei sie der Schlagmann eines Regattaboots.

»Eins, zwei, drei. Ziehen!«

»Eins, zwei, drei. Ziehen!« Und heraus glitt das wohlriechendste

Kalb, das je in Tirol das Licht der Welt erblickte. Der Stall roch wochenlang nach dem Parfüm der Arden, während die arme Kuh versuchte, den Gestank von ihrem Neugeborenen abzulecken. Meine Mutter bestellte sofort eine Kiste ihres Öls aus New York, damit der Bauer es bei zukünftigen »Geburten« immer sofort parat hatte.

Das Frühstück war weiterhin eine sehr informative Veranstaltung.

»Es heißt, *Othello* sei ein großer Erfolg. Brian spielt mit. Kannst du ihn dir als Jago vorstellen? Wahrscheinlich ist er schrecklich hübsch anzusehen, wenn er durchs Bühnenbild schleicht. Lächerlich! Zum einen ist er als Schauspieler nicht gut genug für eine solche Rolle, und zweitens ist er zu englisch, um überzeugend einen italienischen Schurken darstellen zu können ... Noël Coward hat wieder einen großen Erfolg. Es geht Schlag auf Schlag bei ihm. Er ist wirklich großartig! Erinnerst du dich noch, wie er mir telegrafierte und mich bat, bei seiner Kostümprobe mit dabeizusein? Und wie er dann in diesem leicht affektierten Englisch sagte: ›Marlenah! Ich darf unter keinen Umständen weibisch wirken. Sei ein Schatz und achte auf alles, was nicht wirklich zu einem ›Kerl‹ paßt. Du hast ein Auge dafür. Wenn ich irgendwie schwul wirke, mußt du es mir sofort sagen.‹ Mit ihm würde ich sofort ein Theaterstück machen. Sieh dir nur an, was er für Gertrude Lawrence getan hat. Eine kleine drittklassige Soubrette ... Und jetzt gilt sie als ›elegant‹ ... Und das verdankt sie alles Coward! ... Hitler hat Elisabeth Bergner offiziell aus Deutschland rausgeschmissen, weil sie Jüdin ist! Bald werden sie überhaupt keine Talente mehr für ihr großes ›Kulturreich‹ haben – abgesehen von dieser schrecklichen Riefenstahl und Emil Jannings. Die werden bleiben, und die kann Hitler haben.«

Ich schrieb Brian, gratulierte ihm zu seinem Erfolg als Jago und erzählte ihm alles über unser neugeborenes Kalb und dessen Elizabeth-Arden-Duft. Ich bat ihn, mir den *Othello* zu schicken, damit ich mir ein Bild davon machen konnte, was er so gut spielte.

Meine Mutter war in diesem Sommer oft unterwegs. Neben ihren täglichen Fahrten nach Salzburg reiste sie nach London, Paris, Venedig und Cannes. Bei einem ihrer »Abstecher« nach England traf sie zum erstenmal George Bernard Shaw. Sie erzählte mir oft ihre Version dieser Begegnung.

»Da war er also, dieser wunderbare Mann ... und sah schon damals alt aus, mit seinem Bart und der Pergamenthaut. Alle Leute, die ständig nur Gemüse essen, bekommen eine komische Hautfarbe. Ich sank vor ihm auf die Knie, und er sah mich nur mit seinen hellen Augen an. Er liebte es, wenn Frauen ihm zu Füßen lagen und ihn bewunderten. Wir unterhielten uns den ganzen Tag ... Es war bereits dunkel, als ich mich verabschiedete. Er sagte, er würde ein Stück für mich schreiben, was er aber nie tat. Weißt du, daß er Hitler gut fand? Schon komisch, daß brillante Männer manchmal so dumm sind ... Aber was die Russen angeht, hatte Shaw recht! Er liebte sie so sehr wie ich. Wir rezitierten unsere Lieblingsgedichte. Er konnte es gar nicht glauben, daß ich so viele gute Gedichte auswendig wußte. Weißt du, Shaw sah gar nicht aus wie ein Schriftsteller, sondern wie ein Schauspieler. Er benahm sich auch so ... sehr egoistisch, und er redete nur von sich selbst.«

Die Version, die mein Vater von der Begegnung der beiden »lebenden Legenden« zu erzählen wußte, klang anders:

»Damals hatten wir einen Bauernhof in Österreich gemietet. Mutti hatte jemanden aufgetrieben, der sie zu George Bernard Shaw bringen sollte. Sie verbrachte den ganzen Tag mit Shaw, und als sie zurückkam, erzählte sie mir, sie sei vor ihm in die Knie gesunken, und er hat seinen Schlitz aufgemacht und sein ›Ding‹ herausgeholt. ›Natürlich mußte ich es tun, bevor wir reden konnten!‹ Sie hat ihn nie wieder besucht, aber sagte, daß er ein wunderbarer Mann war ...«

Es war nicht ungewöhnlich, daß ich verschiedene Versionen von ein und derselben Geschichte erzählt bekam. Als Erwachsene mußte ich mir oft die verschiedensten Szenarios anhören, die meine Mutter, ihr Ehemann, ihre Liebhaber, ihre Freunde und Feinde und ihr »Dunstkreis« entwarfen. Nach einiger Zeit konnte ich die Lügen sicher von der Wahrheit unterscheiden. Das Ganze war eine Art geschmackloses Gesellschaftsspiel, das ich und meine Familie gekonnt und mit einem gewissen Voyeurismus spielten. Die Dietrich hatte die Angewohnheit, vor vielen berühmten Männern »auf die Knie zu sinken«, immer bereit und stolz darauf, absolute Verehrung zu demonstrieren. Sie muß sehr überzeugend gewesen sein. Einmal besuchte sie den großen Bildhauer Giacometti in seinem Studio. Ein paar Stunden später tauchte sie wieder auf mit einer Gipsstatue im Arm, ihre Knie nur leicht gerötet.

*

Meine Mutter stand in der Tür unserer Bauernküche und zog ihre Handschuhe an.

»Papilein, wenn Kalifornien anruft, bin ich zu Anproben in Wien.

Wenn Wien anruft, bin ich zu Anproben in Paris. Wenn London anruft, dasselbe. Und du weißt nicht, in welchem Hotel.«

Offensichtlich waren unser »Ritter«, Hans Jaray und jemand in London in Ungnade gefallen.

»Mutti! Ich als dein Mann muß doch wissen, in welchem Hotel meine Frau abgestiegen ist!«

»Sei nicht lächerlich! Sag einfach, du weißt es nicht!« Und damit verschwand meine Mutter zu ihrer angeblichen Anprobe in Salzburg.

Die Lippen meines Vaters wurden ganz schmal. Es machte ihm nichts aus, die Liebhaber meiner Mutter zu belügen, nur eins mochte er nicht – in ihren Augen als Trottel dastehen. Er war sehr eitel und wollte, daß sie alle eine hohe Meinung von ihm hatten.

Ich lernte den Freund meiner Mutter in Salzburg nie kennen. Er war ja auch nur etwas Vorübergehendes für den Sommer und schnell wieder passé. Aber solange er da war, schwärmte die Dietrich vom *Faust* und von Gut und Böse; sie erzählte von ihrem Jungmädchentraum, eines Tages hingebungsvoll die Margarethe spielen zu dürfen, und gab uns die berühmte Gebetsszene als Zugabe zum Frühstück.

Mein Vater hatte alle Hände voll mit den Rechnungen zu tun und damit, daß das angestellte Ehepaar die Dietrich ja nicht mit dem Preis der Kartoffeln betrog. Mein Leibwächter erkundete das Dorf, Nellie schrieb Postkarten, Teddy beobachtete hechelnd flatternde Schmetterlinge, Tami faßte leinene Tischtücher mit schönen Bordüren mit slawischen Motiven ein, und ich las meine »offiziellen« Bücher auf der grünen Bank vor dem Haus. Es war eine friedliche, sonnige und ruhige Zeit! Ich war glücklich, daß meine Mutter wieder einmal jemanden gefunden hatte, der sie beschäftigte.

Der Frieden dauerte nicht lange. Die Mutter meiner Mutter kam in Begleitung ihrer älteren, in dunkelbraune Wolle gekleideten Tochter. Beide hatten sich nicht verändert, ihr Charakter war nur noch schärfer ausgeprägt. Meine Großmutter war kühl, nüchtern und dominant, meine Tante zögerlich, ängstlich und schüchtern. Tami und ich mußten auf dieses Nervenbündel von Frau aufpassen, was uns großen Spaß machte, obwohl wir uns hüteten, dies zu zeigen. Diskussionen und Streit erfüllten das Haus. Meine Mutter wurde immer heftiger.

»Mutti! Du hast keine andere Wahl. Du mußt Berlin verlassen und mit uns nach Amerika kommen. Wenn die Nazis jetzt glauben, sie könnten sogar Orte in Spanien bombardieren, das so weit weg ist, dann gibt es bestimmt Krieg! Die Amerikaner werden nichts tun! Wie üblich werden sie nicht einmal wissen, was im Rest der Welt überhaupt vorgeht. Die Engländer können sich nicht entscheiden, aber die Franzosen werden ein solches Verhalten nicht dulden und in den Krieg ziehen. Das hat mir mein Freund Hemingway, der große Schriftsteller, gesagt.«

»Lena, du verstehst das nicht. Franco versucht, Spanien von der Unterdrückung der Loyalisten zu befreien. Er ist ein guter Freund Deutschlands ... Dieses ganze Gerede über die Beteiligung unserer neuen Luftwaffe an der Bombardierung eines kleinen baskischen Dorfes ist nichts weiter als antideutsche Propaganda. Das ist in Wirklichkeit nie passiert. Otto Dietrich ist jetzt Parteipressesekretär, und ich glaube ihm!«

Meine Tante ballte die Hände im Schoß. Sie war während des ganzen Besuchs stets darum bemüht, sich aus den Gesprächen herauszuhalten. Doch jetzt konnte sie nicht länger stillhalten.

»Nein! Es ist keine antideutsche Propaganda! Es stimmt! Alles stimmt. Schreckliche, ganz schreckliche Dinge – und niemand hält das Böse auf ... niemand ...« Sie hielt schnell die Hand vor den Mund, kaum daß sie die Worte ausgesprochen hatte, erschrocken über ihre eigene Kühnheit.

»Liesel, das reicht! Du bist nur eine Frau, die weder intelligent genug ist noch über genügend Informationen verfügt, um sich moralische Urteile anmaßen zu dürfen. Nimm dich zusammen, bevor du dieses Haus in Verlegenheit bringst.«

»Tante Liesel, laß uns gehen und einen Strauß Wiesenblumen für dein Zimmer pflücken!« sagte ich und führte sie hinaus. Tami folgte uns.

Wir saßen in einem Mohnblumenfeld, banden kleine Sträuße und hörten zu, was meine Tante über einen Ort namens Guernica zu berichten hatte. Wie immer konnte sie nur ängstlich flüstern. Selbst die Blumen könnten Spitzel der Gestapo sein!

Als die Familie meiner Mutter wieder nach Berlin zurückfuhr, umarmte ich meine Tante und wünschte mir, sie könnte hier bei uns in Sicherheit bleiben. Meine Großmutter gab mir die Hand und sah mir in die Augen.

»Maria! Die Welt wird sich ändern, ob zum Guten oder zum Schlechten, das wird erst die Zukunft zeigen. Aber Treue und Pflicht werden immer wertvoll sein. Durch sie heben sich intelligente Menschen vom Pöbel ab. Vergiß das nie!« Sie küßte mich auf die Stirn, klopfte mir auf die Schulter und stieg in das wartende Auto.

Ich sah sie nie wieder. Sie lebte während des ganzen Zweiten Weltkriegs in ihrem Haus in Berlin und starb kurz nach dem Zusammenbruch Nazi-Deutschlands, ob in Freude oder Enttäuschung weiß ich nicht. Meine Mutter sah dem Wagen nach, der den Serpentinenweg ins Tal von St. Gilgen hinunterfuhr; dann drehte sie sich um und schlug die Tür zu. Dieses Mal weinte sie nicht.

*

Ich hatte in jenem Sommer andere Probleme. Zum »glücklichen Landleben« gehörte, daß viel auf dem großen eisernen Ofen gekocht wurde, während ich am Küchentisch saß und die reichhaltigen Ergebnisse kosten sollte.

»Papi. Ich weiß nicht, warum das Kind so dick wird. Es fängt an, häßlich auszusehen«, rief meine Mutter immer wieder aus, wenn sie in die Küche marschierte und mir aus vier Eiern ein Omelett machte. Und als Nachtisch gab es die besonderen, eben erst von Tami gebackenen Wespennester. Zögerte ich einmal, mich vollzustopfen, bekam ich sofort zu hören: »Was ist los? Bist du krank? Nein? Dann iß! Das tut dir gut. Ich habe sie extra für dich gemacht, Liebling!«

Folglich ging ich auf wie ein Luftballon und sprengte die hübschen Leibchen meiner Bauerntracht. Meine Mutter schüttelte nur mißbilligend den Kopf, ließ immer größere Taillen aus Salzburg kommen und gab wieder ein Pfund Butter für meine tägliche Portion Bratkartoffeln in die Pfanne.

Der schlimmste Tag war, als sie bei mir *Vom Winde verweht* fanden. Alle meine englischen Bücher, auch mein geliebter Shakespeare, wurden konfisziert. Ich fürchtete einen Moment lang, sie würden auf dem Dorfplatz verbrannt. Eine Woche lang richtete niemand mehr das Wort an mich. In Österreich war ich immer vom Pech verfolgt.

Auch die Kuh bekam Schwierigkeiten. Die Sommerabende waren so mild, daß der Bauer sie in einem notdürftig zusammengezimmerten Schuppen über der provisorischen Garage unterbrachte. Dort gefiel es ihr, und sie erleichterte sich ausgiebigst und käute wieder, während der saure Urin durch die Latten auf den kostbaren Packard meines Vaters tropfte. Die heiße Sonne tat ein übriges. Der dunkelgrüne Lack bekam ein interessantes hellgrünes Punktmuster. Die arme Kuh wurde ohne jegliche Gnadenfrist dem örtlichen Schlachter überantwortet. Schluß mit dem österreichischen Bauernhaus! Wir hängten unsere karierten Schürzen an den Haken, kleideten uns wieder in Seide und Gabardine und fuhren in dem pockennarbigen Packard nach Paris. Es war unser letzter Aufenthalt in Österreich. Aber im nächsten Frühjahr hatte Hitler seinem Reich ein weiteres Land angeschlossen, ohne auch nur einen Schuß abgegeben zu haben.

Vielleicht hatte meine Mutter Hans Jaray nach Paris bestellt, vielleicht war auch ihr Salzburger Liebhaber gekommen, oder sie hatte beschlossen, das Verhältnis mit Chevalier oder Colette wiederaufleben zu lassen. Was auch immer, die Dietrich ging jedenfalls allein ihrer Wege, und da mein Vater Verhandlungen wegen eines neuen Lacks führen mußte, konnten Tami und ich die große Weltausstellung von 1937 erkunden. Die ganze Welt war in diesem Jahr nach Paris gekommen, um sich zu präsentieren. Jedes Land war mit einem eigenen Pavillon vertreten, in dem die eindrucksvollsten Leistungen des betreffenden Landes auf allen erdenklichen Gebieten ausgestellt wurden. Die Architektur war sehr nationalistisch. Die Deutschen hatten, dem griechisch-römischen Lieblingsstil Hitlers treu ergeben, einen wolkenkratzerartigen Tempel errichtet; auf ihm thronte ein sechs Meter hoher Adler, der ein massives Hakenkreuz in seinen bösartigen Klauen hielt. Genau gegenüber, auf der anderen Seite der Promenade, stand der Pavillon der Sowjetunion. Er sah aus wie eine verrutschte Jugendstiltorte; auf ihm stand eine sechs Meter hohe Statue – ein Genosse, der eine todbringende Sense schwingend vorwärtsstürmte. Die Franzosen hatten aus Anlaß der Ausstellung den Eiffelturm elektrifiziert; sie richteten eine Menge zusätzlicher Restaurants ein, stellten wertvolle Kunstschätze aus und widmeten ein Gebäude den Herrlichkeiten meines geliebten Luxusdampfers *Normandie*. Siam präsentierte sich in Form einer goldenen Tempelglocke mit Buddhas aus Jade und zarten Wasserlilien, Italien in einem Durcheinander von da Vincis, Michelangelos, handgemachten Fettucini, die auf Holzgestellen trockneten, und Fotos, die von den glorreichen Fortschritten unter Mussolinis Faschismus Zeugnis ablegen sollten. Das noch freie Spanien stellte Lederarbeiten aus Cordoba, Spitzen aus Valencia, Torreroanzüge unter Glas und Brunnen in Innenhöfen aus, und in einem gesonderten Raum neben dem Haupteingang hing ein riesiges Wandbild von einem gewissen Pablo Ruiz Picasso. Es war schockierend häßlich, mit in stummem Schrei aufgerissenen Mündern und herausquellenden Augen, für immer geblendet von den Greueln, deren Zeuge sie geworden waren, Mensch und Tier in einer Agonie gewaltsamen Sterbens, ihre Angst in die hilflose Stille hinausschreiend. Man hatte das Gefühl, Farben zu sehen, obwohl das Bild in Schwarzweiß gemalt war, farblos, wie der Tod. Ich las das Schild darunter: »Guernica 1937.« Jetzt wußte ich, was Tante Liesel uns zu sagen versucht hatte, und ich verstand, was in dieser spanischen Stadt passiert war, was die Nazis getan hatten.

Zurück im Lancaster, versuchte ich meiner Mutter von dem zu berichten, was ich an diesem Tag gesehen und gefühlt hatte. Sie zeigte keinerlei Interesse.

»Ich kann diesen Picasso nicht leiden. Er malt nur häßliche Gesichter. Ein verrückter Mensch. Hemingway hält ihn für einen großen Künstler und Patrioten. Aber Hemingway ist ja alles heilig, was mit diesen Leuten zu tun hat, die in den spanischen Bergen ihren Bürgerkrieg kämpfen! ... Heute abend gehen wir in den dänischen Pavillon und probieren den Fisch in Dillsauce ... dann möchte Papi noch zum türkischen Pavillon, um Baklava zu kosten. Ich habe Cocteau gesagt, er könnte mich unterdessen zusammen mit seinem Freund zum jugoslawischen Pavillon begleiten, um die kleinen Wildblaubeeren mit saurer Sahne zu probieren. Liebling, du und Tami könnt ja eure rote Lieblingsgrütze in Bulgarien essen, und wir treffen uns dann alle um elf zum Kaffee auf Java.«

Müde und voll der vielen tausend Eindrücke saß ich im Pavillon von Java, aß gebackene Banane und hörte den Geschichten Cocteaus zu. Elsa Maxwell und ihre Begleiter setzten sich zu uns an den Tisch. Es war eine sehr elegante Gesellschaft: Damen mit kurzgeschnittenem Haar, enganliegenden Abendkleidern an extrem dünnen Körpern, Handschuhe bis an die Ellbogen und Abendhandtaschen an Ketten mit echten Diamanten, und Herren im Frack, die die Aura eines vielleicht nicht erarbeiteten, dafür aber stilvoll zur Schau getragenen Wohlstands verbreiteten. Als der Name Gertrude Stein fiel, hörte ich genauer hin. Endlich sprachen sie über jemanden, den ich kannte.

»Ach, der kesse Vater! Der kann mich mal!« lispelte Cocteaus Freund, ein blonder Däne mit zittrigen, milchweißen Händen. Ich war verwirrt. Nicht darüber, daß Gertrude Stein ihn mal konnte. Diesen Ausdruck hatte ich oft gehört, es war der Lieblingsausdruck meines Vaters. Aber ein »kesser Vater«? Was bedeuteten diese beiden Worte auf eine Frau bezogen?

»Oh, sieh nur! Schnell! Da drüben!« Meine Mutter zeigte aufgeregt auf eine schöne Frau, die in Schichten von lavendelfarbenem Chiffon und Parmaveilchen daherkam und den Duft von Guerlains Shalimar hinter sich herzog.

»Hast du die gesehen? Die wie Irene Dunne aufgemacht ist? Das ist ein Er! Herrlich!« Meine Mutter wandte sich an Cocteau: »Kennst du ihn? Mach uns bekannt!«

Als die schöne lavendelfarbene »Dame«, die in Wirklichkeit ein fünfundzwanzigjähriger Konditorlehrling aus Toulouse war, die Neugier meiner Mutter befriedigt hatte, sie erfahren hatte, wie er seine falschen Wimpern ausdünnen konnte, und von meiner Mutter unzählige Autogramme für seine vielen Freunde, die in der Provinz Eclairs füllten, bekommen hatte, war ich in meinem geschnitzten Teakstuhl eingeschlafen.

Es war ein langer Sommer gewesen.

*

»Papilein, warum muß das Kind in diese Schule mit all den komischen Mädchen zurück? Sie können ihr dort nichts mehr beibringen ... sie weiß schon alles. Sie hat gestern mit der Telefonistin französisch gesprochen, und man hat sie verstanden.«

Zum Glück ließ sich mein Vater nicht von den Bitten meiner Mutter erweichen, und so fand ich mich zum Winter 1937/38 wieder in der Schule ein. Es war schön, in die handfeste Schweizer Realität zurückgekehrt zu sein. Ich hoffte, daß ich dieses Mal das ganze Semester bleiben durfte.

Aber ich hatte mich zu früh gefreut! Zwei Monate später kam Tami in die Schweiz mit dem Auftrag, mich aus dem Unterricht zu holen. Meine Mutter wünschte mich in Paris zu sehen. Die Abschlußprüfungen? Nicht so wichtig, die konnten warten. Glücklich darüber, auf diese Weise dem Homer-Übersetzen entrinnen zu können, warf ich wahllos ein paar Kleider in meinen Koffer – sie würden sowieso entweder zu eng, zu alt oder sonstwas sein und durch neue ersetzt werden –, machte vor den keineswegs begeisterten Rektorinnen einen Knicks, wünschte ihnen atemlos ein »Joyeux Noël« und hüpfte in das wartende Taxi. Wir mußten zum Zug!

Tami wirkte fröhlich, fast schon zu fröhlich. Sie sprach schnell und hektisch, als müsse sie sich beeilen, die Worte auszusprechen, bevor andere sie in ihrem Kopf verdrängten. Sie gestikulierte oft völlig unkoordiniert zu dem, was sie sagte. Sie hantierte mit ihrer Brieftasche herum, zahlte dem Taxifahrer zuwenig, entschuldigte sich überschwenglich, zahlte dann zuviel, suchte verzweifelt nach den Zugfahrscheinen, fand sie, reichte sie dem Gepäckträger, ließ das Trinkgeld fallen, machte Anstalten, es wieder aufzuheben, nahm mich bei der Hand und zog mich hinter dem Gepäckträger her zu dem bereits wartenden Zug.

»Wasser! Ich habe kein Wasser gekauft. Und was ist mit Zeitungen? Die Pässe? Haben wir die Pässe? Katerlein, willst du Schokolade? Ja! Natürlich! Ich laufe und besorge welche. Habe ich noch genug Zeit? Wann fährt der Zug? Habe ich Schweizer Geld? Wieviel wird es kosten? Nehmen sie französische Francs? Nein, oder doch? Vielleicht habe ich ja gar nicht mehr genug Zeit. Warum habe ich bloß nicht an das Wasser gedacht? Wie dumm von mir. Vielleicht gibt es ja auch im Zug Wasser. Meinst du, sie nehmen französische Francs?« Sie blieb an der Tür stehen, völlig ratlos und unfähig zu entscheiden, was sie tun und wohin sie gehen sollte.

Ich umarmte sie, drehte sie langsam um, drückte sie auf den Sitz und versuchte sie zu beruhigen. Zeitungen waren unnötig, weil wir beide ein Buch dabeihatten. Der Zug hatte nicht nur einen Speisewagen, sondern auch Getränkeverkäufer, Wasser war also leicht zu bekommen. Sie hatte es doch ganz allein geschafft, von Paris nach Lausanne zu fahren, mich abzuholen und dann mit mir in den richtigen Zug zu steigen, alles ohne einen Fehler. Also, sie hatte es geschafft. Jetzt sollte sie sich ausruhen. Wir würden sicher ohne Schwierigkeiten nach Paris zurückkommen.

Wie ein erschöpftes Kind legte sie den Kopf auf meine Schulter und schlief sanft ein. Mein Gott, was war nur los mit ihr? Ich hielt die zerbrechliche, gequälte Seele in meinen Armen und fragte mich, welche Dämonen sie verfolgten.

Wir fuhren in die Gare de Lyon ein. Sie strich sich das Haar glatt, setzte ihren Hut auf und lächelte mich schüchtern im Spiegel an. »Katerlein, du wirst doch Mami und Papi nicht erzählen, daß ich mich so dumm benommen habe? Sie sind so gut zu mir und haben soviel Geduld.«

»Selbstverständlich werde ich das. Ich werde ins Lancaster marschieren und sagen: ›Was für eine Reise! Nichts als ihre üblichen Dummheiten! Lernt denn diese Frau nie ein bißchen Disziplin?‹« Ich sagte das in bester Dietrich-Imitation und brachte damit sogar Tami zum Lachen.

Als unser Taxi vor dem Hotel vorfuhr, wartete mein Vater bereits auf dem Gehsteig. Als wir die Suite meiner Mutter betraten, sagte er: »Mutti! Sie sind da! Und sogar wohlbehalten! Erstaunlich. Die Blinden führen die Blinden.«

Und meine Mutter war dabei, mich auf die Augen zu küssen.

Meine Mutter war in diesem Winter besonders schön. Ich wurde desinfiziert, bekam die Haare geschnitten und erhielt neue Kleider und Schuhe, dann küßte sie mich weinend zum Abschied und reiste nach Amerika ab, wo sie in New York einen Aufenthalt einlegte, um Hüte zu kaufen und sich in eine Dame namens Beth zu verlieben, bevor sie nach Hollywood weiterfuhr. *Tatjana* war angelaufen und erwies sich als Flop, *Engel* lief in der ersten Novemberwoche an und war ebenfalls ein Mißerfolg.

Ich wurde in einem kleinen Hotel ein paar Schritte von der vornehmen Place Vendôme entfernt untergebracht, wo ich vom Fenster aus das Kommen und Gehen im feinen Ritz beobachten konnte, natürlich nur, wenn mir meine neue englische Gouvernante eine so »gewöhnliche« Neugier erlaubte.

Meine Mutter war im Beverly Wilshire Hotel abgestiegen und versorgte meinen Vater mit den neuesten Nachrichten.

Beverly Hills, California
30. November 1937

Liebster,

ich werde versuchen, Dir einen sachlichen Brief zu schreiben, denn wenn ich zu jammern anfange, ist es schwer für Dich.

Erstens mal fängt der Film, den mir Paramount schuldet, nicht vor Februar an, und vielleicht wird er überhaupt nicht gemacht, denn wenn sie wöchentlich extra Gage zahlen müssen für den ganzen Film, können sie nicht durchhalten. Vielleicht versuche ich, woanders zu arbeiten und den Paramount-Film später im neuen Jahr zu machen.

Die Reise war sehr schlecht. Im Zug sang mit einemmal Tauber vor meiner Tür, und er schüttete mir dann tagelang sein Herz aus. Er ist gar nicht glücklich. Er sang hier gestern so schön wie noch nie. Wir weinten alle bei den *Grenadieren* von Schumann! Richard rollten die Tränen so übers Gesicht, daß ich mich nicht schämte, daß ich weinte. Es war ein toller Erfolg für ihn, und er war glücklich für ein paar Stunden. Wir sangen im Zug zusammen alle alten Lieder, und Berlin war wieder da, so stark und so nah, daß wir ganz verloren in Pasadena ausstiegen. Lang nahm sich meiner an. Donug habe ich nicht gesehen, er schrieb mir heute früh, daß er sich abgefunden hätte und sein Leben ruhig und ausgefüllt sei. Ich bin froh, daß alles so ruhig gelöst ist, und schrieb Beth einen Abschiedsbrief, denn ich hatte mich in New York nicht getraut ihr zu sagen, daß es zu Ende ist. Edington ist treu und gut, und mit ihm und Lang hoffe ich, über diese schwere Zeit wegzukommen. Das Kind fehlt mir so. Alles erinnert mich an sie in diesem Land, das mir so fremd bleibt und das, wie ich ja immer schon fühlte, mir nur durch ihre Freude näher kam und ein Zuhause wurde.

Adieu, mein Herz. Ich liege hier im Bett, und keine Tür geht auf von allen Seiten, *und es ist furchtbar.*
Ewig Deine

                                                                           Mutti

Über Weihnachten wurde Tami in ein Sanatorium in den Bergen geschickt, in dem sie sich »zusammenreißen« sollte. Die Pläne meines Vaters blieben so offensichtlich im dunkeln, daß sie geheim sein mußten. Ich wurde auf einen englischen Landsitz mit Türmchen, Pomp und Zeremoniell wie aus einem Roman Sir Walter Scotts verfrachtet. In meinem Zimmer stand ein Himmelbett mit weißen Rüschen und elisabethanischen Vorhängen, außerdem gab es einen halbrunden Sitz unter Tudor-Fenstern und einen offenen *Adam*-Kamin, dessen stets bereitliegende Holzscheite jeden verschneiten Morgen von einem uniformierten Mädchen angezündet wurden. Dann weckte das Mädchen mich mit den Worten: »Miss, Miss, das Feuer brennt, und das Bad ist eingelaufen. Beeilen Sie sich, es wird bald zum Frühstück geläutet.« Meine Gastgeberin war eine geborene englische Lady, geschmackvoll und vornehm. Ihr Mann, eine jüngere Ausgabe von C. Aubrey Smith mit einem Hauch Michael Redgrave, saß in einem majestätischen Stuhl mit hoher Rückenlehne und strickte in Windeseile mit fünf Nadeln buntfarbene Kashmiresocken. Er hatte es in dieser eindrucksvollen Fertigkeit zur Perfektion gebracht, während er sich von einer Kriegsverletzung an den Händen erholte. Ich denke noch immer gern daran zurück, wie er elegant und lässig in diesem sehr britischen Stuhl saß und mit seinen Nadeln klapperte und den länger werdenden Socken keines Blickes würdigte. Auch die Tochter des Ehepaars war sehr nett zu mir, und es lag nicht an ihnen, daß ich mich in dieser Welt, zu der ich gerne gehört hätte, fremd fühlte.

Wir fuhren im Pferdeschlitten zu festlichen Bällen in den vornehmen Landsitzen der Nachbarn, bekamen richtige Tanzkarten, in die Sirs, Lords und Vicomtes aus Eton und Harrow freundlich ihre illustren

Namen eintrugen. Als ich am Weihnachtsmorgen aufwachte, entdeckte ich am Fußende meines schönen Bettes einen Kopfkissenbezug voller in buntes Papier eingewickelter Geschenke. Und an einem unvergeßlichen Abend einige Tage später kamen Gäste in Schottenröcken – ein Farbenmeer aus Rot, Grün und Blau, schwarzem Samt und dem Silber der Schnallenschuhe – zu einem Festessen in unseren eigenen Ballsaal; Dudelsackbläser in voller Uniform schritten um den gedeckten Tisch herum und begrüßten mit ihren eindringlichen Melodien das neue Jahr.

Noch nie wurde einem heimatlosen Kind ein so schönes Weihnachten geschenkt. Es wurde mir zum Maßstab dafür, was dieses Fest sein soll und kann. Immer wenn ich einen Dudelsack höre, sehe ich das wunderbare Haus vor mir, spüre seine Wärme und Sicherheit und danke jenen freundlichen Fremden dafür, daß sie einem Kind aus einer Scheinwelt zum erstenmal gezeigt haben, was Tradition ist.

Zurück in der Schule wurde ich wieder dauernd von meiner Mutter aus dem Unterricht geholt. Sie hatte sich nicht vor einer großen Galapremiere drücken können und mußte mir nun alles erzählen. Sie gab mir nicht einmal Gelegenheit, ihr dafür zu danken, daß ich Weihnachten hatte in England verbringen dürfen.

»Liebling, hör zu! Hör zu! Du wirst es nicht für möglich halten! Ich mußte zu einer Filmpremiere. Scheinwerfer, Fans, roter Teppich, alle total aufgedonnert, Rundfunkinterviews – einfach alles! Wie eine wirklich ›große Filmpremiere‹. Ich mußte den ganzen Filmstarrummel mitmachen. Haare, Pelze – sämtliche Smaragde! Das herrliche weiße Chiffonkleid paßte nicht, weil du nicht hier warst, um den Busen anzukleben. Na ja, und der ganze Rummel – für was? Für hoppelnde Kaninchen! Selbst du wärst dafür zu alt! Aber du hättest dabeisein sollen, allein um das Gekreische zu hören, als wir aus dem Wagen stiegen – ›Gift für die Kinokasse‹ hin oder her. Die Leute wurden verrückt, sie drückten so sehr gegen die Barrikaden, daß einige von ihnen vor Aufregung in Ohnmacht fielen und von anderen beinahe zertrampelt wurden.

Hinterher im Auto sagte ich dann: ›Ich würde wirklich gern eins wissen: Wer sieht sich denn so was an? Ein abendfüllender Film mit nichts anderem als süßlichen Tierchen? ... Abgesehen von der herrlichen Stiefmutter ... Das ist doch für Zweijährige! ... All diese häßlichen kleinen Heinzelmännchen! Und der Prinz sieht schwul aus ... Man kann doch nicht dem Erfinder der Mickymaus erlauben, Filmproduzent zu werden! Liebling, das mußt du dir ansehen! [Ich konnte es kaum erwarten!] Sie haben eine ›Putzszene‹ ... Ich habe mir fast in die Hosen gemacht! Kleine ›Vögelchen‹ und niedliche Eichhörnchen, alle helfen sie dem Dorftrottel – und dazu schreckliche Musik! Nur Gedudel ... So was muß einfach verboten werden. Und dann auch noch eine Premiere dafür zu veranstalten. Und für diese Mißgeburt mußte ich mich feinmachen. Liebling, ich sage dir eins – der wird nie Geld machen!«

Disneys erster Zeichentrickfilm in voller Länge zog mich unwiderstehlich an, und als ich mir *Schneewittchen* schließlich ansah, konnte mir auch die Kritik meiner Mutter den Film nicht verderben. Ich fand ihn herrlich – die »Vögelchen«, den »schwulen Prinzen«, alles!

*

Der alte Vertrag meiner Mutter war Ende Februar abgelaufen. Paramount schuldete ihr noch einen Film und war jetzt bereit, sie auszuzahlen. Sie schrieb meinem Vater:

> Ich habe schon zuviel Zeit und Geld verbraucht in der Hoffnung, das Studio würde sich etwas einfallen lassen, was das »Gift für die Kinokasse« vergessen macht, aber sie haben nichts anzubieten. Ich habe den diskreten Tip bekommen, daß sie bereit sind zu zahlen, womit die Sache beendet wäre, daß ich aber, um den Schein zu wahren, einen Anwalt brauche, der ihnen schreibt, etc. Die 250000 Dollar werden uns eine Weile über Wasser halten. Irgendwann wird sich etwas finden, und dann ist alles wieder in Ordnung. Ich muß glauben, daß Hemingway recht hatte, als er sagte, daß es nicht nur durch Jo so kam, sondern daß viel auch aus meinem Inneren kam.
> Es ist hier sehr teuer, aber du kennst die Mentalität in der Umgebung der Studios. Ich darf nicht als »ehemaliger« oder »arbeitsloser« Star gelten. Also gebe ich für eine sehr glänzende Erscheinung aus, was ich habe, während ich in Wirklichkeit einsam bin, mich langweile und – Dir gegenüber kann ich es zugeben – Angst habe.

Hitler marschierte in Österreich ein und wurde begeistert empfangen. Meine Mutter zog aus dem teuren Hotel in ein kleines Haus in Beverly Hills um.

Mein Vater lieferte mich zu Beginn der Ferien im Frühjahr bei meiner Mutter ab. Ich war zwar nicht lange genug in der Schule gewesen, um die Ferien wirklich zu verdienen, dafür aber die anderen Kinder, und so mußte man eben auch mich gehen lassen. Tami war wieder einmal »auf Besuch bei ihrem Bruder«, wie es hieß. Ich fragte mich, wo man sie dieses Mal versteckte und ob man sie wieder gezwungen hatte, ein Baby zu töten.

Meine Mutter war in diesem Frühjahr besonders schön. Sie war munter und gesprächig und hatte ihren schönen »Ritter« gut im Griff. Auch er zeigte sich von der besten Seite. Die beiden lachten und spielten ein wirklich perfektes »Liebespaar«. Aber es muß auch noch einen anderen Verehrer gegeben haben, denn ein- oder zweimal mußte ich sagen, meine Mutter sei bei Drehbuchbesprechungen, obwohl ich genau wußte, daß das nicht stimmte. Als der Verehrer einmal frühmorgens anrief, mußte ich so tun, als liege sie noch im Bett, während sie in Wirklichkeit gar nicht zu Hause geschlafen hatte.

Wir waren bei einer ihrer alten Freundinnen zum Tee eingeladen. Ich überlegte, ob Dorothy di Frasso und meine Mutter mehr gemeinsam hatten als das Haus, das wir einmal von der Gräfin gemietet hatten. Unsere Gräfin wollte nach Italien eilen – um Mussolini zu töten! Sie hatte einen todsicheren Plan! Sie steckte eine neue Zigarette in den langen Elfenbeinhalter und erzählte uns von ihrem Vorhaben: Offenbar durchstachen zerhackte und ins Essen gemischte Schnurrhaare eines Tigers die Eingeweide eines Menschen wie Tausende kleiner Nadeln – und führten zu einem schmerzhaften Tod durch Bauchfellentzündung.

»Marlene, die Innereien verwandeln sich in ein Sieb, Scheiße fließt in den Magen und basta! Ein stinkender Tod!«

Die Gräfin wollte in Rom eine Party für ihre adligen italienischen Freunde geben, jedem eine Pinzette in die Hand drücken und sie auf die Jagd nach Schnurrhaaren schicken.

»Aber Liebste, wie willst du sie Mussolini ins Essen mischen?« fragte meine Mutter fasziniert.

Unsere elegante Attentäterin schmunzelte. »Oh, *das* ist das einfachste von allem!«

Meine Mutter warf den Kopf zurück und lachte lauthals.

Wir blieben den ganzen Nachmittag und sprachen noch einmal alle Details von Mussolinis geplantem Ableben durch. Da es im Zoo von Rom nur noch zwei alte Tiger gab, wollte die Gräfin di Frasso mit dem Flugzeug nach Italien fliegen, um rechtzeitig dort zu sein, bevor die Tiger starben. Wir sollten mit dem Schiff nachkommen und ihren Afghanen mitbringen. Wie zwei beherzte Fremdenlegionäre, die sich zu unbekannten Gefahren aufmachen, küßten sie sich galant zum »Abschied«.

Beim Einsteigen in den Wagen sagte meine Mutter: »Ach, ich wäre so gerne dabei, um zuzusehen, wie sie ihn zu Tode fickt und füttert!« Dann erst bemerkte sie, was ihr in meiner Anwesenheit herausgeschlüpft war, und sprach schnell von dem Hund, den wir mit nach Europa nehmen müßten, während ich versuchte, nicht laut loszuprusten.

Ein neues Filmangebot für die Dietrich war nicht in Sicht und die Zusammenarbeit mit der Paramount beendet; meine Mutter wurde unruhig. Sie hatte lange genug in Amerika gelebt und der gesetzlich vorgeschriebenen Frist für die Anwartschaft auf die amerikanische Staatsbürgerschaft Genüge getan. Jetzt wartete sie ungeduldig darauf, nach Europa abreisen zu können. Wir trafen uns mit meinem Vater, der es vorgezogen hatte, sich in New York zu amüsieren. Er hatte eine hübsche Rothaarige an seiner Seite und schien sehr damit beschäftigt, sich die Sehenswürdigkeiten der Stadt zeigen zu lassen. Während meine Mutter mit ihrer Freundin »Beth«, die wie eine Klette an ihr hing, und mein Vater und seine Palm-Beach-Debütantin sich amüsierten, rief ich Brian an. Ich erzählte ihm, wie sehr mir Weihnachten in England gefallen hatte, sprach über meine Befürchtungen, was Tami anging, über meine notorisch schlechten Noten in der Schule, weil ich nie wirklich dort war, und über meine Mutter, die sich Sorgen machte, weil ich so dick und häßlich war und weil meine Knochen so rasch wuchsen. Er hörte mir zu. Er war immer bereit, sich meine Kindersorgen anzuhören, und versuchte dann zu helfen. Das konnte er zwar nicht, aber es genügte schon, daß ich jemanden hatte, dem ich alles erzählen konnte.

Ich sah den Bauarbeiten am Rockefeller Center zu, kaufte mir insgeheim ein neues Buch mit dem Titel *Rebecca* mit Geld, das ich vom »Trinkgeld« abgeknapst hatte, hörte Radio, lernte den Text von »Flat Foot Floogie With the Floy-Floy«, damit ich in der Schule die einzige war, die das Lied singen konnte, und wünschte mir zum hunderttausendstenmal, daß ich nicht abzureisen brauchte.

Unsere Deauville-Suite in rosé-beige erwartete uns, die *Normandie* war bereit, uns in ihre Herrlichkeit aufzunehmen und ans andere Ufer des Ozeans zu tragen. Die Band spielte, Hörner tuteten. Mit dreizehn Jahren mußte ich wieder einmal mein »Zuhause« verlassen. Einmal war ich noch zurückgekehrt, aber ich bezweifelte, daß ich dieses Glück noch einmal haben würde. Ich betete ganz fest und hoffte, daß die Dame am Hafenausgang nichts dagegen haben würde, wenn ich mich zu den »Heimatlosen und Sturmgepeitschten« zählte, denen sie so bereitwillig ihren Schutz und ihre Liebe anbot.

Ich versuchte, meine Sorgen im luxuriösen Swimmingpool der *Normandie* zu ertränken, doch mein kalifornisches Herz sehnte sich nach Sonne. Da war es schon leichter, ins Kino zu gehen und abzuschalten. Sogar meine Mutter ging mit. Wir sahen uns *Marie Antoinette* an. Auf der *Normandie* hatte man eine Schwäche für Filme mit Norma Shearer.

»Sie sieht jetzt viel besser aus als damals, als ihr Mann, dieser Thalberg, noch lebte«, ließ sich die Stimme meiner Mutter aus dem Dunkeln vernehmen. Die anderen Zuschauer zischten »pst!«, was die Dietrich jedoch nicht anfocht. Ihrer Ansicht nach wurden Filme allein zu ihrem Vergnügen gezeigt, weshalb sie alle Kinosäle der Welt als ihre privaten Vorführräume betrachtete.

»Schau dir nur diese Ausstattung an, Liebling! Das sind die besten Kostüme, die Adrian je entworfen hat. Natürlich haben sie nichts mit der wirklichen Marie Antoinette zu tun, aber dafür interessiert sich sowieso niemand – und Mayer würde den Unterschied eh nicht merken.« Ihre Kommentare kamen heftig und laut. Im Saal wurde immer gereizter »pst!« gerufen. »Und die Perücken! Schau dir bloß mal die Perücken an! Die sehen nach Sidney Guillaroff aus. Ob er sie wohl alle entworfen hat? Vielleicht sind sie ein bißchen übertrieben, aber ...«

»Also wirklich!« empörte sich ein Herr hinter uns, dem der Geduldsfaden riß. Meine Mutter drehte sich um. Er erkannte sie und entschuldigte sich sogleich ausgiebig, daß er sie gestört hatte. Sie fuhr fort:

»... also mit diesen Straußenfedern, den wallenden Locken, den Seidenschleifen und dem ganzen Geschmeide sieht sie lächerlich aus. Wie ein Zirkuspferd ... aber schön ist sie. Du, wenn die echte Marie Antoinette so gut ausgesehen hätte, hätten sie ihr nie den Kopf abgeschnitten.«

Mein Vater war ausgiebig damit beschäftigt, mit einer süßen Brünetten »Shuffleboard« zu spielen. Ich habe mich oft gefragt, ob alle diese »süßen Dinger« wirklich an ihm selbst interessiert waren oder in ihm nur einen Teil der Dietrich sahen. Und das gilt für die ganze genetische Verwandtschaft: Wer nicht die Königin bekommen kann, versucht es mit ihrem Gemahl oder der Prinzessin. Die Aura des Ruhms erweckt solches Begehren, daß sogar Enkel wegen ihrer illustren Gene zu umworbenen Bettpartnern werden. Wer zu dieser genetischen Population gehört, muß um sein Überleben wirklich kämpfen. Wenn der Urheber dieser magischen Anziehungskraft Madame Curie oder Einstein heißt, ist das Ganze zwar nicht weniger lästig, aber immerhin noch nachvollziehbar. Wenn dieser krankhafte Hang aber lediglich körperlicher Schönheit gilt, dann wird er bisweilen unerträglich.

»Ich trage mein Alix mit dem Satinbesatz, Liebling. Barbara Hutton gibt eine Party im Grillroom ... Wer glaubst du wohl, ist ihr neuester Freund? Unser Hemdenverkäufer aus der *Blonden Venus!* Es ist schon verrückt, wie diese schwerreichen Amerikanerinnen auf Schwule fliegen! Cole Porter ist wahrscheinlich wütend und wünscht sich, er hätte nie ›Night and Day‹ für ihn geschrieben!«

Ich wurde noch gerade rechtzeitig ins Internat zurückgeschickt, um für die Prüfungen vor den Sommerferien zu lernen. Meine neue Zimmergenossin war ein Mädchen, dessen Vater einmal mit meiner Mutter ein Wochenende im Hotel Ambassador verbracht hatte, wir gehörten also sozusagen zur gleichen Familie! Während dieses kurzen Schulhalbjahres kam meine offizielle Familie einmal zu Besuch. Meine Mutter, mein Vater, eine wieder auferstandene Tami und Teddy machten auf einer Reise Zwischenstation in der Schweiz, führten mich zu einem opulenten Mittagessen nach Lausanne aus und brachten mich anschließend in die Schule zurück. Dort signierte meine Mutter Autogrammbücher, tätschelte jugendliche Wangen, verströmte königliche Anmut und betörte alle mit ihrer Vollkommenheit. Zum Schluß weinte sie noch, als sie mir einen Abschied bereitete, wie ihn Tschechow hätte schreiben können. Trotz dieser rührenden Szene schien sie es doch eilig zu haben und bereits in Gedanken mit irgendeiner neuen »vollkommenen Liebe« beschäftigt zu sein. Es war ganz im Stil *Anna Karenina*. Ich winkte ihnen nach, bedauerte unseren »Ritter« und Beth und begab mich dann in Raum B: »Französische Literatur«, wo ich mich in Proust vertiefte. Zwischendurch kamen immer wieder besorgte Telefonanrufe, doch dadurch geriet ich nicht mehr in Bestürzung. Brillantmont hatte aufgehört, gegen meine Mutter ankämpfen zu wollen. Ich sah es der Schulleitung nach, denn ich kannte das Gefühl!

Ihre Stimme war sanft, sie sprach ein romantisches Deutsch à la Heine: »Jo ist hier. Seine Filme werden hier auf einem Festival gezeigt. Er ist hier sehr berühmt und wird gefeiert und hat daher kaum Zeit. Liebling! Venedig sollte man nur in der Dämmerung sehen – im Licht von Tintoretto. Wir trinken Dom Pérignon, wenn der Himmel golden hinter der Silhouette der vielen Kirchen erglüht. Wir gehen über kleine gewölbte Brücken und lauschen dem Gesang der Gondolieri, die alle wie Caruso singen!«

Ich fragte mich, wer wohl die andere Hälfte dieses »Wir« sei ... Er kannte sich jedenfalls in der Malerei aus!

»Oh, Liebling! Wenn du das sehen könntest! Wir sind in einem kleinen Fischerdorf – kleine Boote auf tiefblauem Meer, weiße Segel vom Wind gebläht, Fischer flicken ihre Netze im Abendrot, schöne barfüßige Frauen tragen Wasserkrüge, die sie auf eine Hüfte stützen, zum Dorfbrunnen. Wir essen kleine, über Kohlenfeuer gegrillte Fische mit frischem Thymian aus der Provence und atmen den Duft der Pinien, die hier bis zum Strand hinab stehen. Nachts hören wir den schönen italienischen Liebesliedern zu und dem Rauschen des Meeres, das in kleinen Wellen gegen den sanften Strand schlägt.«

Ich verging vor Neugier, den anderen Teil des »Wir« kennenzulernen.

»Liebling! – Diese Trauben! Wohin das Auge blickt, überall niedrige kräftige Rebstöcke. Heute wollen wir weißen Burgunder in einem kleinen Landgasthaus trinken ...«

Sie schien in einem märchenhaften Glück zu schwimmen mit Zeichen deutscher Gefühlsüberspannung! Nach meiner Einschätzung mußte ihr neuer Liebhaber Weinkenner, Künstler und ein echter Romantiker sein, auf jeden Fall ein besonderer Charakter.

*

Ich habe nie erfahren, weshalb mich meine Mutter zurück nach Paris kommen ließ, denn als ich im Hotel Lancaster ankam, war sie nicht da. Wohl aber der Flieder! Jemand mußte in ganz Frankreich weißen Flieder aufgekauft haben. Vor lauter Blumen konnte man die Möbel nicht sehen, und das Atmen fiel schwer. Plötzlich tauchte mein Vater hinter den Vasen auf, sagte hallo und stellte mir meine neue Gouvernante vor, die mich ohne große Begeisterung musterte. Ich machte einen Knicks, zog meine Reisehandschuhe aus, wir gaben uns die Hand, und dann mußte ich die Handschuhe wieder anziehen, weil wir gehen mußten. Ich wurde in ein anderes Hotel umquartiert, wo ich von nun an zusammen mit »Mademoiselle« wohnen würde, die Gouvernante und Anstandswauwau zugleich war. Damit begannen jene Umzüge, die meine Mutter anordnete, wenn sie mit einem neuen Liebhaber logierte. Nachdem ich »gerade dreizehn« war, hatte ich in der Vorstellung meiner Mutter das Alter erreicht, in dem ich gewisse Dinge mitbekommen könnte.

Das Hotel Windsor war ganz in Braun gehalten. Möbel, Tapeten, Teppiche, sogar die Gestecke aus getrockneten Blumen, alles hatte die Farbe gebackenen Schlamms. Unsere »Suite« besaß einen schönen Erker, aber sonst war sie genauso düster wie das übrige Hotel. Abgesehen von einem hübschen kleinen Park nebenan, an den ich mich gut erinnern kann, war an dem Hotel Windsor nichts Empfehlenswertes. Auf dem Platz vor dem Hotel stand auf einem massiven Sockel Rodins große Statue des Dichters Balzac, der düster vor sich hinbrütete und der ganzen Gegend seine Stimmung aufprägte.

Kaum hatte mein Vater seine Schützlinge untergebracht, verschwand er wieder. Während meine Gouvernante unsere Koffer auspackte, beobachtete ich sie. Sie war schwer einzuordnen. Sie war keine Zazu Pitts und gewiß keine Claudette Colbert als alte Jungfer – wenn eine Colbert mit altjüngferlichem Gebaren überhaupt denkbar ist. Was an dieser Frau neugierig machte, war der Mangel an Persönlichkeit, der von einer echten Gouvernante geradezu erwartet wird, der aber in ihrem Fall bewußt erworben schien. Ihre Tracht war korrekt: ein sprödes Marinekostüm, blütenweiße Bluse, eine Kamee am Ausschnitt, tadellos geputzte schwarze Lederschuhe. Ihr Haar trug sie altmodisch zu einem Knoten geflochten im Nacken. Alles schien einwandfrei und doch völlig falsch. Sie sah aus wie eine blasse altjüngferliche Dame, sie war aber keine – ihr Gang paßte nicht dazu. Sie hatte ein verführerisches Wiegen in den Hüften. Mit dieser Kostümierung wäre sie an meiner Freundin Mae West nicht vorbeigekommen! Einem Aufnahmeleiter hätte sie vielleicht etwas vormachen können. Gewiß hatte sich mein ansonsten wachsamer Vater anführen lassen, aber ... Hatte er sie nicht gehen sehen? Hatte er nicht bemerkt, wie sie bei jedem Hüftschwung die Schulter mitzog, wie sie sich jedesmal unauffällig betrachtete, wenn sie an einer spiegelnden Fläche vorbeikam? Vielleicht hatte er sich auch gar nicht hinters Licht führen lasssen, sondern war durch ihre geflissentlich verhüllten Reize gerade auf sie aufmerksam geworden und behielt sie nun zur weiteren Beobachtung. Mir war aufgefallen, daß Tami immer dann abgeschoben wurde, wenn er wieder eine bestimmte Sorte Frau bei der Hand hatte. Ich hoffte, daß diese hier nicht zu der einschlägigen Sorte gehörte. Die Freundin des Bosses zu sein verlockt dazu, sich Allüren anzumaßen. Diese Frau spielte sich schon auf. Jemandem zu vertrauen, der eine Maske so geschickt trug, konnte gefährlich werden. Ihr mußte wirklich viel an dieser undankbaren Arbeit liegen, wenn sie so großen Aufwand betrieb, um sie zu bekommen. Ich wollte herausfinden, warum.

Mein neues Leben verlief in geordneten Bahnen. Morgens machte ich meine Hausaufgaben, bis mich meine Mutter in ihr Hotel bestellte. Unterdessen holte meine Gouvernante ihren »heimlichen Schönheitsschlaf« nach. Erfrischt und tadellos gekleidet, lieferte sie mich pünktlich vor dem Mittagessen in die Arme meiner Mutter ab und verschwand. Ich schaute die Post durch, half meiner Mutter beim Ankleiden für die jeweilige Verabredung zum Mittagessen, hörte ihr zu, brachte sie hinunter, machte im Badezimmer und auf dem Toilettentisch Ordnung, räumte ihre Abendgarderobe vom Vortag weg, kümmerte mich um die Blumen und Grußkarten, streichelte Teddy und wurde von meinem Vater ermahnt, nicht zu bummeln. Bei alledem versuchte ich zu erfahren, wo Tami diesmal versteckt worden war. Später half ich meiner Mutter wieder beim Umziehen für das Abendessen, bürstete ihre Tageskleidung aus und hängte sie weg, bis »Mademoiselle« wieder erschien und ihren Schützling abholte. Wir gingen zurück in unser düsteres Hotel, wo uns gewöhnlich als Abendessen gekochte Seezunge »jardinière« auf dem Zimmer serviert wurde. Ich durfte Früchte und Käse allein essen, da Mademoiselle Zeit brauchte, um sich für unser nächtliches Ausgehen zurechtzumachen. Ihr langes, ausgekämmtes Haar sah so hübsch aus, wenn es bis auf ihre Schultern herabwallte. Den Lippenstift, den sie benutzte, fand ich ein bißchen zu scharlachrot, aber der Glanz war effektvoll. Das geblümte Seidenkleid floß an ihr herab und schmeichelte ihrer Figur. Hochhackige Schuhe betonten ihren Gang, der sie zuerst verraten hatte. Rasch gingen wir durch die leere Hotelhalle nach draußen, wo schon ein Taxi auf uns wartete. Wir saßen schweigsam jeder in seiner Ecke, die Dame des Abends und ihr Schützling, bis die Lichter von

Montmartre und die Kuppel Sacré-Cœur uns zeigten, daß wir angekommen waren. Sie zahlte das Fahrgeld aus ihrem Täschchen, das an Seidenkordeln von ihrer Schulter hing, schob mich durch eine schmale versteckte Tür, wies mir einen Platz an in der hintersten Ecke der von Kerzen erleuchteten Bar und entschwand über eine knarrende Treppe. Hinter ihr blieb eine Wolke billigen Parfüms zurück. Ich lernte im Juni '38 den Geschmack von Cherry Brandy schätzen. Eine übellaunige Frau mit fettigem Haar schenkte mir Glas um Glas von dem klebrigen Schnaps ein. Die Stunden vergingen und ich, das Kind zensierter Filme, das menschliche Beziehungen nur als romantische Verliebtheit oder Grausamkeit kannte, ich blieb artig auf meinem Platz und wartete auf die Gouvernante, die von wo auch immer wieder auftauchen und mich nach Hause bringen würde. Hätte mir jemand gesagt, ich tränke Brandy in einem Bordell, hätte ich damit nichts anzufangen gewußt, und da die Beschreibungen meiner Schulfreundinnen nicht eigentlich auf meine Gouvernante paßten, war mir die Bezeichnung »Prostituierte« nie in den Sinn gekommen. Mir war durch eine von meinem Vater ernannte Autoritätsperson befohlen worden, auf meinem Platz zu bleiben und zu warten, und wie Teddy blieb ich. Ich blieb brav, bis Mademoiselle mit strahlendem Lächeln und durcheinandergeratener Frisur wieder vor mir erschien und mich nach Hause brachte. Da sie nach diesen heimlichen Ausflügen immer besonders nett mit mir war, begriff ich schnell, darüber zu schweigen, und ich genoß die Vorzüge, die mir aus meiner Verschwiegenheit über ihr »kleines Geheimnis« erwuchsen.

Tagsüber wechselte ich weiterhin zwischen der luftigen, weiß-goldenen Schönheit des Hotels Lancaster und der braunen Düsternis des Windsor, in das ich stets zurückkehrte, wenn meine Mutter und ihr neuer Liebhaber in Paris logierten. Mir kam es nie in den Sinn, daß ich das Alter erreicht hatte, in dem man von mir glaubte, das Kind könne etwas merken. Das Verhalten meiner Mutter änderte sich nicht dort, wo ich gerade wohnte. Auch war es so rätselhaft, daß ich nie erriet, wann ich mich sehen lassen konnte und wann nicht. Schließlich gab ich es auf, die Geheimniskrämerei und Verstellung durchschauen zu wollen, und spielte hinsichtlich der Affären meiner Mutter die Dumme. Das hatte in der Vergangenheit immer geklappt, und es würde alle Beteiligten auch in der Gegenwart beruhigen. Mein Vater diente mir als windiges Vorbild: schmeichle und sei gut Freund mit allen, die über die Schwelle treten, fasse dich in Geduld, bis sie mitsamt den Regeln, die bei ihrem Kommen erfunden wurden, wieder durch andere ersetzt werden.

Weißer Flieder wurde in bisher nicht gekannter Fülle ins Hotel gebracht, dazu kistenweise Dom Pérignon und einige der rührendsten Liebesbriefe, die ich je gesehen habe. Jetzt brauchte ich nur noch den Mann kennenzulernen, der diese Präsente geschickt und den Gaumen der Dietrich an diesen Champagner gewöhnt hatte. Wer er auch sein mochte, sie stand völlig in seinem Bann. Goethe wurde durch Rainer Maria Rilke und alle Bücher Hemingways durch einen einzigen Roman in verschiedenen Sprachen ersetzt, dessen deutscher Titel *Im Westen nichts Neues* lautete und dessen Verfasser Erich Maria Remarque hieß. Mir ist der seltsame Hang der Deutschen, Jungen meinen Vornamen zu geben, immer fremd geblieben.

Meine Mutter rauschte durch die Fliedersträuße, an der Hand einen sich sträubenden Mann:

»Liebling! Komm her. Du mußt den brillantesten Schriftsteller unserer Zeit kennenlernen, den Mann, der *Im Westen nichts Neues* geschrieben hat, Herrn Remarque!«

Ich machte einen Knicks und schaute einem faszinierenden Mann ins Gesicht. Der Blick verhangen, der Mund verletzlich wie der einer Frau, ein Gesicht, würdig, in Stein gemeißelt zu werden.

»Kater? So möchtest du am liebsten genannt werden? Mich nennen meine Freunde ›Boni‹. Guten Tag.« Er sprach ein gepflegtes Deutsch mit sanfter Stimme, so als lese er anspruchsvolle Gedichte.

»Nein, nein, mein Geliebter! Für das Kind bist du nur *Herr* Remarque«, hauchte meine Mutter und schmiegte sich an seine Seite. Sie hakte sich bei ihm ein und führte ihn aus der Fliederlaube. Ich machte mich wieder ans Auspacken von *Herrn* Remarques Bücher und dachte, der ist es wirklich wert, angehimmelt zu werden!

Remarque und ich wurden gute Freunde. Er hatte das Aussehen eines charmanten Fuchses, wie auf einer Illustration der *Fabeln* von La Fontaine, sogar seine Ohren waren leicht gespitzt. Er hatte einen angeborenen Hang zur Theatralik – er glich einem Schauspieler in einem heroischen Stück, der für immer in den Kulissen steht und auf sein Stichwort wartet. Währenddessen schrieb er Bücher, deren männliche Figuren all die Kräfte verkörperten, die in ihm schlummerten, sich im Leben aber nie zu einem vollendeten Charakter zusammenfügten. Ausgerechnet die faszinierendsten Züge an ihm sollten nie zu dem Bild eines vollkommenen Mannes zusammenfinden. Nicht, daß er nicht gewußt hätte, dieses Bild zu erreichen, er fühlte sich dieser Vollkommenheit nicht würdig.

Meine Mutter schilderte oft ihre erste Begegnung mit diesem charmanten, schwierigen Melancholiker.

Sie saß mit von Sternberg am Lido in Venedig beim Mittagessen, als ein Mann auf ihren Tisch zukam.

»Herr von Sternberg? Gnädige Frau?«

Obwohl es meine Mutter gar nicht mochte, daß Fremde sie ansprachen, war sie doch von seiner tiefen kultivierten Stimme fasziniert. Sie betrachtete seine feinen Gesichtszüge, seinen sensiblen Mund und seine Raubvogelaugen, deren Blick sanft wurde, als er sich vor ihr verneigte.

»Darf ich mich vorstellen. Erich Maria Remarque.«

Meine Mutter streckte ihm die Hand entgegen, und er gab ihr einen vollendeten Handkuß. Von Sternberg ließ mit einer Geste einen weiteren Stuhl bringen und sagte: »Wollen Sie sich nicht zu uns setzen?«

»Danke. Wenn Sie es erlauben, gnädige Frau.«

Entzückt über seine tadellosen Manieren, lächelte meine Mutter leise und lud ihn mit einem Nicken ein, Platz zu nehmen.

»Sie sehen viel zu jung aus, um eines der größten Bücher unserer Zeit geschrieben zu haben.« Sie hatte sein Gesicht nicht aus den Augen gelassen.

»Vielleicht habe ich es nur geschrieben, um einmal ihre zauberhafte Stimme diese Worte sagen zu hören.« Er zückte sein goldenes Feuerzeug und reichte ihr Feuer, sie hielt ihre blassen Hände schützend um seine braungebrannte Hand, nahm einen tiefen Zug von ihrer Zigarette und schob mit ihrer Zungenspitze einen Tabakkrümel von der Unterlippe ... Von Sternberg, das Kameragenie, entfernte sich leise. Er erkannte eine Liebesszene auf den ersten Blick.

»Remarque und ich, wir sprachen bis zum Morgengrauen! Es war wunderbar! Dann sah er mich ganz ernst an und sagte: ›Ich muß Ihnen etwas gestehen – ich bin impotent!‹ Und ich schaute zu ihm auf und sagte: ›Ach, wie wunderschön!‹ Ich sagte es mit einer solchen Erleichterung! Ich war so glücklich! Wir würden einfach nur reden und schlafen, zärtlich sein, alles so wunderbar leicht!«

Ich habe mir immer vorgestellt, wie Remarque auf ihre begeisterte Aufnahme seines demütigen Geständnisses wohl reagiert haben mag. Ich hätte alles dafür gegeben, sein Gesicht zu sehen, als er diese Worte aus ihrem Mund vernahm.

Sie sahen sehr seltsam aus, so ganz in Schwarz vor dem weiß-goldenen Dekor unseres Vorzimmers im Hotel Lancaster. Ich war gekommen, um meiner Mutter beim Ankleiden für das Mittagessen zu helfen, erfuhr aber, sie sei beschäftigt, und ich solle warten, bis ich gerufen werde. Ich saß da und betrachtete die beiden Männer, die vor der Tür unseres Salons standen und so taten, als gehörten sie hierher. Beide waren jung, stiernackig, mit kantigem Kinn, stahlblauen Augen und hellblondem Haar. Man hätte sie für Zwillinge halten können. Auch ohne die silbernen Adler und Hakenkreuze auf ihrer Uniform wirkten sie bedrohlich. Sie machten mir angst. Ich verhielt mich ganz still in der Hoffnung, die Siegfrieds würden ein gewöhnliches »arisches« Mädchen nicht beachten. Ich fragte mich, wen sie wohl bewachten und warum meine Mutter in ein Treffen mit einem Nazi eingewilligt hatte! Die Tür ging auf, zackiges Hackenknallen, ein Handkuß wurde elegant auf die ausgestreckte Hand meiner Mutter gehaucht, ein knappes »Heil Hitler!« zum Abschied, und dann schritt ein hochgewachsener Deutscher aus unserer Suite, gefolgt von seinen Schergen.

»Hast du so etwas schon einmal gesehen, Papi? Wie kann ein gebildeter Mann wie Ribbentrop an Hitler glauben? Er ist ein intelligenter Mann und stammt aus einer der besten Familien in Deutschland, man kann also nicht sagen, er kenne nichts Besseres! Ich mußte Remarque im Badezimmer einsperren. Da man seine Bücher verbrannt hatte, hatte ich Angst, daß diese ›Brunnenvergifter‹ ihn sehen könnten. Eine lächerliche Situation! Ich muß vorsichtig sein – nur weil Mutti und Liesel sich weigern, Deutschland zu verlassen? Wenn du das nächste Mal mit ihnen sprichst, sag Mutti, sie muß einfach weg, damit ich so etwas nicht mehr durchmachen muß. Aber ... Hast du diese Uniform gesehen? Wie die Schultern passen? Dahin sind also alle jüdischen Schneider verschwunden! Sie haben sie alle geholt, damit sie ihnen Uniformen schneidern! Liebling, hole Herrn Remarque – er kann jetzt aus dem Badezimmer kommen.«

Remarque mochte es nicht, eingesperrt zu werden, auch wenn es zu seiner Sicherheit geschah. Er stürmte in den Salon:

»Wage es nie wieder, mich einzusperren, Marlene, nie wieder, hörst du? Ich bin kein ungehorsames Kind und auch nicht so dumm, mich aus schierer Tollkühnheit echten Gefahren auszusetzen!«

»Mein Liebster! Ich hatte doch nur Angst um dich! Du weißt doch, wie sie dich hassen, weil du als Nichtjude Deutschland verlassen hast. Vielleicht sind sie nur deshalb gekommen, weil sie glaubten, dich hier zu finden. Diese Geschichte, daß Hitler mich als großen Star für sein Deutsches Reich haben möchte ... das stimmt doch nicht! Er schickt mir doch bloß deshalb seine ›hohen‹ Offiziere auf den Hals, die mich zur Rückkehr bewegen sollen, weil er mich in *Der Blaue Engel* in Strapsen gesehen hat und mir an die Spitzenhöschen will!«

Remarque warf den Kopf in den Nacken und lachte schallend. Er, der das Leben selten komisch fand, lachte hemmungslos, wenn er einmal die Gelegenheit dazu hatte.

Meine zwielichtige Gouvernante bekam ausgezeichnete Referenzen von meinem Vater. Ihre Dienste wurden nicht länger gebraucht. Tami war zurückgekehrt und schien oberflächlich gesehen wieder genesen. Sie klammerte sich an eine Handvoll neuer Rezepte, die ihr Glück verbürgen sollten, zumindest den Sommer über. Als meine Mutter sie sah, lautete ihr Kommentar: »Gut – das ganze Geld war also doch nicht für nichts. Du siehst wieder wie ein Mensch aus!« Dann fuhren wir gemeinsam in die Ferien nach Südfrankreich, »en famille«.

Das Hôtel du Cap d'Antibes war ein weißer Prachtbau mit Blick auf das Mittelmeer – im Jahr 1938 noch saphirblau und kristallklar –, das Wasser war so sauber, daß man es ohne Angst schlucken konnte, wenn man in dem kühlen Element schwamm. Das Hotel war eines der schönsten an der ganzen Côte d'Azur. Die Hautevolee der dreißiger Jahre fand sich dort ein und tauschte ihre Klatschgeschichten aus. Sie unterschied sich von der heutigen ganz erheblich. Vielleicht lag es an ihren Seidenkleidern und Leinenanzügen von Patou, Lanvin, Molineux und Schiaparelli, oder daran, daß es damals noch keine Jeans, Turnschuhe und Unisex gab. Jedenfalls umgab sie eine Aura echter Eleganz. So wie die Stars der Kinoleinwand in ihrer Erscheinung einzigartig waren, so besaßen auch die Vornehmsten der Vornehmen eine Individualität, die man heute selten trifft, auch nicht auf den teuersten Jachten, die im Hafen von Monte Carlo ankern. Die Männer, deren Geschäftstüchtigkeit oder geerbtes Vermögen diesen glänzenden Luxus erst möglich machen, haben sich wenig verändert, auch wenn ihre Vorgänger in den dreißiger Jahren über etwas mehr Stil verfügten, eleganter aussahen und bessere Manieren besaßen.

Unser Sommersitz war – und ist auch heute noch – ein echtes Grandhotel, eines der wenigen in der Welt, die den Wechsel der Moden überdauert haben. Der Dietrich-Zirkel logierte in Suiten, die ineinander übergingen. Meine Mutter, Remarque, mein Vater, das Gepäck.

Tami hatte ein Zimmer am oberen Ende des Flurs, ich am unteren. Diplomatisch wie Teddy war, teilte er seine Gunst zwischen uns auf.

An diesem Streifen der französischen Mittelmeerküste gibt es ein eigentümliches Sommerlicht. Es ist intensiv, sengend und weiß und teilt sich allen Farben mit. In jenem ersten Sommer in Antibes tauschte die Dietrich ihre schwarze und beigefarbene Garderobe gegen wallende Strandkleider in dem von Schiaparelli kreierten »shocking pink« ein und sah göttlich aus.

Eine unscheinbare Frau und ihre geheimnisvolle Maschine wurden zum letzten Schrei in der nie endenden Suche der Reichen und Berühmten nach »ewiger Jugend«. Diese schlaue ehemalige Posthalterin aus Manchester hatte eine seltsame Maschine gebastelt, die angeblich unsterblich machende Kräfte in sich barg: eine schwarze Kiste ungefähr von der Größe des Grammophons meiner Mutter, ausgestattet wie Frankensteins Laboratorium mit Fäden, Röhren, imponierenden Knöpfen und Wählscheiben, über denen sich ein breites Band milchigen Gummis spannte, von der Art, wie er gewöhnlich für Chirurgenhandschuhe verwendet wird.

»So, Miss Dietrich, nun geben Sie mir bitte Ihren Finger. Es piekst nur ein klein wenig – und schauen Sie, da haben wir eine hübsche kleine Probe Ihres hellen Blutes. Das hat doch gar nicht weh getan, oder ... Nun schnell auf die magische Fläche damit ...« Sie nahm den blutenden Finger und rieb ihn auf dem Gummiband. Die »Patientin« wurde gefragt, welches Organ ihr die meisten Beschwerden verursache. Meine Mutter, der wegen der großen Mengen an Epsomer Bittersalz, die sie zu sich nahm, immer übel war, sagte todernst: »Meine Leber. Ich bin sicher, meine Leber ist schuld daran, daß mir im Auto immer unwohl wird.«

»Ach! Das dachte ich mir. Gleich als ich durch die Tür kam, hatte ich dieses Gefühl. Ich sagte mir: ›Da ist eine kranke Leber.‹ Ich werde nun meinen Apparat auf die Frequenz einstellen, die das kranke Organ erzeugt, und durch diesen Tropfen lebendigen Bluts ihre träge Leber auf magnetischem Weg heilen!« Dann fummelte sie an den Knöpfen, ließ die Radioröhren glimmen, rubbelte und strich das Blut meiner Mutter auf dem Band hin und her, bis der Gummi quietschte. Meine Mutter schaute gebannt zu, fühlte den Strom durch ihr krankes Organ fließen und verkündete: »Wunderbar! Ich fühle mich schon besser. Gehen wir essen!«

Über Jahre hin strich die Dame gewaltige Summen ein. Da sie versicherte, ihre Maschine könne auch »in absentia« heilen, wurde ständig Blut abgenommen, auf Stücke weißen Löschpapiers übertragen und ihr per Post zugeschickt. Während sie die Proben über das Gummiband rubbelte und Schecks einlöste, war meine Mutter fest davon überzeugt, daß es ihr viel bessergehe. Natürlich war es Tami, die als erste von uns die Prozedur über sich ergehen lassen mußte. Als Tami von der Frau gefragt wurde, welches ihrer Organe der magnetischen Behandlung bedürfe, antwortete meine Mutter an ihrer Stelle: »Ihr Kopf!«

Wegen ihrer Leberkur und weil kein Filmtermin anstand, legte sich meine Mutter zum erstenmal in ihrem Leben eine Sonnenbräune zu. Freilich war diese neue Zurschaustellung nur dank einer anderen, noch außergewöhnlicheren Erfindung möglich: des »eingebauten Büstenhalters«. Wir hatten eine französische Näherin gefunden, ein wahres Juwel, die diagonal zugeschnittene Büstenhalter mit versteckten Abnähern modellierte. Sie waren die erste echte Stütze für die Brüste der Dietrich. Als dieses Genie auch noch auf die Idee kam, ihre Erfindung in Badeanzüge einzubauen, sah die Welt zum erstenmal, wie sich der Körper der Dietrich dem Sommer darbot, und die Zahl bewundernder Zuschauer war Legion!

Meine Aufgabe war es, jeden Morgen das Sonnenöl zu mischen und zu verteilen, damit die Bräunung garantiert und von Dauer sei. Es handelte sich um eine Mischung aus feinstem Olivenöl und Jod mit einem Schuß roten Weinessig. Das Ganze wurde in Glasflaschen abgefüllt, verkorkt und an alle verteilt, die die herkulische Mühe auf sich nehmen wollten, sich eine gleichmäßige Bräune zuzulegen. In jenem Sommer rochen alle wie ein angemachter Salat! Schwer beladen mit Büchern, Flaschen, Make-up-Koffern, Sonnenhüten und Bademänteln begannen wir unseren Abstieg zu den Felsen, auf denen unser rot-weißgestreiftes Badezelt stand. Wir benutzten auch Strandhütten aus Lattenholz wie die in den *Drei kleinen Schweinchen*. Ich glaube, ich habe einmal hundertfünfzig Stufen gezählt vom Hotel bis zum Anfang seiner leicht abfallenden, kilometerlangen Esplanade, die uns schließlich bis zu unseren Felsen am Meer führte. Dort angekommen, war man dem Zusammenbruch nahe.

Wir mußten diese nicht enden wollende Treppe hinabsteigen, ehe die Sonne sie zu Temperaturen aufheizte, bei denen man Spiegeleier hätte braten können. Mochte der Himmel einen davor bewahren, etwas zu vergessen! Man brauchte eine Stunde, um wieder nach oben in unsere Hotelsuite zu kommen, und eine weitere, um wieder bis unten zu gelangen, vorausgesetzt man hatte nicht schon vorher einen Hitzschlag erlitten! Die Hotelleitung war sich klar darüber geworden, daß unter diesen Umständen wohl niemand zum Mittagessen in den schönen Speisesaal gekommen wäre. Deshalb ließ sie, um die weiten Entfernungen abzukürzen, ein wunderschönes Restaurant bauen, das einen Blick auf den saphirblauen Swimmingpool und auf das nicht weniger blaue Meer bot, und gab ihm den Namen Eden-Roc-Pavillon.

Remarque hatte einen eigenen Tisch, an dem seine neuerworbene Familie speiste und seine exquisite Auswahl an Weinen und Champagner genoß. Mein Vater fand sich zum erstenmal seiner Autorität bei Tisch beraubt und ließ seine Frustrationen an Tami, Teddy und meiner Limonade aus. Mit »gerade dreizehn« war ich zu einer erstaunlichen Erkenntnis gekommen: Die jahrelangen Ängste wegen meiner möglicherweise nicht mehr ganz frischen Limonade wären mir erspart geblieben, wenn ich die Idee gehabt hätte, statt Limonade Mineralwasser zu bestellen! Ich wunderte mich über mich selbst. Warum war ich nicht schon früher darauf gekommen? Mit dieser neuen Einsicht gewappnet, wollte ich nun das Getränk wechseln und verkündete eines bedeutsamen Tages beim Mittagstisch, daß ich hinfort, bitte schön, zu den Mahlzeiten lieber Vittel trinken möchte.

»Wie? Teures Mineralwasser für ein Kind?« entgegnete mein Vater. »Auf keinen Fall! Du bekommst deine frische Limonade, Maria!« Damit endete mein einziges jugendliches Aufbegehren.

Diese glanzvollen Mittagsbankette stehen mir noch lebhaft vor Augen. Alles schimmerte wie in Technicolor: die hohen kannelierten Kelchgläser, das kostbare Silberbesteck, die kunstvollen, jeden Tag wechselnden Eisskulpturen – mal springende Delphine, mal ein aus schäumenden Wogen auftauchender Neptun, mal sich räkelnde Meerjungfrauen oder majestätische Schwäne – zwischen feuerroten Hummern, rosa Garnelen, schimmerndem Lachs, purpurnen Seeigeln, nachtblauen Muscheln, silbrigen Fischen, weißrosa Langustinen und perlgrauen Austern. Das Mittagessen dauerte die vorgeschriebenen drei Stunden, worauf Ruhephasen hinter herabgelassenen Jalousien in dämmrigen Hotelsuiten folgten, mußte man doch neue Kraft schöpfen für die nächtlichen Bälle, Galas und intimen Dinners mit fünfzig Gästen im nahen Cannes oder in den umliegenden Sommerhäusern entlang der Mittelmeerküste. Manchmal machte man auch eine Stippvisite in Juan-les-Pins, einem kleinen Dorf mit einer Künstlerkolonie.

Remarque begann in diesem Sommer seine Arbeit an *Arc de Triomphe*. Er schrieb deutsch auf liniertem gelbem Papier. Seine Schrift war winzig und akkurat, seine feingespitzten Bleistifte brachen nie unter übertriebenem Druck. Die Büchse sorgfältig gespitzter Stifte, die er immer gebrauchsbereit hielt, wo immer er auch war, immer hoffend auf eine Inspiration, charakterisierte ihn am besten. Ganz offensichtlich entwickelte er seine Heldin Joan Madou nach dem Vorbild meiner Mutter, während der »Held« Ravic seine eigenen Züge trug. Diesen Namen benutzte er sogar in einigen der zahlreiche Briefen, die er meiner Mutter ständig schrieb, ob sie zusammen waren oder nicht. Er erfand auch einen kleinen Jungen, der an seiner Stelle sprechen sollte, wenn meine Mutter sich aus ihrer gemeinsamen Beziehung zurückzog. Der kleine »Alfred« war solch ein rührendes Geschöpf, daß ich ihn richtig liebgewann. Er nannte meine Mutter »Tante Lena«, schrieb stets auf deutsch und war für einen Achtjährigen erstaunlich intelligent! Beim Lesen der vielen Briefe, die unter der Tür meiner Mutter durchgeschoben wurden, wünschte ich mir manchmal, daß es ihn auch in der Wirklichkeit gäbe. Ich hätte mich gerne mit ihm unterhalten.

Während unser »berühmter Schriftsteller« in seinem schattigen Hotelzimmer hoch über dem Meer arbeitete, freundete sich unten an den Klippen seine Dame im maßgeschneiderten sexy Badeanzug mit dem sexy wirkenden Politiker irischer Abstammung an. Er war der amerikanische Botschafter am englischen Hof. Für einen Mann mit solch einer geduldigen Frau, die ihm so viele Kinder geschenkt hatte, schien er mir etwas zuviel zu flirten. Davon abgesehen war Mister Kennedy ein sehr netter Mann, und vor allem seine neun Kinder fand ich wundervoll. Und ich hätte freudig meinen rechten Arm, meinen linken und alle übrigen Glieder hergegeben, um eines von ihnen zu sein. In Aussehen und Charakter waren sie so amerikanisch! Alle lächelten ununterbrochen und besaßen so makellose Zähne, daß jedes von ihnen in einer Zahnpastawerbung hätte mitmachen können.

»Big Joe«, der Älteste und Erbe, ein breitschultriger, muskulöser Bursche mit irischem Grinsen und freundlichen Augen. Kathleen, ein liebenswürdiges Mädchen, das die Rolle der ältesten Tochter spielte, obwohl sie es gar nicht war, wodurch sie zu früh vernünftig geworden schien. Eunice, der man besser nicht in die Quere kam, eigenwillig und mit dem scharfen Verstand des intellektuellen Erfolgsmenschen – ihr beherrschender Zug. John, Jack genannt, der Glamourboy, ein Charmeur mit verschmitztem Grinsen und dem gewissen Etwas im Blick, kurz, der Schwarm aller Mädchen und auch mein heimlicher Held. Die lebhafte Pat, mir dem Alter nach am nächsten, doch weder linkisch noch dick und nicht einen einzigen Pickel im Gesicht, mit den ersten Zügen einer Frau. Bobby, der Problemlöser, der alles wußte und bereitwillig jedem half. Jean Kennedy, ein stilles, sanftes Mädchen, das vergessene Tennisschläger und nasse Badetücher auflas, schon damals die künftige sorgende Mutter. Und dann kam Teddy angelaufen auf seinen kurzen Beinchen, stets darauf erpicht, mit seinen langbeinigen Geschwistern Schritt zu halten. Die älteste Tochter Rosemary, das behinderte Kind inmitten dieser scheinbar vollkommenen Geschwisterschar, war meine Freundin. Vielleicht weil wir beide Außenseiter waren, fühlte sich jede von uns in der Nähe der anderen wohl. Wir saßen Hände haltend im warmen Schatten und blickten auf das stille Meer.

Mrs. Kennedy war immer nett zu mir. Sie lud mich sogar zum Mittagessen in ihre Villa ein, die neben dem Hotel lag. Tami sagte mir, ich brauchte nicht nervös zu sein. Aber ich wechselte viermal mein Strandkleid, bis ich überzeugt war, nicht wie eine »aristokratische Europäerin« auszusehen, sondern wie ein ganz normales Kind, das zum Mittagessen kommt. Wie lang ihr Tisch war! Wir, die jüngeren Kinder, hörten still zu, wie die älteren über Themen sprachen, die ihr Vater anschnitt, während Mrs. Kennedy das Hauspersonal beim Auf- und Abtragen der Speisen dirigierte und auf die Tischmanieren ihrer Jüngsten achtete. Nie wurde getadelt, ohne daß ein aufmunterndes Wort folgte. Keine bissigen Bemerkungen. Keiner stellte sich in den Vordergrund, und doch hätten alle gut auf einer Bühne stehen können. Nachdem Botschafter Kennedy ein regelmäßiger Gast in unserer Strandhütte wurde, besuchte ich die Familie nicht mehr. Ich wollte nicht, daß sich auch nur einer in seiner Familie wegen meiner Gegenwart unwohl fühlte. Obwohl ich eine dünne Dame im leinenen Marinekleid ganz im lautstarken Bühnenflüstern meiner Mutter hatte sagen hören: »Da drüben ist der amerikanische Botschafter ... Der mit den vielen Kindern. Er ist Gloria Swansons Liebhaber!« Und vielleicht waren sie deshalb ebenso an das gelegentliche Verschwinden ihres Vaters gewöhnt, wie ich an das meiner Mutter.

Mein Vater war wegen irgend etwas sehr verärgert. Mit Tami und Teddy auf dem Rücksitz lenkte er den Packard durch die Hoteleinfahrt und brauste davon. Remarque blieb im Hotel. Bei Tag schrieb er an seinem Buch, und nachts trank er. Meine Mutter erzählte jedem, wie sie in allen Bars zwischen Monte Carlo und Cannes nach ihm suche, aus Furcht, er könne verhaftet werden und wegen seines unziemlichen Verhaltens in die Schlagzeilen der Weltpresse geraten.

»Jeder weiß, daß Fitzgerald ein Trinker ist und daß Hemingway nur deshalb trinkt, weil er ein echter Mann ist, aber Boni ... Er ist ein sensibler Schriftsteller – und sensible Schriftsteller sind Poeten, zerbrechliche Wesen. Sie dürfen nicht in der Gosse liegen und krank werden!«

In diesem Sommer wurde es wieder meine Pflicht, mich um die Garderobe meiner Mutter zu kümmern. Ich wartete in ihrer Suite auf ihre Rückkehr von den vielen Partys, half ihr beim Ausziehen, hängte die Kleider in die Schränke und ging. Ich räumte gerade die Schuhe weg, als Remarque hereinkam. Er stand wieder in ihrer Gunst und hatte so auch ohne Anmeldung Zutritt zu ihrer Suite.

»Boni, warum ist Somerset Maugham so schmutzig? Ich meine ordinär, nicht ungewaschen. Spielt er das nur, um zu schockieren, oder ist das wirklich sein Charakter?« fragte meine Mutter aus dem Badezimmer.

»Wie viele talentierte Homosexuelle hat er ein solches Mißtrauen allem Normalen gegenüber, daß er alle in Verlegenheit bringen muß, die sich in der Normalität bewegen.« Meine Mutter lachte. »Wie Frauen«, fuhr Remarque fort, »die in jeder anderen Frau, der sie begegnen, eine Rivalin sehen und sie erniedrigen müssen, so spielt auch Maugham die geifernde Hexe. Gott sei Dank läßt er das, wenn er schreibt, manchmal jedenfalls.«

»Er ist ein wunderbarer Schriftsteller!« entgegnete meine Mutter, die sich über das, was sie für eine Kritik Remarques an Maugham hielt, ärgerte. »*The Letter* – das ist doch ein wunderbares Skript. Diese Frau könnte ich spielen, und zwar überzeugend!« Sie drückte Zahnpasta auf ihre Zahnbürste. Remarque zog sein Zigarettenetui aus der Tasche seines Morgenrocks, nahm eine Zigarette, zündete sie an, lehnte sich in den Sessel zurück, legte seine schon im Pyjama steckenden Beine übereinander und sagte: »Mein schöner Puma, die meisten Rollen trügerischer Frauen könntest du glänzend spielen.«

Meine Mutter gab ihm einen ihrer vielsagenden Blicke und spuckte in das verzierte Waschbecken. Als sie merkte, daß ich immer noch im Zimmer war, sagte sie, sie brauche mich nicht mehr, ich könne zu Bett gehen. Ich gab ihr und Remarque einen Kuß und überließ sie der hitzigen Diskussion, die ich kommen sah.

Am folgenden Tag waren Gäste beim Mittagessen, und meine Mutter wiederholte ihnen gegenüber Remarques Urteil über Maugham, als ob es ihr eigenes wäre.

»Allerdings übertreibt er«, fügte sie noch hinzu, »wenn er sich ständig mit diesen Jungs umgibt. Wo findet er sie eigentlich? An marokkanischen Stränden? Noël macht das ja auch, aber er wahrt die Form, macht es sotto voce. Was für eine Erleichterung ist es dagegen, mit Hemingway zusammenzusein, das ist doch ein echter Mann, der außerdem noch schreiben kann!«

Ich schaute rasch zu Remarque hinüber und bemerkte ein leichtes Zucken in seinem Gesicht.

Ich hatte etwas aus dem Hotel geholt und war unterwegs zurück zu den Felsen, als sich mir eine ältliche Dame mit orangefarbenem Badetuchturban in den Weg stellte.

»Weißt du, wo Marlene Dietrichs kleine Tochter sein könnte?«

»Warum? Suchen Sie sie?«

»Oh, ich muß sie sehen. Ich habe soviel über sie gelesen. Weißt du, daß sie ihr ein und alles ist, das einzige, wofür sie lebt? Sie ist ein Star und macht ihre Filme nur für dieses kleine Mädchen«, schwärmte die korpulente Dame und blitzte mit ihren Diamantringen, die zu eng für ihre wurstigen Finger waren.

Ich hatte das Gefühl, daß sie schrecklich enttäuscht gewesen wäre, wenn ich gesagt hätte: »Hier steht sie. Ich bin es!« Ich war keine Miniatur des Stars, den sie offenkundig bewunderte. Deshalb zeigte ich auf den Weg hinunter und sagte hilfsbereit:

»Ich glaube, sie ist gerade zu den Klippen hinuntergelaufen.«

Die orangefarbene Dame machte sich auf die Suche nach mir.

Mein Vater und seine »Familie« kehrten für Elsa Maxwells Sommerball zurück, der wie gewöhnlich auf Kosten von jemand anderem veranstaltet wurde. Elsa Maxwell war gewieft, derb und eine rücksichtslose Opportunistin. Aber wer zu ihren Freunden zählte, dem fiel sie nicht in den Rücken, den kränkte sie nie. Sie zeigte sogar Mitgefühl für die »Mitläufer« der Welt, zu der sie selbst gehörte. Sie wußte, wer ich war, und war oft sehr liebenswürdig. Ich wurde zu vielen ihrer Partys mitgenommen. Sie richtete es stets so ein, daß ich neben »netten« Leuten saß, die mich nur selten baten, ihnen alles über meine Mutter zu erzählen. Sie sorgte sogar dafür, daß mein Tisch möglichst weit entfernt war von dem meiner berühmten Mutter. Weil sie selbst häßlich war, hatte sie Verständnis für das Unbehagen jener, die um ihre mangelnde Attraktivität inmitten der Schönen dieser Welt wußten. Nie drängte sie mich ins Rampenlicht. Da ich mich an jede Person erinnere, die lieb zu mir war, erinnere ich mich auch an diese oft boshafte Frau sehr gut.

Jeder erhielt seine Einladung auf einer goldumrandeten Karte, die mit dicken, erhabenen Lettern von Cartier bedruckt war, und weil die jungen Kennedys eingeladen waren, durfte auch ich mitgehen. Meine Mutter kaufte mir sogar mein allererstes Abendkleid. Es war aus gestärktem weißem Tüll gefertigt, mit einer eingesetzten breiten weißen Taille, die mit großen bunten Glaspailletten besetzt war. Ich sah aus wie ein großes, funkelndes Moskitonetz. Ich wäre am liebsten in einer dunklen Ecke verschwunden, noch lieber wäre ich gestorben. Frisch gebräunt und in wallenden weißen Chiffon gehüllt, sah meine Mutter aus wie in Schlagsahne gegossener seidiger Karamel. Sie tupfte etwas Zinksalbe auf meine sich pellende Nase, steckte mir eine Tüllschleife ins Haar und schob mich in den wartenden Wagen. Der große Ballsaal erinnerte an Aladins Schatzhöhle, nur barg diese hier Menschen. Das ganze Lokal hatte die geleckte Perfektion einer Reisereklame. Miss Maxwell wies mir einen Platz an einem Tisch zu, der von eingetopften Farnpflanzen umgeben war. Meine Tischnachbarn beachteten mich überhaupt nicht. Meine Mutter nebst meinem Vater, Tami und Remarque plazierte sie am anderen Ende des Saals. Es sollte ein ganz besonderer Abend werden, denn Jack wanderte quer durch den Ballsaal und forderte mich auf, mit ihm den allerneusten Modetanz auszuprobieren, einen »Lambeth Walk«. Wenn ein heißbegehrter einundzwanzigjähriger junger Mann aus reiner Liebenswürdigkeit ein wandelndes Tüllzelt um den nächsten Tanz bittet, dann grenzt das schon an ein Wunder!

Ich weiß nicht, wer das Gerücht in Umlauf gebracht hatte, daß der Mars im Sommer 1938 mit der Erde kollidieren werde. Tatsächlich schien der rötlich schimmernde Planet uns jeden Abend näher zu kommen. Beatrice Lillie beobachtete ihn unentwegt, schüttelte ihren Kopf und murmelte vor sich hin: »Verdammt, meine Lieben, wir sind alle verdammt.« Die Sitwells beteten, der nervös gewordene Historiker Will Durant packte seine Koffer, ließ seinen Wagen kommen und fuhr mit Höchstgeschwindigkeit, so behauptete jedenfalls meine Mutter, in Richtung von Maughams Villa. Die mehr wissenschaftlich interessierten Herren ließen sich starke Feldstecher, Teleskope und Bücher über Astronomie mit der Bahn und per Auto aus Paris kommen und machten sich daran, selbst zu berechnen, wann der Weltuntergang eintreten würde. Ihre Damen legten derweil Termine für Schönheitssitzungen fest und fragten sich, in welcher Abendgarderobe sie am passendsten in die Ewigkeit eingehen würden. Jeden Tag auf den Felsen in der Sonne zu liegen, dem sanften Wellenspiel des Mittelmeers zuzuschauen und darüber nachzudenken, ob es Zeit sei zum Mittagessen oder zum Ankleiden für das Abendessen, das alles hatte seinen Reiz verloren. Da bot die Bewegung des flammenden Planeten oben am Himmel eine willkommene Abwechslung. Evelyn Walsh McLean, die den berüchtigten Hope-Diamanten besaß, von dem das Gerücht behauptete, jeden, der ihn berühre, werde der Tod ereilen, schlug alle Vorsicht in den Wind, holte das todbringende Juwel aus dem Hotelsafe und erlaubte allen, die den Mut dazu aufbrachten, es zu streicheln. Wir alle stimmten darin überein, daß die Trägerin keinen geeigneteren Schmuck für die erste Party, die zur Feier des Weltuntergangs gegeben wurde, hätte finden können.

An dem unheilschwangeren Abend zeigte sich jeder in Galakleidung. Die Herren in blendendweißen Dinnerjackets oder im Frack, die Damen in langen Abendkleidern aus Satin, Chiffon, Organza und Pikee. Alle waren von atemberaubender Eleganz. Ausladende Kristallschüsseln voller Kaviar standen eingebettet in Berge kühlenden Eisschnees auf verzierten Silberplatten. Dom Pérignon, Taittinger und Veuve Cliquot in tulpenförmigen Baccaratgläsern perlten blaßgolden im Mondlicht. Einige zogen Black Velvets vor, da ihnen Guinness mit »Schampus« für den letzten Toast geeigneter schien, wieder andere wählten Pink Ladies oder Stinger-Cocktails in Laliquegläsern mit zartem Frostrand. Es war eine glanzvolle Abschiedsparty. Sie zog sich hin bis zum Morgengrauen, als das erste rosige Licht über dem silbrigen Meer schimmerte – und jeder plötzlich begriff, daß die Welt doch nicht untergegangen war. Ein klein wenig enttäuscht ging man zu Bett. Im darauffolgenden Sommer sollte nicht Mars, sondern ein kleinwüchsiger Mann in Berlin den Lauf der Menschheitsgeschichte ändern.

*

In Paris wurde ich wieder in mein schlammgebackenes Hotel verbannt, wo mich eine neue Gouvernante erwartete. Ihr Haar war so grau wie ihre Kleidung, und sie roch nach Lavendel und puritanischer Sittenstrenge. Ein kunstgerecht in der Kanne zubereiteter englischer Tee ersetzte den Cherry Brandy, dazu gab es vor dem Zu Bettgehen um acht heimlich Quarkspeisen und Miltons *Verlorenes Paradies*. Ich fragte mich, weshalb ich nicht wieder in die Schule geschickt wurde.

»Dieser Dümmling Chamberlain, glaubt er etwa, er könne Hitler zur Vernunft bringen?« Meine Mutter ging im Zimmer auf und ab, in der einen Hand die Morgenblätter, in der anderen die Kaffeetasse. Die übrige Familie bestrich ihre Croissants mit Butter und hörte aufmerksam zu.

»Daß der englische Premierminister nach Berchtesgaden kommt, meint er wirklich, das könnte den ›Führer‹ beeindrucken? Die Engländer benehmen sich, als gehöre ihnen immer noch die Welt.«

»Genau diese Haltung könnte sie am Ende retten«, sagte Remarque mit seiner sanften Stimme.

»Boni!« brauste meine Mutter auf. »Ausgerechnet du, die große Autorität, wenn es um die Schrecken des Krieges geht, wie kannst du nur glauben, Chamberlains läppischer Besuch bei Hitler könnte irgend etwas nützen?«

»Aber Marlene, ich habe damit doch kein Urteil über einen politischen Schachzug gefällt, sondern lediglich eine Bemerkung über den englischen Nationalcharakter gemacht.«

»Papi«, sagte meine Mutter, die ihre Aufmerksamkeit von meinem jüngst erworbenen Vater zu meinem allerersten wendete, »wie denkst denn du darüber? Wenn Boni seinen professoralen Ton anschlägt ... Kater, halte dich gerade und iß dein Ei auf. Tami, rutsch nicht auf dem Stuhl herum und paß auf das Kind auf. Also Papi? Boni und ich sind der Meinung, sollte der Krieg unausweichlich kommen, dann muß das Kind in Sicherheit gebracht werden. Und du auch, Boni ... Mir kann nichts passieren. Sie werden es nicht wagen, sich an einem Mitglied der Familie Dietrich zu vergreifen! Einerlei, der Hitler mit seinem Fimmel für Strapse ... Ob er wohl eine Kopie des *Blauen Engel* für sich behalten hat, als alle Filme verbrannt wurden? ... Kater, halte dich bereit. Du reist ab! Papi wird uns schon noch sagen, wohin wir dich schicken müssen, damit du in Sicherheit bist.«

Remarque legte seine Serviette neben den Teller und stand auf. »Ich würde Holland empfehlen«, sagte er. »Dort gibt es Häfen, von dort gehen Schiffe ins sichere Amerika, und die Holländer werden nicht kapitulieren ...«

»Hört ihr«, sagte meine Mutter triumphierend, »nur ein Mann, der den Krieg wirklich kennt, kann den richtigen Rat geben, wenn wieder einer ausbricht! Papi: Holland! Heute abend! Das Kind reist noch heute abend nach Holland! Tami kann sie begleiten.« Damit verließ sie uns für eine Anprobe bei Schiaparelli. Mein Vater telefonierte mit dem Reisebüro Thomas Cook.

Ich wußte nicht, was man auf eine Flucht mitnimmt. Meine Mutter kam rechtzeitig zurück, sagte, Flüchtlinge dürften sich nicht unnötig mit Gepäck belasten, und gab mir ihren kleinen Koffer. Er war eigens für sie von Hermès angefertigt worden und aus solch feinem Schweinsleder, daß er noch einen Schonbezug aus Segeltuch hatte. Das Innere aus cremefarbenem Wildleder war passend gearbeitet für Kristallfläschchen, Töpfchen, Cremetuben, Gesichtspuder, Seifen und Zahnbürsten. Die Emaildeckel für diese Batterie Gläser zeigten geometrische Muster und waren in zartem Blütenrosa und Lapislazuli gehalten. Leer wog dieser kleine Koffer schon eine Tonne, weswegen meine Mutter ihn auch sehr selten benutzte. Als dann noch das Gewicht von einem Schlafanzug, Schuhen, Pullover, Rock, Bluse und einem Buch dazukam, war er so schwer, daß ich nicht weit gekommen wäre, hätte ich wirklich bei Nacht über die Grenze fliehen müssen. Meine Mutter nahm uns die Hüte ab, band uns Wolltücher um die Köpfe und befestigte sie mit großen Sicherheitsnadeln, nähte uns sogar Dollarnoten in die Unterwäsche: »Man kann nie wissen ...« Sie weinte und küßte uns zum Abschied, übergab ihre Flüchtlinge dem Gatten, der sie zur Bahn bringen mußte, und verbarg sich in den Armen ihres Liebhabers.

»In Sicherheit!« schluchzte sie. »Rasch!«

Tami zitterte wie Espenlaub. Sie hatte nur ihren dubiosen Nansen-Paß, ein wahres Museumsstück aus zusammengeklebten Passierscheinen zum Überqueren slawischer Grenzen, das insgesamt eher wie der Papierschwanz eines selbstgebastelten Kinderdrachens aussah. Ich wiederum besaß einen deutschen Paß mit prachtvollem Reichsadler. Mit solchen Papieren versehen, stiegen wir mitten in der Nacht in einen Schlafwagen nach Den Haag. Ich weiß nicht, wer sich mehr fürchtete. Wahrscheinlich war es Tami, die nicht nur die Erinnerungen an ihre Flucht aus Rußland bestürmten, sondern die auch von dem Mann getrennt wurde, der aus unerfindlichen Gründen ihr ein und alles geworden war. Sie sah so elend aus, wie sie sich in die Ecke ihres Sitzes gekauert hatte. Ich schloß sie in die Arme, während der Zug durch die Nacht brauste. An der Grenze wurden wir gefilzt. Der Zollinspektor warf einen Blick auf das Hakenkreuz auf meinen Paß, und der elegante

Koffer meiner Mutter wurde beiseite gestellt. Jedes Töpfchen wurde geöffnet, Gesichtspuder, der von einer Reise übriggeblieben war, ausgeschüttet und mit einer Bleistiftspitze untersucht, Kleidersäume abgetastet und Schuhabsätze auf mögliche Hohlräume abgeklopft. Die Beamten gingen ruhig und gelassen und sehr sorgfältig vor. Ich fühlte mich schuldig, nur weil ich ihre ganze pflichtbewußte Aufmerksamkeit auf mich gezogen hatte. Ein merkwürdiges Gefühl ist das, Angst zu haben, obwohl man doch unschuldig ist. Erinnert man sich später daran, bleibt einem weniger das Gefühl der Angst als das der völligen Hilflosigkeit.

Neville Chamberlain kehrte nach Unterzeichnung des Münchener Abkommens mit der Botschaft in sein Land zurück, er habe den »Frieden für unsere Zeit« gesichert. Daraufhin orderte meine Mutter ihre »Flüchtlinge« aus Holland zurück. Ich wollte keinen schrecklichen Krieg, aber ich hatte mich bereits sehr auf die Heimkehr nach Amerika gefreut. Leicht enttäuscht fuhr ich nach Paris zurück. In Erwartung des Krieges war die Gouvernante schon entlassen worden, deshalb wurde ich nun bei meinem Vater untergebracht. Wieder begannen die Standpauken für Tami, und wieder versuchte ich, sie vor diesen Grausamkeiten zu schützen. Meine Mutter, die wieder in Hollywood war, rief mich an, um mir zu berichten, was an »Halloween«, dem Abend vor Allerheiligen, geschehen war:

»Liebling, das ganze Land ist verrückt geworden! Und das bloß wegen einer Radiosendung. Unglaublich, nicht wahr? Ganz Amerika ist in Panik geraten, in wirkliche Panik! Es ging irgendwie um grüne Männchen vom Mars, die mit ihren Raumschiffen in New Jersey gelandet sein sollten. Und alle haben es geglaubt! Allein die Stimme eines Mannes im Radio hat das alles ausgelöst. Den Mann muß ich unbedingt treffen!«

Orson Welles wurde ein echter Kamerad. Jeder der beiden vergrößerte den Ruhm des anderen und achtete dessen bewußt gepflegte Extravaganz. Und nie verbreiteten sie Klatsch übereinander.

Schließlich durfte ich doch wieder in die Schule gehen. Ich feierte meinen vierzehnten Geburtstag inmitten der üppigen Blumenpracht meiner Mutter, lernte für Prüfungen, bei denen ich keine Chance auf Erfolg hatte, und beobachtete, wie glückliche Mädchen nach Hause fuhren, um Weihnachten im Kreise ihrer Familien zu verbringen. Ich hingegen kehrte in das Gefängnis meines Vaters in Paris zurück. Es gelang mir, einen erschöpften Teddy in mein Bett zu schmuggeln, der zufrieden neben mir schnarchte, während ich im Schlafzimmer meines Vaters auf die Lektionen und die darauffolgenden Schluchzer wartete.

Nach den Weihnachtsferien wurde ich nicht zurück in die Schule geschickt, sondern ins Hotel Vendôme umquartiert. War ich vielleicht von der Schule verwiesen worden, weil ich nie pünktlich kam und keine gute Schülerin war? Ich wollte danach fragen, tat es dann aber nicht – zu sehr fürchtete ich die Antwort. Meine neue, sehr britische Gouvernante war streng und zurückhaltend und hielt es offensichtlich für einen Abstieg, sich um den Nachwuchs eines Filmstars kümmern zu müssen, obwohl sie im Park herumerzählte, sie sei bei der berühmten »Miss Marlene Dietrich« angestellt.

Ich fragte mich, wann und wo ich wieder einbestellt würde und weshalb ich in einem Hotel untergebracht wurde, wo doch mein Vater eine Wohnung in derselben Stadt besaß. Am 30. Januar 1939 telegrafierte ihm meine Mutter eine Nachricht, deren Form ich stets als preiswürdiges Muster eines Telegramms der Dietrich angesehen habe.

WIE GEHT ES DIR STOP WANN BEGINNT DER KRIEG STOP HABE TAMI TELEGRAFIERT WEGEN TAG- UND REINIGUNGSCREME ETTINGER SCHMINKE FARBE CYCLAMEN NAGELLACK ARDEN NICHTS ERHALTEN GRUSS UND KUSS

Im Februar war meine Mutter schon drauf und dran, Amerika zu verlassen, als sie telegrafierte, daß ihr das verboten worden war, weil ihre in England erzielten Einkünfte von der amerikanischen Steuerfahndung überprüft würden. Ihren ersten amerikanischen Paß werde sie daher erst am sechsten Juni erhalten. Die Summe, um die es gehe, belaufe sich auf hundertachtzigtausend Dollar. Sie bestellte einen Kuß für mich und zitierte zum Abschluß ihren Lieblingsspruch: »Es hat nicht sein sollen, es wäre zu schön gewesen.«

Im März annektierte Hitler die Tschechoslowakei. Ich machte mir große Sorgen um meine lieben Großeltern. Was würde mit ihnen geschehen? Warum hatte sie mein Vater nicht schon längst nach Paris geholt? So viele Fragen kann ein Kind auf dem Herzen haben, auf die es, selbst wenn es sie stellt, keine Antwort erhält.

Plötzlich wurde ich wieder zur Schule geschickt. Ich wußte nicht, ob ich dankbar oder reumütig sein sollte. So versuchte ich alles, um nicht aufzufallen und keinen Ärger zu bereiten.

Im Juni wurde ich zusammen mit den anderen Kindern, die nicht von ihren Eltern abgeholt wurden, in das Ferienheim unserer Schule geschickt, ein Chalet in den Bergen. Ich ließ meine Sachen in Brillantmont, verabschiedete mich mit Knicks und »Au revoirs« und ahnte nicht, daß vierunddreißig Jahre vergehen sollten, ehe ich diese wunderbare Schule wiedersehen würde.

An einem drückendheißen Junitag des Jahres 1939 ging ein Foto der Dietrich mit der Meldung durch die Weltpresse, daß sie die amerikanische Staatsangehörigkeit erworben habe. Mit verhangenem, leicht gelangweiltem Blick steht sie vor dem Schreibtisch des Staatsbeamten und leistet ihren Treueid. Der Beamte ist nur in Weste und Hemdsärmeln, sie dagegen trägt ein Winterkostüm mit Filzhut und Handschuhen. Die Haltung ist für einen solch bedeutsamen Akt doch sehr befremdlich. In Berlin brachte *Der Stürmer,* Dr. Goebbels bevorzugtes Propagandablatt, das Foto mit folgender Bildunterschrift:

Die deutsche Filmschauspielerin Marlene Dietrich hat so viele Jahre bei den Kino-Juden von Hollywood verbracht, daß sie nun amerikanische Staatsbürgerin geworden ist. Auf dem Bild sehen wir sie, wie sie in Los Angeles ihre Papiere entgegennimmt. Was ein jüdischer Richter von diesem feierlichen Akt hält, zeigt seine Haltung: in Hemdsärmeln nimmt er der Dietrich den Eid ab, mit dem sie ihr Vaterland verrät.

Mein Vater rief mich in der Schweiz an und sagte mir, daß auch ich nun Staatsbürgerin der Vereinigten Staaten sei. Damit mir diese Nachricht nicht zu Kopf stieg, erkundigte er sich nach meinen Rechennoten, und als er die Antwort hörte, legte er auf.

War ich es wirklich? Es schien zu schön, um wahr zu sein. War ich schließlich doch zu einer echten Amerikanerin geworden? War nun Schluß mit den Reichsadlern und allem Deutschen? Ich lief in mein Zimmer, zog den Schuhkarton mit meinen geheimen Schätzen unter dem Bett hervor, nahm das amerikanische Fähnchen heraus, das ich für den Nationalfeiertag dort aufbewahrte, stellte es auf die Marmorplatte meines Nachttischchens, salutierte – und weinte mir die Augen aus!

Mein Vater mußte nach Amerika gefahren sein, um ihr aus der Steuerklemme zu helfen, denn er war augenscheinlich zur Stelle, um eine weitere Glanzrolle in einem der berühmten Szenarios der Dietrich zu spielen, genau an dem Tag, als die *Normandie* in New York in Richtung Frankreich ablegen sollte. Da ich keine Erinnerung an dieses angebliche Drama habe und ganz auf die Erzählung meiner Mutter angewiesen bin, besitzt dieses Szenario – ob es nun theatralisierte Wirklichkeit oder reine Erfindung ist, sei dahingestellt – hinreichend

Dietrichsches Flair, das nach erneuter Schilderung ruft. Es lautet: »Der Tag, an dem die Steuergangster Papi ergriffen!«

In dem sicheren Wissen, daß niemand das Telegramm zu Gesicht bekäme, welches sie im Februar abgeschickt hatte und aus dem klar hervorging, daß sie längst bevor sie an Bord des Schiffes gegangen war von den Nachforschungen der Steuerfahndung wußte, hörte sich ihre Geschichte folgendermaßen an: Die Dietrich kam an Pier 88 an, ging an Bord der *Normandie,* betrat ihre Deauville-Suite und fand sie leer. Ihre acht Schrankkoffer, die dreißig übrigen Gepäckstücke und ein Ehemann waren beschlagnahmt worden. Sie standen wieder auf dem Pier, bewacht von Beamten der Steuerfahndung.

Sie eilte vom Schiff, drückte den Gatten an ihren elegant gekleideten Körper und forderte in schrillen Tönen, die Milch in Joghurt hätten verwandeln können: »Was machen Sie da mit meinem Mann?« Sie erhielt den Bescheid, sie schulde den amerikanischen Steuerbehörden dreihunderttausend Dollar an Nachzahlung für Einkünfte, die sie mit dem Film *Tatjana* erzielt habe.

»Warum soll ich in Amerika Steuern zahlen für Geld, das ich in England verdient habe?« war ihre empörte Erwiderung. Meine Mutter erzählte folgende Szene immer mit derart vor Zorn bebender Stimme, daß sie einen Augenblick sprachlos wurde, und fuhr dann fort: »Ich mußte den armen Papi in den Fängen dieser amerikanischen Gangster lassen, lief die Gangway hoch und bat den Kapitän der *Normandie* inständig, nicht auszulaufen, bis ich mit Roosevelt telefoniert hätte. Natürlich blieb das Schiff vor Anker, doch sagte er etwas wie ›die Flut abwarten‹. Wie dem auch sei, ich bekam Verbindung mit Washington. Der Präsident war nicht da, aber Joe Kennedys Freund, Finanzminister Morgenthau, den habe ich erreicht. Er versicherte mir, daß er bestürzt darüber sei, wie schlecht man mich behandelte, wo ich doch gerade erst amerikanische Staatsbürgerin geworden sei. Er vermutete, die Steuerfahnder hätten einen geheimen Hinweis erhalten, daß ich Amerika mit meinem ganzen Geld für immer verlassen wollte. Da fragte ich: ›Welches Geld?‹ ›Nun‹, meinte er, ›vielleicht war der Hinweis eine Rache der amerikanischen Nazis?‹ Das sähe ihnen ähnlich! Aber Morgenthau war mir keine Hilfe. So legte ich auf, lief die Gangway hinunter, übergab den Steuergangstern alle meine wunderschönen Smaragde, und sie gaben mir Papi und meine Schrankkoffer zurück. Dann konnte die *Normandie* ablegen!«

Bisweilen behauptete meine Mutter, sie sei als völlig aufgelöste Bittstellerin, ihre Schmuckkassette unter dem Arm, nach Washington gegangen und habe ihre Smaragde persönlich Minister Morgenthau überreicht. Manchmal war es auch der Präsident, das hing vom jeweiligen Gesprächspartner ab. Im Jahr 1945 erzählte sie jedem, sie habe, um zu überleben, ihre kostbaren Smaragde verkaufen müssen, weil sie nichts verdienen konnte, während sie in den Krieg gezogen war.

Als sie in Paris ankam, wurde ich wieder zu ihr ins Lancaster beordert. Remarque war in seinem Haus in Porto Ronca, wo er die Verladung seiner zahlreichen Kunstschätze überwachte, die erst durch Holland und dann per Schiff nach Amerika geschafft werden sollten. Ich verrichtete meine gewöhnlichen Pagendienste und wunderte mich ein wenig, daß keine neue Gestalt am romantischen Horizont meiner Mutter aufgetaucht war. Ich war glücklich, daß Boni es geschafft hatte, das ganze Jahr über seinen Platz zu halten.

Jack Kennedy rief an, er käme nach Paris und würde mich gern zum Tee einladen. Ich war im siebten Himmel! Es blieben mir noch drei Tage, um abzunehmen und meine Pickel loszuwerden. Meine Mutter war über unsere Verabredung gar nicht erfreut. Sie hielt es für ungehörig, daß ein »Schuljunge« ein »Kind« zum Tee einlädt. Sie rief Remarque an, doch er konnte nichts Anrüchiges daran entdecken. Im Gegenteil, er schlug meiner Mutter sogar vor, mir ein hübsches Kleid zu kaufen. Sie ließ sich überzeugen und ging mit mir in einen Laden für feine Kinderkleidung, der aber keine Ware in meiner Größe führte. Sie stürmte wieder hinaus und nahm mich mit in einen anderen Laden, wo ich alles anprobierte, was sie mir zuwarf. Schließlich kaufte sie mir ein knisterndes dunkelgrünes Seidenkleid, das über und über mit großen weißen und roten Gänseblümchen übersät war, und Puffärmel rundeten das Ganze ab. Als ich noch mein Gesicht mit Kamillenlotion eingerieben hatte, fand ich, daß ich besser als gewöhnlich aussah, fast schon annehmbar!

»Deine Gouvernante wird dich begleiten«, verkündete meine Mutter, und mir brach das Herz.

»O Mutti! Bitte nicht, er wird sonst denken, daß ich noch ein Baby bin!« bettelte ich.

»Du gehst entweder in Begleitung oder überhaupt nicht.« Meine Mutter blieb hart.

Heimlich rief ich Jack an. »Ich muß dir etwas sagen. Ich darf nur mit einem Anstandswauwau kommen. Wenn du also absagen willst, würde ich das verstehen, wirklich!«

»Keine Sorge. Wir stopfen sie so mit Gebäck voll, daß sie gar keine Zeit hat, neugierig zu werden!« Mit Jack schien immer alles ganz leicht zu sein.

Wir trafen uns oben im gläsernen Salon des Café de Triomphe auf den Champs-Élysées. Zur Begrüßung gab mir Jack einen Kuß auf die Wange, daß mir die Knie weich wurden, wies meiner Gouvernante einen Platz an einem der Marmortischchen an und bestellte ihr eine Auswahl an Gebäck. Dann führte er mich an einen Tisch nur für uns zwei. Er antwortete auf alle meine vielen Fragen und erzählte mir das Neueste aus seiner großen Familie. Wir verbrachten einen wunderschönen Nachmittag.

Unser sommerlicher Auszug zum Cap d'Antibes begann. Remarque rief aus der Schweiz an, er werde mit seinem Lancia nach Südfrankreich fahren und uns später in Antibes treffen. Die Suiten waren für unsere Ankunft hergerichtet, und das ganze Hotel war elegant und prachtvoll wie immer. Nichts hatte sich verändert. Ich schätzte es sehr, wenn Orte stets gleichblieben. Es war solch ein beruhigendes Gefühl.

Sogar die Kennedys waren wieder da und erholten sich von ihren hochamtlichen Posten und berühmten Schulen. Zum erstenmal in meinem Leben hatte ich Freunde, die ich begrüßen konnte. Rasch zog ich meinen Badeanzug und meinen Bademantel an, und noch bevor mich jemand zu irgendwelchen Diensten heranziehen konnte, eilte ich über die Esplanade zu den Felsen hinunter.

Keiner meiner Freunde hatte sich verändert, nur die Individualität eines jeden hatte sich weiter ausgeprägt; ausgenommen Teddy, der dafür noch knuddeliger geworden war. Nur wenigen Kindern ist es gegeben, trotz des unvermeidlichen Wachstums pausbäckig und süß zu bleiben. Bobby faßte mich am Arm:

»Rosemary muß ihr Mittagsschläfchen machen. Komm mit, wir tauchen nach Tintenfischen. Joe hat eine großartige neue Waffe, sie schießt unter Wasser wie eine Harpune. Er will sie ausprobieren. Der Präsident hat sie ihm geschenkt!«

Die Kennedys hatten immer die faszinierendsten neuen Erfindungen, die sie ausprobieren wollten. Was andere noch nicht einmal gesehen hatten, was noch nicht auf dem Markt war und was gerade erst die Konstruktionsabteilung verlassen hatte, das besaßen sie schon.

»Tintenfische? Die schnappen nach unseren Fußknöcheln und ziehen uns in die Tiefe! Ich schaue euch lieber von den Felsen aus zu.«

»Ach komm! Das hier sind Mittelmeertintenfische, die sind alle ganz klein. Die tun nichts! Die verstecken sich zwischen Felsen. Man braucht nur zu tauchen, sie aufzustöbern und an die Wasseroberfläche zu bringen. Falls sie ihre Tinte nach dir spritzen, kneife die Augen zu und tauche nach oben. Sie wickeln sich um deinen Arm – einfach großartig.«

»Tauchen denn alle nach Tintenfischen, Bobby, Jack auch?« fragte ich in der Hoffnung, er würde nein sagen.

»Aber ja, komm nur. Wirklich, du brauchst keine Angst zu haben. Wir haben es schon die ganze Zeit gemacht. Wenn wir genug fangen, können wir ein Abendessen daraus machen.«

Es ging genauso, wie er gesagt hatte. Wenn man sich an Bobbys Anweisungen hielt, klappte immer alles.

Remarque brachte seinen schnurrenden Lancia, den er in *Drei Kameraden* beschrieben hat, zum Stehen. Er hatte von Cannes aus angerufen, und meine Mutter erwartete ihn. Er nahm ihr Gesicht in seine schmalen Hände und hielt es sanft, während er ihr in die Augen schaute. Ohne hohe Absätze wirkte meine Mutter immer so klein, obwohl sie es eigentlich gar nicht war. Sie küßten sich, dann stellte er sie seinem besten Freund vor: seinem Wagen. Er machte sich Sorgen, ob sein »grauer Puma« wohl Verständnis für die Liebe aufbringen würde, die er für seinen »goldenen Puma« empfand, oder sich nicht vielmehr in Eifersucht verzehrte. Meiner Mutter gefiel es, einem Auto als dessen Nebenbuhlerin vorgestellt zu werden. Um sie aneinander zu gewöhnen, nahm Remarque sie beide zu einer Spazierfahrt entlang der Küste mit.

Am Abend kam er in seinem weißen Dinnerjacket, das ihm besonders gut stand, in die Suite meiner Mutter. Er hatte einen Schulranzen bei sich, wie ich ihn mir immer gewünscht hatte, als ich noch klein war. Er entnahm ihm einen Packen vergilbter Blätter. Beim Warten auf die Schreiner, die seine Bilder in Holzrahmen verpacken sollten, hatte er Erzählungen gefunden, an denen er in den zwanziger Jahren gearbeitet, die er aber nie vollendet hatte.

»Sie waren gut und würden es auch heute noch sein, aber ich könnte sie jetzt nicht zu Ende schreiben. Mir fehlt diese traumwandlerische Sicherheit der Unreife.« Während er die Blätter durchging, verdüsterten sich seine goldenen Augen. »Als ich vor zwanzig Jahren im Krieg dies schrieb, wollte ich die Welt retten. Vor ein paar Wochen in Porto

Ronca sah ich wieder einen Krieg heraufziehen, aber ich dachte nur daran, meine Gemäldesammlung zu retten.«

Meine Mutter küßte ihn und sagte: »Aber Liebling, das ist doch lächerlich. Du bist ein großer Schriftsteller. Was brauchst du mehr? Schau dir Hemingway an ... Der hat sich nie gefragt, wie er sich fühlt oder was er vor langer Zeit gedacht hat. Ihm fließen die herrlichen Worte ganz einfach aus der Feder!«

Ich wurde aus dem Schlaf gerissen: »Papi, Papi, bist du wach?« Die Stimme meiner Mutter klang schrill, als sie meinen Vater über das Haustelefon alarmierte. Ich schaute auf meinen Reisewecker: vier Uhr früh! Irgend etwas stimmte nicht. Ich zog meinen Morgenrock an und ging durch die Empfangshalle in die Suite meiner Mutter.

»Papi, wach auf und hör mir zu! Boni und ich haben uns gestritten. Du weißt doch, wie seltsam er sich beim Abendessen benommen hat. Also später hat er mich beschuldigt, mit Hemingway geschlafen zu haben. Natürlich wollte er mir kein Wort glauben, als ich ihm versicherte, ich hätte es nicht getan. Er hat mir fürchterliche Dinge ins Gesicht gesagt, bevor er nach draußen gerannt ist. Wahrscheinlich ist er zum Spielen ins Kasino gefahren und hat sich betrunken ... Zieh dich an, nimm den Wagen und such ihn! Sicher liegt er irgendwo, und fremde Leute finden ihn. Ruf mich an, sobald du etwas weißt.« Sie legte auf, bemerkte mich, hieß mich Kaffee beim Zimmerkellner bestellen und begann auf und ab zu wandern.

So vergingen zwei Stunden, dann klingelte das Telefon. Mein Vater hatte Remarque in einer Bar in Juan-les-Pins gefunden, zwar betrunken und verzweifelt, aber ohne daß ihm etwas passiert war.

In diesem Sommer beehrte uns die auf Blut und Gummi spezialisierte englische Lady nicht mit ihrem Besuch, dafür hatte meine Mutter eine andere medizinische Sensation entdeckt. Diesmal bestand sie in einer kleinen Tube, die direkt aus Rußland kommen und angeblich gewöhnlichen Schnupfen kurieren sollte. Meine Mutter erklärte gerade Beatrice Lillie die Anwendung des Wundermittels, als ich dazukam.

»Bea, meine Liebe! Es ist einfach unglaublich! So was gab es noch nie. Gib mir mal deinen Arm. Nein, dreh ihn herum, dieses Zeug muß man auf die Innenseite des Arms reiben, dahin, wo das Blut in den Adern pulst.« Den Deckel zwischen den Zähnen, drückte sie einen großen Klecks gelber fettiger Creme auf die Haut, schraubte den Deckel wieder auf die Tube und verrieb die Salbe energisch auf Beas

Arm. Die Stelle rötete sich, und eine leichte Schwellung trat dort auf, wo »das Blut pulste«.

»Habe ich dir gesagt, Marlene, daß ich einen Schnupfen habe?«

»Natürlich, du hast doch gesagt, du seist ›verstopft‹.«

»Ach, wirkt die Salbe auch bei Verstopfung?«

Mittlerweile war die Stelle hübsch rot. Bea machte Anstalten, ihren Arm meiner Mutter zu entwinden.

»Woraus wird dieses Zeug eigentlich gemacht, Marlene?«

»Aus Schlangengift ... Es bewirkt eine Entzündung des Gewebes, trocknet es aus, und mit einemmal kannst du wieder befreit atmen!«

Ich habe nie jemanden so schnell unsere Esplanade hinunterlaufen sehen! Meine Mutter schaute verwirrt zu, wie Bea Lillie zum Swimmingpool rannte:

»Was ist denn los mit ihr? Noël behauptete immer, sie sei eine komische Frau – aber ich dachte, komisch ›haha‹, nicht komisch ›verrückt‹.«

Eines Tages waren alle auf Hochspannung. Sie hockten auf den Felsen wie hungrige Möwen, die die Meeresoberfläche absuchten. Ein seltsames Schiff, das Kurs auf unsere private Bucht nahm, war gesichtet worden. Es war ein prächtiger Dreimastschoner, dessen schwarzer Rumpf über das kristallklare Wasser glitt und dessen Deckaufbauten aus Teakholz in der Sonne glänzten. Am Steuer stand ein schöner junger Mann mit braungebranntem schlankem Körper, und sogar aus der Entfernung ahnte man die Kraft seiner muskulösen Brust und Schenkel. Er winkte seinen bewundernden Zuschauern, lächelte lässig mit entblößten weißen Zähnen und gab Befehl, zwischen den weißen Jachten Anker zu werfen. Hätte er die Piratenflagge gehißt, wäre niemand überrascht gewesen. Bei seinem Anblick war der erste Gedanke »Pirat« gewesen, gefolgt von »Raub« und »Plünderung«.

Meine Mutter berührte Remarques Arm. »Ist er nicht wirklich wunderschön, Boni? Er muß unbedingt zum Mittagessen zu uns kommen. Weißt du, wer er ist?«

Sie beobachtete, wie er an Land gerudert wurde. In hautengen Segeltuchhosen und gestreiftem Matrosenhemd stieg er die Stufen zum Eden-Roc-Pavillon hinauf, und der sexy junge Mann verwandelte sich in eine sexy junge Frau mit flachem Busen. In einer Zeit, wo es »überdrehte« Millionenerbinnen im Dutzend gab, war diese Frau eine engagierte Abenteurerin und Entdeckerin. Ihr gehörten Schiffe, sie besaß und erschloß ihre eigenen Inseln. »Jo«, wie sie ihre Freunde nannten, war 1939 die Sommerromanze meiner Mutter und blieb der einzige Mensch, der die Dietrich je »Babe« genannt hat. Ihr Majordomus war ein zwei Tonnen schwerer Koloß. Obgleich sie ihre maßgeschneiderten Männerjacken zu einem Rock trug und sich die Nägel ihrer wurstigen Finger grellrot lackierte, blieb der allgemeine Eindruck doch der eines häßlichen Mannes. Hängende Augenlider, ausladende Leibesfülle über säulenartigen Beinen und sehr kleine Füße verliehen ihr eine erschreckende Ähnlichkeit mit einem Nashorn. Ich wartete nur darauf, daß ihre Ohren wackelten und ein Kuhreiher ihr Ungeziefer aus der Panzerhaut pickte.

Ein jeder verbrachte die Zeit auf seine Weise: über sein vergilbtes Papier gebeugt, arbeitete Remarque hinter Jalousien und betrank sich nachts bis zur Besinnungslosigkeit, mein Vater prüfte Hotelrechnungen und vervollkommnete seine schon fast perfekte Sonnenbräune, Tami schluckte jede neue glücklichmachende Pille, die ihr besorgte Müßiggänger empfahlen, während ich im Meer schwamm, die Kennedys bei ihrem glücklichen Familienleben beobachtete und meiner Mutter beim Ankleiden half für das tägliches Rendezvous auf dem Schiff ihres »Piraten«. Dabei hoffte ich immer, sie möge wieder zurück sein, ehe Boni seine Schreibklause verließ, um mit ihr zärtlich zu sein.

Wir saßen gerade beim Frühstück in der Suite meiner Mutter, als mein Vater, der zum Telefon gegangen war, einen Anruf aus Hollywood ankündigte. Meine Mutter runzelte die Stirn.

»Um diese Zeit? Rede du mit ihm, Papi. Das muß irgend etwas Dummes sein.«

Doch mein Vater reichte ihr den Hörer.

»Joseph Pasternak möchte dich persönlich sprechen.«

Jetzt war meine Mutter wirklich verärgert.

»Wer?«

»Erinnerst du dich nicht mehr? Er war bei der Ufa, als *Der Blaue Engel* gedreht wurde. Er ist jetzt ein wichtiger Filmproduzent bei Universal. Du solltest mit ihm sprechen.«

Meine Mutter schaute meinen Vater böse an und nahm den Hörer.

»Hier ist Marlene Dietrich. Weshalb rufen sie mich in Südfrankreich an?«

Ich erinnnere mich noch, wie die Augenbrauen meiner Mutter vor Erstaunen immer höher gingen und wie sie sich mit einem eisigen »Good-bye« verabschiedete und dann wütend auflegte.

»Nein, so ein ausgemachter Esel, diese Ungarn! Wißt ihr, was er mir vorgeschlagen hat? Ich soll in einem Western spielen! Mit Jimmy Stewart in der Hauptrolle! Lächerlich! Da drüben in Hollywood werden sie jeden Tag blöder!« Damit war dieses Thema für den übrigen Morgen beendet, bis sie beim Mittagessen im Scherz Kennedy davon erzählte.

»Papa Joe ...«

Wir kannten so viele »Joes«, daß sie den Botschafter Kennedy »Papa Joe« nannte, um Verwechslungen mit seinem ältesten Sohn, von Sternberg und Jo, dem Piraten, zu vermeiden.

»Papa Joe, Sie müssen doch zugeben, daß das zu komisch ist. Die Dietrich und diese nuschelnde Bohnenstange zusammen? Und dazu soll ich mich noch ›echt amerikanisch‹ geben.«

»Wieviel hat er Ihnen angeboten?«

»Danach habe ich gar nicht gefragt. Halten Sie die Idee etwa für gar nicht so abwegig?«

»Wenn Sie wollen, Marlene, kann ich mit der Universal sprechen. Pasternak hat vielleicht ein Traumpaar gefunden.«

Meine Mutter wandte sich an meinen Vater: »Papi. Stell eine Verbindung zu Jo her. Erzähl ihm von Pasternaks Vorschlag. Frag ihn, was er darüber denkt. Er soll mich vor sieben Uhr unserer Zeit hier anrufen, dann reserviere einen Anruf an Pasternak für acht Uhr.« Sie wandte sich an Kennedy: »Haben Sie dann Zeit?« Sie stand auf und sagte: »Ich muß mit Boni darüber reden«, und verließ den Tisch.

Bis sieben Uhr war jeder um Rat gefragt worden. Von Sternberg war der Meinung, Stewart sei ein zweiter Cooper, aber ein besserer Schauspieler. Im übrigen sei die Rolle eines »Tanzbodenflittchens« in einem Western nichts anderes als eine »Lola«, die aus Berlin nach Virginia City versetzt würde. Es wäre geradezu verrückt, wenn sie solch ein Angebot ausschlüge. Kennedy sagte ihr, die gebotene Gage wäre zu verlockend, als daß man sie ablehnen sollte, und er empfahl ihr Charles Feldman. Von allen Agenten ihres Berufslebens schätzte und liebte sie ihn am meisten.

Dem »Piraten« gefiel die Idee so gut, daß sie versprach, sich ein Haus in Beverly Hills zu mieten, um in der Nähe ihrer »Babe« zu bleiben. Sie spielte schon mit dem Gedanken, meiner Mutter ihre Insel in der Karibik zu schenken, einschließlich der Bevölkerung! Sogar Remarque gefiel die Vorstellung, die Dietrich in einem Western zu sehen.

Noch immer zögerte sie: »Was geschieht, Papa Joe, wenn der Krieg doch ausbricht? Muß ich alle nach Amerika mitnehmen, oder kann ich sie hierlassen? Sie sind Botschafter in England, Sie müssen wissen, daß dieser senile Chamberlain und sein Früchtchen Eden Hitler sicherlich nicht aufhalten werden. Was wird dann geschehen? Ich kann doch nicht weggehen, um so einen dummen Film zu machen, wenn etwas passiert!«

Kennedy beruhigte sie. Für den Fall, daß es tatsächlich soweit kommen und unmittelbare Kriegsgefahr bestehen sollte, werde er seine Familie nach England in Sicherheit bringen, und ihre Familie erhielte denselben Schutz wie seine.

Mein Vater ließ die Schrankkoffer heraufkommen und traf die Reisevorbereitungen. Meine Mutter, Tami und ich packten. Vor ihrer Abfahrt nach Paris nahm meine Mutter meine Hand und legte sie in Remarques Hände:

»Mein Allerliebster, ich gebe dir mein Kind ... Beschütze und bewahre sie für mich!« Über die Schulter rief sie zu meinem Vater hinüber: »Vergiß nicht, die Paramount anzurufen! Sie sollen Nellie freistellen, damit sie mich bei der Universal frisiert.« Dann stieg sie in die Limousine und fuhr ab.

Zwischen Kostümproben, Flirts mit Pasternak, Gesangsübungen mit Friedrich Hollaender, dem Komponisten des *Blauen Engel,* und mit einem anderen »süßen« Mann, den sie »Fresh« nannten, dem begabten Textdichter Frank Loesser, hielt meine Mutter über Telefon ständigen Kontakt zu uns.

Vera West sei zwar nicht Travis, aber das sei nicht schlimm, denn sie entwerfe ihre Kostüme sowieso selbst. Sie lasse ein Tanzkleid in dem »Nachthemdenschnitt« anfertigen, den Travis so sehr mochte, aber diesmal mit ihrem eingearbeiteten Büstenhalter, damit sie sich ungezwungen bewegen könne, kurz, das werde der »Blickfang« des Films. Strümpfe aus einer neuen, Nylon genannten Faser machten alle Frauen sprachlos: sie hielten einen ganzen Tag ohne eine Laufmasche! Ihr Name im Film würde »Frenchy« sein, weil ihr Akzent nicht gerade nach Wildem Westen klang. Sie und Nellie arbeiteten an einer Frisur für ein Flittchen in einem Westernsaloon. Korkenzieherlocken, »so ähnlich wie Shirley Temple, nur sexy« waren ihre Worte. Der Regisseur George Marshall sei »süß«, und Pasternak sei gerissen wie alle Ungarn, das habe sie erwartet, aber auch »süß«. Ihre Garderobe sei ein ganzes Haus: »Ja wirklich, ein richtiges kleines Haus, nicht wie diese Kabinen bei der Paramount, wo man sich kaum rühren konnte.« Stewart sei gar kein langweiliger Cowboy, sondern »sehr süß«. Sie klang euphorisch, und weil alle so »süß« waren, hatte ich den Eindruck, daß sie sich blendend amüsierte, und ich fragte mich, welcher Zuckergußheld wohl den ersten Preis gewinnen würde.

Hitler und Stalin unterzeichneten einen Nichtangriffspakt, und die Kennedys verließen Frankreich schneller als erwartet. Der Moment, den alle gefürchtet hatten, war gekommen, obwohl jeder im stillen für das Gegenteil gebetet hatte. Die Nachricht ging wie ein Lauffeuer durch das Hotel:

»Schnell, nichts wie weg, raus aus Frankreich!«

Vom anderen Ende der Welt ließ meine Mutter ihre Beziehungen spielen und verschaffte uns eine Passage auf der *Queen Mary,* die am 2. September 1939 von Cherbourg auslaufen sollte. Wir verließen Antibes im Konvoi. An der Spitze Remarque und ich in seinem Lancia, gefolgt von meinem Vater mit Tami, Teddy und dem Gepäck im Packard. Zwar hatte keiner gemeldet: »Die Deutschen stehen nur eine Stunde von hier«, aber wir verließen Antibes, als wäre es so. Wir hielten nur zum Tanken an, kamen aber wegen langer Kolonnen von Pferden und Maultieren, die zu militärischen Zwecken konfisziert worden waren, nur langsam voran.

»Schau dir alles gut an, Kater, und präg es dir ein«, forderte mich Remarque auf, »damit du dich später immer daran erinnerst. Sieh die Verzweiflung und den Zorn dieser französischen Bauern und ihre hoffnungslosen Gesichter, mit denen sie im Morgengrauen ihre schwarzen Maultiere in den Krieg treiben – Maultiere und Pferde gegen Wehrmacht und Luftwaffe ...«

Während wir durch das Land fuhren, lag über Frankreich schon eine Ahnung der Niederlage, noch bevor der Krieg überhaupt begonnen hatte. Keine patriotische Begeisterung war zu spüren, nirgends wurde erhobenen Hauptes die »Marseillaise« gesungen. Die Bauern zogen nicht mit ihren Tieren in den Krieg, sie schleppten sich vorwärts, als gingen sie der Niederlage entgegen.

»Boni? Wissen sie schon, daß sie geschlagen werden?«

»Ja, sie sind alt genug, um sich an den letzten Krieg zu erinnern. Schau dir ihre Gesichter an, Kater. Denk daran: Der Krieg kennt keinen Ruhm, nur den klagenden Ton weinender Mütter.«

Ich war noch ein junges Mädchen, das das Privileg hatte, den heraufziehenden Krieg an der Seite eines Mannes zu erleben, der den letzten gesehen, durchlitten und seine Schrecken aufgeschrieben hatte, der ganzen Welt zur Mahnung.

Der Lancia lief heiß. Wir hielten an einer Werkstatt. Sie war verlassen. Boni wartete, bis der Motor wieder abgekühlt war. Wir mußten rechtzeitig in Paris sein, um noch den Zug nach Cherbourg zu erreichen. Er klappte die Motorhaube auf der Fahrerseite hoch. Da sie ihm die Sicht nahm, lehnte er sich beim Fahren durch die halbgeöffnete Tür nach draußen, um die Straße sehen zu können. Er schimpfte auf sein geliebtes Auto, das ihn gerade jetzt im Stich ließ. Sein »Puma« erwies sich im Angesicht der Gefahr als Feigling. Sein Zorn hatte in Wirklichkeit nichts mit seinem Auto zu tun. Ich hätte gern das Gefühl des Verlorenseins mit ihm geteilt. Ich hatte mich nie als Europäerin gefühlt, aber ich wußte, daß für Boni eine Schicksalsstunde geschlagen hatte. Er war dabei, für immer Abschied zu nehmen, eine Rückkehr schien ihm nicht möglich, denn er war überzeugt, daß Hitler die Macht des Bösen besitze, den Krieg gewinnen und sich zum Herren über ganz Europa aufwerfen würde.

Paris war in Dunkel gehüllt. Wir fuhren langsam. Ich hielt nach dem Eiffelturm Ausschau, der im vorangegangenen Jahr angestrahlt worden war, doch konnte ich nur seine dunkle Silhouette vor dem nächtlichen Himmel erkennen.

»Paris – die Stadt der Lichter!« flüsterte Remarque. »Paris, die schöne Stadt, erlebt ihre erste Verdunkelung. Noch nie in der neueren Geschichte hat sie ihre Pracht verstecken müssen. Wir werden auf sie trinken und ihr alles Gute wünschen. Komm, während Papi seinen Möbeln servus sagt, gehen wir zu Fouquet's, sitzen einen letzten Sommerabend an den Champs-Élysées und sagen Paris adieu.«

Wir fuhren zu seiner Garage. Er übergab dem Besitzer seine Wagenschlüssel und legte ihm ans Herz, seinen »Freund« nicht in die Hände der Deutschen fallen zu lassen, fügte aber hinzu:

»Wenn Sie allerdings mit ihrer Familie aus der Stadt flüchten müssen, dann nehmen Sie ruhig mein Auto. Pumas sind gut zum Flüchten.«

Er warf noch einen letzten Blick auf seinen Wagen, dann nahm er mich bei der Hand, und wir gingen.

Die großen Burgunder, die Cognacs des Jahrgangs 1911, die besten Champagner – in dieser Nacht leerte Fouquet's seinen berühmten Weinkeller. Die Bürger von Paris strömten über die Champs-Élysées. Alle tranken – aber keiner war betrunken.

»Monsieur«, der Sommelier, der Remarques Vertrauen genoß, beugte sich zu ihm herab und präsentierte eine staubige Flasche, die er liebevoll im Arm hielt: »Wir möchten nicht, daß die ›Boches‹ diese bei uns finden, nicht wahr, Monsieur.«

Remarque stimmte ihm zu. Er schenkte mir ein wenig davon ein.

»Kater, das wirst du nie vergessen – weder diesen Wein noch die Gelegenheit, zu der die Flasche entkorkt wurde.« Er sollte mit beidem recht behalten.

An jenem Abend wurden Boni und ich Freunde. Nicht Mädchen und Mann, Kind und Erwachsener, Tochter und Liebhaber der Mutter, das zählte nicht mehr: Wir waren Kameraden, die ein tragisches Erlebnis teilten.

In New York schlich sich die *Bremen* im Schutz der Dunkelheit auf den Hudson. Die Lichter gedämpft und nur mit der deutschen Besatzung an Bord, stahl sie sich mit der nächtlichen Flut davon. Sie hatte Order erhalten, mit voller Kraft und koste es, was es wolle, ins Vaterland zurückzukehren.

Hitler bombardierte Warschau, und seine Truppen marschierten in Polen ein.

Wir trafen meinen Vater, Tami und Gott sei Dank auch Teddy in Cherbourg. Oh, wie ich mich freute über den struppigen Kerl mit seinem schwarzweißen Fell. Ich weiß nicht warum, aber ich hatte befürchtet, mein Vater könnte ihn aussetzen und die Nazis würden ihn gefangennehmen.

Die *Queen Mary,* dieser Inbegriff der alten Herrlichkeit des British Empire, ähnelte einer enttäuschten Gastgeberin, deren Party nicht mehr recht in Schwung kommen will. Es spielte weder eine Musikkapelle, noch herrschte frohe Ausgelassenheit; statt dessen liefen Hunderte von Passagieren mit angespannten Gesichtern und besorgten Mienen umher. Mein Vater berichtete mir, das Wasser des Swimmingpools sei abgelassen worden, um dort Feldbetten aufzustellen, und auch im Speisesaal stünden zum Teil Betten. Von einigen kam der Vorschlag, die Billardtische als Schlafstätten herzurichten. Es sollte die letzte Überfahrt der *Queen Mary* als Luxusliner bis nach dem Krieg sein. Gleich nach ihrer Ankunft in Amerika wurde sie grau angestrichen und als Truppentransportschiff eingesetzt.

Am zweiten Tag auf hoher See verkündeten die Lautsprecher, Großbritannien und Frankreich hätten Deutschland den Krieg erklärt. Die *Queen Mary* war gezwungen, schnell den Atlantik zu überqueren. Jetzt mußten wir damit rechnen, daß deutsche U-Boote unser englisches Schiff angreifen könnten. Wir suchten das Meer nach verräterischen Periskopen ab; nachts stellten wir uns vor, wie sich U-Boote in der Tiefe an uns heranpirschten.

Tägliche Übungen an den Rettungsbooten wurden angeordnet. Ich fragte unseren Steward, ob er mir helfen könnte, besonders lange Gurte an meine Schwimmweste zu nähen, damit für den Fall, daß wir von einem Torpedo getroffen würden, Teddy zusammen mit mir in meiner Schwimmweste Platz hätte. Er war so nett, darauf einzugehen, und half mir sogar bei meinen Übungen. Anfangs war Teddy nicht sehr erbaut von meiner Idee. Er mochte es nicht, von mir festgeklammert zu werden. Aber nach ein paar Übungen schien er zu verstehen, daß ich nicht »dramatisierte«, sondern lediglich »für den Ernstfall übte«, und er kuschelte sich ganz klein gegen mich.

Am Kartentisch und eingehüllt von Zigarrendunst dozierten feine Herren darüber, wie ein Krieg zu gewinnen sei. Jüdische Familien hockten in Gruppen zusammen, weinten und beteten für alle, die sie zurückgelassen hatten und die nicht mehr rechtzeitig entkommen konnten. Andere, die nie ihre Freiheit verloren hatten und diese für selbstverständlich hielten, amüsierten sich, als handle es sich um eine ganz normale Überfahrt. Kinder spielten, vornehme ältere Damen trugen ihre Schwimmwesten auch beim Abendessen und schleppten ihre Schmuckkästchen überall mit sich herum.

Funkstille wurde für den Rest der Überfahrt angeordnet. Wir fuhren allein und ohne Kontakt zur übrigen Welt. Das Gerücht ging um, der Kurs sei geändert worden, die *Queen Mary* habe Order bekommen, keinen amerikanischen Hafen anzulaufen, und würde einen kanadischen ansteuern. Als meine Mutter vom englischen Konsul in Los Angeles erfuhr, daß das Schiff möglicherweise einer anderen Route folge, schickte sie Vertreter des Filmstudios und Anwälte nach Kanada, um dort auf unsere Ankunft zu warten, wies aber gleichzeitig jene an, die schon in New York warteten, zu bleiben. Und während sie zwischendurch mit der Einwanderungsbehörde und den Schiffsagenten verhandelte, begann meine Mutter die Dreharbeiten zu *Destry Rides Again* (dt. *Der große Bluff*).

Alle waren draußen auf den oberen Decks, als wir Ambrose Light umrundeten. Und da war sie! Wir begrüßten sie mit so großem Jubel, der bestimmt bis nach New York zu hören war. Wir hatten es geschafft! Wir waren in Sicherheit! Wir waren zu Hause! Natürlich habe auch ich wie immer geweint, aber diesmal taten es so viele, daß ich mich nicht so kindisch fühlte.

Wir waren eine solch kunterbunte Gruppe, daß die Einwanderungsbeamten Mühe hatten, uns zu sortieren. Da waren Remarque mit seinem besonderen Flüchtlingspaß aus Panama, mein Vater mit seinem deutschen Paß und Tami mit ihrem Nansen-Paß, einem noch nie gesehenen Unikum. Dank der Hilfe der Anwälte, die uns meine Mutter geschickt hatte, und nachdem wir einen ganzen Tag mit Diskussionen und Warten zugebracht hatten, passierten wir schließlich die Einwanderungsbehörde: ich als Minderjährige und Kind einer amerikanischen Staatsbürgerin, Teddy als seuchenfreier Vierbeiner in Begleitung, und die anderen als Ausländer mit der »rosa Karte«. In solchen Zeiten lernt man die Macht des Ruhmes schätzen.

8
Kriegsjahre

Wir stiegen in dem von Remarque bevorzugten amerikanischen Hotel ab, dem Sherry-Netherland in der Fifth Avenue, und die Flüchtlinge meiner Mutter riefen sie auf dem Set bei der Universal an. Wir sprachen einer nach dem anderen mit ihr, sie wollte unbedingt die Stimme jedes einzelnen hören, damit sie sicher sein konnte, daß alle heil angekommen waren. Ich war außer mir vor Freude. Denn ich mußte immer wieder daran denken, daß wegen des Krieges in Europa meine Mutter Amerika nicht verlassen konnte und ich deshalb auch nicht nach Europa zurückkehren mußte. Daher hörte sie, als die Reihe an mir war, aus meinem Mund kein Bedauern über den erzwungenen Abschied von der Alten Welt:

»Mutti, es ist einfach toll! Alles ist toll! Weißt du, daß es hier eine Weltausstellung gibt, gerade hier in New York? Können wir hierbleiben und sie anschauen? Ach bitte ...«

»Engel, ihr könnt *alle* bleiben. Keiner braucht sich zu beeilen. Der Film ist schwierig. Dieses kleine Studio ist nicht Paramount. Der Regisseur George Marshall ist süß, von daher ist alles in Ordnung. Einige der Songs sind wirklich gut, und Stewart hat etwas an sich, ich kann es nicht ganz beschreiben, aber er ist so süß in seiner Art.«

Sie schwieg einen Augenblick und fuhr dann sanft fort: »Erzähle Boni nichts davon, du weißt ja, wie schnell er eifersüchtig wird, ganz so wie Jo. Gib mir Papi, ich möchte ihm sagen, wo er Geld bekommen kann, dann könnt ihr alle bleiben.«

Tami und ich verbrachten ganze Tage auf der Weltausstellung. Wie in Paris im Jahr zuvor gab es auch hier alles zu sehen, aber jetzt mit amerikanischem Rummel. Ich konnte sogar Boni zum Mitgehen überreden. Er hatte so viele Gründe traurig zu sein, daß ich ihn mit immer neuen Vorschlägen für Ausflüge überraschte, in der Hoffnung, ihn ein wenig zu zerstreuen. Mein Vater war ebenso niedergeschlagen. Tami meinte natürlich, dies sei wieder ihre Schuld und zitterte.

Als wir schließlich im Beverly-Hills-Hotel ankamen, hatte meine Mutter bereits ein Quartier für jeden von uns herrichten lassen. Sie bewohnte einen privaten Bungalow, Remarque hatte seinen eigenen vis-à-vis, mein Vater belegte eine Suite im Hauptgebäude des Hotels, Tami ein Einzelzimmer am Ende des Flurs, und ich hatte meines neben ihr.

Auf mich wartete ein Brief von Brian, in dem er mitteilte, er habe eine liebenswürdige Frau geheiratet, die ihn sicherlich für immer glücklich machen werde, und er bedaure, daß ich nicht zu seiner Hochzeit habe kommen können. Er liebe mich, heiße mich herzlich willkommen und versuche, mich bald zu besuchen. Ich schaute den Brief noch einmal nach dem Namen seiner Frau durch. Oh, Joan Fontaine! Sie mußte einfach hübsch sein, denn ihre Schwester spielte die Melanie in *Vom Winde verweht*.

Die amerikanische Presse war wieder an der Dietrich interessiert. Schon während der Dreharbeiten hieß es, *Der große Bluff* werde ein »Kassenschlager«. Zwischen den beiden Stars »knisterte« es, und das Lied »See What the Boys in the Back Room Will Have« hatte alle Aussichten, ein Hit zu werden. Die PR-Abteilung des Studios war begeistert. Pasternak, der geniale Erneuerer bei der Universal, hatte es wieder einmal geschafft! Dieses wiederaufgeflammte Interesse der Presse war meiner Mutter lästig. Sie hatte sich an die tolerante Haltung der Europäer gegenüber »unkonventionellen« Lebensgemeinschaften gewöhnt, aber Amerika dachte in dieser Beziehung anders. Es war gefährlich, vor der immer wachen amerikanischen Presse Geheimnisse zu haben, vor allem, wenn es sich um moralische Dinge handelte.

»Diese schrecklichen Puritaner«, sagte meine Mutter immer. »In Amerika wimmelt es von ihnen. Rührt das noch von diesen fürchterlichen Pilgervätern, die einst mit ihren Schiffen herüberkamen? Sind das die Leute, die den ›Thanksgiving Day‹ eingeführt haben, den du so liebst?«

Da sie nun ein paar überzählige »Ehemänner« um sich hatte, versuchte sie Remarque davon zu überzeugen, daß New York der geeignete Ort für »brillante Schriftsteller« sei und nicht diese kulturelle Wüste mit Namen Hollywood, doch hatte sie damit keinen Erfolg. Deshalb konzentrierte sie sich auf den einen, den sie herumkommandieren konnte, und schickte meinen Vater mit Tami und Hund zurück an die Ostküste. Ich durfte bleiben und war froh, die »Säuberung« überstanden zu haben.

Ich und mein neuer Leibwächter brachten sie zum Zug. Mein Vater hatte mir seine Lektion in pflichtgemäßem Verhalten und kindlicher Pietät bereits im Auto erteilt, so daß es nicht mehr viel zu sagen gab. Er küßte mich auf die Wange, klopfte mir auf die Schulter, befahl Teddy, ihm vorauszugehen, und bestieg den Zug in angeregtem Gespräch mit den Gepäckträgern. Tami und ich lagen uns zum Abschied in den Armen.

»Bitte, bitte paß besser auf dich auf, Tamilein! Wenn er dir je weh tut, wenn du Hilfe brauchst, dann versprich mir, daß du mich sofort anrufst ... Versprich es!« flüsterte ich ihr in dem törichten Glauben zu, sie würde das jemals tun, oder ich würde ihr wirklich helfen können, wenn sie es täte. Lange winkte ich dem abfahrenden Zug nach, in der Hoffnung, daß Tami und Teddy mich noch sehen konnten. Ich würde sie erst nach vier Jahren und endlos tiefen Verletzungen wiedersehen.

Damit war ein Problem gelöst. Als nächstes rief meine Mutter ihren »Piraten« an, erwarb die Dienste dessen »Nashorns« und logierte diese »Frau« und ihr »geliebtes Kind«, nur die zwei allein, in einer der Wohnungen über den Garagen in der Gasse hinter dem Hotel ein. Von nun an sah ich meine Mutter nur noch nach Voranmeldung. Ich verbrachte meine Tage damit, den Stoff meiner Klasse nachzuarbeiten. Meine Lehrerin war eine Dame, die gegen zehn Uhr kam, bei einer Tasse Kaffee plauderte, ein paar Bücher zu den Fächern aufschlug, die ich besonders mochte und in denen ich gut war, und sich schließlich nach einem netten – und auch noch bezahlten – Besuch verabschiedete.

Remarque war geblieben. Tagsüber lebte er wie ein Einsiedler, der sich zum Schreiben zwang, nur um das Geschriebene wieder zu vernichten, ehe meine Mutter abends aus dem Studio kam. Er lebte nur, um das Geräusch ihres vorfahrenden Autos zu hören, das Klingeln des Telefons, ihre Stimme, die ihm mitteilte, sie sei allein und er könne sich zu ihr herüberschleichen und sie in die Arme schließen. An den Tagen, an denen sie sehr spät zurückkehrte, besonders Samstag nachts, wenn sie gewöhnlich nicht vor dem Abend des nächsten Tages auftauchte, saß ich bei ihm und leistete ihm bei diesen traurigen Nachtwachen Gesellschaft. Von allen Menschen, die ich in meiner Jugend gekannt habe, begriff Remarque als einziger, daß ich in bezug auf meine Mutter kein Kind mehr war, und das womöglich schon seit meinem sechsten Lebensjahr. Man konnte meiner Mutter ihre Leidenschaft für diesen neuen Liebhaber eigentlich nicht zum Vorwurf machen. Halb Amerika hätte alles darum gegeben, um dort zu sein, wo die Dietrich ihre Samstagabende verbrachte. Remarque litt nicht nur unter der Erniedrigung, sondern wie Jo verzehrte auch er sich in Selbsthaß, weil er sie zu sehr liebte, um sich von ihr zu trennen. Er mußte ihr nahe sein, mußte sie sehen, ihre Stimme hören, selbst wenn sie ihm von ihrer neuen Liebe erzählte und ihn um Rat fragte, wie sie die Stunden in den Armen ihres neuen Liebhabers noch wunderbarer gestalten könnte, als sie es schon waren.

»Ich soll ihr ›Liebesszenen‹ und bezaubernde Sätze schreiben«, berichtete er mir. »Manchmal tue ich das auch, und dann schenkt sie mir ihr wundervolles romantisches Lächeln und bereitet mir das Abendessen. Es ist so himmlisch, Kater, ihr einen Gefallen zu tun.« Dabei schaute er aus dem Fenster, ob nicht sein goldener Puma nach Hause käme. Dieser liebevolle Mann war zu einem tragischen Voyeur geworden, zu einem Cyrano von Beverly Hills.

Das Filmstudio streute das Gerücht aus, die Dietrich habe von Stewarts Vorliebe für den Comic-strip-Helden Flash Gordon erfahren und habe daraufhin für ihn eine lebensgroße Puppe in Auftrag gegeben. Sie kicherte, als sie davon hörte und ärgerte sich keineswegs. Sie hatte sich verändert. Zwar war sie immer noch die leidenschaftliche und tyrannische Perfektionistin, aber nachdem sie in *Der große Bluff* in jenen Punkten, die sie für ihre Pflicht hielt, eine allseits anerkannte Leistung erbracht hatte, erlaubte sie sich eine lockere Haltung und auch Spaß. Zweifellos kam ihr dabei der Umstand zustatten, daß Jimmy Stewart als der eigentliche Kassenmagnet galt. Sollte der Film nicht die erhofften Einnahmen bringen, würde man ihm die Schuld geben und nicht ihr. In einer solchen Situation hatte sie sich seit dem *Blauen Engel* und Jannings nicht mehr befunden. Sie fand es sehr entspannend, einen anderen die Bürde der »Starrolle« tragen zu sehen. In dem Gefühl, der Verantwortung enthoben zu sein, lieferte sie eine sehr gute schauspielerische Leistung.

Sie wollte den Regisseur George Marshall dazu überreden, daß sie die »Kampfszene« im Saloon selber spiele. Er sagte nein! Die Stuntfrauen waren engagiert, sie hatten geprobt und würden für den Film eine wilde Balgerei mit der ihnen eigenen Professionalität mimen. Zerzaust und mit künstlichem Blut beschmiert, sollten die Dietrich und

Una Merkel ihre Plätze lediglich für die Halbnah- und Nahaufnahmen einnehmen. Pasternak hätte sich wohl für ihre Idee erwärmen können, doch das Risiko, daß sich beide Darstellerinnen verletzen könnten, schien zu groß. Der Kampf war für professionelle Stuntfrauen choreographiert worden. Aber die Aussicht, Marlene Dietrich bei einer echten Katzbalgerei im Saloon zu sehen, schien einen solchen Werbeeffekt zu versprechen, daß alle Bedenken, die die besorgten Studioleute vorbringen mochten, in den Wind geschlagen wurden. Meines Wissens wurde Una Merkel, die andere Protagonistin bei diesem Freistilkampf, nie gefragt, ob sie sich unter den neuen Bedingungen zurückziehen wollte.

Noch nie hatte ich so viele Presseleute auf dem Set gesehen. Überall drängten sich Fotografen und Reporter von *Life* und *Look,* von allen Rundfunksendern und Fanmagazinen. Die Dietrich in einem Western – allein das hatte Neugierde entfacht, und nun blies sie in die Flammen und spielte die Rolle so rauh und ruppig, daß es kein Halten mehr gab.

Ein Erste-Hilfe-Zimmer war vorsorglich neben dem Aufnahmestudio eingerichtet worden. Die Stuntfrauen hielten sich einsatzbereit und schauten aus den Kulissen zu. Una Merkel und die Dietrich nahmen ihre Plätze ein, die Kameras wurden in Stellung gefahren, da flüsterte meine Mutter noch: »Halte dich bloß nicht zurück, Una. Du kannst mich treten, schlagen, an den Haaren ziehen. Du kannst mich auch boxen – denn ich mache es mit dir genauso!« Fauchend sprang sie auf Merkels Rücken und warf sie zu Boden. Sie traten sich gegenseitig, kreischten, rissen sich die Haare büschelweise aus, zerrten aneinander, schlugen und kratzten und wälzten sich auf dem schmutzigen Boden. Sie schienen alles um sich herum vergessen zu haben. Sie kämpften erbittert, um der anderen den Garaus zu machen, bis Stewart zwischen sie trat und einen Eimer Wasser über ihnen ausleerte.

Marshall schrie »Schnitt!«, und die Umstehenden brachen in stürmischen Beifall aus. Die Presse sprach von dem tollsten Fight seit dem Kampf um den Weltmeistertitel zwischen Tunney und Dempsey im Jahr 1927. Meine Mutter war stärker als Una; die hübsche Frau hatte einige böse Prellungen davongetragen. Der Kampf und die ungeheure Presse darüber in den Medien machten den Western *Der große Bluff* an den Kinokassen zu einem Dietrich-Film.

Ich war ihr gerade beim Ankleiden für ein Rendezvous mit ihrer romantischen Bohnenstange behilflich, als Remarque unangekündigt hereintrat. Er sah sie verwundert an. Ihr Körper war in schwarzen

Seidenjersey gegossen, der am Fußboden in eine große, absinthgrüne Satinwelle mündete, und am schwarzen Turban wurde das Grün mit einer Krone aus kleinen, dicht liegenden Vogelfedern wiederholt – ein Juno auf grünen Flammen.

»Nun, warum bist du herübergekommen?« fragte sie ungeduldig. Ich reichte ihr die Handtasche mit der smaragdenen Schließe, in der sich ihre diamantene Puderdose und das Zigarettenetui, ein Geschenk des »Ritters«, befanden.

»Hast du gehört, daß Sigmund Freud in London an Krebs gestorben ist?« fragte Remarque.

»Auch gut! Was hat er anderes getan, als über Sex zu reden und Leute völlig durcheinanderzubringen«, warf sie ihm über die Schulter zu, während sie schon zur Tür hinausging. Ihre »Bohnenstange« hatte gerade gehupt.

Die Dietrich hatte nur tiefste Verachtung übrig für alle Formen der Psychotherapie und für jene, die des »Auf-der-Couch-Liegens« und des »Zu-Fremden-Redens« bedurften. Vermutlich fürchtete sie sich unbewußt vor dieser Wissenschaft, die eintauchte, durchforschte und Verborgenes entdeckte, es ans Licht brachte: sehr gefährliche Worte im privaten Kosmos meiner Mutter.

*

Meine besondere Freundin Judy Garland war ein Star geworden, ein echter MGM-Star! Ich hatte ihr immer gesagt, sie würde es eines Tages schaffen. Ich war so stolz auf sie. Es tat mir nur leid, daß ihr Busen mit einem Band flachgepreßt werden mußte. Hoffentlich hatte es ihr nicht weh getan. Es war gar nicht leicht, mit sechzehn noch eine Zwölfjährige zu spielen. Ich identifizierte mich mit der Dorothy des *Zauberers von Oz:* Toto war wie Teddy; die böse Hexe kannte ich, die gute Fee würde ich gern treffen; ein Zuhause, in das ich zurückkehren könnte, hätte ich auch gern gehabt; und in Oz lebte ich, nur konnte ich mir nicht vorstellen, in Zauberschuhen zu entfliehen.

Winston Churchill wurde Marineminister. Die Franzosen warteten im festen Vertrauen auf die Maginot-Linie ab. Der Winter zog über den Atlantik heran, und nichts geschah. Amerikanische Kriegsberichterstatter sprachen nicht von einem Krieg im eigentlichen Sinne, sondern nannten ihn den »falschen Krieg«. Die neue Staatsbürgerin Marlene Dietrich wählte zum erstenmal, und zwar auf dem Set von *Der große Bluff.* Sie hatte keine Ahnung, wen, was oder warum sie nun eigentlich wählte, aber sie sah bezaubernd aus, wie sie mit dem Stimmzettel in der Hand über ihre Entscheidung nachzusinnen schien. Die PR-Abteilung, die sich das Ganze ausgedacht hatte, um das zahlende Publikum daran zu erinnern, daß die Dietrich keine Ausländerin mehr war, nutzte die Szene jedenfalls weidlich aus. Lolas Amerikanisierung war nunmehr vollständig.

Der große Bluff hatte im November 1939 in New York Premiere und war ein riesiger Erfolg. Rußland besetzte Finnland, jeder ging ins Kino, um die Garbo in *Ninotschka* wirklich lachen zu sehen. Manche waren allerdings der Meinung, daß eine peinlich verzogene Grimasse kaum dazu angetan war, Heiterkeit zu verbreiten.

An ihrem achtunddreißigsten Geburtstag besuchte meine Mutter die Premierengala für die Westküste von *Vom Winde verweht*. Schon bei seiner Premiere in Atlanta hatte der Film großen Beifall geerntet, und die Gäste des Abends wußten, daß sie ein Meisterwerk zu sehen bekämen. Ich verfolgte alles am Radio, die Schreie, als Gable und Lombard ankamen, und all die Ohs und Ahs, als Amerikas Könige und Königinnen erschienen. Und wie kommentierte meine Mutter diesen Meilenstein der Filmgeschichte?

»Nun habe ich alles gesehen! Leslie Howard mit orangefarbenem Haar!« Sie stieg aus ihrem violetten Abendkleid. Ich rieb das eingeweichte Heftpflaster von ihrem Busen. »Das Mädchen, das die Hauptrolle spielt, das so in Noëls alten Freund verliebt ist, diesen wirklich schönen und ausgezeichneten Schauspieler, ja sie ist sehr gut. Aber die andere, die die ›Heilige‹ spielt? Nicht zu glauben! Das soll Brians Schwägerin sein! Wirklich, das hat er nicht verdient!«

Die Dietrich führte viele Monologe über *Vom Winde verweht,* aber das war ihr erster.

In England wurden die Lebensmittel rationiert. Hitlers Truppen überrannten Norwegen und Dänemark. Rußland verleibte sich Finnland ein, und ich träumte davon, einmal ein schwarzes Kleid tragen zu dürfen. Vorsichtig fragte ich bei meiner Mutter an – und erhielt als Antwort: »Was? Kinder tragen nicht Schwarz!« Ich war traurig. Wenige Tage danach wurde eine große elegante Schachtel mit meinem Namen darauf in die Wohnung über der Garage geliefert. Ich schnitt das Band durch, hob den Deckel ab, entfernte Berge raschelnden Seidenpapiers – und da lag es! Ein richtiges schwarzes Kleid! Es wirkte so erwachsen, daß Deanna Durbin es getragen haben könnte. Und als ich es anprobierte, paßte es sogar! Seit meinem Indianerkostüm hatte ich mich nicht mehr so selbstsicher gefühlt. Zum erstenmal in meinem Leben glaubte ich, wirklich Eindruck zu machen, und trat vor das »Nashorn«.

»Es freut mich, daß es dir so gefällt«, sagte sie. »Ich war mir nicht ganz sicher, ob ich mit dem Kleid auch wirklich deinen Stil getroffen habe.« Da wußte ich, daß ich ihr dieses schöne Kleid zu verdanken hatte.

Noch ganz verwirrt über ein solch großes Geschenk, dankte ich ihr vielmals. »Wie haben Sie es nur geschafft«, fragte ich sie, »meine Mutter herumzukriegen?«

Sie schmunzelte.

»Wenn du dir ein schwarzes Kleid so sehr wünschst, warum solltest du dann keins bekommen? Und es steht dir so gut! Wir werden deiner Mutter eben nichts davon sagen, abgemacht? Das wird unser besonderes Geheimnis.« Seit meinem Limonadenstand hatte keiner der Angestellten meiner Mutter irgend etwas vor ihr verheimlicht. Eine Woche später erhielt ich mein erstes Paar lange Strümpfe – aus Nylon! Dann ein Paar schwarze Schuhe mit fünf Zentimeter hohen Absätzen! Nie hätte ich mir träumen lassen, einmal echte »Stöckelschuhe« zu besitzen. Bald hatte ich so viele »geheime« Schätze, daß eigentlich nur noch eine heimliche Gelegenheit fehlte, zu der ich würde alles anziehen können. Ich war so schrecklich naiv, daß ich gar nicht merkte, daß mir der Hof gemacht wurde.

Als ich den Wunsch äußerte, Schauspielerin zu werden, verwendete sich für mich das spendable »Nashorn«, das mir alles zu Füßen legen wollte, was mein kleines Herz begehrte, höchst diplomatisch bei meiner Mutter, die daraufhin einen ihrer »Boys« anrief, er möge mir doch Schauspielunterricht erteilen, damit das Kind »glücklich« sei. Jeden Nachmittag mußte ich mich in ihrem leeren Bungalow einfinden und erhielt von einem Nichtskönner mit schwerem deutschen Akzent Unterricht in der »Kunst«, Shakespeare zu deklamieren.

Während er sich spreizte und ich zähneknirschend seinem Vortrag von Julias Selbstgesprächen à la Weber und Fields lauschte, begann meine Mutter die Arbeit an ihrem zweiten Film für Pasternak. Sie brachte Irene mit, ihre bevorzugte Kostümbildnerin, und beide, die sich für sehr erfindungsreich hielten, hatten Spaß. Der weiße Frack aus *Die Blonde Venus* verwandelte sich in eine weiße Marineuniform, das gestreifte, mit weißen Federspitzen versehene Negligé aus *Die scharlachrote Kaiserin* tauchte in einer etwas vulgäreren, aber ebenso wirkungsvollen neuen Version wieder auf.

Das gleiche Team, das für sie »See What the Boys in the Back Room Will Have« aus *Der große Bluff* komponiert und arrangiert hatte, arbeitete nicht so überzeugend für *Seven Sinners* (dt. *Das Haus der Sieben Sünden*), wenn ihm auch mit »The Man's in the Navy« ein guter Wurf gelang. Meine Mutter wollte immer, daß Noël Coward es sänge, doch der lehnte beharrlich ab, zum einen, weil er das Lied nicht selbst geschrieben hatte, zum anderen, und das war der eigentliche Grund, weil er kein solch geschmackloser Homosexueller war!

Sie genoß ihren wiedererstandenen Ruhm. Während sie noch in einen »Cowboy« verliebt war, liebäugelte sie bereits mit dem nächsten. Auf dem Set gab sie sich leutselig und kehrte ihr Amerikanertum heraus, sie nannte jeden aus dem Filmteam »Honey!«, verschlang klebrige Krapfen, trank ohne sarkastische Bemerkungen den Kantinenkaffee aus der großen Kaffeemaschine, schäkerte mit Broderick Crawford, bezauberte die immer gleich hübsche Anna Lee, flirtete schamlos mit ihrem neuen Co-Star, brachte ihm Kraftbrühe und suchte ihn mit Geschenken zu überhäufen – aber alles war vergebens!

Insgesamt machten John Wayne und die Dietrich innerhalb von drei Jahren zusammen drei Filme, und jedesmal kehrten die Terrinen mit Kraftbrühe, die goldenen Armbanduhren und seidenen Morgenröcke wieder. Und jedesmal hat sie es nicht geschafft. Wayne wurde ihr ein Dorn im Auge, weshalb sie Geschichten über ihn in Umlauf brachte, die sie vielen Leuten so oft erzählte, bis sie in die »Gesammelten Märchen« der Dietrich Eingang fanden und von allen wie Bibelworte geglaubt wurden. Eine ihrer bevorzugten Geschichten war folgende: John Wayne sei ein so unbekannter Schauspieler gewesen, daß sie, nachdem sie ihn in der Studiokantine entdeckt hatte, die Universal erst überzeugen mußte, ihm die Rolle in *Das Haus der Sieben Sünden* zu geben. Sie malte die Geschichte noch weiter aus und behauptete, am ersten Drehtag habe sich Wayne so offenkundig als »untalentierter Amateur« herausgestellt, daß sie ihren Agenten Charles Feldman angerufen und ihm befohlen habe, Schauspielunterricht für ihren neuen »so unbegabten« Co-Star zu arrangieren. Daß Wayne seine Rolle hervorragend in John Fords glänzendem Western *Höllenfahrt nach Santa Fe* gespielt hatte, der ein Jahr vor *Das Haus der Sieben Sünden* herausgekommen war, schienen alle zu vergessen, wenn die Dietrich ihre Version der Dinge erzählte. Irgendwann muß John Wayne die Dietrich mit irgend etwas in Rage gebracht haben, anders läßt sich ihr Groll auf ihn nicht erklären.

Viele Jahre später, es war in London, saß ich mit Wayne und gemeinsamen Freunden beim Abendessen. Ich nutzte die Gelegenheit, ihn endlich zu fragen, welcher Zauber ihn vor den Verlockungen der Sirene beschützt habe. Seine Augen lachten, er nahm einen Schluck Whiskey, rückte seine massige Gestalt auf dem kleinen Stuhl zurecht und brummte: »Ich bin nicht gern Hengst in einem Rennstall – hab's nicht nötig!«

In der Öffentlichkeit behauptete die Dietrich, sie habe im allgemeinen keine große Liebe für »Leinwandcowboys«.

»Diese langen Lulatsche wie Cooper und Wayne sind doch alle gleich. Können bloß mit den Sporen klirren, ›Howdy Ma'am‹ nuscheln und ihre Pferde vögeln!« Und natürlich glaubte man ihr.

Ich hatte schon immer einmal Catalina besuchen wollen, diese kleine Insel vor der Küste, wo große, schillernde Abalonengehäuse als Souvenirs verkauft werden. Meine Mutter war dagegen. Es wäre nur ein Tagesausflug geworden, aber sie blieb bei ihrem Nein!

»Ich finde«, mischte sich das »Nashorn« ein, »daß Maria so fleißig gearbeitet und sich so mustergültig betragen hat, daß sie eigentlich dafür belohnt werden sollte. Sie hat sich den Ausflug verdient, Miss Dietrich.« Und so kam ich nach Catalina! Diese seltsame Frau wollte unbedingt meine Freundin sein, und sie log sogar für mich. Erwachsene verhielten sich gegenüber Kindern von »Berühmtheiten« gewöhnlich nicht so. Doch diese häßliche Frau war bereit, sich für mich zu schlagen, und erhob sich gegen die allmächtige Marlene Dietrich, den großen Leinwandstar. Nie zuvor hatte ich solch eine Freundin gehabt. Es war irgendwie schön. Sie kaufte mir sogar eine prächtige Abalone: »Zur Erinnerung an unseren gemeinsamen Tag«, sagte sie.

Remarque hatte schließlich genug. Er zog aus dem Bungalow aus und mietete sich ein Haus in Brentwood. Es war ein schönes Anwesen, aber nur für den Übergang gedacht, kein Ort, den sich Boni als ständiges Domizil gewählt hätte. Er hängte auch nur eines seiner Bilder auf, van Goghs *Gelbe Brücke*. Alle anderen waren mit der Rückseite gegen die Wand gekehrt. Für mich war es erstaunlich, daß diese unbezahlbaren Kunstschätze zuerst über den Ozean und dann über den amerikanischen Kontinent verfrachtet worden waren, um nun in einem unscheinbaren Haus im sonnigen Kalifornien zu lagern. Er schaffte sich zwei Hunde an, stolze Kerry-Blue-Terrier, die ihm Gesellschaft leisten sollten. Ich ging ihn oft besuchen. Selbst mit seiner leidenschaftlichen »Schwäche« schien er mir immer noch gesünder als jeder andere, den ich kannte.

Remarque besaß Daumiers *Don Quixote*. Es war mein Lieblingsbild. Ich liebte die Struktur der unbehandelten Leinwand, das ungewöhnliche Format, das der Lanze des traurigen Ritters angepaßt war. Remarque freute sich, wenn ich seine Bilder betrachtete. Ich konnte stundenlang davorsitzen und mich doch nicht sattsehen.

»Eines Tages wird es dir gehören. Ich werde es dir in meinem Testament vermachen, Fräulein Sancho Pansa. Aber dein Geschmack ist manchmal zu rührselig.« Er ging dann die Hunderte von Bildern durch und suchte nach denjenigen, von denen er meinte, ich sollte sie an einem bestimmten Tag sehen und schätzenlernen. So schlug er etwa vor, an einem Tag Bilder von van Gogh anzuschauen.

Gegenüber Remarque war ich sehr mutig. Manchmal sagte ich: »Nein, heute fühle ich mich nicht nach einem Van-Gogh-Tag.«
»Nach was fühlst du dich?«
»Nach Cézanne?«
Er schmunzelte, nickte und ging rasch seine Bilder durch.
»Aquarelle oder Öl-Cézanne?«

Meistens wünschte ich mir aber El Greco. Sein düsterer Stil paßte zu meinem Kummer. Boni ahnte wohl, daß irgend etwas nicht stimmte, wagte aber nicht zu fragen, weil er fürchtete, mir nicht helfen zu können. Es hätte ihn zerstört, auch in der Freundschaft zu versagen.

Ich fragte ihn, warum er seine Bilder nicht aufhing, und er sagte, es sei für ihn ein fremdes Haus, kein Freund. So stellte er weiterhin seine Kunstschätze aus der Tang-Dynastie in leere Räume und ließ seine kostbaren Teppiche zusammengerollt. Diese Kunstgegenstände waren seine einzigen Freunde, die beiden Hunde waren seine einzige Gesellschaft und die Briefe, die er meiner Mutter schrieb, sein einziger Trost. Wie immer schrieb er ihr fast ausschließlich deutsch, wobei er sich selbst Ravic nannte ...

> Schaut euch nur Ravic an, zerkratzt, liebkost, mit Küssen bedeckt und bespuckt. Ich, Ravic, habe viele Wölfinnen gesehen, die sich darauf verstehen, ihr Aussehen zu ändern, aber ich kenne nur einen solchen Puma. Ein herrliches Geschöpf. Es ist zu wunderbaren Verwandlungen fähig, wenn das Mondlicht über die Birken streicht. Ich habe es als Kind gesehen, als es am Rand eines Tei-

ches kniete und mit den Fröschen sprach. Und während es sprach, wuchsen den Fröschen goldene Kronen auf den Köpfen. Solche Willenskraft legte es in seinen Blick, daß die Frösche zu kleinen Königen wurden. Ich habe es in einem Haus gesehen, wie es weißbeschürzt Rühreier zubereitete. Ich habe den Puma als fauchende Tigerkatze gesehen, ja als widerspenstige Xanthippe, deren lange Krallen sich meinem Gesicht näherten. Ich habe den Puma weggehen sehen, und ich wollte laut schreien, um ihn zu warnen, doch ich durfte den Mund nicht auftun. Meine Freunde, habt ihr jemals beobachtet, wie der Puma einer Flamme gleich vor mir hin und her tänzelt? Wie? Ihr sagt, mir gehe es nicht gut? Auf meiner Stirn schwäre eine offene Wunde, und ich hätte Büschel meines Haars verloren? So geschieht einem, wenn man mit einem Puma zusammenlebt, meine Freunde. Sie kratzen bisweilen, wenn sie streicheln wollen, und selbst im Schlaf ist man vor einem Angriff nicht sicher.

Immer wenn er ihr geschrieben hatte, rief sie ihn an und schwor, daß sie nur ihn allein liebe. Dann erlaubte sie ihm manchmal, daß er sie liebte, schickte ihn aber am frühen Morgen wieder fort, ehe sie ins Studio fuhr. Dieses Anfachen und Ersticken der Leidenschaft wirkte sich verheerend auf seine Kreativität aus. Nach einiger Zeit blieben die gelben Schreibblöcke leer, die stets gespitzten Bleistifte lagen unbenutzt herum.

*

Wer die Ruhe eines geheimen Grabes stört, denkt zuerst: Mußte ich das wirklich so tief vergraben, um mich sicher zu fühlen? Einmal geöffnet und zutage gefördert, dringen verschwommene Empfindungen an die Oberfläche wie Geister auf den Grußkarten zu Halloween: Die Last ihres schweren Körpers, der mich niederdrückte. Die Hand, die an Stellen suchte, die bisher nur mir allein gehört hatten. Die plötzliche Abscheu, ohne zu verstehen, was eigentlich mit mir geschah. Die Kälte, diese schreckliche Kälte, die mich zittern ließ, die mein Herz fast zum Stillstand brachte, die den leisen Schrei erstickte, den ich in mir gellen hörte.

Ich wußte nicht, daß ich vergewaltigt wurde. Dieses Wort bekam erst lange nach der Tat einen Sinn, als ich erfuhr, daß das, was mir angetan worden war, einen Namen hatte. Die Nacht wurde zum lautlosen Weinen, und ich dachte, nun wüßte ich, was Sex war, und schauderte, wenn es auf mich kam. Wenn sie mit mir fertig war, zog ich mein Nachthemd herunter, rollte mich ein, tat, als existierte sie gar nicht, und flüchtete mich in den Schlaf, überzeugt, für etwas Unaussprechliches bestraft zu werden, von dem ich nichts wußte.

Auf eine Art war ich für eine Vergewaltigung präpariert worden. Immer gehorsam, immer darauf bedacht, allen, denen ich anvertraut worden war, zu gefallen, immer fügsam, ein Besitz, zum Gebrauch bestimmt. Wenn du keine eigene Identität hast und jemand sich von dir bedient, dann bist du passiver. Das Recht, Fragen zu stellen, ist dir unbekannt. Oh, ich lief. Auf meine Art lief ich, aber ich wußte nicht wohin. Ich hatte niemanden, der mir geholfen und zugehört hätte, auch wenn ich die richtigen Worte hätte finden können. So zog ich mich dorthin zurück, wo ich mich auskannte, wo ich mich in Sicherheit fühlte, nämlich in meinem Innern. Versteckte es, ließ es dort schwären und lebte in meiner eigenen Hölle. Schaden zu nehmen durch die inszenierte Nachlässigkeit von jenem, den die Natur und die Gesellschaft als »liebendes« Elternteil bezeichnen, erzeugt eine ganz spezielle Hölle.

Warum hatte meine Mutter diese Frau ausgewählt und mich ihr gegeben? Nur wir zwei ganz allein. Wollte sie, daß mir so etwas passiert? Was hatte ich getan? Mütter sollten doch ihre Kinder lieben und sie schützen. Ich war immer ein braves Kind gewesen. Warum wollte sie mich bestrafen? Was hatte ich getan?

Diese Fragen blieben tief in mir verborgen, und Verzweiflung kam und legte sich über die Verletzung.

Doch ich muß noch an Wunder geglaubt haben, denn ich fragte, ob ich meine Mutter sehen könnte. Ich weiß nicht, warum ich das getan habe. Mein ganzes Leben habe ich mich gefragt, welchen Trost ich mir eigentlich erhoffte. Wahrscheinlich ist es rein instinktiv, zur Mutter zu laufen, wenn man verletzt ist. Trotzdem war es dumm. Verzweiflungsvolle Not erzeugt oft solche Dummheit.

Man sagte mir, meine Mutter sei krank, aber wenn ich sie unbedingt sehen müsse, könne ich zu ihrem Bungalow herüberkommen, aber nur kurz.

Die Jalousien waren heruntergezogen, der Raum lag in kühlem Schatten. Bleich und seltsam teilnahmslos lag sie zwischen den Kissen der weichen Couch, ihre schmale Hand hielt einen feinen Wollschal über ihre Brust.

»Liebling«, hauchte sie, als wäre bereits dieser Seufzer eine zu große

Anstrengung für sie. Ich glaube, sie sei am Sterben. Ich kniete mich neben sie, ihre Hand glitt sanft auf meinen Kopf, als wolle sie mich segnen. Nellie flüsterte.

»Deine Mutter braucht jetzt etwas Schlaf, Liebes. Komm morgen wieder, ja? Ich verspreche dir, daß sie dich anrufen wird.«

Mit einem letzten Blick auf die bebenden Augenlider meiner Mutter ging ich. Wußte sie schon alles? Vielleicht wollte sie mich nicht mehr bei sich haben? ... Nein, es war nur die falsche Zeit. Suche nie Hilfe bei deiner Mutter, wenn sie gerade eine Abtreibung hinter sich hat.

Meine Mutter spielte an den folgenden vier Tagen die Kameliendame. Bis dahin hatte sich die Verzweiflung in mir eingenistet. Für Wunder war es zu spät.

Aber der liebe Gott war gut, und die damalige Zeit war anders: Kein Angeldust, kein Heroin, kein Crack, keine Straßendealer, keine Pushers, keine Drogenparks. Die Droge meiner Jugend war Alkohol, der etwas länger braucht, um den Drang nach Selbstzerstörung zu befriedigen. Wenn man selbst die Verletzung betäubt und sich selbst mehr verletzen kann, als andere es getan haben, fühlt man sich dabei sicher. Eine verhängnisvolle Selbsttäuschung. Und man ist verloren.

Ich blieb gefangen in meiner Selbstbestrafung, bemühte mich, meine berühmte Besitzerin zufriedenzustellen und meine verabscheuungswürdige Besitzerin in Schach zu halten, soweit ich das vermochte. Bemühte ich mich, mir zu helfen? Nein, ich war solche Mühe nicht wert. Saufen zerstörte, was noch übriggeblieben war. Das Leben ging weiter. Irgendwie tut es das immer.

Damit ich auch weiterhin »glücklich« war, wurde ich an der Max-Reinhardt-Akademie eingeschrieben, die in einem gesichtslosen Bau neben einer Tankstelle an der Ecke Fairfax und Wilshire Boulevard untergebracht war. Woher Dr. Max Reinhardt, der zu den berühmten Emigranten gehörte, die Überzeugung nahm, seine elitäre Schauspielschule könne irgendeine Chance haben, frage ich mich noch immer. Niemand, und damals schon gar nicht, kam nach Hollywood, um »Schauspieler« zu werden. Stramme Jungs und propere Mädchen strömten in der Hoffnung nach Kalifornien, beim Eisessen in Schwab's Drugstore entdeckt zu werden. Die Mädchen zwängten ihre Brüste in zu enge Pullover – hatte es nicht Lana Turner auch so gemacht? Warum also nicht auch sie? Die Jungen paradierten am Strand von Santa Monica und glaubten ebenfalls, ein geborener Star müsse nur noch entdeckt werden. Wozu also sollten sie Schauspieler sein? Und wozu sollten sie gar eine Ausbildung nach den strengen Regeln eines deutschen Lehrplans absolvieren? So gab es nur wenige Schüler in der einst so berühmten Akademie. Der Herr Doktor war zumeist nicht da, und der eigentliche Unterricht lag in den Händen seiner Frau Helen Thimig. Sie war eine gute Schauspielerin, allerdings meist arbeitslos, bis Warner Brothers wieder einmal eine Nazivermieterin oder eine Gestapoinformantin brauchten. Sie glaubte an mich und lehrte mich ihr Handwerk mit Hingabe, Geduld und Können. Die Dietrich konnte nun überall erzählen: »Meine Tochter ist Schauspielschülerin an der Max-Reinhardt-Akademie, so wie auch ich als ganz junges Mädchen.« Jeder war beeindruckt und »glücklich«.

Eine stolze Armada kleiner Schiffe stach nachts in See und holte dreihunderttausend eingekesselte Soldaten heim nach England. Dünkirchen wurde zum ersten Symbol dessen, wozu diese »tapfere kleine Insel« und ihre tapferen Bewohner fähig waren. Die übrige freie Welt saß vor dem Radio und jubelte.

Winston Churchill wurde zum Premierminister ernannt, Roosevelt setzte zu seiner dritten Amtsperiode als Präsident an, was keinem vor ihm gelungen war, Hermann Göring tat den Schwur, London in die Knie zu zwingen, und die Schlacht um England begann. Viele aus der britischen Kolonie verließen Hollywood, um ihren Landsleuten in der Stunde der Not beizustehen.

Rauchend ging meine Mutter im Zimmer auf und ab und diskutierte mit Remarque, als ich die Post in ihren Bungalow brachte.

»Liebling, gerade habe ich Noël zum Zug begleitet. Boni, es war so ergreifend! Wie stolz er aussah, als er in den Krieg zog, um für sein geliebtes England zu kämpfen. Wir standen da wie zwei alte Soldaten, die nicht recht wußten, wie sie sich verabschieden sollten. Beinahe hätte er den Zug verpaßt. Als der Pfiff ertönte, mußte er laufen. Ich blieb zurück und winkte, bis der Zug nicht mehr zu sehen war – und weinte!« Ihre Stimme beschwor die Gestalten zweier erschöpfter Kameraden herauf, die sich verzweifelt zum letzten Evakuierungszug schleppen. Remarque lächelte.

»Gewiß, Tante Lena, es ist anrührend, einen guten alten Freund in den Krieg ziehen zu sehen. Allerdings hätte es mehr Eindruck gemacht, wenn du ihn zum Truppenschiff nach Kanada begleitet hättest. Ihn in Pasadena zu verabschieden ... irgendwie verpaßt man da etwas!«

Sie geriet in Rage: »Du bist derjenige, der ›etwas verpaßt‹! Nämlich Sympathie für einen Patrioten, der seine Pflicht tut, die Uniform seines Landes anzieht und dem Feind entgegenzieht ... Wie ein richtiger Mann! Für Noël ist das schon etwas!«

»Ja, mit dem Bajonett im Niemandsland, das könnte ich nachempfinden, aber heute war es noch Pasadena und eine Limousine mit Chauffeur. Er trug einen Nadelstreifenanzug mit einer roten Nelke, hatte zwei Revuetänzer als Begleitung, war mit einem krokoledernen Aktenkoffer bewaffnet und kam sicher in seinem Salonwagen im Fernschnellzug an, ohne daß auch nur ein Schuß gefallen wäre. Außerdem war kein Nebel.«

»Von Nebel habe ich nicht gesprochen!«

»Ja, aber du hast daran gedacht.«

Da meine Mutter einem solchen Schlagabtausch mit Boni nicht gewachsen war, drehte sie das Radio auf. Sie hatte es sich zur Gewohnheit gemacht, ein Radio ständig auf Empfang zu lassen, damit ihr keine Neuigkeiten aus Europa entgingen. Sie beklagte sich darüber, daß sich die Amerikaner wie üblich nur für ihr eigenes Land interessierten und nicht Bescheid wußten, was in anderen Teilen der Welt vor sich ging.

»Schau sie dir an. In Europa wütet der Krieg, und was machen die Amerikaner? Sie drehen Filme, spielen Rommé und bleiben neutral!«

Remarque antwortete ihr auf englisch.

»Gib ihnen Zeit. Die Zukunft der ganzen Welt ruht auf ihren Schultern. Sie brauchen Zeit, um sich auf diese Bürde vorzubereiten.«

»Wenn du auf einmal so proamerikanisch eingestellt bist, solltest du unbedingt etwas gegen deinen Akzent tun. Du sprichst wie ein Berliner Schlachter, der gern ein feiner Herr wäre! Schließlich giltst du doch als prominenter Emigrant!« In Europa hätte sie sich nie erlaubt, ihn so verächtlich zu behandeln, aber diese Zeiten waren vorbei. Er war nicht länger ihre »verehrungsvollste Liebe«. Die Sträuße weißen Flieders hatten ihren Zauber eingebüßt. Remarque seufzte und wandte sich zum Gehen.

»Weißt du, goldener Puma, was Robert Graves geschrieben hat, als er wegen des Spanischen Bürgerkriegs sein Haus verlassen mußte? ›Mache dich nicht zum Flüchtling, wenn es sich irgend vermeiden läßt. Bleibe da, wo du bist, beuge dich unter das Joch, und wenn du hungrig bist, iß Gras oder die Borke der Bäume ... aber flüchte nicht.‹ Allerdings mußte er sich nur Franco beugen, nicht Hitler.«

Entschlossen, die Moral der Briten zu brechen, befahl Hitler nächtliche Bombenangriffe auf die Zivilbevölkerung. Wie gespannt wir waren, als wir vor dem Radio auf die wunderbare Stimme warteten, auf die tiefe, ehrliche, brummende Stimme, die sich mit »Hier ist London« meldete. Mit ihr sahen und erlebten wir den schrecklichen Kampf, die Zerstörung und die unglaubliche Tapferkeit des belagerten Volkes. Edward R. Murrow vermittelte den Amerikanern ein solch lebensechtes Bild des Londoner Bombeninfernos, daß sie sich allmählich wegen ihrer Neutralität schuldig fühlten. Während Murrow ein Hörbild inszenierte, begann ihm Hollywood mit Kinobildern nachzueifern.

Wir packten »Bundles for Britain« und liebten alles Englische: Mrs. Miniver wurde unsere symbolische Heldin; wir waren stolz, als amerikanische Flieger sich der glorreichen Royal Air Force anschlossen und dort ihren eigenen »Eagle Squadron« bildeten und rund um die Uhr im Einsatz waren, um England im Kampf gegen Hitler zu unterstützen. Ohne daß wir es wußten, wurden wir so auf die Entscheidung vorbereitet, wieder in einen Krieg weit entfernt von der Heimat einzutreten.

*

Meine Mutter war in *The Flame of New Orleans* (dt. *Die Abenteurerin*) so übertrieben französisch, daß man unwillkürlich an eine Meringue denken mußte, deren klebrige Süße die Zähne schmerzen ließ. Dieses übertriebene »Oh, là, là« konnte kein Kassenschlager werden. Es wurde tatsächlich ein Flop, und das zu Recht. Dieser Film schrie nach einem Lubitsch, doch er wurde von dem berühmten französischen Emigranten René Clair gedreht, der es eigentlich hätte besser wissen müssen. Das einzige, was meiner Mutter an dem Film nicht gefiel, war ihr Filmpartner. Sie rief meinen Vater in New York an.

»Papilein, ich habe wieder einen Tanzlehrer!« Da sie wohl Bruce Cabot meinte, beschwerte sie sich zu Recht. »Warum sollte mir Pasternak einen Gigolo vorsetzen? Mit von Sternberg wußten wir, warum. Nach Cooper gab er mir nur Partner, von denen er wußte, daß sie mir nicht gefallen würden. Aber Pasternak? Er kann doch nicht schon jetzt eifersüchtig sein – ich habe doch noch gar nicht mit ihm geschlafen! Ich habe ihn hingehalten und gesagt: ›Nein! Erst wenn Hitler den Krieg verloren hat!‹«

Charles de Gaulle floh nach England. Meine Mutter verliebte sich sogleich in ihn und trug das Lothringer Kreuz aus Sympathie für das freie Frankreich. Die Nazis marschierten im Stechschritt die Champs-Élysées hinunter, und die Twentieth-Century-Fox meldete, sie habe

Frankreichs führenden männlichen Filmstar Jean Gabin unter Vertrag genommen.

»Boni, dieser unglaubliche Schauspieler aus dem wunderbaren Film *La Grande Illusion.* Sie holen ihn für Rollen in billigen amerikanischen Filmen. Wahrscheinlich spricht er nicht einmal Englisch. Sie werden ihn kaputtmachen! Er ist richtig, so wie er ist. Und keiner ist da, der ihn beschützt. Kann man immer noch nach Frankreich telefonieren? Ist Michèle Morgan nicht in ihn verliebt? Ich könnte sie anrufen und herausfinden, wo ich ihn erreichen kann.« So fragte meine Mutter, ohne zu erwähnen, daß sie schon 1938 aus Hollywood meinem Vater telegrafiert hatte:

»... Ich habe erfahren, daß Gabin vielleicht hierherkommt. Finde das heraus. Ich muß ihn zuerst bekommen.«

Jean Gabin nutzte seinen amerikanischen Vertrag, um aus dem besetzten Frankreich auszureisen, und befand sich auf dem Weg. Die Dietrich wartete darauf, ihn in die Arme zu schließen. Er wußte es zwar noch nicht, aber sein Schicksal für die nächsten Jahre war schon besiegelt.

Remarque entschloß sich, nach New York überzusiedeln. Ich half ihm beim Packen.

»Mußt du sie wirklich verlassen?«

»Wie kann das Dock das Schiff verlassen, das in der Nacht zuvor bereits das Dock verlassen hat?«

»Mußt du, Boni?«

»Ja, Traurigkeit. Wenn ich dich glücklich machen könnte, würde ich bleiben, aber ich habe meine früheren Kräfte nicht mehr.«

»Du nennst mich ‹Traurigkeit›. Warum?«

»Ich gebe dir viele zärtliche Namen, sie sind ein Atemzug, weil deine Mutter dir die Luft zum Atmen nimmt ...«

»Ich liebe sie nicht, weißt du.« Es tat so gut, das einmal zu sagen!

»Das mußt du aber. Sie liebt dich so, wie sie die Liebe versteht. Nur liegt ihre Drehzahl bei tausend Umdrehungen pro Minute, während wir uns mit hundert begnügen. Wir brauchen eine Stunde, um sie zu lieben, doch sie liebt uns in sechs Minuten genauso, und so ist sie in allem, was sie tun muß, während wir uns fragen, warum sie uns nicht so liebt, wie wir sie lieben, aber darin täuschen wir uns, sie hat uns schon geliebt.«

Sein Filmstudio brachte Gabin in dem Bungalow unter, den Remarque verlassen hatte. Ein Rolls-Royce samt Chauffeur und eine Jacht standen ihm zur Verfügung. Zanuck war bereit, seinem neuen Star alles zu geben, was er wollte. Er war der neue König von Hollywood. Armer Gabin! Alles, was er kannte und womit er sich wohl fühlte, lag hinter ihm, seine geliebte Heimat war verloren ... Er, der alles Falsche haßte, mußte nun das Spiel mitspielen. Man erwartete, daß er sich in einer ihm fremden Gemeinschaft, deren Sprache er kaum kannte, wie ein »großer Star« benahm. Jean war solch eine schlichte Seele, er war ein kleiner Junge in der rauhen Schale eines Mannes, leicht zu lieben und leicht zu verletzen. Über die vielen Jahre wurden wir Freunde aus der Distanz. Wir waren nur selten zusammen, sprachen nie wirklich miteinander – und dennoch fühlten wir uns verwandt. Jeans natürlicher Stil verbot ihm, das Kind seiner Geliebten in die Leidenschaft der Erwachsenen miteinzubeziehen. Ich hatte immer den Eindruck, daß Jean Gabin von allen Liebhabern meiner Mutter der echteste Gentleman war.

Sein »wartender General« bereitete das Terrain für den Kampf. Er brauchte sich nur noch in ihre liebenden Arme zu werfen und die Schlacht zu verlieren. Zwar behielt meine Mutter ihren Bungalow, doch um den neugierigen Augen im Hotel zu entgehen, mietete sie ein kleines Haus in den Hügeln von Brentwood und verwandelte es in ein Stück Frankreich. Sie rief Gabin im Hotel an und begrüßte ihn in ihrem wunderschönen Französisch:

»Jean, c'est Marlene!« Und so begann eine der größten Liebesgeschichten der vierziger Jahre. Es wurde die dauerhafteste, leidenschaftlichste und quälendste im Leben von beiden – und wer am meisten litt, war Gabin.

Nun aber lief er in die Arme meiner Mutter wie ein sturmgeschüttetes Schiff in seinen Heimathafen. Sie genoß es, daß er sich ihr ganz anvertraute. Um sein Heimweh nach Frankreich, das er in der Stunde der Not verlassen mußte, zu lindern, schuf sie ihm ein Frankreich im sonnigen Kalifornien. Sie kleidete sich in gestreiften Jersey, band sich ein keckes Halstuch um und trug ein Barett schräg auf dem Kopf. Chevalier wäre stolz auf sie gewesen, hätte er nicht mit der Unterhaltung der deutschen Besatzungstruppen in Paris genug zu tun gehabt.

Der frankophile Kokon, in den meine Mutter Gabin einspann, war nicht gut für ihn. Er mußte in Amerika Geld verdienen und mit amerikanischen Schauspielern und Filmteams arbeiten; daß er nicht versuchte, ihnen auf halbem Weg entgegenzukommen, war nicht gut für ihn. Jean Gabin, der Mann aus dem Volk, wurde unter dem Einfluß der Dietrich zum abseits stehenden Fremden. Dies hatte Auswirkungen auf seine Arbeit und auf seine Popularität.

Einen Tag vor dem Jahrestag von Napoleons Rußlandfeldzug 1812 griff Hitler seinen Verbündeten, die Sowjetunion, an.

Meine Mutter drehte *Manpower* (dt. *Herzen in Flammen*) in den Studios der Warner Brothers mit ihrem alten Kumpan George Raft und einem Schauspielpartner, den sie nicht mochte: »Dieser häßliche kleine Mann – wieso ist gerade der ein Star?« Es war Edward G. Robinson. Sie tat ihre Arbeit, kreierte einen wirklich wunderbaren »Look« in Trenchcoat und Barett, ansonsten aber haßte sie den Film, weil sie ihn bloß »wegen des Geldes« machte und weil er ihr Zeit für die »große Liebe ihres Lebens« stahl.

Herzen in Flammen war ein leichter Film, und die Dietrich brauchte sich an vielen Tagen nicht bereitzuhalten. Ihr blieb Zeit, um sich ganz ihrem »Mann« zu widmen. Wenn er abends heimkam, begrüßte sie ihn mit großer Schürze an der Tür »ihres gemeinsamen« Hauses, während schon der Duft des Cassoulets in der Luft hing. An Sonntagen bereitete sie Krebse und Pot-au-feu für Hollywoods französische Emigranten: die Regisseure René Clair, Jean Renoir, Duvivier, Gabins Freund aus *La Grande Illusion* Dalio und viele andere. Fern von ihrer Heimat genossen sie dieses gallische Leben. Sie duldete keine Eindringlinge in ihren intimen französischen Haushalt. Nur Jeans vertraute Männerclique war willkommen. In Brentwood war »Bistro-Zeit«.

Gabin nannte sie »ma Grande«, einer dieser wunderbar romantischen Namen, die so schwer zu übersetzen sind. Wörtlich bedeutet es »meine Große«, meint aber »meine Frau«, »mein Stolz«, »meine Welt«. Wenn meine Mutter ihn anschaute und »Jean, mon amour« zu ihm sagte, bedurfte es keiner Übersetzung. Sie liebte alles an ihm, besonders aber seine Hüften: »Die schönsten Hüften, die ich je bei einem Mann gesehen habe.« Wohingegen sie leichte Vorbehalte hatte in bezug auf seine Intelligenz. Seine Herkunft und seiner Erziehung fehlte die kultivierte Weltläufigkeit, die sie an Remarque so sehr bewundert hatte.

Sie machte sich daran, Gabins englische Aussprache zu verbessern. Sein französischer Akzent hatte weder das beschwingte Melos eines Chevalier noch den sanften erotischen Unterton eines Boyer. Gabin knurrte. Im Französischen mochte seine Stimme bei Frauen wohlige Schauer erzeugen, aber auf englisch hörte er sich bloß wie ein schlechtgelaunter Oberkellner an. Sie kämpfte für ihn in seinem Filmstudio und schuf ihm so Feinde. Sie konnte sogar einen Vertreter der Leitung dazu überreden, ihren früheren Liebhaber Fritz Lang mit der Regie für Gabins Film zu betrauen. Zum Glück wurde er nach vier Drehtagen durch einen anderen ersetzt. Der Film wurde so unbedeutend, daß es völlig belanglos war, wer am Ende Regie geführt hatte. Aber Lang mußte Zeit gefunden haben, mit Jean ein Gespräch unter Männern zu führen, denn eines Tages kam Gabin nach Hause und warf meiner Mutter vor, ein Verhältnis mit Lang gehabt zu haben.

»Mit diesem häßlichen Juden? Das kann nur ein Scherz sein, mon amour«, erwiderte sie bestürzt und schloß ihn in die Arme.

So verfuhr die Dietrich ihr ganzes Leben lang mit ihren Liebhabern: Sie tilgte sie aus ihrem Gedächtnis, als hätten sie nie existiert. Sie tat das nicht, um gelegentlich einer peinlichen Situation zu entkommen, bei ihr handelte es sich um ein regelrechtes Löschen der Erinnerung. Sie konnte das auch mit anderen Dingen tun – eine erschreckende Fähigkeit.

*

Nach Abschluß meiner Lehrzeit durfte ich im Theater auftreten. Ich nahm den Künstlernamen »Maria Manton« an. Der Name hatte für mich einen überzeugenden und uneuropäischen Klang. Ich bekam die Hauptrolle in *Trauer muß Elektra tragen*, einer im amerikanischen Bürgerkrieg spielenden griechischen Tragödie, die von der haßerfüllten Beziehung zwischen einer Tochter und einer Mutter handelte. Eine interessante Wahl! Meine Mutter kam mit den »Boys« und de Acosta zur Premiere, konnte nicht verstehen, was dieser »deprimierende« O'Neill zu sagen hatte, und fand mich in der Rolle überragend. Nur meine Haare waren ihr zu gekräuselt, und das geliehene Vorkriegskostüm hätte doch Irene extra für mich anfertigen können, warum hatte ich ihr nicht erzählt, daß ich ein »historisches« Kostüm tragen mußte?

Der Agent meiner Mutter war Produzent geworden und bot ihr den Film *The Lady Is Willing* bei der Columbia an. Ohne den Regisseur, das komplette Drehbuch und den männlichen Hauptdarsteller zu kennen, nahm sie das Angebot an. Charlie Feldman freute sich, obgleich er auch ein wenig überrascht war. Mich überraschte ihre Entscheidung nicht, sie vertraute ihm, und sie war zum erstenmal in ihrem Leben so verliebt, daß die Arbeit zweitrangig geworden war.

Als sie dann ihre Garderobe bei der Columbia bezog, wurde sie allerdings mit der Realität konfrontiert, leider aber nicht deutlich genug. Der Regisseur Mitchell Leisen vergötterte sie. Er war schon immer ein großer Verehrer von ihr gewesen und würde es immer bleiben, also hatte sie das Sagen, und gemeinsam brachten sie einen Film zustande, den man nur als Schmierenkomödie bezeichnen konnte. In den vierziger Jahren erforderte eine solche Produktion noch wirklich konzentrierte Arbeit, sie ging nicht so leicht von der Hand wie heute. Und natürlich waren alle Beteiligten der Überzeugung, an einem großartigen Film mit einer noch großartigeren Marlene mitzuwirken.

Armer Fred MacMurray! Er, das zuverlässige Arbeitstier unter den männlichen Hollywoodstars, fand sich plötzlich inmitten dieser überspannten, lockeren Komödie wieder, sagte in seiner unerschütterlichen Art kein Wort, machte seine Arbeit, strich seine Gage ein und ging wie ein ganz normaler Angestellter nach Hause zu seiner kleinen Frau. Zwischen den Stars entwickelte sich keine Zuneigung. Außerdem verhielten sich alle so, als gäbe es nur einen einzigen »Star« in diesem Film – die Dietrich.

In der Filmhandlung spielte ein Baby eine wichtige Rolle. Eines Tages stolperte meine Mutter mit dem Baby im Arm und stürzte. Sie konnte das Kind schlecht nach vorne wegwerfen, und um es bei dem Sturz nicht zu zerquetschen, drehte sie sich im Fallen und brach sich den Knöchel. Ich wurde sofort telefonisch zur Columbia gerufen – meine Mutter habe einen schrecklichen Unfall gehabt! Als ich dort eintraf, fand ich meine Mutter auf einer Tragbahre liegend vor. Sie wartete darauf, ins Krankenhaus gebracht zu werden, und sah großartig aus.

Mit tiefer Ehrfurcht in der Stimme sagte sie: »Liebling, weißt du, was der Astrologe für den heutigen Tag vorausgesagt hat? ›Hüten Sie sich vor Unfällen!‹ Unglaublich! Heute morgen habe ich ihn angerufen. Er sagte, ich solle erst nach dem Mittagessen ins Studio gehen, aber natürlich ging ich gleich hin – und siehst du, was passiert ist?«

Von diesem Augenblick an war Carroll Righter ihr Prophet und allwissender Guru. Der erfahrene und freundliche Mann hat oft bereut, sie an diesem Tag gewarnt zu haben, denn von nun an mußte er für alle potentiellen wie tatsächlichen Liebhaber, für Familienmitglieder, Filmpartner, Bekannte und Hausangestellte das Horoskop erstellen und Termine für Reisen und Vertragsunterzeichnungen festlegen. Über Jahre hinweg mußte er Tag und Nacht auf Abruf bereit sein, Fragen beantworten, Ratschläge erteilen und die Sterne befragen. Marlene Dietrich befolgte seine Ratschläge nur selten, aber wenn etwas nicht so lief, wie sie wünschte, gab sie ihm die Schuld. Carroll Righter war zeit seines Lebens einer meiner besten Freunde und einer meiner Wunschväter.

Die Schlagzeile über die Verletzung eines der berühmten Dietrichbeine bei der »Rettung eines kleinen Babys« verdrängte die Kriegsnachrichten von den Titelseiten der Zeitungen.

Sie weigerte sich, mit der Weiterarbeit am Film zu warten, bis der Knöchel verheilt und der Gips entfernt war, und bestand auf einem für die damalige Zeit ungewöhnlichen Gehgips. Alle langen Einstellungen wurden aus dem Drehbuch gestrichen, und innerhalb weniger Tage war sie wieder bei der Arbeit. Ihr einziges Problem war, bei den Halbnaheinstellungen natürlich zu wirken, ohne daß ihrem Oberkörper die Behinderung durch den schweren Gips und ihr offensichtliches Hinken anzumerken war.

»Was machte Marshall immer? Er hatte doch ein Holzbein! Mit welchen Tricks gelang es ihm, auf der Leinwand ganz normal auszusehen?«

Wir ließen einen seiner Filme kommen und machten unsere Hausaufgaben. Es gelang ihr, die Koordination seiner Bewegungen, seine raffinierten Ablenkungsmanöver so perfekt zu lernen, daß nur wenige, die den Film *The Lady Is Willing* sehen, die Stelle erkennen, ab der die Arbeit mit Gips fortgeführt wurde. Der Unfall verlieh der Dietrich privat wie beruflich den Status einer »Heldin«. Er wirkte sich an den Kinokassen günstig aus und ermöglichte ihr, einen sehr eleganten Spazierstock zu benutzen, wenn sie in Männerkleidung auftrat – ohne für dieses zusätzliche, übermäßig männliche Attribut kritisiert zu werden. Die Dietrich konnte sich nicht einmal einen Knöchel brechen, ohne Profit daraus zu schlagen. Die Fähigkeit, alles zu ihrem Vorteil zu wenden, bekam im Lauf der Zeit etwas geradezu Unheimliches.

Nachdem sie bei der Columbia zu Ende gedreht hatte, machte sie sich sofort an einen Film mit John Wayne bei der Universal. Sie verschaffte sogar ihrem alten Schwarm Richard Barthelmess eine Rolle darin. Gabin, der die gefühlsbetonte Lebensart meiner Mutter noch nicht kannte, wärmte sich an dem himmlischen Feuer ihrer allumfassenden Liebe und war auf eine unschuldige Art glücklich. Die Dreharbeiten zu seinem ersten amerikanischen Film *Moontide* sollten im November beginnen.

*

Als die Nachricht zum erstenmal im Radio kam, dachte ich, es handle sich um eine gruselige Produktion von Orson Welles, aber dann klang es doch zu echt für ein Drehbuch. Ich rief meine Mutter an. Es war Sonntag, und sie war eifrig damit beschäftigt, ein Krebsessen zuzubereiten. Sie ärgerte sich, daß ich noch nicht da war, um die Tierchen zu putzen.

»Was? Schiffe haben sie bombardiert? Endlich! Es mußten also erst die Japaner kommen, damit die Amerikaner Vernunft annehmen. Gut! *Jetzt* werden sie kämpfen! Jetzt wird alles bald vorbei sein – wie beim letzten Kriegseintritt, doch das war vor meiner Zeit. Ich brauche noch etwas Butter, wenn du kommst. Oh ... wo liegt dieses Pearl Harbor eigentlich?«

Über Nacht verschwanden sämtliche Gärtner. Die Blumen ließen die Köpfe hängen, der Rasen verdorrte in der sengenden Sonne. Es war das Ende der gepflegten Gartenpracht in den Anwesen der Filmstars. Die Gartenlandschaften der heutigen Berühmtheiten Hollywoods werden von mexikanischen Gärtnern gepflegt, die emsig zwischen den Bougainvilleasträuchern ihre Kunst ausüben. Aber irgendwie ist der grandiose Zauber verschwunden – so wie der Zauber der Stars.

Im Schaufenster eines Friseurs war folgender Aushang zu lesen:

> Beim Rasieren von Japsen übernehmen wir
> keine Verantwortung für Unfälle!

Im jetzt so dicht am Feind liegenden Kalifornien brach Panik aus. Für alle Japaner wurde ab sechs Uhr abends Ausgangssperre verhängt, ihre Radios wurden beschlagnahmt. Jeder Japaner galt als potentieller Spion und als treuergebener Anhänger Kaiser Hirohitos, egal, ob er in Amerika geboren war oder nicht. Sämtliche Filme mit fernöstlicher Thematik verschwanden in den Archiven. Nun bereiteten die Studios auf Hochtouren heroische Propagandafilme und »moral borsters« vor. Antinazistische Drehbücher waren gefragt. Hollywood trat auf seine eigene Art in den Krieg ein, und es leistete hervorragende Arbeit.

Unter Federführung des Hollywood Victory Committee stellten Stars unentgeltlich Zeit und Ruhm zur Verfügung, um die Kriegsanstrengungen zu unterstützen. Zum erstenmal schloß meine Mutter sich ihren Kollegen an. Geheimnisvolle Ferne war keine Voraussetzung mehr für Glamour. Man schrieb das Jahr 1942, und Realismus war gefragt. Jetzt zahlten sich die frühen Berliner Varieté-Erfahrungen meiner Mutter aus. Sie fuhr überallhin und machte alles mit – riß deftige Witze mit Charlie McCarthy, schloß sich improvisierten Tanztruppen an und sang, wann immer sie dazu aufgefordert wurde. Als die ersten Verwundeten aus Pearl Harbor eintrafen, beteiligte sie sich an den eilig zusammengestellten Krankenhausvorstellungen. Sie galt als »guter Kumpel«, als »Pfundskerl«, als »echter Landser« und amüsierte sich köstlich dabei. Sie war im Begriff, die größte Rolle ihres Lebens einzustudieren – die der »tapferen Kriegsentertainerin« –, nur wußte sie das selbst noch nicht.

Carole Lombard verunglückte tödlich, als ihr Flugzeug auf dem Rückflug einer Werbetour für Kriegsanleihen abstürzte. Die Angst meiner Mutter vor dem Fliegen bekam neue Nahrung.

»Siehst du? Was habe ich immer gesagt? Setz dich nie in ein Flugzeug! Flugzeuge sind gefährlich. Ich habe die Lombard eigentlich nie besonders leiden können, aber wenn sie richtig eingekleidet wurde, konnte sie wunderschön aussehen. Ich frage mich, wen Gable als nächstes auftut.«

Die *Normandie*, die seit 1939 unfreiwillig im Hafen von New York vor Anker lag, verlor ihre luxuriöse Einrichtung und sollte in ein Kriegsschiff umgewandelt werden. Dabei fing sie Feuer, bekam Schlagseite und sank. Für uns, die wir das Schiff liebten, war das wie ein Tod in der Familie.

Ich spielte jetzt Hauptrollen, war leidlich erfolgreich und begann gegen Bezahlung zu unterrichten und Regie zu führen. Nachmittags streunte ich herum, abends war ich betrunken, morgens verkatert. Billiger Whiskey hatte den Brandy abgelöst, und zum Nachspülen trank ich Stingers, Sidecars und Alexanders.

Das vollkommene Liebespaar mußte eine Auseinandersetzung gehabt haben, vielleicht über das stete Interesse der Dietrich an John Wayne oder die allzu regelmäßig eintreffenden Liebesbriefe von Remarque ... oder was auch immer. Als Gabin zu Außenaufnahmen abreiste, war meine Mutter davon überzeugt, er sei ihr böse und würde sich sofort in eine stürmische Affäre mit seiner Filmpartnerin Ida Lupino stürzen. Armer Jean, sie beurteilte ihn nach ihren eigenen Maßstäben. Sie sagte eine Werbetour für Kriegsanleihen ab, um sich ganz ihrem Kummer zu widmen, und hielt ihren Herzschmerz in einem Tagebuch fest. Wie bei allen ihren schriftlichen Ergüssen schrieb sie auch diesmal für die Ewigkeit. Später ließ sie das Tagebuch offen herumliegen, so daß Jean es finden und ihre großartige Liebe zu ihm erkennen würde. Jahre später, als Jean schon längst tot war, nahm sie das Buch immer dann heraus, wenn sie einen berühmten Schriftsteller, der sie verehrte, von ihrem Talent für lyrische Prosa überzeugen wollte, die inspiriert worden war von der »großen Liebe zu dem Mann, der nicht wußte, worauf er verzichtete«.

15. Februar

Er ist weg.

16. Februar

Ich denke auf französisch. Merkwürdig! 10 Uhr morgens. Ich denke an ihn – und ich könnte jahrelang schlafen und an ihn denken, wenn ich ihn nur eine Sekunde lang sehen könnte.
Er begleitet mich wie eine lodernde Flamme.
Jean, *je t'aime*.
Nur eines will ich, Dir meine Liebe schenken. Willst Du sie nicht, ist mein Leben für immer zerstört. Gleichzeitig erkenne ich, daß diese Worte nichts beweisen. Selbst wenn ich sagte: »Ich werde Dich mein Leben lang lieben bis über den Tod hinaus«, würde das nichts beweisen – denn auch im Tod werde ich Dich immer noch lieben. Ich liebe Dich – wie gut, das sagen zu können, ohne daß Du antworten mußt: »Ich glaube dir nicht.« Ach, wärst Du nur bei mir, könnte ich Dich küssen, meinen Kopf an Deine Schulter legen und an Deine Liebe glauben. Denn liebst Du mich nicht, ist alles für mich zu Ende – wenn Du mich nicht mehr willst, möchte ich sterben.
Ich liege im Bett. Mein Körper ist kalt, ich sehe mich an und finde mich unattraktiv, nicht attraktiv genug – für Dich allein möchte ich schön sein. Für Dich möchte ich die beste Frau der Welt sein, doch das bin ich nicht. Aber ich liebe Dich. Du bist mein ganzes Herz, meine ganze Seele. Ich habe nie gewußt, was die Seele ist. Jetzt weiß ich es. Morgen werde ich in Deinem Bett schlafen. Es wird weh tun, aber auf diese Weise werde ich Dir näher sein. Ich liebe Dich – ich liebe Dich.

17. Februar

Ich konnte nicht schlafen. Um drei Uhr morgens nahm ich ein paar Tabletten, doch mir war zu kalt zum Schlafen. Nachmittags

arbeitete ich. Ich warte auf Dich, als könntest Du jeden Augenblick vom Studio heimkommen.
Mein Angebeteter, bitte komm zurück.

18. Februar

In seinem Bett habe ich so gut geschlafen. Zuerst tat es weh, dort ohne ihn zu liegen – aber ich stellte mir vor, er sei bei mir, und schlief ein. So langsam vergeht die Zeit! Weil ich die Stunden, ja die Minuten zähle! Ich habe mit George Raft zu Mittag gegessen und über ihn gesprochen! Raft wunderte sich, daß er überhaupt Augen für eine andere Frau hat. Ich kann es kaum glauben, daß erst drei Tage seit seiner Abreise verstrichen sind. Sie erscheinen mir wie eine Ewigkeit, wie ein verlorenes Leben. Ich atme, aber mehr auch nicht. Ich merke, daß ich nur an mich denke. Vielleicht ist das so, wenn man richtig liebt. Ich habe immer gedacht, daß der, der aufrichtig liebt, nicht an sich selbst denkt, aber das kann nicht wahr sein. Ich liebe ihn mit jeder Faser meines Herzens, und ich kann nur an eines denken: ihm nahe sein – seiner Stimme lauschen – seine Lippen spüren – seine Arme, die mich umschlingen – ich glaube, ich möchte mich ihm für immer hingeben.

Meistens blieb ich über Nacht im Theater, dämmerte bewußtlos auf einem der Sofas der Requisite dahin, die auf dem Boden über der Bühne gelagert waren. Es war dunkel und kühl dort oben und viel sicherer als dort, wo ich sein sollte.

21. Februar

Ich bin immer noch fiebrig. Mein Kopf brennt und meine Hände auch – der Schreibblock fühlt sich kalt an. Ich schreibe langsam, mein Herz rast. Ein Glück, daß er nichts von meiner Krankheit weiß.

Sonntag, 22. Februar

Er hat angerufen. Ich bin sehr krank. Mittags will der Arzt kommen. Die vielen Spritzen! Werden sie dem Kind schaden, das ich in mir zu tragen glaube? Doch wenn er nicht frei ist, kann ich es nicht bekommen. Und das Kind bekommen und sagen, es sei nicht von ihm, nein, daran möchte ich gar nicht denken.

> Sonntagabend
> Könnte ich ihm nur ans Herz rühren, nur ganz leicht, daß er mich so sähe, wie ich bin. Wenn er nur sagen würde, daß er mich liebt, daß er mich zum Leben braucht, so wie ich ihn brauche – nur dies könnte das Elend beenden, das mich umhüllt wie die ewige Nacht.

Tagtäglich schrieb sie Seite für Seite von ihrer Liebe und ihrer Sehnsucht.

> Donnerstag, 26. Februar
> Ich habe ihm ein Telegramm mit der Nummer von La Quinta geschickt. Dort werde ich auf ihn warten.

Wie die Garbo ging auch meine Mutter oft nach La Quinta, damals eine versteckte Oase fern von Palm Springs. Manchmal kam es mir vor, als sei diese luxuriöse Siedlung versteckter Bungalows allein zu dem Zweck errichtet worden, Filmstars heimliche Liebestreffen zu ermöglichen. Hatte jemand eine stürmische Affäre, die auf irgendeine Weise illegal, anstößig, schlecht für den Erfolg im Kino oder gegen die Anweisungen des Studios war, verschwand er in die Wüste, ins »versteckte« La Quinta.

> Freitag, 27. Februar
> La Quinta. Mit dem Klang seiner Stimme im Ohr erwachte ich. Seine Stimme erhält mich am Leben, sie ersetzt seine Arme, seine Schultern. Seine liebreizende Art zu sprechen berührt mich tief. Er weiß, daß er mich so am Leben erhält. Deshalb ruft er mich an und sagt mir so liebe Worte. An diesem Ort, wo gewöhnlich die Sonne scheint, ist es trübe. Vielleicht ist die Sonne eifersüchtig auf Dich. Wahrscheinlich empfinden Gefangene das, was ich empfinde. Sie existieren, ohne wirklich zu leben. Sie warten auf den Tag, an dem sie aus diesem Elend ins richtige Leben entlassen werden. Mir ist kalt, mein Geliebter, doch wärst Du hier, würde ich Deinen warmen Körper umfassen und den Regen begrüßen, denn das wäre ein Grund, zu Bett zu gehen. Und Du würdest mich fragen: »Alles in Ordnung, mein liebes Gesicht?« Oh, Jean, mein Geliebter!

Sonnabend, 28. Februar
Ich habe kein Auge zugetan. Die ganze Zeit mußte ich nachdenken, immerzu nachdenken ... Wenn ich von ihm schwanger bin, soll er entscheiden, was wir tun. Ich möchte mich die letzten fünf Monate nicht verstecken müssen. Wenn er will, werde ich sein Kind austragen, als seien wir verheiratet. Ich pfeife darauf, was die Leute denken. Ich könnte das Kind unmöglich töten. Aber wenn er es wünscht, werde ich es tun. Ich könnte viel früher geschieden werden als er, aber das ist nicht wichtig. Ich hoffe aber, daß ich nicht schwanger bin, weil ich Angst habe, er würde dann nur aus diesem Grunde bei mir bleiben wollen und nicht, weil er mich liebt. Später, wenn er sich ganz sicher ist, daß er mit mir leben will, möchte ich ein Kind – aber nur, wenn er es will – und nicht, weil es aus Versehen passiert ist. Oh, Jean, komm – komm und lindere meinen Schmerz.

Die Seeschlacht von Java war verloren, und die siegreichen Japaner waren in den Indischen Ozean vorgestoßen.

Sonntag, 1. März
Mein Bauch ist etwas dicker geworden, aber sonst habe ich keine Symptome. Wieder ein Sonntag ohne ihn. Mein Körper ist aufgewärmt, weil ich ein Sonnenbad genommen habe. Ich würde gerne zu Bett gehen, aber dann muß ich zuviel an ihn denken.

Donnerstag, 5. März
Morgen kommt er. Ach Jean – ich liebe dich. Heute schreibe ich zum letztenmal in das kleine Buch, das meine tiefsten Empfindungen enthält – mein Leiden, meine Tränen – meine Hoffnungen.

Wiedervereint blieben sie noch wochenlang in La Quinta, einer in den Armen des anderen. In aufreizendem Cowboyaufzug kamen sie in die Stadt zurück. Sie sahen blendend aus, sprühten vor Leben und waren überall gebräunt.

Nur ein Wermutstropfen trübte die Idylle – meine Mutter erzählte meinem Vater davon am Telefon.

»Und Papi, über der ganzen Freude, daß Jean mich aufrichtig liebt, ist etwas Schreckliches passiert. Ich bin doch nicht von ihm schwanger. Wie ist das nur möglich? Ich habe extra keine Spülungen gemacht. Merkwürdig, oder?«

Meine Mutter fand das Hin und Her zwischen Beverly Hills und Brentwood zu zeitaufwendig. Sie gab ihren Hotelbungalow auf und mietete eine Hazienda in der Nähe ihres Liebsten. Mich und meine »ständige« Begleiterin siedelte sie in ein eigenes Haus hügelabwärts in einem kleinen Ort bei Westwood um.

»Das Kind ist so ruhig geworden, seitdem diese Frau sich um sie kümmert und sie Schauspielunterricht nimmt. Es gibt keinerlei Probleme. Wenigstens muß ich mich jetzt nicht die ganze Zeit um sie kümmern, zusätzlich zu meiner Arbeit und der Kocherei für Jean«, erzählte meine Mutter meinem Vater bei einem ihrer häufigen Telefonate nach New York.

Singapur war gefallen, und im April kapitulierte Bataan nach einer verzweifelten Schlacht.

Jeans Film fing an, sich in die falsche Richtung zu entwickeln, und er wußte das. Er versuchte zu verbissen, »Gabin« zu sein, wirkte gestelzt und verlor jene bezaubernde, unprätentiöse Leichtigkeit, die ihn Spencer Tracy so ähnlich machte. Jahre später war ihr schauspielerischer Stil, ohne sichtbare Anstrengung einfach großartig zu sein, so identisch, daß sie sich manchmal sogar ähnlich sahen.

Jean hatte nicht nur die gezielt herumliegenden Liebesergüsse meiner Mutter entdeckt, sondern auch Briefe von Remarque, Pasternak und Beth und sogar von dem »Piraten« an ihr »Babe«. Ganz normale Eifersucht nagte an ihm, und er beschuldigte meine Mutter eines Verhältnisses mit Wayne.

Bissig gab sie ihm zurück: »Zwischen den Touren für Kriegsanleihen, den ständigen Retakes, die die Katastrophe auch nicht mehr abwenden können, und der Kocherei für deine ganzen Freunde bleibt mir gar nicht die Zeit dafür.«

Wenn er eifersüchtig war, mußte er sie wirklich lieben. Sie war sich seiner Liebe wieder sicher, wurde ausfallend, beschimpfte ihn als »spießig«, »besitzergreifend« und »grundlos eifersüchtig«.

Dann kehrte sie in ihr Haus zurück und ließ mich kommen, um Dampf abzulassen: »Ein Bauer – und dazu noch ein Franzose! Nach den Ungarn die schlimmste Sorte ... aber er kann so süß sein. Was ist nur mit ihm los? Ich liebe nur ihn. Ich sterbe für ihn. Er bedeutet mir alles! Er spricht von nichts anderem als vom ›armen Frankreich‹. Ist es nur der Krieg? Ist das der Grund, warum er so merkwürdig ist?«

Zwischen ihren Streitereien gingen sie tanzen. Wenn sie auftauchten, unterbrachen die Kapellmeister die Musik und intonierten zu Ehren Gabins die »Marseillaise«. Er suchte sich verlegen schnell einen Platz, während die Dietrich in Habtachtstellung stehenblieb und inbrünstig bis zur letzten Note mitsang.

»Ich hasse es, wenn du die ›französische Patriotin‹ spielst«, sagte Jean verärgert.

»Ist dir schon aufgefallen, daß du der einzige bist?« gab sie zurück. Sie grüßte die Kapelle und machte eine tiefe Verbeugung vor dem Dirigenten. »Und was heißt ›spielen‹? Wie kommst du darauf?«

Colonel Doolittle ließ sechzehn B-25-Bomber von Deck der gewaltigen Hornet starten und bombardierte Tokio! Vielen Maschinen ging der Treibstoff aus, und sie stürzten ab. Es gab Gefangennahmen und Hinrichtungen durch die Japaner ... Aber wir hatten die Heimatstadt Hirohitos bombardiert, und wir feierten.

Ich war gerade mitten in einem dramatischen Monolog irgendeines Stücks, und im Publikum saßen meine Mutter und ihr Freund George Raft und die neue Rivalin der großen Louella Parsons, Hedda Hopper. Plötzlich ging die erst kurz zuvor an der Straßenkreuzung angebrachte Sirene los! Allen war klar, daß es sich nicht um einen echten Luftangriff handeln konnte. Die Zuschauer verfolgten das Stück weiter, so gut sie konnten, und warteten, daß das Getöse sich wieder legte. Nicht so meine Mutter! Sie drängte sich aus ihrer Reihe heraus, rannte nach draußen und veranlaßte einen Tankwart, eine Leiter an den Laternenmast zu stellen, an dem die Sirene angebracht war. Dann stieg sie hinauf und stopfte ihren Nerzmantel in den störenden Trichter, der es gewagt hatte, den Monolog ihrer »brillanten« Tochter zu unterbrechen. Die Vorstellung dort draußen war so unterhaltsam, daß die Zuschauer aufstanden und nach draußen strömten. Einzig Hedda Hopper ließ Mitgefühl für die Schauspieler erkennen, wenn sie später erzählte, wie die Dietrich mit hochgerafftem Rock eine Vorstellung auf dem Parkplatz gab. Für alle anderen war dies ein weiterer Beweis der innigen Liebe der Dietrich zu ihrem Kind.

Die Sirene verstummte, sie kletterte den Mast herunter, zog zur großen Enttäuschung der Zuschauer ihren enganliegenden Rock gerade und scheuchte sie ins Theater zurück. Uns, die wir wie angewurzelt auf der Bühne stehengeblieben waren, rief sie zu: »Fangt da an, wo er sagt: ›Liebling – was soll das alles?‹ Dann kann Maria ihren Monolog noch einmal von Anfang an sprechen.« Ihre Verehrer wies sie an: »Alle hinsetzen! Sie spielen die Szene noch mal von vorn. Okay! Licht aus – ihr könnt anfangen!«

Hedda wurde meine Verbündete. Immer wenn sie etwas Positives über meine Mutter schrieb, schwang ein ironisch sarkastischer Unterton mit, eine leise Andeutung von Kritik. Sie war die erste Journalistin, die das Image der »perfekten Mutterliebe« in Frage stellte. Sie war immer sehr freundlich zu mir. Ob sie mich wirklich mochte oder nur meine Mutter nicht leiden konnte, war eigentlich unwichtig. Mir war jede Person willkommen, die die »Heiligkeit« meiner Mutter hinterfragte.

*

Auf einer merkwürdigen Cocktailparty mit lauter unsympathischen Leuten nahm mich ein freundlicher, sympathischer Mann am Arm, führte mich zu seinem Auto und fuhr mit mir an den Strand. Die scharfe Seeluft verscheuchte den unangenehmen Eindruck, den die Versammlung hinterlassen hatte. Er verliebte sich in mich, der brave Mann mit dem liebenswürdigen Talent, andere zum Lachen zu bringen. Er richtete mich wieder auf, ließ mir das Leben wieder lebenswert erscheinen. Natürlich vergötterte ich ihn, nicht nur, weil er von nun an verhinderte, daß »diese Frau« mir zu nahe kam.

Wie es sich gehörte, verlobten wir uns. Ich war beinahe neunzehn Jahre alt und schwebte auf Wolken. Meine Mutter war außer sich – hielt sich aber vornehm zurück und rief meinen Vater zu Hilfe. Er solle »sofort« nach Kalifornien kommen und ihr bei den »Verrücktheiten des Kindes« zur Seite stehen. Ihre gemeinsamen Anstrengungen, uns auseinanderzubringen, trafen auf eine Mauer britischer Entschlossenheit. Mein Verlobter schenkte mir einen wunderschönen Amethystring, und dann posierten wir zusammen mit den »lächelnden« goldblonden Eltern für ein offizielles Verlobungsfoto.

Das »Nashorn« raste vor Wut, spie Feuer und Flamme und kündigte. Meine Mutter war über den plötzlichen Abgang so schockiert, daß sie meinen Vater beauftragte, nach tieferen Beweggründen zu forschen. Als er sie davon unterrichtete, daß das »Nashorn« womöglich einige Schecks gefälscht hatte, sagte sie: »Ich habe es gewußt! Ich habe schon immer gespürt, daß sie was gestohlen hat – deshalb ist sie so schnell auf und davon.« Von da an hieß sie nur noch »diese Frau, die wir für das Kind hatten, die Fälscherin«. Selbst als mein Vater entdeckte, daß andere Leute große Summen der Dietrich veruntreut hatten, wurde der Schimpfname beibehalten.

Merkwürdigerweise habe ich »dieser Frau« nie die Schuld gegeben. Sie hatte mir angst gemacht, mich angeekelt, mir weh getan, aber ihr die Schuld geben? Warum? Wenn man einen Alkoholiker in einen Schnapsladen sperrt, wird er sich bedienen. Wem ist da die Schuld zu geben? Dem, der sich nimmt, was ihm zur Verfügung steht, oder dem, der ihn dorthingebracht hat? Selbst die ahnungsloseste Mutter hätte ein junges Mädchen mit einer so offensichtlichen Lesbe nicht unbeaufsichtigt allein gelassen. Meine Mutter war ganz bestimmt nicht ahnungslos.

Mit einemmal hing der Himmel voller Geigen. Ich hätte vorsichtiger sein sollen, aber ich war in solch einem Glücksrausch von Normalität, daß mir schwindelte. Träume von Brautkleidern, Schleiern und Brautjungfern wechselten mit Phantasien über Reis, Flitterwochen und ewigem Glück. Ich war wieder die »unbefleckte« Jungfrau in den ersten Wehen einer romantischen Liebe. Der arme Mann, der mich liebte, sah, wie dieses elementare Bedürfnis wuchs und unkontrolliert auf ihn einzustürzen drohte.

Es war ein kühler, stiller Morgen. Wir gingen am Strand entlang. Zögernd gestand er mir, daß er abreisen würde, zurück nach England, um sich freiwillig zu melden; unsere Hochzeit müsse verschoben werden! Er sagte, er liebe mich, versprach zurückzukommen, ich solle auf ihn warten. Er meinte, was er sagte. Aber er konnte das Ausmaß meiner Ängste nicht kennen, konnte nicht wissen, daß ich mir so unliebenswert vorkam, daß ich unmöglich glauben konnte, irgend jemand werde je zu mir zurückkommen und mich immer noch lieben.

Ich glaube, ich bettelte ein wenig. Der Tag ist in meiner Erinnerung von einem grauen Schleier umgeben, der solche Verletzungen und die darauf folgenden unsinnigen Handlungen verhüllt. Zum Abschied küßte ich ihn, überzeugt, daß er mich nicht nur aus Liebe zu seinem Vaterland verließ, und kehrte seinem Geschenk, der Rettung meines Lebens, den Rücken.

Meine Mutter war hocherfreut.

»Wie gut für ihn! Er wußte, was er tat. Hör mit deinem romantischen Getue auf. Er war zwanzig Jahre älter als du und ein Komiker! Nein, nein! Ein Glück, daß du aus der Sache ohne Schaden herausgekommen bist!« Sie rief meinen Vater an, um ihm mitzuteilen, das Kind sei wieder in den sicheren Schoß der Familie zurückgekehrt. Auch das »Nashorn« freute sich und übte sich in geduldigem Hoffen und Warten.

Meine Mutter meinte, ich hätte noch weitere »Erholung« nötig. Da in ihren Augen zweifellos meine Drüsenprobleme die eigentliche Ursache für die unerklärliche Dummheit waren, daß ich mich verliebt hatte, wurde ich in eine Klinik für Stoffwechselstörungen in La Jolla eingewiesen. Dort wurde ich mit Salat gefüttert, nahm zu, wurde beschuldigt, das Personal bestochen zu haben, Süßigkeiten hineinzuschmuggeln, trank abends vor dem freitäglichen Wiegen eine ganze Flasche »Milk of Magnesia« und freundete mich mit einer netten Frau an, mit der ich das Badezimmer teilte. Zumindest hätten wir es geteilt, wenn sie hätte gehen können. Das war ihr aber nicht möglich, weil ihre Diabetikerbeine schwarz vom Brand waren. Ich sah mich in meiner Befürchtung bestätigt, daß ich eines Tages wie Tami in einem »Kurort« verschwinden würde. Ich wurde mit demselben Übergewicht entlassen, mit dem ich eingeliefert worden war, nur wußte ich jetzt mehr über vom Brand verursachte Schmerzen. Ich nahm meine stille Selbstzerstörung wieder auf.

Die Reinhardt-Akademie scheiterte und wurde von einer Schauspielschule übernommen, die nach folgenden nützlichen Prinzipien funktionierte: »Haben Sie Geld? Wollen Sie spielen? Wollen Sie ein Star werden? Dann sind Sie hier richtig. Keine Wartezeiten. Kleine Klassen. Keine Klassiker. Nur moderne Stücke, die von Talentsuchern besucht werden. Zeigen Sie Ihr Können direkt. Lernen durch Arbeiten. Der sichere Weg nach Hollywood.« Ich blieb als Direktorin an der Schule.

Atemlos unterbrach eine schüchterne junge Studentin eine meiner unzähligen Proben zu *The Women*. »Miss Manton? Entschuldigen Sie bitte.« Sie atmete tief ein, als litte sie an Sauerstoffmangel. »Im Büro ist ein junger Offizier, der nach Ihnen gefragt hat.« Ihre Augen glänzten, ihr flacher Busen bebte. »Er wartet in der Eingangshalle auf Sie.«

Ich war sicher, daß es sich um ein Versehen handeln mußte, denn niemand, der eine solche Wirkung auf Frauen hatte, konnte mich besuchen wollen!

Doch da, in der schmuddeligen Eingangshalle, stand er und sah aus wie ein junger Mann, der für die Navy Reklame macht. Die weiße Offiziersuniform war makellos, die Mütze saß so schräg am Kopf, daß selbst meine Mutter vor Neid erblaßt wäre, die weißen Zähne zeigten ein verwegenes Lächeln – so hübsch, so jung, so lebendig, so amerikanisch!

»Hi, Maria«, sagte Jack Kennedy, und meine Knie wurden wieder so weich wie damals.

Im nahe gelegenen Schnellimbiß kaufte er mir einen Cheeseburger, beantwortete alle meine Fragen nach seinen wunderbaren Geschwistern, und es war eine Freude, ihn wiederzusehen. Als wir uns verabschiedeten, küßte er mich auf die Wange und ging zu seinem roten Cabriolet. Als er wegfuhr, winkten wir uns zu und riefen: »Bis bald. Paß auf dich auf!« Wir haben uns nie wieder gesehen. Und was das Aufpassen anbetrifft, ist uns das auch nicht gut gelungen.

*

Zucker und Kaffee wurden rationiert. Der Einsatz der Jupiterlampen, die ihre langen Strahlen in den Nachthimmel warfen, wurde für die Dauer des Krieges verboten, und es gab keine extravaganten Filmpremieren mehr. Hundert Filmstars gingen nach Washington D.C., um eine Kampagne für Kriegsanleihen über eine Milliarde Dollar zu eröffnen. Tyrone Power ging zu den Marines, Henry Fonda trat in die Navy ein, und Bette Davis hatte gemeinsam mit John Garfield so viel Geld zusammengebettelt und -geborgt, daß sie die »Hollywood Canteen« eröffnen konnten. Im ersten halben Jahr hatten sie sechshunderttausend Besucher. An sieben Abenden in der Woche wurden die Jungs fern der Heimat von ehrenamtlichen Helfern begrüßt, die ihnen zu verstehen gaben, daß man sie nicht vergessen hatte. Wo sonst wurde einem jungen Mann, der auf seinen Einsatz im Pazifik wartete, eine Tasse Kaffee von Anne Sheridan serviert, ein Schinkensandwich von Alice Faye und ein Doughnut von Betty Grable? Wo sonst konnte er Lana Turner zu den Klängen von Tommy Dorseys Orchester übers Parkett schieben, mit Ginger Rogers einen Jitterbug zu Rhythmen von Glenn Miller tanzen oder Rita Hayworth im Takt von Benny Goodman durch den Saal wirbeln? Wo stimmte ein Woody Herman mit seiner Klarinette in die Melodie ein, wo sonst konnte man mit Bogart, Tracy und Cagney plaudern, sich von Orson Welles ein Ei aus der Nase ziehen lassen oder herausfinden, daß Veronica Lake tatsächlich ein zweites Auge hinter ihrem Haarschleier hatte?

Die europäischen Helferinnen bevorzugten die Küchenarbeit. Hedy Lamarr schmierte Hunderte von Sandwiches, die Dietrich im engliegenden Kleid und schickem Haarband schrubbte die Kochtöpfe, und ihre Arme steckten bis zu den Ellbogen im schmutzigen Abwaschwasser – Bette Davis regte sich fürchterlich darüber auf. Einmal hörte ich, wie sie mit ihrer wunderbaren, vier Oktaven umspannenden Stimme verkündete: »Wenn ich noch einmal diese Frauen hier sehe, schlage ich ihnen den Schädel ein! Was hat es mit diesen Hausfrauen nur auf sich? Zeige ihnen eine Küche – und weg sind sie! Wie die Pferde zur Tränke! Der Glamour ist hier draußen gefragt, nicht in der Küche bei den Töpfen! Mein Gott! Hätte ich nur ein Dutzend Grables!«

In der »Canteen« stiegen die unerreichbaren »Götter« von der silbernen Leinwand herab und wurden Menschen aus Fleisch und Blut, Menschen zum Anfassen. Auf die jungen Männer machte das einen tiefen Eindruck, aber auch die ganze dahinterstehende Unterhaltungsindustrie blieb davon nicht unberührt. Die der Wirklichkeit ausgesetzten Stars verloren ihre Göttlichkeit, und man konnte sie »lieben«! Wurde in einem Zelt hinter der Front auf einer kleinen, von Japanern besetzten Insel ein Betty-Grable-Film gezeigt, kannten die Soldaten die Grable, hatten sie womöglich schon selbst in den Armen gehalten und verbanden mit ihr die Erinnerung an einen denkwürdigen Tanz auf einer überfüllten Tanzfläche. Alle Stars – männliche wie weibliche –, die den Schritt von der Illusion in die Wirklichkeit machten, eroberten sich einen ganz besonderen Platz in den Herzen der Zuschauer, bei denen Ehrfurcht zu aufrichtiger Zuneigung wurde. Die Garbo tauchte nie in der »Canteen« auf, was schade war, denn vielleicht hätte sie das vor dem Untergang bewahrt. Aber die unglaubliche, vollkommen auf Intuition beruhende Wetterfahne Dietrich dagegen erkannte mit ihrem untrüglichen Instinkt eine Chance, die ihren Ruhm schließlich um dreißig Jahre verlängern half.

Gabin hatte nichts dagegen, daß meine Mutter so viel Zeit damit verbrachte, sich auf diese Weise zu engagieren. An seinem Gefühl, ein Außenseiter zu sein, ein nutzloser Ausländer, war vielmehr die große Euphorie und Befriedigung schuld, die die »Kriegsarbeit«, wie meine Mutter sie nannte, ihr bereitete. Wenn sie nach Hause kam, voller Geschichten über GIs, die sie ganz fest umarmt hatten, deren wachsende Erregung sie spüren konnte und die mit ihren frischgewaschenen Gesichtern so lieb aussahen, diese unschuldigen Jungen auf der Schwelle zum Heldentum, deren letzter Tanz mit »Marlene« ihnen in den Schrecken des Krieges in Erinnerung bleiben würde, dann war Gabin auf diese Begeisterung und emotionale Befriedigung eifersüchtig. Sie aber, unfähig, die Stimmungen eines anderen Menschen differenziert wahrzunehmen, ärgerte sich über »seine Launen« und beschuldigte ihn, auf »ihre Jungs« eifersüchtig zu sein, weil sein einziger Beitrag zum Krieg nur ein »dummer Film« sei.

Meine immer so aufopfernde Mutter mußte jemanden bestochen haben, denn ich machte und bestand die Abschlußprüfungen der High-

School. Es war ein Wunder! Noch jahrelang wartete ich darauf, daß die kalifornische Schulbehörde eines Tages Verdacht schöpfen und mich ins Gefängnis stecken würde. Jetzt, nach fünfzig Jahren, ist das Vergehen vermutlich verjährt.

Es kursierten vage Gerüchte über ein Massaker im Warschauer Ghetto, die jedoch nur von wenigen ernst genommen wurden. Die Alliierten landeten auf Sizilien, die Bombenangriffe auf Deutschland begannen.

Ich fand jemanden, der bereit war, mich zu heiraten, und hielt das für meine Rettung. Als ich meine wenigen Habseligkeiten für die traurige und unvernünftige Teenagerehe zusammenpackte, beobachtete meine Mutter mich eine Weile mit starrer Miene, dann ging sie hinaus und kam mit einem Hochzeitsgeschenk wieder: einer neuen Vaginaldusche.

»Sieh zu, daß er dich wenigstens nicht schwanger macht!« Mit diesem klugen, liebevollen Rat im Ohr verließ ich das Haus meiner Mutter. Ich heiratete in einem grauen, mit purpurnen Veilchen bedruckten Sommerkleid – das eher für eine Beerdigung gepaßt hätte, was nicht beabsichtigt, aber durchaus angebracht war. Der arme Junge war weder alt noch erfahren genug, um mit dem neurotischen Chaos fertig zu werden, in das er hineingeheiratet hatte. Unser Eheleben dauerte gerade so lange, daß meine Mutter sich einen weiteren goldenen Stern an die »Märtyrermutterbrust« heften konnte. Sie fand eine kleine Wohnung für uns, was im Krieg an ein Wunder grenzte, putzte sie und richtete sie ein und schaffte so ihrer undankbaren Tochter, die sie, wie jeder wußte, »im Stich gelassen« hatte, ein kleines Liebesnest für ihr Eheglück.

Natürlich war dieser verzweifelte Fluchtversuch, diese bemitleidenswerte Vortäuschung einer Normalität von Anfang an zum Scheitern verurteilt. Die »Ehe« war zu Ende, bevor sie überhaupt richtig begonnen hatte. Mir blieben drei Alternativen, außer natürlich der vierten Möglichkeit, auf den Strich zu gehen, was ich vielleicht in meinem betrunkenen Zustand versucht hätte, wäre ich davon überzeugt gewesen, daß ich mit meinem Aussehen meinen Lebensunterhalt verdienen konnte, was ich allerdings nicht glaubte. Mir blieb also nichts anderes übrig, als entweder zu meiner Mutter oder dem allzeit wartenden »Nashorn« zurückzukehren oder per Autostopp quer durch Amerika zu fahren in die Strafanstalt meines Vaters. Ich wählte das kleinere Übel ... meine Mutter. Ich war nicht besonders klug. Vielleicht hatte die viele Hamletlektüre in einem für Eindrücke empfänglichen Alter ihre Spuren hinterlassen, jedenfalls wählte ich das mir bekannte Übel. Bei meiner Mutter wußte ich wenigstens, was mich erwartete, was auf mich zukam, einschließlich ihrer göttlichen Genugtuung darüber, daß »die Liebe ihres Lebens« mit artig eingezogenem Schwanz zu ihr zurückgekehrt war.

Und wie sie diesen Triumph genoß! Über fünfzig Jahre lang erinnerte sie jeden, unter anderem mich, daran, wie sie mich wieder aufgenommen und wie die »ewig verzeihende Mutter« die reuige Tochter in die Arme geschlossen hatte. Sie erfand sogar noch eine rührselige Szene. So sollte ich mitten in der Nacht in ihr Bett gekrochen sein und kläglich geflüstert haben: »Mutti, da bin ich wieder. Darf ich heute nacht bitte bei dir schlafen?«

Ich kam an einem Mittag nach Hause, schüttete ein Glas Bourbon hinunter, biß die Zähne zusammen und wollte meinen Bußgang antreten. Meine Mutter war jedoch gar nicht zu Hause, sie war immer noch bei Gabin. Aber die Version meiner Mutter über die Heimkehr der reuigen Sünderin gibt natürlich ein viel besseres Drehbuch ab. Zu diesem Zeitpunkt war mir völlig egal, was mir angetan wurde oder, schlimmer noch, was ich mir selbst antat.

Gabin hatte genug. Sein Land war besiegt, seine Filmkarriere in Amerika kam nicht voran. Er begann, alles vorzubereiten, um sich den französischen Streitkräften anzuschließen, die de Gaulle im englischen Exil ins Leben gerufen hatte. Zanuck versprach, ihm dabei nicht im Weg zu stehen. Er sympathisierte nicht nur mit Gabins staatsbürgerlichen Motiven, sondern war auch erleichtert, den Vertrag mit einem Schauspieler nicht einlösen zu müssen, der beim amerikanischen Kinopublikum nicht ankam. Meine Mutter weinte, war aber tapfer. Ihr Mann tat, was er tun mußte: »Er erfüllte seine Pflicht.« Irgendwie würde sie einen Weg finden, ihm ins Feld zu folgen. Zunächst aber mußte sie in Hollywood bleiben, weil es unmöglich war, in Kriegszeiten ohne behördliche Genehmigung zu reisen, und weil sie vertraglich an die Universal gebunden war. Trotzdem suchte sie entschlossen nach einem Weg. Ich war bei der Abschiedsszene nicht dabei, aber es muß hoch hergegangen sein, mit allem Drum und Dran.

> Papilein,
> Jean ging heute nach New York. Du wirst in der Zeitung sehen, wann er ankommt.
> Meine große Liebe scheint zu viel für ihn und zu plötzlich, nachdem er so lange glaubte, meine Liebe sei nicht genug im Vergleich zu seiner, die alles einschloß. Ich habe ihm versprochen, zu essen und mich zu pflegen, bis er zurückkommt.

Ich werde nicht arbeiten und habe die Tournee abgesagt, weil mir das alles in meinem Unglück zuviel war.

Ich weiß nur eines: daß ich selbstlos geliebt habe, ohne Hintergedanken, und immer versucht habe, Glück zu geben, auch wenn mir das nicht immer gelungen ist. Ab jetzt werde ich dazu besser imstande sein, und ich will mich nicht an ihn klammern, aber ich möchte endlich einmal eine wirkliche Frau sein und nicht nach Idealen streben, die im Mond stehen und überhaupt nicht glücklich machen, weil man sich nur eine Zeitlang an sie halten kann. Küsse und Liebe,

Mutti

Aber sie konnte Gabin nicht gehen lassen, ohne den Abschied noch einmal hinauszuzögern. Sie bestieg tatsächlich ein Flugzeug nach New York, traf sich mit Gabin ein allerletztes Mal und tanzte in seinen Armen. Sie trug ein ätherisches, enganliegendes schwarzes Kleid und einen Federhut, er sah blendend aus in seiner französischen Uniform.

»Liebling!« rief sie bei ihrer Rückkehr, als sie zur Tür hereinkam, gefolgt vom Chauffeur mit den Koffern. »Fliegen ist ja so einfach! Kein Umziehen für die Ankunft, keine endlosen Getreidefelder, keine Listen, keine Trinkgelder – es war nicht einmal heiß! Warum sind wir immer nur mit dem Zug gefahren? Beim nächstenmal müssen wir statt des Schiffs das Flugzeug ausprobieren!« Auf einmal gab es Flugzeuge. Das Fliegen hatte die Billigung der Dietrich gefunden.

Jetzt, da ich mit meiner Mutter wieder unter einem Dach wohnte, mußte ich auch wieder die Post versorgen. Die Flut von Gabins Liebesbriefen nahm kein Ende. Alle Fotoluftpostbriefe wurden während des Krieges erst von der Zensur geöffnet, dann auf Mikrofilm aufgenommen und in den Staaten ausgedruckt. Erst dann erreichten sie die bebenden Hände meiner Mutter, und sie konnte sie unter sehnsüchtigem Seufzen und Weinen verschlingen.

11. Februar 1944

… Ma grande, meine Liebe, mein Leben! Du bist hier bei mir, ich sehe Dich an: La Quinta, Du, ich. Nur daran kann ich denken. Ich bin allein, wie ein in der Menge verlorenes Kind. Ist es möglich, so sehr zu lieben? Glaubst Du, daß wir eines Tages wieder zusammensein, zusammenleben werden, wir beide, nur wir beide …? Wirst Du auf mich warten …? Ist es Gottes Wille, daß ich Dich wieder finde, Dich, die wunderbarste aller Frauen? ... Du bist in meinen Adern, in meinem Blut, ich höre Dich in mir ... Zum erstenmal möchte ich Dir sagen: ich brauche Dich, ich brauche Dich zum Leben, sonst bin ich verloren.

J.

Das ging einige Monate so, bis schließlich mehr Briefe von Gabin eintrafen, als an ihn abgingen. Meine Mutter war jetzt ganz damit beschäftigt, Orson Welles zu bewundern. Sie unterhielten sich tagelang darüber, wie brillant er sei. Meine Mutter schwärmte für ihn, wie sie für alle klugen Männer schwärmte, und Orson wäre nicht Orson gewesen, wenn ihm ihre Bewunderung für sein Genie nicht gefallen hätte. Zum Dank stellte er sie in seiner Zaubernummer als Assistentin an. Sie spielten vor Soldaten und wirkten zusammen mit anderen Stars in einem großen Propagandafilm mit, *Follow the Boys*. Da ich in Orsons Mercury Theatre of the Air mitgearbeitet hatte, war meine Mutter immer ein wenig eifersüchtig auf meine beruflichen Kontakte mit ihm. Sie sprach jetzt in einer sehr besitzergreifenden Art von »meinem Freund Orson Welles.« Als er sich in Rita Hayworth verliebte, war sie erschüttert.

»Ein so intelligenter Mann verliebt sich in ein mexikanisches Revuegirl? Du glaubst doch, ihn zu kennen. Kannst du mir das erklären? Liebt er vielleicht Haare unter den Armen?« Sie war zutiefst enttäuscht von ihrem Freund, verzieh ihm aber diese und alle folgenden unseligen Liebesabenteuer mit den Worten: »Orson braucht das. Fragt mich nicht, warum. Er braucht einfach immer jemanden zum Liebhaben – der arme Mann!«

Leslie Howard, über den heimlich geflüstert wurde, er sei ein wichtiger britischer Spion, kam bei einem mysteriösen Flugzeugabsturz ums Leben. In Hollywood herrschte große Aufregung. Die meistverbreitetste Erklärung war, die Briten hätten ihn absichtlich abgeschossen, weil er als Doppelagent für die Nazis gearbeitet habe.

»Siehst du? Was habe ich dir gesagt? Ein derart schrecklicher Schauspieler mußte einfach noch etwas anderes tun. Mit diesen orangeroten Haaren – da war alles möglich!«

Ich dachte oft an meine Großmutter und Tante Liesel. Wie es ihnen wohl ging? Meine Mutter erwähnte sie nie, verlor kein Wort über sie und tat, als gäbe es sie nicht. Ganz allmählich sickerten Gerüchte über unglaubliche Grausamkeiten durch. Unbekannte Ortsnamen standen für Greueltaten der Nazis, die so unbeschreiblich teuflisch klangen, daß man sie gar nicht glauben mochte. Bis jetzt hatte noch niemand den sichtbaren Beweis für die Existenz dieser Hölle vor Augen gehabt, und man konnte von niemandem erwarten, zu glauben, daß so etwas möglich war. In den folgenden beiden Jahren erwähnte meine Mutter manchmal beiläufig, ihre Mutter sei wohlbehalten in Berlin, ihre Schwester in Bergen-Belsen. Als die schrecklichen Gerüchte grausige Wirklichkeit wurden, nahmen alle automatisch an, daß Liesel in besagtem Bergen-Belsen sei – dem einzigen zu jener Zeit bekannten Bergen-Belsen. Daß die Konzentrationslager einfach den Namen der dazugehörigen Stadt trugen, wollte keiner glauben. Die Stationen der Hölle nach geographischen Begriffen zu benennen, schien zu normal. Auch ich sah keinen Grund, etwas anderes zu denken, glaubte der tragischen Version meiner Mutter und sorgte mich um das Schicksal der zarten kleinen Frau.

Teddy starb in New York. Eine Welt ohne ihn war kaum vorstellbar. Jahre später tauchte sein Geist in Form einer glänzenden schwarzen Katze auf meiner Türschwelle auf – wir wurden Freunde. Es war so typisch für ihn, daß er nichts gegen Katzen hatte.

Meine Mutter fand heraus, daß Gabin in Algerien war. Wie sie an diese Information gekommen war, ist eines der Geheimnisse, an die man im Zusammenhang mit der Dietrich immer denkt. Mehr denn je drängte es sie nun, Gabin in die Schlacht zu folgen. Sie brachte ihren Wunsch gleich ganz oben vor. Abe Lastfogel, der Leiter der bedeutenden William Morris Agency, war ein Leiter der USO geworden, einer zivilen Organisation, die zur Förderung der Kampfbereitschaft amerikanischer Soldaten Unterhaltungskünstler in alle Welt schickte. Der einflußreiche Lastfogel wurde zum Hauptangriffsziel meiner Mutter. Täglich bestürmte sie ihn am Telefon: »Ach, Abe, Liebling.« Er war beeindruckt und versprach, an sie zu denken und alles zu tun, um ihrer glühenden Bitte nachzukommen; er achte ihren Mut und Patriotismus. Jack Benny war bereits im Einsatz in Übersee, ebenso Danny Kaye, Paulette Goddard und andere. Ingrid Bergman bekam den Auftrag, das Neujahrsfest bei den in Alaska stationierten Truppen zu verbringen. Während die Dietrich auf ihre Einberufung wartete, schloß sie mit MGM einen Vertrag für einen neuen Film ab.

*

Der Himmel verfärbte sich rosa, als wir durch das imposante Eingangstor von Metro-Goldwyn-Mayer fuhren. Nach vierzehn Jahren des

Neids auf die Garbo zog die Dietrich schließlich doch noch in deren Studio ein – drei Jahre nachdem diese es verlassen hatte. Meine Mutter strich sich mit den Händen über die Beine und vergewisserte sich zum fünftenmal, daß die Strumpfnähte richtig saßen. Sie war nervös. Sie hatte allen Grund dazu. Das Drehbuch von *Kismet* war in ihren Augen abgedroschen, MGM war ein feindliches Studio, und der männliche Hauptdarsteller, ein ehemaliger Liebhaber, war mittlerweile mit einer gestrengen Dame verheiratet und vielleicht schwierig im Umgang.

»Liebling, erinnerst du dich noch, wie wir *Song of Songs* haßten und diesen anderen dummen Film, den ich in England mit Korda drehte? Wir hielten diese Filme für schlimm, aber sie entstanden zumindest vor dem Krieg. Aber dieser hier! Wer wird sich schon Ronald Colman ansehen, wie er der Dietrich Kuhaugen ›à la Bagdad‹ macht? Du kennst ihn ja, er wird fürchterlich britisch aussehen, auch wenn sie ihm noch so viele Turbane um den Kopf wickeln. Und abgesehen davon, was treibt er sich eigentlich hier herum? Warum ist er nicht in England und kämpft? Das einzige, was diesen Film vielleicht retten könnte, ist eine umwerfende Dietrich. Gott sei Dank ist Irene hier für die Kostüme und Guillaroff für das Haar.«

Irene und sie arbeiteten schon seit Jahren an dem geheimen Mieder meiner Mutter, die meine Mutter sowohl für ihre private Garderobe als auch für die Kostüme von *The Lady is Willing* verwendete. Aber jetzt perfektionierten sie deren Grundsubstanz. 1944 mußten sie noch dicke Seide benutzen. Erst nach dem Krieg, als die großen italienischen Stoffhäuser wie Biranccini wieder in der Lage waren, ihre erlesenen Materialien zu produzieren, entdeckte meine Mutter den »souffle«. Der Stoff hatte seinen Namen verdient, denn er war nicht mehr als ein »Hauch« zarter und nahezu gewichtsloser Seide, ein Spinnennetz kräftig wie Zeltstoff. Diesen benutzte meine Mutter von nun an als Korsagestoff während ihrer Zeit in Las Vegas und ihrer gesamten restlichen Karriere. Das Ritual, sie in ihr Mieder hineinzubekommen, war stets dasselbe. Es war geheim und eine ernste Angelegenheit von größter Wichtigkeit, die die volle Konzentration der engsten Mitarbeiter erforderte.

Zuerst stieg sie in die Korsage, und wir machten den dünnen Innengürtel an ihrer Taille fest. Daraufhin rückte sie das dreieckige Elastikband zwischen ihren Beinen zurecht, um die Scheide so gut wie möglich vor dem unvermeidlichen schmerzhaften Druck zu schützen. Dann beugte sie sich nach vorne, bis ihre Brüste vom Körper weghingen, und schlüpfte zuerst mit dem einen, dann mit dem anderen Arm in die Armlöcher. Nun drückte sie ihre herunterhängenden Brüste hoch und steckte sie in das büstenhalterartige Gebilde, wobei sie darauf achtete, daß die Brustwarzen genau in die dafür vorgesehenen Aussparungen kamen. Wenn ihre Brüste so saßen, wie sie es wünschte, umfaßte sie sie von unten mit den Händen, hielt sie und die Korsage fest und richtete sich dann mit einem Ruck auf, damit wir ihr von hinten den Reißverschluß zumachen konnten. Wenn sich dabei eine Brust oder eine Brustwarze auch nur einen Millimeter verschob, mußte die ganze Prozedur wiederholt werden. Wenn der speziell angefertigte und extrem feine Metallreißverschluß unter dem extremen Druck platzte, waren wir bestürzt wie bei einem Todesfall in der Familie, obwohl drei Dutzend Ersatzmieder unter schützenden Seidenhüllen bereithingen, um der Dietrich wie durch Zauberei zu dem Astralkörper zu verhelfen, nach dem sie sich ein Leben lang sehnte. Steckte sie einmal in ihrem hauchdünnen Gewand, dann konnten nur zwei Stellen dem forschenden Auge ihr Geheimnis verraten. Die Linie unten am Halsansatz, wo die Korsage aufhörte, und die Linie, wo sich der Reißverschluß abzeichnete, vom Hals bis hinunter zum Ende der Wirbelsäule. Die Halslinie verdeckte sie mit Stickereien und Halsketten, die andere, indem sie den applizierten Reißverschluß des Oberkleids genau auf dieselbe Linie wie den des Korsetts brachte. Stand meine Mutter erst einmal an der für sie vorgesehenen Stelle in Positur, eingezwängt in ihr bestgehütetes Geheimnis, erstarrte sie zur Statue. Das Atmen wurde zu einem bewußten Willensakt und jede Bewegung zu einem wohlüberlegten und spärlich dosierten Luxus. Für den Film *Kismet* setzte man sie zwischen Haremskissen aus Satin, wo sie in ihren jeweiligen Positionen einfror. Die Dietrich hatte stets Soldaten bewundert, die längere Zeit »strammstehen« konnten, und begrüßte daher derartige Übungen zur Disziplinierung des Körpers.

Irenes Genie, der kongenialen Realisierung durch Karinska und dem unermüdlichen Streben nach Perfektion sind einige der schönsten Filmkostüme der Dietrich zu verdanken. Jetzt brauchte man nur noch ebenso einfallsreiche Perücken, um das übertriebene Aussehen zu vervollständigen. Der geniale Sidney Guillaroff war dieser Aufgabe gewachsen. Er entwarf für die Dietrich Perücken und Haarteile, und auch er wurde auf ihre außerordentliche Fähigkeit und Bereitschaft aufmerksam, körperliche Schmerzen zu erdulden, wenn diese ihrer Meinung nach für ein bestimmtes Aussehen notwendig waren. Wie sie ihren Körper mit Irene zu vorgetäuschter Perfektion modelliert hatte, so zerrte sie nun mit Guillaroff an ihrem Gesicht herum. Es schien ihr gar nicht in den Sinn zu kommen, daß sie damit an einem Gesicht herumpfuschte, das sowieso schon vollendet war. Auch handelte es sich keineswegs um eine bewußte Entscheidung. Die Dietrich tat einfach, was sie für notwendig hielt. Sie verschwendete nie Zeit darauf, sich etwas wirklich zu überlegen und auf seine Notwendigkeit hin zu überprüfen. Sie hatte sich in ihr vollkommenes Gesicht aus *Die spanische Tänzerin* verliebt. Von da an befriedigte sie kein anderes Bild mehr völlig. Da von Sternberg nicht mehr da war, um dieses Gesicht für sie herbeizuzaubern, versuchte sie es selbst mit allen ihr zur Verfügung stehenden Mitteln. Jetzt flochten sie und Guillaroff aus feinen Strähnen ihrer dünnen Haare entlang des Haaransatzes feste kleine Stränge. Dann steckten sie Haarnadeln hinein, deren Enden zu kleinen Haken gebogen waren, und drehten die Strähnen so lange, bis die Kopfhaut fast platzte. Es tat höllisch weh. Diese Art des »Facelifting« wird heute oft praktiziert, war aber damals noch eine völlige Neuheit. Während der Mittagspause mußte die Prozedur wiederholt werden, weil die Spannung der kleinen Zöpfe nachgelassen und das Gesicht meiner Mutter wieder seine natürliche Schönheit angenommen hatte. Meine Mutter machte für *Kismet* eine Menge verrückter Dinge. Sie versuchte alle möglichen Effekte herzustellen, die sie für notwendig hielt. Vielleicht lag es daran, daß sie eine fürchterliche Wut hatte, weil sie für das Studio der Garbo einen vorhersehbaren Flop drehen mußte, oder an ihrer Ungeduld, endlich in den Krieg ziehen zu können. Wahrscheinlich spielte beides eine Rolle. Sie versuchte, den Film zu »retten« oder zumindest einen »Dietrich-Film« daraus zu machen. Zusammen mit Irene entwarf sie für die »Haremstanz«-Szene Pluderhosen mit winzigen Goldkettchen, gefaßt wie viktorianische Vorhänge. Meine Mutter hatte noch nie vor der Kamera getanzt und war nervös. An dem Tag, an dem sie ihren verführerischen Körper die Prunktreppe des Sultanspalasts hinunterschlängeln sollte, hatte sie eine Frisur, bei der die Kopfhaut blutete und die Backenzähne schmerzten; außerdem durfte sie nur vorsichtig einatmen, damit der Reißverschluß des Mieders nicht platzte. Ihr ganzer Körper war mit einer wilden Stickerei aus Metallfäden bedeckt, die ihre hochaufgerichteten Brüste wie tausend Nadeln stachen, und ihre Beine schmerzten unter dem Gewicht der zehn Kilo schweren, überall herunterhängenden Ketten. Sie gab sich redlich Mühe – und sah aus wie ein verzweifelter Vogel Strauß mit Migräne, der versuchte, eine verführerische Schlange zu sein. Der Toningenieur war schließlich ihre Rettung. Jedesmal, wenn sie die Beine bewegte, klimperten die Ketten so laut, daß man von der Hintergrundmusik nichts mehr hörte. Alle waren sich einig, daß die Ketten wegmußten. Meine Mutter tat so, als sei sie traurig darüber, daß diese in aller Augen vermeintlich so glänzende Idee jetzt doch nicht realisiert werden konnte – bis wir in der Garderobe waren. Dort machte sie eine Flasche Champagner auf und stieß, während wir die Ketten abschnitten, einen Seufzer der Erleichterung aus und lachte.

»Gott sei Dank sind wir die los! Aber was sollen wir jetzt tun? Dieser schreckliche Tanz. Hast du mich gesehen? ›Theda Bara auf arabisch!‹ Lächerlich! Aber jetzt müssen wir uns etwas anderes einfallen lassen. Sie wollen diesen Tanz unbedingt. Aber alles, was sich bewegt, macht Krach. Was sollen wir tun? Was können wir Aufregendes und Neues auf die Beine machen, ohne daß es sich bewegt?«

Sämtliche Vorschläge wurden abgelehnt. Schließlich bestellte die Dietrich aus dem Art Department Pinsel und Farbtöpfe und malte sich die Beine mit Goldfarbe an. In der Garderobe roch es nach giftigen Dämpfen, die Haut ihrer Beine verfärbte sich unter der dicken Schicht Metallfarbe grün, ihr Magen rebellierte, sie war kurz vor einer Bleivergiftung, und ihr war tagelang schwindelig. Aber: Die goldenen Beine der Dietrich verdrängten die Schlacht von Monte Cassino von den Titelseiten. Sie waren der einzige Blickfang des ansonsten scheußlichen Films.

Besonders freute mich während der Vorbereitung dieser Katastrophe, daß ich mich auf dem Studiogelände aufhielt, auf dem zur gleichen Zeit auch meine Freundin drehte. Wann immer es mir möglich war, entwischte ich den wachsamen Augen meiner Mutter und schlich mich auf den Set von *Treffen wir uns in St. Louis,* in eine Welt rauhen Charmes und sprühenden Talents. Bei den Dreharbeiten zu einem Spitzenfilm wie diesem herrscht auf dem Set eine unbeschreibliche Atmosphäre. Es liegt etwas in der Luft, eine Art Energiefeld, das einen elektrischen Strom abgibt, der alle Talente speist und sie zu immer noch höheren Leistungen anspornt. Es ist ein seltenes Phänomen. Es kann innerhalb jeder beliebigen künstlerischen Gemeinschaft auftreten, aber wenn diese Kraft ein ganzes großes Filmset auflädt, dann ist das schon ein wahres Wunder.

»Hi«, sagte die inzwischen so bekannte und sofort zu erkennende Stimme.

»Hi. Mensch, du siehst ja wunderbar aus. Kannst du in dem Korsett überhaupt atmen?«

»Es reicht«, sagte sie und holte tief Luft, um es mir zu beweisen. »Aber die Perücke ist so schwer, daß mir der Hals sicher bald bricht.«

»Aber sie wird sich sehr gut fotografieren lassen. Und sie bewegt sich! Einfach großartig! Guillaroff versteht sein Geschäft! Du solltest sehen, was er und meine Mutter sich für unseren Film ausgedacht haben! Einfach verrückt! Aber genau das will sie. Wir drehen sowieso einen Flop!«

Ihr Kichern klang immer noch wie kleine, ins Wasser rollende Kieselsteine. Einer ihrer vielen Begleiter kam und sah nach, wer den großen Star in Beschlag nahm.

»Wir warten auf Sie, Miss Garland.«

Sie bekam ihren »Soldatenblick«. Sie konnte immer ihre Arbeitsdisziplin aus ihrer Kindheit aktivieren. Selbst als sie krank und völlig am Ende war, hielt die harte Schule des Varieté sie aufrecht. Ich wünschte, das wäre nicht so gewesen. Es verlängerte ihr Leiden.

Mitten während der Dreharbeiten forderte das FBI Metro-Goldwyn-Mayer zu einer Unbedenklichkeitserklärung für die Dietrich hinsichtlich ihrer amerikanischen Gesinnung auf. Das Studio kam diesem Wunsch nur zu gerne nach und gab grünes Licht. Vielleicht würde die Dietrich ja schon vor Beginn der Dreharbeiten für einen zweiten Film zum Kriegseinsatz geschickt – auch die Studiobosse hatten sich die Rushes angesehen.

Schließlich bekam meine Mutter Nachricht, daß ihrem Wunsch entsprochen werden würde. Sie und eine ausgewählte Begleitgruppe sollten zur Truppenbetreuung nach Übersee aufbrechen, sobald sie ihren letzten Auftrag für MGM erfüllt hatte. Einen Tag vor einer Liebesszene mit »Ronnie« ließ sie sich die ersten vorgeschriebenen Impfungen verabreichen. Hinter der Bühne gingen sie und Colman sich so aus dem Weg, daß es fast schon komisch war. Die beiden konnten sich nicht ausstehen. Meine Mutter versuchte, dies zu verstecken, indem sie allen erklärte, Colman habe furchtbare Angst vor ihr und wage deshalb nie, sie zu berühren, und vermeide sogar tunlichst, sie auch nur anzusehen.

»Weißt du, er hat eine riesige Angst vor mir. Wahrscheinlich hat ihm seine Frau vor Beginn der Dreharbeiten angedroht, wenn er mir zu *nahe* kommt, dann ...«

Sie überließ es stets ihren Zuhörern, sich die schweren Strafen auszudenken, die Bonita Hume ihrem Ehemann für den Fall angedroht hatte, daß er sich in den Fängen der Dietrich verfing. An dem Tag, an dem die Oberarme meiner Mutter wegen der Tetanus- und Paratyphusimpfungen geschwollen waren und schmerzten, »vergaß« sich Ronald Colman. In einem Anfall ungezügelter Leidenschaft riß er sie an sich. Sie schrie auf, er schreckte zurück.

Als wir später in der Garderobe Eiswickel machten, sagte sie lachend: »Während dieses ganzen schrecklichen Films hat er es nie gewagt, mich anzufassen! Und dann ausgerechnet heute, wenn meine Arme von den Impfungen entzündet sind, wird er ›dramatisch‹! Typisch Engländer! Bei denen weiß man nie, wann sie sich plötzlich gehenlassen und leidenschaftlich werden. So ein dummer Kerl.«

Ich hatte das Gefühl, daß »Ronnie« ganz genau wußte, was er wollte, behielt es aber für mich.

Kismet endete so, wie es angefangen hatte. Niemand machte sich Hoffnungen auf einen Erfolg. Meine Mutter war bereit, Gabin in den Krieg zu folgen. Sie ging zwar nicht bis zu den hochhackigen Schuhen und dem Seidenkleid aus der letzten Einstellung aus *Marokko*, aber ihre Gefühlslage war dieselbe. Sie hatte Anweisung bekommen, sich zu Proben im USO-Hauptquartier in New York einzufinden, bevor sie nach Übersee verfrachtet würde. Sie war in Siegesstimmung.

> Papilein,
> die Stelle von der Cholera-Typhus-Impfung ist immer noch geschwollen und rot, tut aber nicht mehr weh. Ich glaube, ich habe alles gepackt, abgesehen von dem Handgepäck, das ich für die Reise brauche. Bitte schreibe Jean und denke daran, daß die Post zensiert wird, also sprich von mir als »La Grande« oder »Louise«. Jean Gabin, French Liaison Office APO 512 c/o Postmaster New York City.

Überall gab es Spitzel. Alle Truppenbewegungen waren streng geheim. Auf Plakaten war zu lesen: »Lose Zungen versenken Schiffe.« Die Soldaten erfuhren erst nach Verlassen der amerikanischen Gewässer, wohin die Reise ging. Selbst um in der »Canteen« Kaffee servieren zu dürfen, brauchte man eine Unbedenklichkeitserklärung des FBI. Aber die Dietrich, die gebürtige Deutsche, wußte, daß sie auf den europäischen Kriegsschauplatz geschickt würde und nicht in den Pazifik. Erstaunlich! In ihrem Brief heißt es weiter:

Ich bin heute abend mit Gable zum Essen verabredet – mit den reinsten Absichten! Aber die Wahl fällt mir wirklich schwer, denn Sinatra hängt am Telefon, und er ist klein und schüchtern. Ich schicke Dir seine Platten, man kann sie noch nicht kaufen. Gable sagt, er habe auf seiner Ranch wegen des Sturms weder Licht noch Heizung, und das klingt, als könnte es »schwierig« werden, aber ich wollte nicht absagen.
Ich möchte diesen Brief dem Postboten mitgeben. Es ist schon fast zehn. Ich hoffe, am Dienstag fliegen zu können, aber ich schicke Dir ein Telegramm.
Adieu, mein Lieber
Mutti

Meine Mutter stellte ihre Sachen in Bekins Lagerhaus unter, drückte mir weinend einen Scheck in die Hand und machte sich auf, den Krieg zu gewinnen.

Ich blieb zurück und unterrichtete Leute, die das Geld hatten, weiter ihrem Traum nachzujagen, selbst wenn sie keinerlei Talent hatten. Ich führte Regie bei unzähligen Stücken, die allesamt mittelmäßig waren, trank und schlief mit jedem, der sagte, er finde mich hübsch oder »liebe« mich, wußte nicht, wo ich war und wer neben mir lag, wenn ich morgens aufwachte, und flüchtete mich immer mehr in Vergessenheit, lief und lief – und blieb am Ort.

In einem versteckten Haus in einem der Canyons verbrachte ich ein Wochenende mit dem Kreis um Henry Miller. Einer seiner *Wendekreise* galt als schockierende Sensation, und junge Mädchen warfen sich in rebellischer Hemmungslosigkeit in seine starken Arme. Er hielt solche saftigen Angebote für selbstverständlich und nahm, was ihm gefiel, ohne Rücksicht auf das zum Teil sehr zarte Alter der Mädchen. Ich schlief nicht mit ihm, angesichts meines für gewöhnlich sehr umnebelten Zustands eine interessante Leistung. Alle anderen taten es. Er liebte die Mehrzahl und das gemeinsame Bewundern seiner sexuellen Kraft. Nachher, anstatt einer Zigarette, las er aus seinem verbotenen Buch vor, als sei es die Bergpredigt.

9
Auf in den Krieg

In New York begann meine Mutter mit den Proben. Ihre Truppe bestand aus einem Akkordeonspieler, einem Sänger, einer Komödiantin, die auch ihr Dienstmädchen und ihre Kameradin werden sollte, und einem jungen Komiker, der bereits erste Erfolge gefeiert hatte und Conférencier, Entertainer und Allroundman in einem war. Lastfogel verstand sein Geschäft; Danny Thomas war die ideale Wahl für die Dietrich. Sein Humor war stubenrein, typisch amerikanisch, und er beherrschte die Kunst, mit einem großen, bisweilen ungebärdigen Publikum umzugehen. Seine Jugend und sein respektvolles Verhalten nahmen meine Mutter sofort für ihn ein. Sie hörte auf ihn, befolgte seine Ratschläge und lernte eine Menge von ihm. Er brachte ihr den Rhythmus der amerikanischen Komik bei, der von dem ihres Berliner Humors nicht weit entfernt war, nur strukturierter, aber nicht so schnell und sarkastisch. Einstudierten Nummern wurde der letzte Schliff gegeben, ein Programm zusammengestellt. Dank Danny wurde die Dietrich-Gruppe zu einer disziplinierten, leistungsfähigen Truppe.

Zwischen den Proben bekam sie ihre Uniform. Zusammen mit Irene hatte sie bereits das goldene, mit Pailletten besetzte Kleid entworfen, das im Krieg ihre eigentliche Uniform werden würde und später als Vorlage für ihre Bühnenkostüme dienen sollte. Jetzt, bei Saks Fifth Avenue, probierte sie die vorschriftsmäßige Uniform an – nicht die der Armee, in der sie nur zwei Monate später fotografiert und mit der sie immer in Verbindung gebracht werden sollte, sondern die Ziviluniform der USO, eine Art Mittelding zwischen einer Rotkreuzuniform aus dem Ersten Weltkrieg und einer Stewardessenuniform aus den Kindertagen der Luftfahrt. Sie war ein bißchen spießig, aber sehr praktisch für die Arbeit und für Fahrten im Jeep. Kaum war meine Mutter in

Übersee, warf sie die Pflichtmontur weg und schlüpfte in »richtige« Militärkleidung. Sie behielt nur das vorgeschriebene USO-Abzeichen am Arm, das sie allerdings überhaupt nicht leiden konnte und später ebenfalls verschwinden ließ. Alle waren so damit beschäftigt, den Krieg zu gewinnen, daß niemand die Zeit fand, einen Filmstar zu rügen, weil er gegen die Kleiderordnung seiner zivilen Organisation verstieß. Zudem stand die Militärkluft der Dietrich so gut, daß Eisenhower-Jacken mit Ordensbändern und diversen Rangabzeichen, maßgeschneiderte Hosen, Kampfstiefel und GI-Helm bald als ihre übliche Kleidung geduldet wurden.

Es war die beste Rolle, die sie jemals spielte. Und es war die Rolle, die sie am meisten liebte und in der sie ihren größten Erfolg feierte. Sie sammelte Lorbeeren für ihre heroische Tapferkeit, heimste Orden und Belobigungen ein, wurde verehrt und respektiert. Sie arbeitete sich von den Mannschaftsdienstgraden bis hinauf zu Fünf-Sterne-Generälen, verlebte eine herrliche Zeit als echte »Heldin« und wurde anschließend dafür ausgezeichnet. Die Preußin war in ihrem Element; ihre deutsche Seele nahm mit ihrer ganzen makabren Sentimentalität die Tragödie des Krieges in sich auf und hatte so beides.

Wenn die Dietrich über ihre Tournee sprach, konnte man meinen, daß sie tatsächlich *in* der Armee diente, daß sie mindestens vier Jahre in Übersee verbrachte, unter Dauerbeschuß lag und ständig in der Gefahr schwebte, getötet oder, schlimmer noch, von den rachelüsternen Nazis gefangengenommen zu werden. Jeder, der ihr zuhörte, war davon überzeugt, denn sie glaubte inzwischen selbst daran. In Wahrheit arbeitete sie zwischen April 1944 und Juli 1945 nur hin und wieder an der Front und kehrte zwischendurch nach New York, Hollywood und später entweder nach Paris oder ins Hauptquartier ihres Lieblingsgenerals nach Berlin zurück. Dies soll den lobenswerten zivilen Kriegsbeitrag der Dietrich nicht schmälern, sondern nur in die richtige Perspektive rücken. Sie war furchtlos, tapfer und engagiert. Aber das waren auch viele andere Frauen und Künstler, ohne daß sie dafür mit drei Orden der französischen Ehrenlegion und mit der »Medal of Freedom« ausgezeichnet wurden. Aus einem einfachen Grund: Die Dietrich spielte die Rolle des tapferen Soldaten viel besser und war zudem so berühmt und so schön, daß man auch Notiz davon nahm.

Sie sprach mit Ehrfurcht von ihren Tagen »in der Armee« und tischte immer neue Geschichten über diese Zeit auf. Wie immer in ihrem Leben verschmolzen Wahrheit und Dichtung, und am Ende glaubten ihr sogar diejenigen, die selbst dabeigewesen waren und es eigentlich hätten besser wissen müssen. Legende und Logik verschmelzen freilich nicht so leicht.

Am 14. April 1944 startete ihre Truppe in einem Hagelsturm vom Flughafen La Guardia. Das Reiseziel war unbekannt, zumindest »offiziell«. Erst als die Maschine in der Luft war, erfuhren die Passagiere, daß sie zum Kriegsschauplatz in Afrika flogen und nicht in den Pazifik, wie alle angenommen hatten. Mit Ausnahme meiner Mutter, natürlich. Sie wollte zu Gabin, nicht zu Hirohito.

Nach Zwischenstopps in Grönland und auf den Azoren, wo das Flugzeug aufgetankt wurde, landeten sie schließlich in Casablanca und fuhren von dort aus weiter nach Algier. Berücksichtigt man die verschiedenen Zeitzonen und die Tatsache, daß es damals noch keine Düsenflugzeuge gab, können sie frühestens am 17. April dort eingetroffen sein. Doch nach den Aussagen einiger Biographen und gelegentlichen Äußerungen der Dietrich selbst durchsuchte sie zur selben Zeit im Konzentrationslager Bergen-Belsen Leichenberge nach ihrer Schwester. Da Bergen-Belsen erst am 15. April des darauffolgenden Jahres von den Briten befreit wurde, ist das schlechterdings unmöglich.

In Algier gab die Dietrich-Truppe ihre erste Vorstellung. Danny Thomas eröffnete die Show und begeisterte die Jungs mit seinen Scherzen. Nach ihm hatte die Komödiantin ihren Auftritt, gefolgt von dem Sänger – und dann war es Zeit für die Hauptattraktion.

»Freunde«, verkündete Danny, »ich habe schlechte Nachrichten. Wir warten auf Marlene Dietrich, aber sie ist mit einem General essen gegangen und noch nicht zurück ...«

Diese geplante Provokation löste die erwarteten Unmutsäußerungen und Buhrufe aus. Plötzlich ertönte aus dem hinteren Teil des Theaters die unverkennbare Stimme:

»Aber nein, ich bin hier ... ich bin hier ...« In Uniform, in der Hand einen kleinen Koffer, rannte sie durch den Mittelgang nach vorn zur Bühne. Als sie das Mikrofon erreichte, hatte sie die Krawatte bereits abgelegt und begann, ihr Khakihemd aufzuknöpfen ...

»Ich bin bei keinem General, ich bin hier! Ich muß mich nur schnell umziehen ...« Sie war beim letzten Knopf angelangt, und die GIs johlten. Plötzlich »merkte« sie, daß sie nicht allein war.

»Oh, entschuldigt Jungs, bin gleich wieder da.« Sprach's und verschwand in den Kulissen.

Danny rief ihr nach: »Das wird ein schwieriger Auftritt für Sie, Miss

Dietrich. Heben wir ihn für den Schluß auf. Ich glaube, sie werden warten!«

Wie erwünscht, trampelten und pfiffen die GIs. Sekunden später erschien die Dietrich wieder auf der Bühne. Sie trug ihr Glitzerkleid. O Mann! Es war tatsächlich die Dietrich, die Leinwandgöttin, die in Hollywood im Luxus schwelgen könnte und dennoch nach Nordafrika gekommen war, um für sie zu singen. Die Jungs sprangen auf und jubelten! Sie sang ihre bekannten Lieder. Sie liebten sie. Für Orsons Gedankenleser-Nummer holte sie einen Burschen aus dem Publikum. Der Junge stand da und starrte ihr Glitzerkleid an. Sie sah ihn an und rief dann ins Publikum:

»Wenn ein GI mich ansieht, ist es nicht schwer, seine Gedanken zu lesen!«

Der Witz verfehlte nie seine Wirkung. Am Ende des Auftritts zog sie ihr Kleid hoch, setzte sich auf einen Stuhl, nahm ihre singende Säge zwischen die Beine und spielte! Ein Höllenlärm brach los!

Wie üblich besuchte sie zwischen den Shows Lazarette, sang oder ging einfach nur durch die Stationen. Die Moral der Truppen zu stärken, war die Hauptaufgabe der USO-Entertainer. Gern erzählte sie, wie die Ärzte sie zu schwerverwundeten deutschen Kriegsgefangenen brachten und sie baten, deutsch mit ihnen zu sprechen. Wie die Sterbenden zu ihr aufsahen und sie mit schwacher Stimme fragten: »Sie sind wirklich Marlene Dietrich?« Und wie sie ihnen dann leise »Lili Marlen« vorsang, als seien sie Kinder, und sie so gut es ging tröstete, da ihnen ja nur noch »so wenig Zeit« blieb. Meine Mutter schrieb sich Szenen, die es verdienten, daß man sie glaubte.

Gerüchteweise erfuhr sie, daß die Front durch die zweite Panzerdivision des freien Frankreichs verstärkt worden war. Das war Gabins Einheit. Sie organisierte bei der Fahrbereitschaft einen Jeep und einen Fahrer und machte sich auf die Suche. Noch vor Einbruch der Dunkelheit hatte sie die Panzer gefunden. Sie standen mit offenen Luken unter Bäumen verteilt, die Besatzungen saßen oben drauf.

»Ich rannte von Panzer zu Panzer und rief seinen Namen. Plötzlich sah ich sein wundervolles graumeliertes Haar. Er saß mit dem Rücken zu mir. ›Jean, Jean, mein Liebling!‹ Er fuhr herum, rief ›Scheiße‹, sprang auf den Boden und nahm mich in seine Arme.«

Sie verharrten in ihrer leidenschaftlichen Umarmung und waren blind gegen die sehnsüchtigen Blicke der anderen, die den grauhaarigen Mann, der einen Traum in den Armen hielt, beneideten. Der Kuß dauerte lange. Die Kameraden zogen ihre Uniformmützen ab und stießen Beifallsrufe aus, in denen Eifersucht mitschwang.

Erst als die Motoren der Panzer angeworfen wurden, ließen sie voneinander ab. Er gab ihr einen letzten Kuß. »Wir müssen los, ma Grande ...« Er drückte sie für einen zeitlosen Moment an sich, ließ sie dann los, kletterte zurück auf seinen Panzer und verschwand in dessen Bauch. Die Panzer begannen sich zu formieren. Sie stand in den Staubwolken, die sie aufwirbelten, schützte ihre Augen und versuchte, einen letzten Blick von ihm zu erhaschen, voller Angst, ihn vielleicht nie wiederzusehen.

Ich ließ mich treiben – Ketchup und heißes Wasser ergaben eine gute Suppe, und ich sparte Geld für das wichtigere Nahrungsmittel Bourbon. Ich erinnere mich an diese schwierige Übergangszeit in San Francisco ... Wie kam ich dahin und warum? Ich trieb mich in Bars und Transvestitenlokalen herum. Das Geld für den Alkohol verdiente ich mir mit Gelegenheitsjobs. Ein von der Dietrich geschulter Garderobier kann für eine Imitatorin von Sophie Tucker ohne weiteres das Mädchen für alles spielen. Er hieß Walter, und sein guter Ruf war berechtigt und verdient. Seine zahlreichen kostbaren Abendkleider bewahrte er wie Museumsstücke in gut gelüfteten, mit Zedernholz verkleideten Wandschränken auf, und seine umfangreiche Sammlung an Accessoires in katalogisierten Schachteln. Er ließ mich in seinem Boudoir übernachten und gab mir zu essen, umsorgte und beschützte mich, und bewahrte mich sehr wahrscheinlich davor, daß ich ernsthaft zu Schaden kam. Darum habe ich mich stets an ihn erinnert, an diesen glatzköpfigen, üppigen, extravaganten Transvestiten, der sich Zeit für mich nahm.

Nach den Auftritten in Nordafrika flog die Dietrich-Truppe weiter nach Italien und wurde dort einer Division aus Texas zugeteilt. Sie schickte Fotos: sie im Khakihemd, die Ärmel hochgekrempelt, beim Waschen in einem umgedrehten Helm. Auf der Rückseite stand: »Für den Liebling der amerikanischen Army. Ein stolzer GI. Hauptquartier der 34. Infanteriedivision, Italien, 1944.« Sie lachte. Die Soldatentochter hatte ihr »Zuhause« gefunden. Andere Fotos folgten – sie mit ihrem Feldgeschirr in einer Schlange beim Essenfassen. Immer, wenn sie gefragt wurde: »Kann ich mich mit Ihnen fotografieren lassen, Marlene?«, legte sie den Arm um die Schulter des Jungen und lächelte für seine Lieben zu Hause. Sie erfüllte ihnen jeden Wunsch. Wenn so ein Junge ins Gefecht mußte und sie ihn ein letztes Mal glücklich machen konnte, warum nicht? Die Dietrich betrachtete es als ihre heilige Pflicht, die Moral der kämpfenden Truppe zu stärken. Ein tapferer Krieger, der die letzten Stunden in den Armen einer schönen Frau verbringt und dann mit frischem Mut in die Schlacht zieht, war seit jeher eine ihrer romantischsten Phantasien. Und nun hatte sie die Moral der gesamten Fünften Armee zu stärken. Da war ein großer »Schlacks« aus Iowa, der sie »Hühnchen« nannte und von ihr geliebt wurde. Ein anderer, hoch aufgeschossener Bursche aus Missouri nannte sie »Lammie Pie«; ein junger Draufgänger aus Chicago »Schätzchen«, ein dritter »Prinzessin«. Aber welche Namen sie ihr auch gaben, sie sorgte dafür, daß sich für jeden in dieser mörderischen Hölle ein Traum erfüllte.

Sie hatte häufig Filzläuse, doch in ihren Augen gehörte das zu einem richtigen Soldaten, und sie bestritt energisch, daß man die Tierchen von intimem körperlichem Kontakt bekam. Ausgeschlossen! Jahre später erzählte mir ein Angehöriger der Dietrich-Truppe, daß er die Aufgabe hatte, vor ihrem Quartier, egal ob es ein Zelt, ein ausgebombtes Hotel oder eine Nissenhütte war, Wache zu schieben und darauf zu achten, daß der »Verkehr« nicht gestört wurde. Sie schickte Briefe an Evie Wynne, ihre Freundin und Nachbarin in Brentwood, in denen sie verschlüsselt ihren Aufenthaltsort mitteilte: »Frankies Land ist wunderbar.«

Immer noch in Italien, erkrankte meine Mutter an Lungenentzündung und wurde in ein Lazarett in Bari eingeliefert. Später behauptete sie, daß man ihr dort mit dem neuen Wundermittel Penizillin das Leben gerettet habe. Alexander Fleming, der Penizillinentdecker, wurde einer ihrer medizinischen Heroen.

Mein Leben wurde grau und eintönig. Sinnlose Stunden reihten sich zu sinnlosen Tagen, zu sinnlosen Wochen, die zu sinnlosen Stunden auf dem Weg in die Unendlichkeit wurden.

Am 6. Juni 1944 gab die Dietrich vor einem Publikum von annähernd viertausend GIs den Beginn der Invasion in der Normandie bekannt. Wenig später wurde ihre Truppe in die Staaten zurückgeschickt und aufgelöst. Sie kam unzufrieden nach Hause. Die Arbeit als USO-Entertainerin war ihr zu wenig, sie wollte Soldat werden. Einen Monat später, am 25. August – sie war immer noch in New York – wurde Paris befreit. Es ärgerte sie, daß sie nicht an der Spitze der »siegreichen Truppen« in die Stadt einmarschieren konnte. Doch Jahre später verschaffte sie sich Genugtuung: Bei der Parade am Jahrestag der glorreichen Befreiung marschierte sie mit und wurde dabei fotografiert. Ihr Kriegsruhm tat ein übriges. Wann immer das Foto abgedruckt wurde, ging man davon aus, daß es bei der Befreiung von Paris im Jahr 1944 aufgenommen worden war. Aus irgendeinem Grund fiel niemandem auf, daß sie auf dem Foto die Orden trägt, die ihr erst nach dem Krieg verliehen wurden.

Ich legte mir einen Vorrat an Schlaftabletten zu. Ich sehnte mich danach, nie wieder aufzuwachen. Die Vorstellung, von einem Hochhaus herunterzuspringen, erschreckte mich ebenso wie der Gedanke, den Abzug einer Pistole zu betätigen. Merkwürdig, daß man auch dann noch Angst empfindet, wenn man sich das Leben nehmen will.

Im September reiste die Dietrich mit einer neuen Truppe nach Frankreich. Ihre Kameradin aus Texas war wieder dabei. Von nun an hielt sie sich nicht mehr an offizielle Marschbefehle und sorgfältig geplante und aufeinander abgestimmte Routen von USO und Special Services Division. Dank ihrer guten Beziehungen gelang es ihr, einen ihrer Helden auf sich aufmerksam zu machen: den schneidigen Patton. Die dramatische Geschichte ihrer ersten Begegnung gab die Dietrich bei jeder sich bietenden Gelegenheit zum besten:

»Oh, er war wunderbar! Ein echter Soldat! Groß, stark, energisch! Eine Führernatur. Er sah mich an und fragte mich, ob ich wirklich den Mut hätte, an die Front zu gehen. ›Würde ich das durchstehen? War ich tapfer genug!‹ Natürlich sagte ich ihm, daß ich für seine Jungs alles tun würde, egal, was er von mir verlangte. Ich hatte nur ein bißchen Angst davor, den Nazis in die Hände zu fallen. Ich sagte ihm das, und weißt du, was er mir darauf geantwortet hat? ›Sie werden Sie nicht erschießen. Wenn Sie in Gefangenschaft geraten, wird man Sie wahrscheinlich für Propagandazwecke einspannen und zwingen, Radiosendungen zu machen, so wie Sie es für uns getan haben.‹ Dann zog er einen kleinen Revolver aus der Tasche seiner Windjacke und sagte: ›Hier. Erschießen Sie ein paar von den Scheißkerlen, bevor Sie sich ergeben.‹ Oh, er war einfach wundervoll!«

Die Dietrich hatte nun den Krieg, den sie wollte. Sie bezog Quartier in der französischen Stadt Nancy, die sie in ihren Briefen stets »Sinatras Frau« nannte, fuhr von dort aus zu verschiedenen Einrichtungen an der Front, gab ihre Vorstellung und kehrte wie befohlen noch vor Einbruch der Dunkelheit an ihren Standort zurück. Von diesem Zeitpunkt an bekamen die »Kriegsgeschichten« meiner Mutter den Charakter dramatischer Filmszenen, deren ergreifende Wirkung durch ihre meisterlichen Fähigkeiten als Drehbuchautor, Regisseur und Kameramann noch verstärkt wurde:

»An diesem Tag gaben wir unsere Vorstellung in einem alten Stall. Es war kalt, bitterkalt und dunkel. Ganz in der Nähe Geschützdonner. Ich trug mein goldenes Paillettenkleid, und sie leuchteten mich mit ihren Taschenlampen an.« Und während sie die Szene noch heraufbeschwört, ist man in Gedanken schon dort, gefesselt von ihrer Erinnerung.

Wie ein Leuchtfeuer steht sie da. Die Pailletten ihres goldenen Kleides reflektieren die Strahlen der Taschenlampen, die über ihren Körper wandern. Die Klänge einer Gitarre verschmelzen mit dem Geschützdonner, als begleiteten sie den Rhythmus der Hölle. Leise beginnt sie zu singen. Das behelfsmäßige Mikrofon zärtlich mit den Händen umfassend, ist sie für diese kriegsmüden Männer der halbvergessene Traum aller Frauen, nach denen sie sich sehnen. Eine Granate explodiert in unmittelbarer Nähe. Die morschen Balken knarren, Staub rieselt von der Decke und fängt das matte Licht ein. Das wiederholte Klacken der Feuerzeuge klingt wie das Zirpen von Grillen, die sich von sonnigen Wiesen hierher verirrt haben. Sie singt »Boys in the Backroom«, und die jungen Gesichter grinsen. »I Can't Give You Anything But Love, Baby« – bei dem Wort Zuhause mögen sie sonst an ihre Mutter und Apfelkuchen denken, aber jetzt empfinden sie nur Begierde. »Alles raus hier«, bellt eine Kommandostimme, und ihre Schärfe verrät eine Spur von Angst. Die Männer fluchen. Die Realität hat sie wieder. Sie reißen sich von der goldenen Aura der Frau los.

»Bis dann, Marlene!« »Paßt auf euch auf, hört ihr?« »He, Puppe – Adios!« »Mach's gut, Süßer.« Sie schlurfen hinaus, um zu töten oder getötet zu werden.

Meine Mutter stößt einen Seufzer aus: »Ich stand da, frierend und hilflos, und sah ihnen nach. Manchmal ...« Und dann erinnert sie sich an ein erfreulicheres Ereignis und hebt ihre Stimme: »Wir traten weit hinter den Linien auf. Die Hügel waren übersät mit Männern. Junge Gesichter, wohin das Auge blickte. Hunderte. Ich stand auf einer kleinen Bühne weit unter ihnen, und ihre Pfiffe drangen zu mir herab wie jugendliche Küsse. Der Krieg schien weit weg.«

Und so ging es weiter, tagaus, tagein, eine Szene besser als die andere.

Die Dietrich blieb weiter bei Pattons Dritter Armee. Der General ließ durchblicken, daß er entgegen dem Befehl nicht die Absicht hatte, wegen der Russen den Vormarsch zu stoppen. Seine Aufgabe sei es, so Patton, die Deutschen zu schlagen und sich nicht auf die politischen Manöver Roosevelts und Stalins einzulassen. Natürlich liebte sie diesen Draufgänger, seine Prahlerei, seine soldatische Arroganz und bestärkte ihn in allem, was er für seine Pflicht hielt. Er wiederum sonnte sich in ihrer grenzenlosen Bewunderung und behielt sie solange wie möglich in seiner Nähe, bis sie schließlich im Dezember 1944 durch Befehle getrennt wurden.

Die Dietrich behauptet, sie sei in Bastogne in den Ardennen gewesen, als die Deutschen die amerikanischen Truppen, denen sie angehörte, einkesselten. Unter den Eingeschlossenen war auch die 101. Luftlandedivision unter ihrem damaligen General Anthony McAuliffe. Die Dietrich wußte, daß sie umzingelt waren, denn alle wußten es. Sie rechnete damit, in Gefangenschaft zu geraten, und machte sich Gedanken, was mit ihr geschehen würde. Sie wartete. Wo ihre Truppe war, ist ein weiteres Geheimnis, das zu ihrer Legende gehört. Sie hat nie erwähnt und wußte nicht einmal, daß General Sepp Dietrich, vermutlich ein entfernter Vetter, einer der Kommandeure der Panzerarmeen war, die sie eingeschlossen hatten. Ebensowenig wußte sie, daß General Luttwitz die Amerikaner zur Kapitulation aufforderte und McAuliffe mit seinem berühmten Ausspruch »Nuts« antwortete, einem Ausdruck, der sich unmöglich ins Deutsche übersetzen ließ. Tatsächlich brauchten die Übersetzer und Dolmetscher zwei Stunden, um dem Nazigeneral die Antwort zu übermitteln, obwohl er sie auch dann noch nicht richtig begriff. Dafür begriffen sie die amerikanischen Soldaten um so besser, und ihre Wirkung auf die Moral war enorm. Eben noch die sichere Niederlage vor Augen, schöpften die Männer neuen Mut.

Damit kommen wir zu der Kriegsgeschichte der Dietrich, die mir am besten gefällt:

Mitten in den Gefechten, die als Ardennenschlacht in die Geschichtsbücher eingingen, soll ein besorgter amerikanischer General noch die Zeit gefunden haben, einen anderen General davon zu unterrichten, daß Marlene Dietrich in Gefahr sei und unverzüglich evakuiert werden müsse. Sofort wurde ein Massenabsprung befohlen, und wenig später fiel eine ganze Flugzeugladung von Fallschirmjägern der 82. Luftlandedivision vom Himmel, damit ihr General einen heroischen Filmstar retten konnte. Es erscheint unwahrscheinlich, daß eine ganze Division von Fallschirmjägern in eine der blutigsten Schlachten des Zweiten Weltkriegs geschickt wurde und für einen solchen Sprung ihr Leben riskierte. Wenn die Frauen und Mütter dieser Jungs davon erfahren hätten! Gleichwohl hält sich in schamloser Weise die Legende, daß der Massenabsprung tatsächlich stattfand und daß es der General persönlich war, der die Gesuchte fand. Gern erzählte meine Mutter, wie sie hustend auf dem Boden kauerte und in der schneegedämpften Stille ausharrte, als über ihr ein lautes Brummen ertönte, das sich als Motorengeräusch eines Flugzeugs herausstellte, wie sie dann aufsah und eine »Fliegende Festung« erblickte, aus der Fallschirme hervorquollen und sich vor dem trüben, grauen Himmel öffneten. Der erste Fallschirmjäger, der zu Boden schwebte, war der Kommandeur der 82. Luftlandedivision General James M. Gavin, und er war es auch, der sie fand. Ist das nicht reizend? Der kühne »Jumping Jim Gavin«, ein stattlicher, gutaussehender junger Mann, wurde der Lieblingsgeneral meiner Mutter, gleich nach Patton. Er gewann die Zuneigung und den Respekt seiner heroischen Fallschirmjäger, weil er sich selbst ebensoviel abverlangte wie seinen Männern.

Die Dietrich behauptet, daß Gavin sie in seinem Jeep – was, nicht auf einem Schimmel? – wohlbehalten nach Paris zurückbrachte und dann wieder verließ. Wie sich das mit den Dienstvorschriften der USO vertrug, wurde nie genauer überprüft, aber wen kümmert das schon bei so viel Romantik? Sie wurde im Ritz einquartiert, das für amerikanische Offiziere, VIPs und wagemutige Kriegsberichterstatter requiriert worden war. Ich fand nie heraus, was mit dem Akkordeonspieler, der Schauspielerin aus Texas und dem Komiker geschah. Doch ich bin überzeugt, daß auch sie in Sicherheit waren.

Am 19. Februar 1945 war meine Mutter erneut in Paris. Warum sie plötzlich dort war und wie sie ganze zwei Monate *vor* dem Ende der Kampfhandlungen dorthinkam, gehört auch zu den Tabus ihrer Legende. Sie schickte meinem Vater diese Menükarte:

you can imagine how the poor people eat if this is what you get in a de luxe Resta[urant]

Café National: 5.-
Café Con[c]: 25.-

MENU

19 FÉVRIER 1945

HOTEL CLARIDGE — PARIS
GRILL-ROOM, RESTAURANT

Foie Gras à la Gelée
(70 Gr.)   200.-

Couvert: 10.-
Pain: 100 Gr.

Rec[eive]d 2/13/45

D I N E R

To have dinner you walk half an hour only to find this !!! My stomac[h] is bad from the Phenol in tiny food and I have to eat "fresh food"! This is it! 200.- for the wine which is about the only good food you can find. Around 680.- together which is $13.50. So, if you read that Paris is Gay and there are terrific Black Market Restaurants don't believe it.

Crème Solférino   10.-

Pommes Macaire (Mashed Potatoes)   20.-

Soissons Bretonne (beans)   20.-

Choux Fleurs Sauce Crème   20.-

-:-

Fromage   20.-

-:-

Pâtisserie   20.-

-:-

Taxe de Luxe: 38% ...!!!
Service: 12%

(that luxe!)

Jean has been out on the tanks all day now. ...

619

Oben auf der Karte stand in ihrer Handschrift: »Du kannst Dir vorstellen, was die Armen essen, wenn man das in einem Luxusrestaurant bekommt.« Und: »Da geht man eine halbe Stunde zu Fuß und bekommt das zum Abendessen! Ich habe von dem Phenol in der Armeeverpflegung einen verkorksten Magen und muß unbedingt etwas ›Frisches‹ essen. Und dann das! Zweihundert Francs für den Wein, und der ist so ziemlich das einzig Anständige, was man bekommt. Rund 680 Francs zusammen, das sind 13,50 Dollar. Wenn Du also irgendwo liest, daß es sich in Paris gut leben läßt und daß es hier phantastische Schwarzmarktrestaurants gibt, glaube kein Wort davon.« Auch die »Luxussteuer« entlockte ihr einen sarkastischen Kommentar: »Welcher Luxus?« Die Bemerkung am Rand gefällt mir am besten: »Jean ist den ganzen Tag draußen bei den Panzern, legt dann den ganzen Weg zurück, um mich zu sehen, wäscht sich und ißt seine Verpflegungsration, die ihm überhaupt nicht schmeckt.«

*

Ich war eine zwanzigjährige Trinkerin und lebte mit einem Mann zusammen, der hart am Rande des Wahnsinns stand. Um zu beweisen, daß er völlig gesund war, lernte er die gesamten Werke von Freud und Jung auswendig und verschlang die Schriften eines jeden, der die Geheimnisse der menschlichen Psyche enträtselte. Sein schizophrener Verstand war so brillant, daß er bei psychiatrischen Untersuchungen alle Fragen im Rahmen dessen, was als normal galt, korrekt beantworten konnte und jeden Test mit großem Erfolg bestand. Einige Ärzte ahnten zwar seinen lauernden Wahnsinn, konnten ihn aber anhand der festgelegten Kriterien nicht beweisen. Andere waren zu unerfahren und merkten nicht einmal, daß sie getäuscht wurden. Eines Tages drückte mir dieser »Wahnsinnige« ein Buch in die Hand und befahl mir, es zu lesen. Es war von Karen Horney, einer für die damalige Zeit sehr fortschrittlichen Psychoanalytikerin, und trug den Titel *Der neurotische Mensch in unserer Zeit*. Es war das erste allgemein verständlich geschriebene Buch dieser Art, und auf jeder Seite handelte es – von mir! Von mir, von meinem Ich! Sie kannte mich. Es ist eine überraschende Entdeckung, seine innersten Wunden von einem wildfremden Menschen entblößt, erklärt und erkannt zu sehen, und zwar ohne Urteil! Das ist die größte Entdeckung, das eröffnet den Weg zur Rettung – die plötzliche Erkenntnis, daß man *nicht* allein ist. Wenn über die eigene Verzweiflung geschrieben werden kann, dann muß es noch andere geben, die genauso verzweifelt sind. Und wenn es diese anderen gibt, dann fühlt man sich selber viel weniger verabscheuenswert. Der plötzliche Verlust der Einzigartigkeit mildert den Selbsthaß. Ich trug das Buch in meinem Innern, und sein Inhalt rettete mich. Er rettete mich im wahrsten Sinne des Wortes. Ohne dieses Buch hätte ich mir das Leben genommen, dessen bin ich mir sicher. Und ich hätte niemals die Liebe erfahren, die mich am Ende des langen Wegs erwartete. Es dauerte noch lange, bis ich sicher diesen langen Weg entlanggehen konnte, aber jetzt hatte ich endlich festen Boden unter den Füßen.

Meine Mutter führte weiter Krieg mit Liedern, Pailletten, Sex und Mitgefühl. Plötzlich wurde sie nach »Forward 10« zurückbeordert, der Deckname des kommandierenden Generals Omar Bradley. Sie traf ihn angeblich in seinem Wohnwagen im Hürtgenswald. Er sah blaß und müde aus.

»Morgen werden wir in Deutschland einmarschieren«, soll er zu ihr gesagt haben. »Sie gehören zu der Einheit, die als erste deutsches Gebiet betritt. Ich habe das Problem mit General Eisenhower besprochen, und wir halten es für besser, wenn Sie im Hinterland bleiben und beispielsweise Krankenhäuser besuchen.«

Sie wollte mit ihren Soldaten in Berlin einmarschieren. Sie flehte Bradley an, aber er blieb hart.

»Wir haben Angst um Sie, wenn Sie nach Deutschland gehen. Es wäre eine Katastrophe, wenn Sie den Deutschen in die Hände fallen würden. Wenn Ihnen tatsächlich etwas zustößt, können wir der Kritik nicht einmal widersprechen ...«

Sie schrieb meinem Vater von diesem Treffen:

> »... Er wirkte abweisend, es schien ihn überhaupt nicht zu interessieren, wieviel mir daran lag, mit den ersten Truppen einzumarschieren. Hier muß ich einen wichtigen Punkt erwähnen. Alle Generäle sind einsam. Die GIs können mit den einheimischen Mädchen im Gebüsch verschwinden. Nicht so die Generäle. Sie werden rund um die Uhr beschützt. Wachen mit Maschinenpistolen begleiten sie auf Schritt und Tritt. Nie und nimmer können sie jemanden in einem Heuschober »küssen und flachlegen«. Seit Beginn des Krieges sind sie hoffnungslos allein ...«

Die Dietrich mochte Eisenhower ebensowenig wie John Wayne und erzählte immer wieder hämische Geschichten über ihn. Ich fragte mich oft, warum. Nach dem Krieg, als Eisenhowers heimliche Kriegsromanze ans Licht kam, begriff ich. General Bradley jedoch hatte keine »Fahrerin«, die zwischen ihm und der Dietrich stand, und so kam es, daß sie nach Deutschland einmarschierte und ihre Truppe, ob sie nun wollte oder nicht, nach Berlin mitschleppte. In Aachen gaben sie eine Vorstellung in einem Kino. Da es weder Holz noch Kohlen zum Heizen gab, war es im Saal eiskalt. Der deutsche Hausmeister brachte eine Thermoskanne und goß der Dietrich eine Tasse von seinem kostbaren Kaffee ein. Die anderen aus ihrer Truppe warnten sie, davon zu trinken – er könnte vergiftet sein.

»Nein, das würden sie mir nicht antun«, sagte sie und trank. Sie dankte dem Mann auf deutsch und fragte ihn, warum er ihr von seinem kostbaren Kaffee angeboten habe: »Sie wissen doch, daß ich auf der anderen Seite stehe.«

»Natürlich«, seufzte er, »aber Sie sind auch der *Blaue Engel*. Was Sie jetzt sind, kann ich vergessen, aber den *Blauen Engel*? Niemals!«

Sie wurde nie bedroht und selten beleidigt. In den zerbombten Städten, so behauptete sie, sei ihr die deutsche Bevölkerung mit Respekt und aufrichtiger Zuneigung begegnet. Da sie solch eine gute Drehbuchautorin war, sind alle Szenen, in denen ihre einstigen Landsleute vorkommen, gut, strotzen von menschlichem Pathos und enthalten keinen Haß, was verwunderlich ist, wenn man alle Aspekte dieser menschlichen Tragödie in Rechnung zieht.

*

Beinahe die meiste Zeit nüchtern, fuhr ich nach New York – in der Hoffnung, am Theater Arbeit zu finden. Da ich wenig Geld hatte, war ich gezwungen, bei meinem Vater zu wohnen. Wenn ich nicht gerade irgendwo vorsprach, kümmerte ich mich um Tami. Ihr Zustand hatte sich besorgniserregend verschlechtert. Mein »geduldiger und leidgeprüfter« Vater hatte sie auf Geheiß – und auf Kosten – meiner ebenso »geduldigen und leidgeprüften« Mutter von einem Psychiater zum anderen gebracht. Einige hatten sie als schizophren diagnostiziert, andere als manisch-depressiv, paranoid, hysterisch oder sie in Ermangelung einer korrekten Diagnose mit anderen, ebenso extremen Etiketten versehen.

Tami stand Qualen aus, und doch hielt mein Vater an seiner Überzeugung fest, daß man sie nur einer strengen Disziplin unterwerfen müsse, um sie wieder zur Besinnung zu bringen. Und nach dieser Überzeugung lebte er und duckte diese ohnehin schon beschädigte Seele noch weiter, bis Tami schließlich wie ein gefangenes Tier vor Angst zitterte, wenn er nur in ihre Nähe kam. Meine Mutter, in deren Augen die Psychiatrie ohnehin nur für die Schwachen und Beschränkten dieser Welt da war, schüttelte mißbilligend den Kopf über »Tamis törichten Mangel an Selbstbeherrschung«, beglich die Arztrechnungen und erzählte jedem, welche Bürde es für sie sei, daß sie sich »für den armen Papi um die kranke Tami kümmern« müsse.

Ich ging zu einem Vorsprechtermin und bewarb mich um eine attraktive Rolle, von der jede junge Schauspielerin träumte – und ich bekam sie! Jetzt war ich eine Schauspielerin am Broadway, und fast trocken!

Das Stück *Foolish Notion*, eine Theatre-Guild-Produktion mit Tallulah Bankhead in der Hauptrolle, ging vor der Premiere am Broadway wie gewöhnlich auf eine mehrwöchige Tournee in der Provinz. Es war aufregend, und nicht nur auf der Bühne. Unsere Hauptdarstellerin, meist völlig betrunken und splitternackt, jagte mich über die Korridore der Hotels. Arme Tallulah. Es war ihr nicht gelungen, bei Paramount in die »Hosen der Dietrich« zu schlüpfen, und nun wollte sie das in Columbus, Ohio, und noch weiter im Westen bei der Tochter nachholen. Es kann prekär werden, unter solchen Umständen an einem Job festzuhalten, besonders wenn man sich von dem Star nicht fangen läßt. Ich machte meine Arbeit, hielt meinen Mund und lernte eine Menge – von guten Leuten, die etwas vom Theaterspielen verstanden. Außerdem studierte ich die Rolle unserer Hauptdarstellerin als zweite Besetzung ein und bereitete ihr eine herbe Enttäuschung, da ich mich immer wieder mit Geschick ihrem Zugriff entzog.

Schließlich kehrten wir nach New York zurück. Am Abend vor der Broadwaypremiere ging ich, nachdem ich Tami zu Bett gebracht hatte, in die 45. Straße zum Martin Beck Theatre. Das Gebäude war noch dunkel. Die Beschriftung am Vordach war noch nicht fertig, aber an den Pfeilern vor dem Theater hingen bereits riesige gerahmte Fotos von der Bankhead und ihrem Partner Donald Cook – und da, neben ihren über zwei Meter großen Fotos, war auch eines von mir, als ob ich ebenfalls ein Star sei. Daß man mich so herausstellte, war weder durch mein Talent noch durch meine Rolle gerechtfertigt. Anscheinend war das Broadwaypublikum im Jahr 1945 ebenso neugierig auf die »Tochter von« wie die Kinobesucher 1931. Beim Anblick des riesigen

Plakats kam mir der beunruhigende Gedanke, daß ich meinen ersten Erfolg bei einer Anhörprobe, auf den ich so stolz gewesen war, möglicherweise gar nicht meinen schauspielerischen Fähigkeiten verdankte. Dann hatten wir Premiere. Die Kritiker fanden freundliche Worte für »Maria Manton, Tochter von Marlene Dietrich«.

Im April starb Präsident Roosevelt zu Beginn seiner vierten Amtszeit. Wir waren sprachlos und erschüttert, als Tallulah dem New Yorker Publikum vor der Vorstellung die Todesnachricht mitteilte. Für mich war Roosevelt *der* Präsident gewesen – der einzige, den ich je gekannt hatte. Er war für mich wie ein Vater gewesen, der immer da war und mich beschützte. Ich trauerte, als ob er es wirklich gewesen wäre. Ich fühlte mich so seltsam ohne ihn.

Ende April hieß es, Hitler habe in seinem Bunker Selbstmord begangen, aber wirklich glauben konnten wir es erst eine Woche später, als wir alle ausgelassen den Victory Day feierten. Ich bedauerte es, daß Roosevelt das Ende des Krieges in Europa nicht mehr erleben durfte. Die Männer, die in diesem blutigen Konflikt gekämpft und ihn überlebt hatten, warteten nun darauf, verschifft zu werden, aber nicht nach Hause, sondern in den Pazifik, wo die andere Hälfte des Krieges tobte. Nach unserer letzten Vorstellung bewarb ich mich bei der USO um eine Rolle in einem der vielen Stücke, die nun für die Besatzungsarmee und die anderen, die in Europa auf ihre Verschiffung warteten, gespielt wurden. Meine Mutter schrieb mir, daß sie nun wieder in Paris sei. Ich fand nie heraus, was aus ihrer armen Truppe geworden war, und sie ging nie darauf ein. Sie bat jeden, der einen Marschbefehl nach Berlin hatte, Lebensmittelpakete für ihre Mutter mitzunehmen. Fast jeder Offizier, der diesen Botengang übernahm, steuerte einige Extras zu dem Paket bei: »Das ist das mindeste, was wir für unsere bezaubernde Marlene tun können.« Da sie wußte, daß die beiliegenden Briefe von Zensoren gelesen wurden, schrieb sie englisch und benutzte amerikanische Wendungen:

28. Juni 1945

Ich hoffe, das Paket hat Dich ordnungsgemäß erreicht.

Ich tue alles, was in meiner Macht steht, damit ich Dich besuchen kann oder Du herauskommen kannst, wenn Du willst. Ich mache mir Sorgen um Dich und gebe jedem, der zu Euch fährt, eine Nachricht für Dich mit.

Bitte bleib gesund, bis ich kommen kann. Ich bin jetzt in Paris.

Maria und Rudi sind in New York, aber Maria wird bald herüberkommen und für die Soldaten spielen. Vielleicht wird sie Dich später ebenfalls besuchen können.
Ich bete, daß ich Dich bald besuchen kann. In der Zwischenzeit schicke ich alle meine Freunde zu Dir, die dort hinfahren, wo Du bist. Gott segne Dich.

In Liebe
Deine Tochter Marlene

Am 13. Juli 1945 wurde die Dietrich mitsamt ihrer treuen Truppe in die Staaten zurückgeschickt. Ihr berühmtes Skript beginnt mit der tristen Rückkehr an einem regnerischen Abend. Niemand war am Flughafen La Guardia zu ihrer Begrüßung erschienen, da die Sicherheitsorgane verboten hatten, ihre Ankunft bekanntzugeben. Der Zoll beschlagnahmte die Handfeuerwaffen, die sie von ihren Verehrern bekommen hatte, von GIs und Generälen, wie sie sagte. Vor dem Flughafengebäude wollte sie in ein Taxi steigen, doch der mürrische Fahrer weigerte sich, ihr die Wagentür zu öffnen. Ihre Uniform beeindruckte ihn offenbar nicht – er hatte die Erfahrung gemacht, daß die heimkehrenden GIs kein amerikanisches Geld hatten, um die Fahrt zu bezahlen. Alle aus der Truppe besaßen nur französische Francs. Sie waren das Armeeleben gewöhnt und hatten vergessen, daß Zivilisten für Verkehrsmittel bezahlen mußten.

Sie fragte den Taxifahrer, ob er sie erkenne, und er sagte ja. Sie versprach ihm das größte Trinkgeld seines Lebens, wenn er bereit sei, sie zum Hotel Saint-Regis zu fahren. Später, im Hotel, ließ sie sich für einen Blankoscheck hundert Dollar auszahlen, gab dem Taxifahrer ein fürstliches Trinkgeld und teilte den Rest des Geldes unter ihren Kollegen auf, damit jeder nach Hause fahren konnte. Sie behauptet, daß sie bei ihr in der Hotelhalle standen und keiner Lust hatte, in das früher so vertraute, nun aber »so fremde Zivilleben« zurückzukehren. Sie nahm sie mit hinauf in ihre Suite, wo einer nach dem anderen ein Bad nahm. Dann aßen sie etwas und unterhielten sich. Anscheinend hatte keiner von ihnen Angehörige, die auf ihn warteten. Die Geschichte meiner Mutter geht folgendermaßen weiter:

»Ich rief Feldman in Hollywood an, und weißt du, was er sagte? ›Stellen Sie keine Schecks mehr aus. Sie sind nicht gedeckt.‹ Sie müssen verrückt sein, sagte ich. Nein! Ich war zu lange im Krieg und hatte keine Filme mehr gedreht. Deshalb war ich ohne Geld. Also sagte ich: ›Besorgen Sie mir einen Film!‹ Das sei nicht so einfach, antwortete er, weil ich jahrelang nicht mehr auf der Leinwand zu sehen gewesen sei.«

Dies war für sie der endgültige Beweis dafür, welches große Opfer sie für den Krieg gebracht hatte, und er lieferte die Rechtfertigung für den »zweiten« Verkauf der Smaragde. Sie rief meinen Vater an und eröffnete ihm, daß sie am nächsten Morgen zu uns ziehen werde, weil das billiger sei. Außerdem sagte sie, daß sie Remarque angerufen hatte und daß wir alle zusammen in den Stork Club gehen würden, um die »Heimkehr eines Soldaten« zu feiern.

In der Juli-hitze probten wir in den schäbigen Räumen eines New Yorker Tanzstudios in der 46. Straße für das USO-Stück *The Front Page*. Nach Abschluß der Proben bekamen wir unsere Bühnenkostüme, Papiere, Uniformbezugsscheine und diverse Impfungen. Da ich die Hure spielte, war mein Kostüm nicht schwer zu entwerfen – ich kopierte einfach meine ehemalige Gouvernante und sah sehr echt aus. Ich bekam eine Winteruniform, Straßenschuhe, Krawatten, Hemden, einen Regenmantel, gefütterte Handschuhe, einen olivgrünen Wollhut und überlegte, wo zum Teufel wir im August in langen Unterhosen hinverfrachtet wurden.

Meine Mutter führte ein Gespräch mit mir – um mich auf den Krieg vorzubereiten!

»Oh, diese wundervollen Jungs, sie wollen einem alles geben, Luger, Mauser, Nazidolch – man hat gar nicht genug Platz, um alles mitzunehmen.« Sie inspizierte meinen fix und fertig gepackten Armeebeutel. »Seife, Zahnputzzeug, Duschhaube, Shampoo, Make-up, Handtuch ... und wo ist deine Frauendusche?«

»Ich ...«

»Und deine Diaphragmas?«

»Ich habe keine. Ich glaube nicht, daß ich ...«

Sie packte mich, schleppte mich in den Aufzug, von dort in ein Taxi und in die Praxis eines Gynäkologen. Eine Stunde später besaß ich ein halbes Dutzend kleiner Dosen, die nach Meinung meiner Mutter »die größte Erfindung seit dem festen Puder-Make-up« enthielten. »Wie willst du denn ohne das nach Übersee gehen und die Soldaten unterhalten? Man kann nie wissen, sagte die Witwe, als sie sich die schwarzen Spitzenhöschen anzog ...«

Noch vor meiner Abreise flog sie nach Hollywood. Beim Abschied weinte sie und sagte: »Wir werden uns wiedersehen ... ich weiß nicht wo, ich weiß nicht wie ... aber wir werden uns wiedersehen.« Das klang sehr vertraut, wie ein Liedtext.

Meine Theatertruppe bezog in dem Camp Patrick Henry Quartier, einem großen Ausbildungslager in Maryland. Dort warteten wir auf unsere Überfahrt. Ich wurde sehr nervös. Es gab dort viele blonde Männer mit verkniffenen Gesichtern und den Buchstaben POW auf dem Rücken, die unentwegt den ohnehin schon blitzblanken Exerzierplatz fegten. Ich hatte Alpträume, in denen sich einer von ihnen plötzlich umdrehte, mich erblickte und rief: »Ach! Da ist die kleine Heidede, Marlenes Töchterchen?«

Unser »Victory Ship« fuhr in die Bucht von Neapel ein. Lastwagen brachten uns in unsere Quartiere in Caserta. Dort erhielten wir reguläre Sommeruniformen – in großen Stapeln, wie riesige Sandwichs. Ich fragte mich, wie es meine Mutter auf dem Höhepunkt des Krieges angestellt hatte, Kleider zu bekommen, die tadellos saßen und stets zum jeweiligen Klima paßten. In Caserta trafen wir Allan Jones und seine Operettentruppe. Sie waren auf der Heimreise, und wir tauschten Neuigkeiten aus. Wir bekamen unsere Einkaufskarten für die Armeeläden, wurden in Diavorträgen über die Gefahren von Geschlechtskrankheiten aufgeklärt und im Gebrauch von Präservativen unterwiesen. Dann waren wir fertig zur Abfahrt.

In den folgenden sechs Monaten zogen wir durch Italien und gelangten schließlich nach Deutschland.

Die Italiener sind sich immer gleich; vielleicht aufgrund einer kleinen Charakterschwäche passen sie sich an alles und jeden an, was allerdings auch umgekehrt gilt, nämlich daß sie etwas auch schnell wieder aufgeben und zu ihrem leidenschaftlichen Leben zurückkehren, als ob nichts gewesen wäre. Bereits im Sommer 1945 konnte man hinter einem ausgebombten Gebäude inmitten all des Schutts provisorische Tische stehen sehen, auf denen Blumen in Büchsen standen und hinter denen Kellner warteten, den Gast im Freien illegal zu bedienen. Ein von Zwiebeln und sonnengereiften Tomaten bedecktes Steak vom Schwarzmarkt kostete dort fünf US-Dollar. Wir machten uns oft heimlich aus Caserta davon, um opulent zu speisen. Ich bin überzeugt, daß es sich bei dem Fleisch um ein altes Pferd handelte, aber an einem jener kleinen Tische zu sitzen, inmitten herzlicher Menschen, die so froh waren, daß der »Blödsinn« mit »Il Duce« endlich vorbei war, und einem italienischen Sonnenuntergang zuzusehen, der alles tizianrot färbte – wer fragte da schon danach, ob das Fleisch gewiehert statt gemuht hatte? Und die Tomaten? Sie waren so vollkommen, wie sie es immer waren – und immer sein werden.

Am 6. August eröffnete Amerika das Zeitalter der Atombombe und verwandelte mit einem Blitz achtzigtausend Menschen in Knochenmehl. Am 8. August erklärte Rußland Japan den Krieg und marschierte in der Mandschurei ein. Um zu beweisen, daß es auch ein zweites Mal funktionierte, vergrößerten wir in Nagasaki den Aschehaufen um weitere dreißigtausend Menschen. Jetzt brauchte Amerika für die Eroberung Japans nicht mehr die Hilfe der Russen. Der Krieg war vorüber.

In einer italienischen Kleinstadt unterbrachen wir die Vorstellung, und ich hatte die Ehre, den Männern die wunderbare Neuigkeit mitzuteilen: Statt in den Pazifik würden sie nun bald nach Hause geschickt werden! Sie jubelten, und jene kleinen milchigen Ballons schwebten in der Sommerluft. Das war nichts Neues, das passierte oft. Fast immer, wenn ich in schwarzen Netzstrümpfen, hochhackigen Schuhen und hautengem Kleid die Bühne betrat, schwebten sie zu meiner Begrüßung herbei – ein Zeichen des Begehrens, eine vulgäre Provokation, ein zorniger Protest gegen alberne Schauspieler, die kamen, sich wie tapfere Patrioten gebärdeten und dann wieder nach Hause flogen, während sie, die bisher wie durch ein Wunder überlebt hatten, auf ihre Verschiffung zum anderen Kriegsschauplatz warteten und diesmal sicher starben. Aber an diesem milden Sommerabend war es anders. Die kleinen Ballons, die wie zarte weiße Blüten in der warmen italienischen Luft hingen, waren ein Zeichen der Freude, bloß ein frecher Scherz von Kindern, die auf einmal begriffen, daß ihre Kindheit doch nicht für immer verloren war. Schwebende Kondome können sehr schön sein.

Der Zweite Weltkrieg war offiziell vorüber. Rund 400 000 junge Amerikaner waren gefallen, 500 000 waren verwundet worden. Diese Zahl war verhältnismäßig gering, denn Amerika war das einzige Land, das keine Verluste unter der Zivilbevölkerung zu beklagen hatte. Frankreich verlor eine Viertelmillion Soldaten; 30 000 Zivilisten waren von Exekutionskommandos erschossen worden. Großbritannien zählte 250 000 Tote, eine halbe Million Verwundete und Vermißte sowie über 100 000 getötete Zivilisten. Die Sowjetunion verlor 6 Millionen Soldaten, weitere 14 Millionen wurden verwundet; die Gesamtzahl der Toten lag bei unvorstellbaren 20 Millionen. Deutschland zählte 3,25

Millionen Gefallene, 7 Millionen Verwundete und 3 Millionen Zivilopfer. Japan verlor 2 Millionen Soldaten und eine Million Zivilisten; 600 000 wurden verwundet.

Hinter der Front hatte die Herrenrasse 6 Millionen Menschen hungern und frieren lassen, verstümmelt, ermordet, vergast, verbrannt und ausgerottet, weil sie Juden waren. Auf die gleiche Weise wurden 70 000 »Rassenschänder« – Kranke, geistig und körperlich Behinderte, Homosexuelle und Zigeuner – vernichtet, weil sie das arische Blut verunreinigten. Dafür sollten Generationen von Deutschen das Kainsmal tragen, und zwar zu Recht. Doch dazu wird es aller Wahrscheinlichkeit nach nicht kommen. Wie bei allen von Menschen geschaffenen Höllen wird man ihnen aus pragmatischen Gründen vergeben und die Angelegenheit schließlich vergessen. Die Erinnerung wird nur wachgehalten in Büchern und im Schmerz der Überlebenden, die mit der Zeit auch verschwinden werden, und mit ihnen die Klagen der Entrüstung.

Gabin, der mittlerweile wieder in Paris war, bat meine Mutter zu kommen, einen Film mit ihm zu drehen und ihn zu heiraten. Sie telegrafierte ihm, daß sie zu beidem bereit sei. Er telegrafierte zurück, daß er außer sich vor Freude sei. Sogleich bemühte sie sich um die notwendige Erlaubnis, in das Nachkriegseuropa zurückzukehren. Die USO benötigte Entertainer, die den vielen tausend Männern der Besatzungsarmee die Langeweile vertrieben, und die Dietrich rannte mit ihrem Gesuch offene Türen ein. Außerdem bat sie darum, nach Berlin geschickt zu werden. Aus zwei Gründen: Einmal lebte ihre Mutter in Berlin, zum anderen war jetzt ihr gutaussehender General dort stationiert.

13. August 1945

Mein Engel,
Du bist vollkommen verrückt – und Du machst mich ganz krank mit Deinen Zweifeln. In meinem letzten Brief habe ich natürlich von *meiner* Scheidung gesprochen.
Ich finde, daß nach dem Film der beste Zeitpunkt wäre. Rudi wird sich um eine Arbeit in Paris bemühen. Er willigt natürlich in die Scheidung ein – es ist mehr die Vorstellung, die ihn erschreckt, und mich auch, wie ich zugeben muß. Nur die Vorstellung, mehr nicht. Wir sind beide ja so spießig. Wir haben beschlossen, nicht dabeizusein, wenn es möglich ist, sondern alles den Anwälten zu überlassen. Bitte erkundige Dich, mit welcher

Begründung man sich in Frankreich möglichst würdig scheiden lassen kann.

Das Claridge ist in Ordnung. Du mußt nur meine Sachen aus dem Ritz holen, denn wenn ich ankomme, brauche ich sofort etwas Warmes zum Anziehen, weil ich zuerst meine Mutter besuchen muß. Ich hoffe, Du verstehst das – danach bin ich ganz für Dich da. Wenn Du lieb zu mir bist, werde ich für den Rest meines Lebens bei Dir bleiben – verheiratet oder nicht, ganz wie Du willst. Aber wenn Du ein Kind willst, ist es besser, wir heiraten. Ich hoffe, Du bekommst ein paar von den Sachen, die ich von O'Hara geschickt habe. Im Moment fliegen nicht viele Maschinen, und es ist nicht erlaubt, Sachen wie Kleider nach Frankreich zu schicken. Unglaublich, aber wahr. Nach Holland ist es erlaubt. Ich bringe genug Kleider für ein Regiment mit und Stiefel für den Winter. André hat die Schminke direkt an Dich geschickt, anstatt sie Dir zu bringen. Da wußte ich noch nicht, daß man nur Lebensmittel nach Frankreich schicken darf. Deshalb habe ich ihm gesagt, er soll mir ein neues Set bringen, damit ich es mitnehmen kann. Jack Pierce von Universal hat mir das ganze Make-up gebracht, das ich brauchen werde, außerdem bringe ich Öl zum Abschminken für uns mit, dazu Seife, auch zum Wäschewaschen, Federhalter, Rasierklingen und Olivenöl. Ich habe den ganzen Tag gepackt, und wenn ich alles verzollen muß, ist es mir auch egal. Wir brauchen es für den Film. Liebst Du mich noch, mein Engel? Was ist mit Deiner Wohnung? Wenn Du sie nicht bekommst, brauche ich die Laken und die Bettwäsche vielleicht gar nicht mitzubringen. Ich mach mir Sorgen wegen meines Visums – in dem Formular stand »keine Arbeitserlaubnis«. Wenn alles gut geht, fliege ich am 10. September. Ich werde vorher telegrafieren. Ich küsse Dich wie immer, mein Engel – ich liebe Dich.

Ta Grande

Die Nachricht von ihrer geplanten Rückkehr nach Europa eilte ihr voraus. Sie erhielt ein Telegramm, das sie in der Tat sehr interessierte – von dem Mann, der bald der Oberkommandierende in West-Berlin sein würde:

HATTE ANGENEHME UNTERHALTUNG MIT IHRER MUTTER
STOP ES GEHT IHR GUT STOP DIE 82. FREUT SICH AUF IHREN
BALDIGEN BESUCH
GENERAL GAVIN

Im September war sie wieder in Paris, und der romantische Traum von Ehe und Kindern war bereits der Ernüchterung gewichen. Sie schrieb meinem Vater, den sie beauftragt hatte, Gabins Habe, die während des Krieges in Hollywood aufbewahrt worden war, nach Paris zu schicken.

HOTEL CLARIDGE
AVENUE DES CHAMPS-ÉLYSÉES
PARIS
Sonntag, den 16. September 1945

Liebster Papi,
ich vermisse Dich schrecklich! Es fällt mir schwer, mich an Jeans Eigenheiten zu gewöhnen. Ich kann mir nicht erklären, warum er nervlich in einem solchen Zustand ist. Die Stadt ist voller französischer Soldaten, denen ein Bein amputiert wurde und die auf Krücken gehen – er kam völlig unversehrt aus dem Krieg zurück und kann sich über nichts freuen. Ich gebe mir alle Mühe, aber ich bin es leid, weil es mir einfach nicht gelingt, ihn aufzumuntern. Gestern hat er endlich sein Auto bekommen, einen gebrauchten Citroën, Zweisitzer, Coupé, für 4000 Dollar. Ich habe gehört, daß er den ganzen Tag in seinem Zimmer saß und erst als es dunkel wurde wegging. Er schämt sich, weil er ein Auto hat. Er hat die Médaille Militaire und das Croix de Guerre und trägt sie nicht. Ich frage Dich: Ist das nicht ein ausgewachsener Komplex? Er verkriecht sich wie die Garbo. Die beiden hätten heiraten sollen!
Wir streiten uns jeden Abend. Worüber, fragst Du? Ein Beispiel: Er nahm ein Schlafzimmer mit Salon für uns beide. Ich sagte, es wäre besser, zwei nebeneinanderliegende Schlafzimmer zu nehmen. So hätte jeder ein eigenes Badezimmer, das wäre angenehmer. Ich versuchte, ihm zu erklären, daß man manchmal eine »Privatsphäre« braucht. Daraufhin stand er auf, zog sich an und ging. Er nahm sein Rasierzeug und kehrte in seine Wohnung zurück, um sich zu rasieren. Er sagte, er wolle mich nicht stören. Dabei hätte er nur mit der Rezeption telefonieren und zwei Zim-

mer mit Bad verlangen müssen. Wie soll ich im Winter mit einem Badezimmer auskommen, wenn ich einen Film drehe und morgens einer auf den anderen warten muß? Ist das nicht verrückt? Gestern abend bekamen wir in einem Restaurant wieder Streit, weil ein Paar, an dem wir vorüberkamen, »bravo« sagte. Das machte ihn wütend. Wir waren das einzige Paar auf der Tanzfläche gewesen, und ich sagte, das sei doch nicht schlimm, das könne überall vorkommen, und die Leute hätten es doch nur nett gemeint. Der Abend endete in eisigem Schweigen.
Den beiliegenden Brief habe ich gerade erst erhalten, am Sonntag abend. Du siehst, es ist immer dasselbe.

In dem Brief entschuldigte sich Gabin für sein Benehmen. Er gab zu, daß er »unausstehlich« sei und daß er es verstehe, wenn sie genug von ihm habe. Er fühle sich elend, weil sie seinetwegen nach Paris gekommen und nun unglücklich sei. Er bat sie um Verzeihung und riet ihr, sich nur noch um ihre Mutter zu kümmern.
Ihr Brief an meinen Vater ging folgendermaßen weiter:

Montag morgen
Seine Schrankkoffer sind eingetroffen. Gott sei Dank!
Ich warte immer noch darauf, daß ich endlich nach Berlin kann. Versprechungen, nichts als Versprechungen. Es ist unmöglich, Privatpost von hier nach Berlin zu schicken! Von New York aus ist es leichter. Der Papierkrieg hier ist unglaublich.
Bitte geh zu Bloomingdale's und bezahle für die nächsten vier Monate. Sie sollen jeden Monat ein Paket an dieselbe Adresse schicken. Kaffee, Olivenöl (wenn möglich), Schokolade, guten Honig, Reis, Fleischkonserven (wenn möglich). Sag der Verkäuferin, daß sie den Inhalt von Monat zu Monat variieren soll, je nachdem, was sie hereinbekommt. Am dringendsten benötigt werden Fett, Fleisch, Schokolade, Reis, Kaffee und Sardinen. Falls es zwei Monate dauert, bis ein Päckchen ankommt, sollen sie alle zwei Wochen eines abschicken, damit sie die Lebensmittel im Winter haben.
Bitte schick mir Bücher. Ich hungere nach geistiger Nahrung. Ich werde bald wieder schreiben.

In Liebe
Mutti

Da wir schon seit einigen Monaten für die Truppen spielten, bekamen wir Urlaub, und es gelang mir, einen Passagierschein nach Frankreich zu erhalten. An einem klaren Herbsttag sah ich Paris wieder, nicht mit dem intensiven Gefühl wie bei meinem letzten Abend mit Remarque oder der beschwingenden Erregung, die ich als Kind hier gespürt hatte; jetzt wirkte die Stadt ein wenig schäbig und heruntergekommen, vielleicht sogar ein wenig befangen, weil sie diesen zerstörerischen Krieg so unversehrt überstanden hatte.

Ich stieg die Treppen zum Hotelzimmer meiner Mutter hinauf. Sie erwartete mich. Sie sah verloren aus, wie ein Soldat ohne »Front«, der nicht recht weiß, was er mit sich anfangen soll. Ich legte meinen Armeemantel ab.

»Wieso trägst du immer noch einen Rock?« fragte sie. »Wie kannst du Röcke tragen, wenn du in Jeeps herumfährst und vor Granaten in Deckung gehen mußt?«

Es hatte keinen Sinn zu erwähnen, daß längst nicht mehr geschossen wurde. Meine Mutter gewöhnte sich nie an den Gedanken, daß auch in Friedenszeiten Truppen betreut werden mußten.

Ich hatte erwartet, Jean bei ihr anzutreffen, und fragte nach ihm.

»Er ist wie gewöhnlich auf dem Land und arbeitet an seinem Haus.«

Wäre sie mit ihm aufs Land gegangen, wenn ich nicht gekommen wäre?

»Nein, mein Liebling, ich habe nur auf dich gewartet!« Sie schaltete die Kochplatte ein und setzte Kaffeewasser auf. Draußen auf der Fensterbank standen eine Dose Nestlé-Kondensmilch und eine angebrochene Armeeration Butter. Ich sah mich in dem kleinen Zimmer um. Ich dachte an all die Luxushotels, die wir bewohnt hatten, an die Suiten mit Extrazimmern nur für die Schrankkoffer. Aber irgendwie paßte diese spartanische Umgebung besser zu ihr.

»Du mußt wissen, daß Jean immer noch ein reicher Mann ist, aber aus irgendeinem Grund fühlt er sich in Hotels wie dem Lancaster deplaziert, selbst wenn man dort ein Zimmer bekommen könnte, was unmöglich ist. Jean ist ein Bauer, und so lebt er auch am liebsten. Mit einemmal macht ihm alles Schuldgefühle – warum nur?«

Ich wollte antworten, wollte ihr erklären, wie sensibel Jean war, aber ich wußte, es war hoffnungslos, ihn zu verteidigen. Es hätte sie nur noch mehr gegen ihn aufgebracht. Sie hätte es mir als Treulosigkeit ihr gegenüber ausgelegt.

»Wenigstens haben wir jetzt am Samstag und am Sonntag heißes

Wasser. Wir können ein Bad nehmen und haben ein richtiges Bett zum Schlafen. Und es gibt keine Ratten mehr, die einem mit ihren eiskalten Pfoten über das Gesicht huschen wie im Krieg. Das letzte Mal, als ich hier war, wohnte ich im Ritz. Oh, es war wunderbar. Papa war da.« Sie rührte den Kaffee. Für einen Moment dachte ich: Welcher Papa? Kennedy oder Hemingway? Dann begriff ich, daß sie letzteren meinte:

»Er trug einen Trenchcoat wie die Korrespondenten und sah wunderschön aus. Als er mich sah, brüllte er: ›Tochter!‹ und schlang seine kräftigen Arme um mich. Er freute sich so, mich wiederzusehen ... alle guckten uns an.« Ihre Stimme klang wehmütig, als sehne sie sich nach jenem Tag zurück. »Er hat eine neue Frau, Mary. Eine Reporterin. Sie arbeitet für Luce. Der furchtbare Kerl, der die Frau geheiratet hat, die das schreckliche Stück *The Women* geschrieben hat – erinnerst du dich, wie Clifton es gehaßt hat? Sie war auch im Ritz und ist inzwischen eine hochnäsige Kongreßabgeordnete. Wie kann man solche Stücke schreiben und dann im Kongreß sitzen?« Sie holte die Milchdose vom Fensterbrett. »Das Ritz hat mir ein Doppelbett gegeben. Es war wundervoll, aber ich gab es Papa und Mary – ich war allein.« Wieder ein Seufzer.

»Eines Abends hatten sie einen furchtbaren Krach. Er war betrunken und alle seine Freunde natürlich auch, und aus irgendeinem Grund schoß er in ihre Toilette! Frag mich nicht, warum. Sie wurde wütend und schrie ihn an. Sie warf ihm schreckliche Dinge an den Kopf, und er schlug sie. Und weißt du, was sie getan hat? Sie schlug zurück! Kannst du das glauben? Und Papa reagierte wie ein erschrockener kleiner Junge. Er war erstaunt. Ich saß auf seinem Bidet, während er sich rasierte, und er erzählte, daß er ihre ›Toilette erschossen‹ hat, und er hat mich gebeten, zu ihr zu gehen und mit ihr zu reden. ›Tochter, sprich mit Miss Mary‹, flehte er mich an. ›Du weißt schon, wie.‹ Und dieser große Mann war wie Wachs in den Händen dieser Frau. Unglaublich! Er will sie heiraten, und sie besitzt die Frechheit, ihm zu sagen, daß er erst einmal lernen muß, wie man sich anständig benimmt. Ich sagte zu ihr: ›So, er schießt auf Toiletten. Und? Schließlich ist er Hemingway!‹ Aber sie muß unbedingt die Spülung ziehen, und natürlich spritzt das Wasser zu den Löchern heraus wie bei einem italienischen Brunnen. Sie steht daneben, deutet mit dem Finger darauf und sagt: ›Also, sehen Sie?‹ Ich sage: ›Aber er liebt Sie! Er ist ein großer Mann! Genügt Ihnen das nicht?‹ Aber so sind die Frauen. Ihr Gehirn ist so klein, sie können nicht klar denken. Ich ging zurück in Papas Zimmer und sagte ihm, daß ›seine Miss Mary‹

bereit ist, ihm zu verzeihen. Wir tranken einen Scotch zusammen und sprachen über den Krieg, über das, was er gemacht hatte, was wir erlebt hatten, über die ganze Tragödie, über die Tapferkeit ... Es war wunderbar! Dann ging er nach oben, wo mein Bett stand.« Wieder klang ihre Stimme wehmütig. Sie zündete sich eine Zigarette an, wobei sie ihr Feuerzeug betätigte wie ein richtiger Soldat. »Weißt du eigentlich, daß ich Jean-Pierre Aumont getroffen habe? Wir gerieten in ein Minenfeld. Wir mußten durch, weil unser Jeep auf der anderen Seite stand. Du weißt doch, daß er immer den Gentleman spielen muß. Also tritt er höflich zur Seite und sagt: ›Nach dir, Marlène.‹ Dann plötzlich fällt ihm ein, wo wir sind, und er ruft: ›Non, non, non, Marlene, ich gehe voraus.‹ Und ich sage: ›Kommt nicht in Frage, Jean-Pierre, ich gehe voraus!‹ ›Non, non, non Marlène, ich gehe voraus.‹ So ging das eine Weile hin und her, bis wir schließlich drüben waren, ohne auf eine Mine getreten zu sein. Das war vielleicht komisch!« Sie fing an, eine Salami zu schneiden.

»Ich habe Brot für dich. Es ist nicht so gut wie vor dem Krieg, säuerlich und so, wie es sein muß, aber immerhin ist es Brot! Der Concierge mußte dafür anstehen. Als er zurückkam, war er ganz stolz, daß er für meine Tochter Brot gefunden hatte.« Sie lächelte. »Erinnerst du dich an den Abend, als Papi Borschtsch bestellte und so wütend wurde, weil er kein Schwarzbrot dazu bekam? Das war eine andere Welt! Wir machten uns Sorgen, ob wir auch das passende Brot zum Essen bekamen, und ich erfand Handtaschen, damit wir es mitnehmen konnten.«

Wir tranken unseren Milchkaffee und tunkten unser kostbares Brot ein.

»Oh, ich habe dir noch gar nicht meinen ›Short snoter‹ gezeigt!« Sie sprang auf, holte den Glücksbringer und hielt ihn mir stolz hin. Er war so dick wie eine neue Rolle Toilettenpapier. Sie rollte ihn für mich auf – die ganzen an den Enden mit Tesafilm zusammengeklebten Geldscheine, die die Unterschriften, Grüße und Namen der jungen Männer trugen, die sie gekannt, mit denen sie gespielt, die sie geliebt und in die Schlacht geschickt hatte. »Schau, das ist russisches Geld. Ich bekam es, als wir mit einer ihrer Einheiten zusammentrafen – wundervolle Bauerngesichter, finster und echt ... Das hier ist britisches Geld, ich habe eine Menge davon. Nette Jungs, immer so höflich ... aber die Dollars, die ich von GIs bekam, sind das Beste. Als ich Irving Berlin traf, ich glaube, es war irgendwo in Frankreich, verglichen wir unsere ›Short snoters‹. Meiner war natürlich viel länger als seiner. Das hat ihm gar nicht gefallen, dem großen ›Songschreiber‹.«

Ich fragte sie, wann sie die Erlaubnis erhalten würde, nach Berlin zu reisen und ihre Mutter zu besuchen.

»General Gavin erledigt das für mich. Er ist ein reizender Mann, und dann kann ich ihn wiedersehen. Natürlich ist Jean eifersüchtig. Er glaubt, daß ich im Krieg eine Affäre mit ihm hatte. Hatte ich aber nicht, er hat mich nicht gefragt. Natürlich glaubt mir Jean nicht, wenn ich ihm sage, daß ich nur wie ein Fan für meinen General schwärme. Wohin schickt man dich als nächstes?«

»Ich muß mich bei den Special Services in Frankfurt melden«, antwortete ich.

»Oh, da ist es furchtbar! Wie ein riesiger Armeeladen. Dort gibt es alles, weil Eisenhower dort nämlich sein Hauptquartier hat. Alle furchtbar vornehm. Selbst im Krieg hatte er allen Komfort wie zu Hause, ganz egal, wo er war. Ein schrecklicher Mann. Im Krieg ist er immer so weit hinter der Front geblieben, daß er nie einen Schuß gehört hat!«

Ich fuhr nach Frankfurt und arbeitete beim Armed Forces Radio mit einem sehr talentierten GI zusammen: Sommersprossen, frecher Charme, große Ausstrahlungskraft, Name Mickey Rooney. Anschließend kehrte ich zu *The Front Page* zurück und setzte die Tournee durch Deutschland fort.

Als meine Mutter auf dem Berliner Flughafen landete, trug sie eine schicke Army-Uniform mit Ordensbändern, aber ohne USO-Abzeichen. In der Hand hielt sie ihre Lackledertasche mit ihrer singenden Säge. Ihre Mutter, eine elegante Frau in einem grauen Maßkostüm mit Krawatte und Schleierhut, erwartete sie. Sie umarmten einander. Ihre Mutter hatte unerfreuliche Neuigkeiten für sie. Die Eltern meines Vaters waren aus ihrem Haus vertrieben und in ein Flüchtlingslager in der russischen Zone gebracht worden. Sie hatten ihr einen mitleiderregenden Brief nach Berlin geschrieben und angefragt, ob sie zu ihr kommen und bei ihr wohnen dürften. Meine Mutter wandte sich unverzüglich an General Gavin und bat ihn um einen Passagierschein in die gesperrten besetzten Zonen, damit sie dort nach ihren Schwiegereltern suchen konnte. Während sie wartete, gab sie zwei Vorstellungen pro Tag und schrieb meinem Vater, wie immer auf deutsch:

DR. KARL GROSS
BERLIN-CHARLOTTENBURG
BISMARCKSTR. 113
Donnerstag, 27. Sept. 45

Mein Liebster,
manchmal ist das Leben sogar für mich zu schwer! Sollte heute früh die Order haben für Thüringen von den Rußen und bekam sie nicht. Jetzt bin ich nach Hause (wieviel »Zuhause« ich schon gehabt habe; momentan ist es Klopstockstr. 15A in Zehlendorf West) gefahren und muß warten, ob um 3 p.m. die Order kommen, um morgen ganz früh loszufahren! Zeit gegen Menschenleben! Ich hätte nurse werden sollen. Da braucht man nie zu erklären warum man Menschen helfen will – ganz gleich welche Nation. Ich halte die Daumen, daß es morgen klappt. Weißt Du, wie ich immer wußte, daß eines Tages ich mir die Augen ausweinen würde, weil ich nicht rußisch spreche? So stehe ich da und versuche all mein Bitten in meine Augen zu legen und fühle doch, daß die, durch den Film zu oft prostituiert, vielleicht nicht sagen können, wie mein Herz es meint. Meine Mutter hatte sofort geantwortet auf Deiner Eltern Karte vom 23. August, daß sie zu ihr kommen können, was bis zum 30. noch erlaubt sein soll. Ich hoffe nur, sie haben sie schon. Sie sind seit dem 6. August in dem Flüchtlingslager. Alle, die bei Abstimmung – weiß nicht in welchem Jahr das war – für Deutschland und nicht für das Protektorat gestimmt haben sind in zehn Minuten aus den Häusern geworfen worden, und sie haben außerdem ihren Koffer verloren. Meine Mutter, die ein Fräulein Hering bei sich hat, macht das Zimmer frei, wenn sie kommen. Papilein – wie traurig die Welt ist. Unser Haus 54 steht noch, und trotzdem Schüsse das Haus beschädigt haben, sind rote Geranien auf unserem Balkon. Nr. 135 hat nur noch Mauern, ist ganz ausgebrannt, der Balkon hängt herunter, und Mutti hat tagelang in den Trümmern gesucht, und nur oben drauf in Schutt und Asche lag die Bronze-Maske von meinem Gesicht – *unversehrt!* Da hat sie dann lange gesessen und geweint. Ich nehme ihr alles zu essen mit, was ich sehe, habe schon seit ich hier bin nur Brot gegessen und sehe aus wie ein altes Suppenhuhn mit gewrinckeltem Hals. Sah Hupsi gestern und Resi, die ich bei den Amerikanern als Housekeeper einstellen werde. Alle unsere Bekannten sind in Wien. Heinrich *George,* (großer Nazi), schippt bei den Russen Kohlen!

Die Dreigroschenoper mit Kate Kühl und Hupsi spielt. Da ich 2 shows pro Tag habe, kann ich nicht hingehen. Bender ist offen, Femina, Theater am Nollendorfplatz »Meine Schwester und ich«. Die Kaiser-Wilhelm-Gedächtniskirche ist zerstört. Bahnhof Zoo, Tauentzienstr, Joachimsthaler – alles in Schutt und Asche. Friedenau, und hier draußen steht fast alles. Das Geschäft [der Felsings] steht noch. Die Russen stahlen alle Uhren, schweißten das Safe 5 Tage lang auf. Mutti repariert jetzt Uhren, und meine alten Glasketten liegen im Fenster. – Die große Uhr ist weg, und sie hat eine Holzuhr gemalt! Claire Waldorf, die nicht auftreten durfte bei den Nazis, ist noch in Reichenhall, hat hier keine Wohnung mehr. Es donnert dauernd, wie Krieg, das sind die Sprengungen, um die Häuserruinen umzulegen. Habe mich noch nicht getraut, zu meiner Schule in der Nürnberger Straße zu gehen. Ich kann noch die schwere Tür fühlen, die ich mit dem Rücken aufschob, weil ich zu klein war, die Klinke zu faßen. Und ich besinne mich, wie traurig ich damals war und in mir dabei immer sang: Es ist bestimmt in Gottes Rat, daß man vom Liebsten was man hat muß scheiden. Man ist ja sowieso traurig genug um seine Jugendzeit, wenn man alles wiedersieht – nur so es wiederzusehen ist viel zu schlimm. Die Berliner lieben mich, bringen mir von Bildern bis ihre Ration Heringe. Die Sprache klingt vertraut, wenn ich durch die Straßen gehe, und die Kinder spielen Himmel und Hölle auf dem zerbrochenen Pflaster. Das Marmor-Haus steht und spielt, da es im englischen Sektor ist, Rembrandt Charles Laughton. Mein Herz, ich hoffe, daß wenn Du den Brief liest, daß Du dann schon gute Nachrichten by cabel von mir hast. Ich scheue vor nichts zurück (sag das nicht dem Jean!), um Deine Eltern zu holen.

In Liebe Deine Mutti

Paris
9. Oktober, 1945

Papilein,
ich weiß nicht, wo ich anfangen soll. Sicher hast Du inzwischen den Brief von Deinen Eltern bekommen, den ich in Berlin aufgegeben habe. Als Mutti ihren Brief aus Martinroda erhielt, habe ich die Russen sofort um Erlaubnis gebeten, dorthinzufahren. Das dauerte drei Tage. Als ich die Order endlich bekommen habe, die sonst niemand bekommen konnte, machte ich mich

um fünf Uhr morgens auf den Weg. Ich fuhr über Leipzig, Jena, Weimar und Erfurt hinunter nach Martinroda. Wir fuhren sechs Stunden, weil die Autobahn ständig unterbrochen war. Ich hatte Decken, Lebensmittel und Kleider im Auto, sprang hinaus, rannte zur Baracke 3, und da habe ich herausgefunden, daß sie nicht mehr da waren! Du kannst Dir vorstellen, wie verzweifelt ich war. Ich fuhr nach Arisbadt, Amstrat, aber es war Samstag nachmittag und alle Büros, die Auskunft geben konnten, waren bis Montag geschlossen! Man sagte mir, daß sie bei Familien im Kreis untergebracht wurden. So ging ich zum russischen Kommandeur und hab ihn gebeten, daß er die Information am Montag morgen telefonisch nach Berlin durchgibt. Mehr konnte ich nicht machen, weil meine Order nur für einen Tag waren – und ich hatte am selben Abend noch eine Show! Die Rückfahrt durch den Regen war schrecklich, diese Enttäuschung, diese Hilflosigkeit, ein Rennen gegen die Uhr.
Wir schafften es noch rechtzeitig. Ich stand zitternd und schmutzig auf der Bühne wie noch nie. Am selben Abend fuhr ich mit einem anderen Auto nach Hause, und der Driver sagte, daß Deine Eltern in Muttis Haus waren. Er hatte sie gesehen, als er wie gewöhnlich meine Frühstücksration hingebracht hatte. Ich fiel fast aus dem Auto.
Sie waren tatsächlich da! Nur auf Muttis Postkarte hin hatten sie die lange Fahrt unternommen.
Aber schon gab es neue Schwierigkeiten! Sie waren zur Polizei gegangen und hatten sich angemeldet. Da sagte man ihnen, daß sie keine Lebensmittelkarte bekommen und in ein anderes Lager gehen müssen, wenn sie im Winter etwas zu essen bekommen wollten. Sie zitterten vor Angst und sagten, daß sie jetzt sterben müßten. Sie erzählten mir, wie schrecklich es im Flüchtlingslager gewesen war – so schlimm, daß sie ohne einen Pfennig von der Tschechoslowakei ganz nach Berlin gegangen waren. Sie baten mich nur, Dir zu erklären, daß sie keinen anderen Ausweg sehen. Ich sagte ihnen, sie sollten sich nicht vom Platz rühren, und raste zu meinen beiden Shows. Hinterher ging ich zu Gavin: Er hat die Anordnung gemacht, weil Berlin überfüllt ist und weil es nicht genug Essen für den Winter gibt! Am nächsten Morgen hatte ich Lebensmittelkarten für Schwerarbeiter, für die man mehr bekommt als für normale, und dazu eine Wohnung! Die Wohnung

habe ich nicht genommen, denn Mutti will sich um sie kümmern, aber später können sie sie nehmen, wenn sie sie wollen. Am gleichen Tag um 2 Uhr nachmittags verließ ich Berlin mit dem Flugzeug. Bist Du mit mir zufrieden?
Ich war erschüttert – die schrecklichen Dinge, die sie erzählten, die furchtbare Anspannung, die Angst, keinen Erfolg zu haben, zwei Wochen ohne Essen (ich hatte alles vom Tisch in meine Duschhaube gepackt und in meiner Tasche mitgenommen, für sie und Mutti). Ich stand kurz vor dem Zusammenbruch.
Außerdem hatte ich noch andere emotionale Probleme in meinem Privatleben.
Oy weh, ist mein Leben durcheinander! Am liebsten würde ich in der Army bleiben. Da ist alles klar und einfach.
Gavin könnte Abélard sein, weißt Du?

Ich liebe Dich
Mutti

Natürlich liebte meine Mutter die Legende von Héloïse und ihrer unsterblichen Liebe zu Abélard.

Am 11. Oktober schrieb ihr General Gavin aus Berlin und unterschrieb seinen Brief »Your Jimmy«.

Einige Witwen sind sehr beschützend mit ihren verflossenen Gatten, besonders, wenn es sich um Liebesbriefe an andere Frauen handelt. Und so müssen wir uns die sehnsuchtsvollen Ergüsse unseres Generals vorstellen, anstatt sie zu lesen. Nicht meine Schuld, sondern die der Anwälte.

In dieser Zeit lebte meine Mutter weiter mit Gabin zusammen. Wenn nötig, überzeugte sie ihn von ihrer »ewigen Liebe«, und sie bereitete sich halbherzig auf ihren gemeinsamen französischen Film vor, der sie eigentlich gar nicht interessierte, und sehnte sich nach dem geordneten Leben der Armee und der Befehlsgewalt mitfühlender Generäle.

Papilein,
... ich wünschte, Du wärst hier und könntest mir sagen, ob ich recht damit habe, daß ich so nicht ewig weiterleben kann. Er hat überhaupt keine Freunde, bis auf ein paar Sportler und Leute, die für ihn arbeiten. Ich bekomme hier keine geistigen Anregungen. Wenn Du hier wärst, würde ich niemanden brauchen ... Aber wann wirst Du kommen?
Ich wohne in einem kleinen Hotel räumlich sehr beschränkt und

Oben: Essen mit zwei Kollegen. Ihre Vertraute Ann Warner und Noël Coward, ein treuer Freund, der über alles Bescheid wußte, Geheimnisse für sich behalten konnte und ihr mitfühlend zur Seite stand.

Unten: Meine Mutter ließ sich gern von Gabin ausführen. Sie wollte allen zeigen, daß sie zusammengehörten. Er, der sich über den in Europa tobenden Krieg Sorgen machte und Frankreich vermißte, ging nur aus, um ihr eine Freude zu bereiten.

Rechts: Wenn sie in New York weilte, war Remarque immer zur Stelle, bereit, ihr zuzuhören und sie zu lieben. Immer gab es verflossene Liebhaber, die nur darauf warteten, sie in die Arme zu schließen.

Unten: In den Universal Studios bei den Aufnahmen von *Pittsburgh*. John Wayne weigerte sich, obwohl er in drei Filmen neben der Dietrich spielte, sich in ihre Liste von Eroberungen einreihen zu lassen, und verärgerte sie damit maßlos.

Oben: Mit vielen anderen Stars reiste die Dietrich durch die Staaten und verkaufte Kriegsanleihen.

Rechts: Während der Aufnahmen zu einer Szene von *The Lady is Willing* stolperte sie mit einem Kind im Arm. Um es zu schützen, drehte sie sich im Fallen und brach sich den Fuß. Die PR-Abteilung der Columbia jubelte. Das Baby wurde ins Krankenhaus eingeliefert und zusammen mit der berühmten »Heldin« fotografiert. Das Ereignis verdrängte den Krieg aus den Schlagzeilen.

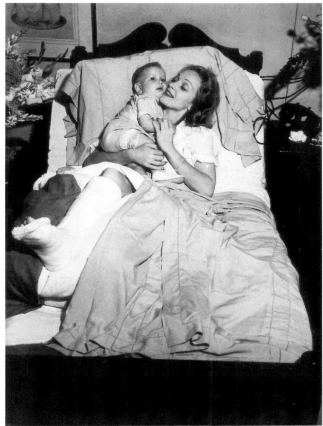

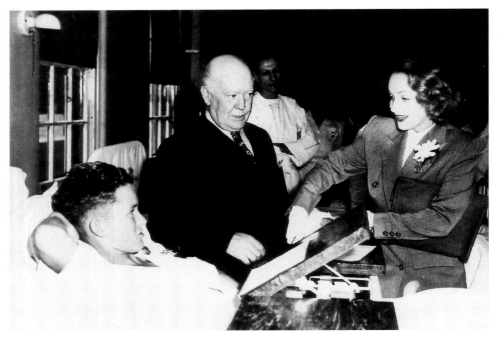

Oben: Im Jahre 1942 waren organisierte Besuche in Militärkrankenhäusern für Filmstars ein Muß. Guy Kibee fand meine Mutter bei den Krankenbesuchen großartig. Sie genoß es, »ihre Jungs«, wie sie sagte, aufzuheitern.

Links: Gabin in Uniform, im Begriff, Amerika zu verlassen und sich den Freifranzösischen Streitkräften anzuschließen. Ein letzter Tanz mit der Frau, die er liebt. Sie schwört, ihm zu folgen.

Oben: Zum Ende des Jahres 1943 hat es die Dietrich geschafft, für das Studio der Garbo, M.G.M., zu arbeiten. Sie bereitet sich auf ihre Rolle in *Kismet* vor. Ihr Haarstylist ist Sidney Guilleroff. Das einzige, was von dieser arabischen Katastophe in Erinnerung geblieben ist, ist der Einfall der Dietrich, ihre Beine golden anzumalen!

Rechts: Die goldenen Beine sahen großartig aus, waren es aber nicht wert, eine Bleivergiftung zu riskieren.

Oben: Sie, die sich immer vor dem Fliegen gefürchtet hatte, flog. Es herrschte Krieg.

Unten: In Militärkleidung sah die Dietrich immer ganz echt aus.

Oben: 1944. Irgendwo in Italien tritt sie mit Danny Thomas auf.

Oben: Meine Mutter in ihrem Element: Sie kann jemanden füttern.

Unten: Einer ihrer liebsten Schnappschüsse aus der Zeit des Krieges.

Unten: Dieses Bild schickte sie mir. Auf seiner Rückseite stand: »Mein gemütliches Zelt«.

Oben: General George S. Patton war einer ihrer liebsten Kriegshelden. Er liebte ihr Feuer, sie seine kühne Verwegenheit.

Oben: General Omar Bradley fürchtete sie so sehr, daß er ihr jedes Zugeständnis machte, nur um sie aus seinem Hauptquartier herauszubekommen.

Unten: Begegnung mit General James Gavin auf einsamer Landstraße. Der Blick spricht Bände.

Oben: Berlin 1945. Die Dietrich wird von ihrer Mutter empfangen, die den Krieg überlebt hat.

Unten: Meine Mutter weinte, als sie die ausgebrannte Ruine der Kirche erblickte, in der sie geheiratet hatte.

Links und unten: Der Film *Martin Roumagnac* wurde 1946 in Frankreich gedreht. Die Hauptdarsteller, Gabin und Dietrich, versuchten ihr Bestes, aber vergeblich. Nach Abschluß des Films wollten sie heiraten, aber dann verliebte meine Mutter sich in einen anderen und gab Gabin die Schuld.

Rechte Seite: Ein stolzer Tag für meine Mutter. Ordengeschmückt marschiert sie in der Militärparade zur Erinnerung an die Befreiung von Paris.

Linke Seite, oben: Aus dem Film *Golden Earrings,* 1946. Eine so echte Zigeunerin hat es noch nie gegeben.

Linke Seite, unten: Mit Hemingway. Sie trafen sich so oft und sprachen voneinander so begeistert, daß alle Welt sie für ein Liebespaar gehalten haben mußte.

Rechts: Im Juni des Jahres 1948 wurde die Dietrich Großmutter. Sie fand die Schlagzeilen, die diesen bedeutenden Einschnitt in ihr Image kommentierten, lächerlich und hysterisch.

Unten: Die Fotografen sprangen herbei, wenn sie die Dietrich mit Tochter und Schwiegersohn entdeckten.

Oben: Die für den Erfolg des Films *Eine auswärtige Angelegenheit* verantwortlichen Künstler. Meine Mutter konnte keinen der Mitwirkenden ausstehen, außer den Mann mit Hut, Billy Wilder. Er war ein Kollege, der deutsch sprach. Ihm und seiner Begabung vertraute sie.

Unten: Der englische Film *Die rote Lola* war da etwas ganz anderes. Alfred Hitchcock lag meiner Mutter nicht. Sie gingen einander so oft wie möglich aus dem Weg, worunter der Film zu leiden hatte.

Rechts: Ich mochte Michael Wilding. Er erinnerte mich an eine andere Liebe meiner Mutter, an Brian Aherne.

Unten: Auf einer Premierenfeier. Beim Anblick dieses Fotos sagte meine Mutter: »Ich, die ich Eifersucht bei einem Mann nicht ausstehen kann, bin mit den zwei eifersüchtigsten Männern ausgegangen, die ich jemals gekannt habe? Von Sternberg und Remarque zusammen? Warum habe ich nur so eine Dummheit gemacht? Das muß ein Abend gewesen sein!«

Oben und links: In den Fünfzigern gab es jede Menge faszinierender Männer. Yul Brynner, der »König«, und Edward R. Murrow, der »Kreuzritter«, um nur einige wenige zu nennen, die liebten und wiedergeliebt wurden.

ohne Mädchen. Ich wasche selbst, bügle und nähe, denn ich verdiene ja kein Geld.

Hollywood ist richtig anständig im Vergleich zu den Geschäftsleuten hier. Die jüdischen Filmproduzenten sind noch nicht zurück, und die Gojim haben einfach keine Ahnung, wie man Filme macht und Künstler behandelt.

Ich glaube, ich bin ganz fixiert auf die Army. Hemingway wird zu den Nürnberger Prozessen hier erwartet. Ich hoffe, ich kann einige Zeit mit ihm verbringen.

Was meinst Du, was ich tun soll? Abélard kommt heute mit dem Flugzeug, um mich zu besuchen. Die Sache ist ziemlich ernst geworden. Er ist ein wunderbarer Mann. Gestern hat er mir geschrieben, sie gehen nach England, um den Dörfern zu danken, wo sie vor der Normandie trainiert haben. Süß, nicht? Er macht sich auch Sorgen über 36 000 Soldaten, die in Berlin stationiert sind, sagte, Situation sehr gefährlich, und will daher dableiben, bis der britische General übernehmen kann, daß er persönlich mit dem Kommandeur der 78. Division sprechen will, damit sie sich um meine Eltern kümmern, wenn sie Berlin übernehmen. Sie bitten das Kriegsministerium, mir den Orden der Verdienstlegion zu verleihen.

Gott sei Dank kann ich für die Army arbeiten, sonst würde ich verrückt werden.

Ich wohne immer noch im Claridge, hoffe aber, durch die Botschaft oder die Franzosen woanders ein Zimmer zu bekommen. Das ist auch der Grund, warum ich mich jetzt etwas besser fühle. Nach meiner Rückkehr aus Amerika hatte mich Jean so weit gebracht, daß ich mit den Nerven völlig am Ende war. Wenn man einen kleinen Hoffnungsschimmer hat, geht alles leichter. Er kommt am Dienstag für einen Tag nach Paris. In meinem letzten Brief habe ich ihn Abélard genannt. Weißt Du, wen ich damit meine? Die 82.? Sein Nachname klingt fast so wie der von Jean. Ich liebe ihn, und er sagt, er liebt mich auch.

Gabin schrieb ihr:

> ... Ich weiß, daß Du verliebt bist,
> Was Du nicht weißt, ist, wie sehr ich leide.

Am 6. November starb die Mutter meiner Mutter im Schlaf. Ich war in Stuttgart. Durch Militärkanäle ließ mir meine Mutter die Nachricht zukommen. Ich bat sofort um die Erlaubnis, meine Theatertruppe zu verlassen und nach Berlin zu reisen. Ich dachte, meine Mutter könnte mich brauchen, und daß ich bei ihr sein sollte, wenn sie ihre Mutter begrub.

Da USO-Produktionen den Richtlinien der Schauspielergewerkschaft unterlagen, war ich vertraglich verpflichtet weiterzuspielen, und mein Gesuch, aus dem Stück auszusteigen, wurde abgelehnt. Als der Leiter der Truppe sagte: »Sie können jetzt nicht weg, die Show muß weitergehen«, ergriff ich die einmalige Gelegenheit und entgegnete »Warum?« Dann ging ich. Ich hatte weder einen Marschbefehl noch irgendeine schriftliche Genehmigung, von einer Stadt in eine andere reisen zu dürfen – im Winter 1945 war das im besetzten Deutschland ein schweres Vergehen, doch ich war fest entschlossen, rechtzeitig zur Beerdigung meiner Großmutter in Berlin zu sein. Am späten Abend kam ich an. Ich hatte die Beerdigung um ein paar Stunden verpaßt. Ich fragte General Gavins Adjutanten nach Miss Dietrichs Quartier, merkte aber, daß er bei seiner Antwort die Worte sehr sorgfältig wählte. Da dämmerte mir, daß meine Mutter bereits jemanden hatte, der sie tröstete, und daß es unnötig gewesen war, so überaus dramatisch an ihre Seite zu eilen. Ich bat den verlegenen Colonel, mir ein Nachtquartier zu besorgen. Er kam meiner Bitte sofort nach und wiederholte die ganze Zeit mit übertrieben aufrichtiger Stimme, daß er mich nur deshalb nicht unverzüglich zu meiner lieben Mutter gebracht habe, weil ihm sein General befohlen habe, heute nacht »jede Störung von Miss Dietrich fernzuhalten«. Ich machte ihm klar, daß ich keineswegs darauf bestand, meine Mutter zu sehen, und daß ich »die Situation« vollkommen erfaßt hatte. Er war darüber ungemein erleichtert. Damit hatte er sich seiner Pflicht als Wachhund entledigt, salutierte und verschwand in der Nacht. Ich ging zu Bett und beschloß, da ich bereits gegen die Satzung meiner Gewerkschaft und meines Berufsstands und gegen die Gesetze im besetzten Deutschland verstoßen hatte, wenigstens meine Großeltern zu besuchen. Vielleicht könnte ich sogar einen Jeep und einen Fahrer bekommen und zu meiner Tante Liesel nach Bergen-Belsen fahren. Es war mir einfach unbegreiflich, warum ein ehemaliger KZ-Häftling an einem solchen Ort bleiben konnte.

Meine Mutter war noch nicht erschienen, als ich an jenem kalten Wintermorgen durch Berlin ging. Die Stadt war nur noch ein Gerippe, häßlich und verängstigt, voller Menschen, die, scheinbar geschlagen, zwischen den Ruinen umherschlurften und die Köpfe senkten, um den Haß zu verbergen, der in ihren Augen brannte. Überall waren Frauen mit Aufräumungsarbeiten beschäftigt, stapelten Ziegelstein auf Ziegelstein und brachten Ordnung in das Chaos. Ich hatte das häufig in Italien gesehen. Dort erfolgte es aufs Geratewohl, so wie man eine Straße räumt, doch hier hatte man den deutlichen Eindruck, daß sie jeden Stein für die Zukunft retteten.

Unter Mißachtung der Gesetze tauschte ich auf dem Schwarzmarkt am Brandenburger Tor meine Armeeration an amerikanischen Zigaretten gegen ein Stück Fleisch und die Alkoholzuteilung, die ich als Offizier bekam, gegen wertvolle Karotten, Zwiebeln und einen ganzen Laib richtiges deutsches Brot ein. Als ich zur Wohnung meiner Großeltern kam, hatte ich alle Zutaten für einen herrlichen Eintopf in meinem Armeebrotbeutel. Vorsichtig öffnete meine Großmutter die Tür. Wie klein sie war! Als sie die Uniform erblickte, wich sie zurück und sah mich mit großen Augen an.

»Ich bin es, Großmutter, Heidede. Wirklich! Ich bin es, Rudis Tochter«, sagte ich leise, um sie nicht zu erschrecken. Sie sah mich nur an und hielt die Türklinke umklammert. Ihr Haar war ganz weiß.

»Darf ich reinkommen, Großmutter? Ich habe frisches Gemüse und Fleisch.« Der Türspalt weitete sich, und ich trat in die dunkle Diele. Es roch nach Möbelpolitur, genau wie früher, als meine andere Großmutter mir beigebracht hatte, wie man damit die Möbel auf Hochglanz bringt.

»Rosa? Wer ist an der Tür?« Mein Großvater kam. Er war nicht mehr groß, nicht mehr stark, ein gebeugter Mann von undefinierbarem Alter.

»Wer sind Sie? Was wollen Sie in diesem Haus?« fragte er.

»Sie sagt, sie ist Rudis Tochter«, flüsterte meine Großmutter.

»Ich bin's, Großvater, wirklich! Guck doch, ich habe euch frisches Gemüse mitgebracht, alles, was ich kriegen konnte …« Ich redete, weil ich nicht wußte, wie ich sie sonst überzeugen sollte.

Eine kleine Hand langte zu mir herauf und betastete das Abzeichen an meinem Ärmel.

»Ich muß eine Uniform tragen, weil ich in einem Theaterstück für die Soldaten mitspiele …« Ich ergriff ihre Hand. »Ich bin es, Heidede, ich liebe dich Großmutter – wie ich dich immer geliebt habe, erinnerst du dich?«

Sie streckte die Arme aus, zog mein Gesicht zu sich herunter, suchte meine Augen und brach in Tränen aus. Ich hielt ihren kleinen Körper in meinen Armen und weinte um all die Jahre der verlorenen Liebe, um die Kindheit, die es nie gegeben hatte. Mein Großvater trat neben uns. Ich fühlte seine große Hand auf meinem Kopf, und ich war wieder das kleine Mädchen in einem himmelblauen Dirndl, das zu Besuch kam.

Ich erzählte ihnen von ihrem Sohn, von Erfreulichem und Angenehmem, erfand Geschichten, die ihnen gefallen würden und in denen mein Vater eine Güte besaß, die ich mir für ihn wünschte. Sie versicherten mir, wie dankbar sie meiner guten, wundervollen Mutter seien, und ich erschütterte keine ihrer Illusionen. Ich konnte nicht lange bleiben. Meine letzte Erinnerung an sie ist, wie sie im Rahmen der großen Eichentür standen, ein Mann und eine Frau, die zusammen alt geworden waren und deren Liebe noch so jung war wie damals, als ich sie zum erstenmal gesehen hatte. Sie starben beide im darauffolgenden Winter innerhalb von wenigen Stunden. Sie konnten nie lange voneinander getrennt sein.

Unter Aufbietung meines ganzen Charmes als »Tochter von« überredete ich den Adjutanten des Generals, mir für eine Fahrt nach Bergen-Belsen einen Jeep und einen Fahrer zur Verfügung zu stellen. Es war kalt, wir fuhren schnell. Meinem schwerbewaffneten Fahrer behagte es nicht, auf einer leeren Autobahn durch einen dichten Kiefernwald zu fahren. Er verlangsamte nur, wenn er einen Bombenkrater umkurven mußte. Ich konnte es ihm nachfühlen. Der stählerne Winterhimmel, die unheimliche Stille, der dunkle Wald, die frischen Erinnerungen an die Geschehnisse an diesem freudlosen Ort und an den, zu dem wir unterwegs waren – alles ließ mich schaudern. Ich wollte den Besuch so schnell wie möglich hinter mich bringen.

Meine Tante wohnte über einem Kino. Ich stieg die Treppe hinauf in ihre gemütliche Wohnung. Sie saß in einem bequemen Lehnstuhl. Ich beugte mich zu ihr hinunter, umarmte sie und spürte ihre gesunde Rundlichkeit. Ihre Augen waren voller Angst, aber das waren sie immer gewesen, solange ich denken konnte. Sie wirkte immer noch schüchtern und unsicher. Sie hatte sich nicht verändert! Sie war wie immer, und das schockierte mich. Dieser Frau war nichts geschehen. Hier gab es keine KZ-Leiche, kein überlebendes Gerippe, das noch atmete. Hier hatte es nie eines von Jos Gespenstern gegeben! Welches verlogene Drehbuch hatte meine Mutter nun wieder geschrieben, um die Wahrheit zu verstecken, diesmal unterstützt und angestiftet vom britischen und amerikanischen Militär? Ich gab meiner Tante die kostbaren Lebensmittel, die ich mitgebracht hatte. Sie brauchte sie nicht zum Überleben, jetzt waren sie einfach Luxus. Mit gewohnt zittriger Stimme stellte sie Fragen nach ihrer geliebten Pussycat, und ich gab ihr die Antworten, die sie hören wollte. Ich trank mit ihr Tee, aß Gebäck und liebte sie immer noch. Es war nicht ihre Schuld, daß ich wütend war. Sie war das Opfer, das sie immer gewesen war, nur eben nicht das Opfer, das ich erwartet hatte. Dann wurde es Zeit für mich zu gehen. Ich gab ihr einen Abschiedskuß und ging.

Wir fuhren schnell, es war kalt. Die Wut brannte tief in mir. Ich wollte schreien, meine Wut hinausbrüllen, die vielen gequälten Seelen um Verzeihung bitten, deren Schmerz noch die Luft erfüllte und deren Leiden durch die eigennützige, empörende Lüge eines Menschen, mit dem ich verwandt war, geschändet worden war. Niemand darf die Qualen eines Volkes dazu benutzen, sich wichtig zu machen, und damit ungestraft davonkommen. Und ich wußte, die Dietrich hatte es schon getan. Meine Tante Liesel lebte bis zu ihrem Tod in Bergen-Belsen. Die Stadt war ihr Zuhause.

Meine Mutter hielt an ihrer Version der Geschichte fest. Und die Macht »der Legende« war so groß, daß immer, wenn sie in dramatischen Worten erzählte, wie sie ihre Schwester in Bergen-Belsen gefunden hatte, dachten die Zuhörer sofort an Gaskammern und Zyanidduschen. Und sie ließ sie in dem Glauben.

Diesmal erhielt ich einen Passagierschein, und ich kehrte zu meiner Schauspielertruppe zurück. Meine Mutter klagte: Da ich zur Beerdigung zu spät gekommen sei, sollte man mir wenigstens erlauben, jetzt bei ihr zu bleiben. Sie weinte, als sie mich zum Abschied küßte. Ich erwähnte ihre Schwester mit keinem Wort, und sie auch nicht. Dann ging ich. Ich wußte, daß Abélard sich um sie kümmern würde. Ein paar Wochen später erhielt ich irgendwo in Deutschland folgenden Brief:

Paris, Erntedankfest 1945

Mein Engel,
nachdem Du fort warst, fühlte ich mich so elend, daß ich nicht schnell genug wegkommen konnte. Drei nette Colonels aus China-Burma fuhren mich nach Frankfurt. Ich nahm den Zug um 18 Uhr nach Paris. Ohne die drei netten Männer hätte ich das nicht gekonnt, sie umsorgten mich wie ein Kind.

Als ich wieder in meinem armseligen Zimmer war, spürte ich die ganze Last der Ereignisse. Ich glaube, ich habe noch gar nicht richtig begriffen, daß meine Mutter gestorben ist.
Wenn Du doch nur die Truppe verlassen und bei mir leben könntest. Ich brauche in so vielen Dingen Deinen Rat.
Zwei Tage nach meiner Ankunft klopfte um fünf in der Frühe Jean an meine Tür. Er setzte sich und sagte: »Los, rück schon raus mit der Sprache. Ich bin auf alles gefaßt.« Ich konnte es ihm nicht sagen. Vielleicht fehlte mir der Mut.
Gestern kam Abélard. Er war so nett und zärtlich und schrecklich lieb, ganz anders als in Berlin, wo er vor seinen Untergebenen, die seine Liebe zu mir als Liebesaffäre mißdeuten würden, immer so diskret, korrekt und unpersönlich sein mußte.
Und ich stand da und verliebte mich wieder ganz stark in ihn. Er reist Mitte Dezember ab – und mein Wunsch ist wahr geworden. Die große Parade auf der Fifth Avenue wird im Januar stattfinden. Er freut sich darauf wie ein Kind. Sie werden alle neue Schärpen und Mützen bekommen. Wenn sie damit über die Fifth Avenue marschieren, werden sie die »bestaussehendsten Soldaten von allen Armeen« sein. Das alles ist noch streng vertraulich.
Als ich mit Abélard bei Korniloff (erinnerst Du Dich noch?) zu Abend aß, mußte ich an den armen Jean denken und wünschte, Du wärst hier und könntest mir helfen, meine Gedanken und meine Gefühle zu ordnen.
Ich liebe Dich schrecklich

                 Mutti

Sie legte einen Brief von Gabin bei:

Ma Grande,
 ... ich habe Dich gerade verlassen. Ich weiß, daß ich Dich für immer verloren habe ... Ich weiß, daß dieser Brief zum jetzigen Zeitpunkt töricht und lächerlich ist, denn Du hast großen Kummer. Bitte verzeih mir. Auch ich bin sehr traurig. Ich weiß nicht, was ich tun soll. Ich leide, ich leide so sehr. Ich fühle mich einsam. Ich weiß nicht, was werden wird. Macht nichts! Adieu. Ich werde nie zurückkommen.

                    J.

Sie schrieb meinem Vater:

> Paris
> 1. Dezember 1945
>
> Papilein,
> ich bin ins Élysée-Park gezogen. Ich habe einem Piloten, der vor drei Tagen nach Amerika zurückgeflogen ist, die neue Adresse für Dich mitgegeben.
> Gavin fliegt wegen der Siegesparade an Weihnachten nach Hause. Ich habe hier Probleme. Ich habe keine Ahnung, was ich tun soll. Wo soll ich leben und mit wem? Du hast nie auf meine Briefe vom September geantwortet, deshalb weiß ich nicht, was Du denkst.
> In Liebe
>
> M.

> Paris
> 5. Dezember 1945
>
> Geliebter Papi,
> Gott sei Dank ist Dein Brief angekommen, ich bin fast verrückt geworden.
> Ich habe mich noch nie so allein und verloren gefühlt. Paris war ohne Dich von Anfang an eine fremde Stadt, jetzt ist es hier schlimmer als in China. Du machst Dir keinen Begriff, wie ich lebe. Sicher, im Krieg habe ich an schlimmeren Orten gelebt. Aber das war etwas anderes. Zum einen war man da unter lauter jungen Leuten, und man hat über das ganze Elend gelacht. Und dann war man nicht allein. Aber allein habe ich keinen Sinn für Humor. Wie es aussieht, haben wir den Krieg umsonst geführt. Die Menschen haben sich schrecklich verändert. Die Begeisterung, die im Krieg geherrscht hat, ist verflogen, oder sie war bei den Zivilisten niemals vorhanden. In Deutschland ist es das gleiche. Hitler hat seine Spuren hinterlassen. Die Leute denunzieren immer noch ihre Freunde, weil sie sich etwas davon versprechen, nur bei der anderen Seite. Niemand muß sich um Kundschaft bemühen, und alle sind unhöflich. Ich meine speziell die Hotels. Durch Adi Hollaender, der jemanden in der Präfektur kennt, habe ich schließlich diese ungeheizte Zwei-Zimmer-Suite im Élysée-Park bekommen. Sie ist hübsch und gemütlich, und der Blick geht hinaus auf die

Champs-Élysées. In einem meiner Zimmer brennt jetzt ein Holzfeuer, das hat mich viele Trinkgelder gekostet. Im anderen ist es eiskalt. Die meisten Franzosen heizen ihre Wohnung und ihr *pied-à-terre* immer noch mit Kohlen vom Schwarzmarkt, und protzige Autos fahren herum.
Taxis gibt es nur für Kriegsversehrte und für Ausländer, die abgeschoben werden, obwohl die Leute, die mit ihnen fahren, gar nicht danach aussehen. Eine Fahrt dauert ewig und kostet vom Fouquet's zum Lanvin 200 Francs oder 4 Dollar. Das ist einfach zuviel. Du hast in Deinem Brief Abélard gar nicht erwähnt. Vielleicht bist Du nur vorsichtig, und ich weiß das zu schätzen. Lin war es nämlich nicht und schrieb: »Ich war froh, daß Jim bei Dir war.« Jean hat den Brief hinter Katers Bild gefunden und daraufhin mein ganzes schäbiges Zimmer durchwühlt, weil ihn mein langer Aufenthalt in Berlin bereits mißtrauisch gemacht hatte. Seitdem sind wir nicht mehr zusammen. Dabei habe ich mich wirklich sehr gut verhalten. Wie Du weißt, wollte ich für immer und ewig mit ihm zusammenleben, nichts anderes. Aber es ging einfach nicht. Wir stritten uns ständig. Und dann die fixe Idee von ihm, daß ich Frankreich nicht mag. Du weißt ja, daß Jean immer nur das Negative sieht. Er ist jetzt mit einer jungen hübschen Schauspielerin zusammen. Sie heißt Marie Mauban. Er geht jeden Abend mit ihr aus und glaubt, daß ich bei meinen »Generälen« bin. Er hat mich schrecklich behandelt und mir vorgeworfen, mit jedem ins Bett zu gehen, mit dem ich rede. Da wußte ich, daß ich niemals mit ihm zusammenleben könnte. Und dann, in Berlin, als ich völlig durcheinander war, lief ich in die offenen Arme von »Abélard« und fühlte mich geborgen. Ich habe nicht mit ihm geschlafen. Aber deshalb bin ich nicht anständiger. Dann schrieb er mir wundervolle Briefe. Er wollte, daß es »die große Liebe ist oder nichts«. Und als dann das mit Mutti passierte, brachte er mich hin, war nett zu mir und drängte sich nicht auf. Er ruft jeden Abend aus seinem Militärlager in Reims an. Am 18. wird er hierherkommen und am 21. nach New York fliegen. Er wird dich anrufen. Er hat es mir versprochen, obwohl er sehr schüchtern ist. Sag einfach, daß Du weißt, wie sehr er mich bewundert und verehrt. Dann fällt es ihm leichter. Er will sich scheiden lassen, aber nicht meinetwegen. Er hat eine zwölfjährige Tochter. Sie leben in Washington. Er weiß nicht, wohin man ihn

versetzen wird. Nur zu Deiner Information: Er ist der Pionier der Fallschirmjäger. Er begann '41 mit einer Handvoll Männer und hatte wider Erwarten Erfolg. Er hat auf Sizilien, bei Anzio, in der Normandie und in Holland gekämpft. Seine Division ist die einzige, die vier Kampfabsprünge hat. Die roten Dinger auf seinen Schultern sind die belgischen und holländischen Fourragères. Vielleicht bekommen sie auch noch die französischen, bevor sie nach Hause fahren. Aber dafür bräuchten sie noch eine Schulter. Er ist 1907 geboren. Ich bin also neun Monate älter als er.

Tatsächlich war meine Mutter sechs Jahre älter als er, aber Rechnen war nie ihre Stärke.

Ich habe mir aus einem alten Unterhöschen einen kleinen Teestrumpf gemacht und selbst Tee aufgebrüht. Er schmeckt furchtbar, wie Seife. Die Lebensmittel, die Du geschickt hast, waren wunderbar. Stell bitte fest, wann man offiziell Kleider schicken kann, denn Zivilisten können keine Uniformteile tragen, und kein Laden darf sie färben.
Habe alle Bücher erhalten. Wie findest Du Remarques neues Buch *Arc de Triomphe*? Hast Du nicht lachen müssen, als »Jean« mich am Ende umbringt? Ich fragte mich, wie Boni das Problem lösen würde, denn er konnte nicht warten, bis ich die Geschichte für ihn zuerst realiter durchspielte. Es ist schlecht übersetzt, und die Liebesszenen sind zu »literarisch« und langweilig, aber es ist eine gute Filmstory, und die Handlung ist spannend, wenn es erst mal richtig losgeht. Er stellt mich schlimmer dar, als ich bin, um sich selbst interessanter zu machen, und das gelingt ihm auch. Aber er läßt nichts aus: das Fouquet's, das Café Scheherazade, Antibes, das Château Madrid, Cherbourg, das Lancaster Hotel und nicht einmal »Jo« auf dem Schiff. Natürlich konnte er keine Frau zur Heldin machen, und den Schauspieler macht er regelrecht lächerlich. Ich bin viel interessanter als Joan Madou.
Jean macht eine wundervolle Geschichte für Gaumont. Er will, daß ich mitspiele, jetzt, wo der andere Film abgeblasen wurde. Zwei direkt hintereinander wäre nicht gut gewesen. Wenn ich den Film mache, werde ich bleiben. Erstens kann ich dann hier sein, wenn Kater kommt, zweitens lohnt es sich für eine solche Rolle. Falls es nicht klappt und Gaumont eine Französin will, was durch-

aus ein Argument sein könnte, werde ich zurückkommen. Warum soll ich allein in einem Pariser Hotel herumsitzen? Ich werde telegrafieren und schreiben. Mach Dir keine Sorgen, momentan stehen meine Sterne nicht günstig, das ist alles. Das kann nicht ewig so bleiben. Carroll Righter hat wieder mal recht gehabt. Ich bat Jean, den Vertrag vor dem 12. September unterschreiben zu lassen, aber er hat es nicht getan. Righter sagte, dies sei wichtig, denn danach würde es Schwierigkeiten geben. Und er hatte recht. Sie haben mir nur die Auslagen erstattet, die ich seit dem 15. Oktober hatte. Ich hoffe, daß ich den Rest noch bekomme. Ich werde es Dich wissen lassen. Mach Dir keine Sorgen. Ich fühle mich müde, innerlich, nicht körperlich, sondern seelisch.
In ewiger Liebe

Mutti

7. Dezember 1945

Papilein,
ich fahre für eine Woche nach Biarritz. Hauptsächlich, um hier wegzukommen – ich bin wirklich zu einsam und lese jeden Abend alte Bücher von Kästner und Rilke. Es ist gut, wenn man seine innere Ruhe findet. Aber ich bin zu nervös nach all dem Jammer. Ich werde an der dortigen Universität für die GIs Vorträge zum Thema Film halten und abends singen. Gestern abend hat Abélard aus London angerufen. Sie werden dorthin verlegt, aber am 18. kommt er hierher, und am 21. reist er wieder ab.
Habe gestern ein paar Stunden mit Chevalier verbracht. Er spielt eine Hauptrolle bei der ABC und fliegt danach nach New York und singt für die Shuberts. Er sagte, daß ich der Höhepunkt seines Lebens gewesen sei. Wenn er so redet, hat er sehr große Ähnlichkeit mit Jean. Er sagte auch, daß er Jeans Eifersucht verstehen kann. Das muß etwas typisch Französisches sein.
In Liebe

Mutti

Zu meinem einundzwanzigsten Geburtstag erhielt ich von meiner Mutter einen Brief. Er war auf einem Bogen ihres wertvollen, mit einem Familienwappen geschmückten Briefpapiers geschrieben. Ich fand nie heraus, ob es von den Dietrichs oder den von Loschs stammte, und sie selbst äußerte sich nie dazu – sie benutzte es nur zu »würdigen

Anlässen« und beschrieb es mit vornehmer, schwungvoller Hand. Meines Wissens war es das einzige Andenken, das sie aus dem Haus ihrer Mutter mitgenommen hatte.

Während sie in Paris noch Jeans »Grande« war und auf ihren »Abélard« wartete, ging sie ins Theater, sah Gérard Philipe auf der Bühne und geriet in Verzückung. Sie schwärmte von seinem blendenden Aussehen und seinen großartigen Fähigkeiten als Schauspieler und sah sich Abend für Abend das ganze Stück an, fasziniert auf der Stuhlkante sitzend, die Hände auf die Knie gestützt. Nach der Vorstellung ging sie strahlend hinter die Bühne, drängte sich an seine geschmeidige Gestalt, blickte zu dem schönen Gesicht auf – und schmolz dahin. Er, noch sehr jung, war geschmeichelt, entzückt und erwiderte ihre Komplimente.

*

An einem kalten Winterabend spielten wir unser Stück in einem verlassenen Schulhaus in Bad Homburg. Eisiger Regen trommelte gegen die beschlagenen Fensterscheiben. Die in Reih und Glied stehenden Pulte, wo noch vor kurzer Zeit flachshaarige Kinder indoktriniert worden waren, hatten etwas Bedrohliches. Der Raum atmete noch den Geist der Vergangenheit. Ich ließ meine Hand über eine zerkratzte Tischplatte gleiten und spürte die scharfen Umrisse eines Hakenkreuzes. Heiligabend ist nicht der rechte Zeitpunkt für solche Gefühle.

Im Januar schrieb General Gavin von Fort Bragg aus, daß er meinen Vater angerufen und in New York besucht habe. Er fügte hinzu: »Ein braver Mann, ich kann Deine tiefe und innige Freundschaft verstehen.«

Nach unserer sechsmonatigen Tournee fuhren wir auf einem riesigen »Victory ship«, das vollgestopft war mit johlenden GIs, nach Hause. Mein Vater empfing mich am Pier in New York, ohne Teddy an seiner Seite, irgendwie unvollständig.

Zu Hause erwartete mich ein Brief von meiner Mutter:

Paris
10. Februar 1946

Mein Engel,
ich bin so deprimiert, ich kann nicht mal mehr lachen. Ich habe die letzten verstreuten Reste meines Humors verloren. Jetzt, wo Du fort bist, scheint mir nichts mehr wichtig. Das Europa, das ich so geliebt habe, ist zu einer vagen Erinnerung zusammengeschrumpft. Ich sehne mich noch nach ihm, vergesse, daß ich hier

bin, und dann begreife ich, daß es wohl ebenfalls für immer verschwunden ist.
Nur wenn ich die Champs-Élysées hinaufgehe und den Triumphbogen sehe, ist es anders. Er steht immer noch am selben Platz und ist genauso schön. Ich bin immer auf der Suche nach dem Schönen. Wahrscheinlich ist das mein Fehler. Im Krieg war die Schönheit in den Menschen, aber damit scheint es jetzt vorbei zu sein. Alles ist häßlich. Alle denken nur daran, wie sie die anderen übertrumpfen können, und schmieden Pläne, wie sie die Gesetze umgehen können, und finden nichts dabei. Vielleicht ist das alles ganz natürlich. Mir gefällt es jedenfalls nicht. Und deshalb gibt es keine Freude mehr. Niemand ist fröhlich. Sie sind zu sehr damit beschäftigt, Geld zu verdienen und es zusammenzuhalten. Vielleicht ist auch das ganz natürlich.
Wenn Du diesen Brief liest, wirst Du in Deinem »Götterland« sein, und wahrscheinlich wirst Du die Zivilisten genauso hassen wie ich damals.
Vergiß mich nicht. Das Leben mit Jean ist sehr schwierig.
Ich liebe Dich mehr als das Leben
Mutti

Nach der Rückkehr in die Strafanstalt meines Vaters galt meine erste Sorge Tami. Sie war in einem furchtbaren Zustand. Die vielen Abtreibungen, zu denen man sie im Lauf der Jahre gezwungen hatte, damit kein Skandal die reine Ehe meiner Mutter befleckte, hatten ihren Tribut gefordert. Meine Mutter und mein Vater waren nach wie vor der Ansicht, daß Tami ganz allein die Schuld für die »schockierenden« Folgen ihrer Liebe zu meinem Vater trage, und tadelten sie für ihr verantwortungsloses Verhalten. Und Tami, das abhängige Opfer, akzeptierte ihre Schuld und fuhr damit fort, sich selbst dafür zu bestrafen. Scheinschwangerschaften kamen und gingen, begleitet zunächst von euphorischer Freude, dann von tiefster Verzweiflung. In dem Maße, wie sie die Kontrolle über ihre wechselnden Stimmungen verlor, entwickelte sie ein unwiderstehliches Verlangen nach Drogen. Sie brauchte sie, um ihrem schlimmsten Alptraum, ihrer eigenen Realität, zu entfliehen. Die Beschaffung der Drogen bestimmte ihr tägliches Leben. Sie streifte durch die Straßen New Yorks, hetzte von einem Drugstore zum anderen, kaufte Amphetamine, stopfte im Laufen ihre Handtasche voll, in ihrer Erregung blind für ihre Umgebung, und suchte nach immer neuen Quellen. Ich folgte ihr, holte sie ein, überredete sie, mit mir nach Hause zu kommen, in der Hoffnung, daß wir es noch rechtzeitig schafften, bevor mein Vater zurückkam und sie zum wiederholten Mal bestrafte, weil sie gegen sein striktes Verbot verstoßen hatte, ohne seine Erlaubnis die Wohnung zu verlassen.

Wenn sie auf ihren aufgedunsenen Bauch trommelte, wenn sie versuchte, das Kind, das sie in sich wähnte, zu töten, packte ich ihre zierlichen Handgelenke, hielt sie fest, wenn sie vor Schreck über ihre eigene Bestialität erschauerte. Wenn sie versuchte, ein Brotmesser in sich hochzurammen, entwand ich es ihr, hielt sie fest, während sie schreiend wieder in die Realität zurückkehrte, wiegte ihren zerbrechlichen Körper und ließ sie ihre Schmerzen ausweinen.

Ich versuchte, mit meinem Vater über ihre »Behandlung« zu sprechen. Ich kritisierte die Ärzte, die meine Mutter hinzugezogen und angewiesen hatte, »dafür zu sorgen, daß sich meine Freundin, Miss Matul, normal benimmt«. Aber mein Vater lehnte es ab, mit mir über Tami zu sprechen, und legte mir nahe, mir eine andere Wohnung zu suchen, wenn ich weiterhin die fachliche Kompetenz der angesehenen Mediziner in Frage stellte, die meine Mutter »in ihrer großen Herzensgüte« ausfindig gemacht hatte und bezahlte. Hätte ich die Wohnung verlassen, so wäre Tami ganz allein und ihm völlig ausgeliefert gewesen. Ich hielt also den Mund, wusch sie, fütterte sie, behütete sie, liebte sie und blieb.

Ich erhielt weitere Briefe von meiner Mutter. Gabin wußte, wie sehr meine Mutter Remarques Cézanne-Aquarelle mochte, und hatte ihr zwei geschenkt, und noch einen Degas dazu.

> Zuerst wollte ich sie nicht annehmen, aber dann denke ich wieder, daß das sehr dumm von mir ist. Jean hat ein großes Vermögen – er ist wirklich ein reicher Mann.

Eine mageres Gassenmädchen in einem kleinen schwarzen Kleid war die Sensation im Paris der Nachkriegszeit. Die Hände in die Hüften gestemmt, mit beiden Beinen fest auf dem Boden, entschlossen, den Widrigkeiten des Lebens zu trotzen, verkörperte sie den unbeugsamen Willen der französischen Massen, und sie liebten sie dafür. Natürlich erlag auch meine Mutter dem Zauber der Piaf, und wie immer, wenn sie jemanden liebte, bemutterte sie das Mädchen, überschüttete es mit Geschenken, mit Ratschlägen und mit allen Drogen, nach denen ihre neue Liebe verlangte. Gabin, der ein Naturtalent immer zu schätzen wußte, verstand, warum meine Mutter für die Sängerin Piaf schwärmte, behielt sich aber das Recht vor, zu der Frau Edith Piaf eine eigene Meinung zu haben.

Das Drehbuch, an dem sie gearbeitet hatten, war nun endlich fertig, und sie begannen mit den Dreharbeiten zu *Martin Roumagnac*. Der Film enthält so viele Peinlichkeiten, daß man sich wundert, warum sie die Arbeit nicht schon nach den ersten Rushes einstellten und die Finger davon ließen. Gabins wundervoll unprätentiöses Spiel wirkt sogar in seiner Muttersprache gestelzt und gehemmt durch Mätzchen und die Künstlichkeit der Figuren. Die Dietrich ist einfach nur schrecklich. Sie gibt sich zwar alle Mühe, eine »Französin aus einer kleinen Provinzstadt« zu mimen, doch so, wie sie aussieht und spielt, möchte man am liebsten eine Schere nehmen und sie herausschneiden wie eine Ausschneidepuppe. Jean muß das bemerkt haben, denn er versuchte, mit ihr an den Dialogen zu arbeiten: »Sprich nicht so perfekt. Zieh die Silben zusammen. Du spielst keine Baronesse.« Wenn sie eine Szene ohne ihn hatte, saß er neben der Kamera und gab ihr Anweisungen. Aber selbst »Gabin und die Dietrich« konnten diesen Film nicht aus dem Sumpf der Mittelmäßigkeit herausziehen. Sie waren zu lange ein Liebespaar gewesen, um eine prickelnde Sinnlichkeit auf die Leinwand zu zaubern, die den Film vielleicht hätte retten können.

Als ihr alter Freund und Regisseur von *The Lady Is Willing* anrief und ihr hunderttausend Dollar für die Rolle einer Zigeunerin anbot, noch dazu in einem Paramount-Film, willigte sie ohne Zögern ein und gab bei Nellie telefonisch sofort eine schwarze Perücke in Auftrag, »mit langen Fransen, damit ich geheimnisvoll aussehe. Außerdem muß das Haar so glänzen, daß es fettig aussieht. Zigeuner schmieren ihr Haar immer mit Ziegenfett ein, deshalb stinken sie auch so. Wenn das Haar glänzt, werde ich wie eine ›echte‹ Zigeunerin aussehen!«

Gabin wollte natürlich nicht, daß sie ging. Es kam zum Streit:

»Aber ich brauche Geld! Amerikanisches Geld! Richtiges Geld!« Sie war entschlossen, ihn zu verlassen, doch wie immer dachte sie auch an die »Geschichte« und schrieb, damit Gabin hinterher als der Schuldige dastand, alle ihre Gründe in eines ihrer vertraulichen Notizbücher:

Paris
25. Juli 1946

Ich schreibe diese Geschichte nieder, damit ich nicht vergesse, wie es zu diesem seltsamen Ende meines Lebens mit Jean kam.
Ich schreibe sie auch deshalb nieder, damit ich mir später beweisen kann, daß ich sie im Lauf der Zeit nicht erfunden oder ausgeschmückt habe ...

Gabin schickte ihr noch einen letzten Brief ins Hotel, wie immer auf französisch. Für einen »ungebildeten Bauern«, wie ihn meine Mutter häufig bezeichnete, schrieb er sehr schön. Auch mein Vater war dieser Meinung. Deshalb hob er den Brief auf, nachdem er ihn von meiner Mutter erhalten hatte. Es ist ein langer und aufrichtiger Brief von einem Mann, der sie liebte. Er endete mit folgenden Worten:

> ...Hör zu, ma Grande, es gibt einen Gemeinplatz, der schon tausendmal gesagt wurde: »Du warst, du bist und du bleibst immer meine einzige große Liebe.« Ich weiß, daß man Dir das schon gesagt hat, aber, glaube mir, jetzt sagt es ein Mann, der viel Erfahrung hat ... Ich hoffe, Du wirst seinen wahren Wert zu schätzen wissen. Wie ich Dir einmal sagte: Ich würde Dich lieber lebend verlieren als tot und unglücklich. Ich fühle, daß ich Dich verloren habe, obwohl wir eine so schöne Zeit miteinander hatten. Es kümmert mich nicht, was als nächstes geschieht, es ist mir gleich, was die Zukunft für mich bereithält. Mir bleibt nur ein unendliches Gefühl der Traurigkeit, ein tiefer Schmerz in meinem Innern und großer Kummer. Das war es, was ich Dir sagen wollte.
> J.

Gabins einzige Fehler waren sein Charakter und seine Liebe. Beide waren stark und kompromißlos – unmögliche Eigenschaften, wenn man eine Frau wie die Dietrich liebt, deren ganze psychische Struktur auf Treibsand gebaut war, die sie veränderte, wie es ihr paßte, und die dann ihrem Opfer die Schuld für das gab, was sie selbst herbeigeführt hatte.
Jean Gabin entging dieser Götterdämmerung, und ich war stolz auf ihn.

10
Showtime

Eine Scheidung in Nevada wurde möglich, und ich verließ meine verletzte Tami und wandte mich meinen eigenen, egoistischen Bedürfnissen zu. Da meine Mutter die Kosten für das Verfahren trug und eine geübte Helferin benötigte, sollte ich mich bei ihr in Hollywood einfinden, sobald ich meine »Freiheit« gewonnen hatte. Wir zogen in ein Häuschen in Beverly Hills, einen gemütlichen Bungalow, der als heimeliges Nest für ein zufriedenes Mutter-und-Kind-Paar wie geschaffen war. Da in dem einzigen Schlafzimmer ein riesiges Bett stand, verbot sie mir strikt, auf der ebenfalls riesigen Couch in dem in Weiß und Grün gehaltenen Wohnzimmer zu schlafen, sondern bestand darauf, daß wir uns das Bett teilten. Ich wußte, daß ich dort nicht lange bleiben würde: Gewiß würde schon am Horizont eine neue Romanze auftauchen, und ich könnte auf die Couch umziehen.

»Guten Morgen, Miss Dietrich. Guten Morgen, Miss Hei ... Oh, Entschuldigung, Miss Maria!«

Wir fuhren durch das Tor der Paramount. Die Morgendämmerung war rosig, die Luft frisch. Man hatte uns unsere alte Garderobe zugeteilt. Nellie, die inzwischen Hairdressing leitete, erwartete uns mit einer fettigen Perücke unter dem Arm, Crosby sang seinen Schmalz, Sägen surrten, das Sägemehl duftete ... ich war zu Hause!

Wenn man sich an *Golden Earrings* überhaupt noch erinnert, dann wegen des Anblicks der Dietrich mit der schwarzen Perücke und dem entsprechend ausdrucksvollen Gesicht. Sie wirkte zigeunerhafter als jede Zigeunerin, die es je gab oder geben wird. Die Haare trieften vor Fett. Die dick schwarz umränderten Augen mit der schneeweißen Innenlinie am Lid in einem geheimnisvollen, nußbraunen Gesicht erblickten jede Zukunft in jeglicher Kristallkugel. Sie trat barfuß auf, in

Lumpen gehüllt und mit einer Stola umwickelt, über und über mit Armreifen, Ohrringen und klimpernden Goldmünzen behängt. Sie beschmierte sich mit Ruß und Schmutz, angelte Fischköpfe aus schwarzen Eisenkesseln, die über rauchenden Lagerfeuern hingen, stank zum Himmel und amüsierte sich köstlich. Und sie hatte auch wieder einmal einen Co-Star, über den sie sich lustig machen konnte.

»Also, wirklich! So was bezahlen sie! So was nennt man einen Star? Das darf doch nicht wahr sein! Wahrscheinlich ist Mitch in ihn verknallt und will ihn deshalb in dem Film haben!«

Während der gesamten Dreharbeiten hielt sich Ray Milland sorgfältig von der Dietrich fern und tauchte nur dann an ihrer Seite auf, wenn eine Szene es verlangte. Während solcher Auftritte konnte man sehen, wie sich dicke Schweißperlen auf seinem Zigeuner-Make-up bildeten. Das brachte den Maskenbildner fast zur Verzweiflung. Nach jeder Aufnahme mußte er herbeieilen und sein Gesicht trockentupfen. Diese Feuchtigkeit hatte ihre Ursache nicht in dem leidenschaftlichen Verlangen nach seiner Zigeunerfrau, das er mühsam zügelte, sondern in dem verzweifelten Bestreben, sich nicht vor ihrer Nase zu übergeben. An dem Tag, als die Szene am Lagerfeuer gedreht wurde, erwischte es ihn! Meine Mutter tauchte die Hand in den Kessel, rührte in ihm, zog einen großen, saftigen Fischkopf heraus und saugte seine hervorstehenden Augen aus. Unter seinem dunklen Make-up wurde Milland kreideweiß – und rannte los. Ich glaube, es machte ihr Spaß, wenn es ihrem Partner ihretwegen den Magen umdrehte – sie machte ein regelrechtes Spiel daraus, sich etwas einfallen zu lassen, was ihn zur Toilette jagen würde.

Am Abend, auf dem Heimweg im Auto, versank sie immer in tiefes Nachdenken und murmelte vor sich hin:

»Weißt du, morgen in der Wagenszene – ich könnte mich im Schritt kratzen. Alle Zigeuner haben Läuse. Wenn ich die Unterröcke hochziehe, wird das vor den nackten braunen Beinen sehr gut aussehen, dann schiebe ich die Hand an meinem Bein entlang nach unten – breche einen Kanten Brot ab und stecke ihm das Stück in den Mund ... das wird ausgesprochen zigeunerhaft! Es zeigt, daß sie ihn liebt, wenn sie ihm von ihrem Essen gibt. Ich habe Mitch gesagt, wenn wir die Verkleidungsszene drehen, werde ich ihn mit meinem Gänseschmalz bestreichen – damit es echt aussieht!«

In späteren Jahren nannte sie Ray Milland immer »den schrecklichen Engländer mit dem empfindlichen Magen, der von Billy Wilder endlich lernte, wie man spielt, und nach dem ›besoffenen‹ Film nie mehr etwas drehte«.

Die heißeste Neuentdeckung auf dem Paramount-Gelände – ein athletischer junger Mann, der gerade ein glänzendes Debüt in einem Gangsterfilm hinter sich hatte – interessierte sie auf ganz andere Weise. Schon bald widmeten wir unsere Wochenenden dem Bestreben, ihn glücklich zu machen. Da er damals verheiratet war, traf er meist gegen zehn Uhr morgens ein und ging gegen fünf Uhr nachmittags wieder, so daß ich doch nicht erreichte, auf der Couch zu schlafen. Nachdem ich dafür gesorgt hatte, daß all das, was er am liebsten aß, im Kühlschrank vorrätig war, und meiner Mutter geholfen hatte, ihre speziellen irischen Leinentücher auf »unser« Bett zu ziehen, verschwand ich und kam erst wieder, wenn ich wußte, daß unser junger Schauspieler gegangen war. Meine Rolle als Zofe der Königin hatte sich nicht verändert, außer daß ich jetzt für alt genug gehalten wurde, mir auch sexuelle Pikanterien ihrer Romanzen anzuhören sowie die Leinentücher zu wechseln.

Sie schwärmte von den körperlichen Vorzügen ihrer neuesten Eroberung. Besonders reizvoll fand sie seinen muskelbepackten Oberkörper. Zwischen den Filmaufnahmen bestellte ich Geschenke für ihn, von denen meine Mutter meinte, daß der »zukünftige Star« sie nötig hätte: die goldene Uhr, die Manschettenknöpfe von Cartier, das Zigarettenetui, dazu Werke von Hemingway, um seinen Geist von der »Jahrmarktmentalität«, wie sie es nannte, auf die ihr entsprechende höhere Ebene zu bringen, die Kaschmirpullover, die Seidenhemden und luxuriösen Morgenröcke. Eines Tages sortierte ich gerade die Rechnungen in der Garderobe, als sie beim Malen ihrer Zigeuneraugen innehielt, sich zu mir umdrehte und sagte:

»Liebling, er möchte ein Grammophon – nein, wie heißt das jetzt? Plattenspieler? Ja, genau. Er ist ganz versessen auf einen Plattenspieler, in den ›die allermodernsten Erfindungen eingebaut sind‹, wie er sich ausdrückte. Kannst du einen für ihn besorgen? Den besten, den es gibt, und zwar bis Samstag, damit er ihn im Auto mit nach Hause nehmen kann, wenn er weggeht. Er kann seiner Frau erzählen, er hätte ihn vom Studio bekommen, also kaufe ihn unter dem Namen Mitchell Leisen, sie können auch die Rechnung auf ihn ausstellen, ich habe schon mit Mitch darüber gesprochen.«

Bald nach der Übergabe der modernsten Hi-Fi-Anlage verlor unser Wochenendgast das Interesse an meiner Mutter und verschwand aus unserem Leben. Im Laufe der Jahre bezeichnete meine Mutter dieses »Zwischenspiel« in ihrem Leben oft als »die Zeit, in der ich diesen schrecklichen Film mit diesem englischen Trottel drehte – wie hieß er doch gleich? Und dann war da noch dieser Hurensohn, der für einen Plattenspieler mit mir ins Bett gegangen ist!«

Er gehörte zu den wenigen Liebhabern, die sie nie wieder sah, der nicht ein Leben lang demütiger Bewunderer blieb.

Während der Dreharbeiten von *Golden Earrings* hatten wir einen Streik.

»Einen Streik – wofür? Wer hat in Hollywood die Erlaubnis zu streiken? Wir machen Filme, nicht Autos«, sagte unser Filmstar der dreißiger Jahre und meinte es ernst. Tatsächlich hat es sie jahrelang verwirrt, daß sie jetzt Gewerkschaftsbeiträge bezahlte und eine sogenannte SAG-Card hatte. »Was ist SAG?« fragte sie mich ganz verwundert.

»Die Screen Actors Guild, Mutti, die Gilde der Filmschauspieler.«

»Ach so, ich dachte, es sei eine Gewerkschaft.«

»Ja, ist es auch.«

»Nein, ist es nicht! Es heißt ›Guilde‹, das ist ein Ort, an dem Schauspieler zusammenkommen, wie dort in New York, wo sie alle so stolz darauf sind, dazuzugehören. Du weißt schon, wie heißt es? Etwas mit … Mönch … etwas …«

»Meinst du den Friars Club?«

»Ja, genau! Das ist es! In Hollywood heißt es ›Guilde‹. In New York nennen sie es ›Klub‹, aber es ist dasselbe. Sie kommen zusammen, um etwas zu trinken, sitzen in Ledersesseln herum und reden über sich selbst!« Als daher ihre Gewerkschaft, die sie lediglich für einen geselligen Klub hielt, alle Schauspieler, die auf dem Paramount-Gelände arbeiteten, informierte, daß sie es riskierten, zu Streikbrechern zu werden, wenn sie zur Arbeit gingen, war meine Mutter empört und wollte nichts davon wissen.

»Mutti, bitte hör zu. Die Streikposten stellen sich an das Tor. Es gibt Gerüchte, daß sie angedroht haben, den Schauspielern Säure ins Gesicht zu schütten, falls sie mit Gewalt an den Streikposten vorbei wollen.«

»Ich werde mit Mitch über diese Dummheiten reden«, und schon rauschte sie aus der Garderobe.

Das Studio wurde für eine Belagerung befestigt. Die Teams aller Filme, die gerade gedreht wurden, erhielten Anweisung, auf dem Gelände zu bleiben und das Studio erst wieder zu verlassen, wenn der

Streik geschlichtet war. Die Requisitenabteilung reagierte auf den Einsatzbefehl – Matratzen und Feldbetten wurden aus den Lagerhallen gehievt und verteilt, Kissen, Decken und Leinentücher wurden bereitgestellt, man richtete Kantinen für Frühstück und Abendessen ein, und ein ganzes Hollywoodstudio ging campen.

Im Autorengebäude mischten sich zwanglos Feldbetten, hübsche Sekretärinnen und Alkohol zu gelehrtem Chaos. Die Maskenbildnerei und die Frisierabteilung schlossen sich zusammen, man stellte die Feldbetten in die eine Abteilung und feierte in der anderen eine Party. Es entbrannte ein heftiger Wettstreit um Garderoben, und die Stars, die eine eigene Garderobe besaßen, hatten das große Los gezogen. Alle, die jemals damit geliebäugelt hatten, im Studio mit jemandem zu schlafen, konnten sich diesen Wunsch erfüllen. Sie waren »eingeschlossen auf Befehl des Studios« – das war die beste Ausrede aller Zeiten –, und durften eine Nacht im Reich ihrer Phantasie leben, ohne dafür geradestehen zu müssen!

Die Garderobentür meiner Mutter blieb fest verschlossen, aber Nellie stand nicht Wache – sie hatte anderswo zu tun. Ich hatte mein Studiofahrrad und kurvte herum, hörte das laute Gedudel der Radios, freute mich an dem fröhlichen Kunterbunt und den Schreien des Entzückens.

Am nächsten Morgen machten sich die Mitarbeiter des Studios zerzaust, mit müden Augen und benommen wieder daran, ihre Filme abzudrehen, nicht ganz sicher, daß sie noch eine solche Nacht durchstehen konnten. Meine Mutter blühte nicht auf bei Affären, die nur eine Nacht dauerten, besonders, wenn ein sehr schlechter, untalentierter Schauspieler ihr Partner gewesen war – und so war sie schlechter Laune. Sie zog gerade den weißen Mittelstrich auf ihrem Nasenrücken nach, als ich vom Frühstück in der Morgendämmerung zurückkehrte.

»Nun – hat dich Milland gekriegt?« fragte sie und fixierte mich mit ihren Zigeuneraugen durch den Spiegel. Sie hatte während der ganzen Dreharbeiten solche Andeutungen gemacht und war verschnupft, weil ich mit niemandem eine Affäre hatte. Jeder wäre ihr dafür recht. Denn solange mein Benehmen schlechter war als ihres, fühlte sie sich als »Dame«. Ich haßte es, sie zu enttäuschen, und außerdem hatte jeder, der eine ganze Nacht mit Murvyn Vye verbracht hatte, eine Belohnung verdient, daher machte ich ihr ein Geschenk:

»Ach – er war überhaupt nicht gut.« Sie lächelte zufrieden, und ich ging zur Wardrobe, um ihre Zigeunerröcke zu holen.

Wir waren gerade vom Studio nach Hause gekommen, da läutete das Telefon. Ich nahm ab, hörte das wohlbekannte, kehlige Französisch und reichte ihr den Hörer. Sie sagte »Oui«, ihr Gesicht war ganz ruhig.

Jean teilte ihr mit, er werde heiraten. Ihr Gesicht wurde weiß, sie umklammerte den Hörer und begann mit ihm zu argumentieren: Er mache einen schrecklichen Fehler, keine Frau, die er plötzlich »einfach so« gefunden habe, könne gut genug sein, könne ihn je so glücklich machen, daß es gerechtfertigt sei, sie zu heiraten.

»Mon amour, schlaf mit ihr, wenn du mußt, aber warum heiraten? Mußt du denn nur deswegen so bürgerlich sein, weil du ein Kind haben willst?«

Aber was immer sie auch sagte, wieviel sie auch bettelte und bat und ihn daran erinnerte, wie sehr er sie geliebt hatte, wie sehr und bedingungslos sie ihn noch immer liebte, sie konnte ihn nicht umstimmen. Schließlich hängte er einfach ein. Sie legte den Hörer auf. Sie sah müde und völlig verloren aus.

»Es ist eine Laune«, flüsterte sie, »es ist wieder eine von Jeans Launen. Ein Trick, damit ich zu ihm zurückkomme. Das war nicht nötig. Er hätte nur anzurufen brauchen und mir sagen, daß er mich liebt, und ich wäre zu ihm zurückgeeilt – sobald der Film fertig ist.«

An jenem Abend sollten wir zu einer großen Party in einem Bel-Air-Anwesen gehen. Ich weiß nicht mehr, zu wem. Travis, der jetzt ein ernüchterter Mann war, ein eigenes Bekleidungsgeschäft führte und Kleider für Cocktailpartys am Swimmingpool sowie für gelangweilte Managergattinnen entwarf, hatte eigens für diesen Anlaß ein Abendkleid kreiert, aus ganz blaßblauem Chiffon, dessen überlange, bis auf den Boden fallende Stola mit Blaufuchs eingefaßt war. Auch ich hatte ein besonderes Kleid, ein auffallendes Modell aus schwarzem Seidenjersey, das Irene für mich gemacht hatte, also muß es ein sehr bedeutender Abend gewesen sein. Alles, was mir in Erinnerung geblieben ist, sind hell erleuchtete Gärten, die sich über Meilen erstreckten, plätschernde Marmorspringbrunnen, die Hautevolée von Hollywood, mit Juwelen behängt und Charme versprühend, und meine Mutter, die in ihrem blaßblauen Kleid herumschwebte und sich sinnlos betrank. Es ist meine erste Erinnerung an einen Ablauf, der zur tragischen Wirklichkeit der kommenden Jahre werden sollte: meine Mutter vom Boden aufheben, sie in eine Limousine verfrachten, sie ohnmächtig in meinen Armen halten, sie sicher in ihre jeweilige Wohnung bringen und ihren schlaffen Körper entkleiden, während sie mich mit Beleidigungen überschüttet. Damals, im Herbst 1946, war ich schon ganze zwölf Monate lang trocken gewesen und entschlossen, es für immer zu bleiben. In meinem neugewonnenen Stolz auf mich selbst und meiner missionarischen Unschuld glaubte ich, meiner Mutter helfen zu können, ihre Dämonen zu besiegen. Doch obwohl ich es über vierzig Jahre lang versuchte, gelang es mir nie, sie aus der tödlichen Falle zu befreien, die sie sich selbst gestellt hatte.

*

Mein Vater schrieb uns, er habe ein Angebot für einen Job bei einer französischen Filmgesellschaft und sei darauf erpicht, nach Europa zurückzukehren. Sollte sich nach einigen Monaten zeigen, daß alles gut klappt, werde er seine Wohnung in New York aufgeben und sich fest in Paris niederlassen. Tami werde er in New York zurücklassen und sie und ihre Habe erst nachkommen lassen, wenn alles positiv verliefe.

»Gut. Endlich hat Papi etwas, das ihn von Tamis Verrücktheit wegholt.« Meine Mutter sicherte ihm ihre finanzielle Unterstützung zu.

Sie saß als Zigeunerin für wunderbare Porträtaufnahmen Modell, dann räumten wir die Garderobe. Der Gestank von Ziegenfett klebte an allem. Ich hatte Mitleid mit dem Star, der die Garderobe als nächster benutzen würde! Offenbar hatte Jean sich doch nicht in die Ehe gestürzt. Und so begannen tiefschürfende astrologische Gespräche, bis meine Mutter davon überzeugt war, die Sterne stünden jetzt günstig, um ihr eine Rückkehr zu erlauben und »die Liebe ihres Lebens« davon zu überzeugen, daß er ihr wirklich alles bedeute, und ihm seine Torheiten auszutreiben und ihm zu gehören – für immer. Armer Jean, ich wünschte ihm alles Gute.

Da Carroll Righter den Schützen und Steinböcken davon abriet, zu fliegen, fuhren wir mit dem Zug nach New York.

»Es ist endlos! Dieses Land hört nie auf, und wie oft sind wir diese Strecke gefahren? Und warum? Es dauert ewig – aber in den alten Zeiten haben wir eine Menge verrückter Dinge getan – weißt du noch, wie heiß es immer war, ehe es Klimaanlagen gab? Die sind natürlich genauso schlecht – gebraten werden oder erfrieren – immer diese amerikanische Übertreibung.«

Wir wuschen uns noch immer im Hotel Blackstone, das hatte sich nicht geändert.

Meine Mutter reiste mit dem Schiff nach Frankreich weiter. Ich blieb in New York, um Arbeit am Theater zu suchen und mich um Tami zu kümmern, solange mein Vater nicht da war. Es war eine sehr geschickte Lösung für ein verzwicktes Problem, bei der alle bekamen, was sie wollten: Mein Vater konnte als Junggeselle nach Europa reisen, und meine Mutter hatte die Sicherheit, daß jemand aus der Familie die Pflichten der Krankenschwester übernahm, wodurch das stets gegebene Risiko umgangen wurde, daß Tamis wirkliche Position im Hause Dietrich an die Presse durchsickerte.

Miteinander allein, waren Tami und ich manchmal richtig glücklich. Ohne die bedrückende Anwesenheit unserer gewohnten Zuchtmeister zusammenzusein, war eine Erleichterung. Ich fahndete nach den versteckten Pillen, folgte ihr bei ihrer täglichen Suche nach skrupellosen Apotheken, fütterte sie, wusch sie, half ihr, die abgelegten, eleganten Kleider meiner Mutter anzuziehen, und versuchte, sie vor Unheil zu schützen. Es gelang mir nicht – ich versuchte es nur.

Meine Mutter schrieb von dem neuen Schmuckstück der Cunard Line, der *Queen Elizabeth*:

> Engel,
> das hier sind nur Notizen über Dinge, die ich brauche, so wie sie mir gerade einfallen, es ist kein Brief.
> 1. Frage Dr. Peck, ob das Enthaarungsmittel, von dem er gesprochen hat, das ohne Geruch, versandfertig ist.
> 2. Ich brauche auch Vitamin C, Ascorbinsäure, gegen meine roten Hände.
> 3. Creme für Papis Hämorrhoiden.
> Ich habe dieselbe Stewardeß wie damals auf der *Bremen,* und sie hat mich nach »der kleinen Heidede« gefragt.
> Gestern habe ich *Darling Clementine* (dt. *Faustrecht der Prärie*) gesehen. Wie schrecklich – Ford, unser größter Regisseur, macht einen so schlechten Film! Außerdem ist auch der Titel irreführend. Düstere Grabesstimmung im Zeitlupentempo. Heute gibt es *M. Beaucaire* mit diesem schrecklichen Bob Hope.
> Unglaubliche Passagiere. Unglaubliches Schiff. Ich habe den Vorschlag eingereicht, man solle zu jeder Fahrkarte eine Sonnenbrille dazugeben. Die Lampen sind gleißend wie im Krankenhaus, und die Wände auch. Die Vibrationen oben im Grillraum sind so stark, daß einem die Zähne klappern – und tanzen soll man auf dem Teppich! Dafür muß man im Grillraum extra bezahlen.
> Wally Simpsons Ehemann, ich meine Mr. Simpson, stellt mir

nach, und ich verstecke mich, was bei all den hellen Lampen sehr schwierig ist. Die Leute starren mich so ungeniert an, daß es fast eine Beleidigung ist. Über den Abendkleidern werden meist Kaninchenmäntel und alte Fuchsmäntel getragen, und ich lasse meinen neuen Mantel in der Kabine. Heute gehen wir in den Speiseraum der Kabinenklasse statt in den Vibrierraum.
Sechs Tage voller Langeweile. »Nimm nächstes Mal ein Flugzeug.« Solltest Du herüberkommen, frage Carroll und fliege, wenn möglich. Aber vielleicht gefällt Dir das Schiff, denn man kann tagelang schlafen.
Ich glaube, wir haben es gut, wenn wir zusammenleben. Ich liebe Dich.

Mutti

Einer der zahlreichen Quacksalber in der Sammlung meiner Mutter hatte sie überzeugt, daß Elektroschocks ihre Freundin ganz bestimmt heilen würden. Vor ihrer Abreise hatte sie deshalb angeordnet, daß Tami jede Woche eine Behandlung erhalten sollte, hatte einen Blankoscheck unterschrieben und eine sehr merkwürdig aussehende Frau angestellt, die aufpassen sollte, daß Tami auch wirklich hinging. Als ich versprach, allen schriftlichen Anordnungen Folge zu leisten, wenn ich Tami nur selbst hinbringen dürfe, entließ meine Mutter die »Auschwitz-Aufseherin«, sagte: »Das will ich dir auch geraten haben! Ich habe dafür bezahlt!« und stieg in ihre Limousine.

Der Doktor wohnte nicht weit von uns. Ich ging mit Tami zu Fuß zu seiner Praxis und half ihr anschließend, wenn wir langsam zurückkehrten. Jedesmal auf dem Hinweg flüsterte sie mir zu: »Laß mich nicht allein.« Jedesmal auf dem Rückweg existierte ich für sie nicht mehr.

1946 gab es noch keine Tranquilizer, wie wir sie heute kennen, es sollte noch drei Jahre dauern, bis das erste Miltown auf den Markt kam, und noch viel länger, bis der wirksame Friedensbringer Valium erhältlich war. Wenn es überhaupt irgendwelche Mittel gab, um Angst zu mindern, dann hielt der »Doktor«, der den Auftrag bekommen hatte, Tamis Gehirn elektrisch zu reizen, nichts von ihnen. Zwei stämmige Männer in weißen Mänteln hoben das zitternde Geschöpf, das ich so liebte, hoch, warfen sie auf eine Metallplatte und banden sie auf der eiskalten Fläche fest. Die Halteschlaufen um ihre Knöchel und ihre Handgelenke waren aus dickem Leder, die Gurte, die ihren Körper festhielten, aus schwerem Segeltuch. Ein mit Drähten versehenes Lederband wurde fest um ihren Kopf geschnallt, Elektroden an beiden Schläfen befestigt, ein hölzerner Keil zwischen ihre Zähne geschoben, und dann wurde der Strom eingeschaltet. Es fiel mir auf, daß die Deckenlampen schwächer wurden, genau wie in den Filmen bei einer Hinrichtung auf dem elektrischen Stuhl. Tamis Glieder zuckten, ein leiser Schrei entrang sich ihrem verkeilten Mund, wie das Heulen eines in die Enge getriebenen Tieres, ein leichter Geruch von versengtem Fleisch hing in der Luft – dann herrschte Stille.

An manchen Tagen dauerte es Stunden, bis Tami wieder aus dem langen, schwarzen Tunnel auftauchte, in den sie geschleudert worden war, und wieder wußte, wer sie war. Manchmal dauerte es nur wenige Minuten, aber bei jeder »Behandlung« verlor sie ein wenig von ihrem Wesen, ihrem Gedächtnis, ihrer raschen Auffassungsgabe, ihrem wunderbaren Humor, ihrer schenkenden Zärtlichkeit. Die Persönlichkeit der Frau Tamara Matul verschwamm, und dafür traten Furcht, Verwirrung und tiefste Trostlosigkeit um so schärfer in den Vordergrund. Sie hatte mir vertraut, und ich war danebengestanden und hatte zugelassen, daß man sie quälte. Im innersten Kern ihrer tiefen Verwirrung verzieh sie mir nie – und ich mir auch nicht.

Die Fordham-Universität in New York war zurecht berühmt für ihre einzigartige dreifache Bühne und ihre innovativen Inszenierungen. Den Fachbereich Theater leitete Albert McCleery, der ehemalige Adjutant von General Gavin, der an dem Abend, an dem ich nach Berlin kam, so diplomatisch gewesen war und seinen General fürsorglich abgeschirmt hatte. Er rief mich an und fragte, ob ich frei sei und ihm bei der Regie seiner Inszenierung von *Peer Gynt* assistieren könne. Ich sagte, daß ich zu einer Probe kommen und sehen wolle, was ich tun könne.

Als ich in das abgedunkelte Theater trat, sah ich die geschmeidige Gestalt eines Mannes, der Lichter auf eine riesige, kahle Bühne richtete. Als McCleery sich zu mir gesellte, fragte ich ihn:

»Ist das die Beleuchtung für die erste Szene? Wenn ja, ist sie nicht ein bißchen zu hell?«

Der Mann auf der Bühne wandte sich um und spähte in den dunklen Zuschauerraum.

»Wer hat das gesagt? Al? Ist jemand dort unten bei dir und kritisiert meine Beleuchtung?« Er klang sehr ärgerlich.

McCleery begleitete mich zur Vorbühne und stellte mich William Riva vor, der an der Fordham-Universität Bühnenbildner ausbildete. Ich, die ich in einem Beruf aufgewachsen war, der praktisch die »Liebe auf den ersten Blick« erfunden hatte, ich, die ich so unrealistisches »Valentinstags«-Gebaren immer verspottet hatte, die ich mich immer gewunden hatte, wenn meine Mutter in Verzückung geriet, verliebte mich bis über beide Ohren. Ich habe es nie bereut und habe nie zurückgeblickt. Zwar erkannte ich rasch, daß der Gegenstand meiner plötzlichen Leidenschaft ein hervorragender Künstler war, ein hingebungsvoller Lehrer und ein exzellenter Praktiker, aber bei ihm dauerte es eine Weile, bis er seine Abneigung überwunden hatte gegen »Töchter von Filmstars, die denken, sie verstehen etwas vom Theater, und die obendrein noch meinen, sie hätten das Talent, dieses Handwerk auch zu lehren«. Ich wußte, daß ich hoffnungslos verliebt war, und lernte mit der Zeit auch, sein Urteil in bezug auf wirklich wertvolle Dinge zu respektieren. Nachdem ich ihn fünfundvierzig Jahre lang geliebt habe, schätze ich sein Urteil noch immer. Ich habe mich sehr angestrengt, um seine Anerkennung zu verdienen, aber es war nicht leicht. Er sah zu, wie ich bei einer Szene Regie führte, und das schien ihn zu beeindrucken. Ich erbot mich, die ganze Nacht durchzuarbeiten, um den Aufbau eines kniffligen Sets fertigstellen zu helfen, das gefiel ihm. Ich schloß mich den Malern an, fand eine alte Hose, zog sie an und brauchte etwas, um sie festzuhalten, also schlang ich eine alte Vorhangkette um meine Taille – da biß er an!

Ich fand Arbeit und ging in der ersten Inszenierung der Theatergilde von Eugene O'Neills *A Moon for the Misbegotten* (dt. *Ein Mond für die Beladenen*) als zweite Besetzung mit auf Tournee. Bill kam mich besuchen, so oft er es einrichten konnte, und bald schmunzelten O'Neill, der große Bühnenregisseur Robert Edmond Jones, James Dunn und alle anderen wohlwollend über die Romanze, die unsere Truppe auf dem Weg durch Columbus, Cleveland, Boston und die weiter westlich gelegenen Ziele begleitete. Als in Kansas City die Polizei O'Neills wunderschönes Stück verbot, weil die Sprache die Sittengesetze dieser sauberen Stadt verletzte, kehrte ich nach New York zurück und erwischte Bill unmittelbar vor einer Kostümprobe für eine der ausgefallenen und aufregenden Inszenierungen, die die lieben Jesuiten von Fordham so liebten. Er hatte seit drei Tagen nicht mehr geschlafen und konnte sich kaum noch auf den Beinen halten; ich sah, daß der Augenblick günstig war, und fragte ihn, ob er mich heiraten wolle. Er nickte – er war zu müde, um nein zu sagen. Es war die klügste Tat meines Lebens und auch die mutigste.

Ich achtete sorgsam darauf, daß meine Mutter nichts erfuhr. Das war nie besonders schwierig. Banale Fragen im Stil »Wie geht es dir?«, »Was machst du?«, »Erzähl mir etwas von dir« gehörten nie zu ihrem sprachlichen Repertoire. Doch ich rief Brian an:

»Oh, Kater – mein liebes Mädchen. So wundervolle Nachrichten! Gott segne dich!« Und ich ging auch Remarque besuchen, nur um ihm von meiner Liebe zu erzählen, nicht um lange zu bleiben. Wir redeten die ganze Nacht durch und merkten gar nicht, wie spät es war, bis das elektrische Licht zu hell wurde, als das Morgenlicht durch die hohen Fenster hereinflutete. Gute Freunde können das füreinander tun: alte Wunden öffnen, aufgestautes Gift abfließen lassen, sich gegenseitig seelisch reinigen. Er freute sich so sehr, daß ich ein Zuhause für meine Liebe gefunden hatte. Für ihn blieb das Verlangen nach meiner Mutter unverändert bestehen.

Am Morgen meines Hochzeitstages setzte ich Tami in ihren Lieblingsstuhl am Fenster, legte ihr ein Knäuel verheddertes Garn in den Schoß – sie knüpfte gern die Knoten auf, weil diese Beschäftigung sie beruhigte –, küßte sie und wünschte, es ginge ihr gut genug, daß sie bei meiner Trauung dabeisein könnte. Am 4. Juli 1947 schritt ich durch das Schiff einer sehr schönen Kirche, empfand mein schneeweißes Kleid als durchaus passend und heiratete den Mann, den ich liebte – und der mich liebte. Kein Aufsehen, keine Extravaganz, keine Presse, keine Fotografen, keine »Weltstar-Mutter«. Aber Albert McCleery, der eh und je ein Fan von ihr gewesen war, schaffte es dennoch, ihr unser Hochzeitsfoto über Reuters Nachrichtendienst nach Paris zu schicken, und sie schaffte es, jemanden in New York zu finden, der in unsere Wohnung eindrang und Massen von frischen Rosenblättern über unser weißes Bettzeug schüttete. Mir wurde übermittelt, sie koche vor Wut. Dabei sorgte sie dafür, daß alle den Eindruck hatten, sie sei nur darum bemüht, Champagner und Blumen zu ihrer wundervollen Tochter zu bringen, die heiratete, *ohne* ihre liebende Mutter an der Seite zu haben. Sie verwand es nie, daß der Mann ihrer Tochter noch länger in Übersee gedient hatte als Eisenhower und sieben Dienstalterstreifen an seiner Uniform trug, während sie nur drei hatte, die nicht ganz »offiziell« waren. In der Welt der Dietrich war sie der geehrte, heldenhafte Soldat und ganz gewiß nicht ein Italoamerikaner mit dunklen Augen und schwarzen Haaren! Als später alle meine Söhne bei der Geburt die Augen ihres Vaters hatten, schüttelte sie voll arischer Mißbilligung den Kopf und murmelte vor sich hin: »Ich habe es gewußt! In dem Augenblick, in dem Maria ihn heiratete, wußte ich, daß ihre wundervollen blauen Augen für immer verloren sind! Diese dunklen Männer – ihre Gene gewinnen immer!« Jahrelang wartete sie auf ein Ereignis, mit dem sie felsenfest rechnete: meine Rückkehr zu ihr, weil auch diese Ehe wieder kläglich gescheitert war. Und sie knirschte mit den Zähnen, als die Jahre vergingen und ich nicht bei ihr erschien und flüsterte: »Mutti, kann ich heute nacht bei dir schlafen?«

*

Jean heiratete, und meine Mutter kehrte tief getroffen und unglücklich nach New York zurück. Und verliebte sich in den einzigen Mann, den ich je als den idealen Ehemann für sie ansah. Er war elegant, gutaussehend, intelligent, kosmopolitisch, dreisprachig und reich. Bill und ich mochten ihn außerordentlich gern. Das einzige, was mir Sorgen bereitete, war seine Sanftmut. Diese Sanftmut und seine wahre Freundlichkeit konnten sich als schwerwiegender Nachteil entpuppen. Ein solcher Kavalier war schlecht gerüstet, um einen emotionalen Zweikampf mit der Dietrich durchzustehen.

Zwischen den überwältigenden Zusammenkünften mit ihrem Bilderbuchkavalier lernte sie meinen Mann kennen. Er war höflich, sie war reserviert, aber entschlossen, das Beste aus dem zu machen, was sie für einen weiteren emotionalen Fehler meinerseits hielt. Sie besuchte uns in unserer Wohnung im dritten Stock, die man nur zu Fuß erreichen konnte. Unter mädchenhaftem Kichern ließ sie uns wissen, das Linoleum im Treppenhaus erinnere sie an die Dienstbotenquartiere im Haus ihrer Mutter in Berlin. Sie probierte mein Thunfischgericht, ohne sich dazu zu äußern, und schauderte beim Getöse der Third-Avenue-Straßenbahn, die unter unserem Schlafzimmerfenster vorbeiratterte. Schließlich wurde sie von einer langen, eleganten Limousine entführt – die eine Stunde später wieder zurückkehrte, beladen mit Schachteln voll teurer Geschenke: mit Räucherlachs aus den kältesten Flüssen Schottlands, Dosen mit hervorragendem Kaviar aus der Heimat ihres neuen Liebhabers, Käse aller Art, Broten, Täubchen, exotischen Früchten, mehreren Bündeln weißem Spargel, Kuchen, zartesten Keksen und den unvermeidlichen Flaschen Dom Pérignon.

Mein Mann, der es sich nicht leisten konnte, mich mit solchen Geschenken zu überschütten, war wie vom Donner gerührt. Ich bekam Angst und versuchte, ihm seine Sorgen lachend zu nehmen:

»Bill, Liebster, laß dich von meiner Mutter nicht ins Bockshorn jagen. Sie ist weltberühmt für ihre übertriebene Großzügigkeit, und niemand fragt je nach den Motiven oder versteht sie. Aber ich verstehe sie. Weißt du, warum sie all diese Luxusgüter geschickt hat? Weil sie mir in Wirklichkeit sagen möchte: ›Siehst du, mit ihm mußt du Thunfisch essen, bei mir bekämst du Kaviar.‹ Komm, wir geben eine Party und vertilgen das ganze Zeug!« Ich hoffte, daß diese tapfere Rede ihn überzeugen würde, daß er mich nicht enttäuschte, wenn er der »Tochter eines berühmten Filmstars« nichts als seine Liebe und Thunfisch in Dosen zu bieten hatte. Ich wußte, er hätte mir am liebsten die Sterne vom Himmel geholt. Er mußte erst noch lernen, daß das, was er mir zu geben hatte, für mich viel kostbarer war. Aber für mich hatte die Alarmglocke angeschlagen. Meine Mutter spürte, daß ich ihr diesmal vielleicht endgültig weggenommen wurde, und in dem verzweifelten Wunsch, wieder in Besitz zu nehmen, was sie stets als ihr alleiniges Eigentum angesehen hatte, würde sie sich gewiß nicht mit Lebensmittelgeschenken begnügen.

Billy Wilder rettete mich. Er bot ihr die Rolle einer Nachtklubsängerin an, die versucht, in den Ruinen von Berlin zu überleben. Sie haßte die Figur und die ganze Idee, aber sie vertraute Wilder und brauchte das Geld. 1947 ging sie nach Hollywood, überzeugt, daß dann, wenn sie erst einmal die Kostüme entworfen, die Hollaender-Songs gesungen und dafür gesorgt hatte, daß »Billy nicht darauf besteht, daß die Frau während des Krieges wirklich eine Nazianhängerin war«, *A Foreign Affair* (dt. *Eine auswärtige Angelegenheit*) ein Dietrich-Film werden würde. Sie kopierte das alte Paillettenkleid, das sie während ihrer GI-Zeit getragen hatte, und sah phantastisch aus. Mit einem alten, deutschsprachigen Kameraden als Regisseur hatte sie eine schöne Zeit, während sie den Film drehte. Sie rief mich fortwährend an, und es verdroß sie sehr, daß sie mich manchmal nicht erreichte, weil ich an der Fordham-Universität Seminare hielt und nicht immer sofort zur Stelle sein konnte. Ihr Partner in der männlichen Hauptrolle interessierte sie nicht. Sie nannte ihn »dieses Stück versteinertes Holz«, und ihre weibliche Partnerin, Jean Arthur, war »diese potthäßliche Frau mit dem amerikanischen Näseln«. Ein attraktiver Athlet, den sie bei einer von Warners vielen Partys kennengelernt hatte, machte ihr den Hof. »Genau wie dein Bill, ganz italienisch, aber er sieht nicht so romantisch aus wie dein Mann, ein bißchen mehr nach Unterschicht – und kommt von ein bißchen weiter unten, so Richtung Neapel. Im Sommer schlägt er auf einen Ball und rennt dann ›home‹ in diesem kindischen Spiel, nach dem die Amerikaner so verrückt sind – du weißt, welches ich meine. Er ist ein bißchen dumm – aber süß!«

Ich wußte also, daß meine Mutter in guten Händen war, und hoffte, daß die Aufsichtsratposition ihres »Kavaliers« ihn in New York halten würde – bis Di Maggio vom Platz gestellt wurde.

Aufgrund der Empfehlungen der Generäle, die sie bewunderten, erklärte das Kriegsministerium, daß Miss Marlene Dietrich dazu ausersehen worden sei, die höchste Auszeichnung zu erhalten, die das Land zu vergeben hatte, die »Medal of Freedom«.

Sie rief mich an, schluchzend vor Stolz und Freude:

»Liebling – ich lasse sie für dich rahmen. Nellie schnappt beinahe über beim Nähen des schmalen, rot-weißen Bändchens, das ich jetzt am Revers meiner Kostüme tragen darf. Und ich habe auch eine kleine Medaille, die ich bei feierlichen Anlässen tragen kann – außer der offiziellen großen. Die meisten Kinder bekommen Medaillen von ihrem Vater – du wirst sie von deiner Mutter erben!«

Ich wurde schwanger, und meine Mutter, wie immer die Soldatentochter, die eine Niederlage mit stoischer Resignation hinnimmt, kehrte nach New York zurück, um die »glorreiche« Schwangerschaft ihrer Tochter zu überwachen, aber nicht, ohne mich vorher zu fragen, ob ich das Kind nicht lieber loswerden wolle.

»Wenn du erst einmal ein Kind hast, wirst du nicht mehr so leicht aus dieser Ehe herauskommen. Ich weiß, daß du dauernd davon redest, daß du Kinder möchtest, aber ein Kind bringt dir nichts als Ärger und Mühe.«

Mein Gesichtsausdruck muß sie erschreckt haben, denn sie wagte es nicht, das Thema noch einmal zur Sprache zu bringen, sondern erlaubte sich lediglich, sooft ich ihr im Laufe der Jahre ankündigte, daß ich wieder ein Kind erwarte, in einem Ton giftiger Mißbilligung zu sagen:

»Was? Noch eines? Hast du noch nicht genug Ärger? Was ist los mit Bill – erlaubt er dir keine Spülungen?«

Im Frühjahr 1948 mietete meine Mutter auf Drängen ihres »Kavaliers«, der wußte, welcher Hintergrund für die Dame seines Herzens angemessen war, die Lady-Mendl-Suite im Hotel Plaza: ein Vierzimmerkomplex mit handgemalten Wandbildern von Vertès, die affektiert lächelnde Nymphen zeigten, welche durch Wasserfarbenwälder zartester Grüntöne hüpften.

Bill baute einen kleinen Vorratsraum zum Kinderzimmer aus, und da zu jener Zeit nur Ölfarbe erhältlich war, entflohen wir den gefährlichen Dämpfen, die unsere Wohnung durchzogen, indem wir ein paar Tage im Hotel Plaza in der Suite meiner Mutter wohnten. Da auch ihr charmanter »Kavalier« dort residierte, war alles heiter. Wann immer er nicht in seinem Büro oder bei seiner Frau war, hielt er sich bei uns auf und überschüttete seine Auserkorene mit Geschenken von erlesenem Geschmack. Sie kleidete sich so, wie er sie gern sah, und trug wunderbar einfache Kostüme und Valentina-Kleider, schmal geschnitten, schmucklos und in der Linienführung elegant wie eine Ming-Vase. Ein Knoten in Form einer Acht, den sie erstmals in *Eine auswärtige Angelegenheit* getragen hatte, hob ihr Haar kunstvoll von ihrem Hals ab, dezente Perlenohrringe vervollständigten das Bild. Tante Vally war gekommen und wohnte im Plaza!

Russischer Breitschwanz und russischer Zobel mit silbernen Spitzen waren unerläßlich, um dieses Inbild der Damenhaftigkeit zu vollenden. Stolen waren Ende der vierziger Jahre sehr modern, und meine Mutter haßte sie. Ihrer Meinung nach waren sie von »fetten, alten Damen« erfunden worden, »die zeigen wollen, daß sie genug Geld für einen Pelz haben, sich aber keinen ganzen Mantel leisten können«. Es wurde zu einem Familienproblem, was für ein Kleidungsstück man aus Zobelpelz machen sollte. Mein Vater, der wieder in seiner Wohnung an der Upper East Side wohnte, unbelastet von Tami, die er in ein Sanatorium gesperrt hatte, liebte am meisten den füllig geschnittenen Mantel im Chesterfield-Stil. Remarque, noch immer im Sherry-Netherland, riet zu einem Modell mit Gürtel und einem ausgestellten Rock. Ich wollte horizontal aneinandergesetzte Felle. Als man Chevalier in Paris telefonisch nach seiner Meinung fragte, schlug er Ärmel mit Manschetten vor. Noëls Kommentar war schlicht und trocken: »Was immer du machst, Marlenah, sorge auf alle Fälle dafür, daß du das herrliche Material meterweise hast.« Hemingways Lachen dröhnte durch die Telefonleitung von Kuba herüber – er sagte, es müsse zum Zuknöpfen sein. Der Piaf gefiel die ganze Idee nicht:

»Warum willst du so viel von deinem eigenen Geld ausgeben? Behalte es. Wenn er dir einen Zobelmantel kaufen will, dann ist das etwas anderes – das ist Geschäft!«

Mein Ehemann wurde zu diesem Gipfeltreffen in Sachen Pelz ebenfalls eingeladen und gebeten, die vielen Vorschläge in Skizzen festzuhalten. Meine Mutter rauchte und schritt auf und ab.

»Habt ihr den Mantel gesehen«, sagte sie, »den Tallulah trägt? Ich weiß nicht, woher sie ihn hat – aber sie sieht aus wie jemand, der von einem reichen Gangster ausgehalten wird.«

Der »Kavalier« lächelte sein kosmopolitisches Lächeln und bemerkte: »Wie immer du dich entscheidest – die Dietrich sollte in russischen Zobel *eingewickelt* sein«, und damit war die Idee für die berühmte Pelzdecke meiner Mutter geboren.

Schließlich ließ sie sich eine drei Meter breite Decke aus horizontal angeordneten Pelzen fertigen und wickelte ihren Körper ein, wie in eine lange Rolle Weihnachtspapier aus Zobel statt aus Zellophan. Das Ganze nannte sie dann meine »Indianerdecke«. Jahre später wurde es als »das Ding« oder »das Tier« bekannt und bekam eine Starrolle in einer der berühmten Selbstparodien der Dietrich:

»Sehen Sie dieses Ding?« Und sie zeigte auf den meterlangen Zobel, der einen eigenen Stuhl besetzte. »Ich habe wundervoll ausgesehen, als ich darin eingehüllt ankam, nicht wahr? Kein Geld – aber in russischen Zobel gewickelt! Die Geschichte meines Lebens! Wissen Sie, Rudi ließ ihn vor Jahren für ein Vermögen versichern. Ich muß immer noch jedes Jahr für die Versicherung bezahlen – und warte darauf, daß er gestohlen wird, aber kein Mensch stiehlt ihn! Alles andere wird gestohlen, aber nicht mein Tier. Also dachte ich: Könnte ich es nicht verlieren? Eines Abends ließ ich es einfach unter meinem Sitz im Theater liegen. Keiner merkte es. Da rief ich mitten in der Nacht Rudi an, um ihm die gute Nachricht mitzuteilen. Am nächsten Morgen erscheint der Geschäftsführer des Theaters vor meiner Tür und überreicht mir strahlend meine Indianerdecke! Natürlich mußte ich riesige Freude und überschwengliche Dankbarkeit heucheln. Er wollte keinen Scheck annehmen, also sagte ich: »Wie kann ich Ihnen nur danken?«, was natürlich sehr gefährlich war – aber er wollte nur Bilder mit Autogrammen für seine ganze Familie. Schließlich wurde ich ihn los ... Ich ließ das Ding im Taxi liegen – es kommt zurück und kostet mich ein Vermögen an Trinkgeldern. Ich lasse es sozusagen wegrutschen, wenn ich durch Bendel oder Bloomingdale's gehe ... und sie finden mich, wo immer im Laden ich mich gerade aufhalte, und sind überglücklich, es mir zurückgeben zu können. Einmal war ich mit dem Schiff unterwegs, entweder nach Europa oder auf dem Rückweg hierher, und es kam ein Sturm auf. Es war schrecklich. Alle waren seekrank – die Taue waren gespannt, und der Wind blies so stark, daß niemand auf die oberen Decks durfte. Also zog ich mein Tier an und nahm den Aufzug zum Promenadendeck, als fühle ich mich nicht wohl und brauche frische Luft, dann schlich ich die Treppe hinauf zum oberen Deck. Der Wind blies mich beinahe über Bord – das wäre spaßig gewesen!« Sie lachte immer bei dem plötzlichen Gedanken, sie hätte zusammen mit ihrem Zobel über Bord gehen können.

»Da bin ich also, halte mich mühsam an der Reling fest – und lockere den Griff um das Ding, damit der Wind es einfach packen und wegpusten kann. Für den Fall, daß mich zufällig ein Matrose beobachtet hätte, konnte ich es nicht einfach ins Meer werfen, es mußte wie ein echtes Unglück aussehen. Ich erfror beinahe, meine Haare und mein Abendkleid waren völlig ruiniert von der salzigen Gischt. Es dauerte eine Stunde, bis ich das Ding los war. Ich kam in meine Kabine zurück und meldete sofort ein Gespräch mit Rudi an, um ihm die gute Nachricht mitzuteilen! Zwei Stunden später überreicht mir der Kapitän mit einer Verbeugung meine Indianerdecke! Sie war vom oberen Deck heruntergeflogen und war auf dem Kopf eines Mannes gelandet, der in der dritten Klasse reiste, vier Decks weiter unten ... Dieses Ding klebt an mir wie festgeleimt. Aber an dem Tag, an dem ich die Versicherung kündige, an dem Tag wird endlich jemand kommen und es tatsächlich stehlen!«

Ich hatte immer davon geträumt, für mein erstes Kind einen dieser königlichen Korbkinderwagen zu haben, ganz voller Spitzen und Bänder und einem Baldachin mit vielen Rüschen. Ich suchte ganz New York ab, um meiner überzogenen Vorstellung im Stil von Metro-Goldwyn-Mayer gerecht zu werden, aber da wir erst das Jahr 1948 schrieben und Grace Kelly noch nicht ihre Prinzessinnen in Monaco geboren hatte, fand ich nicht, was ich erträumte.

»Du möchtest einen viktorianischen Korbkinderwagen, mein Herz? Ganz einfach, wir machen einen«, sagte mein Ehemann, der Bühnenbildner, und machte sich auf die Suche nach weißem Organdy, Lochstickerei für Rüschen und, da ich entschlossen war, einen Jungen zu bekommen, breitem, blauem Satinband. Das Befehlen gewohnt, hieß der »Kavalier« seine Sekretärin eine Nähmaschine kaufen und ordnete an, daß Kartentische in der Suite im Plaza aufgestellt wurden.

Auch meine Mutter wurde vom Wiegenfieber ergriffen. Für sie stand fest, daß österreichische Wiesenblumen das einzige Motiv seien, das die Bänder und Rüschen passend ergänzen konnte. Sie ließ sich vom Chauffeur in das Viertel fahren, in dem es Stoffe gab, und suchte Kornblumen und Klatschmohn auf Seide. Wir waren so eifrig wie die Heinzelmännchen des Weihnachtsmanns. Bill maß, schnitt zu und steckte, während der »Kavalier« perfekte Rüschen nähte, als sei er in dem Metier geboren, und meine Mutter kiebitzte und versorgte uns mit Kaffee und Sandwiches, um uns wohlgenährt und bei der Arbeit zu halten. Ich, die ich inzwischen den Umfang eines Hauses hatte, durfte die fertige Pracht an den Weidenkorb nähen. Ich mußte es im Stehen tun, denn mich zu bücken war unmöglich geworden. Es war eine glückliche Zeit, die mir in Erinnerung geblieben ist, denn trotz der ziemlich theatralischen Umstände schien alles so normal zu sein – wie bei einer richtigen Familie.

Im Juni wurde John Michael Riva geboren und machte Marlene Dietrich zur Großmutter. Die Zeitschrift *Life* brachte einen Titelbericht und ernannte sie zur »Most Glamorous Grandmother«, Walter Winchell bezeichnete sie als »Gorgeous Grandmarlene«, und *Foreign Affairs* war voller Begeisterung. Die Presse häufte Titel auf Titel, bis es schließlich bei »die bezauberndste Großmutter der Welt« blieb, einen Titel, den sie im stillen haßte, nach außen hin aber mit dem Anschein geschmeichelten Entzückens begrüßte. Dabei wurde sie nicht müde, meinem Mann Vorwürfe zu machen, weil er mich geschwängert und damit ihr Leben »kompliziert« hatte. Ich war natürlich überglücklich – und überhaupt nicht vorsichtig. Das war gefährlich, wenn die Dietrich in der Nähe war.

Ich erlaubte ihr sogar, die Großmutter zu spielen – wenigstens nahm ich das an. Tatsächlich riß sie die Rolle an sich, die sie lieber spielte, nämlich die der Mutter. Bill und ich waren jung, verliebt und wollten gern ein paar Tage allein zusammen sein, und da ich nicht stillte, gab ich das Baby in ihre Obhut. Es war Spätsommer, Freunde hielten sich fern der Stadt auf, so daß sie ihr Haus übernehmen konnte. Sie verhüllte das ganze Erdgeschoß mit sterilen Leinentüchern, schrubbte alles gründlich mit Lysol und Ajax, verklebte die Fenster, um die Zugluft fernzuhalten, bestellte sich Schwesternkleidung, zog eine Tracht an, holte unser Kind aus seinem süßen, neuen Kinderzimmer, brachte es in ihre Krankenstation – und übernahm seine Pflege. Sie kochte Fläschchen aus, bereitete sie genau nach Vorschrift zu, goß sie wieder aus und bereitete sie erneut zu, bis sie ganz sicher war, daß keine Bazillen überlebt haben konnten. Sie berührte das Baby nur, wenn es absolut notwendig war, oder um sich zu vergewissern, daß es noch lebte. Zum Glück war es noch so klein, daß ihm diese übertriebene Sterilität nicht schadete. Bis wir zurückkamen, war sie zu der Überzeugung gelangt, daß mein Sohn ihrem Bauch entsprossen sei und nicht dem meinen. Noch mit neunzig Jahren machte sie mir den Vorwurf, ich hätte ihn ihr weggenommen:

»Du hast ihn bei mir gelassen und bist mit Bill weggefahren. Er hat mir gehört! Ich habe dieses Haus organisiert, habe alle Möbel hinausgeschafft, alles gewaschen und sterilisiert, habe immer wieder die Nahrung nach Vorschrift zubereitet – in dieser New Yorker Schwüle! Ich habe nie geschlafen, habe jede Sekunde gehorcht, ob er noch atmet, und als du zurückkamst, hast du ihn mir förmlich aus den Armen gerissen und in deine Wohnung mitgenommen!«

Jahrelang konfrontierten mich empörte Damen mit der Frage: »Ist es wahr, daß Sie Ihrer Mutter ein Baby aus den Armen gerissen haben und einfach mit ihm aus dem Haus marschiert sind, nachdem sie es ein ganzes Jahr für Sie versorgt hatte?« Manchmal ertappte ich mich dabei, wie ich allen Ernstes erklärte, daß ich nur fünf Tage weg gewesen sei und daß ich das Kind selbst geboren hätte. Wirklich, ich könne es beweisen!

Später erzählte sie meinem Sohn mit Vorliebe, daß ich ihn verlassen und geschlagen hätte, als er noch klein war, und daß sie seine einzige Hoffnung gewesen sei, sie erzähle ihm ihre »geheimsten Geheimnisse«.

Er war schon ein junger Mann, beinahe erwachsen, als er mich fragte: »Mom, ist es wahr, daß du mich geschlagen hast, als ich noch ein Baby war?« Er sah mein Gesicht, legte rasch die Arme um mich und drückte mich an sich. »Es tut mir leid, Mom. Ich wußte, daß es nicht stimmen konnte, aber sie hat immer gesagt, daß du es getan hast. Ich mußte dich einfach fragen.«

Charles Feldman rief an und bot ihr eine Rolle in einem Film an, der in London für Alfred Hitchcock gedreht werden sollte. Sie dürfe ihre Garderobe vollkommen frei zusammenstellen und jeden Pariser Modeschöpfer, der ihr zusage, mit der Ausführung ihrer Wünsche beauftragen. Sie stimmte zu. Ich rief Charlie an und bedankte mich bei ihm. »Gern geschehen«, lachte er. Er war ein guter Freund.

Ehe meine Mutter Amerika verließ, wurde die Lebensversicherung, die von Sternberg 1931 für sie abgeschlossen hatte, zuteilungsreif, und mein Vater und meine Mutter hatten eine der heftigsten Auseinandersetzungen ihres Lebens. Mein Vater argumentierte, da diese Versicherung einzig zu meinen Gunsten abgeschlossen worden sei, gehöre die nun fällige Summe ausschließlich mir.

»Aber ich lebe noch!« schrie sie ihn an. »Und was soll sie überhaupt mit sechzigtausend Dollar anfangen?« Nach einigen Wochen der Auseinandersetzung fand mein Vater ein sehr hübsches Haus aus rötlichbraunem Sandstein an der Upper East Side und redete meiner Mutter zu, es zu kaufen, mit der Maßgabe, daß ich und meine Familie darin wohnen durften, bis es mir rechtmäßig übereignet werden konnte.

»Ein Haus! Maria muß ein Haus haben? Wozu denn? So viel Arbeit, Zimmer und Treppen? Der Garten ist gut für das Kind, aber wer braucht ein ganzes Haus? Ihr zwei seid euch so ähnlich – ewig redet ihr von einem Zuhause. Wenn sie bei mir ist, dann ist sie zu Hause, und nicht in irgendeinem Haus in New York mit einem fremden Mann!«

Mein Vater blieb hartnäckig. Schließlich kaufte sie das Haus, und von dem, was übrigblieb, erstand sie eine Menge herrlicher Rubine für sich selbst. Mein Vater wußte, daß wir mit unseren Lehrergehältern zu wenig Geld hatten, um ein Haus einzurichten. Sein Plan war gewesen, den Rest der Summe darauf zu verwenden, das Haus wohnlich zu machen und etwas für unseren Sohn auf die hohe Kante zu legen. Obwohl er innerlich kochte, wußte er, wann es Zeit war, nachzugeben und mit dem zufrieden zu sein, was er erreicht hatte. Jahre später, ehe er schließlich starb, konnte ich ihm von dem Haus erzählen, das er für mich gefunden und erkämpft hatte. Es war das Rivahaus geworden, ein Haus voller Freude und Liebe, Kinder und Enkel, Jugend und Alter – ein echtes Zuhause voller Erinnerungen, und ich dankte ihm dafür. Im Laufe der Jahre heimste meine Mutter durch dieses fabelhaft großzügige Geschenk an ihre geliebte Tochter so viel vorteilhafte Publicity ein, daß ich ihr gegenüber wegen des Hauses keinerlei Schuldgefühle hegte.

Mit einem schmutzigen Lätzchen von »ihrem Baby« als Talisman in ihrer Hand machte sich meine Mutter auf den Weg nach Paris und begann bei Dior ihre Garderobe zusammenzustellen. Remarque war in Paris, und sie sahen einander oft. Er verstand ihre Sehnsucht nach Gabin und ihren glühenden Zorn über seine kürzliche Heirat. Sie ermutigte Remarque in seiner Liebe und erlaubte ihm, ihr Leiden wegen Jean zu teilen. Ihr immer noch ahnungsloser »Kavalier« folgte ihr nach Europa.

Paris,
6. Juni 49

Mein Engel,
der Schmerz, Dich verlassen zu müssen, durchzog wie ein leichter Zahnschmerz meinen ganzen Körper und lief bis in meine Hand mit dem Lätzchen. Ankunft in Orly, Fotografen, Presse. Ich spielte die Fröhliche und fühlte mich auch beinahe so. Traf mich mit Remarque bei Fouquet, und wir gingen ins Mediterranée zum Essen. Als wir an unserem alten Tisch saßen, hatte ich den ersten komisch dumpfen Gedanken in meinem Kopf. Der Gedanke war sinnlos, aber er war da: Warum ist Jean nicht hier? Das Baby soll im Oktober zur Welt kommen. Wir witzelten darüber, daß man in Frankreich jetzt Babys in viel kürzerer Zeit als üblich bekommt, und sagten, es müsse am ersten Abend passiert sein, an dem er sie kennengelernt hatte.

Das also war der erste Abend. Remarque war vermutlich recht zufrieden, denn er wußte, daß Jeans in Bälde erwartetes Kind jeglicher Zukunft für uns beide die Tür verschließt, und er genoß die Dramatik von alledem – gewiß plante er, es irgendwo in seinem nächsten Buch zu verwerten. Er war aber süß, voll väterlichen Mitleids und gab mir gute Ratschläge.

Am nächsten Morgen ging ich, nachdem ich die Nacht irgendwie herumgebracht hatte, an die Arbeit. Ich war den ganzen Tag bei Dior, während Skizzen angefertigt und Stoffe ausgewählt wurden, die nach London geschickt werden sollten. Dann wurde mir so schlecht, wie es mir meiner Erinnerung nach noch nie schlecht geworden ist, außer einmal, als ich als Kind unreife Kirschen gegessen hatte. Seit meiner Ankunft hatte ich kaum etwas gegessen, aber es drehte sich mir die ganze Nacht lang immer wieder der Magen um. Ich war so schwach, daß ich nicht auf die Straße gehen konnte. Chlorodine half, aber die Schwäche blieb eine Woche lang.

Wie Blut und Gummi und Schlangengift war auch Chlorodine eine dieser großartigen Entdeckungen: Chlorodine gab es in winzigen, sehr dünnen, kobaltblauen Glasfläschchen mit einem festsitzenden Korkstopfen. Es war verpackt wie Worcestersoße, und auf dem Etikett wurde stolz angekündigt, dieses Elixier könne Magenkrämpfe, Durchfall, Malaria, Dysenterie, Influenza, Typhus, Cholera und die Beulenpest kurieren. Es war schwarz, dickflüssig und klebrig und sah wie eingekochtes Opium aus – was es vermutlich auch war. Meine Mutter liebte es, konnte nicht ohne es sein, gab es jahrelang jedem, der die leisesten Magenbeschwerden hatte, und schmuggelte ihre kleinen blauen Fläschchen überall ein, wo immer sie auch hingingen.

Hier ist ein Feiertag, Pentecôte, auf deutsch Pfingsten. In Deutschland und Österreich stellt man an diesem Fest junge Birken oder Birkenzweige vor den Häusern auf, und jedermann kann hereinkommen und neuen Weißwein trinken. Hier geht man statt dessen nach Deauville.

Kleider, Schuhe, Strümpfe, Handschuhe, Mäntel, Negligés, Kostüme, Schmuck, Miederwaren, Halstücher, Hüte – beinahe alles war fertig, und so reiste sie endlich von Paris nach London weiter, wo die Perücken gemacht wurden.

Ihr »Kavalier« erwartete sie mit offenen Armen im Hotel Claridge. Die Dreharbeiten für *Stage Fright* (dt. *Die rote Lola*) begannen in England am 1. Juli.

Michael Wilding erfüllte alle Voraussetzungen, um sie anzuziehen. Er sah gut aus, war ein englischer Gentleman wie aus dem Bilderbuch, zärtlich und scheu und mit einem Leiden behaftet, das alle ihre schützenden Kräfte auf den Plan rief. Sie wurden schnell ein Liebespaar und blieben es auch ziemlich lange. In vielfacher Hinsicht erinnerte Michael mich an Brian. Zwar hatte er einen schelmischeren Humor, doch auch er besaß die Fähigkeit, in den Schatten zurückzutreten, wann immer sie sich auf jemand anderen einließ, bereit, wieder voller Liebe hervorzutreten, wenn sie mit seinem Rivalen Schluß gemacht hatte. Beide Männer hatten das Mitgefühl eines Heiligen und die Geduld Hiobs.

In der Zeit mit Wilding sah meine Mutter regelmäßig ihren »Kavalier«, hatte eine enge Beziehung mit einer berühmten amerikanischen Schauspielerin, die für mehr als nur für ihr Talent bekannt war, trauerte sehnsüchtig um Gabin, empfing ihren Baseballspieler, sooft er gehätschelt werden wollte, liebte Remarque, ihren charmanten General, die Piaf, eine hinreißende schwedische Blondine, die ihre nordische Freundin wurde, und schaffte es nebenbei noch, für ihren unmittelbaren Anhang unentbehrlich zu sein.

Nach einer romantischen Woche mit Wilding in Südfrankreich kehrte sie im Oktober nach Paris zurück, rief an, beklagte sich, daß es in

St. Tropez »die ganze Zeit« geregnet hätte und daß das Aufhebens, das alle von der Côte d'Azur machten, absolut lächerlich sei. »Vor dem Krieg, ja damals war sie noch luxuriös. Aber jetzt verleben sogar *concierges* mit ihrer ganzen Familie den Urlaub dort!«

Nachdem *Die rote Lola* abgedreht war, buchte sie eine Überfahrt nach New York, rief ihren Astrologen an und nahm dann ein Flugzeug. Am 5. November kam sie zurück, empört, daß der amerikanische Zoll von ihr einhundertachtzig Dollar für die mitgebrachten Diorkleider kassiert hatte, die Tausende wert waren. An jenem Tag aßen sie und ihr »Kavalier« bei uns, und sie erzählte uns ihre Geschichten:

»Ihr wißt, wie ungeheuer ich das Penizillin schätze, das mir im Krieg das Leben gerettet hat, also sagte ich zu Spoliansky – ich sah die Spolianskys sehr oft, als ich in London war: ›Das einzige, was ich mir wünsche, solange ich in England bin, ist, Alexander Fleming kennenzulernen, den Gott, der das Penizillin entdeckt hat. Ich möchte ihm sagen, daß er mir während des Krieges das Leben gerettet hat.‹ Am nächsten Tag stand in der Zeitung, ich sei in einem Restaurant zu Alec Guinness hingegangen und hätte zu ihm gesagt: ›Sie sind der Mann, den kennenzulernen mir am zweitwichtigsten ist‹, worauf er geantwortet haben soll: ›Und wer ist der wichtigste?‹ Darauf ich: ›Sir Alexander Fleming!‹ Könnt ihr euch vorstellen, daß ich so etwas tun könnte? Ich war wütend, aber Spoliansky schwor, er hätte niemandem etwas verraten. Aber eines Tages gehe ich zum Abendessen in ihre Wohnung, und wer ist da? Fleming! Er stand einfach da und sagte: ›Hello.‹ Ich sank vor ihm auf die Knie und küßte seine Hände. Beim Abendessen muß ich höchst langweilig gewesen sein. Ich saß einfach da und starrte ihn an – wie ein verknalltes Schulmädchen. Dann gingen wir Tanzen, und es passierte etwas Schreckliches: Als er mich im Arm hielt, spürte ich, daß er zitterte! Ich konnte es nicht glauben, deshalb sagte ich: ›Sir, ist alles in Ordnung?‹ Und wißt ihr, was er gesagt hat: ›Oh, Miss Dietrich, es ist eine solche Ehre, Sie kennenzulernen!‹ Könnt ihr es glauben? Ein so großer Mann – der Gott, der der Welt das Penizillin geschenkt hat, und dann stellt sich heraus, daß er ein Fan ist, wie alle anderen. Ist das nicht traurig? Ich habe ihn um eine Fotografie mit einem Autogramm gefragt, und wißt ihr, was er gemacht hat? Er schickte mir die allererste Penizillinkultur unter Glas. Ich werde sie mit seinem Foto zusammen einrahmen. Ein lieber Mann, aber wie alle Genies nur intelligent in bezug auf die eine Sache, für die er sich interessiert.« Sie nahm sich noch einmal von dem Camembert, den sie mitgebracht hatte, und schnitt sich ein riesiges Stück Brot ab. Wie gewöhnlich war sie völlig ausgehungert.

»Jetzt will ich euch noch von Hitchcock erzählen. Ein seltsamer kleiner Mann! Ich mag ihn nicht. Warum sie ihn alle für sooo groß halten, weiß ich nicht. Der Film ist schlecht – vielleicht bringt er beim Schneiden seine berühmte Spannung hinein, beim Drehen hat er das ganz bestimmt nicht getan. Richard Todd ist nett, aber das ist auch schon alles. Ihr kennt doch die Sorte Engländer mit den dicken, weißen Knöcheln? Und die Hände genauso? Todds Finger sind wie rohe kleine Würstchen, und er ist verlobt! Jane Wyman ist sehr süß. Michael Wilding? Oh, eine britische Version von Stewart. Er murmelt, ist sehr schüchtern, und da er Engländer ist, kommt er in dem Film mit seinem Charme über die Runden. Das Beste an dem Film ist, wie ich ›La Vie en Rose‹ singe. Ich habe die Piaf angerufen und um Erlaubnis gebeten, denn ich wollte nicht, daß sie denkt, irgend jemand außer ihr hätte das Recht, es zu singen. Natürlich sagte sie ja und fühlte sich geschmeichelt, daß ich sie angerufen habe – und das Allerbeste ist ›Laziest Gal in Town‹. Ich sang es mit Marabufedern geschmückt auf einer Couch liegend und verulkte es. Cole wird begeistert sein – wenn er den Film je sieht. Die Haare waren sehr schlecht – das ganze Bild – zu sehr ›alte Dame mit kleinen Löckchen‹. Ich habe immer gesagt, die Engländer können keine Frauenfilme machen – ich hätte auf mich hören sollen.«

Da sie gerade zwischen zwei Filmen war, stürzte sich meine Mutter in die Rolle der guten Fee für »ihren Sohn«. Sie hatte ihn ein Märchenbuch mit hübschen Bildern betrachten sehen, und als sie das nächste Mal kam, um mit ihm in den Park zu gehen, erschien sie kostümiert. Verschwunden waren die festen Schuhe der Oberschwester, die Schwesterntracht und der sterile Eindruck von Reinlichkeit und Verläßlichkeit. Sie ging nicht ins Haus, sie hüpfte – mehrere Schichten von gestärkten Petticoats wirbelten um ihre schönen Beine. Sie hatte keine gläsernen Schuhe finden können, aber die, die sie trug, waren aus durchsichtigem Plastik und erfüllten ihren Zweck. Goldene Locken wippten auf ihren Schultern, Satinschleifen zierten ihre Handgelenke, und eine halberblühte Rose steckte in ihrem Dekolleté.

Mein Eineinhalbjähriger war entzückt. »Hübse Dame«, lispelte er, und sie wurden unzertrennlich – bis er anfing zu weinen und sie ihn mir eilig in die Arme drückte, weil sie fürchtete, er könnte sterben, und sie nicht wußte, was sie zu seiner Rettung tun müßte: »Bei dir hatte ich immer Angst. Immer! Kein Tag ging vorbei, an dem ich nicht befürchtete, es könnte dir etwas passieren. Ich habe Papi ganz verrückt gemacht in der ersten Zeit mit dir in Berlin, und dann in Amerika mit dem Kidnapping wurde es noch schlimmer.« Wenn sie sah, daß mein Sohn durchaus noch quicklebendig war und nicht von einer ominösen, unbekannten Krankheit bedroht, nahm sie ihn mir aus den Armen, und sie turtelten wieder vergnügt miteinander.

Das neue Hausmädchen meiner Mutter sprach sie mit »Missy Dietrich« an, und aus irgendeinem Grund gefiel meinem Sohn der Klang des Wortes »Missy«, das er jedoch auf seine eigene Weise als »Massy« aussprach. Das wurde der Name, mit dem meine Mutter fortan von allen im engsten Umkreis bezeichnet wurde. Wir waren glücklich, daß sich ein Name gefunden hatte, denn ich hielt damals verzweifelt Ausschau nach einem annehmbaren Ersatz für »Granny«.

Tauber starb, und meine Mutter durchlief ihr Trauerritual nach bekanntem Muster, bis sie es zornentbrannt beendete, als der Kinsey Report veröffentlicht wurde:

»Sex, Sex, Sex! Was hat es damit denn schon auf sich? Steck ihn rein, zieh ihn raus – und das müssen sie studieren? Und all das viele Geld, das so etwas kostet! All diese Forschung – wofür?«

Meine Mutter war über meine zweite Schwangerschaft alles andere als erfreut!

»Du hast bereits ein vollkommenes Kind. Brauchst du noch mehr?« fragte sie, ernstlich verwirrt über meine offenkundige Freude. Als ich antwortete, ich hoffe, noch viele weitere Kinder zu bekommen, marschierte sie in ihrer besten Nazioffiziershaltung zur Haustür hinaus. Während der ganzen Weihnachtszeit des Jahres 1949 duldete sie meinen unübersehbaren Bauch nur mit schlecht verhohlener Mißbilligung und wurde besonders taktlos, wenn ich Gäste zum Abendessen hatte:

»Schaut sie an«, sagte sie etwa zu meinen Freunden, »ihr ganzes Leben lang hat sie es gehaßt, dick zu sein. Und jetzt – plötzlich – hat sie den Umfang von diesem Haus, das ich ihr gekauft habe, und es ist ihr völlig egal. Eines Tages wird sie merken, was für eine schreckliche Last Kinder sind, und dann ist es zu spät!«

Da sie fest überzeugt war, ich könne ohne ihre magische Gegenwart kein Kind gebären, war sie wieder zur Stelle, als im Mai 1950 Peter geboren wurde. Obwohl auch Bill da war, kam der Arzt wieder zuerst zu Marlene Dietrich, um ihr zu sagen, es sei ein Junge. Sie spielte die

Rolle des Ehemannes so gut, daß das für den Arzt ein automatischer Reflex war.

Hemingway schickte ihr die Fahnen von *Über den Fluß und in die Wälder*. Sie brachte sie mit zu uns nach Hause und knallte den langen, dicken Stapel auf meinen Küchentisch.

»Was ist los mit ihm? Lies das hier und sag es mir. Etwas stimmt nicht, aber ich kann es Papa nicht sagen, ehe ich weiß, was es ist!« Sie packte ihre Einkaufstasche aus, nahm ein großes Glas Bouillon heraus und stellte es in meinen Kühlschrank. »Was hast du denn hier – Jell-O? Du gibst doch wohl so etwas nicht dem Kind? Ich mache ihm frisches Apfelmus«, sagte sie und schritt zur Tat.

»Pat hat mich in ein Theaterstück namens *Der Tod des Handlungsreisenden* mitgenommen. Wie deprimierend! Und so amerikanisch. Kleine Leute mit kleinen Problemen, alles aufgebauscht zu großem Drama! Aber ein Stück namens *South Pacific* mußt du dir anschauen. Unglaublich! Während eines Krieges *singen sie*. Und sie machen ein großes Getue, weil Mary Martin auf der Bühne ihre Haare wäscht, mit Shampoo und echtem Wasser. Also so was!« Die Äpfel kochten fröhlich vor sich hin. »Sie singt sogar eine richtige Schnulze darüber, wie sie sich ›ihren Mann ganz und gar aus den Haaren wäscht‹. Nein! In einem schlechten Technicolormusical vielleicht, aber doch nicht im Theater! Und du kannst dir nicht einmal vorstellen, wie der Mann dazu aussieht! Alt und wie ein Opernsänger. Was er natürlich auch ist, aber hätten sie ihn nicht wenigstens in ein Korsett stecken und ihm die Haare färben können?«

In jenem Jahr wurde sie aufgrund ihrer Verdienste um Frankreich in die Französische Ehrenlegion aufgenommen. Zur Mitgliedschaft in einem so erlesenen Zirkel auserkoren zu werden, war der Höhepunkt des aristokratischen Lebens meiner Mutter. Einen weiteren Aufstieg bedeutete nur noch die Beförderung vom Rang des Ritters zum Offizier, die einige Jahre später der damalige Präsident der Republik Frankreich, Pompidou, vornahm, und schließlich die krönende Ehre der Erhebung zum Kommandeur durch Mitterrand. Ich habe ihr diese hohe Ehre gewiß nicht mißgönnt, ich fragte mich nur, was sie für die Franzosen als Nation getan hatte, das so bedeutend war. Daß sie Gabin geliebt hatte? Daß sie de Gaulle hoch verehrte? Daß sie den Text der »Marseillaise« konnte? Daß sie in Paris lebte, schien mir doch nicht ganz zu genügen.

»Jean hätte dabeisein sollen. Wie stolz wäre er gewesen. Warum sie ihn nicht aufgenommen haben, werde ich nie begreifen. Schließlich ist er noch immer der größte französische Schauspieler, den sie haben. Er hat sogar im Krieg gekämpft. Merkwürdig, eine Deutsche zeichnen sie aus, einen Mann ihres Volkes hingegen nicht. Andererseits habe ich de Gaulle immer geliebt, er ist ein wunderbarer Mann, und ich sage ihm das jedesmal, wenn wir uns sehen.«

Die ersten Gerüchte über einen Krieg in Korea kamen auf. Mit der Erklärung, wenn ich ständig Kinder bekommen wolle, müsse sie mehr Geld für mich verdienen, unterschrieb meine Mutter einen Vertrag für die Starrolle in dem Film *No Highway in the Sky* (dt. *Die Reise ins Ungewisse*), der in London gedreht werden sollte. Sie nahm tränenreich Abschied von »ihrem Kind«, drückte es an ihre Brust und flüsterte: »Vergiß mich nicht, mein Engel«, während mein Sohn nach Luft schnappte. Mein Neugeborenes wurde keines Blickes gewürdigt. Es interessierte sie nicht. Der Kleine hatte dunkles Haar, wie sein Vater, war stramm, gesund und sah unromantisch aus – und sie reiste nach Paris ab.

Dior wurde wiederum die Auszeichnung zuteil, die Kostüme für den Film entwerfen zu dürfen. Die Kleider, die man dort wählte, waren so perfekt, so maßgerecht für die Dietrich, daß sie den ganzen Film hindurch so aussieht, als posierte sie für Porträtfotos für *Vogue*. Obwohl sie als Partner wieder ihren alten Schwarm aus *Der große Bluff* hatte und sogar Elizabeth Allan in dem Film mitspielte, erwähnte sie beide mit keinem Wort. In ihren täglichen Anrufen bei mir beklagte sie sich über das »farblose Drehbuch«, den »schläfrigen Regisseur« und erzählte mir dann den Rest der Stunde, wie süß Glynis Johns auf dem Set und privat war.

Im Dezember kehrte sie an Bord der *Queen Elizabeth* zurück, beschwerte sich, daß die Kabinen knarrten, daß sie die Nase gründlich voll habe von der britischen Leidenschaft für den Vieruhrtee, gab aber zu, daß Elizabeth Firestone und Sharman Douglas die Überfahrt erträglich gemacht hatten. Sie stürzte sich samt ihrer frisch verdienten Gage in blindwütige Weihnachtseinkäufe. Ihr »Kavalier« war dankbar, daß er sie wiederhatte. Im neuen Jahr erwartete sie unter der Regie eines früheren Liebhabers ein neuer Film in Hollywood, wo Michael Wilding ihrer harrte und wo ihr Lieblingsgeneral sie auf der Durchreise besuchen sollte. Mein Vater stellte ihre Ausgaben in Europa zusammen und schrieb sie auf, Tami war sicher in einer neuen Anstalt verstaut, mein Zweieinhalbjähriger hatte sie sofort erkannt, als sie in sein Kinderzimmer kam, und ich war zur Abwechslung einmal nicht schwanger – alles in der Welt meiner Mutter war in Ordnung.

*

Live Television, das seinen Ursprung in New York City hatte, war zum neuen Wunderding geworden, zum Magneten, der ganze Familien gemeinsam zu Hause festhielt, einträchtig um die kostbare Zwanzig-Zentimer-Mattscheibe geschart. Meine Mutter hatte nichts als Geringschätzung für die amateurhaften Geburtswehen des Fernsehens übrig und prophezeite ihm einen raschen Niedergang. Nachdem sie ihr offensichtlich korrektes Urteil verkündet hatte, ignorierte sie die Existenz des Fernsehens, bis ich sie in Hollywood anrief und erklärte, ich hätte mich vorgestellt und eine Starrolle in einem einstündigen Theaterstück beim Sender CBS bekommen. Sie logierte damals zufrieden in einer von Mitchell Leisens Wohnungen in den Hügeln oberhalb des Sunset Strip. Michael Wilding war bei besserer Gesundheit als bei ihrem letzten Zusammensein und erwies sich als höchst erfinderischer Liebhaber, wie sie in ihrem Tagebuch festhielt. Zwar schreibt sie von »Flecken«, fügt aber hoffnungsvoll hinzu, daß wohl Wildings »Hindernislauf« sie verursache und nichts anderes. Dann schreibt sie, sie habe einen »Knallfrosch« eingeführt – Dietrichs Bezeichnung für Tampax.

In den nächsten fünfzehn Jahren verging kein Tag, ohne daß sie in irgendeiner Weise eine Beurteilung ihres Menstruationszyklus, seine unregelmäßigen Signale, das plötzliche Eintreten oder Ausbleiben einer Blutung, Schwellungen und Druckgefühle im Unterleib aufzeichnete; kein Symptom in dieser Körpergegend war zu geringfügig, um festgehalten zu werden. In ihren Kommentaren schwang stets eine unterschwellige Panik mit, die bis 1965 anhalten sollte. Damals zwang ich sie schließlich, sich der Möglichkeit einer Krebserkrankung zu stellen, und verheimlichte ihr dann die Wahrheit, als sie in Genf gegen Krebs behandelt wurde.

Als ich sie daher an jenem Tag des Jahres 1951 anrief, war sie mit Wilding glücklich, besorgt darüber, was es mit diesen »Flecken« auf sich haben mochte, im Vorbereitungsstadium für den schlechtesten Film, den sie je machte, was sie auch wußte, und wollte auf keinen Fall, daß ich mich »für ein paar lumpige Dollar prostituiere, indem ich versuche, auf dieser winzig kleinen, dummen Mattscheibe für kleine Leute zu spielen«.

Dank des Drängens und der Unterstützung meines Ehemannes faßte ich genug Mut, um einen Versuch zu wagen, und war sehr erfolgreich. Ich liebte das Fernsehen. Ich habe es stets geliebt, ob ich dort gearbeitet habe oder einfach nur Zuschauerin war. Ich hatte immer das Gefühl, ich gehöre dorthin und es sei mein Freund.

Wenn ein Schauspieler darauf warten muß, in das Heim seiner Zuschauer eingeladen zu werden, entsteht eine ganz besondere Beziehung. Beim erstenmal mag der rote Teppich ausgerollt sein, aber der Schauspieler muß sich das Privileg verdienen, erneut eingeladen zu werden. Wenn der Gastgeber einen erst einmal mag, wird man ein Freund, und diese Bindung darf nicht leichtgenommen werden. Die Livefernsehkamera hat eine unbestechliche Wahrnehmung. Die große Nähe läßt keinen Spielraum für Falschheiten. Gehen sie durch irgendein kleveres Manöver dennoch durch, wird der Zuschauer mit der Zeit den Schwindel durchschauen und sich darüber ärgern, daß ihn jemand in seinen eigenen vier Wänden zum besten halten will. Wie Freunde miteinander ehrlich sein sollen, so verlangt das auch das Fernsehen.

Meine Mutter fürchtete sich vor dieser Intimität zwischen einem Medium und seinem Publikum und haßte es daher, sie diskreditierte es, wo immer es möglich war. Für ihre sehr wenigen Fernsehauftritte in späteren Jahren betrank sie sich, bis sie völlig benebelt und betäubt war. Ihre einzige Fernsehsondersendung wurde zu einer Parodie ihrer selbst, einer persönlichen Tragödie.

*

Der Film *Rancho Notorious* (dt. *Engel der Gejagten*), den sie im März 1951 drehte, ist eigentlich nicht der Rede wert, sieht man einmal davon ab, daß er sie auf die Idee für ein Kostüm brachte, das sie Jahre später für den Film *Around the World in Eighty Days* (dt. *In achtzig Tagen um die Welt*) verschönerte und perfektionierte.

Seit dem Tag, als Fritz Lang sie an Jean »verraten« hatte, hatte er als ihr Liebhaber und Freund aufgehört zu existieren. Nun strich sie ihn auch als Regisseur aus ihrem Leben. Sie beschimpfte ihn als »Nazi« und bekundete dadurch offen ihre feindseligen Gefühle.

»Nicht von ungefähr hat er all diese grausigen Filme gemacht. Ein Mann, der einen Film wie *M* dreht, muß ein Sadist sein.«

Im April kündet ihr Tagebuch vom Ende der Dreharbeiten:

Ende des Films – wieder eine Strapaze.
Keine Deutschen mehr!
Ein für allemal!

In dieser Zeit taucht im Zusammenhang mit ihrem abendlichen »Hindernislauf« verstärkt ein gewisser »Jimmie« in ihrem Tagebuch auf. Sich in dem überfüllten sexuellen Kalender meiner Mutter zurechtzufinden, ist ein Ding der Unmöglichkeit. Da wimmelte es von so vielen Jimmys, Joes, Michaels und Jeans, in englischer wie französischer Ausführung, daß man sich über solche Liebhaber freut, die so ausgefallene Namen wie Yul tragen – das erleichtert die Identifizierung.

Hitchcock soll einmal gesagt haben, die Dietrich sei »eine perfekte Kamerafrau, eine perfekte Maskenbildnerin usw ...« Meiner Mutter fiel niemals auf, daß das Wort »Schauspielerin« auf Hitchcocks langer Liste fehlte, noch kam ihr jemals der Gedanke, daß seine Bemerkung ein wenig sarkastisch gemeint sein könnte, denn immerhin bescheinigte er ihr auf allen Gebieten besondere Fähigkeiten, nur nicht auf ihrem eigenen. Aber wir, die wir ihrem direkten Einfluß ausgesetzt waren, verstanden die Anspielung und konnten sie nachempfinden. Wir wußten, daß die Dietrich sich für eine Expertin auf allen Gebieten hielt, die ihre Aufmerksamkeit verdienten.

Die Medizin war ein Spezialgebiet, dem sie sich besonders intensiv widmete. Sie wechselte und manipulierte bedenkenlos die Ärzte, sagte ihnen, welche Diagnose sie zu stellen hatten, schikanierte Schwestern, durchbrach die Routine in Krankenhäusern und setzte sich über die Wünsche des Patienten hinweg in ihrem Eifer, »ein Leben zu retten« – und wer konnte das besser als sie? Wir gaben uns alle Mühe, nur dann krank zu werden, wenn sie gerade nicht in der Stadt war.

Als sie in Hollywood arbeitete, unterzog sich mein Vater einer schweren Unterleibsoperation. Sie rief sofort Gott und die Welt an, klingelte mitten in der Nacht meinen Mann aus dem Bett und schrie, daß das Krankenhaus sich weigere, sie um zwei Uhr nachts mit »ihrem Ehemann« zu verbinden, damit sie sich davon überzeugen könne, daß er noch am Leben sei. Als Bill ihr zum hundertstenmal sagte, daß ich rund um die Uhr bei ihm sei, beruhigte sie sich ein wenig, legte auf und verwandte ihre Energie nun darauf, ihre Freunde und Liebhaber anzuweisen, dem »armen Papi« Telegramme zu schicken: »Er leidet in diesem entsetzlichen amerikanischen Krankenhaus in New York, und nur Maria paßt auf, daß sie ihn nicht umbringen. Und ich kann hier nicht von den Dreharbeiten weg, weil ich das Geld für die Arztrechnungen verdienen muß!«

Der »arme Papi« befand sich schon wieder auf dem Weg der Besserung, als die ersten Telegramme eintrafen. Einmal war ich bei ihm, als er gerade den täglichen Stapel öffnete. Er brummte mißmutig: »Noch mehr! Sie schicken sie nur, weil sie es ihnen sagt. Hält sie mich wirklich für so dumm zu glauben, daß die sich dafür interessieren, was mit mir geschieht? Sie sagt allen, daß sie dem armen Papi ein Telegramm schicken sollen, und sie tun es. Aber für sie, nicht für mich. Für mich nie!« Seine Stimme wurde mit jedem Wort rauher. Ich sah ihn an. Ich wußte, daß seine Wut der eigenen Schwäche galt, seiner emotionalen und finanziellen Abhängigkeit von der Frau, die er aus Gewohnheit liebte. Diese ohnmächtige Wut, die in ihm brannte, hatte ihn bereits die Gesundheit seiner Nieren und drei Viertel seines Magens gekostet, und ich fragte mich, welchen Teil seines Körpers er ihr als nächsten opfern würde.

»Papi, bitte, hör auf damit! Warum versuchst du nicht, dein eigenes Leben zu leben? Von ihr wegzukommen? Tu etwas, wozu du Lust hast, etwas, womit sie nichts zu tun hat, und laß dir nicht von ihr hineinreden. Nimm Tami und geh!« Ich flehte ihn an. Wenn er sich zur Flucht entschloß, kam Tami wenigstens von den dubiosen Psychiatern weg, die meine Mutter ständig für sie auftrieb.

Mein Vater brauchte eine Weile, aber schließlich borgte er sich von seinem einzigen wirklichen Freund etwas Geld und erwarb im kalifornischen San Fernando Valley ein kleines baufälliges Haus. Mit zwei Reihen von Drahtkäfigen und ein paar Dutzend dürren Hühnern erklärte er seine Unabhängigkeit und kündigte seinen Einstieg ins Eiergeschäft an. Er war wieder einmal »sein eigener Herr«. Er war glücklich, sah hoffnungsvoll in die Zukunft, und Tami blühte auf. Meine Mutter war wütend. Der Freund, der meinem Vater den Schritt in die Unabhängigkeit ermöglicht hatte, wurde ihr Todfeind. Von da an arbeitete sie beharrlich auf das Ziel hin, ihren Ehemann an seinen angestammten Platz als gefügiges »Faktotum der Familie« zurückzuholen, eine Position, die er seit annähernd dreißig Jahren ausgefüllt hatte. Sie nannte diesen halben Hektar Dreck und Staub, die klapprigen Ställe und die gackernden Hühner die »Ranch meines Mannes«, und das in einem Ton, als spreche sie von Lyndon B. Johnsons hundertfünfzig Hektar großem Anwesen in Texas. Später, als sie es endlich geschafft hatte, die Schulden meines Vaters zu übernehmen, sprach sie von »Papis Ranch, die ich ihm gekauft habe«. Aber zu der Zeit wußte mein Vater bereits, daß er geschlagen war. Er litt an den Folgen seines zweiten schweren Herzinfarkts, und es kümmerte ihn nicht mehr. Er hatte zum letztenmal verloren, und er wußte es.

Im Frühjahr 1951 kehrte sie nach New York in die Arme ihres wartenden »Kavaliers« zurück und verliebte sich nach wenigen Tagen unsterblich in einen anderen. Wie zuvor die Liebe zu Gabin, so verzehrte sie jetzt die Schwärmerei für Yul Brynner. Vier Jahre lang dauerte ihre heimliche Affäre – sie loderte, flackerte, glimmte, erlosch und flammte dann von neuem wieder auf, und das qualvolle Auf und Ab begann von vorn. Sie hielten diesen Aufruhr der Gefühle am Leben und nannten ihn »Liebe«, bis das besitzergreifende romantische Wesen der Dietrich schließlich Yul zu ersticken drohte und er einen Schlußstrich unter dieses Verhältnis zog, das von Beginn an untragbar gewesen war. Später dachte er stets mit Freude und Zärtlichkeit an sie zurück. Sie aber haßte ihn mit der gleichen Leidenschaft, mit der sie ihn einst geliebt hatte. Vierunddreißig Jahre nach ihrer glühenden Affäre schickte sie mir einen Zeitungsausschnitt von Yul im Rollstuhl. Er war gerade von einer weiteren erfolglosen Krebsbehandlung zurückgekehrt und sah mitleiderregend aus. Über sein abgezehrtes Gesicht hatte sie mit ihrem großen silbernen Stift geschrieben: »Gut, er hat Krebs! Geschieht ihm recht!«

Im Jahr 1951 freilich hielt sie Yul noch für einen »Gott« und war schrecklich eifersüchtig auf seine Frau, auch wenn sie mit einer gewissen Erleichterung zur Kenntnis nahm, daß ihre Rivalin offenbar »psychische Probleme« hatte. Tagelang saß sie neben dem Telefon und wartete darauf, daß er anrief. Und er rief an. In jedem unbeobachteten Moment wählte er die Nummer der Dietrich. Er war der gefeierte Star am Broadway, begeisterte das Publikum in dem anspruchsvollen Musical *Der König und ich,* das der Triumph seines Lebens werden sollte, und feilte unentwegt an seiner ohnehin schon brillanten Darstellung des Königs. Er rief sie sofort an, wenn er in seine Garderobe kam, sei es während der Ouvertüre, in den Pausen oder nach dem letzten Vorhang. Er versetzte Freunde, Bewunderer und Honoratioren, die ihn nach der Vorstellung bei einer Party erwarteten, und eilte statt dessen in die zitternden Arme seiner Angebeteten. Meine Mutter mietete eine Wohnung in der Park Avenue, ließ sie, passend zu der Rolle, die ihr Liebhaber am Broadway spielte, mit siamesischer Seide ausstatten und mit Goldfarbe streichen, füllte den Kühlschrank mit russischem Kaviar,

Champagner und Filet mignon, ließ meinen Mann unter dem ausladenden Bett Leuchtröhren anbringen – und, die Dietrich war wieder im Geschäft.

Es war meine Mutter, die geradezu fanatisch darauf bestand, die Affäre geheimzuhalten. Sie, die ein Leben lang ebenso unbekümmert mit verheirateten Männern geschlafen hatte, wie sie sich ihre Zigaretten anzündete, wurde nun eine Nonne, die hinter Klostermauern sündigte – und alles nur, um den Ruf ihres Liebhabers zu »schützen«. Bald erschien ihr »König« schon zum Frühstück, blieb bis nach dem Lunch, eilte zu seiner Matinee und kehrte dann zwischen den Vorstellungen zurück und zerrte seine große Liebe ins Bett, ohne sich vorher das dunkle Körper-Make-up abzuschminken. Sie, die von Romanzen schwärmte, sich gewöhnlich aber bitter beklagte, daß leider Gottes auch Sex dazugehörte, um den »Mann glücklich zu machen«, genoß nun die unerschöpfliche Männlichkeit Yuls. Wenn er an Matinee-Tagen zur Abendvorstellung gegangen war, rief sie mich an und forderte mich auf, zu ihr zu kommen und mir »das Bett« anzusehen. Da ihr Anruf gewöhnlich gegen sechs Uhr abends erfolgte und ich gerade dabei war, mein dreijähriges Kind und mein Baby ins Bett zu bringen, sprang mein Mann für mich ein, ging in ihre Wohnung und spielte das staunende Publikum. Voller Stolz zeigte sie ihm das zerwühlte Bett, insbesondere die vormals weißen Laken, die nun mit Yul Brynners Körperschminke verschmiert waren, da er, wie sie sagte, »zu erregt« gewesen sei, um sie vorher abzuwaschen. Bill fand das alles sehr amüsant. Er tat sich damit leichter, schließlich war er nicht mit ihr verwandt. Ich aber schämte mich für diese vulgäre Geschmacklosigkeit.

Im Beisein meines Mannes gab sie sich gern frivol. Ständig suchte sie nach einer Gelegenheit, etwas »Unanständiges« zu tun. Wenn sie ihn in der Öffentlichkeit begrüßte, wandte sie immer ihre Spezialität an – eine Art Aneinanderpressen der Körper im Stehen. Dabei legte sie ihrem Gegenüber die Arme um den Nacken und schob, die Füße fest auf dem Boden, das Becken nach vorn, bis es die Beckenregion des anderen berührte, dann verharrte sie in dieser Position und zog den übrigen Körper nach. Das muß man gesehen haben! Die Dietrich war berühmt für diesen Trick. Später praktizierte sie ihn sogar bei meinen ausgewachsenen Söhnen, natürlich nur bei denen, die sie bevorzugte. Sie bemerkte nie, daß es den Jungs peinlich war. Sie war zu sehr mit Drücken beschäftigt.

Yul, der ein angesehener Fernsehregisseur gewesen war, bevor er am

Broadway ein Star wurde, riet meiner Mutter, die Möglichkeiten des Fernsehens und die Rolle, die ich nach seiner Meinung in diesem Medium spielen könnte, nicht zu unterschätzen. Meine Mutter hatte nie einen Grund, sich beruflich von mir bedroht zu fühlen, und war bekannt dafür, daß sie die Schauspielerkarriere ihrer Tochter nach Kräften unterstützte. Wenn sie nicht gerade darauf wartete, daß Yul anrief, sie besuchte und liebte, widmete sie sich mit gewohntem Eifer ihrer neuen Rolle als »Mutter eines angehenden Fernsehstars«. Sie schlich sich während der Generalproben in die Studios, wobei sie sich solche Mühe gab, keine Aufmerksamkeit zu erregen, daß alle prompt die Arbeit unterbrachen und dem berühmten Filmstar, der so freundlich war, aus den Höhen des Hollywoodolymps herabzusteigen und ein bescheidenes Fernsehstudio mit seiner Anwesenheit zu beglücken, ihre Reverenz erwiesen. Es war nur natürlich, daß die jungen Pioniere des neuen Mediums vor ihr und der Industrie, die sie verkörperte, den größten Respekt hatten und geradezu entzückt waren, wenn sie ihnen zuflüsterte: »Nein, nein. Lassen Sie sich nicht stören. Ich bin nur hier, weil ich meiner wunderbaren Tochter Maria zusehen will ... Ich will Ihnen nicht im Weg stehen.« Aus der Dunkelheit der Regiekabine fragte die berühmte Stimme: »Muß ihr Gesicht wirklich so von unten angeleuchtet werden? Ihre Nase wirkt dadurch zu lang. Wenn Sie den Scheinwerfer nur ein bißchen höher stellen ...« Sie hörten auf sie, geschmeichelt durch ihr Interesse.

Den Regisseur, der alle Hände voll damit zu tun hatte, seine drei Kameras zu dirigieren, die verschiedenen Monitore zu beobachten, hastig Änderungen zu notieren, Kommandos zu geben, Sponsoren bei Laune zu halten und obendrein dem unglaublichen Streß des Livefernsehens ausgesetzt war, fragte sie: »Wollen Sie wirklich, daß sie das Haar in dieser Szene so trägt?« Oder: »Haben Sie bemerkt, daß ihr Hut einen Schatten wirft?«

Sie brachte mich fast zum Wahnsinn, aber schließlich wollte sie ja nur ihrer Tochter helfen, und wer wollte einer Mutter deswegen Vorwürfe machen, zumal einer so berühmten? In meinem ersten Jahr beim Fernsehen war es mir furchtbar peinlich, daß mir durch die Anwesenheit meiner Mutter eine unverdiente Aufmerksamkeit zuteil wurde. Ich entschuldigte mich für ihre Einmischung und gab meinen Arbeitgebern zu verstehen, daß ich keineswegs erwartete, wie ein Star behandelt zu werden, nur weil ich mit einem verwandt war.

Sie bat meinen Mann, auf Long Island ein abgelegenes Strandhaus für sie zu suchen, und mietete es dann für den Sommer. Sie sagte, sie wolle »den Kindern einen schönen Sommer ermöglichen«, ließ uns unter der Woche dort wohnen und erwartete, daß wir das Haus am Freitag nachmittag räumten, damit sie alles für Yuls Besuch am Samstag abend nach der Vorstellung vorbereiten konnte. Manchmal gelang es Yul, auch unter der Woche zu kommen, dann machten wir uns so unsichtbar wie möglich und hofften, daß die Kinder nicht lärmten und das junge Paar störten. Meine Mutter war in jenem August sehr glücklich und versuchte, schwanger zu werden, ohne Yul etwas davon zu sagen. Sie weihte mich in ihren heimlichen Plan ein. Ich hörte ihr zu, verkniff mir aber die Bemerkung, daß eine Frau, die in vier Monaten fünfzig wurde, Probleme haben dürfte, ein solches Vorhaben zu verwirklichen. Aus gutem Grund. Einmal wußte ich, daß sie niemals glauben würde, sie sei älter als dreißig. Zum anderen hatte ich schon vor langer Zeit gelernt, daß es viel bequemer war, sie in ihrer Selbsttäuschung zu bestärken, als ihr zu widersprechen. Und ich hatte gelernt, daß für die Dietrich anscheinend nichts unmöglich war, was sie sich vorgenommen hatte. Diesmal jedoch, so hoffte ich, würde die Natur nicht mitspielen. Die Zukunft von Yuls kleinem Sohn Rocky war so schon ungewiß genug, und meine eigenen Kinder brauchten ganz gewiß keinen »Onkel«, der jünger war als sie. Meine Mutter notierte in ihr Tagebuch:

21. August 1951

Hier bis 15 Uhr.
Halb drei – versuchte es wieder.

Sonntag, 22. August

Northport.

23. August

Himmlisch.
Abfahrt nach New York um 3.15 Uhr.
Er brachte Rocky mit.
Nahm mich zusammen, litt aber.

28. August

Schlimme Nacht.
Wußte, daß ich den Mut verliere, wenn er geht.
2 Dexadrin.
Fühle mich elend. Nichts hilft.
Er kam um 4.30 Uhr. Besser.

Und so weiter und so fort. Sie fühlte sich elend, wenn Yul eine Stunde oder einen Tag zu spät kam, wenn er bei seiner kranken Frau blieb oder versuchte, seine Ehe oder sein Kind zu retten, wenn seine Arbeit und die Pflichten, die er als Star nun einmal hatte, seine ganze Energie erforderten. Sie war euphorisch, wenn er sich exakt an den Zeitplan hielt, von dem sie ihr Leben abhängig gemacht hatte. Wie immer seit 1941 konsultierte sie ihren Astrologen Carroll Righter, löcherte ihn mit Fragen, wenn sie unsicher wurde, und ignorierte seine Ratschläge, wenn sie ihre Sicherheit wiedergefunden hatte. Wie schon bei allen ihren Verflossenen hatte sie Righter auch Yuls Geburtsdatum mitgeteilt, allerdings nicht die genaue Zeit und den genauen Ort, obwohl er als erfahrener Astrologe normalerweise auf diesen Informationen bestand. Da Yul zum damaligen Zeitpunkt immer noch behauptete, er sei als russischer Zigeuner zur Welt gekommen, und da Zigeunerwagen durch mondhelle Nächte nach nirgendwo rollen, blieb sein Geburtsort ebenso vage und geheimnisvoll wie die faszinierende Herkunft, die er sich zugelegt hatte. Sein Aussehen und Auftreten paßten so trefflich zu dieser romantischen Geschichte, daß sie niemand durch die Wahrheit verderben wollte. Als Schweizer geboren zu werden hat schließlich nichts Geheimnisvolles.

12. September

Anruf um 5.30 Uhr.
Sagte, daß er morgen um 12.30 Uhr anruft.
Streit mit Di Maggio im Stork Club.
Sah *ihn* dort.

13. September

Anruf um 12.30 Uhr.
Bilder von Di Maggio und mir. Mein Gott, ich hoffte, *ihn* würde es stören.
Rief Righter an. Anruf 19 Uhr. Anruf 23.45.

14. September
Lunch, er bestellte Lammkoteletts. Small talk, schließlich sagte ich ihm, daß ich mir nicht mehr den Kopf darüber zerbreche, was er sagt oder denkt. Dann sagte er, daß er mich liebt. Er ging um vier. Ich schwebe auf Wolken. Anruf um sieben. Schickte ihm Liebesbrief. Er kommt nach der Vorstellung.

Yuls Garderobier Don wurde ihr Vertrauter und Mittelsmann. Da beide unverwechselbare Vornamen hatten, die sie in Briefen nicht verwenden konnten, ohne Gefahr zu laufen, daß man ihnen auf die Schliche kam, erfand Yul Spitznamen für sie: Er mit seinem Glatzkopf hieß »Curly«, »Löckchen«, und meine Mutter nannte er »Crowd«, »viele Menschen« – meiner Meinung nach der passendste Name, der ihr je gegeben wurde.

Yuls Vorstellungen und Auftritte in *Der König und ich* setzten ihren Abenden einen zeitlichen Rahmen. So hatte sie zwischen 20.30 Uhr und 23 Uhr frei und konnte sich weiterhin mit ihrem »Kavalier« zum Dinner treffen. Aus ihrem Tagebuch geht hervor, daß sie häufig um ein Uhr nachmittags einen Anruf erwartete, um vier mit Yul sprach und dann, wenn er zwischen den Vorstellungen keine Zeit hatte, zum Haus ihres »Kavaliers« fuhr und anschließend in ihre Wohnung zurückeilte, um Yuls Anruf um 20.15 Uhr entgegenzunehmen. Später stellte Yul einen Zeitplan für die Anrufe auf; er telefonierte sogar während der Vorstellung, wenn er nicht auf der Bühne stand. Wenn Gertrude Lawrence ihre große Nummer »Getting to Know You« sang, saß der König in seinem prächtigen Kostüm hinter der Bühne und wählte wahrscheinlich wieder mal die Nummer der Dietrich.

Zwischen Yuls Besuchen und Anrufen schob sie Michael Wilding ein, der gelegentlich auf Stippvisite nach New York kam. Sie wollte frühe verflossene Liebhaber nicht enttäuschen, und fand es nur natürlich, sie an dem teilhaben zu lassen, was ihnen vormals ganz gehört hatte. Einmal versuchte ich, sie auf die moralische Fragwürdigkeit ihrer Großzügigkeit anzusprechen.

»Aber sie sind doch so süß«, antwortete sie mir, »wenn sie mich bitten, und hinterher sind sie alle so glücklich.« Kleinlaut fügte sie hinzu: »Also tue ich es. Ist doch nichts dabei.« Das ganze Jahr hindurch vermerkte sie in ihrem Tagebuch, wann Yul kam oder anrief, wie lange er blieb, ob er sich verspätete, ob er nicht anrief oder bei seiner Frau war, auf die sich die Dietrich stets nur mit »sie« oder »ihr« bezog.

15. September
Ging um 18 Uhr. Himmlisch. Anruf um 18.30 Uhr.
Die Welt stand still. Anruf um 24 Uhr.
Kam zum Frühstück.
Bin glücklich!
Anruf am Nachmittag.
Don rief um Mitternacht an. Die Nachricht: »Vergiß nicht, daß ich meine Crowd liebe.«
Zur Hölle mit »ihr«.

25. September
Den ganzen Tag kein Wort.
Fühle mich elend.
Blumen von ihm um 18 Uhr.
Anruf 18.30 Uhr. Alles wieder gut.

Meine Mutter schüttete denjenigen ihr Herz aus, die von der Affäre wußten. Mit anderen Worten: Meine Familie wurde ihr tägliches Forum. Sie kam entweder zwischen Yuls Besuchen oder rief mich ständig an: Er hatte angerufen, er hatte nicht angerufen. Hatte ich etwas von ihm gehört? Was hielt ich davon? Ich als seine Freundin müßte es doch wissen. Hatte ihn seine Frau wirklich verlassen? Oder log er? Schlief er noch mit seiner Frau? Wußte ich genau, daß er nur sie liebte? Was dachte Bill als Mann darüber? Et cetera, et cetera, et cetera. Wenn ich durch die Kinder eingespannt war oder Proben hatte, löcherte sie meinen Mann im Büro oder hinterließ in der CBS-Telefonzentrale die Nachricht für Maria Riva, »sofort ihre Mutter anzurufen«.

Bob Hope reiste nach Korea, um den dort kämpfenden Soldaten Weihnachtsgrüße zu überbringen. Ich glaube, meine Mutter war zu verliebt und hatte noch gar nicht mitbekommen, daß in Korea ein Krieg tobte. Jedenfalls meldete sie sich nie freiwillig, um für diese Boys dort zu singen. Dieses Mal war ihre »große Liebe« am Broadway und nicht in Gefahr.

Wir durften niemals den Geburtstag meiner Mutter feiern. Die anderen schon. Die berühmten Leute dieser Welt natürlich immer, nicht aber diejenigen, die sie als ihre Familie betrachtete. Niemals! Wer dagegen verstieß, wurde mit Verachtung gestraft und aus ihrer Welt verbannt. Eine solche Verbannung wäre manchmal willkommen gewesen, da sie aber nie besonders lange dauerte und die Rückkehr sehr unerquicklich war, lohnte sich der Fauxpas eigentlich nicht. Keine Karten, keine Blumen, keine Geschenke, keine Torte, keine Party. Das soll nun aber nicht heißen, daß man ihren Geburtstag vergessen durfte. Dann nämlich rief sie an und sagte:

»Weißt du, wer mich angerufen hat ...« Gewöhnlich folgten dann die Namen mehrerer Präsidenten, namhafter Politiker, berühmter Schriftsteller, Musiker, Ärzte und einiger bevorzugter Schauspieler und Regisseure. Und dann spulte sie die Platte mit den Blumen ab:

»... und die *Blumen* solltest du sehen. Die Körbe sind so groß, daß sie nicht durch die Tür passen. Die Rosen sind zu groß für meine Vasen. Man kann sich überhaupt nicht mehr rühren! Die Wohnung sieht aus wie ein Gewächshaus. Ich kann kaum noch atmen und habe keine Ahnung, wo ich mit all den Kisten Champagner hin soll!« Sie machte eine Pause und holte Luft.

Das war für uns das Zeichen, eine Klage anzustimmen:

»Aber Massy, du hast uns doch gesagt, daß wir dir nichts schicken sollen – das wolltest du doch nicht. Du hast uns verboten, an deinem Geburtstag etwas zu machen.«

Darauf konnte meine Mutter antworten: »Natürlich will ich nicht, daß *ihr* was macht – ich wollte, daß ihr wißt, welchen Wirbel alle anderen um meinen Geburtstag machen!«

Dieses Spiel spielten wir vierzig Jahre lang, bis ich aus zuverlässiger Quelle erfuhr, daß meine Mutter einen unbekannten Fan angerufen und sich bei ihm dafür bedankt hatte, daß er an ihren Geburtstag gedacht hatte. Und dann hatte sie noch hinzugefügt, daß sie sich über die Blumen und die Karte deshalb ganz besonders freue, weil »meine Tochter nie daran denkt, mir welche zu schicken«. Von da an schickte ich meiner Mutter am Morgen ihres Geburtstags stets ein Telegramm oder rief bei ihr an. Meine ersten Worte waren immer: »Ich weiß, daß ich gegen die Regeln verstoße und daß es verboten ist, aber ...« Trotzdem erzählte sie weiterhin allen Leuten, daß ich ihren Geburtstag vergessen hätte. Aber wenigstens wußte ich jetzt, daß sie log. Meine Kinder waren verwirrt über dieses Theater, und als sie älter wurden, ärgerten sie sich schrecklich darüber, und das mit Recht. Mein Mann weigerte sich einfach, mitzuspielen. Damit machte er sich bei ihr nicht beliebt, aber er war so stark, daß ihm das nichts ausmachte.

Am 27. Dezember 1951 wurde Marlene Dietrich fünfzig Jahre alt. Sie hatte ihr Geburtsjahr so oft verändert, daß kaum jemand ihr wirkliches

Alter kannte, sie selbst am allerwenigsten. Sie besaß seit jeher die erstaunliche Fähigkeit, bedingungslos ihre eigenen Lügen zu glauben. Und für wie alt hielt sie sich selbst? Für vierzig vielleicht? Wer wollte da widersprechen? Sie sah nicht älter aus als dreißig, und sie benahm sich wie eine Sechzehnjährige – zumindest in ihrem Liebesleben. Noël Coward schickte ihr zu diesem Anlaß Champagner und ein selbstverfaßtes Gedicht:

> Zur Feier Deines Geburtstags, teure Marlene
> hab ich viel Mühe auf mich genommen
> um diesen Champagner zu bekommen.
> Und denk bitte dran, in jedem Bläschen
> steckt meine Liebe.
>
> Von Mr. Noël Coward,
mit den besten Wünschen
und einem dicken Kuss
für Miss Dietrich.

Sie hielt das für ziemlich minderwertig. Nicht den Champagner, den trank sie, vielmehr das Gedicht, das ich wegwerfen sollte. Yul gab ihr, was sie wollte. An diesem Tag schrieb sie in ihr Tagebuch:

12 Uhr nachts
Ja. Himmlisch!
Ich wünschte, ich hätte jeden Tag Geburtstag.

Wie jedermann wußte, war *Engel der Gejagten* ein langweiliger Film. In der Hoffnung, mehr Interesse zu wecken, gab RKO bekannt, daß die beiden Hauptdarsteller Marlene Dietrich und Mel Ferrer der Uraufführung des Films im März 1952 in Chicago beiwohnen werden. Ich habe nie begriffen, wie meine Mutter sich dazu hergeben konnte. Daß Starlets genötigt wurden, in hell erleuchteten Kinosälen auf die Bühne zu hüpfen und für das staunende Publikum Artigkeiten in hastig aufgestellte Mikrofone zu sprechen, war normal, aber die Dietrich?
Ich mußte bei einer Westinghouse-Tagung mit Charlton Heston eine Szene aus *Jane Eyre* spielen, versprach meiner Mutter aber, rechtzeitig nach Chicago zu kommen und ihr bei diesem Auftritt zu helfen, der sicher zu einem regelrechten Trauma für sie werden würde. Am 4. März traf ich dort ein. Meine Mutter war in heller Aufregung. Wieder ganz untypisch für sie, war sie zu Elizabeth Arden gegangen und hatte sich

speziell für diesen Anlaß ein Abendkleid schneidern lassen. Der Stil des Kleides sollte so übertrieben und aufdringlich sein, daß sie darin auf der Bühne des riesigen Kinopalastes noch gut zu sehen war. Jahre später gab sie zu, daß sie zu der Zeit offenbar nicht ganz bei Verstand gewesen sein konnte, denn unter normalen Umständen hätte sie niemals die Arden aufgesucht, geschweige denn eine monströse Kreation bei ihr bestellt, die aus mehreren Schichten gerafftem und gestärktem Tüll in abgestuften Rosatönen bestand. Die Dietrich, die Erfinderin des Abendkleids mit langen Ärmeln, trug nun diesen überdimensionalen Lampenschirm, dessen Oberteil ihre Schultern und Arme freiließ und ihren Busen unter gefälteltem Tüll begrub. Sie sah darin aus wie ein gekochter Hummer in Frauenkleidern. Doch wie immer fand sie für diese Situation – diese lächerliche Veranstaltung, das gräßliche Kleid und ihre Verzweiflung und Wut darüber, daß sie in eine so peinliche Situation geraten war und nur wegen der Promotion für einen miserablen Film »leibhaftig« auftreten mußte – eine Lösung, die später zu ihrem grandiosen Erfolg in Las Vegas beitragen sollte. Zu allem Überfluß hatte sie in ihrem Anfall geistiger Umnachtung auch noch zugesagt, zwei Lieder zu singen, darunter den schrecklichen Titelsong aus dem Film. Ich konnte es nicht fassen. Ihr Agent hatte sie offenbar zwischen zwei »himmlischen« Besuchen Yuls erwischt, sonst hätte sie dem Ganzen niemals zugestimmt.

Sie hatte für den Film ein freizügiges Tanzkostüm entworfen, das ihre Beine voll zur Geltung brachte. Als sie sich zum erstenmal in dem Hummertüll sah, wußte sie sofort, daß sie ihn so schnell wie möglich ausziehen und den Leuten zeigen mußte, wie sie wirklich aussehen konnte. Das war die Geburtsstunde ihres rasanten Kostümwechsels, der später weltberühmt werden sollte. Solche Kostümwechsel, die oft weniger als eine Minute dauerten, waren bei Livesendungen im Fernsehen unerläßlich und eine meiner Spezialitäten. Ich bekam viele meiner Rollen, weil ich in der Lage war, mich innerhalb von sechzig Sekunden von einer eleganten Dame im Abendkleid in einen mit Füßen getretenen Flüchtling zu verwandeln. Es war die Zeit des »Eisernen Vorhangs«, und ich war ständig auf der Flucht vor dem KGB. Jetzt, in Chicago, brachte ich meiner Mutter die notwendigen Tricks bei. Als sie auf die riesige Bühne hinaustrat, trug sie unter ihren ausladenden Röcken bereits das schwarze Trikot und die Schnürstiefel ihres Filmkostüms. Kaum war sie nach dem ersten Auftritt wieder in die Kulissen zurückgekehrt, riß ich ihr das Kleid herunter, half ihr in das Mieder, an dem das gesamte Kostüm, Ärmel, Tournüre, Bolero und Schmuck angenäht waren und zog ihr den Reißverschluß zu. Dann betrat die »echte« Dietrich die Bühne. In knapp einer Minute hatte sich der fette Hummer in ein appetitliches sinnliches Saloonflittchen verwandelt. Die Menge tobte wie im Krieg die GIs. Die Dietrich hatte gewonnen, und sie wußte es und sonnte sich in dem Gefühl der Macht, das solche Momente immer vermitteln. Wir führten den Trick bei den Vorstellungen um 12, um 15, um 18 und um 21.45 Uhr vor, und die Reaktion des Publikums war jedesmal die gleiche: Verblüffung und Staunen, gefolgt von Beifallsstürmen.

Anschließend kehrte sie nach New York zurück und unterzeichnete einen Vertrag für eine eigene, wöchentliche Rundfunksendung, eine Mischung aus Spionage- und Kriminalgeschichte mit dem Titel *Café Istanbul*. Wenn sie nicht gerade von Yul schwärmte oder an seiner Liebe zweifelte, schrieb sie Texte für ihre Rundfunksendung um, nahm Lieder mit Mitch Miller auf, pflegte die enge Beziehung zu ihrem »Kavalier«, flog nach Los Angeles – sie bevorzugte die Maschine um Mitternacht, in der man 1952 noch Betten reservieren konnte – und verbrachte heimlich ein Wochenende mit ihrem König in Palm Springs. Während er nach New York zurückkehrte, blieb sie in Hollywood, trat als Gaststar in Bing Crosbys Radiosendung auf, aß mit Tyrone Power zu Abend und stürzte sich in ein kurzes Liebesabenteuer mit einem gutaussehenden Star, der sie für alle sichtbar in die Häuser der Masons und der Van Johnsons begleitete. Laut ihrem Tagebuch hatte sie viel »Spaß«. Ein Wort, das meine Mutter nur äußerst selten benutzte, wenn sie von sich selbst sprach. Ich gratuliere »Kirk« zu diesem Erfolg.

Als sie nach New York zurückkehrte, stand sie noch ganz unter dem Eindruck ihrer neuen beglückenden Romanze in Kalifornien:

12. Mai 1952

Kam erst um 13 Uhr an.
Y war hier.
Blieb bis 18 Uhr (er liebt mich).
Anruf um 18.45 Uhr.
Will um Mitternacht kommen.
Wundere mich, mache mir aber keine zu großen Hoffnungen. So bin ich nicht enttäuscht, wenn es nichts zu bedeuten hat.
Y kam um Mitternacht. Blieb bis 0.45 Uhr.
Es hat nichts zu bedeuten.

                                                          15. Mai
Glaube, daß ich ihn zu sehr liebe. Nach einem vollen Jahr ist eine
solche Sehnsucht lächerlich.
Lunch.

                                                          17. Mai
Frühstück

                                                  Sonntag, 18. Mai
Ganz allein.
Dinner mit Remarque.

                                                          20. Mai
Alles umsonst.
Glaube, daß es keine Liebe ist, kein gar nichts.

                                                          21. Mai
Y zum Frühstück hier. Teile ihm meine Ansicht mit.
Anruf. Alles ist gut. Dinner mit Wilder im Stork.
Yul hier.

Meine Mutter besaß immer die Fähigkeit, Dinge einfach zu vergessen, vorzugsweise solche, die ihr unangenehm waren oder die sie für überflüssig hielt. Sie verbannte sie kurzerhand aus ihrem Bewußtsein. Wie schon in den dreißiger Jahren markierte sie den ersten Tag ihrer Regel im Tagebuch mit einem X – nicht zu verwechseln mit dem Doppel-X für Geschlechtsverkehr. Meine Mutter war in ihrem 51. Lebensjahr, als sie am 22. Mai 1952 in ihr Tagebuch notierte:

X – großer Sprung, fast zwei Monate!

Niedergeschlagen suchte sie mich zu Hause auf und zeigte mir ihre Höschen.
»Siehst du? Die ganze Zeit haben wir beide gedacht, ich sei schwanger – von wegen! Aber warum hat sie so lange ausgesetzt? Kommt das bei dir auch vor? Daß sie ohne Grund aussetzt?«
Ich brachte sie zu meinem Gynäkologen. Er verabreichte ihr Hormone und versuchte ihr zu erklären, was Wechseljahre sind, gab es aber auf, als sie sich ihm zuwandte und sagte:

»Aber wenn diese Hormone wirklich so toll sind, wie Sie sagen, warum geben Sie dann meiner Tochter keine? Ich bin überzeugt, daß sie ebenfalls solche Spritzen braucht!«

Eines Morgens stürmte sie in mein Haus, das Abbild von Zorn mit einigen Tupfern Wut: »Erst sagt er, daß er ohne mich nicht leben kann, und dann geht er hin und treibt es mit der Taylor.«

Für einen Moment verwirrte mich das »Er«: »Wer«?

»Michael Wilding! Er hat diese englische Schlampe Elizabeth Taylor geheiratet! Warum? Kannst du mir sagen, warum? Das muß an ihren großen Brüsten liegen. Wahrscheinlich mag er es, wenn sie ihm ins Gesicht hängen!« Und ein paar Monate später:

»Sie ist ziemlich schnell schwanger geworden, findest du nicht auch?« Damit war der arme Michael für sie gestorben – das heißt, bis zu seiner Scheidung, dann kehrte er zu ihr zurück. Sie tadelte ihn für seine »Dummheit« und verzieh ihm.

Die Fernsehgesellschaft CBS hatte mich unter Vertrag genommen, und da auch das amerikanische Publikum mein Gesicht inzwischen kannte, beschloß die Zeitschrift *Life,* einen Artikel über die »berühmte Mutter und berühmte Tochter« zu bringen. Meine Mutter und ich hatten zuvor schon einmal für *Vogue* posiert, aber damals war ich nur »die Tochter« gewesen. Ich hatte einen eigenen Namen und eine eigene Identität gefunden, deshalb war es für mich etwas Besonderes. Im Juni gingen wir in Milton Greenes Studio. Meine Mutter behauptete immer, es sei ihre Idee gewesen, daß ich auf dem berühmten Foto auf sie hinunterblicke. Aber es war Milton Greenes Einfall, das Foto umgekehrt zu montieren, so daß ich das Bild und die Dietrich das Spiegelbild war. Den Redakteuren von *Life* gefiel sein Vorschlag so gut, daß sie ihn auf dem Titelblatt brachten. In dem Artikel selbst ging es zwar hauptsächlich um die Dietrich, aber wenn von Maria Riva die Rede war, dann ohne das Anhängsel »die Tochter von«. Da wußte ich, daß ich es geschafft hatte: Ich hatte endlich einen eigenen Namen, ganz für mich allein. Wenn meine Mutter in der Folgezeit Leute besuchte, nahm sie neben ihren neuesten Platten immer auch die *Life* mit.

»Ist es nicht wundervoll? Natürlich habe ich zu ihnen gesagt, nein, nein, Maria muß oben sein, und ich unten. Sie ist ›der Star‹, und außerdem sieht mein Haar so besser aus. Natürlich geht es in dem Artikel um mich, aber sie waren sehr nett. Gute Leute sind das, von der *Life*. Sie haben auch über ihren großen Erfolg geschrieben.«

Im August machte Yul vierzehn Tage Urlaub, danach wurde Gertrude Lawrence nach zweiwöchiger Zwangspause zurüc erwartet. Meine Mutter behauptete zwar immer, »Gertie« sei eine ihrer besten Freundinnen, doch in ihren Tagebuchaufzeichnungen aus jener Zeit erwähnt sie an keiner Stelle, daß die Lawrence schwerkrank war.

Wir packten Trainingshosen, Schaufeln, Teddybären und alles, was man im Sommer am Strand braucht, zusammen, stopften es in den Ford und fuhren zu dem gemieteten Häuschen auf Long Island. Meine Mutter blieb zu Hause und wartete darauf, daß das Telefon klingelte.

2. August

Frühstück um zehn. Blieb bis elf.
Ziemlich vage, schleppende Unterhaltung über sein Stück. Aber warum kommt er dann hierher? Wegen einer Tasse Kaffee wohl kaum. Habe nie jemanden erlebt, der so mit sich selbst beschäftigt war. Blumen kamen, solange er noch da war, und plötzlich fiel mir auf, daß er mir nie Blumen schickt oder etwas mitbringt oder auch nur den kleinsten Versuch macht, mir etwas von dem zurückzugeben, was ich ihm gebe. Das müßte einem Mann doch peinlich sein. Vielleicht glaubt er, daß er sich mit den Nachmittagen revanchiert. Welch schrecklicher Gedanke.
Er kommt heute abend. Ich fragte ihn, was er heute abend vorhat, und er sagte: ›Ich könnte dich besuchen.‹ Ich sagte: ›Du liebst mich nur, wenn ich dich darum bitte.‹
Wahrscheinlich dachte er, er sei seinen Verpflichtungen nachgekommen, weil er gestern hier war. Was für schreckliche Gedanken habe ich heute nur?
Ich schreibe das alles nieder, damit ich verstehe, warum ich so schwankend bin und an seiner Liebe zweifle, obwohl ich mir vorgenommen habe, es nicht zu tun.

Sonntag, 3. August

Sonntag ganz allein. Zeit, über meine Blödheit nachzudenken.

6. August

Es ist schrecklich, er hat mich weder angerufen noch besucht. Wie rücksichtslos. Wenn er sich nicht freimachen kann, soll er wenigstens anrufen und Bescheid sagen.
Am Wochenende war doch das Mädchen da, also hätte er einen

Großteil des Sonntags und sogar den Abend mit mir verbringen können. Ich bin seine kleine Hure, sehen wir der Wahrheit doch ins Gesicht!

Am 7. September starb Gertrude Lawrence an Leberkrebs, nachdem sie unter qualvollen Schmerzen weiter ihre Rolle in *Der König und ich* gespielt hatte. Im Tagebuch meiner Mutter wird das Ereignis an erster Stelle erwähnt:

7. September 1952

Gertie ist gestorben.
Hier zum Frühstück.

Am 9. September, am Tag der Beerdigung, schreibt sie:

Begräbnis, mit Maria
Hier von 16 bis 19 Uhr.
Y betrunken.
Dinner bei Ferrer.

Irgendwann in dieser Zeit ließ sich der »Kavalier« meiner Mutter scheiden, weil er hoffte, sie würde ihn nun heiraten. Schließlich hatte sie immer behauptet, sie sehne sich nach einem sorgenfreien Leben und wolle sich von einem Mann verwöhnen lassen. Die Realität sah anders aus. In den vier Jahren ihrer leidenschaftlichen Affäre mit Yul Brynner, in denen sie viel leiden mußte und nach ihrem »Zigeunerkönig« schmachtete, brachte sie es immerhin noch fertig, Michael Wilding, Michael Rennie, Harry Cohn, Edward R. Murrow, Edith Piaf, Adlai Stevenson, Sam Spiegel, Frank Sinatra, Harold Arlen, Kirk Douglas und eine beeindruckende Zahl anderer Damen und Herren, die aus diversen Gründen anonym bleiben müssen, »glücklich zu machen«, wie sie es nannte. Aber dabei gab sie nicht einmal ihre große Liebe zu Gabin auf. Und was den Heiratsantrag ihres »Kavaliers« anging, sagte sie mehr als einmal:

»Gott sei Dank habe ich ihn nicht geheiratet. Oder kannst du dir vorstellen, daß ich als *Grande Dame* in Palm Beach herumsitze, die nichts Besseres zu tun hat, als den ganzen Tag Canasta zu spielen?«

*

Judy Garland kehrte an den Broadway zurück und gab täglich zwei Shows im Palace. Wir gingen »en famille« zur Premiere – das heißt, nicht ganz: Mein Vater rupfte Hühner in Kalifornien, deshalb ließ sich meine Mutter von einem ihrer »Freunde« begleiten. Judys wunderbare und herzzerreißende Stimme schwang sich empor, erfüllte diesen berühmten Vaudeville-Tempel und hinterließ, als sie verklang, ein Gefühl der Bitterkeit in mir. Das Publikum war am Rande der Raserei. Auch meine Mutter tat so, als bewundere sie Judy, und obwohl sie sie insgeheim nicht leiden konnte und nie einen Sinn für dieses begnadete Talent hatte, das von einer natürlichen Kreativität lebte und nicht wie sie selbst von einer geschickten, kunstvollen Inszenierung, klatschte auch sie begeistert wie die übrigen Zuschauer. Judy war zu einem homosexuellen Fetisch erhoben worden, und meine Mutter, die ebenfalls einer war, wußte, daß sie beobachtet wurde.

Wir gingen hinter die Bühne und gratulierten dem Star des Abends. Ich nahm sie in meine Arme, mir erschien das ganz natürlich. Ich hielt sie ganz vorsichtig. Sie wirkte so zerbrechlich wie ein Souvenir aus Glas, das man auf Jahrmärkten kauft. Unser Wiedersehen war still, ein zeitloser Augenblick. Dann fielen die Horden der Bewunderer in die Garderobe ein, und wir lösten uns voneinander und von diesem Moment.

Meine Mutter ließ es sich nicht nehmen, am gleichen Abend im innersten Heiligtum des El Morocco, dem exklusiven und von ihr so geliebten Champagnerraum, hofzuhalten. Meine Gedanken waren so von etwas ganz anderem gefesselt, als von der Dietrich, die die Dietrich spielte, daß ich gar nicht hörte, daß die Piaf etwas zu meinem Mann sagte, auf französisch, das er selbst sehr gut sprach:

»Nun, wie fühlt man sich, wenn man sich von seiner Schwiegermutter aushalten läßt?« Er war so schockiert, daß er sie bat, die Frage noch einmal zu wiederholen. Er wollte sich vergewissern, daß er richtig verstanden hatte. Sie tat es. Und diesmal hörte ich sie. Wie auch meine Mutter.

»Oh, mon amour« – wie Gabin war die Piaf mit diesem Wort belegt worden –, »aber er macht Maria doch so glücklich.«

Weil die Gäste an den anderen Tischen uns wie immer beobachteten, erhob ich mich schweigend. Mein Mann sah meinen Blick und stand ebenfalls auf. Wir verabschiedeten uns höflich und gingen, bevor ich vor Wut platzte. Die bodenlose Frechheit dieses französischen Gossengewächses überraschte mich nicht, leider auch nicht die Bosheit meiner

Mutter. Ebensowenig überraschte mich die Liebesaffäre zwischen der Lady und diesem Tramp.

Meine Mutter war stolz darauf, die »beste Freundin« der Piaf zu sein, wie sie ihre Beziehung in der Öffentlichkeit umschrieb. Als die Piaf heiratete, ließ sie ein Kleid für sie anfertigen – eine Nachbildung ihres eigenen Chiffonkleids von Dior –, legte ihr ein kostbares Geschmeide um den zierlichen Hals und entließ sie, ganz Kavalier, wie fast bei allen ihren Frauen, in die Arme eines anderen. Später, als Edith Piafs Boxer getötet wurde, war es die Dietrich, die den kummervollen Spatz mit ihrer Liebe tröstete.

Remarque gab bekannt, daß er ebenfalls zu heiraten gedachte – ausgerechnet Paulette Goddard! Meine Mutter war entsetzt. Und ich auch, wie ich zugeben muß.

»Hat er den Verstand verloren? Glaubst du, daß er die Goddard tatsächlich heiraten wird? Merkt er denn nicht, daß sie nur hinter seinen Schätzen her ist? Ich werde zu ihm gehen und mit ihm reden.« Und das tat sie auch. Bei dieser Gelegenheit machte Boni meiner Mutter einen Heiratsantrag. Sollte sie ablehnen, würde er Paulette heiraten. Was er dann auch tat.

»Jetzt heißt es aufpassen«, so lautete der einzige Kommentar meiner Mutter, »sie wird versuchen, ihn umzubringen. Er war ein großer Schriftsteller, aber seit jeher ein Dummkopf, was Frauen angeht!« Sie hielt den armen Boni für verloren.

Als Remarque 1970 starb, sagte sie: »Siehst du? Es hat zwar ein paar Jahre gedauert, aber schließlich hat es diese gräßliche Frau doch noch getan. Jetzt ist sie steinreich und kann im Luxus verrotten.« Und dann ging sie in ihr Zimmer und trauerte um ihn, als sei sie seine rechtmäßige Witwe. Und für die hielt sie sich auch.

Hemingways Meisterwerk *Der alte Mann und das Meer* wurde veröffentlicht und meine Mutter, die den Roman heiß liebte, seit er ihr die Druckfahnen zugeschickt hatte, stolzierte umher wie eine Ehefrau, die immer gewußt hatte, daß ihr Mann mehr Größe besaß, als die anderen erkannt hatten, denen das Privileg verwehrt war, Einblick in sein Seelenleben zu nehmen.

Durch Yul lernte ich die United Cerebral Palsy Organization kennen. Im Frühjahr 1953 widmete John Ringling North dem Verein die Galavorstellung im Madison Square Garden. Stars boten sich an, alle möglichen Aufgaben zu übernehmen, vom Fegen der Manege nach dem Auftritt der Elefanten bis hin zu Trapeznummern. Niemand drängte sich in den Vordergrund. Alle dienten nur dem gemeinsamen Ziel, Geld für die Kinder zu sammeln, die an dieser schrecklichen Krankheit litten. Meine Mutter engagierte sich nie in der Wohltätigkeitsarbeit. Soweit ich weiß, spendete sie nie etwas für eine karitative Einrichtung, und doch war sie bekannt für ihre grenzenlose Wohltätigkeit – auch das gehört zu den Mythen um die Dietrich, die nie in Frage gestellt wurden. Es stimmt zwar, daß sie sehr großzügig war, aber nur, wenn sie irgendeinen Nutzen davon hatte: Sie verschenkte Pelzmäntel an Dienstmädchen, die daraufhin so überwältigt waren von Dankbarkeit, daß sie niemals kündigten, egal, wie sie von ihr behandelt wurden. Sie bezahlte die Arzt- und Krankenhausrechnungen für die Kinder, Frauen und Ehemänner von Bediensteten, Bekannten und Freunden, die, nicht weniger überwältigt, mit Sicherheit keine intimen Geheimnisse ausplauderten, die sie über ihre Wohltäterin wußten. Obendrein konnte sie zu jeder Tages- und Nachtzeit die Dienste dieser Leute in Anspruch nehmen. So gesehen, half die Dietrich bereitwillig jedem.

Sie setzte dafür ihr Geld, ihre Energie, ihre Zeit und ihren Ruhm ein, doch sie tat es niemals zum Wohle einer karitativen Organisation. Meine Mutter legte Wert darauf, daß der Empfänger wußte, wer die großzügige Spenderin war – auf diese Weise konnte sie seine Dankbarkeit dazu benutzen, ihm ihren Willen aufzuzwingen. Mein Leben lang hörte ich, wie sich meine Mutter über Leute beklagte, denen sie geholfen hatte und die sich für ihre Großzügigkeit nicht in der Weise revanchierten, wie sie es erwartet hatte. Das klang dann etwa so:

»Liebling, hältst du das für möglich? Ausgerechnet jetzt kann das Mädchen am Sonntag nicht kommen! Weil ›Ostern ist‹ und sie bei ihrem Kind bleiben muß! Weißt du noch, wie sie mir vor zwei Jahren von diesem Kind erzählt hat? Es humpelte, und ich ließ alle möglichen Ärzte kommen. Sie sagten, daß das Kind einen Spezialschuh braucht. Und ich habe ihn sofort bestellt. Erinnerst du dich, wie dankbar sie mir war? Wie sie mir meine Hände küßte und weinte? Und trotzdem will sie jetzt nicht kommen, weil sie an diesem blöden Feiertag bei dem Kind sein will! Lachhaft! Da kannst du mal sehen, wie die Menschen sind. Da tut man alles für sie, und sie tun dennoch, was sie wollen!«

Das ging bis in ethnische Bereiche hinein:

»Ich habe mein Land und meine Sprache für sie aufgegeben, und was habe ich davon? Die Geschäfte sind geschlossen, weil Yom Kippur ist!«

Ich wußte, daß Yul der Kampf gegen die Gehirnlähmung sehr am Herzen lag, und hoffte deshalb, meine Mutter zu einer Teilnahme an der Zirkusgala überreden zu können, zumal wir ihr eine besondere Rolle anboten, die sie mit keinem anderen Star würde teilen müssen. Als wir ihr vorschlugen, die Rolle des Zirkusdirektors zu übernehmen, willigte sie sofort ein und begann, ihr Kostüm zu entwerfen. Lange bevor »hot pants« in Mode kamen, trug die Dietrich enge kleine Samtshorts mit schwarzen Seidenstrümpfen, hochhackigen Stiefeln, weißer Krawatte, scharlachrotem Frack und glänzendem Zylinder und ließ dazu die Peitsche knallen. Ihr Auftritt war eine Sensation. *Vogue* brachte ein ganzseitiges Farbfoto von der Dietrich im Zirkuskostüm, und alle Zeitungen feierten sie als den »Star des Abends«. Der Verein erhielt eine Menge zusätzliche Publicity. Als die Dietrich gefragt wurde, was Gehirnlähmung sei, antwortete sie: »Oh, das hatte ich, als ich das wundervolle Kostüm für meine Rolle als Zirkusdirektor entwarf.«

Eisenhower kandidierte für das Präsidentenamt, und meine Mutter war darüber außer sich vor Wut. Als er gewählt wurde, drohte sie, ihren Paß zurückzugeben, nicht aber ihre »Medal of Freedom«: »Dieser Feigling! *Der* will ein Volk führen? Das ganze Land ist verrückt geworden!« Und dann ging sie Hemingway anrufen.

Ich bekam die weibliche Hauptrolle in einer Fernsehserie, der ersten Abenteuerserie in Farbe überhaupt. Sie sollte in Übersee gedreht werden. Mein Mann wurde als Ausstatter für die Produktion verpflichtet, und daher beschlossen wir, die Kinder mitzunehmen. Meine Mutter ärgerte sich darüber. Da wir aber hauptsächlich in Israel drehen sollten, konnte sie ihre Mißbilligung öffentlich nicht zeigen, privat dafür sehr wohl:

»Dort sind alle Juden, die es in Hollywood zu nichts gebracht haben. Was meinst du denn, was ihr dort zuwege bringt? Eine amerikanische Fernsehserie in der Wüste? Das wird schlimmer als das, was wir bei *Der Garten Allahs* mitgemacht haben. Und wieso mußt du die Kinder mitschleppen? Die können doch bei mir bleiben ... und wer soll dich frisieren?«

Yul hielt es für ein wundervolles Abenteuer und wünschte uns viel Glück. Am 24. Mai 1953 bestiegen wir einen zuverlässigen PanAm-Clipper und flogen nach Gander, unserer ersten Zwischenstation auf der langen Reise nach Tel Aviv. Unterdessen setzte meine Mutter ihre

Flüge nach Kalifornien fort und verbrachte die Wochenenden mit »ihm« in Palm Springs. Da ich abwesend war, kann ich nicht mit Bestimmtheit sagen, wer sich hinter diesem »ihm« verbarg, von dem in ihrem Tagebuch die Rede ist. Es könnte jeder gewesen sein. Zwischen den Treffen mit ihren Liebhabern besuchte sie meinen Vater.

Da wir uns im Alltag inzwischen nur noch englisch unterhielten, nahmen sogar ihre Briefe einen amerikanischen Tonfall an.

> Engel,
> ich habe Papi besucht. Er arbeitet sehr schwer, viel zu viel nach der Operation, wie ich finde, aber Du weißt ja, wie stur er ist. Tami ist verrückter denn je, und ich habe mir auf der Heimfahrt von der Ranch die Augen aus dem Kopf geweint, denn es macht mich immer noch betroffen, wenn ich sehe, daß der Wahnsinn stärker ist als die Vernunft. Er hatte ihr versprochen, daß sie am Anfang nicht zu kochen braucht, und so gingen sie mit mir in ein schäbiges kleines Lokal mit lauter Musikbox, in dem sie abends immer essen. Das Essen war so fettig, daß ich es nicht anrührte und statt dessen Hüttenkäse bestellte. Er aß das schrecklich fettige Zeug, und ich fragte ihn (wohlerzogen, wie ich bin, frage ich vorher), ob ich nicht ein Pot-au-feu kochen und zu ihnen rausbringen sollte. Das könnten sie dann mindestens drei Tage lang aufwärmen und hätten etwas Gutes zu essen und überhaupt keine Arbeit damit. Er war einverstanden, und ich kochte den ganzen Tag, putzte Gemüse usw. Kaum war ich dort, schrie Tami, daß sie nicht alles dabehalten könne und daß sie immer noch Geschirr spülen müsse, selbst wenn sie es nur aufzuwärmen brauche. Also packte ich alles schweigend zusammen, spülte nach dem Essen das Geschirr und ging. Ich war zu traurig, um mich zu verabschieden. Ich bin nie wieder rausgefahren, weil ich ihm den Ärger ersparen wollte ...

Ich konnte mir lebhaft vorstellen, was vorgefallen war: Meine Mutter war zu dem kleinen Haus hinausgefahren, den Wagen vollbeladen mit teuren Lebensmitteln, von denen sich eine zwölfköpfige Familie einen Monat lang hätte ernähren können. Dann schleppte ihr Chauffeur Kochtöpfe in Hotelküchenformat mit ihrem berühmten Pot-au-feu in Tamis kleine Küche und räumte den Kühlschrank leer, um Platz zu schaffen für die Sachen, die die Ehefrau mitgebracht hatte. Und Tami stand hilflos daneben. Mit einer großartigen Geste, die andere vermutlich wieder als Zeichen ihrer »selbstlosen Großzügigkeit« interpretieren würden, drang sie in das Haus einer anderen Frau ein, nahm ihr Reich in Beschlag, sprach ihr indirekt die Fähigkeit ab, für den Mann, den sie liebte, zu sorgen, und gab ihr dadurch das Gefühl, nutzlos, unfähig, nachlässig und undankbar zu sein. Zu allem Überfluß war ihr Pot-au-feu auch noch so gut, daß sich die eigenen Kochkünste dagegen bescheiden ausnahmen. Ich wußte genau, was Tami empfunden haben mußte – ich habe es am eigenen Leib erfahren. Doch ich hatte wenigstens einen Mann, der mir das Gefühl gab, gebraucht zu werden, und sogar die Küche meiner Mutter verschmähte, während mein Vater der armen Tami wahrscheinlich die Hölle heiß machte, weil es ihretwegen wieder Ärger gegeben hatte und die großzügige »Mutti« nun das Gefühl haben mußte, daß ihre »Bemühungen« nicht gewürdigt wurden.

Wir zogen ins Hotel Sharon zwischen Tel Aviv und Haifa. Welch ein Land! Wild und friedlich zugleich, jung und alt, ein Land der Gegensätze, geleitet von einem großen Traum, den es noch zu verwirklichen galt. Alle Pionierländer haben das Gefühl, nach der Zukunft zu greifen. Aber hier steuerte das Alte eine eigene Dimension bei. Das Unvergängliche und das neu Geborene, die ungestümen Jungen und die weisen Überlebenden.

Wir aßen koscher und lernten die Regeln und Sitten der Epochen. Wir mußten es nicht, wir wollten es. Wir wollten, daß unsere Kinder mit allen Religionen in Berührung kamen, sie respektierten und ihre Gesetze verstanden, bevor sie selbst eine Entscheidung trafen, welche ihnen zusagte – und welche ihnen ein Zuhause bot, in dem sie als Menschen am besten reifen konnten.

Die nette junge Frau stellte einen Teller vor Michael hin, und er fragte neugierig mit dem Sopran eines Fünfjährigen:

»Sarah, warum haben Sie sich Ihre Telefonnummer auf den Arm geschrieben?«

Sie sah mich an und zögerte, ob sie einem so kleinen Jungen eine Erklärung geben sollte. Sie war über seine naive Frage weder schokkiert noch verärgert, und ich liebte sie dafür.

»Sagen Sie es ihm, Sarah. Es ist wichtig für ihn, daß er es weiß.«

Und sie tat es – mit einfachen Worten, ohne Groll oder persönliche Verbitterung.

Am gleichen Tag suchten wir am Strand nach Kieselsteinen, eine sehr ernste Beschäftigung, der wir uns mit Hingabe widmeten.

»Mami, schau! Das ist ein schöner, ganz glänzend und weiß, mit silbernen Flecken drauf! Ich werde ihn Sarah schenken, für ihren armen verletzten Arm!«

Aus New York schrieb mir meine Mutter:

> Ich schreibe für das *Ladies' Home Journal* einen Artikel mit dem Titel: »Warum man geliebt wird.« Ich bekomme dafür 20 000 Dollar. Jawohl, Du hast richtig gelesen: 20 000 Dollar! Remarque war empört über das Honorar. Ich habe darauf hingewiesen, daß für Mist eben mehr bezahlt wird als für Qualität, aber das half auch nichts, er war außer sich vor Wut.
> Ich kann mir schon vorstellen, was die Männer sagen werden, die angeblich so unglücklich mit mir waren: Warum war sie zu mir nicht so? Ich werde auch den Frauen Zucker geben, auf diese Weise sind alle zufrieden.
> Dann bin ich mit Doubleday einig geworden. Ich werde ein Schönheitsbuch für sie schreiben. Diesmal war Remarque nicht so wütend, weil es um Schönheit geht. Aber beim Thema Liebe bekommt er Konkurrenzgefühle. Nur ich kann darüber schreiben, was Liebe ist und wie sie funktioniert.

An dem Artikel »Warum man geliebt wird« arbeitete sie immer dann, wenn sie darauf wartete, daß Yul anrief oder in ihrer Tür erschien. Sie schrieb über die Gefühle, die sie ihm zum Bewußtsein bringen wollte. Dann zeigte sie ihm ihre Arbeit, weil sie hoffte, er würde erkennen, welche Gefühle sie ihm mitzuteilen versuchte. Tatsächlich schrieb sie einen Großteil des Artikels, um Yul zu betören, und als er ihr seine Hilfe anbot und sie gemeinsam an ihm arbeiteten, verlebten sie vielleicht ihre schönste Zeit zusammen.

Aus vielen Gründen wurde unsere Fernsehserie gestoppt, bevor wir eine einzige Folge abgedreht hatten. Ich bedauerte es sehr und telegrafierte meiner Mutter, daß wir nach New York zurückkehren würden.

13. August 1953

Mein Liebling,
ich muß mich mit dem Brief höllisch beeilen, damit er dich noch erreicht, falls du abreist.
Zu der Sache in Las Vegas: Ich habe einen Vertrag mit dem Sahara

gemacht, dem größten Laden dort. Nicht mit dem Sands, dem schicksten Lokal in Vegas. Dort habe ich gewohnt und bin mit Tallu aufgetreten. Sie hat mich angesagt, und dann bin ich raus und wollte sehen, ob ich sie zum Pfeifen bringen kann. Das Sands ist ein richtiger Nachtklub, stinkvornehm. Alle bevorzugen ihn, weil er klein ist. Sie waren tatsächlich begeistert. Ich sang drei Lieder und dann zum Abschluß mit Tallu »May the Good Lord Bless und Keep You«. Aber ich war überhaupt nicht nervös, obwohl ich nicht mal geprobt hatte, aber natürlich hat man es bei einer Benefizvorstellung leichter, als wenn man für Geld auftritt.
Das Sahara bot mir ein dreiwöchiges Engagement an, für 30 000 Dollar die Woche. Und das gleiche nächstes Jahr. Die 20 000 Dollar, die Tulla im Sands bekam, waren bisher die höchste Gage, die jemals gezahlt wurde. Also griff ich zu. Am 15. Dezember habe ich meinen ersten Auftritt, und dann geht es weiter bis zum 5. Januar 1954. Ist es nicht komisch, daß ich dieses Jahr eine Menge verdienen werde, und alles ohne Filme? Ich versuche, Orson zu erreichen, weil ich die Gedankenlesernummer bringen will. Ich habe sie völlig vergessen. Danny Thomas sucht fieberhaft nach seinen Unterlagen, damit ihm wieder einfällt, was er mit mir gemacht hat. Ich fände es gut, das Publikum nach meinen Songs bei dieser Nummer mit einzubeziehen. Hinterher bringt die Tanzgruppe eine Zirkusnummer mit einem Clown aus Paris. Mitch schreibt dafür eine Zirkusmusik. Ich werde mit einer Peitsche zwischen die Tänzer treten und meinen Auftritt mit der Zirkusnummer beenden, so kann ich das Kostüm von dem Abend im Madison Square Garden tragen. Mein Auftritt dauert nur 25 Minuten. Sie bitten einen, daß man es kurz macht, damit die Leute rausgehen und spielen. Das Angebot war so traumhaft, daß ich es einfach nicht ausschlagen konnte. Ich habe auch keine Angst. Ich habe mich auf der Bühne richtig zu Hause gefühlt. Wenn es ernst wird, werde ich ganz bestimmt nicht zittern wie Van Johnson und Tallu.
Ich werde also an Weihnachten nicht zu Hause sein.

Die vagabundierende Familie Riva fuhr nach Hause. Jeder von uns war in vielen Dingen ein bißchen klüger als zuvor.
Im Tagebuch meiner Mutter wird der Las-Vegas-Deal nicht erwähnt. Sie hielt nur die Momente fest, die ihr wirklich wichtig waren:

30. September

Kam zum Lunch.

1. Oktober

Kam aus dem gleichen Grund.

2. Oktober

Kam um 12, aus gleichem Grund.
Blieb nach der Vorstellung.

3. Oktober

Ging um 12.45 Uhr.

Am nächsten Tag notierte sie, daß Yul wieder aus dem »gleichen Grund« kam, womit meines Erachtens nicht notwendigerweise »zum Lunch« gemeint ist, daß sie ferner am gleichen Abend mit Otto Preminger in den Stork Club ging und daß Yul um 14 Uhr anrief, in ihre Wohnung kam und die Nacht über blieb. Wie es dieser Mann fertigbrachte, den ganzen Abend über als treibende Kraft in diesem anstrengenden Musical auf der Bühne zu stehen, erstaunt mich noch heute.

Sie erzählte mir, daß Yul gegen ihre Idee war, Orsons Gedankenlesernummer zu bringen. Er hielt es für unter ihrem Niveau, das Publikum auf diese Art miteinzubeziehen. Ich war derselben Meinung und riet ihr, entweder gegen das Vegasimage anzukämpfen oder es zu übertreffen, ihm aber auf keinen Fall zu entsprechen.

»Wie kommt es eigentlich«, wandte sie sich an Yul, »daß ihr beide immer der gleichen Meinung seid? Genau wie bei der karitativen Geschichte, die euch so wichtig war. Aber weißt du was? Maria hat recht. Die Dietrich muß eine Sensation werden, und das schaffen wir nur durch das, was ich trage.«

Sie reiste nach Hollywood und traf sich bei Columbia Pictures mit Jean Louis. Sie wußte, daß nur das Kostümatelier eines großen Filmstudios in der Lage war, ein Kostüm anzufertigen, das dem ersten Auftritt einer Marlene Dietrich in Las Vegas angemessen war. Bereits in den zwanziger Jahren, als Theda Bara noch über die Stummfilmleinwand schwebte, hatte Hollywood alle geschickten Glasperlenstikker an sich gebunden. Am liebsten hätte meine Mutter die wunderbare Irene für ihre Zwecke eingespannt, da dies aber unmöglich war, entschied sie sich für Jean Louis, dessen Arbeit sie bewunderte. Da Jean Louis aber Topdesigner von Columbia Pictures war, mußte sie den damaligen Boss der Columbia, Harry Cohn, um Erlaubnis bitten, seine Dienste in Anspruch zu nehmen und die studioeigene Werkstatt zu benutzen. Zufälligerweise plante Harry Cohn, einer der gefürchtetsten und meistgehaßten Filmmogule, gerade die Verfilmung von *Pal Joey* und hätte sie gern für die weibliche Hauptrolle engagiert. Allein diesem Zufall verdankte sie es, daß er ihr die Erlaubnis gab, ihre berühmten Kleider in seinem Studio anfertigen zu lassen. Jahre später, als Cohn sie endgültig aus der Filmfabrik der Columbia verbannte, weil sie das gesamte Kostümatelier durcheinandergebracht hatte, verbreitete sie eine Menge »Geschichten« über ihn. So erzählte sie, daß sie ihn 1953 aufgesucht und um die Erlaubnis gebeten habe, ihre Kostüme bei ihm anfertigen zu lassen. Er jedoch habe seine Einwilligung davon abhängig gemacht, daß sie ihm sexuell zu Willen sei: »Gleich dort, in seinem Büro. Am hellichten Tag. Als Gegenleistung für die Dienste seiner Näherinnen!« Harry Cohn war ein bekannter Lüstling, und fast alle verachteten ihn. Deshalb konnte sie ihre Geschichten über ihn nach Belieben mit zotigen Details ausschmücken. In ihrem Tagebuch ist freilich weder von seiner Forderung noch von ihrer »empörten« Zurückweisung die Rede. Dort heißt es nur, daß sie mit ihm über *Pal Joey* sprach und ihn in den folgenden zwei Jahren häufig aufsuchte, bis er sich schließlich erdreistete, sie aus dem Studio zu werfen. Zu der Zeit, so erzählte sie mir, habe sie Yul gebeten, seine Gangsterfreunde zu bitten, »ein gutes Wort« für sie einzulegen oder, wenn das nicht half, Cohn in einer dunklen Gasse zusammenzuschlagen. Die Dietrich spielte gern mit dem Gedanken, Schläger auf Leute anzusetzen, die sie als ihre Feinde ansah. Jedem Autor, der ein Buch über sie schrieb, wünschte sie ein solch blutiges Schicksal. Ich bin immer auf der Hut, wenn ich durch eine dunkle Gasse gehen muß!

Wer Harry Cohn letztlich veranlaßte, seine Meinung zu ändern und der Dietrich die Tür zu den Studioeinrichtungen der Columbia wieder zu öffnen, blieb immer ein interessantes Geheimnis, über das viel spekuliert wurde. Einer Version zufolge spielte Frank Costello den Racheengel, nach einer anderen drohte die Mafia, das Studio in Brand zu stecken, nach einer dritten schickten Freunde der Dietrich Rita Hayworth zu Harry Cohn ins Büro, um ihn »weichzumachen«. Einige Leute meinten sogar, daß Hedda Hopper ihre ganze Macht als führende Klatschkolumnistin Hollywoods ins Spiel brachte und damit drohte, »alles«, was sie über Harry wisse, zu enthüllen, wenn er weiterhin so gemein zu Marlene sei.

In dieser aufgeregten Zeit notierte meine Mutter in ihr Tagebuch:

Cohn hier. Redeten. Ging um 2 Uhr früh.

Und wenig später:

Anproben bei der Columbia wiederaufgenommen.

Die Dietrich brauchte keine Gangster, die für sie die Dreckarbeit erledigten. Doch die Vorstellung, daß die Unterwelt für sie eintrat, gefiel ihr so gut, daß sie viele Szenarios entwarf, in denen sie ungerecht behandelt und nur durch »die Freunde von Dorothy di Frassos Geliebtem Bugsy Siegel« gerettet wird, und diese Geschichten mit dem ihr eigenen Erfindungsreichtum ausschmückte.

Der Grundentwurf für das goldene Paillettenkleid, das sich in ihrer »Armeezeit« so bewährt und die GIs zu Begeisterungsstürmen hingerissen hatte, wurde nun wieder in Dienst genommen. Diesmal allerdings mit dem Ziel, ein Publikum von Zivilisten zu betören, das für das Privileg ein hohes Eintrittsgeld entrichtet hatte.

Zunächst nahmen die Dietrich und Jean Louis Birannccinis »souffle«, färbten den Stoff so ein, daß er ihrer Hautfarbe entsprach, und fertigten daraus ihr Mieder. Als nächstes hüllten sie die Dietrich vom Halsansatz bis zum großen Zeh in das gleiche durchsichtige Material und schnitten es nach dem Muster des Mieders zu, das ihren Körper formte. Erst dann konnte die »Vergoldung der Göttin« beginnen.

Während ihrer Bühnenkarriere trug meine Mutter viele solcher Kunstwerke. Jedes Kleid kostete Tausende von Dollars, und, wichtiger noch, Tausende von Arbeitsstunden. Hunderte von Händen arbeiteten an ihnen bis zur Perfektion. Jede Perle wurde von Hand an ihren Platz in dem komplizierten Muster gesetzt, dann einzeln angenäht, mit zittriger Hand wieder von dem hauchzarten Material getrennt und häufig bis zu fünfzigmal versetzt. Tausende und Abertausende Perlen wurden mit diesem geradezu fanatischen Perfektionismus appliziert, bis die Dietrich im Spiegel schließlich das sah, was sie dem Publikum präsentieren wollte – eine sublime Frau, einen perfekten Körper, eine makellose Göttin, die vollständig bekleidet war und doch für das menschliche Auge nackt wirkte.

Jedes Jahr, wenn die Dietrich in Las Vegas auftrat, bemühte sie sich um einen neuen Effekt, damit das Publikum wie beim erstenmal vor Verblüffung den Atem anhielt. Und es gelang ihr jedesmal. Im Lauf der Jahre glitzerte sie in goldenen, weißen und schwarzen Glasperlen, in Pailletten, Spiegelstückchen, Straß, Kristallquasten, Kugeln und Fransen, zog Wolken von Federn hinter sich her, hüllte sich in riesige Fuchspelze und ließ Windmaschinen blasen, die den Chiffon von ihrem Körper wehten – so daß sie aussah wie ein Kunstwerk, so prachtvoll wie ihre Lieblingsskulptur, die *Nike von Samothrake*.

Windmaschinen hatte sie bereits in *Der Garten Allahs* eingesetzt, in *Sehnsucht* hatte sie einen mit meterlangem Fuchspelz eingefaßten Chiffonumhang getragen, ja selbst der Kragen und die Ärmel ihres zu Recht so berühmten Schwanenmantels ähnelten in ihrem Design erstaunlich der Schwanenjacke, die sie in der Boudoirszene in *Die scharlachrote Kaiserin* getragen hatte. Ich bin überzeugt, daß meiner Mutter niemals bewußt war, daß sie perfekte Kreationen aus der Vergangenheit noch einmal erfand. Zudem war alles auch beim zweitenmal so perfekt, daß keine Veranlassung bestand, sie darauf aufmerksam zu machen.

Als sie ihre beiden Meisterstücke entwarf – ihr schillerndes Glasperlenkleid, dem wir den Namen »der Aal« gaben, weil sie beim Gehen darin aussah, als schwimme sie durch klares Wasser, und ihren Schwanenmantel mit seiner zweieinhalb Meter großen, runden Schleppe, für den angeblich zweitausend Schwäne ihre Brustdaunen opfern mußten, war sie bereits über Las Vegas hinausgewachsen und gab ihre Konzerte in richtigen Theatern.

1954, bei ihrem zweiten Engagement in Las Vegas, war sie bereits in der Lage, innerhalb einer Minute von einem kunstvoll gearbeiteten Kleid in einen Frack zu schlüpfen. Doch sie tat das nicht nur, um sich in der Bewunderung für die rasante Verwandlung zu sonnen. Darüber hinaus bot ihr der Kostümwechsel die Gelegenheit, jene Lieder zu singen, die ihres Erachtens ein männliches Äußeres erforderten. In den meisten Liedern, die für Männer geschrieben werden, kann das »sie« ohne weiteres durch ein »er« ersetzt werden, und doch war meine Mutter davon überzeugt, daß nur »männliche« Texte wirklich singenswert waren. Da Männer ihre Prioritäten richtig setzten, wie sie meinte, konnten nur sie mit der nötigen Glaubwürdigkeit von den Freuden und Enttäuschungen in der Liebe singen. Frauen seien unberechenbar, neigten zu Gefühlsduselei und liefen deshalb Gefahr, langweilig zu werden, wenn sie von der Liebe sangen. Die Dietrich, eine Frau, die

Tag für Tag neben dem Telefon saß, nach ihrem verheirateten Liebhaber schmachtete und sich nach ihrem Franzosen sehnte, glaubte tatsächlich, sie könne sich von diesem kritischen Urteil über die Frauen ausnehmen.

Ich begann, das Liedmaterial für sie auszuwählen, die einzelnen Teile ihrer Shows stimmungsmäßig aufeinander abzustimmen und dramatisch so zu gestalten, daß sie damit umgehen konnte und sich wohl dabei fühlte. Der Eröffnungsteil ihrer Show war einfach: Glamour und Sex, sowohl optisch als auch stimmlich kombiniert mit Dietrich-Standards aus Filmen und von Schallplatten wie »See What the Boys in the Back Room Will Have«, »Johnny«, »Laziest Gal in Town« und all den anderen. Applaus begleitete sie in die Kulissen, wo sie ihren extravaganten Mantel abwarf; in späteren Jahren benutzte sie diese kurze Pause auch dazu, mit Champagner oder Scotch ihre Schmerztabletten hinunterzuspülen. Dann trat sie wieder hinaus, unverhüllt – die zerbrechliche Göttin –, und sang Lieder, die ein tragisches Element enthielten, jenen Schuß Weltschmerz, den die Dietrich so unnachahmlich ausdrücken konnte. Dies war der schwierigste Teil ihres Programms, aber wenn es ihr gelang, das Dramatische zu betonen, ohne vor lauter Selbstmitleid ins Rührselige abzugleiten, konnte sie wirklich hervorragend sein. »Go Away From My Window«, »When the World Was Young«, »Lili Marlen« und, natürlich, »Where Have All the Flowers Gone?« Sie stritt oft mit mir über die Auswahl, insbesondere wegen den »Flowers«. Sie wollte das Lied partout nicht singen.

»Dieser ganze Quatsch«, sagte sie, »von wegen, wo die Blumen geblieben sind. Eine endlose Leier. Es wird erst gut, wenn die Mädchen sie pflücken.« Als ich ihr erklärte, sie müsse es wie eine Anklage singen und Haß auf den Krieg in ihre Stimme legen, murrte sie, daß ich »ihrem ›schwachen‹ schauspielerischen Talent« wieder einmal eine Menge abverlange. Da ich aber mit den anderen Liedern richtig lag, war sie bereit, es mit den »Flowers« zu versuchen. Per Zufall stieß sie auf einige gräßliche Songs und fand sie so gut, daß sie sie unbedingt singen wollte – gegen meinen ausdrücklichen Rat. Im Publikum saßen immer mehr als genug Fans, die sie vergötterten und schon »bravo« riefen, wenn sie nur auf die Bühne trat. Sie aber führte die Begeisterung dieser Leute als Beweis dafür an, daß Songs wie »Boomerang Baby« trotz meiner Einwände einfach »ideal« waren.

Wenn sie erst einmal im Frack war, gab ich ihr Lieder zu singen, bei denen sie sich entspannen konnte und die ihr Spaß machten. An

»Makin Whoopee« hatte sie ihre Freude, bei »One for My Baby« schwelgte sie in ihrer Lieblingsphantasie von der einsamen Geliebten, und in »I've Grown Accustomed to Her Face« gab sie ihre Auffassung von Liebe zum besten – von der wahren Liebe sang die Dietrich immer dann besser, wenn sich der Text an eine Frau und nicht an einen Mann richtete; von der sentimentalen Liebe sang sie besser als Frau. Natürlich veränderten sich diese ausgefeilten Vorstellungen mit den Jahren, als die Dietrich mit ihrer One-Woman-Show nicht mehr in Nachtklubs, sondern in richtigen Theatern gastierte.

Ihr erster Auftritt in Las Vegas im Dezember 1953 war ein Triumph, das »Nacktkleid« eine Sensation. Ihr Tagebuch enthält keine Aufzeichnungen für den Rest des Jahres. Sie schwamm auf einer neuen Erfolgswelle – und hatte weder Zeit noch einen zwingenden Grund, es schriftlich festzuhalten.

Die Dietrich liebte Las Vegas. Sie sonnte sich jeden Abend in den Ovationen ihres Publikums und war stolz darauf, daß die Elite der Entertainer in der Stadt sie als eine der ihren akzeptierte. Vorbei waren die Stunden, in denen sie neben dem Telefon auf Yuls Anrufe wartete – sie hatte zu arbeiten. Wie immer widmete sie nun ihre ganze Energie der Arbeit. Nur wenn die Pflicht getan und die Show vorüber war, »amüsierte« sie sich. In den Jahren, in denen sie im Sahara auftrat, war Las Vegas die internationale Hauptstadt des Entertainments. An einem einzigen Abend konnte man die erste Show der Dietrich sehen, nebenan einen Blick von Peggy Lee erhaschen, die Hauptstraße runter Tony Bennetts zweite Show erleben, Betty Hutton sehen, Jimmy Durante, Lena Horne, Nat King Cole, Sophie Tucker, Louis Armstrong, Luis Prima, Noël Coward, Frankie Lane, Frank Sinatra, Rosemary Clooney und viele andere. Die Berühmtheiten auf den vorderen Plätzen stahlen den Stars auf der Bühne oft die Show! Meine Mutter, die niemals der Hollywoodclique angehören wollte und es ablehnte, mit den anderen Vertragsschauspielern der Paramount freundschaftlichen Umgang zu pflegen, erfuhr und genoß nun zum erstenmal in ihrem Leben das angenehme Gefühl, zur exklusiven Familie ihrer Kollegen zu zählen. Aus aller Welt flogen Menschen nach Las Vegas, um den Auftritt der Dietrich im Sahara mitzuerleben.

An dem Abend, als Harold Arlen die Show meiner Mutter sah, verliebte er sich in sie, und er blieb bis zu seinem Tod in sie verliebt. Nachts am Telefon erzählte sie mir von ihrer ersten Begegnung mit dem berühmten Komponisten:

»Als ich so vor ihm stand, erstarrte ich fast vor Ehrfurcht. Weißt du, daß er wie ein Weißer aussieht? Wie kann ein Mann, der ›Stormy Weather‹ geschrieben hat, weiß sein? Er hat auch diese Bluebird-Nummer komponiert, die Judy Garland immer mit ihrem Bibbern singen will – aber er hat ganz krauses Haar! Ich werde Nat King Cole fragen, ob Harold Arlen weiß oder schwarz ist. Dazu ist er ziemlich häßlich ... aber nett.« Arlen wurde der erste Geliebte meiner Mutter in Vegas. Später blieb er stets das ihr treu ergebene Opfer.

Meine Mutter wußte, daß ihr Stimmumfang zu wünschen übrig ließ, und als sie von einem Präparat namens Kortison hörte, das angeblich die Stimmbänder weitete, schluckte sie das Medikament, als handle es sich um Bonbons. Damals war noch nicht bekannt, daß Kortison im Verdacht steht, bestimmte Arten von Krebs auszulösen. Aber selbst wenn meine Mutter von diesen gefährlichen Nebenwirkungen gewußt hätte, hätte sie das Präparat weitergenommen. Sie war immer der Meinung, sie sei gegen alle Beschwerden immun, die gewöhnliche Sterbliche bekamen.

Vor dem Ende ihres Engagements in Las Vegas erhielt sie einen Anruf von Noël Coward. Wenn sich ein gewisser Major Neville Willing bei ihr melde, sagte Noël, solle sie ihn nicht abweisen, sondern empfangen, denn er habe eine großartige Idee und sei ein vertrauenswürdiger Mann.

Der Major, ein gepflegter Herr, klein und so elegant und schick wie der Nachtklub, den er repräsentierte, wollte der Dietrich London zu Füßen legen. Er bot ihr ein vierwöchiges Engagement im berühmten Café de Paris an, dazu die Oliver-Messel-Penthouse-Suite im Dorchester Hotel und jeden Rolls-Royce mit livriertem Chauffeur, den sie haben wollte. Meine Mutter blieb unbeeindruckt und überlegte, warum Noël sie mit so etwas belästigte. Dann spielte der Major seine Trumpfkarte aus: Er schlug vor, daß jeden Abend namhafte englische Schauspieler die göttliche Marlene ansagen sollten, ja, er stellte sogar in Aussicht, daß er sie dazu überreden könne, ihr Lobeshymnen zu verfassen. Das überzeugte sie! Sie willigte ein, allerdings nicht ohne sich vorher zu vergewissern, daß er mit »namhaften Schauspielern« Männer wie Laurence Olivier, Ralph Richardson, Michael Redgrave, Alec Guinness, Paul Scofield und andere Größen meinte, die eine solche Ehre auch verdienten. Sie erinnerte ihn daran, daß er ihr von Noël als »vertrauenswürdig« empfohlen worden sei.

Meine Mutter gab in Las Vegas ihre letzte Vorstellung, flog anschließend nach Hollywood, wo sie die Kleider, die sie in London benötigte, flicken und neu besticken ließ, und kehrte dann nach New York zurück.

Wir hatten gerade jemanden besucht – vielleicht war es noch Remarque im Sherry-Netherland –, und da meine Mutter eine Anprobe hatte, beschlossen wir, die wenigen Blocks zu ihrem Schneider in der Fifth Avenue zu Fuß zu gehen. Die Dietrich machte nie einen Spaziergang oder einen Schaufensterbummel. Wie die meisten Menschen mit einem berühmten Gesicht durchschritt sie Menschenmengen, ohne aufzublicken, um unerkannt an ihr Ziel zu gelangen. Plötzlich packte sie mich mit ihren behandschuhten Fingern am Arm und zerrte mich zu Tiffany hinein. Da meine Mutter sonst nie so etwas tat und Tiffany für »den langweiligsten Juwelierladen der Welt« hielt, wußte ich sofort, daß etwas nicht in Ordnung war. Auf deutsch flüsterte sie mir zu:

»Meine Beine. Meine Beine tun mir weh. Tu so, als ob du was kaufen willst, dann können wir uns an den Ladentisch lehnen, als wollten wir uns die Auslagen ansehen.« Sie bugsierte mich zu der Glasvitrine. Eine von diesen unterkühlten, eleganten Tiffany-Verkäuferinnen bediente uns. Sie verbarg ihre Aufregung, als sie ihre berühmte Kundin erkannte, und legte ihr eine Diamantenkollektion zur Begutachtung vor. Meine Mutter ließ sich Zeit, prüfte jedes einzelne Stück und murmelte Kommentare wie:

»Die Steine sind ja nicht schlecht, aber die Fassung – ich muß schon sagen! Gibt es tatsächlich Männer, die ihren Frauen so etwas kaufen?« Oder als sie einen wundervollen Diamantsolitär in der Hand drehte: »Haben Sie keine reineren? Nur die Qualität eines Steines entschuldigt eine so vulgäre Größe!« Schließlich gab sie mir durch ein Zeichen zu verstehen, daß die Schmerzen nachgelassen hatten, und wir traten, eine enttäuschte Verkäuferin zurücklassend, wieder hinaus auf die Fifth Avenue. Ich winkte einem Taxi und fuhr mit meiner Mutter zu Knize. Dort stand sie die folgenden zwei Stunden stocksteif da, während die Schneider Verbesserungen an ihrem perfekten Frack vornahmen. Auf dem Weg zurück in ihre Wohnung und dem erhofften Anruf von Yul, schlug ich vor, dem Vorfall vom Morgen auf den Grund zu gehen und sich von einem Arzt gründlich untersuchen zu lassen.

»Nein! Die meisten haben keine Ahnung, was sie tun, und zu den wirklich guten kann man erst gehen, wenn man weiß, was man hat, denn sie sind alle ›Spezialisten‹. Wie du siehst, sind meine Beine wieder in Ordnung. Du hast ja gesehen, wie ich bei der Anprobe die ganze Zeit gestanden habe. Aber das war lustig heute, ich meine den Spaß bei Tiffany. Am liebsten hätte ich der Frau die Geschichte von Paulette Goddard im Zug erzählt ... erinnerst du dich? Ich habe sie Boni erzählt, aber er wollte sie nicht hören.«

Es war eine ihrer Lieblingsgeschichten, und wie alle ihre Anekdoten müßte man sie eigentlich in ihrem unverwechselbaren Tonfall hören, um sie gebührend würdigen zu können.

»Es war bei einer dieser schrecklichen Zugfahrten nach Hollywood, als wir noch nicht mit dem Flugzeug flogen. Paulette Goddard war im Zug. Ich glaube, sie war damals noch mit Chaplin verheiratet – oder war es später? Na, jedenfalls kam sie zu mir in mein Abteil, und wir unterhielten uns. Du kannst dir vorstellen, wie unglücklich ich gewesen sein muß, daß ich mich mit Paulette Goddard unterhalten habe. Ich glaube, es ging um irgend etwas, das Papi getan hatte, vielleicht auch Chevalier oder Jaray, oder später Aherne oder Jean. Ich weiß nicht mehr. Auf jeden Fall sprach ich über einen von ihnen und erzählte ihr, wie schlecht er mich behandelt hatte. Da stand sie auf, ging raus und kam dann mit einer großen Schmuckschatulle zurück – ein Koffer! So einer, wie ihn Juweliere benutzen, wenn sie zu einem ins Hotel kommen und ihr ganzes Geschäft vorführen. Sie sind aus häßlichem marokkanischem Leder und haben Schubladen. Die Goddard hatte einen aus Krokodil, und er war voll! Bloß Diamanten! Groß wie Kieselsteine! Dann sagte sie so ganz ernst zu mir, wie ein Lehrer: ›Marlene, Diamanten, nur Diamanten. Bunte Steine sind nichts wert. Nur rein weiße Steine haben einen dauerhaften Wert. Ein Mann will dich haben? Ganz einfach. Du sagst nein. Am nächsten Tag schickt er dir langstielige Rosen, natürlich schickst du sie zurück. Am nächsten kommen Orchideen, die zurück. Dann kommt teures Parfüm, Handtaschen von Hermès, Nerzmäntel – zurück. Rubine und Diamantklips – zurück, sogar Smaragde und Diamantbroschen. Das erste Diamantarmband ist normalerweise klein, zurück! Aber du rufst ihn an und bedankst dich ganz lieb. Wenn am nächsten Tag das größere Diamantarmband eintrifft, schickst du es zurück, aber läßt dich von ihm zum Abendessen ausführen. Aber nicht mehr! Der erste Diamantring ist nie groß – gib ihn zurück, aber geh mit ihm zum Essen ... und Tanzen. Eines mußt du nie vergessen: Schlaf niemals, hörst du, niemals mit einem Mann, bevor er dir nicht einen lupenreinen weißen Stein von mindestens zehn Karat gegeben hat!‹«

Bei diesem Lebensgrundsatz senkte meine Mutter ihre Stimme zu einem bühnengerechten Flüstern, verharrte dann einen Moment in atemloser Bewunderung und fügte hinzu:

»Es ist wahr. Das hat sie mir wirklich gesagt. Und das muß funktioniert haben. Woher soll sie sonst all diese riesigen Steine haben? Eine schreckliche Frau, aber ist es nicht unglaublich, wie diese Frauen das schaffen?«

Die hinderlichen Schmerzen, die wie ein plötzlicher Krampf waren, kamen und verschwanden wieder. An manchen Tagen konnte sie drei Blocks weit gehen, bevor sie stehenbleiben mußte, an anderen nur zwei. Manchmal mußte sie schon nach ein paar Schritten unter irgendeinem Vorwand eine Pause machen und warten, bis der Anfall vorüber war. Sie suchte nach einer Regelmäßigkeit, die ihr Hinweise auf die Ursache geben könnte. Wann traten die Schmerzen in den Beinen auf? Wenn es feucht war? Oder stürmisch? Zu heiß, zu kalt? War es besser, wenn sie Schuhe mit hohen Absätzen trug, mit mittleren oder flachen? Sie entdeckte, daß das Ziehen in den Beinen nachließ, wenn sie drei Gläser Champagner getrunken hatte. Also trank sie schon zum Frühstück zwei Gläser, und als das zu helfen schien, machte sie es sich zur Gewohnheit, in ihrer Handtasche stets eine Plastikflasche mit Champagner bei sich zu tragen. Wenn es ihren Beinen besser ging, vergaß sie für eine Weile, daß sie ihr jemals zu schaffen gemacht hatten, füllte ihr Glas aber ebenso nach wie die Plastikflasche, für alle Fälle. Sie hörte nicht auf zu rauchen. Alle in ihrer unmittelbaren Umgebung mußten versprechen, Stillschweigen zu bewahren. Sie sprach über ihre Beschwerden nur mit Menschen, denen sie vertraute und von denen sie annahm, daß sie nicht darüber klatschten oder die Presse über diesen Riß im makellosen Image der Dietrich informierten. Göttinnen, die unter körperlichen Gebrechen leiden, sinken auf die Stufe gewöhnlicher Menschen herab und verlieren ihr Recht auf Göttlichkeit.

Sie abonnierte medizinische Zeitschriften, las Bücher über gesunde Ernährung, hörte aufmerksam zu, wenn jemand in irgendeiner Form über Schmerzen in den unteren Körperpartien sprach, und fragte, welche Pillen dagegen geholfen hätten – um sie dann bei den Apothekern ihres Vertrauens in aller Welt zu bestellen, die ihr alles ohne Rezept lieferten und es als Ehre betrachteten, wenn sie der Dietrich einen Dienst erweisen durften.

Über Jahre hinweg schluckte sie neben beträchtlichen Mengen ihres

Lieblingskortisons auch Butazolidin, Luminal, Kodein, Belladonna, Nembutal, Seconal, Librium und Darvon. Meine Mutter schluckte zwar jede Pille, die sie bekam, doch setzte sie mehr Vertrauen in Injektionen. Also suchte sie nach einem vertrauenswürdigen Arzt, »der den Mund halten konnte«, nicht auf Tests oder Untersuchungen bestand und bereit war, ihr ein Zaubermittel in den Hintern zu spritzen, das sie von allen Ängsten und Schmerzen befreien würde. Es hätte keinen Sinn gehabt, sie an Tamis tragisches Schicksal zu erinnern. Die Vorstellung, daß sie ein Mensch wie jeder andere sein könnte, überstieg ihr Begriffsvermögen. Es gab nur eine Dietrich.

»Liebling! Liebling!« Sie kam in mein Haus gerannt und strahlte. »Ich habe endlich einen gefunden! Er hat mir eine Spritze gegeben, und siehst du? Ich bin gerannt. Er ist wunderbar! Er hat mich nur angesehen und gesagt: ›Alles, was Sie brauchen, sind Vitamin-B-Spritzen.‹ Und er hat recht. Ich fühle mich großartig. Ich habe Yul gesagt, er soll auf der Stelle hingehen und neue Energie tanken.«

Sie überredete sogar meinen Mann, sich eine »Wunderspritze« geben zu lassen. Es dauerte drei Tage, bis er wieder auf dem Teppich war. Yul wirbelte seine Partnerin bei der berühmten Polka herum wie ein tanzender Derwisch – aber meine Mutter glaubte, sie sei geheilt und alle ihre Probleme seien gelöst, zumindest ihre physischen.

Jahre später wurde der Arzt wegen illegalen Handels mit Amphetaminen verhaftet, doch zu diesem Zeitpunkt hatte meine Mutter schon so viele Ärzte seines Schlages aufgesucht, daß sie sich nicht mehr an ihn erinnerte. Als sie am 15. Juni in ihr Flugzeug stieg, trug sie im Handgepäck die kostbaren Fläschchen bei sich, die ihr »Wunderdoktor« für sie gemixt hatte, damit sie das Engagement in London durchstand.

Im Flugzeug schrieb sie mir einen Brief, in dem sie sich über ihren möglichen Fortgang aus meinem Leben ausließ. Sie hatte immer noch kein Vertrauen in Flugzeuge. Sie war sehr abergläubisch und hatte stets Todesgedanken, wenn sie flog, und wollte alles zu Papier bringen, bevor sie das »unwiderrufliche Ende« ereilte, woran sie fest glaubte. Wenn sie dann sicher gelandet war, gab sie den Brief dennoch auf. Weshalb auf die Mitteilung bedeutsamer Gedanken verzichten, die ihre ewige Liebe bewiesen, nur weil sie noch am Leben war?

Mein Engel,
bevor ich Dich bekam, hatte ich nie Angst vor dem Tod. Aber ich lag jede Nacht im Krankenhaus wach und dachte schon voller

Sorge daran, wie es wäre, wenn Du ohne mich zurückbleiben müßtest. Ich bin ersetzbar. In jeder Hinsicht. Nur nicht in einer. Und vielleicht ist es das, was man unter der »Hölle« versteht. Wenn man weggeholt wird und weiß, daß man nicht mehr imstande ist, jemanden zu beschützen.
Du darfst Dich nicht überanstrengen. Du hast immer Deinen Schlaf gebraucht. Du und Papi. Kümmere Dich nicht um das Haus. Die Freude über ein sauberes Haus währt nur kurz. Ich sitze hier mit abgebrochenen Fingernägeln und rissiger Haut an den Händen – es hat mir Spaß gemacht, Dein Haus zu putzen –, aber ich habe wegen der Hausarbeit die Kinder niemals auch nur eine Minute vernachlässigt. Und darum geht es, man muß »die wahren Werte kennen«.

Massy

Ah! Die berühmten abgebrochenen Fingernägel und rauhen Hände – ein Thema, über das sie viele Worte verloren hat! Solche Geschichten erschienen weltweit in der Presse: Die Dietrich putzt das Haus ihrer Tochter! Es war eine Lieblingsbeschäftigung von ihr, andere durch versteckte Andeutungen dem Gespött der Leute preiszugeben. Und wir bekamen alle unser Fett weg, einige mehr, andere weniger. Dieses Spiel kam einer Hinrichtung gleich, der man tunlichst zu entgehen trachtete. Im Normalfall sah es so aus:

Szene

Manhattan
Elegante Dinnerparty
Elegante Menschen in einem eleganten Stadthaus
Salon
Ein berühmter weiblicher Weltstar stürzt herein, bleibt stehen, zögert einen Augenblick, bis die versammelten Gäste sie bemerken und von ihrer magischen Aura gefesselt werden.
Alle Köpfe drehen sich dem Bühnenhintergrund zu, wo sie steht.

»Marlene«, ruft die Gastgeberin, eine gebürtige Russin, eilt ihr entgegen und begrüßt sie.

Marlene übergibt dem orientalischen Diener ihren Pelzmantel und ihre weißen Glacéhandschuhe und beginnt zu sprechen:
»Meine Liebe! Ich hab mich beeilt – ich dachte schon, ich werde überhaupt nicht mehr fertig und verpasse dein köstliches Stroganoff! Maria rief um vier an. Wieder mal der Babysitter. Sie hat immer Ärger mit ihren Babysittern – natürlich mußte ich hin und ihr helfen. Also raste ich rüber zu ihrem Haus, aber *mein* Michael schlief noch! Er muß sehr spät zu Mittag gegessen haben. Ich dachte, er muß krank sein, wenn er nachmittags so lange schläft! Aber Maria stürmt aus dem Haus – ganz egal, wie dick und schwanger sie ist –, Bill sorgt dafür, daß sie arbeitet. Frag mich nicht, wohin sie so dringend mußte. Du kennst mich ja. Wohlerzogen, wie ich bin, stelle ich keine Fragen. Du erinnerst dich doch, daß ich letzte Woche das Kinderzimmer saubergemacht habe? Alle Wände und die Kommoden. Was da alles zum Vorschein kam! Na ja, und heute habe ich den ganzen Nachmittag die Böden geschrubbt. Im ganzen Haus! Das Mädchen, das ich ihr besorgt habe und das ich bezahle, nimmt dazu einen Mop, so einen mit Lappen dran, wie ihn die Amerikaner benutzen. Lächerlich! Damit soll es sauber werden? Man verschmiert den Dreck damit, mehr nicht. Also habe ich es richtig gemacht – auf den Knien mit einer Scheuerbürste. Du machst dir keine Vorstellung, wie schmutzig alles war! Ich bin sicher, daß sie nie putzen. Außerdem mußte ich nach dem Kind sehen, und dann klingelte das Telefon, und ich mußte rangehen. Es war jemand von der CBS. Ich sagte ihm, daß Maria nicht da sei und daß ich gerade dabei sei, die Böden zu wischen, da hat er schnell aufgelegt. Dann kam Maria endlich zurück. Sie war im Supermarkt gewesen. Die ganze Zeit? Ich weiß nicht, was sie für ihre Familie kocht. Aus einem Supermarkt? Das kann nichts Anständiges sein. Als ich wieder in meiner Wohnung war, bestellte ich schnell bei meinem Metzger sechs Filet mignon und Tatar und ein Dutzend Lammkoteletts. Ich hatte gerade noch Zeit, mich umzuziehen – aber meine Hände konnte ich nicht mehr zurechtmachen. Sieh sie dir an!« (Sie streckt ihre rauhen und geröteten Hände dem Publikum hin.) »Alle Fingernägel abgebrochen! Ich mußte drei Paar neue Strümpfe anziehen – ich habe sie jedesmal zerrissen, wenn ich sie mit diesen Händen angefaßt habe ... und meine Knie solltest du erst sehen!«

Meine Mutter hatte viele solcher Monologe in ihrem Repertoire. Und sie trug sie brillant und absolut überzeugend vor. Ihr Publikum litt mit ihr und verurteilte die Opfer ihre Anspielungen in absentia. Sie konnte Leute mit Worten töten.

Nach ihrer Ankunft in London rief sie mich an und sagte, daß »Major Baby«, so ihr Spitzname für ihren neuen Majordomus, Wort gehalten habe. Die Oliver-Messel-Suite sei wie ein Bühnenbild und eigentlich zu schön, um darin zu wohnen, und alle Schauspieler hätten sich bereit erklärt, sie anzusagen und ihren Text sogar selbst zu schreiben. Außerdem erzählte sie mir, daß ihre Füße geschwollen seien, besonders der linke, sie hielt das aber nur für eine Nachwirkung des Fluges.

Sie hatte von einem jungen Mann namens Kenneth Tynan gehört, der als der beste Theaterkritiker von ganz England gerühmt wurde. Nachdem sie einige Artikel von ihm gelesen hatte, wollte sie das junge »Genie«, wie sie ihn nannte, unbedingt kennenlernen. Sie schilderte ihre erste Begegnung:

»Ich betrat die riesige Oliver-Messel-Suite im Dorchester, und plötzlich kroch hinter der Couch ein weißer Wurm hervor. Und dieser kleine Mehlwurm entpuppte sich als der ›brillante Kritiker‹, von dem alle so viel hielten. Na ja ... ich konnte ihn nicht gleich hinausschmeißen, denn ich hatte ja allen erzählt, daß ich ihn so gern kennenlernen würde, also mußte ich ihm etwas zu trinken anbieten, bevor ich ihn vor die Tür setzen konnte – aus purer Höflichkeit. Er war sehr nervös und zitterte, und ich dachte, schade, wieder nur ein Fan! Dann unterhielten wir uns, und er war wunderbar! Brillant! Was er über Olivier zu sagen hatte... zum Totlachen. Es war so schön, endlich mal wieder mit einem intelligenten Menschen reden zu können.«

Während ihres Londoner Engagements waren sie und Tynan unzertrennlich. Wenn verflossene Liebhaber auftauchten, zog er sich diskret zurück und erschien erst wieder, wenn sie verschwunden waren. Kenneth Tynan schrieb viel über meine Mutter. Alles ist hervorragend, korrekt und sachbezogen, aber nichts ist so wahr wie mein Lieblingssatz: »Sie hat Sex, aber kein Geschlecht.« In meinen Augen hat niemand das Rätsel ihres beruflichen Erfolges treffender analysiert.

*

Das Café de Paris war für die Dietrich das ideale Kabarett: ovaler Grundriß, roter Plüsch und blattgoldverzierte Rokokosäulen aus Gips. Das Etablissement erinnerte an die überladenen Dekorationen, in denen sich Filmstars zu Zeiten der alten Studios für Fankarten fotografieren ließen. Jetzt bildete es das passende Ambiente für den Auftritt einer Leinwandkönigin, die das Publikum in natura erleben wollte. Am 21. Juni 1954, um Mitternacht, betrat Noël Coward die Bühne, ließ seinen berühmten arroganten Blick über das noble Publikum schweifen – echte Mitglieder des Königshauses und solche, die durch Reichtum und Ruhm einen Hauch von Adel verbreiteten – und rezitierte seine Hommage:

> Gott schuf die Bäume, die Vögel, die Bienen,
> das Meer, den Wald und die Auen.
> Und daneben besitzt er, wir wissen's, so ist er,
> ein Faible für Ausnahmefrauen.
>
> Als Eva sagte zu Adam:
> »Laß doch das förmliche Sie, Mann«,
> da wurde die Welt interessanter.
> Dies stiftet Verwirrung, die moderne Verirrung,
> daß Sex eine Frage des Lichts sei.
>
> Denn der weibliche Zauber, ob unkeusch, ob sauber
> wurde selten ein Fehler genannt
> dies gilt, wie wir wissen, für Juno und Venus
> bis zu jener, die als Kameliendame bekannt.
>
> Dieser Charme, wie ich meine, ist der Stoff aller Träume
> auch für den Blindesten aller Betrachter
> die Schlange vom Nil kam viel schneller ans Ziel
> mit einem Lächeln statt mit Diplomatie.
>
> Die schöne Helena, als schillernder Showstar,
> sie würd' uns gefallen auf der Szene.
> Indes ich vermut', sie wär längst nicht so gut,
> wie unsere legendäre und schöne Marlene.

Sie trat oben auf der gewundenen Treppe in den Kegel des Scheinwerfers, der auf ihre Markierung gerichtet war. Sie stand ganz still und ließ die Schmeicheleien über sich ergehen. Dann begann sie, langsam die Treppe herabzusteigen, die auf der kleinen Bühne endete. Wie die berühmten Revuegirls aus den Folies-Bergères schritt sie gemessenen Schrittes herab, majestätisch, die Augen geradeaus, ohne auch nur einmal den Blick zu senken, um die Höhe einer Stufe zu prüfen. Ihr dicht mit Pailletten besetztes Kleid reflektierte das Licht und schmiegte sich an ihre Beine, von den langen Schenkeln bis hinab zu den Satinschuhen – eine einzige fließende Bewegung. Mit einemmal blieb sie stehen und lehnte sich ganz langsam gegen den weißen Pfeiler, kuschelte ihren Körper noch tiefer in den Pelz ihres wallenden Mantels und musterte ihr Publikum mit diesem wunderschönen, verhangenen Blick. Die Andeutung eines spöttischen Lächelns umspielte ihren Mund, dann setzte sie ihren Abstieg fort, und das Orchester spielte die ersten Takte ihrer Eröffnungsnummer.

Alle Welt kam in jenem Juni nach London, um die »legendäre, schöne Marlene« zu sehen und ihr zu applaudieren. Harold Arlen flog ein: In ihrem Tagebuch steht, daß er, eifersüchtig auf Tynan, schon nach fünf Tagen wieder abreiste. Aber wenigstens in anderer Hinsicht war seine Stippvisite ein Erfolg: Oliver Messel erklärte sich einverstanden, das Bühnenbild für das Musical *The House of Flowers* zu entwerfen, an dem er zusammen mit Truman Capote gerade arbeitete.

Der Zeitunterschied, ihre abendlichen Auftritte und der Umstand, daß Yul nur in seiner Garderobe erreichbar war, machten das Telefonieren praktisch unmöglich. Also schrieben sie sich Briefe, und zwar nach einem bestimmten System: Er schrieb dienstags, donnerstags sowie samstags zwischen den Vorstellungen, und sie an allen übrigen Tagen.

> Mein einziger Geliebter,
> heute bin ich wieder mit einem Brief an der Reihe, und ich glaube, ich sollte ihn lieber tippen, damit Du ihn auch lesen kannst (ich weiß, daß Du ihn heimlich lesen und dann zerreißen kannst).
> Sie haben die Musik aus dem *König* gespielt, und die Polka ist mir sehr ans Herz gegangen. Ich hatte nie den Wunsch, ganz offen jemandem zu gehören, und ich habe über die Leute gelacht, die sich danach sehnten. Aber jetzt wünsche ich mir, ich könnte die Deine sein, in aller Öffentlichkeit, und mit Dir zu dieser Melodie tanzen, die für immer mit Dir verbunden bleiben wird. Und dann sehe ich mir Fotos von Sinatra und Ava an und werde richtig neidisch, weil sie es endlich geschafft haben. Allein der Gedanke, daß ich mir Fotos von diesen beiden anschaue, klingt doch er-

schreckend. Aber so ist es nun mal. Gestern abend war Michael mit Liz da. Er saß ganz steif in einer Ecke und sah mich ziemlich unverwandt und traurig an. Ich dachte, so könnte es auch mir ergehen, wenn ich Dich mit einer anderen Frau sehe. Das machte mich ganz krank.

Sie erzählte mir, daß sie ihre Kleider und Mäntel zum Schneider der Queen geschickt habe, um sie einen Zentimeter kürzer machen zu lassen, da sie Probleme hatte, wenn sie die Treppe herabstieg. Als ich ihr vorschlug, sich mit einer Hand an dem Treppengeländer festzuhalten, wurde sie ärgerlich und entgegnete, dann werde das Publikum sofort denken, sie müsse sich stützen wie eine »alte Frau«. Ich wußte, daß ihr der Gedanke ans Älterwerden zuwider war, also insistierte ich nicht, aber wenn sie mich damals nachts anrief und sagte, daß ihre Beine sich komisch anfühlten, »schwer wie Mehlsäcke«, sah ich sie in Gedanken schon die Treppe hinabstürzen.

Am 4. Juli 1954 hatte sie einen freien Tag und flog laut Tagebuch um zehn Uhr nach Paris, aß bei Regen im Fouquet's zu Mittag und traf sich zum Abendessen mit Noël und ihren speziellen Freunden Ginette und Paul-Emil Seidman, Vivien Leigh und deren Ehemann und dem Rgisseur Peter Brook. Sie übernachtete in Paris und ließ sich am nächsten Tag von Gabins Nichte zum Flughafen Le Bourget bringen. Sie war rechtzeitig zu ihrer Show wieder in London, und Tynan blieb in dieser Nacht bis um sechs Uhr morgens bei ihr.

Die Amphetamininjektionen schlugen bei meiner ohnehin schon erstaunlich vitalen Mutter offensichtlich voll an. Am 15. Juli stieß sie mit dem Fuß gegen das Bein des Klaviers und brach sich zwei Zehen. Noch in derselben Nacht rief sie an und sagte, sie habe einen ihrer kostbaren handgearbeiteten Schuhe aufschneiden müssen, damit der schmerzhafte Druck nachließ – eine Maßnahme, die wenige Jahre später Routine werden sollte.

Als ihr »Kavalier« in London eintraf, bat sie ihre englischen Bewunderer, sich bis auf weiteres zurückzuziehen. Er blieb drei Tage, war glücklich und nahm in seiner Naivität an, er sei immer noch ihr einziger Liebhaber. Kaum war er wieder fort, kehrte Arlen zurück, kam Christopher Fry zum Lunch, Tynan zum Tee und ihre aufreizende blonde Schwedin zum Abendessen. Nach der letzten Vorstellung in London zog sie ins Hotel Palais Royal in Paris, wo sie bereits von Sam Spiegel und Chevalier erwartet wurde. Sie machte Plattenaufnahmen, bestellte Kleider aus den neuen Kollektionen, verbrachte mit einer Person, deren Initialen G. P. lauteten, ein Wochenende in Diors Landhaus und schlich sich, versteckt hinter einer Sonnenbrille, in ein Kino, in dem Gabins neuester Film lief, und labte sich am Anblick seines Gesichts.

Sie willigte ein, bei einer Gala in Monte Carlo zu singen, und da sie es mittlerweile zu schätzen wußte, wenn die Ansage von jemandem übernommen wurde, der ebenso berühmt oder, besser, noch berühmter war als sie selbst, bat sie ihren Freund Jean Cocteau, ihr diese Ehre zu erweisen. Sie zeigte ihm, was Noël über sie geschrieben hatte, und schlug ihm vor, sich etwas Ähnliches auszudenken oder, wenn er Lust dazu habe, etwas Besseres. Cocteau kam nicht persönlich – er schickte einen gemeinsamen Freund, den schönen französischen Schauspieler Jean Marais, der seine Eloge auf sie vortrug. Es war eine von Cocteaus besseren Arbeiten, und die Dietrich war so beeindruckt, daß sie Fry überredete, den Text ins Englische zu übersetzen. Später ließ sie ihn häufig in ihren Theaterprogrammen abdrucken. Natürlich wäre ein brillanter Text von einem Unbekannten niemals in Frage gekommen. Wenn es um Berühmtheiten ging, war die Dietrich ein echter Snob, was merkwürdig ist bei jemandem, der selbst so berühmt war.

Am 21. August wurde sie bei der Parade zum Jahrestag der Befreiung von Paris fotografiert. Sie marschierte in der ersten Reihe der amerikanischen Frontkämpfer die Champs-Élysées hinunter. Sie sah sehr soldatisch und ernst aus und trug alle ihre Orden.

Im September war sie wieder in Hollywood, probierte neue Kleider für ihr Engagement in Las Vegas an und traf sich mit Yul. Wie meistens, wenn sie nicht im Beverly-Hills-Hotel abstieg oder sich ein verschwiegenes Häuschen mietete, wohnte sie bei Billy Wilder und seiner Frau Audrey. Sie waren gute Freunde, hörten geduldig zu, wenn sie endlos von ihren Sehnsüchten sprach, und erzählten ihre Geheimnisse niemandem weiter. Was die Dietrich freilich nicht davon abhielt, ihre persönliche Meinung über deren Gewohnheiten und deren Lebensstil zu äußern:

»Die beiden sitzen den ganzen Tag nur vor dem TV! Billy ißt sogar davor. An kleinen Tischen hocken sie da wie Mister und Misses Glutz aus der Bronx und essen Tiefkühlkost. Unglaublich! So ergeht es brillanten Männern, wenn sie Frauen aus der Unterschicht heiraten. Traurig!«

Yul war mit seinem Stück inzwischen auf einer strapaziösen Tournee und schob zwischen den Vorstellungen immer Blitzreisen nach Hollywood ein, wo er mit Cecil B. DeMille über seine Rolle als Ramses in *Die Zehn Gebote* sprach. Wenn ich seinen Tourneeplan lese und mit den Daten und Einträgen im Tagebuch meiner Mutter von August bis Oktober 1954 vergleiche, dann ist es mir ein Rätsel, wie es dieser Mann fertigbrachte, gleichzeitig an sechs Orten zu sein und dennoch wunderbare Vorstellungen zu geben. Wahrscheinlich hatten die »Vitaminspritzen« damit zu tun!

*

Mein Ältester kam in die Schule – in eine richtige Schule mit Lehrern, Freunden und richtigem Unterricht. Er hatte sogar eine Lunchbüchse mit einem Bild von Mickey Mouse darauf. Wie ich sie genoß, die Hausaufgaben, die Schulausflüge, den Elternbeirat, die Klassenprojekte, ja sogar den Schulsport! Ich konnte es gar nicht erwarten, morgens aufzustehen. Ich wollte an allem teilhaben – und mit meinem Sohn zur Schule gehen. Im Lauf der Jahre machte ich meine Söhne wahnsinnig, aber sie waren lieb und ließen mir meinen Spaß – und scherten sich nicht darum, daß sie nach Meinung ihrer Kameraden eine total verrückte Mutter hatten, die am Valentinstag rote Lunchpakete packte, an St. Patrick's grüne Sandwiches in der Form eines Kleeblatts machte und am Columbus Day Miniaturgaleonen bastelte. Nun ja, um die Wahrheit zu sagen: Es machte ihnen schon etwas aus, aber nicht so viel, daß sie mir den Spaß verdarben. Ich bekam sogar Masern, Windpocken und Mumps – bei japanischen Gärtnern, Dienstboten, Leibwächtern und Studiomitarbeitern steckt man sich mit solchen Krankheiten nicht an. Ich wollte eine richtige Kindheit mit allem, was dazugehört. Mit Sechsunddreißig konnte endlich auch ich von mir sagen: »Ich habe alle Kinderkrankheiten gehabt.«

Während meine Mutter in Hollywood ihre Anproben hatte, wartete sie auf den einen Anruf, der ihr Leben wieder lebenswert machte. Im Glauben, Yul habe Gerüchte über »andere« Männer gehört und sei wütend, schrieb sie ihm:

> Liebster, ich habe vor zwei Stunden mit Dir gesprochen und fühle mich ganz elend. Womit habe ich das verdient? Was habe ich nur getan? Ich habe in meinem Brief von letzter Woche nur Spaß gemacht, weil ich dachte, das sei besser, als Dir einen weinerlichen Brief zu schreiben. Aber, Spaß hin, Spaß her, ich habe klargestellt, daß ich nichts Unrechtes getan habe. Ich bin sicher, daß Du mir glaubst. Ich liebe nur Dich, keinen anderen. Ich will keinen anderen. Ich schaue keinen anderen Mann an, geschweige

denn, daß ich mich für einen anderen interessiere. Bitte, stoße
mich nicht zurück – wenn Du Deine Meinung über uns änderst
und die Liebe beendest, von der Du gesagt hast, sie sei »grenzenlos«, werde ich meinem Leben ein Ende machen. Ich will, daß
Du das weißt. Es darf nicht sein, daß Du mir ohne Grund so
etwas antun willst, mir, die ich Dich schon so lange so sehr liebe.

Sie schickte mir eine Kopie für meine Kommentare und erwartete Vorschläge, was sie als nächstes tun solle.
    Am 12. Oktober hatte sie in Las Vegas am frühen Morgen eine
Probe. Sie hatte eine schwere Erkältung. Im Tagebuch erwähnte sie
ihre Premiere, als sei sie nichts Besonderes. Und tags darauf berichtete
sie nicht wie gewohnt von einem grandiosen Erfolg, sondern notierte
nur: »Fühle mich schrecklich.« Obwohl sie in Las Vegas der gefeierte
Star war, klagte sie während der gesamten Dauer ihres Engagements
über ihr miserables Befinden. Das strahlende, ruhmreiche Idol, das sich
Abend für Abend so souverän einem jubelnden Publikum präsentierte,
schrieb: »Jeden Tag das gleiche – lustlos.«
    Noël blieb in Kontakt mit ihr. Sie schickte mir seine Briefe. Ich
genoß mittlerweile das fragwürdige Privileg, daß sie mir ihre gesamte
Post zuschickte: Mein Vater bekam die Durchschläge.

                                                                       1. 11. 1954
                                                                    NOËL COWARD
                                                                  17 GERALD ROAD
                                                                          S.W.1

Darling.
Das Foto ist einfach wundervoll, und das Kleid sieht aus wie ein
Traum. Ach, wie gern würde ich Dich in diesem kleinen Hurrikan
wirbeln sehen.
Ich habe einen tollen Erfolg im *Café de Paris* und erntete am
ersten Abend viele Lacher, als ich mit heiserer Stimme »hallo«
ins Mikro hauchte und mit dem Fuß nach einem unsichtbaren
Mantel trat. Und als ich mich mit diesem gebieterischen Blick ans
Klavier lehnte, klatschten die Leute begeistert.
Ich werde in der ersten Dezemberwoche in New York sein.
Sei bitte so gut und stelle eine brennende Lampe ins Fenster.
Viele liebe und innige Grüße
                                                                                  Noël

Ich machte eine Marathonsendung zugunsten der United Cerebral Palsy Organization. Ich glaube, es war in Cleveland oder Columbus. Damals, vor den Megamarathons von Jerry Lewis, mußten karitative Vereine in den Bundesstaaten selbst etwas für die Förderung der Ortsverbände tun. Meine Mutter war ebenfalls in der Stadt. Sie begleitete Harold Arlen auf seiner Probetour von *House of Flowers* vor der Premiere am Broadway. Obwohl ich achtzehn Stunden lang ununterbrochen live im Fernsehen für die gute Sache geworben hatte und erschöpft war, ging ich vor meinem Rückflug nach New York noch kurz in ihrem Hotel vorbei, um hallo zu sagen.

Als ich Arlens Suite betrat, kreischte Truman Capote gerade mit einem besorgten Ausdruck auf seinem Puttengesicht:

»Aber meine liebe Marlene! Süße! Man kann nicht einfach *moon* auf *soon* reimen. Da kann man sich ja niemals mehr in der Öffentlichkeit zeigen!«

»Warum denn? Irving Berlin würde durchdrehen, wenn er diese Reime verliert.« Pearl Bailey kam immer sofort auf den Punkt. Was ihr unter die Hände kam, wurde von allem Überflüssigen befreit und an seinen richtigen Platz gerückt.

Meine Mutter, ganz Versschmied, eine Hand in der Hosentasche, mit der anderen eine Zigarette haltend wie in *Marokko,* hatte mich zwar gesehen, war aber gerade in Fahrt gekommen und ließ sich nicht stören:

»Aber Harold, Liebling«, sagte sie mit schmachtender Stimme, »du hast doch für diese Art von Schmalz nichts übrig, oder?«

»Meine Liebe, ich habe für diese Art von Schmalz nur Bewunderung übrig!« sagte Arlen mit gewohnter Bescheidenheit.

»Ich auch, ich auch.« Capotes Art zu sprechen erinnerte an ein kleines Mädchen, das bei seiner Geburtstagsparty aufgeregt in die Hände klatscht.

Meine Mutter schenkte ihm einen ihrer »Blicke«. Arlens Arbeiterhände hüpften über die Tastatur. Es klang wie »Got the World on a String«, rückwärts gespielt.

Ich wollte die Genies nicht stören, aber da ich meine Maschine nicht erreicht hätte, umarmte ich »Pearlie« – ich mochte diese großgewachsene, großherzige Frau –, küßte die herbe Südstaatenschönheit in Männerkleidern, meine Mutter und den liebenswürdigen, talentierten Mann und überließ das merkwürdige Quartett seiner schöpferischen Arbeit.

Es ist mir gleichgültig, was die Broadwaykritiker sagten, ich fand jedenfalls, daß das Musical *House of Flowers* unglaublich schön war.

Wie ein vollkommener Schmetterling, dem zu wenig Zeit vergönnt war, um voll gewürdigt zu werden.

*

Weihnachten rückte näher. Mein Vater schrieb einen seiner seltenen Briefe:

9. Dez. 54
6 h früh

Liebste Mutti!
Ich habe Dir für so vieles zu danken und schon so lange, aber meine Arbeit kennst Du! Sie läßt mir nicht viel Zeit zum Schreiben, und abends bin ich immer so müde, daß ich es von einem zum anderen Abend verschiebe. So versuche ich es mal früh *vor* der Arbeit. Also Deine Platten sind wunderbar – hervorragend die Einführung von Noël Coward. Die Fotos aus Las Vegas phantastisch. Das Foto von den Jungens mit Dir hat mir ganz große Feude gemacht – die sind ja zum Fressen, die beiden! Und nun mein Dank für das Geld, das mir so sehr hilft, wie Du gar nicht ermessen kannst. Auch daß Du die Zahlung von meinen Schulden übernommen hast, ist eine Erleichterung. Jeder Dollar zählt jetzt bei mir. Die Eierpreise sind noch immer unten – es ist nichts zu verdienen und ich könnte so viel Geld machen – nicht wie Du, aber ich habe ein gutes Geschäft, d.h. gute Kunden, habe nie genug Eier, um sie zu befriedigen – also muß ich Eier kaufen, weil ich nicht weiter aufbauen kann, um mehr Legehühner zu haben. Und doch habe ich heute 4000 Leger, statt 3000, wie ich die Farm übernommen habe, mit einer Produktion von 2100–2200 Eiern pro Tag! Mein Ausfall und Einnahmen im Vergleich zum vorigen Monat sind 1200–1400 Dollars pro Monat! Das sagt alles! Das Paar, das bei mir arbeitet, muß ich entlassen, sie gehen im Januar – das heißt noch mehr Arbeit, wenn wir es überhaupt schaffen können. Für die Eierarbeit werde ich wohl eine Hilfe stundenweise nehmen müssen. Na, ich werde sehen, wie es geht ohne sie – Gott sei Dank bin ich gesund und kann arbeiten, auch Tamara arbeitet, wie ich nie erwartet hätte – von morgens bis abends – wir essen täglich zu Hause, bis auf einen Tag, wenn die »Köchin Ausgang« hat mit mir – das ist Mittwoch, und auch diesen Abend haben wir gestern ausgelassen wegen Pleite.

Ich bin nicht entmutigt – ich liebe meine Arbeit, mein Leben hier, die Tiere – nur bin ich manchmal angewidert von der Erfolglosigkeit so vieler schwerer Arbeit. Ich weiß, ich habe viel – sehr viel – geschaffen, und ich kann auch jetzt nicht aufgeben. Es muß und wird besser werden, nur durchhalten muß man.

Muttilein, bitte besorge für mich was für die Jungens für Weihnachten – eine Kleinigkeit von Papi! Ich bin traurig, daß ich Maria und Bill auch nichts schenken kann – was soll ich machen – gegen den Wind kann man nicht pissen!

Nun muß ich auch arbeiten gehen – das Wetter ist schön – kalt nachts und früh, aber während des Tages Sonne und angenehm warm. Danke Dir noch mal, Liebstes, für alles – ich umarme dich

Papi

Mein Vater war ein bedauernswerter Mann. Vielleicht war er es schon immer gewesen, und ich hatte es nur nicht bemerkt, weil ich zu jung und zu zornig gewesen war. Ich verzieh ihm nie, was er getan hatte und was mit seiner Duldung Tami angetan worden war. Aber ich lernte, ihn für das zu bedauern, was er mit sich hatte machen lassen. Ein von Liebe erfülltes Leben ist ein Nährboden, auf dem Mitgefühl wachsen kann. Ich hoffte, ich könnte eines Tages vielleicht sogar meine Mutter im Zusammenhang menschlicher Schwächen sehen.

Meine Mutter rief an, las mir den Brief von Vater vor und fügte folgendes Nachwort hinzu:

»Wie kann Papi glücklich sein? Diese sinnlose Arbeit – und wofür? Was will der damit beweisen? Er braucht doch nicht zu arbeiten. Und Tami? Die arbeitet? Nebbich! Ich arbeite genug für euch alle! Genau wie dein Bill. Der arbeitet auch die ganze Zeit. Wozu? Und jetzt auch noch du, der große Fernsehstar! Warum? Ich singe in Las Vegas für euch, nur für euch, euch alle, und trotzdem wollt ihr alle noch arbeiten? Ihr müßt verrückt sein.« Dann legte sie auf.

Hemingway wurde mit dem Nobelpreis für Literatur ausgezeichnet, und alle Eltern dieser Welt reservierten in ihrem Herzen einen Platz für Dr. Jonas Salk. Ich sah hinunter auf meine schlafenden Kinder und weinte vor Dankbarkeit, weil er das Gespenst der Kinderlähmung aus ihrem Leben verscheucht hatte.

*

Das Jahr 1955 war ein ereignisreiches Jahr für meine Mutter. Sie bereitete sich auf ein zweites Engagement im Café de Paris in London vor, feierte erneut Triumphe in Las Vegas, trauerte um Alexander Fleming, spielte in Michael Todds *In 80 Tagen um die Welt* und mietete ein geheimes Liebesnest in Kalifornien, wo sie für Yul den Haushalt führte, während er sich auf seine Rolle in DeMilles *Die Zehn Gebote* vorbereitete. Wiederholt hielt sie sich auch in New York auf, wo sie ihre alte Romanze mit dem «Kavalier» fortsetzte und in zahlreichen neuen Amouren schwelgte, während zugleich ihre leidenschaftliche Liaison mit Yul andauerte.

Adlai Stevenson war für sie nur ein Intermezzo, wie sie mir erklärte: »Ein so genialer Mensch! Aber wie kann ein Mann, der so schöne Reden schreibt, so uninteressant sein? Remarque war zwar schwierig, aber er konnte wenigstens Konversation machen! Ich mußte Stevenson einfach erhören, als er darum bat, ›es‹ tun zu dürfen – er war so schüchtern und süß – wie ein kleiner Junge!«

Der Physiker Oppenheimer wollte »es« offenbar nicht tun und durfte sich daher weiterhin in seiner Genialität sonnen und seinen nuklearen Geheimnissen auf der Spur bleiben. Er entkam, obwohl sie oft sagte: »Ein wundervolles Gesicht – dieser Knochenbau! Wie bei mir. Ob seine Haare so kurz sind, weil er radioaktiv verseucht ist oder weil ihm dieser Haarschnitt gefällt?«

Der Dramatiker William Saroyan bat darum, »es« tun zu dürfen und wurde selbstverständlich erhört. Er war einer der wenigen bürgerlichen Liebhaber für eine Nacht unter den vielen, denen meine Mutter sich hingegeben hatte, um ihnen eine Freude zu machen. Die Affären mit Edward R. Murrow und Frank Sinatra dauerten länger.

Sie lernte »E.M.«, wie sie Murrow in ihren Tagebüchern nannte, am 14. Januar auf einer Cocktailparty kennen, die sie zusammen mit Stevenson besuchte. Am 18. Februar waren sie Liebhaber.

Meine Mutter war ihr Leben lang davon überzeugt, ich sei automatisch mit allem einverstanden, was sie tat. Da sie schließlich dafür verantwortlich zeichnete, mir ihre »überragende Intelligenz« vererbt zu haben, war es in ihren Augen nur natürlich, daß ich ihr Urteil, ihre Meinung und ihr entsprechendes Handeln anerkennen und gutheißen würde.

Seit ich zum erstenmal diese tiefe, melancholische Stimme von den Schrecken nach dem Blitzkrieg über London hatte erzählen hören, war Edward R. Murrow eines meiner Idole. Seine Zivilcourage im Beruf, seine Treue zu den Prinzipien, an die er glaubte, seine tiefe Liebe zu seinem Land, sein Haß auf McCarthy und der Kreuzzug, mit dem er den Fanatismus dieses gefährlichen Mannes aufdecken wollte, machten Murrow zu einem ganz besonderen Menschen – einem amerikanischen Helden unserer Zeit.

Als er der Liebhaber meiner Mutter wurde, war ich schockiert, doch dauerte der Schock nur eine Sekunde. Geniale Männer, die sich unsterblich in die Dietrich verliebten, waren schließlich nichts Neues. Und das Paradoxon einer solchen Schönheit in Verbindung mit einem so scharfen Intellekt war letzten Endes eine unwiderstehliche Kombination. Dennoch war ich traurig darüber, daß ein Mann wie Murrow überhaupt solch oberflächliche Gesellschaft suchte, mochte sie auch noch so verführerisch sein. Andererseits wurden bei der Dietrich viele angesehene Männer von Welt wieder zu jugendlichen Aufschneidern, warum also nicht auch dieser? Murrow erschien also immer häufiger auf der Bildfläche, in den Pausen zwischen Tagungen, Konferenzen und Proben für seine äußerst erfolgreichen Fernsehshows, um meine Mutter in dem Bett zu lieben, das sein Freund Adlai Stevenson erst vor kurzem geräumt hatte.

Anfangs konzentrierte meine Mutter sich darauf, ihm völlig zu gehören. Sie schrieb ihm in ihrem üblichen Stil der besitzergreifenden Geliebten sehnsuchtsvolle Briefe, die diesmal mit mehr Amerikanismen gespickt waren als die, die sie an Yul zu schreiben pflegte. Die Briefe wurden heimlich bei der Zentrale des Fernsehsenders CBS abgegeben – von einem vertrauenswürdigen Lakaien meiner Mutter, den sie in aller Eile für diese Botendienste ausfindig gemacht hatte, nachdem ich mich, was selten genug vorkam, geweigert hatte, die Rolle des Kuriers zu übernehmen. Es blieb mir jedoch nicht erspart, einen Durchschlag und einen Anpfiff der Dietrich zu bekommen: »So! Du bist also auf einmal die Tugend in Person? Wirklich – dich hier wie eine Heilige aufzuführen.«

Das Bedürfnis meiner Mutter, sich und anderen ständig zu beweisen, daß sie mehr war als nur ein Filmstar, war so stark ausgeprägt, daß es lebenswichtig für sie war, Männer, die für geistige oder andere Leistungen weltbekannt waren, zu erobern und zu halten. Das hinderte sie freilich nicht daran, sich über sie lustig zu machen.

»Liebling! Wenn du Murrow nur sehen könntest. Er läuft in der Wohnung herum und hat nichts an, nur diese schlabbernde Unterhose, wie alte Männer sie tragen – und natürlich immer mit seiner Zigarette.

Er raucht sogar *während* – du weißt schon, was ich meine. Aber er ist ja so geistreich – man muß ihm einfach zuhören, wenn er etwas sagt, und versuchen, nicht nach unten auf seine dünnen Beene zu schauen, die aus diesen komischen Unterhosen herausstechen – sonst muß man lachen – und du weißt doch, wenn das passiert, muß ich rennen!«

Murrow wurde nicht nur wegen seiner Boxershorts gerügt. Meine Mutter beklagte sich auch ständig über seine Pfennigfuchserei. An dem Tag, als er ihr ein Paar Ohrringe schenkte, kam sie in unser Haus gefegt, die kleine Schachtel des Juweliers in der Hand.

»Jetzt seht euch das mal an! Es ist kaum zu glauben! Klitzekleine süße winzige Perlen, alle wie Orgelpfeifen in einer Reihe aufgefädelt, wie aus einem Billigladen! Ich sagte: ›Das ist doch wohl ein Witz! Ich brauche einen schönen Schreibtisch für diese Wohnung hier – und du kaufst mir solche Ohrringe?‹«

An dem Tag, als er ihr den bildschönen antiken Schreibtisch kaufte, den sie sich ausgesucht hatte, kamen sie zum Abendessen zu uns. Meine Mutter war an jenem Abend besonders liebenswürdig und charmant, behielt aber die Uhr im Auge. Sie wollte rechtzeitig in ihre Wohnung zurückkehren, um Yuls Anruf nicht zu verpassen.

Meine Mutter betrachtete mein Haus als konspirative Wohnung, in die sie gefahrlos heimliche Liebhaber mitbringen konnte. Schließlich hatte sie das Haus ja gekauft, es gehörte ihr. Die Abende, wenn Yul auf der Bühne stand und Murrow sich von seinen vielen Verpflichtungen hatte freimachen können, verbrachten die beiden oft bei uns. Es war schwierig, den »Kavalier« fernzuhalten und zu tun, als wisse ich nicht, wo meine Mutter sei, wenn Arlen oder die anderen anriefen, doch war es mir schon so sehr zur zweiten Natur geworden, die Opfer meiner Mutter anzulügen, um ihnen zusätzlichen Kummer zu ersparen, daß ich über die Richtigkeit meines Verhaltens nicht mehr nachdachte.

Die Affäre mit Frank Sinatra war für die Dietrich ein Placebo gegen die Einsamkeitsgefühle, von denen sie heimgesucht wurde, wenn sie sich nach Yul verzehrte. Später waren ihre Motive dann abergläubischer Natur. Sie fand Sinatra romantisch, sanft und liebenswürdig. Sie erklärte mir, der attraktivste Zug an »Frankie« sei in ihren Augen seine unendliche Zärtlichkeit. »Er ist der zärtlichste Mann, den ich je gekannt habe. Er läßt dich schlafen, er ist so dankbar – auf eine sympathische Art.« In späteren Jahren liebte sie ihn auch wegen seiner weniger sanften Eigenschaften. Wann immer die Dietrich irgendwo eine Schlagzeile sah, die besagte, daß Sinatra wieder die Kamera oder das Gesicht irgendeines

Reporters lädiert hatte, jubelte sie: »Ach, wie ich ihn liebe! Er haßt sie alle – genau wie ich! Er will sie auch alle umbringen! Was für ein wundervoller Mann! Weißt du, ich habe nur eine einzige Nacht mit ihm verbracht.« An dieser Stelle pflegte dann der Bericht eines der Hirngespinste zu folgen, an denen sie hartnäckig festhielt, der Bericht der »einzigen« Nacht, die sie ihrer Überzeugung nach in Frank Sinatras Armen verbracht hatte: Um nicht gesehen zu werden, hätte sie damals bei Anbruch der Dämmerung sein Haus verlassen und sei allein in Strümpfen zwischen Geißblattpflanzen umhergeirrt, auf der Suche nach einem freien Taxi, das sie zurück ins Beverly-Hills-Hotel und in Sicherheit bringen sollte. In Wirklichkeit fand ihre erste romantische Begegnung bereits Anfang der vierziger Jahre statt, und in ihren späteren Tagebüchern taucht »Frankie« häufig wieder auf.

Im Herbst 1955 kehrte sie als Gast der Wilders wieder nach Hollywood zurück, wo sie wie gewöhnlich wegen Yul wieder Höllenqualen durchlitt.

Samstag, 2. September
43 Grad Celsius

Nervöser Magen. Muß zuviel ertragen. Habe das Radio eingeschaltet, doch die Musik bringt mich zum Weinen. Habe das Gefühl, »ihn« für immer verloren zu haben. Leben ist sinnlos geworden. Muß aber zuerst noch das Geld für Las Vegas abwarten. Wäre sowieso albern, mich in Wilders Haus umzubringen. Muß mir eine bessere Methode ausdenken. Wünschte, ich könnte mich betrinken – doch ist es dazu zu heiß, und ich kann sowieso nicht richtig atmen. Ich verlange nichts. Er rief um 4.30 an und sagte, Wilder und Hayward hätten ihm erzählt, ich hätte Harold [Arlen] nach London mitgenommen, und wie schön es für Harold gewesen sei, mit mir zusammen zu sein. Ich weinte nicht. Benahm mich nicht daneben, sagte, wie schrecklich London gewesen sei, wie verzweifelt ich mich fühle, und fragte: »Du weißt doch, wie sehr ich dich liebe?« Er sagte, nein, also sagte ich es ihm, und ich sagte, wenn er besorgt sei, weil er mir in den letzten vier Jahren so viele Qualen bereitet habe, so seien diese Qualen nichts im Vergleich mit diesem Sommer. Ich sei überzeugt, er habe eine andere Frau, und daran sei ich in den letzten Tagen fast gestorben. Er sagte, er gehe bis Montagabend nach San Francisco wegen irgendwelcher »Familienangelegenheiten« und würde mich

anrufen, wenn er zurückkomme. Ich sagte, wann rufst du an, ich möchte dann hier sein. Er sagte, entweder Montag oder Dienstag morgen.
Party bei Betty Furness.
Saß neben Frank, er sprach von 1942. Ich konnte es nicht fassen.

Am Sonntag ging sie zum Brunch zu Stewart Granger und seiner Frau. Darüber schrieb sie:

Frank, italienisches Restaurant hier – nett

5. September

Wartete auf Anruf, rührte mich nicht vom Telefon.
»Er« rief vom Flughafen an.
Rief um 11.45 noch einmal an, betrunken –
Rief um 12.30 wieder an – redete stundenlang. Wütend wegen Arlen. Diskussion war unmöglich. Er war zu betrunken. Weiß nicht, was ich tun soll.

6. September

Fange mit den Anproben für Vegas an
F. rief um 21.00 an
Liebevoll und zärtlich
Meldete sich wieder um 24.00

Billy Wilder und seine Frau müssen die perfekten Gastgeber gewesen sein – Scharen von Liebhabern, die ihr zu Füßen lagen, Telefonanrufe rund um die Uhr – und trotzdem luden sie sie immer wieder ein!

7. September

Frank rief um 4 aus der Probe an.
Pläne für Vegas.

8. September

Um 7.30 zusammen mit Frank nach Vegas abgereist.
Zu Bett um 7 Uhr morgens.

9. September

Las Vegas
Nachmittags im Sahara, während Frank probt.
F. betrunken, aber nett. Zu Bett um 9 Uhr morgens.

Am nächsten Tag weckte sie Sinatra um vier, da er um fünf einen Termin hatte, und vermerkte in ihrem Tagebuch wie gewöhnlich, er sei »liebevoll und zärtlich« gewesen; dann ging sie ins Sahara, um die Mikrofone für ihr nächstes Engagement dort zu überprüfen. Anstatt im Sahara Zimmer zu reservieren, was das Naheliegendste gewesen wäre, wohnte sie bei Sinatra in dessen Hotel. Yul rief sie an diesem Tag an und bat sie, zurück nach Los Angeles zu kommen, wobei er das Wort »heim« gebrauchte. Sie lehnte ab und blieb bei »F«.

11. September

F um 9.30 morgens auf dem Stuhl eingeschlafen.
Aufgestanden, ohne einen Kuß zu bekommen.
Mieser Tag, benahm sich anders als sonst. Ich ging ins Sahara.
F lag in der Sonne mit dem üblichen Gefolge.
Zu Hause, mit Harold gesprochen. Fragte ihn [F] bei Autofahrt nach Dunes, was los sei. Er sagte, er habe gerade viele Pläne im Kopf. Fernsehshows, Filme – war aber trotzdem anders als sonst. Sprach zweimal über Harold, ich achtete aber nicht darauf. War bis 9 Uhr morgens auf, ging dann zu ihm ins Zimmer. Er sagte: »Geh ins Bett« – ich war wie vom Donner gerührt. Bin gegangen. Harold sagte mir, ich solle abreisen und nicht auf das Privatflugzeug um 16.00 mit F warten. Bin abgereist. Fühlte mich zu elend, um einen klaren Gedanken zu fassen. Keine Nachricht von ihm [F]. Anprobe – fiel in Ohnmacht.

»Miss Riva, es tut mir wirklich leid, aber Sie werden unten dringend am Telefon verlangt.«
Ich entschuldigte mich – wenn man Star einer Show ist, kann man leichter mitten in einer Probe verschwinden – und rannte hinunter ins Büro, in Sorge, den Kindern könne etwas passiert sein.
»Liebling! Ich bin in Ohnmacht gefallen! Heute im Studio! Glaubst du, ich bin schwanger?«
»Hm, Mass – das halte ich eigentlich für unmöglich.«
Sie unterbrach mich: »Warum? Du weißt doch, wie sehr ich mich

immer nach einem Kind von Yul sehne – es muß von ihm sein, es gibt niemand anderen in meinem Leben. Was denkst du? Sollte ich Carroll Righter anrufen?«

»Ja, das ist eine gute Idee – tu das! Er wird wissen, was die Sterne sagen.« Und ich brach das Gespräch mit meiner vierundfünfzigjährigen Unverbesserlichen ab, indem ich den Hörer auflegte.

Am 17. September ging sie zu einer Party bei Sidney Guillaroff, betrank sich und flirtete vor aller Augen mit Harold Arlen.

18. September
Besserer Tag, denn wenn Harold der Grund für das Benehmen von F ist, besteht Hoffnung, daß »er« auf dieselbe Idee gekommen sein könnte.

Die Tage waren lang. Keine Anrufe von Yul, keine Anrufe von Sinatra. Meine Mutter telefonierte täglich mit mir und bat mich um Ratschläge, die sie dann, sobald wir den Hörer auflegten, gleich wieder vergaß.

24. September
Party bei der Garland. F kam allein. Unpersönliches »Hallo«. Später sagte ich: »Wie geht's?« Betrunken! So wie ich ihn noch nie erlebt habe. Ich nahm eine Zigarette, er zog sein Feuerzeug aus der Tasche und sagte: »Wie der Zitronenschale.« Alles, was ich fertigbrachte, war, meine Hände um die seinen zu legen und die Zigarette anzuzünden – »Zitronenschale« ist für uns ein romantisches Wort, weil ich es mag, wenn seine Hände eine Zitrone in meinen Drink ausdrücken. Es machte mich sprachlos, daß er es gerade in diesem Moment sagte, wo er so betrunken war und sich ansonsten wie ein Fremder benahm. Er verabschiedete sich förmlich, nachdem er mir noch mitgeteilt hatte, er gehe nach Palm Springs. Wieder ein gräßlicher Sonntag, weil »Zitronenschale« alles wieder aufgerührt hatte. Warum hat er es gesagt? Und warum habe ich nichts gesagt?
M. Rennie, der mich auf die Party begleitet hat, machte mir anschließend eine Eifersuchtsszene wegen F. Wollte bleiben – ich war aber dagegen. Einsamer Tag – einsamer Tag.

26. September
Gott. Muß mich an die Arbeit machen. Hilft mir denn keiner? Bitte! »Er« hat angerufen – kam vorbei. Ist alles in Ordnung? Habe von Frankie gehört. Sagte, ich könne tun, was ich wolle, aber ich solle nicht »Katz und Maus« mit ihm spielen. Ich kann tun, was *ich* will?

Sie mußte Yul davon überzeugt haben, daß sie tatsächlich nur ihm gehörte, denn vom 27. September bis zum 1. Oktober sind keinerlei Eintragungen in ihrem Tagebuch vermerkt, lediglich: »›Er‹ ist gekommen.«

Sie eröffnete ihre Show in Las Vegas und feierte einen noch sensationelleren Erfolg als im Vorjahr. Wie sie die Zeit, geschweige denn die Energie aufbrachte, die nächsten paar Wochen durchzustehen, werde ich nie begreifen.

19. Oktober
Kam nach Los Angeles, war zwei Stunden im Beverly-Hills-Hotel.

Manchmal konnte meine Mutter sehr rätselhaft sein. Eilte sie wegen eines heimlichen Rendezvous mit Frankie von Las Vegas nach Beverly Hills? Oder wegen Michael? Arlen? Murrow? Yul? Ich vermute, es war der gute alte »Yul«, denn am 1. November schreibt sie in ihr Tagebuch:

Nach L. A. zum Bungalow in Beverly Hills
»Er« ist gekommen.

Zwei Tage später arbeitete sie für Michael Todd. Ihre Schauspielerkollegen in jener berühmten Szene waren David Niven, Cantinflas, George Raft, Red Skelton und, man höre und staune, der »zärtliche« Frankie. Sie hatte seit ihrer ersten Begegnung mit Michael Todd immer schon schamlos mit ihm geflirtet, mir erzählt, er sei der »süßeste«, »genialste« Mann, den sie kenne, und mir unter Gekicher das große Geheimnis ins Ohr geflüstert, das sie entdeckt hatte: daß sein wirklicher Name »Goldenberg« sei – »er sieht aber gar nicht wie ein Jude aus. Mehr wie ein Grieche. Und für einen ›Goldenberg‹ ist er viel zu leidenschaftlich!« Sie raste vor Wut, als Todd sich in Elizabeth Taylor verliebte. »Wieder diese entsetzliche Frau, die Michael Wildings Leben ruiniert hat.« Doch setzte sie weiterhin alles daran, ihn für sich zu gewinnen. Als die Taylor dann den Sieg davontrug, und Todd sie heiratete, verwandelte sich meine Mutter in »den besten Freund, den sich ein Mann nur wünschen kann«.

Sie sah absolut umwerfend aus in ihrer Szene in *In 80 Tagen um die Welt* und sonnte sich in der verdienten Bewunderung aller, die auf dem Set waren. Sie umschmeichelte ihren »Goldenberg«, schwelgte in Erinnerungen mit ihrem alten Freund George Raft, ignorierte Cantinflas, führte begeisterte Gespräche über Danny Thomas mit George Raft, brachte die immer noch glimmenden Funken des »zärtlichen« Frankie wieder zum Glühen und versuchte, David Niven für sich zu entzünden.

In Alabama setzte sich eine tapfere junge Frau gegen die rassistischen Gesetze dieses Staates zur Wehr und weigerte sich, in einem Bus ihren Platz für einen weißen Mann zu räumen. Die Dietrich flog nach Las Vegas zu Chevaliers Eröffnungsgala und vermerkte in ihrem Tagebuch geheime Treffen in diversen Bungalows, die zum Beverly-Hills-Hotel gehörten.

Ich unterschrieb einen Vertrag, der mich verpflichtete, als Star für ein Tourneetheater mit dem Stück *Tea and Sympathy* aufzutreten, ein verrückter Einfall, der nur durch einen Ehemann ermöglicht wurde, der die Hilfsbereitschaft in Person war. Ich solle mir keine Sorgen machen, er würde sich um unsere beiden Kinder kümmern, sie für die Schule richten, ihnen bei den Hausaufgaben helfen, für sie da sein – kurz, alles wäre bestens organisiert, ich müsse die wunderbare Rolle, in der ich bestimmt umwerfend sein würde, unbedingt spielen – mit diesen Worten schickte er mich nach Buffalo.

Die Rolle war es tatsächlich wert, die Lieben für einige Zeit zu verlassen – vorausgesetzt, man war der Bühne vollkommen verfallen und die Schauspielerei steckte einem im Blut. Nach zwei Monaten Tournee und mit noch vier Monaten vor mir wußte ich ganz genau, was mir im Blut steckte: Ich wollte nach Hause! Doch der Vertrag, der über die gesamte Spielzeit des Stückes abgeschlossen worden war, hielt mich fest.

*

Das Drehbuch des Films *The Monte Carlo Story* war fürchterlich, doch da Vittorio de Sica, das Genie, das den Film *Fahrraddiebe* gedreht hatte, der andere Hauptdarsteller und Regisseur sein sollte und Sam

Taylor, ein Opfer der Hexenjagd unter McCarthy, der offizielle Regisseur, willigte meine Mutter ein, den Film zu machen.

Wieder einmal wurde Harry Cohn mit köstlichen Mahlzeiten und Spirituosen verwöhnt, und die Columbia Studios gingen daran, die Glamourgarderobe der Dietrich anzufertigen für einen Film, der nicht auf ihrem Gelände, ja nicht einmal in den Staaten, sondern in Monte Carlo und Rom gedreht werden sollte! Meine Mutter mußte zusammen mit Jean Louis über zehn Kostüme entwerfen, die Skizzen dann mit Mustern der verschiedenen Stoffe und Farben nach Italien schicken und die Zustimmung der Produzenten abwarten. Sie war so beschäftigt, daß die Eintragungen in ihrem Tagebuch sich vor allem mit den Vorbereitungen für den Film beschäftigen. Die üblichen Notizen wie »Er ist gekommen«, »Er hat angerufen« und »Hier« sind vage und nur schwer einer bestimmten Person zuzuordnen, obwohl sie am 31. März folgendes vermerkt:

Verließ Vegas um 5.45. Zu Hause um 7. »Er«

Das konnte bedeuten, daß Sinatra aus Las Vegas gekommen war oder daß sie, nachdem sie zusammen mit Sinatra in Las Vegas gewesen war, nach Los Angeles geflogen war, um »zu Hause« zu sein, wenn Yul auftauchte. Wer immer dahintersteckte, er blieb jedenfalls eine Woche bis zum 9. April, dem Tag, an dem mein Vater wegen seines ersten Herzanfalls ins Krankenhaus kam.

In Delaware erlaubte mein Produzent nach langen Diskussionen seiner Frau, die den Text gut beherrschte, die Hauptrolle zu übernehmen, damit ich an die Seite meines sterbenden Vaters eilen konnte. Zumindest nahm ich an, er liege im Sterben, nachdem meine Mutter mir das am Telefon völlig aufgelöst mitgeteilt hatte. Als der Vorhang nach dem dritten Akt fiel, verließ ich die Bühne, griff hastig nach Mantel und Tasche, eilte zum Flughafen und schaffte gerade noch das letzte Flugzeug, das in New York Anschluß nach Los Angeles hatte. Ich weiß noch, daß ich dachte: Gott sei Dank ist es ein modernes Stück – ich würde ja wirklich verrückt aussehen, wenn ich als Maria Stuart durch die Gegend hetzen würde!

Da Bill wußte, daß ich in New York eine Stunde Aufenthalt hatte, kam er mit den Jungen trotz der späten Stunde zum La-Guardia-Flughafen, damit sie ihre selten zu sehende Mutter kurz küssen und umarmen konnten. Die Sehnsucht nacheinander wurde allmählich übermächtig. Zwar wußte Bill es noch nicht, doch ich war inzwischen so weit, den albernen sogenannten Ruhm gegen etwas einzutauschen, das, wie ich eigentlich hätte wissen müssen, weit wertvoller und befriedigender ist.

Stunden später betrat ich, immer noch in dem Kostüm, in dem ich die Bühne verlassen hatte, das Krankenhauszimmer meines Vaters, als er gerade sagte: »Mutti, wenn du mir morgen meinen Martini bringst, sag dem Hotelpersonal, daß in dem heute zu wenig Wermut drin war, und vergiß nicht, morgen will ich frische Zitronen und dieses Mal den richtigen Toast für den Kaviar.«

Auf mein Lachen hin wirbelte meine Mutter herum und kreischte: »Papilein – sie ist da! Sieh sie dir an! Immer noch mit ihrem Make-up – direkt von der Bühne!« Sie fiel mir schluchzend in die Arme – ganz die »verhinderte Witwe«! Über ihren gesenkten Kopf hinweg sahen mein Vater und ich uns an. Er tippte sich mit dem Zeigefinger an die Stirn, eine Geste, die er häufig zu machen pflegte, wenn er schweigend Tamis irrationales Verhalten kommentierte. Ich fragte mich, wo man sie gegenwärtig versteckt hielt, da die Weltpresse überall herumlungerte, um über die Dietrich in ihrer Rolle als »verzweifelte Ehefrau am Bett des sterbenden Gatten« zu berichten.

Ich sagte meinem Vater, wie froh ich sei, ihn so munter vorzufinden, und hörte mir dann die Klagen meiner Mutter über die verschiedenen Krankenschwestern an, die den Auftrag bekommen hatten, meinen Vater zu pflegen: »Liebling! Sie sind so grob. Sie führen sich auf, als seien sie Ärztinnen! Außerdem sind sie alle schwarz! Kannst du dir das vorstellen? Wie kann man solchen Leuten gestatten, Krankenschwester zu werden?«

Während meine Mutter damit beschäftigt war, den Arzt in die neuesten Techniken der Koronarbehandlung einzuweihen, machte ich mich auf die Suche nach Tami. Ich wußte, nichts und niemand konnte sie dazu bewegen, sich von meinem Vater zu trennen. Ich fand sie schließlich in einem anderen Stockwerk in einem Warteraum – ganz allein, die knochigen Knie zusammengepreßt. Ihre schwieligen Hände spielten unruhig mit dem Metallverschluß ihrer abgenutzten Handtasche, ihre großen Augen hatten einen verzweifelten Ausdruck, ihr zerbrechlicher Körper in dem billigen leichten Hauskleid zitterte vor Angst. Sie war im Krankenwagen mitgefahren, hatte alles stehen und liegen gelassen und nur kurz ihre Handtasche geholt, um bei meinem Vater im Krankenhaus sein zu können. Niemand hatte sich die Mühe gemacht, ihr zu sagen, was mit meinem Vater passiert war. Sie glaubte, er sei tot, und wartete darauf, daß meine Mutter käme, um es ihr zu sagen. Seit der Ankunft meines Vaters in der Klinik vor zehn Stunden wartete sie schon in diesem Raum, von aller Welt vergessen. Sie erinnerte mich an ein verwundetes Tier. Vorsichtig näherte ich mich ihr. »Tamilein, ich bin's, Kater. Papi ist nicht tot. Verstehst du mich? Papi ist nicht tot, Papi lebt.«

»O Kater! Ist das wahr? Stimmt das wirklich? Kater, bitte«, flehte sie.

Ich nickte, schlang meine Arme um sie und drückte sie fest an mich, bis sie mir schließlich glaubte, während ihr die Tränen die Wangen herunterliefen.

Am nächsten Tag kehrte ich zu meiner Arbeit zurück. Ich kam gerade noch rechtzeitig im Theater an, um mich umzuziehen und es mir mit meinem Strickzeug heiter und gelassen in einem mit Chintz bezogenen Sessel bequem zu machen, bevor sich der Vorhang zum ersten Akt hob.

Jedermann pries den Mut und die übermenschliche Kraft meiner Mutter während der Krankheit ihres Mannes. Sie hatte Tag und Nacht Anproben und hetzte in den Pausen mit den Mittag- und Abendmahlzeiten für ihren Mann, die von den besten Restaurants in Beverly Hills zubereitet wurden und vor Cholesterin nur so strotzten, in das Krankenhaus. Tami dagegen durfte ihn nicht besuchen. Sie hatte den strikten Befehl, sich nicht blicken zu lassen, auf der Ranch zu bleiben, nicht nach draußen zu gehen und mit niemandem zu sprechen. Als mein Vater schließlich das Krankenhaus verlassen durfte, überließ ihn meine Mutter wieder der Obhut Tamis und flog nach Paris, um sich um Hüte und Schuhe für den Film zu kümmern. Sie erreichte Monte Carlo rechtzeitig zum Beginn der Aufnahmen.

Während der Dreharbeiten zum Film schrieb sie mir einige wunderbare Briefe, wahre Glanzleistungen der Dietrich:

HOTEL DE PARIS
MONTE CARLO
10. Juni 1956

Nun, mein Engel – heute ist der erste Sonntag, und es gibt nichts zu tun. Bin erkältet und nehme Antibiotika, um arbeiten zu können. Auf die Stimme kommt es nicht an, was mir immer noch komisch vorkommt. Der gesamte Film wird synchronisiert. Trotzdem fielen sich alle um den Hals, als ich die erste Szene mit Text und allem Drum und Dran gut hinter mich gebracht hatte.

An so etwas sind sie nicht gewöhnt. Man bewegt hier mehr oder weniger nur die Lippen zu seinem Text, wie es bei uns gemacht wird, wenn wir ein Lied aufzeichnen und der Ton mitläuft. Der Film wird ohne Worte gedreht, und man konzentriert sich auf den Gesichtsausdruck und die Augen und spricht die Worte sehr eintönig. Es fiel mir sehr schwer, mit De Sica zu spielen, weil der Text keine Bedeutung hatte. All das fand statt, nachdem die anderen sich gerade erst von dem Schock erholt hatten, daß ich rechtzeitig da war oder überhaupt da war. Die allgemeine Höflichkeit hier macht mich völlig fertig. Nach einem Arbeitstag, der aus höchstens zwei Textzeilen am Stück bestand und bei dem über meine Schulter gedreht wurde (ich mußte sie sanft daran erinnern, daß es sich hier um einen Breitwandfilm handelt und ich auf der Leinwand in der Halbtotalen zu sehen sein werde), küßte und umarmte man mich, weil ich so molto bene, bellissimo gespielt hätte. »Wie machen Sie das bloß, daß Sie soviel Ausdruck in Ihre Augen und in Ihre Stimme legen?« Ich hätte wirklich zuerst mal ein Filmstar der Stummfilmzeit oder Italienerin sein sollen. Die führen wirklich ein angenehmes Leben. Ich fand auch heraus, daß die Lollobrigida und Sophia Loren, die Mangano etc. nicht einmal sich selbst synchronisieren. Sie haben andere Schauspielerinnen, die das für sie erledigen. Ihr Akzent ist zu primitiv für den römischen Geschmack, genau wie ihr schauspielerisches Talent, wenn sie bei den Dreharbeiten sprechen.
Das junge Mädchen in dem Film heißt Trundy. Hat noch nie einen Film gemacht und sieht nicht nur wie eine Zwölfjährige aus, sondern hat auch noch dieselbe Haarfarbe und denselben Teint wie ich und dazu ein paar Sommersprossen. Ich dachte, die meinen das doch wohl nicht im Ernst, weil im Drehbuch ständig erwähnt wird, sie sei 22, aber dann auch noch im selben Film dieselbe Haarfarbe für die andere Frau auszuwählen, finde ich lächerlich. Jeder sagt, er sei nicht dafür verantwortlich, und dabei blieb es, bis wir uns um Mitternacht die ersten Schnellkopien im Kino hier anschauten und ich sie zum erstenmal auf der Leinwand sah. Ich sagte schließlich zu Sam Taylor, der im Vorspann als Regisseur aufgeführt wird: »Ich finde das nicht mehr lustig.« Daraufhin sagte er, ich solle mir das nicht gefallen lassen und den Produzenten auffordern, das Mädchen auszuwechseln. Er sagte, er könne das nicht tun. Na, du kannst dir ja vorstellen, daß mir

jetzt die Hände gebunden sind, weil ich schon die Geschichten in den Zeitungen vor mir sehe, wenn das Mädchen weggeschickt wird: Ich war eifersüchtig, sie sah zu jung aus etc.
De Sica spielt die ganze Nacht im Kasino, und ich sehe ihn nur tagsüber bei der Arbeit. Er ist charmant, aber ein bißchen steif, sehr auf sein Profil bedacht, da dies seine erste Rolle als eleganter Mann und Liebhaber ist. Sein Make-up ist ganz dick aufgetragen und sieht aus wie Kleister, und ich habe ihnen gestern abend gesagt, daß die Leute in Amerika einen Mann auslachen, der geschminkt aussieht, in Hollywood schmieren sich die Männer keine so dicke Pampe aufs Gesicht. Als Farbe haben sie ein wasserlösliches Make-up, das kaum auffällt, nur damit sie nicht allzu blaß wirken. Sam Taylor sagte: »Ich kenne mich mit solchen Sachen überhaupt nicht aus.« Der kleine Kameramann, der ausgezeichnet ist, war sehr traurig, und de Sica spielte immer noch Roulette und hatte noch nichts gesehen. Ich schlug vor, jemand anders für das Make-up zu nehmen und mit de Sica Probeaufnahmen zu machen, bevor wir zu den Innenaufnahmen kommen würden, die übrigens fast alle in Hotelhallen, Restaurants und Spielhallen vor Ort gedreht werden. Für die Studioarbeit in Rom bleibt nur wenig übrig, was mir gar nicht gefällt, weil ich mich auf eine Garderobe und die ruhige Arbeit im Studio gefreut habe, anstatt mich hier bei den Außenaufnahmen herumzuärgern, wo man sich praktisch hinter den vorgehaltenen Röcken der anderen Frauen umziehen muß. Kein Spiegel, keine Beleuchtung, kein Ort, an dem man sich mal ausstrecken oder seine Kleider ablegen kann bei der Hitze hier.
Meine Garderobenfrau spricht nur Italienisch, und ich verstehe alles, was sie sagt, habe aber mit dem Sprechen immer noch Schwierigkeiten. Bei einigen Wörtern, die überhaupt keinen Sinn ergeben, muß ich nachfragen; woher soll man denn wissen, daß links sinistro heißt, obwohl rechts logischerweise diritto heißt. Pronto ist das wichtigste Wort bei den Dreharbeiten. Und ich renne wie ein Zirkuspferd, wenn ich es höre.
Die Friseuse ist sehr gut und spricht Französisch, deshalb können wir uns gut unterhalten. Guillaroff geht bald, was ich nicht bedauere, doch wenn ich ihn nicht mitgebracht hätte, hätte ich noch mehr schlaflose Nächte gehabt, bevor ich hierherkam, als sowieso schon.

Meine Probeaufnahmen waren in Ordnung, sie umarmten sich alle wieder vor lauter Freude darüber, obwohl sie doch gewußt haben müssen, daß ein Film in der Kamera war, als wir sie drehten! Die Augen waren nicht blau, sondern irgendwie bräunlich, und ich erzählte Peppino von der Ausleuchtung der Augen, die wir anwenden; wenn ich die ersten Rushes sehe, werde ich mehr wissen.

Für das Make-up ist ein kleiner schmächtiger Kerl zuständig, der ein Italienisch spricht, das ich kaum verstehe, und der heiße, dicke Hände hat, die obendrein noch furchtbar schwer sind. Er hat bereits sechs Paar meiner kostbaren Wimpern auf den Boden fallen lassen und verloren, oder vielleicht sind sie auch an seiner Hose festgeklebt, jedenfalls sage ich immer nur: Non importa, non importa. (Man sagt hier alles zweimal.) Er holt dann immer das nächste Paar Wimpern. Dann verteilt er den flüssigen Klebstoff mit einem großen Pinsel auf dem Haftstreifen, was zur Folge hat, daß die ganzen Wimpern mit Klebstoff verschmiert sind, und pappt mir das ganze viel zu weit in die Augenwinkel, worauf ich ihm dann signalisiere, sie wieder etwas herauszuziehen. Darauf zieht er an dem Streifen, der inzwischen an meinem Lid und meinen Wimpern festklebt, drückt ihn am äußeren Ende fest und sagt: Va bene. Statt Augen habe ich nun Schlitze, aber da ich immer noch die Uhr erkennen kann, die neben mir tickt, sage ich auch: Va bene. Wenn er weg ist, ziehe ich sie ab und nehme mir ein neues Paar, weil die ersten total verschmiert sind und er sie zu lang in seinen heißen, dicken, feuchten Händen hatte und die Wimpern nach allen Seiten abstehen. Ich stehe jetzt immer eine Stunde früher auf und mache mein Make-up selbst. Doch besteht er immer noch darauf, an meinen Augenbrauen herumzumachen und mir die Faust in die Wange zu bohren und sie zu verdrehen, während er mir die Brauen nachzieht und ich mich innerlich winde. Er liebt es auch, mein Gesicht vom Kinn bis zu den Augen zu betatschen, und benutzt dabei für alle Farben dieselben feuchten Finger, von den dunklen bis zu den hellen Tönen. Ich habe das mit einem »Stop!« beendet, was alle verstehen.

Gestern nahm mich das Team in einem sehr schnellen italienischen Rennwagen mit nach St. Paul de Vence zum Essen. Dort lernte ich endlich Coxinelle kennen, den jungen Mann, der Marilyn Monroe so täuschend ähnlich sieht, aber eine viel bessere

Stimme hat. Er singt in Juan les Pins, und ich muß mal an einem Abend hingehen, wenn ich am nächsten Morgen nicht zu arbeiten brauche. Natürlich konnte ich es nicht lassen, das schöne Dekolleté »ihres« Abendkleides anzustarren, und das hatte wirklich einiges zu bieten. »Hitler hätte sie als Mandeln haben sollen!« Du hättest erleben müssen, wie die Amerikaner hier reagierten, Taylor und seine Frau, eine »Dame von Welt«, und Guillaroff (aus mehr als einem Grund)! Wir haben uns zusammen fotografieren lassen, ich schicke Dir einen Abzug. Obwohl ich noch lieber ein Foto von mir im Frack hätte, das wäre noch viel lustiger. Grace ist angeblich ins Schloß zurückgekehrt, und Guillaroff behauptet, mit ihr telefoniert zu haben, doch bin ich mir nicht sicher, ob er das einfach nur sagt, um mich zu beeindrucken. Er ist wie alle bei MGM ein großer Verehrer von ihr, was ich nett finde. Ich habe hier im Hotel eine Suite; wenn nur die Kinder öfter an die frische Luft kämen, auch wenn es nicht die Luft hier sein kann, die sowieso nicht besonders erfrischend ist.

Ich liebe dich
Massy

Das Livefernsehen gab auf, da es nicht anders ging. Bei den verschiedenen Zeitzonen in Amerika war es unmöglich, den Sendeablauf und die Werbeeinnahmen für das ganze Land auf einen Nenner zu bringen. Deshalb wurden sämtliche Livesendungen nach Hollywood verlegt und aufgezeichnet. Diese Studios, die das Fernsehen als Konkurrenten so gefürchtet, schwärzesten Pessimismus verbreitet und den Untergang Hollywoods prophezeit hatten, hatten nun plötzlich eine ganz neue Aufgabe, für die sie ihr gesamtes vorzügliches Know-how einsetzen konnten.

Ich mußte nun dauernd von der einen Küste zur anderen hin- und herpendeln. Meine Koffer packte ich nie aus, ich war wie ein Gast in meinem eigenen Haus. Ein Umzug der gesamten Familie in das Swimmingpool-Paradies kam nicht in Frage, so verführerisch diese Aussicht auch sein mochte. Der Arbeitsplatz meines Mannes war in New York, und ich selbst wußte nur zu gut, welche Gefahren ein solcher Schritt für eine Ehe nach sich ziehen konnte. Ich hatte beschlossen, meinen Ehenamen aus diesem Grund auch beruflich zu benutzen – Bill sollte nicht als »Mr. Manton« stigmatisiert sein wie mein Vater als »Mr. Dietrich«. Ich hatte Glück, daß Riva so gut zu Maria paßte. Wen sein

Talent über sich hinaustreibt und wer den Drang, auf der Bühne zu stehen, als verzehrendes Bedürfnis außerhalb der eigenen Kontrolle erlebt, hat sozusagen Narrenfreiheit. Er kann eben nicht anders. Doch mein schauspielerisches Talent ließ sich nicht mit einem Talent dieser »glorreich-monströsen« Art vergleichen und konnte deshalb ohne Schwierigkeiten auf Eis gelegt werden, ohne daß ich hätte bedauern müssen, etwas Kostbares eingebüßt zu haben. Ich flog nach Los Angeles, machte noch eine große Show – und nahm dann Abschied. Mit einunddreißig Jahren war ich zur Vernunft gekommen. Es war Bills Verdienst, daß unsere Söhne die Zeit ohne ihre Mutter gut verkraftet hatten und jetzt ohne Aufstand dankbar zur Kenntnis nahmen, daß ich plötzlich wieder da war. Mein Mann machte kein Drama aus meiner Rückkehr. Wußte er meinen Entschluß auch zu schätzen? Und wie er ihn zu schätzen wußte!

Meine Mutter reiste nach Rom, wo die Innenaufnahmen gedreht wurden. Nun, da die Dreharbeiten fast abgeschlossen waren, waren ihre Briefe voller Selbstkritik und Niedergeschlagenheit:

10. September 1956
Nun? Es geht bald wieder Richtung Heimat – noch vier Tage, und ich habe es geschafft. Ich hasse mich, weil ich mich von meinen Erschöpfungszuständen und meinen überreizten Nerven so habe unterkriegen lassen und mir damit so viele Tage – und auch so viele Arbeitstage – verleidet habe. Doch ich konnte einfach nicht alles allein durchstehen. Ich habe mich zu verloren gefühlt, und das sieht man mir auch an. Und dieses Mal war es auch nicht mein Perfektionismus, der mich übermäßig kritisch gemacht hätte. Ich verschwendete kaum einen Gedanken an die Kleider. Ich zog sie einfach an und vergaß sie dann. Auch das merkt man. Doch das ist nicht das Schlimmste. Ich wollte diesen Film locker, schnell und unbeschwert hinter mich bringen. Ich dachte, dies sei die einzig mögliche Art, diese uninteressante Rolle zu spielen. Nie hätte ich mir träumen lassen, daß ich mit italienischen Filmemachern um Realismus würde kämpfen müssen. Doch mußte ich den ganzen Film über bei jeder kleinen Szene darum kämpfen und fühlte mich enorm beeinträchtigt durch die völlig altmodische Kameraführung. Ich fürchte, daß ich mich nicht genug durchgesetzt habe. Ich wurde der Sache einfach überdrüssig, vielleicht, weil es aussichtslos war, mich gleichzeitig um

eine gute Atmosphäre in meiner Umgebung zu bemühen und zu versuchen, mich durchzusetzen. Ich will damit nicht sagen, daß nicht alle ganz bezaubernd zu mir waren. Sie wußten nur einfach nicht, was ich zu leisten imstande bin, wenn ich mich nicht bevormundet fühle. Zu allem Überfluß waren da noch de Sica, der seine eigene ganz persönliche Auffassung von mir und meiner Rolle hatte, und Taylor, der mich wieder ganz anders sah. De Sica sagt, ich hätte das Gesicht der Duse, und er liebe die melancholische Ausstrahlung, die von mir ausgehe, und Taylor möchte die zynische »Frau von Welt«. Beide wollten nichts von »Liebe« wissen. Na ja, ich hoffe, beide sind auf ihre Kosten gekommen. Wenn man mich anspricht, kurz bevor die Kamera läuft, habe ich Schwierigkeiten, das Gesagte aus meinen Gedanken zu verdrängen. Und ausgerechnet in dem Moment mußte Taylor natürlich immer etwas zu mir sagen.

Man hat keine Möglichkeit, sich die Rushes noch mehrmals anzuschauen, wenn der Ton direkt mitgeschnitten wird. Auf diese Weise sehe ich mich auf den Schleifen immer und immer wieder, jeder Fehler fällt ungeheuer auf, und bei der Synchronisation muß ich jede Ungenauigkeit berücksichtigen. Es grenzt an Folter, denselben Fehler noch einmal machen zu müssen, nur weil sich die Lippen bewegen und man nicht den Anschluß verlieren darf.

Ich bin so dünn wie ein Hering, und der Kameramann hat mich, seit wir mit den Dreharbeiten im Studio angefangen haben, immer sehr schlecht aufgenommen, statt besser zu werden. Die notbehelfsmäßige Beleuchtung in Monte Carlo ließ mich viel vorteilhafter aussehen. Die Technicolorleute in London stellten außerdem fest, daß unser kleiner Kameramann noch nicht viel Berufspraxis hat, und um Geld zu sparen, verlangten sie von ihm immer mehr Licht, und er kam ihrem Wunsch nach, ohne mir Bescheid zu sagen. Ich konnte meine Augen nicht mehr richtig aufmachen, aber er schwor Stein und Bein, ich hätte dieselbe Beleuchtung wie vorher. Erst als ich jede Einstellung unterbrechen mußte, weil mir die Tränen die Wangen herunterliefen, reduzierte er das Licht ein wenig. Ich weiß genug über Beleuchtung, um sie nicht mit Hitze zu verwechseln. Wenn du nur die Schnellkopien sehen könntest – das Ganze sieht aus wie eine Folterszene aus der Nazizeit, ein verzweifeltes Gesicht, bemüht, die Augen offen zu halten und witzig zu wirken – ständig muß ich unterbrechen und sagen: »Tut mir leid, ich kann nicht mehr« oder »Excusate« oder »je ne peux pas«. Ich stehe da, die Hände vors Gesicht geschlagen, und die Kamera läuft einfach weiter, und ich versuche weiterzumachen, und jedesmal, wenn die Szene vorbei ist, verstecke ich mein Gesicht, weil es so weh tut. Es war gar nicht der Schmerz, der mir so zu schaffen machte. Es war die Überzeugung, daß etwas nicht stimmte, daß die Szene auf der Leinwand einfach nicht gut wirken konnte. Und ich haßte mich dafür, so gut erzogen zu sein, daß ich es nicht fertigbrachte, einfach den Set zu verlassen und zu sagen: Wenn ihr wollt, daß ich spiele, stellt eure Beleuchtung gefälligst so ein, daß ich auch spielen kann. Der amerikanische Cutter von United Artists, auf dem ich mit Michael Todds Unterstützung bestand, ist nicht die erste Wahl und auch nicht intelligent genug für die Leute hier. Er versteht nicht richtig, was wir sagen, und schneidet nach dem Drehbuch, glaube ich. Ich hatte so gehofft, er würde ihnen eine Liste mit Neuaufnahmen vorschlagen, um mehr Tempo in den Film bringen zu können, der extrem langsam ist. Doch da wir keine Sicherheitseinstellungen machen, kann auch der beste Cutter den Film nicht beschleunigen. Ich hatte aber um einen Cutter mit einer gewissen Autorität gebeten, weil mein Hauptgrund, den Cutter zu bekommen, war, daß noch ein anderer außer mir die Möglichkeit hätte zu sagen, wir bräuchten mehr Einstellungen, um den Film aus Tempogründen kürzen zu können. Selbst wenn de Sica gut synchronisieren sollte, was ich bezweifle, und einige Textstellen schneller sprechen könnte, haben wir keine Aufnahme von meinem Kopf, die man einfügen könnte, während er spricht. Er muß also im selben langsamen Tempo synchronisieren, damit seine Worte mit seinen Lippenbewegungen übereinstimmen. Ich bin furchtbar erkältet und konnte heute nicht synchronisieren, deshalb habe ich Zeit, diesen langen Brief zu schreiben. Ich habe schon alles fertig gepackt; wieder einmal habe ich die nicht getragenen Kleider in den Koffern verstaut, und wieder einmal habe ich alles sorgfältig zusammengelegt, um es nach Hause zu tragen. In Rom und Monte Carlo bin ich kein einziges Mal ausgegangen. Ich habe jede Nacht gearbeitet. Bin meist in Blue Jeans herumgelaufen. Die Springbrunnen sprudeln draußen vor sich hin, es ist immer noch heiß. Dreimal habe ich Rom bei Nacht gesehen. Ich

hätte mir so sehr gewünscht, nicht mit dem Gefühl eines »gerupften Huhns« von hier weggehen zu müssen.
Ich grüße Euch Amerikaner.
Massy

Wenn da nicht ihre mitteleuropäische Sentimentalität gewesen wäre, hätte die Dietrich einen guten Regisseur abgegeben, vielleicht sogar einen überdurchschnittlich guten. Es ist schade, daß sie nie Zeit vom »Verliebtsein« abzweigte, um einer zu werden.

Nach diesem Film ließ sie sich irgendwo mit einem italienischen Schauspieler ein, einem mehr als billigen Abklatsch von Gabin. Sie behauptete immer, ihre Liebe sei »rein«, und er sei impotent – um gleich darauf laut darüber nachzudenken, wie es seine Frau geschafft hat, so viele Kinder zu bekommen. Im Alter von fünfundfünfzig Jahren wieder einmal verliebt, nistete sie sich mit ihrem neuen Schwarm im Hotel Raphael in Paris ein und war natürlich der festen Überzeugung, ich brenne darauf, alle Einzelheiten über diese Beziehung zu erfahren.

Dienstag nacht

Mein Liebling,
es ist halb eins. Wir waren bei seinem Produzenten zum Abendessen eingeladen. Er war wunderbar, getrennt von mir, mir gegenüber, und beherrschte die Unterhaltung – brillant und wortgewandt.
... Ich könnte jetzt zu ihm und er zu mir kommen, ohne daß wir uns verstecken müßten, und er sich »faire l'amour« mit mir nur vorstellen muß. Ich sagte ihm daraufhin, daß dies nicht das einzige gewesen sei, was ich wollte – zumindest nicht nur das. Ich wollte, daß er mich an sich bindet. Etwas Körperliches, wie wenn man einem Hund ins Maul spuckt, damit er bleibt oder im selben Bett schläft.

Ihre von Hemingway übernommenen Platitüden waren immer so faszinierend!

Das wollte ich. Er sagte, wie schrecklich er den Morgen nach einer Liebesnacht finde und wie wunderbar die Morgen seien, wenn er merke, daß ich das Licht ausgemacht habe, und kleine Liebesbeweise finde, wenn beispielsweise seine Kleider aufgehängt und seine Socken verschwunden sind, weil ich sie gewaschen habe. Und ich saß da und wußte, daß er recht hatte, aber ich wußte auch, daß ich seine Augen vergessen würde, die mir im Moment noch als das einzige Glück erschienen, in das ich hineinsehen wollte.

Seite um Seite reinste, vollkommene Liebe – bis:

> Ich gehe jetzt zu Bett. Es ist zwei Uhr. Es hat keinen Zweck, voller Hoffnung in meinem goldenen Kleid auf dem roten Sofa zu sitzen. Auch wenn er aufwacht, wird er mich nicht anrufen. Unsere Beziehung ist nicht so. Er erzählt mir oft, er sei aufgewacht und habe gelesen. Seit ich hier bin, wache ich auch die ganze Zeit auf. Aber ich lese nicht. Sein Zimmer ist gemütlich. Meins nicht. Ich habe kein Talent für so etwas, ich sehne mich nur danach.
> Ich küsse dich.

Zum erstenmal hatte sie völlig vergessen, daß sie in Paris war – und daß das immer bedeutet hatte, daß Jean in der Nähe war.

Meine Mutter kehrte nach New York zurück und erfuhr, daß ich beschlossen hatte, meine erfolgreiche Karriere aufzugeben, und zu allem Überfluß auch noch schwanger war. Sie war nicht gerade erfreut.

Da sie sich erneut für Las Vegas verpflichtet hatte, flog sie im November zu den dritten und abschließenden Anproben nach Hollywood.

Michael Wilding, der sich mittlerweile aus seiner Ehe mit Elizabeth Taylor befreit hatte, kehrte wieder in den Schoß der Familie zurück. Meine Mutter wollte ihn in die Abgeschiedenheit der »Ranch« meines Vaters mitnehmen, schrieb dann jedoch in ihrem Tagebuch, das sei leider völlig ausgeschlossen, da Papi Freunde zu Besuch habe. Das machte sie wütend. Wenn sie schon Vaters Rechnungen bezahlte, dann fand sie es nur recht und billig, Liebhaber in sein Haus bringen zu dürfen, wann immer es ihr paßte.

Yul war ebenfalls in Hollywood, und sie wartete auf seinen Anruf. Als er nicht anrief, rief sie mich an: »Warum ruft er nicht an? Ich weiß genau, daß er weiß, daß ich hier bin. Glaubst du, dieses schwedische Pferd ist daran schuld? Wie kann man nur eine international bekannte Hure zur Filmschauspielerin aufsteigen lassen?«

Sie war furchtbar eifersüchtig und überzeugt, daß Yul eine Affäre mit seinem berühmten Co-Star aus dem Film *Anastasia* hatte. Der Haß der Dietrich auf Ingrid Bergman entstand in diesem Winter. Noch Jahre später erzählte sie die entsetzlichsten Geschichten über alles, was auch nur im entferntesten mit der Bergman zu tun hatte: wie Rossellini sich ihr anvertraut habe, wie er an ihre Tür geklopft und sie angefleht habe, ihn hereinzulassen, damit er in ihren Armen Trost finden und seine Seele erleichtern könne, indem er ihr von den vielen, vielen »Treuebrüchen« der Bergman berichtete.

Die Freunde meines Vaters reisten schließlich ab, und meine Mutter konnte sich mit Michael Wilding im Haus ihres Mannes treffen. Sie rief mich von dort aus an.

»Liebling, Tami hat uns allen ein wunderbares Essen gekocht. Es geht ihr sehr viel besser, seit sie aus dieser Einrichtung entlassen wurde, in die ich sie vermittelt habe. Aber sie ist die ganze Zeit müde, deshalb habe ich ihr alle Dexedrin gegeben, die ich bei mir hatte. Du hättest Michael essen sehen sollen! Er ist ein neuer Mensch, seit er diese schreckliche Frau los ist, die ihm das Leben zur Hölle gemacht hat. Jetzt müssen wir ihr nur noch seine Kinder wegnehmen. Hier, er möchte dir selbst sagen, wie glücklich er ist.« Und sie drückte Wilding den Hörer in die Hand, damit er der Tochter mit seinen eigenen Worten vom Glück mit ihrer Mutter berichten konnte. Armer Michael! Wie Brian besaß auch er Anstand, und diese Szene war ihm furchtbar peinlich.

Schnell flüsterte ich: »Sag es, Michael, tu ihr den Gefallen, keinen Streit, aber laß sie um Gottes willen nicht in die Nähe deiner Jungs.«

Dann kam sie selbst wieder an den Apparat und berichtete mir, Carroll Righter habe ihr beschieden, daß sich vor dem zweiten Dezember nichts Entscheidendes in bezug auf Yul tun würde.

Sie brachte acht Stunden täglich damit zu, die neuen Kleider für Las Vegas anzuprobieren. In ihrem Tagebuch finden sich die üblichen scharfsinnigen Bemerkungen, was am Schnitt der Kleider nicht stimmte, am Perlenbesatz, der Plazierung der einzelnen Steine und am anderen Schmuck und welche Veränderungen vorgenommen werden müßten. Dann war plötzlich die Arbeit wie vergessen:

28. November 1956
»Er« läßt sich möglicherweise scheiden. Bin wirklich krank.

Hemmungslos schluchzend rief sie bei mir an. Sie war überzeugt davon, daß Yul eine Affäre mit der Bergman hatte und sich nun wegen dieser »Hure« scheiden ließ. Ich beruhigte sie und erinnerte sie daran, daß Yul und seine Frau Virginia schon öfter vor der Scheidung gestanden hatten. Ich wußte, meine Mutter hoffte, Yul würde sich, wenn überhaupt, wegen seiner großen Liebe zu ihr scheiden lassen. Sie bat mich, mit Bill zu sprechen. Er sei schließlich ein Mann und könne ihr vielleicht erklären, warum Yul nach all den Jahren, in denen sie ihn liebte und ihm, »nur ihm allein«, treu gewesen war, so grausam zu ihr sein konnte. Bill hörte sich ihre Phantastereien an, murmelte etwas angemessen Unverbindliches, schüttelte ungläubig den Kopf und drückte mir den Hörer in die Hand.

»Liebling! Ich habe Bill alles erzählt. Ich rufe dich an, sobald ich etwas Neues weiß!«

Sie legte auf, rief einen ihrer stets dienstfertigen Ärzte an und bat diesen, bei ihrer Apotheke in Beverly Hills anzurufen und Anweisung geben zu lassen, man möge ihr weitere hundert ihrer Lieblingsamphetamine nach Hause liefern. Dann rief sie Remarque an und fragte ihn, was er von Yuls seltsamem Benehmen halte. Als ihr blonder Filmstarkollege und Liebhaber Kirk Douglas aus längst vergangenen Tagen an jenem Abend plötzlich anrief, war sie immer noch so traurig über Yul, daß sie Kirks Einladung zu einem gemütlichen Abend in seinem Strandhaus annahm.

Der nächste Tag war der erste Dezember.

Habe Pelzmuster für Vegas bestellt.
Krank.
Arzt angerufen. Hingelegt. Er kommt um fünf.
Sagt, Herz sei in Ordnung.
Party für Hornblow.
Tony Martin.
Zu Hause mit Frank.
Endlich etwas Liebe.

*

2. Dezember.

Halb vier nachmittags zu Hause.
F rief abends um halb zehn an.
Endlich Zärtlichkeit.
Lange und gut geschlafen.

Sie hatte schon bei ihrem Einzug ins Beverly-Hills-Hotel gewußt, daß Anatole Litvak, der Regisseur von Yuls Film, und seine Frau Sophie im Bungalow gegenüber wohnten. Meine Mutter hatte sogar Sophies Einladung zum Tee angenommen, was sie sonst nie tat, in der Hoffnung, Yul zu sehen oder etwas über ihn in Erfahrung zu bringen. Die Überwachung des Litvakschen Hauses machte sich schließlich bezahlt:

6. Dezember
Sein Auto steht vor der Tür. Ich bin ihm vor dem Bungalow der Litvaks begegnet, aber sein Agent war bei ihm, deshalb ging ich weiter und grüßte nur.
Rein gar nichts. Zu Hause. Unglücklich.

7. Dezember
Habe beschlossen, Angebot über 125 000 für dieses Jahr anzunehmen. Trete Februar im Tropicana in Vegas auf.
Um 2 Uhr nachmittags ins Studio. Das schwarze Kleid zum erstenmal an einem Stück.
Es ist scheußlich. Sieht aus wie ein Abendkleid. Zu glatt.
Habe Extrabesatz von den Mustern auf dem Oberteil anbringen lassen, um es markanter zu machen.
Um 6 zu Hause, rüber zu den Litvaks. Zum Abendessen geblieben.
Nichts.

8. Dezember
Ein Uhr. Sein Wagen parkte vor meinem Bungalow. Habe ihn verpaßt, als er zu Litvak ging. Er verließ das Haus zusammen mit Litvak und fuhr mit ihm zum Essen. Litvak kam gegen drei zu Fuß nach Hause, allein.
Klatschspalten geben Trennung bekannt. Leide unsäglich. Sein Anblick bringt mich um.

Zusammen mit dem Schriftsteller Charles Brackett sah sie sich *Baby Doll* an. Wieder zu Hause, schrieb sie in ihr Tagebuch:

Er stand vor dem Theater.
Hat mich aussteigen sehen.

10. Dezember
Brief nicht wie geplant abgeschickt. Wie kann er glauben, daß ich verzweifelt bin, wenn er mich mit fremdem Mann sieht und es mir offensichtlich gutgeht? Habe um halb zwei nachts angerufen.

12. Dezember
Feldman zur Vorführung von *Anastasia*. »Er« war da. Allein mit DeMille. DeMille kam nach der Vorführung zu mir. Küßte mich, nahm mich zu ihm hinüber, sagte, ich sei die herrlichste Frau der Welt und was er nicht alles für einen Kuß von mir tun würde. Ich schüttelte ihm die Hand und sagte:
»Sie sind ganz wunderbar in dem Film.«
Dann ging ich sofort nach Hause. Ich war so traurig, daß ich ihm nicht einmal zuflüstern konnte, er solle mich anrufen.

Sie kehrte nach New York zurück, verkomplizierte uns das Weihnachtsfest und erzählte, wie verzweifelt sie über die Grausamkeit von denen sei, die sie liebte. Die jährliche Marathonfernsehshow der United Cerebral Palsy stand an. Ich hatte in diesem Jahr das Gefühl, ich könnte etwas ganz Besonderes beitragen – das Bild einer schwangeren Frau, umringt von Kindern, die mit einer schweren Schädigung geboren wurden. Ich sprach von meiner festen Überzeugung, das wahre Wunder der Geburt sei es, ein gesundes Kind zur Welt zu bringen – nicht die Norm, sondern eine wunderbare Ausnahme. Ich bat die Eltern, denen dieses Geschenk zuteil geworden war, gemeinsam mit uns den anderen zu helfen, im Kampf gegen dieses schreckliche Schicksal Wunder zu vollbringen.

Meine Mutter tobte vor Wut: »Wie kannst du dich mit all diesen kranken Kindern im Fernsehen zeigen? Du bist schwanger! Die Krankheit kann sich auf das Kind übertragen! Deine Vernarrtheit in diese häßlichen, verkrüppelten Kinder ist grauenhaft!« Daraufhin reiste sie wieder nach Kalifornien ab, überzeugte sich jedoch vorher durch einen Blick in ihre Handtasche, daß sie auch genug von ihrem bevorzugten Schlafmittel für den Flug dabeihatte.

In Frankreich hatte sie endlich ein wirksames Schlafmittel gefunden. Es handelte sich dabei nicht um eine Tablette, sondern um stark wirksame Zäpfchen. Die Dietrich bevorzugte die anale Form der Medikamentenaufnahme. Es wirkte schneller. Auch traute sie dem Magen nicht zu, zwischen einer Mahlzeit und einem Medikament zu unterscheiden und zu wissen, wo was hingeschickt werden mußte.

Ein weiterer Vorteil von Zäpfchen war, wie sie betonte, daß es schon aus Platzgründen nicht möglich war, versehentlich Selbstmord zu begehen, indem man sich zu viele davon »hineinsteckte«. Da das französische Medikament so wunderbar wirkte und ihr umgehend Schlaf bescherte, gab sie den Zäpfchen den Namen des Schauspielers, den sie für den langweiligsten Mann Hollywoods hielt – Fernando Lamas.

Kaum war meine Mutter in Los Angeles angekommen, rief sie mich an und erzählte mir, was im Flugzeug Schreckliches passiert sei und was Yul ihr »da oben in den Wolken« angetan habe. Dann setzte sie sich hin und schrieb Noël Coward einen Brief, in dem sie ihm die ganze Geschichte von Anfang an erzählte:

Letzte Woche in New York stand ich an der Tür, als er kam. Ich hatte mir vorgenommen, nichts mehr falsch zu machen. Er lächelte beim Hereinkommen und hatte eine Flasche unter dem Mantel. Er kam ins Schlafzimmer und erzählte mir von Paris, dem Nebel um den Eiffelturm, den Straßen, den Brücken und was er von mir hielt. Ich stand da und sagte mir, das ist kein Traum. Er ist tatsächlich zurückgekommen und liebt mich. Dann stürmte der Hurrikan drei Stunden lang über mich, und ich schlief zum erstenmal seit zwei Monaten ohne Qualen und Schlaftabletten bis zum nächsten Morgen durch.
Er wachte um elf auf, sagte, er habe um zwölf eine Verabredung. Ich machte Kaffee wie immer, gab ihm wie immer nach einer durchzechten Nacht Emperin. Er ging und beließ es wie üblich bei einigen vagen Bemerkungen, und wie üblich fragte ich ihn an der Tür: »Wann meldest du dich?«, und er sagte: »Später.«
Er rief nicht an. Sinatra eröffnete an diesem Abend im Copacabana. Ich ging um Mitternacht hin. Er war auch dort. Ich ging nach Hause. Er rief nicht an. Ich wartete den ganzen Freitag. Da ich am Samstag nach Kalifornien abreisen wollte (ich trete am 13. Februar im Sands auf), rief ich ihn gegen sechs Uhr abends an. Ich sagte meinen Namen, und er antwortete. Ich sagte, ich würde am Samstag abreisen, und er sagte, er sitze im selben Flugzeug. Wir würden uns ja dann dort sehen. Mein Herz blieb wieder stehen. Etwas war nicht in Ordnung. Ich dachte, vielleicht ist er auf sich wütend, daß er wieder zurückgekommen ist, und viel-

leicht kommt es wieder zu häßlichen Szenen. Ich fragte ihn, ob wir uns nicht vorher treffen könnten. Er lehnte ab und meinte, er habe keine Zeit. Ich erklärte ihm, daß von meiner Seite keine weiteren Komplikationen zu befürchten seien, keine Szenen, kein Ärger, keine Fragen. Er bedankte sich und fragte, wie ich Sinatra gefunden hätte. (Er hatte mich dort gesehen und mir sehr lieb und vertraulich zugelächelt.) Ich sagte: »Es war schrecklich. Sinatra war betrunken, hatte keine Stimme, sehr unprofessionell.« Er erzählte mir, daß er noch bis morgens um acht mit ihm zusammengesessen sei. Wieder fragte ich ihn, ob er mich nicht später am Abend anrufen könne. Wieder lehnte er ab. Ich fragte ihn, was los sei. Und er sagte: »Ich will nicht mehr. Ich habe zu niemanden und nichts mehr Vertrauen. Zu dir auch nicht. Du wolltest es ja wissen.«
Ich sagte: »Du vertraust mir nicht?« Er sagte: »Nein.« Ich fragte ihn, ob er mich denn nicht mehr liebe, und er entgegnete nur: »Du hast doch gesagt, du würdest keine Fragen mehr stellen. Ich muß aufhören, es kommt jemand. Wir sehen uns dann morgen im Flugzeug.«
Eine schreckliche Nacht. Ich wollte zuerst den Flug verschieben, aber dann überlegte ich es mir doch anders, denn wenn ich nicht flog, würde ich mir ständig Vorwürfe machen.
Ich wurde zuerst zum Flugzeug gebracht. Er kam später. Er ging an mir vorbei und setzte sich auf die andere Seite, so weit weg von mir wie möglich, auf einen Platz in einer der Schlafkabinen mit den bereits gemachten Betten. Das leere Flugzeug startete. Er kippte drei Drinks hinunter und ging in seine Schlafkabine, ohne mich eines Blickes zu würdigen. Gott sei Dank bin ich Deutsche, sonst wäre ich aus dem Flugzeug gesprungen.
Ich ging in mein Abteil. Ich nahm eine Fernando Lamas, konnte aber nicht einschlafen. Nickte immer wieder ein und wachte wieder auf. Dann spürte ich plötzlich seine Hand auf mir, und sein Körper legte sich schwer auf mich. Ich wußte nicht, wo ich war, nur, daß er bei mir war. Ich nahm seine Hand, hörte das Geräusch der Motoren, wußte, er war in meinem Abteil in einem Flugzeug, und wollte ihn verstecken und hereinziehen. Er riß sich hoch, machte sich halbwegs von mir frei und sagte etwas. Ich sagte immer noch halb benommen, er solle herkommen. Er kroch wieder zu mir zurück, zog sich dann wieder zurück und sagte: »Nein,

hier sind mir viel zu viele Leute.« Ich ließ seine Hand los. Ich ließ meine Schutzblende hoch und sah, daß es hell war. Ich sagte mir, das alles war nur ein Traum. Ich sah durch die Vorhänge und sah in der gegenüberliegenden Kabine seinen Fuß auf dem Boden in den Schuhen, die ich ihm aus Italien mitgebracht hatte. Er saß wieder auf demselben Platz wie in der Nacht zuvor.
Ich ging zu ihm hinüber und sagte: »Guten Morgen.« Er sagte: »Guten Morgen. Wie hast du geschlafen?« Ich nahm die *Match* mit seiner Story darin, damit ich mich hinunterbeugen konnte, und gab sie ihm.
Wenn Du den Brief jetzt immer noch nicht beiseite gelegt hast, laß mich Dir danken.
Bitte schreibe mir. Ich bin bis zum 8. Februar im Beverly-Hills-Hotel. Ich muß arbeiten, was die Sache noch schlimmer macht. Für gewöhnlich hilft Arbeit über das Unglücklichsein hinweg. Aber diese Arbeit kann man nicht machen, wenn man unglücklich ist. Ein Film ist etwas anderes, weil man da weitergestoßen wird und sich nicht alles selbst einfallen lassen muß.
Ich habe noch keine Ahnung, wie ich das schaffen soll. Ich habe keinen Lebensmut. Und ohne den kann man nur schwer leben, ganz zu schweigen davon, daß man nach Vegas gehen und die Leute mit einer Vorstellung begeistern soll, an der sowieso alles falsch ist und die immer viel Arbeit erforderte, um sie über die Bühne zu bringen.
Jetzt wird die Arbeit zu einem Berg dummer, überflüssiger Kraftanstrengungen, der nur mit Selbstironie zu überwinden wäre.
Aber wo soll ich die hernehmen?
Solange ich nicht weiß, was er denkt, habe ich keine Ruhe.
Wenn das mit der Eifersucht stimmt, dann muß er mich immer noch lieben. Wenn nicht, warum ist er dann überhaupt zurückgekommen? Warum hat er dich angerufen? Warum hat er mir gesagt, er habe mich »vermißt«? Warum hat er sich dann so sehr nach mir gesehnt?
Wie kann man die, die man liebt, vergessen, wenn man überhaupt keinen Stolz hat und keinen Ausweg wie Nervenzusammenbrüche oder eine Weltreise oder einen Sprung aus dem Fenster?
Ich liebe Dich und wünschte mir, ich könnte das Richtige tun.

Noël Coward antwortete umgehend:

FIREFLY HILL
PORT MARIA
JAMAICA B. W. I.

Ach Liebling,
Dein Brief hat die unterschiedlichsten Gefühle in mir ausgelöst, vorwiegend aber Wut darüber, daß Du Dich so demütigen und unglücklich machen läßt durch eine Situation, die Deiner wirklich nicht würdig ist. Ich hasse es, mir vorzustellen, wie Du Dich entschuldigst, um Verzeihung bittest und Dich demütigst. Es ist mir gleichgültig, ob Du Dich einen kleinen Augenblick lang schlecht benommen hast. In Anbetracht all der Hingabe und Liebe, die Du in den letzten fünf Jahren geschenkt hast, war das Dein gutes Recht. Dein einziger Fehler bestand darin, daß Du Dich nicht schon vor langer Zeit noch viel schlimmer benommen hast. Was Du über den Flug erzählst, klingt wie ein Alptraum.
Es fällt mir schwer, Dich von so weit weg zu ermahnen, insbesondere, da mein Herz sich nach Dir verzehrt, aber, Liebling, Du mußt diese unsinnige Situation wirklich ein für allemal beenden. Sie ist wirklich unter Deiner Würde, nicht Deiner Würde als prominenter Künstlerin und großem Star, sondern Deiner Würde als menschlichem, nur zu menschlichem Wesen. Curly ist attraktiv, betörend, zärtlich und faszinierend, aber er ist nicht der einzige Mann auf der Welt, auf den diese schmeichelhaften Adjektive zutreffen.
... Versuche doch bitte, Dir eine kleine private Lebensphilosophie zurechtzulegen, und sei nicht immer so schrecklich verletzlich. Zum Teufel mit der verdammten »l'amour«. Sie bringt immer viel mehr Probleme, als sie eigentlich wert ist. Renn ihr nicht hinterher. Mach ihr nicht den Hof. Laß sie hinter der Bühne warten, bis Du fertig und bereit für sie bist, und behandle sie auch dann mit der mißtrauischen Verachtung, die sie verdient. Ich bin es wirklich leid, Dich in leeren Häusern und Wohnungen warten und sehnsüchtig auf das Telefon starren zu sehen. Mach Schluß damit, Mädchen! Ein sehr kluger Schriftsteller hat einmal gesagt (war ich es am Ende selbst?): »Das Leben gehört den Lebenden.« Nur für die ist es da, und Leben heißt nicht, in anderer Leute Fenster zu starren und auf die Krumen zu warten, die sie einem hinwerfen. Du hast diesen dürftigen, überspannten, romantischen und unwirklichen Unsinn schon zu lange ausgehalten.

Mach Schluß, mach Schluß, mach Schluß! Andere brauchen Dich. Hör endlich auf, Dich an jemanden zu verschwenden, der Dir nur in betrunkenem Zustand etwas Nettes sagen kann.

Grabe Deinen Sinn für Humor wieder aus und lebe wieder und genieße es!

Übrigens gibt es einen Dickkopf, der Dich nie im Stich lassen wird und der Dich wirklich sehr liebt. Nun rate mal, wen ich meine. X X X X. Das sind keine romantischen Küsse. Sie sind unromantisch. Liebevolle »Gänschen«.

Dein ergebener »Fernando de Lamas«

Sie las mir Noëls Brief am Telefon vor und wurde wütend, als ich sagte, ich könne ihm nur beipflichten.

»Natürlich! Ihr beiden Schützen! Ihr seid euch immer einig! Ihr versteht einfach nicht, daß ein Mann einer Frau alles bedeuten kann. Noël treibt es mit Jungen von hinten, und du? Du spielst Hausfrau!« Und damit legte sie auf.

Als sie in Hollywood ankam, reiste Yul gerade ab. »Frankie« war nur zu gern bereit, ihre Wunden zu lecken. Zwei Tage später vermerkte sie in ihrem Tagebuch:

F. S. rief um halb zwei an. War gerade aus New York gekommen. Ich blieb dort bis Montag früh um fünf. Zärtlich und lieb – hoffe, es hilft.

Sie engagierte einen neuen Begleitmusiker und war von seinem jungenhaften Charme und seinem Talent sehr angetan. Er war hübsch, aufgeweckt, männlich und begabt. Seltsamerweise wurden sie nie ein Liebespaar, was zweifelsohne auf Burt Bacharachs guten Geschmack schließen läßt. Er hielt nichts davon, Arbeit und Vergnügen zu vermischen.

Insgeheim setzte es ihr schwer zu, daß Burt ihrem berühmten Charme widerstand, und sie übertünchte ihre Wut damit, daß sie die unglaublichsten Geschichten über seine sexuellen Eskapaden mit anderen Frauen in Umlauf setzte, und sie klang dabei immer wie seine persönliche Puffmutter. Bis Burt für seine eigenen Leistungen Anerkennung fand und sie schließlich verließ, erzählte sie in ihrer unmittelbaren Umgebung immer wieder, sie habe die Revuen von Las Vegas nach möglichen Bettkandidatinnen für Burt durchforstet.

Besonders geschmacklos war die Lügengeschichte, die die Dietrich am häufigsten zum besten gab. Sie erzählte, wie sie bei ihm Gonorrhö diagnostiziert und ihn dann behandelt und geheilt habe. Ihre gierig lauschenden Zuhörer prusteten dabei jedesmal vor Lachen. »Marlenah! Das ist zu witzig! Mir fehlen die Worte! Einfach göttlich!« Dabei liefen ihnen vor Lachen Tränen übers Gesicht.

Bill und ich hatten uns zu dieser Zeit meist schon verabschiedet und hörten im Weggehen, wie meine Mutter zu den anderen sagte: »Was habe ich euch gesagt? Wie Maria sich aufführt? Sie war ein wohlerzogenes Mädchen! Und was ist jetzt daraus geworden? Nichts mehr davon übrig.«

Am 13. Februar 1957 hatte sie mit Burt Bacharach am Flügel ihren ersten Auftritt in Las Vegas. Sie sah herrlich aus in ihrem diamantenbesetzten Kleid und ließ sich wie üblich stürmisch feiern.

Nach dem letzten Konzert in Vegas kehrte sie nach Hollywood zurück und brachte Paramount dazu, ihre schwarze Perücke aus *Golden Earrings* zu kopieren. Dann durchwühlte sie in der Kostümabteilung den Stapel mit den Zigeuneraccessoires und tauchte als Puffmutter eines mexikanischen Hotels für Orson Welles' Film *Im Zeichen des Bösen* wieder auf. Sie hatte versprochen, die Rolle ihm zuliebe anzunehmen, und als er ihr sagte, er habe wie immer kein Geld, spielte sie umsonst. Ihre beiden kurzen Szenen wurden in einer Nacht abgedreht. Sie amüsierte sich stets über die begeisterten Kritiken, die sie für diesen Film bekam, und darüber, daß ihre Verehrergemeinde den Film als ihren von der schauspielerischen Leistung her besten seit *Der Blaue Engel* betrachtete. Ich fragte Orson einmal, wie er auf die Idee gekommen war, die Dietrich als Bordellmutter für sein Hurenhaus zu engagieren. Er schenkte mir sein freches »Kleine-Jungen-Lächeln« und sagte: »Noch nie was davon gehört, daß ein Schauspieler am besten ist, wenn er seinen eigenen Typ spielt?«

Meine Mutter kehrte im Frühjahr 1957 nach New York zurück, tröstete Murrow und organisierte alles, damit ich gebären konnte. Mein dritter Sohn kam mit einer körperlichen Behinderung zur Welt. Meine Mutter erfuhr als erste, daß etwas nicht stimmte. Sofort übernahm sie die Leitung, schärfte den Ärzten ein, mir ja nichts zu sagen, und verkündete dann in bester preußischer Offiziersmanier meinem besorgten Gatten:

»Bill! Etwas Schreckliches ist geschehen! Marias Kind ist nicht gesund wie die anderen beiden. Gibt es in deiner Familie irgendwelche

Krankheiten? Nein! Auf keinen Fall! Du kannst jetzt nicht zu ihr! Man mußte einen Kaiserschnitt machen, um es zu holen. Ich sage dir, wann du sie besuchen kannst.«

Mein rücksichtsvoller Mann hat mir nie etwas von diesem schrecklichen Gespräch erzählt. Das besorgten der empörte Arzt und die schockierten Krankenschwestern. Meine Mutter verschickte Telegramme, hängte sich ans Telefon und informierte ihre Freunde von der »Tragödie«, die sie getroffen habe. Später schmückte sie das noch aus, indem sie hinzufügte, »weißt du, Maria hat während ihrer Schwangerschaft diese schreckliche Pille genommen, diese ... wie heißt sie noch? ... diese, wegen der die Babys ohne Arme und Beine auf die Welt kommen.« Und mit dieser unglaublichen Lüge stempelte sie mein Kind zu einem Conterganfall.

Billy Wilder und sein geniales Timing waren wieder einmal meine letzte Rettung. Drei Tage später mußte meine Mutter von meinem Krankenbett weichen, um sich auf ihre Doppelrolle in Billy Wilders Film *Witness for the Prosecution* (dt. *Zeugin der Anklage*) vorzubereiten.

Zum Abschied sagte sie zu mir: »Du hättest nach Michael aufhören sollen. Er ist ganz normal. Der Wirbel ums Kinderkriegen ist nichts als Eitelkeit. Ich habe es dir gesagt, aber du wolltest ja nicht hören. Du mußtest ja unbedingt diese Sendung mit den Krüppeln machen!« Dann umarmte sie mich »sorgenvoll«, zog ihre weißen Ziegenlederhandschuhe an und verschwand.

Ganz leise machte Bill die Tür zu meinem Zimmer auf und steckte vorsichtig den Kopf herein. Sein Gesicht wirkte abgehärmt und sein Blick gehetzt, als fürchte er, er hätte mir auf irgendeine Art weh getan. Ich streckte ihm die Hand hin, wir umarmten uns lange und innig, weniger aus Kummer als in Sorge, ob wir unserem Kind auch helfen konnten. Würden wir dieser Aufgabe gewachsen sein? Könnten wir alles richtig machen? Würde die Liebe genügen, uns den Weg zu weisen? Dann machten wir uns Mut und rüsteten uns für die Aufgabe, die besten Eltern zu sein, die unser kleiner Paul haben konnte.

Dieses Kind wurde der Dietrich nie anvertraut. Was für einen Krüppel hätte sie aus dem mutigen kleinen Jungen gemacht! Als er sie zum erstenmal allein besuchte, war er schon fünf, hatte Hindernisse überwunden, die die Ärzte für unüberwindbar gehalten hatten, und selbst eine Dietrich konnte ihn nicht mehr einschüchtern. Sie umwarb ihn, umschwirrte ihn, gackerte, seufzte, spielte die aufopfernde Krankenschwester und sah ihn in der Rolle des völlig von ihr Abhängigen. Als er damals nach Hause kam, erzählte er mir: »Massy hat sich wirklich dumm benommen, Mommy. Sie hat mir die Schuhe angezogen und das Essen in kleine Stücke geschnitten, und sie wurde richtig wütend, als ich mich nicht füttern lassen wollte. Ich kann das doch jetzt! Ganz allein, ich habe es gelernt! Warum war sie darüber böse?«

Ich nahm ihn in die Arme. Mein liebes Kind, das mutig sein körperliches Schicksal besiegt hatte.

»Mach dir nichts draus, Schatz. Massy hat keine Ahnung von den wirklich wichtigen Dingen im Leben.«

Er nickte mit dem Kopf, sein »Professorennicken«, das ich immer dann bei ihm beobachtete, wenn er über etwas sehr Tiefsinniges nachdachte.

»Ja, Massy ist doof!« sagte er und ging spielen mit dem, was ihm auf der ganzen großen Welt das liebste war – mit seinem kleinen Bruder David.

Warum ließen wir uns das gefallen? Warum nur? Ich glaube, ich wollte so sehr glauben, daß ein normales Leben möglich war, daß mich dieses Bedürfnis blind machte für die Wirklichkeit. Bill verstärkte unabsichtlich meine Verblendung. Für ihn gehörten Mütter einfach zur Familie. Er kannte aus seiner Welt nicht, was ich aus meiner Welt nur zu gut kannte und fürchtete. Deshalb glaubte ich, ich könnte alles »nett und lieb« machen, wenn ich all das Häßliche vor ihnen versteckte, damit es nur meine Seele und nicht ihre auffressen konnte. Ich habe mich daran gewöhnt, mich der Dietrich als meiner »Mutter« zu schämen, aber meine Kinder hatten es nicht und sollten es auch nicht, bis sie alt genug waren, um sich selbst ein Urteil zu bilden. Aber sie hatten unter den Auswirkungen meiner inneren Anstrengungen zu leiden, und das war falsch. Sie waren unschuldige Beobachter des Ruhms und der Speichelleckerei, die den Ruhm ungeachtet jeder Charakterstärke umgibt. Sie wuchsen mit den traditionellen Werten korrekten Benehmens auf und waren gleichzeitig Zeugen, daß meine Mutter sich überhaupt nicht normal benahm. Schlimmer noch, sie sahen, daß ich ein solches Verhalten bei ihr mit einer für Kinder wahrscheinlich verdächtigen Nachsicht überging. Dadurch erlitten sie Schaden. Ich hätte einen Schnitt, einen tiefen Schnitt machen sollen, aber ich habe es nicht getan. Das hat meine Kinder auf sehr subtile Weise verletzt, denn die Narben, die sie davongetragen haben, sind noch heute sichtbar. Sie sind klein, aber sie hätten ihnen erspart bleiben sollen. Es ist ein Verbrechen, das ich zuließ, und dafür werde ich heute noch bestraft und wahrscheinlich mein ganzes Leben lang. Durch nichts kann ich dieses Unrecht wieder gutmachen.

Eine der Tragödien der Liebe ist der Moment, wenn man mit einem Kuß nichts mehr gutmachen kann.

Meine Mutter war so sehr damit beschäftigt, sich für *Zeugin der Anklage* in eine häßliche Londoner Cockneyfrau zu verwandeln, daß sie gar nicht merkte, daß ich sie nicht mehr anrief und, wenn sie anrief, stets zu »beschäftigt« war, um mich mit ihr zu unterhalten. Als ich ihr im Juli in einem Telegramm mitteilte, daß wir in unser kleines Haus auf Long Island umziehen würden, antwortete sie übertrieben überschwenglich; also mußte sie sich Sorgen gemacht haben. Ihr Gespür für ihren Beruf ließ sie nicht im Stich.

Samstag, 13. Juli 1957

Ach, Liebes,

Dein Telegramm ist eine wahre Freude. Es machte mich wirklich von Herzen glücklich.

Dies ist mein erster Morgen zu Hause, und er ist einfach zu schön, um ihn ganz für mich allein zu haben. Aber in dem Wissen, daß du am Meer bist, läßt er sich leichter ertragen.

Hier passiert zur Zeit alles mögliche. Inzwischen spielt Laughton den Co-Regisseur von Billy und gibt mir ebenfalls Regieanweisungen. Er ist ein schlauer Fuchs, und Billy, der ganz »verliebt« in ihn ist, merkt gar nicht, was er da tut. Auf seinen Rat hin mußte ich meinen Text in der ersten Szene im Gerichtssaal schreien; ich halte das für eine Katastrophe, da ich ja nirgendwo hingehen kann.

Aber mein Geschrei war ein guter Hintergrund für Laughtons langes Verhör. Er spielte es mit zynischer Freundlichkeit, und dann am Ende der Szene, nachdem er mit so sanfter Stimme all meine Lügen widerlegt hatte, brüllte er plötzlich das Wort »Lügnerin«. Dadurch, daß ich meine Antworten schrie, kam seine sanfte, zynische Haltung viel besser zur Geltung, als wenn ich so gesprochen hätte, wie ich es eigentlich vorgehabt hatte. Ich wollte mit: »Nein, ich habe ihn nie geliebt ...« ganz kalt sagen, was emotional ist, und das hätte bei den Zuschauern eine heftige, emotionale Gegenreaktion ausgelöst, denn sie sollen ja gegen mich sein. Ich habe immer das Gefühl, daß die Menschen auf kalte und gehässige Leute feindseliger reagieren als auf jemanden, der Gefühle zeigt.

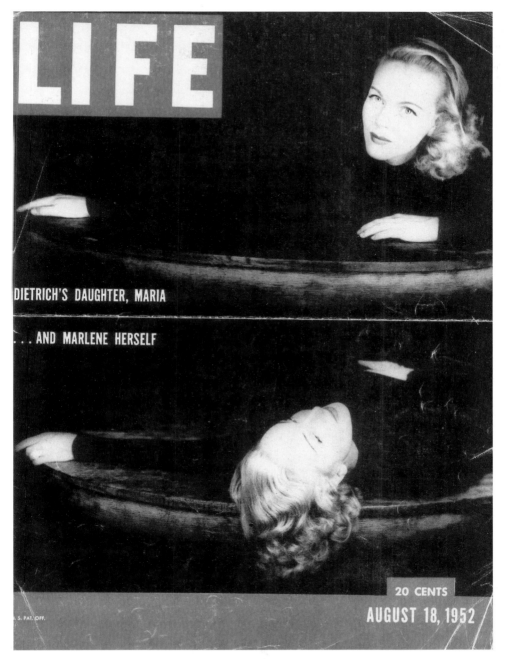

Oben: Nach nur einem Jahr beim Fernsehen kam ich auf die Titelseite von Life. Meine berühmte Mutter hatte »ein wenig« nachgeholfen.

Oben: Im Alter von zweiundfünfzig Jahren beginnt die Las Vegas-Zeit mit den raffinierten Kleidern, in denen sie, obwohl angezogen, doch nackt wirkte.

Links: Von einem Paar hinreißender Beine muß sich Louis Armstrong erstmals die Schau stehlen lassen.

Rechte Seite, oben: Jedes Jahr, wenn sie in Las Vegas spielte, mußten wir neue Einfälle für das große Finale finden. Die Tanztruppe à la Rockettes war eine Sensation. Sie übernahm die Idee später für ihre Welttourneen.

Rechte Seite, unten: Aus gutem Grund lagen die Halsketten so eng an; sie bargen das darunterliegende Geheimnis.

Oben: Der Komponist Harold Arlen und der Kollege Noël Coward. Alle ihre Bewunderer eilten herbei, um Zeugen ihres Triumphs zu werden.

Links: Im Glitzerkleid sang sie für die Männer, in den Frackschößen für die Frauen.

Oben: Die Dietrich verglich Edith Piaf mit einem einsamen Sperling mit gebrochenem Flügel. Meine Meinung über diese Frau bleibt hier lieber unerwähnt.

Oben: In dem Film *In achtzig Tagen um die Welt* von Michael Todd tritt sie zusammen mit vielen Freunden auf. Einer von ihnen ist weit mehr als nur ein Freund.

Unten: An diesem Abend haben Bill und ich anscheinend einen Babysitter aufgetrieben und »die glückliche Dietrichfamilie« gespielt.

Oben: Italien erweckt irgendwie romantische Gefühle.

Unten: Vittorio de Sica, ihr Partner in dem Film *Die Monte Carlo Story*, der im Sommer des Jahres 1956 in Monaco und Rom gedreht wurde, war keiner ihrer Kandidaten.

Oben: »Geld spielt keine Rolle«, dachten Peter und Michael, wenn sie mit ihrer Großmutter (Massy) ausgingen. Besonders spaßig war es, Taxis herbeizurufen.

Oben, rechts und unten: *Zeugin der Anklage*, ein Film mit Charles Laughton und Tyrone Power, Regie Billy Wilder. Soweit ich mich erinnern kann, ist dies der einzige Film, den sich meine Mutter wirklich nicht entgehen lassen wollte. Hier bot sich ihr die Gelegenheit für eine Doppelrolle. Mir war von vornherein klar, daß sie in der Verkleidung unglaubwürdig wirken würde, sie aber meinte, es zu schaffen – an diesem Punkt hatte ihr Instinkt bezüglich des Filmens sie ausnahmsweise verlassen.

Rechts und unten: Ein anderes Vegas, ein anderer großer Erfolg – während sie sich nach ihrem attraktiven »König von Siam« sehnte.

Rechts: In dem »damenhaften« Kostüm aus dem *Urteil von Nürnberg* sieht sie wie ihre eigene Mutter aus.

Unten: Sie mochte Spencer Tracy, weil Katherine Hepburn ihn liebte. Sie neidete ihnen sehr, daß M.G.M. die beiden Stars vor der Skandalpresse schützte.

Oben: In dem Film *Im Zeichen des Bösen* spielt sie nur aus Gefälligkeit für ihren Freund Orson Welles eine kleine Rolle, möglicherweise ihre beste künsterlische Leistung seit dem *Blauen Engel*.

Unten: Wenn uns die Ideen für das Finale ausgingen, wechselten wir manchmal einfach von Schwarz auf Weiß. In Rio de Janeiro erzielte das eine großartige Wirkung.

Oben: Packen – ständig packen.

Unten: Die goldenen Jahre des Erfolgs, der Anerkennung, der Huldigung und des stürmischen Applaus. Allein stand sie auf den Bühnen der Welt und ließ sich vom Jubel überfluten.

Oben: Gern führte sie Burt Bacharach vor das begeisterte Publikum, um auf diese Weise ihren begnadeten Arrangeur und Dirigenten zu würdigen.

Oben: Und auf der Bühne durfte Maurice Chevalier seine langwährende, ungetrübte Verehrung zeigen.

Unten: Bei einem ihrer triumphalen Gastspiele in Paris wetteifern Jean Pierre Aumont und Jean Cocteau – beide alte Kollegen, wenn auch keine Liebhaber – darum, ihr Feuer zu geben.

Oben: Meine Mutter verheimlichte ihre Schmerzen. Mein Vater konnte nichts mehr verheimlichen.

Unten: Jeden Abend verstopften jubelnde Menschenmassen die Straßen.

Unten: Wenn die Fotoapparate klicken, lächelte Noël, doch er machte sich auch Sorgen über ihren Tablettenverbrauch.

Oben links und rechts: Das hinreißende Kleid und die fantastisch sitzenden Hosen verbargen, was sie verbergen sollten, und bewahrten ihre Geheimnisse.

Rechts: Auf Flughäfen wurden Rollstühle immer häufiger zu einer traumatischen Notwendigkeit.

Oben: Die Dietrich im Alter von einundsiebzig Jahren. Dieses Foto ging nochmals um die ganze Welt.

Unten: Meine Mutter bei einem ihrer letzten Besuche auf der »Ranch« meines Vaters.

Oben: 1975. Los Angeles International Airport. Die Presse ertappt uns dabei, wie wir die Dietrich auf einer Trage transportieren.

Unten: *Schöner Gigolo, armer Gigolo,* ihr letzter Film, den sie nicht hätte machen sollen, das letzte Kostüm, das sie nicht hätte tragen sollen.

Aber nach jeder meiner Szenen besprachen sich Laughton und Billy ausgiebig, und ich stand nur da und hörte mir alles an. Ich weiß, daß ich diese schreckliche Legende widerlegen muß: daß ich nur an meinem Aussehen interessiert und nie Schauspielerin gewesen sei und daß ich jeden Text so sprechen würde, als wolle ich mein Gesicht nicht bewegen oder als wüßte ich, daß ich Gefühlsausbrüche nicht spielen kann.

Inzwischen sitzt Ty Power auf der Anklagebank. Er trägt ein schönes Tweedjackett; wegen seiner hellen Farbe wirkt es eleganter, als wenn es braun wäre. Sein Hemd ist makellos weiß und sauber, die Manschetten sind frisch gebügelt. Er trägt extragroße, viereckige Hollywoodmanschettenknöpfe, die golden leuchten. Er trägt eine schöne Armbanduhr und am kleinen Finger einen großen Siegelring, der dauernd mit Wachs eingerieben werden muß, weil seine Reflexe die Kamera treffen. Seine Haare werden vor jeder Aufnahme mit Brillantine behandelt und gekämmt. Er sieht aus wie Tyron Power, amerikanisch! Wenn er aus Verzweiflung über meine Gemeinheit den Kopf in den Händen vergraben muß, achtet er sorgfältig darauf, daß er dabei seine Haare nicht berührt. So wie Claudette Colbert es immer wegen ihres falschen Ponys getan hat.

Er sieht schrecklich schuldig aus. Nichts von der Unschuld und der Verwirrung, die der Mann an den Tag legen müßte, damit man glaubt, er sei es nicht gewesen. Nichts von der ärmlichen englischen Erscheinung, den zerknitterten Manschetten und Ärmeln eines Mannes, der obendrein noch im Gefängnis ist. Man besprüht ihn mit Schweißperlen, damit er besorgt aussieht. Wenn er sorgenvoll dreinschaut, sieht er aber richtig schuldig aus. Aber niemand wagt etwas zu sagen. Ich hatte mir ein paar kleine Perlenohrringe aus dem Kaufhaus besorgt, und es hieß, ich würde damit zu reich aussehen. Ich werde so hart fotografiert, daß nichts mehr an meine sonstige Schönheit erinnert, und dort sitzt ein Hollywoodschauspieler, der der Figur, die er spielen soll, so ganz und gar nicht gerecht wird, auf der Anklagebank, und man sieht deutlich seine schön manikürten Hände mit Ring, Manschettenknöpfen und Armbanduhr. Ich habe ihn nicht im Zeugenstand gesehen, wo er in all seiner Pracht dastehen und verkünden wird, er sei arbeitslos, seit er seinen Job verloren habe, und trotz seiner verzweifelten Lage habe die alte Frau, die er

umgebracht haben soll, ihm nie eine Chance gegeben. Na, wie findest du das? Wahrscheinlich sollte man einfach lachen.
Dann sagte Laughton, ich solle, da ich im Gerichtssaal als Mrs. Vole so militant sei, die Cockneyfrau genau entgegengesetzt spielen: als struppiges Weibchen mit einer Schnute, das ständig neckisch mit den Händen an den Kleidern herumspielt. Als er es mir vormachte und dabei mit seinen kleinen Augen blinzelte und an seinem Hemd herumfummelte, mußte ich an den Witz von dem Analytiker denken, der die Schmetterlinge von sich abzuschütteln versucht, die angeblich auf dem Körper seines Patienten sitzen.
Wir haben auch viele Narben ausprobiert. Hornblow fand alle zu schockierend. Bis in der allgemeinen Debatte darüber, daß alles nicht stimmte, mein Make-up-Mann schließlich sagte: »Aber ich habe im Drehbuch gelesen, daß die Narbe der Grund für den Haß dieser Frau ist und daß sie die Narbe nur ganz kurz zeigt. Wenn die Narbe nicht scheußlich ist, warum trägt sie ihr Haar dann extra so, daß man die Narbe nicht sieht? Wenn sie nur ein roter Strich wäre, könnte sie sie doch leicht unter einem dicken Make-up verbergen.« »Ach so«, sagten sie, »ja, das stimmt«, und waren mit der Narbe einverstanden.
Wie von mir befürchtet, hat Billy große Schwierigkeiten mit dem Set. Das Old Bailey wird aus massivem Holz geschreinert. Wie du weißt, haben genaue Maße beim Fotografieren keine große Bedeutung; durch eine entsprechende Beleuchtung kann man eine nicht vorhandene Tiefe und Räumlichkeit vortäuschen oder Dinge kleiner und kompakter wirken lassen. Aber im Studio sind sie ganz stolz auf ihre absolut maßstabgetreue Nachbildung; mit dem einen Unterschied, daß eben alles ganz neu ist, aber das haben sie vergessen. Die Decke haben sie dort, wo die Holztäfelung aufhört, neu und beinahe weiß gestrichen, so daß sie ganz wie eine Hollywoodkulisse aussieht. Der englische Anwalt, der als Fachmann dabei ist, war wie ich der Meinung, daß sich mit den Jahren da droben natürlich eine Schmutzschicht bilden würde und daß die Decke des Old Bailey nicht einmal dann so aussehen würde wie unsere, wenn sie jedes Jahr frisch gestrichen würde. Die Lederbezüge der Bänke sind ebenfalls brandneu.
Auf diesen Bänken sitzen die Hollywoodstatisten. In ihren eigenen Kleidern. Moderne Frisuren, Hüte und Schmuck à la Hollywood. Hübsche Gesichter. Hinter den großen, bedruckten Kra-

watten der Schauspieler leuchten ihre aufdringlich weißen Hemden. Keine kleinen, engen Krawattenknoten wie die Engländer sie tragen, keine englischen Mittelklassegesichter, sondern ausschließlich amerikanische; alles ist so unpassend, daß man nicht glauben kann, daß niemand es bemerken und sich daran stoßen wird. So sieht also das »wirklichkeitsgetreu« nachgebaute Old Bailey aus. Keine Persönlichkeiten, die zu Mordprozessen gehen, sondern nette, gutaussehende, kalifornische Ladys.
Es geht mich zwar nichts an, aber genau diese Leute fällen dann ihr Urteil über mich!
Uno O'Connor spielte ihre Szene genau so, wie sie sie auf der Bühne gespielt hat, nur daß sie Schwierigkeiten mit dem geänderten Text hatte. Sie trug dieselben Kleider, und die langen Ohrringe, die auf beiden Seiten ihres Gesichts herunterbaumelten, ließen die abrupten Drehungen ihres Kopfes sehr lebendig wirken. Sie spielt die alte Haushälterin der ermordeten Frau. Bei ihr hatten sie Respekt und ließen sie gewähren.
Was kann ich dir sonst noch erzählen? Ich habe mein ganzes Leben lang Huren gespielt. Und hier kommen sie nicht einmal auf die Idee, daß ich dazu etwas beisteuern kann.
Nicht daß ich das Gefühl hätte, sie würden meine Darstellung ganz und gar verderben. Ich werde diese Mrs. Vole schon auf die Leinwand bringen, vielleicht nicht ganz so perfekt, wie ich sie hätte spielen können, aber gut genug.
Da im Moment kein weiterer Film geplant ist, komme ich bei Interviews stets in eine schreckliche Lage. »Was werden Sie danach machen?« Alles, was ich dann sagen kann, ist: »Ich gehe nach Hause.«

                     Ich küsse dich von ganzem Herzen,
                                  Massy

Sie hielt ihr Tagebuch immer auf dem neuesten Stand:

                               Mittwoch, 24. Juli
Lerne Text. Große Schlußszene.
Er hat angerufen. Ich dachte, ich würde träumen. Leicht angetrunken, aber nicht zu sehr. Allerdings genug, um mich anzurufen.
Arbeitet hart und Rücken tut immer noch weh. Wir sprachen eine Stunde lang, zum erstenmal seit Januar.

Die Rückenschmerzen, die hier erwähnt werden, waren vielleicht das erste Anzeichen für den Krebs, der diesen begabten Mann schließlich zerstören sollte. Am 19. August schrieb sie:

> Zum erstenmal ohne Stützband. Er sagte: Ich bin gekommen, um dir zu sagen, daß ich dich liebe. Er lag im Bett, als er das sagte. Nach dem Abschied an der Tür der Entschluß, doch zu bleiben.

20. August

Zeugin beendet.

22. August

Den ganzen Tag zu Hause gewartet. Billy rief an, sagte, ich sei im Film großartig. Vorstellung verdiene 1. Akademiepreis.
Das bedeutet mir nichts, denn *er* hat nicht angerufen.

4. September

Er kam um 1.30 und ging um 4.30. Reizend, zärtlich, sieht wundervoll aus (er nimmt Ginseng). Anderthalb Stunden im Bett. Ich sollte glücklich sein.
Schwierig, denn Liebe ist es, was zählt, nicht das Bett. Obwohl das immer sein Zeichen von Liebe war.
Synchronisiere Donnerstag Cockneyfrau.

13. September

Fühle mich elend. Kein Anruf. Warum?
Ins Studio, um Billy zu treffen. 15 Uhr.
Chevalier.
Ty Power.

14. September

Dunkler Blutfleck, Rückenschmerzen.
Um 21 Uhr kein Blut auf dem um 12 Uhr eingeschobenen Tampax
Aber immer noch Rückenschmerzen. Mache mir Sorgen.

In ihren jährlichen Tagebüchern vermerkte sie immer wieder Hautverfärbungen an verschiedenen Stellen. Solche Einträge finden sich bis zum Jahr 1964. Sie weigerte sich jedoch, zum Arzt zu gehen.

Tami nahm mehr und mehr Zuflucht zu den Stimmen, die nur sie hören konnte. Wenn diese ihr sagten, sie solle nicht schlafen, saß sie tagelang unbeweglich da und starrte vor sich hin. Ihren zerbrechlichen Körper hielt sie dabei kerzengerade. Als die Stimmen sie dazu drängten, sich die Pulsadern zu öffnen, und sie ihnen gehorchte, ließ mein Vater sie in eine Anstalt einweisen. Das war das Ende ihrer langen Odyssee. Ich hätte zu ihr eilen sollen, um sie vor dieser letzten Qual zu bewahren, aber ich war zu sehr von meinen eigenen Sorgen und Ängsten in Anspruch genommen, um noch die Kraft aufzubringen, für diese sanfte Frau, die ich so liebte, zu kämpfen. Als mein Kind schließlich über seine Behinderungen gesiegt hatte, war es zu spät.

Meine Mutter faßte die Situation mit den Worten zusammen: »Endlich ist sie wirklich verrückt und weg! Jetzt wird Papi endlich Ruhe haben!«

Mein Vater setzte die Affäre mit Linda Darnell fort, die er kurz vor Tamis letztem Zusammenbruch begonnen hatte.

Meine Mutter kehrte nach New York zurück, und da sie weiterhin Rückenschmerzen hatte, griff sie wieder mehrmals täglich auf ihr Lieblingsmedikament Kortison zurück. Sobald es in ihren Blutkreislauf gelangt war, fühlte sie sich richtig wohl. So wohl, daß sie es sogar in ihrem Tagebuch vermerkte. Sie erwähnte auch, daß das taube Gefühl in ihren Füßen sowie die Rückenschmerzen gleich wieder dagewesen seien, als sie das Medikament eine Woche später abgesetzt habe, und daß sie deshalb beschlossen habe, weiterhin regelmäßig Kortison zu nehmen.

Als Michael Todds Flugzeug abstürzte und er dabei ums Leben kam, benahm sie sich wieder wie die trauernde Witwe und machte seine richtige Ehefrau damit lächerlich.

Wir unterstützten im Wahlkampf John F. Kennedy, und ich dachte, daß es »Big Joe« wohl vorbestimmt gewesen sein mußte, nicht in einem Krieg erschossen zu werden, und war glücklich, daß er die heruntergefallene Fackel aufgehoben hatte, obwohl ich mich fragte, ob er das wirklich gewollt hatte. Es ist ein merkwürdiges Gefühl, jemanden zum Präsidenten zu haben, der einem einst weiche Knie verursacht hatte. Ich wünschte ihm alles Gute und trug meinen Kennedy-Anstecker mit »Familienstolz«.

Gable starb, und als ich meiner Mutter erzählte, daß Henny Porten, das Leinwandidol ihrer Jugend, ebenfalls gestorben sei, sagte sie: »Wer? Nie von ihr gehört!«

Yul begann ganz allmählich aus ihrem Tagebuch zu verschwinden. Sie hatte einmal gesagt, wenn sie ihn hassen könnte, würde sie den Schmerz über seinen Verlust ertragen können. Mit ihrer teutonischen Disziplin hielt sie nun Wort. Gegen Ende desselben Jahres hatte sie die besessene Liebe, die ihr Leben so viele Jahre lang beherrscht hatte, bereits in einen gleichermaßen verzehrenden Haß umgewandelt.

Ohne Wissen meiner Mutter blieben Yul und ich Freunde. Ich bewunderte ihn aus vielerlei Gründen, außerdem räumte ich den Opfern der Dietrich immer einen kleinen Platz in meinem Herzen ein.

11
Die Welt

So wie von Sternberg ans Licht gebracht und berühmt gemacht hatte, was zunächst nur seine genialen Augen in der Dietrich sahen, begann nun Burt Bacharach, nach einem Jahr der Arbeit mit ihr, das Talent der Dietrich, ein Livepublikum mit ihrer Stimme zu verzaubern, zu verfeinern. Er instrumentierte ihre Lieder neu. Die Geigen, die sie stets im Übermaß eingesetzt hatte, drängte er zurück. Sie erklangen jetzt nur noch dann, wenn ihr schwungvoller Rhythmus für die Wirkung des Ganzen absolut unverzichtbar war. Er hauchte ihrem alten Standardrepertoire amerikanischen Rhythmus ein und brachte ihr anschließend bei, Swing zu singen. Er unterrichtete sie, leitete sie an und behandelte sie wie eine erfahrene Musikerin, deren Fähigkeiten nur aufpoliert werden mußten, um als echtes Talent anerkannt zu werden. Mit ihrem steigenden Selbstvertrauen wuchs auch ihre Fähigkeit, die Bühne als Künstlerin zu erobern, nicht nur als glamouröser Star aus Hollywood, der irgendwelche Liedchen trällert. Wenn ich von Zeit zu Zeit ein Lied fand, von dem ich wußte, daß es zu ihrer persönlichen Auffassung von Leben und Liebe ganz besonders gut paßte, sprach ich mit ihr darüber; anschließend schickte ich die Noten an Burt, der es instrumentierte, wenn er das Lied ebenfalls gut fand. Niemand hat ihre Lieder je besser bearbeitet und auf ihre stimmlichen Fähigkeiten zugeschnitten als Bacharach. Als die Dietrich zum erstenmal mit ihrer Soloshow auf eine internationale Tournee ging, hatte sie ihr einstiges Nachtklubimage hinter sich gelassen und war zu einer Künstlerin mit großer Ausstrahlung geworden, die die Möglichkeiten ihres Talents voll auszuschöpfen wußte und die unter dem stets wachsamen Auge ihres musikalischen Mentors aus ihren Liedern das Beste herausholte. Alles, was aus der Las-Vegas-Zeit übrigblieb, waren die glitzernden

Kleider und der extravagante Mantel aus Schwanenfedern. Mit Sechzig hatte sie endlich den Liebhaber gefunden, nach dem sie seit ihrer Jugend gesucht hatte: einen, der sie verehrte, ohne je zu klagen, der dafür keine Gegenleistungen verlangte, der für alles dankbar war, was sie ihm geben würde, der beständig war und all die süßen Schmerzen der Liebe, die sie anzubieten hatte, mit Freuden auf sich nahm, der ihr Leid als sein eigenes betrachtete und ihre Anwesenheit mit einer Begeisterung genoß, die jeden physischen Kontakt ausschloß. Dieser neue Liebhaber gehörte nur ihr, sie war seine alleinige Gebieterin, und er war sogar pünktlich! So wie sie einst die Minuten und Stunden mit Yul sorgfältig notiert hatte, so zeichnete sie nun die genauen Anfangszeiten der neuen und vollkommenen Liebesaffäre mit ihrem Publikum auf: Vorhang – 8.30.

Beschützt von Burts Talen, begann sie ihre Welttournee. Sie feierte in den Konzertsälen Südamerikas, Kanadas, Spaniens, Großbritanniens, der Vereinigten Staaten, Israels, Frankreichs, Portugals, Italiens, Australiens, Mexikos, Polens, Schwedens, Deutschlands, Rußlands, Belgiens, Dänemarks, Südafrikas und Japans wahre Triumphe. Da ich die Israelis kannte, überredete ich sie dazu, ihre deutschen Lieder nicht, wie sie vorgehabt hatte, aus dem Repertoire zu streichen, sondern sie zu singen, und zwar auf deutsch. Sie zögerte, doch ich sagte: »Glaube mir, singe sie!« Sie tat es, und man verehrte und respektierte sie wegen ihrer Ehrlichkeit.

Sie rief mich von Tel Aviv aus an: »Sie waren begeistert. Sie weinten und küßten mir die Hände. Das Theater war voll – total voll! So viele, die von den Nazis nicht umgebracht wurden. Unglaublich!« Gleichzeitig hatte sie eine schnelle Affäre mit einem temperamentvollen israelischen Politiker.

Brasilien hatte ebenfalls mehr zu bieten als nur den schmeichelhaften Applaus des Publikums:

                                        HOTEL JARAGUA
                                      SÃO PAULO – BRASILIEN

Es ist Herbst hier – wunderschön!
Liebes, nur ganz kurz, damit Du unterrichtet bist. Das Eröffnungskonzert hier war großartig. Und Ricardo Fasanelli (Fasan wie Goldfasan – meine Schwester nannte mich immer so). Dreißig Jahre alt. Baskische und italienische Vorfahren ... aus dieser Mischung gingen dann dieser zartgliedrige, schmale Körper und ein

ebensolches Gesicht hervor ... Große, schwarze Augen, sehr kurzsichtig, manchmal mit Hornbrille. Dunkelbraune Haare wie ein Baby. Brillant – und er reibt sich die Augen mit den Fäusten, wie es die Babys tun. Verstehst Du, was ich meine? Zum Sterben, oder? Einmal sagte ich zu ihm: »Das ist lächerlich – ich verspreche dir, daß ich mein Netz einholen werde.« (Wir hatten gerade über den Ozean und Fischer und Schiffe gesprochen.) Er sagte: »Was du sagst, ergibt keinen Sinn. Du hast gesagt, du seist in mich verliebt, und jetzt sagst du: Ich verspreche dir, daß ich mein Netz einholen werde. Das würdest du nicht tun, wenn du verliebt wärst.« Verstehst Du, mit welcher leidenschaftlichen Begeisterung ich mich über all das freue? Nach all den Jahren mit emotionalen Idioten? Vielleicht sollten wir es so lassen, wie es ist, also den andern nur um seiner Seele willen lieben. Auf jeden Fall versuche ich nicht, ihm etwas anderes einzuflüstern oder gar ihn zu verführen. Aber, mein Gott, wie er mich ansieht! Da klappern einem die Zähne.
                                               Küsse
                                               Massy

Als während eines Auftritts in Deutschland jemand mit einem Ei auf sie warf, hätte das Publikum den Übeltäter beinahe gelyncht. Die Dietrich erhielt stehende Ovationen, weil sie sich weigerte, sich von einem »bloßen Nazi« von der Bühne vertreiben zu lassen. Während der triumphalen Deutschlandtournee stürzte sie eines Abends von der Bühne und fiel in den abgedunkelten Orchestergraben. Mein Telefon klingelte.

»Liebling – ich bin gestürzt!« Ihre verängstigte Stimme war kaum zu hören.

»Wo bist du jetzt?«

»Im Bett, in meinem Hotel.«

»Was hast du dir angeschlagen?«

»Nicht die Beine, keine Sorge, nur die linke Schulter. Es tut weh, aber ich habe mir von den Männern einen Schlips genommen, meinen Arm an den Körper gebunden und weitergemacht. Gott sei Dank hatte ich bereits den Frack an, so daß beim Sturz nicht mein Kleid zerrissen ist.«

»Hör mir jetzt gut zu. In Wiesbaden, ganz in deiner Nähe, gibt es ein amerikanisches Krankenhaus. Als erstes gehst du morgen früh dahin und läßt dich röntgen.«

Sie unterbrach mich. »Nein! Nichts ist gebrochen! Die Bühne war nur so dunkel, daß ich den Rand nicht mehr sehen konnte, und plötzlich war ich verschwunden ... Für das Publikum sah das sicher komisch aus.«

»Versuche nicht, dich herauszureden. Du gehst morgen nach Wiesbaden und läßt dich röntgen. Das ist ein Befehl!«

Als sie aus dem Krankenhaus zurück war, rief sie mich an. »Ich sagte zu ihnen: ›Sehen sie jetzt, daß meine Tochter immer recht hat? Sie hat mir gesagt, ich solle hierherkommen und mich röntgen lassen. Sie lebt in New York und ist trotzdem die einzige, die weiß, daß es hier in Wiesbaden ein amerikanisches Krankenhaus gibt.‹ Du hast wie immer recht gehabt. Sie sagen, mein Schlüsselbein sei gebrochen, was immer das ist, aber ich werde einfach wie gestern meinen Arm an den Körper binden, dann kann ich meine Tournee fortsetzen.«

Genau das tat sie dann auch. Und das zusätzliche Heldentum, das nun diesen unbezwingbaren Soldaten umgab, der trotz seines gebrochenen Flügels weiterhin galant auf der Bühne stand, machte die Dietrich beim deutschen Publikum nur noch beliebter. Ich hatte den leisen Verdacht, daß es nicht nur wegen der dunklen Bühne, sondern auch wegen allzu vieler Gläser Champagner zu diesem Sturz gekommen war. Meine Mutter trank immer mehr, nicht nur vor und nach, sondern auch während der Vorstellung. Ich wußte, daß die chronischen Schmerzen in ihren Beinen und in ihrem Rücken inzwischen ein Vorwand geworden waren, um ihren seit Jahren steigenden Alkoholkonsum und die immer höheren Dosen von Betäubungsmitteln zu rechtfertigen. Irgendwie mußte ich sie dazu bringen, sich von einem anständigen Arzt untersuchen zu lassen.

Ich war wieder schwanger. Ich sprach wieder im Fernsehen, und wieder beschuldigte mich meine Mutter, die Gesundheit meines ungeborenen Kindes aufs Spiel zu setzen. Im Sommer 1961 drehte sie in Hollywood *Judgment at Nuremberg* (dt. *Das Urteil von Nürnberg*), fand aber dennoch die Zeit, nach New York zurückzufliegen und meinem Mann zu verkünden, daß ich erneut einen Jungen zur Welt gebracht hatte. Sie war ehrlich überrascht, daß »die Marathonsendung bei ihm keine Spuren hinterlassen hatte«.

In dieser Zeit hatte meine Mutter entschieden, welches meiner Kinder so außergewöhnlich war, daß es ihre unsterbliche Liebe verdiente. Sie teilte mir mit, Michael habe ihre »eleganten, dünnen Knochen« geerbt, und da er zudem blond war, betrachtete sie ihn als ihr Kind. Die Tatsache, daß ich ihn geboren hatte, war ein bloßer Zufall, an den sie keinen Gedanken verschwendete! Peter tolerierte sie, mehr nicht. Eines Tages, er war damals zwei Jahre alt, hatte er sie angesehen und gepiepst: »Massy, du siehst heute alt aus.« Damit war er für den Rest seines Lebens aus dem Rennen um ihre Gunst ausgeschieden. Er bekam nie Porzellanglocken oder niedliche silberne Pferdeschlitten, ja noch nicht einmal hüpfende Bambis. Seine »Erkennungszeichen« an den Weihnachtgeschenken waren weniger schön als die anderen. Paul wiederum hatte sie sofort als »ernsten Fall« adoptiert. Sie spielte die heilige Bernadette und hätte ihn am liebsten in Watte gepackt, wenn ich es nicht verhindert hätte. Der Neugeborene interessierte sie nicht im geringsten. Er sah meinem Mann ähnlich und schrie, sobald sie in seine Nähe kam. David war eben von Geburt an sehr intelligent.

Sie kam ins Krankenhaus, warnte mich davor, weitere Kinder zu bekommen, und kehrte nach Hollywood zurück, wo sie die rechtschaffene Witwe eines hingerichteten Nazigenerals erstaunlich gut spielte. Sie war sich dessen niemals bewußt und hätte jede entsprechende Andeutung voller Entrüstung zurückgewiesen, aber die Frau, die sie in *Urteil von Nürnberg* so gekonnt darstellte, war ein genaues und treffendes Abbild ihrer Mutter in der Verkleidung Tante Vallys. Wie traurig, daß ihre lebhafteste unbewußte Erinnerung an ihre Mutter einer Frau in einem schwarzen Samtkostüm galt, die selbstherrlich an ihrem Pflichtbewußtsein festhielt.

In diesem Sommer beging Hemingway Selbstmord. Meine Mutter, in wallendes Schwarz gekleidet, holte seine Briefe aus ihrer Spezialkassette, schloß sich in ihrem Zimmer ein und spielte Witwe. Wieder und wieder las sie seine Briefe und suchte nach einem Satz, einem Wort, nach irgendeinem Anhaltspunkt, warum er das getan hatte. Sie konnte sich nie mit dem Tod ihres Freundes abfinden und verzieh ihm nie, daß er sie verlassen hatte. Insgeheim suchte sie die Schuld bei seiner Frau: »Wenn ich bei ihm gewesen wäre, hätte er das nie getan.«

Bei Gary Coopers Tod spielte sie nicht die Witwe. Sie ging lediglich zu seiner Beerdigung und präsentierte sich »gramgebeugt« den Fotografen.

Eine Mauer wurde gebaut, Deutschland und Berlin waren von nun an geteilt. Das Buch *Der Wendekreis des Krebses* durfte endlich in den Vereinigten Staaten legal erscheinen, und meine Mutter ließ sich von einem kompetenten Arzt untersuchen.

Die ersten Röntgenaufnahmen zeigten schwere Okklusionen der unteren Aorta. Aufgrund dieses Verschlusses der Hauptschlagader waren ihre Beine buchstäblich von der normalen Blutzufuhr abgeschnitten. Dies war die Ursache dafür, warum in beiden Beinen praktisch kein Pulsschlag vorhanden war. Natürlich lehnte sie die Diagnose ab. In ihren Augen bekamen nur »alte« Leute fortgeschrittene Arterienverkalkung. »Daran sei meine Mutter gestorben, sagen sie. Merkst du, wie dumm die Ärzte sind? Natürlich hatte meine Mutter das, sie war ja schon alt!«

Ich überredete sie, bei einem führenden Herzspezialisten jener Zeit eine zweite Meinung einzuholen, und als er die erste Diagnose nicht nur bestätigte, sondern die Warnung hinzufügte, daß sie, wenn sie sich nicht vorsehe, langfristig mit der Amputation beider Beine rechnen müsse, wollte sie nichts mehr mit diesen Leuten zu tun haben: »Chirurgen! Die wollen immer nur schneiden. Deshalb sind sie ja Chirurgen geworden. Lachhaft!«

In den folgenden dreizehn Jahren spielte meine Mutter mit dem Blutkreislauf ihres Körpers eine Art russisches Roulette, und fast wäre es gutgegangen. Wenn sie von einem Mittel hörte oder las, das angeblich den Blutfluß verbesserte, kaufte sie es und schluckte es, egal, was es war und woher es kam. Sie fand einen merkwürdigen kleinen Franzosen, der sich »Arzt« nannte, weil er einen weißen Kittel trug, und ließ sich von ihm mit einer Pferdespritze eine geheime Mixtur in die Leisten spritzen, weil er ihr versichert hatte, daß nur dieses Wundermittel die Ablagerungen in ihren Arterien fortspülen könne.

Der Zustand ihrer Beine verschlimmerte sich. Besonders im linken war nur noch ein ganz schwacher Puls festzustellen. Fuß und Knöchel schwollen an – eine Verunstaltung, die sie abscheulich fand. Doch wieder einmal erwies sich etwas, das sie Jahre zuvor aus ganz anderen Gründen getan hatte, als nützlich und lieferte ihr die Tarnung, die sie brauchte. Sie begann wieder, ihre berühmten Hosen zu tragen. Diese verbargen die Gummistrümpfe, die sie jetzt tragen mußte, und später die Bandagen. Für ihre Tourneen entwarf sie hohe Stiefel, trug dazu ihre neuen Chanelkostüme mit kurzem Rock und setzte damit einen Modetrend. Für Anlässe, bei denen sie raffinierte Kleider tragen mußte, entwarf sie Schuhe, die zwar elegant, aber unauffällig waren. Sie ließ die Schuhe in der gleichen Farbe wie ihre Strümpfe anfertigen und schuf dadurch die Illusion, die Linie ihrer Beine und Füße sei immer noch perfekt.

Die ersten Strumpfhosen, die auf den Markt kamen, waren ein wirklicher Segen für meine Mutter. Sie gestaltete eigens dafür ihr Mieder neu. Zunächst entfernte sie den Hüftgürtel und ersetzte ihn durch eine Reihe von Ösen, an denen die Häkchen eingehängt werden konnten, die sie am Gummiband der Strumpfhose annähen ließ. So wurde die Strumpfhose ein fester Bestandteil ihres Mieders.

Die Schwellungen traten unregelmäßig auf, wobei man nie vorhersagen konnte, wann. Manchmal schwoll der linke Fuß auf die doppelte Größe des rechten an. Aus diesem Grund ließ sie Schuhe und Stiefel in unterschiedlichen Größen anfertigen. Nicht selten packte die Dietrich acht Paar identische Schuhe in verschiedenen Größen ein, und das von zwanzig verschiedenen Modellen aus verschiedenen Materialien, bevor sie zu einer ihrer internationalen Tourneen aufbrach.

Warum all die Geheimnisse? Warum dieses verzweifelte Bedürfnis, die Wahrheit zu verstecken? Ganz einfach: Sie glaubte, daß keine menschliche Unzulänglichkeit das makellose Bild der legendären Marlene Dietrich beflecken durfte – und die Geschichte gab ihr recht. Aber diese bewußte Täuschung des Publikums hatte einen gefährlichen Nebeneffekt – solange die Dietrich als makellos galt, glaubte sie selbst daran.

Im Jahr 1962 sprach sie den Kommentar zu *The Black Fox* und verhalf diesem Dokumentarfilm über Hitler zu der Beachtung und Wirkung, die er verdiente. Im Jahr darauf wurde der Film mit einem Oscar ausgezeichnet. Sie trat wieder in Las Vegas auf, ersetzte den gewohnten Champagner durch Scotch, als sie erfuhr, daß er die Venen erweiterte, und frischte ihre Affäre mit Michael Wilding auf, und das so vehement, daß im Gästezimmer meiner Freunde das Doppelbett zusammenbrach. Als sie hörte, daß die Taylor für ihre Kostüme in *Cleopatra* einen besseren Büstenhalter suchte, schleppte sie Wilding, der die genaue Größe der Taylor kannte, durch alle Geschäfte in Hollywood, bis sie den perfekten Büstenhalter gefunden hatte, kaufte drei Dutzend und schickte sie nach Rom. Sie ließ sich kurz mit Eddie Fisher ein und bemerkte anschließend, jetzt verstehe sie, warum die Taylor ihn verlassen habe und so verrückt nach Richard Burton sei.

Im Juli war sie wieder in New York und half uns beim Umzug nach Europa. Da unsere beiden Ältesten in ein Schweizer Internat kommen sollten und Bill nun als selbständiger Production Designer arbeitete, waren wir flexibel und beschlossen, mit den beiden Jüngsten in ihre Nähe zu ziehen.

Während wir durch die Schweiz fuhren und nach einer Stadt suchten, in der zu wohnen wir uns leisten konnten, mietete meine Mutter ein kleines Haus in der Nähe von Genf und hütete unser einjähriges Baby.

Ich wußte, bei ihm würde das in Ordnung sein. Er schrie zwar nicht mehr, wenn sie ihm zu nahe kam, doch sein Blick schien zu sagen: »Wage ja nicht, mich anzurühren.« Sie trug ihre tadellos gestärkte Schwesterntracht, desinfizierte alles im Haus, und dann lud sie sorgfältig ausgesuchte Freunde ein und führte ihnen vor, wie prächtig sie sich um Marias vernachlässigtes Baby kümmerte. Nach vielen Besuchen hatte Noël Coward genug Stoff für eine höchst amüsante Nummer gesammelt, die er »Zu Besuch in Marlenahs Kinderkrippe in Jussy« nannte.

Ich liebte Noël. Aus irgendeinem Grund empfand ich mütterliche Gefühle für ihn. Wenn ich ihm begegnete, hatte ich immer das Verlangen, die Arme auszustrecken und ihn zu umarmen. Ich weiß nicht, warum – ich hatte einfach das Gefühl, daß in diesem eleganten Äußeren ein Mensch steckte, der litt und Trost brauchte. Die Dietrich liebte seine Lebensart, seine glänzenden Erfolge, den Noël Coward, den er selbst geschaffen hatte und den er der Welt vorlebte, das war ihr »Kamerad«. Den sensiblen, verletzlichen, ernsten Mann zu suchen, der sich schnell einsam fühlte und sich hinter unverbindlichem Charme verbarg – dazu nahm sie sich nicht die Zeit. Und hätte sie es getan, es hätte sie verwirrt.

Wir kehrten in »Marlenahs Kinderkrippe« zurück und fanden dort die Schwester meiner Mutter vor, die äußerst verwirrt war über die vielen Hygienevorschriften, die sie zu befolgen hatte, und starr vor Schreck, daß ihre »Pussycat« sich wieder einmal über ihre Unbeholfenheit ärgern könnte. Tante Liesel begrüßte uns mit Seufzern der Erleichterung, und ihre kleinen Mädchenaugen schwammen in Freudentränen. Eines hätte ich aus Erfahrung wissen müssen: Hatte man meiner Mutter erst einmal die Verantwortung für jemanden übertragen, so ging sie davon aus, daß es für immer war.

Sie begrüßte mich: »David kann laufen! Ich habe es ihm beigebracht.« Als hätten der liebe Gott, die Natur und die Tatsache, daß mein Sohn dreizehn Monate alt war, überhaupt nichts damit zu tun. Später, wenn sie David irgendwo sah, waren ihre ersten Worte immer: »Wer hat dir das Laufen beigebracht?« Und das in einem Befehlston, als wollte sie sagen: »Untersteh dich, eine falsche Antwort zu geben.« In einem überfüllten Foyer bei einer Broadwaypremiere, wenn der Angeredete fünfundzwanzig Jahre alt ist, kann das etwas peinlich sein.

Unser erstes Weihnachtsfest in unserem neuen Haus in der Nähe von Genf feierten wir zusammen mit meiner Mutter und ihrer neuesten Freundin, sehr schick in Chanelkostümen und aus reichem Haus. Es war eine Katastrophe. Wir waren in Europa, noch dazu in einem französischsprachigen Teil! Hier war meine Mutter in ihrem Element. Sie bestimmte, was im Haus gemacht wurde. Sie kommandierte jeden herum: mich, die Kinder, das Dorf. Als sie versuchte, auch meinen Mann in ihrer Feldmarschallsart zu behandeln, bockte er: »Schluß jetzt! Neujahr mit den beiden Weibern? Niemals!« Ich schickte ein SOS an Noël, der knapp achtzig Kilometer entfernt in Les Avant wohnte, und er lachte: »Liebes Kind! Schick die deutsche Dame und ihre neueste Eroberung zu mir.« Wir taten es und dankten ihm dafür von ganzem Herzen.

Etwa um die gleiche Zeit erfand meine Mutter die Geschichte, mit der sie erklärte, warum sie plötzlich das Rauchen aufgegeben hatte. Wir alle wußten, daß die Ärzte entsetzt waren, weil sie trotz ihrer Warnungen weiterrauchte, und daß sie es schließlich aus Angst aufgab, weil die Krämpfe in ihren Beinen immer schlimmer wurden. Aber die Gesten beim Rauchen, die Eleganz, mit der sie eine Zigarette hielt oder mit der hohlen Hand das angebotene Feuer schützte, die Betonung ihrer Wangenknochen, wenn sie mit sichtlichem Vergnügen den Rauch in ihre Lungen sog, die spitzen Lippen, wenn sie ihn wieder hinausblies, waren ein so sichtbarer Teil des Dietrich-Images, daß ihn die Reporter vermissen und nach dem Grund fragen würden. Sie wappnete sich gegen diese Fragen mit einer Geschichte, die sie so oft erzählte, daß sie schließlich selber daran glaubte.

»Liebling! Du weißt, in welchem Jahr ich das Rauchen aufgegeben habe – die Beine, immer die Beine! Aber man kann den Leuten nicht sagen, daß das der Grund war. Deshalb sagte ich zu Noël: ›Du solltest ebenfalls das Rauchen aufgeben. Du bist auch nicht so gut auf den Beinen, und wir werden den Leuten sagen, daß wir eine Wette abgeschlossen haben – wer anfängt zu rauchen, hat verloren. Das ist lustig und hat nichts mit Gesundheit zu tun. Wir können die typischen Bonvivants spielen, Leute von Welt, verstehst du? So in der Art: Natürlich! Ich hätte liebend gern eine Zigarette! Aber ich kann einfach nicht – ich habe mit Marlenah eine Wette abgeschlossen!‹«

Jahre später, als Noël wieder zu rauchen angefangen hatte, rief sie ihn aufgebracht an: »Was ist mit unserer Wette?«

»Welcher Wette?«

»Seit unserer Wette habe ich immer von einer Zigarette geträumt. Kein Tag vergeht, an dem ich nicht von einer Zigarette träume. Seitdem ich das Rauchen aufgegeben habe, habe ich keine Nacht mehr geschlafen.«

Ich hörte Noël von Jamaika herüberglucksen: »Aber meine liebste Marlenah! Das ist vier Jahre her! Du mußt ja ganz erschöpft sein!«

Sarkastische Bemerkungen verstand meine Mutter nie. Daß sich jemand über sie lustig machen könnte, war ein so unerhörter Gedanke, daß sie diese Möglichkeit nicht einmal in Betracht zog. Aber sie hatte das letzte Wort.

»Siehst du! Sogar ohne Schlaf habe ich noch mehr Disziplin als du. Du hast unsere Wette verloren!« Dann knallte sie den Hörer auf.

Bei Montreux, ganz in der Nähe von Noëls Haus in der Schweiz, betrieb ein Arzt, ein Pionier auf dem Gebiet der Frischzellentherapie, eine berühmte Klinik. Obwohl er viele Kuren mit wirklich Kranken durchführte, verdankte er seinen internationalen Ruf Leuten, die ihr Leben damit zubrachten, einen »Jungbrunnen« zu suchen, und dafür ein Vermögen ausgaben. Die Aufnahme der Patienten in sein elegantes Château erfolgte am Dienstag. Die Liste der Patienten war ein streng und sorgsam gehütetes Geheimnis. Am Mittwoch wurden sie untersucht und befragt:

Ließ das Gedächtnis nach?
Erschlaffte die Haut?
Knackte es in den Gelenken?
Erlahmte die Libido?

Nach der Befragung kehrte der Patient in sein hübsches Zimmer zurück. Durch die Balkontüren konnte er wollige trächtige Schafe beobachten, die zufrieden auf smaragdgrünen Wiesen grasten. Donnerstags wurde geschlachtet. Man schnitt die Schafe auf und entfernte die Feten – ein reicher Vorrat an ungenutzten Zellen. Ein paar ganz frische Gehirnzellen für das Gedächtnis. Ein halber Teelöffel Knochenzellen für die knackenden Gelenke. Etwas Leber von einem Fetus zur Auffrischung der eigenen vergifteten Leber. Man nehme etwas von diesem, etwas von jenem, schütte es in einen Mixer, mische es so lange, bis es aussieht wie rostfarbene Malzmilch, fülle es dann in eine riesige Spritze und injiziere das Wundermittel in die bereitwillig dargebotenen Hintern der Reichen und Verzweifelten.

Ich habe nie viel von dieser Methode gehalten, aber meine Mutter unterzog sich dieser Frischzellenkur viermal, und da ich weiß, was sie durchmachte und was sie in ihrem restlichen Leben noch alles durch-

stehen konnte, habe ich mich oft gefragt, ob der makabre, intramuskulär verabreichte Cocktail nicht vielleicht doch etwas mit ihrer erstaunlichen Ausdauer zu tun hatte. Ihre preußischen Gene konnten nicht der einzige Grund für ihre unglaubliche Stärke sein.
Den Rest des Jahres 1963 ging sie in den Vereinigten Staaten auf Tournee. Sie trat auch in Washington auf, wo sie den charmanten Sohn ihres alten Freundes Botschafter Kennedy besuchte.

6. September 1963

Premiere in Washington.
Ausverkauft.

9. September

Women's Press Club. Drinks mit Walton.
Besuch Harriman.

10. September

Lunch mit Walton im Weißen Haus.
Senator Pell.
Weißes Haus.
Zwanzig Minuten mit Jack.
Show ausverkauft.

11. September

Lunch mit Bobby bei Bill Walton
Schlesinger, Buckley (*Newsweek* und Mrs. B. Kennedy).
Schrieb Brief an Papa Kennedy.
Drinks mit Jack im Weißen Haus.
Jüdische Gemeinde verleiht mir Medaille. Mußte Besuch im Weißen Haus vorzeitig abbrechen.
Nicht zum erstenmal, daß sich Juden in mein Leben einmischen.
Show um 22.30 Uhr – 250 weggeschickt.

Da wir unser Haus in New York vermietet hatten, übernachtete mein Mann, wenn er geschäftlich in Amerika weilte, bei meiner Mutter. Er war gerade dort, als sie aus Washington zurückkehrte. Sie kam zur Tür herein, sah ihn, öffnete ihre große Krokodilledertasche, holte ein paar rosa Höschen heraus, hielt sie ihm unter die Nase und sagte: »Riech mal. Das ist er, der Präsident der Vereinigten Staaten. Er war wunderbar!«

Mein Mann zog in ein Hotel.

*

Wegen der Einschulung unserer jüngeren Söhne übersiedelten wir nach London, und um in unserer Nähe zu sein, zog meine Mutter nach Paris und mietete sich eine Wohnung gegenüber dem Plaza Athenée.

Im Oktober starben zwei französische »Freunde« meiner Mutter. Die eine war ihre Geliebte gewesen, der andere ihr lebenslanger »Kamerad«. Von beiden hatte die Dietrich wertvolle Tips für ihre Bühnenauftritte bekommen. Edith Piaf hatte meiner Mutter ihr Chanson »La Vie en Rose« überlassen und den sparsamen Einsatz von Gesten auf der Bühne gezeigt. Jean Cocteau hatte ihr die Kunst der Übertreibung beigebracht, unerläßlich, wenn man auf großen Bühnen eine Wirkung erzielen will. Meine Mutter trauerte um die Piaf wie ein Ehemann um seine junge Braut und fand Trost in der Tatsache, daß man ihren »kleinen Spatz« mit dem goldenen Kreuz um den Hals begrub, das sie ihr zur Hochzeit geschenkt hatte. Cocteaus lyrische Hommage rahmte sie zusammen mit seinem Foto ein und hängte sie neben das Foto von Hemingway.

Anläßlich einer Gala zum Jahrestag der Schlacht bei Al-Alamein kam sie nach London. Die Royal Albert Hall war brechend voll. Viele bekannte Stars hatten ihre Mitwirkung zugesagt, um an den großen britischen Sieg über den »Wüstenfuchs« Rommel zu erinnern. Ich half meiner Mutter in das goldene Kleid, ging mit ihr durch die Katakomben dieses Bollwerks viktorianischer Kultur und schickte sie hinaus auf die riesige Bühne.

Ein einziger Scheinwerfer beleuchtete sie, und sie stand da wie ein Schwert, das die Sonnenstrahlen reflektiert. Excalibur als Frau! Sie sang »Lili Marlen«, und eine ehrfürchtige, andächtige Stille erfüllte den Konzertsaal. Im Saal saßen viele Veteranen des blutigen Wüstenkriegs, und sie akzeptierten sie als eine der ihren. Sie war an diesem Abend einfach großartig, und sie wußte es. Gleichwohl war sie verärgert, weil wir nicht an ihre Orden gedacht hatten.

»Heute abend hätte ich sie endlich einmal tragen können – alle.«

Im November kam sie auf Einladung des Königshauses erneut zu einer Gala nach London. Ich war wie gewohnt zur Stelle, half ihr bei den Proben und kleidete sie an. Viele berühmte Stars sollten an diesem Abend auftreten. Wir standen während der Proben zusammen hinter der Bühne und warteten, bis wir dran waren.

»Liebling, sieh mal da rüber«, flüsterte sie mir zu. »Wer sind die denn? Die sehen ja aus wie Affen mit ihren langen Haaren! Wie kommen die hinter die Bühne? Wie sind die trotz der strengen Sicherheitsvorkehrungen hereingekommen? Sieh sie dir an – einfach schrecklich!« Sie deutete auf die Beatles.

»Massy, ich glaube, es wäre eine großartige Idee, wenn sich die Dietrich mit ihnen fotografieren ließe.«

»Was? Mit den Affen?«

»Ja, die sind ganz groß im Kommen, die jungen Leute sind verrückt nach ihnen. Es gäbe eine Riesensensation, wenn bekannt würde, daß die Dietrich sie gut findet! Glaube mir!«

Sie schenkte mir einen dieser Blicke, die mir zu verstehen gaben, »was ich nicht alles für dich tue«, und ich ging hinüber zu John Lennon und sagte ihm, Miss Dietrich würde gern die Beatles kennenlernen. Als das Foto von der »Legende« und den »angehenden Legenden« weltweit in allen Zeitungen erschien, verkündete meine Mutter:

»Die Beatles? Was, Sie wissen nicht, wer die Beatles sind? Wie ist das möglich? Sie sind genial – man sieht es ihnen nicht an, aber sie sind genial und noch so jung! Ich habe sie um Autogramme für Marias Kinder gebeten, und sie wollten sich unbedingt mit mir fotografieren lassen – da konnte ich natürlich schlecht nein sagen.«

*

Ich überlegte gerade, wo ich in London echte Cranberrysauce für Thanksgiving auftreiben sollte, wo Crisco für den Kuchen und wo Kürbisse. Der Fernseher lief ... und dann plötzlich dieses *rosa* Kostüm ... alles, woran ich mich erinnere, ist dieses Rosa ... wie es auf den Kofferraum des davonfahrenden Wagens kletterte, zu einem hellen Farbfleck verschwamm ... immer und immer wieder, in Zeitlupe, in normaler Geschwindigkeit ... immer wieder. Dieses Rosa verfolgte uns, wurde ein Teil unseres Lebens, und ich, so weit fort von zu Hause, saß wie betäubt da, wollte es nicht glauben, betete, daß es nicht wahr sei, doch ich wußte, daß es wahr war ... und ich sah ihn, wie er, braungebrannt und schön, von der höchsten Klippe ins Meer sprang, sich in seinem weißen Smoking verbeugte und um einen Tanz bat, beim Tee lachte, voller Selbstsicherheit zu seinem schnittigen Cabriolet ging, ein gutaussehender junger Mann, der vor Leben sprühte. Die Welt würde um ihn trauern. Ich trauerte um die Jugend, die ihm so gut gestanden hatte.

Meine Mutter zog die schlichten Trauerkleider einer Witwe an. Das

Gesicht eine weiße Maske des Kummers, saß sie aufrecht da und erzählte mit gedämpfter und ehrfurchtsvoller Stimme von ihrer letzten romantischen Begegnung mit ihm.

An Weihnachten trat eine Kinderbuchautorin in ihr Leben und half ihr über den Kummer hinweg. Die beiden fanden so großen Gefallen aneinander, daß die Dame über die Feiertage häufig an unserer Tür erschien. Meine kleinen Kinder achteten nicht darauf. Aber die beiden größeren, die ihre Ferien zu Hause verbrachten, stellten ein paar unverschämte Fragen und bekamen unverblümte Antworten. Sie hatten so viele Liebschaften meiner Mutter miterlebt, Sommertage mit Yul verbracht, mit Murrow Tee getrunken und zusammen mit ihrem richtigen Ehemann Weihnachten gefeiert, während derjenige, der momentan seinen Platz ausfüllte, das Fleisch tranchierte, daß sie sich über den Lebensstil ihrer Großmutter keine Illusionen mehr machten.

Unglücklicherweise kam ihre Autorin kurz nach Neujahr bei einem Flugzeugabsturz ums Leben. So war meine Mutter schon wieder »Witwe«, obwohl die letzte Trauerzeit noch nicht vorüber war.

*

Sie stand in ihrem Kristallkleid vor dem Vorhang im Queen's Theatre, ein weißglühender Diamant vor rubinrotem Samt. Sie hatte es geschafft. Sie wurde auf derselben Bühne bejubelt, auf der Olivier, Richardson, Gielgud, Ashcroft und die meisten anderen großen Schauspieler Englands geglänzt hatten. Es war am Abend ihrer Londoner Premiere. Sie war in ihrem ganzen Leben noch nie so gut gewesen, und sie wußte es. Wir alle wußten es. Und die überschwenglichen Publikumsreaktionen bestätigten unseren Eindruck nur. Das ganze Engagement in London verlief traumhaft, und sie genoß es, daß sie der gefeierte Star der Stadt war. London lag dem Filmstar aus Hollywood zu Füßen. Sie hatte ihre eigentliche Domäne verlassen, hatte sich auf die heilige Bühne Englands gewagt und wurde vom Publikum angenommen. Sie arbeitete hart, schlief wenig und war trotz ihrer dreiundsechzig Jahre gertenschlank. Sie hatte nie besser ausgesehen.

Nur zwei Dinge trübten diese erfolgreiche Zeit: die neuerdings auftretenden Schmerzen im Rektumbereich und die Tatsache, daß sie wegen des ständigen schwachen Ausflusses ihre zuverlässigen Tampax tragen mußte. Als sie hörte, daß eine Krankheit mit dem Namen »Kolitis« ähnlich heftige Schmerzen verursachte und daß diese Krankheit mit einem Trank namens »slippery elm« angeblich geheilt werden konnte, gingen wir in ein Londoner Reformhaus und kauften den Laden leer. Wenn man mit »slippery elm« ihre »Schmerzen da unten« kurieren konnte, warum sollte es dann nicht auch etwas gegen die anderen Beschwerden geben, die sie plagten? Wir kehrten in die Suite im Dorchester zurück und richteten im Gästezimmer die »Dietrich-Heilklinik« ein. Besonders viel hielt sie von Apfelessig mit Honig, in ihren Augen ein wahres Lebenselixier. Sie füllte sofort einen Zweiliterkrug mit dem Gebräu und schickte ihn zusammen mit dem Stapel frisch gewaschener und gebügelter Smokinghemden in Burts Garderobe.

»Nicht daß Burt mehr Energie bräuchte, aber man weiß ja nie, was er sich bei seinen Mädchen holt!«

Bill weigerte sich mitzumachen, nachdem sie in seinem Beisein verwundert ausgerufen hatte, wie erstaunlich es doch sei, daß sie jetzt das gleiche Zeug trinke, mit dem sie all die Jahre Spülungen vorgenommen habe!

Sie verlor weiter an Gewicht. Wir mußten die Mieder auspacken, auf denen »sehr eng« stand. Je dünner sie wurde, desto besser gefiel sie sich. Und in den unglaublichen Kleidern sah sie wirklich einfach göttlich aus.

Am Tag nach ihrer letzten Show in London brachte ich sie zu dem bekannten Gynäkologen Professor de Watteville in Genf. Sie hatte Angst und war deshalb zornig. Sie rief Noël an.

»Meine private Gestapo Maria schleppt mich nach Genf, nur damit mich ihr Lieblingsarzt untersuchen kann. Das ist alles, was sie tut: mich von fremden Männern untersuchen lassen!«

Nach dem ersten Sprechstundenbesuch kehrte sie nach Paris zurück. Ich fuhr weiter nach Gstaad zu Bill und besuchte die Schule unserer Jungen in den Schweizer Alpen. Ich war so sicher, daß meine Mutter Krebs hatte, daß ich mit dem Professor vereinbarte, er solle mich dort heimlich anrufen, sobald der Befund vorliege. Er hielt sich an die Vereinbarung. Sie hatte Gebärmutterhalskrebs.

In den Augen meiner Mutter war Krebs ein langsamer, innerer Verwesungsprozeß. Ich wußte, daß sie einen solchen Vorgang im Körper der Dietrich niemals zulassen würde. Sie, die sich mit solchem Stolz als »Soldatentochter« bezeichnete, fand nie den Mut, den Tatsachen ins Auge zu sehen. Hätte ich meiner Mutter gesagt, daß sie Krebs habe und eine operative Entfernung der Gebärmutter unumgänglich sei, wäre sie aus dem nächstbesten Fenster gesprungen, trotz aller deutschen Disziplin. Also sprach ich mit dem Professor über Alternativen. Er war ein wunderbarer Mann. Er hatte viele berühmte schöne Frauen in Behandlung und wußte, wie verletzlich und wie unreif manche in bezug auf ihren Körper waren. Er schlug vor, ihr eine Reihe von Radiumeinlagen einzusetzen; sollten die radioaktiven Substanzen den Krebs zum Stillstand bringen – was allerdings einem kleinen Wunder gleichkäme –, könnte die Operation vermieden werden, zumindest für eine Weile. Wir beschlossen, Zeit zu gewinnen. Ich bat ihn, ihr zu sagen, daß die von ihm vorgeschlagenen Maßnahmen die Bildung eines Krebsgeschwürs verhindern sollten und nicht etwa der Behandlung einer Krebserkrankung im fortgeschrittenen Stadium dienten. Das war die einzige Lesart, die sie eventuell akzeptieren würde. Sie geriet in Wut, sträubte sich und stimmte der Behandlung schließlich zu, aber nur, wenn ich sie begleitete und die ganze Zeit bei ihr blieb.

Im März flog ich von London nach Genf und holte sie bei ihrer Ankunft aus Paris ab. Sie war so betrunken, daß ich ihr ins Auto helfen mußte. Im Hospital gab sie Anweisung, in ihrem Zimmer ein Feldbett für mich aufzustellen, in dem ich schlafen sollte. Die beunruhigten Schwestern versuchten, ihr zu erklären, daß ich in ihrem Zimmer ebenfalls den Strahlen ausgesetzt sein würde. Diese könnten unter Umständen die Gesundheit späterer Kinder gefährden, falls ich noch welche bekommen wollte. Meine Mutter war davon gar nicht beeindruckt.

»Meine Tochter braucht keine Kinder mehr! Und was heißt, Gesundheit gefährden? Das tut sie bei den Kindern sowieso. Sie wird hier in diesem Zimmer bei mir bleiben!«

6. März 1965

Ausschabung und erste Radiumeinlage.

7. März

Rausgenommen um 15 Uhr.

Bevor ich sie nach Paris brachte, mußte sie mir hoch und heilig versprechen, daß sie mit mir zur zweiten Behandlung gehen würde, die für den 27. März angesetzt war. Ich mußte sie zwingen, aber sie kam mit.

27. März

Zweite Radiumeinlage.

29. März

5.30 Uhr rausgenommen.

Eine Schwester kam und sagte, daß ich am Telefon verlangt würde. Mein Vater aus Amerika. Da meine Mutter kein Telefon in ihrem Zimmer haben durfte, führte mich die Schwester in eine Telefonzelle in der Eingangshalle des Krankenhauses. So war ich allein, als mein Vater mir mitteilte, daß Tami tot war. Ich erinnere mich noch an die hübschen Farben, die die Sonne auf die geschliffenen Glasscheiben der Kabine malte. Wie froh war ich, daß ich hier ungestört weinen konnte. Liebe Tami – verzeih mir. Ich hätte nicht zulassen dürfen, daß du ganz allein unter Irren sterben mußtest!

Ich kehrte ins Zimmer meiner Mutter zurück. Sie war böse, weil ich so lange telefoniert hatte. Ich sagte ihr, daß Tami tot sei. Sie hielt inne, seufzte und sagte: »Armer Papi! Gut, daß die hübsche Darnell bei ihm ist, so ist er wenigstens nicht allein.« Das war Tamis ganze Grabrede von der Frau, die ihr Leben zerstört hatte.

Am 24. April, dreieinhalb Wochen nach der letzten Radiumeinlage, gab die Dietrich im südafrikanischen Johannesburg ihre erste Show. Das Publikum jubelte ihr zu. Während ich im Dunkeln vor Radium strahlte, hatte meine vierundsechzigjährige Mutter den Krebs besiegt und wußte es nicht einmal!

Im August trat sie in Edinburgh auf und begann ein Verhältnis mit einem Gentleman, den sie »P. D.« nannte und Jahre später »den sentimentalen alten Juden, den ich in Edinburgh hatte«. Die nächste Station ihrer Tournee war Australien. Dort verliebte sie sich ausgerechnet in einen Reporter, der aussah wie ein Berufsboxer oder ein sehr, sehr armseliger Gabinverschnitt, je nachdem, wieviel er getrunken hatte. Da er Frau und Kinder hatte, mußte die Affäre, die annähernd zwei Jahre dauerte, geheim bleiben und nahm die Züge einer französischen Schlafzimmerposse an.

Meine Mutter konnte nicht ewig in Australien bleiben. Also ließ sich der neue Liebhaber unter dem Vorwand, er werde der Dietrich bei der Niederschrift ihrer Memoiren helfen, von seiner Zeitung beurlauben und folgte seiner Angebeteten nach Paris. Als offizielle Adresse gab er zwar das Haus der Freunde meiner Mutter an, doch in Wahrheit zog er zu ihr in die Wohnung. Um seinen Aufenthalt, der sich immer mehr in die Länge zog, zu rechtfertigen, heckte meine Mutter einen Plan aus. Sie stellte ihn anderen berühmten Leuten vor, damit er eine Serie von Kurzbiographien über sie schreiben könnte.

Zum erstenmal ließ die Dietrich bereitwillig ihre eindrucksvollen Beziehungen spielen. Sie rief alle an, erzählte, daß sie einen wunderbaren jungen australischen Schriftsteller entdeckt habe, der dankbar wäre, wenn sie ihm eine Minute ihrer kostbaren Zeit opfern würden, damit er etwas über sie schreiben könne. Während meine Mutter für ihren Liebhaber eine Reihe von Interviews mit weltberühmten Leuten arrangierte, führte unser unbekümmerter Reporter ein Leben in Saus und Braus.

Natürlich hielt sie mich auf dem laufenden. Ich wunderte mich ständig darüber, mit welcher Selbstverständlichkeit meine Mutter davon ausging, daß ich an allem, was sie betraf, brennend interessiert sei. So erwartete sie, daß ich mir jedes Detail aus ihrem Leben mit ihm anhörte, ob sie nun von seinen Gewohnheiten erzählte, seinen Vorlieben und Abneigungen, seinen Fähigkeiten im Bett oder außerhalb des Bettes, oder von seinen Eheproblemen.

»Weißt du, er ist wie ein Kind. Richtig aufgeregt, daß er in Paris ist. Ich glaube, daß er noch nie so ein feines Essen bekommen hat.« Sie senkte die Stimme zu einem vertraulichen Flüstern. »Ich glaube, daß er aus keiner besonders guten Familie stammt, deshalb bringe ich ihm bei, wie man sich in Luxusrestaurants benimmt.«

Bei den zahlreichen Restaurantbesuchen legte sie offenbar einige Pfunde zu, denn sie beklagte sich bei mir: »Du und deine Ärztemanie! In London war ich wunderbar schlank. Aber du mußtest mich ja zwingen, in dieses Genfer Krankenhaus zu gehen, und jetzt sind mir alle Hosen zu eng.«

Sie flog mit ihrem Australier im Schlepptau nach London und brachte ihn gleich zu mir nach Hause. Aus irgendeinem Grund verursachte mir dieser Liebhaber eine Gänsehaut, eine spontane Reaktion, die ich interessant und verwirrend zugleich fand. Das menschliche Strandgut, das meine Mutter anschleppte, ließ mich schon seit langem in jeder Hinsicht kalt, vor diesem Menschen schreckte ich jedoch zurück. Irgendwie wollte ich nicht, daß meine Kinder ihm begegneten – ihn umgab ein zersetzendes Flair.

Am 22. Juli verewigte der unverfrorene Australier meiner Mutter sich mit einem eigenhändigen Eintrag in ihrem »heiligen« Tagebuch:

Er: Heute nacht sagte sie zu mir, daß Männer wie ich »nichts anderes kennen, als ins Bett zu gehen und dann gleich loszulegen – zack, zack, und fertig«. Sie fügte hinzu, uns fehle die Phantasie von Männern eines bestimmten Schlages, und nannte einen davon beim Namen. Das war, wie bereits gesagt, der herzloseste Seitenhieb. Für mich war es immer schön, mit ihr ins Bett zu gehen. Besonders wenn wir nachts nicht kämpften, sondern uns statt dessen liebten, kam es mir manchmal so vor, als sei es für immer. Diese rotbackigen Ärzte sagen, daß die Frauen immer mehr davon haben als wir. Sie scheint da eine Ausnahme zu sein. Oder möchte sie mich das vielleicht nur glauben machen? Ich hoffe es. Ich liebe sie.

Schließlich mußte er dann wieder zu seiner Frau und zu seiner Arbeit zurück. Die beiden nahmen sich jedoch vor, sich heimlich in Hollywood und später in Australien zu treffen.

Meine Mutter kehrte nach London zurück, um dort einen weiteren Triumph zu feiern. Sie sorgte dafür, daß ihre Schwester rechtzeitig mit dem Flugzeug eintraf, um ihn mitzuerleben. Wenn sie Liesel nicht gerade hinsetzte, um ihr stundenlang die vielen Langspielplatten ihrer »Pussycat« vorzuspielen, führte sie sie an die frische Luft. Während dieser Spaziergänge redete sie auf ihre an Krampfadern, Übergewicht, Arthritis und schlechten Augen leidende Schwester ein. »Oh, Lieselchen, sei vorsichtig!« »Lieselchen, ist dir kalt?« »Bist du hungrig?« »Bist du müde?« »Geht's dir gut?« Sie hörte sich an, als spräche sie mit einer geistig Behinderten. Ich litt für meine Tante, die sich freilich gar nicht getroffen fühlte. Sie war schon so lange ein Opfer, daß sie nicht ein noch größeres Opfer werden konnte.

Während des Londonaufenthalts meiner Tante fand in der Dorchester-Suite meiner Mutter ein bizarres Essen für die ganze Familie statt. Mein schlauer Ehemann schob wieder einmal eine »dringende Angelegenheit« vor, um nicht daran teilnehmen zu müssen. Ich beneidete Bill um dieses Geschick, sich erfolgreich herausreden zu können. Während wir die Hummercremesuppe löffelten, fragten Michael und Peter, die inzwischen siebzehn und fünfzehn Jahre alt waren, ihre Großtante Liesel, wie das Leben in Deutschland während des Zweiten Weltkrieges denn wirklich gewesen sei. Während meine Mutter die erlesenen Speisen auftrug, die der Zimmerservice brachte, und dabei wie immer geschäftig um den Tisch eilte, ihren Gästen jeden Wunsch von den Augen abzulesen versuchte und nicht darauf achtete, was gesprochen wurde, ließ sich ihre Schwester zu unserem wachsenden Befremden über die moralische Integrität des Deutschen Reiches aus. Sicher hätte es schlechte Nazis gegeben, jedoch sei unbestreitbar, daß Deutschland während der Naziherrschaft seinen verlorenen Ruhm wiedererlangt habe. Als wir fertiggegessen hatten, ergriffen meine Söhne die Flucht.

Ich spürte, daß sie es nicht richtig fanden, daß ich noch blieb, was ich ihnen nicht verdenken konnte, aber ich hatte einfach Mitleid mit dieser seltsamen kleinen Frau, die früher einmal über soviel Weitsicht und politische Klugheit verfügt hatte und jetzt so diffuse Sympathien bekundete. Irgendwann hatte sie ihren Weg verloren, oder vielleicht hatte sie nie einen eigenen Weg gehabt, den sie hätte verlieren können.

Ein paar Jahre nach diesem Essen erfuhr meine Mutter in einer anderen Suite eines anderen Londoner Hotels telefonisch, daß Liesel gestorben sei. Sie versteinerte. Ich nahm ihr den Telefonhörer aus der erstarrten Hand und gab ihr einen doppelten Scotch. Sie weinte nicht, aber von da an sagte sie jedesmal, wenn sie auf ihre Schwester zu sprechen kam: »Erinnerst du dich an den Tag in London, als man mich anrief, um mir zu sagen, Liesel sei tot? Noch am selben Abend hatte ich einen Auftritt, ich weiß zwar nicht mehr wo, aber ich weiß, daß ich durchgehalten habe. Ich habe meine Arbeit getan! ›Tu deine Pflicht‹, hat meine Mutter uns immer gesagt. Arme Liesel, ihr Mann war schrecklich, aber sie wollte das einfach nicht hören. Sie blieb wegen ihres Kindes. Als ich nach ihr suchte und sie schließlich an dem Tag, an dem die Briten Bergen-Belsen befreiten, im Konzentrationslager fand, wollte sie den Ort nicht verlassen. Alles nur wegen ihres Sohnes! Er war natürlich in der deutschen Armee, und sie hatte Angst wegzugehen, weil er dann nicht wissen würde, wo er sie finden konnte! Also habe ich Gavin und die Briten gebeten, eine bessere Wohnung für sie zu finden, und ich erreichte, daß sie in Bergen-Belsen bleiben und auf ihren Sohn warten durfte.«

Die Dietrich hat diese Geschichte vielen Menschen erzählt, und keiner hat an der Wahrheit ihrer Worte gezweifelt oder nach einer Erklärung der so offensichtlichen Widersprüche gefragt. Es ist diese Kritiklosigkeit, diese Selbstverständlichkeit, mit der die Äußerungen lebender und sogar nicht mehr lebender Legenden völlig ungeprüft hingenommen werden, die mich so ärgert. Selbst intelligenten Menschen widerstrebt es instinktiv, am glänzenden Lack zu kratzen und dabei womöglich ernüchtert zu werden. Die Angst, Götter zu stürzen, scheint wirklich sehr mächtig zu sein.

*

Eine angebliche Nichtangriffsarmee von über 200 000 amerikanischen Soldaten kämpfte inzwischen im Dschungel von Vietnam. Die Zielanflüge der Napalmbomber begannen.

Meine Mutter kehrte nach Kalifornien zurück und traf sich im Rodeo Hotel in Beverly Hills heimlich mit ihrem Australier. Sie nahm ihn zum Set von *Wer hat Angst vor Virginia Woolf* mit, war stets überfreundlich zu Elizabeth Taylor, ihrer Intimfeindin, und sonnte sich in den »Blicken«, die Richard Burton ihr zuwarf.

»Liebling! Ach, er ist so schön! Diese Augen! Diese Stimme! So ganz walisisch, er ist doch Waliser, oder? Die ganze Zeit über spürte ich, daß er mich mit seinen Blicken verfolgte, und mußte so tun, als bemerke ich sie nicht, weil alle Welt zusah. Dieses Flittchen – sie wird in diesem Film sogar mitspielen, weil er sie auf seinen Händen und mit seinem Talent durch den ganzen Film trägt. Aber du hättest die Eifersüchteleien zwischen den beiden sehen sollen, weil Burton die Augen nicht von mir abwenden konnte. Ich trug meine Regenjacke, die glänzend schwarze mit dem roten Futter, und flache Schuhe – alles ganz schlicht und ohne viel ›Glamour‹. Ich wußte, daß die Taylor schon genug den Star spielen würde. Vielleicht war es das, was Burton so gefiel? War er früher nicht einmal Bergarbeiter?«

*

Im Jahr 1967 eroberte die Dietrich den Broadway. Ihr Produzent hatte mich zwar gebeten, nach New York zu kommen und wie gewöhnlich den Friedensstifter zwischen dem furchtbar schwierigen Star und dem leidenden Fußvolk zu spielen, aber ich konnte nicht. Mein Mann war ernsthaft krank. Ich war also nicht dabei, als meine Mutter mitten im nächtlichen Straßenverkehr New Yorks in einem bis zum Schritt hochgerutschten Chanelrock auf Autos herumbalancierte und mit Autogrammen versehene Fotos wie Konfetti in die kreischende Menge warf, während New Yorker Polizisten auf unruhigen Pferden versuchten, die vorwärtsdrängenden Menschenmassen, die die gesamte 46. Straße blockierten, in Schach zu halten. Ich war auch nicht dabei, als der Dietrich der Tony-Preis für ihre live vom amerikanischen Fernsehen übertragene Soloshow verliehen wurde. Als sie die Bühne betrat, um den Preis in Empfang zu nehmen, kam sie ins Stolpern und fiel beinahe hin. Mit jenem starken und komischen deutschen Akzent, der jedesmal durchbrach, wenn die Dietrich ordentlich betrunken war, nuschelte sie dann ihre Dankesworte ins Mikrofon. Alle, die mich daraufhin in London anriefen, um mir zu schildern, in was für einem schockierenden Zustand meine Mutter sich an jenem Abend befunden hätte, versicherten mir, daß wahrscheinlich niemand etwas gemerkt habe, weil sie so umwerfend ausgesehen habe.

Als die Dietrich in der nächsten Saison an den Broadway zurückkehrte, war es mir möglich, auf den Hilferuf ihres Produzenten hin nach New York zu fliegen, um für den Star den Babysitter zu spielen. Nach meiner Ankunft begab ich mich gleich ins Theater, wo man mich mit dem Satz empfing: »Die Hexe reitet gerade wieder auf ihrem Besen.« Ich war mitten in ein Hornissennest hineingeraten. In der Garderobe der Dietrich herrschte dicke Luft, und jeden Augenblick drohte ein Chaos auszubrechen.

»Na endlich! Das Flugzeug ist doch schon vor zwei Stunden gelandet! Jetzt sieh dir diese Garderobe an!« Sie trat beiseite, damit ich einen Blick hineinwerfen konnte. Das Zimmer war ihr zu Ehren gereinigt, neu gestrichen und möbliert worden und sah gar nicht nach einer Broadwaygarderobe aus. Normalerweise sind Garderoben eines Theaters kahl und häßlich und sehen aus wie die Leichenhalle einer Kleinstadt. Dieser Raum dagegen war richtig hübsch.

»Siehst du das? Gartenmöbel! Korbstühle und orangefarbene Kissen! Das ist unglaublich! Und gefährlich für die Kleider!« Ich wußte, daß sie recht hatte, daß der feine Stoff ihrer Kleider tatsächlich an den Korbstühlen hängenbleiben konnte, daher versuchte ich erst gar nicht, sie mit vielen besänftigenden Worten dazu zu bringen, sich mit der Ausstattung des Raumes abzufinden.

»Okay, Mass. Mach dir keine Sorgen. Ich kümmere mich darum. Konzentriere du dich auf die wichtigen Dinge, geh zu deiner Orchesterprobe. Ich richte in der Zwischenzeit die Garderobe her.«

Ganz so schnell ging es zwar auch wieder nicht, den Raum mit neuen Möbeln auszustatten, aber ich schaffte es.

Bei Bloomingdale's plünderte ich die Abteilung für französisches Interieur, schnallte die Möbel auf das Dach der spiegelnden Limousine und brachte den Rest im hinteren Teil des Wagens unter. Zwei Stunden später hatte die Dietrich statt einer Adirondacksveranda ein französisches Schlößchen in Gold und Taubenblau. Ihr armer Produzent zuckte zusammen, als er die Rechnung erhielt, aber er bezahlte. Es war typisch für Alexander Cohen, daß er stets versuchte, sie glücklich zu machen, selbst wenn es ihn ein Vermögen kostete!

Danach kamen die Räume für die Blumen an die Reihe. Wie in alten Zeiten, als wir in den Hotelsuiten eigene Räume für die Schrankkoffer hatten, brauchten wir jetzt für unseren mobilen Blumenladen und das ihn betreuende Personal eine eigene »Garderobe«. Sobald die »Blumenjungs« hörten, die »Rettung« aus London sei eingetroffen, fielen sie wie flatternde Schmetterlinge über mich her.

»Frau Riva! Frau Riva! Wir haben immer noch keine Garderoben für die vielen Blumen! Wo sollen wir bloß unsere Schachteln hinstellen? Und die pinkfarbenen Bänder, die man uns besorgt hat, können wir auch nicht verwenden! Nichts stimmt! Sie sind nicht aus Satin, sondern aus Kunstfaser! Außerdem ist das Pink zu dunkel! Es ist alles so schlecht organisiert! Und die Tische? Wo sind unsere Tische?« Die »Blumenjungs« waren vor einer Premiere jedesmal sehr aufgeregt. Um sie zu beruhigen, mußte man ihnen immer wieder aufs neue versichern, wie sehr man ihre ungeheuer verantwortungsvolle Arbeit zu schätzen wisse. Wenn sie sich dann in ihrer Bedeutung bestätigt fühlten und eine Tasse starken Kräutertee erhalten hatten, schöpften sie wieder Kraft.

Einer unserer wirkungsvollsten Bühnentricks bestand darin, eine Reihe gutaussehender junger Männer mit hübschen Blumensträußen auf die Bühne zu schicken, wo sie die Sträuße dann ihrer Königin überreichen konnten. Alles war perfekt geprobt; die Pinktöne der Sträuße waren aufeinander abgestimmt, und der Auftritt der »Blumenjungs« wirkte so spontan, als überreichten sie zum erstenmal Blumen. Sie traten zweimal auf, das erste Mal direkt vor dem Lied »Honeysuckle Rose«, so daß die Dietrich dann einen dieser »zufällig« in ihre Hände gelangten perfekten Sträuße mit den flatternden pinkfarbenen Bändern zum jazzigen Rhythmus des Liedes hin- und herschwenken konnte. Zum Schluß der Vorstellung rannten sie dann noch einmal einer nach dem andern auf die Bühne zu einem letzten, dekorativen und hinausgezögerten Höhepunkt, während die schöne Erscheinung die vielen Blumengebinde ihrer jungen Verehrer aufsammelte. Auf diese Weise wurde das Publikum dazu ermuntert, sich mit eigenen Sträußen ebenfalls an der Huldigung zu beteiligen. Viele junge Männer, die sich bei diesen »Blumenläufen« kennenlernten, blieben auch später gute Freunde.

Ich stand hinten im Theater und beobachtete meine Mutter, Star auf einer Broadwaybühne. Ich, die so viele großartige Auftritte von ihr erlebt hatte, mußte jetzt mitansehen, wie sie sich auf mittelmäßige Weise selbst imitierte. Die schimmernde Erscheinung, der vollendete Körper, die perlrosa Haut, das goldene Haar, die militärische Haltung, der hypnotische Blick aus den berühmten verhangenen Augen – alles war noch da, perfekt und erhaben, aber die Seele fehlte. Ihre sprühende

Energie war von den Geistern der Flasche vertrieben worden. und ihre Kunst war gefangen in Mittelmäßigkeit.

Das Publikum tobte, sie bekam stehende Ovationen, und die »Blumenjungs« rannten mit ihren Sträußen zur Bühne. Dennoch war es wohl eher die Erinnerung an ihren ersten Triumph am Broadway, die auch diese zweite Saison zu einem Erfolg werden ließ.

Ich war nie ein Fan ihrer Bühnenauftritte. Da ich mitgeholfen hatte, den Ablauf ihrer Auftritte zu organisieren, kannte ich jeden Übergang, jede kleinste Geste, jeden Blick, jede Pause und jede Betonung! Von Natur aus ein disziplinierter Soldat, änderte sich im Ablauf ihrer Auftritte nie das kleinste Detail. Selbst wenn sie betrunken war, konnte man eine Stoppuhr danach stellen, wann ein Arm gehoben oder eine Pause gemacht würde; ein Blick unterstrich die Bedeutung einer Liedzeile, ein wohldosiertes kurzes Schweigen, ein Senken des Kopfes. Mit ihrer erstaunlichen Disziplin kopierte sie eine Vorstellung nach der anderen, Abend für Abend, Jahr für Jahr. Es war dieser eisenstarre Rahmen, der so abhängig war von einer Vitalität, einem plötzlichen Ausbruch magischen Adrenalins, der ihm erst Zauber und Wirkung verlieh und sie zum Leben erweckte.

Alle großen Künstler, die zu lange auf der Bühne stehen, leben mit der Gefahr, irgendwann einmal nur noch ihre eigene Kopie zu sein. Nur daß meine Mutter schon als eine solche begann, und deshalb fiel es ihr schwerer, je mehr Zeit verstrich, ihrer eigenen Kopie neues Leben einzuhauchen. Schließlich erstickten die Drogen sogar den zündenden Funken. Und weil für die Dietrich das Publikum nur aus Zuhörern und Verehrern bestand, kam sie nie auf den Gedanken, daß diese Menschen ihre eigene Lebenskraft in ihre Auftritte einbringen könnten, deshalb griff sie auch dann nicht auf diese Hilfe zurück, wenn sie sie am meisten gebraucht hätte. Blind dafür, daß ihre Zuschauer sie mit ihrer Energie unterstützen könnten, blieb sie für immer der Filmstar – unerreichbar und entrückt da oben sah sie herab auf die Menschen, die gekommen waren, ihr zu huldigen. Das machte ihr die letzten Jahre als Künstlerin schwer und sehr einsam.

Ich war noch bei ihr, als sie beschloß, meinen von einem langen Herzleiden geschwächten Vater aus Los Angeles einfliegen zu lassen. Er sollte ihren Broadwaytriumph miterleben. Die Manschetten seiner schweren Seidenhemden waren verschlissen, die Knize-Anzüge hingen lose am Körper des alten Mannes, sein Vigognemantel war abgetragen. Seine geschwollenen Beine machten ihm das Laufen schwer, und er benutzte den vornehmen Stock, den, den meine Mutter einmal für ihren gebrochenen Knöchel gekauft hatte. Etwas von seiner früheren Eleganz hatte er noch, aber die Autorität, die sie verleiht, war verloren. Er war ein stolzer Mann ohne Stolz.

Seltsam, die beiden Eltern zusammen zu sehen. In der Öffentlichkeit versuchte ich, sie so lange auf den Beinen zu halten, daß man sie für ein glückliches und gesundes Ehepaar hielt. Als ihr Engagement am Broadway auslief, flüchtete sich mein Vater zurück zu seinen struppigen Hunden und restlichen Hühnern, ich zu meiner Familie nach London. Meine Mutter ging nach San Francisco, um dort weiter ihre alterslose, glitzernde »lebende Legende« zu spielen.

*

Im April wurde Martin Luther King ermordet; es war eine spezifisch amerikanische Tragödie. Zwei Monate später – »O nein, nicht noch einmal«, schrien unsere Herzen, als Bobby Kennedy blutend am Boden lag und das Leben aus seinem Körper wich. Dieser scharfe Verstand, dieses Draufgängertum verborgen hinter dieser disziplinierten Intelligenz. Mein Tintenfischjäger lebte nicht mehr!

Meine Mutter war wieder in Australien. Während sie in einer australischen Stadt auftrat, kam ihr Australier in einer anderen durch einen ungewöhnlichen Unfall ums Leben. Verzweifelt rief sie mich an. Da er schon eine rechtmäßige Witwe hatte, konnte die Dietrich ihren Schmerz ebensowenig öffentlich zeigen wie ihr Interesse an den Umständen seines Todes, daher gab sie mir eine Liste australischer Telefonnummern, die ich für sie anrufen sollte, um Einzelheiten über den tragischen Unfall herauszufinden und die richtigen Blumen zu seiner Beerdigung zu schicken. Dann zog sie sich in ihr Zimmer zurück, um zu trauern.

Meine Mutter verließ Australien und kehrte nach Paris zurück, um ihren Lieblingsenkel Michael zu besuchen, der an der amerikanischen Universität in Paris studierte. Sie legte ihre Trauerkleider bald wieder ab und blühte auf. Sie richtete meinem Sohn eine elegante Junggesellenwohnung ein, ließ ihn aber nie lange genug in Frieden, daß er sie auch genießen konnte. Sie hatte ihren eigenen Schlüssel und kam, wann immer es ihr beliebte, um sauberzumachen, den Kühlschrank zu füllen und das Bett zu inspizieren. An den Wochenenden führte sie ihn in teure Restaurants. An die Seite ihres großen, stattlichen Begleiters geschmiegt, betrat sie das Lokal, setzte ihn neben ihre draufgängerischsten homosexuellen Freunde und – wartete. In den Weihnachtsferien kam er nach London und fragte mich um Rat, was er tun könnte, damit sie damit aufhören würde.

Versuchte sie nun bei ihrem Enkel das zu erreichen, was sie bei ihrer Tochter nicht geschafft hatte? »Sie gibt nie auf«, dachte ich. Mir war schon vor langer Zeit der Verdacht gekommen, daß mich meine Mutter unbewußt zu einem lesbischen Lebensstil hatte hinführen wollen, in der Hoffnung, daß ich mich schließlich für diesen Weg ins Erwachsenenleben entscheiden würde. Kein Mann hätte mich ihr dann abspenstig machen können. In späteren Jahren wäre ihr das sicher von Nutzen gewesen. Ihre weder an einen Ehemann noch an Kinder gebundene Tochter wäre jederzeit verfügbar gewesen; meine Mutter hätte mit mir stets eine glückliche, bereitwillige Gefährtin an ihrer Seite gehabt, sowie meine Liebhaberin, die ein zusätzliches Dienstmädchen abgegeben hätte – eine ideale Menage à trois. Die Dietrich verkündete immer: »Alle Homosexuellen vergöttern ihre Mütter.« Und da sie Michael als ihren Sohn betrachtete, war sie wieder dabei, ihre Zukunft abzusichern. Als weiteres kleines Liebespfand hatte sie meinem Sohn ein »paar« – ungefähr hundert – Aufputschtabletten gegeben, die ihm helfen sollten, den »so schwierigen« Lernstoff besser zu bewältigen. Daraufhin tat ich etwas, was ich mir viel zu selten erlaubte: Ich wies sie scharf zurecht. Die Folge war ein schockiertes, empörtes, verständnisloses Schweigen. Das Weihnachtsfest fand diesmal ohne die Legende statt und war herrlich!

*

Judy lag auf dem Fußboden eines Badezimmers. Sie, die schon vor so langer Zeit gestorben war, war nun auch offiziell tot. Ich trauerte um meine Freundin wie um ein lebensunfähiges Kind.

In diesem Sommer betraten die ersten Menschen den Mond.

Und meine Mutter rief mich an: »Liebling, Papa Joe ist gestorben.«
»Ich weiß.«
»Erinnerst du dich an Antibes? Als er noch Botschafter war? Du bist immer mit seinen Kindern schwimmen gegangen. Er war damals schon recht alt, aber süß. Er folgte mir überallhin. Boni war eifersüchtig, und die Jo auch. Von ihr höre ich gar nichts mehr. Seltsam. Sie ist wohl immer noch mit ihren Schwarzen auf dieser Insel.«

Im Dezember starb von Sternberg in Hollywood. Die Dietrich ging nicht zur Beerdigung des Mannes, der sie als Star unsterblich gemacht hatte. Sie spielte auch nicht die Witwe. Oft wird voll ehrfürchtiger Bewunderung erzählt, Marlene Dietrich habe sich dieses letzte, bittere

Lebewohl versagt, weil sie ihrem »Svengali« in seinem letzten, so bedeutsamen Auftritt nicht die Schau stehlen wollte, und sei nach der Beerdigung, in Chinchilla gehüllt, weinend in seinem Haus erschienen, um seine trauernde Witwe liebevoll zu trösten.

Die von uns, die die Dietrich wirklich kannten, wußten, welche Angst sie vor Beerdigungen hatte und wie sie die Presse haßte, die ihr bei dieser Gelegenheit sicher viele intime Fragen gestellt hätte. Wir wußten auch, daß sie sich wieder einmal instinktiv für das Verhalten entschieden hatte, das die Welt später als weiteren Beweis ihres großen Einfühlungsvermögens auslegen, rühmen und weitergeben würde, obwohl ihre Motive eigentlich ganz eigennützig waren. In den folgenden Jahren hofierte sie Jos Witwe ebenso wie seinen Sohn. Dem Bild den Glanz zu belassen tat nie weh. »Man weiß nie, sagte die Witwe ...«

Im Frühjahr 1970 wurden Burt Bacharach die ersten zwei Academy Awards verliehen. Das war nun wirklich einen Telefonanruf wert.

»Liebling, du weißt ja, daß ich Burt liebe, aber ›Raindrops Keep Falling ...?‹ Wohin fallen ihm denn die Regentropfen? Auf'm Kop? Warum? Und so ein Gedudel – darum hat er mich verlassen? Wegen ein paar Regentropfen?« Und sie legte auf.

Wir bombardierten Kambodscha, und in Kent State wurde aus Fanatismus gemordet, was einen Schatten auf Amerikas Geschichte der Freiheit werfen sollte.

In Paris mußte meine Mutter ihre Schuhe und Stiefel größer machen lassen. Von ihrem Quacksalber erhielt sie außerdem täglich Spritzen in die Leistengegend, und sie bereitete sich auf ihre erste Japantournee vor.

Remarque starb und war meiner Mutter zwei volle Trauertage und einen Brief an Freunde von mir wert.

> Ich war allein, als Remarque starb. Aber ich hatte von seiner Krankheit gewußt und versucht, ihn anzurufen; zufällig meldete er sich. Ich sprach mit ihm und schickte ihm jeden Tag Blumen und Telegramme. Ich sorgte dafür, daß sie morgens kamen, weil dieses Flittchen Goddard erst am Nachmittag nach ihrem Schönheitsschlaf kam. Maria schrieb ihm, und ich telefonierte auch mit Rudi, der ihm ein Telegramm schickte, das er kurz vor seinem Tod erhielt – an einem der wenigen Tage, an denen er bei klarem Verstand war.

801

Er hatte viele Schlaganfälle, erholte sich jedoch wieder und schrieb Maria sogar einen Brief, der ihr zeigen sollte, daß er wieder zu schreiben gelernt habe. Ohne seinen Wein, den er über alles liebte, war ihm das Leben dann aber nicht mehr viel wert. Er trank gern viel – nicht wegen der Wirkung, sondern wegen des Geschmacks. Jetzt hat das Flittchen seine ganzen Schätze: die van Goghs, Cézannes, Modiglianis etc., etc. Und die wunderschönen Teppiche – alle unbezahlbar. Vielleicht hat sie ihm deshalb nie erlaubt, mich zu sehen. Vielleicht dachte sie, er würde mir einige seiner Kostbarkeiten überlassen. Eifersucht kann es nicht gewesen sein, da sie ihn nie geliebt hat. Seine Beerdigung am letzten Sonntag konnte ich nicht besuchen. Wenn ich Gabin überlebe, wird es genauso sein. Ich hätte alles haben können, den Namen und das Geld. Aber ich sagte: »Nein.«
Ich konnte das Rudi nicht antun.

Kaum hatte sie ihre »Witwentrauer« abgelegt, mußte sie sie auch schon wieder anlegen, als Charles de Gaulle starb.

*

Meine Mutter war bereits wieder in Paris, als der Herzog von Windsor starb. Als sie mich anrief, lachte sie.
»David ist tot! Erinnerst du dich noch, daß Clifton Webb ihn immer David nannte? Ich war einmal zum Abendessen auf ihrem Schloß. Was für ein Abend! Sie saß da, ›ganz das elegante Skelett‹, und nach dem Essen klatschte sie in die Hände, als würde sie einen Dienstboten rufen, und sagte in diesem affektierten Amerikanisch: ›Geh, David! Zieh deinen Kilt an und führe unseren Gästen deinen Tanz vor!‹ Und dieser Mann, der einmal König war, geht tatsächlich! Und er kommt wie ein Chorjunge aus *Brigadoon* in kompletter schottischer Nationaltracht zurück und vollführt seinen Tanz – auf Zehenspitzen und mit wirbelnden Röckchen! Schrecklich! Und die Hunde! Hast du je ihre häßlichen Hunde gesehen? Sie hecheln! Lange Dinger tropfen aus ihren eingedrückten Nasen, und ihre Glotzaugen tränen! Was für eine Art zu leben! Schreckliche Leute – sie hatten einander verdient!«

Obwohl meine Mutter in London war, als mein Sohn Peter heiratete, erschien sie nicht zur Hochzeit. Unsere Familie war sehr erleichtert, daß uns dieser schöne Tag nicht durch die Anwesenheit der berühmten

Großmutter verdorben wurde, auch wenn es praktisch unmöglich war, den Eltern der Braut ihr Fehlen zu erklären. Im Tagebuch meiner Mutter wird die Hochzeit gar nicht erwähnt. In ihren Tagebüchern hat sie keine Enkel. Sie vermerkte weder die Geburt ihrer Enkel noch die ihrer Urenkel. Natürlich nicht.

Jahrelang hatte ich Verhandlungen geführt, weil wir die Soloshow der Dietrich für das amerikanische Fernsehen aufzeichnen lassen wollten, aber die Forderungen und Sonderwünsche meiner Mutter waren so vermessen und unrealistisch, daß ich keinen Fernsehsender und keinen unabhängigen Produzenten zu einem so riskanten Projekt überreden konnte. Eine ihrer Bedingungen war, daß eine »Sondersendung« für das amerikanische Fernsehen in Europa gedreht werden mußte, und zwar während eines Liveauftritts in einem Theater ihrer Wahl. Orson Welles sollte Regie führen, Bacharach die Aufnahmeleitung übernehmen und ihr Starbeleuchter Jo Davis für die Lichteffekte auf der Bühne sorgen. Alles, bis auf die Farbe des Toilettenpapiers in den Waschräumen, hatte ihrer vollen und uneingeschränkten künstlerischen Kontrolle zu unterstehen. Mit einem solchen »Special«, an dem sie natürlich auch verdienen wollte, wollte die Dietrich in erster Linie für die Nachwelt festhalten, wie stürmisch das Publikum ihre Auftritte feierte. Sie war überzeugt, daß ein ausländisches Publikum sich eher zu Ovationen hinreißen lassen würde als das amerikanische, daher stellte sie sich taub, als wir sie zu überzeugen versuchten, daß die Qualität eines in Amerika gedrehten Films mit Sicherheit erstklassig sein würde, da ihr in diesem Fall alle technischen Möglichkeiten der gesamten amerikanischen Fernsehindustrie zur Verfügung stünden. Was meine Mutter jedoch wirklich wollte, war eine Aufzeichnung ihres Auftritts in der Sowjetunion. Da Künstler ihrer Meinung nach in diesem Land sehr verehrt wurden, hielt sie den Applaus eines russischen Publikums für die allergrößte Auszeichnung. Als Orte zweiter Wahl zog sie noch Kopenhagen, vielleicht auch Paris oder Edinburgh, ja sogar Rio de Janeiro in Betracht.

Als ich 1962 zum erstenmal mit Orson über das Projekt sprach, fixierte er mich mit seinen Knopfaugen und drückte seine abgelutschte Zigarre aus. Dann polterte er mit seiner wundervoll tiefen Stimme los: »Maria, wenn das je spruchreif werden sollte, werde ich verreist und völlig unerreichbar sein. Du brauchst das Marlene jetzt noch nicht zu sagen. Du weißt, wie sie ist. Ihre Idee wird vielleicht nie Wirklichkeit werden, aber falls es irgendwann doch dazu kommt, dann sollst du schon jetzt wissen, daß ich sehr, sehr weit weg sein werde.«

Zehn Jahre später nahm der zu allem bereite und nicht zu entmutigende Alexander Cohen die Herausforderung an; er sollte den Entschluß später noch bereuen. Nach monatelangen Verhandlungen, in denen ich meiner Mutter zu erklären versuchte, wie ungeheuer schwierig und aufwendig es sein würde, erfahrene amerikanische Filmteams und ihre hochkomplizierte Ausrüstung wegen einer Fernsehshow ins Ausland zu verfrachten, die man besser in einem Studio im kalifornischen Burbank aufgenommen hätte, fand Alex schließlich in London ein freies Theater, mit dem meine Mutter einverstanden war, so daß die Vorbereitungen endlich beginnen konnten. Wie eine Armee, die sich auf die Schlacht vorbereitet, trommelten wir unsere Truppen zusammen. Dann ging jeder an seine Aufgaben. Unser oberstes, gemeinsames Ziel war, unseren Star in Form und bei Laune zu halten, damit sein wundervoller Auftritt gefilmt werden konnte. Während Alex mit Sponsoren, Gewerkschaften und der englischen Fernsehanstalt BBC verhandelte, hatte ich dafür zu sorgen, daß die Dietrich mitmachte und zufrieden war. Außerdem achtete ich auch heimlich darauf, daß sie so nüchtern wie möglich blieb.

Meine Mutter sollte im Savoy-Hotel untergebracht werden. Dieses elegante Etablissement war wegen seiner schönen Zimmer mit Blick auf die Themse und wegen seines flinken, diskreten und gewissenhaften Personals das Londoner Lieblingshotel meiner Mutter.

Die Luxussuite, die dort auf sie wartete, war wie ein Traum aus »Aschenputtel. Alles war perfekt vorbereitet und wartete nur darauf, daß unsere Königin die ganze Pracht mit ihrer Anwesenheit beehren würde. Vor ihrer Ankunft hatte ich zwei Tage lang Zeit, um diese schönen Gemächer in das »Hauptquartier« der Dietrich umzuwandeln. Ich war der beste Quartiermeister, den die Dietrich je hatte. Nicht nur, weil ich sie besser kannte als irgendwer sonst, sondern weil ich der Meinung war, daß man sich Leute, auf deren Zusammenarbeit und Unterstützung man angewiesen war, nicht zu Feinden machen sollte.

Ich hielt es daher nur für fair, das Savoy-Hotel vorzuwarnen und den Verantwortlichen dort in groben Zügen zu erklären, wie sie mit den bevorstehenden Turbulenzen umzugehen hatten, die unter Umständen nicht nur das reibungslose Funktionieren des gesamten Hotelbetriebs beeinträchtigen würden, sondern auch das Privatleben des Personals in Mitleidenschaft ziehen konnten. Ein normaler Mensch, der wie ein Sklave behandelt wird, reagiert gewöhnlich mit Anzeichen akuten Stresses. Ich versuchte, mich im Hotel als jemand einzuführen, bei dem man Sorgen und Beschwerden abladen konnte. Diesmal hatte ich Glück. Ein eifriger, junger Assistent der Direktion war beauftragt worden, sich um die ganz speziellen Wünsche von Miss Dietrich zu kümmern. Er war schon damals einer der seltenen Menschen, die instinktiv wußten, wie man mit prominenten Menschen umzugehen hat und wie man ihre Probleme mit möglichst minimalem Aufwand löst. Heute ist dieser sympathische Mann weltweit für die Sonderveranstaltungen der Ciga-Hotels verantwortlich und läßt des öfteren die charmante Bemerkung fallen, daß die Empfehlungen, die ich ihm damals für den Umgang mit der Dietrich gegeben hätte, für einen jungen Mann, der gerade am Anfang einer Karriere zum Hoteldirektor stand, eine sehr wertvolle Lektion gewesen seien.

»Frau Riva? Darf ich mich vorstellen? Ich bin Herr Buttava. Kann ich Ihnen behilflich sein?«

»Und wie, Herr Buttava! Haben Sie ungefähr drei Stunden Zeit für mich?«

Meine amerikanische Überschwenglichkeit ließ den kleinen, rundlichen Mann vor Verblüffung erröten. »Aber gewiß doch, Madam.«

»Wundervoll! Kommen Sie, lassen Sie uns gleich zusammen die Gemächer von Miss Dietrich inspizieren; dann werde ich versuchen, Ihnen zu erklären, welche Änderungen wir vornehmen müssen.« Mit diesen Worten schritt ich auf den versteckten Aufzug in der eleganten Empfangshalle zu, die aus der Zeit König Edwards stammte. Die Schöße von Herrn Buttavas Cut flatterten, als er mir nacheilte. Am Eingang der Luxussuite blieben wir einen Moment lang stehen und genossen ihre Schönheit. Sie war ein wahrer Traum in Pink, Gelb, Pfirsichrosa und Lavendelblau; überall standen Blumen, alles funkelte, und der großartige Ausblick auf das Ufer der Themse war von Brokat und Spitzen eingerahmt.

»Wie schön Sie alles hergerichtet haben! Vielen Dank! Aber meine Mutter ist kein Filmstar vom Schlag einer Elizabeth Taylor. Ich werde ganz offen zu Ihnen sein, Herr Buttava. Wenn unsere Zusammenarbeit funktionieren soll, dann muß ich Ihnen vertrauen können, und ich habe das Gefühl, daß ich das kann. Lassen Sie uns jetzt mit dem größten Badezimmer anfangen.«

Wir öffneten eine getäfelte Tür. Dahinter führten zwei Stufen in einen pinkfarben gekachelten Ballsaal!

»Herr Buttava, hören Sie mir bitte gut zu. Was ich Ihnen jetzt sage, darf niemand erfahren! Wirklich niemand! Sie müssen mir Ihr Wort darauf geben. Sollte Miss Dietrich jemals herausfinden, daß ich Ihnen davon erzählt habe, bringt sie mich um. Meine Mutter hat Probleme mit der Durchblutung ihrer Beine. Sie darf sich auf keinen Fall verletzen. Alles, was dazu führen könnte, daß sie stolpert, danebentritt oder fällt, ist äußerst gefährlich. Auch eine noch so geringfügige Verletzung an ihren Füßen oder Beinen würde wegen dieser Durchblutungsstörung nicht verheilen. Wundbrand wäre die Folge, am Ende vielleicht sogar eine Amputation. Daher müssen diese Räume so hergerichtet werden, daß sie sich sicher darin bewegen kann. Stufen, die ins Badezimmer führen, gehen nicht. Sie könnte vergessen, daß sie da sind, und stolpern. Das Badezimmer hier können wir nur zum Haarewaschen und zum Abstellen diverser Utensilien verwenden. Zeigen Sie mir bitte, wie das andere Badezimmer aussieht.«

Das zweite Bad war kein Ballsaal. Es hatte ein Fenster, das Tageslicht hereinließ, aber dafür keine Stufen. Es mußte genügen.

»Gut. Wir werden das Fenster mit einem Vorhang aus schwerem Tuch verdunkeln. Miss Dietrich legt ihr Make-up für ihren Auftritt nicht in der Garderobe des Theaters, sondern immer im Hotel auf, deshalb brauche ich einen Elektriker, der eine Reihe von Lampen über dem Spiegel anbringt. Die Glühbirnen müssen von einem Netz umgeben sein, das ihr Gesicht vor Verletzungen schützt, falls eine aus irgendwelchen Gründen explodiert. Diese Tür muß entfernt werden, damit sie ungehindert hin- und hergehen kann. Entlang dieser Wand brauche ich zwei Tische für das Make-up, und auf der Badewanne ein Brett für die Perückenständer. Außerdem brauchen wir eine Spezialsteckdose für ihre Lockenscheren. Lassen Sie das Zimmermädchen bitte alle Handtücher und insbesondere sämtliche Badematten und Badevorleger entfernen. Die Hausdame soll ihren Leuten einschärfen, daß dieses Badezimmer nicht berührt werden darf. Auch die Handtücher dürfen nicht gewechselt werden. Miss Dietrich benutzt ihre eigenen Make-up-Handtücher und wird diesen Bereich selbst reinigen. Im anderen Badezimmer brauchen wir immer mindestens zwölf extragroße Badetücher zum Haarewaschen, aber auch dort sollen die Zimmermädchen unbedingt darauf achten, daß keinerlei Badematten oder -vorleger herumliegen. Die spezielle Gummimatte für die Badewanne habe ich hier in meiner Tasche. Bitte stellen Sie sicher, daß die Zimmermädchen, die die Wanne putzen, die Matte hinterher jedesmal wieder richtig hineinlegen. Diesen Stuhl brauchen wir hier drinnen auch nicht. Miss Dietrich setzt sich zum Schminken nie hin.

Lassen Sie uns jetzt das Schlafzimmer durchgehen. Das Hotel hat doch sicher noch einige der Vorhänge zum Verdunkeln, die man während des Krieges benutzte. Bitte lassen Sie sie heraufbringen und an den Schlafzimmerfenstern von Miss Dietrich anbringen. Da sie im Schlafzimmer künstliches Licht bevorzugt, können wir die Ränder der Vorhänge ankleben. Selbst der kleinste Strahl Tageslicht weckt sie sofort auf. Ich werde außerdem in allen Räumen die Ränder der Teppiche mit Klebeband festkleben, um zu verhindern, daß sie irgendwo über hochstehende Teppichkanten stolpert. Außerdem wird über jeder Türschwelle ein selbstleuchtendes Klebeband angebracht. Das ist eine Vorsichtsmaßnahme für den Fall, daß sie nachts aufsteht; sie sieht dann sofort, wohin sie in der Dunkelheit die Füße setzen muß. Sie müssen dem ganzen Personal einschärfen, daß dieses spezielle Band niemals entfernt werden darf.«

Das Savoy verfügt über einen ausgezeichneten Zimmerservice. Auf jedem Stockwerk gibt es eine voll ausgerüstete Küche mit einem eigens dafür zuständigen Zimmerservicechef. Dieser Mann war der nächste auf meiner Liste.

»Gnädige Frau, das ist Charles. Er ist für dieses Stockwerk zuständig.«

»Charles, als erstes möchte ich Ihnen mein Beileid aussprechen. Die nächsten Wochen werden mörderisch werden. Aber vielleicht kann ich Ihnen ein paar Tips geben, die Ihnen die Arbeit etwas erleichtern und verhindern, daß Miss Dietrich sich allzusehr aufregt. Erstes und oberstes Gebot: Wenn Miss Dietrich klingelt, schnappen Sie die Menükarte und rasen Sie los. Reagieren Sie immer so, als handle es sich um einen Notfall. Das sollten Sie übrigens besser auch den Telefonistinnen sagen, Herr Buttava; sobald sie auf ihrem Schaltbrett ein Lämpchen für ein Telefon dieser Suite aufleuchten sehen, müssen sie sich so beeilen, als ginge es um Leben und Tod. Ich werde später noch mit jeder Telefonistin persönlich sprechen, aber dieser Grundsatz gilt für alle. Je schneller man die Anweisungen von Miss Dietrich befolgt, desto mehr schont man langfristig die Nerven aller Beteiligten. Nun wieder zu Ihnen, Charles. Sie brauchen Miss Dietrich die Mahlzeiten nicht zu servieren. Wenn Sie hereingebeten werden, rollen Sie einfach den Tisch ins Zimmer und rücken alles kurz zurecht; warten Sie nicht, bis sie sich gesetzt hat, und erwarten Sie nicht, daß sie Quittungen für den

Zimmerservice unterschreibt. Eine kurze Verbeugung, und Sie können wieder gehen. Miss Dietrich ist keine Amerikanerin und hegt daher eine Abneigung gegen mit Eiswasser gefüllte Gläser. Sie mag auch keine in Eiswasser schwimmenden Butterröllchen. Sorgen Sie dafür, daß sich stets genügend geschrotetes Roggenbrot und Pumpernickel im Brotkörbchen befinden. Versuchen Sie niemals, Miss Dietrich zu überzeugen, daß der Kaffee frisch gebrüht ist, wenn er eine Viertelstunde gestanden hat, während Sie auf ihre Bestellung gewartet haben. Machen sie grundsätzlich nie den Versuch, sie von irgend etwas zu überzeugen. Denken Sie stets daran, daß sie immer recht hat, so ungerecht Ihnen und Ihren Leuten das auch erscheinen mag. Wenn sie Brokkoli bestellt hat und aus irgendeinem unerklärlichen Grund statt dessen Spinat hochgeschickt wird und Sie daraufhin um eine Erklärung für dieses Verbrechen gebeten werden, dann gibt es für Sie nur einen Weg, die Suite zu verlassen, ohne Ihren Job zu verlieren: Sie müssen sich verbeugen, Miss Dietrich tausendmal um Entschuldigung bitten und versichern, daß höchstwahrscheinlich einer der jungen Lehrlinge, die bei den erstklassigen Chefköchen des Savoy eine Ausbildung machen, für diesen Fehler verantwortlich sei und daß Sie seine Nachlässigkeit sofort melden würden. Nur damit können Sie Miss Dietrich soweit besänftigen, daß sie Ihnen ein solches Vergehen verzeiht.«

Anschließend nahm ich mir den Hausmeister, den Portier, die Pagen, die Blumenmädchen und den Chauffeur vor. In den darauffolgenden Wochen unterstützte ich meine kleine Armee mit unzähligen weiteren Tips und, was noch wichtiger war, mit sehr viel Dankbarkeit.

Unser Star traf schon einige Wochen vor Probenbeginn ein. Neue Perücken mußten in Auftrag gegeben und alte neu eingefärbt und zurechtfrisiert werden; auch die eigene Lockenpracht wurde gewaschen und in Form gebracht. Ich glaube, es war Vivien Leigh, die meine Mutter zum erstenmal dem genialen Perückenmacher Stanley Hall vorstellte. Während eines gemeinsamen Abendessens mit den Oliviers staunte die Dietrich über Viviens schönes, volles Haar; sie wußte, daß Vivien immer unter starkem Haarausfall gelitten hatte, und fragte deshalb, welche Tabletten sie dagegen eingenommen habe. Meine Mutter erzählte mir später, Vivien habe lachend nach dem Band gegriffen, das um ihren Kopf geschlungen war, und es dann zusammen mit dem größten Teil ihrer daran befestigten Haare vom Kopf gezogen. Das Handwerk des Perückenmachens hat in England eine ganz besondere Tradition, da dort die meisten Schauspieler nicht nur in historischen, sondern auch in modernen Dramen Perücken tragen. Stanley Hall und seine Mitarbeiter beherrschten ihr Handwerk meisterhaft. Sie verwendeten Echthaar bester Qualität und färbten und frisierten es mit einer solchen Kunstfertigkeit, daß ihre Perücken und Haarteile nicht nur zu besonderen Anlässen, sondern jeden Tag getragen werden konnten. Das raffiniert an einem Haarband befestigte Zweithaar, das meine Mutter an Vivien Leigh so beeindruckt hatte, halblange, auf und ab wippende glänzende Locken, wurde von da an zu ihrer offiziellen Frisur. Sie trug sie für den Rest ihres Lebens. Meine Mutter hatte Dutzende solcher Haarbänder. Die künstlichen Locken hatten exakt die gleiche Farbe wie ihre eigenen Haare, die vor dem Haarband herausschauten. Die Farbe des Samtstoffs, mit dem sie die Bänder überzog, damit sie nicht verrutschen konnten, war teilweise auf ihre Garderobe abgestimmt; am liebsten und häufigsten trug sie Bänder aus beigem Samt, die dem Farbton ihrer eigenen Haare entsprachen und den Übergang zwischen eigenen und falschen Haaren am besten verdeckten.

Es war wirklich ein Wunder, daß die Sendung für das amerikanische Fernsehen dann doch noch irgendwie fertig wurde. Cohen erfüllte seinem Star jeden Wunsch; er ging auf all ihre Marotten ein, und bezahlte sie manchmal sogar aus seiner eigenen Tasche. Als sie merkte, daß irgend etwas nicht stimmte, daß es vielleicht doch ein Fehler gewesen war, darauf zu bestehen, daß der Film in einem richtigen Theater und in Europa gedreht wurde, geriet sie in Panik. Wie gewöhnlich gab sie jedem außer sich selbst die Schuld und lehnte es ab, sich Ratschläge anzuhören; sie suchte Trost im Alkohol, um der Wahrheit nicht ins Auge blicken zu müssen. Ich fahndete überall nach den Whiskeyflaschen, die sie an den abwegigsten Stellen versteckte. Ich verdünnte den Scotch, den ich fand, mit Wasser, bat um Pausen, wenn ich das Gefühl hatte, sie könnte jeden Moment zusammenbrechen, und betete, daß die Sponsoren, die sie besuchten, nicht bemerkten, in was für einem Zustand sie sich befand.

Gewöhnlich stellen sich Kollegen aus der Unterhaltungsindustrie vor und während der Arbeit mit einem bekanntermaßen alkoholkranken Star unbewußt auf dessen Schwächen ein; da der Alkoholismus der Dietrich jedoch ein so streng gehütetes Geheimnis war, wurden ihr solche psychologischen Rücksichten nicht zuteil. Man registrierte und beurteilte ihr offensichtlich undiszipliniertes, nachlässiges und beleidigendes Verhalten ohne jenes wohlwollende Verständnis, das man ihr wahrscheinlich entgegengebracht hätte, wenn ihr Problem von vornherein bekannt gewesen wäre. Nach dem Fiasko des Fernsehfilms ließ meine Mutter in Interviews durchblicken, der Film sei nur deswegen nicht ganz gelungen, weil ihr Produzent seine Versprechungen nicht gehalten habe. Daraufhin verklagte Alexander Cohen die Dietrich wegen Verleumdung, wozu er meiner Meinung nach auch guten Grund hatte. Loyalität zu Arbeitskollegen gehörte nicht zu den Stärken meiner Mutter, auch wenn der Dietrich-Mythos ihr diese Tugend stets zuschreibt. Wer als erster mit einem Angebot zu ihr vordrang und sie zudem noch auf eine Weise zu bearbeiten verstand, die ihrem Selbstwertgefühl schmeichelte, bekam den Zuschlag. Sie setzte Exklusivverträge auf, als handle es sich um Postkarten.

In späteren Jahren machte jeder, der beruflich integer war, einen weiten Bogen um sie. Man konnte ihr nicht trauen. Machtmenschen fallen anderen oft in den Rücken.

Da sie für ihren Fernsehfilm die Werbetrommel rühren wollte, kehrte sie nach New York zurück, um Milton Greene Modell zu sitzen. Das berühmte Bild, das eine von Kopf bis Fuß in einen Mantel aus Schwanenfedern gehüllte, darunter aber anscheinend nackte Dietrich zeigt, von der nur ein Bein zu sehen ist, entstand zu dieser Zeit. Wegen der prächtigen Farben und der goldenen Perücke wäre niemand auf die Idee gekommen, daß sie damals schon einundsiebzig war; dennoch, irgend etwas an dem Bild stimmte absolut nicht. Als ich es zum erstenmal sah, mußte ich an meinen alten Freund aus San Francisco denken, so sehr sieht sie darauf wie eine »Tunte« aus, die die Dietrich mimt, obwohl sie nur sich selbst in Szene setzt. Als schließlich noch nach ihren Wünschen alles mögliche aus dem Bild wegretuschiert wurde, wirkte es noch viel unechter als zuvor – abgesehen von dem leicht geschwollenen Fuß, den sie nicht völlig verschwinden lassen konnte.

Watergate. Nixon wurde mit überwältigender Mehrheit wiedergewählt. Nur eine Truppe von 24 000 Soldaten blieb in Vietnam; ungefähr 47 000 Soldaten waren in glänzenden, neuen Särgen nach Hause zurückgekehrt, weitere 305 000 bevölkerten die Lazarette; dort versuchten sie sich von mehr als nur von körperlichen Verletzungen zu erholen.

Da meine Mutter zu der Zeit nach Paris zurückgekehrt war, als Chevalier im Sterben lag glaubten natürlich alle, sie wollte an sein Sterbelager eilen, um ihm ein letztes Lebewohl zu sagen, doch in Wirklichkeit war ihr Flug nach Paris schon lange vor diesem Ereignis gebucht worden. Trotzdem setzte dieser Zufall ihrer Legende ein weiteres Glanzlicht auf. Jahre später dachte sie sich eine rührende Geschichte aus, damit niemand herausfand, daß Chevalier sie nicht sehen wollte, als sie blaß und schön im Krankenhaus auftauchte.

»Als Chevalier im Sterben lag, flog ich extra nach Paris, nur um bei ihm zu sein. Als ich im Krankenhaus ankam, sagten sie mir, er hätte befohlen, mich nicht ins Zimmer zu lassen! Weißt du warum? Er wollte nicht, daß ich ihn so sah. Er liebte mich so, daß er darauf verzichtete, mich ein letztes Mal zu sehen – damit ich nicht leiden mußte. Wunderbarer Mann!«

Anschließend kehrte sie in die Staaten zurück, um dann nach England zu fliegen. Da man sie jetzt manchmal in einem Rollstuhl zum Flugzeug bringen oder vom Flughafen abholen mußte und die Pressefotografen sie unter keinen Umständen im Rollstuhl erwischen und ablichten durften, waren diese heimlichen Manöver ein Alptraum. Noël starb in seinem Haus auf Jamaica. Seine berühmte Freundin machte das Rauchen und seinen Mangel an Disziplin für seinen Tod verantwortlich.

»Siehst du? Ich habe nach unserer Wette nie mehr geraucht und lebe noch, aber der arme Noël konnte es einfach nicht lassen. Er war mein Freund. Jetzt werden seine zwei Chorknaben diese schönen Häuser erben, und alles andere auch! Wie schrecklich! Sie werden wie die Könige von Noëls Geld leben. Na ja, immerhin waren sie die ganzen Jahre bei ihm; vielleicht haben sie es sogar verdient.«

Am 17. Mai 1973 feierten meine Mutter und mein Vater goldene Hochzeit – mein Vater drehte in San Fernando Valley Hühnchen den Hals um, während sie in Paris mit ihrem »Neuesten« zu Mittag aß und sich sehr über einen Reporter ärgerte, der von diesem Jahrestag erfahren hatte. Sie bestand darauf, daß er sich irre, da ich ja erst fünfundzwanzig sei, und beschloß, ihn zu verklagen.

Am 7. November beendete meine Mutter im Shady-Grove-Theater in Maryland am Rand von Washington D.C. unter dem stürmischen Applaus des vollen Hauses ihre dritte Zugabe. Da die Sitzreihen im Halbkreis um die Bühne angeordnet waren, hatte sie sich mit dem Mikrofon immer wieder gedreht, um alle Zuschauer in ihren Auftritt einbeziehen zu können. Jetzt machte sie ein paar Schritte zum Bühnenrand, um dem Orchester und ihrem persönlichen Dirigenten zu danken. Sie setzte zu ihrer berühmten Verbeugung an: Mit durchgedrückten Knien bog sie ihren Oberkörper so weit hinunter, daß ihre Perücke beinahe den Boden berührte. Als Geste der Anerkennung deutete sie dabei mit dem ausgestreckten rechten Arm auf den Dirigenten Stan Freeman. Plötzlich taumelte sie und stürzte von der Bühne in den Orchestergraben. Als Freeman sie fallen sah, sprang er sofort auf seinen Klavierstuhl und versuchte verzweifelt, sie aufzufangen; er bekam sie jedoch nicht mehr rechtzeitig zu fassen. Sie lag bewegungslos zwischen den Notenständern. Als besorgte Hände sich nach ihr ausstreckten, fauchte sie: »Faßt mich nicht an! Räumt das Theater! Räumt das Theater!«

Das schrille Klingeln des Telefons riß mich aus dem Schlaf. Ich tastete nach dem Hörer und hörte die Garderobiere meiner Mutter aufgeregt sagen: »Maria, wir rufen dich aus der Garderobe an. Es ist etwas passiert. Ich gebe dir deine Mutter ...«

Ich bin sofort hellwach.

»Mass?«

Ich höre sie schwer atmen und nach Worten ringen. Ich sehe kurz auf meine Uhr. Halb fünf. Wenn es in London halb fünf Uhr morgens ist, muß es in Maryland jetzt halb zwölf abends sein. Die Vorstellung ist also gerade zu Ende.

»Okay, Mass. Hole tief Luft, sprich langsam und erzähl mir, was passiert ist.« Meine Worte klingen wie militärische Befehle, denn nur so kann man sie erreichen und sie sieder zur Besinnung bringen.

»Ich bin gestürzt«, flüstert sie.

Angst und Schrecken überfallen mich. Ich belle meine Fragen geradezu heraus.

»Ist was gebrochen?«

»Nein.«

Obwohl ich weiß, daß die Perücke ihren Kopf bei einem Sturz schützt, muß ich sie fragen: »Hast du dir den Kopf angeschlagen?«

»Nein.«

»Also. Und jetzt sag mir, hast du dir die Beine angeschlagen?«

»Ja.«

Oh, mein Gott! Ich hole tief Luft und frage weiter: »Welches?«

»Das linke.«

Mein Gott, ausgerechnet das schlechtest durchblutete. »Und jetzt erzähle mir langsam und ganz genau, was passiert ist.«

Der Schock hat ihre Stimme leise werden lassen, sie klingt wie ein kleines Mädchen, das von einem Unfall in der Schule erzählt.

»Du weißt ja, wie ich mich am Schluß immer verbeuge und den Dirigenten vorstelle, wie ich mit der Hand auf ihn zeige, damit das Publikum mich versteht, nicht? – Nun, heute abend dachte Freeman aus irgendeinem lächerlichen Grund, ich wolle ihm die Hand schütteln, also sprang er auf seinen Klavierstuhl, griff nach meiner Hand, verlor die Balance, stürzte und zog mich von der Bühne hinunter. In dem Augenblick, als ich auf dem Boden aufschlug, wußte ich bereits, daß es nichts Schlimmes war – das Kleid war in Ordnung, und die Perücke saß noch. Aber du weißt, daß ich in diesem engen Kleid nicht aufstehen kann, und ich wollte nicht, daß das Publikum mich sieht ... also lag ich nur regungslos da und schrie die entsetzten Musiker an, sie sollten mich in Ruhe lassen und dafür sorgen, daß das Theater geräumt würde. Dann spürte ich eine komische Nässe auf meinem Fuß und sah, daß es Blut war. Da war mir klar, daß man mich zur Garderobe zurücktragen mußte, und das durfte das Publikum nun wirklich nicht sehen, also blieb ich auf dem Boden liegen, bis alle gegangen waren und man mich holte. Ich habe nur immer wieder gesagt: ›Ruft meine Tochter an – ruft Maria an!‹«

»Jetzt bin ich hier. Nun hör mir gut zu. Zieh auf keinen Fall die Strumpfhose aus! Und den Gummistrumpf darunter erst recht nicht! Wickle ein sauberes Handtuch um das Bein, laß alles, wie es ist, und sieh zu, daß du so schnell wie möglich ins Walter Reed Hospital kommst! Laß sie deinen Fuß nicht anfassen, bevor sie wissen, daß du an Durchblutungsstörungen leidest.«

Sie unterbricht mich: »Wir haben die Strumpfhose schon ausgezogen. Das mußten wir; sie war voller Blut, und der Gummistrumpf auch.«

Jetzt wußte ich, daß meine Mutter in ernsthaften Schwierigkeiten war. Als man ihr den Gummistrumpf vom Bein gezogen hat, anstatt ihn wegzuschneiden, war zweifellos auch ein Teil der wertvollen Haut mit weggerissen worden.

Wieder etwas gefaßter entgegnete sie mir: »Ich kann nicht ins Krankenhaus. Die Fotografen, die Reporter ...«

Ich suche bereits die Telefonnummer der PanAm heraus.

»Mass, ich komme. Wenn du nicht in ein Krankenhaus gehen willst, mußt du zumindest einen Arzt anrufen. Du darfst keine Infektion bekommen, hörst du? Ein Arzt muß die Wunde säubern und verbinden und dir die notwendigen Medikamente geben. Außerdem brauchst du eine Tetanusspritze – der Theaterboden ist schmutzig. Ruf Teddy Kennedy an. Er kann dir den besten Spezialisten in Washington nennen.«

»Du kommst? Wann?«

»Der nächste Flug geht hier in London um zehn Uhr ab. Ich werde versuchen, ihn noch zu erwischen. Bald bin ich bei dir.« Es war inzwischen fünf Uhr morgens. »Ich werde heute gegen sechs Uhr deiner Zeit ankommen. Ich will, daß du dir jetzt zwei Stück Würfelzucker in den Mund steckst und sie unter deiner Zunge zergehen läßt. Man soll dich in eine Decke einwickeln und dich warm halten und zum Hotel bringen. Und lagere deinen Fuß nicht hoch.«

»Nicht hochlegen?« Aus der Art, wie sie das fragte, konnte ich schließen, daß sie genau das getan hatte.

Ich bekam einen Platz in der nächsten Maschine. Da Bill sich gerade geschäftlich in New York aufhielt, rief ich meinen verheirateten Sohn an, der ebenfalls in London lebt.

»Pete, entschuldige bitte, daß ich dich so früh am Morgen anrufe, aber ich brauche deine Hilfe.«

»Ja, Mom. Was gibt's?«

»Sie ist in Washington gestürzt und hat sich das Bein aufgerissen.«

»Mein Gott!«

»Ich muß unbedingt hin ... Können Sandy und du sich um Paul und David kümmern?«

»Natürlich! Wir kommen gleich rüber, richten ihnen das Frühstück und bringen sie zur Schule. Mach dir keine Sorgen, Mom. Wir werden uns hier in London um alles kümmern. Flieg ruhig los!«

Am späteren Nachmittag traf ich in Washington D.C. ein und eilte sofort zur Hotelsuite meiner Mutter. Sie war gerade dabei, ihr nässendes Bein zu bandagieren und sich für den abendlichen Auftritt im Theater vorzubereiten. Die Wunde war tief und ungefähr so groß wie eine Männerfaust. Wegen der schlechten Durchblutung hatte die Wunde fast sofort nach dem Unfall zu bluten aufgehört; aus demselben Grund hatte meine Mutter auch keine Schmerzen. Eine Infektion war nun die größte Gefahr.

Senator Kennedy hat sich für mich seit jenen längst vergangenen Sommertagen des Jahres 1938, als er noch der kleine »Teddy« war, nicht verändert. Hilfsbereitschaft und Gewissenhaftigkeit waren Tugenden, die er sehr ernst nahm. Man brauchte damals nur zu sagen: »Ach, Teddy, ich habe mein Buch vergessen«, und schon setzten sich seine rundlichen, kleinen Beine in Bewegung und machten sich auf den Weg vom Strand zum Hotel. Auf seine Intervention hin hatte sich das große Bethesda-Krankenhaus bereit erklärt, meine Mutter sofort aufzunehmen. Als sie sich weigerte, dorthinzugehen, gab er ihr die Nummer eines vertrauenswürdigen Arztes in Washington. Die persönliche Tragödie, die seine Familie getroffen hatte, erwähnte er mit keinem Wort. Wenige Tage später sollte seinem an Knochenkrebs erkrankten Sohn ein Bein amputiert werden.

Natürlich mußte ich meine Mutter dazu zwingen, dem Arzt die Wunde zu zeigen. Da er ihr weder Befehle erteilte noch »Wundermittel« verschrieb, mochte sie ihn nicht. Er war ein guter Arzt und wußte, daß das Bein ohne ausreichende Durchblutung nicht heilen konnte. Da eine Operation für meine Mutter nicht in Frage kam, lehnte sie es von vornherein ab, überhaupt über diese Möglichkeit zu sprechen. Der Arzt konnte lediglich versuchen, sie vor den Gefahren einer Infektion zu schützen, indem er ihr Spritzen und Antibiotika verabreichte und die Wunde durch einen sachgemäßen Verband so steril wie möglich hielt, alles in der Hoffnung, daß sie bald zu Verstand kommen würde. Keine seiner Maßnahmen stellte sie zufrieden, daher rief sie Professor de Watteville in Genf an, um ihn um Rat zu fragen. Da dieser meine Mutter sehr gut kannte, verschrieb er ihr alle neuen Wundermittel, die ihm nur einfielen, größtenteils Vitamine, harmlose Hormone und Eiweißkonzentrate, und da diese Medikamente in Amerika nur schwer erhältlich waren, wurde ein Kurierdienst eingerichtet. Als er meine Mutter an ihren schlechten Kreislauf erinnerte, hängte sie einfach auf. Ich bestand darauf, alle weiteren Auftritte in Washington abzusagen.

Untätigkeit machte meine Mutter verrückt. Wenn ich ihr schon nicht »erlauben« wollte, zur Arbeit zu gehen, dann konnte ich zumindest zulassen, daß sie die Hotelsuite in eine Erste-Hilfe-Station umfunktionierte. Ein Feldlazarett einzurichten war genau die richtige Beschäftigung für sie. Sie übernahm sofort das Kommando über die kleine Küche, die zur Luxusausstattung ihrer Suite gehörte, desinfizierte die Wände und Ablageflächen und stapelte darauf alle Artikel für den medizinischen Bedarf, die im Bundesstaat Columbia erhältlich waren. Als sie damit fertig war, hätten wir in dieser Küche Hirnoperationen durchführen können.

Während meine Mutter voller Eifer und Begeisterung ihr mobiles Operationslazarett einrichtete, kümmerte ich mich um die geschäftlichen Angelegenheiten. Obwohl ich stark bezweifelte, daß es ihr möglich sein würde, die Tournee fortzusetzen und am 26. in Montreal aufzutreten, bat ich die Musiker, die sie auf ihrer Tournee begleiteten, sich trotzdem bereit zu halten und auf meinen Anruf zu warten. Ich rief Bill in New York, Michael in Los Angeles und meine anderen Kinder in London an, um sie über den Stand der Dinge zu unterrichten. Es war typisch für meine Mutter, daß sie mich gar nicht nach ihnen gefragt hatte.

Am nächsten Tag sprach mich ein sehr mitgenommener Stan Freeman in der Eingangshalle des Hotels an. Seine blutunterlaufenen Augen sahen mich forschend an, als er mit flehender Stimme sagte: »Maria! Ich habe deine Mutter nicht von der Bühne gerissen! Ich schwöre es! Sie sagt, ich hätte es getan, aber das stimmt nicht! Ich könnte ihr niemals etwas zuleide tun. Das mußt du mir glauben!«

Ich versuchte ihn zu trösten: »Natürlich hast du das nicht getan, Stan. Wir beide kennen den wirklichen Grund für den Sturz meiner Mutter. Ich weiß, es ist schrecklich für dich, aber die Dietrich kann den Leuten jede Lüge auftischen, an die sie selbst glauben will, und alle werden ihre Worte für bare Münze nehmen. Wir haben alle weiteren Auftritte hier in Washington abgesagt. Aber halte dich bereit. Du kennst sie ja, vielleicht tritt sie schließlich doch noch in Montreal auf. Denk daran, wenn die Dietrich dich zum Schuldigen gemacht hat, dann gibt es nichts, was wir Normalsterbliche dagegen tun könnten. Du mußt dich jetzt unbedingt ein wenig hinlegen. Versuche, das alles zu vergessen. Wer dich mag, weiß, wie es wirklich war, und nur das zählt.«

Gut gesagt! Wie oft hatte ich selbst versucht, diesen guten Rat zu befolgen, und wie oft war mir dies nicht gelungen.

Die Wunde schloß sich nicht, und immer noch sickerten kleine Mengen wertvoller Proteine aus dem verletzten Gewebe. Wir wurden wahre Experten im Wechseln von nassen Verbänden. Aus der Schweiz trafen die neuen Medikamente ein, also engagierten wir eine Krankenschwester, die meiner Mutter täglich Spritzen geben mußte. Meine Mutter war wohlauf. Nicht nur, weil ich die ganze Zeit für sie da war, sondern auch, weil ihr diese Ruhepause wirklich guttat. Zu Thanksgiving ließen wir uns vom Zimmerservice sogar einen Truthahn heraufbringen.

»Ich weiß doch, daß du unerträglich wirst, wenn man dich um dein geliebtes Thanksgiving bringt, außerdem hat dieses amerikanische Hotel heute wahrscheinlich sowieso nur dieses alberne Gericht auf der Speisekarte!«

Sie weigerte sich, zuzugeben, daß ihre Wunde nicht verheilen wollte, und bestand darauf, den Tourneevertrag zu erfüllen und nach Montreal weiterzureisen. Ich hatte das Gefühl, daß ich sie zumindest noch bis zum Ende ihres nächsten Auftritts begleiten mußte. Ich wollte dasein, falls das verletzte Bein ihr doch mehr Schwierigkeiten machte und sie damit nicht mehr umgehen konnte. Ich war mir nicht sicher, ob sie mit diesem Bein die Strapazen einer ganzen Vorstellung durchstehen würde. Während der Ruhetage in Washington hatte ich stets ihren Scotch verdünnt und ihren täglichen Alkoholkonsum überwacht. Jedesmal, wenn sie ihr halbvolles Glas irgendwo abstellte, erhielt der nächste Blumentopf eine weitere großzügige Dosis Alkohol. Meine Mutter fragte immer wieder: »Warum ist mein Glas andauernd leer?«, hakte jedoch nie nach. Ich muß sagen, daß der Scotch den Blumen erstaunlich gut bekam.

Seit vielen Jahren zum erstenmal nüchtern, schritt sie in ihrem Mantel aus Schwanenfedern, der wie eine große Wolke aus Zuckerwatte hinter ihr herwogte, auf die Bühne; und wie der Phoenix, jenes Symbol der Auferstehung, das sie so sehr verehrte, schwang sie sich triumphierend empor und gab ihre meiner Meinung nach beste Vorstellung ihres ganzen Lebens. Niemand, der in dieser Nacht in Montreal ihren Triumph miterleben durfte, hätte geglaubt, daß sich unter dieser geschmeidigen, strahlenden Erscheinung eine offene, mit feuchten Mullbinden und dicken Bandagen umwickelte Wunde verbarg. Eine ganze Stunde lang stand sie unerschütterlich und unbewegt auf der Bühne, gab eine Zugabe nach der anderen, machte ihre berühmte tiefe Verbeugung und bat schließlich das Publikum, sie nun gehen zu lassen; dann verließ sie die Bühne und ging sicheren Schrittes in ihre Garderobe. Wir mußten ihr das Kleid abstreifen, um die Verbände zu wechseln. Sie hatte ja noch eine zweite Vorstellung zu geben. Die Kritik, die am nächsten Morgen erschien, sagte alles. Ich halte eigentlich nichts davon, Kritiken zu wiederholen, aber den Abdruck dieser Kritik hat die Dietrich wirklich verdient:

The Gazette, Montreal, Montag den 26. November 1973
Dave Billington
Als sie ein Teenager war, saßen die Soldaten vor Ypern und Vimy mit Gasvergiftungen und unter Granatfeuer in ihren schlammigen Schützengräben ...
Fünfundzwanzig Jahre später gab sie Konzerte in mehreren Militärstützpunkten, wo sich die Söhne der Veteranen jenes Krieges drängten, der der letzte aller Kriege hatte sein sollen ...

Weitere fünfundzwanzig Jahre später singt Hemingways »Kraut« Marlene Dietrich auf einer Konzertbühne in Montreal zum x-ten Mal in ihrem Leben »Lili Marlen«, und ein Jahrhundert des Aufruhrs und Hasses und der Hoffnung haftet an den unveränderten Kanten eines zerrissenen Kalenders, der sich an einem blühenden Dornbusch verfangen hat ...
Sie singt, während das gnadenlose weiße Scheinwerferlicht vergeblich einen Makel auf den leicht eingefallenen Wangen des Gesichtes zu entdecken versucht, das sich weigert, zu altern ...
Man hat das Gefühl, in ihr die leibhaftige Verkörperung dieses ganzen Jahrhunderts vor sich zu sehen. Sich nach überschrittener Blütezeit nun dem vermeintlichen Ende zuneigend, aber noch voll der stolzen Hoffnung, mit der ein Jahrhundert (oder ein Mensch) sein Leben beginnt, ist sie immer noch da, immer noch lebendig und immer noch nicht bereit, sich zu fügen.
Vielleicht idealisiert man die Dietrich zu sehr, wenn man sie in einem solchen Licht sieht. Schließlich ist sie trotz allem auch nur ein Mensch und als solcher mit all den Schwächen dieser Welt behaftet; sie ist nur eine Sängerin und Schauspielerin, deren Talente und Fähigkeiten zugegebenermaßen durchschnittlich sind. Warum sollte man also gerade in ihr etwas Besonderes sehen?
Die Frau gibt die Antwort auf diese Frage selbst, wenn sie einen schlichten »Kinderreim« singt, den Pete Seeger schon vor ihr populär gemacht hat: »Where Have All the Flowers Gone?« Die Antwort ist nicht, daß sie diese Klage gegen den Krieg in ihr Repertoire aufgenommen hat und auch nicht, daß sie das Lied so leidenschaftlich vorträgt, sie liegt vielmehr in einer flüchtigen Sekunde des wundervollen letzten Verses.
Über eine ganze Stunde lang unterhält Marlene Dietrich ihr Publikum, ohne jede Künstlichkeit und ohne falsche, sentimentale Angriffe auf die Tränendrüsen. Sie verbindet Botschaft, Liebeslied, Abenteuer und Humor zu einer so beschwingten und perfekten Mischung, daß die Zuschauer am Schluß grinsen wie Katzen, die sich soeben mit Sahne vollgeschlagen haben.
Als die Vorstellung zu Ende war, wollten die unvernünftigen Rufe nach einer weiteren Zugabe und die Ovationen kein Ende nehmen; viele versuchten, mit sanfter (aber leidenschaftlicher) Gewalt die Bühne zu erreichen, als sei die Dietrich ein Talisman der Unsterblichkeit, den man unbedingt berühren müsse.

Der Vorhang schließt sich, und die Dame verschwindet wieder in die Mythologie, ein flüchtiger Botschafter des Olymp.

Wenn der Vorhang sich senkt, wird man sich der Dimension bewußt, die die Dietrich mehr sein läßt als nur eines der vielen Phänomene, die das Theater hervorbringt. Sie ist nicht mehr Marlene Dietrich, die Sängerin, die Schauspielerin und das gefeierte Idol eines Publikums, das Freud Alpträume verursacht hätte.

Sie wird eins mit der Zeit, der sie Kontur und Substanz verleiht, sie scheint all die Erfahrungen zu verkörpern, die dieses ganze Jahrhundert für den Menschen der westlichen Welt bereithielt, seine schlimmsten wie seine erhabensten Stunden. Denn sie wurde geboren, als dieses Jahrhundert geboren wurde, und durchlebte es von seinem Anfang an. Noch nie hatte ein Jahrhundert mit so großer Hoffnung begonnen wie dieses; und sie mußte mitansehen, wie es sich alsbald von eben dieser Hoffnung verabschiedete, die es später aber doch nie völlig verleugnen konnte.

Die Dietrich und das Jahrhundert sind immer noch da – vielleicht müde, vielleicht erschöpft, vielleicht inzwischen nicht mehr ganz so hoffnungsvoll wie ehedem, aber nicht besiegt und immer noch fähig, mit aufrichtigem Zorn zu fragen: »Wann werden sie es je lernen?«

Aber man lasse den Symbolismus beiseite und vergesse das Phänomen und nehme lediglich zur Kenntnis, daß diese Vorstellung vollkommen war. Reihenfolge und Zusammenstellung der Lieder, Handbewegungen, Beleuchtung, Make-up – all das war ein Destillat jener Elemente, derentwegen das Publikum große Unterhaltungskünstler so liebt.

Auch ich bewunderte meine Mutter. Bevor ich nach London zurückflog, versuchte ich ihr nochmals einzuschärfen, daß sie zwar noch einmal triumphiert habe, es aber dennoch Wahnsinn wäre, die Tournee mit einer offenen Wunde fortzusetzen. Nur ein chirurgischer Eingriff konnte Heilung bringen, daher bat ich sie inständig, den berühmten Herzchirurgen Michael De Bakey in Houston aufzusuchen. Sie war immer noch so berauscht von ihrer triumphalen Wiedergeburt, daß sie meinen ständigen düsteren Prophezeiungen kaum Gehör schenkte, ja sich nicht einmal über sie beschwerte. Ich mußte ihr recht geben – ich langweilte mich damit allmählich fast schon selbst. So kehrte ich nach

London zurück, und meine Mutter flog nach San Francisco, wo sie im folgenden Jahr auftreten sollte.

Am 10. Januar 1974 gab meine Mutter ihr erstes Konzert in Dallas. Dort hatte man ihr für drei Wochen eine Suite im Fairmont-Hotel reserviert. Sie rief mich an, und erst als ich sie ausdrücklich nach ihrem Bein fragte, gab sie zu, daß die Wunde immer noch offen sei und sich an den Rändern langsam schwarz färbe. Jetzt nahm ich die Sache von London aus selbst in die Hand und wählte kurzentschlossen die Nummer von De Bakeys Büro in Houston. In Texas war es schon spät am Nachmittag, und der berühmte Mann war persönlich am Apparat. Im ersten Moment brachte ich kein Wort heraus. Mein Anliegen kam mir plötzlich doch recht gewagt vor. Dann überwand ich meine Angst, stellte mich als »die Tochter von« vor und erzählte ihm so präzise und knapp wie möglich »die geheime Saga von den berühmten Beinen der Marlene Dietrich«. Der große Chirurg hörte schweigend zu.

»Bitte, Dr. De Bakey, wenn ich meine Mutter dazu bringe, am Sonntag, ihrem freien Tag, von Dallas nach Houston zu fliegen, werden Sie sie dann untersuchen?«

»Natürlich, Frau Riva. Sagen Sie mir, um wieviel Uhr sie im Krankenhaus eintrifft, dann werde ich zusehen, daß ich zu dieser Zeit in meinem Büro bin.«

»Vielen Dank, Doktor. Darf ich Ihre kostbare Zeit noch eine weitere Minute in Anspruch nehmen? Wenn Sie nach der Untersuchung der Meinung sind, daß meine Mutter operiert werden muß, dann sagen Sie ihr bitte direkt ins Gesicht, daß ihr ohne eine solche Operation bald das Bein abgenommen werden müsse. Nur so wird sie in eine Operation einwilligen. Sie müssen ihr angst machen. Entschuldigen Sie, daß ich mir erlaube, Ihnen zu sagen, wie Sie sich verhalten sollen, aber ich kenne meine Mutter; anders würde sie Ihnen gar nicht zuhören.«

Ich gab ihm meine Londoner Telefonnummer, und er versprach mir, mich unmittelbar nach der Untersuchung anzurufen. Alles, was ich jetzt noch zu tun hatte, war, sie dazu zu bringen, zu ihm nach Houston zu fliegen. Sie lamentierte, machte tausend Einwände, fauchte und meckerte, aber schließlich flog sie. Gleich nachdem sie Dr. De Bakeys Büro verlassen hatte, rief er mich an.

»Maria, ich brauchte ihr gar nichts vorzumachen. Ich habe Ihrer Mutter erzählt, daß sie das Bein verlieren würde, wenn sie sich nicht sofort operieren ließe, denn das ist die Wahrheit. Aber sie bestand darauf, daß sie zuerst einen Vertrag zu erfüllen habe.«

»Herr Doktor, sie wird sich niemals operieren lassen, wenn ich nicht bei ihr bin. Am 25., also in drei Tagen, hat sie ihren letzten Auftritt in Dallas. Ist es Ihnen möglich, kurz danach einen Operationstermin anzusetzen? Ich werde dafür sorgen, daß sie kommt.«

Am 26. Januar 1974 betrat Marlene Dietrich als Frau Rudolf Sieber heimlich das Methodist Medical Center in Houston. Am darauffolgenden Tag traf ich aus London ein. Das Krankenhauspersonal Dr. De Bakeys war an inkognito erscheinende Prominenz schon gewöhnt. Ihr Umgang mit meiner Mutter war wirklich eine Lektion in Diplomatie. Der persönliche Assistent des berühmten Chirurgen hatte die Patientin eigens mit einer Limousine vom Flugzeug abgeholt und sie schnell und diskret in eine Spezialsuite des berühmten Krankenhauses gebracht.

Um die genaue Lage und das Ausmaß des arteriellen Verschlusses bestimmen zu können, mußte zunächst ein Arteriogramm gemacht werden. Diese ziemlich drastische Prozedur wurde unter Vollnarkose durchgeführt. In dem Moment, als man meine Mutter aus dem Zimmer gebracht hatte, begann ich, ihr Gepäck nach Tabletten und Alkohol zu durchsuchen, was sie beides irgendwo versteckt haben mußte. Meiner Mutter war zuzutrauen, daß sie am Morgen vor der Operation noch ein paar Pillen mit einem Glas Scotch schluckte, und die ahnungslosen Ärzte würden es erst dann merken, wenn ihre Patientin auf dem Operationstisch plötzlich einen Herzstillstand hätte. Obwohl es immer hieß, meine Mutter würde viel von Medizin verstehen, waren ihre tatsächlichen Kenntnisse erschreckend dürftig.

Alles, was ich fand, warf ich auf das Bett. Als ich die Oberschwester rief, damit sie sah, was ich gefunden hatte, und es sicherstellen konnte, war das Bett mit Tabletten und Fläschchen übersät. Obwohl es nichts Ungewöhnliches ist, einen Patienten durch eine solche Razzia vor sich selbst zu schützen, hatte ich so etwas seit der Zeit, als ich mich um Tami kümmerte, nicht mehr gemacht. Die Menge der Vorräte meiner Mutter verblüffte mich ebenso wie die Tatsache, daß sie sie mit dem Erfindungsreichtum und der Gerissenheit einer wirklich Süchtigen angelegt hatte. Sie hatte schon immer eine Vorliebe für jene kleinen Schnapsfläschchen gehabt, die in Flugzeugen verteilt werden. Gewöhnlich befanden sich immer ein paar Dutzend davon in ihrem Handgepäck. Für ihren Krankenhausaufenthalt hatte sie den Wodka und den Scotch aus den kleinen Fläschchen jedoch extra in Flaschen umgefüllt, auf denen »Reinigungsflüssigkeit« stand, und die richtige Reinigungsflüssigkeit statt dessen in die kleinen Schnapsfläschchen gegossen. Ich erschreckte bei dem Gedanken, jemand hätte aus Versehen davon trinken können. Hautlotion, Haarfestiger, Mundwasser und Parfüm hatten auf dieselbe Weise ihre Identität gewechselt. Die gefährlichsten Betäubungsmittel hatte sie als »European Vitamins special« etikettiert, ihre Fernando Lamas als Mittel »gegen Verstopfung«. Jene Medikamente, die wegen ihrer Farbe oder Form nicht zu tarnen waren, hatte sie in Nähtäschchen, Morgenrocktaschen, Handtaschen und Tampax-Pappröhrchen gestopft.

Meine Mutter war furchtbar aufgeregt, als man sie in ihr Zimmer zurückbrachte. Gegen Abend, als die Narkose abgeklungen war, fragte sie als erstes nach ihrer Reisetasche. Als ich vorschlug, ich könne ihr doch alles bringen, was sie aus dieser großen und schweren Tasche gerade benötige, wurde sie wütend und befahl mir, zu tun, was sie mir aufgetragen hatte. Hastig durchwühlte sie die Tasche, bis ihr plötzlich dämmerte, daß das, was sie darin suchte, heimlich ohne ihre Zustimmung entfernt worden war. Von da an waren ich, die Schwestern und der Staat Texas die Gestapo, und sie erklärte allen, die sie »in diesem Konzentrationslager gefangenhielten«, offen den Krieg.

Dr. De Bakey ist sehr stolz auf seine persönlichen Erfolge im Kampf gegen Infektionen. Die Hygienemaßnahmen, die im Operationssaal und in seinem ganzen Krankenhaus jeden Handgriff bestimmen, sind streng und unumstößlich und grenzen an Besessenheit. Seine Siege über die verschiedensten Arten von Infektionen rechtfertigen seinen Fanatismus jedoch durchaus. Alle zu operierenden Patienten wurden ausnahmslos gebeten, sich frühmorgens vor der Operation zu duschen und sich dabei mit einer speziellen Desinfektionslösung zu waschen. Ich spielte wieder einmal die Gestapobeamtin, als ich meine Mutter um fünf Uhr morgens weckte, um ihr mitzuteilen, daß sie jetzt zu duschen habe. Wenn sie Angst hatte, war sie noch beleidigender als sonst.

»Ich bin nicht schmutzig! Glaubt ihr jetzt alle, daß ihr das Recht habt, mir vorzuschreiben, wann ich mich waschen soll? Ihr seid alle kleine Hitler! Du hast mich dazu gebracht, hierherzukommen. Du mit deiner krankhaften Vorliebe für Krankenhäuser und Ärzte! Ich wasche mich nicht! So ein verrückter Blödsinn!«

Es muß eine schreckliche Zeit für sie gewesen sein. Schlimmer noch, als sich jeder je hätte vorstellen können. Diese Frau, die ihren alternden Körper immer wieder zurechttrimmte, um der Illusion ewiger Jugend zu genügen, die das schlaffe Fleisch ihrer Oberschenkel auf tausenderlei Arten verbarg, die das ihr verbliebene, dünne Haar unter goldenen Perücken versteckte, die ihre hängenden Brüste in hauchdünne Harnische klemmte und so immer wieder aufs neue die Venus erschuf, die die Welt wollte und von der Dietrich zu sehen erwartete. Diese Frau sollte nun bloßgelegt, die Legende dem klinischen Blick fremder Menschen ausgesetzt sein. Von diesem Augenblick an würde es in der Welt eine Gruppe von Menschen geben, die die wirkliche Dietrich gesehen hatten, jene dreiundsiebzigjährige Frau, deren Körper ihr wahres Alter verriet, über das ihr Gesicht hinwegtäuschte. Die große Operation, die ihr bevorstand, schreckte sie weniger als diese Enthüllung.

Irgendwie bekam ich sie dann doch unter die Dusche. Obwohl ich wußte, daß man ihr eine Beruhigungsspritze geben würde, bevor man sie in den Operationssaal hinunterbrachte, und ich den Schwestern geraten hatte, ihr dieses so früh wie möglich zu geben, befürchtete ich, daß man meinen Rat vielleicht nicht befolgen würde. Ich wußte nur zu gut, daß meine Mutter immer noch plötzlich ihre Meinung ändern und aus dem Krankenhaus marschieren konnte.

Es war halb sechs Uhr morgens. Ich trocknete sie gerade ab, als sie plötzlich sagte: »Wir gehen! Das Bein verheilt auch ohne dieses ganze Theater! Du kannst ja eine Geschichte erfinden. Sag deinem geschätzten De Bakey, ich komme zurück, wenn ich meine Tournee beendet habe.«

Sie marschierte aus dem Badezimmer, um ihre Kleider zusammenzusuchen. Ich schlich mich zum Bett, neben dem sich der Klingelknopf für die Schwester befand. Ich brauchte Hilfe. Da sie ihrer Tabletten-Alkohol-Mischung beraubt worden war, litt meine Mutter an heftigen Entzugserscheinungen. Man mußte ihr schnell eine Beruhigungsspritze geben, bevor sie sich zu sehr aufregte. Ohne daß sie es sah, drückte ich den Klingelknopf, dann näherte ich mich ihr behutsam. Sie war splitternackt, zitterte und hatte die Arme verkrampft um die Taille geschlagen.

»Ruhig, Mass, ganz ruhig. Laß mich dir helfen. Wir gehen. Aber ich muß dir doch deinen Büstenhalter und ein Höschen holen, bevor du dich anziehst, oder? Außerdem müssen wir die Wunde noch verbinden. Leg dich nur einen Augenblick aufs Bett, damit ich das Bein bandagieren kann.«

Zehn Minuten später wurde meine Mutter mit einem sanften Lächeln im Gesicht zum Aufzug gerollt. Freundlich blickte sie von ihrer Tragbahre zu mir herauf und seufzte zufrieden. Ein nach Scotch lechzender Körper war statt des Alkohols auch mit einer starken Dosis

Valium zufrieden! Ich betete, daß sie sich nicht erinnern würde, wie gut sie sich in diesem Moment gefühlt hatte, um dann womöglich von all den neuen Betäubungsmitteln, die bald durch ihre Venen fließen würden, abhängig zu werden. Ich drückte ihr die Hand, dann schloß sich die Tür des Fahrstuhls. Nach all den Jahren der Sorge und der Schmerzen bemühte sich nun endlich ein erfahrener Arzt darum, die berühmten Beine der Dietrich zu retten. An diesem Morgen legte Dr. De Bakey erfolgreich einen femoro-iliakalen Bypass und machte eine beidseitige Lendensympathektomie.

Auf Intensivstationen ist es immer so kalt. Die Maschine atmete für sie. Ganz still lag sie da – zum erstenmal, seit ich sie kannte, völlig hilflos – und ich fühlte mich plötzlich merkwürdig sicher und unverletzlich. Mir war bis zu diesem Zeitpunkt nie bewußt geworden, wie sehr ich mich immer noch vor ihr fürchtete. Einen schrecklichen Augenblick lang ... Dann drehte ich mich um und überließ sie den Maschinen, die sie am Leben hielten.

Am 30. Januar wurde ich in aller Frühe durch das schrille Klingeln des Telefons geweckt. Ich hörte die Oberschwester der Intensivstation mit aufgeregter Stimme sagen: »Frau Riva, ich weiß, daß es erst drei Uhr morgens ist, und es tut mir sehr leid, daß ich Sie wecken muß, aber es ist wegen Ihrer Mutter. Nein, nein. Kein Grund zur Sorge. Wir haben nur Schwierigkeiten, mit ihr zurechtzukommen. Sie atmet jetzt wieder selbst und besteht ohne Unterlaß darauf, daß wir Sie holen sollen. Sie sagt, sie will ihre Tochter jetzt sofort sehen! Wir haben versucht, vernünftig mit ihr zu reden, aber sie ist äußerst erregt. Wir haben sie inzwischen in eine Einzelkabine verlegt.«

»Ich komme sofort.«

Ich betrat die abgedunkelte Station. Stumme Gestalten in langen Reihen, Monitore, die mit hohen, klagenden Tönen die Melodien von Herzen zwischen Leben und Tod sangen, das monotone Zischen der Beatmungsgeräte, das leise Quietschen vorbeieilender Gummischuhe, Maschinen und engagierte Engel im Kampf gegen den Tod.

Als ich mich der abgetrennten Kabine meiner Mutter näherte, hörte ich sie schon schreien: »Sie wollen eine Krankenschwester sein? Ich habe Ihnen doch gesagt, Sie sollen meine Tochter holen. Sie wird De Bakey schon sagen, was Sie hier mit mir machen.« Meine Mutter war bei vollem Verstand und hellwach.

Wäre ihr Körper nicht an die Wundermaschinen der modernen Medizin angeschlossen gewesen, dann hätte niemand vermutet, daß diese Frau sich vor weniger als vierundzwanzig Stunden einer großen Bypassoperation unterzogen hatte.

»Aha, endlich bist du da! Ich habe ihnen gesagt: ›Holt meine Tochter.‹ Als sie sagten, du würdest noch schlafen, habe ich gesagt: ›Meine Tochter schläft? Sie würde niemals schlafen, solange ihre Mutter hier drin ist! Holt sie!‹ Ich mußte richtig gegen sie kämpfen! Kannst du dir das vorstellen? Ich liege hier, ich bin die Patientin, und sie streiten mit mir? Was für ein schrecklicher Ort! Sie haben sogar gewagt, mir zu sagen, ich solle leiser sprechen, weil einige ihrer Patienten im Sterben liegen. Der große De Bakey hat Patienten, die sterben? Seit wann?«

Die Schwestern einer Intensivstation sind immer so glücklich, wenn sie einem Patienten den Beatmungsschlauch rausnehmen können. Auf diesen Augenblick, in dem das Leben die Maschine ablöst, warten sie voller Sorge, Hingabe und Hoffnung. Bei meiner Mutter bereuten sie diesen Handgriff jedoch wahrscheinlich bereits, und sie hatten vermutlich ein schlechtes Gewissen, weil sie sich insgeheim wünschten, das Beatmungsgerät wieder anschließen zu können.

Sie winkte mich näher heran und flüsterte: »Sie geben mir nicht einmal eine Spritze, damit ich einschlafen kann. Sag das De Bakey, und erzähle ihm auch, daß man irgendeinem jungen Studenten erlaubt hat, alle zwei Minuten hereinzukommen, um mir Blut abzunehmen. Ich nenne ihn ›Dracula‹. Er weiß gar nicht, was er tut. Sieh dir die blauen Flecken an, die er auf meinem Arm gemacht hat...« Plötzlich erstarrte sie und blickte zu der schallgedämpften Decke hinauf. »Da!« zischte sie. »Da oben sind Männer! Siehst du sie? Sie haben Kameras! Sie haben Kameras! Siehst du, wie sich das Licht in ihren Linsen spiegelt? Dort droben sind kleine Männer – mit Kameras... Sag das De Bakey!«

Es kommt oft vor, daß Patienten nach Operationen phantasieren; hinterher können sie sich dann nie an die wirren Gedanken erinnern, die ihr Gehirn produziert hat, während es sich von der Narkose erholte. Meine Mutter dagegen sollte in den folgenden Jahren noch oft auf meinen damaligen Besuch zu sprechen kommen und dabei genau die Worte wiederholen, die sie an diesem Morgen zu mir gesagt hatte. Es war wirklich unheimlich. Meine Erinnerung an diese Szene im Halbdunkel erhielt dadurch eine ganz andere Dimension.

Drei Tage nach der Operation wurde meine Mutter wieder in ihr Zimmer zurückverlegt. Ihre früher immer so eiskalten Beine waren jetzt warm, deren bläulich-weiße Farbe war einem rosa Hauch gewichen. Zum erstenmal seit fünfzehn Jahren ließ sich an beiden Beinen ein regelmäßiger Pulsschlag feststellen. Wir feierten, das heißt alle, bis auf die Dietrich. Nicht, daß sie mit dem Ergebnis der Operation unzufrieden gewesen wäre, sie war wütend, weil niemand ihr einen richtigen Drink geben wollte. Ohne die Narkose und die vielen anderen Medikamente, die ihr Körper außerdem noch hatte aufnehmen müssen, wäre sie inzwischen schon ziemlich trocken gewesen. Statt dessen war sie jetzt gereizt und unberechenbar, weil sie die nächste Phase des Entzugs durchmachte. Um ihr über diese Zeit hinwegzuhelfen, setzte man sie auf Thorazin, und eine himmlische Glückseligkeit senkte sich plötzlich auf unser Stockwerk, auf das Krankenhaus, ja auf ganz Texas. Man hörte meine Mutter sogar »danke« und »bitte« sagen. Wir sahen gemeinsam fern und lachten. Meine Mutter hatte sich in ein menschliches Wesen verwandelt, in dessen Gegenwart man sich richtig wohl fühlte. Bis eines Tages die neue Pharma-Enzyklopädie eintraf, in der sie gleich unter Thorazin nachschlug und entdeckte, daß man mit diesem Medikament die Patienten von geschlossenen Heilanstalten ruhigstellte; von da an war es mit dem Thorazin vorbei. Sie weigerte sich, das Medikament weiterhin einzunehmen und verwandelte sich wieder in die wirkliche Dietrich.

Es war Zeit, zu meiner Familie zurückzukehren. Ich umarmte Dr. De Bakey und dankte ihm für seine Freundlichkeit, für seine unendliche Geduld und für seine außerordentlichen chirurgischen Fähigkeiten. Dann küßte ich meine Mutter und sagte ihr Lebwohl. Auch die heldenhaften Krankenschwestern erhielten einen heimlichen Kuß. Ich wünschte ihnen viel Glück und starke Nerven und legte das Schicksal meiner Mutter in ihre kundigen Hände. Wir vereinbarten, telefonisch ständig in Verbindung zu bleiben. Jetzt, da das Bein ausreichend mit Blut versorgt wurde, war ich sicher, daß die nächste Operation, die Hauttransplantation, ebenso erfolgreich verlaufen würde. Meine Mutter brauchte jetzt nur noch den Rat ihres Arztes zu befolgen, gesund zu werden und an ihrer hartekämpften Nüchternheit festzuhalten, und alles würde gut werden.

Am 7. Februar wurde von ihrem Oberschenkel abrasierte Haut auf die operierten Stellen verpflanzt. Das Transplantat heilte bereits beim ersten Versuch an. Die Dietrich hatte erneut gesiegt: Sie würde ihr Bein behalten.

Sechs Wochen nach den Operationen betrat meine Mutter ihre Wohnung in New York, öffnete eine Flasche Scotch und kehrte ohne das leiseste Zögern zurück zu ihren alten Gewohnheiten, durch die sie sich schließlich selbst zerstören sollte. Bereits am 1. April war die dreiundsiebzigjährige Marlene Dietrich, die einen traumatischen Sturz, drei Vollnarkosen, Gefäßoperationen und Hautverpflanzungen hinter sich hatte, wieder auf Tournee.

> M. Dietrich, Tournee 1974
> Orleans, Fairmont Hotel
> 3.–13. 4.
> Los Angeles, Chandler Pavilion
> 15.–18. 4.
> Washington, Kennedy Center Opera House
> 22.–25. 4.
> Honolulu, Waikiki Sheraton Hotel
> 29.–30. 4.
> 1. 5.
> Phoenix, Arizona, Phoenix Symphony Hall
> 16.–18. 5.
> Toledo, Ohio, Masonic Temple
> 21.–24. 5.
> St. Paul, Minn., O'Shaunessy Auditorium
> 25.–26. 5.
> Chicago, Ill., Chicago Auditorium
> 28.–30. 5.
> Sacramento, Calif., Music Circus
> 2.–9. 6.
> Mexico City, Fiesta Palace
> 11.–23. 6.
> Danbury, Conn.
> 10.–24. 7.

Sie rief mich täglich an. Ihre Beine, die an die plötzliche Blutzufuhr noch nicht gewöhnt waren, waren angeschwollen und pochten schmerzhaft. Sie machte Fotos von dem Bein, das sie ihr »Faßbein« nannte, und schickte sie an De Bakey. Sie hatte Angst, die »Nähte« könnten platzen und der Kunststoffschlauch aus Dacron, mit dem De Bakey ihre Arterien verbunden hatte, könnte sich ablösen. Für diesen Notfall trug sie nun stets in einem kleinen Beutel ein Ersatzteil mit sich herum: ein genaues Duplikat des Schlauchstücks, das de Bakey verwendet hatte. Reparaturarbeiten waren ihr schon immer suspekt gewesen; die Dietrich haßte es, Kleider oder Kostüme ausbessern zu lassen, daher war es nur natürlich, daß sie Reparaturen an ihrem Körper gleichermaßen mißtraute. Außerdem quälte sie noch eine andere Sorge: Seit meiner Mutter nach der letzten Operation der Katheder entfernt worden war, konnte sie manchmal ihren Urin nicht mehr richtig zurückhalten. Mit ihrer verblüffend spartanischen Einstellung beschloß sie, es müsse einen Weg geben, zu verhindern, daß sie überall Pfützen hinterließ. Damenbinden lagen als Schutzvorkehrung geradezu auf der Hand, denn sie ließen sich problemlos unter dem Bühnenkostüm verbergen; außerdem hatten sie noch einen weiteren Vorteil: Wenn Fremde wie zum Beispiel die Zimmermädchen sie fanden, würden sie daraus schließen, die Dietrich menstruiere noch, und nicht, daß sie inkontinent geworden war. Meine Mutter litt schrecklich unter diesem neuen Gebrechen; da es stets mit dem Alter in Verbindung gebracht wurde, vertrug es sich nicht mit ihren eigenen Maßstäben von Eleganz und Schönheit. Je mehr sie trank, desto mehr »tröpfelte« sie, allerdings wollte sie diese Tatsache nicht wahrhaben. Es war leichter, De Bakey die Schuld zuzuschieben und statt einer Binde zwei zu tragen.

*

Nach zwölf Jahren in Europa kehrte die Familie Riva endlich nach Hause zurück. Paul zerrte mich am Arm. »Schau, Mom, schau! Deine Freiheitsstatue!« Und da war sie, beständig und treu. Dies würde unser erster Sommer zurück in Amerika sein. Er würde herrlich werden! Auf Long Island mieteten wir in der Nachbarschaft guter Freunde ein kleines Haus und erzählten den Kindern, wie ihre großen Brüder früher in dieser Gegend den Sommer verbracht hatten. Wir fischten, suchten Muscheln, brieten auf einem Grill im Hinterhof amerikanische Steaks und erlebten, wie eine richtige Demokratie funktioniert, als wir die Amtsanklage gegen Präsident Nixon im Fernsehen verfolgten.

Am 9. August trat der im Zeichen des Steinbocks geborene Präsident zurück, nachdem er endlich begriffen hatte; der andere Steinbock flog von Paris nach Genf zur alljährlich fälligen Untersuchung bei Professor de Watteville. Wie gewöhnlich hatte sie sich regelmäßig Mut angetrunken. Am selben Abend, zurück in Paris, müde und abgespannt, stürzte sie, als sie sich dem Bett zudrehte. Das Telefon klingelte. Ich erkannte die Stimme eines jener vielen jungen Männer, die meine Mutter zu empfangen geruhte, um ihnen die Ehre zuteil werden zu lassen, ihrer Königin zu dienen.

»Maria, deine Mutter ist gestürzt. Es scheint etwas Ernstes zu sein. Hier ist sie ...«

Unfälle ernüchterten meine Mutter immer schnell. »Liebling, diese ganze Sache ist einfach lächerlich. Ich habe mich nur irgendwie falsch gedreht und bin dabei hingefallen, hier im Schlafzimmer, auf den weichen Teppich. Und als ich aufstehen wollte, ging es plötzlich nicht mehr. Das ist wirklich zu dumm. Das Transplantat ist in Ordnung und De Bakeys Kunststoffschlauch auch. Aber was fehlt mir dann?«

»Mass, hör mir gut zu. Ruf Dr. Seidman an. Er ist noch in Paris. Du mußt geröngt werden. Ruf ihn jetzt sofort an! Ich warte hier solange. Er soll mich anrufen.«

Während ich wartete, rief ich Professor de Watteville in seiner Wohnung in Genf an und fragte ihn, wie der Besuch meiner Mutter bei ihm verlaufen sei. Er äußerte sich sehr zufrieden über das Ergebnis der Untersuchung; der Krebs schien endgültig besiegt. Außerdem hatte meine Mutter ihm das Transplantat gezeigt, und daß es seiner Meinung nach eine gelungene Arbeit war.

»Ihre Mutter ist wirklich eine bemerkenswerte Frau, und sie hat viel Glück gehabt, aber ich mache mir große Sorgen wegen ihres Alkoholkonsums. Ich wollte das Thema eigentlich nicht anschneiden, fühlte mich heute aber doch dazu gezwungen. Ihre Reaktion war erstaunlich. Sie bestand darauf, daß sie bis auf ein ›gelegentliches‹ Gläschen Champagner nichts trinke, da ihr der Geschmack von Alkohol zuwider sei. Ich muß Ihnen jedoch leider sagen, daß sie zur selben Zeit stark betrunken war.«

Der elegante kleine Aufzug zu ihrer Pariser Wohnung war für Krankentransporte nicht geeignet, deshalb mußte man sie auf einem Stuhl über die Hintertreppe nach unten tragen. Sie erteilte immer wieder laute Anweisungen, wie man am besten versteckten Fotografen entgehen könne, und schließlich brachte man sie durch die Tiefgarage zum amerikanischen Krankenhaus in Paris. Nachdem sie geröngt worden war, weigerte sie sich, länger im Krankenhaus zu bleiben, und bestand darauf, gleich wieder in ihre Wohnung zurückgebracht zu werden. Sie hatte sich die linke Hüfte gebrochen.

Sie rief mich an, um mir diese Neuigkeit mitzuteilen. Inzwischen war sie stocknüchtern.

»Liebling, ich kann nicht in Frankreich bleiben. In Frankreich bringt man die Leute um. London kommt nicht in Frage, weil die britische Presse so boshaft ist; und da die Nazis alle Juden umgebracht haben, gibt es in Deutschland auch keine guten Ärzte mehr. Also vielleicht Schweden? Oder doch noch einmal Amerika? Ruf De Bakey an und frage ihn.« Damit hängte sie auf.

Ich rief Dr. De Bakey an und fragte ihn nach dem besten Hüftspezialisten der Welt. Ohne zu zögern benannte er Frank Stinchfield und gab mir dessen Nummer in New York. Ich erreichte Dr. Stinchfield schließlich zu Hause, stellte mich vor und erzählte ihm die Krankengeschichte meiner Mutter. Er war sehr nett und versicherte, es gebe in Paris einen renommierten und sehr qualifizierten orthopädischen Chirurgen, den er mir nur empfehlen könne. Ich erklärte ihm, daß meine Mutter unter keinen Umständen einer Behandlung in Frankreich zustimmen würde. Daraufhin sagte er, wenn es mir irgendwie gelänge, sie mit dem Flugzeug nach New York bringen zu lassen, würde er alles Notwendige veranlassen, damit ihre Hüfte im Columbia Presbyterian Hospital operiert werden könne. Ich dankte ihm und versprach, daß meine Mutter innerhalb der nächsten vierundzwanzig Stunden in New York eintreffen würde.

Erstens mußte ich meine Mutter nun telefonisch überzeugen, daß sie nach New York geflogen werden mußte. Zweitens mußte ich eine vertrauenswürdige Person finden, die meine auf eine Trage gebettete Mutter von Paris nach New York begleitete. Drittens mußte ich eine Fluglinie ausfindig machen, die eine solche Trage befördern und die ganze Sache zudem noch geheimhalten würde. Viertens mußte ich einen Krankenwagen bestellen, der sie vom Kennedy-Flughafen in New York abholte. Und fünftens mußte ich zu Hause alles regeln, um selbst nach New York City gehen zu können. Da der junge Mann, der sich gerade um meine Mutter kümmerte, einen britischen Paß hatte, zur Einreise in die Vereinigten Staaten also ein Visum benötigte, würde er sie nicht rechtzeitig nach New York bringen können. Es war jedoch höchste Eile geboten, nicht nur aus ärztlicher Sicht, sondern auch wegen der Weltpresse. Je länger es dauerte, die Dietrich von einem Land ins andere zu befördern, desto mehr Zeit hatten die Reporter, von ihrem neuesten Unfall zu erfahren.

Da ich dafür sorgen mußte, daß in New York alles glattlief, rief ich eine alte Freundin meiner Mutter an, die mit einem amerikanischen Paß in London lebte. Ich erzählte ihr, was passiert war, und bat sie um Hilfe. Sie lehnte ab. Verzweifelt rief ich eine vertrauenswürdige Freundin in Kanada an und fragte sie, ob sie nach Paris fliegen, meine Mutter dort abholen und sie zu mir nach New York bringen könne. Für ihr spontanes »selbstverständlich« werde ich ihr ewig dankbar sein.

Als das Flugzeug meiner Mutter auf dem Kennedy-Flughafen landete, warteten ich und der Krankenwagen bereits auf dem Rollfeld. Als die anderen Fluggäste ausgestiegen waren, hievten wir unsere kostbare Fracht aus der Maschine. Daß die Presse zweier Länder von diesem Vorfall keinen Wind bekam, war schon ein großer Erfolg. Ein Jahr später sollten wir nicht so viel Glück haben, aber als ich dieses erste Mal zu meiner Mutter in den Krankenwagen stieg, konnte ich noch triumphieren.

»War das nicht eine gelungene Aktion bei Nacht und Nebel? Wir haben es geschafft! Keine Reporter! Der Sicherheitsdienst des Krankenhauses ist genauestens instruiert und alles bestens vorbereitet. Stinchfield ist der beste Mann auf seinem Gebiet. Wir werden auch diese Operation durchstehen. New York ist nicht Houston, aber ich denke, daß alles klappen wird. Ich habe dafür gesorgt, daß ich in deinem Zimmer schlafen kann, denn nach Long Island sind es zwei Stunden...« Mit meinem unaufhörlichen Geplapper versuchte ich sie abzulenken. In einem Krankenwagen zu liegen, ist für jeden eine ziemlich beängstigende Erfahrung; für jemanden, der so viel Angst vor Autos hat wie meine Mutter, war es jedoch ein wahrer Alptraum. Meine Mutter hatte sich für die Reise auf der Trage über den Atlantik in einen bonbonrosa Kaftan hüllen lassen; um ihr blasses Gesicht hatte sie einen gleichfarbigen Chiffonschal von Chanel drapiert. Sie sah verletzlich und absolut großartig aus. Nur die Angst in ihren Augen beeinträchtigte das schöne Bild, das sie bot. Ich hielt ihr die Hand und beruhigte sie bei jedem New Yorker Schlagloch, so gut ich nur konnte. Sie war überzeugt, daß jede Erschütterung ihre gebrochene Hüfte noch mehr verschieben würde.

Am nächsten Tag wurde meine Mutter wieder für eine große Operation in den Operationssaal gerollt, nur fünfeinhalb Monate seit der letzten. Als sie das Bewußtsein wiedererlangte, drehte sich ihr Hüftknochen jetzt in einem von Menschenhand gefertigten Kugelgelenk. Sie taufte es »George« und sagte etwa: »Weißt du, mein George da drinnen fühlt sich heute etwas komisch an«, und das klang natürlich viel interessanter als: »Meine Prothese bereitet mir Schwierigkeiten.«

Sie hatte völlig vergessen, daß »George« früher auch einer von Yuls Decknamen gewesen war. Oder wußte sie es vielleicht doch noch?

Während mein Mann Haus und Kinder hütete, und die Kinder sich über seine Kochkünste lustig machten, war ich damit beschäftigt, meine Mutter wieder auf die Beine und zum Laufen zu bringen. Es war für sie nicht ungewöhnlich, sich verletzlich und zerbrechlich zu fühlen und jedesmal vor Angst wie gelähmt zu sein, wenn es galt, die Sicherheit des rostfreien Stahls in ihrem Körper auf die Probe zu stellen. Sie wehrte sich gegen jeden Versuch, sie zum Stehen zu bringen, und sagte alle Termine mit dem Krankengymnasten ab. Selbst als Dr. Stinchfield sie schließlich zwang, das Bett zu verlassen, wartete sie nur darauf, bis er aus dem Zimmer war, um sich sofort wieder hinzulegen. Dann sagte ich ihr, daß ihr erstes Konzert im Grosvenor House in London für den 11. September geplant sei, und fragte sie ganz beiläufig, ob ich den Vertrag nun doch auflösen solle. Sie sah mich nur an. Da wußte ich, daß sie aufstehen würde, und rief die Krankengymnastin an.

Erneut mußte meine Mutter einen Alkoholentzug in allen Phasen durchmachen, und sie haßte die ganze Welt für diese Grausamkeit, insbesondere das Personal des Columbia Presbyterian Hospital. Am schlimmsten sprang sie mit der jungen Krankengymnastin um. Ich erinnere mich noch an das erstaunte Gesicht des Mädchens, als meine Mutter ihm verkündete, man verschwende lediglich ihre Zeit, wenn man sie zwinge, das Treppensteigen zu üben, da für sie weder ein Grund noch die Notwendigkeit bestehe, dies jemals wieder zu tun. Die bloße Idee, daß jemand die Macht haben könnte, Treppenstufen einfach für immer aus seinem Leben zu streichen, ging über die Vorstellungskraft des Mädchens. Heimlich fragte sie mich: »War das ihr Ernst? Hat Ihre Mutter das wirklich so gemeint? Daß sie in ihrem Leben nie mehr Treppen steigen muß?«

»Ja. Wenn meine Mutter beschließt, daß Treppenstufen passé sind, dann gibt es für sie von da an keine Treppen mehr. Wir beide müssen uns vielleicht mit weltlichen Problemen wie Treppen herumschlagen, aber die Dietrich? Sie kann sich die Welt einrichten, wie es ihr paßt!«

Die Stufen, die im Grosvenor House zur Bühne hinaufführten, wurden entfernt.

Neunundzwanzig Tage nach der Hüftoperation stellte Richard Burton Marlene Dietrich einem illustren Publikum vor. Unerschütterlich wie ein Felsen und ohne die geringste Spur eines Humpelns schritt sie auf die Bühne, neigte sich tief zu ihrer berühmten Verbeugung hinunter und feierte einen weiteren Triumph.

Als sie wieder in ihrer Garderobe war, rief sie mich sofort an. »Liebling! Das Tröpfeln war nicht allzuschlimm, und bei ›Where Have All the Flowers Gone‹ stimmte der Sound nicht, weil du nicht da warst, um das zu regeln. Aber De Bakeys Dacronschlauch hat gehalten, und das Transplantat scheint in Ordnung zu sein; die Beine waren nach dem Flug von New York nach London nicht allzusehr geschwollen, und ›George‹ schnappte nicht heraus, als ich mich verbeugte. Und du kannst stolz auf mich sein, denn ich habe überhaupt nicht gehumpelt.«

Ich war stolz auf sie, aber ich wäre noch stolzer gewesen, wenn sie ihre R's nicht so undeutlich ausgesprochen hätte.

Eine Stunde später rief sie mich noch einmal an: »Weißt du, wer mich unbedingt sehen wollte? Dieser Zwerg – Prinzessin Margaret! Du weißt ja, daß ich nie zulasse, daß jemand nach hinten kommt und mich in meinem Bühnenkleid sieht. Ach, dieses ganze Getue um das Protokoll, man erlaubte mir nicht, eine *Prinzessin* warten zu lassen! Als ob das was wäre! Ich mußte sie sofort zu mir bitten. Haben die denn niemanden, der ihnen sagen kann, wie man sich kleidet? Du hättest sie sehen sollen. Ich habe gehört, daß sie trinkt; sie sieht aufgedunsen aus. Weißt du noch, wie Noël mich einmal zu einem Essen in ihr Haus mitnahm? Wie heißt doch noch der Palast, in dem sie wohnen? Und wie wir alle endlos durch das Haus marschieren mußten, nur um das neue Badezimmer zu besichtigen? Alles Rüschen und häßlicher Marmor und Rokokoarmaturen aus massivem Gold, und wie ich gelacht habe, weil trotz des ganzen typisch englischen Getues kaltes und warmes Wasser immer noch aus getrennten Hähnen kam? Ich nehme jetzt meine Fernando Lamas und gehe schlafen. Rufe Stinchfield an und sage ihm, daß ich ihm morgen früh die Kritiken schicke.«

Im Dezember machte sie eine Tournee durch Japan.

Anfang 1975 trat sie eine Woche lang im Royal York in Toronto auf. Ich flog hin, um mir die Vorstellung anzusehen. Meine Mutter hatte mich gebeten, dafür zu sorgen, daß der Sound stimmte. Ich steuerte die Mikrofone aus, stellte die Lautsprecher anders auf, half ihr beim Ankleiden und blieb während der Vorstellung, um den Klang nochmals zu überprüfen.

Den ganzen Tag über war meine Mutter besonders reizbar und ärgerlich gewesen. Sie schob einen angeblichen Schmerz in ihrer Hüfte vor, um sechs Tabletten ihres neuesten Lieblingsmedikaments Darvon mit Scotch hinunterspülen zu können. Als sie an diesem Abend in der Seitenkulisse auf ihren Einsatz wartete, war sie in einem furchtbaren Zustand. Ihre Augen waren glasig, die Perücke verrutscht, das Make-up nachlässig aufgetragen, der Lippenstift verschmiert. Sie mußte sich am Vorhang festhalten. Als die Eingangsmusik für ihren Auftritt erklang, schlenderte sie desinteressiert auf die Bühne und stellte sich hinter das Mikrofon. Trüben Blickes versuchte sie, das Publikum zu fixieren. Obwohl ihr die gleißenden Scheinwerfer in die Augen stachen, konnte sie die Gesichter der Zuschauer, die an den Tischen direkt vor der Bühne saßen, gut erkennen. Vom hinteren Teil des Raumes aus beobachtete ich sie ängstlich. Ich erwartete, daß sie jeden Augenblick zusammenbrechen würde.

Sie setzte einen Takt zu spät ein, geriet bei einer Liedzeile ins Stocken und brach dann jäh ab. Ihr Körper erstarrte; auf einmal war es ganz still, und dann steigerte sich meine Mutter plötzlich vor meinen Augen zur absoluten Perfektion. Sie glänzte, sprühte vor Leben, lockte, kommandierte und zog alle völlig in ihren Bann! Sie verwandelte sich ganz und gar in die anbetungswürdige »Blonde Venus«, die ihr Publikum zu sehen wünschte. Obwohl ich ihre sensationelle Metamorphose selbst mitangesehen hatte, traute ich meinen Augen nicht. Was hatte sie ausgelöst? Auf der Suche nach einem möglichen Hinweis ließ ich meine Blicke über die Gesichter der Zuschauer schweifen, die ganz vorne an den Tischen rings um die Bühne saßen, und da saß er – Yul Brynner. Es war der Anblick seines Gesichts gewesen, der sie schlagartig zur »Dietrich« hatte werden lassen.

Yul rief sie in dieser Nacht mehrmals an. Er war im gleichen Hotel abgestiegen wie wir und wollte sie sehen. Zuerst ließ sie ihm durch mich ausrichten, daß sie ihn nicht sehen wolle, dann beschloß sie, ihm das selbst zu sagen. Sie war nicht deprimiert. Offensichtlich genoß sie es, Yuls glühende Leidenschaft neu entfacht zu haben, nur um sie sogleich wieder auslöschen zu können. Sie war in Hochstimmung.

Anschließend reiste sie nach Dallas, Miami, Los Angeles, Cleveland, Philadelphia, Columbus und Boston. Wann immer ich konnte, flog ich zu ihr, hörte mir die Klagen ihres leidenden Gefolges an, besänftigte wütende Hotel- und Theaterdirektoren und überprüfte die Lautsprecher, die Mikrofone und ihren Scotchverbrauch. Sie begrüßte mich stets mit hochgesteckten Erwartungen: Alle würden jetzt wieder an ihren Platz zurückkehren, tun, was man ihnen sagte, und sich zu benehmen wissen; Maria war gekommen, um all ihre Drachen zu töten.

Da meine Mutter immer mehr trank, verloren ihre Auftritte allmählich jene kristallene, spritzige Brillanz, und aus »großartigen« wurden »gute« Vorstellungen. Die Auftritte in Konzertsälen wurden seltener. Da sie dort bereits zu ihren Glanzzeiten aufgetreten war, war es schwierig, Engagements für einen weiteren und wahrscheinlich weniger erfolgreichen Auftritt zu bekommen. Statt in regulären Theatern trat sie daher immer häufiger in Luxushotels auf. Diese Auftritte waren für sie die schwersten. Sie war inzwischen an ein anderes Publikum gewöhnt. In den Hotels saßen die Zuschauer trinkend um Tische herum und erwarteten eine Art Varieté. Diese Leute hatten zwar viel dafür bezahlt, eine leibhaftige Legende zu sehen, aber sie waren keine begeisterte Fangemeinde in einem ehrwürdigen Kunsttempel, sondern eine feuchtfröhliche Gesellschaft, die für ihr Geld unterhalten werden wollte. Ich wußte, wie schwierig diese »Degradierung« für meine Mutter war und erschien daher meist vor solchen Auftritten, um wieder ihr Mädchen für alles zu spielen und ihr beim Ankleiden zu helfen.

Da sie in den Hotels, in denen sie auftrat, auch wohnte, konnte sie sich in ihrer Suite auf die Vorstellungen vorbereiten. Zuerst das Make-up – mein Gott, wie gut sie das konnte! Wenn sie betrunken war, verpfuschte sie es, aber wenn sie halbwegs nüchtern war, konnte man nur staunen, wie geschickt und blitzschnell sie es auflegte. Es folgte die Perücke. Die Seitenlocke von dieser hier sitzt nicht richtig – nimm eine andere – nein, nicht die. Schließlich entschied sie sich für Nummer 12A mit dem Etikett »L.A. Chandler Pavilion Opening Night«. Dann kam das überaus wichtige Tablett für den Tisch an die Reihe, der immer rechts von der Bühne gleich hinter dem Vorhang stehen mußte. Darauf lagen Taschenlampe, Handspiegel, Kamm, Bürste, Lippenstift, Lippenpinsel, Kleenex, Kompaktpuder, Allanberry-Pastillen, Champagnerglas, Scotchglas, vier griffbereit zurechtgelegte Darvon-Kapseln, drei Dexedrintabletten in einer Reihe sowie eine Kortisontablette – diese Requisiten waren unverzichtbar, um eine weitere arbeitsame Nacht zu überstehen.

Jetzt kam das Mieder mit dem Etikett »Nr. 3, Tight Denmark« dran, dann das goldene Kleid. Den schweren, mit Spiegeln besetzten Mantel brachte ich mit dem Personalaufzug hinunter ins Kotillonzimmer oder in den Empire-Raum – oder welchen Namen sich das Hotel auch immer für das betreffende Zimmer ausgedacht hatte, um die Kundschaft zu beeindrucken. Dann ging ich wieder hinauf, um meine Mutter zu holen. Das offenherzige Kleid unter einem seidenen Kimono verborgen, wartete sie schon auf mich. Im hauchdünnen Harnisch ihrer strahlenden Rüstung stand sie aufrecht und langsam atmend da. In diesem Augenblick tat sie mir immer so leid – der einsame Gladiator auf dem Weg in die Arena. Das enge Kleid, die weiten Wege im Hotel, die vom Alkohol verursachten Gleichgewichtsstörungen und die Ausrede mit der Hüfte hatten einen Rollstuhl für meine Mutter inzwischen zu einer beinahe willkommenen Annehmlichkeit werden lassen, jedenfalls solange keine »Fremden« sie darin sahen. Ich schob ihn heran, und sie setzte sich vorsichtig hinein, wegen des Kleides. Die Sorge, immer die Sorge wegen des Kleides. Sie zog den Kimono zurecht, um ihr »nacktes« Kleid zu verdecken. Dann griff sie nach dem Tablett und nahm es behutsam auf den Schoß. Ich vergewisserte mich, daß niemand auf dem Korridor war, dann machten wir uns auf den Weg. Gewöhnlich endet der Personalaufzug neben der Hotelküche, und dort stiegen wir aus.

An diesem Tag gab es unverkennbar »Shrimps Kasino«. Außerdem lag noch ein leichter Duft nach gebratenen Lammkoteletts in der Luft. Die Köche lächelten über ihre nächtliche Besucherin. Sie waren Fans meiner Mutter und hatten Fotos mit einer persönlichen Widmung erhalten. Gehetzte Kellner und Hilfskellner lächelten der glänzenden Erscheinung freundlich zu, wenn sie Haken schlugen, um ihrem Gefährt auszuweichen. Es störte meine Mutter nicht, von ihnen gesehen zu werden; irgendwie wußte sie, daß sie nicht reden würden, außerdem fühlte sie sich in Küchen immer sehr wohl. Ich schob den Rollstuhl mitten durch das geschäftige Treiben und die würzigen Gerüche und fragte mich, ob sie sich auch an all die Küchen erinnerte, durch die wir gerannt waren – jung – lachend – vor so langer Zeit.

Als auch diese Tournee vorüber war, kehrte meine Mutter in ihre Pariser Wohnung zurück. Paul machte seinen Hochschulabschluß und verliebte sich – in einen Chevrolet. David freute sich schon darauf, bald in unser Sommerhaus und zu seiner kleinen Angelbucht zurückzukehren. In Paris hatte ich ein paar treue Menschen, die wußten, wann man den Scotch meiner Mutter mit Wasser verdünnen mußte, und die auch ihren Tablettenkonsum im Auge behielten. Darvon war nun ihr Lieblingsmedikament für alle Tage. Sie beschaffte sich Hunderte dieser rot-grauen Kapseln, aß sie wie Bonbons und spülte sie mit ihrem Scotch hinunter. Wenn sie dazu noch ihre verschiedenen Schlaftabletten schluckte, konnte sich leicht eine tödliche Mischung ergeben.

Jedes Mitglied meiner Pariser Aufsichtsmannschaft erhielt für einen möglichen Notfall genaue Anweisungen und all meine Telefonnummern. Ich kehrte nach Long Island zurück, überzeugt, den Sommer des Jahres 1975 mit meiner Familie verbringen zu können.

Am 10. August erlitt mein Vater einen schweren Schlaganfall. Er wurde von Sanitätern wiederbelebt und anschließend in das in der Nähe seines Hauses gelegene Holy Cross Hospital in San Fernando Valley eingeliefert. Es war nicht zu erwarten, daß er noch lange leben würde. Ich rief meine Mutter an, um ihr die Nachricht so schonend wie möglich beizubringen, und sagte ihr, daß ich auf dem Weg nach Kalifornien sei. Sie weinte und sagte, sie würde in Paris bleiben, bis sie wieder von mir hörte.

Mein Sohn wartete am Flughafen und fuhr mich hinaus nach San Fernando Valley. Mein Vater lebte noch. Seine rechte Seite war gelähmt, und er konnte nicht mehr sprechen, aber er lebte noch. Ich rief meine Mutter an und machte ihr so viel Hoffnung, wie ich nur konnte, indem ich den kritischen Zustand meines Vaters herunterspielte. Ich wollte es ihr nicht allzuschwer machen. Ihre einzige Frage war, ob schon Reporter im Krankenhaus seien. Ich verneinte, aber das überzeugte sie nicht. Sie sagte, ich solle die Reporter unbedingt im Auge behalten, Papi vor jeder Publicity schützen und sie alle halbe Stunde anrufen; sie würde in Paris so lange am Telefon sitzen bleiben, bis ich ihr mitteilte, daß er außer Gefahr sei.

Ich war erleichtert. Ich hatte mir überlegt, wie ich sie davon abhalten konnte, sofort an das Krankenbett ihres sterbenden Mannes zu eilen. Vor langer Zeit, in einem jener seltenen Augenblicke, als mein Vater und ich wie Freunde miteinander sprachen, hatte er zu mir gesagt: »Kater, wenn ich sterbe, dann sorge dafür, daß deine Mutter nicht an meinem Grab steht.«

Wenigstens diesen Wunsch wollte ich ihm erfüllen.

Michael gab mir Kleingeld für das Münztelefon, erinnerte mich an die neun Stunden Zeitunterschied zwischen Kalifornien und Paris und verließ mich, um an seine Arbeit zurückzukehren.

Menschen, die vor Intensivstationen warten, entwickeln eine spezielle Beziehung zueinander. Vielleicht sieht man sich nie wieder und kennt sich nicht mit Namen, aber die leidvolle Wache bringt alle zusammen.

Wir flüsterten uns hoffnungsvolle Worte zu, weil wir sie nötig hatten, und teilten Gebete, Kaffee und Kleenex. Das lange Warten auf den Tod oder das Leben hatte begonnen.

Alle Stunde durfte ich fünf Minuten am Bett meines Vaters stehen und wurde Zeuge seines Kampfes. Ich hielt seine Hand und wiederholte Worte, von denen ich wußte, daß er sie nicht verstehen konnte. »Papilein, ich bin hier, ich bin's, Kater. Ich bin hier. Alles wird gut werden, alles. Ich verspreche es.« Ich glaubte, es würde ihn beruhigen. Nach jeder dieser kurzen Visiten rief ich in Paris an. Je länger die Stunden sich hinschleppten, desto resignierter und gleichmütiger reagierte meine Mutter auf den kritischen Zustand meines Vaters. Schließlich fing sie an, Anordnungen zu geben. Ihre Hauptsorge galt seinen Tagebüchern. Sie war besorgt, sie könnten in falsche Hände fallen, jemand könnte sie lesen und all ihre Geheimnisse würden enthüllt werden. Sie befahl mir, das Krankenhaus zu verlassen, die Tagebücher im Haus meines Vaters zu holen und an einen sicheren Platz zu bringen. Ich fand es makaber, sich um den Nachlaß eines Toten zu kümmern, bevor er überhaupt tot war. Ich versicherte ihr, dafür zu sorgen, daß die Tagebücher wie befohlen unverzüglich entfernt würden. Doch ich tat es nicht. Mich beschäftigten jetzt wichtigere Dinge als der Ruf meiner Mutter und ihre Angst, als doch nicht ganz so perfekte Ehefrau entlarvt zu werden.

Die Krankenschwestern gaben mir aus Angst vor Dieben die persönlichen Gegenstände meines Vaters zur Verwahrung: seine Brieftasche, seine goldene Patek-Philippe-Armbanduhr und sein Gebiß. Ich vermißte den großen Siegelring, von dem er sich niemals trennte. Ich erinnere mich noch gut daran, wie der rechteckig geschliffene Smaragd des Rings das Licht reflektierte, wenn mein Vater die Hand im Zorn zur Faust ballte. Er wäre gern damit beerdigt worden, doch jetzt war der Ring verschwunden, und es würde nicht mehr möglich sein – als ob das jetzt noch etwas ausmachte, als ob er es je erfahren würde. Komisch, was man so denkt, wenn man auf den Tod wartet.

Es gab nichts Neues, was ich meiner Mutter beim nächsten Anruf hätte mitteilen können. Dafür hatte sie mir etwas zu sagen: Ich sollte die Hunde meines Vaters in ein Tierheim bringen und beseitigen lassen. Mit wahrhaft deutscher Gründlichkeit ging sie jetzt schon daran, die Spuren zu beseitigen, die ihr Mann hinterlassen würde. Wahrscheinlich wollte sie, die so weit entfernt war und keinen Einfluß auf das Geschehen hatte, wenigstens irgendwie daran teilhaben. Erneut versicherte ich ihr, zu tun, was sie sagte, aber ich hatte nicht die Absicht, die Hunde zu töten, die mein Vater so geliebt hatte.

Endlich gaben die Ärzte meiner Bitte, meinen Vater in Frieden sterben zu lassen, nach und verzichteten auf die Anwendung weiterer heroischer Maßnahmen zur Verlängerung seines Lebens. Er erhielt die Letzte Ölung. Wir warteten. Die Stunden zogen sich endlos hin. Mein Vater kämpfte unablässig weiter und weigerte sich zu sterben.

Das Holy Cross ist ein wundervolles Krankenhaus, und die Schwestern und Ärzte sind hervorragend ausgebildet und aufopfernd, wahre Engel. Doch das achtundsiebzigjährige Opfer eines Schlaganfalls mit dem unbedingten Willen zu leben bedurfte einer fortschrittlicheren, technisch besser ausgerüsteten Institution. Die Ärzte meines Vaters und ich besprachen die Möglichkeit, ihn in das medizinische Zentrum der UCLA in Westwood zu verlegen. Da er so hart um sein Leben kämpfte, wollten wir ihm jede Chance geben, den Kampf zu gewinnen, und die Ärzte stimmten seiner Überführung zu. Ich traf die dafür notwendigen komplizierten Vorbereitungen. Sieben Tage, nachdem er einen schweren Hirnschlag erlitten hatte, wurde mein Vater, angeschlossen an Lebenserhaltungssysteme, auf einer Tragbahre in einen Krankenwagen geschoben. Niemand glaubte, daß er die lange und anstrengende Reise nach Westwood überleben würde. Ich fuhr mit ihm. Tami hätte gewollt, daß ich bei ihm war, wenn er unterwegs starb.

Mein Vater war noch am Leben, als der Krankenwagen mit quietschenden Reifen vor dem Noteingang der UCLA-Klinik zum Stehen kam. Erfahrene Hände hoben seine Tragahre heraus und rollten ihn hinein. Während ich die nötigen Formulare ausfüllte, wurde mein Vater im ICCU, dem Herzzentrum im vierten Stock eines der großartigsten Krankenhäuser der Welt, intravenös versorgt und an Überwachungssysteme angeschlossen.

Am 22. August wachte mein Vater aus dem Koma auf. Zwölf Tage nach dem Schlaganfall wurde er sich bewußt, daß irgend etwas mit Rudi Sieber nicht in Ordnung war. Jetzt fing der richtige Leidenskampf an, doch er muß ihn gewollt haben, hatte er doch so hart darum gekämpft, ihn zu erleben.

Ich erzählte meiner Mutter die unglaubliche Nachricht. Sie weigerte sich, mir zu glauben. Sie hatte immer noch nicht richtig begriffen, woran mein Vater litt oder was die Ursache für sein Leiden war. Sie war überzeugt, daß er einfach einen »weiteren« Herzinfarkt gehabt hatte, und konnte nicht nachvollziehen, wie ihn das lähmen und ihm Sprache und Verstand hatte rauben können. Da am 26. August in Melbourne die Proben für ihre Australientournee beginnen sollten, schlug ich ihr vor, auf dem Weg nach Australien in Los Angeles zwischenzulanden. Dann konnte sie ihren Mann selbst besuchen und mit seinen Ärzten sprechen. Meiner Meinung nach war es jetzt an der Zeit für sie, einige ihrer Pflichten als Ehefrau wahrzunehmen und ihnen nicht nur durch Geld nachzukommen.

Ich saß auf der Treppe vor dem Krankenhaus und wartete auf die Ankunft des Wagens meiner Mutter. Der Abend war kühl und klar, am orangefarbenen Himmel leuchteten die ersten Sterne. Das Auto bog in die Auffahrt ein. Die Dietrich, jeden Zentimeter eine atemberaubende Schönheit, aufgelöst in Sorge um ihren Mann, rauschte in seine Abteilung. Mein Vater erkannte sie nicht, obwohl sie das behauptete. Die Ärzte hatten viel Geduld mit ihr, zeigten ihr anhand von Skizzen, wo Blutklumpen Adern in seinem Gehirn verstopft hatten und Gewebe abgestorben war, und versuchten ihr zu erklären, warum sie ihre Forderung nach »sofortiger« Operation unmöglich erfüllen konnten.

Mit zusammengepreßten Lippen wartete meine Mutter, bis die Ärzte das Zimmer verlassen hatten. Dann sah sie mich scharf an.

»Sind *das* die Ärzte, von denen du so begeistert bist? Das sind Idioten! Sie sagen, sie könnten Papi nicht operieren. Und warum? Weil sie nicht wissen *wie*. Ich habe mit den renommiertesten Ärzten Europas gesprochen. Sie haben versucht, mir weiszumachen, die amerikanischen Hirnchirurgen seien weltweit die besten! Von denen hat doch keiner eine Ahnung. Ich hätte Papi schon vor Jahren zu einer Frischzellenkur bei Niehans schicken sollen.«

Für die Nacht nahm sie eine Suite im Beverly-Wilshire. Sie war wütend, als ich darauf bestand, in mein Zimmer in der Nähe des Krankenhauses zurückzukehren. Den nächsten Tag verbrachte sie damit, die Zukunft ihres Mannes zu organisieren. Zuerst entdeckte sie, daß ich nicht wie befohlen die Hunde weggeschafft hatte. Als ich darauf drängte, die Tiere nicht in ein öffentliches Tierheim, sondern ein spezielles Heim für Hunde zu bringen, tobte sie, gab aber schließlich nach. Unterdrückte Tränen schimmerten in ihren wunderbaren Augen, als sie den Ärzten mit ihrer weichen und einschmeichelnden Stimme mitteilte, sie werde nach ihrer Rückkehr aus Australien in Beverly Hills ein kleines Häuschen mieten und den Rest ihres Lebens damit verbringen, ihren im Rollstuhl sitzenden Mann in der Sonne spazierenzufahren. Das war ihr voller Ernst. Sie meinte, was sie sagte.

Die Ärzte schmolzen dahin, verführt vom Opferwillen der so schönen Ehefrau. Über die Jahre haben viele gehört, wie meine Mutter über diesen Plan für ihren behinderten Ehemann sprach. Weder die Ärzte damals noch sonst jemand später hat dieses idyllische Szenario angezweifelt. Niemand hat jemals gesagt: »Dein Leben der Sorge für deinen gebrechlichen Mann zu weihen, ist löblich – und sogar wunderbar. Aber wäre es nicht besser, alles daranzusetzen, ihn zu heilen? Ihm zu helfen, daß er wieder gehen lernt? Ihm zu helfen, daß er seinen Stolz wiederfindet, statt seinen Rollstuhl in die Sonne zu schieben?« Meine Mutter flog nach Australien, ich blieb.

An dem Tag, an dem mein Vater so weit genesen war, daß er in die neurologische Station verlegt werden konnte, kam ich, um mich von ihm zu verabschieden. Darauf hoffend, daß meine Worte irgendwie zu ihm vordringen würden, sagte ich ihm, wie stolz ich auf seinen Lebenswillen sei und wie sehr ich seinen Kampf bewundere. Ich drückte seine Hand, strich ihm über die Wange und wünschte, mehr für ihn tun zu können.

Zurück in New York verfolgte ich seine Genesung aufmerksam und rief meine Mutter zweimal täglich in Australien an. Da sie davon überzeugt war, daß er in ein Heim eingewiesen werden müßte, bestand sie auf ihrer Radikallösung für die Hunde. Selbst ein Begräbnis für die Hunde hätte sie bezahlt – warum weigerte ich mich also weiterhin, ihre Befehle auszuführen? Was Papis Haus anging, wollte sie es leerräumen und dann verkaufen.

Glücklicherweise nahm die Tournee meine Mutter so sehr in Anspruch, daß ich ihre Pläne verhindern konnte. Auch wenn es noch so umständlich war: Wenn mein Vater jemals wieder gesund sein sollte, dann mußten sein Zuhause, seine Sachen, seine Tiere, alles, was ihm in seinem Leben wichtig war, auf ihn warten. Das war die einzige Hoffnung, die er zum Überleben brauchte – eine andere hatte er nicht.

Die Tournee durch Australien lief schlecht. Einer der Produzenten rief mich wütend in New York an – Miss Dietrich beklage sich ständig über die Akustik, die Beleuchtung, das Orchester, die Zuschauer und das Management. Sie sei betrunken und benehme sich ausfallend, auf und hinter der Bühne. Die Konzerte seien nicht ausverkauft, und die Organisatoren würden erwägen, die weiteren Auftritte abzusagen. Er wollte von mir wissen, ob ich bereit sei, meine Mutter auf einen solchen Gang der Dinge vorzubereiten. Ihr treuer Agent und ich handelten einen Kompromiß aus. Wir würden versuchen, Miss Dietrich dazu zu bringen, die Tournee abzubrechen, und einige der größeren Unstimmigkeiten ausräumen, wenn das Management ihr im Gegenzug die gesamte Vertragssumme ohne jegliche Abzüge auszahlte. Glücklicherweise wollten die Produzenten meine Mutter inzwischen nur noch loswerden, um ihre Verluste zu beschränken.

Mir blieb die Aufgabe, Miss Dietrich so schnell und unauffällig wie nur möglich aus Australien zu schaffen.

»Mass? Hör zu. Sie sagen, sie würden zuwenig Karten verkaufen. Natürlich, du hast vollkommen recht. Es war *ihr* Fehler, zuwenig Geld für Werbung auszugeben. Ja, die Anzeigen sind viel zu klein. Aber ... sie sind bereit, dir die gesamte Gage zu zahlen, selbst wenn du nicht mehr auftrittst. Mach es dir nicht so schwer. Nimm das Geld und reise ab! Wozu das ganze Theater? Mit der ganzen Aufregung um Papi wäre es das beste, wenn du einfach das Geld nimmst, nach Kalifornien fliegst und dich um ihn kümmerst.«

»Was? Papi ist im Krankenhaus, und ich habe einen Vertrag! Ich kann nicht einfach mitten in einer Tournee abhauen. Natürlich sagen sie dir, sie würden bezahlen. Aber du wirst sehen, kaum bin ich weg, zahlen sie keinen Pfennig mehr!«

»Ich kann darauf bestehen, daß sie dir eine Bankanweisung geben, bevor du das Flugzeug besteigst. Mach dir darum keine Sorgen.«

»Nein! Ich habe einen Vertrag! Als nächstes trete ich in Canberra auf, und dann eröffnen wir in Sydney. So leicht werden die mich nicht los. Was fällt ihnen denn ein! Und du, laß die Finger von diesen Verbrechern!« Damit knallte sie den Hörer auf.

Gestärkt durch ihre üblichen Dosen an Darvon, Dexamil und Scotch, trat die Dietrich am 24. September 1975 in Sydney auf. Mike Gibsons Kritik ihrer Aufführung im *Daily Telegraph* ist gerecht. Die Dietrich hat auch diese leider verdient:

> Eine kleine alte Frau, die tapfer versucht, die Rolle der früheren Leinwandkönigin Marlene Dietrich zu spielen, stolpert in Her Majesty's Theatre über die Bühne. Wenn ich tapfer sage, dann meine ich es auch. Ohne Zweifel, ihre Show ist die tapferste, traurigste, bittersüßeste Aufführung, die ich jemals miterlebt habe.
>
> Mit Hilfe des Besten, was Beleuchtungstechnik, Maskenbildner und moderne Miederwarenindustrie zustande bringen, steht sie todesmutig über eine Stunde auf der Bühne und versucht, den

Zauber einer Frau wiederaufleben zu lassen, die den Soldaten eines vor über dreißig Jahren ausgetragenen Krieges Schauer des Entzückens über den Rücken gejagt hat.
Ihre Fans lieben sie.
Wie eine aufgezogene Puppe, die überalterte Verkörperung einer deutschen Legende, kämpft sie sich durch Lieder wie »My Blue Heaven« und »You're the Cream in My Coffee«.
Sie torkelt, wenn sie von der Bühne herabsteigt, um ihren Pelz abzulegen ...
Nervöses Gelächter ertönt im Publikum.
Vielleicht gehört das ja mit zur Show?
Die Maske der Dietrich ist ein Meisterstück müde gewordener Perfektion. Immer noch schwingen sich ihre Wangenknochen in einer vollendeten Linie zu der großzügig mit Lippenstift bedeckten Oberlippe.
Ihre Figur ist so zurechtgetrimmt, wie man es bei einer Frau, die ihren vierundsiebzigsten Geburtstag nicht unbedingt gefeiert, aber immerhin hinter sich gebracht hat, erwartet.
Ihre Fans verzeihen ihr auch das, was sie nach der Pause bringt. Alle anderen wundern sich über die Unverfrorenheit dieser Dame, die singt wie eine Frau, zu der auf einer Party jeder sagen würde, sie solle still sein.
Sie wankt auf den Musikdirektor zu. Mehr nervöses Gelächter, um die Verlegenheit zu überspielen.
Als nächstes folgt eine stimmliche Karikatur der Lieder, die die Dietrich berühmt gemacht haben, Lieder wie »Lili Marlen« und »Falling in Love Again« ...
Als der Vorhang fällt, applaudieren ihre Fans frenetisch. Die obligatorischen Rosen, vor der Bühne bereitgestellt, fliegen.
Und jetzt versteht man auch, warum diese kleine alte Frau immer noch weitersingt. Es geht ihr nicht nur um das Geld. Niemals würde sie dafür so weit gehen.
Sie hält sich an dem roten Vorhang aufrecht, verbeugt sich immer und immer wieder. Als wir aufstehen und gehen, verbeugt sie sich immer noch, winkt, und trinkt den Applaus.
Wir kommen nach Hause, die Babysitterin sitzt vor dem Fernseher und schaut den Spätfilm auf Kanal 9 an.
Der Film heißt *Schanghai Express* und wurde 1932 gedreht. In der Hauptrolle: Marlene Dietrich.

»War sie nicht wundervoll?« schwärmt die Babysitterin.
»Ja, das war sie«, antworte ich.

Als meine Mutter fünf Tage nach dieser vernichtenden Kritik zur abendlichen Vorstellung ins Theater kam, war meine Freundin, der Rettungsengel, der uns schon letztes Jahr aus Kanada zur Hilfe geeilt war, in Sydney. Sie hatte angeboten, auf meine Mutter aufzupassen und ihr beim Umziehen zu helfen. Meine Mutter war sturzbetrunken. Meine Freundin versuchte zusammen mit der Freundin eines Musikers verzweifelt, sie in ihrer Garderobe mit schwarzem Kaffee wieder einigermaßen nüchtern zu machen. Schließlich gelang es ihnen, meiner Mutter das Mieder und das Kleid anzuziehen. Als die ersten Töne der Ouvertüre aus den Lautsprechern schallten, nahmen die beiden ihre wertvolle Fracht in die Mitte und führten sie von der Garderobe zur Bühne. Sie führten sie zu den Seitenkulissen und stellten sie an den Vorhang. Als ihr Einsatz kam, tat meine Mutter einen Schritt, stolperte und stürzte.

Der Dirigent merkte, daß sie ihren Einsatz verpaßt hatte, und ließ die Ouvertüre wiederholen. Währenddessen wurde die Dietrich in ihre Garderobe zurückgetragen. Der Schock des Sturzes hatte sie ernüchtert, und sie erkannte, daß mit ihrem linken Bein etwas nicht stimmte; es wollte sie nicht tragen.

Die Aufführung mußte abgesagt und die Dietrich, gehbehindert wie sie war, möglichst schnell aus dem Theater gebracht werden. Sie wollte auf keinen Fall von ihren vor der Garderobentür wartenden Fans in ihrem Bühnenkostüm gesehen werden und bestand darauf, sich zuerst umzuziehen. Da sie aufrecht stehen mußte, damit man ihr das Kleid ausziehen konnte, legte sie die Arme um den Hals des entnervten Produzenten und hing da, während die beiden Frauen ihr das Kleid vom Körper streiften und ihr das Chanel-Kostüm anzogen.

Im Hotel verbot meine Mutter allen, mich zu benachrichtigen. Sie wußte nicht, daß man mir bereits über ihren Unfall berichtet und ich Dr. Stinchfield eingeschaltet hatte, der Kontakt zu Ärzten in Sydney aufnahm. Sie hatte – wie immer – Glück. Gerade tagte die Internationale Vereinigung der orthopädischen Chirurgen in der Stadt. So standen innerhalb einer Stunde zwei der führenden Orthopäden in Smokings vor meiner Mutter. Während sie Dr. Stinchfields künstlichem Hüftgelenk die Schuld gab, waren die beiden anderen Mediziner der Ansicht, der Oberschenkelknochen sei gebrochen. Sie teilten ihr das

Ergebnis ihrer Diagnose allerdings nicht gleich mit, sondern wollten sich erst durch eine Röntgenaufnahme absichern. Doch die Dietrich weigerte sich, ins Krankenhaus gebracht zu werden.

Sie blieb die ganze Nacht im Bett und wagte kaum zu atmen. Erst am nächsten Morgen ließ sie zu, daß man sie heimlich aus dem Hotel schleuste und ins St. Vincent Hospital einlieferte. Die dort angefertigten Röntgenaufnahmen bestätigten die Diagnose der beiden Orthopäden: Der linke Oberschenkel war gebrochen.

Alkoholiker leben gefährlich, vor allem wenn sie sich einen Knochen brechen. Wegen der zusätzlichen Gefahr einer Infektion des Knochens, eines Tremors während der Traktion und anderen, je nach Patient verschiedenen möglichen Komplikationen ist es entscheidend, daß der Arzt die volle Wahrheit über den Alkoholismus seines Patienten erfährt. Ich rief Dr. Stinchfield an, damit er mit den australischen Ärzten sprach. Doch meine Mutter weigerte sich kategorisch, in Australien zu bleiben. Aber wohin mit ihr?

Schließlich wurde beschlossen, ihr eine schützende Gipsschale anzulegen und sie nach Kalifornien zu fliegen, wo sie auf Vorschlag Dr. Stinchfields der Obhut der Orthopäden am medizinischen Zentrum der UCLA anvertraut werden sollte. Nachdem ich alle notwendigen Vorkehrungen für den Transport getroffen hatte, flog ich nach Los Angeles und bereitete alles für ihre Ankunft vor. Ich bestellte einen Krankenwagen an den Flughafen und reservierte ein Krankenzimmer im Wilson Pavilion, der Prominentenabteilung der UCLA. Plötzlich realisierte ich, daß meine Mutter und mein Vater unter ein und demselben Dach sein würden! Der Gedanke, daß diese beiden gebrochenen Menschen auf diese Weise wieder zusammenkommen würden, machte mich traurig.

Ich empfing meine Mutter auf der Rollbahn und ließ ihre Krankenbahre sofort in die bereitstehende Ambulanz schaffen. Ein Reporter war noch schneller und schoß das einzige jemals aufgenommene Bild, das die Dietrich auf einer Tragbahre liegend zeigt. Ich begleitete sie auf der Fahrt durch die Stadt, hielt ihre Hand und versuchte, ihre Ängste zu beschwichtigen. Sie war außer sich, und ich entschuldigte mich bei ihr, weil ich wußte, daß sie mich für den Reporter verantwortlich machte. Kaum hatte ich es meiner Mutter in ihrem Krankenzimmer bequem gemacht, schräg gegenüber der Suite, in der John Wayne ein paar Jahre später sterben sollte, trug sie mir alle möglichen und unmöglichen Besorgungen auf. Alles nur, damit sie ungesehen ihre kleinen Fläschchen auspacken und hinter einer Packung Kleenex in dem Nachttischchen nebem dem Bett verstecken konnte.

Es folgten Röntgenaufnahmen, Besprechungen und Diskussionen. Dazwischen besuchte ich meinen Vater. Er war so stolz auf seinen neuesten Erfolg: Der Krankengymnast hatte ihm einen weichen Gummiball auf die Innenfläche der gelähmten rechten Hand gelegt, und mein Vater hatte es nicht nur geschafft, den Ball zu spüren, er konnte ihn sogar mit drei Fingern umfassen! Der Tag war nicht mehr fern, an dem er den kleinen gelben Ball würde zusammendrücken können, und dann würde er wissen, daß er wieder wirklich am Leben war.

Der berühmte Chirurg, schön wie ein Filmstar, lehnte an der Wand gegenüber dem Krankenbett meiner Mutter, flankiert von seinen brillanten jungen Assistenten. Geduldig versuchte er, ihr eine relativ neue und sehr erfolgversprechende Operationsmethode zu erklären – er wollte den Knochen zementieren, statt ihn wie bisher einzurichten, einen Streckverband anzulegen und darauf zu warten, bis Zeit und Natur ihn wieder zusammenwachsen ließen. Meine Mutter zeigte sich wenig beeindruckt. Sie entließ die Ärzte, als ob sie es mit Laufburschen zu tun hätte. Dann bestellte sie Abendessen für uns beide.

»Hast du gesehen, wie jung dieser Arzt ist? Und die beiden neben ihm? Jungen. Kleine Kinder, die nicht wissen, was sie tun. Viel zu unerfahren. Hier ist alles viel zu vornehm, um etwas zu taugen. Krankenhäuser, die aussehen wie Filmkulissen, das gibt es nur in Hollywood! Am besten, du nimmst die Röntgenaufnahmen nach New York mit und zeigst sie Stinchfield. Erkläre ihm, was die hier mit mir vorhaben und frage ihn, was er davon hält.«

Ich küßte meinen Vater zum Abschied, sagte ihm, er solle weiter so hart arbeiten, daß ich stolz auf ihn sein könnte – und glaubte zu sehen, wie sein gesundes Auge vor Freude strahlte. Bevor ich abflog, fragte ich meine Mutter, ob sie ihn besuchen wolle. Sie antwortete mit einem entschiedenen »Nein!« Ich war nicht überrascht.

Dr. Stinchfield befürchtete, eine weitere Operation könne zu gefährlichen Komplikationen führen. Da meine Mutter nicht in der UCLA bleiben wollte und den Ärzten dort mißtraute, er aber noch immer ihr Vertrauen genoß, schien es das sicherste zu sein, sie nach New York zu holen, in ihrem alten Zimmer im Columbia Presbyterian Hospital unterzubringen und, da die Durchblutung ihrer Beine wieder normal war, einen Streckverband anzulegen.

Am 7. Oktober empfing ich sie am Kennedy-Flughafen und wartete, bis die Tragbahre in den bereitstehenden Krankenwagen verladen war. Seit dem 13. September lag sie in einem Ganzkörpergips und war von Australien nach Kalifornien und von dort weiter nach New York geflogen worden. Sie war erschöpft, ängstlich und verständlicherweise sehr schlecht gelaunt. Es hätte noch schlimmer sein können, doch glücklicherweise hatte eine sehr attraktive Blondine, eine ehemalige Armeekrankenschwester, sie begleitet, ihr die Hand gehalten und sie gestreichelt, bis sich die Türen des Krankenwagens hinter uns schloßen. Ich nahm ihre Hand. Die Schlaglöcher schienen sich seit unserer letzten Fahrt auf dieser Strecke deutlich vergrößert zu haben. Als wir meine Mutter auf ihrer Tragbahre in das Columbia Presbyterian Hospital schoben, meinte ich die Ärzte und Schwestern der Abteilung erzittern zu sehen.

Seit Stunden hatte sie nichts mehr getrunken. Sie verlor immer mehr die Beherrschung und wurde unausstehlich. Die erste Krankenschwester, die ihr ein Beruhigungsmittel verabreichen wollte, schlug sie, der zweiten riß sie die Spritze aus der Hand und schleuderte sie in eine Ecke. Schließlich gelang es uns, sie zu überwältigen. Der Gips wurde aufgeschnitten, und die komplizierte Prozedur des Einrichtens ihres Knochens und des Anlegens eines Streckverbandes konnte beginnen.

Normalerweise verheilt ein solcher Bruch bei einer Person im fortgeschrittenen Alter meiner Mutter in zwei bis drei Monaten. Ihr vom Alkohol ruinierter Körper brauchte vier Monate – bis Februar 1976. Wie sie all diese Wochen überstand, erstaunte mich. Schrauben wurden durch ihr Fleisch gebohrt, und das Bein wurde gestreckt und mit Gewichten versehen, so daß sie es nicht mehr bewegen konnte. Es muß eine Tortur gewesen sein. Aber meine Mutter war auch eine schreckliche Patientin.

Niemand durfte ohne Erlaubnis ihr Zimmer betreten. Keine der schwarzen und puertoricanischen Putzfrauen durfte ihr Zimmer saubermachen. Die Krankenschwestern verzweifelten, und mit ihnen die armen Putzfrauen, die fürchteten, sie würden ihre Arbeit verlieren, falls einem der Ärzte der beklagenswerte Zustand von Miss Dietrichs Zimmer auffiel. Wann immer ich konnte, wischte ich den Boden und versuchte, meine Mutter zu einer kooperativeren und demokratischeren Einstellung zu überreden. Ansonsten entschuldigte ich mich pausenlos für ihr unmögliches Verhalten. Und ich brachte ihr einen Kühlschrank, den sie mit den Krankenhausmenüs vollstopfte, die sie bestellte und dann nicht aß.

»Das Essen in diesem verdreckten Krankenhaus ist nicht für Menschen. Ich habe es in die Eisbox stecken lassen. Du kannst es mit nach Hause nehmen, zum Abendbrot.«

Manchmal konnte ich sie dazu bewegen, sich der »proletarischen Unterhaltung« des Fernsehens auszusetzen. Seit dem Abend, an dem sie *Der große Gatsby* sah, schwärmte sie wie ein Teenager für Robert Redford. Das half. Wir mußten ihr Fanzeitschriften besorgen, überhaupt alles, wo irgend etwas über ihn stand. Ich fand ein Kopfkissen, auf dem ein Bild von ihm aufgedruckt war, sie liebte es – nun konnte sie mit ihm schlafen und träumen.

Meine Freundin, die wie ein heiliger Christophorus meine verletzte Mutter von jenseits der Meere – zuerst aus Paris, dann aus Sydney – nach Hause gebracht hatte, die sich vergeblich darum bemüht hatte, sie nüchtern zu machen, die sie gestützt hatte, sie aufgefangen hatte, als sie fiel, ihre Sachen in der Garderobe und in ihrem Hotelzimmer gepackt hatte, sie so gut wie nur möglich vor der australischen Presse versteckt und auf dem Flug nach Los Angeles neben ihrer Tragbahre gewacht hatte, meine Freundin war am Ende ihrer Kräfte. Doch bevor sie nach Hause flog, kam sie ins Krankenhaus, um sich von meiner Mutter zu verabschieden. Als sie das Zimmer betrat, hörte sie meine Mutter sagen: »Weißt du übrigens, warum ich hingefallen bin und mir das Bein gebrochen habe? Ich wollte gerade auf die Bühne treten, da stellte mir Marias Freundin ein Bein!«

Schockiert von dieser ungeheuerlichen Lüge machte meine Freundin auf dem Absatz kehrt und verließ ohne ein Wort das Zimmer. Die Dietrich sah sie nie wieder. Sie schrieb meiner Mutter einen ausführlichen Brief, in dem sie genauestens darlegte, wie es zu dem Unfall in Sydney gekommen war. Doch meine Mutter nahm die absurde Lüge, die sie jedem bereitwillig auftischte, nie zurück. Mit der Zeit jedoch ärgerte und verstörte es sie, daß meine Freundin nicht mehr auftauchte. Immerhin hatte sie »dieser Frau« wegen des Unfalls in Sydney nie Vorwürfe gemacht, obwohl sie solche Schmerzen und Umstände gehabt hatte. Warum um alles in der Welt war Marias Freundin jetzt so beleidigt? Wie üblich verschloß meine Mutter die Augen vor der Wahrheit – selbst wenn sie offen vor ihr lag.

Während Thanksgiving, Weihnachten und Neujahr war sie wütend. »Urlaub! Alles macht Urlaub! Du klingelst nach der Schwester – niemand kommt. Du rufst im Büro des Doktors an – niemand antwortet. Als ob die Welt stehengeblieben wäre! Was soll das, diese Urlaubssucht? Die Leute erfinden überall Ausreden, nicht arbeiten zu müssen. Aber sie wollen bezahlt werden! Wenn mir noch ein Nikolaus vor die Augen kommt ... Was hat er überhaupt mit jemandem zu tun, der in einem Stall geboren wurde? Darum geht es doch Weihnachten, oder? Daß jemand im Stall geboren wurde, nicht?«

Man konnte meine Mutter nicht unbedingt als bibelfest bezeichnen. Das Luthertum, das ihre Kindheit geprägt hatte, vermischte sich mit agnostischen Einflüssen, die wiederum von Aberglauben überlagert wurden. Sie war sich nie ganz sicher, ob sie nun eine Agnostikerin oder eine Atheistin war. Sie wußte nur eins: Einen Gott gab es nicht. Denn wenn ein Gott existierte, würde er sich zeigen und tun, was ihm befohlen wurde.

Aus Ärger darüber, daß ich nicht andauernd bei ihr war, sondern einen Baum schmückte, einen dieser »schrecklichen« Truthähne in die Backröhre schob oder mich meiner Familie widmete, schickte sie meinen Söhnen zu Weihnachten Polaroidaufnahmen ihres gebrochenen, mit Nägeln fixierten Beins mit der Aufschrift: »Dieses Weihnachten – kein Geld.«

Sie rief mich pausenlos an, ohne Rücksicht auf die Tages- oder Nachtzeit. Die Einträge in ihrem Tagebuch aus jener Zeit sprechen für sich: »Nicht mit Maria gesprochen«, »Niemand kam«, »Kein Essen«, »Allein«. Und immer wieder: »Niemand hat angerufen.«

Da sie nicht aufschrieb, wie oft sie mich jeden Tag anrief, mußte jeder Uneingeweihte, der das Tagebuch las, von gerechter Empörung über die lieblose Tochter übermannt werden.

Schließlich wurden die Zugseile entfernt, und sie bekam eine Gipshose angepaßt. Wegen ihrer Gebrechlichkeit mußte sie den Gips auch noch tragen, nachdem ich sie in ihre Wohnung in New York zurückgebracht hatte. Ihr Bett war umgebaut und die Matratze verstärkt worden, das Badezimmer glich einer Erste-Hilfe-Station. Den ausgeliehenen Rollstuhl, der vor ihrem Bett stand, benutzte sie nie. Sie zog es vor, im Bett zu bleiben.

Obwohl mein Vater immer noch teilweise gelähmt und sprachbehindert war, hatte er sich soweit erholt, daß er nach Hause entlassen werden konnte. Als man ihn aus dem Wagen hob, sprangen seine Hunde um ihn herum und begrüßten ihn mit lautem Bellen. Er hat, so wurde mir gesagt, geweint, als er die Hunde sah. Er wußte, er war wieder zu Hause.

Bevor meine Mutter nach Paris zurückkehrte, wollte sie nach Kalifornien fliegen und sich davon überzeugen, daß die Leute, die sie bezahlte, ihren Ehemann auch ordentlich versorgten.

Der Tag kam, an dem ich sie ins Krankenhaus brachte, wo man ihr den Gips abnahm und sie mit einer neuen Gehhilfe nach Hause schickte. Seltsamerweise verlor sie kein Wort der Klage über dieses Symbol ihrer Gebrechlichkeit. Endlich hatte sie etwas, woran sie sich festhalten konnte, etwas, das sich mit ihr bewegte. Endlich konnte sie trinken und mußte nicht fürchten, zu stürzen. Es machte ihr überhaupt nichts aus, mit dem Metallgestell gesehen zu werden. Da sie nie auf die Straße ging und zu keiner Aufführung ins Theater gebracht werden mußte, gab es für sie sowieso keinen Grund, die Wohnung zu verlassen. Betrunken torkelte sie durch die Wohnung, die Gehhilfe vor sich herschiebend. Ohne diese Krücke konnte sie nicht mehr laufen, sie versuchte es nicht einmal. Dies war eine neue Abhängigkeit, von der wir sie wieder mühsam würden entwöhnen müssen.

Da sie ihre Wohnung auch nicht für die ihr verordnete Therapie verlassen wollte, ließ Dr. Stinchfield die Krankengymnasten zu ihr kommen. Meine Mutter konnte sie nicht ausstehen. Ihre Berührungen störten sie, ihr Verhalten, ihr Aussehen, ihr Alter und ganz bestimmt die Wahrheiten, die sie ihr beibringen wollten. Anstatt ihr linkes Bein durch disziplinierte, bewußte Übungen zu strecken, feuerte sie die »beschränkten« Krankengymnasten und ließ ihren linken Schuh unterlegen.

Stoisch und verliebt in militärische Disziplin, wie sie war, wunderte mich ihre geradezu pathologische Weigerung, einer systematischen Therapie zu folgen, jedesmal aufs neue.

Mit der Zeit gewöhnte ich ihr die Gehhilfe ab, doch bestand sie darauf, je eine in das Haus meines Vaters und ihre Pariser Wohnung vorauszuschicken. Ich rief die Ärzte meines Vaters an und warnte sie vor der bevorstehenden Ankunft meiner Mutter und dem Unheil, das sie anzurichten imstande sein würde. Ihre Ankunft, davon war ich überzeugt, würde das endgültige Ende meines Vaters sein. Sie würde jeden seiner kleinen Fortschritte lächerlich machen und dadurch sein mühsam erworbenes Selbstbewußtsein zerstören. Sie hatte mir bereits eindrucksvoll vorgeführt, worauf mein Vater sich einzustellen hatte.

»Liebling, du wirst es nicht glauben. Ich habe heute mit Papis beiden Krankenpflegern telefoniert. Weißt du, was sie tun? Sie wollen Papi das Reden beibringen! Eine Zeitverschwendung! Wozu muß er reden?

Ich bezahle diese Leute, daß sie sich um ihn kümmern, die sollten wissen, was er braucht. Ich habe ihnen gesagt: ›Mein Mann muß nur zwei Wörter lernen: "verdammt" und "Scheiße". Das reicht!‹ Was braucht er mehr in seinem Zustand? Und das ganze Getue, die ganze Aufregung – nur weil er stehen und alleine pinkeln kann. Was soll das? Wenn ich zu ihm nach Kalifornien komme, kaufe ich ihm einen von diesen Rollstühlen, in denen er im Sitzen pinkeln kann. Dann hat er es den ganzen Tag lang nett und bequem und kann pinkeln, ohne sich bewegen zu müssen. Wozu ihn quälen? Wozu laufen lernen? Ich bezahle Leute dafür, daß sie ihn schieben. Lauter Idioten!«

Mein armer Vater. Das erste Mal in seinem belanglosen Leben hatte er sich einer Aufgabe gestellt, nämlich der, sein Leben zu retten, und endlich hatte er ein wenig Selbstachtung gewonnen, weil es ihm gelungen war, wieder wie ein Mann zu urinieren, nicht wie ein hilfloser Säugling. Nun würde seine liebende, treu für ihn sorgende Frau diese Selbstachtung zerstören – für immer, fürchtete ich.

Am 7. April setzte ich meine Mutter, ohne daß die Presse sie im Rollstuhl erwischte, in ein Flugzeug nach Kalifornien. Mitte Mai hatte sie Haus, Therapie und Leben meines Vaters völlig neu organisiert und kehrte nach Paris zurück. Ende Juni war mein Vater tot.

Ich flog nach Kalifornien, um ihn zu beerdigen. Meine Mutter blieb unter Hinweis auf die Reporterscharen, die sich ihrer Überzeugung nach am Grab des einzigen Ehemanns der Dietrich einfinden würden, in Paris.

Unter Mahagoni, Eiche und Walnuß half mir mein Sohn Michael, den schlichten Fichtensarg auszuwählen, den mein Vater sich gewünscht hätte. In einem seiner weißen, monogrammbestickten Seidenhemden, am Hals geschlossen von einer Hermès-Krawatte, und in einem seiner Anzüge von Knize, die er und meine Mutter so geliebt hatten, wurde mein Vater auf demselben Friedhof begraben wie Tami. Ich konnte mir vorstellen, daß sie am selben Ort beigesetzt wurden, aber Seite an Seite, das konnte mein Herz nicht zulassen. Ich legte mein Kreuz auf den Sarg meines Vaters, damit es ihn auf seiner langen Reise beschützen würde. Dann drehte ich mich um und weinte in den Armen meines Sohnes. Die wenigen anwesenden Freunde dachten, ich tat es, weil ich meinen Vater verloren hatte. Aber das stimmte nicht. Ich trauerte um das verschwendete Leben eines Mannes, um Tamis Leiden, um seines, und um all die verlorenen Jahre.

851

Ich erhielt viele Vorschläge für die Beschriftung von Rudolf Siebers Grabstein. Manche waren unmöglich, einige beleidigten den Menschen, der mein Vater hätte sein können, andere waren einfach banal. So tat ich das, was er meiner Meinung nach gewollt hätte. Der Ehemann einer der legendärsten Frauen aller Zeiten liegt unter einem schattigen Baum, ein schlichter Stein aus grünem florentinischem Marmor – sein Lieblingsgrün – kennzeichnet sein Grab:

RUDI
1896–1976

Ich mußte gehen. Ich ging den Weg noch ein Stück weiter, um mich von Tami zu verabschieden. Als ich auf den kleinen Grasfleck hinunterschaute, schien es mir unmöglich, daß er die tausend Dinge zudecken konnte, die einmal einen Menschen ausgemacht hatten. Ich sprach mit Tami, bat sie um Verzeihung und hoffte, sie würde gutheißen, was ich versucht hatte, für Papi zu tun, weil sie ihn so geliebt hatte.

Bald klingelte mein Telefon Sturm. »Maria, wie konntest du nur? Deine arme Mutter hat mich angerufen und mir erzählt, du hättest nicht erlaubt, daß sie zu Rudis Begräbnis kam. Sie hat so geweint. Wie konntest du das ihr, deiner eigenen Mutter antun? Sie sagte, sie wäre Tag und Nacht auf ihren gepackten Koffern vor dem Telefon gesessen und hätte darauf gewartet, daß du anrufst. Aber du hättest es nie getan!«

Ich wußte, daß meine Mutter, die auf keinen Fall beim Tod ihres Mannes hatte dabeisein wollen, ihr schlechtes Gewissen beruhigen und ihr Bild als Witwe aufpolieren wollte, indem sie mir die Schuld für ihre Abwesenheit am Grab ihres Ehemanns gab. Freilich hatte das Bedürfnis meiner Mutter, die Realität zu verdrehen, auch seine gute Seite. Nur so war es mir nämlich möglich gewesen, das Versprechen einzulösen, das ich meinem Vater gegeben hatte.

In diesem Jahr verlor die Dietrich zwei Ehemänner. Kurz nach dem Tod meines Vaters starb Jean Gabin. Sie war erschüttert und trauerte ihm noch jahrelang nach. Es war nicht nur sein Tod, der sie so mitnahm, sondern auch die Einsicht, daß jetzt ihr geheimer Traum, Jean würde eines Tages zu ihr zurückkehren, nicht mehr in Erfüllung gehen konnte. Innerhalb von ein paar Wochen hatte meine Mutter die beiden Männer verloren, die sie am meisten geliebt – und verraten – hatte.

Sie wurden ihre Geister, nach denen sie suchte, deren Stimmen sie hörte und über deren Weigerung, sich zu materialisieren oder ihr wenigstens ein Zeichen ihrer beruhigenden Gegenwart zu geben, sie sich beklagte.

Als Fritz Lang starb, feierte sie. Wann immer jemand starb, rief sie mich an. »Hast du gehört? Luchino Visconti ist tot. Erinnerst du dich noch an den Film, in dem dieser schlechte Schauspieler, den er so gerne hatte, mich in Frauenkleidern imitierte – in dem Kostüm aus *Der Blaue Engel*? Und wer bekommt jetzt, wo Howard Hughes tot ist, all die Millionen? Er hat mich in Las Vegas verfolgt, bevor er sich mit seinen Kleenex-Schachteln einschloß. Und was soll das ganze Theater in Amerika um dieses Negerbuch? Ich habe erst neulich etwas darüber in *Newsweek* gelesen.«

»Meinst du *Roots*?«

»Ja, genau das! Wer will schon was über Neger lesen? Das wird ein Flop.« Und sie legte auf.

Zum drittenmal verkaufte sie ihre ungeschriebene Autobiographie an einen amerikanischen Verlag. Niemand durfte ihr helfen oder sie beraten. Sie erzählte ihr Leben so, wie sie glaubte, es gelebt zu haben – rein, aufopferungsvoll, eine Hymne an Pflichtgefühl, Ehre, Tugend und Mutterschaft.

Dann, 1978, legte ihr Agent mir ein Angebot für sie vor. Sie sollte in *Schöner Gigolo, armer Gigolo* auftreten, einem in Deutschland für den weltweiten Verleih gedrehten Film. Für diesen Auftritt bot man ihr eine immense Summe an. Wir mußten sie irgendwie dazu bringen, das Angebot zu akzeptieren. Zuerst mußte der Produzent zustimmen, die Szenen mit ihr in Paris zu drehen. So würden wir sie direkt aus ihrer Wohnung zum Set bringen können, ohne daß die deutsche Presse sich ihr an die Fersen heften könnte. Und die beiden Szenen, in denen sie auftrat, mußten unmittelbar nacheinander gedreht werden. Ich wußte, länger als zwei Tage würde ich sie nicht nüchtern halten können. Außerdem vereinbarte ich, daß sie in der Szene, in der sie ihren Hauptauftritt hatte, nicht laufen mußte. Die zweite Szene, in der sie auf den Set laufen sollte, wurde umgeschrieben, so daß sie nur noch einen Schritt ins Bild zu machen brauchte. Nach langen Verhandlungen wurden zwei Verträge aufgesetzt: ein erster, den meine Mutter sah und schließlich unterzeichnete, und ein zweiter, von dessen Existenz sie nie erfuhr. Da nur die Notwendigkeit, Geld zu verdienen, meine Mutter zu einer Unterschrift bewegt hatte, sollte die Auszahlung der Gage in Raten erfolgen. Eine größere Summe sollte sie bereits bei Vertragsunterzeichnung bekommen – das würde ihr die Sache schmackhaft machen. Die nächste Rate sollte am Ende des ersten Aufnahmetages ausgezahlt werden – so würde sie nicht einfach vom Set verschwinden. Den Rest der Gage sollte sie nach Abschluß der Dreharbeiten bekommen – um sicherzustellen, daß sie auch noch am zweiten Tag erschien. Der zweite, ihr unbekannte Vertrag verpflichtete Maria Riva, Tochter der Marlene Dietrich, auf dem Set anwesend zu sein und zu garantieren, daß Frau Dietrich in einem Zustand war, der es ihr ermöglichte, ihren vertraglichen Verpflichtungen nachzukommen.

Das gesamte Filmteam, der Regisseur, der Kameramann und die Schauspieler reisten von Deutschland nach Frankreich. Sie bauten ein Duplikat des in einem deutschen Studio stehenden Sets auf und warteten auf das Erscheinen der großen Kinolegende.

Ein persönlicher Freund entwarf das Kostüm meiner Mutter für diesen Film. Ich glaube, es war diese allzu persönliche Beziehung, die dem sonst guten Geschmack des Designers in die Quere kam. Eigentlich ist er viel zu talentiert, um den Hut mit dem schrecklich gemusterten Schleier und überhaupt das ganze gräßliche Kostüm allein entworfen zu haben. Wenn von Sternberg hinter der Kamera gestanden hätte, wäre es vielleicht gutgegangen. So aber sah meine Mutter aus wie eine billige Kopie der Dietrich. Als ich in Paris eintraf und die pathetische Aufmachung sah, hinter der sich meine Mutter verstecken wollte – bereits genäht und für den Film abgesegnet –, war es zu spät.

Einmal mehr verdünnte ich den Whiskey meiner Mutter mit Wasser. Meine Aufgabe war es, sie für die nächsten zwei Tage nüchtern zu halten. Doch bereits am Morgen des ersten Drehtags überfielen mich schwere Zweifel, ob mir das gelingen würde. Meine Mutter hatte beschlossen, mich zu bestrafen. Ich war es ja, die sie zur Arbeit zwang, die sie zwang, vor einer Kamera zu stehen, auf einem Set mit lauter »Fremden« – für meine Mutter gleichbedeutend mit »Feinden«. Aber am schlimmsten war, daß ich versucht hatte, ihr den Scotch wegzunehmen.

Es tat mir so leid für sie. Aber ihre Weigerung, auf Ratschläge zu hören, ihre Abneigung gegen jede Form der Geldanlage, ihre Extravaganz, ihre kindlich-romantische Überzeugung, ihre Mittel seien unbeschränkt, das alles machte es für mich zu einer bitteren Notwendigkeit, die Mittel für sie aufzutreiben, die ihr die einzige Art von Leben ermöglichten, die sie kannte. Die Gemälde der »Impressionisten«, die sie einst besessen und dann, wie sie allen erklärte, ihrer Tochter überlassen und diese dadurch zur Milliardärin gemacht habe, hatten sich größtenteils als Fälschungen erwiesen, die ich verkaufen mußte, um die Erpresser, die immer wieder den Weg zu mir fanden, zum Schweigen zu bringen.

Es hätte nichts geholfen, meiner Mutter diese Wahrheiten vorzuhalten. Sie brauchte den Glauben daran, sie allein habe ihrer Tochter Leben, Liebe und die Mittel zum ganzen Glück gegeben.

Als wir an diesem Morgen im Studio ankamen, war unser Star nüchtern. Am zweiten Tag allerdings konnte meine Mutter ein atemloses junges Ding dazu überreden, ihr eine Flasche Cognac in die Garderobe zu schmuggeln. Bevor ich die Flasche finden und konfiszieren konnte, hatte sie bereits die Hälfte hinuntergekippt. Am Ende des Tages war sie zu besoffen, um sich an den Text für *Schöner Gigolo, armer Gigolo* zu erinnern. Wie schon so oft bei ihren Auftritten schrieb ich den Text mit einem dicken Leuchtstift auf große weiße Pappe, die ich für sie neben der Kamera hochhielt.

In dieser Nacht brachte ich sie zu Bett. Aufregung, Erschöpfung und Cognac hatten es geschafft. Kurz nach ihrer Rückkehr hatte sie sich heftig übergeben müssen. Aus Angst, sie könnte sich im Schlaf übergeben und ersticken, blieb ich die ganze Nacht bei ihr und hielt Wache. Aber wir hatten es geschafft! Die Szenen waren im Kasten! Mit der Gage für diesen Film würde sie ihre riesigen Rechnungen bestreiten können – eine Zeitlang wenigstens.

Es wäre wohl einfacher gewesen, wenn sie in New York gelebt hätte. Aber sie weigerte sich; zu tief saß die Angst vor der amerikanischen Presse. Meine Mutter hat nie vergessen, wie sie in den dreißiger Jahren von Reportern gejagt wurde, als von Sternbergs Frau den Namen Dietrich in ihrer Klage wegen Entfremdung ehelicher Zuneigung erwähnte, und genausowenig hat sie die Entführungsdrohungen vergessen oder die Jahre, in denen sie fürchtete, in den Betten ihrer ständig wechselnden Liebhaber entdeckt zu werden. Daß Europa sie als eine Legende verehrte, machte vieles leichter. Marlene Dietrichs Geheimnisse waren in Paris besser gehütet als in New York.

12
Paris

Immer wieder stürzte sie. Eines Nachts verlor sie im Badezimmer das Bewußtsein, griff noch im Fallen nach dem Duschvorhang, riß ihn von der Stange und wachte am anderen Morgen in einem Haufen von rosa Plastik auf. Sie rief mich an, wunderte sich, wie das hatte passieren können, und klagte, das Zimmermädchen habe sie überfallen und dann aus Mitleid mit dem Vorhang zugedeckt.

Einmal schlug sie sich im Fallen den Kopf an der Kante eines Marmortisches auf und lief wochenlang mit einem riesigen blauen Auge herum, während ich voller Angst auf den Anruf mit der Nachricht wartete, das von dem Sturz herrührende Blutgerinnsel sei weitergewandert und ... Jedesmal, wenn das Telefon läutete, stand mein Herz für einen Augenblick still.

»Liebling, in den Zeitungen steht, Charles Boyer sei tot. Habe ich nicht mit ihm einen Film gemacht?«

»Ja, *Der Garten Allahs*.«

»Ach der! Ich dachte, der sei schon längst tot.« Sie hängte auf.

Im Jahr 1979 fiel sie in ihrem Schlafzimmer hin. Als sie wieder zu sich kam und aufstehen wollte, ging es nicht. Wieder wurde sie die Treppen hinuntergetragen und geröntgt: ein Haarriß oberhalb des Hüftgelenks, nichts allzu Ernstes, kein Notfallwagen, keine Krankenflüge. Vier Wochen strenge Bettruhe, und die Verletzung würde von selbst heilen. Auf keinen Fall wollte sie ins Krankenhaus; sie bestand darauf, nach Hause gebracht zu werden, legte sich ins Bett und stand nie mehr auf. Sie hatte die perfekte Lösung gefunden. Wenn sie von nun an umkippen sollte, dann lag sie ja schon sicher und weich. Kein einziges Mal kam es ihr in den Sinn, statt dessen das Trinken aufzugeben.

Jedes Hilfsangebot lehnte sie ab. Sie feuerte zahllose willige und um sie besorgte Krankengymnasten und ließ keine Krankenschwestern oder Pfleger auch nur in ihre Nähe. Nur wer ihr – gegen großzügige Trinkgelder – ihren geliebten Scotch besorgte, durfte ihr inneres Heiligtum betreten.

Mit deutscher Gründlichkeit trug sie alles zusammen, was ihr lebenswichtig erschien, und schuf sich eine eigene Welt, in der ihr Bett als Zentrale fungierte. Ein kleiner Teil davon genügte ihr in ihrem benebelten, reglosen Stupor zum Schlafen. Auf der linken Seite war ihr »Büro« – Briefumschläge in allen Größen und Formen, Briefpapier, Notizblöcke, Schnur, Klebeband, Fototaschen, Briefwaage, Briefmarken nach Wert geordnet, Bücher, Tagebücher, Wörterbücher, Telefonbücher, ein Telefon, Dutzende von Lesebrillen, Lupen, Ordner, Kleenex-Schachteln, Gummis, Heftzwecken, Fanbilder, Handtücher, Wischtücher – und ihr treuer Begleiter, ihr Revolver! Zugegeben, ein Spielzeug aus Plastik, aber er knallte immerhin laut genug, um die Tauben, die vor ihrem Schlafzimmerfenster gurrten, zu Tode zu erschrecken.

Griffbereit lagen auch stets die »Zangenarme« an einem langen Griff, die sie wie ein Einräumer im Supermarkt dazu benutzte, Dinge jenseits der Reichweite ihrer Hände zu ergreifen.

Rechts von ihr lehnte ein Schranktischchen an der Wand, überladen mit Tablettenröhrchen, Schachteln, Medizinflaschen, Gläsern, Tuben, Behältern mit Zäpfchen – ihre Privatapotheke. Davor stand, die gesamte Länge des Betts einnehmend, ein flacher Tisch, darauf das zweite Telefon, Bleistifte, Kugelschreiber, Filzstifte, Scheren im Dutzend, Geschirr, Messer, Pfeffermühlen, Kochplatten, Trinkgläser, Thermosflaschen, Kochtöpfe, eine Pfanne, Zahnbürsten, Plastikschüsseln und verschiedene Uhren. Darunter versteckt war ihr Schnapsvorrat, von bezahlten Sklaven in unschuldig aussehende, große Mineralwasserflaschen umgefüllt. Daneben zwei kleine, verschließbare Mülleimer, in die sie ihren Urin schüttete, wenn sie sich in einer halb sitzenden, halb liegenden Position in einen gegen den Unterleib gepreßten Krug aus feinstem Limoges-Porzellan erleichtert hatte. Eine ordinäre Bettschüssel tat es für die Dietrich nicht! Bettschüssel – das klang nach »invalide«, etwas, das ihr zutiefst zuwider war. Neben dem Urinbehälter stand ein weiteres, etwas größeres Gefäß. Darauf lag eine alte Kasserolle aus Metall aus der Küche meines Vaters, in die meine Mutter ihren Darm entleerte.

Die makabren Toilettenmanöver, auf denen meine Mutter bestand, gingen natürlich nicht ohne Unfälle ab. Die geliebten Schaffelle, auf denen sie schlief, seit sie sie in dem australischen Krankenhaus entdeckt hatte, waren so verdreckt wie die Matratze, die Laken waren grau und fleckig. Niemand durfte meine Mutter berühren, das Bettzeug wechseln oder sie waschen. »Wenn Maria kommt, badet sie mich«, erzählte sie allen. Aber wenn ich kam, erfand sie tausend Ausreden. Wenn ich doch darauf bestand, sagte sie, sie sei gar nicht so dreckig, das Bettzeug sei gerade erst gewechselt worden, und es sei nicht nötig, noch einmal alles vom Bett zu räumen, nur damit ich an sie herankommen könnte, um sie mit Seife zu »beschmieren«. Sie wußte, daß ich geübt darin war, jemanden im Bett zu waschen, und daß ich das Bettzeug wechseln konnte, ohne daß der Patient aufstehen mußte. Trotzdem schreckte sie vor jeder Berührung zurück.

»Ach, wenn ich nur in einer richtigen Wanne baden könnte«, schwärmte sie mir vor. Aber als ich eine Einstieghilfe und Handläufe in der Badewanne installieren lassen wollte, bestellte sie die Handwerker ab.

Muskelschwund setzte ihren berühmten Beinen zu, und an ihren nicht gebrauchten Füßen entwickelte sich eine als »Fallfuß« bekannte Deformierung. Sie sah immer mehr aus wie ein KZ-Häftling. Doch inzwischen war sie überzeugt, daß die Tatsache, daß sie ans Bett gefesselt war, nicht ihre eigene Schuld war, und sie suchte in medizinischen Fachbüchern nach einer Krankheit, auf die ihre Symptome zutrafen. Obwohl diese Rückkehr in den »Mutterbauch« sie endgültig bettlägerig machte, trug die relative Sicherheit dazu bei, daß sie so lange lebte.

Ich besuchte sie oft, aber in ihren Tagebüchern stand: »Maria sehe ich nie.« Ich trug jedesmal ein: »Maria hier«, doch wenn ich das nächste Mal kam, hatte sie meine Notiz mit Leuchtstift ausgestrichen. Wir hatten so unsere kleinen Spielchen!

»Ordnung schaffen« war ihre Lieblingsbeschäftigung. Schubladenweise mußte ich ihr Sachen ans Bett bringen, die sie sortierte, beschriftete und – während ich sie wieder einräumte – in »wichtigen« Listen verzeichnete, damit *ich* wußte, was wo war. Sie warf nichts weg. Alles wurde nur umsortiert und neu verpackt und beschriftet – bis die Prozedur bei meinem nächsten Besuch wiederholt wurde. Einmal grub ich einen Regenmantel von Balenciaga aus den fünfziger Jahren aus. Aus dickem, gummiertem Material gefertigt, war der Mantel nach dreißig Jahren steif wie ein Brett. Wenn man ihn faltete, klang es wie Erdnußkrokant, das man in Stücke bricht. Sie untersuchte den Mantel sorgfältig.

»Hervorragend! Da kommt kein Wurm durch!« Es war ihr todernst. Sie verbot mir, den Mantel wegzuwerfen. »Nein. Leg ihn zusammen und steck ihn irgendwohin, wo *du* ihn wiederfindest, um mich darin zu begraben.«

Meine Mutter sprach viel über ihren Tod. Nicht über das Sterben, sondern über das Danach, die Beerdigung, das Grab und den Verfall des Körpers. Wie immer, wenn sie etwas dramatisierte, war sie entweder unendlich romantisch oder unendlich makaber, oder sie erging sich in dem ihr eigenen Galgenhumor. Alles so echt Dietrich!

»Einmal habe ich einen wunderschönen kleinen Friedhof gesehen, mitten in einem richtigen französischen Dorf, mit Mohnfeldern und Kühen und grünen Bänken vor weißgetünchten Bauernhäusern – wunderschön, wie ein Monet. Sie hatten sogar eine sehr gute Auberge dort, wo man ein Pot-au-feu bekam, fast so gut wie mein eigenes. Dort hättest du immer essen können, wenn du mein Grab besuchst. Aber sie sagten, sie hätten keinen Platz, und außerdem sei ich keine Französin. Die Bürgermeisterin meinte, wenn ich ein Stück Land im Dorf kaufen würde, könnte ich auf dem Friedhof begraben werden. Aber wie immer hatte ich kein Geld. So müssen wir eben ein anderes hübsches Dorf mit einem Fünfsternerestaurant finden, wo ich beerdigt werden kann.«

Oder: »Liebling, ich habe mir überlegt, wie du meine Leiche aus der Wohnung schaffen kannst, ohne daß die Reporter dich entdecken: Du kaufst einen großen schwarzen Müllsack und stopfst mich hinein. Wahrscheinlich mußt du meine Arme und Beine brechen, damit ich ganz hineinpasse. Dann holst du Peter, er ist der stärkste deiner Söhne. Er wird den Sack in den Aufzug tragen und ihn runter in die Garage schaffen. In der Zwischenzeit gehst du zu Printemps, kaufst einen großen Koffer, fährst mit einem Taxi hierher und packst den Müllsack hinein. Dann nimmst du ihn mit nach Amerika oder sonstwohin. Das überlasse ich dir.«

Sie meinte das ernst. Ich weigerte mich, diesen makabren Plan ernst zu nehmen, und versuchte, ihn lachend abzutun: »Mass, was soll ich denn den Zollbeamten sagen, wenn sie den Koffer öffnen?«

»Zoll? Heutzutage öffnen die keine Koffer mehr.«

»Vielleicht nicht, wenn Marlene Dietrich vor ihnen steht. Aber bei normalen Leuten schon.«

»Dann sag ihnen einfach, du tust nur, was deine Mutter dir gesagt hat.«

Und dann gab es den weltberühmten Monolog der Dietrich über ihr eigenes Begräbnis. Sie hat ihn in den vierziger Jahren erfunden, ihn in den fünfziger und sechziger Jahren überarbeitet und abgeändert und Teile für neue oder verflossene Liebhaber eingefügt, ihn in den siebziger Jahren in den Versionen anderer Leute in deren Autobiographien gelesen und sie für ihr Plagiat zur ewigen Hölle verdammt, und dann, als in den achtziger Jahren ihr Publikum zusehends dahinschwand, gab es kaum noch Aufführungen. Es gab viele Versionen, alle auf ihre Weise einzigartig und alle echt Dietrich:

> Könnt ihr euch den Rummel vorstellen, wenn ich tot bin? ... Die Journalisten! Die Fotografen! Die Fans! De Gaulle wird einen Nationalfeiertag einsetzen. In Paris wird es keine Hotelzimmer mehr geben. Natürlich wird sich Rudi um alles kümmern. Er wird das gern tun! Nellie und Dot Pondell werden kommen und mich herrichten, Make-up und Haare. Vor lauter Tränen können sie nichts sehen, aber sie wissen sowieso nicht, was sie tun sollen. Die ganzen Jahre bei Paramount haben sie nie etwas tun müssen, weil ich alles selbst getan habe! Und jetzt bin ich nicht mehr da, es für sie zu tun. Und da stehen sie nun heulend und fragen sich, was sie mit den falschen Augenwimpern anfangen sollen und wie meine Haare vorne richtig legen. Hinten ist es egal, ich liege ja auf dem Rücken.
> Jean Louis ist den weiten Weg aus Hollywood gekommen, und er ist wütend. Er hat gehofft, mich endlich einmal in das Mieder zu tun – und dann sagt ihm Rudi, er läßt nicht zu, daß man seine Frau »in so einem Aufzug« sieht. Statt dessen werde ich ein einfaches schwarzes Kleid von Balenciaga tragen. Rudi sagt das nur, weil er weiß, wie gerne ich es gehabt hatte, wenn ich einmal auf der Bühne ein kleines schwarzes Kleid hätte tragen können ... wie die Piaf.
> De Gaulle wollte mich neben dem Grabmal des Unbekannten Soldaten am Arc de Thriomphe beerdigen lassen und den Trauergottesdienst in Notre Dame abhalten. Aber ich sagte nein, ich will den Gottesdienst in La Madeleine. Das ist meine Lieblings-

kirche in Paris, und die Chauffeure können ihre Wagen auf dem Hof nebenan parken und bei Fauchon Kaffee trinken, während sie warten.

Wir bekommen einen dieser Militärwagen, so wie ihn auch Jack Kennedy hatte. Sechs schwarze Pferde ziehen den Sarg, auf dem eine Trikolore liegt, geschneidert von Dior.

Die Trauerprozession zieht sich von der Place de la Concorde langsam den Boulevard de la Madeleine hinauf, den ganzen Weg bis zur Kirche, und die gesamte Fremdenlegion marschiert zum Schlag einer einzigen Trommel ... Schade, daß Cooper tot ist, er hätte das Kostüm aus *Marokko* tragen und mitmarschieren können ... Die Straßen sind gesäumt von Menschenmassen, die lautlos weinen. Die großen Modehäuser haben geschlossen, damit die kleinen Verkäuferinnen und Näherinnen die Parade bestaunen und »Madame« ein letztes, tränenersticktes Adieu hinterherhauchen können. Aus der ganzen Welt haben sich die Schwulen eingefunden. Sie drängen durch die Massen und wollen näher an die strammen, schönen Fremdenlegionäre herankommen. Alle haben sich Kostüme aus meinen Filmen kopiert. Mit ihren Federboas und kleinen, verschleierten Hüten sehen sie aus wie ich in *Schanghai Express* ... Aus seinem Wagen sieht Noël ihnen sehnsüchtig nach und wünscht, sich unter sie mischen zu können, aber er weiß, daß er sich heute benehmen muß, und fährt weiter. Er hat eine Hommage an »Marlenah« verfaßt, die er selbst in der Kirche verlesen möchte. Aber er ist verärgert. Beim Dinner am Abend zuvor hat Orson ihm gesagt, er, Orson, werde eine ganze Szene aus *Macbeth* geben, und Cocteau habe ihm verraten, er werde auch etwas rezitieren, etwas sehr Klassisches, und zwar auf französisch.

Während ich unter Trauerbezeugungen die Avenue entlanggezogen werde, treffen die geladenen Gäste vor der Kirche ein. Rudi steht in seinem neuen, von Knize geschneiderten dunklen Anzug vor der Kirche und bewacht den Eingang. Auf einem Tisch vor ihm liegen zwei Schachteln mit weißen und roten Nelken. Jedem, der die Kirche betritt, überreicht er eine Nelke, eine rote für die, die mit mir geschlafen haben, weiße für die, die nur behaupten, es getan zu haben. Nur Papi weiß Bescheid.

Die Kirche ist überfüllt. Die Roten auf einer Seite, die Weißen auf der anderen. Wenn Blicke töten könnten ... Du kannst dir vorstellen, alle, besonders die roten Frauen, wollen sehen, wer auch Rot trägt. Als Burt endlich mit der Ouvertüre anfängt, sind alle in der Kirche wütend aufeinander und furchtbar eifersüchtig, genauso, wie sie es immer waren, als ich noch lebte. Fairbanks kommt in einem Cutaway, mit einem Brief vom Buckingham-Palast ... Remarque schafft es erst gar nicht bis zur Kirche, er hat sich betrunken und die Adresse vergessen ... Jean, eine Zigarette rauchend, lehnt in seiner Jeans vor der Kirche und weigert sich, herzukommen ... In ganz Paris fangen die Kirchenglocken an zu läuten ...

Ich schlug ihr einmal vor, es wäre großartig, die gesamte 82. Luftlandedivision über Paris abspringen zu lassen, alle mit ihren Nelken und voraus General Gavin ... Meine Mutter war so begeistert, daß sie die Idee sofort in ihr Szenario einbaute.

*

Ab 1982 konnte meine Mutter ihre Beine nicht mehr benützen. Selbst wenn sie es gewollt hätte, es war ihr unmöglich zu stehen. Mit ihrer üblichen Entschlossenheit hatte sie erreicht, was sie sich in den Kopf gesetzt hatte. Endlich hatte sie die perfekte Ausrede, sich vor der Welt verstecken zu können. Marlene Dietrich ohne ihre wunderbaren Beine? Undenkbar! Die Wahrheit mußte hinter den Wänden ihrer Wohnung, unter den Decken ihres Bettes versteckt werden.

Auf der neben ihrem Bett stehenden Lampe meines Vaters kochte sie kleine Mahlzeiten. Als die Lampe zerbrach, ließ sie sich eine altmodische elektrische Kochplatte bringen, die sie zusammen mit weiteren elektrischen Apparaturen in die neben dem Urineimer auf dem fleckigen Teppich liegende Mehrfachsteckdose einsteckte. Als ich das sah, lief meine Phantasie Amok. Ich kaufte ihr einen Feuerlöscher und versuchte, ihr seine Funktionsweise zu erklären, schrieb die Bedienungsanleitung in dicken, schwarzen Lettern auf Pappe, die ich an der Matratze befestigte. Aber da ich wußte, daß meine Mutter im Fall eines Feuers höchstwahrscheinlich viel zu betrunken sein würde, sich daran zu erinnern, wie ein Feuerlöscher funktionierte, und auch die Pappe nicht mehr lesen konnte, bestand ich darauf, ihr beizubringen, wie sie aus dem Bett rutschen und sich in den Rollstuhl setzen konnte, den ich an den Fuß ihres Bettes gestellt hatte.

»Mass, für den Fall, daß hier ein Feuer ausbricht, mußt du lernen, wie du es aus eigener Kraft aus dem Bett schaffst. Da du niemandem erlaubst, hier zu übernachten, mußt du wenigstens lernen, wie du in den Rollstuhl gelangen, zur Tür fahren und die Wohnung verlassen kannst. Du bist nicht gelähmt. Du kannst nicht einfach hier sitzen und warten, bis jemand kommt und dich rettet.«

»Lächerlich! Wie kann hier ein Feuer ausbrechen?«

»Zum Beispiel durch deine schöne Kochplatte hier neben dem Bett, von der du dich nicht trennen willst.«

»Dieses kleine Ding? Auf dem ich mein Sauerkraut warm mache? Mir bringt ja niemand was zu essen, ich muß mir doch selbst was kochen.«

Meine Mutter bildete sich gern ein, daß wir sie verhungern lassen würden. Ich kochte, treue Verehrer schickten ihr auf großen Tabletts Delikatessen ins Haus, Anwohner erklärten sich bereit, ihre berühmte Nachbarin zu versorgen, und das Dienstmädchen, das täglich zwei Stunden kam, klagte, Madame würde ihr niemals erlauben, für sie zu kochen. Verehrer aus Berlin schickten ihr die geliebten Frankfurter Würstchen, die sie aus der Büchse aß, Verehrer aus Schweden schickten marinierten Hering. Vom Markt kamen wöchentlich Rechnungen über fünfhundert Dollar, aber die Dietrich überzeugte alle, einschließlich sich selbst, daß sie verlassen worden und einsam dem Hungertod ausgeliefert sei.

Trotz des Rückzugs von der Außenwelt gingen ihre Ausgaben nicht zurück. Statt Schuhen sammelte sie jetzt Kleenex-Schachteln. Selbst Howard Hughes hätten die zu Hunderten an der Schlafzimmerwand aufgestapelten Schachteln beeindruckt. Irgendwie mußte Geld aufgetrieben werden.

Da die Dietrich »Allgemeingut« war – ein Ausdruck, der auf alle zutrifft, die berühmt genug sind, den Schutz zu verlieren, den normale Sterbliche genießen –, war ich seit langem überzeugt, daß nicht nur jemand einen Dokumentarfilm über sie drehen könnte, sondern dies auch tun würde. Warum also sollte sie nicht selbst einen machen – und in den Genuß des Geldes kommen, statt es anderen zu überlassen? Da sie vor der Kamera nicht mehr auftreten konnte, entstand die Idee, die Dietrich ihre eigene Geschichte erzählen zu lassen.

Sie zu überzeugen dauerte einige Zeit. Dann mußten Investoren gefunden werden, die sich für die Vorstellung erwärmen konnten, die achtzigjährige Stimme der Dietrich zu hören, ohne ihr achtzigjähriges Gesicht zu sehen. Endlich, 1982, war es soweit. Sie ließ sich in ihren

Rollstuhl setzen und verließ zum erstenmal seit über drei Jahren ihr Schlafzimmer. Im Wohnzimmer setzte man sie in einen Sessel, auf dem sie unter dem Vorwand, sie habe sich einen Zeh gebrochen, die ganze Zeit über sitzen blieb, während ihre Unterhaltung mit Regisseur Maximilian Schell als Grundlage für die Selbstdokumentation aufgezeichnet wurde.

Ihre Begeisterung für Schell zu Beginn der Verhandlungen hatte inzwischen nachgelassen. Er hatte den Fehler gemacht, ihr zu schreiben, daß er sich zwecks Einstimmung auf dieses vielversprechende »Zusammentreffen« an einen idyllischen Ort zurückziehen werde, um dort Proust zu lesen.

»Was? Was will er lesen?«

»Na ja, Schell glaubt eben, Proust sei die ideale Vorbereitung auf ein Interview mit dir.« Verzweifelt versuchte ich, größeren Schaden abzuwenden. Ich brauchte Schell, und die Kooperation meiner Mutter war, nur weil sie einen dementsprechenden Vertrag unterzeichnet hatte, noch lange nicht garantiert. Eine Dietrich stand über legalistischen Profanitäten.

»Ein Schweizer! Typisch! Und seine Schwester ist – ein Mennuble. Wir haben einen schweren Fehler gemacht. Proust? Er liest Proust, um ein Interview mit einem Filmstar zu machen? Was für ein Blödsinn!«

Wenn es nicht schon zu spät gewesen wäre, hätte sie bestimmt versucht, ihn zu ersetzen. Ich befürchtete, in das Gespräch der beiden mit hineingezogen zu werden, daß Schell versucht sein könnte, die Gelegenheit auszunutzen, die berühmte Mutter und ihre »geliebte Tochter« zusammen zu erwischen. Deshalb bat ich den Agenten meiner Mutter, nach Paris zu gehen und für mich nach dem Rechten zu sehen. Ich selbst hielt mich in der Schweiz im Hintergrund und hoffte, daß alles gutgehen würde. Da sowohl Schell wie auch die Dietrich drei Sprachen beherrschten, wollten wir so viel wie möglich aus internationalen Verkäufen herausholen. Die ersten drei Tage sollte die Unterhaltung in englisch geführt werden, danach jeweils dieselbe Zeit in französisch, dann in deutsch. Um uns der Kooperation meiner Mutter zu versichern, sollte sie, so wurde es im Vertrag festgelegt, täglich nach den Aufnahmen bezahlt werden.

Trotz der Bemühungen des Agenten war meine Mutter bereits am Morgen des ersten Tages überdreht und aggressiv und fiel von einer Sprache in die andere. Am selben Abend, nachdem mir über ihren Zustand berichtet worden war, rief ich sie an und versuchte noch einmal, ihr verständlich zu machen, daß wir unser Hauptaugenmerk auf die englische Version richten mußten, da Amerika ihr größter potentieller Markt war. Einsichtig und klar, wie sie immer um zehn Uhr abends war, bevor ihre Fernando Lamas und Tranquilizer sie übernahmen, stimmte sie zu und versprach mir, am nächsten Aufnahmetag nur englisch zu sprechen.

Doch bereits um elf Uhr am nächsten Morgen hatte die übliche Dosis Scotch all ihre guten Vorsätze weggespült. Sie fiel nicht nur immer wieder ins Deutsche, sondern sprach sogar mit ihrem rauhen Berliner Dialekt; sie log, stritt und beschimpfte alles und jeden mit »Quatsch!«. Als Schell sie nach ihrer Schwester fragte, bestritt sie, jemals eine Schwester gehabt zu haben. Das erschütterte den guten Schell dann doch ein wenig.

Jeder Tag war ein neues Desaster. Nicht einmal annähernd wurde das erreicht, worauf wir gehofft hatten. Maximilian Schell war ein nervöses Wrack, als er Paris endlich verließ, ohne, wie er glaubte, ausreichendes Material für eine Dokumentation. Aber nichts zu haben und verzweifelt zu sein, ist manchmal die beste Voraussetzung für eine kreative, inspirierte Arbeit. Ich habe zwar nie mit Maximilian Schell darüber gesprochen, aber ich glaube, genau das ist passiert. Ohne die Aufnahmen, auf die er gehofft hatte, blieb ihm nichts anderes übrig, als ein völlig neues Konzept zu erfinden. Was dieser begabte Regisseur schließlich vorlegte, war phantastisch. Niemand hätte das für möglich gehalten. Es war neu, imaginativ und der ursprünglichen Idee weit überlegen.

Meine Mutter fürchtete sich schrecklich davor, zu hören, was sie gesagt hatte und was ihrem Leben von irgendwelchen »Fremden« in einem Schneideraum angetan worden war. Also flog ich nach Paris, lieh ein Videogerät aus und spielte ihr, ihre Hand haltend, den Rohschnitt von *Marlene* vor. Mein Gott, wie sie ihn haßte! Sie war empört darüber, daß ich auch nur wagte zu denken, dieser »Dreck« sei etwas wert. Überhaupt sei diese Mißgeburt *meine* Idee gewesen. Sie schrie und tobte, brüllte den Fernsehschirm an und wollte immer wieder von mir wissen, was gesagt wurde.

»Was? Wie? Was hat sie gesagt? Das ist doch nicht meine Stimme! Das bin nicht ich! Das habe ich niemals gesagt. Wie ordinär! Sie müssen meine Stimme imitiert haben, das bin nicht ich. Wir müssen sie verklagen!« Ihre Taubheit war offensichtlich, aber natürlich gestand sie dieses Anzeichen des Alterns niemals ein. Statt dessen klagte sie, alle würden nur noch flüstern, die Welt sei bevölkert von Menschen, die nuschelten. Ihren Fernsehapparat hatte sie so laut gestellt, daß im Sommer die Fußgänger auf der Straße stehenblieben und zu dem geöffneten Fenster hochsahen, um festzustellen, wer sie da anbrüllte.

Die nächsten sechs Jahre verbrachte sie damit, deutsche Anwälte anzuheuern, mit ihnen zu streiten und sie wieder zu feuern. Sie setzte alles daran, die Ausstrahlung der Dokumentation zu verhindern. Später versuchte sie, den Produzenten hinter Gitter zu bringen oder, noch besser, ihn in eine »dunkle Gasse« zu locken. Als der Dokumentarfilm dann aber bei Filmfestivals Preise gewann, versöhnte sie das wieder ein wenig, und plötzlich war Schell wieder ein dicker Freund. Aber es war ein beständiges Auf und Ab, sie brauchte sich nur an Proust zu erinnern.

Mit der Zeit glich ihr Schlafzimmer immer mehr einem Kaufhaus. Alles stapelte sich en gros und im Dutzend. Zu den Kleenex-Schachteln gesellten sich mit Traubenzucker gefüllte Kartons, Teedosen und alle Lebertherapeutika, die es in Europa und östlich davon zu kaufen gab. Da sie am Telefon noch gut hörte, waren ihre Telefonrechnungen astronomisch. Und sie telefonierte nicht nur mit mir stundenlang. Wann immer sie sich bedrückt fühlte, suchte sie Trost bei Verehrern. Und sie, die fanatisch auf ihre Privatsphäre achtende Filmdiva, plapperte jetzt gegenüber ihr absolut Unbekannten Geheimnisse aus.

Von jedem ihrer Liebhaber und Freunde, die sie überlebte, ließ sie ein Bild rahmen und an der Wand aufhängen. Ich nannte diese Wand die »Todeswand«. Mich faszinierte, wie sie ihre Eroberungen vorführte. Nach einiger Zeit wurde es ziemlich eng an dieser Wand. Nur tot zu sein reichte nicht mehr aus, um einen der Ehrenplätze zu erlangen. Man mußte tot und berühmt sein, um gerahmt zu werden.

Im Frühjahr 1983 beschloß meine Mutter, den Bluthochdruck zur Kenntnis zu nehmen, an dem ich seit zehn Jahren litt. Mein üblicher Berg Post, den ich täglich aus Paris erhielt, enthielt einen Artikel aus *Newsweek* über Bluthochdruck – und drei Pfund Salami. Kurz darauf schickte sie mir Frankfurter Würstchen, chinesische Nahrungsmittel mit einem hohen Gehalt an Monosodiumglutamat, Käse und obendrein eine beachtliche Menge Coumadin, ein sehr gefährliches Blutverdünnungsmittel, das sie von ihrer Apothekerin erhalten hatte, einer Frau, die meine Mutter so rückhaltlos bewunderte, daß die Dietrich ohne weiteres zu einer der erfolgreichsten Drogenhändlerinnen Frankreichs hätte werden können.

Sie spielte dieses tödliche Roulette immer wieder mit verschiedenen Menschen. Meine Mutter, die Dealerin per Post! Als ihre ehemalige schwedische Blondine in den Zeitungen als tablettensüchtig abgestempelt wurde, fing die Dietrich an, Päckchen mit Geheimfächern zu konstruieren, in denen sie Amphetamine verstecken konnte.

»Aber sie ist meine Freundin!« rief sie, als ich sie zur Rede stellte. »Und die beiden Schwulen, mit denen sie zusammenlebt, würden es ihr so oder so besorgen – warum kann ich es ihr nicht schicken?«

»Gewissen?« schlug ich vor.

»Lächerlich! Wenn es sie glücklich macht, warum soll ich ihr dann nicht geben, was sie will?« Und sie fuhr fort, ihre Päckchen zu packen, eine Madame de Farge der Freundschaft. Nichts konnte sie aufhalten. Auch mir schickte sie immer wieder tödliche Päckchen. Es war schon ein seltsames Gefühl, eines Tages in der Post ein Morphiumderivat gegen »dieses Zucken in der Schulter« zu finden und Kortison für den »Pickel am Kinn«, eine Handvoll Aufputschmittel, falls ich mich »müde« fühlen sollte, oder Beruhigungsmittel für die Momente, in denen ich mich ein wenig ausruhen wollte. Und für alle Eventualitäten – ein Jahresvorrat an Valium!

Wenn meine Söhne nach Paris kamen und sie besuchen wollten, erfand sie immer wieder billige Ausreden; entweder lauerten ihr Reporter auf, oder sie war gerade auf dem Weg nach Japan. Manchmal sagte sie auch: »Ja, natürlich können sie kommen.« Dann, wenn sie eintrafen und sich anmelden ließen, zwang sie den Concierge, glattweg zu lügen: »Nein, Madame ist nicht zu Hause.«

Sich der Dietrich zu schämen, war eine Eigenschaft, die in meiner Familie vererbt wurde. Manchmal schrieb sie meinen Söhnen bitterböse, verletzende Briefe und beschwerte sich hinterher, daß sie ihr nicht antworteten. Denn schließlich war es doch die Pflicht meiner Kinder, sie zu hofieren. Wenn sie ihr schrieben, schickte sie mir den Brief zusammen mit der Fanpost kommentarlos zu. Wenn sie Bilder von ihren Kindern bekam, leitete sie auch diese an mich weiter, mit Kommentaren wie: »Wessen Kinder sind das?« Wenn jemand sie nach ihren Enkeln fragte, sagte sie: »Marias Kinder? ... Von denen höre ich nie etwas.«

Obwohl ihre Leber inzwischen versteinert sein mußte, blühte sie geradezu auf. Ihre Konstitution erstaunte mich immer wieder. Eines Winters litt sie an Bronchitis. Sie rief mich an, hustete schrecklich, und ihre Lunge rasselte. Wieder begann die alte Routine: Ich rief einen Arzt an, den sie nicht sehen wollte, dann sagte ich ihr, welches Antibiotikum sie ihrer Nachttischapotheke entnehmen sollte, und wartete, den Paß in der Hand, auf den Anruf, meine über achtzigjährige bettlägerige Mutter sei mit einer Lungenentzündung im fortgeschrittenen Stadium ins Krankenhaus eingeliefert worden. Aber zwei Tage später war sie wieder auf der Höhe, munter wie ein Fisch im Wasser. Manche Menschen bekommen schon wundgelegene Stellen, wenn sie nur ein paar Wochen im Krankenhaus liegen. Die Dietrich war mehr als zehn Jahre ans Bett gefesselt, und es war schon viel, wenn es sie irgendwo juckte.

Als sie hörte, daß David Niven an einer unheilbaren Erkrankung des motorischen Nervensystems litt, entschied sie, diese Krankheit sei endlich ein angemessener und ausreichend dramatischer Grund für ihre eigene Bettlägerigkeit. Sie überzeugte sich selbst davon, daß auch sie an der »Lou-Gehrigs-Krankheit« litt.

»Ich habe dasselbe wie David Niven«, verkündete sie jedermann, und sie schrieb Niven von ihrer »gemeinsamen« Plage. David, mitfühlend wie er war, schrieb ihr in der wenigen Zeit, die ihm das schreckliche Leiden noch ließ, wie sehr er sich um sie sorgte, und versuchte, sie zu trösten. Niven starb, die Dietrich lebte weiter, ihre Welt von ihrem privaten Bunker aus regierend.

Auch die wenigen Freunde, die aus Loyalität und im Gedenken an die Vergangenheit bisher an ihr festgehalten hatten, wandten sich schließlich von ihr ab, um den letzten ihnen verbliebenen Nerv noch zu retten. Meine Mutter vermißte sie nicht. Sie hatte ihre Fans, Bataillone in sie vernarrter Schwuler und Lesben, ihre Laufburschen und die Conciergen des Hauses, zu dem ihre Wohnung gehörte, die ihr für exorbitante Trinkgelder zwischen den Schichten kleine Dienste erwiesen.

Trotz der Unmengen an Alkohol und Tabletten hatte meine Mutter in ihren klaren Momenten immer noch jenen scharfen Verstand, der die Welt verzaubert und vernarrt hatte. Ihre Ansichten spiegelten ihr Alter, ihr Ego und ihre teutonische Herkunft, aber sie war wißbegierig wie eh und je. Tief vornübergebeugt, ein Vergrößerungsglas in der Hand, verschlang sie Zeitungen und Magazine aus vier Ländern, schnitt Berichte über jedes Thema aus, das sie ihrer Aufmerksamkeit für wert befand, kritzelte bissige Kommentare an den Rand und schickte sie mir dann zu – nicht um meine Meinung zu erfragen, sondern um mich zu »erziehen« und als Beweis ihrer »überlegenen Intelligenz«. Zu allem fiel ihr etwas ein, sie war wie immer komisch negativ, kritisch, grausam und oft auch bösartig.

Vor allem Geschichten über AIDS hatten es ihr angetan. Da es vor allem Homosexuelle waren, von denen die Fanpost auf ihrem Bett stammte, fürchtete sie, sich beim Öffnen der Briefe zu infizieren. Sie verfaßte ein Gedicht darüber und sandte es mir mit der Bemerkung zu, es würde mir nach ihrem Tod viel Geld einbringen.

    AIDS

    Meine Mutter
    Starb an
    AIDS
    Sie bekam es
    Mit
    Der Post
    Na so was!
    Sie war hart
    Wie Stahl
    Aber AIDS
    Ist härter
    Vor allem
    Mit der Post!
    Angefaßt hat sie
    Niemanden
    Nur die Post
    Und sie bekam
    AIDS,
    Meine Mutter, ja!
    Das haut dir
    Die Sicherung raus.
    Na so was!

In ihren letzten Jahren schrieb sie viele sogenannte Gedichte. Ihre Gedanken zu Papier zu bringen, hatte sie immer schon beschäftigt. Einige waren satirisch und lustig, andere sehr traurig, erschreckend sogar. Aber alle, in welcher Sprache auch immer, waren Dietrich pur:

> Isn't it strange:
> The legs
> That made
> My rise to glory
> Easy, no?
> Became
> My Downfall!
> Into misery:
> Queasy, No?
>
> 3 AM
> April 9. 85

Ist es nicht seltsam:
Die Beine
Die mich
Zum Ruhm trugen
Leicht, oder?
Wurden
Mein Sturz
Ins Elend!
Komisch, oder?
3 Uhr morgens, 9. April 85

Gegen Ende ihres Lebens reichte, der Dietrich ein paar Mark, Francs oder Dollar anzubieten, und schon schrieb sie über sich. Vergnügen bereitete ihr vor allem, Geschichten über die große Liebe in ihrem Leben zu erfinden. Sie rief mich an, sagte mir, wieviel ihr geboten worden war, und las die ihr gestellten Fragen vor.

»Hör dir das an: ›Mit welchem Schauspieler war die Arbeit am schwierigsten?‹ Mit welchem? Was soll ich schreiben? Egal, ich erfinde alles sowieso.«

»Ray Milland?« schlug ich vor.
»Ja, gut. Ist er schon tot?«
»Ja.«
»Dann geht es. Sie wollen außerdem wissen, wer am nettesten war ...«
»Michael Wilding?«
»Nein, den kennt doch keiner.«
»Und ... Herbert Marshall?«
»Gut! Der ist bekannt und tot. Sehr gut. Sie wollen auch was über meinen Stiefvater wissen. Ich habe geschrieben: ›Er war eine schemenhafte Gestalt und fiel im Krieg.‹ Ich schreibe schnell, einen ganzen Stapel Papier an einem Morgen. Sowieso alles erfunden!«

Was neben dem Erfinden von Geschichten, die ihr gefielen, und dem Lesen von Fanpost an Zeit übrigblieb, füllte sie mit der Konstruktion der »Dietrich-Legende« aus. Ihre Tagebücher mußten traurig, verzweifelt, leidend, dem Schicksal ausgeliefert klingen – auch das war Teil der Legende.

Sie hörte nie auf zu flirten. In ihrem fünfundachtzigsten Lebensjahr erhielt sie eine Auszeichnung des American Fashion Institute. Mein Sohn David war gebeten worden, die Auszeichnung in ihrem Namen entgegenzunehmen. Aber sie protestierte. Sie wollte den Preis durch jemanden entgegennehmen, der berühmt war, möglichst noch wegen der Beine. Obwohl sie Michail Baryschnikow nie kennengelernt hatte, fand sie seine private Telefonnummer in New York heraus, rief ihn an und bat ihn, die Auszeichnung für sie in Empfang zu nehmen. Bei dieser Gelegenheit verliebte sie sich in ihn. In den folgenden Wochen rief sie mich ständig an und fragte mich nach russischen Liebeserklärungen, damit sie sich nach ihren transatlantischen Marathontelefonaten von ihm mit angemessener Leidenschaft in seiner Muttersprache verabschieden konnte.

»Liebling, wenn du ihn nur hören könntest! Er ist wundervoll. So sanft, so poetisch ... Als ich ihn das erste Mal anrief, antwortete eine seltsame Stimme mit einem schrecklichen amerikanischen Akzent. Ich dachte, ich hätte die falsche Nummer gewählt. Aber er war es. Unmöglich! Er ist ein Russe und hört sich an wie ein Amerikaner! Ich habe ihm gesagt, daß er aufhören muß, so zu sprechen. Es paßt einfach nicht zu ihm. Es klingt so nach Unterschicht. Ich habe ihm gesagt: ›Ich war in Nurejew verliebt, aber jetzt liebe ich dich. Du tanzt viel besser als er – und du bist ein richtiger Mann.‹ Er will herkommen und mich sehen. Natürlich unmöglich ... aber es wäre schön. Nach den vielen

Jahren muß es »da unten« wieder schön eng sein, meinst du nicht auch? Das würde ihm bestimmt gefallen. Einfach nur mit ihm zu schlafen wäre schön ...« Ihre Stimme verlor sich, als ihre Fernando Lamas zu wirken begannen. Das war mein Einsatz.

»Mass? Mass! Leg den Hörer auf! Leg auf, du vergißt es sonst noch.«

Als im Sommer 1987 das Dienstmädchen ihre Eltern in Portugal besuchte, war meine Mutter außer sich. Sie bat ihre Conciergen und deren Frauen, abends zu kommen und die Eimer zu leeren. Als keiner von ihnen sonderlich entzückt reagierte, rief sie mich an.

»Ist es denn zuviel verlangt, einen Eimer mit Pisse die Toilette hinunterzuspülen? Was zum Teufel ist schon dabei? Die sollten glücklich sein, daß ich es tun kann. Aber statt zu sagen: ›Wie wunderbar, Madame kann pinkeln‹, tun sie so, als würde ich sie um weiß Gott was bitten. Dabei könnte es mir gehen wie Chevalier. Erinnerst du dich, warum er starb? Weil er nicht pinkeln konnte! Sie sollten glücklich sein! Daß ich es kann, oder?«

Jahrelang hatte ich versucht, daß sie erlaubte, daß eine ausgebildete Krankenschwester bei ihr wohnen durfte, doch vergeblich. Jetzt versuchte ich wieder, sie davon zu überzeugen, daß eine professionelle Kraft sich am besten um ihre verschiedenen körperlichen Unpäßlichkeiten kümmern konnte. Aber schon der Vorschlag löste einen Wutanfall bei ihr aus.

»Einer dämlichen ›Fremden‹ einen Schlüssel geben? Der ich alles erklären muß? Der ich sagen muß, wo alles ist? Du weißt genau, wie ich Frauen hasse. Nein, ich habe eine bessere Idee. Du kennst doch den Mann, der nachts die Garage unten bewacht? Der, dem ich schon einen Schlüssel gab, falls ich nachts mal niemanden erreichen kann? Soll er doch kommen. Er könnte jede Nacht hochkommen und meine Eimer ausleeren. Er sieht zwar älter aus, als er ist, aber er ist noch recht jung und richtig süß. Ich weiß nicht, warum ich es getan habe, aber ich habe ihn vor ein paar Nächten gebeten, hochzukommen. Er kam, und wir haben gequatscht. Er saß auf meinem Bett und zeigte mir Fotos aus seiner Brieftasche. Er ist sehr nett. Bevor er ging, umarmte er mich und ich ihn. Ich bin sicher, wenn ich ihn fragen würde, würde er kommen und mein Pipi ausleeren.«

Ich war auch sicher: Für ein Trinkgeld von dreihundert Francs und die Chance, diese berühmte Einsiedlerin näher kennenzulernen, würde der reizende Garagenwächter jede Nacht vor ihrer Tür stehen. Ich fragte mich nur, wieviel Schweigegeld ich diesem in nicht allzu ferner Zukunft würde bezahlen müssen.

Bettlägerig, wie meine Mutter war, und ohne jemanden, der bei ihr wohnte, mußten alle, die ihr zu Diensten waren, einen Schlüssel haben, um in ihre Wohnung reinzukommen. Ich wußte, wem man trauen konnte und wer ohne Rücksicht auf Verluste versuchen würde, aus der Bekanntschaft mit ihr Kapital zu schlagen. Mein Alptraum war, daß, wenn meine Mutter starb, ich und die wenigen, denen ich traute, nicht rechtzeitig in ihrer Wohnung eintreffen würden, um die Aasgeier daran zu hindern, ihren Tod auszuschlachten.

Baryschnikow trat ab, und ein anderer nahm seine Stelle ein – gleich in mehrfacher Hinsicht! »Ein Doktor!« sagte sie voller altmodischer Ehrfurcht vor denen, die in solche Höhen der Respektabilität und des Status vorgedrungen waren. Anfangs war er nicht mehr als ein in sie vernarrter Verehrer. Dann, als sie das allmächtige »Doktor« auf dem Absender entdeckte, griff sie zum Telefon, wählte seine Nummer in Kalifornien und flirtete, randvoll mit Alkohol und Selbstmitleid, so lange mit ihm, bis er Feuer fing und ihr explizite, sehr erotische und erregende Liebesbriefe schrieb. Wie alles, was ihr zugeschickt wurde, leitete sie auch seine Briefe stolz an mich weiter, um mir zu beweisen, wie verführerisch sie trotz ihres Alter noch war. Ich las die geschmacklosen Ergüsse nur, um festzustellen, wieweit meine Mutter die Sache trieb und wieviel sie ihm sagte. Was ich las, machte mich schaudern. Immer neue Briefe, wild und glühend heiß. Langsam fing ich an, mich zu fragen, ob dieser arme Mann nicht einer von denen war, die sich an Leichen sexuell erregten. Aber ich gab den Gedanken an einen nekrophilen Lüstling bald wieder auf. Wahrscheinlich sah er sie, wie alle anderen auch, in ihren Rüschenhöschen und Strapsen vor sich, das ewige Dietrich-Bild. Was mir besonders Sorgen machte, waren die Anspielungen in seinen Briefen auf ihr intimes Zusammensein mit Gabin, Remarque und einigen anderen. Das bedeutete, daß sie ihm davon erzählt haben mußte.

»Liebling. Was, glaubst du, will jetzt mein Doktor von mir? Er will etwas von mir, etwas, hm, das ich am Körper getragen habe.« Sie kicherte. Von siebenundachtzigjährigen Einsiedlerinnen erwartet man, daß sie gackern und nicht verliebt kichern – aber genau das tat die Dietrich. »Weißt du, was ich gemacht habe? Ich habe bei Dior angerufen und ihnen gesagt, mein Concierge würde vorbeikommen und ein paar Höschen abholen, du weißt schon, diese winzigen Dinger, wie sie die Mädchen in den Klubs tragen. Er kam mit einer ganzen Sammlung unter dem Arm zurück. Die meisten waren zu groß, aber eins davon war klitzeklein und hinreißend. Ich habe es an mir gerieben – du weißt schon wo –, Parfüm darauf gesprüht und es meinem Doktor geschickt – per Eilpost. Du kannst dir ja denken, was er mit dem Höschen tun wird, wenn er es in seiner Post findet.« Sie legte auf.

Nach einem Jahr unausgesetzter Obszönitäten änderte sich das Ritual. Jetzt war er es, der sie anrief, jeden Tag Punkt acht Uhr abends Pariser Zeit, und der ihr Schecks schickte, die sie ohne zu zögern bei ihrer Bank einreichte. Mich plagten Alpträume, in denen ich sah, wie unser Doktor die Aufnahmetaste seines guten alten Tonbandgerätes drückte, Marlene Dietrichs Privatnummer in Paris wählte und sie schwatzen ließ, wobei sie ihm munter die intimsten Geschichten aus ihrem langen Leben anvertraute. Dann, wenn sie auflegte, spulte er das Band zurück und deponierte es in seinem abschließbaren Schreibtisch neben den anderen Aufzeichnungen seiner Unterhaltungen mit der exklusivsten Einsiedlerin der Welt. In nicht allzuferner Zukunft würde er dann diese pikanten Aufzeichnungen vermarkten. Die Schecks, die die Dietrich eingelöst hatte, würden ihm als Beweis dafür dienen, daß er sie für die Interviews bezahlt hatte. Und ich? Ich würde den Rest meiner Tage nach einem Anwalt suchen, der sich auf diesen Fall einlassen würde.

Vorsichtig versuchte ich, meiner Mutter begreiflich zu machen, daß diese viel zu intimen Unterhaltungen ernsthafte Folgen haben konnten.

»Was? Er ist doch ein Doktor!« Eingeschnappt legte sie auf. Ein unbekannter Fan war auf einmal sakrosankt, unberührbar geworden! Daß er seine Geliebte mit starken Schlafmitteln versorgte, spielte dabei wohl keine geringe Rolle. Indem er einer siebenundachtzigjährigen Alkoholikerin verschreibungspflichtige Medikamente schickte, ohne sie jemals gesehen, geschweige denn untersucht zu haben, verstieß er nicht nur gegen seinen Eid als Arzt, sondern auch gegen das Gesetz. Aber natürlich waren derlei Dinge völlig ungeeignet, sein makelloses Benehmen zu beurteilen. Die glückselige Drogenkonsumentin vertraute ihrem »Dealer«.

Je mehr Zeit verging und je mehr Einfluß er durch seine allnächtlichen Anrufe gewann, desto tiefer drang er in ihr privates Leben ein. Sie trug ihm auf, ihre Buchhalter zu instruieren, er erledigte Bankangelegenheiten für sie, kontaktierte und errang in ihrem Namen Zutritt zu Berühmtheiten, ging für sie einkaufen, stöberte Informationen auf, erhielt die Privatnummern meiner Söhne, damit er sie, falls er das wünschte, anrufen konnte, sandte mir auf ihre Veranlassung hin gefährliche bewußtseinsverändernde Mittel zu und erhielt – ohne meine Erlaubnis – meine Telefonnummer, mit dem Hinweis, mich anzurufen, wann immer es ihm notwendig erscheinen sollte.

Der Grund für dieses unmögliche Verhalten meiner Mutter war keineswegs ihr hohes Alter, oder ihre Alkoholabhängigkeit – so handelt die Dietrich, wie sie leibt und lebt. Sie änderte sich nicht. Sie hatte ihre Gesetze, nach denen sie lebte. Sie hatte recht, und die Welt verzieh ihr alles. Wäre ich töricht genug gewesen, sie beschützen zu wollen und ihrem Wahnsinn mit legalen Mitteln Einhalt zu gebieten – jeder Richter der Welt hätte das Bild meiner Mutter in Strapsen vor Augen gehabt und mich für unzurechnungsfähig erklärt.

Es war schon der vierte Anruf an diesem Tag.

»Liebling, du ahnst ja nicht, wer mich angerufen hat.« Ihre Stimme klang so frühlingshaft jung, daß ich unwillkürlich an junge Mädchen beim Pflücken von Walderdbeeren denken mußte.

»Reagan?« fragte ich brav, denn seit ihr aus dem Weißen Haus Geburtstagsgrüße bestellt worden waren, war Reagan absolut »in«. Das alte Frage- und Antwortspiel gehörte zu ihren Lieblingsbeschäftigungen.

»Nein, aber ich habe Nancy angerufen. Das Bild von ihr in *Match*, sie ist viel zu dünn. Ich sagte ihr, sie würde krank aussehen. Sie war süß und gab mir ihre Privatnummer. Rate weiter.«

»Burt?« Einmal im Jahr überfiel ihn die Melancholie, und er rief sie an. Üblicherweise vergaß Burt den Zeitunterschied und erwischte sie genau dann, wenn die vereinte Wirkung von Fernando Lamas und Tuinal einsetzte und sie so sanft, verträumt und liebenswürdig war, daß ihr Charme ihn wieder dahinschmelzen ließ.

»Nein, aber ich habe ein Bild seiner schrecklichen Frau gesehen. Sie ist Jüdin.«

»Ich finde, Carol Bayer Sager ist eine großartige Dichterin.«

»Unmöglich. Also, wer hat angerufen?«

»Hepburn?« Natürlich hatte Katherine Hepburn sie nicht angerufen, aber meine Mutter würde sich freuen, wenn ich glaubte, sie könnte es getan haben.

»Nein, aber ich wünschte, sie würde es tun. Dann könnte ich ihr sagen, wie sehr ich sie liebe. Was für eine Frau! Diese ganzen Jahre mit Tracy, und nicht der Hauch eines Skandals. Aber so war die MGM, die beschützen ihre Leute. Sie zittert, habe ich gehört. Und läßt sich trotzdem sehen, sogar vor laufenden Fernsehkameras! Sie ist reich, sie hat das doch gar nicht nötig. Nun, wer hat mich angerufen?«

»Sinatra?« Mir gingen die Namen aus, und ich versuchte den erstbesten Namen.

»Was, der alte Säufer? Der hat doch nicht einmal meine Telefonnummer. Und wenn er anrufen würde, würde ich ›Zimmermädchen‹ spielen.« Die Dietrich bildete sich fest ein, sie könne Akzente imitieren. Immer wieder gab sie am Telefon vor, ihr spanisches oder französisches Zimmermädchen zu sein, das kein Wort Englisch konnte. Aber es half nichts, sie klang wie Marlene Dietrich, die versuchte, ihre Stimme zu verstellen.

»Ich gebe auf.«

»Kirk Douglas!«

»Kirk Douglas?«

»Ja. Aus heiterem Himmel. Wie kam der an meine Nummer? Er war so süß. Erzählte mir, er schreibt ein Buch. Ich sagte ihm, daß ich nicht mehr lesen könnte, und wir sprachen eine Weile. Ein netter Mann!«

Als das Buch herauskam und Douglas darin das Telefongespräch mit ihr abdruckte, besuchte ich meine Mutter in ihrem Bunker. Mit einem Gesicht, das Milch gerinnen lassen würde, saß sie da und schnitt sein Bild aus dem Buchumschlag aus.

»Ah, da bist du ja. Dieser Mistkerl hat mich in seinem miesen Buch erwähnt, sogar meine Fernando Lamas. Auf derselben Seite wie Reagan! Man kann doch nicht auf einer Seite über Zäpfchen und Präsidenten schreiben! Ich habe dem Mistkerl telegrafiert und ihm klargemacht, was ich von ihm halte.«

Die ganzen Jahre wußte mein Mann, daß er mit einer Zeitbombe in seinem Kopf lebte; es folgte eine Gehirnoperation; danach ein Schlaganfall, doch das alles überstand er dank seines großartigen Mutes und seines unbeugsamen Willens. In dem Alter, in dem andere Jungen darüber nachdenken, welches Mädchen sie zum High-School-Ball einladen sollen, erfuhr mein jüngster Sohn, daß er möglicherweise an Krebs leide. Es folgte eine Lungenoperation, von der er sich wieder erholte und sein junges Leben weiterführen konnte. Meine Schwiegermutter verfiel unter unseren Augen immer mehr, ein Opfer des Altersschwachsinns. Etcetera etcetera etcetera – wie Yul gesagt hätte. Und was wurde ich meistens gefragt? »Wie geht es deiner wundervollen Mutter?« Die war gesund wie ein Pferd, abgesehen von dem, was sie sich selbst antat.

An der überragenden Beachtung, die die Welt berühmten Menschen schenkt, trägt man schwer. Die von uns, die von Geburt unter diesem Joch leben, zahlen einen hohen Preis. Es ist nicht so schlimm, wenn der Ruhm aufgrund heroischer oder intellektueller Leistungen verdient ist. Wir weniger Privilegierten dagegen, die wissen, daß unsere Helden der Heiligsprechung nicht würdig sind, wir schreien gegen das Nichts, gegen unsere Bedeutungslosigkeit an, bis wir einsehen, daß dort, wo es um den Ruhm und seine Macht geht, Gerechtigkeit keinen Platz hat, und wir angesichts der äußersten Sinnlosigkeit unseres Tuns verstummen. Selbst der Tod wird daran nichts ändern.

Andere begraben ihre Eltern und trauern, aus welchen Gründen auch immer, und ihre Gefühle brechen aufs neue auf, wenn sie einen vergessenen Brief, eine alte Fotografie finden oder ein jetzt leeres Zimmer betreten, Auslöser von Gefühlen, die mit der Zeit freilich verblassen und schließlich verschwinden.

Unsere Geister dagegen ruhen nie. Sie verfolgen uns in Erinnerungsbüchern und auf Fotografien, sie lauern auf Fernsehschirmen und riesigen Leinwänden, in hundertfacher Vergrößerung leben sie bis in alle Ewigkeit. Bis in alle Ewigkeit! Die andauernde Wiederauferstehung, die immer wieder bestätigte Unsterblichkeit ist ein Fluch, der auf unserem täglichen Leben lastet, als seien sie noch am Leben. Es gibt kein Entkommen. Ob tot oder lebendig, immer begegnet man der Dietrich. Sucht jemand irgendwo auf der Welt einen Bilderrahmen, wessen Konterfei blickt ihm wohl aus den meisten Rahmen entgegen? In Postkartenläden lacht sie einem gleich vielfach aus den Ständern entgegen, oder man findet sie aufgerollt als Poster. Ein weiterer Poltergeist ist ihre Stimme, die »La Vie en Rose« stöhnt. Sie überfällt einen in Aufzügen, verfolgt einen durch Supermärkte, Flughäfen und Einkaufszentren, schallt aus verstecken Lautsprechern in den Toiletten vornehmer Etablissements und säuselt selbst in Hotelfoyers in Ländern, wo man es am wenigsten erwarten würde. Und dann gibt es den »Dietrich-Hut«, die »Dietrich-Kleider«, die »Dietrich-Schuhe« – den »Dietrich-Look«. Kein Tag vergeht ohne Marlene Dietrich. Wie ist es wohl, eine Mutter zu haben, die niemand kennt? Muß schön sein.

Wenn ich in Paris bin, weiß ich, gegen zehn Uhr abends kommt sie in Fahrt und will »quatschen«. Ich darf nicht auf ihrem Bett sitzen.

Ich hole mir einen Stuhl und setze mich hin. Sie blättert durch die neueste Ausgabe der französischen *Vogue*. »Sieh dir das an! Jetzt gehen ihnen endgültig die Ideen aus. Wie gräßlich! Erinnerst du dich an Travis? Netter Mann, konnte zuhören, hatte gute Ideen, aber vor allem konnte er zuhören. Wir haben ganze Nächte durchgearbeitet, für einen Entwurf ... das Paradekostüm. Und dieser wundervolle Hut. Wie viele Stunden haben wir daran gearbeitet! War er auf den ersten Skizzen nicht noch anders?«

»Blauer Samt mit Hermelin.«

»Ja, genau ... blau ... taugte nichts, höchstens für Jeanette MacDonald. Also wählte ich Dunkelgrün, und ich hatte recht! Erinnerst du dich an *Schanghai Express*, an das Hahnenfederkostüm? Wie wir gearbeitet haben, bis Travis endlich die richtigen Federn fand? Wie schön sie waren. Was für eine Kreation! ... Und ich entwarf Schuhe, wie Chanel es Jahre später tat. Was für eine Betrügerin, diese Frau. Macht einen Schnitt, kopiert ihn tausendmal und wird als ›große Designerin‹ gefeiert. Sie ist eine Dekorateurin, keine Designerin. Wie Schiaparelli. Besser als sie, aber auch nur ein Dekorateur. Die Handschuhe, waren sie in *Schanghai Express* oder in *Sehnsucht* innen weiß?«

»Die schwarze Handtasche, die zu dem Hahnenfederkostüm gehörte, war mit einem weißen Art-déco-Design verziert. Das gab dir die Idee mit den Handschuhen.«

»Stimmt. Das haben wir oft gemacht. Als ob es wirklich so wichtig gewesen wäre. Niemand achtete darauf, aber wir dachten, alles müsse perfekt sein. Jetzt behängen sie die Schauspieler mit irgendwelchem Kram, und keiner kümmert sich darum ... All die Arbeit, die Stunden, die Anproben ...«

Sie nippt an ihrem kalten Tee. Mit der Zunge tastet sie ihr Gebiß ab.

»Hier, schon wieder einen Zahn verloren. Muß eine Krone gewesen sein, kein richtiger Zahn. Ich habe immer diese harten Zitronenbonbons gelutscht. Ich wünschte, ich hätte welche von denen, die Papi mir immer aus Salzburg mitbrachte. Ah, erinnerst du dich an Salzburg? Wie wir Lanz immer leergekauft haben? ... Diese wunderbaren Dirndl! Wo die alle geblieben sind ... Was haben wir gelacht!«

Sie merkt nicht, daß sie jetzt Deutsch spricht. »Tami und ich, wir haben immer gelacht. Und Papi schimpfte mit uns, weil wir dann immer rennen mußten. Eine schöne Zeit ... Weißt du noch, die Kuh, die Papi kaufte, weil ich unbedingt ein österreichisches Bauernhaus haben mußte, mit roten Geranien am Fenster und einer richtigen Kuh? Er hat es getan! Und ich war so in Jaray verliebt, daß ich das alles gar nicht bemerkt habe. Was er alles mitgemacht hat! Was für ein schönes Leben ... Hast du dieses schreckliche Bild von der Garbo in der Zeitung gesehen? Diese Mistkerle haben sie erwischt. Hast du ihre Haare gesehen? Wie häßlich, und so lang, so alt. Schrecklich. Früher hat sie ihre Zuckerwürfel abgezählt, hatte Angst, ihr Mädchen würde sie bestehlen. Man konnte von ihr nie eine Totalaufnahme machen, weil ihre Füße zu groß waren.«

»Ich habe gehört, sie hat Probleme mit den Nieren. Sie geht zur Dialyse ins Columbia Presbyterian Hospital.«

»Geschieht ihr recht. Übelriechende Pisse, das paßt zu ihrem Charakter. Sie wird daran sterben, wie Chevalier. Vergiß nicht, du hast geschworen, niemals zuzulassen, daß man mich in ein Krankenhaus steckt.«

»Ja, Mass, ich weiß.«

»Denk dran! Du hast es auf den Köpfen deiner Kinder geschworen!«

Sie blättert weiter und spricht weiter, jetzt wieder in Englisch: »Zöpfe, überall. Was für eine Revolution! Die habe ich schon in *Entehrt* und dann in diesem dämlichen Film mit der nackten Statue getragen.«

»Mass? Weißt du, das Brian tot ist?«

»Wer?«

»Brian Aherne«, schreie ich. Ich vergesse immer wieder, wie schlecht sie inzwischen hört.

»Ach! Habe ich nicht mit dem einen Film gemacht? Ja. Er war in mich verliebt und kam nach Paris. Wie romantisch, kam nach Paris, um mich zu sehen. Und saß dann im Restaurant stocksteif am Tisch, weil Papi mit uns mitgekommen war. Er war so »schockiert«, daß mein Mann über uns Bescheid wußte. Er flog gleich nach London zurück. Typisch englisch. Er hat mir immer lange, langweilige Briefe geschickt. Und du hast sie gerne gehabt.«

Sie nimmt einen weiteren Schluck von ihrem Tee und greift zur amerikanischen *Vogue*. »Diese Bergman-Tochter von Rossellini ist überall. Die muß ganz schön reich sein. Mit ihren wulstigen Lippen sieht sie aus wie eine Ubangi. Schau dir das Make-up an. Clowns! Weißt du noch, wie ich dunkle Augen haben wollte und diese Tropfen nahm? Blind wie eine Fledermaus war ich. Jo hat meine Augen dann allein durch die Beleuchtung dunkel gemacht. Er war böse mit mir, weil ich ihm nicht gesagt hatte, daß ich ›spanische‹ Augen wollte. Was wir alles angestellt haben! Und jetzt schreiben sie Bücher und denken, sie hätten das alles erfunden. Liebling, wie hieß noch mal die Tochter von Jack Gilbert, die eine, die das schreckliche Buch über ihren Vater geschrieben hat und sagte, ich hätte mit ihm geschlafen?«

»Tinker.«

»Ja. Wie kannst du das alles nur behalten? Und wer war der Schauspieler, der in *Marokko* auf dem Boot zuerst das Wort an mich richtete?«

»Adolphe Menjou.«

»Schrecklicher Typ. Stellte sich nicht heraus, daß er ein Nazi war? Apropos Nazis, Jannings war einer. Im *Blauen Engel* hat er versucht, mich zu erwürgen. Er tobte, weil Jo mir so viel Beachtung schenkte.«

»Ich erinnere mich, als wir die alten Truhen und Hutschachteln durchsuchten nach deinem Kostüm ...«

»Was? Da warst du doch noch gar nicht auf der Welt.«

»Doch, war ich. In deiner Wohnung in Berlin, zusammen mit Tami. Wir haben Manschetten gesucht.«

»Ach ja, die Manschetten. Daran erinnerst du dich? Ich sage es meinem ›Doktor‹ immer wieder: ›Meine Tochter, die wird das wissen. Ich frage sie, sie erinnert sich an alles!‹ Aber daran erinnerst du dich bestimmt nicht: Eines Tages wurde eine Kostümprobe für *Der Teufel ist eine Frau* angesetzt, und Travis stand am Rande eines Nervenzusammenbruchs, weil noch kein einziger Entwurf fertig war ...«

»... und dann hast du ein furchtbares Kostüm zusammengestümpert, sogar eines der Tücher aus dem Colleen-Moore-Haus, das wir gemietet hatten, hast du verwendet.«

»Nein! Daran erinnerst du dich auch? *Das* Gedächtnis hast du von deinem Vater. Er hat sich auch immer an alles erinnert. Hast du Papis Tagebücher weggeschlossen?«

»Ja, Mass.«

»Ich habe eine Mappe mit der Aufschrift ›wertvoll‹ angelegt, mit seltenen Bildern, die Fans mir geschickt haben. Die werden dir helfen, wenn du das Buch schreibst. Manche sind sehr schön.«

Jetzt muß ich ihr die Mappe reichen. Sie liebt es, mir die Bilder zu zeigen. Die Fotografien sind bekannt, man kann sie in jedem Filmbuchladen finden. Aber für sie sind die Bilder wertvoll, weil sie schön sind.

»Schau, hier ist das wundervolle Bild mit dem Nerzhut aus *Die scharlachrote Kaiserin*. Dieses Bankett! Erinnerst du dich an das furchtbare Bankett? Ich, mit den schrecklichen Perlen, und die Hitze!

Und dazu Jos Gestalten wie aus einem Konzentrationslager, lange bevor wir wußten, daß es solche wirklich gab. Wie hieß doch gleich der Film, in dem ich dieses hübsche Kleid mit den Pelzaufschlägen trug?«

»*Die Blonde Venus.*«

»Ja. Und dieser wundervolle Hut für die Hurenszene, der mit den roten Kirschen – war das derselbe Film?«

»Ja, Mass.«

Die schwere Mappe gleitet ihr aus der Hand. Es ist soweit; sie erlaubt den Schlaftabletten, den Schleier des Vergessens auszubreiten ... Ich lösche die Lichter und gehe ins Wohnzimmer, lege mich auf die Couch unter der Wand, auf der Chevalier grinst, de Gaulle sich in Pose wirft, Gabin brütet, Coward spottet, Hemingway durch den Betrachter hindurchsieht und Fleming auf einer Petrischale sitzt. Es ist drei Uhr morgens.

Ich habe schon alles zubereitet: Bouillon, irischen Eintopf, gekochtes Rindfleisch und Hühnersuppe literweise. Sobald sie nüchtern ist, gibt sie ihre Bestellungen auf, wartet begierig darauf, daß ich serviere – nur um das Essen dann, kaum daß ich die Wohnung verlassen habe, ihrem Dienstmädchen oder dem Concierge zu geben.

Sie wacht auf. Es dauert einige Zeit, um aus dem einen Tunnel aufzutauchen, um mit ihrem Scotch in den anderen Tunnel einzutauchen. Es ist ihre tägliche Reise, das wütende Ungeheuer betritt erneut die Bühne und bestimmt unseren Tag. Je näher der Tod rückt, desto überwältigender ist ihre Angst davor, ausgelöscht zu werden. Die Wut, die diese Angst auslöst, durchdringt alles. Sie haßt das Leben, weil es so zerbrechlich, so unberechenbar ist, fähig, sie zu verlassen. Kann das Leben es wagen, sich ihr nicht zu fügen, ihrem Wunsch nach Unsterblichkeit nicht zu entsprechen? In der Erinnerung anderer unsterblich zu sein, beeindruckt sie nicht. Herrschaft ist nicht flüchtig; wer herrscht und die Macht hat, der kann die Leute nach seiner Pfeife tanzen lassen. Da sie ihre wahren Freunde und ihre Familie zurückwies, ist meine Mutter mit ihrer Hölle jetzt allein, ohne die Hilfe derer, die ihr diese Reise so gerne erleichtern würden und könnten. Nicht die endgültige Zurückweisung des Lebens wird der Tod meiner Mutter sein, sondern die Verneinung von Liebe und menschlichen Bedürfnissen. Sie widersetzt sich dem Gott, den zurückzuweisen sie sich entschied – soll er doch kommen und ihr das Schlimmste antun – wenn er es wagt!

*

Mein Zug hat Verspätung, und in einer Regennacht ist es schwer, ein Taxi aufzutreiben. Ich schließe die Tür zu ihrer Wohnung auf und sehe nach, ob sie noch wach ist. Sie fühlt mich, setzt sich auf und kämpft gegen die Wirkung starker Dosen von Tuinal und Serax an. Meine Mutter kann das: die Wirkung von Schlafmitteln auf ihren Körper ausschalten. Sie schiebt sich ein Kissen hinter den Rücken und will »quatschen«. Ich hole mir einen Stuhl.

»Hast du die Bilder mit dem Geheule gesehen? Wirklich übertrieben. Und warum war sie nicht beim Rennen ihres Mannes? Monaco! Hört das denn nie auf. Und jetzt haben wir statt der furchtbaren Stephanie die fürstliche Witwe samt Kinderschar ... Was machte sie in Paris? Kleider kaufen?«

»Mass, Prinzessin Caroline konnte doch nicht wissen, daß ihr Mann sterben würde.«

»Nein, nein. Mir spielt sie zu sehr die trauernde Witwe. Sie muß ein schlechtes Gewissen haben.« Meine Mutter gibt vor, auf dem Regal nach etwas zu suchen, und nimmt einen schnellen Schluck Scotch aus dem Schnapsglas, das sie dort versteckt hat. »Hast du gelesen, was dieser unmögliche Bob Hope in der Zeitung verlauten ließ? Er wird nicht nach Saudi-Arabien in die Wüste gehen und vor den Soldaten auftreten. Weil er nämlich schon eine Wüste hat, zu Hause in Palm Springs. Unglaublich! Schrecklicher Typ. Und lauter Medaillen und Auszeichnungen. Wofür? Dafür, daß er Chormädchen in das Flugzeug des Stabschefs abschleppt? Und darauf achtet, auf jedem Foto mit drauf zu sein? Immer schön tapfer? Kommt er nicht aus der britischen Unterschicht, wie Chaplin?«

Ich versuche, mich zurückzuhalten. Meine Mutter ist heute abend in Form! »Ja, Mass.«

»Und jetzt ist er ein ›großer‹ Amerikaner?«

»Ja.«

Ein weiterer schneller Schluck. »Orson ist tot, nicht wahr?«

»Ja, Mass.«

»So fett wie er war, kein Wunder. Wie hieß der Film über Hearst doch gleich, der Film, der ihn berühmt gemacht hat.«

»*Citizen Kane*.«

»Ja ... Der schreckliche Hearst wollte den Film verhindern. Er drohte den Kinobesitzern weiß Gott was an, damit sie den Film nicht zeigen ... Damals war ich so verliebt in Jean. Ich bekam überhaupt nichts mit. Ist das nicht furchtbar? ... Der große Hearst-Skandal! Und ich damit beschäftigt, Pot-au-feu zu machen. Keine Ehrfurcht vor Größe! Ich wäre gern mit ihm ins Bett gegangen, aber er liebte nur schwarze Haare. Oh, ich habe schon wieder eins von diesen ›Professoren‹-Büchern erhalten. Ein amerikanischer Fan hat es mir geschickt. Wieder voller tiefsinniger Bedeutung. Was Jo mit einer bestimmten Einstellung sagen wollte oder ich mit einem bestimmten Blick. Der übliche Quatsch. Wo holen die ihre ganzen Ideen her? Alle meinen sie, etwas Neues entdeckt zu haben. Dieses ganze Getue um ›wahre‹ Bedeutungen und um Freud. Wir haben einen Film gemacht, und dann noch einen. Und jetzt denken alle, es sei Kunst. Was für ein Blödsinn! Du wirst bezahlt, um einen Film zu machen. Wenn er sich gut verkauft, darfst du noch einen machen. Wenn nicht, dann bist du keinen Pfifferling mehr wert. Das ist ein Geschäft, keine Kunst.«

Sie nimmt noch einen schnellen Schluck. »Du tust deine Arbeit, dazu bist du da ... Um deine Arbeit zu tun. Wenn du nichts zustande bringst, hast du auch die fetten Gagen, die sie uns bezahlen, nicht verdient. Bekommen Lendl oder dieses deutsche Pferd, du weißt schon, die, die Tennis spielt und für ihren Vater schwärmt, bekommen die Millionen, weil sie schlechtes Tennis spielen? Natürlich nicht. Aber keiner schreibt ein Buch darüber, was sie wirklich sagen wollen mit ihrer Vorhand oder über die sexuelle Bedeutung eines Aufschlags. Warum suchen sie immer in Filmen nach den großen Bedeutungen? Warum immer bei mir? Der Grund, warum ich in *Marokko* den Frack trug, ist, weil Jo meine Beine verbergen wollte. Ich sah wunderbar aus, und die Amerikaner waren geschockt ... Aus demselben Grund verlor man über *Entehrt* kein Wort. Ich tat nichts Schockierendes, außer vielleicht in der Szene, wo ich den Chiffonschal mit der Spitze des Schwertes aufspießte. Das war aufregend, und das ist die einzige Szene, an die man sich erinnert und über die gesprochen wird. Bedeutung! ... Idioten! Arbeit, sonst nichts. *Das* mußt du in deinem Buch schreiben. Zeige ihnen, was wichtig ist. Heute habe ich von einem Fan eine Postkarte bekommen, ein Bild aus *Die scharlachrote Kaiserin*, das mit dem weißen Kleid, den Straußenfedern und dieser wundervollen weißen Perücke. Ich habe es in deine Mappe gelegt. Warum die einfach so Postkarten von mir verkaufen dürfen, ist mir ein Rätsel ... Als ich in Weimar im Internat war, ging ich auf einen Maskenball und trug eine weiße Perücke ... Albert Lasky ... Er war der erste, der mir die ... wie heißt das gleich ... Was sie einem nehmen?«

»Die Jungfräulichkeit?«

Sie hört mich nicht, redet weiter. »... mir die Unschuld nehmen. Er war Dirigent an der Weimarer Oper. Ich kam zu ihm nach Hause, zog alle meine Kleider aus und setzte mich auf das Sofa, während er auf dem Klavier spielte. Aber glaubst du, ich hätte die Perücke abgesetzt? Selbst als wir ins Bett gingen, behielt ich sie auf.«

»War es so aufregender?«

»Nein. Überhaupt nicht. Ich habe sie einfach gern gehabt.«

»Und was war mit dem Geigenlehrer?«

»Ach der! Ja, das war auch in Weimar. Der war weniger nett ... Er nahm ... wie immer es heißt, er nahm es auch auf dem Sofa im Musikzimmer.«

Ihre Stimme wird schläfrig, sie fällt ins Deutsche. »Meine Mutter hat mich in das Internat getan. Sie dachte, dort könnte ich nichts anstellen. Wir hatten sehr strenge Regeln.« Ihr Gesicht wird ruhig, nachdenklich, ihre Stimme tiefer. »Sie war eine harte Frau.« Sie streicht die Bettdecke glatt, als schäme sie sich dieser versteckten Kritik.

»Den ganzen Tag lang höre ich dieses Lied in meinem Kopf, aber ich kann mich nicht mehr an den ganzen Text erinnern.« Sie summt eine einfache deutsche Weise, singt die deutschen Worte, die ihr noch einfallen: eine traurige kleine Geschichte vom Winter und von Schwalben, die Abschied nehmen ...

»Einmal brachte meine Mutter uns dorthin, wo mein Vater war. Sie führte uns vor dem Krankenhaus auf und ab, so daß er uns von seinem vergitterten Fenster aus sehen konnte. Ich dachte immer, er habe Syphilis gehabt und die sei ihm in den Kopf gestiegen.«

Sie inspiziert ihren Daumen. »Nagel eingerissen, vom Öffnen der Fanmail.«

Ich reiche ihr ihre Lieblingsfeile, die aus *Eine auswärtige Angelegenheit*. »Ich habe nie etwas empfunden, mit keinem von ihnen. Papi habe ich geheiratet, weil er schön war, aber Gefühle? Nein. Und dann ... dann wurde ich schwanger ...« Sie seufzt voller Selbstmitleid.

»›Fremdgehen‹ heißt das – mit dem eigenen Mann schlafen, aber auch mit anderen.« Sie spielt mit dem goldenen Ring an ihrem Finger. Seit kurzem trägt sie einen Ehering. Ich ahne, aus welchem Grund. Sie betrachtet den Ring und sagt: »Ich dachte, das wird einen guten Eindruck machen, wenn man mich findet ...«

Sie sagt, es sei der Ring ihrer Mutter, aber ich weiß, daß das nicht stimmt. Der Ring ist neu. Man wird die Dietrich finden, die unbefleckte Ehefrau, ihrem Treueschwur ergeben bis in den Tod, ein Tagebuch neben sich liegend, in dem steht: »Maria nicht da«, »Nichts gehört von Maria«, »Nichts zu essen«, »Allein«. Sie hat alles geplant, bis ins kleinste Detail, ein meisterhaftes Drehbuch, und die Welt wird ihr glauben. Sie selbst ist die Schöpferin und Bewahrerin der Dietrich-Legende.

Wieder einmal bin ich gekommen, habe versucht, nahe genug an sie heranzukommen, um die verschmutzte Bettwäsche zu wechsen und meine Mutter zu waschen. Sie stößt wüste Beschimpfungen aus, ihre Wut ist grenzenlos, roh. Ich stehe da, bin hilflos. Und plötzlich verstehe ich. Ich verstehe das Spiel, das wir spielen. Sie will es. Sie will in ihrem Dreck gefunden werden, es ist ihr gewähltes Martyrium: die Mutter, vergessen von dem Kind, das sie zu sehr liebte. So eine bedauernswerte Kreatur würde niemand eine Hure nennen, besonders nicht, wenn sie einen Ehering trägt. Und solches Mitleid wallt in mir auf für diese einst so wunderschöne Frau, die in ihrem gehorteten Unrat liegt und Buße spielt und auf ihre Heiligsprechung wartet.

Die Lider werden ihr schwer, endlich gibt sie nach, erlaubt den Tabletten, die Kontrolle zu übernehmen und ihren Tag zu beenden. Sie rutscht nach unten, rollt sich am äußersten Rand der zerschlissenen Matratze zusammen und murmelt leise vor sich hin.

»Du bist da ... jetzt kann ich schlafen.«

Ihre Beine verdorren. Ihre Haare schneidet sie im Alkoholrausch mit einer Nagelschere kurz und färbt sie, rosa mit schmutzigen weißen Flecken. Ihre Ohrläppchen hängen tief herunter, ihre Zähne – sie war immer so stolz gewesen, daß es ihre eigenen waren – sind schwarz geworden und brüchig. Ein grauer Star, den behandeln zu lassen sie sich weigert, hat ihr linkes Auge eingetrübt. Ihre einstmals durchscheinende Haut Pergament. Sie verströmt einen Geruch nach Scotch und körperlichem Verfall.

Der Tod sitzt auf dem verdreckten Laken, doch immer noch, trotz des Verfalls und durch ihn hindurch, scheint etwas auf ... ein schwacher Schein, vielleicht nur eine Erinnerung an das, was einst war ... eine Schönheit, so hinreißend, so fesselnd, so vollkommen, daß über fünfzig Jahre lang alle Frauen daran gemessen wurden, alle Männer sich danach verzehrten.

Ihr Schnarchen klingt zerrissen, Speichel rinnt über ihre zerfurchten Lippen. Wie ein Embryo liegt sie da, eingefallene Wangen gewiegt in knochigen Händen, die streichholzdünnen Beine an den gebrechlichen Körper gezogen, als fürchte sie, noch einmal geboren zu werden und noch einen Tag überleben zu müssen.

Ich betrachte diese jämmerliche Gestalt, die sich meine Mutter nennt, und Mitleid für uns beide überkommt mich. Steht der Feuerlöscher neben dem Bett? Ist die Kochplatte aus und das Wasser in den Thermosflaschen heiß? Stehen die Eimer, Schüsseln und Flaschen bereit? Ich krieche unter die Tische und sammle die Scotchflaschen ein, trage sie in die Küche, gieße den Rest den Abfluß hinunter – seltsam, wie der Geruch von Scotch mir den Magen umdreht –, fülle die Flaschen bis zur ursprünglichen Höhe mit Wasser und stelle sie zurück. Selbst wenn ich nicht da bin, versteckt sie die Flaschen vor sich selbst, letzte Selbsttäuschung der zum Untergang verurteilten Alkoholikerin. Bevor ich das Zimmer verlasse und die Tür anlehne, wie befohlen, lausche ich noch einmal auf ihre regelmäßigen Atemzüge.

Das unbewohnte Wohnzimmer: angegraute Gardinen, ein Raub der Zeit, durchgetretene, fleckige Teppiche, Kisten, Umzugskartons, Mappen über Mappen, alte Koffer, die großen grauen Elefanten meiner Kindheit – alles aufbewahrt, über die Jahre gerettet. Listen, Listen und nochmals Listen, von brüchigem Klebeband an den Wänden gehalten, zwischen unzähligen Orden, lobenden Erwähnungen, Auszeichnungen, Preisen, Ehrenzeichen, und an breiten, verblaßten Schleifen hängenden Medaillen. Daneben die gerahmten, postergroßen Porträts der einst gefeierten Frau – das Ganze wie ein Schrein, vor der Zeit fertiggestellt.

Ich stehe da, den geordneten Tod ihrer Habseligkeiten betrachtend. Ich wünschte – ach, so vieles sollte, könnte anders sein. Das nächste Mal muß ich, will ich noch einmal versuchen, sie zu waschen, sie dem Alkohol zu entwöhnen. Einmal, nur noch einmal muß ich es wenigstens versuchen. Niemand sollte so sterben ... Leise schließe ich die Tür. Ich bin müde.

Die Luft in Paris ist frisch und rein, es riecht nach leichtem Regen und fallenden Blättern. Auf der anderen Straßenseite spiegeln sich die Lichter des Plaza Athénée auf dem regennaß glänzenden Asphalt. Ich stehe da und atme tief durch. Plötzlich fange ich an zu rennen. Wie ein entlassenes Kind. Ich weiß nicht, warum ich plötzlich so in Eile bin, aber ich bin es. Das Leben und die Liebe warten auf mich. Nach Hause. Ich eile nach Hause.

Schweiz, im November 1990

So sollte sie uns in Erinnerung bleiben.
SCHÖNEBERG 1901 – PARIS 1992

Todesschatten, lautlos und kalt. Ich stehe vor dem offenen Sarg. Vorsichtig lege ich die kleine Tasche aus Chamoisleder mit den Reiseutensilien neben sie. Sie hat eine lange Reise vor sich und wird sie vielleicht gebrauchen können.

Wie klein sie ist. Diese Macht, die mein Leben in der Hand hatte. Nicht mehr als ein Kind in einem Totenhemd aus weißem Satin – unberührt und verletzbar. Trauer überfällt mich, ich eile hinaus in die Sonne.

Die Dietrich hatte ihre Begräbnisse. Keine marschierenden Legionäre, keine farbigen Nelken im Knopfloch für längst verflossene Liebhaber – der Ehemann, der alles wußte, schon längst tot, wie auch die meisten ihrer Geliebten. Immerhin ihr Sarg, eingeschlagen in die Farben der Grandé Nation, wird vor dem Altar ihrer Lieblingskirche La Madeleine aufgebahrt, die glänzenden Kriegsauszeichnungen an ihrer Seite ausgestellt, und »Verkäuferinnen weinen um Madame« und mit ihnen viele tausend andere, die kommen, ihr die letzte Ehre zu erweisen.

Nur noch ein Wunsch ist zu erfüllen.

»Schöneberg, dort ist das Grab meiner Mutter. Jetzt, wo die Mauer gefallen und Berlin wieder normal ist, könnte man hinfahren ...« Sie läßt den Gedanken in der Luft hängen, eine Frage ohne Antwort.

»Mass«, sage ich, ohne wirklich zu überlegen, »du könntest hinfahren. Wir könnten dich mit der schwarzen Perücke verkleiden, mit dem Zug fahren ... Niemand würde uns erkennen.«

»Nein! Im Rollstuhl Zug fahren? Den ganzen Weg? Und dann rein ins Taxi, raus aus dem Taxi, um zum Friedhof zu kommen? Nein! Diese Mistkerle würden uns entdecken. Nein. Zu spät. Zu spät. Finito!« Wieder dieser sehnsüchtige Ton.

Jetzt ist sie in Sicherheit, abgeschirmt durch den bleigefaßten Sarg. Kein Blitzlicht wird dieses Dunkel durchdringen, ihr Gesicht je erleuchten. Jetzt endlich kann sie heimkehren.

Bevor die Reise beginnt, wird die Trikolore entfernt und das amerikanische Sternenbanner auf den Sarg gelegt. Das ist für mich, mein selbstsüchtiger Wunsch, der Welt zu zeigen, daß Marlene Dietrich amerikanische Staatsangehörige war, welchem Land auch immer ihre romantische Liebe galt.

Der Sarg ist für die Fahrt festgezurrt worden, die Seile straffen das Sternenbanner. Mitten unter dem Gepäck der Lebenden steht er, ein einzigartiger Schattenriß gegen die untergehende Sonne. Und für mich wird er zum Symbol für alle mit Flaggen bedeckten Särge, die auf einsamen Rollbahnen auf den Rückflug nach Hause warten – und ich weine, als man ihren in das Flugzeug hebt.

Schöneberg, sonnenbetupfter Frieden in einem Land, in dem er lange nicht zu Hause war. Ein idyllischer Garten, als sei er nur geschaffen für die Rückkehr eines romantischen kleinen Mädchens. Meine Mutter schläft unter Maiglöckchen. Ich gehe die wenigen Schritte, die sie von ihrer Mutter trennen. Ich stehe vor dem Grab meiner Großmutter. Ich habe ihr soviel zu sagen, die Worte meiner Kindheit reichen nicht aus, ihr alles zu sagen – sie wissen zu lassen, daß ich ihr Kind zurückgebracht habe, das mir vor so langer Zeit gegeben wurde. Zurück zu ihrer Liebe, und vielleicht sogar, damit ihm vergeben wird für all die Schmerzen, die es denen zufügte, die es so sehr gebraucht hätten.

»Sei gut zu ihr«, flüstere ich, »sie braucht es, daß du gut zu ihr bist.« Und ich weine um all die unwiederbringliche Liebe und verlasse sie. Sie werden ihren Weg gemeinsam gehen.

Namenregister

Acosta, Mercedes de 163–165, 168, 176, 182, 197, 264, 270, 291, 324, 581
Aherne, Brian 163, 176, 198–200, 233, 260, 264, 266, 270, 278, 289–290, 324, 386–388, 408, 417, 508, 522, 562, 666, 678, 881
Allan, Elizabeth 434, 683
Arlen, Harold 716, 725, 739
Arliss, George 420
Arthur, Jean 669

Bacharach, Burt 762–763, 775–776, 781, 803, 877
Bakey, Michael De 819–833
Bankhead, Tallulah 133, 146, 623, 671
Banton, Travis 94, 105, 123–129, 137–138, 156, 173, 287, 301, 304–305, 308–309, 311, 313, 334, 364–367, 389, 422, 428, 434, 436, 440, 442, 450–451, 494, 496, 499, 661, 879
Barrymore, John 158
Barthelmess, Richard 389, 417, 583
Baum, Vicki 68
Becky, Kinderfrau der Autorin 58, 82, 84, 106–108, 112, 175
Benny, Jack 601
Bergman, Ingrid 754
Bergner, Elisabeth 133, 308
Billy 766–768, 770
Bogart 595
Boleslawski, Richard 452, 454
Borzage, Frank 428, 435
Bow, Clara 421

Boyer, Charles 441, 450, 857
Bradley, Omar, General 621–622
Brecht, Bertolt 63
Bridges, Chauffeur der Dietrich 416
Brook, Clive 123
Brynner, Yul 687, 689, 702, 834
Buck, Pearl S. 132
Burton, Richard 795, 832

Cabot, Bruce 577
Cagney, 595
Chanel, Coco 879
Chaplin, Charlie 57, 420
Chevalier, Maurice 117, 119, 131, 133, 146–147, 149–151, 157, 197, 202, 213–214, 271, 279, 429, 650, 671, 772, 811, 873
Clair, René 577, 580
Cocteau, Jean 261, 729, 786
Cohen, Alexander 796, 804, 809–810
Cohn, Harry 711–712
Colbert, Claudette 133, 135, 767
Colman, Ronald 409–410, 420, 602, 606
Cooper, Gary 100, 105, 279, 429, 432, 434, 570
Coward, Noël 539, 569, 575, 671, 716, 724, 782, 811, 833
Crawford, Joan 141, 289
Crosby, Bing 100, 122, 135, 656

Darnell, Linda 771
Davis, Marion 162, 595, 803
Dietrich, Elisabeth, Schwester der

891

Dietrich 10, 12, 15–17, 19, 26, 30, 37, 48, 58, 84, 94, 153, 267–268, 324, 511, 531, 600, 793–794
Dietrich, Josephine, Mutter der Dietrich 9–11, 13, 15–16, 23, 26–27, 30–31, 33, 35–36, 43, 45, 53, 55, 58, 74, 153–154, 267–268, 323, 510, 531, 600
Dietrich, Louis Otto, Vater der Dietrich 7, 9, 10, 12, 15, 26, 30, 53
Donat, Robert 465, 472
Dorsey, Tommy 595
Douglas, Kirk 702, 877
Dryden, Ernest 439, 441
Dunn, James 666
Duvivier, Julien 580

Edington, Harry 113, 170–173, 205, 417, 429, 437, 439
Eisenhower, Dwight David 621, 705

Fasanelli, Ricardo 776
Feldman, Charles 554, 569, 581, 675
Felsing, Wilhelmina Elisabeth Josephine, siehe Dietrich, Josephine
Fields, W. C. 434
Fleming, Alexander 678, 733
Fonda, Henry 595
Forst, Willi 61, 108
Frasso, Dorothy di 419–420, 521
Freeman, Stan 810–811, 814

Gabin, Jean 176, 261, 577–580, 583, 585, 590, 596, 599, 611–612, 629, 631–632, 640–641, 646, 648, 650, 654–655, 662, 667, 676, 678, 702–703, 802, 852, 875
Gable, Clark 278, 772
Garbo, Greta 57, 83, 102, 118, 131, 134, 140, 158, 163, 165, 183, 262, 414, 601, 880
Garfield, John 595
Garland, Judy 702
Garmes, Lee 158
Gavin, James M., General 618, 636, 639–640, 647, 651, 665, 794
Gaynor, Janet 158

Gibbons, Cedric 421
Gibson, Mike 842
Gilbert, John 413, 421–424, 426, 429–430, 881
Goddard, Paulette 601, 703, 718, 801
Goodman, Benny 595
Granger, Stewart 737
Grant, Cary 145, 302
Greene, Graham 489
Greene, Milton 810
Guillaroff, Sydney 523, 603–604, 606, 739, 747–748
Guinness, Alec 679

Hall, Stanley 808
Hari, Mata 37, 102
Harlow, Jean 134, 506
Harry, Chauffeur der Dietrich 124, 136, 143, 148
Hathaway, Henry 437
Hayworth, Rita 595
Hearst, William Randolph 162
Hemingway, Ernest 57, 68, 350–351, 539, 551, 634, 671, 681, 704, 779
Hepburn, Audrey 183, 877
Hitchcock, Alfred 675, 679, 685
Hollaender, Friedrich 73, 555
Hope, Bob 883
Hopkins, Miriam 440
Hopper, Hedda 591, 712
Hornblow 768
Howard, Leslie 600
Hughes, Howard 853

Irene, Kostümbildnerin 568, 581, 661
Iturbi, Jos 359, 375–376, 389

Jannings, Emil 64–66, 72, 75, 79, 881
Jaray, Hans 274, 281, 285, 289, 324, 346, 432, 513, 880
Joe, Papa 800
Johns, Glynis 683
Jones, Robert Edmond 666

Kaye, Danny 601
Kennedy, Familie 536–537, 549

Kennedy, Joe, Vater der Kennedy-Kinder 536–537, 547, 554
Kennedy, John F. 536, 540, 548, 550, 771
Kennedy, Mrs., Mutter der Kennedy-Kinder 537
Korda, Alexander 439
Kreuder, Peter, Komponist 229

Lake, Veronica 595
Lamarr, Hedy 595
Lang, Fritz 65, 417, 580, 685, 853
Lasky, Jesse 113, 885
Lastfogel, Abe 601, 609
Laughton 766–768
Lawrence, Getrude 700–701
Leigh, Vivien 808–809
Leisen, Mitchell 581, 656–659, 683
Lillie, Beatrice 551
Lion, Margo 62, 133
Lloyd, Harold 434
Loesser, Frank 555
Lombard, Carole 133, 135, 138, 434, 585
Losch, Eduard von, Stiefvater der Dietrich 30–31, 33
Losch, Tata, siehe Dietrich, Josephine
Louis, Jean 711, 713
Lubitsch, Ernst 57, 396–397, 417, 422, 488, 496
Lupino, Ina 585

MacMurray, Fred 434, 582
Mamoulian, Rouben 166, 170, 172–173, 187, 189, 191–192, 196, 204
Manley, Nellie 100, 115, 137–140, 332, 415–416, 423, 430, 436–437, 442–443, 656, 669
Mann, Heinrich 65
Marais, Jean 727
Marshall, George 555, 564, 583,
Marshall, Herbert 145, 157, 872,
Martin, Mary 682
Matul, Tamara, Geliebte und Lebensgefährtin Rudolf Siebers 61, 69, 71, 82, 94, 106, 108, 130, 175, 179–181, 197, 199, 227, 266, 272–273, 276, 281, 284, 286, 289, 294, 323, 347, 349–350, 357–358, 368, 370, 378–380, 389, 391–392, 403–404, 464, 467, 472–473, 480, 489, 505, 515, 518, 520, 527, 532, 534, 543, 556, 561, 563, 622–623, 652, 661–662, 664–665, 667, 683, 687, 744, 771, 791, 821, 851–852, 880–881
Maugham, William Somerset 538
Maxwell, Elsa 539
McAuliffe 617
McCarthy, Charlie 584
McCleery, Albert 665, 667
McDonald, Jeanette 146
McLean, Evelyn Walsh 541
Menjou, Adolphe 881
Merkel, Una 565
Merman, Ethel 434
Milland, Ray 656–657, 660, 872
Miller, Glenn 595
Miller, Henry 608
Moore, Colleen 299
Murrow, Edward R. 577, 734

Nashorn 592
Niehans 840
Niven, David 741, 869

O'Connor, Uno 771
O'Neill, Eugene 666

Parsons, Louella 192, 437, 591
Pasternak, Joseph 553, 555, 562, 568, 577
Patton, George Smith 615, 617–618
Perry, Fred 163, 165–166, 198
Philipe, Gérard 651
Piaf, Edith 653, 678–679, 703, 786
Pitts, Zazu 434
Pommer, Erich 71
Pondel, Dot 137
Porter, Cole 524
Power, Tyrone 595, 767, 770

Raft, George 434, 580
Reagan, Ronald 876
Redford, Robert 848

Reinhardt, Max 48, 574
Reisch, Walter 345
Remarque, Erich Maria, genannt Boni 228, 261, 529–531, 536–537, 542, 548, 550–551, 555–558, 562–564, 570–571, 575–576, 578, 585, 666, 671, 676–678, 703–704, 708, 780, 875
Renoir, Jean 580
Resi, Kammerzofe der Dietrich 78, 108–109, 112
Richee, Eugene, Fotograf 207
Righter, Carroll 582, 650, 662–663, 691
Rio, Dolores del 421
Riva, David 836, 872
Riva, John Michael 673, 793, 799, 837, 851
Riva, Peter 681, 793, 802, 814, 860
Riva, William 665–668, 670, 673–674, 681
Robinson, Edward G. 149, 580
Rogers, Ginger 595
Rogers, Will 416

Schell, Maximilian 865–867
Schiaparelli 487, 879
Schildkraut, Joseph 441
Schulberg, B. P. 113
Selznick, David 439, 449–450, 452–456, 488
Shaw, George Bernard 508–509
Shearer, Norma 134, 523
Sheridan, Anne 595
Sica, Vittorio de 742, 745–746, 750
Sieber, Anton 284
Sieber, Rosa 284
Sieber, Rudolf, Ehemann von Marlene 52, 54–55, 57, 75, 85, 93–95, 131–132, 135, 149–151, 153–154, 170, 179–180, 193, 197, 229, 234, 237, 244–245, 248, 256, 258–259, 263, 265–266, 271, 273, 276, 280, 283, 286, 288, 294, 323, 344, 348–349, 357–358, 367–370, 378, 402, 404, 417–418, 431, 438, 461, 468, 472, 474–475, 479, 484, 501–506, 522, 524, 526, 528, 535, 546–547, 556, 562–563, 662, 686–687, 733, 771, 801, 837–841, 845–846, 849–852, 880–882, 886
Simpson, Wally 471, 505, 663
Sinatra, Frank 176, 607, 734, 736, 738, 877
Smith, C. Aubrey 420
Spoliansky, Mischa 62, 64, 73, 229, 678–679
Stein, Gertrude 484, 514
Sternberg, Josef von, genannt Jo 65–69, 71–72, 75, 77, 79–83, 92, 94–99, 101–102, 105, 112–113, 115–120, 122–123, 128–132, 134–140, 144–147, 149–152, 154, 156–158, 161, 166–167, 170, 173, 176, 189, 193–195, 208, 255, 264, 270, 277, 297, 300–301, 304, 306–307, 311, 313–314, 316–317, 319, 321, 328, 330–331, 336–338, 341, 356, 359–360, 364, 372–376, 380–382, 385, 389, 393, 395–397, 399–400, 417, 422, 440, 495, 525, 530, 554, 675, 775, 800–801, 854–855, 881–882, 884–885
Stewart, James, genannt Jimmy 554–555, 564–565
Stinchfield, Dr. 830–832, 844–846
Sullivan, Margaret 434

Tauber, Richard 62, 100, 122, 680
Taylor, Elizabeth 699, 742, 746, 750, 795, 805
Thomas, Danny 609, 611
Tilden, Bill 165
Tinker 425
Todd, Richard 679, 733, 741, 751, 771
Tracy, Spencer 595
Tynan, Kenneth 723–725, 727

Vally, Tante, der Dietrich 15–17, 24–26
Vye, Murvyn 660

Watteville, de 815, 828–829
Wayne, John 569–570, 583, 585, 621
Webb, Clifton 169, 420, 468, 470, 496, 802

Weill, Kurt 63
Welles, Orson 544, 600, 803, 884
West, Mae 145, 159–160, 302, 423, 433
West, Vera, Kostümbildnerin der Dietrich 555
Wilder, Billy 657, 669, 728, 764
Wilding, Michael 678–679, 683–684, 753–754, 872
Willing, Neville, Major 716
Winchell, Walter 674

Windsor, Herzog von 802
Wong, Anna May 138
Wyman, Jane 679
Wynne, Evie 614

Young, Loretta 434
Yul, Yul Brunner 688–691, 693, 695, 709–710, 718, 728, 738–740, 754–755, 758, 762, 772, 776, 832, 834

Zukor, Adolph 320

Bildnachweis

Abkürzungen: oben (o), unten (u), links (l), rechts (r)

Milton Greene: 65, 80 (ol)
Alexander Liberman: 71
Arnold Newman: 61 (o)
Ginette Vachon: 80 (ul)
Daily Express: 78 (ul)
Life Magazine: 60 (u), 61 (o), 65
Paris Match: 77 (ur)
Photo Giocomelli, Venice: 42
Photo Star, Cannes: 43 (o)
Photo Werhard, Salzburg: 39 (or)
U.S. Army: 54

U.S. Army Signal Corp: 51 (ol), 55 (ur), 56, 57 (o)
UPI/Bettmann Archive: 61 (u), 80 (or)
Dietrich Archive/ Kobal Collection: 3 (ur), 9, 10, 11,(ol), 12, 13, 15 (ol), 15 (u), 16, 17 (u), 18, 22, 23 (u), 24 (o), 25, 26, 27, 29, 30, 31, 32, 34 (o), 36 (or), 37, 40, 41 (o), 46, 47, 48, 49, 50 (u), 51 (or), 51 (u), 53, 58, 59, 60, (o), 62, 63 (o), 64 (u), 66, 67, 68 (o), 68 (ul), 69 (o), 70, 72, 74, 75 (o)
Dietrich Archive: alle anderen Fotos